PATROLOGIÆ
CURSUS COMPLETUS,

SEU

BIBLIOTHECA UNIVERSALIS, INTEGRA, UNIFORMIS, COMMODA, OECONOMICA,

OMNIUM SS. PATRUM, DOCTORUM SCRIPTORUMQUE ECCLESIASTICORUM,

SIVE LATINORUM, SIVE GRÆCORUM,

QUI AB ÆVO APOSTOLICO AD ÆTATEM INNOCENTII III (ANN. 1216) PRO OCCIDENTALIBUS,
ET AD PHOTII TEMPORA (ANN. 863) PRO ORIENTALIBUS, FLORUERUNT;

RECUSIO CHRONOLOGICA

OMNIUM QUÆ EXSTITERE MONUMENTORUM CATHOLICÆ TRADITIONIS PER DUODECIM PRIORA
ECCLESIÆ SÆCULA ET AMPLIUS,

JUXTA EDITIONES ACCURATISSIMAS, INTER SE CUMQUE NONNULLIS CODICIBUS MANUSCRIPTIS COLLATAS
PERQUAM DILIGENTER CASTIGATA;
DISSERTATIONIBUS, COMMENTARIIS LECTIONIBUSQUE VARIANTIBUS CONT.NENTER ILLUSTRATA;
OMNIBUS OPERIBUS POST AMPLISSIMAS EDITIONES QUÆ TRIBUS NOVISSIMIS SÆCULIS DEBENTUR ABSOLUTAS
DETECTIS, AUCTA;
INDICIBUS PARTICULARIBUS ANALYTICIS, SINGULOS SIVE TOMOS, SIVE AUCTORES ALICUJUS MOMENTI
SUBSEQUENTIBUS, DONATA;
CAPITULIS INTRA IPSUM TEXTUM RITE DISPOSITIS, NECNON ET TITULIS SINGULARUM PAGINARUM MARGINEM SUPERIOREM
DISTINGUENTIBUS SUBJECTAMQUE MATERIAM SIGNIFICANTIBUS, ADORNATA;
OPERIBUS CUM DUBIIS, TUM APOCRYPHIS, ALIQUA VERO AUCTORITATE IN ORDINE AD TRADITIONEM
ECCLESIASTICAM POLLENTIBUS, AMPLIFICATA;
INNUMERABILIBUS INDICIBUS LOCUPLETATA; SED, PRÆSERTIM DUOBUS IMMENSIS ET GENERALIBUS, ALTERO
SCILICET RERUM, QUO CONSULTO, QUIDQUID NON SOLUM TALIS TALISVE PATER, VERUM AUTEM UNUSQUISQUE
PATRUM, ABSQUE ULLA EXCEPTIONE, IN QUODLIBET THEMA SCRIPSERIT, UNO INTUITU CONSPICIATUR;
ALTERO SCRIPTURÆ SACRÆ, EX QUO LECTORI COMPERIRE SIT OBVIUM QUINAM PATRES ET
IN QUIBUS OPERUM SUORUM LOCIS SINGULOS SINGULORUM LIBRORUM SCRIPTURÆ VERSUS, A
PRIMO GENESEOS USQUE AD NOVISSIMUM APOCALYPSIS, COMMENTATI SINT.
EDITIO ACCURATISSIMA, CÆTERISQUE OMNIBUS FACILE ANTEPONENDA, SI PERPENDANTUR CHARACTERUM NITIDITAS,
CHARTÆ QUALITAS, INTEGRITAS TEXTUS, PERFECTIO CORRECTIONIS, OPERUM RECUSORUM TUM VARIETAS
TUM NUMERUS, FORMA VOLUMINUM PERQUAM COMMODA SIBIQUE IN TOTO OPERIS DECURSU CONSTANTER
SIMILIS, PRETII EXIGUITAS, PRÆSERTIMQUE ISTA COLLECTIO, UNA, METHODICA ET CHRONOLOGICA,
SEXCENTORUM FRAGMENTORUM OPUSCULORUMQUE HACTENUS HIC ILLIC SPARSORUM,
PRIMUM AUTEM IN NOSTRA BIBLIOTHECA, EX OPERIBUS AD OMNES ÆTATES,
LOCOS, LINGUAS FORMASQUE PERTINENTIBUS, COADUNATORUM.

SERIES GRÆCA ET ORIENTALIS

IN QUA PRODEUNT PATRES, DOCTORES SCRIPTORESQUE ECCLESIÆ GRÆCÆ ET ORIENTALIS,
A S. BARNABA AD PHOTIUM,

ACCURANTE J.-P. MIGNE,

BIBLIOTHECÆ CLERI UNIVERSÆ,

SIVE

CURSUUM COMPLETORUM IN SINGULOS SCIENTIÆ ECCLESIASTICÆ RAMOS EDITORE.

PATROLOGIA, AD INSTAR IPSIUS ECCLESIÆ, DUABUS PARTIBUS CONSTAT SIMUL AC DIVIDITUR, ALIA NEMPE LATINA,
ALIA GRÆCO-LATINA. ILLA, PENITUS EXARATA, NOVEMDECIM ET DUCENTIS VOLUMINIBUS EST IMMENSA, CENTUMQUE
ET MILLE FRANCIS VENIT. GRÆCA SUBDIVIDITUR ET DUPLICI EDITIONE TYPIS MANDATA EST. PRIOR GRÆCUM TEXTUM,
UNA CUM VERSIONE LATINA, LATERALIS AMPLECTITUR, ET FORSAN CENTUM VOLUMINUM EXCEDET NUMERUM. POSTE-
RIOR AUTEM HANCCE VERSIONEM TANTUM EXHIBET, IDEOQUE INTRA QUINQUAGINTA CIRCITER VOLUMINA RETINEBITUR.
UNUMQUODQUE VOLUMEN GRÆCO-LATINUM OCTO, UNUMQUODQUE MERE LATINUM QUINQUE FRANCIS SOLUMMODO
EMITUR : VERUM, IN UTROQUE CASU, ID EST AD FRUENDUM HOC BENEFICIO, COLLECTIONEM INTEGRAM, SIVE
ORIENTALEM, SIVE OCCIDENTALEM CONDUCAT EMPTOR NECESSE ERIT; ALIAS CUJUSQUE VOLUMINIS AMPLITUDINEM
NECNON ET DIFFICULTATES VARIA PRETIA ÆQUABUNT.

PATROLOGIÆ GRÆCÆ, LATINE TANTUM EDITÆ, TOMUS II.

S. DIONYSIUS AREOPAGITA.

•

EXCUDEBATUR ET VENIT APUD J.-P. MIGNE EDITOREM,
IN VIA DICTA *D'AMBOISE*, PROPE PORTAM LUTETIÆ PARISIORUM VULGO *D'ENFER* NOMINATAM,
SEU PETIT-MONTROUGE.

1856

PATROLOGIÆ
CURSUS COMPLETUS,
SEU
BIBLIOTHECA UNIVERSALIS, INTEGRA, UNIFORMIS, COMMODA, OECONOMICA,
OMNIUM SS. PATRUM, DOCTORUM SCRIPTORUMQUE ECCLESIASTICORUM,
SIVE LATINORUM, SIVE GRÆCORUM,
QUI AB ÆVO APOSTOLICO AD ÆTATEM INNOCENTII III (ANN. 1216) PRO OCCIDENTALIBUS,
ET AD PHOTII TEMPORA (ANN. 863) PRO ORIENTALIBUS, FLORUERUNT;

RECUSIO CHRONOLOGICA
OMNIUM QUÆ EXSTITERE MONUMENTORUM CATHOLICÆ TRADITIONIS PER DUODECIM PRIORA
ECCLESIÆ SÆCULA ET AMPLIUS,

JUXTA EDITIONES ACCURATISSIMAS, INTER SE CUMQUE NONNULLIS CODICIBUS MANUSCRIPTIS COLLATAS
PERQUAM DILIGENTER CASTIGATA;
DISSERTATIONIBUS, COMMENTARIIS LECTIONIBUSQUE VARIANTIBUS CONTINENTER ILLUSTRATA;
OMNIBUS OPERIBUS POST AMPLISSIMAS EDITIONES QUÆ TRIBUS NOVISSIMIS SÆCULIS DEBENTUR ABSOLUTAS
DETECTIS, AUCTA;
INDICIBUS PARTICULARIBUS ANALYTICIS, SINGULOS SIVE TOMOS, SIVE AUCTORES ALICUJUS MOMENTI
SUBSEQUENTIBUS, DONATA;
CAPITULIS INTRA IPSUM TEXTUM RITE DISPOSITIS, NECNON ET TITULIS SINGULARUM PAGINARUM MARGINEM SUPERIOREM
DISTINGUENTIBUS SUBJECTAMQUE MATERIAM SIGNIFICANTIBUS, ADORNATA;
OPERIBUS CUM DUBIIS, TUM APOCRYPHIS, ALIQUA VERO AUCTORITATE IN ORDINE AD TRADITIONEM
ECCLESIASTICAM POLLENTIBUS, AMPLIFICATA;

INNUMERABILIBUS INDICIBUS LOCUPLETATA; SED, PRÆSERTIM DUOBUS IMMENSIS ET GENERALIBUS, ALTERO
SCILICET **RERUM**, QUO CONSULTO, QUIDQUID NON SOLUM TALIS TALISVE PATER, VERUM AUTEM UNUSQUISQUE
PATRUM, ABSQUE ULLA EXCEPTIONE, IN QUODLIBET THEMA SCRIPSERIT, UNO INTUITU CONSPICIATUR;
ALTERO **SCRIPTURÆ SACRÆ**, EX QUO LECTORI COMPERIRE SIT OBVIUM QUINAM PATRES ET
IN QUIBUS OPERUM SUORUM LOCIS SINGULOS SINGULORUM LIBRORUM SCRIPTURÆ VERSUS, A
PRIMO GENESEOS USQUE AD NOVISSIMUM APOCALYPSIS, COMMENTATI SINT.
EDITIO ACCURATISSIMA, CÆTERISQUE OMNIBUS FACILE ANTEPONENDA, SI PERPENDANTUR CHARACTERUM NITIDITAS,
CHARTÆ QUALITAS, INTEGRITAS TEXTUS, PERFECTIO CORRECTIONIS, OPERUM RECUSORUM TUM VARIETAS
TUM NUMERUS, FORMA VOLUMINUM PERQUAM COMMODA SIBIQUE IN TOTO OPERIS DECURSU CONSTANTER
SIMILIS, PRETII EXIGUITAS, PRÆSERTIMQUE ISTA COLLECTIO, UNA, METHODICA ET CHRONOLOGICA,
SEXCENTORUM FRAGMENTORUM OPUSCULORUMQUE HACTENUS HIC ILLIC SPARSORUM,
PRIMUM AUTEM IN NOSTRA BIBLIOTHECA, EX OPERIBUS AD OMNES ÆTATES,
LOCOS, LINGUAS FORMASQUE PERTINENTIBUS, COADUNATORUM.

SERIES GRÆCA ET ORIENTALIS
IN QUA PRODEUNT PATRES, DOCTORES SCRIPTORESQUE ECCLESIÆ GRÆCÆ ET ORIENTALIS,
A S. BARNABA AD PHOTIUM,
ACCURANTE J.-P. MIGNE,
BIBLIOTHECÆ CLERI UNIVERSÆ,
SIVE
CURSUUM COMPLETORUM IN SINGULOS SCIENTIÆ ECCLESIASTICÆ RAMOS EDITORE.

PATROLOGIA, AD INSTAR IPSIUS ECCLESIÆ, DUABUS PARTIBUS CONSTAT SIMUL AC DIVIDITUR, ALIA NEMPE LATINA,
ALIA GRÆCO-LATINA. ILLA, PENITUS EXARATA, NOVEMDECIM ET DUCENTIS VOLUMINIBUS EST IMMENSA, CENTUMQUE
ET MILLE FRANCIS VENIT. GRÆCA SUBDIVIDITUR ET DUPLICI EDITIONE TYPIS MANDATA EST. PRIOR GRÆCUM TEXTUM,
UNA CUM VERSIONE LATINA, LATERALIS AMPLECTITUR, ET FORSAN CENTUM VOLUMINUM EXCEDET NUMERUM. POSTE-
RIOR AUTEM HANCCE VERSIONEM TANTUM EXHIBET, IDEOQUE INTRA QUINQUAGINTA CIRCITER VOLUMINA RETINEBITUR.
UNUMQUODQUE VOLUMEN GRÆCO-LATINUM OCTO, UNUMQUODQUE MERE LATINUM QUINQUE FRANCIS SOLUMMODO
EMITUR: VERUM, IN UTROQUE CASU, ID EST AD FRUENDUM HOC BENEFICIO, COLLECTIONEM INTEGRAM, SIVE
ORIENTALEM, SIVE OCCIDENTALEM, CONDUCAT EMPTOR NECESSE ERIT; ALIAS CUJUSQUE VOLUMINIS AMPLITUDINEM
NECNON ET DIFFICULTATES VARIA PRETIA ÆQUABUNT.

PATROLOGIÆ GRÆCÆ, LATINE TANTUM EDITÆ, TOMUS II.

S. DIONYSIUS AREOPAGITA.

EXCUDEBATUR ET VENIT APUD J.-P. MIGNE EDITOREM,
IN VIA DICTA *D'AMBOISE*, PROPE PORTAM LUTETIÆ PARISIORUM VULGO *D'ENFER* NOMINATAM,
SEU PETIT-MONTROUGE.

1856

5.030

SÆCULUM I.

S. DIONYSII

AREOPAGITÆ

OPERA OMNIA

GEORGII PACHYMERÆ PARAPHRASI CONTINENTER ILLUSTRATA

OPERA ET STUDIO

BALTHASARIS CORDERII

SOC. JESU DOCTORIS THEOLOGI.

(Edit. Venet. 1755-56, ap. Ant. Zatta, 2 vol. in-fol.)

ACCURANTE J.-P. MIGNE,

BIBLIOTHECÆ CLERI UNIVERSÆ

SIVE

CURSUUM COMPLETORUM IN SINGULOS SCIENTIÆ ECCLESIASTICÆ RAMOS EDITORE.

TOMUS UNICUS.

VENIT 7 FRANCIS GALLICIS.

EXCUDEBATUR ET VENIT APUD J.-P. MIGNE EDITOREM,
IN VIA DICTA *D'AMBOISE*, PROPE PORTAM LUTETIÆ PARISIORUM VULGO *D'ENFER* NOMINATAM,
SEU PETIT-MONTROUGE.

1856

ELENCHUS

AUCTORUM ET OPERUM QUI IN HOC TOMO II CONTINENTUR.

S. DIONYSIUS AREOPAGITA.

De cœlesti hierarchia.	*Col.*	119
De ecclesiastica hierarchia.		360
De divinis nominibus.		586
De mystica theologia.		997
Epistolæ.		1005
Liturgia S. Dionysio ascripta.		1123
Onomasticon Dionysianum.		1133

Ex Typis MIGNE, au Petit-Montrouge.

PROLEGOMENA.

DISSERTATIO
DE OPERIBUS S. DIONYSII AREOPAGITÆ

(D. Le Nourry, *Apparatus ad Bibl. max.* Parisiis, 1703, in fol., p. 169.)

CAPUT PRIMUM.
Analysis omnium S. Dionysii Operum.

§ I. *Liber de cœlesti hierarchia.* — Primus liber Dionysii Areopagitæ nomine inscriptus, titulum *De cœlesti hierarchia* præfert, isque, sicut et alii subsequentes Timotheo sympresbytero nuncupatur. Ab ipso autem hujus libri exordio (cap. 1) auctor omnem lucem a Deo Patre ad nos derivari professus, ad suum de rebus cœlestibus, iisque difficillimis, sed quæ materialibus et corporeis adumbratæ erant, argumentum cum ex Scriptura sacra, tum ex Patribus, implorata prius Christi Domini ope, tractandum aggreditur. Quapropter (cap. 2) ille, facta operis sui distributione, primum aperit cur Scriptura divina angelos figuris adeo ignobilibus, atque ab eorum natura tam alienis, ubique nobis repræsentet. Tum (cap. 3) omnem universim hierarchiam definit dividitque; ac quis ejus finis et scopus, quæque sint ejus functiones et munia enucleate demonstrat. Hinc (cap. 4) ad ipsius angelicæ hierarchiæ explicationem transit, et ostendit Deum a nulla creatura excellentius participari quam ab angelis; qui quidem quia alios in divinitatis cognitionem adducunt, ideo illo angelorum nomine sunt donati. Atque hac data occasione, docet eorum ministerio non solum divinas in Veteri Testamento visiones exhibitas fuisse, sed Christi etiam Incarnationem in Novo Fœdere nobis annuntiatam. Exponit insuper (cap. 5) cur angelorum nomen, quod ultimo cœlestium spirituum ordini speciatim convenit, cæteris indiscriminatim ita tribuatur, ut ipsi tamen aliorum vicissim nomine nunquam appellentur. Ad angelorum divisionem inde (cap. 6) progreditur, atque ostendit eos in tres hierarchias, et singulas quasque hierarchias in tres ordines sic distribui; ut prima Seraphinorum (cap. 7), Cherubinorum, Thronorum; secunda vero Dominationum (cap. 8), Virtutum, Potestatum; tertia denique Principatuum (cap. 9), Archangelorum et Angelorum ordines complectatur. Deinde (cap. 10) quomodo quælibet hierarchia purgetur, illustretur, ac perficiatur, enucleat; planumque facit (cap. 11) cur omnes Angeli virtutum cœlestium nomine, quod secundo secundæ hierarchiæ ordini peculiare est, promiscue vocitentur. Nonnullas postea, quæ ad argumentum suum spectabant, difficultates enodat et solvit (cap. 12), nimirum cur episcopus dicatur angelus Domini omnipotentis, cur ex Seraphinorum ordine unus ad Isaiam missus fuerit, quantusque sit Angelorum numerus (cap. 13). Denique (cap. 14) corporeis imaginibus, quibus angeli in Scriptura figurantur, singillatim explicatis, librum absolvit.

§ II. *Liber de ecclesiastica hierarchia.* — In illo priore libro alterius, quem *De ecclesiastica hierarchia* inscriptum voluit, fundamenta quidem jecerat; sed ipse nisi Timothei precibus victus, manum ei se non admovisse testificatur. Huic autem Timotheo, ne mysteria nostra non initiatis aperiat, cum a libri sui principio sedulo præcepisset (cap. 1), ostendit quo ex fonte hierarchia ecclesiastica illustrationes suas hauriat, in quo cum cœlesti conveniat, vel ab ea discrepet, quæ sit ejus definitio, principium et finis, ac tandem cur illa symbolis figurisque corporeis velata nobis tradatur. Post hæc ad singula quæ ad eam spectant, propius accedens, de sacramentis baptismi (cap. 2) et Eucharistiæ (cap. 3), de sacri unguenti seu chrismatis, τοῦ μύρου, consecratione (cap. 4), de ordinatione sacrorum Ecclesiæ ministrorum (cap. 5), episcopi scilicet, presbyteri et diaconi, ac de solemni monachorum professione (cap. 6) articulatim disputat. His accuratam subjungit cæremoniarum, quibus mortuorum corpora sepeliebantur, descriptionem expositionemque; et subinde de infantium baptismate disserit. Tum denique Timotheum, si quas clariores horum mysteriorum cognitiones habeat, vel habere possit, ut eas secum benevole communicet, obtestatur atque obsecrat.

§ III. *Liber de divinis nominibus.* — In tertio libro, quem auctor noster post editum *Hypotyposeon theologicarum* volumen se conscripsisse asserit, de nominibus divinis disputat (cap. 1). Ille autem ex Scripturis sacris, ubi omnia Dei, qui ἀνώνυμος et πολυώνυμος est, nomina exhibentur, argumentum suum tractaturum se esse profitetur. Et quidem duplicis generis esse dicit (cap. 2) ea Dei nomina: alia, uti vocant, absoluta et essentialia, quæ naturæ divinæ tribusque sanctissimæ Trinitatis personis absque divisione ulla conveniunt; alia, uti loquuntur, relativa, quæ unicuique personæ singillatim ita competunt, ut alteri non possint attribui. Ad ea porro explicanda Hierothei cujusdam magistri sui libro utitur, ibique (cap. 3) cur post eximium illum virum, quem maximis laudibus exornat, et quocum dormitioni Dei Genitricis se interfuisse dicit, ad conficiendam lucubrationem suam animum appulerit, paucis ille declarat. Post hæc (cap. 4) singula Dei nomina edisserit, atque a boni et bonitatis, pulchri et pulchritudinis, amoris, dilectionis, amabilis dilectique expositione orditur. Hinc autem arrepta occasione, quasdam de natura et origine mali quæstiones enucleat, et quomodo in angelos cadere potuerit, luculenter aperit. Prosequitur deinde (cap. 5) inchoatam nominum Dei explanationem, et nomen entis, quod Deo ita tribuitur, ut cæterorum omnium ipsum sit principium et causa, ad cum tractat modum (cap. 6), ut, quomodo in *Deo rerum omnium exemplaria præexstiterint*, ibi quoque patefaciat. Explicat præterea quomodo Deus vita sit, a quo suam cætera viventia accipiunt: quomodo (cap. 7) sit sapientia ipsa, *omnis mentis, rationis, sapientiæ, intelligentiæ causa*; quomodo (cap. 8) omnia cognoscat, et a creaturis cognoscatur: quomodo Verbum, Λόγος, sit veritas, ac fidei nostræ fundamentum: quomodo ex infinita ejus potentia aliæ omnes deriventur; atque (cap. 9) ejus justitia omnium norma sit, salus et redemptio. Ad hæc vero (cap. 10) cur *Deus magnus et parvus, idem et aliud, similis et dissimilis* dicatur: quæ sit ejus quies, sedes et motus, cur nominetur æqualis, omnitenens, παντοκράτωρ, *antiquus dierum, antiquus et novus*; ibique *temporis et æternitatis* naturam explanare contendit. Postea (cap. 11) de pace Dei, qui omnis pacis auctor est, disserit, eamque ab omnibus desiderari demonstrat. Dehinc (cap. 12) ad ea respondet quæ Timotheus data ad eum epistola poposcerat, quid sit *per se esse, per se vita, per se sapientia*. Tum subinde ad divinorum nominum explanationem reversus, perspicuum facit (cap. 13) cur Deus vocetur *Sanctus sanctorum, Rex regum, Dominus dominantium, Deus deorum*. His ita explicatis, monet se divina nomina pro suis viribus, non pro eorum dignitate sic explicuisse, ut, si quid recte a se dictum fuerit, id totum in Deum ipsum refundi debeat; si quid vero minus recti et perfecti, illud Timothei peritia velit esse correctum. Spondet denique se *de symbolica theologia* post hæc esse scripturum, atque ita libro suo finem imponit.

§ IV. *Liber de mystica theologia*. — Quartum librum, *De mystica theologia* titulo inscriptum, auctor noster ab sanctissimæ Trinitatis invocatione inchoat (cap. 1). Timotheumque commonefacit mystica cum viris paganis non esse communicanda. Ipsi subinde significat, ut ad Dei, qui infinite supra nos elatus, immensa caligine absconditur, ac negationibus magis quam affirmationibus cognosci potest, mysticam contemplationem perveniat (cap. 2), super res omnes sensibiles et intellectuales esse assurgendum (cap. 3). Manifestum deinde facit quæ essent illæ negationes, seu perfectiones Dei negativæ, easque rerum cum corporearum et sensibilium, tum spiritualium et intellectualium (cap. 4), quæ in Deo esse nequeunt, nuda et simplici enarratione explicat.

§ V. *Epistolæ*. — Decem quoque epistolæ Dionysii Areopagitæ nomen præferentes, his quatuor auctoris nostri libris subnectuntur. Harum quatuor priores, *ad Caium* θεραπεύτην datæ, brevissimæ sunt, eæque epistolarum potius fragmenta, quam epistolæ integræ videntur. In earum prima perfectissimam Dei cognitionem, quæ a nobis accipi possit, eam auctor esse dicit, quæ ex attributis ejus negativis *per excessum*, et non privative habetur. In secunda exposit *quomodo qui est super omnia, sit supra principium divinitatis et bonitatis*. In tertia vero quod Malachias propheta de Christo prænuntiaverat : *Repente veniet ad templum sanctum suum*, hoc brevi explicatione interpretatur. Demum in quarta Christum Deum fuisse et hominem, et θεανδρικήν operationem exhibuisse demonstrat.

Quinta epistola eodem ac præcedentes stylo exarata, *ad Dorotheum* λειτουργόν directa est. In ea autem quæ sit *caligo divina* auctor aperit, planumque facit tunc Deum vere cognosci, cum ille super omnem scientiam et cognitionem esse cognoscitur.

Ad Sosipatrum presbyterum sexta missa est, illaque omnium licet brevissima, formam tamen habet epistolæ. Hac auctor noster Sosipatrum ut operam suam non tam in arguendis hæreticis quam in veritate stabilienda ponat, amice monet.

Septima ille Polycarpo episcopo, qui ipsum ab Apollophane sophista, quod opiniones gentilium confutando, eas sincere non proposuisset, palam incusari nuntiaverat, respondere videtur. Ait itaque se cum adversus gentiles disputaret, res prout se haberent, vere semper retulisse; Polycarpumque rogat ut Apollophani significet eum ipsum esse, qui *divinis adversus divina abutitur*. Etenim non solum iis quæ Josuæ et Ezechiæ temporibus acciderant, insolitis cœlorum motibus, sed in primis stupenda, quam Heliopoli, dum Christus crucifigeretur, ille secum viderat, solis defectione, de ejusdem Christi divinitate fuerat convictus. Quod ipsi ut in memoriam revocet, atque ad amplexandam Christianam religionem adhortetur, obsecrat et præcipit.

Demophilum monachum, qui pœnitentem a sacerdote absolutum, ipsumque sacerdotem a quo fuerat absolutus, durius tractaverat, epistola octava corripit. Quamobrem clementiam mansuetudinemque commendat, ac variis Moysis, Davidis, Josephi, angelorum, et Christi Domini exemplis probat sacerdotes a monachis non esse arguendos, atque ante ipsum qui id attentare ausus fuerit, inventum esse neminem. Denique peccatorem pœnitentem ab ipso non debuisse rejici mira sancti Carpi visione demonstrat.

Epistolæ nonæ *ad Titum episcopum* datæ initio quid figuræ symbolicæ et corporeæ, quæ Deo in Scriptura sacra tribuuntur, significent, auctor noster enucleat. Deinde ea quæ Titus postulaverat, explanare aggressus, ostendit quid sit : *Ebrietas, discubitus, somnus et evigilatio Dei*. Ex quibus facile colligas ibi nihil aliud quam priora capitis noni Malachiæ prophetæ verba explicari.

In epistola decima, *ad Joannem evangelistam*, in insula Pathmos exsulantem directa, auctor noster celerem illi ab exsilio in Asiam reditum, ibique se ejus præsentia fruiturum certo prænuntiat.

Adjecta est in nonnullis editionibus undecima auctoris nostri *ad Apollophanem philosophum* epistola : sed cum ea vix ab ullo genuina esse censeatur, de illius veritate, ne cum aliis quarum major est difficultas, confunderetur, in fine hujus Dissertationis disputabimus.

CAPUT II.
Exponitur status quæstionis, et qua methodo tractabitur.

De his lucubrationibus si ex ipso earum testimonio feratur sententia, certum est illas non alium quam Dionysium Areopagitam, a Paulo apostolo ad Christianam fidem adductum, ejusque postea discipulum, habuisse auctorem. Verumenimvero quæ de solis, Christo moriente, eclipsi, de corpore Deiparæ Virginis post ejus mortem a se et ab apostolis viso, de Joannis evangelistæ ab exsilio regressu dicuntur, eas a Dionysio illo scriptas esse clamant et testificantur. Sed illud vocatur in controversiam num horum auctor scriptorum is vere sit Areopagita, quem se prodit : vel ementito tanti viri nomine scriptis suis auctoritatem voluerit attribuere. Hæc autem quæstio ob auctoris nomen, et summa quæ in his operibus tractantur argumenta, tanti ponderis et momenti visa est, ut vix alia fuerit, in qua examinanda critici majorem diligentiam adhibuisse videantur.

Porro autem duas illi scinduntur in partes. Alii siquidem scripta hæc omnia a Dionysio ipso, cujus nomine inscribuntur, profecta esse censent. Quæ quidem opinio ab eo tempore quo illæ in vulgus prodierunt, usque ad decimum sextum Ecclesiæ sæculum, paucis nequidquam reclamantibus, apud omnes fere invaluit. Alii e contrario eadem opera cum libros tum epistolas Dionysio Areopagitæ plane penitusque abjudicant, eaque adulterina et tanto viro supposita esse arbitrantur. Hanc vero opinionem cum Valla et Erasmus amplexati fuissent, acerrimos omnium sibi adversarium impetus exceperunt. Sed ii demum ita fracti sunt, ut pene omnes tam catholici quam hetero-

doxi pedibus in eorum iverint sententiam ; eamque plurimi variis lucubrationibus, in lucem editis, propugnandam susceperint. Contra tamen stant aliqui pro antiquiorum opinione, quam prolixis etiam Dissertationibus, in vulgus non ita pridem emissis, defendunt ac tuentur

Hæc itaque quæstio cum pro officio nostro rursus ad examen revocanda sit, illam ita tractabimus, ut, omnibus utriusque partis rationibus æqua lance ponderatis, earum vim et robur, aut levitatem et vitia clare et perspicue, quantum per nos fieri poterit, patefaciamus. His autem ea omnia adjiciemus quæ ad eliciendam confirmandamque veritatem et vanas argutias depellendas magis conducere nobis videbuntur. Denique hanc quæstionem pro virili parte ea methodo enucleare satagemus, qua sincerus veritatis amator de his scriptis suum possit facilius et certius ferre judicium

CAPUT III.
Utrum quidam scriptores ante Collationem Constantinopolitanam hæc opera Dionysio attribuerint ?

Constat quidem omnia Auctoris nostri Opera post Collationem Constantinopoli anno 553 habitam Dionysio Areopagitæ uno fere omnium consensu fuisse adjudicata. Utrum autem eadem fuerit antiquiorum opinio, inter eruditos etiamnum disceptatur. Dionysiani enim testimonia Origenis [1], Athanasii, Clementis Alexandrini, et Gregorii Nazianzeni [2], a quibus hæc scripta vel Dionysii nomine citata, vel indicata opinantur, proferunt in medium. Addunt Dionysium Alexandrinum, ut Anastasius Sinaita, sanctus Maximus, et Nicetas Choniates testantur, in eadem Dionysii scripta, adnotationes et scholia edidisse.

Sed contendunt eorum adversarii neque Origenem, neque Athanasium, ut omnes facile concedunt, sed recentiores quosdam horum, quæ citantur, operum esse auctores. Quantum vero ad scholia, certum videri ea Dionysii Alexandrini non esse fetum. Eusebius etenim atque Hieronymus, qui Alexandrini hujus patriarchæ opera diligentissime recensuerunt, nullam omnino horum scholiorum fecerunt mentionem. Quid quod Anastasius ac post eum Maximus hunc Dionysium ex rhetorum numero episcopum factum fuisse aiunt [3] : *At magnus Dionysius* (verba sunt Anastasii) *ex rhetorum numero episcopus factus, in scholiis,* etc. Maximus vero ἀπὸ ῥητόρων, etc. Atqui Dionysius, antequam in episcopum Alexandrinum esset assumptus, non rhetoricam profitebatur, sed catecheses apud populum Christianum habebat. Quid ergo inde aliud colligas, quam hæc scholia conscripta fuisse a quodam rhetore, nomine Dionysio, quem Anastasius et Maximus patriarcham Alexandrinum esse falso arbitrati sunt. Neque vero in hoc tantum erravit Anastasius; nam ut cætera taceae-

---

[1] *Homil.* 2, *de Divers.* [2] *Quæst. ad Antioch.* [3] *Tom.* VI *Bibl. Patrum,* cap. 12.

mus, in eodem opere Augustinum pro Christo sanguinem suum fudisse affirmat : *Facessat*, inquit (cap. 1), *Augustinus, qui suo sanguine in scriptis, duas in Christo naturas consignavit.* Porro ea auctorum qui hactenus citati sunt, pro Dionysii Operibus testimonia, fidei sunt adeo sublestæ, ut doctiores scriptorum Areopagitæ defensores illa non tantum urgere, sed nec proponere æquum esse putaverint.

Nec majoris ponderis est aliud argumentum, inde ductum, quod Clemens Alexandrinus et in iis quæ de Deo per negationes cognoscendo tradit, et in eo quod homines vitæ gnosticæ deditos, iis qui anchoram navis, ut ad eam accedant, trahunt, comparavit, Dionysium nostrum sit imitatus. Contra enim nonnulli Areopagiticorum adversarii contendunt non Clementem ex vero Dionysio, sed pseudo-Dionysium a Clemente, qui illo antiquior erat, ea quæ referuntur suos adduxisse in usus. Alii vero putant fieri facile potuisse ut uterque, etsi alter alteri minime notus, illam anchoræ navis attractæ comparationem, quæ cuilibet obvia est, adhibuerit. Et re quidem ipsa ab utroque illa diverso plane instituitur modo, et rebus omnino diversis accommodatur. Quod vero de Deo per negationes cognoscendo traditur, id non minus vulgare est et tritum, ac proinde illud etiam potuit a duobus scriptoribus sibi invicem incognitis pariter æqualiterque doceri.

De Gregorio demum Nazianzeno, quem ex auctoris nostri Operibus aliquid deflorasse nonnulli arbitrantur, major procul dubio est difficultas. Quidam enimvero eadem Opera Dionysii Areopagitæ fetum esse negantes, fatentur ea a Gregorio Nazianzeno lecta fuisse et pervolutata, ac ipso esse antiquiora. Sed de his infra opportunior dabitur disserendi locus.

CAPUT IV.

Palmarium Areopagiticorum argumentum, ex constanti undecim sæculorum traditione depromptum, proponitur.

Palmarium itaque præcipuumque Areopagiticorum momentum inde ducitur quod anno 533 in Collatione Constantinopolitana hæc auctoris nostri Opera ab Acephalis seu Severianis hæreticis adversus orthodoxos Dionysii Areopagitæ nomine primum citata, paulo post ab ipsis catholicis pro vero et genuino ejusdem Dionysii fetu suscepta sunt, ac tandem a cæteris omnibus cujuslibet generis et eruditionis scriptoribus ad nostram fere usque ætatem ipsi vindicata. Longos autem horum scriptorum texunt catalogos; sed singulorum testimonia, tum quia prolixiora sunt, tum quia de eorum auctoritate lis nulla movetur, integra non citabimus, singulorum nomen et scripta appellare contenti.

Post Collationem itaque Constantinopolitanam circa sexti sæculi finem Leontius Byzantius, lib. II, *contra Nestor. et Eutychet.*, et lib. *De sect.* hæc Opera Dionysio Areopagitæ attribuit. Ante eum vero Ephræm patriarcha Antiochenus.

Circa initia sæculi septimi eadem fuit Gregorii Magni sententia homil. 34 in Evangel. Lucæ. Eodem sæculo et Monothelitæ hæretici, et Catholici omnes sive in synodis Lateranensi et Constantinopolitana generali, sive in scriptis suis eadem Opera Dionysio Areopagitæ tribuunt et vindicant. Et quidem hæretici : Sergius epist. ad Cyrum patriarcham Alexandr.; Themistius epist. ad Marcellin. presbyt., et Steph. diac. Catholici vero : Sophronius patriarcha Hierosolym., epist. ad Serg.; Agatho papa, epist. ad Constant. Pogonat. ; Maximus abbas et martyr, in scholiis. Item Adrianus I papa, epist. ad Carol. Magn. pro septima synodo.

His adjungi potest Theodorus presbyter apud Photium in *Biblioth.*, cod. II. Quamvis enim incomperta sit illius ætas, antiquissimus tamen esse creditur.

Sæculo octavo, Joannes Damascenus lib. I *Orthoxæ fid.*, cap. 15, et lib. II, cap. 3; Michael Syngellus laudatus a Theodoro Studita lib. II, epist. 213. Anastas. Nissenus, *Quæst.* 52 et 52.

Sæculo nono, Nicolaus I sum. Pontif. epist. ad Michael. imperat. ; Photius patriarca Constantinop. in *Bibl.*, cod. 231; Hilduinus abbas Sancti Dionysii in *Areopagit.*; Hincmarus archiep. Rem. epist. ad Carol. Calv. ; Anastasius Biblioth., epist. ad eumdem.

Sæculo decimo, Simeon Metaphrastes, orat. de dormit. Deiparæ. Huc quoque advocari forsitan possunt quidam incertæ ætatis scriptores : Elias Cretensis in orat. 2 sancti Gregorii Nazianz.; Antonius Melissa, lib I, serm. 19, et alii nonnulli.

Sæculo undecimo, Suidas in *Collectaneis.*

Sæculo duodecimo, Euthymius Zigabenus monachus Panopl., tit. II. Hugo a Sancto Victore, Petrus Lombardus in II *Sentent.*, et alii postea Theologi scholastici.

Sæculo decimo tertio; Nicephorus Callistus, lib. II *Histor. eccles.*, cap. 20 et 22 ; D. Thomas Aquinas in II *Sentent.*, dist. 10, quæst. 1, art. 12; Georgius Pachymerius, scriptorum Dionysii paraphrastes.

Sæculo decimo quarto, Theodorus Prodromus

Sæculo decimo quinto, Bessario cardinal., lib. I *Defens. Platon.*, cap. 3 ; Dionysius Carthusian., præfat. in Dionys. Areopag.

Sæculo decimo sexto Facultas Theologiæ Parisiensis in comitiis Sorbonicis Lutherum et Erasmum, eadem scripta a Dionysio Areopagita profecta esse negantes, damnavit, alterum anno 1520, alterum anno 1527. Posterius decretum sæpius in Erasmi, qui eo percellitur, Operibus omnibus pervulgatum est, et cuilibet obvium. Prius vero, quo Lutherus proscribitur, hactenus ineditum, in Sorbonæ libris, ex quibus illud transcripsimus, his verbis concipitur : *Additur et hæc ex libro de Captivit. Babylon. « In Dionysio, qui scripsit de cœlesti hierarchia, nihil ferme est solidæ eruditionis : et omnia sunt illius meditata in præfato libro, ac somniis prope simillima. In Theologia autem mystica perniciosissimus est, platonizans, magis quam christianizans. In ecclesiastica vero hierarchia ludit allegoriis, quod est otiosorum hominum studium. » Hæc propositio est falsa, temerarie et arroganter asserta, ac viro sancto, insigni eruditione claro, injuria, quem Damascenus divinum Areopagitam, Pauli discipulum acerrimum, et Dei loquentissimum appellat.*

Atqui, inquiunt Areopagitici, verisimile nulli fiet tot tantosque ac tot per sæcula doctissimos homines, concilia, summos pontifices, scriptores eruditos, tam parum accurati fuisse criterii, et omni ecclesiasticæ historiæ scientia ita orbatos; ut de aliorum horum scriptorum quærendo auctore ne unquam quidem cogitaverint? Quis in eos tantam oscitantiam, supinitatem, cæcitatem cadere potuisse sibi unquam persuadeat? Tot ergo auctoribus scientia, dignitate, auctoritate præstantissimis hanc tanti erroris notam inurere nefas esse nulli plane non videbitur.

CAPUT V.

Responsiones Antiareopagiticorum, et præcipua eorum adversus hanc traditionem argumenta discutiuntur.

Qui hæc scripta germanum Dionysii Areopagitæ opus esse negant, aiunt ex hujuscemodi traditionibus ut aliquid certi concludi possit, constantes eas esse debere et omnino perpetuas. At hanc de scriptis illis, Dionysio Areopagitæ tribuendis traditionem nec constantem fuisse nec perpetuam, tribus potissimum argumentis demonstrari posse contendunt.

Primum est, quod hæc eadem scripta, quæ propter auctoris nomen, et res sacras, ac plane divinas, quæ in eis pertractantur, celeberrima esse debebant, et omnibus Christianis notissima, per tria tamen priora Ecclesiæ sæcula nulli omnino cognita fuerunt, sed altissimo prætermissa silentio, tenebrisque obruta densissimis.

Quid quod, ii qui per ea tempora de Dionysio Areopagita aliquid memoriæ mandarunt, vel qui accuratissimos scriptorum ecclesiasticorum ediderunt catalogos, puta Dionysius Corinthius, Eusebius, Hieronymus, nullam vel epistolarum vel librorum ejus mentionem unquam fecerunt.

Denique ii qui errores et hæreses his in scriptis explosas confutant, nimirum Irenæus, Tertullianus, Cyprianus, atque alii; vel qui in iisdem ac auctor noster argumentis sive fidei, sive disciplinæ ecclesiasticæ tractandis desudarunt, nullibi scripta ejus ad lites suas dirimendas, ad confutandas hæreses, ad veritatem astruendam efficacissima et plane necessaria, citasse unquam leguntur.

Secundum eorum monumentum inde eruitur, quod iis etiam sæculis quibus opinio de his scriptis Dionysio adjudicandis invaluit, aliqui variis tem-

[a] *Procem. in Dionysii Opera.*

poribus nec incruditi nec ignobiles exstiterunt viri, qui eam aut dubiam esse dixerunt, aut veram esse penitus inficiati sunt.

Tertium denique argumentum ex eo depromitur, quod re maturius discussa, et ad severioris criticæ normam diligentius examinata, opinio illa ab omnibus fere hujusce ætatis scriptoribus, si paucos tantum excipias, rejecta tandem et explosa fuerit. Contra tamen Areopagitici nec recentiorum criticorum, nec aliorum quorumdam antiquiorum sententiam, tot scriptorum a se citatorum judicio præferendam esse clamant. Non diffitentur tamen nullam Operum Dionysii apud antiquissimos scriptores fieri mentionem : sed argumentum illud negativum esse dicunt, ac proinde ex illo nihil quidquam posse confici.

Verum instant adversarii, atque ex hac eorum confessione urgent illam tot scriptorum traditionem, quæ per tria priora Ecclesiæ sæcula penitus deficit, infirmam omnino esse, fractam et debilitatam. Cui vero, inquiunt, probabile fiet hæc tanti momenti tantique auctoris scripta ita fuisse deperdita, ut tam longo temporis spatio summa omnium oblivione sepelirentur? Enimvero hi libri ad Timotheum, quo eos cum aliis omnibus Christianæ fidei sacramento initiatis, communicaret, ab auctore missi sunt. Atqui si res ita se habeat, Timotheus procul dubio ut ii non solum fidelibus Christianis, sed etiam clericis, ac præcipue episcopis mitterentur traderenturque curare debuit. Hi vero præcipere debuerunt, ut juxta antiquum Ecclesiæ morem eosdem vel apud se, vel in sacris Ecclesiarum scriniis asservandi transcriberentur. Certum insuper videtur aliquod eorum exemplar a Dionysio ipso Ecclesiæ suæ Atheniensi fuisse relictum. Quis ergo inficiabitur eos statim ut Dionysius mortuus est, celeberrimos esse debuisse, et omnibus notissimos?

Sed hæc non morantur Pachymerem. Is quippe nullus dubitat hæc Opera cognita fuisse paganis et ab eis occultata, ut suo post hæc nomine illa publicarent, et eorum patres viderentur. *Sciendum est*, inquit [a], *aliquos externos philosophos, præsertim Proclum, contemplationibus beati Dionysii frequenter usum fuisse, atque adeo etiam meris ipsis dictionibus. Inde licet opinari veteres philosophos Athenienses ipsius opera vindicantes occultasse, ut ipsi divinorum ejus librorum patres viderentur.* Unde concludit eos per unius et alterius sæculi spatium facile abscondi potuisse et occultari.

At tametsi illud certum esset et verissimum, non inde tamen vis argumenti ullo plane modo minuitur. Quamvis enim et philosophi, atque etiam hæretici omnes, quod vix quidem est credibile, de occultandis Dionysii Operibus conjurassent, vel in eorum etiam conspirassent exstinctionem, in plura tamen eorum exemplaria, quæ penes Christianos maxime vero episcopos, vel in quarumdam Ecclesiarum scriniis servari debebant, nec invadere potuerunt, nec ea illis eripere. Quid quod, cum illa scripta sæculo sexto producta sunt, omnes incredibili applausu ea exceperunt, plurimi magno quidem descripserunt labore, ac quidam etiam illa et notis illustrarunt et scholiis? Cur ergo Dionysii tempore eumdem applausum similemque admirationem non excitaverunt? Cur statim atque aspexerunt lucem, illico in tantas obscuritatis latebras fuerunt amandata?

Quidam Areopagitici aiunt illa quidem aliquandiu sparsa fuisse in vulgus, sed omnia eorum exemplaria ab Arianis, qui suos in iis errores damnari videbant, vel occultata, vel sublata e medio. At his pariter opponitur illa saltem exemplaria quæ apud orthodoxos et in eorum Ecclesiis servabantur, ab Arianis nec potuisse abscondi nec auferri. Et certe non minor erat catholicorum, ad ea scripta, quibus orthodoxæ veritatis astruebantur, manifestanda ardor et studium, quam hæreticorum ad eadem abolenda sollicitudo et audacia. Adde, si velis, quod Ariani hujusce fraudis, vel ab iis qui eorum hæresim ejurabant, vel a quibusdam catholicis scriptoribus fuissent aliquando insimulati atque etiam convicti.

Quapropter alii Areopagitæ defensores has lucubrationes, utpote de rebus difficillimis et obscurissimis tractantes, ac elato turgidoque et obscuro exaratas stylo, a tam paucis fuisse pervolutatas affirmant, ut cito longam venerint in oblivionem. Sed illa responsio ipsis auctoris nostri verbis funditus everti arguitur. Ille namque aperte declarat se suum *De divinis nominibus* librum, in quo de rebus sublimioribus et difficilioribus disputat, stylo simpliciori clarioriquè conscripsisse ut ea Christianos minus perfectos doceret, quæ Timotheus perfectioribus, et iis qui sublimiora capiunt, tradiderat : *Quapropter*, inquit ille [*], *nos quoque seu perfectorum seniliumque sensuum magistrum, alterasque scripturas, quæ divinitus afflatorum scripta proxime assequuntur, iis qui sublimiora capiunt, illum assignamus : nos vero nostri similibus ad captum nostrum res divinas explanavimus... sermonum vero introductoriorum, seu inferioris notæ scientiam ac disciplinam initiantibus, atque initiatis convenire... ne pro modulo nostro illos, quibus sublimiora nobis contemplandi facultas deest, adminiculo destitutos pateremur, ad scribendum animum appulimus.* Longe ergo a scopo ille aberrasset, si cothurno tragico, ut opinantur Areopagitici, ampullisque et verbis ad pompam effictis turgidior ejus oratio, omnibus ita difficilis esset et obscura, ut a librorum ejus lectione fuissent quilibet deterriti.

Cæterum quantumvis elata et difficilis sit auctoris nostri oratio, cur ejus libri antiquioribus secundo et tertio sæculo Christianis, neque eodem ac aliis postea fuerunt in pretio, neque eadem cura perlecti et asservati? Nunquid his hominibus post tot annorum et plurium sæculorum spatium facti sunt clariores, majorisque ponderis et auctoritatis? Certe liber *De hierarchia ecclesiastica*, ubi disseritur de sacramentis eorumque cæremoniis, quæ quotidiano erant in usu, quæque omnibus sæpissime explicabantur, nulli obscurior esse debebat, poteratque ab omnibus haud difficulter intelligi. Debuit ergo antiquissimis Christianis charus esse, et eorum teri manibus; atque illius idcirco debuit saltem aliquando apud primos Ecclesiæ scriptores fieri mentio.

Hæc quidem cum ab æquioribus Areopagiticis negari non possint, alio responsionem suam derivant, aiuntque in veterum auctorum more non fuisse ut ad suorum dogmatum confirmationem aliorum testimonia adhiberent, *nisi id hæreticorum pertinacia ab ipsis extorqueret : imo adversus fidei hostes certamen ex solis divinarum litterarum testimoniis instruebant. Hinc... nec Athanasius ipse Patrum auctoritatibus ad Arianorum debellationem usus est*, etc.

Si res ita se habeat, urgent eorum adversarii, profecto Dionysius Areopagita Operum, quæ illi tribuuntur, auctor dici non potest. Ille siquidem non solum plura magistri sui fragmenta descripsit, sed aliorum etiam citat auctoritatem, sententias et verba, puta Ignatii, Justi, Bartholomæi, Clementis philosophi, nec non Carpi visionem. Quid plura? Aliorum etiam opiniones refert, ac eas quas veriores esse putat, ipse amplectitur.

Præterea autem, cur Irenæus, Tertullianus, aliique Patres variis Dionysii Areopagitæ, sicut et aliorum decessorum suorum testimoniis adversus sui temporis hæreticos non utuntur? Nunquid hæreticorum pervicacia hæc posteriorum testimonia magis quam Dionysiana ab ipsis extorquebat? Nunquid ad eos confutandos minus ponderis aut efficacitatis habebat Dionysii Areopagitæ quam aliorum auctoritas?

CAPUT VI.
Aliud Antiareopagiticorum argumentum, ex Eusebii et Hieronymi silentio petitum, examinatur.

Sed age, atque Areopagiticorum adversarios contra propositam eorum traditionem acrius urgentes audiamus. Dicunt itaque scripta Dionysii, quamvis omnibus aliis scriptoribus fuissent incognita, non potuisse tamen summam Eusebii, qui tot bibliothecarum et Ecclesiarum, maximeque Atheniensis, ubi summa cura asservari debebant, scrinia perlustraverat, et qui in inquirendis antiquiorum Operibus nulli pepercerat labori, diligentiam fugere. Atqui omnia auctoris nostri scripta Eusebio nota non fuisse inde patet, quod eorum nullibi unquam mentionem fecerit.

[*] *De divin. nomin.*, cap. 5, § 2.

Baronius, et scientia et purpura eminentissimus, aperte negat scripta Dionysii Eusebio fuisse penitus incomperta. Cur autem de iis Eusebius tacuerit, si ab eo quæsieris, respondet illum vafri versutique animi scriptorem, cum Arianam hæresim, cui favebat, his libris destrui videret, eos doloso fraudulentoque silentio prætermisisse. Verum hæc doctissimi viri responsio Haloixio, Areopagiticorum acerrimo defensori, ita displicuit, ut eam non sine fastidio his verbis explodat [a] : *Nam quod aliqui dicunt eum id fraude fecisse, convicium puto. Quid enim ibi tam clarum pro æterna Christi divinitate, quod non multo clarius in Scripturis sacris contentum sit..... nec beatum Irenæum Filii cum Patre æternam coexistentiam clarissime professum citaverunt.* His autem addi potest honorificam non solum Irenæi, sed etiam Clementis Alexandrini, aliorumque plurimorum, quos Arianæ hæresi plane contrarios esse suo loco ostendemus, apud Eusebium fieri mentionem.

Quapropter contendunt alii ex illo Eusebii de Dionysii Operibus silentio nihil certi colligi posse, quandoquidem ille plures alios scriptores, et scriptis et doctrina celeberrimos, atque in primis Athenagoram, qui eximiam Christianæ religionis *Apologiam*, et *De mortuorum resurrectione* librum ediderat, tacitus prætermisit. Quod si dixeris scripta Dionysii et auctoris nomine, et suo numero, ac ipsis quæ tractantur argumentis longe cæteris omnibus sæpius transcribi debuisse, variisque in locis multiplicari, responsum confestim accipies Athenagoræ libros, tametsi forsitan breviores, qui a Christianis tamen describerentur et multiplicarentur non minus dignos videri. Verum opponunt Antiareopagitici quædam in scriptis Dionysii occurrere, nimirum de sacris Scripturarum libris, de solis, moriente Christo, defectione, de obdormitione B. Mariæ Virginis, aliaque bene multa, quæ si in Eusebii notitiam venissent, ab eo nunquam prætermitti potuerunt.

Idem nonnulli ex Hieronymi, præsertim in libro *De scriptoribus ecclesiasticis*, silentio argumentum eliciunt. Inde enim concludunt Dionysii nostri lucubrationes ipsi incognitas fuisse, nec ante ejus tempora divulgatas. Quasi vero, inquiunt Areopagitici, alia non fuerit Hieronymiani silentii ratio? De iis enim tantum scriptoribus quos Eusebius commemoravit disputare constituerat. Sed id certis rationum firmamentis ab ipsis erat muniendum. Aliam quippe mentem sibi fuisse idem ipse Hieronymus aperte testatur [b], dum ingens inter se et eos qui de scriptoribus profanis catalogos ediderunt, discrimen intercedere his verbis significat : *Illi veteres historias annalesque replicantes, posuerunt quasi de ingenti prato non parvam opusculi sui coronam texere. Ego quid acturus sum, qui nullum prævium sequens, pessimum, ut dicitur, magistrum me-*

metipsum habeo : quanquam Eusebius Pamphili in decem ecclesiasticæ Historiæ *libris maximo nobis adjumento fuerit.* Ibi enim non obscure declarat se nullum prævium magistrum habuisse, atque Eusebium ipsi tantum maximo fuisse adjumento. Et re quidem vera, sanctus ille doctor quorumdam auctorum meminit quorum nulla exstat apud Eusebium commemoratio.

At validius forsitan telum inde contra quosdam Antiareopagiticos torquebitur, qui hæc Dionysii Opera ante Hieronymi ætatem edita esse confitentur : hinc quippe conficitur illa Hieronymo, quamvis de iis tacuerit, potuisse nota fieri. Verum illi hoc telo minime se feriri arbitrantur ; utpote qui paulo ante Hieronymi tempus ea in lucem prodiisse asserant. Quapropter hæc, inquiunt, Dionysii Opera in Hieronymi notitiam non venerunt, atque illa in eorum numero sunt censenda de quibus hunc in modum disserit [c]. *Si qui autem de iis qui usque hodie scripti sunt, a me in hoc volumine prætermissi sunt, sibi magis quam mihi imputare debebunt. Neque enim celantes scripta sua, de his quæ non legi, nosse potui ; et quod aliis forsitan sit notum, mihi in hoc terrarum angulo fuerit ignotum. Certe cum scriptis suis claruerint, non magnopere nostri silentii dispendia suspirabunt.*

Contra vero Areopagitici suum in adversarios ita retorquebunt argumentum. Nunquid hæc eadem scripta, quæ, ipsis fatentibus, statim atque emissa sunt in lucem, omnibus notissima esse cœperunt, soli Hieronymo incognita fuere ? Sed nequidquam clamant alii, id retorquetur. Certum quippe est, inquiunt, scripta Dionysii non ab omnibus eodem modo eodemque tempore fuisse agnita. Atque inde concludunt Hieronymum, in angulo terrarum suum cum exararet librum, delitescenti nihil quidquam de iis recentissime publicatis fuisse compertum.

CAPUT VII.
De iis scriptoribus qui post publicata Opera Dionysii, ea dubia aut adulterina esse putaverunt.

Aliud contra Areopagiticorum traditionem momentum est, quod illa tam alto tamque diuturno tot scriptorum de Dionysii scriptis silentio non solum capite imminuta sit, verum inde etiam concutiatur quod ex tempore quo scripta illa pro Dionysianis haberi cœperunt, inventi sint identidem scriptores aliqui qui id præfracte negaverunt. Et illud quidem primum probari posse putant ex Hipatio, qui in Collatione Constantinopolitana Severianis Operum Dionysii auctoritatem objicientibus sic respondet : *Illa testimonia quæ vos Dicnysii Areopagitæ esse dicitis, unde potestis ostendere vera esse, sicut suspicamini? si enim ejus erant, non potuissent latere beatum Cyrillum. Quid autem de beato Cyrillo dico ? quando beatus Athanasius, si pro certo scisset ejus fuisse, ante omnia in Nicæno con-*

---

[a] Quæst. de Oper. S. Dionysii. [b] De script. eccles. Prolog. [c] Ibid.

cilio de consubstantiali Trinitate eadem testimonia protulisset adversus Arii diversæ substantiæ blasphemias. Si autem nullus ex antiquis recordatus est ea, unde nunc potestis ostendere quia illius sint, nescio. Ex his Hipatii verbis, Catholicorum nomine prolatis, duo colliguntur. Primum quidem nullam apud antiquos horum Operum factam mentionem. Atque ex illa sane Hipatii auctoritate priori argumento, ex silentio antiquiorum petito, non parum accedit roboris et firmamenti. Secundum vero, viros sexto sæculo peritissimos in ea fuisse opinione hæc Opera adulterina esse, et falso Dionysii Areopagitæ nomine inscripta.

Sæculo sequenti divus Maximus, accerrimus eorumdem Operum defensor, fatetur illa a quibusdam Apollinari, ab aliis Dionysio Alexandrino attribui.

Sæculo nono Theodorus presbyter, teste Photio [1], librum quo eadem Opera genuinum Dionysii fetum esse probaret, conscripsit. Sed cur, amabo, ad ea Dionysio asserenda stylum convertit, nisi quia de illis inter eruditos quæstio erat et controversia? qui vero quod Photius ipse ex hoc libro quatuor tantum descripsit argumenta, quibus potissimum illa Opera Dionysio supposita esse demonstrabantur? Inde enim quidam inferunt Photium ipsum eidem sententiæ subscripsisse. Et certe Possevinus [2], iste Areopagiticorum assertor, de ea Photii opinione sic pronuntiat : *Opera B. Dionysii ut pseudepigrapha videntur ab eo notari.*

Denique sæculo decimo quinto et sequentibus, ubi hæc quæstio diligentius agitari cœpit, critici doctiores, paucissimis tantum exceptis, omnia hæc Opera Dionysio Areopagitæ plane penitusque abjudicarunt.

His omnibus reclamant Areopagitici, aiuntque Opera Dionysii in Collatione Constantinopolitana fuisse primum quidem repudiata; sed ubi Patres rem examinarunt maturius, illa eadem tanquam vera et germana tanti viri scripta ambabus ulnis amplexati sunt. Quod ad cæteros attinet, ii certe, inquiunt, paucissimi per tot sæculorum intervalla occurrunt; nec illi procul dubio cum tot conciliorum et Sorbonæ decretis, summis pontificibus, Patribus aliisque scriptoribus, qui hæc scripta Dionysio adjudicant vel numero, vel eruditione, vel auctoritate comparandi, multo minus anteponendi videntur. Quod si et summos pontifices, et Ecclesiæ Patres, aliosque omnes et cæcitatis et erroris arguere audeas, nonne præstat cum tot tantisque viris in errorem, si ita loqui fas est, induci, quam quorumdam criticorum, forsitan audaciorum, opinionem illorum præferre judicio?

Instant tamen adversæ partis sectatores omnem hujus responsionis, quantumlibet ponderis habere videatur, vim roburque duplici ex causa omnino frangi et debilitari. Primo quidem quia obiecta auctorum traditio nec perpetua est, nec constans; quippe quæ, uti probavimus, per priora post Dionysii ætatem sæcula, quod primum præcipuumque requiritur, omnino deficiat. Secundo, neque concilia neque summi pontifices, lata aliquando lege, hæc Opera germanum Dionysii Areopagitæ opus esse sanciverunt, sed illa eo duntaxat nomine, quo inscripta erant, laudasse perhibentur. Nulla ergo temeritatis nota iis inurenda esse videtur, qui, omnibus utriusque partis rationibus æqua lance ponderatis, opinioni illi quam probabiliorem judicant, adhærendum esse censuerint.

Porro ad decreta Sorbonica, a nobis jam citata, quod spectat, negari quidem non potest posteriore adversus Erasmum edicto illum aliosque perstringi, qui, spreta clarorum virorum, id est antiquorum Ecclesiæ Patrum, auctoritate, omnia Dionysii nostri Opera temerario sane et imprudenti novitatum studio Areopagitæ plane penitusque abjudicabant. At priore contra Lutherum decreto, is ea potissimum de causa, et meritissimo quidem jure condemnatur, quod, impietate impudentiaque intolerabili, non solum usurpatam ab auctore nostro ex sui temporis ingenio et more scribendi methodum, sed traditam quoque ab ipso orthodoxæ fidei doctrinam vir audacissimus conculcare et pessumdare ausus sit. Hæc ergo Sorbonæ decreta, inquiunt Antiareopagitici, nullam censoriæ severitatis notam iis inurunt, qui, salvo semper debito Patribus honore et reverentia, nec temere, sed ratione et judicio, nec ullo novitatis studio, sed sincero veritatis amore, ab antiqua plurium, sed non omnium opinione recedunt.

CAPUT VIII.
Argumenta ex ipsis auctoris Operibus desumpta expenduntur; ac primum argumenta Areopagiticorum.

Excussum est hactenus primum argumenti genus, quo Dionysii Opera ipsi aliorum auctoritate vel asseruntur, vel abjudicantur; nunc ad secundum, quod ex ipsismet illius Operibus petitur, examinandum accedamus. Illud autem utriusque partis fautores pro sua quique opinione militare arbitrantur. Et primo quidem, si Areopagiticis credas, materia Operum, stylus, locutio, ac denique scriptionis tempus, non alium eorum quam Dionysium Areopagitam parentem esse produnt. Materies namque seu argumentum lucubrationum Deus est, Trinitas, angeli, Ecclesia, Ecclesiæ ministri, sacramenta: quæ subtilem philosophum, magnumque theologum in sublimissimo argumento versantem arguunt et indicant. Stylus autem et locutio viri est in rebus divinis et sacris meditandis exercitati, qui voces novas ac singulares ad rerum, cæteroqui inexplicabilium, adumbrationem fingere et componere coactus est. Tempus denique scriptionis auctorem apostolis ipsis eorumque discipulis coævum

[1] *Bibl. cod. 1.*   [2] *Apparat. sacer,* verbo *Photius.*

aperte demonstrat. Etenim ille se solis, Christo patiente, defectionem vidisse, ac postea Pauli et Hierothei disciplinæ traditum, deinde cum apostolis sacræ Virginis Mariæ exsequiis et funeri interfuisse, ac tandem ad Joannem apostolum in insula Pathmos exsulantem litteras dedisse profitetur. Atqui hæc omnia neque Dionysio Corinthio, neque Dionysio Alexandrino, neque ulli alii Dionysio, nisi Areopagitæ conveniunt. Ille ergo solus horum Operum, quæ nomen ejus in manuscriptis omnibus cum Græcis, tum Latinis præfixum semper habuerunt, parens et auctor dicendus est. Et certe nefas esse videtur istum auctorem in fœdissimi mendacii, fallaciæ et sacrilegæ simulationis suspicionem vocare, quando quidem scripta ejus non solum ubique sanctitatem spirant, sed ea etiam cum in monasterium et urbem ejus nomine prope Parisios dicta, asportarentur, variis infirmitatibus in tanti viri honorem applicata, multis divinitus honestata sunt miraculis.

Qui vero ex adversa stant parte, hi respondent materiam operis ab alio æque ac Dionysio Areopagita tractari potuisse, stylum autem et locutionem Dionysii Areopagitæ his in scriptis deprehendi plane penitusque inficiantur. Fatentur quidem auctorem nonnulla iis inseruisse quibus se apostolorum temporibus vixisse, et Pauli discipulum fuisse incautis simplicioribus persuaderet; sed contendunt plura in iisdem Operibus imprudenter ab eo adjecta, quibus ea longe post apostolorum et Dionysii Areopagitæ ætatem prodiisse invicte demonstratur. Utrum autem id, uti opinantur, certis rationum momentis probare possint, a nobis est accurate ponderandum.

CAPUT IX.
Argumenta Antiareopagiticorum examinantur; et primum quidem, inde ductum quod libri Timotheo inscribantur.

Primum Antiareopagiticorum momentum, ex ipsa librorum, qui Timotheo nuncupantur, inscriptione ducitur. Auctor enim noster in libro *De divinis nominibus* epistolam Ignatii Antiocheni episcopi, uti infra dicetur, et laudavit, et ipsissima illius verba retulit. Ergo, inquiunt, hic liber Timotheo, qui dum ea Ignatii epistola data est, jam mortem obierat, non potuit inscribi.

Hic non minimæ difficultatis nodus Areopagiticos plurimum torsit, atque ut ab eo se expediant, varias se vertunt in partes. Nonnulli enim cum Baronio opinati sunt hunc Timotheum non eum esse qui Pauli discipulus fuit, sed alium quemdam juniorem, Pudentis senatoris filium, cujus nomen in Romanum Martyrologium, et in SS. Perpetuæ et Felicitatis Acta refertur. Alii e contrario Timotheum illum verum Pauli discipulum fuisse asserunt, et Baronii opinionem his impugnant rationibus.

1. Omnes ante Baronium scriptores, cum Græci tum Latini, in ea fuerunt sententia. 2. Auctor noster tradit Timotheum episcopali dignitate inauguratum, atque ab eo Opera sua vult examinari et castigari. 3. Idem ipse auctor in epistola ad Titum, quem Baronius aliique Areopagitici discipulum et comitem Pauli fuisse concedunt, ejusdem Timothei meminit. 4. In omnibus manuscriptis codicibus Timotheus ille Ephesinorum episcopatum, cui discipulus Pauli præfuit, tenuisse memoratur. 5. Denique auctor noster, uti diximus, se apostolorum ejusdemque proinde Timothei temporibus vixisse jactitat. His autem rationibus et illud quoque refellitur, quod post pseudo-Dextri Chronicon propugnat Bivarius, hunc Timotheum non alium esse quam Eugenium Toletanum, cui propter ingenii excellentiam nomen Timothei impositum est.

Sed horum vicissim Areopagiticorum momenta inde haud difficilius evertuntur, quod Evangelium et Apocalypsim Joannis apostoli, atque Ignatii epistolam, quæ post Timothei mortem edita sunt, in auctoris nostri scriptis, ut infra dicemus, clare nominatimque citentur. Enimvero sola Ignatianæ epistolæ verba, quæ ab eo vere transcripta, nec in textum ejus intrusa esse demonstrabimus, id aperte evincunt.

Addit Baronius quod Timotheus ille ab auctore nostro sæpe παῖς, *puer*, vocatur. At Timotheum, Pauli discipulum, a Dionysio Areopagita, eo nomine compellatum esse nulli verisimile videbitur: *Num episcopus*, inquit Baronius [9], *coepiscopum nominare consuevisse fratrem, non filium, mille exemplis esset facile demonstrare.* Hujus argumenti difficultates ut solvant alii Areopagitici, varias congerunt responsiones. Et primo quidem dicunt Timotheum sic vocari, quia ille ad quem Paulus, Nerva imperante, hæc scripsit in verba : *Nemo adolescentiam tuam contemnat* [10], Dionysio Areopagita junior esse videtur. 2. Timotheus in philosophia et sæculari disciplina cujus rudior erat, atque in sublimiore theologia Dionysium habebat pro magistro, et illum absens per litteras consulebat. 3. Cum Timotheus satis esset natura timidus et pusillanimis, non tantum doctore scientiæ, sed etiam virtutis et constantiæ indigebat magistro.

Verum quo unquam exemplo probabitur episcopum ab alio episcopo ideo puerum vocari, quod ille in philosophia et sæculari disciplina sit rudior. Deinde quo itidem argumento persuadebis Timotheum in iis scientiis fuisse Dionysio rudiorem, ac eum in sublimiore theologia habuisse pro magistro ? Certe Dionysius illum tanta eruditione præditum agnovit, ut perfectiores ejus cognitiones secum communicari, et scripta sua ab eo emendari voluerit : *Illud quoque*, inquiebat Dionysius [11], *pontificiæ tuæ scientiæ commemorabimus.* Et alibi [12] :

---

[9] Ad annum. 109, § 56. [10] 1 Tim. II. [11] Lib. *De cœl. hierar.* cap. 9. [12] Lib. *De eccles. hierar.* cap. 7, § 11.

Communica igitur et tu mihi perfectiorem illustrationem, etc.; atque alio in libro [13]: *Erit humanitatis tuæ corrigere non sponte ignorantem, rationesque suggerere discere cupienti.*

Scimus quidem Dionysium a Timotheo de re quadam theologica fuisse aliquando interrogatum, ut hunc in modum ille testatus est [14]: *Sed quia alias me per epistolam interrogasti, quid appellem per se esse, per se vitam, per se sapientiam, et tecum ais dubitasse quomodo Deum aliquando voco per se vitam, aliquando vero effectorem vitæ.* At quis merito inde colligat Timotheum in philosophicis rebus Dionysio rudiorem, cum in theologicis habuisse pro magistro? Nunquid, quia Augustinus Hieronymum, atque alii episcopi alios episcopos de rebus theologicis, vel, si velis, philosophicis, consuluerunt, iis rudiores, eorumque discipulos, aut ab illis filiorum nomine vocatos fuisse dicendum est? Hæc certe nullus unquam dixit, sed nec somniavit unquam.

Quis autem sibi persuadeat Timotheum adeo natura fuisse timidum et pusillanimem, ut ille magistro virtutis et constantiæ indiguerit, quem Paulus laborum, itinerum, periculorum, suppliciorum comitem habuit, quem Paulus ad alios confirmandos misit: *Misimus*, inquit ipsemet Paulus, *Timotheum fratrem nostrum, et ministrum Dei in Evangelio Christi, ad confirmandos vos, et exhortandos pro fide vestra, ut nemo vestrum moveatur in tribulationibus* [15]. Siccine ergo ad alios in tribulationibus confirmandos et exhortandos, mittendus erat homo naturæ timidæ et pusillanimis?

Restat igitur ut Timotheus idcirco puer dicatur, quod Dionysio ætate fuerit junior. Et id quidem inde confirmari potest, quia Ambrosius, uti olim observabamus, Constantium episcopum filii nomine appellaverit [16], *Commendo tibi, fili, Ecclesiam, quæ est ad Forum Cornelii.* Verum Timotheus ante Dionysii conversionem non solum Christianæ religioni nomen dederat, sed Pauli quoque et discipulus erat et comes. Deinde cum Dionysius scripta sua elucubraret, annum, ut diximus, nonagesimum, vel forsitan centesimum debuit attingere, nec Timotheus tunc octogenario minor erat. Fac tamen cum septuagenarium, vel etiam sexagenarium tantummodo fuisse, nunquid episcopus nonagenarius alium tam provectæ ætatis episcopum, qui jam ante eum Christianam religionem amplexatus, et deinde Pauli apostoli comes et discipulus fuerat, nomine filii appellasse credendus est? Neque ad id ullo modo facit Ambrosii exemplum, quandoquidem Constantius inter clericos Mediolanenses sub ejusdem Ambrosii magisterio educatus, cum ad eum scripsit idem Ambrosius, in episcopum recens assumptus fuerat.

Instant aliqui Christum discipulos suos vocasse pueros: *Pueri, nunquid pulmentarium habetis* [17]? Addunt Clementem Alexandrinum omnes universim Christianos eodem nomine nuncupasse; quoniam Christiani ob morum simplicitatem et suavitatem hoc se invicem puerorum nomine vocitabant. Sed id omnino leve est et infirmum. Nam episcopo fas non erat alium episcopum eodem modo quo Christus discipulos suos vocabat, alloqui et appellare. Clemens vero non idcirco Christianos pueros nominat, quod ii hac mutua appellatione sese invicem alloquerentur, sed quia ille libro suo *Pædagogi* titulum indiderat. Porro autem etsi Christiani sese invicem pueros vocarent, non ii tamen in scriptis suis aliquem provectæ ætatis hominem, scientia, dignitate, virtutibus celebrem, et episcopatu auctum, eo nomine appellasse ullibi leguntur.

CAPUT X.

Examinatur secundum argumentum, ex libris et scriptoribus sacris qui ab auctore nostro citantur desumptum.

Jam vero si a librorum inscriptione ad eorum lectionem transeamus, occurrent passim libri et scriptores ab auctore nostro citati, qui eum Areopagitam non esse satis aperte demonstrare videantur. Ille enim eumdem, qui nunc ab omnibus recipitur, sacrum divinæ Scripturæ canonem exhibet et repræsentat. Atqui canon ille Scripturarum Dionysii tempore nondum erat perfectus et obsignatus. Apocalypsim namque, Epistolam Pauli ad Hebræos, secundam Joannis, et Judæ Epistolam, quas ille hunc refert in canonem, ab eodem plurimi excludebant. Deinde Joannes Apocalypsim suam, cum in insula Patmos exsularet, id est circa annum Christi 94 vel 95, edidit, Evangelium vero post suum, ut plures arbitrantur, ab eodem exsilio reditum, hoc est non ante annum 98, publici fecit esse juris. His adde libros illos a Dionysio non ut novos recenterque editos citari. Unde concludunt eum vix ante annum Christi centesimum scriptis suis manum admovisse. At tum Dionysius ille annum ætatis suæ nonagesimum agebat, quippe qui Christo patiente, ut solis eclipsim observaret, annos quinque supra viginti explevisse credatur. Quis autem sibi facile persuadeat virum ab ineunte juventute eruditissimum, ad libros conscribendos tunc animum appulisse, cum ipse nonagenarius esset et senio confectus.

Sed his rationibus minime de sententia sua moventur Areopagitici. Non enim diffitentur diu quidem de librorum canonicorum numero fuisse disputatum, sed negari nequaquam posse aiunt quin, sicut nonnulli quosdam libros ex sacro canone rejiciebant, ita etiam quidam alii eos omnes qui in eumdem canonem nunc ascribuntur, pro canonicis habendos esse putaverint. Neque enim quondam

---

[13] Lib. *De divin. nomin.*, cap. 13, § 4.   [15] Lib. *De divin. nomin.*, cap. 11.   [16] I Thessal. II, 3.
[14] Amb. epist. 2, novæ edit.   [17] Joan. XXI, 5.

aliquando tempus fuisse dici potest quo omnes cum Ecclesiæ, tum Christiani libros quosdam Scripturæ in sacro canone non censuerint esse numerandos. Quid ergo prohibet quominus Areopagita his præbuerit assensum, qui sacro canone eos omnes libros, qui nunc assignantur, contineri pro certo habebant ?

Quod ad Joannis Evangelium pertinet, si plures e doctioribus criticis illud ab apostolo post reditum suum ab exsilio scriptum opinantur, non desunt etiam qui et illud antea exaratum esse asserant. Sed quovis tempore scriptum esse dicatur, nihil vetat, inquiunt Areopagitici, quominus illud ipsum, atque etiam ejusdem Joannis Apocalypsis citari potuerint a Dionysio, qui centenario major sub Trajani, vel, juxta alios, sub Adriani imperio vitam cum morte commutavit.

Fatendum quidem est quod si hoc Dionysianæ mortis tempus certis rationum momentis posset confirmari, omnis procul dubio solveretur hujusce difficultatis nodus. Sed contendunt Antiareopagitici Dionysium post Domitiani imperatoris tempora vitam non produxisse. Quod quidem ita certum esse volunt, ut non solum accuratioris criterii auctores, sed eorum etiam qui scripta Dionysio Areopagitæ vindicant, non pauci huic opinioni subscripserint. Cæterum cum tempus Dionysianæ mortis ea, quæ omnem tollat difficultatem, evidentia demonstrari nequeat, eo certe argumento non revincentur omnes Areopagiticorum animi.

Quapropter nec apud eos plus valebit et alia similis argumentatio, inde petita quod in librorum manuscriptorum omnium titulis auctor noster episcopus Atheniensis inscribatur. Neque enim ullus certa omnino ac plane evidenti probatione demonstravit quandiu Dionysius Atheniensem tenuerit episcopatum, aut quo tempore sive spontanea abdicatione sive morte sua illum tandem reliquerit. Incertum igitur Areopagiticis videbitur num Dionysius post editos a Joanne Apocalypsis et Evangelii libros Atheniensi episcopatui nuntium non remiscerit. Hæc itaque probationum firmamenta apud eos tantum vim habebunt, qui, soli veritati litantes, illas Dionysianæ historiæ difficultates, sepositis partium studiis, enodare conabuntur.

CAPUT XI.

Tertium argumentum, ex citata sancti Ignatii, episcopi Antiocheni, auctoritate petitum.

Gravius sane contra Areopagitæ defensores eruitur argumentum ex epistola Ignatii, episcopi Antiocheni, ad Romanos, quam auctor noster in hæc verba citasse perhibetur [18] : Γράφει δὲ καὶ ὁ θεῖος Ἰγνάτιος· « ὁ ἐμὸς ἔρως ἐσταύρωται. » *Scribit autem et divus Ignatius : « Amor meus crucifixus est. »* His autem verbis laudatur aliquid ab Ignatio non dictum, sed scriptum ; quod nullibi, nisi in ea quam citamus epistola invenire est. Atqui hæc epi-

[18] Lib. *De divin. nomin.*, cap. 4, § 12.

stola ab ipso, cum ad martyrium duceretur, anno Christi, ut supra ostendimus, 107 aut 108, fuit exarata. Porro autem ea neque tam cito in manus Dionysii venire potuit, neque ille eam ut novam, et a paucis cognitam, sed ut receptam ab omnibus citat, verbaque ejus transcribit. Hinc ergo concludas necesse est Dionysii librum *De divinis nominibus* non ante annum 110 emissum fuisse in lucem.

Respondent quidam Areopagitici Dionysium post Ignatii mortem vitam suam produxisse ; proindeque epistolas ejus ab illo potuisse laudari. Sed illi de soliditate hujus responsionis, quam cum ejusdem Dionysii in Gallias adventu conciliare non possunt, penitus diffidentes, ad aliam statim confugiunt, aiuntque Dionysium scripta sua in Græcia quidem edidisse, sed ea postmodum ab ipso in Galliis ita recognita atque retractata, ut iis ex Joannis Evangelio et Apocalypsi atque ex Ignatii epistola plura testimonia addiderit. Verum id gratis omnino fingitur. Nam si opera Dionysii ab eo in Galliis fuissent recusa, ille procul dubio in populi sui aliorumque solatium curasset ea in Latinam linguam verti et publicari, atque plurimi eorumdem Operum inventi fuissent in iis regionibus et Latina et Græca manu exarati codices. Nulli tamen ibi unquam reperti sunt : sed priores ex Oriente asportati, Græce scripti erant ; nec Latinam eorum versionem, ea quæ a Joanne Scoto edita est, antiquiorem habemus. Deinde nullus unquam Opera sua recensuit, ac in eorum recognitione plura adjecit nova, quin de his lectores alicubi monuerit suos. Nullibi tamen apud auctorem nostrum exstant hujusce admonitionis vestigia vel notæ.

His igitur responsionibus ab aliis Areopagiticæ opinionis fautoribus vel spretis vel omissis, audacter affirmant citata Ignatianæ epistolæ verba ab aliquo insciente et rerum ignaro imprudenter et inepte in Dionysii intrusa textum. Et id quidem pluribus momentis demonstrari posse arbitrantur. Primum, quia nihil ad Dionysii argumentum faciebat præfata Ignatii auctoritas. Dionysius etenim ibi probat vocem ἔρως, *amor*, apud sacros auctores in bonam partem accipi. Atqui eadem vox in hac ipsa Ignatii epistola pro concupiscentia amoreque terrestri usurpatur. Secundo, quia hac pericope et sententia Ignatii dempta, melius sibi cohæret Dionysii oratio. Tertio, testimonium illud Ignatii inter media sacræ Scripturæ testimonia absurde omnino collocatur. Certe prudentior Dionysius et post omnia divinæ Scripturæ testimonia, atque etiam post allatas a se ibidem Hierothei magistri sui auctoritates ei locum dedisset. Denique periodus quæ hanc Ignatii sententiam antecedit, falsitatem continet putidissimam, et auctore tam erudito prorsus indignam. Hæc autem periodus his verbis concipitur : *Visum est quibusdam nostris sacrarum Scripturarum tractatoribus nomen* ἔρωτος, *amoris, divinius esse, quam nomen* ἀγάπης, *dilectionis*. At hoc, inquiunt, falsissimum est. Nam si nomen *amoris*, ἔρωτος, divinius esset quam nomen *dilectionis*, ἀγάπης, scriptores sacri eo procul dubio frequentius uterentur. Atqui vox ἔρως in Novo Testamento, ubi vox ἀγάπη plus quam nonagies occurrit, nec semel quidem reperitur ; in Veteri autem creberrime legas vocem ἀγάπης, bis vero *suntummodo* vox ἔρως, in Proverbiorum libris, ad amorem impurum et profanum significandum adhibetur [19 20]. Unde concludunt et phrasim præfatam, atque ipsam Ignatii sententiam, in Dionysii libros fuisse a quodam malo feriato homine intrusas.

Sed hanc Areopagiticorum opinionem, ejusque firmamenta, inde convellunt adversarii, quod nullus unquam inventus sit codex manu exaratus in quo illa Ignatii verba in textu Dionysiano eadem manu ac cætera omnia descripta non reperire sit. Quid quod ? ab auctore prologi Homiliarum in Cantica, quem Areopagitici Origenem esse fatentur, hæc eadem verba pro vere Dionysianis, et eodem atque ab auctore nostro sensu citata legimus. Nihil ergo Origenes in iis invenit quod non esset veritati consonum, recto ordine digestum, et ad ea quæ Dionysius intendebat probanda aptum omnino et conveniens.

Porro autem ex hoc Origenis seu auctoris harum Homiliarum testimonio ruit primum Areopagiticorum momentum. Putavit enim ille, ac etiam alii post eum Areopagitici, nomen ἔρως ab Ignatio in bonam partem accipi. Potuit ergo et auctor noster in eadem esse opinione, atque eo sensu, quem verum genuinumque esse putabat, hanc citare Ignatii sententiam. At, inquies, hoc falsum est omnino. Falsus est ergo, inquient, Origenes, falsi sunt et alii. Porro si in hoc eos errasse dixeris, quidni et errare potuit Dionysianorum auctor Operum ? Illos tamen non errasse hinc non absurde conjicias, quod nomen ἔρως in iis quæ citantur Ignatii verbis, pro amore spirituali et divino possit usurpari, quamvis in subsequentibus, quæ inde auctor noster intulit, pro exstincto concupiscentiæ igne accipiatur.

Quod autem objicitur, hac periodo dempta, Dionysianam orationem melius sibi cohærere, leve omnino est nulliusque momenti. Idem quippe dici posset de aliis auctorum libris, in quibus plura ad aliquid probandum congeruntur testimonia antiquiorum. Uno enim et altero sublato, melius quoque scriptoris oratio sibi cohærebit plerumque videbitur. Deinde si quoties deleta aliqua periodo oratio sibi melius cohærere censetur, toties eamdem periodum textui auctoris dixeris esse adjectam, tot in Ecclesiæ Patrum atque in primis auctoris nostri operibus, dici deberent assuta, iisque insita, ut hæc objecisse Areopagiticos aliquande prœniteret.

At, inquiunt, Dionysius non poterat testimonium Ignatii aliis sacræ Scripturæ testimoniis medium interjicere ; sed illud suo, id est ultimo, posuisset loco. Nec majoris ponderis est ista argumentatio. Quis enim scriptores his citandorum librorum legibus ita teneri credat, ut ab iis non liceat unquam transversum unguem discedere ? Hæc quippe ita si se haberent, quot, bone Deus ! occurrent testimonia veterum in variis posteriorum scriptorum libris ab inscientibus et ignaris imprudenter intrusa, et ex iis deinceps delenda ! Quot namque scriptores de ea, quæ nunc desideratur, citandi methodo ne cogitaverunt quidem ? Quot in eorum Operibus permista reperies Scripturæ Patrumque antiquiorum testimonia ?

Neque erat sane quod fastidiosius objicerent periodum, quæ huic Ignatii sententiæ præponitur, falsitatem continere putidissimam. Etenim eo quo enuntiatur modo, nihil in ea nisi verissimum deprehenditur. Hæc quippe ipsissima sunt, ut superius dictum est, auctoris nostri verba : *Visum est quibusdam nostris sacrarum Scripturarum tractatoribus nomen* amoris *divinius esse quam nomen* dilectionis. *Quibusdam* dixit, non omnibus. At *quibusdam* id ita visum fuisse tam constanter putabat, ut scriptores et scripta, ubi id traditum est, ille continuo indicaverit. Et certe qui hæc objiciunt, et ipsi fatentur illud nomen *amoris* in aliis quam iis qui ab auctore nostro citantur, inveniri Scripturæ sacræ libris.

CAPUT XII.
Quartum argumentum, ex aliorum operibus atque opinionibus ab auctore nostro citatis deductum.

Neque porro sola ab auctore nostro citata Ignatii auctoritas, sed etiam Bartholomæi, Justi, et Hierothei, præceptoris sui, prolata ab illo testimonia, ipsum Dionysium Areopagitam non esse plane demonstrare Antiareopagiticis videntur. Verum enimvero ubinam gentium exstiterunt aliquando illa, quæ ille citat, tantorum virorum Opera ? Quis ea unquam præter hunc auctorem nostrum laudasse perhibetur ? Quomodo ea Eusebii, accuratissimi antiquissimorum scriptorum scrutatoris, aliorumque omnium diligentiam fugerunt ? Nunquid unius apostoli, et duorum apostolicorum hominum scripta, tam cito perierunt, ut nulla eorum nisi apud auctorem nostrum mentio habeatur ? Certe Hierothei, qui Dionysii Areopagitæ magister et Pauli apostoli discipulus fuisse dicitur, cujus pietas et doctrina summis extolluntur laudibus, tanti, inquiunt, viri opera omnia a Dionysio saltem et Timotheo publicari, et de eorum manibus in Christianorum omnium manus venire, ipsisque summo esse in pretio, ac in Ecclesiarum

[1 20] *Prov*. vii, xviii et xxx, 16.

scriniis, et episcoporum bibliothecis asservari debebant. Cur ergo hujus summi viri, qui μέγας ἥλιος appellatur, Opera tantis tenebris tantaque oblivione obruta sunt, ut nullum eorum nisi in auctoris nostri scriptis vestigium supersit? Quid quod et ipsa Hierothei testimonia non alio quam auctoris nostri stylo exarata videntur? Idem enim in utrisque et ingenium et locutio, cæteraque omnia sibi plane similia legentibus prima fronte occurrunt. Ex quibus non temeraria prorsus conjectura capitur, libros Hierothei nunquam, nisi Dionysianis in lucubrationibus, editos in lucem.

Ad hæc vero, auctor noster non solum plura incognitorum hominum producit testimonia, sed varias etiam doctorum hominum opiniones ita refert, ut iis tantummodo quas vero propiores esse existimabat, se adhærere testetur. Ubi enim de Seraphim quod ad Isaiam missum est, disserit [11]: *Nonnulli*, inquit, *juxta assignatam de omnium intelligentiarum communione definitionem aiunt,... Alius item haud admodum incongruam mihi tradidit solutionem. Aiebat enim*, etc. Et de hymno qui in missa fidelium cantabatur [22]: *Hunc autem hymnum alii laudis canticum, alii religionis symbolum, alii denique, mea quidem sententia, hierarchicam Eucharistiam*, etc. Et de Seraphinorum alis [23]: *Senas alas, quas Eloquia commemorant, non existimo sacrum numerum denotare, ut quibusdam placuit, sed ipsas virtutes*. Denique, ut cætera taceamus, de electione sancti Matthiæ hæc habet: *Cum autem de divina illa sorte quæ divinitus super Matthiam cecidit, alii ab aliis meo quidem judicio non recte diversa senserint, meam ipse sententiam exponam.* At vero quis inducat sibi in animum apostolicis temporibus Christianos virosque apostolicos in tam varias hisce de rebus abiisse opiniones? Quis de eo, quo Matthias in proditoris Judæ locum assumptus est modo, divinaque ejus sorte et electione, tantum inter eos dissidium, tantamque fuisse discordiam crediderit? Nunquid apostolorum discipuli ab ipsis non didicerant quomodo ea electio facta fuerit? Fac autem de ea nihil ab eis acceperint, certe ii ab aliis apostolorum sociis, aut successoribus, qui adhuc in vivis erant, poterat eorum unusquisque de ea electione ita certior fieri ut nullus esset dissensionis disputationisque locus.

Areopagitici e contrario clamant ab ipso Ecclesiæ nascentis exordio, diabolicis artibus fuisse inter Christianos, ut testatur Paulus, hæreses et schismata, scissuras et dissensiones. Nihil ergo, inquiunt, mirum est si Dionysii tempore de sorte quæ cecidit super Matthiam, sit disputatum. De Hierothei vero aliorumque libris deperditis nihil est quod magis mireris, quandoquidem plurima apostolorum virorumque apostolicorum scripta ita perierunt, ut nullum eorum exstiterit vestigium. Sed his parum moti eorum adversarii, arguunt de rebus quidem quæ ad fidei doctrinam pertinent, fuisse semper in Ecclesia ab hæreticis agitatas quæstiones; at de rebus quæ inter apostolos publice rituque solemni peractæ sunt, quasque omnes ab eis eorumque sociis poterant facile edoceri, nullam de qua in scriptis disputaretur, nasci potuisse dissensionem. Porro Opera Hierothei, ac Bartholomæi, et Justi, non potuerunt tanta facilitate ac aliorum lucubrationes oblivione perpetua obrui. Constat quippe ea, si Dionysio credamus, in ejus ac Timothei manus venisse: nec dubium est quin illa cum plurimis, a quibus summa cura conservari debuerunt, censuerint esse communicanda.

CAPUT XIII.

Quintum argumentum, ex citatis ab auctore nostro traditionibus petitum.

Aliud contra Dionysii Operum γνησιότητα argumentum suppeditant traditiones, quas ille ab antiquo tempore ad suam ætatem deductas esse testificatur. De baptizandorum enim infantium more hæc tradidit auctor noster [24]: *Hæc de re id quoque dicimus, quod deiformes præceptores nostri ab antiqua traditione nobis transcripserunt.* Πρὸς τῆς ἀρχαίας μαθόντες παραδόσεως. At id certe a Dionysio Areopagita dici nequaquam potuit.

Enimvero quamvis mos ille ab apostolis derivetur, Dionysio tamen Areopagitæ ab antiqua traditione non transmissus est. Quos enim ille vir summus, a Paulo fidei Christianæ dogmatibus imbutus, præceptores habere potuit, qui illi morem baptizandi infantes ab antiqua traditione præscripserint?

Neque dixeris vocem ἀρχαίας non pro antiqua, sed prima traditione significanda usurpatam. Nullo quippe unquam exemplo vocem ἀρχαίας ad id quod, interposito nemine, ab aliquo acceptum est, significandum ullibi apud Græcos scriptores adhibitam fuisse probabitur. Quis ergo Dionysium Areopagitam hac voce contra receptam ab omnibus illius significationem usum esse, nulla ratione allata aliis facile persuadebit?

Sed age, et videamus utrum ea veriora sint quæ auctor noster de aliis dogmatibus sibi traditis, haud dubitanter affirmat [25]: *Maxime vero*, ita ille loquitur, *ista oracula dicimus quæ a sacris nostris initiatoribus, divino spiritu afflatis, in Scripturis sacris librisque theologicis tradita nobis sunt, uti et illa quæ ab iisdem viris sanctis subtiliori, non omnino dissita ab ordine cœlesti, insinuatione de mente in mentem, mediante verbo corporeo quidem illo, simul tamen immateriato, sine scriptione institutores nostri sacra quadam traductione sunt edocti:* γραφῆς ἐκτὸς εἰ καθηγεμόνες ἡμῶν ἐμυήθησαν. Ibi

---

[21] *De cœlest. hierarch.*, cap. 13.   [22] *De ecclesiast. hierarch.*, cap. 13.   [23] *Ibid.* cap. 4.   [24] *Lib. De eccles. hierarch.*, cap. 7, § 11.   [25] *De hierarch. eccles.*, cap. 4. § 4.

plane et dilucide non scriptam commemorat traditionem, quam de mente in mentem ad se traductam esse asserit. Verum, amabo vos, poteratne Dionysius Areopagita, Pauli discipulus, verbis adeo expressis affirmare se institutores ac magistros habuisse qui hierarchiæ ecclesiasticæ ordinem ab aliis sine scriptione didicerint?

Neque vero, quod mirum est, ibi tantummodo, sed alibi non semel eodem traditionis argumento ad ea quæ dixerat confirmanda sponte sua utitur. Nam ubi de sanctissimo Trinitatis mysterio non minus enucleate et perspicue ac alii post Nicænam synodum Patres, disputat [26], *Hæc*, inquit, *aliaque quælibet deificat lumina, quæ Scripturis consona sancti nostri præceptores arcana nobis interpretatione tradiderunt, nosque hausimus*: Græce legitur, κρυφὴ παράδοσις, *secreta traditio*. Et paulo infra [27], *Theologicæ nostræ traditionis auctores... assignantque Scripturis sacris insistendo nonnulla dictæ unioni propria, vicissimque distinctioni*. Ili ergo auctores, vel, ut Græce scribitur, θεολογικῆς παραδόσεως ἱερομύσται, divina attributa, inquit ille, enodaverunt, *Scripturis sacris insistendo*, vel, ut prius dixerat, *Scripturis consona tradendo*. Illorum ergo ibi profert testimonia, qui post editos Novi Fœderis libros, ac in primis Apocalypsim et Evangelium Joannis, quæ ibidem ab eo laudantur. Inde auctoritates ad theologicorum de divina Trinitate dogmatum expositionem afferebant. Qui ergo erant ii Dionysii Areopagitæ præceptores? Nunquid Hierotheus? Sed is ab illo semper nominatim, *præceptor noster* appellatur. Si ergo illum his in locis laudat, et alios procul dubio eidem adjungit. At porro quicunque tandem fuerint Areopagitæ magistri, eos certe tantum citat qui post publicatos Apocalypsis et Evangelii Joannis libros ita scripserunt ut eos in omnium manus et cognitionem venisse omnino persuasum haberent. Rursus vero auctor noster illa præceptorum suorum Opera, non ut recens edita, sed omnibus plerumque cognita laudavit. Unde quivis facile intelligat omnes scriptoris nostri lucubrationes et serius quam creditur prodiisse, nec Dionysium Areopagitam potuisse eorum esse auctorem.

CAPUT XIV.

Sextum argumentum, ex iis quæ de sanctissimo Trinitatis mysterio personisque divinis auctor noster tradidit, desumptum.

Illud autem probationibus jam adductis accedit firmamenti, quod non solum Hierotheus, ut diximus, de Trinitatis mysterio clarissime disserat, sed noster etiam Dionysius præceptorem suum præeuntem ita subsequatur ut uterque post ortam et damnatam Arianorum hæresim videatur disputare. Is enim non secus ac Hierotheus vocem *hypostasis*
ad tres divinæ Trinitatis personas significandas sæpius usurpat [28]. Καὶ μὴν, inquit ille, ὅτι μονάς ἐστι καὶ ἑνὰς τρισυπόστατος. Et alibi [29]: ὡς τριάδα δὲ διὰ τὴν τρισυπόστατον. Ubi vero de personarum divinarum circuminsessione loquitur [28]: τῶν ἐναρχικῶν ὑποστάσεων, inquit. Atqui nullus ante Alexandrinam synodum, anno 362 coactam, ea voce, si Socrati fides habeatur [30], ad id significandum usus est: *Cæterum episcopi*, Socratis verba sunt, *qui in Alexandrino concilio aderant, hanc præterea quæstionem diligenter examinarunt, de substantia scilicet et hypostasi... Quid autem nos de substantia et hypostasi didicerimus, nihil vetat quominus hæc breviter exponamus. Qui Græcam inter Græcos philosophiam tradiderunt, substantiam quidem plurimis modis definierunt, hypostaseos vero nullam prorsus mentionem fecere*, etc. Hieronymus vero de eadem voce, utrum usurpanda foret, sententiam Damasi papæ sciscitatus, ait [31]: *Tota sæcularium litterarum schola nihil aliud hypostasim, nisi usiam novit... Taceantur tres hypostases, si placet, et una teneatur.* Nondum ergo Hieronymi tempore ea vox recepto apud omnes in usu erat, nec inconsulto summo pontifice, ea sanctus doctor uti se posse arbitrabatur.

Sed insurgunt Areopagitici, magnisque animis adversariorum tela retundentes, certum esse dicunt Antenicænos Patres in asserenda, quæ de sanctissimæ Trinitatis mysterio ab orthodoxis traditur, doctrina tam constantes fuisse, ut eo tempore quo Arius hæresim suam disseminare cœpit, ille nova hactenusque inaudita dogmata spargere insimulatus, ab omnibus contra ejus impietatem sit reclamatum. Nulli præterea dubium esse posse inquiunt, quin apostoli adorandum illud mysterium Christianis, præsertim perfectioribus, non obscure, sed clare et perspicue exposuerint, eosque in hac tam difficilis mysterii doctrina adversus nascentes hæreses muniendo, nihil ipsis reliquerint obscuritatibus involutum. Quid ergo mirum si Dionysius, Pauli discipulus, et philosophiæ callentissimus, traditam ejusdem mysterii doctrinam, præ cæteris aliis scriptoribus, verbis explicuerit clarioribus magisque philosophicis?

Porro autem quamvis usus hujus verbi *hypostasis* ante Nicænam synodum non esset ita frequens ac promiscuus, constat tamen eam vocem ab aliquibus usurpatam fuisse. Etenim Dionysius Alexandrinus eam ipsam aliquando adhibuisse legitur [32]. Alexander vero, Alexandriæ episcopus, ad alium Alexandrum, Constantinopolis episcopum, scribens [33]: *Proprium*, inquit, *hypostasim declaravit, dicens: « In principio erat Verbum, et Verbum erat apud Deum* [34],» etc. Denique his Pauli verbis χαρακτὴρ τῆς ὑποστάσεως αὐτοῦ [35], personam Patris

---

[26] Lib. *De divin. nom.*, cap. 1, § 4. [27] *Ibid.*, cap. 2. [28] *De cœlest. hierarch.*, cap. 5. [29] *De divin. nom.*, cap. 1. [30] *Ibid.*, cap. 2. [30*] Lib. ιιι, *Histor.*, cap. 7. [31] Epist. 57, ad Damas. [32] In Resp. ad Propos. Pauli Samosat., tom. I Concil. [33] Theodoret. lib. 1 *Hist.*, cap. 4. [34] Joan. 1. [35] Hebr. 1, 3.

æterni designatam esse Basilius [36], et laudatus a Theophylacto Gregorius Nyssenus affirmant. Cæterum, quamvis concedatur nullum ante Dionysii tempora fuisse hujus verbi usum, fatendum tamen est inter Christianos exstitisse aliquem, a quo illud primum cœperit usurpari. Quid ergo prohibet quominus Dionysius, vir philosophicæ disciplinæ peritissimus, qui hujusce vocis, ab Aristotele alicubi traditæ, vim noverat, illa eodem ac ille philosophorum princeps, sensu et significatione primus inter Christianos usus esse dicatur?

Contra tamen urgent instantque adversæ partis fautores, quod quamvis Antenicæni Patres Christum Dominum verum Deum, Patris æterni Filium, ejusdem cum eo substantiæ, ipsique coæternum esse et crediderint et docuerint, ab eorum tamen nemine de personis divinis, illarumque attributis et relativis, ut loquuntur, et essentialibus tam clare et enucleate, atque ab auctore nostro disputatum unquam fuerit. Et sane, inquiunt, cur ii qui post Dionysium edendis lucubrationibus secundo et tertio Ecclesiæ sæculo operam dedere, non eosdem ac ille de divina Trinitate sermones habuerunt? Cur nullus aliquando illius aut præceptoris ejus Hierothei exemplum secutus est?

Quæ vero ad probandum vocis ὑποστάσεως usum adducuntur, ea nihil habere videntur soliditatis et firmamenti. Epistolam enim Dionysii Alexandrini ipsi suppositam adulterinamque esse critici doctiores facile agnoscunt. Altera vero alterius Dionysii epistola quo tempore scripta sit, nullus definire potest. Baronius quidem illam anno 328, quo Licinii mortem consignat, datam opinatur; sed ruinoso nititur fundamento. Nam Licinius non anno 328, sed 324, ut accuratioris criterii scriptoribus videtur, vitam finivit. Demus tamen Alexandrum eo quo vult Baronius tempore suam exarasse epistolam; quid inde? Nulli sane mirum esse debet vocem *hypostasis* ab homine Alexandrinæ synodi temporibus adeo vicino, fuisse usurpatam; sed illud sane mirabilius, quod nullus scriptor. ut Petavius ostendit [37], his tanti viri vestigiis, nisi post Alexandrinam synodum insistendum esse putaverit. Quod certe quam parum ea vox ineunte sæculo quarto, atque a fortiori sæculis superioribus, usitata esset, aperte demonstrat.

Nec plus roboris et virium illud habet, quod ea vox et in Epistola ad Hebræos occurrere, et a Basilio Gregorioque sensu Dionysiano explicari objicitur. Uterque enim Basilius et Gregorius post Nicænum concilium scripsere; atque hi eam vocem sensu temporibus suis usitato interpretati sunt. Nullus autem ante illud concilium eamdem Pauli vocem ita censuit esse explicandam. Et id quidem ita certum est, ut in Latina ejusdem Paulinæ epistolæ versione, vox Græca ὑπόστασις non per Latinam *hypostasis*, sed *figura substantiæ* reddita legatur.

Denique quod aiunt auctorem nostrum primum forsitan fuisse, a quo eadem vox sensu memorato accepta sit, gratis omnino fingitur. Noster quippe auctor, ut cuilibet citata loca percurrenti planissimum fiet, de ea sic disputat, ac si sensus quem illi tribuit, nulli omnino incognitus, receptus esset ab omnibus.

Neque ad rem facit laudata uno in loco Aristotelis auctoritas. Ea quippe apud primos Ecclesiæ Patres nullius erat momenti, quippe qui philosophiæ dogmata respuerent et aspernarentur. Porro autem si quid successu temporis ex illa hauserunt, Platonis potius quam Aristotelis placita et doctrinam sunt amplexati.

CAPUT XV.

Sextum argumentum, ex iis quæ auctor noster de monachis eorumque votis ac solemni professione memorat, elicitum.

Illa vero auctorem nostrum post Dionysii Areopagitæ ætate vixisse luculenter demonstrant, quæ ab eo hisce in lucubrationibus de monachorum professione et ordine produntur. Ibi enim ille non obscure docet hunc monachorum ordinem ante sua tempora fuisse institutum; traditque apertissime eorum professionem ac vota monastica solemnibus ac publicis, non secus ac sæculo quinto et sexto, cæremoniis fuisse emissa. At præterquam quod priorum Ecclesiæ sæculorum scriptores, atque ii etiam ipsi qui de singulis Christianorum ordinibus accuratius iisdem temporibus disseruerunt, nullam monastici ordinis monachorumve professionis fecere mentionem, certe quidam eruditissimi et antiquissimi rerum monasticarum indagatores earum originem ad Paulos, Antonios Pachomiosque referunt. His ergo auctor noster posterior esse debet, nec Dionysius Areopagita dici potest.

Areopagitici tamen hunc non exiguæ difficultatis nodum haud difficulter se solvere arbitrantur, duplicis monachorum generis distinctione. Aliud enim esse aiunt genus cœnobitarum et eremitarum, qui a plebe prorsus secreti, et a cæterorum hominum societate separati, in monasteriis et cœnobiis, vel in silvis et montibus vitam monasticam degebant. Hos fatentur longe post Dionysii ætatem, nec ante Pauli, Antonii et Pachomii tempora ortum habuisse. Aliud vero contendunt fuisse genus monachorum, qui pars populi præcipua, et illustrior gregis Christi portio, inter laicos ita computabantur, ut primus eis in synaxi post Ecclesiæ ministros assignatus esset locus. Illi porro privatim in suis urbium ædibus, vel simul in collegiis vitam puram et castam, atque a curis terrenis expeditam, unique Deo mancipatam agebant. Monachos autem istos temporibus apostolorum exstitisse dicunt, eosque esse asserunt, de quibus Philo Judæus illum instituit sermonem, qui ab Eusebio in *Historia* [38] sua transcriptus est.

Neque dixeris hos, quos Philo non monachos,

---

[36] Epist. 43, ad Gregor. Nyss. [37] *Theolog. Dogmat*, cap. 1. [38] Lib. ii, cap. 17.

sed therapeutas vocat, revera monachos non fuisse, sed Judaicæ, nequaquam vero Christianæ religioni addictos, atque Eusebium hac in re, ut eruditus ejus interpres Valesius observat, vano errore fuisse deceptum. Ab Areopagiticis enim audies nullas penitusque frivolas esse Valesii adversus auctorem suum probationes. Et certe, inquiunt, Eusebius, vir summæ eruditionis in dignoscenda therapeutarum religione, tam turpis hallucinationis non sine temeritatis nota potest insimulari. Addunt præterea Hieronymum huic Eusebii de Christiana therapeutarum religione opinioni hæc subscripsisse in verba [39]: *Philo, videns Alexandriæ primam Ecclesiam adhuc Judaizantem, quasi in laudem gentis suæ librum super eorum conversatione scripsit.*

At sane Areopagitici therapeutas, si fieri possit, Christianæ religioni nomen dedisse invictis demonstrent argumentis, per nos licet. Sed illos vitam monasticam, qualis ab auctore nostro describitur, aliquando duxisse, nullo unquam, ut putatur, antiquitatis monimento probabunt. Missa etenim primum ea facimus quæ scriptor noster de Monachis suis tradidit, eos non in urbibus, sed extra urbes progressos, in hortis agellisque degisse, ac proinde Antonianis, quod alii negant, fuisse similes. Illud autem potissimum quærimus cur Eusebius qui tanto nisu therapeutas Philonianos Christianis annumerandos esse probare conatus est, eosdem nullibi dixerit monachos fuisse, vel successores habuisse, qui vestibus, tonsura, votis solemnibus, ac vivendi ratione ab omnibus Christianis secreti, perfectiorem vitæ monasticæ normam profitebantur. Cur Hieronymus, tantus monasticæ professionis prædicator, eosdem therapeutas in monachorum numerum non refert, illosque cum cæteris omnibus primæ Ecclesiæ Christianis permiscet et confundit? Nulla procul dubio alia ratio afferri poterit, quam nec therapeutas initio nascentis Ecclesiæ, nec ullos Christianos Dionysii tempore tales monachos fuisse, quales ab auctore nostro memorantur.

Atque illud quidem eo rursus confirmari potest, quod monasticum institutum non ferebant prima sævientium adversus Christianos persecutionum tempora. Quis enim sibi persuadeat tyrannos idolorumque cultores, qui summa crudelitate in Christianos omnes grassabantur, eos impune tulisse, qui in collegiis communiter degentes, tonsura et veste perfectiorique vivendi genere cæteris Christianis illustriores erant. *Sacerdos,* inquit auctor noster, *stat ad altare... Is autem qui consecratur, stat post sacerdotem.... supra illam mysticam invocationem prosequenti. Qua finita, sacerdos accedens rogat ipsum primum, an omnibus rebus dividuis renuntiet, non solum vitiis, sed etiam imaginationibus. Deinde exponit illi vitam perfectissimam, contestans illam debere mediam vivendi rationem superare. Quæ ubi omnia is qui initiatur, professus est, sacerdos eum signo crucis consignatum tondet... omnique veste detracta, eum alia induit.* Quis autem primis Ecclesiæ temporibus monachum aliquem veste et tonsura ab aliis Christianæ religionis hominibus discretum, in publico visum, aut a paganis captum, tortumque, aut necatum memoriæ aliquando mandavit? Ubinam, quæso, collegium aliquod, in quo monachi simul vitam degerent, a paganis aut imperatoribus prædatum aut eversum legitur? Si quid his non omnino absimile in quibusdam martyris alicujus Actis occurrere dixeris, arguetur continuo illa nec genuina esse nec sincera, nihilque de tempore quo martyr ille obierit, ab eorum scriptoribus certo definiri.

Tradit denique auctor noster nomen therapeutæ et monachi suo tempore tritum et vulgare fuisse atque a præceptoribus suis illud Christianis, ritum monasticum solemniter profitentibus, inditum: *Hinc sancti præceptores nostri,* inquit, *divinis eos appellationibus sunt prosecuti : alii quidem therapeutas, alii vero monachos appellaverunt :* οἱ μὲν θεραπευτὰς, οἱ δὲ μοναχοὺς ὀνομάζοντες. Quinam, obsecro, esse poterant hi Dionysii præceptores, qui ea nomina appellationesque divinas illis imposuere? Non Philo quidem. Is enim, Judæus cum esset, a Dionysio Areopagita tanquam unus ex sanctis præceptoribus suis laudari non potuit. Quinam ergo ab eo præceptores appellantur? Num Hierotheus vel alii, quorum nomen excidit, evanuitque memoria? Sed hi suis temporibus celebres esse debuerunt, et omnibus facile noti. Cur ergo isti soli cum discipulo suo Dionysio Areopagita primo, secundo tertioque Ecclesiæ sæculo monachorum nomina, ordinem, statum, professionem, vota, tonsuram, vestem et collegia memoraverunt? Certe cum alii scriptores per tam longa trium sæculorum spatia horum omnium nequaquam meminerint, id sane argumento non levissimo est tempore Dionysii nullos exstitisse hujuscemodi monachos et therapeutas.

CAPUT XVI.
Argumentum septimum, ex cæremoniis ritibusque sacris, quos auctor noster recensuit, depromptum.

Maxima cæremoniarum multitudo, solemnisque earum apparatus et pompa, quibus auctor noster sacramenta baptismatis, chrismationis et Eucharistiæ confici et administrari, missam liturgiamque celebrari, et mortuorum corpora sepeliri perhibet, eum Dionysio Areopagita posteriorem esse rursus produnt et demonstrant. Ille enimvero hos omnes ritus nec minori numero, nec minori solemnitate, quam cum Ecclesia pace placidissima fruebatur, suo, hoc est, ut ipse fingit, acerbissimo pene incredibilium vexationum tempore a Christianis adhiberi solere significat.

Non diffitentur quidem Areopagitici plurium

---
[39] *De script. eccles.*

cæremoniarum mentionem apud Dionysium haberi; sed contendunt eas apostolorum tempore paulatim institutas, et traditione apostolica ad alios ita derivatas, ut Dionysii ejusdem ætate, in eum quem ille describit, numerum haud difficulter crescere potuerint. Porro autem Christiani, uti illi autumant, iis ritibus tum utebantur, cum, persecutionum furore vel sopito vel mitigato, synaxes suas tutis in locis agere licebat. Quæ quidem ut probent, adducunt testimonia Tertulliani, qui baptisma non paucioribus quam auctor noster cæremoniis administratum asseverat. Basilius vero eas a tacita et occulta traditione ad suam usque ætatem deductas esse testatur. Nec aliter sane de his atque aliis liturgiæ ritibus sentiebat idem Tertullianus [40]: *Quas*, inquit, *sine ullius Scripturæ instrumento, solius traditionis titulo, exinde consuetudinis patrocinio vindicamus... Harum et aliarum ejusmodi disciplinarum si legem expostules Scripturarum, nullam invenies: traditio tibi prætenditur auctrix, consuetudo confirmatrix, et fides observatrix. Rationem traditioni, consuetudini, fidei patrocinaturam aut ipse perspicies, aut ab aliquo, qui perspexerit, disces.* Neque hic quosdam audiri volunt Antiareopagiticos, qui, nullis probationibus freti, quasdam cæremonias Dionysianas atque apostolicis temporibus in usu fuisse audacter inficiantur.

Verumtamen illud adversus Areopagiticos jure merito urgetur, quod sicut auctor noster nonnullos commemorat ritus, qui illa prima Ecclesiæ ætate revera vigebant, ita plures alios recenset, qui post Dionysianum ævum originem habuerunt. Quis enim verisimile esse putaverit Dionysii ævo catechumenos pœnitentesque publicos exstitisse, qui post sacrarum Scripturarum lectiones ejicerentur ex ecclesia? De his tamen sic scribit auctor noster [41]: *Porro catechumenos et energumenos, eosque qui pœnitentia ducuntur, sacrosanctæ hierarchiæ mos patitur audire sacram psalmodiam divinamque sacrarum Scripturarum recitationem: verum ad ea quæ deinceps sequuntur sacrificia spectaculaque nequaquam*, etc. Nec leviter prætereunda est vox Græca θεσμός quæ ibi legitur; idem quippe sonat ac *sanctio* aut *mos vetus*. Quænam autem, amabo te, sanctio, aut quis mos vetus poterat a Dionysio notari, quæ ab ipsis apostolis non sint profecta? At nullo sane antiquitatis aut sacræ Scripturæ monimento ostendes latam ab apostolis legem, vel morem ab eis inductum, quo catechumeni et publici pœnitentes priori missæ parti adessent, et post hæc missa fidelium interdicerentur. Enumera, si velis, quos apostoli eorumque successores viri apostolici catechumenos baptismate abluerint, quos absolverint publicos pœnitentes, nec ullum reperies quem his unquam legibus voluerint coerceri.

Evolve etiam, si vacat, omnes libros, nec uti libi quoque reperies tam frequentem fuisse his temporibus thuris usum, nec tot suffitiones quot ab auctore nostro his verbis referuntur: *Pontifex precem sacram ad altare Dei celebraturus, ab ejusdem suffitione initium faciens, universum circuit chori ambitum, donec rursum ad altare divinum rediens*, etc. Enimvero Athenagoras [42] et Tertullianus [43] Christianos neque thure neque suffitu Deo sacrificasse testantur. Censet quidem eminentissimus cardinalis Bona eos esse intelligendos de more thus adolendi eodem ritu, habitu et apparatu, quo agitur apud idola. Sed summi viri pace dicere liceat, illud accuratius observari debere, quod scribit Tertullianus Christianos duabus de causis thus adolevisse, nimirum *Christianis sepeliendis, et cum odor alicujus loci offenderit*. Hac etenim duplici exceptione planum ille facit, vel alibi thus a Christianis non oblatum, vel saltem non toties adhibitum quoties ab auctore nostro narratur. Fac tamen ea omnia suffimenta tunc fuisse in usu. At nullus, opinor, in animum sibi facile induxerit, ea in tot Ecclesiæ partibus quot auctor noster designat, fuisse adhibita. Nunquid enim primis sævientium tyrannorum temporibus Christianis erant ecclesiæ, quæ tot partibus, choro, narthece sacristiaque constarent?

Quid porro priori Ecclesiæ sæculo minus auditum, quam hæc chrismatis consecrandi cæremonia? *Pontifex*, inquit auctor noster [44], *accepto unguento, ponit super altare duodecim sacris alis obvelatum*. Quis ritum illum ab apostolis ordinatum, vel ab apostolicis viris observatum fuisse memoriæ unquam prodidit? Dicesne eum Atheniensi Ecclesiæ proprium fuisse et peculiarem? Sed cave ut salva sint Dionysii Areopagitæ scripta? Is enim primus Atheniensium episcopus fuit. Auctor autem noster de hoc ritu, non ut novo et recente, atque a se instituto, sed ab aliis ubique usitato loquitur. Hæc igitur illius scripta Dionysii Areopagitæ fetus esse non possunt.

Addamus denique id a veri specie prorsus videri alienum, quod mortua Christianorum corpora iis omnibus, quas ille adhuc recenset [45], cæremoniis mandata sepulturæ fuerint. Eæ siquidem, cum Ecclesiis omnibus pax summa tranquillitasque data est, nec plures fuerunt, nec magis solemnes. At paganis omnibus intolerabiles prorsus fuisset tam magnifica funeris exsequiarumque Christianarum pompa, nec ullum Dionysii ævo Christianum tantis parentalibus justa suis solventem, ab ethnicis aliquando deprehensum fuisse perhibetur.

CAPUT XVII.

Argumentum octavum, ex auctoris stylo petitum.

De auctoris nostri stylo nonnulla jam perstrinximus, ostendimusque Areopagiticos nihil in eo animadvertisse quod non sit vere Dionysianum, ac viro apostolico plane dignum omninoque conve-

---

[40] Lib. *De corona milit.*, cap. 3. [41] *De eccles. hierarch.*, cap. 5. [42] *Apolog. ad imperat.* [43] *Apolog.* cap. 30, et lib. *De corona*, cap. 10. [44] Lib. *de eccles. hierarch.*, cap. 3. [45] *Ibid.*, cap. 7.

niens. Scriptionis etenim illius genus stylusque non simplex quidem, sed elatus, et pro sublimitate argumenti sublimis, rerum omnium de quibus agitur dignitati majestatique pulchre respondet. Porro hæc styli sublimitas obscuritatem peperit. Illa tamen non ex Dionysii imperitia, sed ex eo potissimum orta est, quod ipse hoc scribendi genere difficili et obscuro, ut ait divus Thomas, sacra et divina religionis nostræ dogmata et mysteria paganis et infidelibus occultare voluerit.

Antiareopagitici vero censent nihil eodem auctoris nostri stylo excogitari posse Areopagitæ virique apostolici orationi magis repugnans et contrarium. Tantæ nimirum molis est de unius ejusdemque scriptoris stylo certam ferre sententiam! Quantum autem hic Dionysianus scribendi modus ab apostolicæ orationis forma abhorreat, hi demonstrant ex mira illius luxurie, sæpius cothurnos et dithyrambos supergrediente. Nihil quippe auctori nostro satis magnificum, inflatum, turgidum, hyperbolicum. Superlativa ipsi non sufficiunt, sed ea tantum quantum potest et auget et intendit. Voces usitatas, sacro nascentis Ecclesiæ usu consecratas aspernatur, ac novas hactenusque inauditas, atque ad pompam ellictas, in earum locum substituit. Horum autem omnium catalogum contexere operæ pretium non est, quandoquidem ea uno intuitu in Corderii Onomastico atque observationibus, Dionysianorum operum editioni adjectis, cuilibet cernere proclive est.

Neque dixeris argumentum in quo Dionysius versabatur, hanc ab eo exegisse sublimitatem, qua certe sublimiores et Deo digniores ideas ac cogitationes hominibus traderet inspiraretque. Primum enim id dici nequaquam potest de libro *De hierarchia ecclesiastica*, ubi ille disputat de sacramentis sacrisque ritibus quæ quotidiano usu frequentabantur, quæque simplici popularique methodo tardioribus Christianis æque ac peritioribus debebant explicari. Deinde consilium auctoris nostri, uti observavimus, erat his in libris clariori simpliciorique oratione ea Christianis minus perfectis exponere, quibus Hierotheus, præceptor ejus, sublimiori et obscuriori scribendi genere perfectos imbuerat. Debuit igitur ille stylo scribere populari et plano, verbisque uti receptis et communibus.

Dices Dionysio forsitan idem accidisse ac Tertulliano aliisque scriptoribus nonnullis, qui, acrioris ingenii igne abrepti, libros suos stylo exaraverunt singulari, verbisque usi sunt inusitatis ac plane insolentibus. Verum quantocunque igne incensum fuerit Dionysii Areopagitæ pectus, is sane tam immaniter a scopo non potuit aberrare ut in libris quos simplicioribus Christianis minusque perfectis scribebat, tantam orationis sublimitatem et grandiloquentiam ubique affectaret. Sed sic errare fallique solent male feriati homines, qui punienda temeritate libris suis eorum nomina inscribunt, quorum nec ingenium nec scribendi modos possunt unquam assequi. Quid quod neque Tertullianus, neque ullus unquam scriptor ea verba, quæ apostolorum Christianorumque omnium usu consecrata erant, missa fecerunt ut iis alia penitus incomperta ubique sufficerent? Auctor vero noster voces *episcopi*, *presbyteri* et *diaconi*, quasi obsoletas repudiat, eisque semper subrogat verba ἱεράρχαι, ἱερεῖς et λειτουργοί: sacros autem utriusque Fœderis libros citando voces *Scriptura*, aut *Scriptura sacra*, *evangelica*, *scriptores sacri*, vel scriptorum nomina respuit, ac pro eis substituit verba *theologiæ*, et *theologi*, vel *divina illustratio*, et *divino numine afflati*, aut *sacri initiatores*. Nihil ergo in auctoris nostri stylo, quod cum Tertulliani libris, multoque minus cum Apostoli Epistolis componi queat, occurrere videtur.

Neque tandem orationis illius obscuritas ideo excusanda est quod Dionysius Opera sua infidelibus et non initiatis occultanda esse censuerit. Nam cum Christianis, uti diximus, rudioribus minusque perfectis scripserit, ea procul dubio nec inani obscuraque grandiloquentia, nec vocibus insolitis, ac vano affectatæ pompæ studio fabricatis, sed summa perspicuitate, verbisque omnium usu receptis nullique incognitis conscribenda erant.

CAPUT XVIII.

De lerioribus quorumdam Antiareopagiticorum argumentis, et postremis Areopagiticorum probationibus; an hic auctor mendacii accusandus, et scripta ejus sint miraculis cohonestata.

Quædam alia argumenta ab aliquibus Antiareopagiticis heterodoxis afferuntur, quæ quia vel levissima sunt, vel veritati certæque orthodoxorum doctrinæ et traditioni palam refragantur, iis excutiendis et recensendis lubenter supersedemus. Quid enim, ut cætera taceamus, levius eo momento, quod plenis buccis concrepant, doctrinam de angelorum hierarchiis et ordinibus, quæ tam enucleate ab auctore nostro explicatur, Dionysii sæculo fuisse incompertam? Nihil quippe de his ille docuit, quod ex Scripturis sacris ac maxime Pauli Epistolis primitus non acceperit. Non imus quidem inficias illum pro ingenii sui viribus, ea quæ ex sacris fontibus hauserat, fusius enodasse, atque etiam amplificavisse. Sed nulli mirum videri debet hominem doctum et ingeniosum, multaque Platonicæ philosophiæ eruditione imbutum, de cœlestibus substantiis plura post divinas Scripturas retractasse, iisque nonnulla addidisse quæ ex sanioris philosophiæ placitis desumpta, sacris Christianæ fidei accommodaverit dogmatibus.

Reliqua ipsorum argumenta leviora sunt, multoque minoris ponderis. Nemini ergo negotium facessere possunt, ac ea pleraque omnia ex his, quæ in superioribus dissertationibus passim tradidimus, sponte sua ruunt, et funditus evertuntur. Sufficiet ergo validiora aliorum Antiareopagiticorum argumenta omnibus suis ponderibus ita examinasse, ut nihil eorum quæ ad ea confirmanda vel infirmanda proferri posse credidimus, voluerimus esse præfermissum.

Sed prælium instaurant Areopagitici, ultimoque impetu in adversarios facto, urgent eos audacissimos esse, et prorsus temerarios, qui fraudis, falsitatis, putidissimique mendacii auctorem nostrum reum agant, cujus scripta meram ubique spirant pietatem, gravitatem, sanctimoniam. Et certe quis virum illum doctum tantisque ingenii dotibus præditum, eo cæcitatis et impudentiæ devenisse credat ut, falso Dionysii Areopagitæ assumpto nomine, tot tantisque rebus cum ejusdem Dionysii ætate, ingenio, moribus styloque pugnantibus scripta sua consperserit.

At hæc omnia, clamant Antiareopagitici, victorum hominum vani cassique sunt impetus. Quis enim nesciat hujuscemodi scriptoribus moris esse scripta sua, quæ ab ipsis fallaci viri sanctissimi nomine inscribuntur, ea pietate, gravitate, et sanctimonia exornare, qua ab iisdem viris, quorum nomen mentiuntur, exornanda fore existimabant. Nec minus in eorum more positum, ut alii plura, alii pauciora, quæ ementiti auctoris sui ingenio et temporibus adversentur, scriptis suis insererent. Sic nempe, Deo ita volente, nonnunquam obcæcati sunt, ut illius, quem fingunt, ingenium scribendique modum non assecuti, vel ea quæ illius ætate fieri deberent, ex sui temporis consuetudinibus ac disciplina metientes, vel ipsi iis quæ sua ætate agebantur, auctoritatem conciliare volentes, quædam scriptis suis aut prudentes aut incauti adjicerent, quibus eorum fraudes et mendacia ab oculatioribus tandem retecta sunt.

Quid vero, instant Areopagitici, nec Deo moris, nec æternæ illius providentiæ est opera vana et fictis mendaciis plena veris cohonestare miraculis? Hilduinus tamen, testis oculatus, affirmat hæc Areopagitæ Opera, cum variis infirmitatibus in tanti viri honorem applicarentur, multis divinitus honestata fuisse miraculis.

Sed cæteris omnibus firmius non est ultimum illud Areopagiticorum præsidium, quippe quod ipsis Hilduini verbis expugnari videatur. De his enim miraculis sic ille scribit [46] : *Authenticos namque eosdem libros, Græca lingua conscriptos, quoniam œconomus Ecclesiæ Constantipolitanæ et cæteri missi Michaelis legatione publica ad vestram gloriam compendio functi sunt; in ipsa vigilia solemnitatis sancti Dionysii pro munere magno susceperimus. Quod donum devotioni nostræ, ac si cœlitus allatum a Deo, divina est gratia prosecuta; ut in eadem nocte decem et novem nominatissimæ virtutes in ægrotorum sanatione variarum infirmitatum ex notissimis et vicinitati nostræ personis contiguis, ad laudem et gloriam sui nominis orationibus et meritis excellentissimi sui martyris Christus Dominus sit operari* dignatus. Hac Hilduinus narratione testatum facit decem et novem miracula eo die quo Dionysiani libri in suum monasterium asportati sunt, fuisse quidem patrata; verum ea non eorumdem librorum virtute aut applicatione, sed orationibus et meritis excellentissimi sui martyris a Christo Domino edita esse asseveranter affirmat. Quamvis autem hæc librorum Dionysianorum tactu contigissent, non inde tamen genuinum Dionysii Areopagitæ opus esse certo concludi potest. Nemo enim nescit dæmonia ab his qui nec Christi discipuli, nec Christiani erant, ejusdem Christi nomine ejecta fuisse [47], atque ex vera tantum ardentique Christianorum fide alia miracula a Deo sæpe sæpius impetrata.

CAPUT XIX.

Quo tempore hæc scripta secundum Antiareopagiticorum sententiam in lucem prodierint.

Qui rationibus hactenus a nobis allatis omnia auctoris nostri Opera Dionysianos fetus esse negant, quo tempore ea in lucem prodierint, diligenter inquirunt. Constat autem illa ante Collationem Constantinopolitanam, anno, ut diximus, 533 habitam, publici facta fuisse juris. Quandiu vero eam præcesserint, magna inter scriptores illos controversia est. Opinatur etenim Dallæus [48] auctorem nostrum *omnino videri vel quinto præcipiti sæculo, vel etiam sexto vixisse, nec ante annum Domini circiter* 520 *fetus suos edidisse*. Quod quidem ex eo probari posse putat quia in memorata collatione Hypatius, catholicæ totius Ecclesiæ nomine, Severianis responderit hos libros Cyrillo, Athanasio aliisque Patribus penitus fuisse incognitos; sed leve omnino est istud probationis genus. Nam Collatio illa concilium œcumenicum non fuit, nec quidquam hisce de scriptis lege lata sancivit. Hypatius itaque totius Ecclesiæ nomine non locutus est : sed ut in hujuscemodi concertationibus fieri amat, Severianis eorumdem scriptorum auctoritatem objicientibus ex tempore respondit, ea de quibus nihil hactenus audierat, ab antiquis Patribus non fuisse cognita. Præterea Severiani illa citarunt, non ut nova et recens edita, sed ut genuinum Dionysii Areopagitæ opus, jam ab ejus ætate in vulgus emissum. Hypatius vero cæterique catholici, re maturius expensa, id verum esse ultro confessi sunt. At neque Severiani illud tanta confidentia asseverassent, neque catholici eorum tandem subscripsissent sententiæ, si hæ lucubrationes a tredecim tantum annis, ut contendit Dallæus, prodiissent in lucem.

Quapropter alii eas longe his temporibus antiquiores esse affirmant. Atque ut id probent, ostendunt primo ab Ephræm patriarcha Antiocheno illas Dionysio Areopagitæ his verbis tribui [49] : *Quoniam et simplex Jesus componebatur secundum sanctum Dionysium Areopagitam*. Ἐπειδὴ καὶ ἁπλοῦς Ἰησοῦς

---

[46] Epist. ad Carolum Calvum (*Patr. Lat.* t. CVI, col. 35), cap. 32. [47] Marc. 9, 37. [48] *De lib. suppos. Dionys.* [49] Apud Photium in *Biblioth.*, cod. 229.

συνετέθη κατὰ τὸν τοῖς ἐν ἁγίοις Ἀρεωπαγίτην Διονύσιον. Atqui Ephraem patriarcha Antiochenus creatus est cum Justinianus anno 526 ad imperii gubernacula accessit, et ipsemet Ephraem ante annum 543 fato functus est. Dionysii etiam nomine non semel citantur ab Andrea Cæsariensi episcopo, qui circa annum 500 libros suos edidit [60]. In iis quippe nullius scriptoris beato Cyrillo recentioris, ille protulit testimonium.

Aliud ejusdem antiquitatis argumentum, minus tamen certum, elicitur ex scholiis quæ Joannes Scythopolitanus, teste Anastasio bibliothecario, in Dionysii Opera composuit. Nam contra hunc Joannem, qui concilii Chalcedonensis defensionem susceperat, scripsit Basilius Cilix, qui, ut ait Photius [61], *presbyter fuit Ecclesiæ Antiochenæ, quo tempore throxum ibi tenebat Flavianus, Romanique clavum imperii moderabatur Anastasius*, id est circa annum 500. Verumtamen cum idem Anastasius primam scriptorum Dionysii mentionem a summis pontificibus Gregorio Magno, Martino, Agathone fieri testetur, ille procul dubio vel errore vel memoriæ lapsu falsus est; nec tanti proinde ponderis potest esse ejus auctoritas. Idem quoque dicendum de Anastasio Sinaita, qui ante sæculi quinti finem Dionysium Rhetorem alia similiter scholia in easdem Dionysii Areopagitæ lucubrationes publicasse testatus est. Cæterum, quantumvis uterque Anastasius peccasse dicatur, certum tamen esse debet eos nec finxisse nec divinasse scholia hujuscemodi fuisse aliquando ab his scriptoribus edita. Qui autem scholia in auctorem quemdam conscribunt, eum pro veteri et magni nominis viro habere solent. Diu ergo ante sæculum quintum Dionysiani libri pervulgati fuerant.

Illud vero his accedit roboris et firmamenti quod Suidas [62] et Pachymeres [63] tradunt, *aliquos externos philosophos, præsertim Proculum, contemplationibus Dionysii frequenter usum fuisse, atque adeo etiam meris ipsis dictionibus.* Si certæ igitur fidei sint hæc testimonia, fatendum est *contemplationes Dionysii* Proclo illo, qui sub Leone Thrace medium circiter sæculum quintum libris conficiendis operam dedit, esse antiquiores. Quamobrem non jure prorsus immerito Morinus [64] : *Saltem librorum istorum scriptio,* inquit, *initio quinti sæculi, et ante concilii Chalcedonensis celebrationem assignanda est, nec ulla ratione probabili ad inferius ævum revolvi potest.* Launoius vero tempore primæ synodi Ephesinæ, et Erasmus Augustini ætate auctorem nostrum vixisse arbitrantur.

Narrat porro Nicephorus [65] Juvenalem, Hierosolymitanæ urbis episcopum, Pulcheriæ Augustæ de corpore virginis Deiparæ interroganti respondentem, ea omnia Dionysii nomine citasse, quæ in libris ipsi ascriptis etiam nunc legere est. Sed quidam hujus historiographi, quem fabulosissimum esse dicunt, auctoritatem elevare conati : *Verba,* inquiunt, *ex nostris Dionysianis descripta Nicephorus videtur ipse potius de suo adjecisse, ad Juvenalis narrationem confirmandam, quam ea Juvenali tribuisse.* Illis autem si objicias Nicephorum clare et perspicue affirmare ipsissima Juvenalis verba a se fuisse descripta, reponunt illico : *Historicis scriptoribus solemne esse, homines, de quibus scribunt, ea dicentes inducere, non quæ vere ac certo dixerunt, sed quæ illos ipsi dicere potuisse putant.*

Sed huic responsioni plura repugnare videntur. Primum enim de quocunque alio scriptore, qui aliorum verba sermonesque transcribit, eadem etiam dici possent. Quod sane quam falsum sit et absurdum, nemo non videt. Deinde Nicephoro non moris est homines ea dicentes inducere, quæ illos ipse dicere potuisse putabat, sed quæ ii vere ac certo dixerunt. Postremo Michael Glycas scribit in *Annalibus* sepulcrum Dei Genitricis Mariæ cum, adveniente Thoma, apertum fuisset, in illo præter *sepulcrales exuvias* nihil aliud repertum. Atque id quidem Græcæ Nicephori narrationi omnino congruit, ubi vox Græca non sepulcrum, sed sepulcrales exuvias significat.

Quid quod Hieronymus non minus distincte quam auctor noster novem angelorum ordines posuit? [66] Unde ergo hanc de angelis doctrinam nisi ex ejus libris mutuatus est? Verum hæc conjectura non omnino felix esse videtur. Quis enim Hieronymum ex eodem ac scriptor noster, sacrarum Scripturarum fonte illam haurire potuisse inficiabitur? Quis etiam auctorem nostrum, ut pote recentiorem, ex Hieronymo sua desumpsisse pari jure affirmare non poterit?

Probabiliorem forsitan de Pseudo-Dionysianorum Operum antiquitate conjecturam inde accipies, quod nonnulli ea Apollinari et Didymo, quarti sæculi scriptoribus, assignaverint; ac proinde hæc eadem Opera illis temporibus jam in vulgus sparsa fuisse habuerint persuasum. Sed cum nihil quod Apollinaris et Didymi erroribus atque doctrinæ sit consonum in iisdem scriptis occurrat, tota certe errant via, qui ea scriptoribus illis adjudicant. Si ergo in hoc tam immaniter a vero aberraverunt, quidni et circa tempus quo eadem scripta prodiisse opinabantur?

Hanc tamen temporis assignationem veram esse, ac omnia auctoris nostri scripta postremis Eusebii temporibus vulgata esse eo probant quia in Gregorii Nazianzeni lucubrationibus plura a Billio, et alia quædam a Dallæo observata reperiuntur, iis quæ Dionysius scripsit, prorsus similia. Atqui Dionysius illa a Gregorio non est mutuatus, ut pote

---

[60] *Comment. in Apocal.*, 11, 13 et 45. [61] *Biblioth.* cod. 107. [62] *In Collectan.* [63] *Prœm. in Opera Dionys.* [64] *De sacris Ordinat.* in hanc quæst., cap. 6, § 12. [65] *Hist. l.* xv, cap. 14. [66] *Apolog.* 2. *adversus Rufinum.*

qui ab aliis omnibus, inquiunt, ecclesiasticis scriptoribus plane diversus sit, et sui tantum similis : omnia quoque placita sua ad neotericam Platonistarum conformavit scholam ; ac tandem ubique passim a sanctorum Patrum verbis et notionibus maxime abhorruit. Contra vero Gregorius quoties ad obscuriora quædam et magis philosophica deflectit, toties ab aliis sua derivat, atque idcirco ex philosophis et Dionysio nostro illa hausisse vero videtur simillimum.

Porro si roges cur venerandum Dionysii nomen, orationi suæ magnum pondus adjecturum, ille non inseruerit, responsum illico accipies nomen illud ejusdem Gregorii ætate Christianis tanto, uti postea, non fuisse in honore. Tunc siquidem auctor ille, pro vero Areopagita nondum agnitus, vir tantum magnus, qui sub alieno nomine delitescebat, habebatur. Quid ergo mirum, si Gregorius proprio nomine eum non appellaverit, qui neminem ex catholicis, sed paganos duntaxat, ac Symmachum, et Aquilam nominatim vocavit ? Cæterum creditur illum his verbis citasse [57] : *Quemadmodum et alius quidam ante nos pulcherrime et sublimissime philosophatus est.* Neque enim hic audiendus est Elias Cretensis, qui ibi Athanasium laudari autumat. Nam huic opinioni et temporis ratio, et scriptionis genus plane adversantur. Et vero Gregorius nunquam Athanasium, quocum meliorem vitæ suæ partem transegerat, appellasset τινὰ τῶν πρὸ ἡμῶν, *quemdam qui ante nos vixit.* Hoc quippe loquendi genere Græci scriptores hominem , vel priusquam nati essent, vel longe antequam scriberent, mortuum indigitant. Neque etiam Gregorius de Athanasio, quem ob styli sublimitatem in sua oratione panegyrica non commendat, unquam dixisset : *Sublimissime philosophatus est.* At utrumque illud et scriptionis genus, et temporis ratio scriptori nostro optime conveniunt. Illum ergo a Gregorio Nazianzeno ibi laudatum esse nemini non probabitur.

Qui his convincuntur rationum momentis, opinioni illi quantum voluerint, subscribant, iis nec invidimus, nec reluctamur. Quominus tamen omnem illis præbeamus assensum, ea potissimum ratio nos movet, quod argumentum illud, quo scripta auctoris nostri post natam Arii hæresim edita esse demonstrabatur, idem illud ipsum post exortos Nestorii errores prodiisse cuilibet haud difficile persuadebit. In iis quippe hæresis contra Incarnationis Christi mysterium non minus aperte quam omnes contra ejus divinitatem et unam trium divinarum personarum naturam errores proscribitur. De incarnato enim Dei Filio variis in locis hæc legimus [58] : *Dei principalis bonitas...... nostrorum omnium vere facta particeps absque peccato, humilitatique nostræ unita, salvo proprietatum suarum statu, eoque prorsus inconfuso et inviolato.* In alio autem libro [59] :

Verbum divinissimum...... per inconfusam humanitatis nostræ assumptionem. Et in epistola 4, ad Caium : *Quatenus erat Deus et homo, novam quamdam nobiscum conversando* θεανδρικὴν ἐνέργειαν *exhibebat.* Quid planius, quid dilucidius post sparsos Nestorii Eutychetisque errores a quovis auctore unquam scriptum est ?

Quamobrem non levi omnino conjectura colligere possumus scriptorem nostrum maximas cum turbas ab hæreticis Nestorianis et Eutychianis cieri videret, tunc ut utrosque confunderet, ac pro viribus Ecclesiæ catholicæ partes tueretur, animum ad scribendum appulisse. Atque ut id ipsi cederet felicius, magnum utique et venerandum Dionysii Areopagitæ nomen scriptis suis prætixit. Ea ergo illius opera intra annum 431, quo œcumenica synodus Ephesina adversus Nestorianos, et 451, quo Chalcedonensis contra Eutychianos celebrata est, ab illo profecta esse videntur. Non continuo tamen in publicam lucem producta, et ab omnibus recepta, sed sensim sine sensu ita prodierunt, ut non ante memoratam superius Collationem Constantinopolitanam, anno 533, in omnium venerint cognitionem. Illud porro in hujusce opinionis confirmationem adduci potest , quod hæc scripta in his œcumenicis conciliis a nemine, neque etiam a Juvenale Hierosolymitano, qui inter primos utriusque synodi Patres sedebat, citata reperiantur. Nulla autem hujus silentii causa alia potest afferri, nisi quod Dionysianæ lucubrationes tunc e tenebris emergentes, vix ulli ante concilium Chalcedonense notæ fuerunt. Porro autem si quæras cur plura apud auctorem nostrum occurrant, cum his quæ Gregorius Nazianzenus scripsit, plane similia, non absurde responderi potest illa ab auctore nostro, qui sæpius et sua ab aliis accepisse, et aliorum opiniones referre dicit, in usus suos, tacito Gregorii nomine, fuisse assumpta, ac stylo reddita suo, et inusitatis loquendi modis.

Quibus autem hæ conjecturæ nec satis firmæ, nec omnino probabiles videbuntur, iidem fateantur necesse est hæc scriptoris nostri Opera Collationem Constantinopolitanam, atque etiam sæculi sexti initia longe præcucurrisse temporis intervallo.

CAPUT XX.
De horum Operum utilitate, et aliis ejusdem auctoris deperditis lucubrationibus.

Cum igitur tantæ antiquitatis sint illa Opera, eo majori apud Christianos debent esse in pretio, quo plura ad eorumdem Christianorum utilitatem copiose suppeditant. In iis enimvero docemur quæ scriptoris nostri et decessorum ejus tempore fuerit doctrina fidei et morum disciplina. Quamvis enim in eo falsus esse arguatur, quod ea quæ docet Dionysii Areopagitæ ætate viguisse putaverit, constat tamen ea omnia debuisse ante ejus-

---

[57] Orat. 38. in Theoph. et 42 in Pasch.   [58] *De eccles. hierarch.*, cap. 3.   [59] *De divin. nomin.*

dem auctoris nostri ævum in Ecclesia voce et scriptis doceri, atque usu plurimo recipi. Ex his ergo scriptis discimus quid iis omnibus temporibus Ecclesia docuerit de adorando Trinitatis mysterio, de Christi divinitate et Incarnatione, de angelorum hierarchiis et ordinibus: quid tradiderit de baptismi et eucharistiæ administratione, de liturgiæ seu missæ celebratione, de consecratione chrismatis, de sacris Ecclesiæ ministris, de monachis eorumque votis et professione, ac tandem de mortuorum exsequiis et sepultura. Porro autem hæ cæremoniæ hique ritus non ut recentes ac novi, sed ut veteres atque ab apostolis derivati in nostri auctoris scriptis referuntur. Quapropter qui eadem scripta Dionysio Areopagitæ vindicant, hi omnes illos ritus ab apostolis profluxisse contendunt. Qui vero ea recentioris scriptoris fetum esse opinantur, ii negare non possunt plures ex iisdem ritibus a traditione apostolica manasse: cæteros autem tum pedetentim institutos, cum Ecclesiis pax et tranquillitas ab imperatoribus Christianis data est, atque ab ipsis templa, in quibus sacra publice fierent, ædificata fuerunt. Hinc liquido colligimus tales missam celebrandi et sacramenta administrandi ritus ab auctore nostro describi, quales Constantini Magni tempore et quarto sæculo observari cœperunt.

Magna porro horum auctoris nostri scriptorum utilitas triste aliquod aliorum, quæ perierunt, nobis desiderium reliquit. In his autem numerantur, liber *De hymnis divinis* [60], liber ἐν ταῖς θεολογικαῖς ὑποτυπώσεσι [61], *De informationibus divinis*, liber *De symbolica theologia* [62], liber *De anima* [63], liber *De justo divinoque judicio* [64], liber *De iis quæ sub intellectum et sensum cadunt* [65]. Et si divo Maximo fides habenda liber *De legali hierarchia* [66], et liber *De angelicis ordinationibus et proprietatibus* [67]: sed postremus ille liber non alius ab ipso *De cœlesti hierarchia* libro pluribus videbitur. Cæterum ea fuit eorum librorum jactura ut nulla eorum mentio nullumque exstet vestigium, nisi in iisdem auctoris nostri Operibus, vel quod ipsorum fultum non sit testimonio.

CAPUT XXI.
De editionibus et versionibus eorumdem Operum, ac variis in ea scholiis et observationibus.

Jam vero ut ad Dionysianorum Operum editiones veniamus, ea typis Græcis excusa sunt Basileæ anno 1539, Coloniæ 1577, Paris. 1565, Venetiis 1558, et apud Morellium anno 1562. Latinis vero simul ac Græcis, Parisiis anno 1615, et rursus ibidem 1644, et Antuerpiæ anno 1663. Quædam autem ex his operibus separatim edita sunt, nimirum libri duo, alter *De mystica theologia*, alter *De divinis nominibus*, Mars. Ficino interprete et explanatore, Venetiis anno 1538, atque inter Opera ejusdem Ficini, Basileæ anno 1576; liber vero *De ecclesiastica hierarchia* cum Latina versione, Basileæ, anno 1539. Epistola ad Polycarpum inter epistolas SS. Patrum a Symphor. Champerio typis Ass., 1516. Eadem cum epistolis Ignatii et aliorum, Ant. 1540, et Venet. 1546. Epistolæ duæ in *Orthodoxographia*. Omnia denique Dionysii nostri Opera Latine in antiquis Patrum Bibliothecis, ac in Coloniensi ex editione Lansselii, et in nostra Lugdunensi ex Corderiana rursus vulgata sunt.

Antiquissima horum Operum versio Latina accurata est a Scoto Erigena seu Scotigena, qui eam ex manuscriptis Græcis in monasterium Sandionysianum, Carolo Calvo imperante, allatis adornavit. Hæc versio cum aliis quibusdam, nimirum Petri Sarrasini, Ambrosii Camaldulensis, et Marsilii Ficini edita est Coloniæ anno 1546. Eodem anno alia Clauseri studio Argentorati prodiit: atque eadem in urbe Perionius anno 1557 suam vulgavit quæ anno 1585 Lugduni rursus prelo subjecta est. Illas exceperunt versio Lansselii, e societate Jesu presbyteri, Parisiis publicata anno 1625, ac demum Corderii theologi, ejusdem societatis doctoris, quæ Antuerpiæ 1632 emissa est in lucem.

Porro autem vix alia reperias sanctorum Patrum opera, quibus illustrandis et exponendis majorem scriptores posuerint operam. Præter memoratas enim versiones, multi in has auctoris nostri lucubrationes ediderunt scholia, notas, observationes et paraphrases. Et vero Dionysius Rhetor et Joannes Scythopolitanus sexto Ecclesiæ sæculo quædam in eas scholia conscripserunt: sed eorum in primis, quæ a Dionysio profecta sunt, jacturam patimur. Septimo sæculo sanctus Maximus, martyr celeberrimus, scholia etiam continua et uberiora composuit. Iis autem neque doctrina, neque ritus, et disciplina ab auctore nostro tradita explicantur, sed quædam in auctores ab illo citatos observantur, quibus Maximus hæc scripta Dionysio Areopagitæ vindicare conatus est. In plurimis autem scholiis ea quæ in textu auctoris attentiori consideratione legenda sunt, omnibus advertenda proponit. Quæ quidem omnia summam ejusdem Maximi, tanti videlicet martyris, pietatem et sanctimoniam omnino spirant et redolent.

Pachymerius paraphrasim seu Commentarium in eadem Dionysii Opera scripsit, qui memoratis Maximi scholiis sæpius subjungitur. Postea vero Hugo a Sancto Victore, Albertus Magnus, divus Thoma Aquinas, Dionysius Carthusianus et quidam alii nonnulla in quasdam ejusdem auctoris lucubrationes scripserunt.

Præterea editionem eorumdem Operum Latinam

---

[60] *De cœl. hier.* cap. 7. [61] *De divin. nomin.* cap. 1, 2 et 11, et lib. *De myst. theol.*, cap. 12. [62] *De divin. nomin.*, cap. 1, 4, 9, 13, et *De myst. theol.*, cap. 2. et *Epist. ad Tit.* [63] *De divin nomin.*, cap. 4. [64] *Ibid.* [65] *De eccles. hier.*, cap. 1. [66] *Ibid.*, cap. 5 [67] *De divin. nomin.*, cap. 4

habemus Parisiis typis Henrici Stephani anno 1515 excusam, quæ versionem Ambrosii Camaldulensis, notas Fabri Stapulensis, et commentarium Judoci Clichtovei complectitur. Porro Fabri scholia sæpius in vulgus prodierunt, Argentorati anno 1498 et 1502, et Parisiis 1505. In iis autem Faber versionem Ambrosii Camaldulensis aut illustrat aut corrigit: atque ut id præstaret integrius, Græcis manuscriptis, quæ in Dionysiano monasterio servabantur, usus est.

Notas in singula Dionysii Opera omnium maximas jam præfatus Corderius divulgavit, eæque ab ipso *theologicæ* appellantur. Et re quidem ipsa illæ ad theologiam scholasticam pertinent, atque in illis, quibus librum *De divinis nominibus* illustrare contendit, fusius uberiusque disputat.

CAPUT XXII.
Novæ quædam observationes.

Auctor Hebraice nesciebat. — Nulli injucundum, nec forsitan inutile erit his observationibus quædam adjicere, quæ attentione aliqua non plane indigna videbuntur. Primum enim auctor noster Hebraice nesciebat, quippe qui ubi nonnullas Hebraicorum verborum interpretationes affert, subjungit continuo [66]: *Hebraice periti aiunt*, vel: *Hi qui Hebraice norunt*.

Præterea dubium adhuc et incertum esse videtur, utrum hæ voces quæ in librorum inscriptionibus leguntur, Τῷ συμπρεσβυτέρῳ Τιμοθέῳ Διονύσιος, ab auctore ipso profectæ sint. Qui enim fieri potuit ut illa in Operum suorum titulis adhibuerit πρεσβύτερος vocem, qua nullibi unquam in iisdem Operibus suis uti voluerit? Dissimulare tamen non possumus easdem inscriptiones eodem modo in Græcis ac Latinis manuscriptis atque in editis exhiberi; sed in codicibus illis manu exaratis, quorum antiquissimi ætatem sancti Maximi non superant, voces hujuscemodi a librariis scriptoribus in titulos facile intrudi potuerunt. Verum has conjecturas nostras aliorum judicio libenter permittimus.

De capitum summariis.— Idem quoque dicendum de capitum summariis, ut vocant, sententiis, seu argumentis, quæ in manuscriptis et editis libris similiter occurrunt. Plura quippe capitum argumenta, ab iis quæ in textu pertractantur, repræsentandis adeo sunt aliena, ut a quovis alio potius quam ab auctore nostro scripta esse videantur.

De ordinibus minoribus.— Arbitrantur nonnulli his in scriptis aliquam minorum Ecclesiæ ordinum, sacro diaconatu inferiorum, mentionem haberi. Iis tamen lectione, qua potuimus, accuratiore examinatis, nullum nobis eorum ordinum vestigium ullibi apparuit. Non sumus quidem nescii mentionem ibi fieri cantorum; sed peculiarem quemdam ordinem ex iis in Ecclesia constitui, a nullibi unquam auctor noster tradidit. Et certe id cuilibet facile persuadebitur, si animo attendat non alium scriptoris nostri scopum esse quam ecclesiasticam hierarchiam, angelicæ et cœlestis instar, in tres tantum, episcoporum, presbyterorum et diaconorum, a nobis supra commemoratos ordines distinguendi.

De ritibus prætermissis. — Neque etiam omnes cæremonias et ritus, sicut operis ejus consilium magis postulare videbatur, in sacramentorum administratione observari solitos ille commemorat. De confirmationis enim sacramento post baptismum administrando ubi disputat, nullum de manuum impositione verbum fecit. Nemo tamen nescit eam ab apostolis eorumque successoribus fuisse adhibitam. Quid quod et ipse in libro *De ecclesiastica hierarchia*, in secunda cujusque capitis parte, ubi de hujuscemodi tantum ritibus disserit, nonnullos prætermisit, quorum deinceps in tertia parte refricat memoriam.

De ritu singulari. — De quibusdam etiam cæremoniis tractat, quæ in sua tantum Ecclesia et nonnullis forsitan vicinioribus erant in usu. Talis est ille tam singularis duodecim plumis sacrum chrisma cooperiendi ritus. Illud etiam in missæ celebratione peculiare videtur quod, recitatis defunctorum nominibus, fieret manuum lotio, consecrationi eucharisticæ quamproxime præmittenda.

De mss. reg.— Plures etiamnum exstant in bibliotheca Regia horum Operum manuscripti codices Græci, quorum præcipuus, numero 2262 subnotatus, omnium antiquior est, et annorum 600 ætatem nobis præseferre videtur. Ex hoc codice solo, aliis, qui sequentibus numeris notantur, nec inspectis, nec examinatis, suam Morellius, uti putatur, editionem adornavit.

De mss. Colbertinis. — Duos alios ex celeberrima Colberti bibliotheca codices penes nos habuimus, quorum prior, charactere elegantissimo exaratus, ætatem suam his verbis, in calce illius adjectis, indicat: Ἐτελειώθη ἡ παροῦσα βίβλος μηνὶ Ἰανουαρίῳ ζ, ἰνδ. ε, ἔτοις ͵ϛϟ, id est: *Perfectus est hic liber mense Januario, feria septima, indictione* v, *anno mundi* 6500. Hi duo characteres Græci ϛ, ϟ in codice manuscripto inter se connexi, nihil aliud ibi significare videntur quam annum mundi 6500 et Christi 992.

De mss. Latin. — In hoc autem codice adjectæ sunt sancti Maximi notæ, ab his quæ in editis prostant, plurimum discrepantes. Quas quidem variationes cum omnes describere non possimus, id semel observasse sufficiat. Unde autem orta sit illa notarum discrepantia, si roges, dices ex Athanasii testimonio, a nobis mox proferendo, quo se scholia sancti Maximi et Joannis Scythopolitani a se invicem distinxisse affirmat. Hinc enim colliges ea imperitiorum librariorum incuria potuisse facile

---

[66] *De cælest. hier*, cap. 7; *De eccles. hierarch*, cap. 4, de voce *Presbyteri*.

in codice Colbertino aliisque pluribus præpostera perturbatione confundi.

Posterior tandem codex Colbertinus a quodam monacho nomine Longino, anno mundi, ut ab eodem Longino subnotatur, 6780, id est Christi anno 1272, descriptus est.

De ms. Saudionysiano. — Observabamus supra quosdam Græcos codices, Carolo Calvo imperante, in Sancti Dionysii prope Lutetiam monasterium fuisse asportatos ; sed lugendam eorum cum cæteris ferme omnibus ditissimæ ejusdem bibliothecæ manuscriptis jacturam fecimus. Alius qui ibi nunc habetur, illuc ab imperatore Manuele Palæologo missus est. Atque in hujusce rei fidem hæc verba in fine ejusdem libri, sed manu recentiori subjecta sunt : « Τὸ παρὸν βιβλίον ἀπεστάλη παρὰ τοῦ ὑψηλοτάτου βασιλέως, καὶ αὐτοκράτορος Ῥωμαίων κυροῦ Μανουὴλ τοῦ Παλαιολόγου εἰς τὸ μοναστήριον τοῦ ἁγίου Διονυσίου τῷ ἐν Παρυσίῳ τῆς Φραγγίας ἢ Γαλατίας, ἀπὸ τῆς Κωνσταντινουπόλεως δι' ἐμοῦ Μανουὴλ τοῦ Χρυσολωρᾶ, πεμφθέντος πρεσβέως παρὰ τοῦ εἰρημένου βασιλέως, ἔτει ἀπὸ κτίσεως κόσμου ἑξακισχιλιοστῷ ἐννεακισχιλιοστῷ ἑξαιδεκάτῳ, ἀπὸ σαρκώσεως δὲ τοῦ Κυρίου χιλιοστῷ τετρακοσιοστῷ ὀγδόῳ. Ὅστις εἰρημένος βασιλεὺς ἦλθε πρότερον εἰς τὸ Παρύσιον πρὸ ἐτῶν τεσσάρων. » *Hic liber Constantinopoli ad monasterium Sancti Dionysii Parisiensis in Francia sive Gallia missus est a celsissimo principe et imperatore Romanorum domino Manuele Palæologo per me Manuelem Chrysoloram, legatum missum a dicto imperatore, anno a creatione mundi sexies millesimo nongentesimo decimo sexto, ab Incarnatione vero Domini millesimo quadringentesimo octavo. Qui dictus imperator prius Parisios venit ante quatuor annos.*

Duos insuper Latinos nacti sumus manu exaratos codices, quibus versio Joannis Scotigenæ ac divi Maximi, ejusdemque Joannis Scotigenæ (1) notæ et scholia exhibentur. Primus Bibliothecæ Regiæ est, secundus Colbertinæ : alter ab annis circiter 600, alter vero 400 descriptus. In utroque præmittuntur ejusdem Joannis Scythopolitani (2) et Anastasii Bibliothecarii ad Carolum Calvum epistolæ, quibus ei versionis operisque sui reddunt rationem. Epistola Joannis sic inscribitur : *Gloriosissimo catholicorum regum Carolo Joannes extremus sophiæ studentium.* Anastasiana vero: *Præfatio Anastasii, apostolicæ sedis bibliothecarii, ad excellentissimum regem et Christianissimum Carolum regem.* Ibi interpretationis a Joanne, quem Scotigenam vocat, editæ meminit. Imperatorem vero certiorem facit se ad eum versionem mittere Græcorum Maximi et Joannis Scythopolitani scholiorum : quæ quidem quomodo a se invicem distinxerit, his verbis significat : *Ipsorum autem scholiorum seu paratheseon, quæcunque in calce sui signum vivificæ crucis habent, a beato Maximo confessore ac monacho inventa narrantur : cætera vero sancti Joannis Scythopolitani antistitis esse feruntur.*

De epistola undecima ad Apollophanem.—Illud tandem sine observatione aliqua prætermitti non debet, quod neque in his omnibus codicibus, sive Græcis sive Latinis, neque in omnibus fere editionibus, nisi in Bibliotheca nostra Lugdunensi, epistola undecima, Dionysii nostri nomine inscripta, decem aliis superioribus subnectitur. In ea auctor Apollophani philosopho ad quem data est, de illius ad Christianam fidem conversione plurimum gratulatur, et de solis defectione, quæ Christo moriente, contigerat, sermonem rursus instituit.

Hæc autem epistola non solum certissima evidentis præfert falsitatis indicia, sed nec ab eodem auctore ac decem superiores, aliique Dionysiani libri, profecta esse videtur. Enimvero illa nec in manuscriptis, uti diximus, nec in melioris notæ editionibus vulgata est. Deinde ab aliarum cum epistolarum, tum lucubrationum Dionysii nostri stylo prorsus abhorret. Denique divo Maximo, Operum Dionysii diligentissimo indagatori, plane penitusque incognita fuit. Nullas etenim in eam, sicut in cætera Dionysii Opera, ille edidit observationes. Quid quod et ipse Maximus Dionysium cum solis eclipsim observaret, annum ætatis vicesimum quintum attigisse meris conjecturis probare conatur. At nulla ipsi opus erat conjectura, si hæc epistola, ubi id aperte declaratur, in ejus manus aliquando venisset. Vero igitur videtur omnino simile eam a male feriato quodam scriptore ex septima auctoris nostri ad Apollophanem epistola, in qua de memorata solis eclipsi disputat, post Maximi obitum fuisse compositam. Porro autem non alia quidem ratione ille Pseudo-Dionysius eam scripsisse videtur, nisi ut eumdem Apollophanem Christianæ religioni, ad quam auctor epistolæ septimæ eum adducere tentaverat, nomen suum aliquando dedisse omnibus quocunque tandem modo persuaderet.

(1) Lege *Joannisque Scythopolitani.* EDIT. PATR.

(2) Lege *Scotigenæ.* Iv.

FR. J. F. BERN M. DE RUBEIS

ORDINIS PRÆDICATORUM

In Venetam Operum quæ *Areopagitica* dicuntur editionem

DISSERTATIO PRÆVIA

In qua præsertim agitur de Scholiis Sancti Maximi, et Joannis Scythopolitani, ac Germani Constantinopolitani patriarchæ.*

CAPUT PRIMUM.

Operum Areopagiticorum editio Antuerpiensis : quid in ea præstitum. Posterior alia Parisiensis editio. Casimirus Oudinus notatus.

I. Quænam cura adhibitæ fuerint, quid etiam amplioris emolumenti in nova Operum, quæ *Areopagitica* dicuntur, Veneta editione præstitum, munus mihi demandatum est, ut prævia quadam dissertatione admonerem. Agam igitur pro munere assumpto : et quænam fuerit anterior editio selecta, quæ iterum cuderetur; num aliqua cum mss. codicibus, et quibusnam, collatio Græci textus facta fuerit; quænam opuscula adjecta, quæ vel de genuino parente perquirant vel ejus fidem patefaciant ; an edita scholia sint unius Sancti Maximi, an aliqua vel etiam plura Joannis Scythopolitani, an etiam quædam Germani, regiæ urbis Constantinopoleos patriarchæ; totidem erunt dissertationis argumenta, ac alia sane his affinia.

Areopagiticorum Operum editiones omnes hoc loco numerare supervacanea cura foret. Nitidissimam Antuerpiensem memoro *ex officina Plantiniana Balthasaris Moreti* 1634. Frons primi tomi est : *Opera S. Dionysii Areopagitæ, cum Scholiis S. Maximi, et Paraphrasi Pachymeræ, a Balthasare Corderio Soc. Jesu doct. theol. Latine interpretata, et notis theologicis illustrata.* Primus idem tomus continet Græce et Latine libros *De cœlesti hierarchia, De ecclesiastica hierarchia,* et *De divinis nominibus,* Balthasare Corderio interprete. Libros præcedunt ipsius Corderii *Observationes generales pro intelligentia S. Diony ii,* et *sancti Maximi Prologus,* et *Georgii Pachymeræ Proœmium* : singulis vero librorum capitibus *Adnotationes Corderii,* et *Scholia S. Maximi,* et *Paraphrasis Pachymeræ* subjiciuntur ; quæ omnia vir idem doctissimus Corderius Latine transtulit.

Tomus alter complectitur *Corderii Isagogem ad mysticam theologiam,* tum ipsum *De mystica theologia* librum, cum *Adnotationibus* Corderianis, et *S. Maximi Scholiis,* et *Pachymeræ Paraphrasi,* eodem Corderio interprete. Dionysii *epistolæ* sequuntur, quæ decem sunt, ea rejecta quæ ad *Apollophanem philosophum* inscribitur, certissimis νοθείας

A argumentis damnata : easque subjecta ornant *Scholia Maximi, Pachymeræ Paraphrasis,* et *Corderii Adnotationes,* et *Latinæ interpretationes.* Molem voluminis augent opuscula plura, quæ sequuntur. I. *Vita et Encomium Dionysii Areopagitæ ex Menæis, interprete Petro Halloix Soc. Jesu.* II. *Simeonis Metaphrastæ Vita et Conversatio S. Dionysii Areopagitæ, ab incerto interprete latinitate donata, et a Corderio recensita.* III. *De Dionysio Areopagita ex Suida, interprete Petro Lansselio Soc. Jesu.* IV. *Vita Areopagitæ ex Libro secundo Nicephori, Græce et Latine ab eodem Lansselio edita.* V. *Michaelis Syngeli Encomium in S. Dionysium, interprete Basilio Millanio, et a Petro Lansselio pluribus in locis castigatum.* VI. *Martyrium S. Dionysii Areopagitæ*
B *per Methodium, vel, ut alii, Metrodorum, interprete Lansselio.* VII. *Vita ejusdem per R. P. Petrum Halloix S. J. concinnata, ejusdemque notationibus illustrata.* VIII. *Laudati Halloixii de S. Dionysii Areopagitæ Vita et Operibus Quæstiones quatuor.* IX. *Argumenta et Testimonia pro Operibus S. Dionysii ex Vindiciis Areopagiticis R. P. Martini Delrio Soc. Jesu.* X. *De Dionysio Areopagita, ejusque scriptis Disputatio Apologetica Petri Lansselii.* XI. *Variantes lectiones in Libris Areopagiticis.* XII. *Onomasticum Dionysianum Balthasaris Corderii.* XIII. *Index locorum sacræ Scripturæ.* XIV. *Index in binos Operum sancti Dionysii tomos.*

II. Post annos decem, nova *Lutetiæ Parisiorum,*
C anno scilicet 1644, accurata est *apud Laurentium Cottereau* editio Græce et Latine. Titulus est : *Sancti Dionysii Areopagitæ Operum omnium quæ exstant, et Commentariorum quibus illustrantur. Tom. I... Tom.* II... *opera et studio Petri Lansselii, et Balthasaris Corderii Soc. J. presbyterorum. Accessit nunc primum Areopagitæ defensio adversus hæreticum Calvinistam, per clariss. et nobiliss. virum Dominum D. Joannem de Chaumont, Christianissimi regis in sacris ac secretioribus regni consiliis consiliarium, et arcanioris regiæ bibliothecæ præfectum. Nova editio, præcedentibus emendatior et auctior.* Ordo prioris editionis cernitur in ista paululum immutatus, ac Lansselianæ aliquæ interpretationes Latinæ selectæ sunt præ Corderianis.

---

* Lectorem monitum volumus in hac Dissertatione et sequenti nonnulla indigitari quæ nonnisi ad Græcum textum S. Dionysii spectant, quæque ab hujus editionis instituto, ut mere Latinæ, aliena videntur. Hæc maluimus erudito Lectori discernenda relinquere quam virorum doctorum quorum editionem sequimur, elucubratione mutilatam scindendo decurtare. EDIT. PATR.

Primo in volumine præmittuntur *Corderii Observationes generales*, ejusdemque *Isagoge in Mysticam Theologiam*, et *Prœmium Pachymeræ* cum Latina Corderiana translatione. Succedunt Græce et Latine, Corderio interprete, libri *De cœlesti hierarchia*, *De ecclesiastica hierarchia*, *De divinis nominibus*, *De mystica theologia*, cum ejusdem viri doctissimi interpretatione, adnotationibus, et Pachymeræ paraphrasi. Epistolæ sequuntur, quæ decem numerantur, *Corderii adnotationibus* duntaxat illustratæ. ‹

Quæ vero volumen alterum complectitur, hæc sunt. I. *Prologus Sancti Maximi*, interprete Petro Lansselio. II. Græce tantum, Ἑρμηνεία λέξεων, quæ etiam exstat in Græca Morelliana editione Parisiensi anni 1562, in 8°. III. *Scholia Sancti Maximi* in superiores Areopagiticos libros, eodem Lansselio interprete. IV. *Georgii Pachymeræ Paraphrasis in Epistolas*, interprete Godefrido Tilmanno, Carthusiæ Parisiensis monacho. V. *Sancti Maximi Scholia in Epistolas*, cum Latina interpretatione Corderiana. VI. *Opuscula*, ut in editione priori Antuerpiensi, inter quæ Latine vertit Lansselius *Encomium ex Menæis Græcis*, recensuit *Vitam a Metaphraste concinnatam*, Latine interpretatus est duo excerpta ex Suida, et Nicephoro, *Vitam Syngeli* emendavit, ac *Martyrium Methodii* Latinitate donavit illustravitque notis. VII. Sequuntur *Dionysii Guerini Martyrium Areopagitæ*, carminibus Latinis expressum, *Vita* ab *Halloixio* concinnata, ejusdemque *Quæstiones quatuor*, *Vindiciæ Martini Delrio*, et *Lansselii Disputatio apologetica*. VIII. Accedit *Areopagitæ Defensio adversus hæreticum Calvinistam Charentoni ministrum*, a Joanne domino de Chaumont Gallice primum conscripta, subindeque Latine reddita. IX. Postremum locum tenent *Lansselii Notæ ad Pachymeræ Paraphrasim in Epistolas*, ejusdemque *Notæ in Vitam Syngeli*, et *in Methodii Martyrium*.

III. Habes ea singillatim enumerata, in quibus conveniunt, et in quibus differunt, sive ordinem spectes, sive Latinas interpretationes, ac notas et opuscula, editiones duæ, Antuerpiensis et Parisiensis. De utraque Casimiri Oudini judicium est tomo I, *De scriptoribus, et scriptis ecclesiasticis* ad annum 520, col. 1371. « Balthasar Corderius, primus omnium diffusione et amplitudine Commentariorum, disquisitione abstrusiorum, doctrina rerum omnium... Vitam S. Dionysii Areopagitæ et omnia ejus Opera, et quidquid ab aliis Græcis de illo dictum est, Commentariis uberrimis elucidare labore plane eximio, licet forsitan minus felici, conatus est. Apparebit incredibilis ille labor Corderii ex inspectione omnium S. Dionysii Areopagitæ Operum, et omnium ad Vitam et Encomia ejusdem spectantium, quæ Antuerpiæ anno 1634 Græce et Latine duobus in folio tomis nitidissime edita sunt, tum recusa Parisiis, anno 1644, modo formaque eisdem. Ut sane imposterum inutilem prorsus laborem susciperet, qui argumentum idem aggrederetur. › Quo in loco minus accuratum se præbet Oudinus in utriusque editionis recensione, ut ne quidem vidisse alteram ipse videatur.

CAPUT II.

Parisiensem editionem exprimit nova editio Veneta, Græco textu Operum Areopagiticorum, Scholiorumque præsertim, collato cum codice bibliothecæ Sancti Marci. Opuscula aucta. Variæ, quæ feruntur de Operum auctore opiniones.

I. Sacrarum litterarum cultoribus, qui accuratiorem aliquam Operum Areopagiticorum editionem sibi facilius ac minori pecuniarum sumptu comparare queant, bene consulturus typographus Venetus, Parisiensem recensitam selegit, utpote opusculis apologeticis locupletiorem, Latinisque plerisque doctissimi peritissimique viri Petri Lansselii interpretationibus ornatam.

Novæ tamen curæ prætermissæ non sunt ad emendandum textum Græcum, sive Areopagiticorum Operum, sive Scholiorum, ipsumque variis lectionibus, si quæ opus forent, exornandum; diligentiori facta collatione cum nitidissimo Venetæ Sancti Marci bibliothecæ codice. Operam hanc navavit industrius ac sane peritus Georgius Constantini, natione Græcus, ex Joannina urbe Epiri. Labor cessit cum emolumento. Variantes lectiones in Operibus occurrunt frequentes, ac præterea in Scholiis erui non pauca additamenta potuere. Foliorum margines hæc omnia præstant. De Scholiis Germani Patriarchæ, quæ nunc primum ab aliis distincta prodeunt juxta codicis fidem, dicam inferius.

II. Opusculorum numerum auget primo opus, quod Gallice scriptum editumque fronte præfert : *Problème proposé aux sçavants touchant les livres attribués à S. Denys l'Aréopagite : où l'on demande s'il faut dire, que cet auteur a tiré ses principes, une partie de sa doctrine, et le traité de sa Théologie mystique, de saint Clément d'Alexandrie, et de saint Grégoire de Nysse : ou si ces deux Pères ont pris de lui. A Paris chez Jean de Nully M. DCC. VIII*, « *Problema Litteratis Viris propositum circa Libros Dionysio Areopagitæ tributos : quo ad examen vocatur, quæriturque, num ipsorum operum Auctor ex Clemente Alexandrino, et ex divo Gregorio Nysseno deprompserit principia sua, ac doctrinæ partem, et Tractatum de Mystica Theologia : an ab illo quidpiam isti mutuaverint.* » Neque solum *Problema*, quod proponitur, argumentis atque solutionibus utraque ex parte munitur : verum etiam argumenta comparent in eo, ac solutiones, quæ Dionysio Areopagitæ, veluti genuino auctori, favent, et adversantur. Prodibit Opus Latine duntaxat redditum.

Inter eos qui abs Dionysio Areopagita abjudicant Opera, orthodoxum quempiam sequioris ætatis auctorem putant aliqui, heterodoxum alii. Pro Petro Cnaphæo, seu Fullone, aut aliquo ex ejus assecis Eutychiana aut Monophysitica lue infecto, pugnavit acerrime Michael Lequienus in Dissertatione II Damascenica, a num. 10 ad numerum usque 16. Quod excerptum inter memorata opuscula novum locum habet. Hocce vero excipere debuit adversa Dissertatio nostra, *De fide auctoris Operum quæ vulgo Areopagiticorum dicuntur, an orthodoxus fuerit, an hæreticus vel Apollinarista, vel Eutychianus, seu Monophysita.* Jam edita numeratur nona inter alias triginta Dissertationes *De Gestis, et scriptis, ac doctrina sancti Thomæ Aquinatis*, typis editas in-folio, Venetiis, apud Joan. Baptistam Pasquali 1750. Eadem prostat in nova ejusdem S. Thomæ Operum editione Veneta, tomo VIII, in-4.

III. Ex his opusculis variæ innotescunt, quæ feruntur de germano Areopagiticorum Operum parente opiniones. Paucis eas memorare liceat. Ac primo veluti pro comperto haberi potest, ac certe debet, certum ac genuinum exstare nullum in antiquitate monumentum, quo evinci queat, primis quatuor Ecclesiæ sæculis, vel etiam adulto quinto, et ad finem vergente, Areopagitica laudata Opera innotuisse. Hac de re agit uberrime auctor *Problematis* quod superius memoravimus : egi etiam ego in Dissertatione citata, capitibus 1, 2, 4 et seq.

Primi fuere heterodoxi Severiani, concilii œcumenici Chalcedonensis hostes, ut certos testes adhibeam, qui testimonia ex Areopagiticis Operibus deprompta adduxerunt in Collatione, quam Constantinopoli habuere cum orthodoxis, quorum primus erat Hypatius, episcopus Ephesinus. Hic vero primus fuit, qui eadem Opera abs Dionysio Areopagita abjudicavit, tribuitque antiquis hæreticis Apollinaristis. Vide caput primum citatæ Dissertationis. Sæculo sexto incepto, id est anno 532, habita fuit prædicta Collatio : quo sæculo, vel etiam cadente quinto, pro sancto Dionysio Areopagita pugnavit Joannes, Scythopolitanus antistes ; pugnavit etiam insequente sæculo sanctus Maximus, abbas Chrysopolitanus, ac sequiori ætate Theodorus quidam presbyter, apud Photium, codice 1. Apologetica opuscula simul collecta præstat Veneta hæc editio, quæ scripserunt Halloixius, Delrius, Lansselius, Chaumontius.

Inter eos qui genuinos Areopagitæ fetus inficiantur Opera, de quibus agimus, varia sunt placita de auctore, quem perquirunt : ipsumque virum orthodoxum habent alii, aliique heterodoxum, dissidentque de natione ejus. Guillelmus Caveus arbitratus est, Operum auctorem dici posse Apollinarium, quem putat fuisse *in fide sanum*, patrem Apollinaris hæretici. Ea Mathurinus Vessieres La-Croze tribuit Synesio, Ptolemaidis episcopo : incentoremque ipsi fuisse, ut eadem scriberet, Theophilum Alexandrinum contendit. Quid ? quod Henricus Dodwellus in epistola ad Caveum commentus est, a Latino catholico homine quidam, fortasse Gregorio Magno, conficta esse Opera Areopagitica, utpote qui ante pontificatum diu vitam egerit Constantinopoli, ac Dionysium confinxerit,

A quem pro una hypostasi aliisque controversiis eo tempore agitatis opponeret Orientalibus. Verum denique his omnibus antiquiori, magno Dionysio, Alexandriæ episcopo, adjudicanda esse Areopagitica conjecerat Joan. Philippus Baraterius. Hæc in nostra Dissertatione refutata sunt commenta omnia.

Primum memoravimus Hypatium, episcopum Ephesinum, qui Apollinaristas hæreticos antiquos fecerit auctores *Areopagiticorum*. Hanc refutarunt opinionem Joannes Scythopolitanus, et Maximus in Prologo et in notis. Vide caput 3 Dissertationis. Longe recentior est eorum sententia, qui Eutychianis et Monophysitis tribuerunt *Areopagitica*. Casimirus Oudinus *De scriptoribus et scriptis ecclesiasticis*, loco superius laudato, capite 2, sic ait : « Opinor igitur, ne quid dissimulem, Opera illa omnia, tanto fastu Sancto Dionysio Areopagitæ attributa, fuisse conficta a Severianis hæreticis, errores Eutychetis amplexantibus, atque sancto Dionysio Areopagitæ supposita, cujus sub nomine confinxerant, ut falsa veterum auctoritate errores suos defenderent. Conficta illa fuisse circa annum 520, Severianis tunc temporis in Imperio obtinentibus, a quibus illa primum sub specioso Dionysii Areopagitæ nomine, anno 532, in Collatione Constantinopolitana inter Catholicos et Severianos allegata sunt, producentibus illa e tenebris Severianis, sed orthodoxis illa, uti Ecclesiæ hucusque ignota et inaudita reprobantibus. Venit in meam sententiam Joannes Dallæus... in opere *De scriptis quæ Divnysii Areopagitæ et Ignatii Antiocheni nominibus circumferuntur*, etc. » Pro Severianis, aut Monophysitis, veluti *Areopagiticorum* auctoribus, ac præsertim Petro Cnaphæo seu Fullone, Ecclesiæ Antiochenæ tyranno, aut alio partium ejus et consiliorum socio, agit uberrime Michael Lequienus loco citato, pluresque in medium profert ac amplificat conjecturas. Virum doctissimum pro virili insequitur tota Dissertatione sæpius citata : neque opinionem ejus, quam noverat, verisimilem putat Christianus Augustinus Salig in tractatu *De Eutychianismo ante Eutychen :* neque rursum adprobat Maturinus Vessieres La Croze. Sedem Antiochenam anno 471 prima vice tenuit Cnaphæus, iterumque invasit anno 476 et insequente, ac tertio occupavit anno 485 ad annum usque 488.

Auctorem ergo apprime orthodoxum, censuit Latinum Dodwellus, Ægyptium Paschasius Quesnellius, et Joannes Bona : Græcum scriptorem Atticumque Lequienus. Vide caput 6 Dissertationis. Auctoris ejusdem, quisquis ille fuerit, tempora definit Morinus post Nestorium, et ante Eutychianorum turbas, quinto sæculo labente : imo conficta opera censet Nicolaus Nourrius, asceta Benedictinus Sammaurænus, intra annum 431, quo synodus œcumenica Ephesina adversus Nestorianos, et 451, quo synodus Chalcedonensis contra Eutychianos celebrata est. Paulo seriorem feturæ ætatem arbitrantur alii.

CAPUT III.

Scholia in Opera Areopagitica scripsit non solum Maximus, sed ante ipsum Joannes Scythopolitanus. In editis confusa prostant. Nourrius notatus. Scholia Joannis Scythopolitani in codicibus mss. alicubi ampliora. Ind cia queis alia secerni ab aliis possunt. Quis fuerit Joannes Scythopolitanus.

I. Sub unius Maximi nomine, qui sæculo septimo floruit, pugnavitque egregiam pugnam adversus hæreticos Monothelitas, prodierunt *Scholia in Opera Areopagitica* in editionibus Antuerpiensi et Parisiensi, ac modo prodeunt in Veneta. Sed attamen non unum scholiastem Maximum, sed alium uberioremque Joannem Scythopolitanum, operam suam navasse, testis est locupletissimus Anastasius, Romanæ Ecclesiæ bibliothecarius, in epistola ad regem Carolum Calvum, anno circiter 865. Verba sunt (3): « Cœpi sedulo quærere, si forte reperiri potuisset præceptor quispiam, vel aliquod scriptum, quo enucleate tantus Pater (Dionysius Areopagita) nobis liquidius illucesceret : et quia jam per interpretis, (Joannis Scoti Erigenæ) industriam linguæ nostræ fuerat traditus, nostris patulis redderetur perfectius intellectibus. Cum ecce repente *Paratheses*, sive *Scholia* in eum, quæ Constantinopoli positus videram, ad manus venere, quibus utcunque interpretatis, mihi aliquantulum magis emicuit. Quæ in marginibus interpretati codicis ejus, ut in Græco reperi, mox interpretata utcunque, donec a docto melius interpretarentur, respondentibus signis interpres ego satis imperitus apposui.... Ipsorum autem Scholiorum, sive Parathescon quæcunque in calce sui signum vivificæ crucis habent, a beato Maximo confessore et monacho inventa narrantur ; cætera vero, sancti Joannis Scythopolitani episcopi esse feruntur. » Accuratum Anastasii laborem in utriusque scholiis distinguendis quis impensius non commendet? Epistola citata typis edita præmittitur Commentariis in Areopagitam a Dionysio Carthusiano elucubratis, editisque typorum beneficio *Coloniæ, impensis Petri Quentel*, anno 1536, in-folio : habeturque inter *Veteres Epistolas Hibernicas*, a Jacobo Usserio collectas, ac editas *Parisiis in Officina Ludovici Billaine* 1665, num. XXIV.

Utraque Scholia, eademque distincta, in vetustis codicibus mss. Parisiensibus et aliis reperiri advocat laudatus Usserius. Verba ejus dabimus numero insequenti. Testem quoque affero laudatum Nicolaum Nourry in *Apparatu ad Bibliothecam maximam veterum Patrum*, Dissertatione x, *de Operibus sancti Dionysii Areopagitæ*, capite 22. Ejus affero verba, quæ castigatione indigent, a typographo facillime deformata? « Duos pariter nacti sumus codices Latinos manu exaratos, quibus (Operum Areopagiticorum) versio Joannis Scotigenæ, ac divi Maximi, Joannisque Scotigenæ (error 1. Lege *Scythopolitani*) notæ et Scholia exhibentur. Primus Bibliothecæ Regiæ, et secundus Colbertinus : alter ab annis circiter 600, alter vero 400, descriptus. In utroque præmittuntur ejusdem Joannis Scythopolitani (error 2. Lege *Scotigenæ*) et Anastasii Bibliothecarii ad Carolum Calvum Epistolæ, quibus ei versionis operisque sui reddunt rationem. » Scilicet rationem reddit de sua Operum Areopagiticorum versione Joannes Scotigena, et Anastasius Bibliothecarius de sua Latina Scholiorum Maximi et Joannis Scythopolitani translatione.

Epistolæ, quam ad regem Carolum Calvum scripsit Scotigena, fragmentum commentariis præmittitur, a Dionysio Carthusiano confectis; integra vero habetur inter *Veteres Epistolas Hibernicas*, ab Usserio collectas. Scotigenæ laborem laudibus extollit Anastasius Bibliothecarius in epistola citata : « Beatus itaque Areopagita Dionysius, inquiens, quem inter cætera constat, industria tua (ipsius regis Caroli), præstantissime principum, in Romanum sermonem translatum... Mirandum est quomodo vir ille *barbarus*, qui *in finibus mundi* positus, quanto ab hominibus conversatione, tanto credi potuit alterius linguæ dictione longinquus, talia intellectu capere, in aliamque linguam transferre valuerit. Joannem innuo Scotigenam, virum quem audita comperi per omnia sanctum. » De ipso disserentem vide Joan. Albertum Fabricium, in *Bibliotheca Latina mediæ et infimæ ætatis*.

II. Non latent in pluteis, neque abdita servantur in solis codicibus mss. quæ in *Areopagi ica* scripsit scholia Joannes Scythopolitanus. Edita prostant inter ea quæ sub unius Maximi nomine prodierunt, confusa cum ipsis : quod utique dolendum. Rem hanc adnotarunt Jacobus Usserius et Michael Lequienus. Usserii affero verba, quæ leguntur apud Guillelmum Cave, ad annum 520, in *Joanne Maxentio*. Sic habet vero in *Bibliotheca theologica mss*. « Joannes Scythopolitanus scripsit in Dionysium Areopagitam Scholia, pariter ac Maximus. Verum in libris Dionysii ab anno 1562 inclusive editis (quo nempe anno Græca editio Morelliorum lucem vidit Parisiis in-8), simul confusa sunt Joannis et Maximi Scholia : quæ non in antiquioribus solum, quæ Cyparissiotæ tempore (sæculo xiv) ferebantur, editionibus (mss.) fuerunt distincta; sed etiam in utroque quo usus est ipse Morellius codice. In quorum altero ad marginem sunt apposita Joannis Scythopolitani sine nomine Scholia; in altero vero seorsim, post absolutum textum integrum Dionysii, Maximi nomine insignita Scholia ; eo breviora, quod ab amplioribus Joannis, cum quibus ea conjunxit Morellius, separata fuerant. Porro vulgata illa Scythopolitani Scholia, eadem illa ipsa sunt quæ Dionysio Alexandrino ab aliis sunt attributa : quod ex sententia a Cyparissiota ex Dionysii Scholiis citata patet, quæ in Scholiis istis totidem verbis reperitur. Istam vero sententiam Scythopolitani, non Maximi esse, liquet ex Latina versione Scholiorum Scytho-

---

(3) Vide *Patrologiæ Latinæ* tom. CXXIX, col. 737.

politani a Roberto episcopo Lincolniensi facta, et in bibliotheca collegii Corporis Christi apud Oxonienses mss. asservata, in qua reperitur. »

Hunc Usserii locum indicat Joan. Albertus Fabricius in *Bibliotheca Græca*, libro v, capite 1, num. 6, allegata ejusdem Usserii *Dissertatione de Dionysio* : quam, inquit, H. Whartonus edidit ad calcem Libri *De scripturis sacrisque vernaculis*. Vitam agebat laudatus Robertus, Lincolniensis episcopus, tertio decimo sæculo, vitamque commutavit cum morte anno 1253, apud eumdem Fabricium in *Bibliotheca Latina mediæ et infimæ ætatis*. Quæ vero invehit Usserius de Scythopolitani Scholiis Dionysio Alexandrino attributis, deque sententia Cyparissiotæ, diligentiori cura expendimus nos in Dissertatione nostra sæpe citata, capite 5.

Inter edita Scholia sunt aliqua quæ satis produnt auctorem, non Maximum, sed alium, utique Joannem Scythopolitanum. Egregie rem patefacit Michael Lequienus in Dissertatione Damascenica ii. « Imprimis se ea ætate, inque ea regione vixisse significat, in quibus Origenistarum hæresis invale cerct. Nam in caput 7 *De ecclesiastica hierarchia*, ad ea verba prope initium τῶν δὲ ἀνιέρων, « *profanarum vero*, » recensitis vetustioribus hæreticis, Simone Mago, Menandro, Valentino, Marcione et Manete, de *Origenianis* subjungit καὶ τῶν δὲ, οἱ ἀπὸ τῶν Ὠριγένους προερχόμενοι μύθων, « *et nunc qui prodeunt fabularum Origenis sectatores* » vel, ut Lansselius vertit, *atque etiam nunc ab Origenis prodeunt fabulis*). Atqui sancti Maximi ævo exsoleverant prorsus Origenistæ, ex quo Origenes cum Didymo, Evagrio aliisque horum sociis a quinta synodo proscripti fuerant : adeo ut sæculo septimo, quo Maximus florebat, nuda eorum superesset memoria. Ætate vero Joannis Scythopolitani (quem labente sæculo sexto floruisse, infra dicendum), eorum errores per monasteria Palæstinæ grassabantur, Leontio quodam Byzantino, Joanne, Isidoro et Nonno auctoribus : unde gravissimæ turbæ, ac tumultus per eam omnem regionem excitati sunt. » Animadverte, Scholia sua circa hæc tempora scripsisse Joannem Scythopolitanum, utpote qui de Origenistis agit, qui *nunc* dicuntur *prodiisse*. Tempora certius infra definienda sunt.

Alia duo sunt scholia quæ produnt auctorem. In caput 7 *De cœlesti hierarchia*, ad ea verba, εἰς οὐρανούς, *in cœlos*, nota sic appingitur : Nota contra Basilianos et Nestorianos Jesum Christum, in cœlos assumptum, secundum quod homo est, esse Dominum intelligibilium omnium, etc... contra vero Acephalos et Eutychianos, quod quamvis Dominus virtutum, verus et manifestus homo. » Item in caput 7 *De ecclesiastica hierarchia*, ad ea verba, καὶ ἱεράν, *et sacram*, hæc subjiciuntur : « Sacram theologiam dicit : *Tu es Christus Filius Dei vivi*, quod notandum est contra Basilianos, et Nestorianos, et Paulianistas, et similes. » Quibus in locis Nestorianos vides dictos Basilianos. « Hæc autem appella-

tio (verba sunt Lequieni) ab alio auctore indita eis esse non potuit, præterquam a Joanne Scythopolitano, qui variis scriptis a Basilio Cilce, Antiochenæ Ecclesiæ presbytero Iacossitus, eumdem Basilium tanquam versutissimum Nestorianæ impietatis propagatorem, antirrheticis dissertationibus traduxerat, veluti narrat Photius in *Bibliotheca*, cod. xcv et cvii. »

Priori in codice verba sunt Photii : *Lectus est Joannes Scythopolita σχολαστικός*, scholasticus, *adversus Ecclesiæ desertores... Scripti, in quod Scythopolita scribit ... fortasse Basilius Cilix est auctor*. Et alio in codice : *Lectus est liber Basilii, presbyteri Cilicis, adversus Joannem Scythopolitam*, cui et *Causidici nomen*, Δικόλογος. Unum esse, et eumdem Joannem Scythopolitanum, licet aliter et aliter cognominatum, *Scholasticum* et *Causidicum*, grave nullum argumentum obstat, quominus affirmemus. In codice priori hæc habentur : *Scripsit* (Scythopolitanus) *rogatus a patriarcha quodam, cui Juliano nomen*. In sedem Antiochenam conscendit Julianus, post Petrum Cnaphæum, anno 471, eamque tenuit ad annum 476. Vide Boschium *De patriarchis Antiochenis*, inter *Acta sanctorum*, tomo IV Julii. Hoc itaque tempore cœpit Scythopolitanus in arenam descendere *adversum Ecclesiæ desertores*, ut ait Photius, *sive contra Eutychen et D.oscorum, ejusdemque sectæ asseclas*. Calamum contra Basilium Cilicem serius videtur strinxisse. In alio codice ait Photius : *Basilius Cilix fuit presbyter, ut de se ipse affirmat, Antiochenæ Ecclesiæ*, quo *tempore thronum ibi tenebat Flavianus, Romanique clavum imperii Anastasius*. Imperium tenuit iste ab anno 491 ad annum 518. Qui vero Flavianus dicitur Antiochenus patriarcha, intelligitur hujus nominis secundus, ab anno circiter 499 ad annum 512. Optime cohærent omnia.

III. Jam ergo inter edita sub unius Maximi nomine Scholia, locum habent sine dubio quæ scripsit Joannes Scythopolitanus, confusa cum eisdem. Minus accurata profero verba Nicolai Nourrii loco superius citato. « In codice Colbertino, manu exarato mense Januario, feria septima, indictione quinta, anno mundi 6500, id est Christi 992, adjectæ sunt Sancti Maximi notæ, ab his quæ in editis prostant, plurimum discrepantes... Unde orta sit illa discrepantia si roges, disce ex Anastasii testimonio (superius allato), quo se Scholia S. Maximi et Joannis Scythopolitani a se invicem distinxisse, affirmat. Hinc enim colliges, ea imperitorum librariorum incuria, potuisse facile in codice Colbertino aliisque pluribus præpostera perturbatione confundi. » Quibus videtur verbis putasse Nourrius, *Scythopolitani* Scholia edita nondum esse, ac latere in codicibus. Fallitur egregie, uti dictum est.

Admonere tamen pretium est operæ, in Veneto codice nostro Marcianæ bibliothecæ eadem Scholia, quæ typis edita sunt, auctiora et ampliora reperiri : quæ utique additamenta præstabit nova præsens editio. Jacobus Echardus in *Scriptoribus ordinis Prædicatorum*, tomo II, ad annum 1679, in *Francisco Combefisio* adnotat, virum præclarissimum reliquisse prelo paratum tomum III *Auctarii novissimi Bibliothecæ Græcorum Patrum*, in quo locum habuisset *Scholia in Dionysium Areopagitam.. ex Regio, Sandionysiano, ac duplici Mazarino codicibus, multis aucta et emendata.* Sunt nempe Scythopolitani Scholia, quæ tamen ad Maximum referebat vir doctus.

Addere licet *Commentarium* etiam *fusiorem in quartam Dionysii Areopagitæ sic vulgo dicti epistolam, quæ est ad Caium* ; quod opus Combefisius vocat *Maximi genuinum* ex codice Regio, *idque nusquam antea typis excusum.* Sed illud editum typis Oxonii 1681 putaverim ego in Appendice *ad Joannis Scoti Erigenæ libros quinque De divisione naturæ* : ubi exstat Græce et Latine, interprete Th. Galæo, Anglo. *Epistola prima S. Maximi ad Thomam virum sanctum de diversis quæstionibus*, ac prostant capite 5 fusiores *in epistolam quartam ad Caium* sub ejusdem Maximi nomine Commentarii.

IV. An vero Maximi Scholia, et ea quæ scripsit Scythopolitanus, utraque confusa in editis, indicia fuerint, quæ secernant? Ea quidem Anastasius Bibliothecarius prudentissime ab invicem discreta interpretatus est, *quæcunque*, inquiens, *in calce sui signum vivicæ crucis habent, a beato Maximo confessore et monacho inventa narrantur, cætera vero S. Joannis, Scythopolitani episcopi, esse feruntur.* Eadem quoque non confusa, sed distincta sunt, Usserio adnotante, in antiquis codicibus, et *in utroque codice quo usus est Morellius ; in quorum altero ad marginem sunt apposita Joannis Scythopolitani sine nomine Scholia : in altero vero seorsim, post absolutum textum integrum Dionysii, Maximi nomine insignita Scholia.*

Ad ipsas quod attinet editiones, indicia occurrunt distinctionis. In Morelliana anni 1562 his verbis inscribitur Prologus : Πρόλογος τοῦ ἁγίου Μαξίμου, ἢ κατά τινας, Ἰωάννου τοῦ Σκυθοπολίτου, « *Prologus sancti Maximi, vel, secundum aliquos, Joannis Scythopolitani.* » Ad hunc omni procul dubio Scholium pertinet in quo Origenistæ dicuntur *nunc* prodiisse, in Palæstina scilicet. Ejusdem sunt scholia, queis Nestoriani appellantur *Basiliani*. Adnotat Usserius, Maximi Scholia *breviora* esse, et *ampliora* quæ scripsit Scythopolitanus. Quod ita intelligimus, ut etiam longiuscula quædam confecerit Maximus, et non solum breviora ; sed et brevia quæcunque scripserit Scythopolitanus, et non solum prolixiora.

In eadem verba eamdemque auctoris sententiam occurrunt non raro bina scholia , alterum scilicet Maximi, Scythopolitani alterum, his verbis discreta, ἄλλως, et εἰς αὐτό. Nonnulla accipe exempla. In caput 10 *De cælesti hierarchia* , ad illa verba, κρυφιώτερα μέν, « *occultiori quidem*, » post longiusculam adnotationem, additur alia præmisso adverbio ἄλλωστε. In caput 15, ad vocem ῥαστώνην, secunda expositio affertur, cum ἄλλως præmisso. Idem observare licet in caput 2 *De ecclesiastica hierarchia* , ad illa verba, *intelligere animo et ratione ;* et in caput 3, ad voces, *in alteris*, et ad illas, *dicit qui lotus est* ; et in caput 4, ad verba, *est aliqua cælestis*, et ad illud, *inferioribus* ; et in caput 2 *De divinis nominibus*, ad verba, *passus divina ;* et in caput 4, ad voces, καὶ ὑπερκόσμιον.

In caput 5, ad verba, *et est, et erit*, prima subjicitur nota ; alia sequitur deinde cum his verbis, εἰς τὸ αὐτό : et in caput 7, ad voces, *et imagines quasdam.* Hæc vero satis sunt : nec enim diutius in iis immorari licet, quæ sola codicum inspectione deprehendi tuto possunt.

V. Ad auctorem Joannem Scythopolitanum redeo, de quo satis nondum innotescit, quis ille fuerit : ac ingerunt sane difficultatem tum Anastasii Bibl othecarii, tum Photii superius allata verba. Joannem Scythopolitanum, Scholiorum auctorem, vocat *episcopum* ille ; de Joanne Scythopolitano agit iste, quem modo *Scholasticum* appellat, modo *Causidicum*, nulla ingesta episcopalis dignitatis mentione.

Nihilominus Photius ipse Joannem Scythopolitanum memorat *antistitem* codice CCXXXVI, ubi refert *synodicam epistolam Sophronii Hierosolymitæ* (contra Monothelitas, anno 635 scriptam), in qua memoratur *beatus Joannes antistes Scythopolitanus, qui docet et pie de synodo Chalcedonensi scripsit.*

Quo vero is floruerit tempore? Inter episcopos Scythopolitanos in patriarchatu Jerosolymitano, Joannem probabiliter circa annum 490 collocat Lequienus in *Oriente Christiano*, tom. III. Res ita se habeat : Dubium monet adhuc, num is confecerit Scholia in Maximum. Favet ep scopalis dignitas, ipsorum auctori tributa ab Anastasio Bibliothecario : at sumptæ ex Photio difficultates negotium ingerunt haud ita leve. Laudatus Lequienus in Dissertatione Damascenica 11 tribuere prædicta Scholia videtur Joanni Scythopolitano, lacessito a Basilio Cilice, et ipsum scriptis suis lacessenti : sed hunc a Joanne Scythopoleos episcopo distinguit in *Oriente Christiano*. Quidni Anastasius Bibliothecarius et Photius conciliari queant, si dixerimus, Joannem Scythopolitanum, antea *scholasticum* et *causidicum* , virum clarissimum ob scripta in desertores Ecclesiæ, et in Basilium Ciliçem elucubrata, infulas postea obtinuisse Ecclesiæ Scythopolitanæ? Tempora conveniunt. Joannem suæ præfuisse Ecclesiæ ad annum circiter 518 adnotat Lequienus, quo moderandam assumpserat eam Theodosius, epistolæ synodicæ, quam Joannes Jerosolymitanus contra Severum Antiochenum dedit, subscriptus anno 518 : Θεοδόσιος ἐπίσκοπος τῆς Σκυθοπολιτῶν. Hunc vero ad annum pervenire sine dubio potuit Joannes Scythopolitanus scholasticus aut causidicus, qui jam anno 471 circiter rogatus a Juliano patriarcha Antiocheno calamum sui inxerat adversum Ecclesiæ desertores, ac Basilium Cilicem postea insecutus est.

Dignissima est animadversione alia chronologica nota, quam offert adnotatio superius allata num. 2, in cap. 7, *De ecclesiastica hierarchia*, ubi nunc prodiisse dicuntur *fabularum Origenis sectatores* in Palæstina. Nempe magni motus in monasteriis Palæstinæ anno 531 pro dogmatibus Origenis excili: sed jam antea incœpti, Nonno monacho incentore, qui propterea *ante annum* 518 ejectus monasterio, ut iterum restitueretur, egit *eodem anno* cum Joanne, qui Eliæ patriarchæ Jerosolymitano suffectus fuerat. Hæc latiore sermone narrant Norisius *De synodo quinta*, capite 1, et Pagius ad annum 552, num. 3. Hoc igitur tempore verissime Scholiorum auctor adnotare potuit, *nunc prodiisse fabularum Origenis sectatores:* quod utique tempus maxime convenit Joanni, egregio scriptori contra Basilium Cilicem, et Ecclesiæ desertores, ac Scythopolitano episcopo. De lato in Origenem ac novos fabularum ejus consectatores anathemate in synodo quadam Constantinopolitana sub Menna, urbis regiæ patriarcha, inter annum 538 et annum 544, ante synodum quintam œcumenicam, luculentissime contra Pagium aliosque disserit Lequienus in *Oriente Christiano*, tomo III, in *Eustochio* patriarcha Jerosolymitano.

Theodosio Scythopolitanam Ecclesiam regente, *erat quidam Scythopoli scholasticus Joannes, Expelleutæ filius*, ut legimus in *Vita sancti Sabæ*, apud Cotelerium, in *Monumentis Ecclesiæ Græcæ, vir bonus et animo illuminatus*. Anceps hæret Lequienus an iste *scholasticus Joannes Scythopolitanus, Expelleutæ filius*, dici idem debeat cum *Joanne Scythopolitano scholastico*, quem Photius memorat codice XCV. Distinctos ambos evincunt diversa utriusque tempora, ac diversa utriusque studia, alterius *viri boni et animo illuminati*, alteriusque in disceptationibus innutriti adversum heterodoxos: ut jam constet iterum, Joannem Scythopolitanum Photii, scholasticum et causidicum, unum esse, et unum dici posse cum Joanne Anastasii Bibliothecarii, episcopo Scythopolitano, Scholiorum in Areopagitica Opera scriptore. In aliam abire conjecturam placuit mihi in Dissertatione citata, capite 4, num. 2, cui satis fortasse ea fieri potest ratione, qua concordiam Photius inter, et Anastasium Bibli thecarium iniri posse indicavimus. D ctoris cujusque judicium esto. Compertum vero ex his omnibus fieri denique videtur, perperam a nonnullis tribui Scholia Joanni Maxentio, monachorum Scytharum primipilo, per hæc tempora vitam agenti, ac perperam ipsum confundi cum Joanne Scythopolitano, vel *episcopo* vel Basilii Cilicis insectatore.

CAPUT IV.

Editorum Scholiorum nonnulla Germano patriarchæ tribuit codex ms. Venetæ Marcianæ bibliothecæ: quæ omnia indicantur. Animadversiones: conjecturæ de Germano patriarcha invecto pro Maximo. Quis ille fuerit Germanus patriarcha. Alia quæ feruntur apud bibliographos in Opus Areopagiti cum Scholia, recensentur.

I. Nitidissimum inter alios, in quibus Opera Areopagitica, et Scholia continentur, Venetæ S. Marci bibliothecæ codices manu exaratos cum viri quidam peritissimi expenderent, versarem etiam ego, singulare quidpiam addiscere statim ex eo licuit, inter Scholia nempe in Opera Areopagitica reperiri nonnulla, quæ cuidam Germano patriarchæ attribuuntur. Primum in codice locum tenet liber *De divinis nominibus*, marginemque exornant Scholia. Hæc vero occurrit initio nota marginalis: Σημειώσαι· ὅσα μὲν ἔχουσιν ἀριθμὸν σχόλια, εἰσὶ Γερμανοῦ πατριάρχου· ὅσα δὲ ἄνευ ἀριθμοῦ Μαξίμου μοναχοῦ. « *Nota: Quæ scholia numerum habent, sunt Germani patriarchæ; quæ numero carent, ad Maximum monachum spectant.* » Novum quid ominabamur omnes, quod Venetam editionem maxime exornaret; at cum editis collatione facta, jam typis cusa prostare omnia sub unius Maximi nomine, certo deprehendimus ea Scholia.

Scholia vero non pauca visuntur quæ alphabeti Græci litteris numerantur, ea scilicet quæ Germano patriarchæ tribuuntur in codice. In caput 1 *De cœlesti hierarchia* numerantur tria; in caput 2, itidem tria; in caput 7, sex; in caput 12, quatuor; in caput 13 itidem quatuor; in caput 1 *De ecclesiastica hierarchia* sunt septem, ac iterum quinque; in caput 2, tria, ac iterum septem; in caput 3, duo, iterumque quinque; in caput 4, quinque; in caput 6, tria; in caput 4 *De divinis nominibus* sunt novem, iterumque tria, ac iterum quatuor, ac rursum novem, et postea septem; in caput 7, tria. Hujuscemodi Scholiis caret liber *De mystica theologia*. Apparent tria *in epistolam* 8, *ad Titum:* cætera Germani scholia non habent. Numeros istos, uti sunt in codice, Veneta editio repræsentat.

II. Itaque si codici prædicto fides, non uni Maximo, sed neque etiam Joanni Scythopolitano, edita Scholia tribuenda sunt; sed eorum quoque partem Germanus patriarcha sibi vindicat. Fidem codicis roborare videtur adnotatio Joan. Alberti Fabricii in *Bibliotheca Græca*, libro v, capite 1, num. 6, ubi sic ait: *Germani patriarchæ Constantinopolitani Scholia in bibliotheca Vaticana adhuc servantur.* An eadem fuerint cum nostris? Rationem reddant, qui manu versare, et intueri oculis, ac mente expendere codices Vaticanos valent; conjecturis indulgendum mihi est.

Stylum ego, et modum, ac doctrinam Scholiorum, quæ litteris alphabeti numerata sunt, attentius licet expendam, nihil attamen video quo ea dici debeant profecta ab alio auctore, qui non fuerit Maximus, aut Joannes Scythopolitanus. Eadem pro sua peritia ponderet sapiens lector. et conferat, ac judicium ferat. In nota quadam, eo modo numerata, in caput 2, *De cælesti hierarchia*, sic legimus: *Quid porro sit resonantia extrema, explicabo in capite 4 libri De divinis nominibus.* Hanc resonantiam intelligit rerum ordinem a Deo statutum, ac inferiorum illustrationem a superioribus. Quidpiam vero tal· in scholiis eodem modo numeratis in caput 4 *De divinis nominibus* indicatur, aut exponitur. An vero modus iste se referendi in alio loco disserentem, conveniat Germano, qui scholia nonnulla adjicebat ad Scholia Maximi et Scythopolitani? Conveniunt sane Scythopolitano, qui primus amplioribus notis illustrabat Opus Areopagiticum. Conveniunt etiam Maximo, qui seorsim ab illo brevia quædam scribebat scholia.

Id vero maxime animadvertendum, frequentius breviora esse scholia, quæ numerata sunt, ac Germano tribuuntur: eademque si colligas omnia, pauca potius esse quam plurima. Duobus hisce indiciis, scholiorum brevitatis ac paucitatis, quæ vere Maximi sunt, indicarunt nobis Usserius et Lequienus. Hinc menti obversatur conjectura, librarium qui Marcianum codicem describebat, scholia a scholiis distincta inveniens, ac majoris ipsorum partis auctorem ignorans Joannem Scythopolitanum, alia tribuerit Germano patriarchæ et alia Maximo. Tenebras depellere, ac dirimere litem omnem non possunt, nisi vetusti codices bonæ notæ, in quibus Maximi scholia a scholiis Joannis Scythopolitani accurate discreta inveniantur.

III. Quis ille fuerit Germanus patriarcha, si sua et ipse Scholia scripserit in Opera Areopagitica, inquirendum est. Paucis res tota exigitur. Ejusdem nominis duo Germani præsto sunt, qui patriarchalem regiæ urbis Constantinopoleos thronum tenuere: ambo sacris litteris clari, et plurium operum scriptores. Primus conscendit sedem illam anno 715, eamque, dignitate abdicata, anno 730 dimisit. Infulas easdem ab anno 12.2 ad annum 1240 gestavit alter. Tertium memorare Germanum prætereo, quem dignitatem iadeptum esse anno 1264, in prima ostendimus dissertatione quam *Vitæ Gregorii Cyprii* subjecimus, ac typis edidimus anno 1753.

Utriusque Opera diligentiori cura recensent bibliographi: neque ulla scholiorum, de quibus agimus, apud ipsos mentio. Atqui vero scholia, quotquot in Opus Areopagiticum typis edita sunt, reperiuntur omnia in antiquis codicibus, qui Germani secundi ætatem superant. Inter hæc typis edita scholia locum habent, quæ Germano tribuuntur: igitur si quis Germanus Constantinopoleos patriarcha scripserit ea, sine dubio fuisse primus debuit.

(1) Joannis Scoti versio Operum S. Dionysii Areopagitæ exstat *Patr. Lat.* t. CXXII, inter Scoti

IV. Adnotare postremo loco liceat, alios etiam scriptores nonnullos memorari, qui in Opera Areopagitica scripserint scholia, quin ea tamen satis innotescant. Joan. Albertus Fabricius in *Bibliotheca Græca*, libro v, capite 1, n. 6, paucis verbis recenset *Scholia Georgii Hieromnemonis in bibliotheca Medicea*. Inter codices Bibliothecæ Regiæ Taurinensis, tom. I, numeratur codex CCC. LXIX, *membranaceus, sæculi* XIV, in quo «continentur Dionysii Areopagitæ Opera, cum scholiis Andreæ cujusdam, quemadmodum legere est post aliquot Dionysii verba in caput 1 *De divinis nominibus*, fol. 6. Ἀνδρέου ἐξήγησις, «*Andreæ narratio.*» Subjiciuntur semper deinde textui Dionysii scholia rubro colore descripta, ut vix legi possint. Scholia hæc tamen (Bibliothecæ editores inquiunt), ut observare contigit ex comparatione, eadem omnino sunt atque scholia Sancti Maximi typis vulgata.» Quidni quidpiam simile, falsa nomenclatura Germani patriarchæ invecta, acciderit in Veneto Marciano codice?

Commentarios in Dionysium Areopagitam scripsisse lingua Syriaca fertur Joannes Daræ in Syria episcopus. De viri ætate, deque urbe cujus infulas episcopales gestaverit ille, dissident viri docti. Uberrime pertractantem adi Joannem Morinum *De sacris ordinationibus*, a pag. 423, ac etiam lege Dissertationem, quam Gallice inscriptam diximus, *Problème*, etc. His addo peritissimum Josephum Simonium Assemanum in *Bibliotheca Orientali*, tomo II, capite 18, ubi Joannem Daræ non ante annum 700 floruisse ostendit vir apprime doctus.

CAPUT V.

Latinæ, quæ feruntur Operis Areopagitici, Versiones recensentur. Loci cujusdam De Divinis nominibus *Latina versio apud sanctum Thomam Aquinatem sincerior ac nitidior quam in cæteris.*

I. Abs re non erit, antequam dissertatiunculæ finem impono, varias recensere, quæ operum Areopagiticorum hactenus confectæ sunt, ac typis prodierunt, Latinas versiones. Id emolumenti saltem colligi poterit, ut si versionum hujusmodi collationem inire quispiam exoptet, quo lucidius obscuriora quædam Areopagitica loca comprehendantur, noscat eas, ac facile reperire queat.

Primus hanc spartam ornare assumpsit Joannes Scotus Erigena (1). De vera ejus patria Joan. Albertus Fabricius agit in *Bibliotheca Latina mediæ et infimæ ætatis*, ut cæteros hoc loco præteream. In id opus incubuisse ipsum jussu regis Caroli Calvi, discimus ex ejusdem epistola ad eumdem regem, quæ integra exstat inter *Hibernicas Epistolas* a Jacobo Usserio collectas, num. 25. Ait ille vero: se *de Græco in Latinum transtulisse libros quatuor sancti Patris Dionysii Areopagitæ episcopi Athenarum, quos scripsit ad Timotheum episcopum Ephesinum* (nimirum *De cælesti hierarchia, De ecclesiastica hierar-*

Opera, curante Dr H. J. Floss, Bonnensi, recensita.

chia, De divinis nominibus, De mystica theologia), et decem epistolas ejusdem. Data est epistola nuncupatoria anno 858, ut Usserius adnotat in margine.

Versionis hujusce mentionem ingerit, ac etiam laudat eam Anastasius Bibliothecarius in epistola ad eumdem regem anno 865 scripta, qua suam ipsi Latinam nuncupat versionem Scholiorum sancti Maximi, et Joannis Scythopolitani episcopi. Verba dedimus capite 5, num. I. Hæc vero Latina Scotigenæ versio Areopagiticorum Operum exstat fere integra typis edita apud Dionysium Carthusianum, qui eam adhibuit in suis Commentariis in Dionysium Areopagitam, Coloniæ cusis, *impensis Petri Quentel anno 1536*. In Præfatione ad lectorem hæc habentur : « *Vulgaris translatio,* quæ dicitur esse Joannis Scotigenæ... a Dionysio nostro Carthusiano per singula capitula, prope de verbo ad verbum, explicatur, excepto quod in quibusdam Areopagitæ epistolis interpretandis, Carthusianus noster utitur translatione *alterius cujusdam Joannis,* non re, sed cognomento *Sarraceni :* in *nona* vero et *decima* (epistola), *Camaldulensis* (Ambrosii). »

Haud ita ætatis mediæ, maximeque sequioris, viris doctis placuit versio *Scotigenæ,* quin novam operam in transferendis libris et epistolis Areopagiticis collocarent. Hinc secundus laborem hunc assumpsit circa annum 1118 Joannes Sarracinus, sive *Sarrazenus,* ut adnotat Fabricius in *Bibliotheca* citata. Sic vero narrare pergit ille : « Latine vertit *Hierarchiam* Dionysii Areopagitæ (utramque scilicet, cœlestem, et ecclesiasticam). Viderit Gesnerus, qui in *Bibliotheca* sua ait : Sarracenum transtulisse omnes Areopagitæ libros, excusosque esse cum Dionysii Carthusiani Commentariis Coloniæ, » etc. In his utique Commentariis, eademque in editione Coloniensi anni 1536, *impensis Quentel,* exstat Latina Sarraceni versio *De cœlesti hierarchia,* et *De ecclesiastica hierarchia,* utraque dicata magistro Joanni de Sarisberiis : item Latina versio *De divinis nominibus,* et *De mystica theologia,* utraque pariter ad Odonem Sancti Dionysii abbatem nuncupata : itemque demum Latina versio *epistolarum undecim.*

Tertium numero *Ambrosium oratorem,* et *monachum Camaldulensis ordinis,* ut inscribitur in eodem Dionysii Carthusiani volumine, quod integram ab eodem confectam Areopagitæ librorum, et Epistolarum undecim versionem præstat. *Traversarii* cognomen ejus est, ac oppidum Portici supra Forumlivium, patria. Celeberrimi sæculo cadente decimo quarto, labenteque quinto decimo scriptoris elogia texunt bibliographi. Præclarissime de eo disserentem lege Apostolum Zenum in *Dissertationibus Vossianis* Italice scriptis, tom. I.

Quartus est Joachimus Perionius, Benedictinus Cormoeriacensus. Versionem suam Latinam nuncupat cardinali Vindocinensi. In epistola data *Kal. Maii 1555,* sic habet : « Converti autem omnia ejus opera quæ exstant, id est *De cœlesti hierarchia*

librum unum, *De ecclesiastica hierarchia* librum unam, *De divinis nominibus* librum unum, *De mystica theologia* librum unum, *Epistolas decem. Scholia* etiam in librum *De ecclesiastica hierarchia,* nondum a quoquam (quod sciam) translata, quæ edita sunt Basileæ, in officina Hervagiana, converti. » Lugdunensi utor editione apud Gulielmum, Rovillium, 1585, in-8°.

In fronte Commentariorum Dionysii Carthusiani, quos typis editos Coloniæ 1556 adnotavimus, recensetur etiam *Latina Marsilii Ficini interpretatio imperfecta ut quæ solum* Divina Nomina *continet, et* Mysticam theologiam. His omnibus nitidior et accuratior accedit ea quam elucubravit Balthasar Corderius Soc. Jesu. In præfatione ait ille : *Novam hanc editionem adornavi cum Latina mea interpretatione : quæ cæteris (quod certe conatus sum) pressius, et clarius, atque theologis accommodatius, verborum ejus vim (quæ iis inest maxime), exprimere, et stylo plano sensum redderet genuinum.*

II. Loca tamen aliqua Areopagitica felicius transferri in Latinum potuisse observarunt viri docti. Exemplum affero ex capite 2 *De divinis nominibus, ubi* § 6 sic habet textus Græcus : Διακέκριται δὲ τῆς ἀγαθοπρεποῦς εἰς ἡμᾶς θεουργίας, τὸ καθ' ἡμᾶς, ἐξ ἡμῶν, ὁλικῶς καὶ ἀληθῶς οὐσιωθῆναι τὸν ὑπερούσιον Λόγον, καὶ δρᾶσαι καὶ παθεῖν ὅσα τῆς ἀνθρωπικῆς αὐτοῦ θεουργίας ἐστὶν Ἔκκριτα καὶ ἐξαίρετα. Sarraceni translatio hæc est : *Discretum autem est a benigna ad nos divina operatione, secundum nos, ex nobis, totaliter et vere substantiam factum esse supersubstantiale* Verbum *: facere, et pati quæcunque humanæ ipsius contemplationis sunt electa et semota.* Vocum illarum, τῆς ἀνθρωπικῆς αὐτοῦ θεουργίας, minime vis exprimitur : imo θεωρίας, *contemplationis,* legisse videtur interpres pro θεουργίας. Minus etiam accurata videtur translatio Scotigenæ, *et operari, et pati quæcunque humanitatis ejus divina actione sunt discreta, et summe miranda.* Legebat fortasse ἀνθρωπίνης pro ἀνθρωπικῆς. Feliciorem non habet versionem Ambrosius Camaldulensis : *eaque et gessit et pertulit quæ sunt humanæ ejus assumptionis electa atque præcipua.* Vocem θεουργίας satis non exprimit. Imperfectæ demum sunt Perionii et Corderii versiones : illa, *fecitque, et passus est omnia, quæ humanæ ipsius actionis præcipua sunt et singularia :* ista, *eaque gesserit, tuleritque, quæ humanæ ipsius actionis præcipua sunt et singularia.*

Ita vero textum vertendum jubet Michael Lequienus Dissertatione II Damascenica, num. XV, *egeritque, et perpessus sit eximia quæque, et excellentia humano-divinæ efficientiæ opera.* Hanc suo tempore, aut a se, aut ab aliis confectam, vidit sanctus Thomas Aquinas versionem, et adhibuit III p., qu. XIX, art. 1, in arg. 1, *operari et pati quæcunque humanæ ejus divinæque operationi congruunt.* Nempe Doctor Angelicus pro sua peritia, proque ea qua pollebat ingenii vi, suis in operibus modo sequitur

Scotigenæ, ac modo Sarraceni Latinam versionem, ut alibi observatum est; ac etiam frequentius, utroque interprete dimisso, Areopagitici textus reddit sensum nitidioribus verbis; ipsumque textum Græcum videtur ipse aliquando, aut alius ab eodem rogatus, consuluisse, ac Latine reddere accuratiore translatione.

Versione illa sua Lequienus abutitur loco citato, ut Monophysitica labe infectum ostendat Operum Areopagiticorum auctorem. At eadem in versione nihil non vidit, nisi apprime orthodoxum, Thomas Aquinas, ut evincit in solutione primi argumenti. Egi ego hac de re uberius in Dissertatione sæpius citata, capite 18, ac mirum sane, non visum a Lequieno locum Thomæ prætermissumque.

TYPOGRAPHUS STUDIOSO LECTORI.

Cum multi in hac civitate sint egregii typographi, qui partes suas quam exactissime implent, factum tamen est, paucorum defectu atque incuria, ut ex extraneis nonnulli de typographorum Venetorum diligentia atque in promissis fidelitate minus recte sentiant. Hoc cum mihi ignotum non sit, ego in id totis viribus incumbo, ut et malam aliquorum opinionem convellam, et bonam aliorum confirmem et augeam; ipseque non indiligentibus paucis, sed aliorum qui diligentiores et accuratiores sunt, numero accensear. Quod jam aliquotenus mea S. Gregorii Nazianzeni editione, quæ haud modico plausu excepta est, consecutum me spero : et præsenti, quam tibi offero, studiose lector, Areopagiticorum Operum editione, me multo magis consecuturum confido : quandoquidem in ea adornanda nec diligentiæ ulli, nec sumptibus ullo modo peperci. Porro quid in ea præstitum sit, quodque ad eam ornatiorem tibique chariorem reddendam sint addita, ex prævia viri Cl. Dissertatione satis habes. Silebo vero ipse de chartæ nitore, typorum elegantia, aliisque adjectis ornamentis, utpote quæ in oculos tuos sua sponte incurrunt. Duo tamen sunt, de quibus peculiariter te admonere mea interesse puto. Primum est, studium ac diligentiam plane singularem me adhibuisse, ut quamemendatissima, seu quamliberrima a nævis typographicis editio ista prodiret : in quem finem non unius tantum sed plurium eruditorum virorum usus sum opera. Quo factum est ut in hac editione non solum errata nova addita non sint, sed etiam ex veteribus, iis scilicet quæ in præcedentes editiones irrepserant, sint haud pauca sublata. Ne vero mera jactantia mea videri hæc posset (jactatur id quippe etiam ab indiligentissimis quandoque typographis), constitueram integrum mendorum quæ sublata sunt elenchum tibi hoc loco ob oculos ponere. Sed quoniam veritus sum ne hoc aliqui sinistre interpretarentur, pauca tantummodo, speciminis causa, versionis Latinæ errata tibi sistam; et quidem ex eorum genere quæ nonnisi attentiore sensus ponderatione, aut etiam cum Græco textu collatione deprehendi et emendari poterant. Habet itaque editio Parisiensis, ex. gr., *contentionem* pro *consensionem; interitus* pro *introitu; disturbatarum* pro *distributarum; unctionem* pro *vinctionem; corrupuisset* pro *corripuisset; die* pro *diis; quarum* pro *aquarum; uti* pro *voti; immunitionem* pro *inuminutionem; dicendi* pro *discendi; investigabilem* pro *ininvestigabilem; secundum* pro *fecundum; suscipiet* pro *suspiciet*, etc. Hæc et alia id genus non pauca in hac nostra editione viri docti, et utriusque linguæ periti opera emendata sunt. Nil dicam de crassioribus magno numero erroribus, quibus Parisina editio aspergitur : horum enim correctio ut facilior, ita non est hoc loco peculiariter commemoranda. Hæc vero omnia non ita a me dicta accipias, B. L., quasi ipse editionum Parisiensium (quarum sane plures nitidissimæ ac emendatissimæ sunt) æstimationem imminutam velim; sed ut palam fiat in magno eos errore versari qui solas peregrinas editiones æstimare norunt; easque omnes Venetis omnibus absque ullo discrimine anteponunt. Sed hac de re satis. Alterum, de quo te præmonitum volo, est, hunc primum Areopagiticorum Operum tomum hoc decurrente mense Aprili in lucem prodire; eo scilicet mense, quo ipsum proditurum, fidem meam in prævia Declaratione obstrinxeram : ut vel hinc colligas quid de promissis a me tibi in posterum faciendis exspectare tuto possis. Sane, quemadmodum ipse arbitror, honesto homine nil indignius esse quam datam publico fidem infringere; ita firmiter constitutum mihi est detrimentum quodvis potius subire, quam tantum dedecus aspergere nomini meo. Hoc vero unum reliquum est, optime Lector, ut hæc mea tibi placere ostendas. Sic enim majora, et meliora in tui favorem et commodum capessendi in dies mihi animus addetur. Interim his fruere et vale.

MONITUM

EDITIONI PARISIENSI ANNI MDCXLIV PRÆFIXUM.

Plus tibi nova ista editio exhibet quam quæ cæteræ omnes hactenus præcesserunt. Duas quippe postremas, et eas quidem accuratissimas omnium ac absolutissimas una complectitur; hoc est, curam omnem et et operam, quam duo illi gravissimi ac doctissimi e Societate Jesu Patres, Lansselius et Corderius adhibuerunt, navaruntque tam arduam ac sagacem, ut suam uterque quoad licuit, adornaret. Quin et quidpiam continet aliud, nondum antea in lucem publicam evulgatum. Editionem Lansselii, quæ in hac ipsa Parisiorum civitate anno 1615 prodierat, secuta est alia illa, quam apud Antuerpiam anno 1634 Corderius apparavit. Eam igitur ipsam quæ auctore Corderio prodiit, ut posteriorem et accuratius elaboratam, in edi-

tione ista novâ sequi libuit; adeoque prior hujusce operis tomus, qui S. Dionysii contextum universum cum Pachymeræ Paraphrasi continet, ex versione Corderii concinnatus est, cum ejusdem notationibus ad singulorum capitum calcem adjectis. Quod ad posteriorem vero tomum spectat, quo S. Maximi Scholia, variique tractatus alii, et complurium auctorum in istius tam divini auctoris vitam aut scripta dissertationes et notæ continentur; quædam in eo ex versione Lansselii, et alia quædam ex editione Corderii deprehendes. Et quoniam id optare quispiam potuerit, ut ipsa S. Maximi Scholia, et Pachymeræ in Epistolas Paraphrasim, simul cum aliorum omnium operum Paraphrasi reliqua et Corderii adnotatis ad singulorum Dionysiani textus capitum appendicem eadem series exhiberet; ne suo isto lector voto excidat et frustratus videri possit, ad singula ipsa præfati textus capita seu eorum appendicem et calcem indices notas adjecimus, quæ tum ad Scholia, tum ad Paraphrasim antedictam, designatis editionis utriusque paginis, avocent ac remittant. Ita nec minus curiositati satisfactum fuerit, nec aliquid utilitati detractum, aut legentium voluptati; quæ utrinque tam eadem quam si uno tenore ista contextuque constarent. Nihil enimvero in cæteris quanticunque studii licuit prætermissum, quod ad novam hanc editionem ex omnium votis et animo cumulatissime instruendam ac numeris omnibus absolvendam pertineret, lectio ipsa certius, quam verborum commendatio comprobabit. Vale.

CORDERII

OBSERVATIONES GENERALES PRO FACILIORI INTELLIGENTIA S. DION

OBSERVATIO PRIMA.

Tota doctrina sancti Dionysii innititur verbo Dei. Substantia nostræ Hierarchiæ verbum Dei. Descriptio Scripturæ et traditionum.

Magnus Dionysius, ut sapiens architectus [69], operum suorum fundamentum posuit verbum Dei, cum scriptum, tum traditum; probe sciens nihil illo esse stabilius, nihil firmius, dicente Domino : *Cœlum et terra transibunt, verba autem mea non transibunt* [70]. Huic ergo firmissimo fundamento tota ejus doctrina sublimissima innititur. Ac primum quidem caput *Cœlestis hierarchiæ* totum est de sacra Scriptura, docens, ejus illustratione ad cœlestium rerum indagationem cognitionemque ascendendum esse. Capite secundo, cœlestes hierarchias ait esse celebrandas ‹ κατὰ τὴν αὐτῶν ἐν τοῖς Λογίοις ἐκφαντορίαν, › id est *secundum earumdem mysticam in Oraculis explanationem*. Et cap. 6 : ‹ Οὐκοῦν ἡμεῖς μὲν οὐδὲν αὐτοκινήτως ἐροῦμεν· ὅσα δὲ τῶν ἀγγελικῶν θεαμάτων ὑπὸ τῶν ἱερῶν θεολόγων ἐθεωρήθη, ταῦτα μυηθέντες ἡμεῖς, ὡς οἷοί τέ ἐσμεν, ἐκθησόμεθα. › *Itaque nos quidem nihil motu proprio dicemus, sed, quæ angelica spectacula sanctis theologis visa fuerint, edocti, pro viribus exponemus.* Libro etiam *De ecclesiastica hierarchia*, cap. 1 : *Hierarchiam*, inquit, *nostram Deo insitæ ac divinæ deificæque scientiæ, nec non afflationis et perfectionis esse functionem,* ‹ ἐκ τῶν ὑπερκοσμίων καὶ ἱερωτάτων ἡμᾶς ἀποδεῖξαι λογίων χρή, › id est *ex supermundialibus et sacratissimis Oraculis demonstrandum nobis est.* Ibidem post medium caput : ‹ Οὐσία γὰρ τῆς καθ' ἡμᾶς ἱεραρχίας ἐστὶ, τὰ θεοπαράδοτα λόγια. Σεπτότατα δὲ λόγια ταῦτά φαμεν, ὅσα πρὸς τῶν ἐνθέων ἡμῶν ἱεροτελεστῶν, ἐν ἁγιογράφοις ἡμῖν καὶ θεολογικαῖς δεδώρηται δέλτοις· καὶ μὴν ὅσα πρὸς τῶν αὐτῶν ἱερῶν ἀνδρῶν ἀϋλωτέρᾳ μυήσει, καὶ γειτονί πως ἤδη τῆς οὐρανίας ἱεραρχίας, ἐκ νοὸς εἰς

νοῦν, διὰ μέσου λόγου σωματικοῦ μὲν, ἀϋλωτέρου δὲ ὅμως, γραφῆς ἐκτός, οἱ καθηγεμόνες ἡμῶν ἐμυήθησαν. › Id est : *Substantia enim hierarchiæ nostræ sunt divinitus tradita oracula. Maxime vero ista Oracula dicimus veneranda, quæ a sacris nostris initiatoribus, divino Spiritu afflatis, in Scripturis sacris librisque theologicis tradita nobis sunt; uti et illa, quæ ab iisdem viris sanctis subtiliori non omnino dissita ab ordine cœlesti insinuatione, de mente in mentem, mediante verbo, corporeo quidem illo, simul tamen immateriato, sine scriptione, institutores nostri sacra quadam traductione sunt edocti.* Ubi verbum Dei tam scriptum quam traditum pulchre describit. Sacros autem initiatores nostros vocat apostolos, quorum tam ipse quam S. Timotheus, ad quem libros suos scribit, discipuli exstiterunt. Dicit autem traditionem magis ad angelorum locutionem accedere quam Scripturam, quia licet ore quidem corporis instrumento fiat, in quo ab angelica locutione deficit, qui sibi mutuo immediate conceptus suos patefaciunt, fit tamen modo minus materiali quam scriptura, quia solo verbo, ubi in scripturis et calamus et atramentum materiæ crassiores adhibentur.

S. Dionysius præfigit sibi Scripturam tanquam regulam.

In libro vero *De divinis nominibus* hanc iterum sibi legem præfigit, ut nihil nisi ex Scriptura dicat. Cap. 1, sub initium : ‹ Ἔστω δὲ καὶ νῦν ἡμῖν ὁ τῶν λογίων θεσμὸς προδιωρισμένος. › *Sit autem etiamnum nobis oraculorum sacra præscripta lex,* etc. Et statim post : ‹ Καθόλου τοιγαροῦν οὐ τολμητέον εἰπεῖν, οὔτε μὴν ἐννοῆσαί τι περὶ τῆς ὑπερουσίου καὶ κρυφίας θεότητος, παρὰ τὰ θειωδῶς ἡμῖν ἐκ τῶν ἱερῶν λογίων ἐκπεφασμένα. Τῆς γὰρ ὑπὲρ λόγον καὶ νοῦν καὶ οὐσίαν αὐτῆς ὑπερουσιότητος ἀγνωσία, αὐτῇ τὴν ὑπερούσιον ἐπιστήμην ἀναθετέον,

---

[69] I Cor. III, 10.   [70] Luc. XXI, 33.

τοσοῦτον ἐπὶ τὸ ἄναντες ἀνανεύοντας, ὅσον ἑαυτὴν ἐνδίδωσιν ἡ θεαρχικῶν λογίων ἀκτὶς, πρὸς τὰς ὑπερτέρας αὐγὰς, τῇ περὶ τὰ θεῖα σωφροσύνῃ καὶ ὁσιότητι συστελλομένους. » *Nihil igitur omnino præsumendum dicere vel cogitare de superessentiali et abdita deitate, præter illa quæ divinitus nobis sunt sacris eloquiis elucidata. Nam et sermonem et intellectum et essentiam excedit superessentialitatis ejus ignoratio, cui superessentialis scientia tribuenda. Quare tantum ad inaccessum illud lumen aspiremus, quantum se insinuaverit divinorum ille radius oraculorum, quo eminentioribus istis rerum divinarum splendoribus, sobrietate quadam ac sanctitate contemperamur.*

Denique in *Mystica Theologia*, cap. 1, ex Scripturis tradit, Deum tenebras posuisse latibulum suum [71], et lucem inhabitare inaccessibilem : et exemplo Moysis ostendit [72], quomodo caliginem illam mysticam subintrare oporteat. Ex quibus cæterisque scriptis ejus, omnibus liquido constat, S. Dionysium nil nisi e verbo Dei depromptum afferre.

OBSERVATIO II.
Cur S. Dionysius, et quam magnifice de Scriptura loquatur. Quibus nominibus Scripturas appellet. Quibus nominibus apostolos compellet.

Cum sanctus hic, uti ostensum est, totam doctrinam suam hauriat et stabiliat ex verbo Dei, hoc illi merito inprimis curæ est ut quo verbum Dei majus apud nos momentum habeat, per sublimissimas et prorsus divinas loquendi formulas, divinam ejus auctoritatem nobis inculcet, nosque simul in ejusdem admirationem rapiat, neque humiles de Scripturis cogitationes habere sinat. Hinc fere nunquam eas vulgari nomine Scripturas appellat, sed divina. prorsus ratione circumscribit, uti ex locis supra citatis et maxime capite 1 *Cœlestis hierarchiæ* videre licet, ubi in titulo, sacra Scriptura dicitur θεία Ἐλλαμψις, id est *divina illustratio*, et in contextu Πατροκινήτου φωτοφανείας πρόοδος, id est *a Patre motæ illustrationis emanatio*. Et invocato Jesu, ad ejus contemplationem se reverenter componens, ibidem ait : « Ἐπὶ τὰς τῶν ἱερωτάτων λογίων Πατροπαραδότους ἐλλάμψεις ὡς ἐφικτὸν ἀνανεύσωμεν. » *Ad sacratissimorum a Patribus traditas eloquiorum illustrationes pro viribus suspiciamus.* Et rursum, vocat eam τὴν ἀρχικὴν καὶ ὑπεράρχιον τοῦ θεαρχικοῦ Πατρὸς φωτοδοσίαν, » id est *principalem et superprincipalem Patris, qui principium Divinitatis est, illustrationem ;* et paulo post : « τὴν θεαρχικὴν ἀκτῖνα, » id est *divino-principalem radium ;* alibi « τὴν Θεολογίαν, » etc. Sic traditiones vocat c. 2, § 3, « τὴν κρυφίαν καὶ ἱερατικὴν παράδοσιν, » id est *arcanam et sacerdotalem traditionem*, quibus aliisque sublimissimis loquendi modis, ad sublimes ac Deo dignas erigit meditationes. Eamdem ob causam SS. apostolos aliosque Scripturæ sacræ scriptores, c. 1 *Ecclesiasticæ hierarchiæ*, et passim alibi, appellat « τοὺς θεολόγους » *theologos*, « τοὺς ἐνθέους ἡμῶν ἱεροτελεστάς, » *divino numine afflatos sacros nostros initiatores*, « τοὺς ἐνθέους ἱεράρχας, » *divino spiritu afflatos hierarchas*, « τοὺς πρώτους τῆς καθ' ἡμᾶς ἱεραρχίας καθηγεμόνας, » *primos hierarchiæ nostræ præceptores.* § 5 : « Ἐκ τῆς ὑπερουσίου θεαρχίας αὐτούς τε ἀναπληθέντας τοῦ ἱεροῦ δωροῦ, καὶ εἰς τὸ ἑξῆς αὐτὸ προαγαγεῖν ὑπὸ τῆς θεαρχικῆς ἀγαθότητος ἀπεσταλμένους. » *Ex superessentiali Divinitate sacro ipsos munere repletos, et in posteros illud ipsum derivatum a divina bonitate missos,* etc.

OBSERVATIO III.
Quadruplex de Deo philosophandi ratio.

Notanda est hujus sancti quadruplex de Deo philosophandi ratio. Prima est, prout Deus in seipso esse concipitur, secundum eas proprietates ac perfectiones, quæ illi ex natura rei seu substantialiter conveniunt respectu sui, ut sunt, esse unum in essentia seu natura divina, trinum in personis, et cætera quæ Deo sunt intrinseca. Secunda, prout consideratur eum respectu et ordine ad creaturas, quatenus videlicet earum auctor est, gubernator ac finis, et sic illi desumpta ex effectis nomina accommodat. Tertia, prout Deus in Scripturis sacris diversarum rerum corporearum figuris repræsentatur, et earumdem nominibus afficitur, ut cum vocatur agnus, leo, petra, etc. Quarta, prout per omnium rerum conceptibilium ablationem, et nostri ipsius abdicationem, divini amoris subvecta pennis, mens nostra in Deum subrigitur, et præsentiæ ejus radiis afflata, caligando penitus extra supraque se rapitur atque absorbetur. Ac primam quidem res divinas tractandi rationem tenuit in libro *Hypotyposeωn*, ut ex cap. 3 *Mysticæ Theologiæ* patet ; sed magno Ecclesiæ damno divinissimus ille tractatus intercidit. Secundam vero rationem servat in libro *De divinis nominibus.* Tertiam tradiderat in *Symbolica Theologia*, cujus frequenter mentionem facit, sed similiter desideratur. Quartam denique maximeque mirabilem practice theologandi normam tradit in *Mystica Theologia*, quæ non tantum intellectum Deo subjicit et adjungit, sed vel quammaxime affectum afficit, et, ut S. Maximus et Dionysius Alexandrinus loquuntur, ταῖς ἀδιδάκτοις vel potius θεοδιδάκτοις μυσταγωγίαις in Deo felicissime collocat ac firmat, ita ut nulla theologiæ pars a divinissimo plane viro prætermissa videatur.

OBSERVATIO IV.
Quam vim habeant composita ex ὑπέρ.

Notandus quoque cum Lessio lib. 1 *De perfectionibus divinis*, cap. 3, mirabilis et plus quam humanus modus loquendi S. Dionysii, quo utitur ad exprimendam suorum conceptuum sublimitatem, et ad divinitatis supra omnia creata mente conceptibilia, infinitam eminentiam insinuandam præpositione

[71] Psal. xvii. [72] Exod. xix, xxxiii.

ὑπέρ præposita, vocando v. g. Deum « ὑπερούσιον οὐσίαν, » *essentiam superessentialem*, nimirum quia est essentia seu substantia eminentior omni essentia conceptibili a creatura : item « ὑπεράγαθον ἀγαθότητα, καὶ ὑπέρθεον θεότητα, « *bonitatem et divinitatem, omni bonitate et deitate conceptibili eminentiorem*; quomodo exponenda sunt omnia nomina composita ex particula ὑπέρ, ut ὑπέρφωτος, ὑπεράρχιος, ὑπερτελής, etc., id est *omni luce, omni principio, omni perfectione excellentior*. Illud enim ὑπέρ, id est *super*, apud Dionysium in compositione designat excellentiam, creatam omnem intelligentiam superantem.

Vox οὐσία *quam vim habeat cum præpositione* ὑπέρ.

Cum autem præpositio ὑπέρ nulli vocabulo frequentius præponatur quam voci οὐσία, sciendum hanc vocem apud Dionysium ut plurimum accipi pro essentia, substantia, natura, præsertim spirituali, et interdum etiam, sed rarius, pro materia. Quando autem adjungitur illi præpositio ὑπέρ, tum fere de Deo rebusque divinis ac supernaturalibus sermo est. Hinc lib. *De divinis nominibus*, cap. 1, § 1, et alibi passim, fidem vocat « ὑπερούσιον ἐπιστήμην, » id est *supernaturalem scientiam*, quia viribus naturæ haberi nequit, sed a Deo nobis ejus habitus infundi debet, et Dei gratia opus est ut actus fidei eliciatur. Sic etiam Christum, tanquam fidei et gratiæ auctorem, cap. 1 *Eccl. hierar.*, § 1, appellat « θεαρχικώτατον νοῦν καὶ ὑπερούσιον, » id est *mentem maxime divinam ac supernaturalem*. Similiter sacramentalia et sacramenta, et Scripturas divinas ibidem § 5 vocat « τὸ ἱερὸν δῶρον τῆς ὑπερουσίου θεαρχίας, » id est *sacrum munus supernaturalis Dei principatus*. Hæc enim omnia spectant ad ordinem natura sublimiorem, scilicet gratiæ, qua supra naturam ad divinum quemdam statum elevamur, uti docet Dionysius *De eccl. hier.*, cap. 2, parte 1.

OBSERVATIO V.

Quid significent composita ex αὐτό. *Nomina divina quo sensu de Deo prædicet. Quid sit ea* θεοπρεπῶς *prædicari. Non solum secundum causam dici.*

Simili fere modo intelligenda sunt nomina quæ componuntur ex particula αὐτό, ut cum in libro *De divinis nominibus*, cap. 5 et 11, et alibi, Deum vocat τὸ αὐτὸ εἶναι, τὴν αὐτοζωὴν, τὴν αὐτοσοφίαν, etc., id est *per se esse, per se vitam, per se sapientiam*, et similia, quæ soli Deo competunt : nulla enim creatura est per se id quod est, sed per participationem; solus autem Deus est ipsum hoc quod est per se, id est sua essentia, et suum esse, et non secundum participationem. Idcirco D. Dionysius cap. 2 ait hæc nomina, tanquam Deum decentia, attribui divinitati trium Personarum ἀμερῶς, hoc est *imparticipate*, atque adeo plene et essentialiter, ac proinde absolute et perfecte, sicut ipsa divinitas est in qualibet persona ex tribus tota, perfecta, integra et plena.

Unde bene observavit P. Franc. Turrianus ad Joannis Cyparissiotæ Decadem IV *Expositionis materiatæ*, cap. 9, non ita esse ut quidem putaverunt, divina nomina secundum Dionysium, secundum causam tantum de Deo dici, ut bonus, quod sit auctor bonitatis, sapiens, quod sapientiæ, et similiter in aliis. Si enim sic dicerentur de Deo, clauderent in suo intellectu, ut ait S. Thomas, bonitatem creaturæ; ac proinde de creatura inprimis dicerentur, quasi Deus diceretur bonus et sapiens ad similitudinem boni, cui dat bonitatem; et sapientis cui dat sapientiam. At non sic Dionysius sensit, ut nomina divina secundum causam tantum de Deo dicerentur; sed sic, ut Deo primum attribuerentur ut eum decent, id est imparticipate et essentialiter. Cum enim dicit Scriptura : *Nemo bonus nisi solus Deus*[13], perinde est ac si dicat : Nemo per se bonus, id est, nemo supra bonitatem participatam, nisi solus Deus : sic enim intellexit et interpretatus est idem Dionysius cap. 2 *De divinis nominibus* in principio : ut jam bonus et sapiens dicatur Deus, quia bonitas in eo antecellat et exsuperet omnem bonitatem creatam et participatam. Hujusmodi autem divina nomina, quæ secundum plenitudinem et non secundum participationem Deo attribuuntur, vocat Dionysius θεοπρεπῆ, id est nomina Deum decentia. Si igitur secundum causam tantum dicerentur, non essent nomina Deum decentia, quia sic dicta in se includunt, ut dixi, solum participationes creatas, ut bonus bonitatem participatam, cujus auctor bonus Deus; sapiens sapientiam participatam, cujus auctor sapiens Deus; et ad eumdem modum alia. Quare S. Dionysio contradicit et repugnat, qui dicit nomina divina secundum Dionysium, secundum causam tantum dici de Deo : sic enim dicta, non sunt Deum decentia, ac proinde sic accepta, non sunt nomina divina. Dionysio autem auctore, nomina divina Deum decentia, absolute, perfecte, integre et plene, id est exsuperanter et eminenter Deo conveniunt.

OBSERVATIO VI.

Quomodo Deus sit per se vita, et auctor per se vitæ, etc.

Hic ulterius notandum quomodo S. Dionysius aliquando quidem Deum vocet τὴν αὐτοζωὴν, id est *per se vitam*, aliquando vero τῆς αὐτοζωῆς ὑποστάτην, sive *per se vitæ sustentatorem*. Et eodem capite 11 quo sensu hæc intelligenda sint, ipsemet pandit his verbis : « Οὐκ ἐναντίον αὐτοδύναμιν ἢ αὐτοζωὴν εἰπεῖν τὸν Θεὸν. καὶ τῆς αὐτοζωῆς, ἢ εἰρήνης, ἢ δυνάμεως ὑποστάτην· τὰ μὲν γὰρ ἐκ τῶν ὄντων, καὶ μάλιστα ἐκ τῶν πρώτως ὄντων, ὡς αἴτιος πάντων τῶν ὄντων λέγεται· τὰ δὲ ὡς ὑπὲρ πάντα καὶ τὰ πρώτως ὄντα, ὑπερὸν ὑπερουσίως.»

---

[13] Marc. x.

Non pugnant, inquit, secum, dicere Deum per se potestatem et per se vitam; et dicere Deum creatorem per se vitæ, vel per se pacis, vel per se potestatis; hæc enim dicitur Deus ex iis quæ sunt, et maxime ex iis quæ prima sunt, tanquam causa omnium quæ sunt; illa autem dicitur tanquam existens supersubstantialiter supra omnia quæ sunt, et quæ primo sunt. Dicitur ergo Deus *per se vita*, scilicet imparticipata, illimitata, etc. *Auctor* vero *per se vitæ*, scilicet participatæ, limitatæ, etc., sive doni illius quo viventes facit, ita nimirum ut per se vita naturam vitæ significet, id est ea quæ cadunt in definitionem vitæ (5).

OBSERVATIO VII.
Quid signent composita ex ἀρχή.

Non raro quoque S. Dionysius utitur nominibus ex voce ἀρχή compositis, vocando Deum θεαρχίαν, θεαρχικὴν ὕπαρξιν, etc., id est *Dei-principatum, substantiam divino-principalem, divinitatis originem*, in creaturis scilicet, quia Deus est auctor divinitatis in cunctis hominibus et angelis qui Deum imitantur et ei similes fiunt, de quibus scriptum est: *Ego dixi: Dii estis* [74]; et illud: *Deus deorum in Sion* [75]. Θεαρχίαν itaque dicit, quasi Θεῶν ἄρχοντα, dicamus nos Deum deorum, ut David dicit. Cap 3 *Cœlestis hierarchiæ* Deum vocat τελεταρχίαν καὶ αὐτοτελεταρχίαν, id est originem perfectionis, et per se originem perfectionis; item ταξεαρχίαν, id est *originem ordinationis*. Item cap. 5 *De divinis nominibus*, § 2, corpus B. Virginis vocat ζωαρχικόν, id est *quod vitæ principium dedit*.

OBSERVATIO VIII.
Dionysium omnia de Deo affirmare et iterum negare. Quomodo omnia de Deo affirmentur.

Notandum quoque S. Dionysium lib. *De divinis nominibus*, cap. 1, 2, 13, et alibi, aliquando quidem omnia de Deo affirmare, aliquando vero rursum omnia negare. Hinc dicit Deum omnia esse ut Deum decet; et nihil eorum esse, ut supra substantiam est; utrumque enim proprie dicitur in Dei amplitudine: ut, Deus est vita, Deus est bonitas; et, Deus non est vita, et non est bonitas, quia est supra hæc, quæ nos per vitam et bonitatem intelligimus. Et hoc sensu cap. 2, §. 4, vocat Deum « πάντων θέσιν καὶ πάντων ἀφαίρεσιν, » *omnium positionem, et omnium ablationem*, quia eminenter ponit omnia, tanquam omnia continens; et formaliter omnia aufert, quia ratio propria qua Deus est, excludit ab ipso omnem formalem rationem a creata mente comprehensibilem, uti erudite observat Lessius lib. 1. *De perfect. divin.*, cap. 3, cujus verba cum S. Dionysio magnam lucem afferant, hic referre placuit: *Omnia*, inquit, *de Deo affirmantur, quia omnia sunt in ipso formaliter vel eminenter. Hinc dicitur sapientia, bonitas, veritas, lux, sanctitas, justitia, misericordia, beatitudo, vita omnium viventium, esse omnium existentium, omnium perfectio, pulchritudo, mensura, ratio, salus, conservatio*. Unde divus Bernardus, lib. v. *De consid.*; *Quid est Deus? Voluntas omnipotens, benevolentissima virtus, lumen æternum, incommutabilis ratio, æterna beatitudo*. Et infra: *Amat ut charitas, novit ut veritas, judicat ut æquitas, dominatur ut majestas, regit ut principium, operatur ut virtus, tuetur ut salus, revelat ut lux, assistit ut pietas*, etc. Et quamvis plurima rerum nomina illi non tribuantur ob imperfectionem quam involvunt, tamen omnes rerum species et omnia individua sunt in ipso eminenter secundum sua prototypa, et veluti primæva et æterna semina, ex quorum vi pullularunt, atque adeo sunt in ipso intrinsece, non quidem secundum suum esse formale et essentiale, sed secundum esse suum eminens et superessentiale. Unde ipse est omnia et singula eminenter et superessentialiter.

Quomodo omnia negentur.

Negantur de ipso omnia, quia ipse est supra omnem rationem et speciem creatæ menti conceptibilem. Sic Dionysius, capit. ult. *Myst. Theologiæ*, dicit Deum esse non substantiam, non vitam, non lucem, non sensum, non mentem, non sapientiam, non bonitatem, non deitatem, sed quiddam his omnibus eminentius atque præstantius. Ratio est, quia omnia ista, quatenus menti creatæ sunt comprehensibilia et nominabilia, habent conceptus objectivos limitatos in ratione entis: limitatus, inquam, non ex parte rei quæ concipitur, sed ex parte modi concipiendi. Unde ut sic concipiuntur, non includunt formaliter alias perfectiones: ratio enim substantiæ, ut a creatura concipitur, non includit rationem sapientiæ aut cæteras perfectiones, nec contra, sed quæque suum limitatum conceptum habet. Deus autem est ratio prorsus illimitata, unde formaliter vel eminenter includit omnem perfectionem conceptibilem.

Perfectiones dupliciter existunt in Deo.

Hinc patet omnes perfectiones quæ Deo tribuuntur absque metaphora, dupliciter in ipso contineri, formaliter et eminenter: formaliter, si spectentur secundum proprium conceptum, quo a Deo et beatis concipiuntur, qui est illimitatus in genere entis; eminenter, si considerentur secundum conceptus proprios, quos habent ut a creaturis absque lumine gloriæ apprehendantur: etsi enim res concepta sit proprie in Deo, non tamen cum eo modo et limitatione sub qua concipitur.

OBSERVATIO IX.
Perfectiones Dei dupliciter considerantur. Quomodo Deus denominetur sapiens, justus, etc.

Ut hæc et alia quæ supra attigimus, melius intelligantur, ibidem e Lessio notandum est, divinas perfectiones dupliciter considerari posse. Primo, ut sunt in rebus creatis vel etiam prout ab

---

[74] Psal. LXXXI. [75] Psal. LXXXIII.

(5) Vide infra c. 5 et 11 De divinis nominibus et Epistolam S. Dionysii ad Caium (epist. 1).

intellectu creato absque lumine gloriæ concipi possunt; secundo, ut sunt in Deo. Si priore modo considerentur, distinguuntur inter se formaliter, imo multæ etiam realiter, suntque diversæ formæ, vel rationes formales. Et quamvis concipiantur ut illimitatæ, vel infinitæ perfectionis intra suam speciem seu rationem formalem, tamen in ratione entis vel perfectionis sunt limitatæ, quia una non includit aliam. Hoc modo illæ perfectiones non sunt in Deo formaliter, sed eminenter tantum, nempe ut in causa superioris ordinis, et analoga. Si vero secundo modo concipiantur, sic non habent inter se ullam distinctionem formalem, sed sunt una simplicissima forma, a qua Deus omnium illarum perfectionum denominationem accipit, sed longe altior quam mens creata concipere possit. Dicitur enim *sapiens*, non quasi sapientia imbutus et informatus, sed ut sapientia per se subsistens. Dicitur *justus, misericors, sanctus*, non ut his perfectionibus affectus, ornatus et imbutus (quomodo a nobis concipitur), sed ut justitia, misericordia et sanctitas substantialis, per se subsistens. Eodem modo accipiendæ omnes aliæ perfectiones quæ ipsi tribuuntur, quia in illo nulla est diversitas formarum aut rationum formalium, sed una simplicissima forma per se subsistens, infinite supra omnia elevata, quæ est ipsius essentia (quam Deitatem vocare possumus) per quam omnes illæ denominationes illi ex parte rei competunt. Id enim est longe perfectius et dignius illi majestati, infinite supra omnia quæ sunt et quæ non sunt (ut Dionysius loquitur) elevatæ.

Quomodo se mutuo includant.

Hinc sequitur primo, omnia attributa, prout considerantur in summa sua elevatione (quomodo sunt in Deo); se mutuo includere, et in unius conceptu intrinsece includi omnia, quia sunt una simplicissima forma, in se omnis distinctionis expers, de cujus ratione est omnia illa formaliter et secundum summam identitatem includere, et omnia illa esse formaliter.

Quomodo sint infinite elevatæ.

Sequitur, secundo, perfectiones divinas, prout sunt in Deo, esse infinite elevatas supra easdem perfectiones spectatas, prout sunt aut possunt esse in creaturis, aut etiam prout a mente creata possunt concipi. Ratio est, quia ut sunt in Deo, sunt infinitæ perfectionis non solum intra propriam speciem, sed absolute et in toto genere entis. Tum etiam quia in Deo non sunt forma aliqua accidentaria, sed substantia per se subsistens, et a se habens omnia infinite, quæ ad rationem cujusque perfectionis spectant, v. g., sapientia divina non est qualitas, sed substantia per se subsistens, habens a se non solum infinitum lumen intellectuale, sed etiam omne objectum intelligibile, et sic de cæteris.

[76] Psal. CXLIV.

Nulla est similitudo inter perfectiones Dei et creaturæ.

Sequitur, tertio, perfectiones divinas, ut sunt in Deo, non habere ullam similitudinem cum perfectionibus quæ sunt vel esse possunt in rebus creatis, ut docet Dionysius cap. 9. *De divinis nominibus*, et cap. 5 *Mysticæ Theologiæ*. Quam ob causam Deus dicitur non esse substantia, non esse vita, etc., quia ita est super omnia elevatus, ut cum nulla re creata vel creabili similitudinem habeat. Quia tamen res creatæ aliquam ad Deum proportionem habent tanquam effectus et imitationes quædam illius (ob quam proportionem, si sit in summo gradu dicuntur etiam Deo similes, et Dei imagines, ut patet in natura intellectuali), neque nos Deum nisi ex rebus creatis per analogicum ascensum cognoscere possumus, ideo nomina perfectionum creaturarum ad perfectiones divinas transferimus; alioquin de divinis nullo modo loqui possemus. Verum hæc nomina longe altiori sensu accipienda sunt, cum tribuuntur rebus divinis, quam cum creatis : in Deo enim significant substantiam a se existentem, ac proinde omnino illimitatam, quæ per se formaliter absque omni actu elicito præstat omnia quæ perfectiones creatæ præstare possunt, et modo infinite excellentiori. Itaque neque in modo existendi, neque in modo operandi, neque in modo tribuendi suum effectum formalem est ulla similitudo, etc.

OBSERVATIO X.]

Nomina communia quo sensu prius de Deo, et prius de creaturis dicantur. Nomina sunt rebus posteriora. Nomina ab homine inventa.

Nota S. Thomam, parte I, qu. 13, art. 6, dicere prædictas perfectiones, quantum ad rem significatam per nomen, prius dici de Deo quam de creaturis ; quia a Deo hujusmodi perfectiones in creaturas manant; sed quantum ad impositionem nominis, prius a nobis imponi creaturis quas prius cognoscimus ; unde et modum significandi habent, qui competit creaturis. *Non enim* (inquit Basilius, lib. II, *contra Eunomium*) *natura rerum nomina sequitur, imo post res ipsas inventa sunt nomina*. Etenim si hoc esset verum, non esse nomina rebus posteriora, opus esset, ut quorum sunt eædem nominationes, una et eadem substantia esset : ex quo fieret, ut quia qui sunt virtute perfecti, digni nomine Dei habentur, et dii appellantur, essent homines ὁμοούσιοι, id est ejusdem substantiæ qua Deus. Verum sicut hoc dicere, manifesta insania est; sic illud dicere, æque dementia est. Imo et Gregorius Nyssenus lib. XIII, disputans contra Eunomium : *Miserator*, inquit, *et misericors Dominus, patiens, et multæ misericordiæ* [76]. Quid hæc aiunt significare ? Naturamne, an operationem? Nemo sane aliud declarare dixerit præterquam operationem. Quando

Igitur miseratus est Dominus, ut ex operatione miserationis nomen duceret? Nunquid ante vitam humanam? Ecquis tunc misericordia indigebat? At vero post peccatum prorsus misericordia opus fuit, peccatum autem post hominem exstitit; post hominem igitur actio miserendi et misericordiæ nomen. Unde manifestum efficitur posteriora esse nomina ipsa æternitate Dei, et post hominem et mentem hominis inventa esse. Mens enim humana sicut aliarum rerum nomina adinvenit, sic etiam nomina Dei aggressa, et veluti materiam nacta, illa ipsa effecta et admirabilia, quæ in universo contemplatur insequens, et de Deo inquirens, nomina imposuit.

Nomina communia quo sensu de Deo, et quo sensu de creaturis intelligenda.

Ex his ergo colligitur, cum hujusmodi nomina divina de creaturis quas prius cognoscimus, et prius nominamus, dicuntur, habere ea modum significandi, qui competit creaturis, sicut ait S. Thomas, et secundum nostram consuetudinem proprie significare operationem seu effectum participatum, ut bonus bonitatem creatam, sapiens sapientiam item creatam, et similiter in reliquis nominibus significantibus hujusmodi perfectiones participatas; et ut sic non dicuntur proprie de Deo, quia Deus est supra ista, supra bonum, supra sapientem. Cum vero de Deo proprie dicuntur, essentiam ejus significare, et secundum naturam dici, et dicta de creaturis quoad rem significatam, non proprie sed per abusum verbi, et per imitationem et similitudinem quamdam analogicam dici : atque ita quæ sunt communia Deo et creaturis nomina, quoad rem significatam vere et proprie, id est essentialiter et per se dicuntur de Deo; de creatura vero non vere neque proprie, quia non per se dicuntur : quoad vero impositionem nominum, proprie significant id ad quod imposita sunt, imposita enim sunt prius ad significandas perfectiones participatas, quas a Deo in creaturis effectas cognoscimus, ex quibus, ad cognoscendas, utcunque possumus, perfectiones essentiales Dei deducimur, sicut scriptum est : *Invisibilia Dei per ea quæ facta sunt intellecta conspiciuntur* [77].

Omnia Dei nomina quod unum et idem significant ad Deum relata.

Observandum hic cum Cyparissiota Decad. IV, cap. 7, quod sicut divina nomina ex effectis sumpta, differentiam operationum repræsentant, sic ad Deum relata, diversas res repræsentare non possint. Hinc magnus Basilius in epistol. ad Eustachium : *Omnes,* inquit, *notiones, et nomina quæ Deum decent, æqualis inter se honoris sunt, quatenus significatione rei subjectæ nihil differunt. Non enim ad aliam rem subjectam mentem ducit appellatio boni, et ad aliam appellatio sapientis, et potentis, et justi. Quin potius, quæcunque nomina dixeris, unum est quod significatur. Et si Deum dicas, eumdem ostendisti, quem per reliqua nomina mente concepisti.* Ex his igitur manifestum fit quod eadem divina nomina et eædem notiones nostræ de Deo dicuntur, nullamque differentiam rei subjectæ ad Deum relata repræsentant : et quod nomina Dei triplicem habent causam efficientem quidem, mentem ipsam humanam; materiam, illa unde colliguntur, id est effecta; finem, Deum ad quem referuntur.

OBSERVATIO XI.

S. Dionysius primus auctor theologiæ scholasticæ. Principia theologica ex prima periodo Dionysii deprompta. Omne donum a Deo esse, desursum esse, a Patre luminum. Spiritus sanctus donum Patris. Cur Pater luminum dictus. Patrem esse principium emanationum. Bonum sui diffusivum. Deus omnia facit ob bonitatem. Gratia non datur ex meritis. Immediate est a Deo. Uniendi vim habet. Hominem elevat supra statum naturæ. Deus omnium principium et finis.

Observatu quoque dignissimum quomodo S. Dionysius primus scholasticæ theologiæ jecerit fundamenta, quibus cæteri deinceps theologi, cam quæ de Deo rebusque divinis in scholis traditur, doctrinam omnem inædificarunt. Exemplo sit proximum quod occurrit capitis primi *De cœlesti hierarchia* exordium, cujus primam periodum si attente quis expenderit, quot verba tot oracula, totidemque altissima scholasticæ doctrinæ principia mirabitur. Sic habet : « Πᾶσα δόσις ἀγαθὴ, καὶ πᾶν δώρημα τέλειον, ἄνωθέν ἐστι, καταβαῖνον ἀπὸ τοῦ Πατρὸς τῶν φώτων [78]. Ἀλλὰ καὶ πᾶσα Πατροκινήτου φωτοφανείας πρόοδος εἰς ἡμᾶς ἀγαθοδότως φοιτῶσα πάλιν ὡς ἑνοποιὸς δύναμις ἀνατατικῶς ἡμᾶς ἀναπλοῖ, καὶ ἐπιστρέφει πρὸς τὴν τοῦ συναγωγοῦ Πατρὸς ἑνότητα, καὶ θεοποιὸν ἁπλότητα. Καὶ γὰρ ἐξ αὐτοῦ πάντα, καὶ εἰς αὐτόν. » *Omne datum bonum, et omne donum perfectum desursum est, descendens a Patre luminum. Quin et omnis a Patre motæ illustrationis emanatio, in nos benefice exundans; denuo ceu unifica vis, ad supera nos erigendo simplificat, et convertit ad congregantis Patris unitatem et deificam simplicitatem. Quoniam ex ipso et in ipsum sunt omnia.* Ecce quot brevis hæc periodus sublimissimæ theologiæ principia complectatur.

Primo, bonum omne a Deo datum esse; quod designant verba, Πᾶσα δόσις ἀγαθή. Ex quo principio S. Thomas p. 1, qu. 4, 5, 6, plurimas elicit conclusiones, verbi gratia, Deum esse summum bonum, rerum omnium perfectiones eminenter continere, creaturas ejus participatione ac similitudine bonas esse, etc.

Secundo, omne donum perfectum esse a Deo, καὶ πᾶν δώρημα τέλειον, scilicet ut principio effectivo, exemplari, et finali : p. 1, qu. 6, art. 4, et 2-2, q. 3, art. 2 ad 1 ; q. 27, art. 3, in corpore. Vide item D. Thomam p. 1, q. 38, et 1-2, q. 68, ubi disputat de ratione doni.

[77] Rom. I. [78] Jac. 1, 17.

Tertio, omne donum perfectum desursum esse. Ἄνωθέν ἐστι. Hinc D. Thomas p. 1, q. 38, art. 1 in corpore, docet nos non posse pervenire ad perfectum donum Dei, sed debere hoc nobis dari desuper. Item quod sic divinæ personæ competat dari et esse donum.

Quarto, donum omne perfectum descendere a Patre luminum. Καταβαῖνον ἀπὸ τοῦ Πατρὸς τῶν φώτων. Hinc D. Thomas, p. 1, q. 38, art. 2, tradit, donum esse proprium nomen Spiritus sancti, et esse nomen personale. Cum autem a Patre Filioque procedat ut amor, procedit, inquit, in ratione doni primi. Unde D. Augustinus lib. xv De Trinitate, cap. 19, dicit quod per donum, quod est Spiritus sanctus, multa propria dona dividantur membris Christi. Dicitur autem a Patre descendens, ut in nomine doni importetur proprietas originis ejus, quæ est processio. Ita D. Thomas parte 1, q. 38, art. 2 ad 2. Attribuitur autem donum Patri, tanquam mittenti principali, licet etiam a Filio mittatur atque procedat : p. 1, quæst. 43. Non otiose quoque Deus Pater *Pater luminum* nuncupatur, cum ex ipso purissima duo divinitatis germina, Filius et Spiritus sanctus, ceu splendor ac lumen a sole (si divina creatis conferre liceat) æterna processione pullularint. Unde in hymno Ecclesiæ canitur :

Lux lucis et fons luminis.

Quanquam Filio nomen lucis et imaginis approprietur, quia procedit per intellectum, et in similitudinem. Ita D. Thomas, p. 1, q. 35.

Quinto, Patrem esse principium emanationum, tam earum quæ ad intra quam quæ ad extra nominantur, ut insinuant illa verba : Ἀλλὰ καὶ πᾶσα πατροκινήτου φωτοφανείας πρόοδος. Hinc D. Thomas p. 1, q. 33, art. 1, docet Patrem esse principium in divinis, eique nomen principii personaliter convenire, ideoque nomina principium significantia Patri esse attribuenda. Potest hic etiam intelligi gratia præveniens et auxilium Dei movens, de qua D. Thomas 1-2, qu. 111.|

Sexto, bonum esse sui diffusivum, quod signant illa verba, Εἰς ἡμᾶς φοιτῶσα. Vide D. Thomam p. 1, q. 5, art. 4.

Septimo, Deum omnia facere propter suam bonitatem, quod innuit vocabulum ἀγαθοδότως. Vide D. Thomam p. 1, q. 65, art. 2.

Octavo, lumen gratiæ gratuito Dei munere nobis inspirari, et consequenter non dari nobis ex meritis nostris, quod idem vocabulum significandum præbet. S. Thomas 1-2, q. 109, art. 6, in corpore.

Nono, lumen gratiæ a solo Deo immediate animæ infundi. D. Thomas 1-2, q. 76 et 112. Item excedere conditionem naturæ creatæ, et esse ordinis supernaturalis : 1-2, q. 114, art. 1, in corpore, et art. 2 et 5 ibid. Consequenter hominem sine gratuito Dei auxilio non posse se ad gratiam disponere : p. 1, q. 62, art. 2, et 1-2, q. 109, art. 6.

Decimo, gratiam habere vim conjungendi hominem cum Deo. Ὡς ἑνοποιὸς δύναμις. Hinc D. Thomas 1-2, q. 111, art. 5, docet gratiam gratum facientem digniorem esse quam gratis datam, quod hæc tantum ordinet ad quædam præparatoria ultimi finis, illa vero ordinet hominem immediate ad conjunctionem ultimi finis.

Undecimo, lumen gratiæ mentem elevare supra conditionem naturæ humanæ, ut insinuant illa verba, Ἀνατατικῶς ἡμᾶς ἁπλοῖ. Item nos ad Deum convertere, Καὶ ἐπιστρέφει πρὸς τὴν τοῦ συναγωγοῦ Πατρὸς ἑνότητα. Ubi non frustra dicitur συναγωγοῦ Πατρὸς, cum Christus ipse dixerit : *Nemo venit ad me, nisi Pater meus traxerit eum*[78]. Vocatio enim Patri appropriatur, uti Filio adductio, et Spiritui sancto perventio, seu bravii consecutio. Item vox ἑνότητα designat, gratiam homines colligere ; qua re significatur unio illa spiritalis, quæ per eam fit ad Deum. Denique docet, nos per gratiam divinitatis cujusdam participes reddi, uti declarant illa verba, καὶ θεοποιῶν ἁπλότητα. Ubi quoque vox ἁπλότης statum animæ spiritalem significanter exprimit, utpote simplicem, et a rebus variis et compositis abstractum. Vide D. Thomam 1-2, qu. 110, art. 1, et 2-2, quæst. 17, art. 4, et qu. 81, art. 8, aliisque locis plurimis.

Duodecimo, Deum esse rerum omnium principium et finem. Καὶ γὰρ ἐξ αὐτοῦ πάντα, καὶ εἰς αὐτόν. Ex qua veritate divus Thomas passim plurimas deducit conclusiones, ut videre est parte 1, quæstione 22, articulo 2; quæst. 44, art. 1, 2, 3; quæst. 65, art. 2; quæst. 103, art. 2; quæst. 105, art. 5; item part. 1-2, quæst. 69, art. 2, etc.

Hæc ad leonem ex ungue, ut in proverbio est, cognoscendum satis sint.

OBSERVATIO XII.

Juvabit etiam non parum ad pleniorem S. Dionysii intelligentiam, scire loca quæ D. Thomas ex ipso citat, ut sicut Doctor Angelicus ex illo sole magnum sapientiæ lumen accepit, ita vicissim luminis ejusdem radios ad captum nostrum apte distributos, hierarchico ritu in nos transfundat.

DE COELESTI HIERARCHIA.

Caput primum, quod de Scriptura sive sacra doctrina est, quam, ut ejusdem argumenti, ad Dionysii exemplum primo loco posuit, citatur parte 1, quæstione 1, articulo 9, in corpore, et ad 2 et 3 ; item quæst. 9, art. 1 ad 3; item quæst. 88, art. 2, et quæst. 108, art. 1 et 4. In Prima vero Secundæ, quæst. 99, art. 3. In parte III, quæst. 60, art. 4 ; in part. 1 Sent., dist. 22, quæst. 1, art. 2, et dist. 34, quæst. 3, art. 1 ; in part. II Sent., dist. 9, quæst. 1, art. 8.

Caput secundum citatur in parte 1, quæstione 13, articulo 3, et art. 12; quæst. 51, art. 3. In 2-2, quæst. 112, art. 2. In part. 1 Sententiar., dist. 4, quæst. 2, art. 1 ; dist. 22, quæst. 1, art. 1 et 2 ;

---

[78] Joan. VI, 44.

dist. 34, quæst. 3, art. 1. In Quæstionibus disputatis, de potentia Dei, quæst. 3, art. 4; quæst. 7, art. 5; quæst. 9, art. 7.

Caput tertium citatur in parte I, quæstione 106, articulo 2; quæst. 108, art. 1 et 2. Item in 2-2, quæst. 181, art. 8. In part. III, quæst. 84, art. 3. In Supplemento partis III, quæst. 37, art. 1; quæst. 72, art. 1. In part. II Sent., dist. 9, quæst. 1, art. 1 et 2; dist. 10, art 1 et 2. In Quæstionibus disputatis, de potentia Dei, quæst. 2, art. 3; de malo, quæst. 7, art. 3; de veritate, quæst. 9, art. 3.

Caput quartum citatur parte I, quæstione 12, articulo 11; quæst. 13, art. 3; quæst. 57, art. 1; quæst. 108, art. 3; quæst. 111, art. 1. In 1-2, quæst. 3, art. 7; quæst. 98, art. 3; quæst. 111, art. 1. In 2-2, quæst. 2, art. 6 et 7. In parte III, quæst. 10, art. 4; quæst. 12, art. 4; quæst. 20, art. 1; quæst. 27, art. 5; quæst. 30, art. 2; quæst. 53, art. 1 et 2. In Supplemento, quæst. 77, art. 2. In part. I Sent., dist. 17, quæst. 1, art. 1. In part. II Sent., dist. 9, quæst. 1, art. 1; dist. 12 in expositione textus et quæst. 1, art. 3. In Quæstionibus disputatis, de malo, quæst. 4, art. 4; de veritate, quæst. 10, art. 1, et quæst. 11, art. 3.

Caput quintum citatur parte I, quæstione 1, articulo 10; quæst. 106, art. 3; quæst. 108, art. 2 et 5; quæst. 113, art. 2. In part. II Sent., dist. 17, quæst. 1, art. 4. In Quæstionibus disputatis, de potentia Dei, quæst. 6, art. 7; de malo, quæst. 6, art. 7; de malo, quæst. 3, art. 7, et quæst. 9, art. 5.

Caput sextum citatur parte I, quæstione 55, articulo 1; quæst. 58, art. 5; quæst. 106, art. 2; quæst. 108, art. 1 et 3. In parte III, quæst. 21, art. 2. In part. II Sent., dist. 9, quæst. 1, art. 2.|

Caput septimum citatur parte I, quæstione 12, articulo 8; quæst. 57, art. 5; quæst. 106, art. 2 et 4; quæst. 107, art. 2; quæst. 108, art. 1, 2, 5 et 6. In 1-2, quæst. 28, art. 3; quæst. 67, art. 2; quæst.111, art. 1; quæst. 112, art. 1. In 2-2, quæst. 2, art. 6 et 7. In parte III, quæst. 12, art. 4; quæst. 13, art. 2; quæst. 30, art. 2; quæst. 59, art. 6; quæst. 67, art. 1. In part. I Sent., dist. 37, quæst. 3, art. 1. In part. II Sent., dist. 9, quæst. 1, art. 7; dist. 10, quæst. 1, art. 1, 2 et 3. In Quæstionibus disputatis, de veritate, quæst. 9, art. 3.

Caput octavum citatur parte I, quæstione 66, articulo 3; quæst. 106, art. 1 et 2; quæst. 108, art. 2, 5 et 6; quæst. 112, art. 2 et 4. In 1-2, quæst. 111, art. 1. In Supplemento, quæst. 73, art. 3. In part. I Sent., dist. 37, quæst. 4, art. 5. In parte IV Sent., dist. 24, quæst. 2, art. 1.

Caput nonum citatur parte I, quæstione 108, articulis 2, 5 et 6. In 1-2, quæst. 98, art. 5. In 2-2, quæst. 2, art. 7. In parte III, quæst. 64, art. 7. In II Sent, dist. 11, quæst. 1, art. 2.

Caput decimum citatur parte I, quæstione 108, articulis 2 et 3. In parte II Sent., dist. 9, quæst. 1, art. 2.

Caput undecimum citatur parte I, quæstione 76,

art. 1. In Supplemento, quæst. 73, art. 3. In part. II Sent., dist. 10, quæst. 1, art. 2.

Caput duodecimum citatur parte I, quæstione 55, articulo 3; quæst. 106, art. 4. In 2-2, quæst. 2, art. 6. In part. II Sent., dist. 10, quæst. 1, art. 2. In Quæstionibus disputatis, de veritate, quæst. 29, art. 5.

Caput decimum tertium citatur parte I, quæstione 112, art. 2. In part. II Sent., dist. 15, quæst. 1, art. 1; dist. 17, quæst. 1, art. 4. In part. II Sent., dist. 10, quæst. 1, art. 2 et 4; dist. 11, quæst. 1, art. 2.

Caput decimum quartum citatur parte I, quæstione 59, articulo 3. In Quæstionibus disputatis, de potentia Dei, quæst. 6, art. 6; de virtutibus, quæst. 1, art. 8.

Caput decimum quintum citatur parte I, quæstione 51, articulo 3; quæst. 106, art. 1; quæst. 107, art. 5; quæst. 113, art. 1. In 1-2, quæst. 31, art. 4.

DE ECCLESIASTICA HIERARCHIA.

Caput primum citatur parte I, quæstione 108, articulo 4. In part. III, quæst. 64, art. 6. In Supplemento, quæst. 31, art. 3. In part. II Sent., dist. 9, quæst. 1, art. 8. In part. IV Sent., dist. 3, quæst. 2, art. 1. In Quæstionibus disputatis, de veritate, quæst. 8, art. 7.

Caput secundum citatur in parte III, quæstione 63, articulo 2; quæst. 65, art. 1; quæst. 66, art. 1; quæst. 67, art. 1 et 7; quæst. 69, art. 5; quæst.71, art. 4; quæst. 80, art. 9; quæst. 83, art. 5. In Supplemento, quæst. 29, art. 1. In part. IV Sent., dist. 1, quæst. 1, art. 2; dist. 6, quæst. 2, art. 1, 2 et 3; dist. 12, quæst. 2, art. 1.

Caput tertium citatur in parte III, quæstione 63, articulo 6; quæst. 65, art. 1 et 3; quæst. 66, art. 11; quæst. 67, art. 1; quæst. 80, art. 9; quæst. 83, art. 4 et 5. In Supplemento, quæs. 29, art. 6; quæst. 37, art. 2. In part. IV Sent., dist. 8, quæst. 1, art. 1; dist. 24, quæst. 2, art. 1 et 2.

Caput quartum citatur in parte III, quæstione 16, articulo 3; quæst. 72, art. 2. In part. II Sentent, dist. 9, quæst. 1, art. 8. In part. Sentent., dist. 3, quæst. 2, art. 1; dist. 7, quæst. 1, art. 1 et 2; dist. 7, quæst. 2, art. 1.

Caput quintum citatur in parte I, quæstione 1, articulo 10; quæst. 106, art. 3; quæst. 108, art. 2; quæst. 113, art. 2. In 1-2, quæst. 106, art. 4. In parte III, quæst. 61, art. 4; quæst. 67, art. 1. In Supplemento, quæst. 34, art. 1 et 2; quæst. 34, art. 1; quæst. 37, art. 2 et 4; quæst. 40, art. 4 et 5; quæst. 72, art. 2. In part. IV Sentent., dist. 7, quæst. 3, art. 1; dist. 8, quæst. 1, art. 1; dist. 23, quæst. 2, art. 1. In Quæstionibus disputatis, de veritate, quæst. 9, art. 3.

Caput sextum citatur in parte I, quæstione 56, articulo 1; quæst. 58, art. 5; quæst. 106, art. 2. In 1-2, quæst. 76, art. 2. In 2-2, quæst. 184, art. 8; quæst. 185, art. 1; quæst. 186, art. 5; quæst. 187, art. 3. In part. III, quæst. 27, art. 3. In Supplemento, quæst. 71, art. 3.

Caput septimum citatur in parte III, quæstione 67, articulis 7 et 8; quæst. 68, art. 9; quæst. 72, art. 4; quæst. 78, art. 3; quæst. 80, art. 4; quæst. 84, art. 3. In Supplemento, quæst. 71, art. 3. In Quæstionibus disputatis, de malo, quæst. 8, art. 1; quæst. 16, art. 6; de veritate, quæst. 9, art. 1.

DE DIVINIS NOMINIBUS.

Caput primum citatur in parte I, quæstione 12, articulis 1 et 2; quæst. 13, art. 1 et 2; quæst. 15, art. 3; quæst. 32, art. 2; quæst. 36, art. 2; quæst. 39, art. 2; quæst. 57, art. 1; quæst. 88, art. 2. In 2-2, quæst. 13, art. 1; quæst. 91, art. 1, quæst. 101, art. 3; quæst. 106, art. 3. In part. III, quæst. 20, art. 1. In part. I Sent., dist. 22, quæst. 1, art. 2 et 4. In Quæstionibus disputatis, de potentia Dei, quæst. 7, art. 5; de malo, quæst. 5, art. 1; de virtutibus, quæst. 2, art. 2.

Caput secundum citatur in parte I, quæstione 52, articulo 1; quæst. 67, art. 2; quæst. 93, art. 2. In part. I Sent., dist. 15, quæst. 2, art. 2; dist. 21, quæst. 1, art. 1; dist. 28, quæst. 1, art. 1. In part. II Sent., dist. 13, quæst. 1, art. 3. In Quæstionibus disputatis, de potentia Dei, quæst. 10, art. 1; de malo, quæst. 16, art. 7; de veritate, quæst. 4, art. 6.

Caput tertium citatur in parte I, quæstione 5, articulo 2; quæst. 13, art. 11; quæst. 19, art. 9. In 2-2, quæst. 85, art. 2; quæst. 101, art. 3. In part. II Sent., dist. 37, quæst. 1, art. 2.

Caput quartum citatur in parte I, quæstione 48, articulis 1, 2, 3 et 6; quæst. 49, art. 1; quæst. 50, art. 2, 3 et 5; quæst. 51, art. 1; quæst. 54, art. 2; quæst. 55, art. 1; quæst. 57, art. 1; quæst. 58, art. 4 et 5; quæst. 63, art. 4; quæst. 64, art. 1 et 2; quæst. 67, art. 1 et 4; quæst. 82, art. 2; quæst. 93, art. 2; quæst. 94, art. 2; quæst. 106, art. 1; quæst. 115, art. 3. In 1-2, quæst. 1, art. 4; quæst. 2, art. 3; quæst. 10, art. 4; quæst. 18, art. 11; quæst. 19, art. 1 et 6; quæst. 24, art. 1; quæst. 26, art. 1, 2 et 3; quæst. 27, art. 2; quæst. 28, art. 1, 3, 4, 5 et 6; quæst. 29, art. 3 et 4, quæst. 35, art. 7 et 8; quæst. 46, art. 1; quæst. 51, art. 4; quæst. 53, art. 4; quæst. 60, art. 5; quæst. 65, art. 1 et 2; quæst. 70, art. 4; quæst. 71, art. 2 et 5; quæst. 72, art. 1 et 9; quæst. 80, art. 4; quæst. 87, art. 1; quæst. 78, art. 1; quæst. 109, art. 3 et 6; quæst. 112, art. 5. In 2-2, quæst. 8, art. 1; quæst. 24, art. 2; quæst. 25, art. 4 et 7; quæst. 27, art. 4 et 5; quæst. 29, art. 3; quæst. 31, art. 1; quæst. 82, art. 2; quæst. 92, art. 1 et 2; quæst. 110, art. 3; quæst. 125, art. 1 et 12; quæst. 129, art. 2; quæst. 141, art. 1 et 2; quæst. 145, art. 2; quæst. 158, art. 1; quæst. 159, art. 8; quæst. 162, art. 1; quæst. 165, art. 1; quæst. 167, art. 1; quæst. 175, art. 2; quæst. 177, art. 1; quæst. 180, art. 6. In part. III, quæst. 44, art. 2; quæst. 46, art. 1. In Supplemento, quæst. 49, art. 5;

quæst. 50, art. 1; quæst. 89, art. 4. In part. I Sent., dist. 1, quæst. 4; dist. 2, quæst. 2, art. 1 et 4; dist. 17, quæst. 2, text. 1; dist. 17, quæst. 2, art. 1; dist. 21, quæst. 2; dist. 34, quæst. 3, art. 2; dist. 37, quæst. 4, art. 1; dist. 42, quæst. 1, art. 2; dist. 44, quæst. 1, art. 3; dist. 46, quæst. 1, art. 3; dist. 46, in expos. text. In part. II Sent., dist. 7, quæst. 1, art. 2; dist. 11, quæst. 1, art. 2; dist. 13, quæst. 1, art. 4; dist. 18, quæst. 1, art. 2. In Quæstionibus disputatis, de potentia Dei, quæst. 1, art. 6; quæst. 2, art. 3; quæst. 3, art. 6 et 13; quæst. 4, art. 2; de malo, quæst. 1, art. 1, 2, 3 et 5; quæst. 2, art. 1, 2, 4, 7, 9, 11 et 12; quæst. 3, art. 1, 2, 9, 12 et 14; quæst. 4, art. 1, 2 et 6; quæst. 16, art. 1, 2, 3, 4, 5 et 6; de virtutibus, quæst. 1, art. 1, 17, 18 et 19; de veritate, quæst. 8, art. 15; quæst. 28, art. 2.

Caput quintum citatur in parte I, quæstione 4, articulo 3; quæst. 15, art. 3; quæst. 44, art. 3; quæst. 57, art. 1; quæst. 91, art. 1. In 1-2, quæst. 2, art. 5; quæst. 79, art. 2. In parte III, quæst. 13, art. 1. In part. I Sent., dist. 8, quæst. 2, art. 3; dist. 17, quæst. 2, art. 2; dist. 21, quæst. 1, art. 1; dist. 35, quæst. 1, art. 1; dist. 36, quæst. 2, art. 3; dist. 46, quæst. 1, art. 2. In Quæstionibus disputatis, de potentia Dei, quæst. 7, art. 2; de malo, quæst. 16, art. 9; de virtutibus, quæst. 1, art. 8; de veritate, quæst. 8, art. 8; quæst. 20, art. 5.

Caput sextum citatur in parte I, quæstione 18, articulo 1. In Quæstionibus disputatis, de malo quæst. 16, art. 4.

Caput septimum citatur in parte I, quæstione 16, articulo 10; quæst. 55, art. 2; quæst. 56, art. 3; quæst. 58, art. 3, 4 et 5; quæ t. 75, art. 7. In 1-2, quæst. 112, art. 1. In 2-2, quæst. 1, art. 1; quæst. 8; art. 1; quæst. 180, art. 5; quæst. 188, art. 7. In part. I Sent., dist. 2, quæst. 1, art. 2; dist. 4, quæst. 2, art. 1; dist. 8, quæst. 2, art. 1, et quæst. 4, art. 3; dist. 19, quæst. 2, art. 1; dist. 38, quæst. 1, art. 3. In Quæstionibus disputatis, de potentia Dei, quæst. 6, art. 6; de malo, quæst. 16, art. 1; de virtutibus, quæst. 1, art. 2, et quæst. 2, art. 5; de veritate, quæst. 8, art. 8 et 15.

Caput octavum citatur in parte I, quæstione 21, articulo 1; quæst. 56, art. 3. In 2-2, quæst. 175, art. 1. In Quæstionibus disputatis, de veritate, quæst. 8, art. 9.

Caput nonum citatur in parte I, quæstione 3, articulo 1; quæst. 4, art. 3; quæst. 21, art. 1; quæst. 42, art. 1; quæst. 56, art. 3. In part. I Sent., dist. 3, quæst. 2, art. 2; dist. 19, quæst. 4, art. 2. In Quæstionibus disputatis, de potentia Dei, quæst. 7, art. 7; de malo, quæst. 3, art. 1.

Caput decimum citatur in parte I, quæstione 9, articulo 1. In parte I Sent., dist. 19, quæst. 2, art. 1.

Caput undecimum citatur in parte I, quæstione 44, articulo 2; quæst. 84, art. 5. In 2-2, quæst. 29, art. 1 et 2.

Caput duodecimum citatur in parte I, quæstione 13, articulo 8; quæst. 108, art. 5. In 2-2, quæst. 29, art. 1. In part. III, quæst. 20, art. 2. In Quæstionibus disputatis, de potentia Dei, quæst. 9, art. 7.

Caput decimum tertium citatur in parte I, quæstione 11, articulo 1. In part. I Sent., dist. 2, quæst. 1, art. 1 et 3. In Quæstionibus disputatis, de potentia Dei, quæst. 7, art. 5; quæst. 9, art. 7.

MYSTICÆ THEOLOGIÆ.

Caput primum citatur in parte I, quæstione 12, articulo 13; quæst. 13, art. 6. In part. III, quæst. 92, art. 2. In part. II Sent., dist. 9, quæst. 1, art. 2. In Quæstionibus disputatis, de potentia Dei, quæst. 7, art. 5; quæst. 9, art. 7; de virtutibus, quæst. 1, art. 8.

Epistola ad Caium citatur in parte III, quæstione 92, articulo 1.

Epistola ad Dorothæum citatur in parte III, quæstione 92, articulo 1.

Epistola ad Polycarpum citatur in parte II Sent., dist. 13, quæst. 1, art. 4

Epistola ad Demophilum citatur in parte IV Sent., dist. 19, quæst. 2, art. 2.

Ex his aliisque locis quæ me effugerunt, facile patet Angelicum Doctorem totam fere doctrinam theologicam ex purissimis Dionysii fontibus hausisse, cum vix ulla sit periodus e qua non ipse tanquam apis argumentosa theologicum succum extraxerit, et in Summam, veluti quoddam alveare, pluribus quæstionibus articulisque, ceu cellulis, theologico melle servando, distinctum, redegerit.

ISAGOGE BALTHASARIS CORDERII

SOCIETATIS JESU THEOLOGI

AD MYSTICAM THEOLOGIAM S. DIONYSII AREOPAGITÆ.

Quo facilior puriorque nobis ad sacrosancta Mysticæ theologiæ adyta sit accessus, operæ pretium fuerit, ex aliis ejusdem sancti Patris Operibus brevia quædam προτέλεια seu præludia præmittere, quibus mens nostra præexercitata, ritu quodam mystico præparetur, ut, quantum fas est, sancte rebus sanctissimis conjungatur.

Ne autem a janua, ut in proverbio est, et a scopo aberremus, cognoscendum ante omnia quid per mysticam theologiam intelligatur, et quæ sit ejus definitio, quodque principium seu origo, quis finis, quæ ad illam præreqirantur, et quomodo ad ipsam accedendum sit, et qua tandem ratione mirabilis illa mysticæ theologiæ unio in anima perficiatur: quæ omnia breviter septem capitibus sequentibus explicabimus.

CAPUT PRIMUM.
Quid per mysticam theologiam intelligatur.

Mystica seu mysteriosa theologia, si vim nominis attendas, designat quamdam sacram et arcanam de Deo divinisque rebus notitiam. Μυστήριον enim Græcis idem est quod Latinis *arcanum, occultum, abditum, secretum*, et quidem sacrosanctum, quod nonnisi hominibus sacris communicandum, profanis vero occultandum sit : quos idcirco S. Dionysius ἀμυήτους vocat [80], id est exsortes mysteriorum, quibus secundum legem hierarchicam vetat mysteria (sic enim appellat sacramenta) propalari. Sciebat quippe quod *sacramentum regis abscondere bonum est* [81]. Hinc de mysteriis seu sacramentis ad Timotheum scripturus : *Vide*, inquit, *ne explodas Sancta sanctorum; quin potius arcana Dei revereberis, ac spiritalibus inaspectabilibusque notionibus celebrabis; inaccessa quidem profanis illa et intacta reservando, solis vero sanctis, cum sacra quadam, prout fas est, claritate res sacras communicando*. Idemque sub finem ejusdem capitis iterum inculcat, ut juxta ritum hierarchicum profiteatur, sancta quidem sancte contrectare, sola autem deifica divinis, perficientia perfectionis capacibus, sanctisque sanctissima communicare. Sic Christus quoque ad turbas in parabolis loquebatur [82], et solis apostolis dabat nosse mysteria regni Dei. Neque enim fas est (ut ibidem Oracula testantur) porcis projicere spiritalium margaritarum purum illum ac lucidum pulchrificumque adornatum.

Itaque qui mysticam theologiam nominat [83], arcanam quamdam omnino sacram designat sapientiam, Dei principalis pulchritudinis imaginem proprio, quantum fas est, principio conformem: siquidem cujuslibet eorum qui mysticis illustrationibus imbuuntur, in hoc sita perfectio est, ut ad divinam pro captu quisque suo promoveatur imitationem, Deique in semetipso excipiat operationem, in mentis abdito divinissime relucentem, quam exinde ritu hierarchico in alios transfundat.

CAPUT II.
Quæ sit definitio mysticæ theologiæ.

Omissis variis, quas varie diversas tradunt, definitionibus, vel potius circumscriptionibus, bre-

---

[80] Cap. 1 *Eccles. hierarchiæ.* [81] Tob. XII, 7. [82] Luc. VIII, 10. [83] *Cœl. hierarch.* cap. 3.

viter et clare videtur hoc modo definiri posse : Theologia mystica est sapientia experimentalis, Dei affectiva, divinitus infusa, quæ mentem ab omni inordinatione puram, per actus supernaturales fidei, spei et charitatis, cum Deo intime conjungit.

Hæc definitio constat omnibus partibus seu membris ad propriam alicujus rei definitionem secundum philosophiæ leges requisitis. Genus enim definiti hic est *sapientia experimentalis*, seu sapida scientia. Non enim hæc theologia est quædam otiosa sterilisve speculatio, sed sapidissima Dei contemplatio, quæ suavissimo (cujus quidem in hac vita capaces sumus) sapore spirituali mentem imbuit, multoque delectabilius eam afficit, quam ab ullo spiritualium harum deliciarum inexperto concipi aut credi possit.

Differentia est, *Dei affectiva*, quo differt a reliquis scientiis theologicis quæ intellectum informant, cum hæc principalius afficiat voluntatem; licet etiam arcano quodam lumine illustret intellectum, ad Deum et res omnes eminentiori, utpote supernaturali, modo intelligendum.

Proprietas hujus sapientiæ præ cæteris eximia est, quod sit *divinitus infusa*, non arte humani magisterii, aut ingenii perspicuitate, vel studii assiduitate humanitus acquisita; quippe donum et charisma nobilissimi Spiritus sancti principalis, qui cum non ingrediatur animam malevolam, neque habitet in corpore subdito peccatis [84], pro subjecto requirit *mentem ab omni inordinatione puram*. Nam, ut ait regius Propheta : *Quis ascendet in montem Domini, aut quis stabit in loco sancto ejus, nisi innocens manibus, et mundo corde, qui non accepit in vano animam suam* [85] ? Quin et Christus : *Beati*, inquit, *mundo corde, quoniam ipsi Deum videbunt* [86]. Porro finis per hancce sapientiam intentus, est *unio cum Deo*, quanta nimirum potest in hac vita obtineri, arctissima suavissimaque. Media vero hujus obtinendæ sunt actus theologici supernaturales, fidei, spei et charitatis, quibus immediate mens Deum attingit, per fidem scilicet caliginose, per spem suspense, per charitatem perfecte. *Fides* enim cum sit *argumentum non apparentium* [87], est caligo ista mystica S. Paulo et S. Dionysio adeo celebrata, de qua vide cap. 1 et 2 *Myst. Theol.*, et epist. 5 ad Dorotheum, atque ibidem nostras adnotationes. Spes vero cum sit rerum quæ necdum possideantur [88], earumdem exspectatione ac desiderio animum quodammodo suspendit, atque ita per illam mystica fit suspensio. Charitas denique, cum sit *vinculum perfectionis* [89], cum ipso Deo animam felicissime conjungit. Ac fides quidem intellectum, spes memoriam, charitas voluntatem et affectum supra naturam mystice perficit et informat, ita ut tribus istis excellentissimis virtutum theologicarum actibus, totius mysticæ theologiæ perfectio et essentia contineatur, uti pulchre ac fuse in libris divinissimis *De ascensu montis Carmeli*, *De nocte obscura*, et Canticorum vere mysticarum declarationibus (6), exponit venerabilis Pater Joannes de la Cruz, rerum mysticarum expertissimus.

Ex quibus patet theologiam mysticam tam in substantia sua quam in modo procedendi esse mere supernaturalem. Siquidem et principia ejus, et media, et finis, et in hunc tendendi modus, naturæ vires atque ordinem penitus transcendunt, uti ex jam dictis facile colligitur, et ex sequentibus uberius liquebit. Unde sequitur cum ipsam, tum proximas ad unionem mysticam dispositiones, non ex arbitrio nostro, sed ex solius benevola miserentis ac dignantis Dei gratia dependere. Qui ita benignus sit ac multæ miserationis, dignatione sua copiose nos prævenit, et ad cordis ostium pulsat, et exspectat ut illi aditum patefaciamus, obstacula removendo, paratus nos dirigere ac deducere usque ad montem Oreb, ac supremum theologiæ mysticæ fastigium, dummodo jugibus ac ferventissimis ipsum precibus invocemus, ductum ejus exactissime observantes.

CAPUT III.
Quod sit principium mysticæ theologiæ.

Cum ipsamet mystica theologia, quid sit, recte a nobis, ut opinor, definita sit, restat ut originem ejus investigemus. Hujus igitur principium et origo mysticæ theologiæ, ut sancti Dionysii verbis utar, fons est vitæ, essentia bonitatis, una rerum omnium causa Trinitas, a qua per bonitatis redundantiam, uti cætera, sic etiam hocce datum optimum et donum perfectum benignissime profluxit, desursum descendens a Patre luminum per Filium in Spiritu sancto, qui per hoc donum sapientiæ nobis modo nobilissimo communicatur. Quin et mysticæ omnis a Patre motæ illustrationis emanatio in nos benefice exundans, denuo, ceu unifica vis, ad supera nos revocando simplificat, et convertit ad congregantis Patris unitatem ac deificam simplicitatem, atque ad se, ut fas est, attendentes, pro cujusque capacitate, simplificativa sua unione subrigit unificatque. Dicimus itaque cum eodem sancto Dionysio, Dei-principalem beatitudinem, naturam divinitatis, principium deificationis, ex quo deificandi deificantur, mysticam theologiam in salutem et deificationem hominum concessisse, modo scilicet magis immateriato et spirituali, non extrinsecus ad divina movendo, sed intelligibili ratione atque intrinsecus pura liquidaque illustratione divinissimam iis voluntatem irradiando. Hujus autem divinæ beatitudinis bonitas eadem sem-

---

[84] Sap. 1, 4. [85] Psal. xxiii, 3, 4. [86] Matth. v, 8. [87] Heb. xi, 1. [88] Rom. viii, 24. [89] Col. iii, 14.

(6) Vide *Œuvres complètes de sainte Thérèse*, t. III, Montis Rubri 1852, in-4°, ex typis officinæ Catholicæ.

per et eodem modo se habens [90], beneficos lucis suæ radios cunctis oculis mentalibus luculenter expandit, adeoque si spontanea mente præditorum arbitrii libertas spirituale lumen deserat, a natura sibi insitas luci excipiendæ vires, amore parvi præcludens, præsenti quidem luci se subducit, hæc tamen eam minime destituit, sed vel conniventem illuminat, atque aversanti benigne prorsus occurrit [91]. Quisquis igitur ad insitum a Deo naturæ lumen recurrerit, principio quidem cum Dei adjutorio, quis tandem ipse sit videbit, hocque lucis accessione munus sacrum referet. Porro qui propria sua irreflexis oculis consideraverit, abolitas quidem ignorationis suæ tenebras eliminabit, perfectissimæ tamen Dei unionis et participationis adhuc exsors, ejusdem desiderio sponte non afficietur, sed sensim primum a propriis ad potiora, et ex iis ad potissima, nec non perfectus tandem per Dei gratiam, ad divino-principalem unionem, sacro quodam ordine evehetur. Sic autem adductum divina beatitudo ad sui admittit communicationem, propriæque lucis instar signi cujusdam ipsum participati, Deo intimum reddens, atque consortem munerum divinorum. Neque enim vita nobis est cui vis illata sit vel imposita necessitas [92], neque vero etiam eorum quibus providetur libertate, divinæ illustrationis a Providentia manantis radii obtunduntur; sed oculorum mentalium dissimilitudo facit, ut exundans paternæ bonitatis illustratio, vel omnino cassa sit, et propter eorum repugnantiam inutilis, vel ejus participationes existant inæquales, parvæ vel magnæ, obscuræ vel claræ, cum unus sit et simplex, eodemque modo semper se habeat fontalis ille radius, qui jugiter est expansus.

CAPUT IV.
Quis sit finis mysticæ theologiæ.

Omnis porro mysticæ theologiæ scopus est erga Deum et res divinas continua dilectio [93], quæ divinitus inseritur, et per ejus unionem consummatur, quæque hac prior est, illi adversantium omnimoda et irrevertibilis fuga; cognitio Dei perfectissima, et simplicis perfectionis ejus divina participatio fruitioque, quæ omnem Dei contemplatorem spiritali modo reflectit deificatque. Cum enim habeat Deum omnis sacræ suæ arcanæ cum scientiæ tum operationis finem [94], ad divinissimum ejus decorem constanter intuendo, eumdem quoad potest exprimit, nec non divinos sui consortes, sacra quædam perficit simulacra speculaque clarissima et immaculata, quæ primitivæ lucis, summæque deitatis radium excipiant, et in Deum ipsum a quo profluxit, sincerissime reflectant. Hinc mystici theologi primario multipliciterque Deum participant, et sublimissimis ac multis modis arcanum Dei cognoscunt. Cum enim ad imitandum Deum intellectualiter se componant [95], atque divino-principalem similitudinem supermundialiter contemplantes, ad eamdem speciem suam conentur efformare, jure merito uberiore quoque gaudent ejus participatione, quod sint assidui, ac semper ad anteriora nunquam fatiscentis amoris contentione se extendant, et primordiales illustrationes immaterialiter liquidoque suscipiant, atque ad easdem componantur, vitamque omnem habeant spiritalem. Puri siquidem censendi [96], non quasi a maculis duntaxat imparis colluvionibusque sint liberi, vel quod materialibus imaginibus minime adhæreant, sed quod omni re creata celsiores præ summa puritate, vel maxime deformibus virtutibus sint coordinati, ordinisque sui motum proprium æquabilemque per amorem Dei constanter teneant invariatum, neque ullam in deterius admittant imminutionem, sed inconcussam semper et immobilem deiformis suæ proprietatis sedem habeant. Contemplatores item non quasi symbolorum, quæ sensu vel imaginatione percipiantur, spectatores, neque varietate duntaxat sacrarum Scripturarum ad Deum elevantur, sed omni cognitione simplici altioris luminis replentur, atque contemplatione illius pulchritudinis, quæ effectrix et origo omnis pulchritudinis existit, quæque supra substantiam est et in Trinitate suprasplendet, quantum homini fas est reficiuntur. Communionis quoque Jesu similiter participes fiunt, non quasi in imaginibus sancte informatis, quæ veluti formæ in ipsis deificam similitudinem exprimant, sed tanquam vere ad eum appropinquantes, in ipsa prima participatione cognitionis luminum ejus deificorum, quod Deum imitandi ratio sublimissimo ipsis modo sit indulta, et in primæva, quantum quidem fas est, potentia, divinis ejus humanisque virtutibus communicent. Similiter perfecti sunt, non quasi varietates sacras resolvendi scientia sint illustrati, sed quod primaria et præcellente Dei unione satientur, juxta supremam illam, cujus capaces sunt mortales, divini amoris influentiam; siquidem ab ipsamet divinitate sacris mysticis initiantur, dum ad Deum per dilectionem subriguntur, nec non in eo summa puritate summaque constantia stabiliuntur, atque supernaturalibus divinorum operum rationibus, ab ipsomet divino participatu θεοδιδάκτοις μυσταγωγίαις erudiuntur. Unde fit, ut mystici theologi reconditos quosque Scripturæ sensus et scientias quasvis naturales longe aliter quam alii (quippe supernaturaliter) intelligant penetrentque, cum non dividui aut e dividuis, vel sensibus, vel rationibus ratiocinando colligant scientiam, sed ab omni materiali ac sensibili pluralitate puri, a materia secreto atque uniformi modo spiritali ea capiant, quæcunque vel in divinis vel in humanis scientiis intelligi possunt. Est enim illis vis [97] quædam spi-

---

[90] *Eccl. hier.* cap. 1. [91] *Eccl. hier.* cap. 2. [92] *Cœl. hier.* cap. 9. [93] *Eccl. hier.* cap. 1. [94] *Cœl. hier.* cap. 3. [95] *Ibid.*, cap. 4. [96] *Ibid.*, cap. 7. [97] *De divin. nom.*, cap. 7.

ritalis atque operatio impermista atque immaculata puritate resplendens, et conspicax divinarum intelligentiarum, quæ per divisionis ac materiæ carentiam, deiformi unitate ad divinam et plusquam sapientem mentem ac rationem divinitus efformatur. Hinc mystici theologi hoc quoque sacrum munus referunt, ut quod divinorum omnium divinissimum est, in salute ac perfectione proximorum procuranda, divino prorsus et eminentiori præ cæteris modo ipsiusmet Dei cooperatores existant; non omnino dissita ab ordine cœlesti insinuatione in animos hominum influendo, et a quibusvis vitiis atque imperfectionibus ad omnem virtutem et vitæ sanctitatem traducendo.

CAPUT V.

Quænam prærequirantur ad mysticam theologiam.

Ad hanc theologiam [98] cumprimis prærequiritur status quidam supernaturalis ipsi proportionatus, qui cum sit quasi quædam altera nativitas divina, nunquam sane intellexerit, nedum gesserit quidpiam secundum mysticam theologiam, cui ne ipse quidem status hic divinitus afflatus sit. Etenim et nobis (humano loquendi modo) existentia primum opus est, ut deinceps quæ nostri fori sunt, tractemus, cum id quod nullo modo existit, neque motionem neque substantiam omnino habeat; quod autem quoquo pacto est, ea demum et agat et patiatur, quæ naturæ statusque sunt sui. Dicimus itaque assiduis ad Deum connitendo aspirationibus, atque totalibus contrariorum mortificationibus et abolitionibus homines spiritales status hujus deiformis immutabilitate potiri. Non enim ab omni duntaxat malitia ipsis recedendum est, sed obdurandum viriliter, et imperterrite semper obsistendum ipsi noxiæ remissioni; nec a sacro est unquam amore cessandum, ast continenter ac perpetuo pro viribus ei insistendum, ad perfectionem divini principatus sublimationem sancte semper negotia sua dirigendo. Neque enim [99] fas est mysticis theologis quidquam operari, quod divinis inspirationibus vel minimum repugnet, imo nec iisdem dissentire, si divinam appetant claritatem, et ad hanc sancte, ut par est, aspirent. Itaque perfecta sui ipsius abdicatione [100] ac continua in rebus omnibus mortificatione opus est; quando quidem naturam humanam vitio protoplasti divinis bonis spoliatam, vita passionibus obnoxia excepit, et consequenter homo a divina gratia, quæ ipsum ad supera subrigebat, dilapsus, et ad extrema contraria jam præceps datus, variis perturbationibus expositam nactus est immutationem. Unde cum non possit ad unum colligi, atque unius pacificæ unionis particeps existere qui secum ipse dissidet, neque liceat summe contraria simul participare, vel communicationem aliquam cum uno habenti, divisas habere vitas, si unius Dei stabilem præferat participationem, necessario adhibenda est jugis mortificatio, ut quis exsors fiat et expers omnium uniformitatis divisionum. Propterea viri sancti, divinorum communione dignati, dum pro mensura gratiæ divinæ sibi collatæ ad deiformitatis et mysticæ unionis fastigium perfectissimis perfectivisque deificationibus evehuntur, ea quæ carnis sunt minime curant citra naturæ necessitatem, idque, prout usus fert, obiter; atque hoc modo etiam corpora illorum per mortificationem quodammodo spiritualizata, in mystica deificatione templum fiunt Spiritus divino-principalis, in quo simile in simili fundatur ac collocatur.

CAPUT VI.

Qua ratione ad mysticam theologiam accedendum sit.

Obstaculis et impedimentis per mortificationis exercitium sublatis, adhibendum est etiam studium orationis, exemplo Dionysii mysticam theologiam a sanctissimæ Trinitatis invocatione auspicantis. Oportet igitur nos primum orationibus ad Deum [1], tanquam ad mysticæ theologiæ principium adduci, ac deinde magis ipsi propinquantes, edoceri optima quæque munera, quæ penes ipsum sunt collocata. Nam ipse quidem præsens adest omnibus, non autem illi adsunt omnia; sed cum enim sanctis precationibus, et mente tranquilla, et ad divinam unionem accommodata deprecamur, tum demum nos etiam et præsentes sumus. Ipse enim nec in loco ita est ut usquam absit, vel ex aliis ad alia migret. Quin imo dicere, in omnibus ipsum esse, quod minus est ejus infinitate, quæ et excedit et continet universa. Nos ipsos itaque orationibus ad sublimiorem divinorum benignorumque radiorum contuitum comparemus. Quemadmodum si lucidissimam catenam e summo cœlo suspensam, et huc usque demissam, manibus alternis in anteriora protensis continenter arriperemus, attrahere quidem ipsam videremur, re autem vera non illam ipsi deduceremus, ut quæ superne et inferne præsens esset, sed ipsimet magis ad sublimiores radiorum illustrium fulgores eveheremur. Aut sicut si navim ingressi, rudentes ex petra quadam ad nos usque porrectos auxilii causa teneremus, non ad nos petram, sed nosipsos revera navimque ad petram traduceremus.

Quapropter ante omnia, præsertim in mystica theologia, ab oratione auspicandum est ; non ut ubique et nusquam præsentem virtutem attrahamus, sed, ut divinis commemorationibus invocationi usque nos ipsos illi dedamus atque uniamus. Etenim essentia illa [2], cujus odoris suavitas mentem superat, ab igneis purissimisque mentibus ad sui manifestationem per ferventissimas orationes invitari amat, divinissimasque suas inspirationes luculentissimis distributionibus impertitur illis, qui sic illam supramundialiter invitarunt. Est enim lux vera [3] quæ omnem mentem implet lumine intellectili, omnem autem ignorantiam et errorem ex omnibus animis in quibus est, ejicit, et ipsis omnibus

[98] *Eccl. hier.* cap. 2. [99] *Cœl. hier.* cap. 3. [100] *Eccl. hier.* cap. 3. [1] *De divin. nom.* cap. 3. [2] *Eccl. hier.* cap. 4. [3] *De divin. nom.*, cap. 4, § 4.

lumen sanctum impertit, eorumque oculos mentales a caligine et ignorantia circumfusa repurgat et liberat, et excitat atque aperit multa gravitate tenebrarum oppressos et clausos : datque primum quidem mediocrem splendorem, deinde tanquam degustato lumine, oculis jam magis post degustationem lumen appetentibus, magis se impertit, et copiosius affulget, quoniam dilexerunt multum; ac semper ulterius provehit proportione studii eorum ad aspiciendum sursum. Etenim [b] sicut ignorantia errantes dirimit, sic adventus luminis congregat et copulat illuminatos, perficitque eos, et ad id quod vere est convertit, a multis opinationibus eos revocans, ac varios aspectus, vel, ut magis proprie dicam, varia in unam veram et puram ac simplicem cognitionem contrahit, et uno lumine unifico implet.

Porro lumen hoc unificum accipimus per Christum [5], qui paterna *lux est vera, quæ illuminat omnem hominem venientem in hunc mundum* [6], per quem ad originem lucis Patrem accessum obtinuimus. Hic est qui mentis quidem nostræ obscuritatem [7] beato divinoque lumine replevit, deformitatemque nostram deformibus ornamentis illustravit, animi autem domicilium cum perfecta salute essentiæ naturæque nostræ, quæ ferme collapsa erat et conciderat, fœdissimis quibusque passionibus atque inquinamentis noxiis liberavit, commonstrata nobis supermundialis anagogæ ac divinæ vitæ norma, per quam ad sacras ejus similitudines, quoad ejus fieri potest, evehamur. Unicum enim illud [8] ac simplex arcanumque Jesu Verbum divinissimum per assumptionem humanitatis nostræ, in compositionem simul et aspectum, sine ulla sui immutatione, pro sua bonitate benignitateque processit, nostrique secum unificam communionem benefice excogitavit, ea quæ in nobis humilia sunt, divinissimis suis uniens excellentiis, ut et nos ipsi, tanquam membra corpori, per ejusdem immaculatæ ac divinæ vitæ identitatem congruamus, ne corruptibilibus necati passionibus, divinis istis sanissimisque membris incongrui, vitæque incapaces existamus.

Oportet igitur nos, si ad communionem ejus aspiremus, divinissimam ejus in carne vitam contemplari, atque sanctam ipsius impeccantiam imitando, ad deformitatem et immaculatum statum contendere. Hac namque ratione, prout nobis congruit, similitudinem suam communicabit.

Cæterum mysticis theologis obvelanda est mentis sanctitas atque fragrantia [9], cum divinitus viri sancti jubeantur, non ad vanam gloriam apparentes arcani Dei pulchras ac fragrantes habere similitudines. Siquidem arcana Dei decora, quorum suavitas intellectum superat, prorsus sunt intemerata, solisque viris spiritalibus spiritaliter apparent, quod in animabus nostris exigant habere sibi conformes per virtutem, incorruptibiles imagines. Incircumscriptum enim illud virtutis deiformis simulacrum rite imitandum est, ut spiritalis ac fragrans ipsum referat pulchritudo, seseque formet et effingat ad pulcherrimam ejus imitationem. Et sicut in imaginibus sensilibus, si pictor ad primævam speciem constanter intendat, nulla re alia visibili distractus, neque secundum quidpiam divisus, illum ipsum qui depingendus est, si ita dicere liceat, quodammodo replicabit, atque ipsammet veritatem in similitudine, et archetypum in imagine exprimet, alterumque in altero citra substantiæ differentiam referet; sic mysticis in mente pictoribus suaveolentis et arcanæ pulchritudinis intenta constansque contemplatio infallibilem indet maximeque deiformem imaginationem.

Merito itaque mystici pictores, quando mentem suam ad superessentialem illam fragrantem spiritalemque pulchritudinem constanter efformant, nullam virtutem earum quæ iis insunt, agunt, ut ab hominibus, sicut scriptum est, videantur, sed quidquid in virtute sacrum ac maxime deiforme est, intra mentem suam, quæ ad imaginem et similitudinem Dei facta est, recondentes ad primævam duntaxat speciem atque intelligentiam intuentur. Neque enim solum dissimilia vident, sed ne ad eorum quidem aspectum pertrahuntur. Quamobrem, sicut eos decet, non ea quæ temere videntur, sed quæ vere justa sunt ac bona, diligunt ; neque istam spectant gloriam quæ sine ratione vulgo passim beata prædicatur, sed imitatione Dei bonum malumque per se judicantes, divina quædam simulacra fiunt istius fragrantiæ divinæ, quæ bonum in se odorem vere continens, ad illud quod vulgo passim inæqualiter apparet, nunquam convertitur, in veris suis imaginibus exprimens veritatem.

Hinc [10] si more humano ea quæ supra nos sunt accipiamus, et familiaribus nobis sensibus inhæreamus, atque divina cum nostris conferamus, fallimur, si secundum id quod deforis apparet, mysticam arcanamque theologiam metiamur; cum scire debeamus, mentem quidem nostram pollere vi intelligendi, qua res intellectiles ipsi proportionatas contueatur, tamen istam unionem, qua rebus se superioribus conjungitur, naturam ipsius longe superare. Secundum hanc itaque unionem divina illa mystica sunt intelligenda, non more nostro, sed quatenus nos ipsi totos nos a nobis totaliter abdicamus, et toti transimus in Deum, ut cum Apostolo vere dicere possimus : *Vivo ego, jam non ego, vivit vero in me Christus* [11]. Quæ vox est veri amatoris qui excesserat e se Deo, et non jam vitam suam, sed amati, tanquam vehementer dilectam, viventis. Itaque longe præstat nos Dei esse quam nostros; sic enim divina nobis dari poterunt, si cum Deo fuerimus

---

[4] *De divin. nom.* c. 4, § 6. [5] *Cœl. hier.* cap. 1, § 2. [6] Joan. 1, 9. [7] *Eccl. hier.*, cap. 3, § 11. [8] *Ibid.*, § 12. [9] *Eccl. hier.*, cap. 4, parte III, § 1. [10] *Divin. nom.*, cap. 7, § 1. [11] Gal. II, 6.

conjuncti. Hanc autem intimam conjunctionem [11] acquirimus per vivam fidem, quæ est constans fidelium firmamentum, et fundat nos in veritate, atque in nobis veritatem, dum indissuasibili identitate simplicem veritatis cognitionem obtinemus rerum credendarum. Nam si cognitio res cognitas cum cognoscentibus unit, ignoratio vero ignoranti causa est ut semper mutet, atque a semetipso discrepet, eum qui credit in veritate, juxta Scripturam, nihil a vero fidei fundamento dimovebit, in quo constantiam habebit immobilis et immutabilis identitatis. Probe namque novit quisquis unitus est veritati, quam bene sese habeat, quamvis eum multi ut amentem arguant. Latet enim illos, uti par est, eum per veræ fidei veritatem ex errore excessisse : ipse autem vere novit se non, ut illi fabulantur, insanire, sed ab instabili mutabilique omnimode errantis varietatis motione, per simplicem circa eadem semper et eodem modo se habentem veritatem esse liberatum. Hoc modo primi divinæ sapientiæ nostræ professores pro veritate quotidie moriebantur, testillicantes, uti par est, et sermone et opere, singularem illam Christianæ veritatis agnitionem, omnium esse cum simplicissimam, tum divinissimam; imo potius [13] hanc solam esse veram atque unicam simplicis Dei notitiam. Est enim divinissima Dei notitia quæ per nescientiam accipitur, secundum illam, quæ supra intellectum est, unionem, quando nimirum mens a rebus omnibus recedens, ac totam semetipsam deserens, desuper fulgentibus radiis unitur, quibus in illo inscrutabili sapientiæ profundo collustratur.

CAPUT VII.

Quomodo mirabilis illa mysticæ theologiæ unio in anima perficiatur.

Sublimissimus rerum mysticarum interpres, Ludovicus Blosius, in *Institutione* sua *spirituali*, cap. 12, § 2, divina prorsus ratione hanc, quam expertus fuerat, mysticæ theologiæ unionem describens, Felix, inquit, illa anima, quæ puritati cordis, sanctæque introversioni jugiter studet, et privato amori, seu propriæ voluntati, propriæque quæsitioni prorsus renuntiat. Hæc enim magis ac magis Deo appropinquare meretur. Tandem vero superioribus ejus viribus divina gratia sublevatis, clarificatis et exornatis, unitatem nuditatemque spiritus obtinet, et purum atque indepictum amorem, simplicemque cogitationem, quæ cogitationum expers est, adipiscitur. Jam itaque cum excellentis indicibilisque gratiæ Dei sit capax, ad vivum illum fontem qui ab æterno manat, ac sanctorum mentes satis superque reficit, perducitur. Jam vires ejus ad instar stellarum lucent, et ipsa fit idonea ad contemplandum Divinitatis abyssum, sereno, simplici et jucundo intuitu, absque imaginatione, et sine aliqua intellectus admistione. Unde quando sese ad

Deum cum amore integre convertit, incomprehensibili luce in fundum ejus effulgente, rationis et intellectus oculus reverberatus caligat : simplex vero ipsius animæ oculus, nempe pura, nuda, uniformis, et supra intellectum elevata cogitatio, manet apertus.

Porro naturali lumine intellectus a tanta claritate obfuscato, anima nihil in tempore aspicit, sed supra tempus et locum erecta, quamdam æternitatis proprietatem assumit. Nam imagines et distinctionem considerationemque rerum amittens, jam experimento discit, Deum longe transcendere omnes corporales, spirituales atque divinas imagines, et quidquid intellectu apprehendi, quidquid de Deo dici scribive, quidquid nominis ei imponi potest, clare perspicit talia omnia a veritate divinæ essentiæ in infinitum distare, ob idque eamdem essentiam innominabilem esse. Ignorat tamen quid sit Deus, quem sentit. Hinc præcognitione facta sine cognitione, in solo amabili, nudo, simplici et ignoto Deo quiescit. Lux quippe divina propter nimiam sui claritatem inaccessibilis est : unde et *caligo* appellatur. Suscipit hic anima verbum absconditum, quod Deus in interno silentio et secreto mentis recessu loquitur. Hoc suscipit, atque unionis mysticæ complexum feliciter experitur. Ubi enim intellectum omnesque imagines per amorem excessit, et supra semetipsam evecta est, quod solus Deus ei præstare potest, jam a se defluens profluit in Deum : tuncque Deus pax et fruitio ejus est. Illa ergo in tali mentis excessu posita, jure cantat : *In pace in idipsum dormiam et requiescam* [14]. Defluit, inquam, amans anima, deficitque a se ipsa, et velut ad nihilum redacta, in abyssum æterni amoris collabitur : ubi sibi mortua, vivit in Deo, nihil sciens, nihil sentiens præter amorem quem gustat. Perdit enim se in vastissima Divinitatis solitudine atque caligine : sed sic se perdere, potius se invenire est. Ibi sane quidquid est humanum exuens, et quod est divinum induens, transformatur transmutaturque in Deum : sicut ferrum in igne positum formam ignis accipit, et transmutatur in ignem. Manet tamen essentia animæ sic deificatæ, quemadmodum ferrum ignitum non desinit esse ferrum.

Igitur ipsa anima, quæ prius erat frigida, jam ardet : quæ prius erat tenebrosa, jam lucet; quæ prius erat dura, jam mollis est. Plane tota deicolor est, quia essentia ejus essentia Dei perfusa est. Tota divini amoris igne concremata, totaque liquefacta transiit in Deum, et ei sine medio unita, unusque spiritus cum eo effecta est : sicut aurum et æs in unam metalli massam conflantur. Cæterum illorum qui in Deum ita excedunt et rapiuntur, diversi gradus sunt : nam eo quisque profundius atque sublimius in ipsum Deum pertingit, quo efficacius ardentiusque seu amorosius se ad eum con-

---

[11] *Divin. nom.*, cap 7, § 4. [13] *Ibid.*, § 3. [14] Psal. IV, 9.

vertit, et quo perfectius in ipsa conversione omnem propriam quæsitionem repellit.

O sanctam illam animam, quæ a Deo singulariter visitata, et supra omnia creata, supraque propriam operationem elevata, in vi memorativa nudatur omnibus imaginibus, et meram puritatem atque simplicitatem sentit; in vi intellectiva percipit præfulgidas illuminationes Solis justitiæ, et divinam veritatem agnoscit! Porro in vi amativa sentit æstum quemdam quieti amoris, sive contactum Spiritus sancti, tanquam fontem vivum, manantem rivulis æternæ suavitatis, atque ita ad excellentem cum Deo unionem invitatur introduciturque. O felicem illam horam! Tunc nimirum anima supernaturali jucundissimaque solemnitate et gaudio vernantissimo intus perfruitur, ac futuram beatitudinem aliquo modo prægustat. O quam beatus est, cui fragrantissimum illud ver, et æstas illa amœnissima exoritur, cuique divinam copulam vel ad momentum experiri concessum est! Is enim ad id perducitur, quod nec ratio, nec intellectus capere, neque lingua exprimere potest. Per sapientem ignorantiam, et per intimum amoris contactum, melius Deum cognoscit, quam exteriores ejus oculi visibilem solem cognoscant. Usque adeo stabilitur in Deo, ut Deum sibi viciniorem esse sentiat quam ipse sit sibi : unde et deiformem superessentialemque vitam jam ducit, factus Christo secundum spiritum, animam et corpus conformis. Sive comedat sive bibat, sive vigilet sive dormiat, semper in eo Deus operatur, qui superessentialiter vivit in illo. Talem ipse Deus docet de omnibus, et spirituales mysticosque sensus ei aperit. Creberrime, vel etiam indesinenter cum visitat, astringit, osculatur, illustrat, accendit, penetrat et implet. Nam cum anima ejus sit jam speculum clarum sine macula, divino Soli convenienter objectum substratumque, ipse Sol justitiæ non potest non assidue stillicidia gratiæ, radios sapientiæ et charitatis scintillas in eam diffundere. Valde quidem subliniter atque mirabiliter Deus se nonnunquam animæ perfectæ revelat atque manifestat, nondum tamen ostendit sicuti est in sua ineffabili gloria, sed sicut in hac vita videri potest.

GEORGII PACHYMERÆ
IN OPERA S. DIONYSII AREOPAGITÆ
AD CYRUM ATHANASIUM
PATRIARCHAM ALEXANDRINUM CONSTANTINOPOLI COMMORANTEM
PROŒMIUM

Interprete Balthasare Corderio, Societatis Jesu doctore theologo.

Homo Dei, et fidelis serve, et dispensator mysteriorum Christi, nec non vir desideriorum, multorum quidem etiam aliorum et magnorum, scilicet eorum quæ sunt spiritus, quorum omnium, carne mortificari, et vivere Christo, caput est; idque non ab heri, aut nudius tertius, aut a pauco, quin imo etiam a multo tempore hoc tuum fuit studium, atque adeo ab infantia et ab ipsa ferme nativitate. Novit hæc mons Sina, et quæ ibi celebris spelunca, ubi in virtute educatus, et spiritalibus sudoribus præexercitatus, ad Marci thronum adduceris: et vocationem adeptus post ipsum, longo quidem temporis intervallo, virtute tamen ipsi proximus, licet tempore remotissimus, agnosceris. Eatenus autem sanctis ejus successoribus posterior es, quatenus cum ipsi suis temporibus luxerint ad utilitatem populi Christiani, tu nostris temporibus reservaris, prout novit Providentia, quæ cuncta custodit et producit.

Præterea, hujus quidem morem, illius vero sermonem; hujus exactam charitatem, illius psallendi intentionem, alterius erga omnes compassionem, alius zelum, alterius mansuetudinem, et alius aliud quidpiam bonorum, tanquam ex archetypo possidens, unam ex omnibus formam imaginis in temetipso pulcherrimam exprimis. Certe varium et magnum quid appares, tam iis qui procul, quam his qui prope sunt. Hæc assidua tibi cura, hoc continuum studium, hæc optima desideria, quibus illiquescis, totis diebus, quærens in spiritu ea quæ sunt spiritus. Horum una quædam, non qualiscumque etiam, meditatio divinitus inspiratarum Scripturarum, quibus quotidie attendens, et magna dexteritate illorum quæ dicuntur sensum explicans, et scientiam, et mores, omnemque formam exprimis disciplinæ.

Sed præ cæteris etiam magni Dionysii divinus libellus, spiritalis ac suavis Sirenæ mansio, te detinens, totum afficit, et inibi gratiis implet, cera rationis aures animæ minime obturantem (1), neque certe mundanis affectibus implicatum, sed liberum exsistentem et ab omni re exemptum, omnesque audiendi facultates et intellectum patulum habentem, ad convenientem scilicet tam eorum quæ dicuntur, quam quæ intelliguntur susceptionem. Cæterum, cum et imago illa præclara sit, cui multos etiam frequenter artifex adhibet colores, et sermo ille perspicuus, cui multa etiam alii, et sæpe dantaxat conjecturantes quæ dicantur, superaddere haud neglexerunt; idcirco sapienter quidem cogitas, et proba mente tua digna, si quo modo divinus hic liber explicetur, atque communior fiat usus ejus plurimorum intellectibus, et inde multi proficiant, ea quæ supra intellectum sunt, secundum intellectum, et quæ supra captum, pro captu agnoscentes. Est enim etiam hic nutriendi modus minime vulgaris, quando quis non a semetipso cibum suppeditans, tamen hunc præmacerans vel præmasticans, sumpta facilem infirmis facit, non aliud proferendo, sed propositum subigendo.

Sapienter utique quid simile cogitasti ac provide : quin et finem hæc cogitatio bonum sortita foret, si quæsivisses alium, et non me, ac rationem reperisses et modum huic negotio convenientem, et concredidisses digno, sacroque sacra tradidisses. Nunc autem, Non est, inquiunt, hoc altare pro sacrificio : tu vero etiam adhortatus es, et excitasti, et postulationibus, quantum fieri poterat, animasti tanquam benefactor, nos, ut opinor, hujus desiderii communione beando, et non tantum nostræ imbecillitati diffisus es, quantum Dei gratiæ confisus, cujus virtutem magis in infirmitate perfici cognovisti. Quid porro nos ad tantam adhortandi vim oportuerat percelli et recusare? Verumtamen non scio quomodo nostræ imbecillitatis obliti, atque illud, *Nosce teipsum*, negligentes, toti ad tua fati sumus imperia, et tanquam patri filii, et tanquam discipuli Magistro, et sicut servi domino sumus obsecuti, nulli omnino alteri, quam tuis sanctis piisque precationibus confisi, quibus, opinor, etiam invisibiliter suffulti, facile hoc opus sustinuimus.

Ecquid enim mirum? cum etiam voce dimissa Eliæ ad Elisæum, statim hic, et boves illos, et aratra, et omnem supellectilem aliam abjiciens, quo pedes ferebant, post vocantem cucurrerit, tametsi quoque boves istos sacrificio destinasset. Eodem modo etiam nos, sæcularibus turbis ac tumultibus neglectis, toti in uno studio fuimus, quod nimirum sacris Litteris consecravimus. Edisseram etiam hoc arcanum, quoniam quoque verum. Adeo deditus eram huic negotio, et sic rapiebar, ut etiam sæpenumero sermonibus vacantem, exclamare me contigerit, dum expenderem hinc sensuum profunditatem, inde theologiæ sublimitatem; hic in divinis eruditionem, illic in explicandis accurationem, alibi moderationem, alibi numinis afflationem, ubique divinitatem et securitatem.

Quid denum ego faciam nisi prato fertilissimo Sancti hujus scripta comparem, ita ut velim quidem carpendo cæteris pulcherrima proponere; non valeam autem, sed immobilis consistam, et quasi mutus manere cogar præ gratiæ varietate? Sic ego non interpres, non paraphrastes, sed auditor sum. Magnum sane si vel mysta fiam cœlestium tubarum, attamen non illico ac repente insonuantium (ne hinc etiam spiritualis facultas audiendi detrimentum capiat), sed sensim et paulatim penetrantium ad intimiorem cognitionis sonum. Qui sane modus est vacandi ab omnibus, et intellectum applicandi ad res maximas, sensim illa quæ intelliguntur subigendo, et tandem perfectam cognitionem cum cognoscente copulando. Hoc autem mihi contulit propositi scopus, dum singula considero quæ dicuntur. Neque minus quod etiam addendum, quod magnopere adjutus sim, antiquiores, tanquam populi seniores, in ascensu ad divinum mystagogiæ montem sequendo. Qui sane dum Sancti hujus scripta interpretantur, viam eo tendentem mihi exposuerunt, ac me securum reddiderunt; quamobrem etiam contendi, donec pertingerem eo quo pertingere poteram, et quo perveni. Si quidem prope, ut spero, gratia sit Deo, a quo omne quod ab hominibus bene fit, gratia item tuis sanctis precibus, quibus fretus, ad hoc opus me accinxi, et quibus adjutus, non omnino procul a decoro aberravi.

Quod si hoc quidem non, sed omnino videar inutilis et reprobandus, quid pati oportet, sicubi plurimis hærens difficultatibus propter imperitiam quidpiam forte non recte attigi? hoc ipsum sane pro virili simul in medium proferre minime neglexi. Tu vero anima per omnia Deum imitans, non id quod ex merito est, recte scio, quæres, sed promptum animum admittes, quandoquidem etiam Deo dicant gratum esse quod secundum vires fit. Sed de his quidem satis ; cæterum tempus est ea quæ ad magnum Dionysium pertinent exponendi, quæ certe etiam ab antiquis historiæ mandata sunt.

Nobilitatem igitur, et illustres divitias ejus Atheniensium iste senatus declarat. Quemadmodum enim divus Lucas historiæ mandat in Actibus [19], is etiam unus erat Areopagitarum. Cum igitur sanctus apostolus Paulus Athenas profectus esset, et cum quibusdam Epicureis ac Stoicis congressus, verbum veritatis prædicaret; nonnulli isthic philosophi

---

[19] Act. xvii, 33.

(1) Vertit Corderius quasi Græce legisset : οὐ κηρῷ τῷ τοῦ λόγου... φραξάμενον. Sed, mea quidem sententia, legendum Græce : οὐ κηρῷ, τὸ τοῦ λόγου,κ.τ.λ., Latine vero : *Cera, ut aiunt fabulæ, aures animæ obturantem.* Cæterum non semel dormitat doctissimus interpres, ut Græce callenti patebit. EDIT. PATROL.

eum comprehendentes ad Areopagum abduxerunt, pœnas daturum propter ea quæ concionatus erat. Verum etiam illic concionatur, et divinæ ipsius linguæ præda fiunt, præter alios non paucos, etiam ipse Dionysius, et mulier nomine Damaris, et alii cum eis. Quin et adjunctus est illi titulus dignitatis; ait enim, Areopagita, ob illustrem, ut arbitror, viri sapientiam, et divitias, ac tertio propter irreprehensibile vivendi institutum. Non enim cujusvis erat inter Areopagitas censeri, sed quem multa sapientia, et proba vita, et in omnibus culpæ vacatio ad tantam evexerat dignitatem : siquidem Athenis ex novem principibus constitutis, oportebat esse Areopagitas, quorum numerus ad unum et quinquaginta extensus fuit.

Erat autem extra arcem in colle Martio tribunal, sic appellatum, quod ibi Mars sententiam accepisset Neptuno sceptrum proprium figendi, ad quod condemnatus fuit, quod filium ejus Halirrhothion occidisset. Judicabant autem Areopagitæ de majoribus, atque horum sententia non concedebat condemnato appellationem. Quamobrem philosophi Paulum, divinissimum veritatis prædicatorem, tanquam novorum dæmoniorum præconem, ad Areopagi concilium trahunt. Verum tunc temporis cum concilio interesset maximus Dionysius, profert sententiam incorruptam, non verbis, sed factis ipsis. Nam valere jubens collem illum, et dignitatem, et quidquid in eo illustre erat, sacris Pauli vocibus concedit, et per ipsum Christo agglutinatur. Ac salutis quidem dogmatis ab ipso initiatur, sed a maximo Hierotheo magistraliter instituitur, quemadmodum ipsemet plurimis locis testatur. Postmodum etiam a Paulo fidelium Atheniensium episcopus constituitur.

Cæterum composita fuerunt ab hoc sancto multa etiam alia scripta, quorum quoque ipsemet mentionem facit in operibus quæ exstant. Quin et testimonio comprobatum est, hæc longo tempore in Romana bibliotheca deposita, fuisse asservata. Scribit autem plurima ad sanctum Timotheum Ephesiorum episcopum, a primariis Ionicæ sophiæ sectatoribus, Ephesi plurimas, uti verosimile est, molestias sustinentem, et sanctum hunc, tanquam externæ philosophiæ peritum, consulentem, ut validius dimicaret. Colliguntur porro ex prædictis hujus Patris scriptis etiam alia, quæ apud nos minime reperiuntur, videlicet *De angelicis proprietatibus, De anima, De justo ac divino judicio, De divinis hymnis, De intellectilibus et sensilibus, De theologicis informationibus, De symbolica theologia.*

Sciendum quoque, aliquos externos philosophos, præsertim Proclum, contemplationibus beati Dionysii frequenter usos fuisse, atque adeo etiam meris ipsis dictionibus. Unde licet opinari, veteres philosophos Athenienses, ipsius opera sibi vindicantes, occultasse, ut ipsi divinorum ejus librorum patres viderentur. Quod autem familiare ipsis fuerit sibi nostra vindicare, docet etiam D. Basilius in illud : *In principio erat Verbum*, super illa dictione hoc modo disserens : *Hæc ego quidem novi, multos etiam ex iis qui, exsortes verbi veritatis, in mundana sapientia gloriantur, et admirari, et scriptis suis inserere audere; diabolus enim fur est, ac nostra suis interpretibus divulgat.* Atque hæc quidem D. Basilius. Cæterum jam nobis etiam inchoanda paraphrasis ad verbum, cujus etiam fusior subinde est danda ratio, arcanum sensum explanantibus, partim quidem ex nobis ipsis, partim vero ex veterum interpretatione.

SANCTI DIONYSII AREOPAGITÆ

DE

CŒLESTI HIERARCHIA

Interprete Balthasare Corderio, Societatis Jesu doctore theologo.

CAPUT PRIMUM.

SYMPRESBYTERO TIMOTHEO DIONYSIUS PRESBYTER.

Divinam omnem illustrationem, secundum bonitatem diversimode ad ea quæ providentia reguntur emanantem, manere simplicem : neque hoc solum, verum etiam unificare ea quæ illustrantur.

SYNOPSIS CAPITIS.

1. Docet, omnem lucem ac gratiam spiritalem a Deo Patre ad nos derivari, et nos cum Deo conjungere. II. Invocato Christo, proponit cœlestes hierarchias ex Scripturis interpretari : quæ licet multiplicem sensum figuratum admittant, simplicem tamen semper habent sensum litteralem. III. Ostendit, res cœlestes ac spirituales, ad captum nostrum, in Scri-

ptura materialibus figuris describi, et methodum ac rationem suggerit, quomodo ex illis ad cœlestes contemplationes assurgere mens nostra possit.

§ I. **1** *Omne datum bonum, et omne donum perfectum, desursum est, descendens a Patre luminum* [a] : quin et omnis a Patre motæ illustrationis emanatio, in nos benefice exundans, denuo ceu unifica vis, ad supera nos revocando simplificat, et convertit ad congregantis Patris unitatem, et ad deificam simplicitatem. Quoniam *ex ipso et in ipsum sunt omnia* [b], ut sermo sacer ait.

§ II. Quamobrem Jesum invocantes, **2** qui *paterna lux est vera, quæ illuminat omnem hominem venientem in hunc mundum* [c], per quem ad originem lucis Patrem accessum obtinuimus, ad sacratissimorum a Patribus traditas Eloquiorum illustrationes pro viribus suspiciamus; necnon ab ipsis symbolice nobis et anagogice patefactas cœlestium mentium hierarchias, prout possumus, intueamur, atque principialem et superprincipialem Patris, qui principium Divinitatis est, illustrationem (quæ nobis angelorum in figuratis signis beatissimas elucidat hierarchias) immaterialibus et intremulis mentis oculis intromittentes, ex eadem rursus in simplicem ejus radium intendamus : quanquam neque ipsamet unquam intima sua unitate destituitur, sed ad sublimantem et unificantem eorum qui providentia gubernantur contemperationem, dum, uti decet, benigne multiplicatur atque emanat, etiam intus in semetipsa stabiliter manet, immobili identitate unimode firmata, et ad se ut fas est attendentes, pro cujusque capacitate, simplificativa sua unione surrigit, unificatque. Neque enim potest aliter divino-principalis ille radius nobis illucescere, nisi sacrorum varietate operimentorum anagogice obvelatus, nobis quoque paterna providentia connaturaliter ac proprie sit accommodatus.

§ III. Quapropter primitiva illa rituum sacrorum institutio, sanctissimam nostram hierarchiam supermundana cœlestium hierarchiarum imitatione dignam censens, prædictas immateriales hierarchias, materialibus figuris et formativis compositionibus variegando transcripsit, ut pro nostra cum illis proportione, a sacratissimis fictionibus ad simplices figurarum expertes anagogas et similitudines evehamur; quandoquidem fieri non possit, ut mens nostra ad immaterialem illam cœlestium hierarchiarum imitationem ac contemplationem intendatur, nisi e propinquo, materiali usa fuerit manuductione : cogitando scilicet, apparentes has pulchritudines, arcanorum esse decorum effigies; ac sensiles odorum suavitates, expressas esse figuras spiritalis dispensationis, et immaterialis illustrationis speciem præ se ferre lumina materiata : uti et contemplativæ secundum mentem saturitatis sacras illas diffusas disciplinas; et divinis consonæ atque ordinatæ affectionis, eorum qui hic sunt ordinum gradus : ac Jesu participationis, divinissimæ Eucharistiæ communionem : et quæcunque alia cœlestibus **3** quidem naturis supermundialiter, nobis vero symbolice tradita sunt. Hujus igitur nobis proportionatæ deificationis ergo, benigna initiatio primitiva, cum cœlestes hierarchias nobis exhibendo, tum nostram hierarchiam ad captum nostrum, deiformis illarum sacerdotii assimilatione, coadjutricem earumdem initiando, supercœlestes illas mentes sensilibus imaginibus, in sacroscripturisticis eloquiorum compositionibus descripsit, ut nos per sensibilia ad spiritalia adduceret, nec non ex effictis sancte symbolis ad simplices cœlestium apices hierarchiarum.

ADNOTATIONES CORDERII.

Sensus tituli est : Divinam Scripturam, licet, ad nos erudiendos, diversis figuris variegetur, variosque sensus habeat, ut litteralem, allegoricum, moralem, anagogicum ; simplicis tamen esse veritatis : qua illustrati, per fidem et dilectionem cum Deo conjungimur.

Per *illustrationem* hic Scripturam intelligi, patet ex contextu, ubi ait : *Ad sacratissimorum a Patribus traditas Eloquiorum illustrationes pro viribus suspiciamus*, etc. Cum enim hoc libro sanctorum angelorum ordines et functiones describere proposuerit, et, ut ex sequenti capite patet, simul explicare quam variis formis et figuris in Scripturis delineantur ; apte hic præmittit, cur Scriptura tot figuris et symbolis variegetur.

§ I. Ex Epistola canonica Jacobi docet omne bonum, tam naturæ quam gratiæ, a Deo Patre proficisci. Huic enim, tanquam origini Divinitatis, rerum omnium origo attribuitur, atque adeo etiam luminis et illustrationis. Licet autem Filius quoque et Spiritus sanctus lumen sint, non sunt tamen originale lumen quod solus est Pater, sed lumen de lumine ; licet sint idem lumen, quia substantiæ ejusdem. De quo sic pulchre D. Damascenus in Carminibus : *Lumen*, inquit, *immutabile, verbum luminis Patris ingeniti, in lumine tuo hodie viso in Thabor, lumen vidimus Patrem, lumen et Spiritum illuminantem omnem creaturam*. Et Gregorius Theologus : *In lumine*, inquit, *Domini vide lumen* [d] : *in Spiritu Dei Filium amplectere, lumen trinum et impartibile*. Ab hoc ergo lumine in nos omne lumen, atque adeo etiam Scriptura sacra derivatur : quoniam ut hæc lumen est, juxta illud : *Lucerna pedibus meis verbum tuum, et lumen semitis meis* [e] ; et II Petri 1, v. 19 : *Cui bene facitis attendentes, quasi lucernæ lucenti in caliginoso loco, donec dies illucescat, et lucifer* (id est, clara illa Evangelii doctrina) *oriatur in cordibus vestris*. Hujus autem luminis sive, ut hic Sanctus ait, Παραχινήσου φωτοφανείας, id est, *a Patre motæ illustrationis emanatio in nos* ἀγαθοδότως (quod aliqui quidem non male, *bono munere*, vel *benigna largitione* : malui tamen uno verbo Latinis æquivalenti) *benefice exundans* (licet enim hoc beneficium a Filio quoque et Spiritu sancto nobis concedatur, originaliter tamen soli Patri acceptum re-

---

[a] Jac. 1, 17. [b] Rom. xi, 36. [c] Joan. 1, 9. [d] Psal. xxxv, 10. [e] Psal. cxviii, 105.

fertur, a quo una cum essentia sua benefaciendi propensionem acceperunt), *denuo ceu unifica vis* (hanc enim vim habet omnis divina illustratio, ut mentem variis et inferioris ordinis phantasiis distractam colligat) *ad supera nos revocando simplificat.* Græce ἀναπλοῖ. Ita tres codices Cæsarei Viennenses, præter quatuor alios, quos Morellius consuluit, quod sensum reddit pleniorem quam verbum ἀναπληροῖ, quod plerique interpretes legerunt et verterunt. Hoc vero contingit cum non sunt in nobis schismata, *sumus autem perfecti in eodem sensu, et in eadem sententia*, sicut Apostolus præcipit [f] : quod quidem per participationem divini luminis fit, impleturque illud in Evangelio Joannis : *Ut et ipsi in nobis unum sint* [g].

Quin et omnis a Patre motæ illustrationis. Sanctus Thomas in 1 parte, q. 9, art. 1 ad 2, hunc sancti Dionysii locum citans ait, divinam Sapientiam dici mobilem esse similitudinarie secundum quod suam similitudinem diffundit usque ad ultima rerum [h]. Nihil enim esse potest quod non procedat a divina sapientia per quamdam imitationem, sicut a primo principio effectivo et formali, prout etiam artificiata procedunt a sapientia artificis. Sic igitur, in quantum similitudo divinæ Sapientiæ gradatim procedit, a supremis, quæ magis participant de ejus similitudine, usque **4** ad infima rerum, quæ minus participant, dicitur esse quidam processus et motus divinæ Sapientiæ in res. Sicut si dicamus solem procedere usque ad terram, in quantum radius luminis ejus usque ad terram pertingit. Et hoc modo dicit exponendum esse hunc locum Dionysii.

§ II. Fonte lucis indicato, ad lucem impetrandam adhibet precationem, juxta præceptum Domini, in nomine Jesu [i] : *Qui paterna lux est vera.* Primo, quia ut Verbum Patris, *splendor gloriæ et figura substantiæ ejus* [k], naturaliter et per essentiam est lux, cætera vero per participationem (sic accipitur *verum lumine* primæ Joannis v, 20), secundo, quia vera, et opposita falsis doctrinis gentilium et philosophorum. Tertio, quia verius et perfectius nos illuminat, quam omnis lux corporea, ut sit metaphora : sic Christus dicitur vera vitis [l] ; sic Eucharistia dicitur verus panis [m].

Qui illuminat omnem hominem. Quia, inquit Cyrillus, omnibus actu dat lumen rationis. Verum hæc melius accipe de lumine spirituali. Verbum enim Patris illuminat omnem hominem [n], supple quantum in ipso est. Unde qui non illuminantur, sibi imputent ; quia lumen fidei, et gratiæ Christi oblatæ, recipere nolunt : ita idem Cyrillus, cum Chrysostomo et Theophylacto.

Per quem a ἀρχίφωτον, id est, *originem lucis Patrem, accessum obtinuimus* (*unus enim mediator Dei et hominum, homo Christus Jesus* [o]) *ad sacratissimorum a Patribus traditas Eloquiorum illustrationes*, id est sacras Scripturas, *pro viribus suspiciamus ; nec non ab ipsis symbolice nobis et anagogice patefactas cælestium mentium hierarchias, prout possumus, intueamur.* Nam, ut Chrysostomus, homil. 26 in Joannem ait : Omne illud quod sub sensum cadit, substantiam angelorum declarare non potest, sed corpus quod habet crassitudinem et triplicem dimensionem. Unde fit ut, dum Scriptura, ad captum nostrum, spiritibus incorporeis corporeas figuras affingit, iis quidem qui digni sunt, et ad anagogicum sensum transcendunt, innotescat, reliquis vero omnibus in arcano et occulto relinquatur : quod illis visis alte significatur. *Atque principialem et supra quam principialem Patris, qui principium Divinitatis est, illustrationem*, id est Scripturam (vide supra, Generales observationes) *quæ nobis angelorum in figuratis signis beatissimas elucidat hierarchias*, id est sub symbolis et figuris materialis angelos describit, *immaterialibus et intremulis mentis oculis intromittentes*, abstracte a materia intellectu concipientes, ex eadem, scilicet Scriptura, quatenus symbolica est, et figuris variegata, *rursus ad simplicem ejus radium intendamus*, id est simplicem ejus sensum litteralem, sive veritatem sub figuris illis latentem consideremus : *quanquam neque ipsemet* Scriptura, qua parte symbolica est, *unquam intima sua unitate destituitur* ; id est nunquam est sine intimo suo sensu litterali, qui omni sensui, etiam figurato et mystico, semper subest : *sed ad sublimantem et unificantem eorum qui providentia regantur contemperationem*, id est ut homines a terrenis et divisis cogitationibus, ad cœlestia animo collecto meditanda inducantur : *dum, uti decet, benigne multiplicatur atque emanat* ; id est dum decenti modo Scriptura, Deo se benigne ad captum nostrum accommodante, figuratos ac diversos sensus, cum allegoricis tum morales et anagogicos continet, *etiam intus in semetipsa stabiliter manet* ; id est, semper intrinsecum suum sensum litteralem habet, *immobili identitate unimode firmata*, id est qui nunquam variatur ; sensus enim litteralis a Spiritu sancto primario intentus semper idem est, quantumvis multiplicentur sensus accommodativi vel tropis ac figuris vestiantur : *et ad se, ut fas est, attendentes, pro cujusque capacitate, simplificativa sua unione*, scilicet simplici sua veritate, quam continet, *surrigit unificatque*, nempe a terrenis ad cœlestia, et a dividuis cogitationibus ad animi collectionem et Dei conjunctionem traducendo. *Neque enim potest aliter Dei ille radius principalis*, id est intimus ille Scripturæ sensus, cum de divinis et mere spiritalibus rebus agit, *nobis illucescere, nisi sacrorum varietate operimentorum anagogice obvelatus.* Nam, ut hoc loco ait divus Maximus, sine typis et symbolis non possumus, dum in corpore sumus, aspicere incorporea et materiæ expertia. Quoniam in hoc vitæ statu anima quidem corpore vestita est, ratio vero imaginatione, mens denique ratione. Hinc imaginatio, qua utimur vivimusque quamplurimum, intelligentiæ notiones assidue sensibilium imaginibus induit ; quocirca cognitioni nostræ, non tam nuda, quam vestita quædam accommodata videntur. Induunt igitur sapientes merito, sicut diximus, sensibilibus quidem intelligibilia ; his vero divina. Sic etiam Plato provide jubet, homines sub tenebroso specu nutritum, ad intuendam meridianam lucem non subito compellendum, sed monstrandum huic solem, primo quidem ad lucernæ lumen in aqua ; deinde in luna, sub nocte serena, demum in ipsa aeris serenitate diurna. Similibus quoque gradibus rude vult ingenium ad contemplandam Divinitatem perduci.

Symbolice nobis et anagogice patefactas. **5** Hinc sanctus Thomas 1 parte, quæst. 1, art. 9, in corpore, concludit, in sacra doctrina, cum ea cunctis hominibus communiter proponatur, metaphoris et corporalibus similitudinibus divina exponi maxime conveniens esse. Deus enim, inquit, omnibus providet secundum quod competit eorum naturæ. Est autem naturale homini, ut per sensibilia ad intelligibilia veniat ; quia omnis nostra cognitio a sensu initium habet. Unde convenienter in sacra Scriptura traduntur nobis spiritualia sub metaphoris corporalibus. Et hoc est quod infra paulo post dicit Dionysius, non posse aliter divino-principalem illum radium nobis illucescere, nisi sacrorum varietate operimentorum anagogice obvelatum. Radium autem divino-principalem vocat ipsam rerum divinarum veritatem.

---

[f] 1 Cor. I, 10. [g] Joan. XVII, 21. [h] Sap. VII. [i] Joan. XV, 16. [k] Hebr. I, 3. [l] Joan. XV, 1. [m] Joan. VI, 55. [n] Joan. I. [o] 1 Tim. II, 5.

Porro convenientissime nobis divina similitudinibus corporalibus designari, ex Dionysio quatuor rationibus probat D. Thomas in lib. 1 *Sentent.*, dist. 34, q. 3, articulo 1. Prima et principalis est propter materiæ sublimitatem, quæ nostri intellectus capacitatem excedit. Unde non possumus rerum divinarum veritatem secundum modum suum capere, atque ideo oportet illas nobis secundum modum nostrum proponi. Est autem nobis connaturale, a sensibilibus in intelligibilium, et a posterioribus in priorum notitiam devenire; et idcirco sub figura sensibilium, intelligibilia nobis proponuntur, ut ex his quæ novimus, ad incognita mens nostra surgat.

Secunda ratio est, quia, cum in nobis sit duplex pars cognoscitiva, scilicet intellectiva et sensitiva, providit divina sapientia, ut utraque pars, quoad fieri poterat, in divina reduceretur. Et propterea figuras corporalium adhibuit, quæ sensitiva parte capi possunt, quia ipsa intellectualia rerum divinarum attingere non poterat.

Tertia ratio est, quia in Deo verius cognoscimus quid non est, quam quid est. Unde S. Dionysius sequenti cap. § 5 P, dicit negationes in divinis esse veras, affirmationes vero incongruas. Et ideo cum de omnibus quæ de Deo enuntiamus, intelligendum sit, illa non eo modo convenire Deo, prout inveniuntur in creaturis, sed per aliquem modum imitationis et similitudinis, hujusmodi eminentia Dei expressius ostendebatur per ea quæ magis manifesta sunt ab ipso removeri. Hæc autem sunt corporalia, et ideo convenientius fuit speciebus corporalibus divina significari, ut his assuefactus disceret humanus animus nihil eorum quæ de Deo prædicat, illi attribuere, nisi per quamdam similitudinem secundum quod creatura imitatur Creatorem.

Quarta ratio est propter occultationem divinæ veritatis; quia profunda fidei occultanda sunt, cum infidelibus, ne irrideant, tum simplicibus, ne errandi occasionem sumant. Et has causas Dionysius cap. 2 *Cœlestis hierarchiæ*, et in *Epistola ad Titum* assignat.

Nota item ex D. Thoma citato, in cognitione intellectualium duo esse consideranda, scilicet principium speculationis et terminum. Principium quidem est ex sensibilibus, sed terminus est in intelligibilibus, secundum quod in cognitione naturali ex speciebus a sensu acceptis, intentiones universales accipimus per lumen intellectus agentis. Et ideo dicendum est quod ad terminum speculationis, principium debet ex aliquibus sensibilibus speciebus in divina consurgere, juxta normam a S. Dionysio hic § 3 præscriptam. Ex his tamen, uti bene probat S. Thomas 1 parte, q. 88, art. 2, nunquam intellectus noster in perfectam et quidditativam rerum immaterialium cognitionem deveniet, cum quidditas rei materialis, quam abstrahit intellectus noster a materia, sit omnino alterius rationis a substantiis immaterialibus, uti fusius ibidem probat, et S. Dionysius *De divinis nominibus* c. 1, § 1.

§ III. *Quapropter primitiva illa rituum sacrorum institutio*, etc., id est divina ordinatio, ut cœlestem angelorum hierarchiam imitaremur, materialis illam symbolis et figuris ad captum nostrum accommodate tanquam in speculo et ænigmate a descripsit, ut sensibilibus istis figuris adjuti, quasi per gradus quosdam spirituales ascensiones in corde nostro disponamus r. *Quandoquidem fieri non possit, ut mens nostra ad immaterialem contemplationem intendatur, nisi e propinquo materiali usa fuerit manuductione.* Nam ut Gregorius Theologus in secundo libro de Theologia ait, impossibile est ei, etiam qui valde festinat, umbram suam transire (tantum enim semper umbram anticipat, quantum antevertitur): aut sicut fieri non potest, ut extra aquam piscis natet; sic non potest fieri, ut qui in corpore sunt absque corporeis, cum iis quæ intelligentia complectuntur, omnino sint. Semper enim aliquid de nostris rebus intercidet, quamvis se mens ab iis quæ cernuntur maxime avocet, et sola secum collecta, cognata et inaspectabilia intelligentia assequi nitatur. *Cogitando scilicet apparentes hasce pulchritudines*, etc. Exemplar proponit quomodo a rebus sensibilibus ad spirituales mente transcendere debeamus; hac enim de causa Deus in Scripturis angelos nobis sensibilibus formis depinxit, **6** ut ex fictis symbolis ad simplices cœlestium hierarchiarum vertices contemplando ascenderemus.

Nisi e propinquo materiali usa fuerit manuductione. Status enim hujus vitæ istiusmodi opus habet adminiculis, ut ad cœlestium contemplationem mens nostra erigatur. Nam et ideo *Verbum caro factum est* s, ut per assumptam humanitatem visibilem, aptius nos de invisibilibus erudiret atque accenderet, ut in Præfatione, quæ in sacro missæ officio recitatur, pulchre docet sanctus Gregorius: Per incarnati, inquiens, Verbi mysterium, nova mentis nostræ oculis lux tuæ claritatis infulsit: ut dum visibiliter Deum cognoscimus, per hunc in invisibilium amorem rapiamur: *cogitando scilicet apparentes has pulchritudines arcanorum esse decorum effigies*, etc., id est ut intellectus noster cogitet, sensibiles decores, et ornatus istos exteriores esse duntaxat imagines, imo obscuras repræsentationes interioris atque intellectualis formositatis, ita ratiocinando: Si corpus corruptibile, quod mistum est, et intus tam fœdum, adeo pulchrum forinsecus videatur, quanto sine comparatione pulchrior debet esse anima rationalis imago immortalis, supersplendidissimæ et superpulcherrimæ Trinitatis imago? Si item sol iste sensibilis tam lucidus, speciosus et delectabilis sit oculis ad videndum, quam infinite pulchrior, splendidior et amœnior ad videndum esse debet Sol ipse sapientiæ, superexcellentissimus Deus? Atque similiter in cæteris argumentandum.

PARAPHRASIS PACHYMERÆ.

Cum titulus sit *Hierarchia*, sciendum est hierarchiam esse constitutionis ipsius sacrorum principium et quasi curam; atque hierarchiam esse sacrorum moderatorem et curatorem ac provisorem, non tamen sacerdotum, sed qui tam sacra, quam eorumdem et Ecclesiæ mysteriorumque ordinem distribuit, neque tamen princeps est sacerdotum. Hanc explicationem etiam magnus ipse Dionysius A in libro *De ecclesiastica hierarchia* ponit. Neque secus etiam hoc modo dicere liceat: Hierarchiam esse sacrum quoddam regimen, quo sancte quis regit ac regitur: ita ut neque in regimine tyrannis sit, neque in subjectione violenti. Porro ut hanc definitionem absolvamus, dicimus, eum non ab iisdem quos regit, regi, sed ab aliis quidem regi, alios vero regere, uti decimo quinto capite præ-

p *Cœlest. hier.* q I Cor. XIII, 12. r Psal. LXXXIII, 6. s Joan. I, 14.

sentis libri accipit. Cœlestem vero vocat, ad distinctionem nostræ hierarchiæ, de qua seorsim alium quemdam librum componit.

§ I. Magnus Dionysius ad Ephesiorum episcopum Timotheum, quem et compresbyterum, id est coepiscopum, vocat, sicut ipse se presbyterum seu episcopum (nam et eodem modo Paulus Asiæ componens Ecclesias loquitur, ut in Actis refertur [t]), ex Jacobo procemium mutuando ait : *Omne datum bonum, et omne donum perfectum* [u], et indeficiens in semetipso, tametsi pro suscipientium habitudine, sæpenumero deficiat : quod utique non ex dono provenit, sed ex viribus nostris, quæ capiunt quantum possunt. Quemadmodum enim ipse 7 sol, diversis rebus subditis apparens, alterum altero plus calefacit, idque non ob solis, sed eorum quæ solem excipiunt diversitatem : sic utique divinum donum cum sit perfectum, pro suscipientium capacitate vel remittitur vel intenditur. *Omne igitur donum perfectum desursum est, descendens a Patre luminum* [v]. Patrem autem luminum magnus hic Jacobus Deum vocat, utpote Patrem misericordiarum, qui et ipsemet lux est, et creator ac conservator luminum : pater enim est qui producit et conservat quæ ex ipso sunt ; sic et Deus Pater luminum, ut qui omnis creaturæ conditor exsistat. Non dixit autem, Pater cœli, neque terræ, sed luminum, propter propositum ; quoniam etiam dona ex illustratione divina hominibus obtingunt. Hunc Patrem luminum in decursu etiam absolute solum Patrem nominat, dicens : *Ad unitatem Patris congregantis*, ut qui creator sit ac conservator noster omnisque creaturæ : quanquam etiam alias Pater luminum sit, scilicet Filii ac Spiritus sancti. Sed et omnis a Deo proficiscentis illustrationis proventus, ad nos ex bonitate dimanans, denuo, ceu ipsamet vis unifica, sursum nos elevat, simplificatque, et quid unum facit, atque ad unum sapiendum informat ; nec non a terrenis convertit ad congregantis Dei Patris unitatem, ac deificam simplicitatem. Eo enim usque sententiis dissidemus, quandiu secundum mundum ambulamus : quando vero ad Deum assumpti fuerimus, tunc unum sumus in Deo, atque ejus gratia per simplicitatem deificamur, sicut etiam Dominus ad Patrem suum ait : *Ut sint unum, sicut et nos unum sumus* [x]. Illud itaque, *Omne donum* ex Deo, ex Jacobo sumpsit ; istud autem, Quoniam omne bonum in ipsum tendit, et nos sursum levat, ex semet ipse ponit. Utrumque porro confirmat ex Apostolo dicente : *Quoniam ex ipso omnia, et in ipsum*.

§ II. Cum itaque ex Deo sit, et in Deum tendat omne bonum, agedum invocantes Salvatorem Dominum, qui Patris lux est ac splendor, qui est, qui verus est. Vel conjunctim ; quia etiam res nostræ dicuntur esse, sed per participationem, et non proprie. Vel cum interpunctione, Lux. Qualis lux? Quæ est ; neque enim subsistentia caret, uti lumen hoc nostrum. Qualis lux? Vera, juxta evangelistæ Joannis vocem, *Erat lux vera* ; nam subjungit : *quæ illuminat omnem hominem venientem in hunc mundum* [y], per quam etiam ad principium lucis 8 Patrem accessum obtinuimus : principium, inquam, lucis ; vel quia principium et causa luminum est, Filii scilicet ac Spiritus sancti ; vel quod ab initio lux exsistat ; nihil autem principio superius est. Agedum ergo, invocantes Dominum, ad illuminationes Scripturarum a Patribus traditarum pro viribus aspiremus, et quæ ab illis symbolice et anagogice (neque enim naturaliter, sed per signa quædam res cœlestes demonstrarunt) traditas divinarum virtutum hierarchias : quas etiam mentes appellat, ad nostri differentiam, qui sensu vivimus ; nam et sic Isaiæ, mens magna Assyrius ; et item mens magna, princeps Babylonis, id est diabolus. Divinarum, inquam, mentium hierarchiam, quoad possumus intueamur, atque illustrationem quæ ex Deo est, sine qua neque ipsas cœlestes virtutes, neque Deum nosse valemus, quantum fas est, inspiciamus ; principialem, inquam, illam, utpote ab initio exsistentem, et superprincipialem : quia nihil de Deo satis significanter efferri potest, quinimo hic omnis oratio omnisque cogitatio deficit, sic et essentia et superessentialis, nec non Deus et supra Deum. Hanc itaque illustrationem, quæ ex Deo est, suscipientes, quæ angelorum hierarchias in figuratis symbolis et imaginibus exprimit, immaterialibus et intremulis oculis, id est fixis seu tranquillis (amat enim Deus tranquillitatem, sicut virtus contraria turbationem), rursum ex ipsamet illustratione ad divinum radium intueamur, juxta primam propositionem quam fecimus : Quoniam ex ipso bonum et in ipsum ; atque ita in divina simplicitate unificemur. Neque enim ipse, dum in suscipientibus multiplicatur, a propria illa sua unica simplicique intimitate atque occultatione deficit (siquidem omnibus extraneis incognitus exsistit), dum vero pro eorum qui providentia reguntur captu per bonitatem multiplicatur ac variegatur, denuo intra semetipsum firmiter in immobili identitate manet, atque in ipsum intuentes unificat, idem in se permanens ; non secus ac lumen, dum luculenter illuminat, idem etiam in se remanet secundum simplificam suam et unificam unionem identitatemque, et se excipientes, pro cujusque captu, in quantum accedunt, illustres reddit. Ubi observa, ut suspicere quidem nostrum, sed illustratio et elevatio sit a Deo. Nisi enim e rebus sæcularibus emerserimus suspexerimusque, quomodo 9 elevatio et illustratio nobis obtingat? juxta illud, *Levavi oculos meos in montes, unde veniet auxilium mihi* [z]. Neque enim, inquit, fieri potest ut divinus ille radius nobis illuceat, nisi quibusdam rerum nobis familiarium velamentis fuerit obvelatus (nam intolerabile lumen ejus ac virtutem quis sustinebit?), et ex rebus nostratibus, Dei prudentia, connaturaliter ac proprie

[t] Act. xx, 18. [u] Jac. 1, 17. [v] Jac. 1, 17. [x] Joan. xvii, 22. [y] Joan. 1, 9. [z] Psal. cxx, 1.

nostris sensibus sit accommodatus : quando nimirum corporaliter ea quæ incorporea sunt efferimus, ut cum de Deo membra humana, furoresque, ac somnos aliaque similia enuntiamus ; siquidem hæc velamenta sunt. Quando igitur ea quæ sensum superant per res sensiles explicamus, tum nostra hæc hierarchia similis est cœlesti et occultæ : sic enim placuit mysteriorum sacrorum principi constitutioni, quæ sacrorum rituum nostrorum ordo et traditio est : siquidem initiatio seu perfectio, sacrorum mysteriorum communicatio nuncupatur, ut quæ initiatos perficiat; atque ita consecratos, perfectos vocat Apostolus, dicens : *Quicunque ergo perfecti sumus, hoc sentiamus* [a].

§ III. Complacuit itaque mysteriorum sacrorum principi constitutioni, immateriales cœlestesque hierarchias materialibus figuris ac formis exponere, ut pro captu nostro ab hisce sacris efformationibus, ad formarum figurarumque expertes anagogas traducamur. Ecce, enim, inquit, *facies secundum exemplar quod tibi monstratum est* [b] : quandoquidem fieri non possit ut mens nostra ad immateriatam istam constitutionem immediate subrigatur, nisi formis quibusdam ac figuris quasi manu ducta fuerit, et ex his illa conjecerit. Atque apparentes quidem pulchritudines, templi, dico, venustatem ac decorem, occultæ illius venustatis imagines præ se ferre; suaves vero thymiamatum odores, spiritalis esse traditionis effigiationes: traditur enim illic illustratio, quemadmodum hic odoris fragrantia. Cereorum autem oleique luminaria sunt illius illuminationis imagines, uti etiam illius contemplativæ, quæ secundum menteni est, saturitatis : quoniam id quod ex parte est, aliquando et nobis, secundum Apostolum, evacuabitur [c]. Diffusæ porro disciplinæ sunt fusiores visarum rerum ac sermonum demonstrationes. Quænam autem est contemplativa mentis satietas? quando nimirum res divinas mens investigat, et per contemplationem quidpiam comprehendit, repletur utique 10 ac saturatur. Quid enim est rerum divinarum, quod non mentem elevet, atque affectum ejus, qui quædam fames est, sistat et exsatiet? quemadmodum scriptum est : *Memor fui Dei, et delectatus sum* [d] ; et iterum : *Sitivit in te anima mea, quam multipliciter tibi caro mea* [e]. Sitit anima ac repletur, utpote habens apta receptacula divinarum cogitationum : sitit caro, sed quam multipliciter respectu animæ; neque enim habet aptitudinem recipiendi, cum sit omnino extranea divinis et spiritalibus insinuationibus : quapropter tanquam egena, intentum semper habet appetitum, mens autem semper plena est ejus quod apprehendit. Hujus ergo satietatis imagines sunt, sermonum demonstrationes rationibus dilatatæ. Porro ejus quæ semper et eodem modo se habet recte ad divinas res ordinatæ habitudinis (nulla enim ibi inordinatio, sed omnino concinna constitutio, quippe circa idem semper divinis rebus manentibus, nobisque perenni fluxu apparentibus), harum, inquam, ordinatarum habitudinum imagines sunt illi, quos hic habemus, ordines, sacri gradus, stationes, cathedræ, stolæ, et si quæ sunt ejuscemodi, quæ ordinem habent immutabilem, ac denique Jesu participationis divinam communionem, quam et Eucharistiam vocat : eo quod Dominus noster, quando divinum illud mysterium tradidit, gratias egerit; nobisque sint agendæ gratiæ, quod tantis bonis potiti simus, et quæcunque alia aliis quidem supermundialiter supraque hominem, nobis autem symbolice tradita sunt, et per signa ; neque enim aliter est ista nosse, dum crassam hanc carnem circumferimus.

Propter hanc itaque nostram pro cujusque captu deificationem (eo enim quo possumus modo initiamur; sensibiliter quidem , in quantum sensu vivimus, ratione nobis convenienti per symbola; spiritaliter vero, in quantum mente gubernamur, modo nobis accommodato per apparentem mystagogiam et illustrationem : siquidem illam illustrationem deificationem vocat, quod utique est perfectissimum : per inferiora namque superiora discimus; per illa vero unitive deificamur; propter hæc igitur, inquam, benignus ille sacerdotalis ordo, hierarchias istas figurate manifestans, nostramque hanc hierarchiam illi in sacris associans, secundum eam quæ dari poterat similitudinem, sensibilibus imaginibus res invisibiles quibusdam sacræ ac 11 divinæ prorsus Scripturæ locis descripsit ; quo nos per sensibilia ad spiritalia traduceret, nec non per signa hæc ad cœlestes illas simplices compositionisque expertes altitudines ac summitates : nam summitates solemus appellare, quod in quavis essentia præstantissimum est, sicut, verbi gratia, mens, animæ summitas appellatur ; et amoris summitas, fervens desiderium, adeoque nostræ hierarchiæ summitas, Illa cœlestis non immerito nuncupatur.

[a] Phil. III, 15. [b] Exod. xv, 10. [c] I Cor. xiii, 10. [d] Psal. lxxvi, 4. [e] Psal. lxii, 3.

CAPUT II.

Quod apte res divinæ atque cœlestes dissimilibus etiam signis explicentur.

SYNOPSIS CAPITIS.

I. *Facit operis hujus distributionem.* II. *Monet, figuras illas, quibus res cœlestes ac spiritales describuntur, rebus ipsis esse dissimiles; et simul objectioni occurrit, ac rationem reddit, cur magis expediebat res istas cœlestes rerum ignobiliorum formis delineari, quam nobiliorum.* III. *Ostendit duplicem esse sacræ descriptionis modum : unum scilicet, per similes; alterum, per dissimiles figuras : uti etiam de Deo quædam per affirmationes, et quædam per negationes prædicari : et negationes ait affirmationibus præstare. et absonas similitudines ad mentem nostram erigendam esse aptiores.* IV. *Tradit, ex rebus omnibus aliquid boni colligi posse, et simul explicat, quomodo passiones iræ, concupiscentiæ, et res similes intelligendæ sint, quando angelis attribuuntur.* V. *Ostendit quomodo etiam ipsemet Deus in Scripturis aliquando a summis, aliquando a mediis, aliquando etiam a rebus infimis denominetur.*

§ I. Mea utique sententia, primum quidem exponendum, quem omnis hierarchiæ scopum esse censeamus, quidque suis quælibet divinis contemplatoribus prosit : deinde vero cœlestes hierarchiæ celebrandæ, secundum earumdem mysticam in Oraculis explanationem : postea denique dicendum, quibus formis sacris cœlestes istos ordines eloquiorum sacræ delineent descriptiones, nec non ad qualem adduci deceat per formas istas simplicitatem, ne et nos, more vulgi, sacrilege opinemur, cœlestes illas ac deiformes intelligentias, multipedes quasdam esse ac multiformes, nec non ad boum pecuinam [f], ferinamve leonum naturam efformatas, et ad aquilarum curvi rostri speciem, vel ad volucrum hirsutam plumescentiam effictas, rotasque aliquas ignitas supra cœlum imaginemur [g], ac sedes materiatas, Deo deorum ad discumbendum accommodatas, et quosdam equos multicolores [h], hastatosque duces exercitus [i], et quæcunque alia nobis ab eloquiis fictione quadam sacra, explanatoriorum varietate signorum sunt transcripta. Enimvero palam theologia poeticis **12** sancte fictionibus, in carentibus figura mentibus usa est, ad nostrum, uti dictum est, intellectum attendendo, nec non propriam ipsi et connaturalem ad superna transitum providendo, et ad eumdem accommodate sacras Scripturas anagogicas effigiando.

§ II. Quod si cui videantur sacræ quidem approbandæ compositiones, quod res simplices seipsis ignotæ, nobis et invisibiles exsistant; dissimiles profecto esse sciat sanctarum mentium in eloquiis delineationes, nec non omnem hanc rudem quamdam esse, ut ita dicam, nominum angelicorum inumbrationem. Sunt et qui dicunt, theologos oportere, dum ad omnino incorporearum rerum corporationem veniunt, propriis illas, et quoad fieri potest, cognatis efformare atque explicare speciebus earum quæ apud nos sunt præstantissimarum, et ex parte immaterialium ac transcendentium substantiarum ; et nequaquam cœlestibus ac deiformibus simplicitatibus, terrenas illas infimas circumdare multiformitates. Siquidem id nostræ magis etiam conduxisset sublimationi, neque supermundiales explanationes ad incongruas dissimilitudines coegisset : hoc autem et divinas nefande virtutes elevat, atque nostrum pariter errare facit intellectum, dum immundis istis inhæret compositionibus ; et fortassis etiam putabit, supercœlestia leoninis quibusdam et equinis examinibus referta esse, nec non mugitu reboantibus laudum canticis, et avicularium gregum præfecturis, aliisque animalibus ac vilioribus materiis, quas ad absurditatem et spurcitiam, ac passionem provocando, per omnia dissimiles ejuscemodi elucidantium eloquiorum similitudines describunt. Veritatis tamen, uti reor, indagatio demonstrat, sacratissimam eloquiorum sapientiam, in cœlestium effictionibus intelligentiarum, utrumque luculenter providisse, ut neque virtutes divinæ (ut ita quis dixerit) contumeliosius extenuarentur ; neque nos humi repentibus imaginum vilitatibus tenacius affigeremur. Cæterum, cur merito figura carentibus figuræ, et effigies ineffigiatis rebus obductæ fuerint, non solum causam dixerit quis esse nostram imbecillitatem , quæ nequit immediate spiritalibus intendere contemplationibus, indigetque propriis ac connaturalibus, quibus erigatur, adminiculis seu anagogiis, quæ perceptas a nobis effigies ineffigiatis ac supernaturalibus spectaculis prætendant; sed quod hoc mysticis etiam oraculis vel maxime conveniat, ut **13** ineffabilibus et sacris ænigmatibus recondant, et inaccessam vulgo constituant sacram illam et arcanam supermundanarum mentium veritatem. Quilibet enim non est sanctus, neque omnium, ut Oracula testantur, scientia est [k]. Porro si quis absonas effigiationes improbarit, pudendum asserens, tam turpia deiformibus sanctissimisque adornationibus affingere simulacra, satis sit illi reposuisse , duplicem esse sacræ illius mysticæ manifestationis modum.

§ III. Unum quidem, qui, ut par est, per similes sacrarum figurarum imagines procedit ; alterum vero, qui per dissimiles efformationes ad omnimodam dissimilitudinem et discrepantiam effingitur. Denique venerandam superessentialis Deitatis beatitudinem, elucidantium eloquiorum mysticæ traditiones aliquando quidem ut Verbum et mentem, et substantiam laudant, convenientem Deo rationalitatem atque sapientiam ejus declarantes; nec non essentialiter essentem exsistentiam, et rerum exsistentiæ causam veram, atque instar lucis ipsam effingunt, et vitam appellant : cujusmodi figmenta

[f] Ezech. I, 7.   [g] Dan. VII, 9.   [h] Zach. I, 8.   [i] II Mach. III, 25; Josue V, 13.   [k] I Cor. VIII, 7.

sacra; cum quidem magis congrua sint, materialibusque figuris antecellere quodammodo videantur, attamen velut sic etiam a divinæ similitudinis veritate deficiunt; siquidem excedit omnem essentiam et vitam, neque ipsam ulla lux exprimit, omnisque ratio ac vita ab ejus similitudine incomparabiliter desciscit. Nonnunquam vero dissimilibus elucidationibus ab iisdem eloquiis supermundialiter celebratur, dum illam invisibilem [1], et infinitam [m] et incomprehensibilem [n] appellant, et ex quibus non quid est, sed quid non est significatur. Atque hoc, ut arbitror, magis ipsi proprium est; nam, uti arcana illa sacerdotalisque traditio insinuavit, vere dicimus, eam non esse secundum quidquam eorum quæ sunt, licet ejus superessentialem et invisibilem et ineffabilem infinitatem ignoremus. Cum ergo negationes in divinis veræ, affirmationes vero incongruæ sunt, arcanorum obscuritati magis propria est rerum invisibilium per dissimiles effectiones explanatio: siquidem condecorant, non dedecorant, cœlestes adornationes sacræ hujuscemodi eloquiorum descriptiones, dum dissimilibus eas formarum fictionibus explanant; his ipsis declarantes, ut rebus omnibus materialibus supermundialiter antecellant. Quod vero absonæ similitudines magis mentem nostram erigant, nemo, ut opinor, cordatus contradicet; **14** in nobilioribus enim formis effingendis credibile est errare aliquos, qui existiment esse naturas cœlestes specie quadam aurea, viros quosdam micantes, fulgore decoros, vestitu splendido amictos, igneum quiddam innoxie vibrantes, et quæcunque aliæ ejusmodi formæ sunt, quibus theologia cœlestes mentes figuravit. Quod quidem ne iis eveniat, qui nihil altius, quam illa pulchra et speciosa quæ apparent, mente complexi sunt, sanctorum theologorum sapientia, quæ sursum ducendi vim habet, ad dissimilitudines absonas sancte se dejicit, non permittens id, quod in nobis materiale est, illis indecoris imaginibus inhærendo acquiescere; sed ipsa deformitate figurarum excitans et stimulans superiorem animæ portionem, tanquam nefas sit, et ne iis quidem, qui rebus terrenis valde affixi sunt, verisimile videatur, tam absurdis formis similia revera esse illa supracœlestia et divina, quæ in symbolis cum admiratione spectantur. Quin et hoc sciendum, nihil eorum quæ exsistunt penitus esse boni participatione privatum; cum, ut ait Veritas, *omnia bona valde* [o].

§ IV. Est igitur ex omnibus capere bonas contemplationes; quia et viris intelligentibus ac spiritalibus licet jam dictas dissimilitudines ex rebus materialibus efformare; cum res spirituales alio ipsas modo habeant, quam rebus sensibilibus atributæ sint. Siquidem affectus iræ creaturis irrationalibus ex impetu passionis ingeneratur, atque omni irrationalitate plenus est irascibilis eorum motus: sed in rebus spiritalibus aliter oportet vim irascibilem con-

siderare, ut videlicet significet masculam earum rationem, immutabilemque statum, in deiformibus istis immobilibusque sedibus firmatum. Similiter concupiscentiam in brutis esse dicimus inconsideratam, et ad aliquid materiale rerum mutabilium, ex insita propensione, vel consuetudine impotenter ingenitam affectionem, et irrationalem corporis appetitus prædominationem, qui totum animal impellit ad id quod sensu concupiscibile exsistit. Quando itaque dissimiles similitudines rebus spiritalibus attribuentes, concupiscentiam ipsis affingemus, divinus amor intelligendus, qui intellectu rationeque superiorem amet immaterialitatem, stabileque sit ac constans desiderium superessentialiter puræ ac impassibilis contemplationis et communionis veræ sempiternæ ac spiritalis, sublimissimæ purissimæque claritatis, et infallibilis pulchrificæque **15** venustatis. Et impotentiam accipiamus infractam animi contentionem, quæ a nemine valeat conquassari, propter impermistum et immutabilem divinæ pulchritudinis amorem, atque totalem in id quod vere appetendum est, propensionem. Quin et ipsammet irrationalitatem et insensibilitatem in brutis quidem animantibus, vel materiis inanimatis, rationis ac sensus proprie privationem nuncupamus; in immaterialibus vero ac spiritalibus naturis, eminentiam ipsarum (utpote supermundialium) sermonem nostrum transcuntem, ac corporalem, et materialem, ab incorporearum istarum mentium sensu alienum, sacro prorsus modo transcendere profitemur. Licet itaque non incongruas rebus cœlestibus, etiam ex vilissimis materiæ partibus formas effingere; cum et ipsa, etiam ab eo qui vere pulcher est exsistens, per omnem sui materialem dispositionem vestigia quædam intellectualis habeat venustatis; fierique possit, ut per ea ad immateriales formas primitivas adducamur, dissimiliter, ut dictum est, similitudines accipiendo, et easdem non eodem modo, sed congrue ac proprie spirituales ac sensibiles proprietates distinguendo.

§ V. Hæc mysticos theologos non solis cœlestium dispositionum explanationibus, verum etiam ipsismet Deiprincipalibus elucidationibus rite accommodasse reperiemus. Et aliquando quidem Divinitatem ipsam a luminibus speciosis concelebrant, quasi solem justitiæ [p], quasi stellam matutinam menti sacratius oborientem, quasi lucem aperte et intelligibiliter radiantem [q]; quandoque vero a rebus mediis, quasi igneum innoxie micantem [r], quasi aquam vitalis plenitudinis collatricem, et symbolice loquendo, ventrem subintrantem [s], fluminaque perpetim fluentia scaturientem: nonnunquam etiam ab infimis, quasi fragrans unguentum [t], quasi lapidem angularem [u]. Quin etiam ferina eam forma circumdant, et leonis ac pantheræ proprietatem accommodant, et pardum fore aiunt ursumque orbum catulis ferocientem [v]. Addam etiam quod ab-

[1] I Tim. vi, 16. [m] Psal. cxliv, 13. [n] Rom. xi, 33. [o] Gen. i, 31. [p] Malach. iv, 2. [q] Apoc. xxii, 16. [r] Exod. iii, 2. [s] Joan. vii, 38. [t] Cant. i, 2. [u] Ephes. ii, 20. [v] Osee xiii, 7.

jectissimum omnium absurdissimumque videtur: A bus immorari, sed cam excitabat ad omnes materiales affectiones deserendas, et assuefaciebat sancte ex iis quæ apparent, ad supermundiales anagogias seu ascensus aspirare. Hæc a nobis dicta sint propter materiales illas ac dissimiles, quæ in sacris eloquiis habentur, angelorum delineationes: deinceps vero definiendum, quid ipsammet hierarchiam esse arbitremur, quidque consortes ejus ex ipsa capiant emolumenti. Sit autem dux verbi Christus (si mihi fas sit dicere) meus, qui universam illam hierarchicam inspiret elucidationem. Tu vero, fili, juxta sanctam hierarchicæ nostræ traditionis sanctionem, prout sancta decet, audi quæ sacrosancte proferuntur, ipsemet divinus divina doctrina factus, atque animi secreto sancta recondens, tanquam uniformia, a profana multitudine conserva; neque enim fas est, ut Eloquia testantur ⁷, porcis projicere spiritalium margaritarum purum illum ac lucidum pulchrificumque adornatum.

nam et vermis speciem ipsam sibi affinxisse ˣ, divinorum periti tradiderunt. Sic omnes divina sapientes, et occultæ inspirationis interpretes, a rebus imperfectis profanisque Sancta sanctorum intemerate secernunt, nec non dissimilem illam sacram depraedicant efficionem, ut nec immundis divina sint obvia, neque studiosi divinarum **16** figurarum contemplatores formis istis tanquam veris immorentur; et ut res divinæ cum verissimis negationibus, tum diversis a rebus infimis propriorum vestigiorum similitudinibus celebrentur. Nequaquam igitur absurdum, si naturas illas cœlestes, ob dictas causas, discrepantium dissimilitudinum similitudinibus efforment: nam neque nos fortassis ad indagandum dubitando, ad anagogem (quæ ad cœlestia nos ducit)per accuratam rerum sacrarum perscrutationem venissemus, nisi nos deformitas explanatoriæ fictionis angelorum perculisset; quæ minime sinebat mentem nostram absonis istis efformationi-

---

ADNOTATIONES CORDERII.

Cum primo capite docuerit, nos per signa sensibilia in spiritualium rerum notitiam devenire; apte jam subjungit, res cœlestes ac divinas in Scripturis dissimilibus signis ac figuris explicari, cum per propriam similitudinem ac speciem a nobis in hac vita cognosci nequeant.

§ I. Ac primum quidem facit Operis sui distributionem, et quid in præsenti tractatu spectet, exponit; et caute monet, nos per efficas angelorum formas ad eorumdem simplicem naturam contemplandam adduci oportere, ut, cum Scriptura, verbi gratia, tribuit angelo formam efficiam aquilæ, sciamus, per hanc formationem aquilæ, quæ non simplicis naturæ sed compositæ est, nos ad quid simplex in angelo intelligendum revocari; scilicet revocamur ad intelligendum esse in angelis aciem quamdam acutissimam spiritalis et sublimis perspicientiæ; atque id quidem necesse est scire, ne nobis eveniat quod vulgo, ut existimemus forte habere angelos pedes, facies, alas, et similiter in aliis formis efficis, per quas Scriptura nos ad ascensum anagogicum nobis accommodatum invitat.

Poeticis sancte fictionibus. Hinc patet omnem theologiam symbolicam habere aliquid efficum, sive illud sit in sermonibus, sive in nominibus, sive etiam in formis sensui subjectis. Maxime vero proprium est theologiæ symbolicæ, quæ in iis quæ sensu percipiuntur versatur, formas ex animalibus, quæ cernuntur, aut ex eorum partibus effingere **17** et induere. Neque solum ex talibus, sed ex coloribus omnis generis. Quæ omnia verus ille theologus Dionysius uno verbo *divina visa* appellavit, distinguens ea a profanis et fortuitis visis. Tribus autem modis potissimum in prophetis et aliis beatis theologia symbolica declaratur, scilicet aut formatione rei cadentis sub sensum visus, aut sub sensum aurium, aut translatione verbi significantis aliquid spiritale. Vide hæc fusius apud Cyparissiotam, Decad. 1, cap. 6.

§ II. Ne fallamur, monet figuras illas angelis esse dissimiles, et occurrit aliquorum objectioni, putantium nobiliores iis formas affingi debuisse, et ostendit, per viles istas figuras non solum nostræ conditioni, sed etiam angelorum honori melius consultum esse, ut dum sacris et arcanis istis ænigmatibus obteguntur, non pateat vulgo aditus ad sacram illam divinarum mentium veritatem. Maxime vero proprium est theologiæ symbolicæ, quæ in iis quæ sensu percipiuntur, versatur, formas ex animalibus quæ cernunt, aut ex eorum partibus effingere, et induere, neque solum ex talibus, sed ex coloribus omnis generis, quæ omnia verus ille theologus Dionysius c. 1 *De divinis nominibus* uno verbo *divina visa* appellavit, distinguens ea a profanis et fortuitis visis.

Neque nos humi repentibus imaginum vilitatibus tenacius affigeremur. Ex his patet, non oportere nos hærere in symbolice effictis formis, quomodocunque effingantur sive in specie sub sensum cadente, sive in vocabulis quæ videntur habere multum absoni et absurdi, sed potius omni studio ad sublimiores cogitationes recurrendum. Qui enim, inquit Basilius, ad celsiores notiones ex verbis non ascendit, sed in ipsis delineationibus corporum, verborum compositione factis, residet, audiet ex Moyse, Deum esse ignem ᶻ et a Daniele sapiente ad alias opiniones detorquebitur ᵃ: ita fiet, ut non solum falsas cogitationes, sed inter se pugnantes, ex ipsis rebus colligat.

Ibidem. Duplicem esse sacræ illius manifestationis modum. Ex his efficitur, inquit Cyparissiota, Decad. II, cap. 1, duplicem esse theologiam demonstrativam. Unam, quæ affirmanter et ex effectis inducitur; alteram quæ negater et privative. Et illa quidem ex similibus formis effictis, hæc ex dissimilibus. Hoc tamen in affirmativa theologia cernitur, ipsam etiam per formas factas in Scriptura sacra progredi, honestius tamen quam per ea quæ symbolice dicta sunt in utroque genere formationum, quas Patres vocarunt προσύλους, nos dicamus *terrenas,* quatenus etsi altera pars theologiæ, scilicet symbolicæ, in verbis translatis et adumbratis pergit, multum tamen absoni et dissentanei in eis apparet.

§ III. Docet duplicem esse sacræ illius mysticæ manifestationis modum. Duobus enim modis, inquit Maximus, laudatur Deus, aut tanquam similis omnibus (omnia enim in ipso consistunt), aut tanquam dissimilis (nihil est enim eorum quæ sunt). Exponit deinde Dionysius, quomodo formentur isti modi

---

ˣ Psal. xxi, 7. ʸ Matth. vii, 6. ᶻ Deut. iv. ᵃ Dan. x.

nominandi Deum per similia, ut cum dicitur Deus in Scriptura Verbum, et mens, et cætera similia : cum dicit autem *convenientem Deo rationalitatem*, significat, Deum non dici rationalem tanquam participem rationis, sed quod sit totus ipsa per se subsistens ratio. Vide dicta Observatione 8 et 9. Dissimilia vero vocat ea quæ per negationem de Deo dicuntur, et non quid sit, sed quid non sit, declarant. Vide ibidem supra Observat. 8. Hæc enim, inquit Nyssenus, est notionis ejus maxime propria nota naturam ejus esse supra omnem notam notionis designatricem. Quare cum negationes magis proprie Deo conveniant quam affirmationes recte concludit sanctus Dionysius, descriptiones illas mysticas convenientius fieri per formas dissimiles, quam per similes; utpote anagogicæ adductioni magis aptas, et deceptioni minus obnoxias.

Cum ergo negationes in divinis veræ, affirmationes vero incongruæ sint. Nota ex divo Thoma in I *Sent.*, distinct. 22, quæst. 1, artic. 2, quod cum in nomine duo sint, scilicet modus significandi, et res ipsa significata, semper secundum alterum possit removeri a Deo, vel secundum utrumque, sed non possit affirmari de Deo, nisi secundum alterum tantum. Cum itaque ad veritatem et proprietatem affirmationis requiratur, ut totum affirmetur, ad proprietatem autem negationis sufficiat, si alterum tantum desit, ideo dicit Dionysius, quod negationes sint absolute veræ, sed affirmationes nonnisi secundum quid. Quia quantum ad significatum tantum, et non quantum ad modum significandi. Unde bene observat idem divus Thomas in *Quæstionibus disputatis*, quæst. 7, artic. 5, sanctum Dionysium ita dicere negationes in Deo esse veras, ut tamen non asserat affirmationes esse falsas, sed incongruas. Quantum enim ad rem significatam Deo vere tribuuntur, quæ in Deo aliquo modo est, sed quantum ad modum quem significant, de Deo negari possunt. Quodlibet enim istorum nominum, secundum nostrum modum concipiendi, significat aliquam formam definitam, et sic Deo non attribuuntur, **18** et ideo de ipso negari possunt, quia ei non conveniunt per modum qui significatur, sive secundum quod sunt in intellectu nostro. Deo enim conveniunt modo sublimiori. Unde affirmatio incongrua dicitur, quasi non omnino ipsi congruens, propter diversum modum, et ideo secundum doctrinam Dionysii, tripliciter ista de Deo enuntiantur. Primo quidem affirmative, ut dicamus, *Deus est sapiens*, quia nimirum in ipso est prototypon sapientiæ ab ipso fluentis. Quia tamen in ipso non est sapientia, qualem nos concipimus et nominamus, potest vere negari, ut dicatur, *Deus non est sapiens*, scilicet, secundum sapientiam a nobis intellectam. Rursum, quia sapientia non negatur de Deo, quasi ipse deficiat a sapientia, sed quia supereminentius est in ipso, quam dicatur aut intelligatur; ideo dicendum, *Deus est supersapiens*. Et sic per triplicem istum modum loquendi, Dionysius perfecte explicat qualiter ista Deo attribuantur. Vide caput 2 et 3 *De divinis nominibus*, et cap. 1 *Myst. theologiæ* et observationes nostras generales, præsertim 5 et 8.

Ibid. *Arcanorum obscuritati magis propria est rerum invisibilium per dissimiles effictiones explanatio*, etc. Hisce conformiter Hugo de Sancto Victore sic ait : Non solum ideo dissimiles figurationes probabiles sunt, quod supermundialium excellentias ostendunt; sed ideo etiam, quod nostrum animum magis quam similes figurationes a materialibus et corporalibus reducunt, neque in se quiescere sinunt. Cujus rei ratio est, quod quælibet res creatæ, quantumcunque perfectæ, infinito quodam intervallo a Deo distent, ut qui illas absque ulla proportione superet : quamobrem magis perfecta est illa de Deo notitia, quæ istiusmodi omnes perfectiones de Deo negando, tradit quid Deus non sit, quam quæ illas affirmando per tam exiles perfectiones, conatur nobis explicare quid sit Deus. Cum igitur ad habendam de Deo cognitionem negativam, dissimiles figurationes aptiores sint similibus (eo quod dissimilitudo neget, similitudo vero affirmet) ex mente sancti Dionysii, ad veram Dei cognitionem, quæ in hac vita obscura est, acquirendam, magis propria et accommodatior est illa per dissimiles effictiones explanatio. Hoc ipsum fusius probans in sequent ibus, et *Mysticæ theologiæ* studioso, quasi manum in hac via, ne cespitet, porrigens, ostendit, istiusmodi dissimiles et contrarias loquendi formulas magnam vim habere ad animum nostrum exstimulandum, ne hæreat in rebus materialibus ac sensibilibus, sed quanto illas viderit magis absonas, ac rebus divinis minus proportionatas, tanto promptius sese a formis istis expediat, et totum transferat ad intelligentiam mere spiritualem ac divinam. Neque vero solum aptiores, sed etiam securiores esse significat istiusmodi absonas similitudines; siquidem illæ similitudines dum quodammodo probabiles videntur, non sine periculo aliquo circa se occupant ac detinent intellectum nostrum; neque ad id quod spirituale atque intelligibile est, eum libere transire permittunt, quo directe una cum affectu illico tendendum erat. Unde *in nobilioribus*, inquit sanctus Dionysius, *formis effingendis credibile est errare aliquos qui existiment esse naturas cœlestes specie quadam aurea*, etc., dum nimirum audiunt angelos describi tanquam juvenes aurea, fulgurea, candidaque veste micantes, etc., periculum est, ne errent, istiusmodi quid in angelis vere inesse exstimantes. *Quod*, inquit, *ne iis eveniat, qui nihil altius quam illa pulchra et speciosa quæ apparent, mente complexi sunt, sanctorum theologorum sapientia, quæ sursum ducendi vim habet, ad dissimilitudines absonas sancte se dejicit, non permittens id quod in nobis materiale est, illis indecoris imaginibus inhærendo acquiescere.* Huic igitur incommodo prudenter occurrit mystica theologia per formas illas imperfectas et improprias, absonasque, quæ continuo exstimulant animum ad spiritalem quæ illis subest intelligentiam indagandam. Dum enim nobis non satisfacimus istiusmodi de Deo angelisve audiendo aut concipiendo, simul intelligimus, nihil rerum sensibilium rei intelligibilis atque invisibilis perfectionem repræsentando assequi ullo modo posse, atque adeo omnes hujuscemodi comparationes ac repræsentationes ad hoc assumi, ut nobis potius significent quid non sit, quam quid sit; mentem illico nostram a rebus materialibus avocare assuescimus : et ad mysticam theologiam optime nos comparamus, quando res invisibles et intelligibi es non erroneæ per visionem aut intelligentiam, sed vere per visionis intellectionisque vacuitatem attingere conamur; dum post moderatam, quæ nobis permissa sit, rerum cœlestium scrutationem (ubi præ tanta lucis earum magnitudine, illi directe obtueri minime valentes, caligare cœperimus) intellectum demum nostrum in obsequium Dei ac fidei captivamus, vere hoc intelligentes et sentientes, res istas longe sublimiores ac præstantiores esse, quam ut a nobis concipi aut intelligi ullo modo possint quid sint.

Ad pleniorem primariæ difficultatis, quæ hoc capite mota est, resolutionem, **19** scilicet, utrum spiritualia ac divina verius atque convenientius designentur per negativa et dissimilia, quam per affirmativa et nobiliora, notandum hic breviter, et respondendum cum Dionysio Carthusiano, nimirum, directe quidem, et quantum ex natura rei, atque ex parte objecti et medii, per affirmativa et nobiliora, verius, clarius atque eminentius immaterialia divina cognosci; sed ex parte imbecillitatis et tenuitatis ingenii nostri, atque adeo indirecte, contingere oppositum. Nostra quippe cognitio ab imperfectioribus ad perfectiora paulatim procedit, et ad errandum proclivis est : idcirco in primis facilius capimus quid Deus et mentes illæ deiformes non sint, quam quid sint. Unde lib. III *De anima* dicit Aristoteles, quod simplicium intelligentia seu cognitio fit per negationem ; facilius enim apprehendimus, quod Deus et angeli non sint extensive magni aut parvi, figurati aut circumscripti, colorati aut sensibiliter lucidi, quam quid sit illa ipsorum simplicitas, aut qualiter terminetur essentia angeli in se aut in loco, ita quod cum sit in aliquo spatio loci, non sit in toto spatio universi.

Insuper, cum multi se super sensum et imaginationem et super cuncta materialia elevare non valeant, facile induci possent ad existimandum, quod Deus et substantiæ separatæ sint quædam materialia entia splendidissima et speciosissima, aut corporea lumina; ad quod vitandum, aptius describuntur interdum per viliora, quæ clarum est ipsis substantialiter minime convenire. Cognitio tamen per affirmativa et digniora, per similiora et propinquiora in se perfectior est ac magis distincta, imo vicinior perfectæ notitiæ rei per speciem. Nec obstat quod sanctus Dionysius lib. *De mystica theologia* doceat, perfectissimam Dei contemplationem in præsenti vita esse illam, qua ei unimur tanquam prorsus ignoto, et in qua omnia ab ipso auferuntur. Hoc etenim contingit ex parte nostri, et quia hoc ipsum quod vere Deo convenit, et quod affirmative de ipso concipimus, competit ei in infinitum excellentius atque perfectius, quam intelligere valeamus. Sicque illa ab ipso auferimus et negamus, non simpliciter et absolute, quantum ad id quod in sua natura sunt, sed quo ad modum quo illa capere possumus in hac vita, prout superius diximus, et infra etiam libris sequentibus hæc fusius exponentur.

§ IV. Ex omnibus ait bonas contemplationes eliciendas esse ; et simul explicat, quomodo passiones iræ, concupiscentiæ, et similes, cum de angelis dicuntur, accipiendæ sint.

§ V. Ostendit non solum angelos, sed etiam Deum ipsum in Scripturis partim a rebus nobilissimis, ut solem ; partim a mediis, ut ignem ; partim a vilissimis, ut vermem, denominari : per hæc autem fere Christum intelligit; et in sole alludit ad Malachiæ cap. iv, 2 ; Sapientiæ v, 6 ; Isaiæ LX, 1, ubi dicitur : *Orietur vobis Sol justitiæ* : in stella alludit ad Numerorum cap. xxiv, ubi dicitur : *Orietur stella ex Jacob*, Christus scilicet, ut stella et sol nos illuminans et inflammans, omnique gratia lætificans, et in cœlum deducens. In luce alludit ad Joannis I : *Erat lux vera* : vide dicta præcedenti capite. In igne alludit ad Exodi cap. III, ubi Moyses vidit rubum ardentem innoxio igne, designans, Christum Divinitatis igne Virginem matrem in conceptione et nativitate illustraturum, virginitatis flore minime læso. In aqua alludit ad Joannis cap. VII, 37, ubi Christus ait : *Si quis sitit, veniat ad me, et bibat*, id est, doctrinam et spiritum evangelicum hauriat; *et flumina*, id est, plurima copia aquæ vivæ, id est, gratiæ et donorum Spiritus sancti, *fluent de ventre ejus*, id est, de corde et mente, quæ quasi venter est animæ : fluent, inquam, per actus virtutum, operationes et effectus gratiæ, quibus se non tantum juvet, sed et alios. In unguento alludit ad Canticorum I : *Unguentum effusum nomen tuum*. In lapide, ad Ephes. II, 20, ubi Christus angularis lapis dicitur, ut qui Ecclesiæ structuram totam continet et complectitur. In leone, pardo, ursa, alludit ad Osee c. XIII, 7 : *Et ego ero eis quasi leæna, sicut pardus in via Assyriorum. Occurram eis quasi ursa raptis catulis*. In verme alludit ad Psal. XXI : *Ego autem sum vermis*, propter carnis humilitatem, et exinanitionem in passione : quæ omnia ad ascensum anagogicum conducunt.

PARAPHRASIS PACHYMERÆ.

§ I. Expedit utique, meo judicio (dubitanter accipiens propter securitatem, vel etiam affirmanter, verbum οἶμαι secundum veteres) primum exponere, quem universæ tam terrestris quam cœlestis hierarchiæ scopum arbitremur (*arbitremur* **20** autem dixit, pro sua philosophica vel potius Deo amica modestia); quidve prosit quælibet hierarchiarum (sive cœlestem dixeris, sive nostram) sui initiatoribus initiative : deinde vero dicendum de cœlestibus hierarchiis, juxta illam, quam de iis in sacris litteris habemus manifestationem atque explanationem. De illis autem loquens, utitur verbo ὑμνῆσαι: quia de re bona loqui, hymnus sive laus boni est ; sicut de re prava verba facere, vituperium est mali. De angelicis itaque divinisque virtutibus verba facere, idem est atque eas laudare. Ad hæc dicendum , quibus formis sacræ Scripturæ cœlestes ordines figurant; et ad qualem simplicitatem per eas formas quæ effinguntur, revocemur: verbi gratia, nominamus forte aquilam, compositum aliquod dicimus, mente vero per visus acumen et excellentiam ad simplicitatem adducimur. Quando enim quis loquitur, ut intelligamus, omnino sermones adhibet : cum autem id quod dicitur intellectum fuerit, simplex in mente cognitio exsistit ; maxime si simplicia formæque expertia sint, de quibus loquimur. Si enim res sensiles ita per simplicem aliquem conceptum intelligimus, quanto magis res spirituales ? Quare porro quærimus, ut ad simplicitatem adducamur ? ut non accidat nobis, quod vulgo res sacras profano modo intelligenti ; nec putemus cœlestes illas virtutes multos pedes et multas facies habere, et ad pecudum ferarumve formas efformatas, vel aquilarum speciem præ se ferre, aut volucrum plumescentium, quemadmodum in Ezechiele reperitur ; et ne quidem rotas quasdam igneas supra cœlum, et sellas ad sedendum accommodatas, atque equos ac satellites et quæcunque alia a prophetis sacris variis symbolis sunt tradita. Etenim utiliter theologia similes sacras formas rebus figuræ expertibus adhibuit ; partim quidem, ut intelligendi virium nostrarum haberet rationem ; partim vero, ut propriam nobis et connaturalem ad superna penetrandi viam præpararet. In quantum enim aquilam, v. g., nominat, duo nobis maxima præstat : siquidem nobis ex assuetis res ipsas declarat, iisque, quod connaturale est, servat : nam et cernendi acumen ac celeritatem, adeoque præcellentiam virtutum cœlestium declaravit, atque in aliis similiter.

§ II. Hinc concludit quomodo oporteat per res dissimiles ac terrenas cœlestes explicare ; atque : Quod si **21** cui videantur sacræ quidem fictiones compositionesque approbandæ, quasi non alio quam hoc modo, ita quæ in se permanent, et incognita atque inaspectabilia exsistunt, cognosci queant, absurdas autem existimet ejuscemodi compositiones, plationes assurgere, adeoque opus habemus intermenti et omnem illam rudem angelicorum nominum adumbrationem sive scenam. Siquidem ut in scena alii sunt qui adsunt, aliorum vero personas rejerunt, ita et hic alia proposita, sed alio modo quam existant, referuntur. Ac dicere quidem ille ait theologos, cum ea quæ figura carent exprimere volunt, propriis illa cognatisque efformare, ex iis rebus quæ apud nos pretiosissimæ sunt, minusque materiales, verbi gratia, humanis et non irrationalium atque inanimatarum rerum figuris : neque materiales multiformitates supremis illis maximeque simplicibus rebus affingendas. Hoc enim si fecissent, duo bona præstitissent ; cum nos ad præstantiorem sublimioremque cogitationem erexissent, tum ista supermundialia non ita dejecissent et inhonorassent. Jam vero illa sic alienis omnino figuris describendo, duas res pessimas committunt ; tum quod res divinas contumeliose tractent ; tum quod intellectum nostrum in errorem inducant, sacrilegisque compositionibus cogant inhærere. Et fortassis etiam aliquis suspicabitur, res cœlestes ejuscemodi exsistere, ut et leones sint et equi, bonumque more laudes mugiant, atque ibidem turmarum præfecturæ, et aviculares principatus exsistant, aliæque animalia, materiæve aliæ viliores, et quæcunque alia, ad absurda, peregrina, passionesque vergentia, dissimiles ejusmodi ac peregrinæ imagines cogitationibus objiciunt. Si quis hæc objecerit, et indignetur ; veritatis tamen indagatio, nostraque interpretatio atque explicatio in similibus efformationibus reperit, utrique parti sapientiam providisse, tam nobis, inquam, auditoribus, quam illis de quibus sermo instituitur : ut neque ipsis injuria fiat, neque nos ejuscemodi formis abjectis tenacius adhæreamus. Quænam autem vilior illa sit materia, quidve illud absurdum ac peregrinum, et passionibus implexum, ait Ezechiel, se ut visum narrans throni similitudinem, et quasi similitudinem leonis. Thronus utique vilior materia leone, quoniam ille anima caret, leo vero vivit : peregrinum autem illud et absurdum passionibusque implexum est, quoniam leonis forma vim irascendi **22** significat, vitulique species, vim concupiscendi ; quæ passiones et quidem vehementes sunt. Non oportet itaque illa patibili modo accipere. Ac primum quidem ostendunt, Dei sapientiam utrisque, tam nobis scilicet quam virtutibus cœlestibus, hac ratione consuluisse : nobis, inquam, quoniam aliter ista discere non poteramus ; illis vero, quippe mysticis, conveniebat sic occulte et non aliter explicari. Ad hæc probat, quomodo rebus ipsis dissimilitudo illa et inæqualitas effigierum minime officiat. Inquit enim, jure merito figuræ rebus infiguratis , formæque forma carentibus affinguntur non propter nostram duntaxat imbecillitatem, qua non valemus immediate et sine figuris ad spiritales earum contem-

mediis iis efformationibus nobis connaturalibus propriisque, quas idcirco sacræ Scripturæ supernaturalibus istis spectaculis prætendunt ; sed quoniam etiam id mysticis Scripturis maxime convenit, arcanorum ænigmata abscondi, et occultam illam veritatem vulgo esse inaccessam. Neque enim quivis sanctus est, neque omnium est cognitio, quemadmodum Dominus ait ad apostolos : *Vobis datum est nosse mysteria regni cœlorum* [b].

§ III. Quod si vero quis admiserit quidem talem per res sensiles rerum spiritalium comprehensionem, sed improbet duntaxat absurdas istiusmodi formarum fictiones, dicens, pudendum esse tam turpes rebus deiformibus figuras accommodari ; illi dictum sufficiat duplicem esse manifestandi modum, alterum quidem ex similibus, alterum vero ex dissimilibus formis effictum. Ubi observa primum, quid de Deo mysticæ Scripturarum traditiones enuntient : quandoque quidem ex similibus, ut verbum ac mentem, juxta illud : *Quis novit sensum* (seu mentem) *Domini* [c] ? et essentiam, juxta illud : *Ego sum qui sum* [d] : ipsam sapientiam, et non simpliciter ratiocinationem, sed ipsam ratiocinationem prædicant, vere exsistentem essentiam, causamque existentiæ rerum cæterarum, et lucem, et vitam, ut in sacris Evangeliis habetur ; quæ nomina omnia cum honestiora quidem sint, rerumque sublimiorum, vel sic tamen etiam a vera similitudine procul absunt ; siquidem est super hæc omnia, cum utique ista sine comparatione a natura illa beata deficiant. Quandoque vero dissimilibus declarationibus divinum illud Numen per negationem **23** celebratur, cum inaspectabile vocatur, et infinitum, quodque capi non possit ; unde non quid est, sed quid non est significatur. Ex duabus itaque hisce enuntiationibus, magis propriam demonstrat esse illam, quæ est ex rebus dissimilibus. Siquidem vere novimus Deum non esse aliquid rerum exsistentium, sed ignoramus superessentialem ejus terminis carentiam , et inintelligibilitatem, sive, ut ita dicam, amentiam ; amentiam, inquam, non secundum mentis privationem, sed quod ejus cognitionem mens nulla capiat : quemadmodum etiam alia, ut invisibilitas et infinitas ejus, non privative, sed negative intelligenda sunt. Cum itaque negationes in divinis veræ sint, affirmationes vero absonæ, magis propria est in iis enuntiatio ac demonstratio per dissimilia. Quæ cum ita sese habeant in Deo , consequens est Scripturas sacras honorare potius, et nequaquam aliquo dedecore afficere divinas illas dispositiones, per ejusmodi formarum dissimilium effictiones, ut bovis, aquilæ, cæterasque quibus eas innuit supermundialiter materiatis omnibus hisce rebus inferioribus sublimiores exsistere. Si enim is qui leonis formam, multosque pedes atque alas habere dicitur, etiam

[b] Matth. xiii, 11. [c] Rom, xi, 34. [d] Exod. iii, 14.

ratione præditus est, et expers materiæ, quomodo non etiam supermundialiter res hasce materiatas, quæ a nobis intelliguntur, excedat? Observa quam pulchre rationem dederit, cur animalium mentio fiat in cœlestibus, sive imaginum eorum. Quemadmodum enim Deus exsistens in omnibus, nihil in omnibus habet ejusdem secum generis, ideoque nihil rerum omnium, est ipsius declarativum; idcirco etiam alia methodo de Deo loquimur, dicentes, Deum non esse hoc et illud, quod *per dissimilia* vocat : sic etiam in cœlestibus virtutibus omnino recte theologi fecerunt, dum erudite nulli ordinis ejusdem illas assimilarunt; sed ex sensibilibus, quæ vocat vilia, perfectam sumunt similitudinem, id ad earum honorem fecerunt, ut fictitia, et non vera, esset earumdem imitatio. Hinc vult probare a fortiori, dissimilia similibus esse aptiora : in nobilioribus enim ac similibus, proclive est nonnullos decipi, cum etiam in dissimilibus aliqui errarint, uti supra diximus. Existimabunt enim, esse naturas illas specie quadam aurea viros quosdam micantes, et vestitu splendido indutos, atque igneum quid vibrantes, non adurendo nec lædendo : nam flammæ istius ignis non habent vim urendi, sed vivificandi; et quæcunque alia **24** Scripturæ tradunt. Quod ne iis eveniat, qui nihil altius, quam illa pulchra et speciosa quæ apparent, mente complecti possunt; sublimis illa theologorum sapientia ad dissimilitudines et absonas imagines se dejicit, non permittens cogitationem nostram illis indecoris fictionibus acquiescere, sed eam animæ partem quæ ad alta tendit, ipsa deformitate figurarum excitat et stimulat, tanquam videlicet clarum sit etiam iis qui sunt terrenis rebus valde affixi, res divinas non esse tales : ut cum clare cognoverimus eas non esse tales, veritatem inquiramus, quoniam quid aliud ab illis sunt. Quin et hoc sciendum, nihil eorum quæ sunt omni prorsus boni participatione privatum esse; quoniam bona valde, testimonio Scripturæ, cuncta comprobantur.

§ IV. Liceat itaque ex omnibus iis pulchras contemplationes, ac rebus spiritalibus congruentes elicere, quas et dissimiles similitudines possumus appellare; quoniam diverso modo illas habent res spiritales, quæ alia ratione rebus sensibilibus attributæ sunt. In præsenti enim, iracundia in inferioribus quidem ex impetu passionis exsistit, et irrationalitate plenus est ejuscemodi iracundiæ motus : verum in rebus spiritalibus alio modo iracundiam accipimus, dicentes, illam severam quamdam esse motionem rationalem, ac minime mollem mutabilemve habitum in boni constitutionibus. Similiter concupiscentia, in irrationalibus quidem inconsideratam quamdam passionem habet ex insito plerumque motu; quando nimirum ex convulsionibus naturalibus movemur; vel non raro etiam ex consuetudine : cum videlicet ex assuetis irrationali potentiæ rebus mutabilibus insitis, corporalis appetitus animal impellit ad aliquid sensibile, atque adeo etiam secundum intelligentiam appetibile. Quando autem concupiscentiam rebus spiritalibus attribuimus, divinus amor cogitandus rei supra rationem ac mentem immaterialis, atque indeficiens desiderium contemplationis quæ passionis expers sit, nec non æternæ omnino ac spiritalis communionis, illius puræ claritatis; et occulti atque divini decoris. Rursum, incontinentia in nobis quidem est quidam impetus, quo in aliquid tumultuario modo ferimur; in illis vero constantia est, quæ a nemine infringi possit, propter suum simplicem ac purum, et in nullo exorbitantem, atque immutabilem divinæ pulchritudinis amorem, **25** et totalem impetum in id quod vere amabile exsistit. Denuo, irrationalitatem, et insensibilitatem, et amentiam, in rebus irrationalibus et inanimatis, verbi gratia, in lapide insensibilitatem, privative dicimus, de spiritalibus vero ac rebus immaterialis, affirmative seu positive. Atque illa quidem, quod eminentiori modo se habeant, ita ut nostram superent eloquentiam, sermonemque transcendant (transitorium quidem, ut qui a loquente ad auditorem transit; corporeum vero, ut qui corporeis instrumentis profertur), dicimus ἄλογα seu ineffabilia : Illic enim non sic, sed corporis expertes, et ad se invicem accedendo ac recedendo, omni sermone perspicacius cogitationes mutuas intuentes, velut inter se colloquuntur per silentium, sermonem sibi velut invicem communicantes. Secundum hoc itaque, ordines cœlestes sermonis expertes dicimus : in quantum vero materialem ac peregrinum rebus incorporeis sensum superant, insensibiles nominamus, quippe sensum excedentes, ac spiritales. Concludens ait : Liceat itaque non immerito etiam ex dissimilibus vilissimisque materiæ partibus imagines efformare; quandoquidem etiam hæc materia a vere pulchro Deo exsistat, omnemque ornatum suum specificum obtineat, nonnullaque spiritalis decoris vestigia referat : quemadmodum luminis est, illuminare; atque ignis consumere, ac penetrare, si similia solum dissimiliter et difformiter quotupliciter sumantur : sol enim sensibiles oculos illuminat, et facultatem præbet colores discernendi; Deus vero vim dat, ipsam animam, et quæ in ea pulchra sunt, penetrandi. Nam quæ eadem sunt, non eodem modo accipiuntur, sed secundum naturalem subjecti proprietatem et definitionem et intelliguntur : idcirco enim etiam hæc illorum vestigia seu indicia dicuntur; unde etiam de dissimilibus quotupliciter participantibus vel participare apparentibus, proverbio dicitur, echus vox reparabilis. Quod enim est in visione imago, similitudinem quamdam primi exemplaris referens; hoc est in auditu resonantia similitudinem quamdam vocis habens; quod nimirum illud est, quod a sono ultimo reflectitur. Considera igitur spiritalem Dei pulchritudinem ac decorem referre quodammodo rationem quamdam echus prorsus singularis et occulti; a cujus sono, et a cujus pulchritudine resonantiæ quædam, et quasi similitudines ipsius soni, licet dissimiliter accipiantur, ad ipsas creaturas deferuntur.

26 § V. Hanc ob causam divinos illos prophetas reperimus, non cœlestes tantum virtutes per similes fictiones declarare, sed ipsammet etiam quandoque divinam essentiam. Et aliquando quidem ipsam a rebus quæ apparent, magnæ æstimationis, laudant, tanquam solem: neque id simpliciter, sed tanquam Solem justitiæ, juxta prophetam Malachiam [d] : tanquam stellam matutinam, sed in anima orientem, juxta magnum Petrum in catholica Epistola sua dicentem: *Donec Lucifer oriatur in cordibus vestris* [e] : et ut lumen, sed sine tegumento splendens, juxta illud : *Ego sum lux mundi* [e*]; atque illud : *Erat lux vera* [f]. Aliquando vero a rebus mediocribus, verbi gratia, ut ignem, sed innoxie illuminantem et sine combustione, sicut in rubo visum : ut aquam, sed quæ vitalem expletionem satietatemque præbet, et quæ, ut symbolice loquar, in ventrem, id est animam, diffluit, et fluvios suscitat eruptione libera effluentes, juxta illud : *Flumina de ventre ejus fluent aquæ vivæ* [f*]. Nonnunquam quoque laudant ab infimis terrenisque rebus, ut unguentum odoratum, sicut apud Salomonem, *Unguentum effusum nomen tuum* [g] : ut lapidem angularem, apud Danielem. Quin et formis feræ illam induunt, leonum, pantheræ, pardi, atque ursi indigentis, quemadmodum in prophetis reperitur [g*]. Addam præterea vermis speciem et appellationem, juxta illud : *Ego sum vermis, et non homo* [h]; magisque vermis speciem hi, qui divina sapiunt, approbarunt, propter ejus ex Virgine sine semine conceptionem, et perfectam hominis speciem, perfectamque naturam quam assumpsit.

Sic omnes qui, divina præstantes sapientia, divinas inspirationes interpretantur, a rebus imperfectis ac profanis Sancta sanctorum secernunt, et dissimilem figurarum sacrarum fictionem probant : ut nec a profanis res divinæ facile cognoscantur, neque studiosi sacrorum contemplatores simulacrorum, talibus figuris, tanquam veris, immorentur. Hoc autem ab ethnicis acceptum : siquidem ipsi faciebant quasi quædam simulacra manibus pedibusque destituta, quæ Mercuriales statuas vocabant, quippe quod occulte intus simulacrum aliquod absconderent : nam quæ occulta erant, Mercurio ascribebant. Faciebant autem in iis cum ostia, tum concavitates, quibus deorum quos colebant, simulacra imponebant. Apparebant itaque viles ejuscemodi statuæ Mercuriales, sed intra se deorum ornamenta continebant; studiosi itaque illarum **27** contemplatores, non tam statuis istis quadratis attendebant, quam interioribus simulacris. Per hæc itaque etiam divina veris negationibus celebranda sunt : etsi enim quid ejuscemodi dixeris, tamen juxta negantem theologiam, illud non est nu-

men. Et rursus hoc dicitur secundum affirmantem theologiam, sed non simpliciter ac vere, sed per affinitatem cum rebus terrenis ac diversimodis similitudinibus resonantiarum quodammodo rerum creaturum. Sicut enim resonantia est id quod post sonum, seu exilis quidam vocis sibilus, auditui inhæret ; sic etiam res creatæ sunt obscura quædam manifestatio divinæ superessentialitatis : siquidem non ex iis rebus quæ in ipsa, sed ex iis quæ ab ipsa sunt, species ejuscemodi imprimitur. Ultimæ autem resonantiæ seu species sunt nostræ, comparatione angelicarum : quoniam in rebus quoque nostratibus, proportione quadam, divinæ similitudines reperiuntur ; cum etiam in herbis ac metallis id quod prosit et vivificet inveniatur, atque in aliis alia divina mirabiliaque. Nihil itaque absurdi sit, cum etiam in Deo id fiat, si cœlestes quoque virtutes per ultimas et dissimiles similitudines exprimantur : nam et hoc forte dum nos perculit propter difformitatem fictionis, qua manifestabantur ea declarabantur, simul movit ad ejuscemodi inquisitionem, non sinendo mentem nostram iis, quibus describebantur, figuris, immorari, sed excitabat ad illas renuendas, incitabatque ut ab his, quæ apparebant, ad anagogas, sive sensus a terrenis abducentes, intenderemus.

Hæc de istiusmodi similitudinibus sint dicta. Recte autem illas angeliformes, non angelicas appellavit : non enim angelorum, sicut in se sunt, imagines depictæ sunt, sed efformationis rerum incorporearum quamdam speciem præ se ferunt. Cæterum jam definiendum et declarandum, quid porro ipsammet hierarchiam esse arbitremur ; quidve ab ea lucri capiant hierarchæ ex sacris cæremoniis mysteriisque. Utinam autem viam sternat Christus, si mihi fas sit dicere, meus, appropriando mihi quod commune est, qui universæ sacerdotalis institutionis est inspiratio traditioque ! Tu vero, fili (loquitur ad Timotheum), secundum legis nostræ traditionem (sancta enim sanctis), ipsemet, ut sancta decet, et non terrena ratione audi, in explicatione rerum divinarum divinus factus ; atque arcana mente quæ sancta sunt, a profanis viris abscondens, tanquam uniformia simpliciaque, **28** ut quæ verborum compositione atque involucris minime indigent, tuere. Observa autem, ut multitudini uniformitatem subjunxerit : res enim sanctæ unificant, profanæ vero distrahunt. Non enim æquum est, juxta sacra Evangelia, projicere porcis spiritualium margaritarum purum ab omni terrena commistione illustremque splendorem. Filium vero vocat apostolum Timotheum, vel quod annis esset provectior, vel quod ab eodem rogatus esset hæc edocere : siquidem illi magnas turbas facessebant Ionii philosophi. Vel etiam innocentiæ studiosus pueros vocabant, sicut quidam veteres historia tradiderunt, ipsum innocentiæ laude celebrem exstitisse.

[d] Malach. IV, 2. [e] II Petr. I, 19. [e*] Joan. VIII, 12. [f] Joan. I, 9. [f*] Joan. VII, 38. [g] Cant. I, 2. [g*] Osee XIII, 7. [h] Psal. XXI, 7.

CAPUT III.

Quid sit hierarchia, et quænam ejus utilitas.

SYNOPSIS CAPITIS.

I. *Definit hierarchiam, eamque trifariam dividit.* II. *Exponit quis sit finis sive scopus hierarchiæ, et qualis in ea sit subordinatio: et simul ostendit, perfectionem ejus consistere in Dei imitatione; ejusque functiones esse, expiare, illuminare, perficere.* III. *Explicat, quid incumbat tam iis qui expiantur, illuminantur, perficiuntur, quam illis qui expiant, illuminant atque perficiunt.*

§ I. Est hierarchia, meo quidem judicio, sacer ordo, et scientia, et actio quæ ad deiformitatem, quantum fas est, accedit, atque insitis sibi divinitus illustrationibus proportione quadam ad Dei subvehitur imitationem. Porro ea quæ Deum decet, pulchritudo, ut simplex, ut bona, ut origo perfectionis, nulli omnino est admista dissimilitudini, sed pro cujusque merito cuilibet lumen suum impertitur, et in sacramento divinissimo, ad immutabilitatis suæ speciem transformando consummat.

§ II. Scopus igitur hierarchiæ est, Dei, quanta fieri potest, assimilatio conjunctioque: quem cum habeat omnis sacræ et scientiæ et operationis ducem, ad divinissimum ejus decorem constanter intuendo, eumdem quoad potest exprimit, nec non divinos sui consortes sacra quædam perficit simulacra, speculaque clarissima et immaculata quæ primitivæ lucis summæque deitatis radium excipiant: cujus indito splendore sacro plena, denuo eumdem ex divinis legibus, in ea quæ sequuntur, sine invidia transfundant. Neque enim fas est sacris possessoribus, vel **29** initiatis, quidquam prorsus operari, quod sacri sui ordinis sacrosanctis constitutionibus repugnet; imo nec iisdem dissentire, si divinam ejus appetant claritatem, et ad illam sancte, uti decet, aspiciant, ac pro cujusque sacrarum mentium capacitate transformentur. Itaque qui hierarchiam nominat, quamdam omnino sacram designat dispositionem, Dei principalis pulchritudinis imaginem, ordinibus scientiisque sacroprincipalibus, illustrationis suæ mysteria celebrantem, atque proprio, quantum fas est, principio conformem. Etenim cujuslibet eorum qui sacrum ordinem sortiti sunt, in hoc sita perfectio est, ut ad divinam, pro captu quisque suo, promoveatur imitationem, quodque divinius est omnium, ipsius etiam Dei (ut Eloquia loquuntur) cooperator exsistat, divinamque in semetipso demonstret operationem, quoad potest, elucentem: quippe cum in hoc sit sacræ gubernationis ordo, ut aliqui purgentur, alii purgent; aliqui illuminentur, alii illuminent; quidam perficiantur, nonnulli vero perficiant; modo cuique suo divina congruet imitatio. Divina siquidem beatitudo, ut more hominum loquar, expers est omnis dissimilitudinis, ac plena lucis sempiternæ, perfecta, nullius indiga perfectionis, mundans, illuminans, consummans; quinimo potius ipsamet sacra mundatio, et illuminatio, et consummatio, supra mundationem, supra lucem, præperfecta, per se origo perfectionis, atque omnis quidem sacri ordinis causa, verumtamen ab omni re sacra per excellentiam excepta.

§ III. Oportet igitur, ut arbitror, eos qui purgantur, puros effici omnino, atque omni dissimilitudinis commistione liberari; eos vero qui illuminantur divino lumine repleri, ad contemplativum statum atque virtutem castissimis mentis oculis evehendos; denique eos qui perficiuntur, ab imperfectione translatos, illorum quæ contuiti sunt, sacrorum perfectivæ scientiæ participes exsistere. Expiatores porro decet præstantia mundationis alios participes reddere propriæ puritatis; illuminatores autem, ut qui sunt mentes perspicaciores cum ad percipiendum tum ad transfundendum rite lumen idoneos, nec non luculenter sacro fulgore plenos, exundantem undique lucem in ea dignos derivare; denique perfectores, ceu perficientis disciplinæ peritissimos, perficere illos qui perficiendi sunt, sacratissima doctrina scientiæ **30** rerum sacrarum quas inspexerunt. Quilibet igitur hierarchiæ distinctionis ordo, pro modulo quisque suo ad divinam adducitur cooperationem, ea per Dei gratiam virtutemque perficiens, quæ summæ Deitati naturaliter, supraque naturam insunt, et ab eadem superessentialiter acta, nec non ad possibilem Dei amicarum mentium imitationem hierarchiæ sunt declarata.

ADNOTATIONES CORDERII.

Ubi generatim ostendit rationem, qua nobis in cœlestium spiritualiumque rerum cognitionem deveniendum sit, ad hierarchiæ transit explicationem.

§ I. Ac primum quidem, quid ipsa sit definit, dicens: Ἔστι μὲν ἱεραρχία, *est quidem hierarchia*, etc., eamque distribuit in ordinem, scientiam et actionem; in ordine officium, in scientia discretionem, in actione ministerium designans; quibus tribus quasi partibus, omnis tam angelica quam nostra hierarchia seu gubernandi ratio continetur. Nam, ut recte Hugo ad hunc locum, sine ordine, præsumptio est actio; sine actione negligentia est ordo; sine scientia vero, et actio reprehensibilis, et ordo inutilis. Τάξις autem, seu ordo, hic idem est quod ἐξουσία seu potestas, de qua Paulus ad Rom. xiii, 1: *Omnis anima potestatibus sublimioribus subdita sit: non est enim potestas, nisi a Deo; quæ autem potestates sunt, a Deo ordinatæ sunt.* Ubi duo dicit Apostolus: primo, potestates esse a Deo; secundo, eas carere confusione, et esse apto ordine distributas et subordinatas a Deo vel sub Deo. Prima itaque hierarchia est potestas Divinitatis, quæ dicitur ταξαρχία; secunda et media est angelica, et dicitur διακόσμησις, id est, *adornatio*, ad similitudinem primæ potestatis facta, et sub prima potestate constituta; tertia et ultima est humana, ad similitudinem angelicæ facta, et sub ea constituta, et per eam sub prima et suprema. Hisce hierarchiis totus mundus gubernatur. Prima igitur secundam et tertiam hierarchiam post se constituit in angelis et hominibus, ut ei conformes essent participatione virtutis, et cooperatrices consortio potestatis: et divisit dona virtutum, et secundum divisiones donorum, distribuit officia potestatum; et dedit dona plurima, et multas potestates constituit, et omnia dona de uno, et omnia ad unum, et in uno juxta illud: *Divisiones gratiarum sunt, idem autem Spiritus: et divisiones ministrationum sunt, idem autem Dominus: et divisiones operationum sunt, idem vero Deus, qui operatur omnia in omnibus* [i]. Nam ex ipso, et per ipsum, et in ipso, et ad ipsum sunt omnia [k].

Est hierarchia sacer ordo, etc. Quærit sanctus Thomas in II *Sent.*, dist. 9, a. 1, utrum hæc definitio, data a Dionysio, sit conveniens. Respondet: cum hierarchia significet sacrum quemdam principatum, in omni autem principatu requiratur gradus potestatis et finis, in sacro principatu oportere hujusmodi sacra esse et divina. Et ideo sicut in sæculari principatu finis est, ut subjecta multitudo pacifice disponatur ad bonum a principe intentum (sicut patet in exercitu, qui, secundum Philosophum, ordinatur ad bonum ducis, sicut ad ultimum finem [l]): ita oportet in sacro principatu finem esse assimilationem ad Deum. Hunc autem finem non possunt angeli consequi, nisi per ordinatam actionem, ad quam exigitur ordinata potestas, et scientia dirigens; et ideo in definitione hierarchiæ ponitur *ordo*, in quo exprimitur gradus potestatis; *et scientia*, sicut dirigens; *et actio*, sicut ad finem inducens, *et Dei similitudo*, sicut finis intentus. Cum autem finis sit causa causarum, ideo definitio quæ sumitur ex fine, formalior est inter omnes definitiones, et medium demonstrans eas; et ideo illa descriptio, *hierarchia est ad Deum unius et similitudo*, est quasi definitio, quæ est medium demonstrationis: hæc autem, *hierarchia est ordo, et scientia, et actio*, si nihil addatur, est quasi demonstrationis conclusio, quia includit essentialia principia hierarchiæ: unde Dionysius eam ex prædicta concludit: sed illa, quæ posita est hic initio capitis, perfecta est, quia comprehendit utramque, unde est quasi demonstratio positione differens.

31 Notandum autem, quod *ordo* dupliciter sumi possit, videlicet, vel secundum quod nominat unum gradum tantum, sicut v. g., qui sunt unius gradus, dicuntur unius ordinis; et sic ordo est pars hierarchiæ: vel secundum quod dicit relationem quæ est inter diversos gradus, ut idem sit quod ipsa ordinatio; et sic sumitur quasi abstracte: atque hoc modo ponitur in definitione hierarchiæ; primo autem modo sumitur concretive, ut sit ordo idem quod unus gradus ordinatus.

§ II. Assignat scopum hierarchiæ, qui est Dei, quoad fieri potest, assimilatio, non solum in virtute, verum etiam in gubernandi potestate. Siquidem dignum erat, inquit Hugo, ut illa creatura divinæ particeps exsistat potestatis in dispositione sua, quæ in sua conditione similitudinis participationem acceperat; ut quæ ad similitudinem Conditoris sui facta fuerat, sola in sua ordinatione imaginem retineret illius. Neque tamen particeps potestatis esse potuisset, nisi prius per gratiam consors fieret virtutis: neque cum illo posset quod ipse potest, nisi prius ex illo esse mereretur quod ipse est. Omnipotens ergo Conditor non extranea usurpatione neque perfunctoria appellatione gubernator a se factorum; sed insita sibi virtute, et bonitate inolita cuncta fovens ac nutriens, regens et disponens universa, sub se dominantibus bonitatem et virtutem, secundum mensuram participationis, et ministerii rationem, per ordines et gradus multifariam dispensavit. Quare bene monet Dionysius maximam in hierarchia subordinationem servandam esse, cavendumque, ne quis supra gradum et ordinem suum quidquam attentet; sed cuilibet in gradu ordineque suo conandum, ut in se et aliis divinam promoveat imitationem, Deique cum explendo, tum illuminando, tum perficiendo, cooperator exsistat. Atque istæ sunt distributiones luminum, descendentes in omnia, quibus ipsa participare datum est a Patre luminum (quem hic τελεταρχίαν et αὐτοτελεταρχίαν, id est originem perfectionis, et per se originem perfectionis, vocat) ut luceant et illuminent; subjecta quidem in eo quod lucent, et in eo quod illuminant, prælata.

Ut aliqui purgentur, alii purgent, etc. Occasione hujus loci disputat sanctus Thomas in II *Sentent.*, distinct. 9, quæst. 1, art. 2, utrum unus angelus alium purget. Ubi sciendum quod purgatio, quæ est in angelis, non sit ab immunditia, sed (ut § 3 dicitur) a dissimilitudinis commistione seu confusione, vel a nescientia, quod in idem recidit. Confusio enim intellectus est ex eo quod sit in potentia respectu plurium, in quo dissimilis est a primo intellectu, scilicet divino, cui nulla possibilitas admiscetur. Per lumen ergo receptum a Deo mediante superiore angelo, liberatur intellectus angeli inferioris ab hac dissimilitudinis confusione, in quantum terminatur ad unum, cui tanto fortius inhæret, quanto magis efficax est in medium cognitionis. Sicut patet in eo, qui nescit quam partem contradictionis eligat, et invento medio probabili, magis ad unam trahitur: sed addito medio demonstrativo, firmatur in illo. Dicendum ergo cum divo Thoma supra citato, quod actio non possit esse nisi secundum exigentiam rei cujus est actio: cum autem hierarchiæ perficiatur in scientia, ut ex definitione patet, oportet ut actio hierarchica in transfusione scientiæ consistat. Unde divus Dionysius, cap. 7, dicit quod purgatio, illuminatio et perfectio, sit divinæ scientiæ assumptio. Ad scientiæ autem acquisitionem concurrunt duo, scilicet expulsio contrarii seu privationis, et consummatio ejus, sicut fit etiam in acquisitione cujuslibet formæ. Quantum ergo ad remotionem privationis, est purgatio; quantum ad influentiam luminis, est illuminatio; et quantum ad cognitionem consequentem, in quam dirigit lumen, sicut in ultimum terminum, est perfectio. Vide plura apud S. Thomam supra citatum, et in prima parte, q. 108, ubi de angelicis illuminationibus luse disputat. Item in *Quæstionibus disputatis*, quæst. 9, *De cognitione angelorum*, artic. 1, 2, 3, quæ habentur tomo VIII Operum ipsius.

§ III. Exponit, quid sit muneris tam eorum, qui expiantur, illuminantur, perficiuntur, quam eorum qui expiant, illuminant, perficiunt: quæ omnia per lumen fiunt. Atque hæc est hierarchia, quam summus Hierarcha secundum se formavit, et sub se constituit dominari et præesse in operibus suis, secundum ordines consignatos sub uno principio, et potestate una: a qua omnis potestas, et omnis virtus, et omnis lux spiritualiter lucens, et illuminans omnia spiritualiter lucentia. Atque hæc est, inquit Hugo, creaturæ rationalis celsitudo et sublimitas et dignitas admirabilis, quod dominari meruit in operibus factoris sui, accepta virtute ab ipso, et tenens potestatem cum ipso. Quæ virtus, quoniam secundum mensuram largitionis et participationis varie multipliciterque, ad decorem et pulchritudinem eorum quæ Sapientia ornavit ope-

[i] 1 Cor. xii, 4.   [k] Rom. ix, 56.   [l] 12 Metaphys. text. 2.

rum, ab una virtute et potestate una distribuitur, multæ virtutes et potestates multæ efficiuntur. Sed ne rursum multitudo schisma generet ac divisionem, et adversum se pugnet orbis dominatione contraria, unum principium est, et moderator unus omnium, a quo habent quod sunt, et sub quo moderantur quod possunt, et referunt ad ipsum omne quod efficiunt; ut unitas maneat in omnibus, et pax perseveret in regno cuncta creantis et regentis omnia Dei.

32 PARAPHRASIS PACHYMERÆ.

§ I. In hoc capite hierarchiam definit, et quæ hujus utilitas sit ostendit. Est igitur, inquit, hierarchia, mea sententia, sacer ordo, atque scientia, et operatio. Est etenim ordo etiam naturalis numeri, ut primum et secundum. Est etiam ordo ex instituto, qui partim quidem corporale quid spectat, ut regiæ dignitates; partim vero quid sacrum, ut sacerdotales constitutiones: quem ordinem quoque scientiam nominat et operationem. Nisi enim ferrum jam habitudine ignitum sit, nequaquam sane id, cui applicatur, aduret: sic etiam sacerdos sive hierarcha, nisi habitu superno fuerit illuminatus, nequaquam lumen aliis afflabit. Cum enim illuminans ad illuminatum referatur, et initians ad initiatum, et docens ad eum qui docetur; idcirco hierarchia non solum scientia, sed et operatio appellatur, ut secundum habitum suum operetur in aliis illuminationem. Quapropter etiam ad deformitatem refertur: nam secundum inditas sibi illustrationes, pro capto suo ad Dei imitationem adducitur, dum extraneos divinæ lucis participes reddit. Quoniam ergo hierarchia quamdam Dei formam exprimit, quomodo id fiat pandit. Illa quæ Deum decet pulchritudo ac venustas, ab omni terrena dissimilitudine remota est; nullam enim cum rebus genitis participationem habet: tum quoniam simplex est, hæc vero omnia composita ex elementis, vel materia et figura constant; tum quia bona est, imo ipsum bonum : bonum autem omnia appetunt, sed bonum non appetit aliud a se : Numen itaque divinum indeficiens est, sed creaturæ sunt egenæ; tum etiam, quia pulchritudo illa principium est perfectionis, quippe auctrix et origo ejus: omne autem mysterium perfectio est, in quantum animam perficit; at creaturæ non tantum non dant initium talis perfectionis, sed illæ ipsæ sunt quæ perficiuntur. Idcirco divina pulchritudo nequaquam iis est permista; quoniam est ipsamet uniformitas, et æqualitas, et identitas, quinimo una est et unifica, utpote simplex et impermista atque incomposita: quod vero difforme est et inæquale, atque alterum, et parvum, et mutabile, id etiam materiatum est. Quod itaque unum est, impermistum est multitudini; non tamen ita, ut non pro dignitate cuique lumen suum communicet; idcirco enim etiam dicitur Deus appropinquans, ut qui natura sua procul absit a nobis. Quin et in divinissimo cum baptismatis 33 tum sacerdotii sacramento perfectionem tribuit, qua eorum qui initiantur anima, immanenti stabilique sanctitate informetur atque exornetur. Si enim id quod alicujus particeps exsistit, differat varietve ab eo quod participat, nunquam illi concordabit. Quapropter insurgentes omnes motus corporis animique inæqualitates abradendæ, atque in unica simplicitate, seu æqualitate animi persistendum est ei qui ad Dei consortium est admittendus. Atque hæc est illa Dei imitatio ad quam hierarchia pro viribus nititur, quoniam et ipsa sui studiosos lucis suæ participes reddit.

§ II. Hinc hierarchiæ utilitatem finemque cognosces assimilationem esse unionemque cum Deo, quem et scientiæ et functionis suæ ducem habet; ut nimirum particeps fiat illuminationum, dum scopus ejus ad divinissimum decorem, tanquam ad primigenium exemplar, spectat, et secundum ipsum similitudinum divinarum simulacra format, nec non divinas exprimit imagines, juxta illud : *Ego dixi : Dii estis, et filii Excelsi omnes* [m]. Atque immaculata specula reddit eos, qui ad divina convertuntur : hos autem θιασώτας, id est *sodales* vocat; θίασος enim idem quod *chorus*. Idcirco etiam dixit, eam Deum scientiæ ac functionis suæ ducem obtinere: quoniam ab ipso totum est, et non ex nostris meritis. Etenim hoc in nostris artibus ac scientiis nequaquam locum habet: nam scientiarum quidam præceptores habemus, sed non operationum, quarum ipsemet naturæ motus quasi dux exsistit, et auctor: in divina vero hierarchia, et scientia et operatio a Deo est. Specula siquidem illuminationes recipiunt, sed per reflexionem ad exteriora remittunt : idem in divinis sanctionibus videre licet, dum summus sacerdos ab ipsamet hierarchia illustrationem acceptam in presbyteros ac diaconos trajicit; qui, luce pleni, in cæteros eamdem transfundunt; nam id quod minus est a majori benedicitur. Neque enim fas est iis qui sacris initiati sunt, quidquam contra sacras ordinationes agere; verbi gratia, diacono sacrificare, vel presbytero confirmare. Observa enim in *Actis apostolorum*, quomodo Philippus non det Spiritum sanctum. Sed neque aliter iis asserit suppetere sanctificationes, quam juxta primitus traditam sanctorum apostolorum ordinationem; si modo sacri splendoris ambiant participationem, qua juxta cœlestium virtutum ordinem transformentur: nam et ibi est primum ac 34 secundum, et Deo proximum, et remotum, ita ut ille ordo complectatur tam cœlestia quam terrestria. Itaque qui hierarchiam nominat, nihil dicit aliud quam quæ dicta

---

[m] Psal. LXXXI, 6.

sunt superius, scilicet ejus definitionem ac finem, id est finem ultimum, qui et ipse, ceu pars, ad definitionem spectat; sicut, verbi gratia, si definias patellam esse vas aliquod ad cibos ministrandos accommodatum ; qui finis ejus est. Instar unius itaque conjungit, quæ sit hierarchia, et quænam ejus utilitas; aitque illum qui hoc dicit, nihil aliud dicere quam sacrum ordinem. Demum concludendo dixit, tam cœlestem quam nostram hanc divinæ pulchritudinis ac sanctitatis imaginem referre : nam et hæc secundum ordines lucem suam distribuit; siquidem pro differentia præstantiaque ordinum etiam sciendi facultas accommodari debet; nam alius est ordo sacerdotis, alius episcopi, alius diaconi ; et hierarchicis scientiis, videlicet exorcismis, expiationibus, initiationibus illustrationis mysteria sacrosancte peragunt. Atque hactenus habes quid sit ordo, scientia et operatio; reliquus est scopus, quo Deo, a quo bonum omne dimanat, assimilatur, et hic est hierarchia. Siquidem est cuilibet eorum qui consecrantur ista perfectio, ut pro captu suo ad divinam imitationem adducatur, et quod est maximum, ut Dei cooperator exsistat, juxta magnum Apostolum ; quoniam is qui initiatur, per preces illuminatorias illam, quæ ex Deo est, accipit illustrationem, et in semetipso divinæ participationis vim, id est opera divina, demonstrare debet; partim docendo, partim initiando, et similia pro virili exercendo erga illos qui instituendi sunt; illa enim sunt opera Dei. Deinde exponit etiam sigillatim ordinem initiantium et initiatorum. Siquidem illi expiant, hi vero expiantur, per institutionem videlicet diaconorum, utpote adhuc obnoxii passionibus. Atque alii quidem illuminant, alii vero illuminantur, per preces scilicet presbyterorum, utpote passionibus suis jam superiores. Atque alii item consecrant, et alii consecrantur, seu quodammodo deificantur per antistitum unctionem cæterasque sacras consecrationes, utpote jam passionum vacuitatem assecuti. Cuilibet itaque illorum qui nimirum sacris operantur, divina competit imitatio; quoniam et ipsemet Deus noster docendi munus obit : id quod patet ex Veteri Testamento, cum ait : *Audi, Israel: Dominus Deus tuus, Dominus unus est* n ; **35** et ex Novo seu Evangelio, ubi illuminat, juxta illud : *Ego lux in mundum veni* o ; et deificat, juxta illud : *Ego dixi : Dii estis* p. Illic nempe modus est quo isti divinam imitantur beatitudinem, quæ non solum purgat, et illuminat, atque consummat (quæ ipsa operationes sunt; atque etiam operationes pontificum per participationem), sed etiam ipsamet est expiatio, et illustratio, et consecratio ; atque insuper quoque causa omnis hierarchiæ, et ab omni re sacra incomparabiliter exempta est.

§ III. Deinde tradit, quænam competant his qui sacra suspiciunt, atque item quæ conveniant iis qui sacra tradunt. Ac primum quidem, quoad initiandos attinet, oportet eos, qui expiantur per emundationem, ab omni inæqualitatis macula liberari; ad hoc enim est expiatio, juxta illud : *Lavabis me, et super nivem dealbabor* q ; eos autem qui illuminantur, non ex parte illuminari, sed impleri lumine, et in puris mentis oculis ad præstantiorem adduci contemplationem; ejuscemodi enim est illuminatio, juxta illud : *Illumina oculos* r, et : *Revela oculos meos, et considerabo mirabilia tua* s ; eos autem qui consecrantur, ex imperfectis perfectos evadere, atque perficientis sacræque scientiæ participes ac spectatores exsistere : siquidem id in omni scientia perfectionis est, ad eorum quæ cernuntur participationem inspectionemque pervenire et in nullo deficere, juxta illud : *Estote perfecti, sicut et Pater vester cœlestis* t. Tradit deinde quæ concernunt eos qui sacra conferunt. Utique oportet eos, quibus expiandi munus incumbit, non tam exigua tenuique puritate instructos esse, ut propter penuriam puritatis, ex immundorum accessu inquinentur, et immunditiam potius contrahant quam expellant : sed affluentia quadam puritatis abundare, ita ut et aliis eamdem communicare valeant. Eos autem, qui illuminandi munere funguntur, oportet cum ad divini luminis exceptionem, tum ad ejusdem similiter transfusionem comparatos esse, et vitrorum naturam penitus æmulari , ut, illustri splendore pleni, lumen in eos qui illo digni fuerint transfundant. Eos vero, qui consecrandi munus obeunt , nequaquam decet imperite , sed prudenter illos , qui consecrandi sunt, tanti boni communicatione initiare in institutione et cognitione mysteriorum quæ conspexerunt : siquidem inspectio eorum neque expiantibus neque illuminantibus competit, sed consecrantibus. Nam alia ista sunt primordialia, et foris peraguntur ; **36** at inspectio mysteriorum perfectis et perficientibus congruit, juxta illud sponsæ in Canticis ad Sponsum dicentis : *Ostende mihi faciem, sonet vox tua in auribus meis* u. Porro quilibet ordo sacer juxta gradum suum (nam alius est presbyteri, et alius diaconi) adducitur ad divinam cooperationem cum divina gratia virtuteque peragendo illa, quæ naturæ suæ sanctæ supernaturaliter et inconceptibiliter insunt, et ab ea incomprehensibili ratione fiunt, expiationem, inquam, illuminationem, sanctificationem, deificationem, quæ ad imitationem hierarchiæ angelorum Deo charissimorum, iisque mediantibus, ab ipsamet divina beatitudine nobis exhibentur.

---

n Deut. vi, 4. o Joan. xii, 46. p Psal. lxxxi, 6. q Psal. l, 9. r Psal. xii, 4. s Psal. cxviii, 18. t Matth. v, 48. u Cant. ii, 14.

CAPUT IV.

Quid angelorum nomen significet.

SYNOPSIS CAPITIS.

I. *Docet, Deum sua bonitate se creaturis suis communicasse, et creaturas omnes Dei participes exsistere.* II. *Angelos tamen cæteris excellentius Deum participare, et simul exponit, unde Angeli nomen acceperint, et quomodo per eos divina nobis revelentur.* III. *Declarat, Deum, ut in se est, nulli unquam apparuisse, sed tantum sub creata similitudine quæ θεοφάνεια dicebatur; et simul docet quomodo inferiores per superiores ad Deum adducantur, et quælibet Hierarchia primos, medios et extremos ordines habeat.* IV. *Ostendit mysterium Incarnationis ab angelis primum annuntiatum, et ipsum Christo in hac vita degenti multa per angelos revelata fuisse.*

§ I. Cum ipsamet hierarchia quid sit, a nobis recte, ut opinor, definita sit; jam angelica hierarchia superest celebranda: cujus etiam sacræ in eloquiis efformationes, supermundanis oculis contuendæ, ut ad quam maxime deiformem earum simplicitatem per mysticas effictiones subvehamur; nec non omnis hierarchicæ scientiæ principium, ea qua Deum decet veneratione, ac sacrosanctis gratiarum actionibus celebremus. Primum omnium id dictu verum, superessentialem deitatem per bonitatem cunctas rerum essentias subsistere faciendo, in lucem produxisse; est enim hoc omnium causæ supremæque bonitati proprium, ut ad sui communionem res vocet, prout cujusque captus modusque postulat. Quare res omnes participant providentiam, a Deitate superessentiali omniumque causa promanantem: neque enim essent, nisi rerum essentiæ principiique participes exsisterent. Cuncta igitur inanimata, hoc ipso quod sunt, ipsam participant; nam esse omnium, est ea quæ illud esse superat Divinitas: verum res viventes, ejusdem supra omnem vitam 37 vivificæ virtutis sunt consortes; at quæ ratione spirituque pollent, super ejus omnem rationem et intelligentiam per se perfectæ ac præperfectæ sapientiæ compotes exsistunt. Liquet igitur, naturas istas esse proximas Divinitati, quæ multipliciter illam participarunt.

§ II. Quapropter sanctæ coelestium essentiarum dispositiones, rebus iis quæ solummodo exsistunt, et sine usu rationis vivunt, humanave utuntur ratione, divini principatus munere ac participatione antecellunt. Cum enim se ad imitandum Deum intellectualiter componant, atque Dei principalem similitudinem supermundialiter contemplantes, ad eamdem speciem suam cupiant efformare; jure merito uberiore gaudent ejus participatione, quod sint assiduæ, ac semper ad anteriora, quantum fas est, divini nunquam fatiscentis amoris contentione extendantur, et primordiales illustrationes immaterialiter liquidoque suscipiant, atque ad eas componantur, vitamque omnem habeant spiritualem. Itæ igitur sunt, quæ primario et multipliciter Deum participant, et imprimis ac multis modis arcanum Dei manifestant; quamobrem præ cæteris omnibus per excellentiam angelicum cognomen meruerunt, quia ipsæ primum a Deo illuminantur, et per ipsas nobis nostræ revelationes transmittuntur. Sic igitur lex, ut divinus Sermo testatur, per angelos nobis data est [v]: et illos celebres ante legem, et post legem patres nostros, angeli ad Deum adducebant [x], aut quod agendum erat exponentes, et ab errore et vita profana ad rectam viam veritatis traducentes; aut manifestantes sacros ordines, aut mysteriorum, quæ supra mundum sunt, abditas visiones, aut divinas quasdam prædictiones, tanquam nuntii et ministri explanantes [y].

§ III. Si quis vero dicat, quibusdam sanctis immediate Deum ex se apparuisse, discat etiam hoc aperte ex Scripturis sacris, ipsum illud, quod Dei est occultum, neminem vidisse [z], neque visurum esse, sed apparuisse sanctis Deum, ostendentem se, ut eum decebat, per visa quædam sacra, et iis, qui ea videbant, congruentia [a]. Sermo autem divinus, omni plenus sapientia, visum illud quod divinam similitudinem in illo ipso viso figuram, tanquam in figura eorum quæ figurari nequeunt, ostendebat, ab intuentium ad Deum adductione, jure merito Theophaniam seu Dei apparitionem vocat; 38 utpote quæ divinam illuminationem videntibus immittat, et aliquid de divinis eos sacre doceat. His divinis visis præclari illi patres nostri ministerio angelorum initiabantur. Annon etiam sacram illam legislationem ab ipso Deo fuisse Moysi traditam [b], divina Scripta tradiderunt? ut vere nos docerent, divinæ eam esse ac legis sacrosanctæ delineationem [c]. Quinimo sapienter etiam theologia docet, eam per angelos ad nos dimanasse, quasi id ordo divinæ legis sanxerit, ut per superiora, ista quæ inferiora sunt, ad divinum Numen adducantur. Etenim non solum superioribus inferioribusque mentibus, verum etiam æqualibus, seu coordinatis, a supersubstantiali rerum omnium primordiali ordine lex ista constituta est, ut per singulas hierarchias primi essent, ac medii novissimique ordines ac virtutes, inferioribusque diviniores mystæ essent, ac manuductores ad divinum accessum, et illustrationem atque communionem.

§ IV. Divinum etiam humanitatis Jesu mysterium

---

[v] Gal. III 19. [x] Act. VII, 53. [y] Matth. II, 13; Act. XI, 15; Dan. VII, 10; Isa. X. [z] I Joan. IV, 12. [a] Gen. III, 8; XVIII, 1. [b] Num. IX. [c] Act. VII; Galat. III.

angelis primum patefactum esse video, per quos deinde ad nos quoque cognitionis ejus gratia pervenit. Ita divinissimus ille Gabriel Zachariam quidem pontificem docuit, quod puer ex ipso præter spem divina gratia nasciturus, propheta foret humanæ divinæque Jesu dispensationis benigne simul ac salubriter mundo apparituræ [d] : Mariam vero erudivit, quo modo in ipsa divinum illud ineffabilis Deiformationis mysterium consummaretur. Alius quoque angelus Josephum docuit, vere adimpleta esse, quæ progenitori ejus David divinitus promissa fuerant. Alius item pastoribus, quippe jam solitudinis recessu ac tranquillitate purgatis, evangelizavit ; cumque illo cœlestis exercitus multitudo, celeberrimum istum collaudationis hymnum terrigenis tradidit [e]. Quinimo ad sublimissimas illas eloquiorum illustrationes mentis obtutum erigamus ; animadverto enim, ipsummet Jesum (qui est natu-

A rarum supra cœlestium supra naturam auctor) ubi ad naturam nostram sine sui immutatione descendit, eum quem ordinaverat elegeratque humanitatis ordinem nequaquam refugere, quin potius obedienter se submittere formis a Deo Patre per angelos effectis ; quorum ministerio, a Patre disposita filii in Ægyptum recessio ; necnon ejusdem ex Ægypto in Judæam reductio, Josepho nuntiabatur [f]. Quin et per angelos ipsum cernimus paternis legibus **39** subjectum : omitto enim dicere, utpote scienti, quæ sacrosanctis nostris traditionibus expressa sunt de angelo quoque Jesum confirmante [g] ; et ut ipsemet Jesus, pro salutari nostra emendatione, in spirituum manifestatoriorum ordinem

B redactus, *magni consilii Angelus* fuerit appellatus [h] : etenim, ut ipse pro nuntii munere dicit, quæcunque audivit a Patre, nota fecit nobis.

ADNOTATIONES CORDERII.

§ I. Definita hierarchia in communi, transit ad angelicam celebrandam, secundum figuras in Scripturis expressas. Ac primum quidem angelos cæteris creaturis antecellere, ex eo probat, quod magis Deum participant. Cum enim Deus vocet omnia ad sui communionem, illa fiunt eidem vocanti propinquiora, quæcunque pluribus modis participant, non solum simpliciter substantiam ejus et vitam, sed etiam rationem et sapientiam, et alia ejus charismata spiritalia secundum proportionem supremarum etiam mentium : illæ enim quæ magis cognitionem et sapientiam participant, magis Deo appropinquant ; tales autem sunt ordines angelici ; quia, ut ait sanctus Maximus, eorum substantiæ sunt νοῦς ζῶν, id est, *mens vivens*. Angelus enim, secundum Damas enum h', est substantia intellectualis, semper mobilis, arbitrio libera, incorporea, Deo ministrans, immortalis. *Substantia* ponitur in hac definitione pro genere, et ponitur ad differentiam accidentis. Intelligitur etiam hic substantia qualitercunque composita, scilicet ex eo quod est, et eo quo est. *Intellectualis* dicitur potius quam rationalis ; quia ratio est virtus collativa causæ et causati, et ideo composita : intellectus vero ex sua ratione non habet compositionem et collationem, sed est sine inquisitione et compositione, et ideo competit naturæ magis simplici pro differentia, ut est angelus ; ratio autem est differentia naturæ minus simplicis, scilicet hominis. *Semper mobilis*, non dico de loco ad locum ; sed mobilitas dicit hic triplicem vertibilitatem in angelo, scilicet naturæ, intelligentiæ et voluntatis. Mobilitatem enim habet naturæ ; quia omne creatum vertibile est in nihilum, nisi manu omnipotentiæ divinæ contineatur. Similiter angelus habet mobilitatem intelligentiæ ; quia, licet in angelo non sit vicissitudo intelligentiæ quoad scita in Verbo, cum deiformem habeat intellectum, secundum Dionysium [i] : potest tamen in eo, quoad cognitionem rerum, in propria natura esse vicissitudo intelligentiæ quoad discenda. Et hoc est quod dicit sanctus Augustinus, quod omne creatum habens intellectum, intelligit unum post aliud. Item in voluntate mobilis est angelus, quia non simul vult hoc et illud. Item potest dici semper mobilis ; motu dilectionis. *Arbitrio libera*. Hoc non dicitur propter deflexionem ad bonum indifferenter et ad malum, sed propter liberam electionem eorum quæ voluerit. Unde angelus bonus semper eligit libere bonum, et angelus malus libere et sine coactione eligit malum. *Incorporea*. Quia spiritus est naturæ corporeæ expers. *Deo ministrans*. Ministerium ponitur hic pro quocunque obsequio : et secundum hunc modum, tam assistentes, quam ministrantes, quam etiam dæmones ministrant. *Immortalis*. Quia caret materia et forma, e quarum resolutione mors sequitur. Angeli, secundum Isidorum, sunt spiritus, natura quidem mutabiles conditi, sed contemplatione immutabiles facti, animo impassibiles, mente rationales, felicitate securi : jussi mundum regunt, missi corpora aerea sumunt, in cœlestibus commorantur. De iisdem S. Bernardus ait : Investigemus investigabilia, et primo spiritus esse potentes, gloriosos, beatos, distinctos in personas, dispositos in dignitates, ab initio stantes in ordine suo, immortalitate perpetuos, mente puros, affectu benignos, religione pios, unanimitate individuos, pace securos, divinis laudibus et obsequiis deditos. Item in angelis est dignitas creationis, gratia confirmationis, amor Creatoris, visio Divinitatis. Est etiam in angelis, ut superius dictum est, essentiæ subtilitas, intelligentiæ perspicacitas, liberi arbitrii facultas, agilitatis velocitas. Prompte omnes obediunt. Majores sine elatione præsunt, minores sine vitio subsunt : qui ad exteriora exeunt, ab interiori contemplatione non recedunt : omnem **40** virtutem inferiorum superiores participant, non econtra. Qui excellunt in natura, præcellunt in gratia et in gloria. In eodem ordine creduntur etiam alii aliis esse digniores. Duplicem habent visionem, scilicet matutinam et vespertinam. Illuminationes quas a superioribus recipiunt, aliis tribuunt.

§ II. Dicit eos angelos vocari, quia nimirum annuntiant, et quoad fieri potest, *occultum Dei manifestant* : et ostendit, visiones ac Dei apparitiones, semper mediantibus angelis, repræsentari solere. Per ipsos enim data lex, Galat. III : *Lex ordinata per angelos in manu mediatoris* ; et Actorum VII : *Qui accepistis legem in dispositione angelorum*. Et ante legem Abraham, et Manoe, et reliquos ; et post legem Joseph, et Petrum, et alios deinceps ad voluntatem Dei faciendam adduxerunt angeli, Matthæi II e. Actorum XI, et quid agendum erat nuntiarunt, ut Jesu Nave, Gedeoni, et aliis : et ab errore abduxerunt Cornelium, Actorum XI, et alios. Et *sacros ordines* manifestant, ut Daniel c. VII ; decies centena millia

[d] Luc. I, 13. [e] Ibid. [f] Matth. II. [g] Luc. XXII, 43. [h] Isa. IX, 6 in Septuag. [h'] Lib. II, c. 3. [i] Cœlest. hierarch. cap. 13.

ante conspectum Dei astantia vidit Ezechiel cherubinos, c. x : Isaias Seraphinos, c. vi. Item *mysteriorum visiones*, ut Exodi iii, in Moyse et rubo; et in Paulo rapto, II Cor. xii, et in Apocalypsi Joannis. Aut *divinas prædictiones*, ut in Manoe, et aliis.

Multis modis arcanum Dei manifestant. Pulchram ratione hujus loci quæstionem movet D. Thomas in *Quæst. disput*, quæst. 11, artic. 3, utrum homo ab angelo doceri possit. Et resolvit quod angelos circa hominem dupliciter operetur, scilicet uno modo, nostro, ut quando homini sensibiliter apparet, vel corpus assumendo, vel quocunque alio modo, et eum per locutionem sensibilem instruit, et sic non aliter angelus quam homo docet. Alio modo sibi proprio, scilicet invisibiliter, et sic cum angelus sit medius inter Deum et hominem, medius quoque docendi modus illi competit, inferior quidem Deo, sed superior homine. Ad cujus evidentiam sciendum est inter intellectum et corporalem visum hanc esse differentiam, quod visui corporali omnia ejus objecta æque cognita sint obvia, intellectui autem non; sed quædam statim conspicere potest, quædam vero non, nisi ex aliis principiis inspectis. Sic igitur homo ignotorum cognitionem accipit per lumen intellectuale, et per primas conceptiones per se notas, quæ ad lumen intellectus agentis comparantur, sicut instrumenta ad artificem.

Quantum ad utrumque, Deus hominis scientiæ causa est modo excellentissimo, quia et ipsam animam intellectuali lumine insignivit, et primorum principiorum notitiam illi impressit, quæ sunt quasi quædam seminaria scientiarum, sicut et aliis rebus naturalibus, producendorum omnium effectuum seminales indidit rationes. Homo autem cum natura sua alteri homini par sit in specie luminis intellectualis, nequit alteri esse causa scientiæ, lumen illi instillando vel augendo, sed tantum quatenus scientia ignotorum per principia per se nota causatur, alteri quodammodo sciendi causa exsistit, non quasi notitiam principiorum tradens, sed sicut id quod in principiis implicite et quodammodo in potentia continebatur, per signa quædam sensilia exteriori sensui ostensa, in actum reducens. Angelus vero cum a natura habeat lumen intellectuale perfectius homine, ex utraque parte potest illi esse causa sciendi, modo tamen inferiori quam Deus, et superiori quam homo. Siquidem ex parte luminis, licet illud non possit infundere ut Deus, potest tamen illud jam infusum confortare, ad perfectius cognoscendum. Ex parte etiam principiorum potest hominem docere, non quidem ipsorum principiorum notitiam tradendo uti Deus facit, neque ex principiis deductionem conclusionum sub signis sensibilibus proponendo, sed in imaginatione species aliquas formando, quæ ex corporalis organi commotione formari possunt, prout patet in dormientibus et mente captis, qui pro diversitate phantasmatum ad caput ascendentium, diversa phantasmata patiuntur. Et hoc modo alterius speciei commistione fieri potest, ut ea quæ ipse angelus scit, per imagines hujusmodi, ei cui admiscetur, ostendat, uti divus Augustinus ait cap. xii *super Genesim ad litteram.* Unde dicendum, quod angelus docet quidem interius si cum homine comparetur, qui tantum sensibus exterioribus doctrinam proponit, sed si cum Deo conferatur, qui menti lumen infundit, ejus doctrina exterior reputatur.

§ III. Dicit Deum nunquam immediate per se apparuisse, et *occultum illud Dei* neminem vidisse. Ubi nota cum sancto Maximo, quomodo sanctus Dionysius interpretetur quod ait sanctus Joannes I Epist. cap. iv, 9 : *Deum nemo vidit unquam.* Quia enim sciebat visum esse hominem in Scriptura, ut Adæ in paradiso [k], Abrahæ ad quercum Mambre, et proficiscenti Sodomam, et Moysi, et aliis [l]; dicit nunc, occultum Dei neminem vidisse, neque visurum esse, id est, id quod est substantia ejus. Vel altius : quid sit Deus, nemo comprehendere intelligentia, nec exprimere unquam potuit, neque poterit. Cum autem dicitur in Scriptura apparuisse, sive visus esse, sic intelligendum est, quod unusquisque illorum proportione fidei habebatur dignus visione quadam, quæ illi Deum repræsentabat; per quam visionem, illuminationem capiebat cognitionum divinarum, quæ ipsi adveniebant. Talem autem visionem θεοφάνειαν vocat, seu Dei apparitionem ; quia nimirum in ea angelus personam Dei sustinebat. Induunt enim, inquit Athanasius in *Quæstionibus ad Antiochum principem*, figuras angeli ad quæmcunque usum Dominus Deus velit, atque ad eum modum iis, qui digni sunt, apparent, et divina illis mysteria aperiunt. Ex his perspici potest, visionem similitudinem, et θεοφάνειαν idem repræsentare. Huc etiam accedit, quod per intermedios angelos, indutis figuris ad Dei nutum, hujusmodi similitudines formantur.

Si quis vero dicat quibusdam sanctis immediate Deum apparuisse, etc. Hinc divus Thomas in ii *Sententiarum*, distinctione decima septima, articulo quarto, movet quæstionem, utrum species missionis visibilis sint formatæ ministerio angelorum. Ubi duæ sunt opiniones. Quidam enim dicunt, in hoc differre missiones Novi Testamenti ab apparitionibus Veteris Testamenti, quod apparitiones Veteris Testamenti factæ sint per angelos, ut sancti communiter volunt; missiones autem Novi Testamenti factæ sint immediate per divinas Personas : quapropter in illis speciebus, divinæ Personæ mitti dicuntur, et non angeli. Alii vero econtra dicunt, utramque angelorum ministerio perfectum esse.

Videntur autem utrique quoad aliquid verum dicere : siquidem tam in apparitione Veteris Testamenti, quam in missione visibili Novi Testamenti, duo consideranda sunt, scilicet id quod exterius apparet, et aliud quod interius ellicitur, vel factum signatur, sed tamen diversimode; quia in apparitione Veteris Testamenti illud quod exterius apparet, non refertur ut signum ad id quod interius est, sed ad aliquid aliud, sicut ad signandam Trinitatem, vel aliquid hujusmodi : unde illud quod interius est, nil est aliud quam ipsa cognitio vel illuminatio animæ de rebus, quæ per signa exteriora significantur. Et quia illuminationes divinæ, secundum Dionysium, in nos per angelos descendunt, ideo in illis apparitionibus factum est utrumque ministerio angelorum, scilicet et illud quod exterius est, et id quod interius : et ideo nullo modo est ibi missio Personæ divinæ, quæ tantum attenditur secundum effectum immediatum Personæ ipsius. In missione autem visibili, illud quod exterius apparet, signum est ejus quod interius vel tunc vel prius factum est : unde interius non tantum ponitur aliqua cognitio, sed aliquis effectus gratiæ gratum facientis, qui est immediate a Persona divina, ratione cujus hæc mitti dicitur. Unde in missione visibili illud quod interius est, immediate sine ministerio angelorum effectum est, ratione cujus Persona divina mitti dicitur. Quoad id tamen quod exterius est, angeli ministerium habent. Ita sanctus Gregorius libro tertio *Moralium.*

§ IV. Ait, Dominum nostrum Jesum Christum etiam per angelos annuntiatum; et circa ipsum, atque ipsimet multa, mediantibus angelis, fuisse revelata. Ubi nota quasdam sublimes loquendi formulas Dionysii. Cum dicit, per angelum Zachariæ manifestatum, puerum ex ipso nasciturum prophetam fore *humanæ divinæque Jesu dispensationis, benigne simul ac salubriter mundo apparituræ*, Incarnationem

[k] Gen. iii, 8.   [l] Gen. xviii, 1 et alib.

Verbi significat; quia Deus in carne humana opera divina patrabat, quæ alibi θεανδρικὰ, id est, Dei virilia, nuncupat. Itaque dicendo virilem, perfectum hominem fuisse docet: dicendo divinam, simul perfectum Deum. Mariæ autem significatum, *quomodo in ipsa divinum illud ineffabilis Deiformationis mysterium consummaretur*, dicitur formatum esse Deum in utero Virginis ac matris, eo sensu quo dicitur Verbum caro factum esse. Et paulo post ait, Christum ipsum hunc ordinem non refugere, id est, nequaquam indignum reputare, si, cum esset Dominus angelorum, obediret tamen illis. Sic itaque dixit hic Dionysius, *non refugit*, sicut dixit Paulus in Epist. ad Philipp. cap. II : *Qui cum in forma Dei esset*, id est, verus Deus, *non rapinam arbitratus est*, hoc est, non reputavit indignum, si, cum esset alioquin æqualis Deo natura, et non falso sibi vindicans divinitatem, sicut qui alienum rapit, fieret tamen homo ; *quin potius obedienter se submittit formis a Deo Patre per angelos effectis* : quin et per angelos ipsum cernimus paternis legibus subjectum. Quia **42** factus est Christus sub lege, sicut ait Apostolus ad Galatas IV, et lex data est per angelos, ad Gal. III, idcirco dicitur Christus factus sub lege per angelos. Omitto enim dicere, utpote scienti, quæ sacris nostris traditionibus expressa sunt de angelo illo Jesum confirmante. Sanctus Maximus ait, Dionysium significare, sibi et Timotheo ἀγράφως, id est, sine scripto, traditum fuisse hoc mysterium de angelo confortante; quod quidem postea a Luca scriptum est in Evangelio quod Paulus prædicabat, et ex Paulo didicerat.

PARAPHRASIS PACHYMERÆ.

§ I. Hierarchia ipsa omni et universa, sive cœlestem dixeris, sive nostram, recte quidem, ut existimo, quid sit, pro philosophandi modulo definita, age nunc angelicam, eamque solam, ut sese habet, hierarchiam indagemus et discamus, quod utique in auctoris eorum Dei laudem cedit. Nam si etiam ex hominibus cognitio Dei mirificatur, juxta illud : *Mirabilis est scientia tua ex me* [m]; quanto magis, quæ supra principium est, divinitas magnificabitur et celebrabitur in eo quod de angelis contemplamur? Verum non sensibilibus, sed supermundialibus et intellectilibus oculis, ut per mysticas imagines in Scripturis expressas, ad eorum simplicitatem adducamur. Siquidem audimus in Scripturis boves et leones, aliasque quasdam compositiones, quas dum mente pervolvimus, secundum proprium habitum easdem consideramus : atque ita quod sensu compositum est, fit mente simplex, atque hierarchicæ disciplinæ auctor, scilicet Deus, gratiarum actionibus, cæremoniarum Conditori competentibus, mirabilis prædicatur. Quemadmodum enim rex verbis regiis, quæ nimirum regiæ dignitati competunt, magnificatur ; ita quoque naturæ illi, quæ ritus sacros instituit, verbis ritualibus ipsi congruentibus, gratiæ referuntur.

Primum autem omnium secundum veritatem dicimus, ne quis virtutum audiens magnitudinem, supra creaturas eas reputet. Dicimus, inquam, has omnes Deum bonitate, non necessitate, condidisse : siquidem hoc auctoris omnium et super omnia Dei bonitatis proprium est, ad sui communionem ea quæ exsistunt invitare, juxta capacitatis cujusque definitionem. Nam ea ratione qua quid est, divinum quoque Numen participat ; ut si inanimatum sit, entitatem solam habet; sin animal, etiam ipsam vitam; sin vero etiam particeps rationis, ratiocinandi et intelligendi facultatem; uti in decursu astruit. Quæcunque igitur exsistunt, divinam participant providentiam ex superessentiali Deitate promanantem. **43** Hinc enim, inquit Gregorius Theologus, bonum diffundi oportebat : quoniam malum neque subsistentiam habet, neque exsistentiam; quandoquidem Dei non sit particeps, secundum habitus privationem apparens, sed nec exemplariter in essentia exsistens. Quomodo enim quidquam erat, si rerum essentiam nequaquam participabat? Exsistentem autem vocat hic sanctissimam Trinitatem ; quæ cum rerum creaturarum sit creatrix, et principium, et causa, ab iis ipsis quæ per ipsam in lucem prodierunt, participari dicitur.

Quæ itaque inanimata sunt omnia, cum solum sint, participant divinum Numen secundum esse, quanquam supra illud esse sit Numen Dei ; quæ vero vivunt, præterquam quod participent entitatem, vim quoque vivificam ac divinam participant, tametsi hæc quoque supra omnem vitam exsistat; quæ vero rationalia sunt, uti nos, et spiritalia, sicut angeli, compotes sunt ipsius per se perfectæ sapientiæ, siquidem hæc ratio est et intellectio Dei, licet simul sit supra rationem et intelligentiam. Ex his itaque præstantiores evadimus, quoniam spiritalia Deo prorsus appropinquant; siquidem ipsum multipliciter participant, tum quod sint tum quod vivant, tum quod rationalia sint atque insuper spiritalia.

§ II. Sanctæ igitur cœlestesque dispositiones superant ea quæ solum sunt inanimata, atque ea quæ sine ratione vivunt nec non ea quæ nobiscum hominibus ratione reguntur; illa siquidem simpliciter, ista dupliciter, atque hæc tripliciter divinum munus participant; sed spiritales istæ cœlestesque naturæ quadrupliciter ac multipliciter ejus compotes exsistunt. Interim minime, quemadmodum nobis usu venit ut ex partibus nobilioribus appellemur, et magis propriæ rationis compotes dicamur quam vel animalia, vel entia, ita etiam circa cœlestes illas virtutes agitur ; sunt namque entia, et vivunt, et ratione pollent, et nihilominus simul spiritales nuncupantur. Et sicut nobis laudi est, secundum rationem moveri; ita quoque illis spiri-

[m] Psal. CXXXVIII, 6.

taliter motis, et ad divinam spectantibus similitudinem, indeque spiritalem suam speciem efformare cupientibus, divinam tribuit imitationem; quapropter etiam merito in pluribus cum eadem communicant, tanquam exsistentes, tanquam viventes, tanquam rationales atque insuper tanquam spiritales atque assiduæ manentes, et nequaquam distractæ per diversam sententiam uti nobis accidit (qui enim in Deo sunt, collecti sunt, sicut ex divinis Scriptis intelligimus; quando enim primus ille **44** discipulorum secundum mundum commovendus erat dicebat : *Vado piscari* [n], id est, discedo a vobis : quando autem credebant fideles, et apud Deum erant, *Erant,* inquit, *in unum collecti*), et ad anteriora semper summo divini et indeficientis amoris studio intentæ. Quis enim e nobis quæsivit unquam vel desideravit bovinum motum accipere, vel aliquam lapidis proprietatem ? sed omne omnino desiderium ad superiora tendit. Hoc in angelicis quoque virtutibus locum habet, quæ semper etiam superiora appetunt, et primordiales atque divinas suscipiunt illustrationes, et secundum illas ordinantur, omnemque vitam suam habent spiritalem : siquidem eorum naturæ sunt viva quædam mens; idcirco etiam, tanquam assiduæ quidem, primam habent participationem : in quantum vero multas habent naturales communicandi facultates, multipliciter divini numinis consortes fiunt; ideoque iterum, primum ac multipliciter divinum illud arcanum enuntiant, propter quod et angeli dicuntur: quoniam per illos divinum illud Dei secretum manifestatur, ut, quod sit, quod vivat, quod mens sit, tametsi supra illa sine comparatione sit : vel etiam, quod per illos ad nos divina voluntas deferatur; sic enim et lex per angelos promulgata est, ut magnus Apostolus testatur : et inclytos ante legem, ut Abraham et Manue cæterosque; et post legem, Josephum, et Petrum, reliquosque Patres nostros, angeli ad divinam voluntatem deduxerunt, partim quid agendum esset edocentes, et ab errore removentes, uti Cornelium ; partim ad sacros ordines adducentes, uti Danielem, Ezechielem, et Isaiam; quorum alter quidem mille myriades angelorum astantes conspexit, alter vero thronum vidit, et quæ Cherubim habebant, alter vero sedentem in throno, et in circuitu Seraphim aspexit : partim visiones mysteriorum, ut Moysi in rubo; partim etiam divinas prædictiones revelantes, ut Manoe ac Danieli.

§ III. Solvit hic objectionem, dicens : Si autem quis dixerit quod etiam sine angelis aliquibus divinæ factæ sint apparitiones, juxta illud : *Apparuit Dominus Abrahæ* [o], et : *Dixit Deus ad Jacob* [p]; discat et hoc evidenter, non ex nobis, sed ex ipsis Scripturis, quomodo hoc quidem, quod est Dei occultum, nemo vidit, neque videbit, secundum evangelistam Joannem [q], et quod ad Moysen dictum est [r]. Divinæ vero apparitiones sanctis factæ sunt, non quod ipsemet Deus, ut in se est, appareret (hoc enim impossibile est), **45** sed quod divina illustratione digni habiti illi qui cernebant, per sacras quasdam visiones, ipsis proportionatas, viderint ea quæ viderunt.

Illam itaque visionem, quæ divinam similitudinem referebat, ex intuentium ad divinum Numen adductione atque illustratione, sapientissima theologia Dei apparitionem vocat, utpote per quam divinæ illustrationis insitæ visionem, intuentes divina quoque alia edocebantur. Has autem visiones patres nostri mediantibus cœlestibus virtutibus didicerunt. Nunquid enim etiam sacram legislationem ab ipsomet Deo Moysi datam, ex sacris Litteris addiscimus, ut nos doceat Moyses secundum veritatem, hanc nimirum legislationem alterius divinæ sacræque legislationis effigurationem esse, nempe ejus quæ per Christum est, et divini Verbi incarnationem ?

Quin et magnus ille Paulus hanc per angelos promulgatam tradit, et sanctus Stephanus declarat, dicens : *Qui accepistis legem in dispositione angelorum, et non custodistis* [s]; siquidem hoc ipsa lex et ordo legis exigit : nam lex propter ordinem facta est. Exigit itaque tam lex quam ordo ejus, ut posteriora per priora ad divinum Numen adducantur, quemadmodum legum dispositiones ferunt, quibus sacerdotes populi coercentur. Quod etiam locum habet in virtutibus cœlestibus.

Etenim non solum in sublimioribus inferioribusque virtutibus, trium scilicet supremorum ordinum, seraphim, cherubim, et thronorum, et trium hosce subsequentium, ac trium insuper inferiorum, ejuscemodi ordinis sanctionem videre liceat; verum etiam in ipsismet solis æqualibus, scilicet tribus solis, ita ut sint ordines primi, medii ac postremi; siquidem in omnibus tres, et tres, et tres sunt virtutes, in unoquoque autem ordine æquali, omnes tres sunt; ut tam ibi quam hic primum, et medium, et postremum dignoscatur. Conveniebat itaque in inferioribus quoque illustrationibus, ut per alios, scilicet per ordines angelicos, a Deo ad homines mysteria derivarentur : quoniam etiam hic diviniores mystæ inferiorum manuductores exsistunt, ad divinam communionem et illustrationem.

§ IV. Video autem etiam angelos de incarnationis et humanitatis Jesu mysterio primum edoctos esse, deinde per hos ad homines cognitionis gratia descendit; sic enim Gabriel Zachariam docuit, prophetam fore puerum illum, qui ex ipso præter spem **46** nasceretur. Sed qualis argumenti propheta ? apparitionis Filii Dei secundum carnem. Virilem enim Dei operationem vocat Christi Do-

[n] Joan. xxi, 5. [o] Gen. xii, 7. [p] Gen. xxxv, 1. [q] Joan. i, 18. [r] Exod. xxxiii. [s] Act. vii, 53.

mini Incarnationem, secundum quam, cum Deus esset in carne, divina gessit. Deiparam vero Virginem instruxit, quo modo in ipsa fieret ineffabile Dei formationis mysterium. Porro Dei formationem vocat, quod cum Deus esset, formatus sit in utero castissimæ Dei Matris, in quantum homo factus est. Alius item angelus Josephum docuit, quo modo is, qui Davidi promissus erat de fructu ventris ejus collocandus in throno ipsius, jam principium temporale secundum corpus assumeret; alius etiam pastoribus, tanquam in solitudine ac quiete viventibus, evangelizavit; cum quo etiam multitudo cœlestis exercitus natum glorificavit. Hæc autem omnia probant, per virtutes aliquas divinas apparitiones fieri, et non immediate, sicut quidam posset opinari.

Hactenus sermo noster ad ipsum usque Salvatorem progressus, quoniam et ipsemet superessentialis cœlestium virtutum auctor exsistens, postquam naturam nostram immutabiliter assumpsit, nequaquam refugit humanam ordinationem, ut scilicet per angelos, ea quæ ad ipsum spectant, revelentur ac disponantur a Deo ac Patre: siquidem ipsorum opera Josepho annuntiatur recessus in Ægyptum, et ab Ægypto iterum in Judæam reditus. Et per angelos ipsum videmus sub lege constitutum: nam per angelos ejuscemodi lex data est, sub qua etiam ipse factus, per angelos profecto legis sanctionem accipit. Omitto tibi tanquam scienti, o Timothee, recensere mysteria Scripturarum, et de angelo passionis tempore Christum Dominum confortante: quod enim in Evangelio magnus Lucas refert, tanquam mysterium his ab apostolo Paulo traditum est. Unum porro illud etiam hæc superat, quod etiam ipsemet *magni consilii Angelus* ab Isaia nominatur; quandoquidem etiam ipse propter nostram salutem in ordinem venerit eorum qui manifestandi munus obeunt, et angelorum more dixerit: *Quæcunque audivi a Patre, hæc locutus sum* [t], et illud: *Manifestavi nomen tuum hominibus* [u], ad Patrem dictum: hoc siquidem est manifestatio.

CAPUT V.

Quare omnes essentiæ cœlestes communi nomine angeli vocentur.

SYNOPSIS CAPITIS.

Docet, nomen angeli, quamvis proprie ultimo ordini cœlestium spirituum conveniat, superioribus tamen ordinibus non incongrue attribui; cum et ipsi inferiorum virtutes obtineant, et eorundem obire possint functiones, atque adeo inde etiam nominari possint: inferioribus vero uti virtutes, sic nec nomina superiorum convenire.

Hæc quidem est, quantum capimus, angelicæ in eloquiis appellationis causa; scrutandum modo censeo, cur theologi, omnes pariter essentias cœlestes angelos appellent; ubi autem ad explanationem ventum fuerit supermundialium ipsarum ordinationum, ordinem angelicum proprie vocent eum, qui divinos cœlestesque ordines explendo claudat: isti vero archangelicas anteponant dispositiones, et principatus, ac potestates, virtutesque, et quascunque hisce celsiores spiritus agnoscant eloquiorum explanatoriæ traditiones [v]. Asserimus igitur, secundum omnem sacram dispositionem, superiores quoque ordines, inferiorum quoque agminum illuminationibus virtutibusque pollere, postremos vero non item superiorum suorum consortes esse. Itaque sanctissima illa supremorum agmina spirituum, angelos quoque theologi appellant, quod et ipsa divinam manifestent illustrationem. Porro cœlestium intelligentiarum ordinem novissimum, vel principatuum, vel thronorum, vel seraphinorum nomine compellandi ratio nulla suppetebat: neque enim præstantissimarum virtutum illarum particeps exsistit, sed sicut ipse divinos nostros sacerdotum principes adducit ad præstitutas sibi divinitatis collustrationes; ita etiam illæ, quæ hos spiritus præcedunt sacratissimæ virtutes, ad divinum Numen surrigunt distinctionem illam, quæ angelicas adimplet hierarchias. Nisi forte quis communes esse velit angelicas omnes appellationes, juxta cœlestium virtutum omnium in Deiformitate, Deique vel remissiori vel eminentiori lumine communicationem. Verum quo distinctior nobis procedat oratio, sacrosanctas cujusque cœlestis ordinis proprietates, quæ nobis in eloquiis elucidatæ sunt, pura mente contemplemur.

ADNOTATIONES CORDERII.

Angelici nominis et officii ratione assignata, quærit hic, cur omnes cœlestes spiritus angelorum nomine vocentur, cum id proprium sit ordinis postremi, utpote qui ex officio ad homines destinantur, ad divinas voluntates ipsis intimandas; superiores autem illi spiritus Deo assistere perhibeantur, juxta illud: *Millia millium ministrabant ei, et decies millies centena millia assistebant ei* [x]. In qua descriptione per *assistentes* quidem hi angeli significati esse videntur, qui ad exteriora non exeunt; per *ministrantes*

---

[t] Joan. xvii, 6. [u] Joan. xv, 15. [v] Psal. cii, et Matth. xxv. [x] Dan. vii, 10.

vero hi, qui ad exteriora exeundo, non semper assistunt. Nam cum novem sint ordines angelorum, duo tantum, id est angeli et archangeli, pro eo quod specialiter ex officii sui distributione mittantur, ex re ipsa cognomen acceperunt : ἄγγελοι videlicet nuntii, ἀρχάγγελοι vero principales nuntii dicti ; quoniam et illi minora, hi vero majora ex ministerii dignitate annuntiant. Respondet Dionysius, nomen quidem angelorum inferioribus ex officio competere; sed quia tamen divina mysteria quæ ordines inferiores nobis exterius enuntiant, a superioribus hauserunt, nomen angelorum quoque superioribus illis spiritibus esse communicabile : quia licet ad exteriora nuntianda non exeant, ea tamen, quæ enuntianda sunt, desuper ipsi accipiendo, secundum legem divinæ ordinationis, ad inferiores et se subsequentes ordines nuntianda transportant. Addit, superiores inferiorum facultates ac proprietates omnes, et quidem perfectius, obtinere ; inferiores autem non æque superiorum virtutes participare, atque ideo illis inferiorum quoque nomen, secus quam his, superiorum appellationem competere; quanquam et hi aliquando, cum videlicet superiorum proprietatem ex officii qualitate suscipiunt, nomen quoque ipsorum in ejusdem officii executione assumunt, uti docet infra cap. 13. Alii autem putant, omnes cœlestes ordines, tam superiores quam inferiores, pro tempore, et loco, et causa, ad exteriora dirigi, eos tamen qui hoc ex officio proprium habent, specialiter angelos sive archangelos cognominari. Nam quod omnes aliquando mittantur, Apostolus insinuat ad Hebr. I, 14 : *Nonne omnes sunt administratorii spiritus, in ministerium missi propter eos qui hæreditatem capiunt salutis?* Quod autem etiam superiores quidam aliquando non ex officio, sed ex causa aliqua peculiari ad exteriora dirigantur, insinuare videtur Psalmista, cum ait : *Qui facis angelos tuos spiritus ; et ministros tuos, ignem urentem* ʸ. Magis tamen probat Dionysius priorem rationem, quod nimirum superiores omnes angeli vocentur; quia et ipsi angelicam proprietatem participant in eo, quod, licet ad exteriora nuntianda non exeant, tamen eis qui post se sequuntur ordinibus, divinam illuminationem, quam desuper accipiunt, transfundendo, et quasi nuntiando manifestant ; inferiores autem superiorum proprietatibus non ita communicare, ut sufficiat ad denominationem. Et confirmat exemplo nostræ hierarchiæ in qua pontifici omnes inferiorum ordinum potestates et dominationes competunt, inferioribus autem non possunt pontificio titulo insigniri.

PARAPHRASIS PACHYMERÆ.

Reponens ea quæ dicta sunt, Hæc quidem, inquit, quantum quoad nos, et secundum facultatem nostram dicere licet, causa angelicæ denominationis. Inquirendum porro est, quam ob rationem theologi cœlestes omnes virtutes pariter angelos appellent; quando autem ad eorum ordinum manifestationem declarationemque veniunt, proprie angelos vocent ordinem infimum, qui complet ac terminat ordines cœlestes; qui vero supra hunc est, archangelorum, ac deinde principatuum, supraque illum potestatum ac virtutum, et quascunque rursum hisce superiores essentias agnoscunt Scripturarum traditiones.

Dubium autem solvit, dicens, quod per omnem sacram distributionem, secundum tres ordinum terniones, **49** superiores quidem habeant inferiorum illustrationes ac virtutes; sed non e contra, inferiores cum superioribus secundum omnia communicent : sicut etiam in nobis usu venit. Siquidem homo rationalis habet omnino etiam irrationales vegetantesque virtutes, non tamen hæ proprie ut sic ratiocinandi vim obtinent. Idcirco igitur etiam supremas quidem essentias quæque eas consequuntur, inferiorum atque intimorum nomine angelos theologi appellant; etenim etiam ipsæ manifestant et enuntiant illuminationem Dei, angelos autem ipsos, seu ordinem infimum, nulla subest ratio, vel seraphim vel thronos appellandi : siquidem illi non secundum omnia participant horum sublimissimas illustrationes, sed sicut angelorum ordo eos, qui apud nos divini sunt, adducit ad illustrationes quas a Deo ipsi acceperunt, sic etiam naturæ istæ hanc distributionem, quæ videlicet angelicam complet, adducent. Nisi forte quis etiam hoc dicat, secundum aliam solutionem, quod novem etiam ordines communem habeant appellationem, quia communem quoque habent illustrationem, et divinam communicationem, tametsi non æqualem, sed remissiorem præstantioremve; quemadmodum etiam in nostratibus cygno et nivi communiter albis esse contingit, quod albedinem communiter participent, licet secundum magis ac minus. Cœlestes enim ordines divinam annuntiant illustrationem eo modo quo eam accipiunt; suscipiunt autem illam, alii quidem magis, alii vero minus. Juxta illud itaque, omnes communiter angeli vocari possunt. Verum, ut sermo magis distinctus sit, considerabimus ea quæ in Scripturis sacrosancta sunt, sacras, inquam, proprietates cujuslibet ordinis cœlestis.

ʸ Psal. CIII, 4.

CAPUT VI.

Quænam sit prima cœlestium essentiarum distinctio, quæ media, quæ postrema.

SYNOPSIS CAPITIS.

I. *Docet, solum Deum exacte nosse quæ ad omnes ordines angelorum spectant.* II. *Tradit, novem ordines angelorum in tres hierarchias esse distributos.*

§ I. Quantæ quidem sint, et quales supercœlestium essentiarum dispositiones, et quo pacto earumdem sacri ordines initientur, solum exacte nosse censeo divinum illum, a quo consecrantur, principatum; præterquam quod et ipsis virtutes atque illustrationes propriæ sint perspectæ una cum sacra sua supermundialique ordinatione : neque enim intelligere valemus supercœlestium istarum mentium mysteria, et sanctissimas illarum perfectiones, nisi illa forte nos scire quis asserat, quæ illorum, sua scilicet rite callentium, ministerio Divinitas ipsa nos docuit. Itaque nos quidem nihil motu proprio dicemus ; sed quæ angelica spectacula sanctis theologis visa fuerint, edocti, pro viribus exponemus.

§ II. Substantias cœlestes omnes theologia novem explanatoriis nominibus appellavit : has divinus noster initiator in tres ternarias distinxit distributiones. Ac primam quidem ait esse illam, quæ circa Deum assiduo versatur, illique jugiter inhærere, ac præ cæteris immediatius uniri traditur : sanctissimos enim thronos, et pluribus oculis alisque præditos ordines, cherubim Hebraico vocabulo et seraphim appellatos, immediate juxta Deum ante alios eminenti propinquitate locatos esse, sacrorum asserit eloquiorum explanatione comprobari. Hanc igitur ternariam distributionem, ut unam æqualemque ac primam revera hierarchiam, inclytus præceptor noster memoravit, qua non est altera Deiformior, primoribusve Divinitatis illustrationibus immediata conjunctione propinquior. Secundam vero designat illam, quæ potestatibus, dominationibus, virtutibusque completur. Tertiam denique, eamque cœlestium hierarchiarum ultimam esse dicit angelorum et archangelorum, atque principatuum distributionem.

ADNOTATIONES CORDERII.

§ I. Nota sancti Dionysii insignem humilitatem, dum, antequam angelicos ordines distinctius explicet, se iis intelligendis, nedum explicandis imparem profitetur ; ideoque se nihil motu proprio dicturum, sed eas duntaxat visiones expositurum, quas ex apostolis aliisque Scripturæ sacræ scriptoribus apparuisse acceperat. Quo modo autem angeli a nobis in hac vita exacte cognosci nequeant, vide quæ dicta sunt in adnotationibus ad caput primum *Cœlestis hierarchiæ*, § 2, ubi ostendimus mentem nostram non posse per se angelos contemplari.

§ II. Nota sanctum Dionysium cœlestes spiritus, οὐσίας, id est substantias seu essentias appellare, scilicet per excellentiam, ut qui inter cæteras substantias primatum obtinent, alibi illos δυνάμεις seu virtutes, et ἐνεργείας seu operationes vocat. Vide quæ supra dicta sunt ad caput tertium, § 1, et infra cap. 11. Hos autem ordines angelorum ait sanctum Paulum, quem suum præceptorem vocat, distribuisse in tres hierarchias, quarum singulæ tres ordines complectuntur : prima scilicet thronos, cherubim et seraphim ; secunda potestates, dominationes et virtutes ; tertia angelos, archangelos et principatus. Ubi adverte sanctum Dionysium in duabus postremis hierarchiis ordinem invertisse.

S. Gregorius, lib. II *Moral.*, cœlestes hierarchias nonnihil alio ordine recenset, scilicet, in prima seraphim, cherubim et thronos : quorum primi considerant Dei bonitatem, secundi veritatem, tertii æquitatem. Ac in primis quidem Deus amat ut charitas, in secundis noscit ut veritas, in tertiis sedet ut æquitas.

In media ponit dominationes, principatus, potestates, quorum primi officia regunt angelorum, sequentes capitibus præsunt populorum, alii dæmonum coercent potestatem. Item in primis Deus dominatur ut majestas, in sequentibus regit ut principatus, in ultimis tuetur ut salus.

In postrema hierarchia collocat virtutes, archangelos, angelos : ad quorum priores pertinet miraculorum operatio, ad secundos magnorum negotiorum denuntiatio, ad tertios humanæ custodiæ sollicitudo. Item in primis Deus operatur ut virtus, in secundis revelat ut lux, in tertiis nuntiat ut inspirans.

Nos autem assimilari debemus seraphim per charitatem, cherubim per cognitionem, thronis per æquitatem : item dominationibus, carnem subjugando ; principatibus, reverentiam majoribus nostris exhibendo ; potestatibus, tentationibus diabolicis resistendo : item assimilari debemus virtutibus per compassionem, archangelis per instructionem, angelis per obsequii exhibitionem.

PARAPHRASIS PACHYMERÆ.

§ I. Quanti quidem sint multitudine, qualesque conditione cœlestium distinctiones atque ordines divini, et quomodo juxta illos mysteria hierarchiæ consummentur, solum nosse dico divinum illum initiandi principatum qui illos condidit, et omni initiationi omnique mysterio principatur ; quinimo ad hæc, ipsos nosse proprias virtutes atque illustrationes, nec non sacrum suum ordinem, non tamen alterum alterius : nam inferiores ea quæ superiorum sunt, omnino nosse nequeunt, sed quilibet res suas novit : idcirco enim dixit, proprias virtutes. Impossibile enim est ea nos, quæ illorum sunt nosse, nisi loquamur de iis quæ per ipsos, Deo revelante, accepimus. Omnino autem illi cum res proprias exacte noscunt, rite quoque nobis subministrant istiusmodi eruditionem. Nos itaque nihil omnino quidem a nobismet ipsi dicimus : sed quæ in angelicis visis ac notionibus sacris theologis conspecta sunt et nota, eadem nos, ab illis edocti, rursum pro virili exponemus.

§ II. Omnes essentias cœlestes, eorumque ordines, novem vocavit theologia cognominibus manifestativis, et divina mysteria denuntiantibus, seu angelicis. Has autem in tres ternarios ordines digerit inclytus initiator noster, sive is sit divinus Hierotheus, sive potius is qui ad tertium cœlum evectus, ibidem raptus in paradisum, Magnus, inquam, Paulus. Ac primum quidem ac circa Deum exsistentem, eique proxime et immediate unitum, dicit esse thronos sanctissimos, et multorum oculorum, quippe cognitionis copia pollentium ; et multarum alarum, utpote efficacissimorum et 52 incensorum, quos cherubim et seraphim Hebræa lingua vocare solet, cujus causa in sequentibus proferetur. Primam hanc distributionem circa Deum immediate collocari, asserit oraculorum traditio ; hanc etiam inclytus magister noster unam et ejusdem dignitatis esse dicebat, qua non est alia distributio primigeniis ac divinis illustrationibus attentior. Secunda vero est ex potestatibus et dominationibus atque virtutibus ; et post hanc tertia, quæ complet angelorum et archangelorum ac principatuum dispositionem. Notandum autem aliquos hac enumeratione provocatos, ita primam distributionem ordinare : primum thronos, deinde cherubim, ac postea seraphim ; quocirca etiam inscriptionem septimi capitis, atque insuper trium horum ordinum doctrinam, conferendam, aiunt, cum duobus istis ternariis ordinum sequentium : ibi enim illos sursum deorsum recenset ; hic autem non sic, sed deorsum sursum. Atque alii quidem hoc modo, ut primo loco seraphim collocent, deinde cherubim, atque exinde thronos : ad hoc permoti ab Isaia dicente, in circuitu Dei seraphim collocari, vel potius ab inscriptionibus octavi ac noni capitis, dicentes, quod ut sanctus secundum ordinem illorum, sic et titulum septimi capitis inscripserit (1). Si quis autem voluerit thronos esse superlatos, sciat etiam seraphim ignitos esse, et sursum ferri. Aliter etiam hi tres ordines unam habent eminentem propinquita'em. Hic autem ita recenset eos, et a thronis incipit, ut et sic unitati quodammodo consulat : vel etiam secundum nostræ cognitionis et illustrationis rationem (quoties enim ab inferioribus ad superiora transimus?), vel secundum describendi ac definiendi modum ; ascendendo enim multitudinem in unum contrahimus, sicut descendendo unum in multa dividimus. Cum itaque adjuvet tres in unum idcirco istiusmodi facit enumerationem : hactenus autem ordines quidem novem assignat, quas in tres distributiones dividit, in primam scilicet, ultimam, et mediam ; ita ut etiam tres unam habeant supereminentem propinquitatem.

---

53 CAPUT VII.

De seraphim, cherubim, et thronis, deque prima eorum hierarchia.

SYNOPSIS CAPITIS.

I. Docet quid cherubim, seraphin et throni significent. II. Quanta sit primæ hierarchiæ dignitas, contemplandi vis atque perfectio. III. Quomodo inferiores a superioribus, et supremi ab ipsomet Deo initientur, et quanta reverentia suas quisque illustrationes excipiat. IV. Quid supremi illi spiritus agant.

§ I. Hanc sanctarum hierarchiarum ordinem approbantes, omnem cœlestium intelligentiarum appellationem, deiformis cuilibet earum insitæ, proprietatis declarationem continere profitemur. Ac sanctam quidem seraphim appellationem, Hebraice periti aiunt vel *incensores* interpretari vel *calefacientes*; cherubim vero, *copiam cognitionis*, sive *sapientiæ diffusionem*. Merito igitur prima illa cœlestium hierarchiarum a sublimissimis naturis administratur, cum hoc cæteris ordinem nacta sit sublimiorem, quo in eam, immediate Deo assistentem, primævæ Dei apparitiones et initiationes, tanquam in proximam, principalius derivantur. Calefacientes igitur nominantur et throni ; diffusioque sapientiæ per explanatoriam deiformium suarum habitudinum denominationem ; perennem siquidem atque incessantem eorum circa res divinas motionem ; fervoremque et acumen, et effervescentiam intentæ ac nunquam intermissæ, nunquamve declinantis motionis ; subditosque ad superna subrigendi, et ad consimilem fervorem reipsa suscitandi inflammandique, nec non corruscanter penitusque conflagranter eos perpurgandi facultatem, et abscondi nesciam inexstinctamque, semper eodem modo se habentem, luciformem, et illuminandi proprietatem, omnis tenebricosæ ob-

---

(1) Tenebrosa interpretatio. Melius, ni fallor, verteretur : *dicentes sanctum* (Dionysium) *eumdem ordinem* (sursum deorsum) *in superscriptione capitis septimi servasse, quem in superscriptione illorum* (capitum 8 et 9) *secutus est.* EDIT. PATR.

scuritatis expultricem et aboletricem, nomen seraphim luculenter designat. Cherubim vero, eorum vim cognoscendi, Deumque contuendi, et exuberantis capacitatem luminis, atque contemplandi in ipsamet primæva virtute divinam venustatem, nec non sapientificæ traductionis artificium, quoad inferiora donatam sibi sapientiam sine invidia derivant atque transfundunt. Thronorum porro sublimissimorum et excelsorum nomen denotat id quod ab omni terrena humilitate sine admistione secretum est, quodque ad superiora divino studio **54** fertur nec in infimis ullis rebus habitat, sed totis viribus in eo, qui vere summus est, immobiliter firmiterque hæret, divinumque adventum sine ulla motione atque materia recipit, ac Deum portat, officioseque ad ea, quæ divina sunt, capienda propensum est.

§ II. Atque hæc quidem est nominum ipsorum, quantum capere possumus, interpretatio; quam autem eorum hierarchiam esse putemus, dicendum est. Omnis enim hierarchiæ scopum ex divina deiformitatis imitatione constanter dependere, omnemque functionem hierarchicam, in sacrosanctam purissimæ mundationis et divini luminis, perfectivæque scientiæ participationem atque collationem dividi, satis superque jam a nobis dictum existimo: nunc autem pro supremarum istarum mentium dignitate dicere desidero, quanam ratione sacer earum ordo a Scripturis explicetur. Primis istis essentiis, quæ post substantificum ipsarum deiprincipatum collocatæ, et quasi in vestibulo ejus sitæ, creatam virtutem omnem, tam invisibilem quam visibilem transcendunt, propriam quamdam et uniformem hierarchiam esse existimandum est. Puræ siquidem censendæ, non quasi a maculis (duntaxat) impuris colluvionibusque sint liberæ, vel quod in eas materialia visa non cadant: sed quod omnino imminutione omni, omnique re sacra sibi subdita celsiores, præ summa puritate, omnibus etiam, vel maxime deiformibus virtutibus, sint antepositæ ordinisque sui motum proprium æquabilemque per amorem Dei constanter teneant, invariatum, neque ullam in deterius agnoscant imminutionem, sed inconcussam semper et immobilem deiformis suæ proprietatis sedem habeant. Contemplatrices item, non quasi symbolorum, quæ vel sensu vel mente percipiantur spectatrices, neque varietate contemplationis sacrarum Scripturarum ad Deum elevatæ, sed tanquam omni cognitione simplici altioris luminis expletæ, et contemplatione illius pulchritudinis, quæ est effectrix et origo pulchritudinis, et quæ supra substantiam est, et in tribus splendet, quatenus fas est, refertæ: communionis vero Jesu similiter participes factæ, non quasi in imaginibus sancte informatis, quæ veluti formæ in eis deificam similitudinem exprimant, sed tanquam vero ad eum appropinquantes in ipsa prima participatione cogitationis luminum ejus deificorum; nec non quod Deum imitandi ratio, **55** sublimissimo ipsis modo sit indulta, et in primæva, quantum iis fas est, potentia divinis ejus humanisque virtutibus communicent. Similiter perfectæ sunt, non quasi varietates istas sacras resolvendi scientia sint illustratæ; sed quod prima et præcellente Dei unione satientur, juxta supremam illam (cujus capaces sunt angeli) divinorum operum disciplinam: siquidem non ab aliis quibusdam sanctis spiritibus, sed ab ipsamet Divinitate sacris initiantur, dum ad Deum immediate per virtutem ordinemque rebus omnibus superiorem subriguntur, nec non in eo summa puritate summaque constantia stabiliuntur; et pro immateriali ac spirituali decore suo, quantum fas est, ad contemplationem promoventur, atque scientificis divinorum operum rationibus, tanquam primæ Deoque proximæ, erudiuntur ab ipsomet initiandi principio, eminenti modo consecratæ.

§ III. Hoc igitur theologi perspicue declarant, ut inferiores quidem cœlestium essentiarum ordines, a superioribus divinorum operum scientiam convenienti modo percipiant; ii vero qui omnibus antecellunt, ab ipsamet Deitate summa, uti fas est, sacris disciplinis illustrantur. Quosdam enim eorum introducunt, a superioribus sacrosancte eruditos, illum esse Dominum cœlestium virtutum Regemque gloriæ, qui humana specie assumptus est in cœlum nonnullos item circa ipsummet Jesum hæsitantes, diviniique ejus pro nobis suscepti operis scientiam discentes, ipsumque Jesum eos per se docentem, ac primum ejus summam in homines benignitatem explicantem. *Ego enim*, inquit, *loquor justitiam et judicium salutaris* [a]. Miror autem, primas etiam cœlestium essentiarum, tantumque cæteris præstantes, non secus ac medias, divinarum quoque illustrationum desiderio timide affici; neque enim illæ per se quærunt, *Cur rubra sunt vestimenta tua* [a*]? sed prius secum hæsitant attonitæ, declarantes quidem se discendi avidas divinæ operationis appetere cognitionem, verum hanc, ante divinam indultæ sibi illustrationis processionem, minime prævenire. Prima igitur cœlestium intelligentiarum hierarchia ab ipsomet initiandi principatu consecrata, per eam qua in ipsum immediate subrigitur, sanctissimam purgationem, pro captu suo referta copioso lumine perfectissimæ sanctificationis, purgatur, et illuminatur atque perficitur; omnis quidem vilitatis **56** expers, primæ vero lucis plena, primævæ cognitionis atque scientiæ participatione perfecta. Compendio denique non abs re dixerim, divinæ scientiæ participationem esse purgationem et illuminationem, atque perfectionem: dum quidem ignorationem quodammodo expiat per perfectorum mysteriorum scientiam, quæ pro sua cuique dignitate conceditur; per divinam vero cognitionem illuminat, qua etiam purgat mentem

[a] Isa. LXIII, 1. [a*] Ibid., 2.

illam, quæ antea non viderat ea, quæ modo illi per A *de loco suo* ᵇ ! alii vero celeberrimum illud et veneratione plenissimum divinæ laudis canticum exclamant : *Sanctus, sanctus, sanctus Dominus Sabaoth, plena est omnis terra gloria tua* ᶜ ! Has autem sublimissimas cœlestium intelligentiarum hymnologias, sive laudum celebrationes, jampridem in iis, quæ de divinis hymnis conscripsimus, pro facultate nostra explanavimus, ibidemque de illis satis superque pro modulo nostro dictum est ; ex quibus id, memoriæ causa impræsentiarum repetere sufficiat, ut primus ille ordo a divina **57** bonitate, quantum par est, theologica illustratus scientia, eamdem deinde, ceu benefica hierarchia, sequentibus transcripserit, illud, ut compendio dicam, docens, quemadmodum veneranda, et superbenedicta, omnique laude digna Divinitas, a deicapacibus intelligentiis, quantum ab iis cognosci ac celebrari potest, jure debeat depraedicari, cum sint quasi deiformes, divini quidam loci, ut eloquia testantur, divinæ requietis : nec non ut monas unitasque, quæ tribus inest Personis, a supercœlestibus naturis ad infima usque terræ per suam benignissimam res omnes penetret providentiam, tanquam quæ omnis sit essentiæ superprincipale principium et causa, nec non superessentialiter universa incomprehensibili suo complexu comprehendat.

sublimiorem illustrationem elucidantur, rursumque perficit eodem ipso lumine, per stabilem scientiam clarissimarum eruditionum.

§ IV. Atque hic quidem, quantum capio, primus est cœlestium essentiarum ordo, qui in circuitu Dei circaque Deum immediate consistit, simpliciterque et jugiter æternam ejus ambit cognitionem, juxta sublimissimam, quæ in angelis inest semper, mobilem constitutionem ; ita ut et multis beatisque perfruatur contemplationibus, simplicibusque et immediatis collustrationibus illuminetur divinoque cibo saturetur ; atque illo quidem primæva diffusione copioso, unico tamen et invariato unificoque, propter divinæ refectionis unitatem. Quin et multa quoque Dei consuetudine operumque communicatione dignus est habitus, propter ejus cum illo, quanta potest exsistere, habitudinum actionumque similitudinem probatissimarum : plurimas quoque res divinas eminenti quadam ratione cognoscit, divinæ scientiæ cognitionisque, quantum fas est, particeps effectus ; quamobrem etiam terrigenis laudes ejus theologia tradidit, quibus sublimissimæ illius illustrationis eminentia sacrosancte declaratur. Nonnulli siquidem ex illo ordine, ad sensum accommodate loquendo, quasi vox et fremitus aquarum multarum clamant : *Benedicta gloria Domini*

ADNOTATIONES CORDERII.

§ I. Angelicis ordinibus in tres hierarchias distributis, hoc capite agit de nominibus ac proprietatibus primæ hierarchiæ, scilicet seraphim, cherubim, thronorum, retrogrado illos ordine recensens. Ac primum quidem eorum nomina interpretans ait, seraphim *incensores* seu *calefacientes* interpretari, quod igne et amore divino quasi ardeant, et alios succendant : *seraph* enim Hebraice significat *ardere* : unde et serpentes illi igniti, quos Deus immisit Israelitis, Numer. xxi, 7, vocantur *seraphim* ; cherubim vero *copiam cognitionis* seu *diffusionem sapientiæ* : propter quod apud Ezechielem cap. i, pleni oculis describuntur, ad eorum perspicacitatem insinuandam : quæ et thronis attribuit, quorum nomen sublimem omnino statum insinuat supra res omnes elevatum, ipsimet summæ Deitati, non secus ac sedes sedenti, proximum, immobilitate præterea firmitateque præstantem.

§ II. Quanta hujus hierarchiæ dignitas sit, primum ostendit ex ordinis locique sublimitate, secundo ab eximia puritate, tertio ex contemplandi præcellentia, ut quæ ex ipsamet Divinitate suas immediate illustrationes accipiat. Proprium enim est seraphim, in amore Dei ardere, et alios ad incendium divini amoris promovere, et ordinate diligendi formam tribuere : et quia immediate Deo junguntur, idcirco principalius et perfectius in ipsis sunt theophaniæ, et ad aliud extraneum amatum non divertunt. Cherubim quoque primo et principaliter relucent radio divini luminis, eo quod vicinius primæ veritati conjungantur. Horum officium est promovere alios ad divinam cognitionem : idcirco præ cæteris dicuntur lucere, quia plenitudinem, quam suscipiunt, aliis inferioribus communicando transfundunt. Throni vero dicuntur, eo quod in eis quodammodo Deus sedeat, et judicia sua decernat ; quare in his præcipue relucet rectitudo judicii divini. Hi quoque virtutem Dei, quam superne accipiunt, ad inferiores transfundunt.

§ III. Docet inferiores spiritus a superioribus, et supremos ab ipsomet Deo initiari ; et simul in exemplo, quod Isaias ponit de angelis circa Christi œconomiam illustratis, ostendit, quanta cum reverentia supremi illi spiritus illustrationem excipiant ; et quomodo per eamdem expientur, illuminentur, perficiantur. Locus autem Isaiæ, quem affert, est ex cap. LXIII, 1 : *Quis est iste, qui venit de Edom?* etc., ubi victoria Christi de peccato, mundo et dæmone, etsi mystica et incruenta fuerit, describitur tamen per modum victoriæ et cædis cruentæ. Hinc admirantibus angelis respondet Christus, stolam, id est vestem suam, non suo sanguine (etsi id multi magis sic, quam litteraliter, accipiant), sed inimicorum cruore esse fœdatam. Dicit etiam se eosdem virtute propria superasse, ac conculcasse quasi in torculari. Estque victoria non absimilis isti II Regum XII, quam sumpsit David de Ammonitis qui legatos violaverant, dum super eos ferrata carpenta transire fecit, quibus dissecarentur et contererentur. Figurate autem dicitur ibi Christus venire de Edom et Bosra civitate Moabitarum, quasi de hostium suorum regione ; quia Idumæi, posteri Esau, et Moabitæ, posteri Lot, acerrimi erant hostes Judæorum. Pro responsione ergo ait Christus, se esse Messiam, **58** qui justitiam et salutem, quam promisit, propugnando et expugnando comparavit.

§ IV. Exponit ex Ezechiele et Isaia, quo modo prima illa hierarchia assiduis Dei laudibus sit intenta.

ᵇ Ezech. III, 12. ᶜ Isa. VI, 3.

Quantam autem in adorando Deo reverentiam adhibeant, ostendit ex visione Isaiæ, qui c. vi, ait se vidisse Dominum specie scilicet aliqua corporea, quomodo a propheta in illo statu videri poterat, sedentem in throno; et super thronum, sive, ut Septuaginta habent, juxta, vel in circuitu, seraphinos alatos, scilicet sensibili etiam specie : *Sex alæ uni, et sex alæ alteri ; duabus velabant faciem ejus, et duabus velabant pedes ejus,* id est, *suos :* nam Hebræi pronomina reciproca a non reciprocis sæpe non distinguunt. Non igitur velare dicuntur faciem vel pedes Dei, quamvis id aliqui velint, sed præ reverentia faciem suam velabant et pedes suos, id est, femora, vel totam inferioris corporis partem; sicut cherubini ab Ezechiele visi velabant corpora sua [d], ne scilicet quid indecorum Dei vel prophetæ videntis oculis objiceretur. Tropologice seraphini ibi typum exhibent humilis et promptæ ac cæcæ obedientiæ, dum tecta facie atque oculis, quasi proprio judicio abnegato, et inferiori corporis parte tecta, per quam affectus designantur, duas alas expeditas retinent ad volandum, id est divina jussa peragenda. Vide plura in Opusculo S. Bonaventuræ de alis seraphim, ubi singularum mysticam explicationem tradit. *Et clamabant alter ad alterum,* id est, alternis vocibus, seu ἀντιφώνως ab his enim seraphinis didicisse Ecclesiam alternis vocibus psalmos decantare, tradit Damascenus in opere de Τρισαγίῳ, id est *Tersancto* : et hinc insinuat Dionysius, dum ait, ab iis hanc Deum celebrandi formulam sequentibus transcriptam esse. Hinc etiam Ecclesia in præfatione missæ dicit, *Et beata seraphim*. Ubi nota genus neutrum quo et Septuaginta utuntur ; cum tamen seraphim, uti et cherubim, sint terminationis et generis masculini, imo cum neutro genere Hebræi careant. Cujus rei fundamentum videtur esse, quod quatuor cherubini ab Ezechiele visi, speciem haberent animalium, ideoque ab eo cap. i, vocentur animalia, et consequenter vox ista, nunc masculino nunc neutro usurpatur, subintellecto scilicet vel non subintellecto nomine animalis. Jam vero cum hæc Isaiæ visio illi Ezechielis sit persimilis, vel etiam a quibusdam eadem putetur, hinc Septuaginta interpretes, quos sequitur Ecclesia, nomen cherubim et seraphim genere neutro efferunt. Exclamant autem, *Sanctus, sanctus, sanctus,* ubi quidam putant, Deum vel Christum tali modo Isaiæ apparentem τρισάγιον, id est, ter sanctum, a seraphinis appellari : sed alii communius et verius tenent cum S. Dionysio, in hac visione totius SS. Trinitatis imaginem prophetæ objectam fuisse : et ob Personarum quidem Trinitatem, ter sanctum, ob essentiæ vero unitatem, singulariter Dominum Deum vocari. Quod ex ipsomet Isaia probatur : Primo, quia c. vi, 8, ideo Deus de mittendo propheta quasi deliberans, dicit : *Quem mittam? et quis ibit nobis?* Secundo, quia Filium speciatim hic ab Isaia visum clare dicit sanctus Joannes cap. xii, 41. Sanctus Paulus vero Act. xxviii, 26, dicit hanc missionem factam esse a Spiritu sancto, ecce clare duas personas. Sanctus Damascenus vero dicit, etiam Patrem hic in solio sedentem apparuisse ; et satis id confirmat Epistola ad Hebræos, ubi generatim ait Patrem multifariam olim locutum per prophetas. Adde quod alioquin pauca sint in antiquo Testamento de SS. Trinitate testimonia.

PARAPHRASIS PACHYMERÆ.

§ I. Septimum caput, quod est de primo ac supremo ordinum ternione, seraphim et cherubim ac thronos complectitur. Hunc igitur, inquit, celebrantes, dicimus, omnem cognominationem ordinum cœlestium secundum nos quidem pronuntiari, sed in se uniuscujusque superlatæ proprietatis anagogen continere : non solum enim localiter et sensibiliter efformantur propter nostram imbecillitatem, verum etiam sensibiliter nominantur, quantum auditus capit. Si quis autem dicat, nominum quoque interpretationem ad captum auditus nostri proferri, atque insuper quid intellectuale esse ac sublimius (siquidem et nomen intelligimus, verbi gratia calefacientes, quinetiam ejus explicationem, quid significet calefacientes, recte scimus) : et si quis dixerit nomen ipsum magis sensibiliter efferri, quam nominis interpretationem ; primum quidem sciat facilius nomen capi quam ejus rationes, quoad intelligentiam, verbi gratia, facilius est pronuntiare nomen calefacientes, quam horum explicationem afferre ; atque hominem nominare facilius est, quam ejus definitionem tradere : illud enim sensu obvium, ad hoc vero ratione ac interpretatione opus est. Quid igitur novum, si etiam hic, tam nomine rerum cœlestium quam nominis explicatione sub sensum auditus cadente, nihilominus dicimus nos magis sensibiliter demonstrare aliquid per nomen quam per nominis explicationem? Atque hoc quidem primum. Secundum vero, quod denuo non

A tantum interpretationi immoramur, quasi nihil sublimius, quod cogitemus, habeamus ; verum etiam ipsam præterea interpretationem mente recondimus, et dum audimus nominari calefacientes, efficiendi et illuminandi facultatem, quam mente concipimus, interpretamur, ipsamque vim efficiendi atque illuminandi denuo ad sublimiorem contemplationem adducimus. Quapropter recte dicebamus quod non solum sensibiliter efformantur, verum etiam sensibiliter efferantur. Ac sanctum quidem nomen seraphim, ut lingua fert Hebræorum, vel incensores significat, vel calefacientes, quæ utique nomina et eadem sunt et diversa : eadem quidem, quoniam utraque ab igne desumpta, scilicet incendere, et quasi totum comburere (hoc enim declarat verbum ἐμπερῶ, id est *penetro*, *incendo*, quasi totum pervadens) et calefacere. Rursum vero diversa sunt, quoniam aliud est, totum comburere, et aliud tantum calefacere. Nomen autem cherubim significat *multitudinem cognitionis*, vel *fusionem sapientiæ*; quod nimirum multa cognoscant, idque sapienter ; et constanter, et non solum superficialiter, ac si quis dicat quæ confirmata sunt in semetipsis. Merito igitur prima distinctio ab excellentissimis essentiis sancte efficitur (hoc enim insinuat illud sanctificatur), quoniam ordinem habent omnibus superiorem, ut qui juxta Deum immediate collocatur (nam ante hunc nullus alius ordo est) et immobiliter manet, unde etiam in ipsum tau-

---
[d] Ezech. i.

quam vicinissimum, primitus initiatio seu perfectio derivatur. Primigenias autem apparitiones Dei vocat, quod in eis primum **60** operando vim suam exerant : comprehendunt enim divinam illustrationem, et evadunt sapientes; indeque ipsis illustratio est atque cognitio. Hinc etiam sex alas habere perhibentur, quod valde elevatæ sint : senarius enim numerus perfectus est, quod constet suis partibus, quæ sunt, dimidium, nempe tria; tertium, nempe duo; et sextum, nempe unum: tria autem, et duo, et unum rursum sex sunt. Cherubim autem multos oculos, tanquam multitudinem cognitionis, habent. Ejuscemodi itaque nominibus appellantur, secundum manifestationem ac declarationem habituum suorum, id est affectuum immanentium. Nam virtutes divinæ secundum habitum habent deiformitatem, habitus autem est qualitas immanens : ejuscemodi autem habitus essentiam suam habet secundum gratiam divinam, non autem est ut accidens in subjecto, propter eorum immaterialitatem et incorporeitatem, inde enim omnis tam compositio materialis, quam informitas materiæ, exsulat. Quamobrem dicere non possumus, quod primum in aliquo alio statu exsistentes, postea virtutes ejuscemodi acceperint (hoc enim compositorum est); neque quod informes essent materiæ, postea istiusmodi virtutibus adornatæ sint; sed ab initio tales divina gratia creatæ sunt. Quod clare patet cum ex ipso S. Dionysio, dicente sub finem quarti capitis *Hierarchiæ ecclesiasticæ*, istiusmodi habitus esse substantiales; tum etiam ex eo quod is qui cecidit, virtutibus abjectis, ad alium, ut ita quis dixerit, naturæ statum sit translatus, obscurum scilicet, et invidiæ malitiæque plenum, atque divinæ et angelicæ instituto contrarium : istiusmodi enim angelorum habitus substantialis est, non secus atque ignis secundum habitum adustio est. Nomen itaque seraphim explicamus, quod sit ignis semper mobilis , calidus, subtilis (quoniam etiam ipsius lapidis poros penetrat), qui inferiora sursum elevat, uti perspicuum fit ex exhalationibus, quomodo calore solis attollantur : qui sui similitudinem appropinquantibus ingenerat, propinqua enim omnia ignita reddit, penitus adurit, purgat : qui abscondi nequit, luciformitatem et illuminandi vim inexstinctam obtinet, et procul tenebras propellit. Hisce habitibus supermundialiter præditi sunt seraphim : indefessi sunt et supra quam ferventes, et ad Deum incessabili semper motu cientur inferioresque ordines adducunt, ac reipsa suscitant, et ad consimilem **61** fervorem divinumque desiderium excitant et informant, et omnino ignite purgant, atque formam lucis quam ex Deo habent, et illuminandi vim qua cætera illuminant, inabsconsam et inexstinctam possident; divinum enim desiderium illis est vice materiæ; et omni obtenebratione superiores sunt, ut qui divino splendore sunt succensi.

Cherubim autem nominati sunt, secundum rationem nostræ cognitionis : siquidem notitia nostra etiam intelligens est a se, et externam suscipit disciplinam. Sicut enim ignoratio duplex est, una nimirum negativa, ut quando aliquid non cognoscimus, scimus autem nos id non nosse, quam simplicem vocant ignorantiam; alia vero est habitualis, quando ignorantes decipimur, et putamus nos intelligere neque idipsum agnoscimus quod non sciamus; quam idcirco duplicem ignorantiam appellant, cum quod ignoret, tum quod idipsum nesciat se ignorare : sic etiam cognitio duplex, una quidem quia cognoscit, secundum quod cognoscens appellatur; alia vero quia discit atque accipit notitiam, et agnoscit quid prosit, secundum quod etiam gnara dicitur. Est insuper cognitio nostra speculativa, ut quæ superiora se scrutatur : est etiam communicativa, ut quando illarum, quibus plena est, scientiarum disciplinam in alios, qui ea indigent, transfundit. Hæc etiam omnia habent cherubim : intelligunt ac contemplantur divinam claritatem, cognitione moventur ad id quod vere est amabile, nec non illustrationem accipiunt a Deo per virtutes ipsis anteriores, et divinam scrutantur pulchritudinem, in virtute nimirum primigenia, secundum quam præ cæteris primo loco una cum thronis ac seraphim hauriunt apparitionem. Hi enim tres ordines una quædam sunt hierarchia, et primigeniam in omnibus virtutem sortiuntur : omni enim tam invisibili quam visibili virtute majores sunt primi tres isti ordines. Sunt cherubim etiam communicativi, eam, qua repleti sunt, sapientificam distributionem inferioribus instillando profusione sapientiæ suæ.

Agedum, etiam sanctorum et sublimissimorum atque excelsorum thronorum nomen consideremus. Thronus sublimis a terrenis elatus, thronus sursum ferens, et sessores suos constanter ac compacte sursum ferri faciens : thronus est capax illius quem fert, et receptaculum sessoris sui. Idem in sanctis istis thronis considerare **62** licet : eximuntur enim ab omni humi reptatione, et ad anteriora sursum efferuntur, ita ut nulla illos teneat abjecta propensio vel instinctus, et ad inferiora nutus. Verumenimvero nota quod noster thronus sursum ferri faciat sessorem suum ; sanctissimos autem thronos ab eo quod sursum ferantur denominari, et indeficienter in sublimi habitare, et juxta Altissimum inconcusse collocari, et divinum illapsum excipere. Verum absque passione hæc intellige, et immaterialiter (id est enim *supermundialiter*), ne quis illam ad anteriora viam esse corporalem existimet, ne in iis Deus circumscribi videatur. Et deiferi sunt, non substantia, sed gratia, et ministrorum more prompti ad divinas susceptiones. Illud vero deiferum dixi non substantia, quia et beatus Basilius carnem dixit esse deiferam; sed caro Domini secundum substantiam, et secundum hypostasin unita ipsi erat Verbo Deo, tanquam quæ ferebat Deum Verbum secundum unionem inseparabilem, proprie ac vere ipsius caro, et dicta et exsistens; throni vero non secundum substantiam, sed secundum gratiam, ut dictum est, habentes Deum in semetipsis ineffabili ratione, deiferi nuncupantur.

§ II. Hæc quidem, quantum effari possumus, et pro facultate nostra, nominum ipsorum est explanatio declaratioque : post hæc vero dicendum, quam hierarchiam et mystagogiam eorum existimemus. Illud namque, omnis nimirum hierarchiæ scopum, sive nostram quis dixerit sive cœlestem, ex Deum imitante deiformitate indeclinabiliter dependere, atque omnem sacerdotalem functionem in hæc duo, scilicet participationem et transfusionem, dividi (siquidem primum participamus, ac deinde transfundimus, tam nos quam angeli. Quid vero participamus, aut quid transfundimus ? omnino puram et immaterialem expiationem, sive divinum lumen, sive perfectivam mysticamque scientiam : primum enim expiamur, deinde illuminamur, ac tandem scientia perficimur atque deificamur ; eodem utique modo primum expiamus, deinde illuminamus, tandemque scientifice perficimus), sufficienter est demonstratum : nunc autem opto digne de rebus propositis disserere, quo modo nimirum illorum hierarchia ex sacris divinisque litteris nobis declaretur. Primis essentiis, quæ post divinam illam substantificam atque creantem naturam collocantur, et quasi in vestibulis ejus depositæ sunt, omnemque **63** superant creatam visibilem et invisibilem naturam, primæ, inquam, divinarum virtutum distributioni, propriam et in omnibus æqualem hierarchiam esse putandum est. Deinde ponit hujus hierarchiæ proprietates, quomodo puræ sint, quomodo contemplativæ, quomodo perfectæ, per excellentiam videlicet, et non secundum hominem, ut propria naturis iis hierarchia sit. Puræ itaque sunt, non secundum hominem : apud homines enim puri dicuntur, vel qui a maculis et inquinamentis expiati sunt, vel qui sic manent a nativitate, ut materiales nullas phantasias admittant. Primæ itaque virtutes non hoc modo puræ nominantur, sed ut sublimiores et excelsiores omni dejectione inquinante, atque omni transcendentali sacraque puritate sanctiores, secundum sublimissimam et incomparabilem puritatem. Et, sicuti lux in illuminantibus virtutibus collocatur, et non est alia magis propria virtus lucis, si non apparet; sic etiam hæ inter maxime deiformes virtutes supercollocantur, ac perseverant secundum immutabilitatem suam, quam Dei gratia obtinuerunt. Quod sic intellige, non quasi a natura sint immutabiles (nam immutabilitas soli Deo a natura competit), sed quod, præ ingenti ad bonum propensione, ad numen divinum conversæ, hoc modo permanserint, immutabilitatem quasi habitum obtinentes : hæc enim illarum est in Deo amando immutabilitas. Ex eo itaque quod Deum totaliter ament, suum semper eodem modo se moventem ordinem tenent, quem quodam modo immutabilem, et constantem, et eodem modo habent : motiones autem illis sunt, indesinentes intellectionum operationes; mentes enim sunt quæ nunquam silent. Vox autem ἀντεχομένας, id est perseverantes, scribitur etiam ἀνεχομένας, id est sustinentes; sustinent autem quia neque satietatem, neque gravedinem, neque vertiginem habent, ex eo quod semper circa idem moveantur, uti nobis accidit, juxta tritum illud : *Omnium variatio dulcis est;* verum ipsæ constanter quidem ordinem suum tenent, et in deterius imminutionem omnino non agnoscunt; sed inconcussam semper et immobilem deiformis suæ proprietatis sedem habent, rebus nullis vilioribus admistam, neque cum contrario habitu et operatione. Dixit quomodo puræ sint; nunc quomodo contemplativæ sint pandit; quoniam etiam hoc non secundum hominem : siquidem hominibus contemplantes dicuntur, qui mysteria contuentur per **64** ea quæ symbolice dicta vel sensibiliter perfecta sunt circa Deum. Sancti autem quasdam apparitiones Dei habuerant, cum per sensilia symbola, sicut Abraham et Jacob; tum per intellectilia, sicut quidam e prophetis, qui dixit : Et ecce plena gloria domus Domini ᵉ, quænam enim esset gloria ista, mente percipimus. Non sic utique cœlestes virtutes contemplantur, neque varietate scripturisticarum contemplationum ad divinum numen adducuntur; sed contemplativæ dicuntur, tanquam adimpletæ lumine sublimiori : neque tantum sensibili, verum omni immateriali cognitione plenæ, ejus quod vere ac proprie bonum est, divina, inquam, contemplatione sanctissimæ Trinitatis : ipsius quoque Jesu communione gaudent, participatione, inquam, gloriæ ac splendoris Christi corporis; siquidem una cum carne Patri assidet, ut Filius et Verbum ejus. Cum autem universim hierarchia definita sit sacer ordo, et scientia, et operatio, accedens, quantum fas est, ad deiformitatem, nec non, insitis sibi divinitus illustrationibus, proportione quadam ad Dei adducta imitationem considera hic illam hierarchiæ partem, quæ est scientia sive contemplatio, quomodo ad deiformitatem componatur, et quonam modo ad imitandum Deum adducatur : utique non in imaginibus sacro modo fictis, prophetarum more, divinam exprimentibus similitudinem, ac deiformitatem conformantur (Græce ἀποτυποῦσι, pro ἀποτυποῦσαις, masculinum pro feminino posuit, Atticorum more, sicut κλυτὸς Ἱπποδάμεια), sed dicuntur contemplantes, tanquam ipsi vere appropinquantes, sine sacris efformationibus, hoc enim est in primaria participatione cognitionis, quasi immediate et citra symbola similitudinem effigiantia. Quid enim illis conferat sapphirus, et electrum, et quidlibet generis ejusdem, ad divinæ corusca-

ᵉ Ezech. xliii, 5.

tionis contemplationem, cum ejus immediate participent cognitionem? Quomodo autem cognitio atque contemplatio ad deiformitatem assimilat cognoscentem? quia contemplans admiratur, admirans desiderat, desiderans expiatur, expiatus vero pro conditione cœlestium essentiarum cognoscit expiationem, et, sicut supra dictum est, deiformis efficitur, et ad deiformitatem assimilatur. Quomodo vero etiam ad Dei imitationem adducantur, tradit. Hoc ipsum vero etiam iis donatum est, ipsumque participant, non in totum, sed quantum fas est amicis ejus virtutibus. **65** quæ juxta prophetam cœlum obtegunt, contemplantibus, ad quas per contemplationes adducuntur, in primæva scilicet virtute; nam illustrationem aliæ per alias accipiunt a Deo, sed ad ipsum intentionem, et contemplationem, et affectum ita dirigunt, ac si omnes essent primæ, vel in primævo ac primo quasi ordinato; primæ enim ipsæ ordinatæ sunt. Similiter iterum, etiam munus transfundendi illustrationem in inferiores, et in homines minime cum invidia vel aliqua tenacitate faciunt, sed sine livore et luculentissime, ac si omnes essent primæ quæ illustrationem excipiunt: istiusmodi namque in egenos et dignos distributio, divina quondam dicebatur imitatio; uti etiamnum dicitur, quod secundum hoc amicis Dei virtutibus communicent. Quemadmodum enim ea quæ Deum decet pulchritudo communicat secundum dignitatem lumen suum; ita etiam hæ sine invidia plenissimeque in eos qui merentur distribuunt illustrationem. Demum dicit, quomodo divinæ virtutes perfectæ nominentur. Cum itaque nos perficiamur per peritiam resolvendi, explanandi scilicet et explicandi, et adducendi sacram varietatem, symbolicorum videlicet spectaculorum, institutionis, divinæ virtutes nequaquam hoc modo initiantur, sed quasi a prima, et nequaquam mediis signis, supereminente deitate replentur, secundum illam summam scientiam operum Dei, quem et omnis hierarchia præceptorem scientiæ atque operationis habet. Quales porro sunt divinæ scientiæ et operationes? expiare, illuminare, perficere, quemadmodum in angelis dixit, quoniam etiam in hominibus ista fiunt; verum in his per aliam disciplinam traditur illuminatio atque perfectio. Hæ vero virtutes supremæ non ab aliis quibusdam sanctis spiritibus, sed ab ipsamet divinitate sacris initiantur, dum in ipsammet immediate in virtute ordineque suo extenduntur; non enim ex ordine solum habent quod ad Deum extendantur, verum etiam ex virtute. Hoc enim est quod etiam Gregorius theologus ait: Nescio utrum ex splendore habeant ordinem, an ex ordine splendorem; etenim virtutem habent supereminentem, et ordinem eminentissimum et sublimissimum. Et idcirco, quatenus quidem virtutem habent, in eo quod omnino purum et inconcussum est stabiliuntur, et non conquassantur; hoc enim est ἀῤῥεπές; seu constans; quatenus vero ordinem habent sublimissimum, ad intellectilem decorem ac contemplationem adducuntur. Quantum **66** autem fas et possibile est, scientificas etiam divinorum operum rationes, tanquam primæ et quæ juxta Deum sunt, ab ipsomet initiandi principio, id est Deo, erudiuntur.

§ III. Hoc etiam prophetæ perspicue declarant. Quale hoc? quod nimirum primi ordines ex Deo immediate collustrentur inferiores vero per superiores. Scripturisticas itaque dictorum affert demonstrationes; quod aliqui quidem theologorum prophetarum inferiores introducant a prioribus edoctas, eum qui humana specie ad cœlos assumebatur, dicentibus cum interrogarent : *Quis est iste Rex gloriæ* [f]? sicut in vicesimo tertio psalmo David ait : *Dominus virtutum ipse est Rex gloriæ*; alii personas earum inducunt circa ipsum Dominum dubitantes, ac discere cupientes mysterium dispensationis nostræ, quod opus Deo competit; quoniam nostra dispensatio, Dei operatio est : vere enim Dei opera erant quæcunque ad nostram spectabant dispensationem. Hinc Isaias ait : *Quis est iste qui venit ex Edom* [g]? et: *Quare rubra sunt vestimenta tua* [h]? illud ad semetipsas, hoc ad Christum Salvatorem dixisse; quibus Salvator ipse per se prima largitione, et non per alium, manifestat suam humanam beneficentiam. *Ego* enim, inquit, *qui loquor justitiam, et judicium salutaris* [i]. Hactenus, sanctus cum hic introducat Virtutes interrogantes, non aliquos alios ordines inferiores, sed ipsosmet supremos ac primos qui etiam immediate divinas disciplinas excipiunt. Miror, inquit, quomodo etiam ipsæ primæ cœlestium essentiarum, tantumque cæteris præstantes, divinarum illustrationum desiderio ita reverenter afficiantur, ut discant etiam ab invicem ac si medii ordinis essent, quæ a sublimioribus illustrationem accipere deberent. Etenim mediæ, ut dicebamus, contemplationem quidem et ipsæ indeficientem ad Deum habent, propensionemque : quod autem contemplantes dubitant, hoc a sublimioribus addiscunt, veluti si quis toto quidem cordis affectu feratur in regem, de eo autem quod videns dubitabat solutionem accipiat a præfecto. Idem omnino etiam hic apparet, ac si Virtutes essent medii ordinis, et viderent quidem ascendentem, dubitantes autem solutionem peterent ab aliis, secundum ordinem quem divinæ Virtutes habent; neque enim illico, inquit, Dominum interrogant : *Quare rubra sunt vestimenta tua?* sed prius secum hæsitant attonitæ, dicentes : *Quis est iste qui* **67** *ascendit de Edom?* Admirans tandem Sanctus ipse, dubium solvit, aiens, declarari quidem illas discendi avidas, et desiderare scire divinam operationem, modum, inquam, ineffabilem dispensationis, attamen divinam indultæ sibi illustrationis processionem

[f] Psal. xxiii, 10. [g] Isai. lxiii, 1. [h] Ibid., 2. [i] Ibid., 1.

minime prævenire, quod nimirum, licet forte primus ille Virtutum ternio hæsitaret, non tamen illico dubitaret circa Dominum, quoniam futurum erat, ut illustrationis processus secundum ordinem obtingeret supremis illis tribus ordinibus. Quid igitur mirum, si cherubim accesserint ad seraphim, vel hi ad thronos ; cum futurum esset, ut his prima illustratio obtingeret, atque ita per eos cherubinis. Ut quid igitur prævenirent, et non secundum divinam processionem illustrationem exspectarent? Absolvit deinde suam quæstionem. Erat autem hæc, quam putaremus esse hierarchiam primarum essentiarum. Prima igitur cœlestium intelligentiarum hierarchia non ab alia virtute, sed ab ipsomet initiandi principatu mystica divinaque illustratione consecrata gubernataque, hoc ipso quo ad primarum istarum mentium cœlestium hierarchiam subrigitur, sanctissima quidem purgatione referta expiatur, et immenso infinitoque lumine denuo repleta, illustratur, perfectissimaque consecratione iterum plena, secundum ordinis conditionem perficitur. Hanc enim hierarchiam supra vocabamus expiationem, illuminationem, et perfectionem seu consecrationem. Est autem istiusmodi primarum mentium cœlestium hierarchia, omnis cum vilitatis tum subjectionis expers (siquidem throni eminent) et primæ lucis plena, quoniam incensores appellantur seraphim ; nec non primæ scientiæ cognitionisque particeps, ut ex nomine patet cherubini. Verum enimvero haud proprie hæc cuilibet conveniunt, sed omnia singulis secundum ipsis a Deo datam gratiam. Et propterea primum thronorum proprietatem exposuit, secundo loco seraphinorum, et postea medio loco cherubinorum, ita ut medius quodammodo ab extremis concludatur, unusque ordo fiat. Quocirca etiam dicitur sublimitas eorum omnis dejectionis expers, et lumen primum, et scientia primitus data ; quoniam tres isti ordines in unum coeunt, et unus quidam perficitur ternarius, qui in communi possidet elevationem, supra omnem submissionem sublimitatem, primarium lumen, et primitus datam cognitionem. Hoc **68** igitur modo de prima dispositione sentiendum est, quia tres isti ordines in unum coadunantur, et quæ proprie per gratiam indulta sunt, in communi primarioque possident. Atque hic ordo primus nuncupatur, uti ex hujus septimi capitis inscriptione videre licet : primam enim hierarchiam trium horum simul ponit. Ecquid, inquit, dico, quod expiatione plena expietur, et illustratione plena illuminetur, consecrationeque plena perficiatur? Hoc enim extensam habet operationem, et quasi imperfecti cujusdam motus sensum ingerit. Verum summatim dico, et forte non immerito, id ipsum esse appropinquare et communicare divinæ scientiæ. Scientiam autem vocat hæc tria, scilicet expiationem, illuminationem, perfectio-

nem ; quoniam secundum habitum, vel potius supra habitum, ineffabiliter ista sunt in Deo. Ipsamet itaque participatio divinæ scientiæ, expiatio est, et illuminatio atque perfectio, ignorantiam quidem expians notitia perfectiorum institutionum secundum ordinem status (nam alias perfectiores institutiones habent seraphim, et alias angeli ; fortassis enim perfectiores ac sublimiores illustrationes quas angeli habent, easdem seraphim divina gratia habitualiter continent), illuminans vero ea ipsa notitia, qua expiat, virtutem illam, quæ prius non cognoscebat ea quæ nunc cognoscit per sublimiorem illustrationem ; atque perficiens rursum eodem lumine in scientia habituali sublimiorum et illustrissimarum intelligentiarum. Tu vero considera quomodo cœlestis virtus cognitione et expietur et illuminetur, in illuminatione autem, quando secundum habitum illuminata fuerit, immutabilisque et invariabilis in ea permanserit, perficiatur. Ut quid autem habituali expiatione quoque non perficitur, sed tantum in habituali illuminatione ? quoniam expiatio quidem purgat ignorantias et non omnis expiatus statim ad summum pervenit, sed expiatum illuminatio superveniens perficit, ea nimirum quæ perfectior est illuminatio et illustratio. Istiusmodi enim est et illud : *In lumine tuo videbimus lumen* [k], nempe in illuminatione perfectionem.

§ IV. Hæc itaque, secundum meam quidem speculationem ac notitiam loquendo, est ea quam et scientiam appellat a propositis circa cœlestes virtutes rationibus ; quoniam habituali scientia res præclarissimas edocetur illa prima cœlestium essentiarum distributio, quæ in **69** circuitu Dei ac circa Deum immediate consistit. Atque notandum quod theologia divinis virtutibus tribuat non rectam, sed in circuitu stationem, juxta illud : *In circuitu ejus tabernaculum ipsius* [l]. Motum autem etiam orbicularem tribuit, et rectum, et obliquum, ut in capite quarto libri *De divinis nominibus* tradit : orbicularem quidem, quando principio carentibus pulchri bonique splendoribus uniuntur, et ad Deum vergunt : rectum autem, quando ad inferiorum providentiam procedunt, tunc enim recte ad ea tendunt ; obliquum vero, dum inferioribus consulentes, individuæ suæ immanent identitati, circa causam identitatis pulchrum et bonum incessanter circumgyrantes. Ille enim angelorum circuitus, est perpetua Dei cognitio, quæ perpetuo motu circulariter in eodem stabilita est, juxta illud Isaiæ : *Et seraphim stabant in circuitu ejus*; et prosequendo ait : *Et duabus alis volabant* [m]. Quomodo itaque stant simul et moventur ? manifestum utique, quod in eodem quidem consistant, moveantur vero ad illam illustrationem. Quemadmodum enim universum hoc, ut sic dicam, eo ipso dum circulariter movetur, pariter perpetuo mobile est, et immobile ; immobile quidem, secundum totum, non enim de

---

[k] Psal. xxxv, 10. [l] Psal. xvii, 12. [m] Isa. vi, 2.

loco ad locum migrat; perpetuo vero mobile, secundum partes : ita coelestem quoque circuitum intelligit; nam et ipse quoque perpetuo motu stabilitur, ac si fixus maneret circa idem semper conversus, eoque vergens, quod nunquam fit in motu recto. Cum itaque ad divinum Numen hoc modo semper vergat, multas quidem et beatas videt contemplationes, idque pure secundum habitum suum, non secundum divinorum radiorum evibrationem, ut in se sunt, quandoquidem hi quoque obvelentur, secundum Scripturas prophetarum. Sed sicut is qui sanos habet oculos, solem pure videt omnino secundum suum habitum, nullo quantum est ex parte oculorum ejus impedimento interveniente; sed si quod obstaculum sit, id accidit emissioni radiorum solis, ut quæ nequeat plene oculis se immittere : idem cogita etiam in virtutibus divinis. Atque ita quidem pure contemplationes intuetur, illustratur autem simplicibus et immediatis coruscationibus, et nequaquam mediantibus symbolis quæ prius vocavit compositiones. Satiatur porro divino cibo, multo simul, et uno : multo, **70** secundum diffusionem ; uno, quia minime varia est et unifica comestio. Comestio autem cibusque angelorum, est illustratio et eruditio ; si enim etiam eruditio cibus nutrientis appellatur, juxta theologum magnumque Gregorium , multo magis etiam eruditio cibus eruditi dici possit. Quomodo autem hæc comestio minime varia et unifica ? quia simplex est, et non ex aliis atque aliis composita, modo quidem forte dulcibus, modo vero non talibus, sed tota dulcis est, et bona, et deifica, et omnino nesciens vertiginem, sicut etiam ante dicebamus. Neque vero minoris momenti est, circularem motum cognoscere. Dicimus itaque quoad intellectum, quidlibet intelligere vel ut intellectus est, vel in quantum habet intellectum. Qui quidem intellectus est, primario intelligit; qui vero intellectum habet, secundario intelligit. In quantum itaque intelligit ut intellectus est, dici posset moveri ; in quantum vero actu reflexo se recolligens semetipsum intelligit, et id a quo proficiscitur, circularis motus intelligitur. Itaque cum ex Deo volente profectus sit, circa Dei desiderium et dilectionem, tanquam circa centrum, versabitur : non enim uniuntur secunda prioribus, sed quod factum est, cuidam choreæ comparatur, dum nimirum ea quæ producta sunt, productores suos complecti cupiunt ; solum autem in circuitu congregantur, atque inde pulchritudine replentur. Quod itaque intelligendo ad id, a quo processit, convertitur, circularis motus intelligentiam introducit. Cum igitur divinum Numen sit ubique, ea quæ ubique ipsum insequuntur, ipsumque semper intelligere desiderant, in hoc exsultant, et choreas ducunt, utpote intelligendo circumgyrantia. Dicitur itaque mens in semetipsa

esse, et ad se ipsam properare : atque eo quidem quod in se ipsa est, statum habet ; in quantum vero ad semetipsam properat, movetur, nolens effundi in terrenas et alienas a se intelligentias ; itaque secundum id quidem quod se movet, movetur, secundum substantiam autem statum, sed non motum habet. Est igitur etiam in divinis coelestibusque mentibus impetus quidam ac motus, illud ad divinum Numen desiderium, atque illa circum ipsum, tanquam circumcirca centrum, chorea, non secus ac circuli circum punctum seu centrum a quo deductus est. Enimvero etiam secundum **71** necessitatem naturalem res quælibet circa Deum choream ducit, dum causam suam ambit secundum esse. Hoc utique modo circum Regem omnium sunt omnia, et propter ipsum sunt universa, ipseque auctor est omnium bonorum. Quando aliquis ad Deum vergit, multa ejus communione cooperationeque dignus efficitur, per eam quæ cum ipso fieri potest assimilationem : cum enim in Deo habitus est et operatio, scilicet puritas et expiatio, lumen et illuminatio, perfectio et id quod perficit (quorum alterum quidem habitus est, alterum autem operatio), mens quoque bonorum habituum communione digna redditur, ut et ipsa per gratiam pura, lux, et perfecta sit ; quin et in partem venit cooperationis, dum et ipsa purgat, et illuminat, et perficit ; multa quoque cognoscit, sed eminenter, et non secundum hominem, et, quoad fieri potest, divinæ scientiæ cognitionisque particeps efficitur. Quamobrem quod multa cognoscat, hymnos quoque theologia terrigenis tradidit : nisi enim credidissent, nequaquam laudes cecinissent, et nisi secundum superiorem partem illustrati fuissent, nequaquam vox eorum sensibiliter loquendo, fuisset quasi vox aquarum multarum, clamant enim juxta divinissimum Ezechielem, *Benedicta gloria Domini de loco suo* [n] : atque alii celeberrimum illud venerationeque plenissimum divinæ laudis canticum proclamant : *Sanctus, sanctus, sanctus Dominus Sabaoth, plena est omnis terra gloria tua* [o]. Has autem sublimissimas coelestium virtutum hymnologias jampridem in tractatu *De divinis hymnis* examinavimus et explicuimus, ibidemque de iis satis superque pro modulo nostro dictum est : e quibus sermonibus sufficiat in præsentiarum hoc dixisse, quod prima distributio divinum hoc laudum canticum, quoad fas erat, per illustrationem a divina bonitate acceperit, ab ea, inquam, theologia seu divina bonitate, quæ etiam boniformis hierarchia et ordo exsistit. Dicitur enim hierarchia non tantum ipsemet eorum habitus, et scientia, et operatio, sed etiam ipsamet distributio : sicut sacerdotium ipsamet dignitas, et qui eam participant ; ita dicimus, sacerdotium hoc et illud beneficium accepit, et hoc et illud passum est. Itaque ordo istiusmodi ac dis-

[n] Ezech. III, 12. [o] Isa. VI, 3.

* Desideratur.

tributo, tanquam boniformis, theologiam hanc inferioribus transmittit : siquidem hæc est boniformitas, **72** ut quis alios boni sui participes efficiat. Transcripsit, inquam, illud explicando, ut sic dicam, per epitomen et summatim; quod omnino æquum et justum sit, ab omnibus Dei capacibus virtutibus cum sciri, tum decantari, quoad fieri potest, ipsam venerandam, et supra quam laudandam, omnique laude dignam Deitatem, ut uno motu per omnia glorificetur : siquidem hi sunt divini loci Deo convenientes, in quibus requiescit, quemadmodum in sacra Scriptura dicitur : *Qualem domum ædificabitis mihi ? dicit Dominus ; vel quis locus requietionis meæ* P ? Ita nimirum ut ipse possideat sanctas istas beatasque naturas tanquam locos capaces splendoris sui ; sicut enim locus capax est corporis, sic et ipsæ divini splendoris. Quomodo autem, dicente Scriptura ubique Deum esse incircumscriptum (ut cum ait, cœlum esse sedem ejus, terram autem scabellum q ; et iterum : *Statuit colles statera, et terram pugno* r; et rursus, *Si ascendero in cœlum, ades ; si descendero in infernum, illuc manus tua* s), qualem locum Ezechiel Deo excogitavit? Deo digne hoc intelligitur : dicit enim etiam in Evangeliis Dominus : (Ego et Pater) *veniemus, et mansionem apud eum faciemus* t : ita ut etiam Virtutes spirituales atque animæ sanctorum, merito locus ac requietio Dei nuncupari possint. Ex more communi desumpta hæc est locutio. Quin et illud quoque prima distributio sequenti se boniformiter manifestat, quod nimirum monas unitasque quæ tribus inest Personis, sit beata sanctissimaque Trinitas, et unitas, quæ optimam suam providentiam, ab ipsis primis naturis cœlestibus in res omnes usque ad minimam diffundit ac transmittit, juxta illud : *Imperfectum meum viderunt oculi tui* u, tanquam omnis substantiæ principium superprincipale, et super omne principium exsistens causa, atque res omnes superessentialiter continens incomprehensibili complexu. Incomprehensibilem autem complexum vocat, eminentem omnino continentiam, et quæ a rebus contentis attingi nequeat : siquidem divinum Numen cum omnia circumdet, et optima sua providentia contineat, insuper ab omnibus, secundum naturam suam, superessentialiter exemptum est; quia nihil est eorum quæ sunt, sed omnibus istis incomparabiliter sublimius. Porro sancta beataque Trinitas monas etiam est et unitas : monas quidem, utpote simplex **73** et incomposita ; unitas autem, quoniam etiam ad seipsam naturaliter unitur, unitque omnes sibi propinquantes, juxta quod dictum est in Evangeliis : *Ut sint unum, sicut et nos unum sumus* v.

CAPUT VIII.

De dominationibus, virtutibus et potestatibus, et de media earum hierarchia.

SYNOPSIS CAPITIS.

I. *Explicat quid significent dominationes, virtutes ac potestates; et quanam ratione media ista hierarchia initietur seu illustretur.* II. *Exemplo declarat, quomodo illustratio a superioribus spiritibus ad inferiores derivetur.*

§ 1. Modo nobis transeundum est ad mediam cœlestium spirituum distinctionem, dominationes istas supermundanis oculis, prout possumus, contemplando, una cum potentibus revera spectaculis divinarum potestatum atque virtutum : quælibet enim naturarum appellatio supernarum, Divinitatis imitatrices earumdem deiformes denotat proprietates. Nomen itaque quod sanctas designat dominationes, existimo declarare absolutum aliquem et ab omni terrena utilitate liberum ad superna transitum, nullaque penitus tyrannica dissimilitudine ullo modo inclinatum, sed liberaliter severam dominationem, quæ omni abjecta servitute celsior, omni dejectione superior, et ab omni dissimilitudine remota, verique dominatus, necnon principii dominationis jugiter avida, cum ipsa se, tum sibi subdita ad genuinam ejus similitudinem, quoad potest, benefice transformat; et ad nihil eorum quæ inaniter apparent, sed ad id quod vere est totaliter conversa, Dominicæ semper deiformitatis particeps exsistit. Sanctarum autem appellatio virtutum, fortem quamdam et inconcussam denotat virilitatem, in omnes deiformes earum actiones redundantem, ne quidquam admittant, quo ipsis insitæ divinitus illustrationes imminutæ deficiant; quæ magnis viribus ad Dei nititur imitationem, neque motui divino ignavia sua deest, sed constanter ad superessentialem ac potentificam virtutem intuens, nec non ipsiusmet virtutis, quantum fas est, effecta simulacrum, ad eamdem quidem ceu virtutem principalem, valide convertitur, ad **74** ea vero quæ posteriora sunt, virtutem iis suppeditando, deiformiter dimanat. Porro sanctarum nomen potestatum, coæqualem divinis dominationibus virtutibusque distributionem signat, et inconfusum divinis rebus excipiendis ordinem, nec non intellectualis ac supermundialis potestatis dispositionem, quæ nequaquam tyrannice in pejus potentiæ suæ viribus

p Act. vii, 49. q Isai. lxvi, 1. r Isa. xl, 12. s Psal. cxxxviii, 8. t Joan. xiv, 23. u Psal. cxxxviii, 16. v Joan. xvii, 22.

abutatur, sed et ipsamet animo invicto apte ad divina dirigatur, atque se sequentia benignissime promoveat, et ad potentificæ potestatis principatum, quantum fas est, accedat, eumdemque, prout valent angeli, præclarissimis potestativæ virtutis suæ functionibus illustret. Deiformibus hisce freta proprietatibus, media illa cœlestium intelligentiarum dispositio purgatur, et illuminatur atque perficitur, eo modo quo dictum est, divinis illustrationibus, per primum ordinem hierarchicum secundo sibi loco inditis, perque ipsum medium, secunda manifestatione diffusis.

§. II. Dictam itaque notitiam, quæ ab uno angelo in alterum derivatur, indicium faciamus perfectionis ejus quæ eminus procurata, progressu ac profusione subobscure ad inferiores pervenit. Quemadmodum enim sacrorum nostrorum mysteriorum periti, seipsis apparentes divinorum luminum expletiones præstare censent iis, quarum aliqui aliorum interjectu participes exsistunt : similiter existimo, angelicorum ordinum, qui primi in Deum extenduntur, immediatam illustrationem perspicaciorem esse participatione illorum qui per medium perficiuntur. Hanc ob causam quoque primæ intelligentiæ in sacerdotali nostra traditione, perfectivæ ac lucificæ, expiatoriæque virtutes nominantur earum quæ inferioris ordinis exsistunt ; quippe quæ per illas ad superessentiale omnium principium subvehantur, atque mysticarum expiationum, et illuminationum, perfectionumque, quoad iis fas est, participes reddantur. Hoc enim universim divina ordinatione divinitus statutum, ut quæ secunda sunt, per prima divinas participent illuminationes. Quod utique multoties a theologis expressum reperias : nam, cum divina paternaque clementia populum Israeliticum, conversionis ejus ac salutis ergo, corripuisset, ultricibusque ac crudelibus nationibus corrigendum tradidisset ; ut quos provide gubernabat, omni modo ad meliorem frugem adduceret, a captivitate 75 quoque liberos ad pristinam fortunam benigne revocavit. Theologus quidam nomine Zacharias visu percepit, primorum quemdam, ut opitulator, ex iis qui Deo proximi sunt angelorum (communis enim, uti dixi, omnibus angelica cognominatio est) ab ipso, sicut dictum est, Deo hac ipsa de re verba consolationis percepisse : alterum autem ordinis inferioris angelum, obviam priori, lucis capiendæ ac participandæ causa, præcedentem, cum ab eodem deinde divinum consilium, tanquam a sacerdote summo, percepisset, illud ipsum ex imposito munere theologum docuisse, fore ut Jerusalem frugifera a magna hominum multitudine incoleretur. Quidam alius item theologus Ezechiel, hoc a Deitate ipsa supergloriosa, quæ cherubim transcendit [x], sacrosancte sancitum asserit : Israeliticum enim populum eum, ut dictum est, clementia paterna per disciplinam ad frugem traduceret meliorem, æquitate Deo digna reos ab insontibus secernendos censuit. Hoc primus secundum cherubim docetur ille, cujus renes sapphiro præcincti erant, quique talari veste, pontificatus insigni, amiciebatur. Cæteros exinde angelos securibus armatos, a priori illo divina jubet ordinatio divinum hac de re judicium edoceri : huic siquidem præcepit, ut per mediam Jerusalem transiret, atque signum insontium virorum frontibus imprimeret ; aliis autem ait : *Exite in civitatem post eum, et percutite, et nolite parcere oculis vestris ; ad omnes autem super quos est signum, ne appropinquetis* [y]. Quid autem de illo dicat quis angelo, qui Danieli ait : *Egressus est sermo* [z] ? aut de primo illo, qui ignem de medio cherubim accepit ? vel, quod angelicam luculentius confirmat distinctionem, de cherubim ignem ingerente in manus ejus qui stolam sanctam indutus erat ? aut de illo qui Gabrieli divinissimo, cum eum accersisset, dixit : *Fac illum intelligere visionem* [a] ? aut de omnibus aliis, quæ de cœlestium ordine hierarchiarum prorsus deiformi a sacris sunt theologis commemorata ? ad cujus utique imaginem si sacer hic ordo noster se componat, eique, quantum potest, assimiletur, angelicum profecto decorem illum velut in figuris exprimet, formam inde capiens ; ac per eum ad superessentialem omnis sacri ordinis originem attolletur.

76 ADNOTATIONES CORDERII.

§ I. Describit mediam hierarchiam quæ continet dominationes, potestates atque virtutes, et mysticam cujusque interpretationem ac proprietatem exponit.

Dominationes autem dicuntur, quia cæteris angelis dominantur, et ab omni oppressione sunt liberæ, et nulli inferiori subjiciuntur. Harum officium est, secundum Dionysium, timore servili deposito, in Deum moveri, et incessanter ei famulari : secundum Gregorium autem officium earum est, in bello spiritali instruere, qualiter oporteat prælationis officium exercere, et qualiter debeant subditis dominari.

Virtutes sunt infatigabiles ad exsecutionem faciendorum, et robustæ ad perceptionem munerum. Harum officium est, secundum Dionysium, docere prælatos, ut facile et perseveranter, quæ ad officium prælationis pertinent, exsequantur et ipsius onera sustineant patienter : item per istas miracula fiunt, et virtus faciendi miracula perfectis conceditur.

Potestatibus virtutes adversariæ subjectæ sunt, ne mundo tantum noceant, quantum cupiunt. Harum officium est, secundum Dionysium, angelos inferiores, quoad fieri potest, divinæ potentiæ conformare : et, secundum Gregorium, illos qui in spirituali certamine desudant, confirmare, et, ne regnum spiritale amittant, defendere.

[x] Ezech. x. [y] Ezech. ix, 2. [z] Dan. ix, 23. [a] Dan. viii, 16.

§ II. Ostendit illustrationes quo per plures transfunduntur, eo obscuriores exsistere in postremis. Inferiores autem angelos a superioribus illuminari, probat ex Zachariæ cap. I, ubi duplici visione ostenditur prophetæ angelorum tutelarium Deique in Jerosolymam et Judæos studium : et simul, quomodo unus angelus ab altero, quid Jerosolymæ futurum esset, edoceretur, et cap. II videt Zacharias angelum cum funiculo mensorio, ut metiatur Jerusalem a Nehemia et Zorobabele reædificandam : cum ex funiculo exiguo, utpote convoluto, conjiceret, timeretque Zacharias exiguam fore novam Jerusalem, mox audit alterum angelum promittentem, absque muro Jerusalem habitandam præ multitudine. Ubi videtur hic angelus superior prioris illius propositum revocare, qui funiculo dimensorio magnitudinem urbis dimensurus venerat : nam antequam post reductionem muris cingeretur civitas, Ecclesiæ typum gerere debebat; quæ, post orbem a Christo redemptum, omnibus omnino gentibus patuit. Posterior ergo angelus priorem instruxit, et tanquam superior inferiorem docuit. Quomodo autem angeli ab ipsomet Deo immediate res aliquas edoceantur, ostendit ex Ezechielis cap. IX, ubi jubet Deus angelo, ut signet Tau in fronte eorum qui a cæde Jerosolymorum erant liberandi; et sex aliis angelis mandat, ut signatis parcant, cæteris omnibus interfectis. Item ex Danielis cap. IX, 23, declarat, quomodo ad prophetam missus sit Gabriel, significans non tantum solvendam captivitatem Judæorum, sed et totius generis humani per Christum, post septuaginta hebdomadas annorum. Similiter iterum ex Ezechielis cap. X, ubi jubet Deus viro lineis induto accipere prunas e medio currus sui cherubim, easque spargere per Jerusalem, ut hoc signo portendat urbis incendium per Chaldæos : et rursus ex Danielis VIII, 16, ubi Michael jubet Gabrielem exponere Danieli visionem. Ex quibus omnibus locis manifeste colligitur, angelos superiores inferiores suos multis de rebus, quas ignorabant, instruere.

PARAPHRASIS PACHYMERÆ.

§ 1. Traducendus modo sermo est ad medium cœlestium virtutum ordinem. Non dixit autem ordinem, sed adornationem; quoniam hæc ipsa rursum tres ordines habet. Κόσμου itaque seu ornatu pro ordine dicto, et præpositione διά seu *per* transitum vel distinctionem denotante, διακόσμησιν, id est adornationem seu distributionem dixit, ordinem nimirum in tria distributum. Videamus igitur, sed supermundialibus intellectilibusque oculis, quoad possumus, **77** dominationes ac virtutes ac potestates. Duo itaque hi ordines, virtutes sunt ac potestates, quoniam a virtute nomen acceperunt : potestas enim nihil aliud est quam habitus, qui congruæ voluntati virtutem congruentem obtinet. Dixi autem *congruæ*, quoniam qui potens est, posset etiam velle impossibilia, sed non adipiscetur quæ cupit; atque idcirco utrorumque possibilia dixit spectacula. Non autem dixit cogitationes; siquidem cogitatio motus est animæ, qui non subsistit : sed spectacula, sive res quæ effectum sortiuntur, et oculis supermundialibus supraque sensum, quoad fieri potest, spectantur. Etenim unumquodque cognomen mentium divinarum, Divinitatis imitatrices earumdem deiformes demonstrat ac signat proprietates. Angelorum autem Deum imitans proprietas alia est alius, verbi gratia, virtutum est potentia, dominationum vero libertas; quæ utique in Deo indistincta sunt et superlata : siquidem divinum Numen ipsum per se liberum, per se potens est, communiter autem omnibus omnia est. Hactenus autem ut plurimum cuilibet eorum quid proprium ab Auctore distributum est, ut ea quæ sunt ordinis eorum, secundum proprietatem suam conservarentur. Nomen itaque quod sanctas designat dominationes, existimo declarare absolutum aliquem, et ab omni terrena vilitate liberum ad superna transitum : idcirco enim liber est, quod nullo prorsus modo quidquam sit quo detineri dicatur. Cave vero dicas, eum *prorsus* dixisse, quod partialiter quandoque inclinetur : nullo itaque modo tyrannica dissimilitudine quapiam inclinatur. Modi autem servitutis atque inclinationis sunt, vel timor, vel pudor, vel adulatio, vel egestas, vel passio, vel etiam omnia simul, vel aliqua : quæ omnia profecto longe absunt a dominationibus, per quæ forte deterioribus subjicerentur, vel istiusmodi ad superna transitus impediretur. Hæc enim deteriora dicit et materialia, tyrannicasque inæqualitates secundum quas qui modo elatus est, per timorem vel quid simile dejicitur; et qui modo dejectus est, rursum elatus fit per affectionem : quoniam hic etiam ab istiusmodi affectione tyrannice gubernatur. Istiusmodi etiam sunt illa materialia, ut quæ nunquam in eodem statu permanent, sed semper permutantur. Hisce omnibus tyrannicis materialibus et inanibus inæqualitatibus liberæ **78** sunt dominationes, utpote incorruptæ, omnique servitute superiores. Nec quis mihi dicat hic, eos non habere timorem ac servitutem Dei : audiat enim, ut non istiusmodi timorem, neque talem servitutem dicat, sed eam quæ est rerum deteriorum, sensibilium, inquam, et corporearum : illa enim non sinunt ea quæ vera sunt considerare. Nam a quo quis devictus est, ejus et servus factus est, hanc etiam imminuentem vocat. Idcirco etiam ab omni dejectione ac subjectione liberæ sunt, et eximuntur ab omni inæqualitate, ne modo quidem forte sublimes sint, modo vero omnibus subjectæ. Desiderant autem verum dominatum, et principium dominationum, id est Divinitatem; atque boniformiter semper non semetipsas tantum, verum etiam inferiores, quoad fieri potest, semper transformant ad propriam veramque Dei, sive dominatus principii, similitudinem et assimilationem. Observa vero, quomodo non appetant omnino gradum sublimiorem : ambiverant enim aliquæ primam distributionem, et affectio erat in eis, atque tyrannicæ passioni subjectæ sunt. Non ita istæ, sed appetuat, et quodammodo obtinent per dilectionem, dominatum, et principii dominatus similitudinem; ita ut alias non essent dominationes, nisi hoc modo erga Conditorem suum afficerentur, ita ut inde statum dominationis accipiant. Ad nihil autem eorum quæ temere apparent convertuntur, quales sunt res corporeæ et indecoræ; sed ad id quod vere est, scilicet Deum, atque ita, quantum in eis est, participes fiunt deiformitatis ipsiusmet principii dominationum, sicut etiam ipsæ sint dominatus ac dominationes. Eorum autem ad superna transitum, dominationem vocat inflexibilem, quasi adulationis et criminis exsortem, nulla materiæ titillatione inclinatam. Solvit autem hic etiam errorem quemdam philosophorum gentilium, quem religiose perstringit : illi enim proprias quasdam virtutes tres inflexibiles appellabant, quæ ex aliis quoque tribus prioribus virtutibus in lucem prodierant, non autem a Deo proprie fuerant procreatæ : aiunt-que, has inflexibiles spiritalibus iis, a quibus productæ fuerant, virtutibus substratas, ut retinerent quodammodo et subirent, ac cohiberent priores illas, ne in materiam dilaberentur; atque hoc infirmiores esse iis quæ seipsas produxerunt, quod debeant semetipsas continere, ne labantur. Hæc quidem tanquam in compendio sunt illorum, **79** hic autem sanctus sapienter iis omnia contraria tradit : ex Deo enim eas per creationem productas asserit, cujus etiam similitudinem in dominatu tenent, ipsas tamen inflexibilitatem erga omnem submissionem ratione dominationis habere dicit, quasi cædentes et dissecantes, et non sinentes superare cupiditatem sensibilium, non tamen eas quæ præcedunt cohibentes. Dicit itaque, quod et inflexibiles sint ad malum, et dominatum teneant ; atque hinc præcedentes minime excedunt, ne in materiam dilabantur. Sanctarum autem virtutum nomen existimo in communi significare masculam quamdam et constantem virilitatem, rigidam, asperam, severam. Neque vero audiens, virtutes illas divinas femineo nomine nuncupatas, muliebre quid iis ascribas : virilis enim significatio dictioque de feminis virilibus, et virili mente præditis, aut virili robore pollentibus, enuntiatur. Habent autem virilitatem : ad quid ? non ad difficultates incidentes, tristitiasque, ut in nobis accidit ; hæc enim neque virtutibus divinis conveniunt : et ab extrinseco moventur, ut aliter istiusmodi virilitas apparere nequeat, nisi difficultas exoriatur. Non itaque ad hæc tantum virilitatem obtinent, sed ad omnes suas deiformes actiones. Dixi autem suas, quia cuilibet sua propria divina competit operatio, ita ut non deficiat in ulla sibi indita illustratione suscipienda, nec ab ea quidquam patiatur ; qualis est lapis qui igne non consumitur, qui ignescit quidem, sed non comburitur ; sic etiam hic, dum potenter ad Deum imitandum adducitur, attamen non dejicitur, neque præ imbecillitate deformem motum deserit, sed constanter intuetur in virtutem omni substantia superiorem, et ipsarummet virtutum conditricem, ejusdemque, quoad fieri potest, imago virtutiformis efficitur. Quemadmodum enim natura divina illi virtutem suppeditat, sic et hæc inferioribus : et secundum quod quidem ipsa virtus est, secundum primam rationem, ad differentiam earum quæ post ipsam sunt (hoc enim est ἀρχιδύναμος seu princeps virtutum) juxta gratiam sibi a Deo datam habet, ut ad Deum virtutum auctorem valide conversa sit : in quantum vero etiam inferiores ab hac habent quod virtutes sint, vim suam in illas trajicit ac distribuit, secundum divinam prorsus imitationem. Porro nomen sanctarum potestatum declarativum, existimo significare ordinem prædictis illis duobus æqualem, bene ordinatum, decorum, **80** et inconfusum circa divinas illustrationes : proprium enim potestatis est, ea quæ incidunt in ordinem dirigere, idque sine temeritate ac confusione. Cum enim potestas virtus sit secundum voluntatem ipsi convenientem (ut inordinate quid et confuse vel dicat vel agat is qui præditus est potestate, in quod solum potens sit et potestatem habeat, idque quando nihil incidit extrinsecus impediens potestatem ; tunc utique non est potestas ista potestatem habentis, sed temporis, vel forte inimici, vel tristitiæ vel alicujus alterius), hoc in potestatibus etiam divinis locum habet. Cum enim hæc omnia ab ipsis aliena sint, habeant autem potestatem a divina gratia indivisam atque indeficientem, divinas etiam illustrationes ordinate et inconfuse recipiunt, ac bene disposti sunt ad spiritalem et supermundialem arbitrii libertatem ; quoniam semper arbitrii sui potestatem habent, nec modo quidem sic, modo vero aliter affecti sunt. Cum autem potestas alia quidem legitima sit, alia vero tyrannica (infert enim potestas etiam tyrannidem , juxta illud , Tyrannum non facile est colere), et quando quidem legitima potestas obtinetur, invicta est ad bonum ; quando autem illegitima et tyrannica, tunc propria vi ad malum abutitur : facit hic sanctus divisionem potestatis, ac dicit, virtutes sanctas non tyrannice ad mala virtutibus abuti, sed animo invicto ad divina tendere ; quod est proprium potestatis bene ordinatæ, atque adeo etiam legitimæ. Neque tantum ipsæ ad superna transeunt, verum etiam inferiora sua boniformiter adducunt (non enim est invidia, neque tenacitas, neque parcimonia bono), et ad Auctorem suum, quem potentificum et potentiæ principatum vocat (illud quidem, quoniam potestates condidit ac creavit ; hoc vero, quia potestates regit), quantum fas est, assimilantur. Siquidem ipsarum perfectio est Dei, quanta fieri potest, assimilatio : hancque divinam assimilationem, quantum licet angelis, accendunt in suis ornatissimis ordinibus potestativæ virtutis, scilicet in virtutibus et dominationibus : hæ enim sunt ordinis ejusdem cum iis. Siquidem recte meminimus, diximus antea, quidquid universim accidit, cuilibet ut plurimum clementia est, juxta illud, paterna etiam correctio secundum modum proprium distribui, ut sic ea benignitas exsistit ; quoniam instar patris deduxit quæ sunt ordinis serventur ; hoc enim propter ac direxit Israel, quandoque quidem promissionibus lucis proprietatem significat etiam vox *accendit*. bonorum, quandoque vero minis ac suppliciis), Vel etiam aliter *accendit*, propter lucis proprie- quando, inquam, Dei clementia Israelem erudiens tatem : lux enim sursum fertur, tametsi **81** ejus per captivitatem Babyloniorum (hoc autem pro *illustratio deorsum etiam fiat*. Deiformibus pro- sacra ejus salute contigit ; omnis enim salus a prietatibus mediæ distributionis absolutis, transit Deo sacra est, quia non tantum corpus servat, sed ad earum hierarchiam, id est, expiationem, il- etiam animam) ut ad Creatorem ipsum converte- luminationem et perfectionem. Expiatur itaque, et ret, ultricibus ac feris gentibus tradidit corrigen- illuminatur atque perficitur eo modo quo dictum dum ; *et ut ad meliorem frugem traduceret, ali-* est *in prima distributione*, quoniam tam illa quam *quando quidem gentibus tradidit, aliquando vero a* hæc sub divinis est illustrationibus, verum hæc *captivitate liberavit, et ad pristinam benigne cle-* secundo loco per primam : illa enim mediante quæ menterque ac magnifice fortunam reduxit*;* videt prima luce perficitur, secundæ illustrationis radii ille theologus Zacharias quemdam primorum (ut trajiciuntur. existimo, propter eorum quæ dicuntur reveren-

§ II. Itaque notitiam, quæ a Zacharia, et Da- tiam) angelorum (angelorum, inquam, propter niele, et Ezechiele prophetis, per alium ad alium commune nomen, cum alioquin ultimus, non au- angelum transfusa dicitur, exemplum faciamus per- tem primus ordo angelorum sit), ab ipsomet Deo fectionis quæ eminus procurata, progressu ac pro- *discentem verba consolationis* ; alterum autem fusione subobscure ad inferiores pervenit. Obscu- *inferiorum angelorum primo isti obviam præce-* ram autem perfectionem dixit, non propter pro- *dentem* (forsitan quidem prophetæ, forte vero an- priam ejus remissionem, sed propter imbecillitatem tequam major angelus ad ipsum venisset, præposi- recipientium : hoc enim significat, vocando se- tione nimirum spatium aliquod denotante) et ad il- cundas partes initiationis, id est obscurius initiari lustrationem capiendam occurrentem ; deinde etiam secunda. Verborum suorum exemplum sumit ab ab ipso divinum consilium, tanquam a sacerdote iis quæ apud homines sunt initiationibus, idque summo, percepisse, jussumque theologum docere, non a semetipso, sed ab ipsismet sacrorum peritis futurum ut frugifera Jerusalem a magna hominum initiatoribus nostris. Quemadmodum enim illi di- multitudine incoleretur. Ait enim Dei perspi- cunt, per se apparentes plenitudines atque illu- cacissimus Zacharias : *Et levavi oculos meos, et vi-* strationes (juxta illud, *De plenitudine ejus omnes* *di ; et ecce vir, et in manu ejus funiculus geome-* *accepimus* [a]) perfectiores esse iis quæ per alias divi- *tricus. Et dixi ad eum : Quo vadis ? et dixit ad me :* nas participationes hauriuntur (initiati, enim, sive *Ut metiar Jerusalem, et videam quanta sit latitu-* ut sic dicam, perfecti sunt divini apostoli ab ipso- *do ejus, et quanta longitudo ejus. Et ecce angelus,* met Salvatore nostro Jesu Christo ac Deo, vel a *qui loquebatur in me, stabat, et alius angelus egre-* sancto vivificoque Spiritu tempore Pentecostes ; *diebatur in occursum ei. Et ait ad eum, dicens :* consecrati etiam sunt summi sacerdotes per ipsos, *Curre, et loquere ad adolescentem illum, dicens :* attamen perfectior omnino est eorum consecratio) : *Frugifera habitabitur Jerusalem a multitudine homi-* quemadmodum, inquam, qui in divinis excellentes *num* [b]*. Et hæc quidem verba sunt prophetæ* ; tu vero sunt, de his aiunt ; ita etiam existimo hunc san- considera quomodo dicat propheta : *Egressus est ;* ctum dicere, immediatam participationem primæ **83** *hic autem vir divinus* : *Præcedebat.* Scito au- *distributionis* evidentiorem esse ea quæ median- tem, quod qui loquitur consolatorios sermones tibus aliis confertur. Idcirco etiam ex sacerdotali in Zacharia, ipse sit qui immediate divinam vo- traditione habemus, primos sequentium perfecto- luntatem didicit, quemadmodum ait : *Et respondit* res, et illuminatores, et expiatores nominari, ut *Dominus omnipotens angelo loquenti in me verba* qui ab eis adducantur ad omnium principium, di- *bona, et sermones consolatorios* [c], quo stante præ- vinasque participent expiationes, illuminationes ac cessit, sive egressus est alius, ad quem dixit ille consecrationes : siquidem hoc a Deo divinis etiam qui loquebatur : Curre, et dic hoc et hoc. Quidam ordinibus lege statutum est, ut quæ secunda sunt, etiam alius propheta Ezechiel, a Deitate ipsa, quæ per prima divinas participent illuminationes : ordo cherubim transcendit [d], sacrosancte quid simile enim tam cœlestia quam terrestria continet. Ser- sive talem ordinem sancitum ait : cum enim Israe- monem suum, quod secunda **82** mediantibus pri- liticum populum, ut dictum est, clementia paterna mis illustrentur, confirmat a divinis sacrisque pro- per disciplinam ad frugem traduceret meliorem, phetis, quos et theologos vocat, ut qui sermones æquitate Deo digna reos ab insontibus secernendos Dei nobis annuntiant. Hoc utique, inquit, a theolo- censuit. Hoc primus post cherubim docetur ille gis expressum reperias, ac primum a Zacharia : cujus renes sapphiro præcincti erant, quique ta- cum enim Dei clementia (nam Dei punitio quoque lari veste tanquam pontifex amiciebatur. Habitus

[a] Joan. I, 16. [b] Zach. II, 4. [c] Zach. I, 13. [d] Ezech. XIX, 12.

enim ille sacerdotalis est, nec erat punientium, sed liberantium eos qui salute digni erant. Cæteros deinde sex angelos securibus armatos jubet divina ordinatio ab eo qui poderem gerebat divinum judicium edoceri: illi enim qui poderem ferebat præcipiebat, ut per mediam Jerusalem transiret, atque signum daret in frontibus innocentium: aliis autem dicebat: *Exite post eum, et percutite, et nolite parcere, ad omnes autem super quos est signum ne appropinquetis.* Illud itaque, *Exite post eum,* quid aliud significat, quam: Habetote hunc ducem rerum agendarum, ut qui meam quoque sciat voluntatem? Verba autem prophetæ sic habent: *Et ecce sex viri veniebant de via portæ excelsæ respicientis ad aquilonem, et uniuscujusque vas exterminationis in manu ejus. Et vir unus in medio eorum vestitus veste talari, et zona sapphiri super lumbo ejus. Et ingressi sunt, et steterunt adhærentes altari æneo: et gloria Dei Israel ascendit de cherubim exsistens super eos, et vocavit virum qui indutus erat veste talari, qui habuit super lumbo ejus zonam sapphiri, et dixit Dominus ad eum: Transi mediam Jerusalem, et da signum super frontes virorum gementium et dolentium super cunctis iniquitatibus quæ fiunt in medio ejus. Et illis dixit, audiente me: Ite in civitatem post eum, et percutite, et non parcatis oculis vestris, et non* **84** *misereamini; senem et juvenem, et virginem et parvulos, et mulierem interficite ad deletionem, super autem omnes super quos est signum ne appropinquetis* ⁶. Quid autem quis dicat de illo angelo, qui Danieli ait hoc et hoc? narratur enim in decima visione Danielis: *Et ecce vir Gabriel, quem vidi in visione in principio, volans, et tetigit me quasi hora sacrificii vespertini, et erudivit me, et locutus est mecum, et dixit: Daniel, nunc egressus sum ut præberem intelligentiam. In principio deprecationis tuæ egressus est sermo, et ego veni ut annuntiarem tibi, quia vir desideriorum es tu* ᶠ. Vel iterum, quid dicat aliquis de illo qui ignem accepit, ut in Ezechiele narratur? ait enim: *Et factum est, cum præcepisset ipse viro qui indutus erat stola sancta dicens: Sume ignem de medio rotarum, de medio cherubim: et intravit, et stetit adhærens rotis, et extendit cherub manum suam in medium ignis exsistentis in medio cherubim, et accepit et dedit in manus ejus qui indutus erat stolam sanctam, et accepit et egressus est* ᵍ. Hoc sanctus hic ait ordinis angelici rationem luculentius confirmare, quod induto stolam præceptum sit ignem accipere, dumque iret ut ignem acciperet, quemdam cherubim ei ministrasse, ignemque acceptum in manus ipsi tradidisse. Rursum, quid dicat quis de eo qui vocavit divinissimum Gabrielem, sicut in nona visione Danielis commemoratur? *Et factum est, cum viderem ego Daniel visionem, et quærerem intelligentiam, et ecce stetit in conspectu meo quasi visio viri, et audivi vocem viri inter Ubal: et vocavit, et dixit: Gabriel, fac intelligere illum visionem; et venit, et stetit juxta stationem meam; et cum veniret ipse turbatus sum, et cado in faciem meam, et dixit ad me: Intellige, fili hominis* ʰ. Quid vero? dicat quis: etiam cætera, quæ a sacris prophetis dicta sunt de decoro ordine cœlestium, cui sacer hic ordo noster hierarchicus, quoad fieri potest, assimilatur: siquidem superioris illius mysticæ hierarchiæ imitatio quædam sunt quæ in Ecclesia perficiuntur, et hæc decoris eorum quædam sunt imagines; siquidem hæc nostra hierarchia per illam efformatur et ad Deum adducitur, qui supernaturalis ordinis principatus est omnis hierarchiæ, omnemque sacrum ordinem instituit.

---

85 CAPUT IX.

De principatibus, archangelis et angelis, deque ultima eorumdem hierarchia.

SYNOPSIS CAPITIS.

I. *Exponit quid significent principatus.* II. *Quid archangeli et angeli; et quodnam sit horum officium.* III. *Ostendit non angelis impulandum esse, quod aliqui sub illorum directione non proficiant: illos enim et Deum ex parte sua nemini deesse, exemplis probat.* IV. *Declarat divinam erga omnes providentiam; et quo sensu Israel peculiariter pars Domini dictus sit.*

§ I. Reliqua nobis ad contemplandum superest sacra illa distinctio, quæ angelicas concludit hierarchias deiformibus principatibus, archangelis et angelis adornata. Ac primum quidem pro virili necessario mihi explicandas censeo sacrorum eorum nominum significationes: nomen siquidem cœlestium principatuum significat eorum, cum sacro quodam principatibusque virtutibus convenientissimo ordine, deiformiter principandi atque gubernandi potestatem, nec non ad superprincipalem principatum totaliter se convertendi, et ad ipsum alios quoque principaliter ducendi, ipsiusque principificis formam principatus in semetipsis, quantum fas est, exprimendi, ejusdemque superessentialem ordinandi principatum, in principalium virtutum dispositione declarandi facultatem.

§ II. Sanctorum vero archangelorum ordo, cœlestibus quidem istis principatibus æqualis perhibetur. Est

---

ᵉ Ezech. ıx, 2. ᶠ Dan. ıx, 21. ᵍ Ezech. x, 10. ʰ Dan. vııı, 16.

æquidem, uti dixi, una illorum atque angelorum hierarchia, eademque distinctio; verum cum nulla sit hierarchia, quæ non primas et medias ultimasque virtutes habeat, sanctus archangelorum ordo, jure quodam hierarchico communi, medietate sua continet extremas; sanctissimis enim principalibus communicat et sanctis angelis; illis quidem, quoniam ad superessentialem principatum principaliter conversus est, et ad ipsum, quantum fas est, efformatur, nec non angelis decoro suo atque ordinato, qui aspectum effugit, ducatu unionis auctor exsistit; his autem, quia etiam ordinis est dictatorii, divinasque illustrationes hierarchice per primas virtutes suscipiens, exinde iis ipsis angelis easdem benevole annuntiat, nobisque per angelos manifestat, pro cujusque illorum, qui divinis illustrationibus afflantur, **86** ad res sacras capacitate. Ipsi enim angeli, sicut prædiximus, omnes cœlestium intelligentiarum ordines complendo terminant, ut qui novissime cœlestes inter essentias, angelicam sortiti sint proprietatem; adeoque præ superioribus istis, hoc rectius a nobis angeli vocentur, quo magis ipsorum hierarchia res evidentiores ac mundanas attingat. Siquidem supremam illam, uti dictum est, distinctionem, tanquam secreto illi sacratissimo primo ordine propinquam, magis abdite putandum est secundæ res sacras moderari; secundum vero, quæ sanctis dominationibus et virtutibus ac potestatibus expletur, potestatum et archangelorum atque angelorum hierarchiæ præsidere, prima quidem hierarchia manifestius, sed occultius sequente: porro principatuum, archangelorum atque angelorum ordinem explanatorium humanis per vices præesse hierarchiis, ut hoc ordine ad Deum sit ascensus, et conversio communioque atque unio, quæ etiam a Deo omnibus hierarchiis benevole affletur, communicationeque quadam inseratur, cumque decore sacratissimo promanet. Hinc theologia nostram hierarchiam angelis attribuit, cum populi Judæorum principem appellet Michaelem[i], aliosque gentium aliarum: statuit enim Altissimus terminos gentium, juxta numerum angelorum Dei.

§ III. Quod si quærat aliquis, quare populus Hebræorum solus ad divinas illustrationes sit evectus, respondendum utique, rectis angelorum gubernationibus nequaquam imputandum esse, cæterarum gentium ad falsos deos defectionem, sed eas ipsas motibus propriis a recta, quæ ad Deum ducebat, via deflexisse, per amorem proprium, suamque pervicaciam, et rerum, quibus divini quidpiam inesse arbitrabantur, absurdum cultum. Hoc ipsum Hebræorum populo usu venisse confirmatur: *Agnitionem* enim, inquit, *Dei repulisti, et post cor tuum ambulasti* [k]. Neque enim vita nobis est, cui vis illata, aut imposita necessitas, nec eorum quæ providentur libertate, divini radii illustrationis, quæ a providentia manat, obtunduntur; sed oculorum mentis dissimilitudo facit, ut exundans paternæ bonitatis illustratio vel omnino cassa sit, et propter eorum repugnantiam inutilis; vel ejus participationes exsistant inæquales, parvæ vel magnæ, obscuræ vel claræ, cum unus sit et simplex, eodemque modo semper se **87** habeat fontalis ille radius qui jugiter est expansus: præsertim cum cæteris quoque gentibus (e quibus nos emersimus ad illud divini luminis immensum et exundans pelagus, quod in promptu omnibus ad participandum est expansum) non alieni quidam dii præfuerint, sed unum omnium principium, et ad illud angeli, qui cuique nationi præfecti erant, sequaces suos adducerent. Considerare libet Melchisedech, pontificem illum Deo charissimum, qui nequaquam inanium deorum, sed altissimi verique Dei sacerdos fuit: neque enim simpliciter Melchisedechum theologi non solum Dei amicum, sed et sacerdotem appellarunt; ut vel sic prudentioribus aperte indicarent, non modo ipsum ad verum Deum fuisse conversum, verum etiam aliis ad veram et solam supremamque Deitatem provehendis ducem exstitisse.

§ IV. Illud quoque pontificiæ tuæ scientiæ commemorabimus, ut et Pharaoni ab angelo Ægyptiorum præside, et Babyloniorum principi a proprio itidem omnibus prospicientis atque dominantis providentia potestasque per visiones fuerit intimata, utque gentibus istis veri Dei ministri, ductorum instar fuerint præfecti, ad figuratas illas angelicas visiones interpretandas, quæ viris sanctis angelorum similibus, Danieli, inquam, et Josepho, ex parte Dei per angelos ante fuerant revelatæ [l]: unum quippe omnium est principium unaque providentia. Neque ullo modo putandum est, quasi Judæis quidem sortito Deus præfuerit, angeli autem seorsum, vel æqualiter, vel opposite, aut alii etiam dii cæteris gentibus imperitarint: sed hoc eloquium sano quodam sensu sacro intelligendum est, non quasi Deus cum aliis diis angelisve nostri partitus sit gubernationem; atque Israeliticæ gentis principatum, atque ducatum ipse sortitus sit; sed quod, cum Altissimi unica illa rerum omnium providentia, cunctos homines ad salutem angelorum ductibus tradiderit promovendos, solus ferme Israel, præ omnibus, ad veri Dei notitiam et illustrationem fuerit conversus. Itaque theologia, cum populum Israeliticum se veri Dei cultui mancipasse narrat, ait: *Factus est pars Domini* [m]; cum autem ostendit, eum quoque, pari cum cæteris nationibus jure, sanctorum cuidam angelorum fuisse consignatum, ut ejus opera unicum illud rerum omnium principium agnosceret, Michaelem Judaico populo præfectum tradit, aperte docens unicum esse omnium providentiam, **88** quæ cunctis simul tam invisibi-

[i] Dan. x. [k] Ose. iv, 6. [l] Dan. ii. [m] Deut. xxxii, 9.

libus quam visibilibus virtutibus superessentiali- A ut proprium, eos, qui ultro ac sponte sequantur,
ter præstet ⁿ ; omnes autem angelos singularum deducere
gentium præfectos, ad illud ipsum principium,

ADNOTATIONES CORDERII.

§ I. Explicat nomina proprietatesque principatuum, archangelorum et angelorum, qui ultimam constituunt hierarchiam. Ac principatus quidem subditis angelis præsunt, et eos ad ministerium divinum explendum disponunt. Ad hos pertinet secundum Dionysium universale regimen, verbi gratia, unius regni, vel gentis, vel regni ad Dei similitudinem manuductio ; secundum Gregorium quoque, eorum ministerium est docere homines, exhibere reverentiam unicuique secundum gradum suum. Horum etiam est promovere homines, ut non propter utilitatem propriam, sed propter solius Dei amorem et honorem, faciant justitiam.

Archangeli vocantur summi nuntii qui summa nuntiant. Horum officium est, secundum Dionysium, prophetias revelari, ipsi quoque illuminationes quas a superioribus accipiunt, inferioribus annuntiant, et per eosdem nobis. Secundum Gregorium vero munus eorum est, de illis quæ pertinent ad promotionem fidei, et præcipuis mysteriis, ut de Nativitate Christi, et similibus, homines reddere certiores, atque dæmones ab hominibus removere.

Angeli sunt in cœlesti dispositione ultimi, et hominibus magis propinqui. Nomen autem angeli est nomen officii, non naturæ. Isti minora nuntiant, et homines ad divinam cognitionem ducunt, et ut juste vivant, instruunt : hi sursum extenduntur per dilectionem Dei, et in semetipsis firmantur per custodiam sui, ac sub se progrediuntur ad auxilium proximi.

§ II. Cum in qualibet hierarchia sint tres ordines, scilicet primus, medius et ultimus, ostendit qua ratione archangeli, qui medii sunt inter angelos et principatus, utrisque communicent ; angelos autem ait res humanas moderari.

Angeli enim nobis ad custodiam deputati tenent nos stantes, ne cadamus ; et cadentes nos sublevant, ut surgamus ; nec unquam nos deserunt etiam peccantes, quin semper sint parati opem ferre, si velimus.

Effectus autem angelicæ custodiæ multiplex est. Primus est, impedimenta boni et occasiones mali removere ; Exod. xxxiii, 2 : *Mittam angelum præcursorem, qui ejiciat Jebusæum.* Secundus est, tentationes mitigare, Dan. iii, 49 : *Angelus autem Domini descendit cum Azaria et sociis ejus in fornacem*, etc. Tertius est, contra hostes visibiles adjuvare ; IV Reg. xix, 35 : *Angelus Domini percussit in castris Assyriorum*, etc. Quartus est, orationes nostras et eleemosynas Deo præsentare, et pro nobis orare; Tob. xii, 12 : *Quando orabas cum lacrymis*, etc., *ego obtuli orationem tuam Domino.* Quintus est, viam ostendere ; Tob. v, 20 : *Ego sanum ducam et reducam.* Sextus est, in agendis docere ; Zachariæ ii, de angelo qui instruxit eum. Septimus est, seipsum et alia secreta revelare; Tob. xii, 15 : *Ego sum Raphael angelus*, etc. Octavus est, a peccatis arcere ; Genes. xix, 15 : *Cumque esset mane, cogebant eum angeli, dicentes : Surge, ne et tu pariter pereas in scelere civitatis.* Nonus ad fervorem excitare ; III Reg. xix, 7 : *Surge ; grandis enim tibi restat via.* Decimus est, consolari ; Tob. v, 13 : *Forti animo esto, in proximo est ut a Deo cureris.* Undecimus, potestates contrarias arcere, ne tantum nocere valeant, quantum vellent ; Tob. viii, 3, ubi angelus Asmodæum ligavit. Duodecimus de peccato increpare ; Jud. ii, 2 : *Dixit angelus populo Israel : Cur hoc fecistis ?* etc.

§ III. Reddit rationem, cur, cum angeli hominum præsides sint et titulares, tamen adhuc tam multæ nationes infideles reperiantur, ac pereant : et ostendit id ex hominum malitia provenire, angelorum ductum sequi nolentium, et ex pravo usu libertatis ; Deum enim et angelos ex parte sua nemini deesse, sed omnibus, solis instar, beneficos suos radios expandere, ad quos se ex gentilitatis tenebris Dei gratia emersisse confitetur. Hoc etiam probat exemplo Melchisedechi, qui non solum e gentibus ad lumen veritatis emersit, verum etiam aliis præluxit, atque sacerdos summus effectus est, ipsiusmet Christi typus effectus exstitit.

§ IV. Ostendit, quanta Dei in omnes providentia non solum Judæis sed aliis etiam gentibus angeli tutelares dati sint, ut probat in Pharaone et Nabuchodonosore, **89** quibus per angelos visiones contigerunt, quas Joseph atque Daniel ab angelis edocti ipsis explicuerunt. Et simul exponit illud Deut. xxxii, 8 : *Quando dividebat Altissimus gentes, et posuit terminos populorum juxta numerum angelorum Dei. Pars autem Domini populus ejus, Jacob funiculus hæreditatis ejus* : quod non ita intelligendum ait, quasi Deus cæteras gentes angelis regendas dederit, solo Israele sibi, id est suæ providentiæ et gubernationi retento, ut videlicet ipse Israelem sine angelis vel angeli reliquas gentes regerent quia et Israeli Michael præfectus legitur et Deus omnes gentes in Scripturis possidere et gubernare memoratur ; sed ita intelligendum est, quod cum Deus omnibus gentibus angelos dederit, ut eorum ductibus ad veritatis lumen pervenirent, solus Israel reipsa ad verum conversus sit.

PARAPHRASIS PACHYMERÆ.

§ I. Reliquum est, ut etiam de novissimo trino ordine dicamus, qui constat principatibus, archangelis et angelis, e quibus concinnatur : ac primum non abs re fuerit, pro virili explicare sacrorum eorum nominum significationes. Nomen itaque principatuum, deiformiter et ad Dei similitudinem, principandi ac gubernandi potestatem declarat.

B Jam vero cum ducatus etiam in ordine appareat, cum ordine, inquam, sacro et istiusmodi principatibus ac virtutibus convenienti, atque alias etiam ad verum ac superprincipalem principatum totaliter convertantur ; sicut enim lucidus exsistit qui ad solem conversus est, ita quoque principatus, qui ad principatum superprincipalem intuentur. Vel etiam

ⁿ Dan. x.

aliter: Quoniam aliis, archangelis, inquam, et angelis, duces sunt istiusmodi conversionis, adeoque ad superprincipalem illum ipsum principatum ac cæterorum principatuum auctorem et conditorem conformationis, et, secundum Apostolum, ad invisibilia ipsius creaturis intellecta contuentur [a]. Non possumus autem nosse supernaturalem illum omnium ordinum principatum. Appellantur vero principatus, quod principatum illum manifestent, potenter et habitualiter eum ad principalem talem ornatum ac statum obtinendo.

§ II. Sanctorum vero archangelorum ordo cœlestibus quidem istis principatibus æqualis est (nam una est hierarchia, ipsorum nempe principatuum, et archangelorum, atque ipsorum etiam angelorum, atque idcirco ad unum ordinem reducuntur. Quid enim aliud sunt archangeli, quam ordo ex principatibus et angelis conflatus?): verum, cum nulla sit hierarchia, quæ non primas et medias et postremas virtutes habeat, idcirco archangelorum ordo tanquam medietas, extremas quodammodo **90** complectitur utrarumque communicatione. Siquidem communicat principatibus, quoniam ad superessentialem quoque principatum, scilicet Deum, totaliter conversus est, et ad ipsum efformantur, sicut etiam principatus: et quoniam principatus ducendi et unificandi vim habent, non permittentes ordines dissipari, angelos etiam decoro ordine componunt: angelis vero etiam communicant; quia etiam sunt ordinis interpretis, et per primas virtutes illustrationes accipiunt. Etiam alio modo medii angelis communicant; quoniam has divinas illustrationes angelis annuntiant, et per angelos nobis manifestant; quamobrem etiam secundum hoc angelis communicant, quod angelis utantur ad nostras manifestationes, juxta conditionem eorum qui a Deo illustrantur. Ipsi enim angeli, ut etiam de iis dicamus, omnem cœlestem ornatum complendo terminant, tanquam nimirum id quod ultimum est novissimumque: complent enim etiam throni, sed tanquam id quod primum est; et idcirco proprie nomen angelicum obtinent, et præsertim quod hominibus appropinquent, qui et propter illos divina imitantur. Quin et eorum hierarchia manifestior est, quia nobis non opus est iterum aliis ad illustrationes et nuntia ab iis recipienda: alias enim et ipsi perquam occulti essent, nec ultimi ac circummundiales exsisterent. Nunc autem cum nulli spiritus sint inferioris ordinis quam ipsi, angelorum ordinem postremum ac circummundialem exsistere necesse est. Exponit autem sanctus hic, quomodo dixerit angelorum hierarchiam esse manifestiorem, scilicet quoad nos: nam supremus ordo, utpote secreto Deo appropinquans, magis occulte secundo ordini res sacras subministrat: secundus vero, qui est mediæ hierarchiæ, ultimam

hierarchiam moderatur, manifestius quidem quam primus, occultius vero quam sequens; porro ultimus ordo humanis hierarchiis præest. Cæterum cum tres ordines sint, illustrationes sibi mutuo manifestant. Verumtamen dicendum, quomodo primus quidem ordinis principatus sequenti simul manifestationem infuderit, et non alius per alium, et similiter secundus ordo; tertius vero, alius per alium nobis infundat illustrationes. Dicendum itaque, quod in prioribus ordinibus, cum tam dantes quam accipientes angeli sint, in illis secundum naturam non magnam esse diversitatem, **91** ut toties opus sit quodammodo subdividi illustrationem, quo posterioribus captu facilis evadat. Hic autem, cum multum intersit inter nos et angelos, idcirco alius per alium accipit illustrationem ac nuntium, ut facilius ita brevi ad nos perveniat, manifestiusque decretum Dei nobis declaretur. Idcirco ait hic sanctus, ut hoc ordine ad Deum sit ascensus per contemplationem, et conversio per operationem, et communio per illustrationem, nec non per gratiæ deificationem unio. Habemus itaque per gradus ascensum ad Deum; et ut sit vicissim etiam secundum ordinem a Deo inditus omnibus hierarchiis ad nos processus, per bonitatem communicanter exundans: idcirco etiam divina Scriptura, angelis ea quæ ad nos spectant distribuit; quandoque enim principem populi Judæorum vocasse reperitur in Daniele Michaelem, uti et alios gentium aliarum; quandoque vero ait: Statuit terminos gentium Altissimus juxta numerum angelorum Dei, ut in secundo cantico Moysis invenitur [b].

§ III. Hinc solvit emergentem aliquam quæstionem. Quæstio autem hæc est: Quomodo, inquit, cum boni angeli gentibus præfecti sint, solus Israel Deum cognovit, alii autem idolis adhæserunt? Solutio vero est ista, quod nimirum cæterarum gentium ad idola defectio deceptioque rectis angelorum gubernationibus nequaquam imputanda sit (observa vero, quomodo defectioni rectam gubernationem opponit), sed illis ipsis, quod propriis spontaneisque motibus a recta, quæ ad Deum ducebat, via per amorem proprium refractarium deflexerint, et per suam pervicaciam ad id, cui divinum quidpiam inesse arbitrabantur, colendum desciverint. Non solum enim ab ea, quæ ad Deum ducebat, via deviarunt, verum etiam iis qui non erant dii pro placito suo cultum divinum tribuerunt. Quod ipsum etiam Hebræorum populo contigisse memoratur, quando peccavit et vitulum conflavit. *Agnitionem* enim *Dei repulisti* (quando nimirum a via Dei descivit) *et post cor tuum ambulasti* (quando nimirum amore proprio pervicaciaque sua divinum cultum decreverunt iis qui non erant dii [c]). Neque enim vita nobis est, cui vis illata aut imposita necessitas, ut brutis, sed per rationem libertate prædita: neque rursus dicamus, propter

[a] Rom. I, 20. [b] Deut. XXXII, 8, sec. Septuag. [c] Osee IV.

illam ipsam libertatem nostram divinæ providentiæ divina lumina obtundi. Sed dictorum horum exemplum accipe a lumine solis : sicut enim ibi videre licet, in transparentibus quidem corporibus radiorum fieri distributionem, eoque magis vel minus, pro subjecti ad lumen excipiendum capacitate; in crassioribus autem non similiter, sed aut omnino indistribute aut obscure; idipsum etiam in divina illustratione inæqualitas liberæ propensionis operatur. Suppone enim, vitam nostram visionem esse spiritalem, sed inæqualem, propter arbitrii libertatem; divinæ autem bonitatis illustrationem, unam esse et eamdem, superplenam, et indeficientem, et simplicem, et eodem semper modo se habentem : tunc utique visionum libera propensio vel omnino incommunicatum reddit radium divinum, iis nimirum qui reluctantur, propter quod omnino radius non distribuitur; vel diversas facit participationes, parvas vel magnas, obscuras vel claras. Illud itaque parvum et magnum, ad quantitatem refertur : et parva est gratia, forte eruditionis; magna, prophetiæ. Illud autem, obscuras vel claras, ad qualitatem refertur, quando forte prophetia duobus aliquibus obtingit; atque uni quidem plenior, alteri vero tenuior. Quin etiam quia cæteris gentibus (e quibus et nos, qui Græci sumus, emersimus) non alieni quidam et prodigiosi præfuerunt dii ad diffusum omnibus, qui ultro per bonitatem ejus participationem appetunt, divini luminis infinitum pelagus, sed est unus omnium principatus Deus; idcirco ad ipsum quoque angeli, qui cuique nationi præfecti erant, eos qui sequebantur, libere et non coacte adduxerunt. Testis est Melchisedech, qui quidem rex Salem temporibus Abrahæ erat; verumtamen ex gentibus, et in medio gentium, sacerdos Deo gratissimus est agnitus : non enim simplici modo ipsum Deo charum exstitisse Scripturæ tradunt, verum etiam sacerdotem vere existentis Dei; ita ut omnino intellectu præditis significent, ipsum non solum Deo charum exstitisse, verum et alios quoque ad Dei amicitiam adduxisse, quod utique ille fuit, licet universim et omnino et apud omnes gentes Dei notitia defecisset.

§ IV. Illud quoque pontificiæ tuæ scientiæ commemorabo (alloquitur ad Timotheum Ephesi episcopum) quomodo etiam Pharaoni et Nabuchodonosori per angelos, nationum præsides proprios, in somnis visiones sint exhibitæ, per quas omnium providentiæ ac dominationis Dei cura iis insinuabatur : siquidem hic est Dominus, et provisor, et Deus omnium, sicut etiam Paulus multis locis declaravit, dicens : *Numquid est Deus etiam gentium? imo et gentium, quoniam unus est Deus* [r]. Verum visiones quidem per angelos, resolutiones autem aliunde, et non per hos, ita ut Dei fuerint, angelisque propinqui, qui somnia dijudicarunt, ita ut a Deo per illos eorum resolutio fieret. Joseph enim solvit somnia Pharaonis super Ægyptios, Daniel vero Nabuchodonosoris contra Babylonios. Idcirco, inquam, unus est omnium principatus, adeoque una Providentia. Neque ullo modo putandum est, quasi Judæis quidem sortito Deus et proprie præfuerit, aliis autem nationibus præfuerint, aut angeli nostro sibi proprio sine subordinatione, vel æquales Deo vel Deo contrarii, vel etiam alii quidam dii. Quin etiam quod in Cantico Scriptura dicit : *Et factus est pars Domini populus ejus Jacob, funiculus hæreditatis ejus Israel* [s], secundum hunc sensum accipiendum est, non quasi Deus mundum hunc nostrum cum cæteris diis angelisve diviserit, eique quasi sors Israel assignatus sit. Sed quomodo? Quod nimirum ipsamet altissima rerum omnium Providentia res omnes hominum, salutaribus quidem quoad ipsos, ad Deum vero sursum erigentibus manuductionibus, angelis suis propriis commiserit, ex omnibus autem illis gentibus solus Israel ad veri Dei illustrationem conversus sit. Unde sacra Scriptura, significans quod seipsum Israel ad veri Dei ministerium destinarit : *Factus est*, inquit, *pars Domini*. Ut autem iterum ostenderet, quomodo etiam Israel, pariter cum cæteris gentibus, peculiari cuidam angelo commissus fuerit, per quem ad Dei notitiam traduceretur, si ipse nimirum etiam vellet, Michaelem ducem populi illius dicit; aperte hinc docens, unicam esse omnium providentiam quæ cunctis tam visibilibus quam invisibilibus præsit, omnesque ac singulas gentes peculiarem angelum habuisse, qui eos, qui ultro ac sponte sequerentur, ad Deum rerum omnium principium dirigeret.

CAPUT X.

Repetitio et conclusio angelici ordinis.

SYNOPSIS CAPITIS.

I. *Docet, sublimiores angelos sublimiori quoque modo illustrari.* II. *In illustrationibus servari quoque subordinationem.* III. *Omnes sive angelos sive homines triplicem habere potentiam.*

§ I. Conclusum igitur a nobis, quomodo illa quidem antiquissima, quæ Deo præsto est, intelligentiarum distributio, ab ipsamet primitus initiante illuminatione consecrata, immediate illi intendendo, secretiori simul et manifestiori divini principatus illustratione purgetur et illuminetur atque perficiatur. Secretiori quidem, quia spiritaliori magisque simplifica unificaque; manifestiori autem, quia pri-

[r] Rom. III, 29. [s] Deut. XXXII, 9.

mitiva primilucaque et universaliori, ipsique (utpote liquidiori) intimius infusa. Ab hac autem ut iterum secunda pro sua portione, et a secunda tertia, et a tertia noster hic sacer ordo, juxta primævæ illius rectæ constitutionis legem, divina prorsus harmonia congruentiaque ad superoriginalem omnis bonæ ordinationis originem et terminationem sacro quodam ordine promoveatur.

§ II. Singuli autem ordines sunt eorum qui præcedunt interpretes ac internuntii; primi quidem illi, motoris sui Dei, cæteri autem eadem ratione, motorum a Deo: adeo enim illa superessentialis rerum omnium harmonia cuilibet sacro tam rationalium quam spiritalium creaturarum ordini, ratoque ductui consuluit, ut et ipsa singulis hierarchiis decoros ordines statuerit, atque omnem hierarchiam in virtutes primas, et medias atque postremas distributam esse videamus. Quinimo singulas, ut proprie dicam, spirituum descriptiones iisdem divinis harmoniis discrevit, propter quod ipsos etiam divinissimos seraphim theologi alterum ad alterum clamare aiunt [1]; qua quidem re, mea sententia, manifeste declaranti, primos participes facere secundos divinarum rerum atque notionum.

§ III. Hoc quoque non immerito possum addere, quamlibet cœlestem et humanam mentem seorsum proprios in se continere et primos, et medios, et ultimos ordines atque facultates, **95** quæ eodem modo, quo superiores singularum hierarchiarum illustrationum proprii ductus, eluceant, quibus unaquæque mens pro suo captu quam nitidissimæ purgationis, copiosissimi luminis, absolutæque perfectionis fit particeps. Nihil est enim per se absoluteque perfectum, aut quod omnino perfectionis non indigeat, nisi quod per se revera perfectum est, et præperfectum.

ADNOTATIONES CORDERII.

§ I. Ex præcedentibus capitibus concludit angelos, quanto sublimiores sunt, tanto sublimiori quoque et secretiori ratione illustrari; eo nimirum quod Deo ἀρχιφώτῳ propinquiores sint, atque adeo etiam magis Deum participent, ut infra cap. 5 *De divinis nominibus*, et supra cap. 4 et 8 *Cœlestis hierarchiæ* docet, ubi vide nostras adnotationes. Tantum hic observa, quomodo nos ab angelis purgemur, illuminemur, perficiamur.

Purgant itaque nos angeli, amovendo phantasmata quæ impediunt illuminationem, quam angelus intendit facere in nobis; unde tria removent ab anima, scilicet ignorantiam, et nubila phantasiarum, ac falsas opiniones rationum revelationi contrariarum. Illuminant vero animam tripliciter, scilicet ad sensum, ut patet, quando manifestatur aliquid in assumpto corpore (et hanc potestatem etiam diabolus habet): item ad intellectum, et talis illuminatio solum perfecta est. Notandum autem, quod angelus non illuminet intellectum efficiendo cognitionem in anima; quia non potest in intellectu novam speciem neque habitum novi luminis creare, ut hæc nec intentionem; nam tria requiruntur ut intellectus noster aliquid intelligat, scilicet species qua cognoscatur, et lumen in quo cognoscatur, et intentio qua intellectus convertatur super speciem. Illuminat autem intellectum nostrum angelus excitando ac disponendo, et lumen divinum in nos transfundendo; facit enim (ut dictum est) in phantasia transmutationem specierum, componendo et dividendo eas secundum rei exigentiam quam vult revelare: item irradiat lumen intellectus sui super illas, ut moveant intellectum nostrum, et sic plura et subtiliora videri possunt in lumine duplicato, item excitat intentionem animæ motu aliquo, quo se super illa phantasmata reflectat, ab aliis se abstrahendo. Perficiunt etiam, id est, promovent ad melius.

Utrum autem angelus incendere possit affectum humanum, id tripliciter intelligi potest, scilicet vel efficiendo, vel movendo, vel excitando et adjuvando. Primo modo solus Deus inflammare potest affectum; secundo modo res ipsa desiderata affectum inflammat, scilicet alliciendo et movendo; tertio modo potest angelus affectum nostrum incendere, scilicet excitando et adjuvando motum ejus congrua propositione. De his habemus exemplum in naturis; quia primo modo ignis accendit ligna, secundo modo ligna incendunt ignem, et tertio modo is qui ligna igni apponit, ignem accendit. Differentia autem est inter immittere cogitationem, et incendere et illuminare; quia cogitationem immittere, est intus creare et facere cogitationem; sed incendere, est cogitationem jam factam inflammare; illuminare vero, est dare revelationem de aliquo occulto intelligibili.

Hic tantum pro pleniori intelligentia istiusmodi angelicæ illuminationis, nota ex sancto Thoma, in parte prima, quæst. 106, art. 1, unum angelum alium illuminare, in quantum ei veritatem quam cognoscit, manifestam facit; vel confortando ipsius intellectum, vel ex parte similitudinis rei intellectæ. Cum autem ad intelligendum duo concurrant, scilicet virtus intellectiva, et similitudo rei intellectæ, secundum hæc duo, unus angelus alteri veritatem notam notificare potest. Primo virtutem ejus intellectivam fortificando. Sicut enim virtus imperfectioris corporis confortatur ex situali propinquitate corporis perfectioris, ut verbi gratia, minus calidum crescit in calore ex præsentia magis calidi: ita virtus intellectiva inferioris angeli confortatur ex conversione superioris angeli ad ipsum. Hoc enim facit in spiritualibus ordo conversionis, quod facit in corporalibus ordo localis propinquitatis. Secundo autem unus angelus manifestat alteri veritatem ex parte similitudinis intellectæ. Superior enim angelus notitiam veritatis accipit in universali quadam conceptione, ad quam capiendam inferioris angeli intellectus **96** non esset sufficiens, sed est ei connaturale, ut magis particulariter accipiat veritatem. Superior vero angelus veritatem quam velociter concipit quodammodo distinguit, ut ab inferiori capi possit, et sic eam cognoscendam ei proponit. Sicut etiam apud nos, qui in paucis multa capiunt, multipliciter illa distinguunt, aliorum capacitati providentes. Et hoc est quod sanctus Dionysius infra cap. 15, § 3, ait quamlibet essentiam spiritalem, uniusmodi intelligentiam, quam a diviniore traditam accepit, pro inferiori ductu captuque provida virtute dividere ac multiplicare. Vide infra nostras adnotationes ad cap. 12, § 2.

§ II. Notat, in divinarum traductione illustrationum servari subordinationem, ita nimirum, ut supremi

---

[1] Isai. vi.

illi spiritus sint ipsismet Dei internuntii, et sic deinceps sequentes præcedentium angelorum, ut supra cap. 8, docuit, et nos ibidem § 2 adnotavimus.

Hujus mutuæ communicationis et illustrationis rationem reddit divus Thomas in prima parte, quæst. 106, art. 4. Quia nimirum omnes creaturæ ex divina bonitate participant, ut bonum quod habent in alia diffundant. Nam de ratione boni est quod se aliis communicet. Hinc etiam agentia corporalia similitudinem suam aliis tradunt quantum possunt. Atque ideo quanto aliqua agentia magis divinam bonitatem participant, tanto etiam magis perfectiones suas, quoad possunt, in alios transfundere conantur. Unde beatus Petrus monet eos qui divinam bonitatem per gratiam participant, dicens : *Unusquisque sicut accepit gratiam, in alterutrum illam administrantes, sicut boni dispensatores multiformis gratiæ Dei* u. Multo igitur magis SS. angeli, qui sunt in plenissima participatione divinæ bonitatis, quidquid a Deo percipiunt, subjectis impartiuntur. Non recipitur tamen hæc illuminatio ab inferioribus ita excellenter, sicut est in superioribus, atque ideo superiores semper remanent in altiori ordine, et perfectiorem cognitionem habent; sicut unam et eamdem rem plenius intelligit magister, quam discipulus qui ab eo addiscit. Hinc quamvis in societate angelorum omnia possideantur communia ; tamen quædam excellentius habentur a quibusdam quam ab aliis. Unumquodque autem perfectius habetur ab eo qui potest illud communicare, quam ab eo qui non potest. Sicut perfectius est calidum quod potest calefacere, quam quod non potest; et perfectius scit qui potest docere, quam qui non potest ; et quanto perfectius donum aliquis communicare potest, tanto in perfectiori gradu est; sicut in perfectiori gradu magisterii est, qui potest docere altiorem scientiam. Et secundum hanc similitudinem consideranda est diversitas graduum vel ordinum in angelis, secundum diversa officia et actus.

§ III. Observat quamlibet mentem sive angelicam sive humanam et primas et medias et ultimas potentias habere, quæ capaces sint expiationis, illustrationis, atque perfectionis. Hæc vide apud Pachymeram explicata. Quibus adde ex divo Thoma, in prima parte, quæst. 108, art. 2, quod ipsa ratio hierarchiæ requirat ordinum diversitatem, quæ quidem diversitas ordinum secundum diversa officia et actus consideratur; sicut apud homines in qualibet civitate sunt diversi ordines, secundum diversos actus. Nam alius est ordo judicantium, et alius pugnantium, et alius in agris laborantium; et sic de aliis. Sed quamvis multi sint unius civitatis ordines, omnes tamen ad tres reduci possunt secundum quod quælibet multitudo perfecta habet principium, medium, et finem. Unde et in civitatibus triplex ordo hominum reperitur. Quidam enim sunt supremi, ut optimates; quidam autem sunt infimi, ut vilis plebecula; quidam autem sunt medii, ut populus honoratus. Sic igitur etiam in qualibet hierarchia angelica ordines distinguuntur secundum diversos actus et officia : et omnis ista diversitas ad tria reducitur, scilicet ad summum, medium et infimum; et propter hoc sanctus Dionysius in qualibet hierarchia ponit tres ordines.

PARAPHRASIS PACHYMERÆ.

§ I. Repetit hic sanctus ea quæ dicta sunt, et ait: Conclusum igitur a nobis, quomodo illa quidem antiquissima (non secundum tempus, sed secundum ordinem) omnino distributio earum quæ circa Deum et in circuitu Dei sunt intelligentiarum (juxta illud: *In circuitu ipsius tabernaculum ejus* v ; etsi etiam super omnem terminum et **97** infinitatem sit Numen divinum) ab ipsamet primitus initiante illuminatione et cæterarum initiationum causa consecrata (eo quod non sit alius ordo ante ipsam, sed ipsamet immediate ad eam extendatur, attracta quodammodo ab ipsomet per se bono, et natura bono quod omnia appetunt; hoc enim est extendi; non enim ineffabilis ille radius illucens permittit ipsam solitariam et quodammodo dormitare) purgatur, et illuminatur atque perficitur secretiori simul et manifestiori divina illustratione. Unde etiam patet, quod sub ordine uberiorem habeant illustrationem. Si enim ita condita esset illa distinctio, ut omnino prima esset, neque purgatione neque illuminatione opus haberet, cum ita formata foret, ut primo ordine digna esset. Secretiorem autem et manifestiorem eamdem vocavit illustrationem, quæ utique circa idem videntur quasi esse contraria. Quod enim occultum est, non est manifestum; et quod manifestum, non est occultum, juxta eumdem modum. Etsi enim etiam contraria sunt respectu ejusdem, ad aliud tamen atque aliud intelliguntur. Oc-

A cultior quidem est nobis, quia spiritualior (spiritales enim sunt et inferiorum ordinum illustrationes): spiritualior autem est illa primæ distributionis nobisque ignotior; idcirco etiam simplifica (ut quæ non cognoscitur per aliquam e rebus nostris terrenis, quæ compositæ sunt), quin et unifica. Quantum enim a materia mens nostra recedit, tantumdem ad unum tendit, et immaterialius, ut ita quis dixerit, rem intellectilem comprehendit. Ecquid dico in his, cum id sensui quoque accidat quoad res sensiles? siquidem eminus quidpiam videntes, putamus illud vel animal esse, vel forte lapidem, vel arborem, vel quid aliud ; appropinquantes vero cognoscimus esse animal, et quidem tale animal, hominem verbi gratia, et hunc hominem. Sic pueri primum omnes

B viros patres vocant, matresque feminas, postea vero horum cognitio unificatur, agnoscuntque veros parentes. Vides quomodo sensus unificetur : idem etiam menti accidit, dum ad res intellectiles accedit. Verum hinc suboritur necessaria dubitatio, qui sensus circa id quod vicinius est magis unificetur, mens vero circa remotius, et quod ipse vocat occultius? Ac liceat dicere, illud vere menti propinquius esse, quod omni materiali compositione sensationeque superius est; quoniam **98** id menti mentisque operationibus est conformius. Menti enim sunt remotiora, quæ sensui quodammodo subjacent. Secundum hanc itaque proportionem (cum occultior

u I Petr. IV, 10. v Psal. XVII, 12.

intelligibiliorque sit primorum illustratio, sequentium illustrationibus comparata) ipsa magis unifica est, adeoque secundum nos quidem mentemque nostram obscurior et occultior, simul tamen illi, qui illustrationem eam excipit, manifestior; siquidem primigenia primilucaque est integrior est illustratio quæ ad eam diffunditur. Etsi autem ipsa superplena sit, attamen pro suscipientium conditione variatur : idcirco enim addidit : Et quasi liquidior; ut indicaret subjectorum diversitatem, variationem quamdam afferre illustrationi. Ab hac autem prima dispositione, iterum secunda pro sua portione, et a secunda tertia, et a tertia nostra hæc hierarchia, quam non humanam dico (quoniam et ipsa divina est, divinasque suscipit illustrationes), sed eam quæ apud nos homines divina gratia consecratur. Quid porro a prima secunda, et ab hac tertia, et ab illa nostra hæc accipit? Quod in sacris omnino dirigatur. Bona vero hierarchiæ expiationem, illuminationem, perfectionem, quælibet a Deo per primam accipit. Secundum itaque a prima in sacris regi, vocat hierarchice adduci ad superprincipale principium, atque omnis rectæ ordinationis consummationem : divinum enim Numen bona cuncta terminat, ac definit, quia nihil extra ipsum boni est, vel dicitur, vel unquam cogitatur. Fit autem hoc juxta bene ordinati ordinis principatus sanctionem : quia licet ab his adducantur, attamen ab ipso Numine accipiunt illustrationes, quod est principium et causa omnis ordinis, non tantum primi, sed et secundi, et tertii, et si quis sit alius. Ista enim lex est, ut ita quis dicat, adductionis immutabilis et bene ordinata, ut ab ipsa res conserventur ac perficiantur, etsi per alias quasdam id in ipsis fiat.

§ II. Manifestatorii autem sunt omnes, etiam ipsi angeli, sive ordo postremus; progrediendo enim de ipsis angelis solis loquitur, modo autem etiam de tribus ordinibus. Interpretes itaque sunt eorum qui præcedunt; manifestant enim per alios voluntatem Dei, quæ ipsis a prioribus erat manifestata, et his iterum per alios. Ac primi quidem internuntii sunt motoris sui Dei ; sequentes **99** vero quos et reliquos vocat (scilicet ordo secundus) interpretes sunt eorum qui ex Deo moti sunt. Habes itaque tres ordines cœlestium virtutum. Tantum autem curæ fuit bono Deo, superessentiali, inquam, concinnitati et ordini (principes enim suos Lacedæmonii concinnatores appellabant, tanquam quidlibet concinnantes ac ordinantes), universorum itaque Deo (qui non simplex concinnator est, sed ipsamet concinnitas superessentialis) tanta cura fuit cujuslibet sacræ cœlestium ordinationis, ut et ordinem habeant et adductionem, ut per priores posteriores adducantur: quoniam unicuique hierarchiæ tres sacros ordines constituit. Habet enim prima thronos, cherubim et seraphim, et sequentes aliæ similiter exsistunt, et distinguuntur in primas et medias et postremas virtutes. Ad hæc considera, minutiorem esse illarum distributionem; quoniam iterum unamquamque peculiariter dispositionem abusive distributionem appellavit; sive unumquemque ordinem cujuslibet trini ordinis iisdem congruentiis ordinibusque distinxit. Hoc autem sanctus asserit, demonstrationem mutuando ex prophetia Isaiæ ; quoniam ibi divinissimi seraphim alter ad alterum clamant incessabilem illam hymnologiam, Scriptura hinc demonstrante, primos sequentibus theologicas ipsas notiones communicare. Theologicam autem notionem vocat hymnum illum, in quo ter Sanctus pronuntiatur : etenim tres sanctas Hypostases in unicam dominationem ac Deitatem coeuntes ipsi didicerunt, et nos per illos discimus.

§ III. Ad hæc addit etiam subtiliorem demonstrationem bene ordinatæ in omnibus constitutionis, aitque, quamlibet per se cœlestem ac humanam mentem peculiares habere primas et medias ac postremas virtutes, in ordine ad dictas adductiones ac manifestationes : intellige expiationem, illuminationem ac perfectionem ; sic enim etiam proportione apparent illustrationes, secundum quas quilibet, quoad illi fas ac possibile est, particeps fit Dei. Quantum enim proprio cuique ordini competit, tantumdem etiam de ipsiusmet boni Dei expiatione, illuminatione, ac perfectione consequitur. Est itaque Dei quoque expiatio plusquam purissima, lumenque supra quam plenum, perfectioque præperfecta. Cum autem rectæ illustrationes infinitæ sint, secundum **100** unamquamque illustrationem quælibet mens cœlestis primum expiatur, deinde illustratur, ac postea perficitur. Nihil enim absurdi est, si is qui secundum quid perfectus est, secundum aliud expiatur; et si secundum quid illustratus, secundum idem quidem perficitur, secundum aliud vero iterum expiatus illuminatur; nihil enim per se perfectum, vel quod non indigeat perfectione nisi quod per se vere perfectum, vere præperfectum est. Atque ita quidem mens cœlestis particulares hos tres ordines habet atque virtutes. At quomodo etiam mens humana iis prædita est, cum exsistat quoque secundum motum Dei ? neque enim de mundanis motibus nobis sermo est. Modo dicimus, omnem mentem habere essentiam, secundum quam primum est; deinde etiam virtutem, secundum quam potens est, postremum vero operationem, secundum quam, ea quæ sibi propria sunt agendo, pia est; hæc etiam in sequenti capite declarat. Cæterum neminem omnino, neque prophetam, neque justum cognoscimus, qui non opus habeat propria cooperatione atque oratione, ut appropinquet Deo. Adverte enim quid dicat is qui ad tertium usque cœlum pervenerat : *Castigo corpus meum, et in servitutem redigo ; ne forte cum aliis prædicaverim, ipse reprobus efficiar* [x]. Atque hic est primus et medius ordo : nam castigatio carnis primus est, secundus

---

[x] 1 Cor. ix, 27.

vero subactio effrenatæ cupiditatis, probitas vero postremus atque perfectus. Vel etiam qui a simplicioribus doctrinis, quas lactis potionem Apostolus vocavit, ad medias, et ex his, ad majores sive perfectorum cibum adducimur; quod etiam in Evangeliis Dominus significat ad sanctos apostolos dicens: *Multa habeo vobis dicere, sed non potestis portare modo* [y]. Observa quoque, si placet, sacrosancti Spiritus in apostolis susceptionem; datus enim fuit primum propter signa, deinde vero per insufflationem, ac tertia vice in linguis igneis substantialiter, ut ita quis dicat, secundum magnum theologum Gregorium. Hæc autem est perfectio. Liceat id quoque aliter considerare, ac primum quidem ordinem dicere, ad id quod superius est, extensionem; medium vero, ad idem conversionem atque collectionem; postremum vero eum, qui quod demissius est, erigit. Nisi enim quis amando ad divina extendatur, non ad illa convertetur ac colligetur, atque adeo etiam non adducetur. Nam nisi cor calefactum fuerit ex assidua circa rem dilectam meditatione et conversione collectioneque, non accendetur ignis elevationis ac perfectionis, juxta illud : *Calefactum est cor meum intra me, et in meditatione mea exardescet ignis* [z] : quod menti quoque cœlesti quadrabit.

CAPUT XI.

Cur omnes cœlestes naturæ communi nomine virtutes cœlestes appellantur.

SYNOPSIS CAPITIS.

I. Docet, cœlestes omnes spiritus non eadem ratione virtutes, qua angelos vocari. II. Nomen hoc commune virtutum non introducere confusionem ordinum ac proprietatum, sed sicut omnes essentia, virtute et operatione constant, ita modo quidem essentias, modo vero virtutes et energias nuncupari.

§ I. His ita definitis, illud consideratione dignum, cur omnes simul angelicas essentias, virtutes cœlestes appellare soleamus [a]. Neque enim, ut in angelis dicere possumus, sanctarum illam virtutum novissimam esse distributionem : atque superiorum quidem essentiarum dispositiones, sanctam et decoram novissimarum illustrationem participare, secus quam ut imæ primarum; ob eamque causam, cœlestes quidem virtutes omnes, divinos spiritus appellari, seraphim autem et thronos atque dominationes nullo modo: novissimæ siquidem superiorum proprietates haud universim participant. Angeli itaque, et ante angelos archangeli et principatus ac potestates, cum post virtutes a theologia collocentur, frequenter a nobis una cum aliis naturis sanctis, cœlestes passim Virtutes appellantur.

§ II. Verumtamen negamus, nos, cum communi cœlestium virtutum nomine in omnibus utimur, confusionem ullam cujusque ordinis proprietatum introducere; sed quoniam in tria omnes divinæ mentes cœlesti ratione sua divisæ sunt, in essentiam videlicet, et in virtutem, et in operationem, cum omnes, aut aliquas earum, indiscriminatim cœlestes essentias, vel cœlestes virtutes appellamus, eas, de quibus sermo est, circuitione describere putandi sumus, ex ea quæ singulis earum inest essentia, vel virtute. Neque enim fas sit eminentem illam sanctarum virtutum proprietatem a nobis jam rite digestam, inferioribus naturis universim attribuere, unde inconfusus ille angelicarum distinctionum ordo perturbaretur. Juxta enim rationem jam a nobis sæpe redditam, superiores istæ distinctiones inferiorum quoque sacras proprietates abunde continent, novissimæ vero antiquiorum eminentibus istis universitatibus carent, primitivis istis illustrationibus in illas pro cujusque captu partiliter derivatis.]

ADNOTATIONES CORDERII.

§ I. Notandum hic ex Dionysio, quod virtutes in angelis dicantur dupliciter : quandoque enim nomen virtutis uni ordini appropriatur qui secundum ipsum est medius mediæ hierarchiæ, secundum vero Gregorium, hom. 14, *in Evangelia*, est supremus infimæ hierarchiæ. Alio modo sumitur communiter, scilicet pro omnibus cœlestibus spiritibus, quatenus nimirum sunt in participatione virtutis divinæ. Hanc distinctionem secutus divus Thomas in prima parte, quæst. 108, artic. 5, ad 1 : « Virtus, inquit, dupliciter accipi potest. Uno modo communiter, secundum quod est media inter essentiam et operationem : et sic omnes cœlestes spiritus, cœlestes virtutes nuncupantur, sicut et cœlestes essentiæ. Alio modo, secundum quod importat quemdam excessum fortitudinis : et sic est proprium nomen ordinis. Unde Dionysius cap. 8, dixit nomen virtutum significare quamdam virilem et inconcussam fortitudinem, primo quidem ad omnes divinas operationes ipsis convenientes : secundo ad divina suscipienda, atque ita significat eas sine timore aggredi divina quæ ad ipsas pertinent, quod videtur ad fortitudinem animi pertinere. »

§ II. Nota, per virtutes et energias seu operationes, non ut in nobis qualitates aliquas accidentarias

[y] Joan. XVI, 12. [z] Psal. XXXVIII, 4. [a] Psal. XXIII, LXXIX, CII.

intelligi, sed ut sanctus Maximus ad caput quartum *De divinis nominibus* ait, ipsemet omnes mentes intellectiles, et intelligentes, et substantiæ, et virtutes, et energiæ sunt : intelligunt enim et ipsæ, quia omnes sunt mentes, et substantiæ, vitæ, a mente suprema creatæ, imo et energiæ illic per se subsistentes sunt et substantiæ. Et ad cap. 7 *Cœlestis hierarchiæ* ait idem Maximus, non esse habitus in angelis tanquam accidens in subjecto ; quod non solum verum est in habitibus materialibus, ut sanctus Thomas in 1, II, q. 5, in resp. ad 1, interpretatus est, quia hujusmodi habitus, ut idem ait, sunt dispositiones ad esse naturale ; cujusmodi habitus non habent locum in angelis, quia materia carent, quales sunt proprietates quædam naturales, quæ in animatis et inanimatis reperiuntur, et ad secundam speciem qualitatis pertinent, quæ potentiæ etiam naturales dicuntur ; non solum, inquam, in hujusmodi habitibus et accidentibus verum est, sed etiam in habitibus qui sunt qualitates, et ad primam speciem in prædicamento qualitatis pertinent ; quos idem sanctus Thomas dixit excludi a sancto Maximo in angelis. Quod quidem non ita esse, ex *Scholiis* ejusdem sancti Maximi in eumdem *Dionysium* perspici potest. Ubi enim dicit Dionysius, quem divus Thomas citat, in *Cœlesti hierarchia* cap. 7, esse habitus in angelis deiformes, id est quibus Deo assimilantur, Scholium his verbis scripsit : « Σημείωσαι, ὅτι αἱ θεῖαι δυνάμεις καθ' ἕξιν ἔχουσι τὸ θεοειδές· ἕξις δέ ἐστι ποιότης ἔμμονος. Ἐντεῦθεν οὖν δηλοῦται, ὅτι αὐτεξούσιοί εἰσιν, ἕξει τὰς ἀρετὰς κτώμεναι. Τοῦτο πλατύτερον παρίστᾳ Ἄμμων ὁ Ἀδριανοπολίτης ἐν τοῖς περὶ ἀναστάσεως αὐτῷ κατὰ Ὠριγένους γεγραμμένοις λόγοις. » Nota, inquit, quod divinæ potestates (angelos dicit) similitudinem Dei secundum habitum habent ; habitus autem est qualitas stabilis et fixa. Hinc igitur patefit, quemadmodum liberi arbitrii sunt, siquidem virtutes habent secundum habitus acquisitas. Quod copiosius Ammon Adrianopolitanus docet in iis quæ contra Origenem de resurrectione scripsit. Hactenus sanctus Maximus. Hos ergo habitus dicit sanctus Maximus non esse tanquam accidens in subjecto, sicut in nobis ; et rationem reddidit, quia angeli carent materia et omni materiali compositione. **103** Dicendum igitur est summatim, quomodo in nobis sint habitus scientiæ et virtutum, tanquam accidentia in subjecto, ut sanctus Maximus recte dixit. Habitus scientiæ in nobis acquiritur principio per conversionem ad phantasmata, quæ sunt in potentiis materialibus sensuum, unde materialiter et dispositive, ut ait sanctus Thomas, actus, ex quo habitus generatur, in potentiis sensitivis est. Idcirco corrumpi potest in intellectu habitus scientiæ per oblivionem ex parte memoriæ, in qua servantur phantasmata sensilium, a quibus species intellectiles abstrahuntur ; et per deceptionem falsæ argumentationis, qua suadetur contrarium ejus quod prius sciebatur. Neutrum autem horum in angelo evenire potest, qui nec oblivisci potest, neque dicipi ; quia liber ab omni materia per species rerum a Deo inditas et congenitas, quibus habitualiter, ut ait sanctus Thomas, perficitur, omnes naturas rerum scire potest. Quare hujusmodi habitus non est in eo tale accidens quale in nobis, ut dixit sanctus Maximus, nec ipse angelus hujusmodi habitus tanquam accidentis subjectum est ; sed potius sic hujusmodi habitus in eo est, ut virtus calefaciendi in igne, ut ait idem sanctus Maximus. Similiter habitus virtutum quas per sensum capimus, ut ait sanctus Diadochus, in libro *De perfectione spirituali*, id est per justum usum sensuum, et earum rerum quæ sub sensus cadunt, quas Isaac Syrus ἐξωτέρας τάξεως, id est, *exterioris ordinis* vocat, in nobis tanquam accidentia adesse et abesse possunt ; quia sunt materialiter in potentiis sensitivis, et tanquam in subjecto in appetitivis, quibus accidit obedire, aut non obedire rationi. Unde justi auditu et aspectu, et similiter in reliquis dicimur, sicut sanctus Petrus in secunda sua Epistola cap. II, de sancto Lot dixit : *Erat enim aspectu et auditu justus*. Et compositio ex subjecto harum virtutum, et ex ipsis virtutibus, materialis compositio est, propter organa corporea. Virtutes etiam illæ ordinis interioris, quæ *theologicæ* dicuntur, fides, spes, charitas, accidentia quoque sunt in nobis, quia adesse et abesse possunt, propter carnem, quæ potest subjici, et non subjici legi spiritus. Aliud enim est caro, aliud prudentia carnis, quam Apostolus ait legi Dei non esse subjectam [b]. At in angelis non sunt virtutes tanquam qualitates mutabiles, quæ dicuntur et sunt accidentia, ut quidem essent, si in angelis materia esset et compositio ex materia, sicut in nobis ; sed potius quasi quasi naturæ fiunt. Sic enim ait sanctus Diadochus episcopus Photices in Epiro, quem sanctus Maximus citare et sequi solet, in libello aureo quarumdam quæstionum de anima separata, et angelis, quem inscripsit *Apocalypsim* : « Ἐπὶ γὰρ τῶν ἀσωμάτων φύσεων, ὅπερ ἂν κτήσηται ἡ ἐνέργεια, τοῦτο ὥσπερ τῆς φύσεως διὰ πολλήν, ὡς ἔφην, λεπτότητα γίνεται. » Id est : « In naturis incorporeis quodcunque operatio acquirit, hoc tanquam natura efficitur propter multam, ut dixi, subtilitatem. » Subtilitatem vocat ἀϋλίαν, id est *immaterialitatem*. Propositum itaque fuit sancto Maximo interpretari quomodo intelligendum esset quod Dionysius dixit, esse in angelis habitus deiformes ; ne quis erraret, ut suspicaretur esse virtutes angelorum, tanquam qualitates quasdam mutabiles, sicut in nobis, more accidentium. Hæc enim quia possunt adesse et abesse præter subjecti corruptionem, proprie accidentia dicuntur, et sunt.

Illud etiam notandum, quod istos habitus virtutum in angelis idem sanctus Maximus cap. 8, *De divinis nominibus*, ἐπιτηδειότητας vocat, nos *habilitates* sive *aptitudines* interpretamur. Sanctus Thomas participationes divinæ sapientiæ et bonitatis esse dicit, cum ait prima parte, quæst. 5, artic. 6, in resp. ad 2, quia ad attingendum Deum per intellectum et voluntatem indigent participare aliquid ab exteriori, scilicet sapientiam et bonitatem divinam, ut ibidem ait : « Ideo, inquit, necesse est ponere in eis habitus. » Habitus istos dicit Dionysius cap. 4, *De divinis nominibus*, corrupisse angelos qui ceciderunt, quatenus aberrarunt ab operatione habitibus istis congruente, quos Judas apostolus in Epistola sua dicit non servasse *principium*, ut vetus Interpres vertit, τὴν ἀρχὴν, *principatum* ; « creati enim erant, ut ait sanctus Maximus, ad opera bona. » Creationem eorum vocavit Judas principium. Sic Dionysius locum Judæ interpretatus est, ut sanctus Maximus observavit. Propterea quod Dionysius dixit, corrupisse angelos suum principium, sumptum est ex Ezechiele XXVIII, cum de diabolo ait : *Corrupta est scientia tua cum pulchritudine tua*. Hactenus de habitibus in angelis, qui communi vocabulo δυνάμεις quoque, id est *potentiæ*, a Dionysio vocari solent, ut sanctus Maximus cap. 5 *De divinis nominibus* notavit, quod per eos possumus prompte operari. Dicendum est nunc de potentiis eorum, quæ sic proprie δυνάμεις dicuntur, quas etiam a ratione accidentium idem sanctus Maximus excludit. Si enim, inquit, illud esse aliud in alio, tanquam accidens in subjecto, locum haberet in potentiis angeli, sequeretur, ut non per se viveret angelus, sed per accidens, et τὸ ζωτικόν, id est, *potestas vitalis*, per quam vivit, non esset substantialis in angelo, sed accidentalis, neque per se deificaretur quoad fieri potest, si potentia item **104** intellectiva angeli accidens esset, sicut in nobis, et non potius ad substantiam angeli pertineret. Nunc autem cum potentia angeli ad vivendum aut intelligendum non sit acciderns, sicut in nobis est accidens, individui quod conse-

[b] Rom. VIII, 7.

quitur materiam, quæ est principium individuationis, sed potius accidens per se, et proprium speciei, quod S. Thomas p. 1, q. 54, art. 3 in resp. ad 2, ad formam pertinere dicit, de potentia angeli loquens non sequitur, ut per accidens vivat, aut per accidens beatificetur angelus; quia operari per potentiam propriam quæ ad formam ipsam et rei substantiam pertinet, unde οὐσιώδης, id est *substantialis*, a philosophis vocari solet, non est operari per accidens : quia, ut idem sanctus Maximus cap. 5 *De divinis nominibus* notavit, ut antea dixi, « philosophi, inquit, proprietates cujusque substantiæ sive viventis sive vita carentis ad prædicamentum substantiæ revocarunt, et hoc vocabulo substantiæ eas comprehendunt alioqui non confusis rationibus propriis substantiarum et proprietatum. » Ita docte Turrianus ad Cyparissioti Dec. x, cap. 2.

PARAPHRASIS PACHYMERÆ.

§ I. His rite definitis, illud indagatione dignum, cur omnes simul angelicas essentias, virtutes cœlestes appellare soleamus. Neque enim id dicere quis possit, quod de angelis diximus, superiores nimirum integre habere illa quæ sunt inferiorum, verum inferiores, licet ex parte, non integre tamen habere illa, quæ superiorum sunt, et idcirco, cum postremi sint angeli, superiores omnes angeli vocati sunt nomine inferiorum : ita etiam in virtutibus sanctis se rem habere, quod nimirum ultima distributio sanctarum sit virtutum, atque idcirco mentes omnes integre habeant quæ illarum sunt, atque inferiori nomine virtutes appellentur, seraphim autem et throni ac dominationes nequaquam nuncupentur ; postremæ enim superiorum proprietatibus, maxime totalibus, et quæ non ex parte sunt (nam quod ex parte est, habent, velut ad unum principatum adductæ), minime communicant. Quod etiam in Ecclesia locum habet; quoniam quoque nostra hierarchia cœlestem ordinem imitatur. Nam sacerdos potest facere quæcunque ordines inferiores, scilicet diaconi et sequentes, verum non permissum est diacono sacerdotum munia peragere. Non itaque idcirco quis existimet, omnes angelicas essentias virtutes appellari, quod forte virtutes ultimi sint ordinis : nam angeli, et ante hos archangeli et principatus, atque insuper in secundo ternario potestates, post virtutes a theologia collocantur ; attamen in communi etiam hi ordines inferiores, virtutes appellantur.

§ II. Dicimus itaque nos, cum communi virtutis nomine in omnibus utimur, nullam confusionem ordinis cujusquam introducere, ut, verbi gratia, modo quidem proprie virtutes appellemus **105** eas quæ in secundo ordine secundæ sunt, modo vero omnes ordines cœlestes : verum hoc nomen virtutis est æquivocum ; nam tam ordo proprius quam in communi omnes ordines ita nominantur, utpote aliqua virtute præditi. Cum itaque pro sublimi sua ratione in tria dividantur (nam sublimia sublimiter et supermundialia supramundialiter distingui debent), dividuntur, inquam, divinæ mentes in essentiam, in virtutem, et operationem ; ita ut, exempli gratia, essentia quidem sit natura ignis, virtus vero vis illuminandi et urendi, operatio denique virtutis complementum, quale est illuminare et urere. Cum itaque sæpenumero etiam ab essentia nomen accipiant, ut quando mentes vel spiritus vocantur ; quandoque etiam ab operatione nominentur, ut cum angeli nuncupantur : non immerito etiam a virtute virtutes appellantur. Quando igitur omnes vel aliquas earum sine ulla observatione cœlestes essentias vel cœlestes virtutes apellamus, existimandum est, nos illos insinuare ac demonstrare de quibus nobis sermo est, secundum phrasim aliquam abundantem : pro eo enim quod diceremus angelos, dicimus cœlestes essentias, vel cœlestes virtutes, ex communi illorum essentia, vel etiam virtute quæ in singulis relucet. Nequaquam autem existimandum est, nos rite digestarum sanctarum virtutum proprietatem inferioribus essentiis attribuere (superpositæ utique sunt superiores virtutes inferioribus). Hoc enim dico, ne quis quid simile existimet, quasi inferioribus superiores coæquemus. Atque hinc solvimus illam quæstionem sive doctrinam, quomodo cœlestes ordines vulgo angeli appellantur. De superioribus autem, adeoque de ipsis virtutibus, nullus mihi sermo est, tametsi hæ quoque virtutes nuncupentur : ipsæ siquidem tanquam superiores ea quæ sunt in inferioribus universim habent, verum inferiores nequaquam universim, sed tantum ex parte habent ea quæ superiorum sunt. Unde non evertimus hanc nostram qualemcunque doctrinam ; nam juxta rationem quam sæpe de his dedimus, superiores quidem inferiorum proprietates habent, verum eminenter, ut etiam quid amplius habeant : postremæ autem superiorum totaliter nequaquam obtinent, sed per primas primilucæ illustrationes in inferiores pro earum captu transfunduntur. Videtur autem quodammodo hic dicere, secundum dignitatem angelicas dispositiones per **106** creationem ordinatas esse, non tamen manifeste hoc exponit ; supra enim præcedenti capite clare dicit, earum affectionem et intelligentiam esse causas superioris ipsarum ordinis, videlicet quia dixit ipsas expiari, et illustrari, et perfici. Licet itaque per conjecturam pie dicere, Deum, affectionis eorum motu præviso, dignos ipsarum ordines produxisse, ex quibus nemo dixerit, ipsas dilabi potuisse, eo quod affectum quemdam ad bonum habuerint per vehemens desiderium. Hoc est ex sancto et magno Maximo. Angelos autem, id est, postremos ornatus, permisit fortassis etiam ad malum converti ; dixit enim eos circa mundum affici : e quibus arbitror diabolum etiam fuisse antequam corruisset. Si quidem aliquis perfectius istis quid noverit discere postulo. Hoc etiam esse puto divinissimi sapientissimique Maximi.

CAPUT XII.

Cur hominum antistites angeli vocentur.

SYNOPSIS CAPITIS.

I. *Petit, cum inferiores ordines superiorum perfectiones non attingant, cur a Malachia cap.* II, 7, *sacerdos dicatur angelus Domini omnipotentis.* II. *Respondet, inferiores, licet ad æqualitatem superiorum perfectiones minime attingant, eorum tamen similitudinem imitando exprimere, et officium æmulari, et ideo etiam nomen participare.* III. *Confirmat id ex eo quod tam angeli quam homines ob eamdem causam quandoque etiam dii appellentur.*

§ I. Cæterum et hoc a sedulis eloquiorum spiritualium contemplatoribus quæritur: Etenim si quæ novissima sunt, totas superiorum suorum rationes minime attingunt, quam ob causam noster antistes angelus Domini omnipotentis ab eloquiis denominetur ᵉ?

§ II. Hæc autem ratio non adversatur iis quæ ante definita sunt : dicimus enim, novissimas antiquiorum dispositionum integram et eminentem virtutem non attingere; nam partis etiam pro captu suo sunt participes, secundum unam omnium concinnam collectamque communionem. Exempli gratia, sanctorum cherubim ordo sapientiæ scientiæque altioris est particeps, naturarum autem illis subditarum distributiones sapientiæ quidem et ipsæ cognitionisque compotes exsistunt, verumtamen duntaxat partialis 107 pro captu suo et inferioris ordinis. Atque universim quidem sapientiæ cognitionisque participem exsistere, commune est omnibus deiformibus intelligentiis; verum continenter et immediate, primove vel secundo inferiorique gradu, non est jam commune, sed prout cuilibet pro cujusque captu fuerit distributum. Hoc utique

A de omnibus quoque mentibus divinis qui statuerit, minime errabit; sicut enim primæ eminenter sacrosanctas inferiorum continent proprietates, ita quoque ultimæ priorum, licet non pari, sed inferiori gradu. Nihil igitur absurdi sit, ut puto, si nostri ordinis antistitem theologia quoque angelum appellet, ut qui pro virili parte angelicam etiam docendo participet proprietatem, atque ad eorum similitudinem, quantum in hominibus est, per interpretandi munus accedat.

§ III. Quinimo reperias ᵈ, theologiam quoque deos appellare cœlestes illas supernasque substantias, uti et sanctos, qui apud nos sunt, viros Deoque amicissimos; cum tamen arcanus ille Dei principatus superessentialiter omnibus emineat, ut supra omnia B locatus, nihilque illi proprie atque ex tuto simile in rebus vel esse, vel nominari possit; verumtamen quæcunque seu spiritalium seu rationalium creaturarum ad ejus unionem, quantum valet, integre conversa fuerit, et ad divinas ejus illustrationes, quoad potest, indesinenter intenderit, quod pro virili, si dictu fas est, Deum imitetur, divino quoque nomine condecoratur.

ADNOTATIONES CORDERII.

§ I. Nota ex P. Cornelio ad locum Malachiæ citatum septem rationes, ob quas sacerdos dicatur angelus Dei.

Prima, quia est nuntius Dei ad homines; unde Tigurina vertit : *Legatus enim est Domini exercituum.* Sicut enim legatus non aliud quam principis se legantis voluntatem annuntiat, eique nihil addere aut demere potest; ita et sacerdos Dei voluntatem annuntiat populo, eique nihil addere aut demere potest, ait sanctus Chrysostomus hom. 2 *in Epist. ad Rom.* Ac vicissim vota populi refert ad Deum. Est ergo tam legatus populi ad Deum, quam Dei ad populum, puta inter utrumque internuntius, mediator et sequester.

Secunda, quia sicut angeli ministrant Deo, ita et sacerdotes; unde Chaldæus vertit : *Quia minister est coram Domino exercituum.* Deus autem, inquit Tertullianus lib. *Contra Judæos,* cap. 9, eos vocare consuevit angelos, quos virtutis suæ ministros præfecit.

Tertia, quia sicut angeli jugiter assistunt Deo illum collaudantes, ita et sacerdos jugiter orare et psallere debet, juxta illud Psal. CXXXVII : *In conspectu angelorum psallam tibi.*

Quarta, quia angelorum virtutem ac puritatem imitari debet; unde Isidorus, Dorothei presbyteri levitatem castigans, lib. I, epist. 319, ait : « Sacerdos enim Domini omnipotentis angelus est; angelus autem risum nescit, Deo cum metu et pavore ministrans. »

108 Quinta, sacerdos angelus est consecratione divina, qua majorem potestatem accepit quam angeli, ut pulchre ac fuse probat sanctus Chrysostomus in libris *De sacerdotio.*

Sexta, quia angelorum tria sunt munia, scilicet purgare, illuminare, et perficere, quæ item sunt munia sacerdotis.

Septima, quia angelorum est perseverare in sanctitate ac sanctificatione, ut ait Basilius, homil. *De Spiritu sancto;* qui enim in ea non perseveraverunt, facti sunt dæmones; ita sacerdoti necessaria est perseverantia in suo opere et officio; de quibus aurea est sententia sancti Gregorii Nazianzeni in *Apol. I.* « Veritatis, ait, antistes et propugnator cum angelorum classe atque ordine est, cum archangelis Deum celebrat, ad supernum altare sacrificia transmittit, simulque cum Christo fungitur sacerdotio, figmentum instaurat, imaginemque Creatoris sistit, et supernum mundo opificem agit, et, ut quod majus est, dicam, Deus est, aliusque deos efficit. »

§ II. *Sanctorum cherubim ordo sapientiæ scientiæque altioris est particeps,* etc. Ex hoc loco divus Thomas

---

ᶜ Malach. II, 7, Apoc. II. ᵈ Psal. XCIV, LXXXI; Gen. XXXII; Exod. VII.

prima parte, quæstione 55, artic. 3, probat angelos, quanto superiores sunt, tanto per species universaliores intelligere. « Hoc enim, inquit, sunt in rebus aliqua superiora, quo sunt uni primo, quod Deus est, propinquiora et similiora. » In Deo autem tota plenitudo intellectualis cognitionis continetur in uno, scilicet in essentia divina, per quam Deus omnia cognoscit. Quæ quidem intelligibilis plenitudo in intelligibilibus creaturis inferiori modo et minus simpliciter reperitur. Unde oportet ea quæ Deus cognoscit per unum, inferiorem intellectum cognoscere per multa, et per tanto plura, quanto inferior fuerit intellectus. Sic igitur, quanto angelus fuerit superior, tanto per pauciores species rerum intelligibilium universitatem poterit apprehendere, atque ideo oportet ejus formas seu species esse universaliores, utpote ad plura se extendentes. Et hujus rei aliquod in nobis exemplum habere videmur. Sunt enim quidam qui veritatem intelligibilem capere non possunt, nisi eis particulatim per singula explicetur. Et hoc quidem ex debilitate intellectus eorum accidit. Alii vero qui sunt fortioris intellectus, ex paucis multa capere possunt.

Verum si sancti Dionysii locus hic exactius consideretur, tantum docet, inferiores angelos pauciora scire quam superiores; ideoque scientiam eorum appellavit partialem respectu scientiæ superiorum. De speciebus autem, quas scholastici tribuunt angelis, ut principium sint cognitionis, Dionysius hic non agit.

§ III. *Quinimo reperias theologiam quoque deos appellare*, etc. Sic Psalm. xciv, dicitur: *Quoniam Deus magnus Dominus, et rex magnus super omnes deos*, ubi etiam angelos intelligit. Et angelus colluctator se Deum appellat, Gen. c. xxxii: *Nequaquam*, inquit, *Jacob appellabitur nomen tuum, sed Israel : quoniam si contra Deum fortis fuisti, quanto magis contra homines prævalebis?*
Ibidem : *Uti et sanctos qui apud nos sunt viros*. Psalmo lxxxi : *Ego dixi : Dii estis et filii Excelsi omnes*. Quod ipsemet Christus de hominibus, ad quos Dei sermo factus est, interpretetur Joannis x capite. Et in Exodo cap. vii, ad Moysen Dominus ait : *Ecce constitui te deum Pharaonis*.

PARAPHRASIS PACHYMERÆ.

§ I. Reperit hic sanctus, a divinissimo Malachia quoque nostrum pontificem angelum Domini esse nuncupatum : *Quia*, inquiente, *angelus Domini omnipotentis est* [e]. Cum itaque ostendit inferiorum nomine superiores merito nominari, demonstrando, quanam ratione coelestes omnes ordines in communi angeli vocentur; ubi quorumdam de coelestibus virtutibus opinionem solvit, quod etiam secundum quamdam aliam æquivocam virtutem qua pollent, omnes ordines, tam superiores, quam inferiores, virtutes appellentur; quærit hic etiam, quomodo noster pontifex, cum inter coelestes omnes ordines postremus sit, **109** superioris quoque nomine vocetur, atque angelus appelletur. Quæritur itaque a sedulis contemplatoribus sacrorum oraculorum, quæ de rebus intellectibilibus loquuntur, quemadmodum in decimo quarto capite spiritualem præfecturam vocat, præfecturam rerum spiritualium : cur autem hic oracula vocat intellectilia, ibi vero præfecturam spiritalem ? quia, licet oracula sint de rebus spiritalibus, non tamen recte vocantur spiritalia vel mentalia ; quoniam non sunt spiritus ac mentes, et oracula mente diriguntur. Angelorum autem præfecturam vocat spiritalem, quia rebus spiritalibus intendit, et mens quæ intendit spiritalis est. Quæritur itaque a studiosis oraculorum contemplatoribus, qui omnino illo quod apparet profundiora rimantur : siquidem spectatores sunt qui illud tantum quod obvium est speculantur, studiosi vero contemplatores sunt, qui amorose circa visionem afficiuntur, ejusque et quid amplius cognoscendi desiderio tenentur. Hæc ergo quæstio est : Si ea quæ novissima sunt superiorum integras proprietates minime attingant, quam ob causam noster antistes angelus Domini vocatur.

§ II. Solvit hic igitur quæstionem, et dicit hoc non esse contrarium iis quæ ante definita sunt. Dicimus enim, postremas superiorum integras proprietates non obtinere, sed ex parte, pro virium suarum captu, earumdem participes exsistere; quoniam omnes sub unius sunt dominatu, et secundum hunc omnes componuntur ac conjunguntur. Exempli gratia, cherubim participes sunt sapientiæ sublimioris atque scientiæ, inferiores vero, et ipsæ sapientiam cognitionemque participant, sed respectu illorum partialem. Atque universim quidem hanc participare, commune est tam cherubim quam aliis : verum primitus et continenter, vel etiam secundario et inferiori gradu, non est jam commune, sed prout cuilibet, pro cujusque captu, fuerit definitum. Dixit autem definitum, non fatum aliquod aut inevitabilem necessitatem indicans, quemadmodum multi dicere consueverunt; sed limitatam aliquam virtutis, forte mentis, proportionem supra quam nihil oporteat cogitare. Hoc autem quod de cherubim, et eis qui sub ipsis sunt, dictum est, id de aliis quoque quis dixerit, non errabit. Quemadmodum enim primi plenissime habent ea quæ inferiorum sunt, ita quoque ultimi priorum, verum **110** non æquali, sed inferiori gradu. Nihil igitur absurdi sit, ut puto, si noster quoque pontifex angelus dicatur, ut qui secundum virtutem propriam angelorum participet proprietatem, quæ res divinas interpretatur; in quo munere perficitur, adeoque ad angelorum interpretandi similitudinem extenditur, quantum videlicet hominibus fas est, et non quantum angelis competit. Quemadmodum enim angeli divinam exponunt voluntatem, sic etiam pontifices per doctrinas suas. Quod si etiam opere juxta illud : *Quæcunque fecerunt, et quæ docuerunt*, hoc melius atque perfectum est.

§ III. Quin etiam reperies aliud quoddam perquam

[e] Malach. ii, 7.

sublime nomen tam angelos quam homines Deo gratissimos habere, ab ipso nimirum Deo qui illis sine comparatione præcellit : nam arcanus ille Dei principatus superessentialiter omnibus eminet, supraque omnia locatus est, minimeque talis est, ut ex rebus creatis quidpiam ei simile vel esse vel omnino dici queat, prout ea ab inferioribus denominari supponitur. Quodnam vero est nomen? *Ego dixi : Dii estis, et filii Excelsi omnes* [f] ; hoc de hominibus dictum, et iterum etiam de angelis et de hominibus : *Deus stetit in Synagoga deorum, in medio autem deorum deos dijudicat* [g]. Quid dicemus de hoc, nisi quod spiritales omnes angeli hominesque rationales ad unionem ejus totaliter conversi sint (*Diliges enim*, inquit lex, *Deum ex tota anima tua, et ex tota mente tua, et ex totis viribus tuis* [h]), et ad divinas ejus illustrationes, quantum scilicet fieri potest, expanduntur, idque indesinenter, ne contrario aliquo bonum intercipiatur? terminus enim virtutis malitia est, juxta illud : *Omnis consummationis vidi finem, latum mandatum tuum nimis* [i]. Ejuscemodi itaque divino quoque nomine condecorantur propter divinam, si dictu fas sit, pro virili imitationem ; Deum enim, quantum homini possibile est, imitando divinum quoque nomen merentur.

CAPUT XIII.

Cur a seraphim purgatus fuisse dicatur Isaias propheta.

SYNOPSIS CAPITIS.

I. Quærit cur non infimi, sed supremi ordinis angelus Isaiam expiasse dicatur. II. Respondet, dici posse probabiliter non fuisse seraphinum, sed hoc nomine appellatum, ob modum expiandi per ignem. III. Refert alteram sententiam, quæ censet hunc angelum fuisse quidem ex inferiori ordine, sed expiandi munus supremo isti ordini attribuisse, quod virtute ejus expiaret, sicut v. g. summus pontifex dicitur ordinare per episcopos, et baptizare per sacerdotes, quia ipsi potestate ab ipso accepta id faciunt, quam sententiam magis probat. IV. Describit visionem Isaiæ, v, ubi vidit Dominum in throno sedentem, et Seraphim in circuitu ejus, et narrat quomodo Isaias expiatus sit, et singula mystice exponit.

§ I. Agedum illud quoque pro viribus indagemus, cur ad quemdam ex theologis seraphim mitti memoretur. Etenim dubitabit aliquis et hæsitabit, cur non quispiam inferiorum angelorum, verum is qui antiquissimis essentiis annumeratur, prophetam expiet [k].

§ II. Nonnulli quidem, juxta superius assignatam de omnium intelligentiarum communione definitionem, aiunt Scripturam minime nominare quempiam primorum qui Deo præsto sunt spirituum ad theologum purgandum advenisse, sed aliquem ex iis qui nobis præfecti sunt angelis, quod sacro illo purgandi prophetam munere fungeretur, per æquivocationem seraphim vocatum esse, propter peccatorum quæ recensita erant per incendium obliterationem, et expiati ad divinam obedientiam resuscitationem; addamque Scripturam non aliquem ex iis qui Deo assident, commemorasse, sed ex virtutibus expiatricibus quæ nobis præsunt.

§ III. Alius item haud admodum incongruam hujus quæstionis mihi tradidit solutionem : aiebat enim, magnum illum (quiscunque tandem is fuerit) angelum, qui visionem hanc effinxerat, ut prophetam divinis rebus institueret, expiandi munus, quod sui erat officii in Deum, et post Deum, ad primævam illam hierarchiam retulisse. Ac nunquid hæc oratio vera est? Referebat enim qui hoc asserebat, quomodo vis illa Dei principalis, cum ad omnia emanando pertingeret, libereque cuncta permearet, etiam tum tamen omnibus inaspectabilis existeret, non solum quatenus superessentialiter omnibus antecellit, verum etiam in quantum occulte omnia providentiæ suæ penetrat operatione : cunctis item naturis spiritalibus pro cujusque modulo illucet, dumque antiquissimis illis spiritibus lucis suæ radios immittit, per eosdem, utpote primos, inferioribus perquam ordinate se ad captum cujusque ordinis ac contemplandi facultatem dispertit. Ut autem dicam clarius, exemplis utar familiaribus (quæ tametsi Deo, qui cunctis eminet, non ita congruant, nobis tamen planiora sunt), solaris, inquam, radii diffusio materiam sibi proximam, quippe cæteris liquidiorem, facillime trajicit, et per eam coruscationes suas clarius succendit ; verum ubi in densiores aliquas materias inciderit, obscuriorem cernitur radium luminis diffusione, ob materiarum, quæ illuminandæ sunt, ad lumen diffundendum ineptitudinem ; atque inde sensim ad hoc contrahitur, ut vix ultra distribui jam possit. Eodem modo calor ignis magis se diffundit in ea quæ ipsius sunt capaciora, et ad ejus similitudinem facile cedunt, et adducuntur ; verum in naturis illi reluctantibus contrariisve, vel nullum aut exile efficacitatis ejus igneæ vestigium apparet ; quodque hoc majus est, in ea quæ non sunt ejusdem generis, per illa quæ ipsi jam accommodata sunt se ingerit, ita ut primum, si ita res ferat, ignea faciat ea quæ facile ignescunt, atque iis adhibitis, aut aquam, aut aliquid aliud eorum quæ difficile ignescunt, eodem modo calefaciat. Secundum hanc igitur naturalis ordinis rationem, supernaturaliter fons omnis ordinis, cum visibilis tum invisibilis distributionis,

[f] Psal. LXXXI, 6. [g] Ibid., 1. [h] Deut. VI, 5. [i] Psal. CXVIII, 96. [k] Isa. VI.

propriæ splendorem illustrationis primordialiter per influxus beatissimos supremis istis essentiis manifestat, et per illas reliquæ deinceps divinum istum radium participant. Hæ enim cum primæ Deum agnoscerent, divinæque virtutis ejus desiderio summo tenerentur, hoc etiam assecutæ sunt, ut primæ ad divinæ potestatis atque actionis imitationem pro captu suo pervenirent; eædemque inferiores ad eamdem imitationem, quantum possent, benigne promoverent, dum absque invidia in illas inditæ sibi lucis partem derivant, ipsæque vicissim in inferiores; atque ita sigillatim, prima sibi proximam ejus quod sibi datum est participem facit, sicque per providentiam in omnes pro cujusque captu divina lux distribuitur. Est igitur omnium quæ illustrantur illuminandi principium Deus quidem natura, et revera proprie ut lucis essentia, ipsiusque status et aspectus **113** auctor: ex instituto autem Deique imitatione, quælibet superior ex parte cujuslibet inferioris, ad quam ejus interventu divina lumina trajiciuntur. Supremam igitur cœlestium intelligentiarum dispositionem, cæterorum angelorum omnium essentiæ, jure merito post Deum, omnis sacrosanctæ Dei cognitionis imitationisque principium esse censent, quod per illas in omnes ad nos usque Dei principalis illustratio derivetur; quapropter sacram omnem Deique imitatricem actionem ad Deum quidem ut auctorem referunt, ad primas autem ac deiformes mentes, ut primarios effectores divinorum operum ac magistros. Prima itaque sanctorum angelorum distributio magis præ reliquis igneam proprietatem continet, fusamque divinæ sapientiæ communionem, ac summæ divinarum illustrationum scientiæ usum atque peritiam, soliique proprietatem, quæ patulam ad Deum excipiendum capacitatem indicat: inferiorum autem essentiarum dispositiones hujus igneæ, sapientis, scientis, ac Dei capacis virtutis participes quidem sunt et ipsæ, sed inferiori gradu, et cum respectu ad priores per quas, ut divinæ imitationis præformatrices, ad deiformitatem pro captu suo promoveantur. Dictas itaque proprietates sacrosanctas, quarum secundæ naturæ per primas participes effectæ sunt, iis ipsis post Deum, tanquam præpositis suis, acceptas ferunt.

§ IV. Aiebat itaque qui hæc referebat, visionem quidem illam exhibitam esse theologo a quodam eorum, qui nobis præsunt, sanctorum ac beatorum angelorum, cujus illuminatrice manuductione ad spiritalem istam contemplationem fuerat evectus, in qua supremas illas essentias (quasi in symbolis, ut sic loquar) vidit infra Deum et juxta Deum: et circa Deum collocatas, atque omnium insuper ipsarum superineffabiliter eminentem superprincipalem verticem, in medio supereminentium virtutum superpositum. Didicit itaque ex hisce visionibus theologus, Divinitatem, secundum omnem supernaturalem excellentiam, sine comparatione præstare omni visibili et invisibili virtuti, omnibusque insuper exemptam esse, ut quæ ne primis quidem istis essentiis ullo modo similis exsistat: ad hæc, ipsam omnium esse principium et causam substantificam, indissolubilisque rerum mansionis immutabile firmamentum, ex quo ut essent, et bene essent, supremæ etiam **114** virtutes habuissent: ipsas deinde deiformes sanctissimorum seraphim virtutes docebatur, quorum sacrum nomen quid igneum designat (1), de quo nos paulo post dicemus, prout poterimus interpretari, istius igneæ virtutis ad divinam similitudinem impulsus. Porro cum senarum alarum sacræ fictionis absolutam summamque in Deum in primis ac mediis novissimisque mentibus excitationem, nec non innumerabiles eorum pedes, multasque facies sanctus ille theologus videret, utque alis tam pedum quam facierum aspectus arcerentur, alæque mediæ perpetuo moverentur, ad intelligibilem eorum quæ cernebat scientiam adducebatur, explicata illi supremorum spirituum multivaga plurimaque cernendi facultate, sacraque eorum reverentia, quam supermundialiter exhibent in sublimiorum profundiorumque mysteriorum insolenti ac temeraria impenetrabilique perscrutatione, nec non optime digesta Deum imitantium actionum incessabili et altivolante perpetua motione. Quin et divinum illud præstantissimumque laudis canticum discebat, angelo qui visionem efformabat, prout poterat, ipsi theologo sacram suam scientiam communicante. Quin et hoc ipsum edocebat, quomodo divinæ claritatis ac munditiei pro cujusque captu participatio, quoquo modo mundis etiam esset expiationi. Quæ cum præcipuis de causis a Dei principatu in cunctis sacris mentibus superessentiali quodam secreto operatur, supremis tamen virtutibus Deoque proximis manifestior quodammodo exsistit; iisque magis se explanat et insinuat; secundis vero novissimisve nostris virtutibus hisce spiritalibus, prout quæque a deiformitate ipsa distat, ita claram ejus illustrationem ad secreti sui singularem confert ignorationem. Secundas porro sigillatim per primas illustrat, et ut summatim dicam, primitus ex occulto in apertum ducitur per virtutes primas. Hoc igitur theologus ab angelo, qui ipsum illustrabat, discebat, quomodo cum ipsamet expiatio, tum cæteræ Dei principales operationes omnes, per primas essentias elucentes, in omnes reliquas distribuantur, juxta cujuslibet ad deificas participationes capacitatem: quapropter per ignem expiandi proprietatem merito ipsis seraphim secundum Deum tribuit. Nequaquam igitur absurdum sit, si theologum expiare seraphim perhibetur. Ut enim Deus, hoc ipso quod omnis expiationis causa sit, omnes purificat, **115** vel potius (ut magis obvio exemplo utar) sicut apud nos pontifex, dum per ministros suos seu sacer-

---

(1) Nomen scilicet Hebraice expressum, שרפים, quod significat, *ardentes, fulgentes;* a radice שרף, *incendit, succendit.* Drach.

dotes expiat, illuminatve, ipsemet expiare et illuminare dicitur, quod illi ordines, quos consecrat, sacrosanctas suas in ipsum referant actiones : sic angelus quoque qui theologum expiabat, propriam purgandi vim atque scientiam Deo quidem, ut auctori, seraphim vero, tanquam primicerio sacrorum antistiti, attribuit; ac si dicat, cum angelica quadam reverentia eum qui purgabatur instituens: Ejus quæ in te meo ministerio perficitur expiationis, principium quidem præcipuum, et essentia, opifexque atque auctor est is, qui primas etiam essentias et in lucem protulit, et juxta se collocando continet, atque conservat immutabiles, lapsusque expertes, et easdem movet ad primas providentiæ suæ operationes participandas; hoc enim is qui hæc me docuit, seraphim legationem declarare dixit. Principes autem sacrorum, et post Deum A dux, primarum essentiarum ordo, a quo ego deiformiter expiare didici, is ipsius, inquam, est, qui per me te expiat, per quem providentiæ suæ actiones ex abdito ad nos produxit is, qui est auctor et effector omnis expiationis. Atque hæc ille quidem me docebat, tibi autem ipse trado; tuæ vero intelligendi discernendique scientiæ erit, aut per alteram dictarum causarum omni ambiguitatis scrupulo absolvi, eamque alteri, utpote probabilem, et consentaneam, ac forte veram, anteponere; aut per te, quid cum veritate conjunctius sit invenire, aut ab alio discere (Deo scilicet verbum tribuente, quod et angeli interpretentur), nobisque angelorum studiosis revelare clariorem (si fieri possit) mihique gratiorem contemplationem.

ADNOTATIONES CORDERII.

Ex hoc capite sancti Dionysii divus Thomas in prima parte, q. 112, art. 2, movet quæstionem utrum omnes angeli in ministerium mittantur, et in corpore respondet, angelos inferiores tantum mitti de lege communi, superiores vero ex divina dispensatione. Hoc enim, inquit, habet ordo divinæ providentiæ, non solum in angelis, sed etiam in toto universo, quod inferiora per superiora administrentur; sed ab hoc ordine in rebus corporalibus aliquando ex divina dispensatione receditur, propter ordinem altiorem, secundum videlicet quod expedit ad gratiæ manifestationem.

Determinat etiam hoc capite sanctus Dionysius quamdam quæstionem, quæ mota fuit ex iis quæ c. 6, § 2, dicta sunt: ubi docet primam hierarchiam circa Deum assidue versari, illique jugiter inhærere. Item cap. 7, § 2, ait primas illas essentias, quasi in vestibulo ipsius Divinitatis collocatas, etc. Quibus locis significari videtur, quod semper Deo assistant, et ad nos exterius non mittantur: cujus contrarium videtur docere Isaias c. VI, ubi dicit unum de seraphim missum ad purgandum prophetam.

§ I. Proponit quæstionem : quæ cum fundetur in distinctione muneris assistendi et ministrandi, notandum angelos posse dici diversimode Deo assistere. Ac primo quidem, si *assistere* sumatur pro *faciem Dei contemplari*, sic assistunt omnes boni angeli, qui semper vident faciem Patris qui in cœlis est (*Matth.* XVIII). Secundo, si *assistere* sumatur pro *immediate recipere illuminationes a Deo*, sic tantum assistunt tres primi ordines. Tertio, si *assistere* accipiatur pro *appropinquare Deo, et extraneum esse ab exterius missione*, sic assistunt quatuor primi ordines. Ministrare vero est nuntiare pro temporis opportunitate, vel operari secundum officium; est enim ministerium nuntii et officii.

§ II. Tradit primam quæstionis solutionem, scilicet, quod ille qui purgavit prophetam, fuerit de inferioribus ordinibus, dictus seraphim æquivoce, per imitationem actus superiorum, quia purgavit per ignem.

§ III. Ponit secundam solutionem, scilicet quod ille qui purgavit prophetam, fuerit de primo ordine; sed non purgaverit ministerio, sed auctoritate, in quantum videlicet inferior angelus virtute ipsius recepta purgavit prophetam: et sic reducitur operatio in ipsum. Confirmat autem hoc persimile virtutis divinæ, universaliter in omnia diffusæ, cujus illuminatio pervenit in intellectualia proportionaliter, non secus atque lux vel calor materialis, ea corpora quæ magis apta ad sui susceptionem invenit, magis illuminat aut accendit.

§ IV. Describit visionem et expiationem Isaiæ prophetæ, quam ipse de se cap. VI narrat, de qua ita Gregorius theologus secundo *De theologia* libro ait : « Quid de Isaia et Ezechiele, qui uterque maximorum mysteriorum spectator fuit, ac de reliquis prophetis dicere poteris, ex quibus ille quidem Dominum Sabaoth sedentem in throno gloriæ vidit, et hunc a seraphinis sexaligeris stipatum, laudatum et obtectum, seque carbone ignis purgatum, et ad prophetiam instructum; hic vero vehiculum ex cherubinis descripsit, et super eos thronum, et super thronum firmamentum, et eum qui in firmamento apparebat, et voces quasdam et impetus, et actiones : atque hoc quidem, sive erat visum diurnum solis sanctis aspectabile sive nocturna et vera visio, sive informatio futurorum tanquam præsentium in mente, sive alia species arcana prophetiæ, non possum affirmare; Deus prophetarum novit, et quibus talia contigerunt. »

Nota autem ex P. Cornelio congruas aliquot rationes hujus visionis. Prima, ut per eam quasi consecraretur propheta et apostolus. Secunda, ut a cœlestibus spiritibus disceret, quomodo divina tractanda sint. Tertia, ut animaretur a Deo ad libere arguendam cæcitatem Judæorum. Quarta, ut doceretur mysterium SS. Trinitatis, et nobis idem adumbraret. Plura vide apud P. Cornelium, qui ad caput sextum Isaiæ hanc visionem fuse explicat, et simul illa quæ superius ad caput sextum et septimum notavimus.

PARAPHRASIS PACHYMERÆ.

§ I. Agedum etiam aliam quæstionem indagemus, quoniam videtur esse dictis contraria : dixit C enim antea, inferiores a præcedentibus, non autem a supremis doceri. Observa autem, ut et hæc tunc quæsita, et diversimode soluta sint. Quæritur enim, cur ad Isaiam seraphim mittatur, et non aliquis ex ordinibus inferioribus, quandoquidem dixerimus, ordinate doctrinam tradi per primos inferioribus : quare ergo prophetam expiat is qui supremis ordinibus annumeratur?

§ II. Aliqui itaque dicunt, inferiorem angelum univoce seraphim nominari, secundum eamdem communicationis rationem quam antea assignavimus, **117** quod nimirum inferiores ea quæ superiorum sunt participent, uti et superiores ea quæ sunt inferiorum; licet hi quidem totaliter, illi vero tantum ex parte et remissiori gradu. Quocirca non dicit oraculum, primorum aliquem seraphim ad prophetam expiandum advenisse, sed quemdam ex inferioribus angelis qui hominibus præsunt, tanquam expiationis administrum, eodem cum seraphim nomine vocatum : seraphim enim *incensor* vel *calefactor* interpretatur. Cum itaque primum oporteret a peccatis prophetam expiari, ac deinde divina edoceri, is angelus, qui eum expiabat ac resuscitabat, propter istiusmodi operationem seraphim vocabatur. Tanquam incensor itaque peccata comburebat, tanquam calefactor vero ad divinam obedientiam ipsum excitabat. *Ecce enim me* [1], inquit. Quare etiam ab isto actu angelus seraphim vocatus est, cum non esset unus ex primo isto ordine, et qui circa Deum sunt.

§ III. Quidam alius item non admodum incongruam hujus quæstionis solutionem tradidit. Illud autem non omnino ad comparationem mediocritatis retulit, ac si forte absurdum quidem, sed non valde, at mediocriter absurdum esset. Non ita : sed neque absurdum, neque valde absurdum, juxta communem loquendi formam, quemadmodum magnus ille Gregorius theologus in quodam sermone suo docet, ut in illo : «Non secundum justificationes nostras, quas fecimus nos ; neque enim fecimus; » et iterum : *Non ad mensuram dat Deus spiritum*, sicut in evangelista Joanne reperitur [m]. Protulit itaque honestam præcautionem, quod non absimile esset, prophetam adductum esse per aliquem nobis præpositorum angelorum. Hic autem angelus effinxerat ejusmodi visionem : non enim nudas res et essentias prophetæ videbant, sed ænigmata symbolaque ab angelis efficta. Iste igitur angelus qui theologum erudiebat, adduxit hunc ad Deum, et ad primam quæ post Deum est hierarchiam, scilicet seraphim : ita ut iterum adductio esset angeli adducentis. Et ait sanctus istam fortassis orationem esse veram. Quomodo autem vera sit, demonstrat explicando ea quæ dixit. Referebat enim, inquit, ille, quomodo divina vis ad omnia pertingeret, et ad omnia incomprehense ac sine mistione permearet : non enim ita continetur ab aliquo, ut alibi non prodeat. **118** Et iterum, omnibus est occultus ob duas has causas, quod nimirum ab omnibus superessentialiter exemptus sit, et dissimilis (simile autem a simili cognoscitur); et occulte providentias suas transfundat (quis enim novit sensum Domini?); ut merito semper vigilemus, nescientes rationes ejus, et horam qua res quælibet utiliter disponetur. Hanc itaque illustrationem etiam spiritalibus essentiis transmittit, verum pro cujusque captu, et juxta mensuram virtutis eorum qui illam recipiunt, primum nempe primis, et per illos inferioribus: uti etiam proprio ac sensibili exemplo declarat, quod iis quidem quæ dicuntur non satis congruit, nobis tamen notum est. Propone enim radium solarem; hic trajicitur in primam materiam perlucidiorem, vitrum, verbi gratia, per quod clarius affulget. Quomodo clarius? Nobis videlicet, minime facta comparatione cum priori illustratione, sed cum proportione visus ad lumen recipiendum : siquidem lux copiosa visum potius obtundit, si non sit commensa oculis se excipientibus. Distribuitur etiam materiis crassioribus, et propter ineptitudinem, quam habent ad illustrationem trajiciendam, et obscura fit, eoque sensim contrahitur, ut distribui aliis non possit. Accipe et aliam ab igne contemplationem. Calor ignis magis se diffundit in ea quæ ipsius sunt capaciora, et ad calorem facile cedunt, et adducuntur : verum in naturis illi reluctantibus, ut adamantis, vel contrariis, ut aquæ, vel nullum aut exile efficacitatis ejus igneæ vestigium apparet : quodque hoc majus est, ad ea quæ non sunt cognata, verbi gratia, aquam (nam aqua frigida et humida est, ignis vero calidus et siccus), per alia quæ illi sunt cognata, verbi gratia, per vas primum accedit. Primum autem dixit, non quod immediate, sed per ea quæ prima sunt accedat primum ad ea quæ non sunt cognata, ad ea postmodum, verbi gratia, calefacienda : primum enim ignita faciendo illa quæ quoquo modo cognata sunt, per eadem etiam quæ non sunt cognata calefacit. Secundum hanc itaque rationem naturalem, ea quoque quæ supra naturam sunt considera : Deus enim omnis rectæ ordinationis ordinisque principatus, illustrationis suæ splendorem primordialiter, luculenta et admiranda fusione supremis illis mentibus manifestat, et per illas reliquæ deinceps istum radium participant. Illæ enim supremæ cum primum auctorem suum agnoscerent, **119** pulchritudinisque ejusque desiderio tenerentur, hoc etiam assecutæ sunt, ut primæ ad divinæ potestatis atque actionis imitationem pervenirent : sequentes enim primum per ipsas illustrationem accipiunt, quemadmodum ipsæ a Deo illam accipiunt; quoniam his eam benigne et absque ulla invidia expandunt (bono enim nullo inest invidia, ut Plato ait), plenissime splendorem suum transfundentes, quamvis ipsæ tantum, quantum capiunt, accipiunt. Quod etiam reliquis ad postremas usque usuvenit. Est igitur omnium quæ illu-

---

[1] Isa. vi. [m] Joan. iii, 34.

strantur illuminandi principium Deus, natura quidem et revera proprie ut fons lucis, et per se lux et auctor omnibus ut et sint, et ipsum lumen videant; ex instituto autem, et secundum gratiam Dei imitatione ex parte una alteri, prima sequenti, dum per ipsam ad illam transit illustratio; hoc utique derivandi vocabulo usus per metaphoram, a canalibus per quos aqua transit. Porro quod quæ sua sunt agant, et incessanter in Deum intendant, et in semetipsi denuo colligantur, illud quidem affectu, hoc vero attentione ac reverentia, vocari possit virtus, quæ Deum imitatur. Quin et ordinem quoque ut alius in alio observat, juxta illud, Vivit in me anima tua, id est doctrina tua, ejusque communicatio. Verum quidem illud ex instituto sic se habet, at non omnino per accidens ita aliquid vocari posset; nam accidens in subjecto est; sed illa sunt incomposita et materiæ expertia, speciesque illorum vitæ, non sicut in materia, sunt. Supremam igitur cœlestium intelligentiarum dispositionem reliquæ cœlestes essentiæ, huc usque post Deum divinæ cognitionis imitationesque suæ principium esse censent, quod per illas in ipsas illustratio derivetur; quapropter etiam omnem actionem suam, ad Deum quidem ut principem et auctorem referunt, deinde vero post ipsum ad primas illas mentes, tanquam quæ primæ in semetipsis divinas imitationes et exhibeant et doceant. Cæterum primus ille ordo qui seraphim est, reliquis magis in se igneam continet seu sapientiæ fusionem, atque insuper scientiæ divinarum illustrationum peritiam (scientia enim ad res scibiles refertur) thronorumque proprietatem, quæ nimirum patulam ad Deum intelligentiam habet, quod Dei susceptio et est et appellatur. Ordo qui hunc sequitur istiusmodi quidem virtutes participat, sed inferiori gradu, et **120** cum respectu ad priores, per quos, tanquam divinæ imitationis primicerios, ad deiformitatem pro captu suo promoventur; quare etiam primis illis, tanquam præpositis suis, post Deum acceptas ferunt proprietates istas quarum participes facti sunt.

§ IV. Aiebat itaque qui hanc solutionem tradiderat (puto autem magnum Hierotheum fuisse, vel si quis alius illi secundus sit) visionem quidem illam exhibitam prophetæ per aliquem angelum, cujus manuductione ad istam contemplationem fuerat evectus, in qua supremas illas essentias, quasi in symbolis, sex alas habentes vidit infra Deum (quoniam perquam eximia erat majestas sedentis); et juxta Deum (quia non erant alii ordines priores iis), et circa Deum, quoniam in circuitu stabant. Quod autem ordines illi firmati essent, designat illos erga inferiora esse inflexibiles et immobiles. Ad hæc vidit eminentem verticem in medio eorum desuper firmatum, ex quorum symbolorum visionibus didicit, divinum Numen secundum omnem supernaturalem excellentiam, sine comparatione antecellere visibilem omnem et invisibilem naturam; didicit, ab omnibus insuper divinum Numen exemptum esse, tanquam dominum a servis, et creatorem a creaturis: et non solum aliis, sed ne primis quidem substantiis simile exsistere; tum quia illud in throno ordinesque cum tremore circumstantes vidit, tum quia primos ordines vidit. Si itaque divinum Numen ne primis quidem simile exsistebat, quid cogitabit quis de sequentibus? Tertio quoque didicit, Deum omnium esse principium et causam, indissolubilem et immutabilem, ex qua tam esse quam bene esse illis obtigit. Unde autem et illud dicit? Ex eo quod omnia ad ipsum spectent, omniaque ad eum tendant, ut qui benigne omnino victoriæ præmium tribuat. Quomodo post contemplationem circa Numen divinum deiformes deinde virtutes ac seraphim didicit, et non secundum ordinem ista patefacta sunt? Ac dicere liceat, quod supereminens gloria sedentis ipsum fecerit illic primum obtutum figere, ac deinde, postquam id quod Domini erat medium ac ministrorum diversitatem didicerat, virtutes seraphim edoctum esse; quoniam virtutes igneæ sunt, juxta denominationem suam, uti paulo post hic sanctus tradidit et explicuit capite 15. Didicit quoque senarum alarum sacram fictionem, **121** quemadmodum etiam ante dixerat, mentem omnem et primos et medios et postremos ordines habere. Erat itaque illic etiam istiusmodi triplex ordo in suprema et absoluta intentione: siquidem quæ alæ solutæ apparebant. Quin et carentia pedum, et multitudo pedum eorum, ac quod duabus quidem alis absconderent ac tegerent pedes suos, duabus item aspectus facierum suarum abderent, duabus vero mediis semper moverentur; hæc, inquam, ab ipso visa ad notitiam eam adducebant, per multas quidem facies ipsi declarando vim multivagam plurimaque cernendi facultatem; per obvelationem vero, eam quam exhibent reverentiam in sublimiorum, profundiorumque mysteriorum audaci et inscrutabili investigatione (sublimiorum quidem, quia facies, profundiorum vero, quoniam pedes tegunt) per continuam vero motionem, altivolantis et incessabilis Dei imitationis operationes. Quin et laudis illud canticum, quod a Deo incipit et in Deum desinit: *Sanctus, sanctus, sanctus* [a], prophetæ edocebatur ab angelo, ipsi ejuscemodi sacram notitiam communicante: nam istiusmodi scientiam ipse primus a præcessoribus suis accipiens, prophetæ tradebat: adhæc ipsum edocebat, Dei participationem quoquo modo puris expiationi esse. Unde vero hoc docebat? ex iis unde seraphim ipsum expiabat. Qui enim purus est aliter mundare non potest, nisi ipse plenus sit munditiei. Quomodo autem communicatio divinæ illustrationis quoquo modo puris est expiatio? quia non fas est aliter

[a] Isa. VI, 3.

divinæ lucis compotem fieri, nisi quis particeps sit divinæ expiationis, et nisi quoquo modo jam a passionum materiæque sordibus sit remotus. Hoc ipso enim quo propheta compungebatur ac deplorabat, se immundum esse, et immunda labia habere, et in medio populi immundi habitare, vidit Dominum sabaoth ; quia ipsi hoc dicenti partialis quædam expiatio exsistebat, quocirca etiam particeps fit perfectioris expiationis. Porro hæc, exemptis causis, expiatio scilicet est vel participatio : neque enim ut in hominibus, sic et in rebus incorporeis et omnino spiritalibus iis mentibus perficitur efficiturve expiatio, sed haud simplici ratione at per modum mysticæ initiationis, iis quæ circa Deum sunt, primisque essentiis manifestior accidit, hoc autem fit, quia magis se proximis manifestat. In secundis vero, vel postremis, vel etiam spiritalibus nostris viribus, secundum **122** cujusque ordinem quodammodo collecta magis et contracta conspicitur, dum divina illustratio pro intervallo distantiæ, qua ad Deum acceditur, suam quodammodo colligit manifestationem ad ipsiusmet incognitam unitatem ac simplicitatem. Ignotus enim est Deus, non propter varietatem ratiocinationum nobis ignotam, sed secundum unam aliquam in nobis simpliciter et absolute incomprehensibilem ignorationem. Secundum hoc dicitur etiam induere lumen sicut vestimentum ⁿ*, ac si quodammodo lumen providentia sua cohiberet, ut ab inferioribus capi posset dum videlicet singulis sequentium illucet per primos, et, si summatim dicere oportet, ex occulto lumen manifestatur etiam aliis, sed per virtutes primas. Hoc itaque etiam propheta docebatur (quem et theologum nominat, vel ut doctorem rerum occultarum, vel ut Dei sermones proferentem) ab angelo qui ipsum ad lumen hoc adducebat quomodo cum ipsamet expiatio, tum omnis divina operatio per ipsas effecta, ab ipsis quoque aliis suppeditetur. Sunt itaque primæ essentiæ et assiduæ, per quas etiam ipsis ista, secundum captum cujusque ordinis, a Deo suppeditantur : atque adeo etiam proprietatem expiandi per igneam quasi aliquam operationem (nam et seraphim aliam quoque expiandi rationem habent), cum hoc nomen habeant, merito post Deum iis attribuit. Nihil itaque absurdi est si seraphim prophetam expiare dicitur. Adverte enim, ut dum ab aliis etiam expiamur, a Deo tamen expiari dicimur, quod is omnis expiationis causa sit. Vel potius, ut magis obvio et nostra hierarchia exemplo utar : quemadmodum apud nos pontifex dum per ministros aut diaconos aut sacerdotes expiat illuminatve, ipsemet dicitur expiare et illuminare, quod illi ordines, quos consecrat, suas ad ipsum referant actiones ; sic angelus quoque qui theologum expiabat, suam expiandi scientiam Deo quidem ut causæ ascribit, seraphim vero, tanquam illi qui primo loco expiationem excipit et emittit, honorem istum sibi minime vindicans, et quasi ambitiose sumens (procul enim a divinis istiusmodi ambitio est), sed cum angelica quodammodo reverentia docens ac dicens ad prophetam : Ejus quæ per me in te perficitur expiationis principium quidem est Deus, quem in throno elevatum cernis. Hic est ipsa per se expiatio et essentia expiationis, **123** utpote essentia luminis. Hic est qui primas essentias, quas circa eum vides, produxit, et juxta se collocando continet, atque conservat ab immutatione et lapsu. Immutabiles autem cogitandæ sunt secundum essentiam, velut in immortalitate, in vita, secundum quam essentia sua habent ut sint lumen, et ad extraneas aliquas cupiditates converti nequeant. Quod enim in Deum extendantur, id ex eorum spiritali pendet libertate : quod autem in hoc semper perseverant, opis est Dei : omnia enim Dei auxilio opus habent. Ipse est qui etiam alios movet ad primas eas providentiæ suæ operationes participandas, quas primi ordines suscipiunt, et ad easdem iterum transfundendas : hoc enim missionem seu legationem declarare dixit, qui hanc solutionem tradidit. Sed hic quidem est expiationis auctor, scilicet Deus; post Deum vero is qui expiationi præpositus est seraphim, a quo et ego expiare sum edoctus. Hic itaque est seraphim qui per me te expiat per quem suas operationes ex abdito ad nos Deus ipse produxit, qui est auctor expiationis. Hæc quidem sanctus ille vir me docuit ; tibi autem ipse trado, o Timothee, secundum imaginem quam jam tradidimus seraphim et angeli ; tuæ autem scientiæ erit, aut alteram dictarum causarum admittere, et omni ambiguitate liberari, quin potius posteriorem honorare tanquam probabilem, vel per te quid magis affine ac commodius reperire, vel ab alio rerum divinarum perito addiscere, Deo verbum suppeditante, juxta illud : *Dominus dabit verbum evangelizantibus* °, conciliantibus nimirum et intercedentibus divinis angelis, per quos omnis illustratio ad nos traducitur. Atque iterum tuæ erit scientiæ, dum vel a temetipso invenis, vel ab altero discis, nobis etiam angelorum, si dictu fas sit, amatoribus, ejuscemodi amabilem contemplationem revelare. Considera autem hinc patris hujus modestiam, quomodo, dum docet, etiam ex parte discere cupiat. Etenim spiritus prophetarum prophetis subjiciuntur, secundum illam quæ cuncta pervadit, rectam a Deo bono ac Salvatore nostro statutam ordinationem.

ⁿ* Ps. cɪɪɪ, 2. ᵒ Psal. lxvɪɪ, 12.

CAPUT XIV.

Quid significet traditus angelorum numerus.

SYNOPSIS CAPITIS.

Ex Danielis cap. vii, 10, *docet, maximum esse angelorum numerum, qui licet proprie quidem non sit infinitus, sed limitatus, major tamen sit ut ab hominibus comprehendi possit, solique Deo cognitus, et rerum omnium corporearum numerum excedat.*

Equidem et hoc spirituali commentatione dignum censeo, ut eloquiorum de angelis traditio millies eorum esse millia dicat, deciesque millies dena millia ᵖ, summos illos quos adhibemus numeros, in seipsos glomerando ac multiplicando, quo per hos aperte declararet cœlestium essentiarum ordines a nobis annumerari non posse. Multi namque sunt beati supermundanarum mentium exercitus, qui infirmam et contractam materialium nostrorum numerorum rationem penitus excedunt, scienteque definiuntur a sola ipsorum supermundiali cœlestique intelligentia scientiaque, quæ illis abundantissime conceditur a Dei principali et infinitorum conscia creatrice sapientia, quæ superessentialiter omnium simul rerum et principium, et causa substantifica, et continens virtus et complectens determinatio exsistit.

ADNOTATIONES CORDERII.

Ex hoc capite sanctus Thomas in prima parte, q. 50, artic. 3, probat angelos, cum longe perfectiores sint corporalibus creaturis, in maxima quadam multitudine esse, omnem materialem multitudinem excedentes. Et hujus rei ratio est, quia, cum perfectio universi sit illud quod præcipue Deus intendit in creatione rerum, quanto aliqua sunt magis perfecta, tanto in majori excessu a Deo creata sunt. Sicut autem in corporibus attenditur excessus secundum magnitudinem, ita in rebus incorporeis potest attendi excessus secundum multitudinem. Videmus autem corpora incorruptibilia, quæ inter corpora perfectiora sunt, quodammodo sine comparatione quoad magnitudinem excedere corpora corruptibilia (nam tota sphæra activorum et passivorum est quid modicum respectu corporum cœlestium). Unde rationi consonum est substantias immateriales excedere secundum multitudinem substantias materiales, idque sine comparatione.

Verum hoc verba Dionysii non concludunt, sed tantum angelorum multitudinem numerari a nobis non posse quavis numeri multiplicatione, qua in rebus corporeis numerandis uti consuevimus, ut centenario, millenario, etc. Hoc enim significat, cum ait : *Multi namque sunt beati supermundanarum mentium exercitus, qui infirmam et contractam materialium nostrorum numerorum rationem penitus excedunt*, id est brevem et parvum numerum, quo ad numerandas res utimur. Non ergo de rebus numeratis, sed de numero ipso loquitur. Concedit tamen, ipsismet angelis notam esse suam multitudinem, pro lumine sibi a Deo concesso.

Nota, locum Danielis cap. vii, 10, ad quem alludit in Vulgata lege : *Millia millium ministrabant ei, et decies millies centena millia assistebant ei.* Septuaginta : Χίλιαι χιλιάδες, id est, millies millia, sive millio, puta decies centena millia, id est plurima millia angelorum ministrabant Deo, assignando nimirum numerum certum pro incerto : καὶ μύριαι μυριάδες, id est, decies millies dena millia, sive centum milliones, id est, plurimæ myriades, assistebant ei. Tertullianus *contra Praxeam* legit : *Millies centies centena millia assistebant ei, et millies centena millia apparebant ei.* Unde Cyrillus Jerosolymitanus, Catechesi 15, notat longe plures esse angelorum myriades ; Danielem tamen has tantum assignare, quia majorem numerum, quem homines mente concipere possent, exprimere nequibat. Sensus ergo est, quasi diceret : Plurimi et quasi innumerabiles angeli assistebant ei, uti hic accipit etiam Dionysius, et observat Cornelius Dan. vii.

Adverte hic differentiam inter assistere et ministrare ; quia assistere est, faciem Dei contemplari ; et sic assistunt omnes boni angeli. Item assistere est, immediate recipere illuminationes a Deo ; et sic tantum assistunt tres primi ordines. Item assistere est appropinquare Deo, et extraneum esse ab exterius missione ; et sic assistunt quatuor primi ordines. Ministrare vero, est nuntiare pro temporis opportunitate, vel operari secundum officium. Est enim ministerium nuntii et officii.

PARAPHRASIS PACHYMERÆ.

Dignum censet spirituali indagatione, quæ videlicet, ut ante dicebamus, rebus spiritualibus conveniat, vel quæ spirituali mente coordinet, ac digerat id, quod in Scripturis de numero angelorum traditur. Invenimus igitur et duodecim legiones angelorum, quas, et his plures, Dominus a Patre suo possit postulare ᵠ, et in acie collocare ad insidiatores repellendos. Exiguus utique hic numerus, ad Danielis visionem collatus, quoniam millia millium, et decies millies dena millia Deo assistebant. Legio autem ordo est constans aliquot (hac voce nimirum a verbo *lego* et *colligo* derivata) : quem si ex

ᵖ Dan. vii. ᵠ Matth. xxvi, 53.

centum constare dixerimus, nihil hoc ad tot millia myriadesque; quinimo si ex mille collectum dixerimus, nihil hoc adhuc ad decies millies toties multiplicata. De duodecim quidem legionibus alius aliud forte afferat sublimius quid ac sapientius, juxta gratiam a bono Deo ac Salvatore nostro Jesu Christo communicatam; mihi autem impraesentiarum, si oporteat me quoque ad haec aliquid addere, videtur Scriptura sacra magnae humanitatis ac benevolentiae indicium exhibere. Etsi enim undecim erant parati succurrere, Petro quasi duce; attamen benignitas magni Dei ac Salvatoris nostri Jesu Christi, quae omnem superat orationem, quodammodo effusa perditum quoque sodalem illum, cujus adhuc sollicite curam gerit, iis annumerat, et pro unoquoque horum legionem angelorum se petere posse dicit, tum ut etiam magis angelorum multitudinem, ac postulantis magnificentiam **126** et divinitatem declararet. Cui enim alteri tot unquam succurrerunt? De his quidem alius est sermo: hic vero sanctus de mille millibus et decies mille decem milibus ait, Scripturam sacram ac divinam summos illos qui apud nos sunt, numeros, millia videlicet et dena millia, in semetipsos glomerasse ac multiplicasse, ac per hoc aperte declarasse, coelestium ordinum coordinationes id est coelestium virtutum supposita, a nobis annumerari non posse. Nobis autem dixi innumerabiles esse, quoniam licet nobis ignoti sint, non tamen omnino natura infiniti sunt, sed eorum multitudo est determinata. Nuper etiam quidam e sapientibus nostris (Psellus is erat, scientifice et logice regula dialecticorum utens, ac demonstrans, illa quae principio viciniora sunt, minora quidem esse secundum quantitatem, sed majorem virtutem habere), asserebat, angelos, ut Deo propinquiores, pauciores esse hominibus, qui sigillatim semper nascuntur et moriuntur, quemadmodum videlicet quoque numerus ad unitatem accedens, minor est remotiori. Verum Didymus ille caecus alio quodam loco reperitur dicere, nonaginta novem oves esse angelos, unam autem quae perierat, esse nos homines. Multi enim beati sunt exercitus coelestium virtutum, qui nostrorum in materia apparentium numismatum formarumve aliarum, infirmam, inquam, et contractam numerorum rationem excedant : non enim tanta est numerorum multitudo, ut omnia possint numerari, et in infinitum annumeratio extendi : nam propter ejuscemodi circa numerum imbecillitatem excogitatae sunt mensurae et lances, ut numerus proportione quadam secundum vires nostras contraheretur. Etsi itaque a nobis et humana intelligentia non definiantur, a coelesti tamen intellectu comprehenduntur, non quidem mathematice, sed scienter, v. g., quantus sit exercituum coelestium numerus a quali definiatur intelligentia scientiaque, quae angelis illustri modo conceditur a vitae principali infinitorum conscia per se sapientia sapientiae in aliis creatrice, quae superessentialiter rerum omnium et principium et causa, caeterarumque essentiarum virtus creans et continens et complectens determinatio exsistit, ita nimirum ut terminet ac definiat universa, non tamen sit cuju-quam terminus, velut punctum lineae, vel ut linea superficiei, vel ut superficies corporis : hi enim termini **127** in rebus terminatis sunt, neque res terminatas continent; siquidem non potest quidquam intelligi determinatum sine termino. Quocirca etiam Aristoteles locum ait terminum esse continentis, ita ut nihil, cujus terminus est, continere possit terminum, sed simul cum re terminata dicatur terminus et species quasi terminare ac definire materiam. Sed et hoc ipsum simul una cum materia apparet. Caeterum Deus omnium quidem terminatio dicitur, at per excellentiam et complexim, tanquam Conditor et super omnia exsistens et creditus. Hoc itaque modo Dei vis et continens est et complectens : continens, providentia; complectens vero, ut supra res omnes et est et praedicatur.

CAPUT XV.

Quae sint formatae imagines virtutum angelicarum, quid ignis, quae humana species, qui oculi, quae nares, quae aures, quae ora, quis tactus, quae palpebrae, quae supercilia, quae pubertas, qui dentes, qui humeri, quae ulnae, quae manus, quod cor, quod pectus, quod dorsum, qui pedes, quae alae, quae nuditas, quod indumentum, quae lucida vestis, quae sacerdotulis, quae zonae, quae virgae, quae hastae, quae secures, qui funes geometrici, qui venti, quae nubes, quod aes, quod electrum, qui chori, qui plausus, qui colores diversorum lapidum, quae forma leonis, quae figura bovis, quae species aquilae, qui equi, quae differentiae colorum equinorum, qui fluvii, qui currus, quae rotae, quodnam gaudium dicatur angelorum.

SYNOPSIS CAPITIS.

I. Angeli respectu diversorum praesunt et subsunt. II. In quibus et ad quid ignis in Scripturis celebretur. Ignis proprietates. III. Quid humana forma in coelestibus denotet, quid sensuum facultates. Quid palpebrae, cilia, dentes et coeterae partes corporis; quid pennae, quid nuditas. IV. Quid vestes diversae significent, quid zonae. V. Quid secures et diversa instrumenta. VI. Cur angeli ventis comparantur, cur nubes. VII. Quid aes, electrum et lapides diversi. VIII. Quid forma leonis, quid bovis, quid aquilae, quid equorum diversorum, quid ira, quid concupiscentia. IX. Quid flumina et rotae denotent, quid currus, quid rotarum revolutiones. De coelesti gaudio.

§ I. Agedum deinceps, si libet, mentis aciem laxantes, a sublimi, quae angelos decebat, contemplandi contentione ad dividuam ac multipartitam multiformis angelicarum efformationum diversitatis latitudinem descendentes, rursum ab eis, ceu ab imaginibus, ad cœlestium mentium simplicitatem retexendo revertamur. Illud autem tibi **128** ante cognitum esse velim, dum sacrosanctis mysticarum quæ formantur imaginum sensibus anagogicis, eædem cœlestium quandoque essentiarum distributiones præesse sacris, atque iterum subesse novissimæque sacris præsidere, primæque subdi, denique, ut dictum est, cum primæ tum mediæ tum postremæ virtutibus pollere significantur, istiusmodi modo explicandi absurdam nullam rationem introduci. Nam siquidem gubernari aliquas a prioribus diceremus, easque has ipsas exinde gubernare, prioresque, quæ novissimas sacris imbuunt, imbui denuo ab illis ipsis quas imbuerunt; utique absurda plane confusionisque plenissima res ista foret. Sin autem sacris illas et crudire et erudiri dicimus, non tamen easdem aut ab iisdem, sed earum singulas instrui quidem a prioribus, instruere vero posteriores, haud incongrue quis dixerit, sacras illas quæ in eloquiis formantur imagines, easdem aliquando posse cum primis tum mediis tum ultimis virtutibus proprie simul vereque accommodari. Quare tam illa in anteriora se convertens intentio, quam circum semetipsas constans volutatio, virtutumque custodia propriarum, nec non earumdem, per communicantem se inferioribus processum, providæ virtutis participatio cunctis profecto cœlestibus intelligentiis verissime competit, licet quid eminenter aliis et universim, ut sæpe dictum, aliis vero ex parte ac remisse.

§ II. Cæterum initium sermonis faciendum, et quærendum in prima mysticarum figurarum explanatione, quare theologia præ cæteris fere sacram illam igneam descriptionem comprobasse reperiatur. Siquidem comperias eam non solum rotas igneas formare, verum etiam ignita quædam animalia; virosque fulgureos, et circum cœlestes essentias prunarum acervos collocare, fluminaque ingenti fragore flammigerantia; quinimo thronos igneos esse dicit, ipsosque summos seraphim incensos ex ipso nomine declarat, eisque proprietatem et actionem ignis tribuit; atque omnino sursum ac deorsum igneam figuram singulariter commendat. Quapropter formam igneam significare censeo, cœlestium intelligentiarum maximam cum Deo conformitatem ʳ : sancti siquidem theologi superessentialem, et quæ formari nequit essentiam, in igne sæpenumero describunt, tanquam qui multas quodammodo visibiles, si dictu fas est, divinæ proprietatis imagines præ se ferat. **129** Ignis namque sensilis inest omnibus, ut sic dicam, ac pure cuncta pervadit, et ab omnibus excipitur : cumque totus luceat, simul est et occultus, ignotusque manet per se, non adhibita materia in quam vim suam exerat : intolerabilis est et invisibilis, omnia superat, eaque quibus insedit ad suum traducit officium : alterandi vim obtinet, omnibus sibi quoquo modo propinquantibus sui consortium tradit : renovat omnia calore vitali, et fulgoribus apertis illuminat : teneri misericque non potest; secernendi vim habet, immutabilis est, sursum fertur, penetrabilis; sublimis, nullam sustinet dejectionem; semper mobilis, seipso movetur, movet alia, comprehendendi vi pollet, comprehendi nequit, non eget altero, clam se amplificat, et in qualibet capaci materia suam indicat majestatem : efficax est, potens, omnibus invisibiliter præsens : si negligatur, non videtur exsistere; attritu autem, velut indagine quadam connaturaliter ac proprie subito relucet, atque sursum incontinenter avolat, et in omnibus luculentissimis sui communionibus minime minuitur. Complures item alias quis invenire potest ignis proprietates, quæ quasi sensiles divinæ efficacitatis imagines exsistant. Quod cum theologi perspectum habeant, cœlestes essentias ex igne formant, declarantes earum divinam similitudinem, et, quantum licet, Dei imitationem.

§ III. Humana quoque illas forma describunt, propter intelligendi celsaque spectandi vires, formæque rectitudinem et erectionem, atque naturalem principandi regendique prærogativam, et quod homo sensu quidem cæterorum comparatione brutorum minime valeat, omnibus tamen imperet præstanti vi, mentis ac rationabilis scientiæ dominatu, animoque natura libero et invicto.

Quinimo fas sit etiam ex qualibet, ut arbitror, corporeæ nostræ multipartitione non incongruas imagines haurire, quæ cœlestes virtutes repræsentent, ut si dicamus, videndi quidem facultates declarare perspicacissimam ad divina lumina suspectionem, nec non simplicem ac liquidam minimeque refragantem, sed agilem, puramque patulamque divinarum illustrationum sine passione susceptionem.

Olfactuum vero discernendi vires vim esse, quæ mentem superantis fragrantiæ diffusionem, quantum **130** fas est, percipit, resque fetidas perite discernit, et omnino refugit.

At aurium virtutes, id quod in eis est particeps cognitionis, divinamque scite suscipit inspirationem.

Gustandi autem potentias ipsis esse ciborum spiritalium satietatem, et divinorum atque deliciosorum rivulorum susceptionem.

Tactiles porro sensationes, id quod in eis res proficuas noxiasve cum scientia discernit.

Palpebras et supercilia, id quod intelligentias notionesque divini aspectus conservat.

Pubescentem ætatem ac juventutem, vim vitalem quæ semper viget.

Dentes, id quod alimenti adhibiti perfectionem dividit : quælibet enim essentia spiritalis uniusmodi intelligentiam, quam a diviniore traditam accepit,

ʳ Hebr. x.

pro inferioris ductu captuque provida virtute dividit multiplicatque.

Humeros, ulnas et manus, faciendi et agendi ac perpetrandi vim.

Cor autem esse symbolum vitæ deiformis, quæ vim vitalem suam deiformiter in ea quibus consulit dispertit.

Porro pectus dicamus designare virtutem indomabilem, et quæ vivificam quodammodo suppositi cordis distributionem tueatur.

Dorsum autem, illam vim quæ vitales omnes virtutes continet.

Pedes vero, vim movendi, celeritatem et cursum sempiterni motus, quo ad divina cientur; propter quod etiam pennatos sanctarum intelligentiarum pedes theologia finxit. Penna siquidem declarat ad sublimia ducendi velocitatem, et cœlestis vitæ cursum, ad anteriora semper atque celsiora promoventem, et supera petendo, terrena fugientem: pennarum enim levitas designat id quod nulla ex parte terrenum est, sed se toto sine admistione ac gravitate sursum fertur; nuditas vero calceorumque privatio, virtutem illam abstractam et expeditam, et puram ab omni externo additamento, quæ divinæ simplicitati, quantum fas est, assimilatur.

§ IV. Cæterum, cum rursus simplex illa et multiformis sapientia nudos quoque vestiat, et quædam iis vasa tradat **131** circumferenda; agedum ipsa etiam sacra cœlestium spirituum operimenta et instrumenta, prout possumus, explicemus.

Ac lucidam quidem vestem igneamque, significare arbitror deiformitatem ex ignis similitudine, et vim illustrandi, propter cœli tranquillitatem, ubi lux est, et quod omnino spiritaliter illustrat et illustratur; pontificiam autem, id quod ad divina mysticaque spectacula conducit, totamque vitam consecrat.

Zonas autem esse virtutum custodiam fecundarum, earumque habitum collectum, qui in semetipso singulariter conversus, circuloque concinno indissipabili identitate succinctus sit.

§ V. Virgas vero designare regiam et ducalem dignitatem, rectamque rerum divinarum ordinationem.

Hastas et secures, vim dissimilia dividendi, virtutumque discernere valentium acumen et activitatem, atque efficacitatem.

Geometrica fabriliaque vasa, fundandi et ædificandi absolvendique facultatem, et quæcunque alia inferiores adducendi et convertendi providentiam concernunt.

Accidit quoque nonnunquam, ut instrumenta quæ sanctis angelis affinguntur, divinorum erga nos judiciorum symbola exsistant, dum alia quidem correctricem disciplinam vindicemque justitiam, alia vero periculi liberationem, vel disciplinæ finem, vel pristinæ felicitatis restitutionem, alio-

rumve munerum, cum exiguorum tum magnorum, cum sensilium tum intellectualium adjectionem manifestant [s]; neque vero dubitavit ullo modo mens perspicax, visibilia proprie rebus quæ aspectum fugiunt accommodare.

§ VI. Quod autem venti nominentur [t], hoc eorum celerem conficiendi rationem indicat, ad omnia ferme absque mora penetrantem, susque deque ultro citroque quaquaversum permeandi facultatem, quæ inferiora quidem ad superiorem promoveat sublimitatem, prima vero moveat ad providum et communicantem se inferioribus illapsum. Possit etiam quis dicere ventosum illud nomen spiritus aerii, cœlestium intelligentiarum deiformitatem designare: siquidem et illi divinæ efficacitatis imago quædam inest ac figura (sicut in Symbolica Theologia, juxta mysticam quatuor elementorum explicationem, **132** pluribus a nobis demonstratum est), nempe ob vivificam mobilitatem velocemque et insuperabilem meatum, nec non inaspectabile latibulum moventium principiorum ac terminationum. *Nescis*, enim inquit, *unde veniat, aut quo vadat* [v].

Quin etiam eis theologia nubis speciem affingit, hoc ipso sacras intelligentias declarans arcane quodam lumine supermundialiter repletas, primilucam illam apparitionem sine fastu suscipere, atque luculenter eamdem in inferiora per remissiorem illustrationem pro illorum captu transfundere, nec non illas insuper fecunditate, atque animandi augendique ac perficiendi virtute præstare, propter intellectualis imbris generationem, quæ subjectum sibi gremium impinguantibus pluviis ad vitales partitudines informat [v].

§ VII. Quod si quoque æris et electri lapidumque multicolorum speciem theologia cœlestibus essentiis accommodat: electrum quidem, ut quod auri argentique formam præ se ferat; in auro quidem, putredinis expertem et inconsumptum minuique nescium atque inviolabilem splendorem: in argento autem lucidam, cœlesternque claritatem denotat.

Æri vero, juxta rationes assignatas, vel ignis vel auri species attribuenda.

Porro lapidum multicolores species, vel in quantum albæ, quid lucidum; vel qua rubræ, quid igneum; vel qua flavæ, quid aureum; vel qua virides, juvenile quidpiam ac vigens significare putandæ sunt : atque ita secundum quamque speciem quoque mysticam quamdam typicarum imaginum, quæ ad superna revocet, reperias expositionem.

Sed quoniam de his satis a nobis pro virili parte dictum esse arbitror, ad sacram cœlestium intelligentiarum per bestiarum formas expressarum explicationem transeundum est.

§ VIII. Ac leonis quidem forma declarare putanda est vim illam principalem ac robustam atque indomabilem, qua isti occultissimo ineffabilis divini pri-

[s] Num. XXII; II Reg. XXIV; Apoc. XX; Amos VIII; Zach. III; Jer. XXIV. [t] Dan. VII; Psal. XVII; CIII.
[u] Joan. III, 8. [v] Apoc. X.

cipatus arcano pro virili similes evadere nituntur, spiritalium vestigiorum coopertione mysticeque suppresso commeatu viæ, quæ ad ipsum per divinam illustrationem inducebat [x].

[x] Porro illa bovis forma earum robur signat ac vigorem, idque quo spiritales sulcos scindunt ac dilatant cœlestibus fecundisque imbribus suscipiendis; cornua vero, servatricem invictamque vim [y].

133 At aquilæ figura regiam dignitatem, atque supera petentem celeremque volatum [z], et ad cibum qui vires reficiat, capiendum cum agilitatem, tum cursum, tum facilitatem, tum virtutum robustis videndi facultatum intentionibus, libere directeque atque irretorte obtuendi uberrimo uti luculentoque radio, quem sol divinus evibrat [a].

Equorum autem species obedientiam designat et facilitatem; ac candidorum quidem, ingenuitatem, utpote divino quammaxime lumini cognatam; cæruleorum vero, secretum illud abditum; ruforum vero, igneum vigorem et efficacitatem; albo denique nigroque pilo aspersorum species, vim illam denotat, qua traduce extrema connectuntur, et prima secundis, ac secunda primis conversim provideque conjunguntur.

Verum nisi sermonis modum quæreremus, singulas etiam animalium recensitorum proprietates, omnesque corporeas eorum efformationes, non incongrue cœlestibus virtutibus per dissimiles similitudines accommodaremus. Siquidem vim eorum irascibilem ad spiritalem fortitudinem, cujus ira novissimum vestigium exsistit; concupiscentiam vero, ad amorem divinum; ac summatim dicendo, sensus brutorum animantium omnes, partesque multiplices, ad immateriales cœlestium essentiarum intelligentias atque uniformes virtutes referremus. Verum enim vero prudentibus non ista tantum, sed vel unius imaginis obscuræ mystica declaratio satis est, ad eorum quæ ejusdem generis sunt explanationem.

§ IX. Considerandum modo quid sibi velint flumina, rotæ ac currus, quæ cœlestibus essentiis adjuncta perhibentur. Ac flumina quidem ignea divinos illos latices significant, largissimam illis ac perennem A inundationis copiam suppeditantes, vitalisque fecunditatis altores; currus autem, confœderatam æqualium societatem; rotæ vero alatæ, et ad anteriora irremeabili atque irreflexo motu tendentes, vim angelicæ activitatis recto semper tramite pergentem, qua spiritalis eorum rotatus omnis ad viam illam rectam arduamque supermundialiter dirigitur.

Licet etiam alio sensu anagogico spiritualium rotarum descriptionem interpretari: est enim eis, ut propheta ait, nomen inditum Gel, Gel [b], quod Hebraico sermone revolutiones **134** revelationesque significat (1). Igneæ enim divinæque rotæ conversiones quidem suas habent, quod sempiterno motu B circa idem summum bonum versentur; revelationes vero, quod occulta sacramenta revelent, et humiliores quosque promoveant, sublimesque divini fulgoris radios ad inferiores transfundant.

Reliqua nobis de cœlestium distinctionum gaudio reddenda ratio est: etenim omnino incapaces sunt passibilis nostræ voluptatis; Deo autem congaudere perhibentur, ob eorum qui perierant inventionem, scilicet secundum deiformem suavitatem, quam ex illorum, qui ad Deum convertuntur, cura saluteque percipiunt, et juxta benignæ copiam lætitiæ atque ineffabilis delectationis, cujus sæpenumero viri quoque sancti participes effecti sunt, cum in ipsos divinæ illius ac deificæ lucis fulgor influeret.

Hæc a me de sacris istis fictionibus dicta sint, quæ licet accuratam earumdem explanationem minime attingant, multum tamen, ut opinor, conferent intelligentiæ nostræ, ne fictis hujuscemodi C imaginationibus immoremur.

Quod si objeceris, nos nequaquam omnium ex ordine, quæ Scripturis continentur, virtutum aut operationum imaginumve angelicarum fecisse mentionem; respondemus id quod res est, nos quarumdam supermundialem scientiam ignorasse, ac potius doctore ac illuminatore alio discendis iis indigere; quasdam vero, quod dictis æquivalerent, pertransire, cum orationis brevitati consulentes, tum arcana, quæ captum nostrum superant, silentio honorantes.

ADNOTATIONES CORDERII.

§ I. Antequam diversas formas, in titulo recensitas, quibus angeli describuntur, mystice explicet, præmonet, eosdem angelos respectu diversorum aliquando præesse, scilicet inferioribus, aliquando etiam subesse, scilicet superioribus suis.

§ II. Exponit quid per ignis formam in Scripturis significetur, et quæ sint ignis proprietates, et quid mystice insinuent.

Ubi nota ex epistola sancti Dionysii ad Titum, aliter eamdem imaginem ignis accipiendam, cum de Deo dicitur, qui intelligentiam superat; aliter cum de providentiis ejus, quas intelligentia percipimus, aut de sermonibus, et aliter cum de angelis. Atque illam quidem, inquit, imaginem ignis de Deo dictam, secundum causam accipere oportet, aliam secundum exsistentiam, aliam vero secundum participationem: et

[x] Apoc. IV. [x] Ezech. 1. [y] Apoc. v. [z] Apoc. IV. [a] Ezech. 1; Apoc. VIII. [b] Ezech. x, 2, 6.

(1) Multoties legitur apud Ezechielem nomen Gelgel, vel potius Galgal גַּלְגַּל quod unum tantum constituit verbum. Septuag. τροχοί, Vulgata vero Latina rotæ reddiderunt. Si a radice גלל derivetur, rotationem, revolutionem significat, si autem a radice גלה, revelationem denotat. DRACH.

alia aliter, ut eorum contemplatio et constitutio scienter facta præscribit. Nec enim oportet fortuito ac temere miscere symbola, sed potius explanare ea convenienter causis, aut exsistentiis, aut potestatibus, aut ordinibus, **135** aut dignitatibus, quæ omnia signis declarantur. Quomodo autem imago ignis conveniat præceptis divinis, quæ in Scriptura vocantur Psalm. xi, 7 : *Eloquia Domini igne examinata*, et quomodo angelis, non idem sentiunt sanctus Maximus et Joannes Cyparissiotus *Decad*. 6. cap. 2, ut observat Turrianus. Sanctus Maximus enim ita interpretatur Dionysium, ut sermones Dei vocentur ignei secundum exsistentiam, id est, quia sic eos fecit Deus, id est hanc eis vim indidit, cum eorum auctor fuit; secundum vero participationem angelis convenit, quia similes esse Deo, qui ignis consumens est. a Deo, inquit sanctus Maximus, acceperunt, cum per se essent secundum substantiam. Joannes vero Cyparissiotus secundum exsistentiam dicit eis convenire, quod probabilius videtur, ut cum substantia simul similitudinem Dei acceperint. Quia si prius oportet esse, et postea participare aliud præter quam esse, angeli non habent per participationem hoc quod eis tribuitur istis nominibus et figurationibus, sed per exsistentiam; quia non fuerunt priusquam ista participarent, sed potius cum his donis creati sunt. Unde Gregorius Nazianzenus angelum dicit esse primi luminis quamdam fluxionem et participationem.

Quomodo autem angeli ignea figura describantur, vide apud Danielem, cap. vii et x, et Ezechielem, cap. i et vii, et Matthæum xxviii, et ad prædicta loca consule P. Cornelium aliosque interpretes, qui has figuras fusius explicant.

§ III. Explicat quid sibi humana forma et membra velint, quibus angeli describuntur, quid juvenilis ætas, etc.

§ IV. Quid designent vestes diversæ quas angelis attribuunt, ut Danielis x, et Joannis xx, 12, et Actorum 1, 10, ubi apparuerunt angeli in vestibus albis, etc. Consulat, qui volet, interpretes ad ista Scripturæ loca.

§ V. Exponit quid signent diversa instrumenta quæ angelis tribuuntur, ut virgæ Psal. xliv, 7 : *Virga directionis, virga regni tui*; Jeremiæ 1, 11 : *Virgam vigilantem ego video*; Zachariæ xi, 14 : *Et præcidi virgam meam*, quæ designant prudentiam regendi, quoniam virga est insigne judicum ac regum. Lanceæ vero et secures sunt vasa interfectionis; Ezechielis ix, 2 : *Et ecce sex viri*, etc., *et uniuscujusque vas interitus in manu ejus*; Sapientiæ v, 21 : *Acuet autem durum iram in lanceam*, etc; II Machabæorum xv, 16 : *Accipe sanctum gladium*, etc.; Job xvi, 14 : *Circumdedit me lanceis suis*, etc. Signant virtutem separandi reprobos ab electis, bonum a malo, et discernendi inter bonum et bonum, et bonum et melius, et optimum. Instrumenta autem mensurandi et ædificandi, Ezechielis xl, Apocalypseos xxi, Amos vii, etc., signant vim inchoandi virtutes, promovendi et perficiendi, etc. Plura, qui volet, interpretes consulat ad loca hic citata.

§ VI. Declarat cur angeli vocentur venti, nubes, et similia, Psalm. ciii, 4. Primo, ut designetur eorum agilitas. Secundo, cum Deo conformitas : est enim ventus symbolum divinæ operationis, Actorum ii, 2; Canticorum iv, 16; III Regum xix, etc. Tertio, quia magnam habent et occultam vim operandi, juxta quod de Deo scriptum est Job ix : *Si venerit ad me, non videbo eum, et si recesserit, non intelligam*, et Joannis iii : *Spiritus ubi vult spirat, et nescis unde veniat, aut quo vadat*. Item Danielis vii, 2, per quatuor ventos intelligit sanctus Hieronymus quatuor angelos quatuor regnorum præsides : ubi vide P. Cornelium, et ad Ezechielis cap. i, et x, 4, ubi per nubes etiam ait symbolice angelos significari.

§ VII. Explicat cur angelis æris, electri lapidumque diversorum figuræ attribuantur, ut Ezechielis i, 7 : *Quasi aspectus æris candentis*; et cap. xliii : *Species quasi species æris*. Item Danielis x, 6, et alibi. Rursum Ezechielis i, 4 et 7 : *Quasi species electri*; et cap. viii 2 : *Et visio electri*, etc.

§ VIII. Quid leonum, boum, equorum, aliarumque bestiarum formæ proprietatesque designent. Vide Ezechielis visiones, et ibidem interpretes consule, qui figuras has fuse explicant.

§ IX. Quid flumina, Danielis vii, Ecclesiastici xxiv; rotæ, Ezechielis i, 3 et 10; currus, IV Regum ii et vi, Ezechielis i et x; quid gaudium angelorum, Luc. xv, etc.

---

136 PARAPHRASIS PACHYMERÆ.

§ I. Agedum, deinceps mentem nostram relaxemus a sublimibus et intensis contemplationibus (metaphora est a musica, quæ concentum habet et remissum, et medium et intensum), ad dividuam autem ac multipartitam formarum fictionum latitudinem descendamus. Quantum enim ad materiam et formarum fictionem deducimur, tantumdem cogitatione dividimur; et quantum ad intellectilia adducimur, in tantum et colligimur, dum mens nostra vacat a multifidis istis ac terrenis sensilibusque fictionibus. Idcirco descendentes ad has fictiones, in iis nequaquam commoremur, sed iterum per resolutionem mentem revocantes, velut ab imaginibus ad simplicitatem adducamus (istiusmodi enim est et illa quæ syllogismi resolutio vocatur; ut cum reperitur oratio composita, quam resolvimus in propositiones, et propositiones in terminos, e quibus nimirum constabat syllogismus). Sit autem hoc tibi ante notum, sensus istos anagogicos, id est interpretativas explicationes, quibus ea, quæ in dictis symbolis absurda videntur, expiantur, sanctas istas dispositiones exhibere, partim sacris præsidentes, partim sacris subjectas, tam primas quam medias, quam denique postremas; idque iterum in quantum illud primum et medium et postremum in qualibet dispositione reperitur. Nihil itaque absurdi hinc introducitur secundum istiusmodi modum exponendi : nam si illas ipsas quæ præsunt aliis, his ipsis iterum in sacris subesse diceremus, vere res absurda et confusa videretur. Sin autem sacris illas præesse et subesse dicimus, non tamen easdem, et iisdem, sed quamlibet earum subesse quidem prioribus, præesse vero posterioribus, haud incongrue quis dixerit, easdem efformationes, et primis et mediis et postremis, proprie simul ac vere omnino accommodari posse. Hoc autem sanctus hic proponit, quia verba facturus est de cœlestium ordinum formationibus, et non vult proprio cuique ordini aliam atque aliam formam affingere, sed omnes simpliciter omnibus, sicut sese habet ratio veritatis. Asserit itaque quod ad 137 anteriora extendantur, verum conversive : siquidem ad anteriora quoque ignis extenditur, sed modo irrationali ac naturali, nullam habens conversionem ac libertatem. Illa igitur ad anteriora extensio, et circum semetipsas constans volutatio, virtutumque custodia propriarum (etsi enim appelant superiora, non tamen id faciunt ac si virtutum contemptu propriarum alia quærerent ; quin potius hoc ipso magis proprias virtutes amant, quo alias appetunt); tertio denique inferioribus se communicandi, et ad eosdem procedendi virtus, cœlestibus quoque omnibus intelligentiis competit, licet aliis quidem universim, ut sæpe dictum est, aliis vero ex parte.

§ II. Cum itaque propositum nobis sit, figuras expurgare, id est efformationes et imagines ad sublimiorem quemdam sensum adducere ; age præ cæteris primum figuræ ignis expiationem faciamus, quoniam præ reliquis Scripturæ divinæ materialem ignis efformationis honorant. Etenim non solum rotas igneas referunt, ut reperitur in Ezechiele dicente : *Et spiritus erat in rotis* [c] ; verum etiam animalia ignita, juxta illud : *Cumque ambularent animalia, ambulabant pariter et rotæ* [d] ; virosque igneos, atque carbones, juxta illud : *Carbones succensi sunt in ipsum* [e], et fluvios, ac si quis Græce dicat, πυρι-φλεγέθοντας, id est flammigerantes, juxta illud : *Et fluvius ignis scaturiebat ante pedes ejus* ; et iterum thronos igneos, ut in Ezechiele tradidit : et nomen seraphim *incensores* et *calefactores* sonat, calor enim ignis proprietas est, et actio ejus ustio, atque omnino sursum et deorsum igneam figuram commendat. Quapropter formam igneam fortificare censeo cœlestium intelligentiarum deiformitatem ; quoniam *Deus noster ignis consumens* dicitur [f]. Quin et in igne Deus visus est, ut essentia forma carens, et superessentialis, quoniam ignis multas, si dictu fas sit, divinæ proprietatis imagines præ se fert. Explicat hunc ignem sensilem, ut est in omnibus quandoque quidem ipsemet ignis, quandoque vero ignis proprietas, nempe calor, per quem omnia moventur : aiunt enim calorem esse causam motus. Non tantum ergo in aliis, verum etiam in elemento maxime contrario, scilicet aqua, calorem reperies : quomodo enim moveretur nisi spiritum haberet, juxta illud : *Spiritus Domini ferebatur* 138 *super aquas* [g]? Spiritus autem omnino particeps est caloris, per quem et mobilis est et per omnia meat, verum impermiste : neque enim ipse, dum cum materia commiscetur, immutatur, sed materiam in se transmutat. Idem quoque perquam lucidus, cum materiam apprehendit ; et occultus per se, cum non adest materia. Quis enim videt in pyrite ignem, nisi excutiatur, et materiam aliquam prehendat ? Ne igitur pete, quomodo sine aliqua materia scintillæ accendantur ; nam et ibi quædam est materia : collisus enim aer inter illa quæ colliduntur, ille quasi materia scintillis excussis, in quo et ignis suam efficacitatem manifestat. Intolerabilis est, ut qui nullam aliam habitudinem habeat ad materiam, nisi ad consumendam eam ; juxta quam significationem dicitur etiam ἀδίωτος, id est quod cum ea vivi non possit, non quia contemptor est rerum, sed quia vita abutitur. Hoc autem sensu dici ἄσχετον seu intolerabilem, et non ἀκράτητον, id est incontinentem, ex eo manifestum, quod iterum dicit ἀκράτητον, seu teneri nescium. Invisibilis etiam est, quando sine aliqua materia consideratur. Per se omnia domat, tanquam a semetipso prævalens, et non ab alio motus ; propriissima autem ejus differentia est calor, ex quo etiam in aliis motus fit. Immutat alteratque ad suam operationem illa quibus insederit : nam et ferrum ignitum urit. Quoquomodo accedentibus se communicat : id enim quod apponitur pro ratione vicinæ vel remotæ propinquitatis ignescit. Renovat, in quantum calidus est : siquidem senectus frigida est et difficulter movetur, juventus vero calida est ; et fervide agit quisquis opera facit juvenilia. Nam etiam, secundum hoc, quidquid in nobis calidum est, ignitum seu vivificum dicitur, quia secundum hoc juvenescimus. Lucidus est, et ipsius illuminatio per se abscondi nequit. Neque vero mihi objeceris extrinseca velamina ; ipse enim rursus in se lucidus manet, etsi millies tegatur. Teneri nequit : nam licet in materia contineatur, non tamen ut servet illam, illique uniatur, sed ut ea consumpta recedat, impermistus : cui enim misceri possit, cum eo omnia subigantur, cunctaque consumantur? Discernendi vim habet : siquidem materias ut ab argento plumbum discernit. Immutabilis est, quatenus impossibile est manente subjecto, hoc est eadem ignis natura, 139 mutari ipsum in proprietatibus, velut cum fieri rotundum vel angularem, quod in terrestribus invenire licet ; aut aeris proprietates admittere, sicut per evaporationem corrumpi ; vel condensari, vel sicut aquam mutationes suscipere. Sursum fertur, sed celeriter in altum serpens, nullam sustinet dejectionis vilitatem. Semper movetur, sive secundum universi motum circularem, sive quod semper ibidem moveatur materiam consumendo, quodammodo significans se materiam aversari, et cito velle ejus vinculum abrumpere. Seipso movetur : hunc enim et unum ad supera motum habet. Movet alia per calorem suum, uti supra diximus. Comprehendendi vi pollet : neque enim materiam subintrando consumit, sed circa illam versatur et amplectitur. Quod si inquiras de iis quæ intrinsecus igne liquescunt, scito, etiam ibi ex parte aliquem complexum exsistere, per quem res subjecta colliquescat ; sic enim etiam incomprehensus dicitur. Etsi enim interius in quibusdam rebus reperiatur, ve-

[c] Ezech. 1, 21. [d] Ibid, 19. [e] Psal. xvii, 9. [f] Deut. iv, 24. [g] Gen. 1, 2.

rumtamen et ibi circumplectitur conjunctam sibi et quam consumit materiam, et ab ea minime continetur. Non eget altero : neque enim miscetur neque confunditur cum aliquo alio elemento, uti aqua et terra ; quapropter etiam in elementis aliqui ipsum μονοούσιον, seu in substantia solitarium nuncuparunt. Clam se amplificat : secundum enim multiplicem proportionem augetur ; neque enim rationem, quam habet præambusta materia ad assumptam eamdem, etiam habet ignis qui in illa est, ad ignem qui in hac est; neque rationem, quam habet assumpta materia ad utramque, scilicet ad seipsam et ad eam quæ antea continebatur, eamdem etiam rationem habet ignis qui postea accensus est, ad eum qui accensus ex utraque materia. Idcirco dixit *latenter*, quoniam si apposita materia sit exilis, et valde multum id quod accensum est, in capaci materia suam indicat majestatem : siquidem omnivorax est, et nulli parcit : id quod siccius est cito apprehendit; id quod humidius est, sensim ad sui susceptionem aptum efficit : calorem conciliat, frigus fervefacit; et simpliciter quidlibet est virtute, est efficax, potens, omnibus invisibiliter adest, aspersus omni rei; et dum videtur non esse, negligitur, terribilis est et intolerabilis. Attritu velut indagine quadam, subito ut subjecto connaturalis apparet, et rursum incontinenter avolat, sicut videre licet in scintillis e silice **140** excussis. In omnibus sui communionibus, calefaciendo, urendo, astringendo, illuminando, cæterisque minime minuitur. Complures item alias quis invenire posset ignis proprietates, velut quasdam divinæ efficacitatis imagines, ad quas periti rerum divinarum cœlestes virtutes effingunt, per hoc illarum deiformitatem ac divinam, quantum fas, imitationem declarantes, dum iisdem imaginibus, quibus divinum Numen exprimunt, in cœlestibus quoque virtutibus utuntur.

§ III. Cur autem humanas formas iis ascribunt? propter vim intelligendi. Angeli enim toti mentes sunt; et quoniam a Deo illustrantur, intelligendi vi pollent. Quin et homines quoque mentem habent animæ ducem, in qua primum Dei illustratio oritur, atque ita spiritalis efficitur; tum quod homo videndi vires habeat ad anteriora conversas, (qui enim , juxta prophetam, non est *gravi corde* [f], supera spectat, præ cæteris animantibus quæ terram contuentur, et videndi vires humi defixas habent); tum etiam propter formæ rectitudinem et erectionem (angeli enim divini ad superna sunt erecti, unde et homines qui superna spectant, ut phœnices florere, et tanquam cedri multiplicari perhibentur); tum etiam propter hominum naturalem principandi et imperandi prærogativam, ut qui ad imaginem et similitudinem Dei facti sunt (de quibus dicitur : *Et præsint piscibus, et volucribus cœli* [h]), tum quod homo, quamvis sensu quidem cæterorum comparatione brutorum, minime valeat, omnibus tamen imperet præstanti vi mentis, ac rationabilis scientiæ dominatu. Hoc autem ita se habet, quoniam homines parum quid de sensu habent, respectu aliorum animalium : bruta enim prorsus sunt sensus, quo etiam reguntur, cum sint irrationalia. In nobis autem modicum quid est sensile : neque enim ex eo constamus, sed ex intellectili. In angelis autem neque minimum quid est sensuum, verum nostratia sunt rudis illorum figura. Quemadmodum igitur angeli cum non utantur iis quibus nos sensuum instrumentis, plurimum antecellunt intelligentiis copia facultatis; sic etiam homines mentis excellentia et ratiocinali scientia irrationalem superant naturam. Bruta itaque, quæ mente carent, merito efficaciora sunt et celeriora secundum sensus ; quemadmodum et plantæ, quæ sunt sensu destitutæ, vegetativas **141** facultates, ut altricem et auctricem et sui similis generatricem , habent efficaciores. Idcirco enim animali mutilato pars abscissa nequaquam iterum potest repullulare; plantæ vero, si pars resecta sit, repullulatio fit uberior, ita ut in his vegetativa vis abundet. Propter hæc itaque omnia humana forma angelos depingunt, et propter naturalem animæ ingenuitatem et arbitrii libertatem, quæ et in angelis agnoscuntur.

Quin, licet etiam ex singulis humanis membris aptas imagines cœlestibus ordinibus accommodare. Et primum e sensibus. Unde videndi quidem facultates, cum perspicaces sint, et tenerum, et liquidum, et nequaquam reluctantem sensum habeant, declarant angelorum perspicacissimam ad divina suspectionem, et teneram, liquidamque, minimeque refragantem divinorum luminum susceptionem; quæ velox sit et pura; et expansa ad divini luminis exceptionem.

Olfactus vires significant fragrantes distributiones excipiendi facultatem, et perite discernendi ea quæ non sunt ejusmodi : nunquid enim non audiisti, quod Deus abominationi habeat incensum quod ab indignis offertur? Idem etiam abominationi habent ordinationes cœlestes, et omnino fugiunt.

Aures designant divinæ inspirationis participationem, et ejusdem scientificam susceptionem : inspiratio enim auribus dignoscitur. Inspirationem autem vocat divinam ac spiritalem gratiam, uti etiam reperitur in Jobo dicente : *Inspiratio autem Omnipotentis docet me* [i].

Gustus indicat spiritalium ciborum, scilicet divinarum explicationum, repletionem ac saturitatem, atque insuper divinorum rivulorum ac potionum deliciosarum susceptionem : sicut enim cibus spiritalis est, sic et potus illi proportionatus est.

Tactiles facultates signant vim dignoscendi quid prosit vel quid obsit : hoc autem est in nobis multiplex secundum varias qualitates, ut calidum , ut frigidum, atque iterum ut asperum, ut leve; et

[f] Psal. iv, 3.   [h] Gen. i, 26.   [i] Job. xxxii, 8.

rursus, ut durum, ut molle; iterumque ut grave, ut leve, et secundum alias plurimas qualitates.

Palpebræ et supercilia visum conservant, unde designant ibi custodiam intelligentiarum.

Ætatis pudescentia cum vitæ tum **142** virtutis eorum vigorem declarat; vita enim eorum immortalis est, et virtus stabilis.

Dentes signant id quod discernit illustrationes : quælibet enim cœlestium essentiarum uniusmodi intelligentiam sibi traditam, pro inferioris ductu captuque, provide distribuit multiplicatque.

Humeri declarant id quod similes motus efficit; ulnæ vero vim operandi, et manus exsequendi potentiam.

Cor symbolum est vitæ deiformis : sicut enim ex corde vires corpori distribuuntur, sic ex his vitalis vis in ea quæ providentia reguntur distribuitur.

Pectora (cum pectus Græce στέρνον ἐκ τοῦ στερροῦ, id est ex firmo derivetur, et ad subjecti cordis custodiam formatum sit) designant vim insuperabilem et conservatricem vitæ istiusmodi.

Dorsa vero, quia continent insitam virtutem, sicut etiam omne onus corpori impositum, humeris imponi dicitur : unde et poesis universum onus humeris imponit; ait enim Homerus [i] : *Et ab humeris arma deponebant*; idcirco dorsa significant id quod vires continet, interiores scilicet ac vitales.

Pedes vim motricem insinuant, et cursum sempiterni motus quo ad divina cientur : nam idcirco etiam a theologia pedes eorum alati finguntur. Ala siquidem sursum elevat, et leve esse declarat id quod alatum est. Divini itaque illustresque angeli ab omni re terrestri eximuntur ac perpetuo ad anteriora et excelsa promoventur. Rursum vero illa quæ in humeris est alarum levitas, proprie designat eorum agilitatem, quæ sine admistione gravitatis prompte sursum fertur.

Nuditas vero calceorumque privatio virtutem eorum abstractam denotat, et a rebus infimis expeditam et liberam, juxta illud : *Solve calceamenta de pedibus tuis; locus enim, in quo stas, sanctus est* [j]. Nudipes enim liber est ab omni extrinseco impedimento. Spiritus itaque nudipedes dicuntur, tanquam liberi ab extrinseco additamento, atque ideo expediti simplicesque, secundum eam quæ divinæ simplicitatis dari potest similitudinem.

§ IV. Multiformem porro vocat Dei **143** sapientiam, juxta magnum apostolum Paulum. Simplex autem et multifarium videntur esse duo contraria. Verum, dicere licet, simplicem quidem dixisse, ut ostenderet Deum esse sine compositione, et nulla duplicitate indigere : neque enim discendo Deus sapiens fit, sed est reapse sapientia. Multiformem vero, quia in multas cognitionis species, propter eorum qui illustrantur imbecillitatem, transforma-

tur : pontifex enim magnus est, qui nostris infirmitatibus compatitur; ita ut Dei quidem sapientia dicatur simplex secundum naturam, multimoda vero secundum providentiam. Cæterum cum hæc quoque natura sua nudos cooperiat, et quædam iis instrumenta circumferenda tradat; agedum etiam ista sacra operimenta et instrumenta, prout possumus, explicemus. Ac lucidam quidem igneamque vestem, ut apud Ezechielem et Danielem reperitur, arbitror significare, quatenus nimirum est ignea, deiformitatem, juxta istam ignis imaginem de qua egimus ; quatenus vero est splendida, et lucidam vim illuminandi. Cum autem etiam vestis possessio, seu supellex quædam sit quæ totum corpus ambit, unde et amictus seu indumentum dicitur; possessionum autem et suppellectilium ab alio ad alium hæreditates deriventur, observa quid sanctus hic ad hæc dicat. Ad quid vestis? Propter sortes et hæreditates cœli, juxta illud : *Venite, benedicti Patris mei, possidete paratum vobis regnum ab origine mundi* [k]. Quodnam porro regnum? Illud utique divinum sempiternumque lumen : antiqui enim λῆξιν, id est *sortem*, appellabant hæreditatem; unde etiam legati, et legatarii, scriptumque legatarium, quod hæredibus datur qui jam decimum octavum annum excesserunt, ut hæreditatis suæ administrationem ac gubernationem propter ætatis perfectionem adeant. Atque hæc quidem propter vestem; quin potius vestis propter hæc assumitur. Propter splendorem autem atque igneam qualitatem, totius etiam vestis amplitudinem quasi lucem esse ait. Qualem lucem? Quæ nimirum per totum illustrat, et per totum illustratur : atque illa quidem quæ divina natura est intelligibiliter illustrat; hæc vero quæ angelica est intelligendo illustratur : intelligibile siquidem illud est quod intelligitur, intelligens vero id quod illustratur et intelligit. Itaque per totum illud illustrat sine ulla parcimonia vel contractione, **144** et hoc per totum illustratur, etsi, quantum fas est, suscipiat (neque enim quod mensuratum est suscipit, quia mensurate illustratur, sed sic dicitur moderatum quid suscipere, quatenus per totum illustratur, et quantum capere potest, accipit): nam illud illustrantis esset, ac si quis diceret, parcimoniæ vel invidiæ, quæ procul absunt a divina beataque natura ; hoc autem omnino facultatis est suscipientium. Porro stola sacerdotalis assumitur, eo quod adducant homines qui merentur ad divina spectacula mysteriaque; sicut etiam hic usuvenit sacerdotibus, per quos baptismus, expiatio, illustratio, manus impositio, benedictioque confertur, præterquam etiam quod tota eorum vita consecrata sit ac sanctificata.

Zonæ autem, quemadmodum hic membra genitalia renesque succingunt, sic et ibi fecundas eorum virtutes custodiunt : divinos enim splendores suos quasi fœtus quosdam, cum unus ordo aliis, tum omnes nobis manifestant; quin et collectum suum

[i] Iliad. VII, 122.   [j] Exod. III, 5.   [k] Math. XXV, 34.

habitum ad unum convertunt, sic ut intellectio eorum maneat indivulsa, tametsi aliis communicetur: sine lapsu enim et cum decore circumvolvitur, quod etiam zonæ accidit, tametsi communicetur. Quemadmodum enim unitas communicata rursum manet eadem, et non excidit, et circum semetipsam revolvitur, quando verbi gratia dicitur unus denarius, et unus centenarius, et unus millenarius; sic et illa divina notio dum participatur, simplex in se manet, et non excidit.

§ V. Virgæ symbolum sunt regni, et recte, juxta illud : *Virga directionis, virga regni tui* ¹. Significant itaque regiam dignitatem, et a terrena servitute libertatem. Cum autem rectum sit, quod ex æquo signis suis respondet, et ex æquo terminat, virgarum rectitudo declarat eos recte cuncta determinare; nihil enim cum curvitate aliqua perficiunt.

Hastæ et secures denotant vim inæqualia seu materialia dividendi : dividunt enim a malo bonum. Nam hæc est discernendi vis, quæ acumen habet ut hasta, et activitatem efficaciamque ut secures.

Geometrica vero fabriliaque instrumenta designant, uti diximus, perpendiculum quidem geometricum fundandi et ædificandi, juxta illud : *Unus alterum ædificate* ¹·, atque insuper perficiendi facultatem : non enim dicitur ædificator, qui fundamentum solum **145** ponit, murum erigit, sed qui domum perficit ; domus enim finis est, illa vero principium duntaxat sunt, et ad finem tendunt ; nullum autem principium est finibus coævum, ut neque carina navi ; idcirco etiam additur *perficiendi facultatem*, et quæcunque alia, inferiores adducendi et convertendi providentiam concernentia, primis illis insunt et attribuuntur.

Accidit quoque nonnunquam, ut istiusmodi instrumenta divinorum erga nos judiciorum symbola exsistant. Ac virga quidem pro correctrice disciplina sumitur, uti cum divinus Apostolus ait : *In virga veniam ad vos, an in charitate* ᵐ ? Pro vindicta vero justitiæ gladius, falx et securis, sicut etiam in sacris Evangeliis de ficu inutiliter locum occupante refertur. Pro libertate vero ab insidiis hæreditarius funiculus, juxta illud : *Funiculus hæreditatis* ⁿ. Pro fine vero disciplinæ iterum securis quæ mala resecat, et virga iterum pro pristinæ felicitatis restitutione, juxta illud : *Virga tua, et baculus tuus, ipsa me consolata sunt* ᵒ. Pro collatione vero munerum sensilium quidem et in ordine ad dantis dignitatem exiguorum, ut armatura seu vestis militaris, quæ visa est a Jesu Nave; spiritalium vero ac magnorum, quæ plurima variaque sanctis manifestata sunt. Neque vero dubitabit ullo modo mens perspicax, visibilia proprie rebus quæ aspectum fugiunt accommodare.

§ VI. Quod autem et venti nominentur, juxta illud : *Qui ambulat super pennas ventorum* ᵖ, celerem eorum volatum significat, et ad omnia ferme absque tempore penetrantem. Recte dixit *ferme :* nam hoc proprium est ac solius Dei. *Absque tempore* autem dixit, nam in sensilibus res fiunt tardius et in tempore ; in incorporeis autem et intelligibilibus, puncto temporis et sine mora perficitur id quod faciendum est. Est et alia proprietas ventorum, quod quemlibet motum habeant, et ad quidlibet. Aer enim recte a Platone definitur, esse elementum cui naturales sint omnes secundum locum motiones. Ignis siquidem natura sua sursum movetur, deorsum vero contra naturam ; terra vero et aqua e diverso : sed aer natura sua quaquaversum movetur. Idem etiam observa in cœlestibus virtutibus, quoniam desuper quidem deorsum divinum mandatum transferant, inferne vero sursum adducant inferiora ; eademque corroborent, ac rursum moveantur ad iis providendum. Posset etiam quis dicere, **146** ejuscemodi ventorum nomen declarare eorum deiformitatem ; siquidem et illi divinæ efficacitatis imagines quædam insunt, sicut in alio opere, quod hodie non exstat, scripto tradidit. Atque hic ait spiritum movere et vivificare : siquidem hoc aerem spiramus ad cor refocillandum : et celeriter et incontinenter et invisibiliter et occulte transit, ejusque principia ac termini minime noscuntur, sicut dictum est : *Spiritus ubi vult spirat, et nescis unde veniat, aut quo vadat* ᵠ. Hæ sunt imagines Dei ; movet ad salutem, vivificat secundum corpus et spiritum, cito et incontinenter penetrat ; unum quod eum non admittit, est crassa conscientia ; occultus est, juxta illud : *Posuit tenebras latibulum suum* ʳ; invisibilis est, et incomprehensibilis et æternus.

Sacra quoque Scriptura nubis proprietatem angelis affigit, juxta illud : *Et nubes suscepit eum ab oculis eorum* ˢ. Significat autem, eos occulto ac divino lumine repleri, atque primilucam Dei illustrationem accipere; verum hanc notitiam produnt (lux enim in nube non amittitur), sed transfundunt eam ad inferiora, ut et hæc primam illustrationem habeant, atque aliis impertiant. Quin et aliter quoque nubes dicuntur, propter vim fecundandi, et vivificandi, et augendi, ac perficiendi fructus per aquas quæ e nubibus funduntur, quibus nimirum subjectum terræ gremium pluvias excipiens ad vitales provocant partitudines. Quemadmodum enim nubes e mari aquam elicit, et supra terræ faciem effundit, juxta quod dicitur : *Provocans aquam maris, effundit eam super omnem faciem terræ* ᵗ ; sic et mentes accipientes notitiam, instar nubium in inferiores explicant.

§ VII. Quin etiam metallorum ac lapidum nomina sanctis angelis Scriptura tribuit. Electrum quidem, ut quod auri argentique formam præ se ferat (ejuscemodi enim electrum est), quasi in auro imputribilem et inconsumptum et inviolabilem splendorem denotat ; quoniam aurum non putrescit, nec

---

¹ Psal. xliv, 7. ¹· I Thess. v, 11. ᵐ I Cor. iv, 21. ⁿ Deut. xxxii, 9. ᵒ Psal. xxii, 4. ᵖ Psal. ciii, 3. ᵠ Joan. iii, 8. ʳ Psal. xvii, 12. ˢ Act. i, 9. ᵗ Amos. v, 8.

sordes contrahit, nec rubiginem, maxime in quantum obryzum est. Etsi autem argentum rubiginem admittat, licet tamen secundum aliam anagogem ejus fulgorem ac candorem accipere (a quo et nomen argentum obtinet; ἀργόν enim idem dicitur quod candidum), et hunc ad cœlestes virtutes referre. Æs vero quoniam aliud quidem ignis, aliud vero auri speciem præ se fert, **147** id quod igneum ad ignis, id quod aureum ad auri proprietates referatur.

Porro diversi lapidum colores diversas etiam explicationes habent : nam albus lucidum significat, ruber igneum, flavus vero aureum, de quibus ante dictum est : vernans vero sive viridis , juvenile quid ac vigorosum. Unde autem hoc? a metaphora nimirum arborum vel plantarum : nam hæ verno tempore pullulantes, ac novum quodammodo statum induentes, florent, et viridia folia habent : hoc enim est vernum; in autumno autem folia, utpote senescentia , quemdam alium colorem assumunt. Atque ita secundum unamquamque speciem, obviam quamdam anagogem reperies, quam imaginum ac figurarum repurgationem nominat.

§ VIII. Sed quoniam de humana primum forma locuti sumus, veniamus modo etiam ad formarum ferinarum explicationem. Ac primum quidem illam leonis contemplemur : est enim leo ferarum princeps, ac per se robustus, et ab aliis indomabilis, ac pedum suorum vestigia διὰ τῆς ἀλκαίας, id est per caudam suam, obtegit (ἀλκαία autem vocatur leonis cauda, quod ea latera sua concutiens quodammodo cor excitet ad ea quæ circumstant convellenda). Non exprimitur autem gressus ejus in terra more cæterorum animalium, nec terram eaque quæ humi sunt spectat. Est et in angelis suus principatus ac robur ad quæ assumuntur, et rebus materialibus atque externis edomari nequeunt. Et quia illud divinum arcanum ineffabile esse debet, occultant et ipsi prorsus spiritalia sua vestigia ad imitationem Dei, juxta quod de Deo dicitur : *In mari via tua, et semitæ tuæ in aquis multis, et vestigia tua non cognoscentur* [u]. Quemadmodum enim via in aquis non servatur, neque vestigia leonis venatores latere cupientis, sic neque Dei. Si itaque id, quod per expressum gressum divinæ mentes suscipiunt, denuo mystice occultent, et sine ostentatione conservent, quidnam iis esse possit incomprehensibile, et in divinis viis investigabile?

Porro bovis forma , angelorum robur ac vigorem signat, quo spiritales sulcos viriliter, ut sic dicam, dilatant, proprias, inquam, mentes, ad fecundos divinosque imbres suscipiendos ; cornua vero servatricem invictamque vim declarant, siquidem his boves se defendunt, ac habent ut ab aliis superari non possint.

148 Age, etiam aquilæ imaginem contueamur. Regiam enim dignitatem et sublimem volatum etiam habent angeli, uti et velocitatem. Et sicut aquilæ, dum in sublimi volant, acres sunt, et vigilantes, et intentæ, facilesque ad prædam quærendam (unde ipsas in sublimi volitantes neque sub arbustis latitans animalculum fugit); sic et ipsi expediti sunt ad convenientem sibi ac divinum cibum capiendum. Verum aquilæ deorsum exquirunt alimentum, at angelis sursum est cibus potentificus : omnis enim cibus, et non solus panis, cor animalis confirmat. Habent quoque vim, robustis oculorum intentionibus, irreflexe contemplandi uberrimum lateque diffusum radium, quem ex se divinus ille sol evibrat. Ferunt enim, aquilas pullos suos genuinos a nothis ita discernere : si irretortos oculos in solem intendunt, genuini habentur; sin secus, ut nothi et adulterini e nido deturbantur. Eadem itaque ratione, qui justitiæ Soli non valet obtueri, a cognitione ejus alienus ac nothus reperitur; verum illæ divinæ mentes, quæ illum irretorta quantum fas est acie contemplantur, genuinæ sunt.

Equorum autem figura significat obedientiam et observantiam angelorum, juxta quod dictum est : Qui continet frena intemeratarum virtutum. Et alborum quidem candorem denotat, utpote divino lumini maxime affinem ; cæruleorum vero, et quodammodo nigrorum , divinum illud arcanum ; siquidem id quod nigrum , et obscurum est et occultum : rubrorum autem, cum etiam ignis ruber sit, quid igneum atque adeo efficax : albo denique nigroque colore commistorum , seu fuscorum figura, significat id quod extrema vi quadam traduce connectit, secundum quam prima posterioribus providendo , et posteriora primis convertendo connectuntur.

Verum nisi sermonis modum quæreremus (satietas enim dictionis inimica est auditoribus), singulas etiam animalium proprietates, omnesque corporeas eorum effigies, cœlestibus virtutibus proportione quadam dictis dissimilibus similitudinibus accommodaremus (dissimilibus quidem , quoniam imagines materiales multum ab iis discrepant; similitudinibus tamen, juxta cognitam allegoriam et convenientem rebus propositis anagogem): possemusque dicere de illorum iracundia , illam esse spiritalem quamdam fortitudinem, **149** cum ea non simplex sit virtus animæ, in eodem semper statu permanentis sive jucunda sive tristia incidant, ut neque jucundis rebus dissolvatur, neque tristibus dejiciatur, cujus fortitudinis iracundia quoddam extremum est vestigium. Porro dicamus primum , quomodo iracundia pro fortitudine, et non pro alia virtute aliqua accipiatur. Sciendum tres esse animæ portiones, rationalem videlicet, irascibilem et concupiscibilem; et quatuor esse virtutes originales, scilicet prudentiam , fortitudinem , temperantiam et justitiam. Unaquæque itaque virtus quamlibet animæ portionem ornat et dirigit, prudentia rationalem, fortitudo irascibilem, temperantia concupiscibilem ; justitia vero communis est omnibus. Quando enim prudentia rationem

[u] Psal. LXXVI, 20.

ornat, fortitudo autem iracundiam, temperantia vero concupiscentiam, tunc homo ex justitia regitur, et justus dici possit. Merito igitur iracundiam accipere liceat pro fortitudine quæ ipsam ornat. Sic vero ira ultimum vestigium est fortitudinis, quia ira est quædam ebullitio sanguinis circa præcordia, ex appetitu vindictæ. Corporea itaque iræ materia, est sanguis qui circa præcordia est; forma vero spiritalis et incorporea, est appetitus vindictæ: irascibilis autem portio animæ, pars est animæ et incorporea. Fortitudo igitur, cum habitus sit et virtus, irascibilemque motum ordinet et ornet, minime transfert illum ad aliquam mollitiem, aut quasi a natura abducit: unde etiam sinit illum proprietate sua uti, verumtamen decenter, et ut oportet. Accipit materiam, id est sanguinem præcordialem, vultque efformare appetitum quemdam utilem ac decentem, qui fortitudine regatur, ad res tristes despiciendas et jucundas contemnendas, in arduis perdurando, passionibus moderando, res honestas æmulando, res pravas abolendo, verum hostem propulsando, quæ utique omnia, nisi circum præcordia sanguis effervesceret, nequaquam profecto successum rectum sortirentur. Hoc enim et David ait: *Accendit me zelus tuus* [v]; et: *Zelus domus tuæ comedit me* [x]. Ecce itaque, proposita materia secundum hæc efformata, quædam alia species subintrat, nempe appetitus vindictæ: et quod ad fortitudinem dirigitur, fit iracundia. Sanguinis enim fervorem informat appetitus, sed in alio quodam dissimili: propter quod ira dicitur extremum fortitudinis vestigium, **150** ac si quis extremum vocis vestigium, vocet sonum, cum vocis finem non habeat: nam vocis finis est quidpiam significare. Eodem modo hic fervor sanguinis, cum non habeat finem proprium; finis autem ejus, est omne bonum, ut Aristoteli placet. Habuit itaque finem, si a fortitudine formam acceperit, et honeste ad id quod oportebat, et ea quæ decebat ratione mota fuerit. Rursum cupiditatem ad divinum amorem reducere debemus. Ut quid autem non ad temperantiam, sicut iracundiam ad fortitudinem? quia nimirum iracundia non dicitur ad aliquid, neque enim dicitur alicujus rei iracundia? unde cum secundum se sit, ad fortitudinem translata, est, quod sufficiat virtuti ut ad hanc reducatur; concupiscentia autem refertur ad aliquid amabile, quod et appetibile dicitur. Qui itaque rem utilem, appetibilem et amabilem concupiscit, temperans dici possit; et quanto res quæ appetitur sublimior exsistit, tanto quoque ipse temperantior. Quid autem divino amore sublimius? hæc itaque de his diximus. Et, simpliciter loquendo, possemus omnium animantium rationis expertium et sensus et multa membra ad immateriales illas virtutes transferre, et ea quæ composita sunt ad uniformitatem simplicitatemque traducere; sed prudentibus non hæc solum (quoniam hæc forte multa) satis sunt, verum etiam vel unius imaginis anagoge, quam ἀνακάθαρσιν, seu expurgationem vocant, ut quæ ad uniformitatem adducat, et intelligendi facultatem in materiali similitudine purificat; vel unius itaque imaginis enucleatio ad cæterarum quoque explicationem satis est.

§ IX. Cæterum consideranda quoque sunt reliqua, quid sibi velint flumina, rotæ, et currus, quæ cœlestibus essentiis conjuncta perhibentur. Ignea proinde flumina divinos rivos declarant, quæ largum perennemque fluxum cœlestibus virtutibus suppeditant. Cum autem ignis sit vivificus, non quidem in quantum ignis est, sed in quantum calidus et nutritivus exsistit, divini quoque æstus istiusmodi atque inundationes vivificant simul ac nutriunt fecunditatem angelorum. Currus significant eorumdem conjunctionem ac communionem. Verumtamen quidni de illis quispiam id dixerit, cum et in nobis hoc appareat? Quin et illud quoque symbolum communionis existimo, quod duas manus habeant, et duas nares, et duos oculos, et duas aures, et duos pedes, **151** et duplicem tam dentium quam labiorum ordinem, et cætera, ne singulis immoremur. Rotæ autem, cum pennatæ sint et ad anteriora sine inflexione procedant, virtutem denotant: nam articulus τὴν ad virtutem referendus est, cætera vero intermedia sunt. Virtutem itaque significant viæ rectæ, et rectitudinem eorumdem operationis. Quomodo autem eorum via circularis est, et recta? Circularis est, quoniam in circuitu ambulabant; recta vero, quia sine reditu et semper ad anteriora pergebant, non autem aliquando quidem antrorsum, quandoque vero retrorsum, vel dextrorsum vel sinistrorsum: idcirco etiam intellectilis eorum volutatio in eamdem viam rectam arduamque supermundialiter dirigitur.

Licet etiam alio sensu anagogico istiusmodi rotarum descriptionem interpretari. Nomen enim eis, ut ait propheta, *Gelgel* impositum est, quod Hebraico sermone revolutiones revelationesque significat: cœlestia enim revolutiones suas habent eo motu, quo circum bonum ipsum perpetua conversione versantur; revelationes vero, obscurarum rerum manifestatione. In quantum enim rotæ volvuntur, inferiora revelantur, et superiora fiunt inferiora. Humiliora itaque et inferiora, secundum cujuslibet horum ad divinum Numen adductionem, eriguntur, et sublimes illæ illustrationes per providentiam remissiori gradu demittuntur.

Restat nobis dicendum de gaudio, juxta quod in Evangeliis ait Dominus: *Gaudent angeli super uno peccatore pœnitentiam agente* [y]. Quodnam itaque est gaudium angelorum? neque enim quis dixerit, in angelis humanam esse passibilem aliquam voluptatem, veluti affectione circa corpus facile mutabili constantem, sed Deo dicuntur congaudere ob eorum qui perierant inventionem, divina scilicet delectatione, quemadmodum in Evangeliis accepimus. Pro-

---

[v] Psal. LXXVIII, 5. [x] Psal. LXVIII, 10. [y] Luc. XV, 10.

portionaliter itaque de angelis nomen hoc ῥᾳστώνης seu oblectationis accipiendum est : ῥᾳστώνη enim est spiritalis quædam facilitas tranquillitasque in quiete passionibus vacante. Ponitur autem etiam pro iis qui laborare nolunt, sed indifferenter vivere eligunt, significatque hæc dictio id quod facile est et minime laboriosum : in angelis autem insinuat jucatum et passione turbationeque vacuum. Congaudent itaque deiformi quadam oblectatione angelis conveniente, idcirco etiam dixit deiformi : angeli enim 'um sint inter Deum hominesque medii, rebus quidem inferioribus effigiantur, superioribus **152** autem insinuantur. Quemadmodum igitur etiam alia terreno quidem more dicuntur, sed deformiter accipiuntur, ita sit etiam in hoc nomine ῥᾳστώνης seu oblectationis : est enim illis gaudium copiosum, et bono Deo conveniens, de salute hominum ad Deum conversorum, et ad hoc a divina providentia deductorum. *Convertimini ad me*, inquit Dominus iis qui adhuc sub peccatorum servitute detinentur, *et convertar ad vos* [x]. Et hoc est quod a magno Paulo significatur, Christum pro nobis, cum adhuc peccatores essemus, mortuum esse. Gratiæque sint infinitæ ejus longanimitati et bonitati, quod non solum acceptam habeat pœnitentiam, verum etiam provocet et convertat ad pœnitentiam. Etsi itaque passio non sit in angelis, est tamen in iis bona affectio. Et quamvis hoc nomen a nobis desumptum sit, magis tamen est proprium : ἐμπάθεια enim motus quidam est cum passione conjunctus, sed εὐπάθεια habitus est affectionis bonæ. Bene itaque affectos esse angelos, significat eos bene se habere per omnia, et incolumem eorum statum exsistere. Gaudium igitur designat ineffabilem illum affectum bonum, cujus etiam sæpenumero participes fuere sancti, per illapsus divinos, divinarum deificarumque illustrationum : quo sensu etiam recte capi possit sacrum illud dictum Evangelii : *Gavisi sunt discipuli viso Domino* [z']. Non enim simplici ratione videbant ipsum uti alias, sed post mortem vivum, et ex mortuis post sepulturam, et cum humano decore divinis quoque dotibus illustrem. Pulchre hoc, uti et alia complura a sancto hoc viro sacro ac sublimi modo disputata sunt; unde etiam concludens sermones suos ait : Hæc quidem de his, quæ licet ab accurata tractatione absint, tamen id efficient, uti spero, ne abjecte typis immoremur, quando de angelis quidpiam in Scripturis audiemus. Quod si objicias, o dilecte Timothee, nos non omnium, quæ in Scripturis sacris de angelis dicta reperiuntur, mentionem fecisse; respondemus id quod res est, eorum quæ prætermisimus aliqua captum nostrum superare, quorum etiam scientiam non habemus, sed potius iis addiscendis alio nobis doctore opus est; alia vero jam recensitis æquipollere, atque ideo prætermisisse, ut sermonis modum servaremus, et arcanum illud, quod captum notitiamque nostram fugit, silentio honoraremus.

[x] Zach. 1, 3.   [z'] Joan. xx, 20.

SANCTI
DIONYSII AREOPAGITÆ

DE

ECCLESIASTICA HIERARCHIA

Interprete Balthasare Corderio, Societatis Jesu doctore theologo.

---

153 CAPUT PRIMUM.

SYMPRESBYTERO TIMOTHEO DIONYSIUS PRESBYTER.

Quæ sit ecclesiasticæ hierarchiæ traditio, et quis sit ejus scopus.

SYNOPSIS CAPITIS.

I. *Ecclesiasticam hierarchiam descripturus monet, sacra religionis Christianæ mysteria non temere profanis revelanda, sed baptizatis, pro cujusque captu ac modulo, clare, quoad fieri potest, explicanda esse ab iis quibus in Ecclesia cum docendi tum sacramenta administrandi munus concreditum est, qui hoc in mundo angelos imitantur. II. Cum priori libro angelicam hierarchiam descripserit, ait, nostram hierarchiam cum illa convenire in eo, quod inferiores a superioribus ad perfectionem instituantur, et ad Deum adducantur : differre autem in hoc, quod illi, ut simpliciori ac spirita-*

liori modo illustrentur; nos autem, cum anima corporeque constemus, et rebus spiritalibus immediate intendere nequeamus, per sensiles imagines ac figuras ad spiritales contemplationes subrigamur, unde etiam inæqualiter Deum participamus. III. *Definit, quid sit hierarchia in genere, et quid sit hæc nostra hierarchia, scilicet esse sacrorum omnium dispensationem, cujus principium sit SS. Trinitas; finis, unio cum Deo.* IV *Ait, Deum tam nobis quam angelis convenientem cuique hierarchiam providisse, illis quidem magis spiritalem, nobis vero magis materialem; quippe cujus substantia sunt Scripturæ ac traditiones, quæ in symbolis et figuris res sacras nobis proponunt.* V. *Ostendit, cur sacramenta nostræ hierarchiæ sub symbolis sensibilibus tradantur; quia nimirum id conditioni nostræ magis congruit, et ad rerum sacrarum venerationem facit, ne a profanis contemnerentur.*

§ I. Hierarchiam nostram, sacrorum filiorum sacratissime, Deo insitæ ac divinæ deificæque scientiæ, nec non afflationis et perfectionis esse functionem, ex supermundialibus et sacratissimis oraculis demonstrandum nobis est iis, qui ex hierarchicis **154** mysteriis traditionibusque sacro sunt hoc munere initiati. Sed vide ne explodas Sancta sanctorum, quin potius arcana Dei revereberis, ac spiritalibus inaspectabilibusque notionibus celebrabis, inaccessa quidem profanis illa et intacta reservando, solis vero sanctis cum sacra quadam, uti fas est, claritate res sacras communicando. Sic enim, uti nobis divinis contemplatoribus tradidit theologia, etiam ipsemet Jesus (divinitate transcendens ac superessentialis mens, universæ ordinationis sacræ, sanctimoniæque ac divinæ functionis principium et essentia, virtusque divinissima) beatis istis nobisque multo præstantioribus naturis manifestius simul et intelligibilibus affulget, et ad propriam, quoad fieri potest, eas lucem informat : quin et intento in eum amori nostro, et ad res nos probas incitanti, frequentes admiscet varietates, atque ad uniformem ac divinam nos vitam instituens, habitudinem quamdam, et rerum, uti par est, sacrarum effectricem divini sacerdotii virtutem impertitur; qua ad sacram sacerdotii functionem accedentes, ipsimet etiam supremis istis spiritibus, sacri illorum status, quantum licet, imitando constantiam ac firmitatem, propinquiores evadamus, adeoque ad Jesu quoque beatam illam divinamque lucem aspicientes, sacro, quoad intueri fas est, ritu speculantes, visionum etiam, juxta mysticam scientiam, illustrati cognitione, consecrati ac consecrantes, luciformes ac deifici, perfecti ac perfectores evadere poterimus.

§ II. Quisnam sit ergo sacer angelorum et archangelorum ordo, nec non supermundialium principatuum ac potestatum, virtutumque ac dominationum, et thronorum divinorum æqualiumque thronis naturarum, quas assiduo perpetuoque circa Deum et cum Deo versari theologia tradit, cherubim illas Hebræo vocabulo ac seraphim appellans, ea quæ de sacris beatarum istarum mentium ordinibus ac distinctionibus a nobis conscripta sunt, evolvendo comperies; in quibus etsi non pro merito, pro virili certe nostra, et quoad sacratissimarum theologia Scripturarum explanavit, sacrum illarum ordinem concelebravimus. Illud tamen dicere necesse est, quomodo cum ille, tum omnis qui modo a nobis deprædicatur sacer ordo, unam habeat eamdemque in omni sacra sua functione virtutem, ut et ipsemet sacri ordinis antistes, pro sui status, dignitatis ordinis ratione, divinis **155** initietur ac Deo uniatur, subditosque suos, pro cujusque dignitate, afflatæ sibi divinitus sacræ deificationis participes reddat ; sic ut subditi superiores quidem sequantur, ita tamen ut et ipsi simul inferiores ad anteriora promoveant, qui jam provecti aliis etiam pro virili ducatum præstent, atque hac divina sacraque ordinis consensione, pro modulo quisque suo, vere essentia sua pulchri, sapientis ac boni particeps exsistat.

Cæterum sublimiores istæ naturæ ordinesque, quarum venerandam supra feci mentionem, et incorporeæ sunt, et spiritalis ac supermundialis sacer illarum magistratus exsistit; nostrum vero cernimus, diversa ab ipsis ratione, sensibilium varietate signorum multiplicari, quibus sacrosancte ad uniformem deiformitatem pro captu nostro, et ad Deum divinamque virtutem promovemur. Istæ quidem, utpote mentes, prout illis fas est intelligunt; nos vero a sensu perceptis imaginibus ad divinas, quantum possumus, contemplationes sublevamur. Et ut vere dicam, unum quidem est, quod omnes qui deiformes sunt appetunt, ejus tamen, quod omnino unum atque idem est, non unimode participes exsistunt, sed prout cuilibet pro merito sortem divina trutina distribuit.

Verum ista in opere de iis quæ sub intellectum ac sensum cadunt, fusius a nobis enucleata sunt; modo vero sacrum nostrum ordinem, ejusdemque originem et essentiam, quoad facultas suppetit, exponere conabor, omnium sacrorum ordinum principium ac consummationem invocans Jesum.

§ III. Est hierarchia seu ordo sacer omnis juxta venerandam nobis sacrosanctam traditionem, universalis rerum sacrarum illi subjectarum ratio, seu generalissima eorum, quæ sub ordinem cadunt, id est sacrorum summa. Sacer igitur ordo noster dicitur et est functio, universa sacra in se complectens, qua divinus pontifex initiatus, omnium per se rerum sacratissimarum particeps exsistit, in quantum sacerdos summus appellatur. Sicut enim qui sacrum ordinem nominavit, omnium simul compendio sacrorum dixit dispensationem; ita qui summum sacerdotem appellat, Deo intime unitum ac divinum plane virum significat, omni sacra cognitione perpolitum, in quo omnis, quæ illi inest, potestas sacra consummatur atque cognoscitur. Hujus origo sacri principatus fons est vitæ, **156** essentia bonitatis, una rerum omnium causa Trinitas, ex qua per bonitatis redundantiam et ipsum esse, ac bene esse rebus. Huic autem omnia transcendenti divinissimæ beatitudini, trinæ unitati, vere exsistenti, modo quidem nobis incomprehenso, ipsi autem notissimo, in votis quidem est rationalis (creaturæ) salus, tam nostra quam mentium supernarum; verumtamen hæc salus iis qui salvantur nonnisi jam deificatis potest obtingere. Est autem hæc deificatio, Dei quædam, quoad fieri potest, assimilatio unioque. Omni porro ordini sacro communis scopus est, erga Deum et res divinas continua dilectio, quæ divinitus inseritur, et per ejus unionem consummatur, quæque hac prior est, illi adversantium omnimoda et irrevertibilis fuga, cognitio rerum qua res sunt, sacræ veritatis visio scientiaque, simplicis perfectionis ejus qui summe simplex est, divina participatio; fruitio intuitionis, quæ omnem sui contemplatorem spiritali modo reficit deificatque.

§ IV. Dicimus itaque, Dei principalem beatitudinem, quæ natura Deitas est, principium deificationis, ex quo ii qui deificandi sunt deificantur, divina bonitate sacrum ordinem, in salutem et deificationem omnium, cum rationalium tum spiritalium essentiarum, concessisse. Ac superis quidem beatoque otio fruentibus, modo magis immateriato ac spiritaliori (non enim extrinsecus eos Deus ad divina movet, sed intelligibili ratione, atque intrinsecus pura liquidaque illustratione divinissimam iis voluntatem irradiando) nobis autem, quod simplicius illis collectimque præstitum, ex divinitus traditis eloquiis, pro captu nostro, divisibilium varietate multitudineque signorum donatum est. Substantia enim hierarchiæ nostræ sunt divinitus tradita oracula. Maxime vero ista oracula dicimus veneranda, quæ a sacris nostris initiatoribus divino Spiritu afflatis, in Scripturis sacris librisque theologicis tradita nobis sunt; uti et illa quæ ab iisdem viris sanctis subtiliori, non omnino dissita ab ordine cœlesti insinuatione, de mente in mentem, mediante verbo, corporeo quidem illo, simul tamen immateriato, sine scriptione, institutores nostri sacra quædam traductione sunt edocti. Neque vero ista divino Spiritu afflatorum sacrorum præsulum monumenta, in sacri ordinis commune bonum, propatulis intelligentiis, sed symbolis quibusdam sacris traducta sunt; non enim quilibet sacerdos, **157** neque omnium, ut eloquia tradunt, scientia est.

§ V. Necessario igitur primi sacri ordinis nostri moderatores, supersubstantialis Dei principatus sacro ipsi munere pleni, et in posteros illud ipsum derivatum a divina bonitate missi, cum et ipsi, utpote divini, promotionem deificationemque posterorum affatim desiderarent, sensibilibus figuris supercœlestia, et quod unitate collectum est varia cum distinctione tum multitudine, nec non in humanis divina, et in materiis immateriata, atque in nostratibus rebus supersubstantialia, qua scriptis qua non scriptis institutionibus, in sacratissimis oraculis nobis tradiderunt : nec id propter profanos tantum, quibus vel ipsa signa tangere nefas sit, sed quod noster, ut dixi, sacra ordinandi ritus, cum illorum comparatus, symbolicus exsistat, sensibilibus signis opus habens, ad diviniorem nostri ex illis ad intelligibilia sublimationem. Attamen manifestæ simul sunt sacerdotalibus signorum rationes, quas sacrorum etiamdum candidatis explanare nefas, quod exploratum sit, sacrorum divinitus traditorum legislatores, stabilibus atque impermistis ordinum distinctionibus, cujusque merito accommodatis, disparilibus ac sacris partitionibus sacrum ordinem distribuisse. Quapropter tui etiam ipsius sacrosanctis pactionibus persuasus (earum enim meminisse sanctum) episcopatus quidem ordinem, ut cæteris præstantiorem, nequaquam alteri communicabis, præterquam tui similibus deiformibus sacerdotibus; ipsisque persuadebis ut juxta ritum hierarchicum profiteantur, sancta quidem sancte contrectare, solis autem deifica divinis, perficientia perfectionis capacibus, sanctisque sanctissima communicare : nam præter alia sacrorum ordinum munera, hoc quoque divinum tibi munus demandamus.

---

158 ADNOTATIONES CORDERII.

§ I. Nota primo, sublimes illas loquendi formulas, quibus [hierarchiam seu sacrum ordinem nostrum describit] § 1, dicens illum esse *Deo insitæ seu indeatæ, et divinæ, et deificæ* (quia per sacramenta, quæ functiones sunt ordinis, divinæ naturæ consortes efficimur, mediante gratia sanctificante quam conferunt) *scientiæ*, *et afflationis* (sicenim potius vertendum, quam *operationis*, quoniam sacri ordines per insufflationem et Spiritus sancti donationem conferuntur : hinc ἐνεργούμενοι vocantur, qui spiritu aliquo afflati sunt, sive bono, ut fit in ordinibus cum accipitur Spiritus sanctus, qui tanquam agens præcipuus per sacerdotes sacramenta conferentes operatur sanctificationem; sive malo, ut fit in obsessis, qui a dæmone exagitantur, et in quibus dæmon potius agit quam ipsi), *et perfectionis* sive *consecrationis esse*, etc. Vide supra in generalibus observationibus primam, secundam et tertiam.

Nota secundo etiam, quam divina sublimiaque nomina det Christo, dicens : *Jesus divinitate transcendens, seu divinissima et superessentialis seu supernaturalis mens*; quippe qui omnes divinitatis ac substantiæ seu naturæ a nobis conceptibilis dignitatem longe superet ; *universæ ordinationis sacræ sanctimoniæque ac divinæ functionis principium et essentia*, *virtusque divinissima*. Christus enim qua Deus homo, est auctor et caput Ecclesiæ, et institutor sacramentorum, quibus vim sanctificandi indidit, et in quibus ut principalis operans, eadem ipsemet operatur, ut docent theologi cum D. Thoma parte III, quæst. 64, art. 2. Sacramentorum enim institutio pertinet ad munus Sacerdotii Christi, qui et ut Deus et ut homo operatur interiorem effectum sacramenti; ut Deus quidem, potestate auctoritatis; ut homo vero, potestate excellentis ministerii. Potestas autem auctoritatis est illa quæ omnino independens est, et soli Deo convenit : potestas vero excellentiæ consistit in eo, quod nimirum Christus primo potuerit sacramenta instituere ; secundo quod suis meritis omnem iis vim contulerit; tertio, quod in ejus nomine consecrentur et dicantur sacramenta Christi, et ministri tantum ejus vicem gerant; quarto quod etiam absque sacramentis poterat gratiam conferre. Vide plura apud divum Thomam supra citatum art. 3.

Nota tertio, quam pulchre virtutem sacramenti ordinis describat, dicens : *Quin et intento in eum amori nostro frequentes admiscet varietates*, Græce ἑτερότητας id est *alteritates* seu *diversitates* : non enim simplici ratione sanctificamur ut angeli, sed per diversas cæremonias et ritus sacramentorum, quæ sub signis et symbolis conferuntur. Addique, præter gratiam sanctificantem, sacerdotibus virtutem quamdam habitualem sacramenti ordinis propriam conferri, qua disponuntur ad sacramenta sancte administranda. Hinc confirmatur sententia theologorum in parte III, q. 62, art. 2, docentium, præter gratiam habitualem et virtutes et dona, singula sacramenta conferre quoddam auxilium speciale, ordinatum ad consequendum proprium illius sacramenti finem, ita ut v. g. baptismus, præter dona habitualia gratiæ, conferat etiam speciale auxilium ad conservandam novam vitam, et alia sacramenta rite suscipienda, confirmatio ad fidem profitendam, eucharistia ad crescendum in charitate, ordo ad sacramenta conficienda, vel functiones ordinis cujusque rite obeundas, et sic de cœteris. Cum enim sacramenta ordinentur ad varios effectus et functiones, conferunt etiam diversa auxilia ad illos effectus.

§ II. Nota, ex eo quod dicit : *Omnes unum appetunt, ejus tamen quod unum est non unimode participes exsistunt*, liquere, omnem differentiam participationum ex differentia participantium exsistere et conflari, fierique magnas et parvas participationes propter diversam habilitatem participantium, ut supra capite nono *Cœlestis hierarchiæ* docuit, et rursum infra, cap. 2 *De divinis nominibus*.

§ III. Nota, descriptionem principii et finis hierarchiæ nostræ, quæ, inquit, est *B. Trinitas, quæ fons est vitæ tam naturalis quam spiritalis, essentia bonitatis*; quippe cujus essentia bonitas est increata, quæ creatæ bonitati essentiam suppeditat : *una rerum omnium causa*, scilicet efficiens, finalis, exemplaris, *ex qua per bonitatis redundantiam;* quia non sibi tantum bona est, sed omnibus bonitatem suam communicat, et ipsum esse et bene esse rebus impertit. *Huic autem omnia transcendenti divinissimæ beatitudini* : Deus enim omnia superat infinite, ut cui nihil simile [a] est vel æquale. Dicitur autem beatitudo, quia hæc in ejus fruitione consistit. **159** *Trinæ unitati atque individuæ Trinitati, vere exsistenti*, quippe a se et non ab alio, *modo quidem nobis incomprehenso*, quia captum omnis creaturæ superat, ipsi notissimo, utpote qui seipsum solus adæquate cognoscit; *in votis quidem est rationalis creaturæ salus, tam nostra quam mentium supernarum*, quantum enim est ex se, cupit omnes salvos fieri [b] ; *verumtamen hæc salus iis qui salvantur nonnisi jam deificatis potest obtingere*. Nisi enim quis renatus fuerit denuo, non potest videre regnum Dei [c]. Est autem hæc deificatio, quæ scilicet fit per gratiam sanctificantem, *Dei quædam, quoad fieri potest, assimilatio unioque*, quoniam est quædam participatio divinitatis, juxta illud : Quotquot autem receperunt eum, dedit eis potestatem filios Dei fieri [d]. *Omni porro communis ordini sacro scopus est, erga Deum et res divinas dilectio, quæ divinitus inseritur, et per ejus unionem consummatur*; Græce est ἔνθεός τε καὶ ἐνιαίως ἱερουργουμένη, *divinitus et unitive sacrificata. Charitas enim Dei diffusa est in cordibus nostris per Spiritum sanctum, qui datus est nobis* [e]. *Quæque hac prior est, illi adversantium omnimoda et irreverbitilis fuga*, juxta illud : Time Deum, et recede a malo. *Cognitio rerum qua res sunt*, scilicet idearum, in quibus beati Deo revelante plurima vident, et quidditative cognoscunt. *Sacræ veritatis visio scientiaque*, id est Dei, qui prima veritas est. *Simplicis perfectionis*, quæ omnem perfectionem includit, et omnem excludit imperfectionem. *Ejus qui summe simplex est*, scilicet Dei *divina participatio*. Græce est, ἡ τῆς ἑνοειδοῦς τελειώσεως ἔνθεος μέθεξις, αὐτοῦ τοῦ ἑνὸς ὡς ἐφικτὸν, id est, *uniformis perfectionis divina participatio ejus, qui, quantum fieri potest, unus est*. Malui in versione illud terminis jam in theologia usitatis, illam uniformem perfectionem in Deo vocando simplicem perfectionem, sicut illam vulgo jam theologi appellant. *Fruitio intuitionis*, sive fruitio intuitiva, in qua formalis beatitudo consistit, *quæ omnem sui contemplatorem spiritali modo reficit, deificatque*.

§ IV. *Dicimus itaque, Dei principalem beatitudinem*, etc. Ubi nota, tam nostræ quam angelicæ hierarchiæ supremum principium et caput esse Deum. Unde sanctus Thomas in parte I, quæst. 108, artic. 1, docet, ex parte principis, unius scilicet Dei, omnes angelos et rationales creaturas unius esse hierarchiæ; ex parte vero multitudinis ordinatæ, diversas exsistere, scilicet unam hominum et tres angelorum. Manifestum est autem, quod homines alio modo divinas illuminationes percipiant quam angeli : nam angeli percipiunt eas intelligibili puritate, homines vero sub sensibilium similitudine, uti capite I *Hierarchiæ cœlestis* declaratum est; et ideo oportet humanam hierarchiam ab angelica distingui. Cur autem et quomodo angelicæ hierarchiæ distinguantur, dictum libro superiori, præsertim cap. 6, et seqq.

Cæterum, an post diem judicii in cœlis alia sit futura hierarchia hominum ab angelicis distincta, disputant theologi; sed pulchre ex sancto Dionysio probat divus Thomas in II *Sent*., distinct. 9, quæst. 1, artic. 1, homines angelicis ordinibus in patria aggregandos. « Sicut enim, inquit, se habet nostra hierarchia sive Ecclesia ad cœlestem, ita hierarchia veteris legis ad nostram. » Unde, sicut vetus hierarchia erat via in nostram, et significabat eam, et propter hoc veniente nova, vetus assumpta est in illam, et ad ordines ejus; ita etiam nostra hierarchia est via in cœlestem, et signum ejus : unde in patria non erit alia hierarchia hominum et angelorum, sed una et eadem, et homines in ordines angelorum distribuentur(1).

Ibidem. *Substantia nostræ hierarchiæ sunt divinitus tradita oracula*, etc. Desumitur hinc pulchrum et irrefragabile argumentum contra nostri temporis hæreticos, qui traditionibus ecclesiasticis plurimum derogant, dum iis fidem haberi nolunt, nisi in iis quæ expressa sunt in Scripturis; imperite contendentes Scripturam solam esse veram fidei ac morum normam; cum tamen S. Dionysius Pauli discipulus, et apostolorum coætaneus ac sodalis, hic expresse doceat, traditiones apostolicas et ecclesiasticas, quæ non sunt scriptæ, ejusdem esse cum verbo Dei scripto auctoritatis, et iisdem, non minus quam per Scripturas Ecclesiam dirigi oportere, cum æque ad substantiam hierarchiæ nostræ pertineant; quinimo quodammodo nobiliores esse traditiones, tanquam magis spiritales, et cœlestium hierarchiarum regimini conformiores. De his vide Bellarm. tom. I.

Cum aut, hierarchiam nostram convenienter symbolis sensibilibus ad Deum adduci; confirmat congruentiam institutionis sacramentorum. Etsi enim Deus potuisset spiritalia signa, v. g., cogitationem mentis,

[a] Psal. xxxiv, 10. [b] I Tim. ii, 4. [c] Joan. iii, 5. [d] Joan. i, 12. [e] Rom. v, 5.

(1) Vide cap. 5, infra, § 2.

aut motum voluntatis instituere ad homines sanctificandos, ita ut homini quidpiam pie cogitanti aut credenti per talem actum sanctificatio conferretur, aliud tamen est magis conveniens naturæ hominum, ut ex sensibilibus ad rerum spiritualium cognitionem deducatur. Hinc præcipua ratio institutionis sacramentorum fuisse videtur, quia homini difficile est intendere rebus spiritualibus et disponere se perfecte ad gratiam, et facere opera supernaturalia, et meritoria vitæ æternæ unde opus fuit illi subvenire quibusdam cæremoniis **160** et remediis externis, quibus sine magno labore gratiam ex opere operato consequeretur, alioquin paucissimi fuissent salvati. Cum itaque omnis justitia et sanctificatio nostra pendeat ex meritis Christi, *qui nobis factus est sapientia, justitia et sanctificatio* [f], oportebat ut illa merita nobis certo quodam modo applicarentur : non poterant autem commodius applicari, quam per externa elementa et sacras cæremonias, quæ simul Christi passionem et mysteria nobis significarent, ut sacramenta faciunt; quare Christus ea instituit, ut nobis applicaretur ipsius meritum et ipsis sacramentis certam meritorum suorum mensuram assignavit, quæ ita nobis per sacramenta applicantur, ac si nostra propria essent, ita ut dicat Apostolus, nos per baptismum Christum induere [g]. Hac autem applicatione meritorum facta, ex pacto Dei et institutione Christi confertur nobis divinitus gratia : unde sacramenta sunt causa gratiæ, non tanquam nuda signa, ad quorum exhibitionem Deus confert gratiam, sed tanquam continentia et applicantia nobis pretium sanguinis Christi tam efficaciter, ac si nostrum illud esset meritum seu pretium; et sicut pecunia rei, sic gratiæ pretium continent.

PARAPHRASIS PACHYMERÆ.

Post cœlestem hierarchiam tractat etiam de nostra hierarchia, quam non dixit terrenam; quia, licet in terra administretur, scopus tamen et finis ejus cœlestis est, cum ad imitandum Deum inducat hominem, non secus ac illa divinas cœlestesque virtutes, siquidem principaliter ac proprie, expiare, illuminare, perficere, Dei est; secundario autem etiam angelorum, secundum vero tertiam rationem etiam ipsorum hominum, quoniam hæc tria sunt munus hierarchiæ. Hæc dum in supernis quidem essentiis perficiuntur, tametsi sint mysteria, quippe Dei opera sublimissima, verumtamen quoad illas non sunt mysteria; quoniam omnes sanctæ sunt et gratia Dei consecratæ, quamvis altera sit altera præstantior, secundum rationem quæ illic est, sive ordinis sive virtutis; quæ vero apud nos perficiuntur, mysteria seu sacramenta dicuntur, non enim omnes puri sunt, neque etiam initiati. Unde in illis omnibus ista sunt, etsi per partes etiam explentur, et illuminentur atque perficiantur; apud nos autem non in omnibus, sed in quibusdam, quemadmodum etiam Deus per prophetam ait, mysterium, seu *secretum meum mihi* [h] *et meis; meos* dicens, utique sacerdotes vel initiatos. Propositorum itaque capitulorum doctrinam duplici modo tradit. Primum enim exponitur, quomodo mysterium seu sacramentum isto capite propositum consummetur, ac deinde per contemplationem quamdam illud explicat. Verbi gratia, est expositio illustrationis seu baptismatis, deinde subsequitur ejus contemplatio; similiter expositio sacramenti synaxeos seu communionis, deinde contemplatio ejusdem. Cum **161** enim et nos duplici parte constemus, visibili secundum corpus, et intellectili secundum animam, duplex est etiam apud nos hierarchia, sensilis nimirum, propter symbola quæ exhibentur; et intellectilis, propter contemplationem. Contemplatio autem est immediata mentis et exilis sensuum applicatio ad ea quæ proponuntur. Istiusmodi igitur hierarchiæ symbola, profanis et ab Ecclesia extraneis mysteria quoque sunt : verumtamen contemplatio, tanquam suprema cognitio, quæque fide opus habeat, myste-

A rium appellatur, juxta quod et Apostolus ait : *Mysterium vobis dico : non omnes quidem obdormiemus, sed omnes immutabimur* [i]. Attamen symbola tantum vocat mysteria, quoad eos scilicet qui needum initiati sunt, uti dictum est : eorum autem anagogas, appellat contemplationes, quippe quæ mentem erigant ad rerum ipsarum, ut in se sunt, contemplationem, licet aliter etiam per symbola insinuentur. Qui enim initiatus est et intra sacrum velum ingressus, revelata facie cum fide contemplari debet ea quæ sunt fidei.

§ I. Hierarchiam nostram, licet nostra dicatur, attamen et ipsam per se divinam esse, non secus ac cœlestem hierarchiam, et a Deo insitam, secundum participationem rerum illarum divinarum, juxtaque B sacram illam scientiam et operationem, sui participes deificare atque perficere, ex sacratissimis Scripturis demonstrandum est; non tamen omnino omnibus, sed solis iis, qui per traditiones apostolorum istiusmodi institutione digni sunt habiti. Tu autem observa, sancte fili, ne vel juxta novum morem, vel per ordinem doctrinæ (patres enim sunt præceptores) ridicule et irreverenter istiusmodi mysteria manifesta facias omnibus profanis, qui res divinas mysticasque risus occasionem facerent; sed venerare illas, sicut æquum est, silentio. At si quando etiam opus sit istiusmodi communicare, ne communices rudioribus; sed sanctis, idque illis sacrosancte et cum sacra illustratione, minime immorando typis, sed inaspectabilia illustrando : sic C enim etiam nobis ad divina conversis, vel divina concinentibus collegis tradita fuerunt. Quin et ipsemet Deus, qui mens est illa divinitate transcendens, qui omnis sanctimoniæ divinæque operationis causa exsistit (cum enim hierarchia scientia sit et operatio, sanctimoniam quidem ad scientiam refert, Dei vero **162** operationem ad efficaciam seu actionem) cœlestibus virtutibus manifestius simul et intelligibilius affulget (intelligimus enim et nos, sed non ut istæ) quas etiam ad propriam suam lucem informat, ut nimirum etiam alios illuminent, juxta virtutem spiritualium et intellectilium suarum natu-

[f] I Cor. I, 50.   [g] Rom. VI, 4.   [h] Isa. XXIV, 16. Sec. Septuag. in aliquot codd.   [i] I Cor. XV, 5.

rarum, non autem secundum virtutem suimet ipsius; nam Deus infinitæ virtutis est. Quin et nostras, quæ multæ sunt, varietates, et multiformes carnalium desideriorum curas, quas prohibet Dominus, ad uniformem divinamque vitam reducit, ut nimirum quæramus primum regnum Dei, et justitiam ejus. Id autem quo sic anima disponitur, sacrum habitum appellavit, qui vel maxime sacerdotibus est consentaneus. Accipientes itaque ab ipso virtutem, progredimur ad hierarchiæ functionem : et hoc modo sanctis angelis approximamus, illorumque ope ad divinam lucem suspicientes, indeque scientia cognitionis spectaculorum illustrati (spectacula autem vocat doctrinas de Deo, quæ non ex nudo verborum auditu, vel sacrarum doctrinarum pronuntiatione exsistunt) evadere poterimus, ut patientes quidem quæ ibi pulchra sunt, consecrati, nempe puri et luciformes, et perfecti; velut habitu vero hoc obtinentes, atque eadem aliis communicare valentes, consecratores, et lucis operatores seu illuminatores, et perfectores; hæc siquidem tria sunt hierarchiæ partes.

§ II. Cum autem hic sermo duas agnoscat hierarchias, secundum participationem divinissimæ essentiæ omnis hierarchiæ Dei, vult Pater hic declarare, quid illis commune et quid proprium sit, quocirca dicit : Quæ quidem cœlestis sit hierarchia alibi reperies, ubi licet non pro dignitate, pro virili tamen nostra, de illis disputatum est ; in quo Tractatu id unum dicimus observatione dignum, quod cum in omnibus propositum sit nobis antiquiores sequi, in libro *De cœlesti hierarchia* diximus, inter illos thronorum ordinem cæteris esse sublimiorem. Verum ex his perpendendum, num illum recte, et non seraphim, sublimiorem ordinem asserere debuerimus : hic enim ab ultimis dispositionibus incipiens, tandem in seraphim desivit. Cæterum, quidquid hac de re sit, vincat id quod antiquius est. Illud certe sanctus hic affirmat, commune esse omni hierarchiæ quod omnis hierarchia unam habeat virtutem. Definit itaque hierarchiam **163** partim secundum propriam naturam, quoniam alia est angeli, et alia hominis perfectio, partim etiam secundum proportionem et ordinem cuique proprium : quoniam in cœlestibus alia est superioris, et alia inferioris ordinis claritudo; in terrestribus vero alius est episcopi et alius ordo presbyterorum. Hierarchiam itaque initiari, et inferioribus suis insitam sibi divinitus illustrationem communicare, atque etiam inferiores superioribus quidem obsequi, et inferiorum suorum duces exsistere, hæc virtus quædam est cuilibet hierarchiæ communis. Cæterum non commune, sed proprium cuilibet hierarchiæ est, quod cœlestis illa respectu nostri sit rerum incorporearum et intelligibilium (nam respectu Dei et illæ sunt intelligentes) ; quocirca etiam earum hierarchia intelligibilis ac supramundialis exsistit : nostra autem per symbola sensilia, scilicet baptismatis, synaxeos, communionis, cæterisque variegata multiplicatur. Quantum enim quis adducitur ad unum illud singulare, tantum accedit ad intellectionem : quantum vero ab eo discedit, in tantum multiplicatur seu distrahitur rebus sensibilibus, quas sentit. Alia iterum est horum duorum differentia, quod illi quidem, ut mentes, Deum et divinam virtutem intelligant, in quantum scilicet iis fas intelligere; nos autem ex sensibilibus signis, quæ, inquam, in Ecclesia consecrantur, ad Deum adducamur. Et ut vere dicam, unum quidem est quod omnes appetunt, scilicet quoad scopum duarum hierarchiarum, de quo hactenus agit, omnes uniformes sunt qui per spiritalem actionem uniuntur. Sicut enim nos unimur, cum adducimur, sic et angeli divini uniuntur, cum ad divinas notiones adducuntur. Cum enim unum sit quod appetitur, non tamen unimode seu secundum unum eumdemque modum, qui id appetunt, afficiuntur, sed quilibet secundum propriam dignitatem. Verum hæc alibi dicta sunt : modo autem nostram hierarchiam, et ejus causam ac essentiam (quæ est virtus illa divinissima) exponere conabor, invocato Salvatore Jesu.

§ III. Est hierarchia, quemadmodum veneranda nostra traditio proponit, ea quæ universim videntur aut dicuntur de propositis sacris rebus. Summam enim seu summarium, vocat totius complexionem, sicut recapitulationem dicimus, cum paucis ea quæ ante dicta sunt repetuntur; quoniam omnium in se scientiam habebit; cum presbyterorum, tum diaconorum **164** cæterorumque, unde nimirum hierarcha nominatur, uti colligere licet ex analogia nominis hierarchiæ. Quemadmodum igitur hoc nomen de universis et omnibus sacris ordinationibus dicitur, ita qui hierarcham nominat, virum omni sacra cognitione præditum significat, in quo omnis quæ illi inest hierarchia liquido cognoscitur. Nisi enim ipse penitus et in omnibus peritus exsisteret, neque scientia etiam hierarchiæ operaretur. Nemo igitur dicat : Ecquis tam perfectus est? Non enim proposuit hic Pater de hoc vel illo hierarcha dicere, sed simpliciter de hierarcha, qualis esse debeat sine defectu : ac si quis simpliciter de grammatico loquens, ea recenseat quæ ad absolutum grammaticum requiruntur, alioquin claudicaret grammatica, nisi demonstraretur, qualis ipsa tandem sit. Hujus hierarchiæ principium est sancta ac beata Trinitas, quæ vere est, solaque semetipsam cognoscit, tanquam habens notionem propriæ exsistentiæ. Hæc autem vult ratione præditorum angelorum et hominum salutem, estque deificatio salvandorum. Quemadmodum enim alia dicimus a metu servari, id est securitatem adipisci; et a cæde servari, id est vitam assequi ; et a morbo servari, id est sanari : sic etiam in propositis servari ab alienatione Dei. est adjungi Deo, adeoque deificatio. Omnimoda autem assimilatio et unio ad Deum, utique terminus ac finis est omnis hierarchiæ, quæ ad Deum est dilectio : quæ et unitive consummatur, secundum divinam et unicam simplicitatem, secundum quam Deus est omnimoda dilectio (et non huic quidem, illi vero non, sed quid unum desiderabile exsistens, simul erga se habet desideria, pro merito studioque desiderantium, diversa), quique hac prior est, omnimodus a contrariis recessus. Nisi enim ab omni materiali et sordida voluptate penitus expiati fuerimus, veri boni dilectio non erit in nobis. Quando autem a contrariis discesserimus, tum res ipsas, ut in se sunt, natura sua cognoscemus; nempe praesentia haec temporanea esse, quae vero ibi sunt, aeterna: nec decipiemur circa boni apparentiam; siquidem illa non est notitia rerum qua res sunt; tunc enim ad ipsammet veritatem accedimus, atque uniformem perfectionem participamus. Quid porro est uniformitas? Quando nimirum a rebus hisce sensibilibus et aerumnosis ad divinam **165** simplicitatem adducimur, qui est cibus beatae visionis, ut quae mentem re intellecta nutrit, sicut alibi diximus. Et haec est in Evangeliis illa divina ac supermundialis mensa.

§ IV. Dicimus itaque, Deum dedisse hierarchiam in salutem et deificationem eorum qui ejus sunt participes, atque angelis quidem spiritaliori modo et magis a materia remoto, nobis autem per symbola: siquidem homines extrinsecus a creaturae contemplatione, verbis doctrinalibus, aliisque symbolis seu signis, veram cognitionem hauriunt; angeli vero intus secundum spiritalem virtutem suam illustrantur, ac divina voluntate insigniuntur, id est ad divinam imitationem, rerumque, qua res sunt, notionem efformantur. Cum enim intelligens quidem sit id quod intelligit, intelligibile vero id quod intelligitur, cibus autem et quasi sustentatio intelligentis sit id quod intelligitur, merito Deus, cum mentes sint incorporeae, ipsemet intelligens, et illis, quantum capere possunt, factus intelligibilis, intus ipsas illustrat. Quod itaque ipsi, tanquam immateriales, unite habent ac compacte, hoc nos sub divisorum symbolorum multitudine accipimus. Symbola porro divisa, vocat doctrinas Scripturae multiformes. Si itaque, ut etiam ante diximus, essentia omnis hierarchiae Deus est, nostrae tamen proprie, quasi proxima materia, sunt oracula a Deo tradita, praesertim apostolorum doctrinae maxime venerandae. Quod enim coelesti hierarchiae est ipse Deus, immaterialiter, quoad fieri potest, ipsi unitus eamque perficiens, hoc nostrae hierarchiae sunt Scripturae, per quas ad divinam simplicitatem adducimur; uti et traditiones illae, quibus institutione magis a materia semota, ex sancti Spiritus instinctu, apostoli sensuum Scripturae cognitionem, alii aliis, sermone quidem corporeo, quia per instrumenta corporea locuti sunt, magis tamen immateriali, quia sermone solo et non scripto, mystice tradiderunt. Nequaquam autem haec patulis intelligentiis tradiderunt, sed in symbolis quibusdam sacris, quae nimirum in Ecclesia sancta celebrantur, cum rationem habeant eo quod apparet sublimiorem atque diviniorem. Hoc autem fecerunt, et haudquaquam omnibus arcana revelarunt, quia non omnis sanctus, neque omnium scientia est: *Vobis* **166** *enim*, inquit Dominus apostolis et successoribus sanctis, *datum est nosse mysteria regni Dei* [k].

§ V. Necessario igitur sancti apostoli ipsimet divino munere pleni (per dilectionem enim deificati erant) et ad alios ab ipsa bonitate missi, quin et ipsi jam dii facti, successoribus istiusmodi deificationem minime invidentes (aliena enim invidia est a Deo), sensibilibus intellectilia, et materialis immaterialia, et hominibus divina, tam scripto quam non scripto tradiderunt, non propter profanos tantum (quid enim nobis et illis commune, qui ne symbolis quidem nudis digni sunt habiti?), verum etiam ob aliam rationem, quod nimirum congruenter nobis sensu viventibus et sensitivis hierarchia subministretur. Non enim par est, ut hi qui sensu vivunt, nudas ipsas res divinas frequentent, et intellectualiter iis conjungantur; idcirco per symbola jussi sumus initiari. Verumtamen ne ipsae quidem symbolorum rationes omnibus sunt revelatae ac notae, sed viris sanctis, quibus non licet eas exponere iis qui adhuc catechumeni; cum scire debeant convenienter unicuique, secundum ordinem coelestem stabilem et inconfusum, ad captum nostrum hierarchiam ipsam ordinatam esse. Quapropter etiam tuis ipse professionibus persuasus es, ne illam alteri tradas, praeterquam tui similibus sanctis; et ab eis petes cautionem, ipsos circa divina tales fore, qualem ipse te circa eadem fore recepisti, idque muneris tibi trado.

CAPUT II.

1. *De iis quae in illuminatione seu baptismo peraguntur.*

SYNOPSIS CAPITIS.

Prima parte capitis ostendit, quo ordine perveniatur ad vitae sanctitatem, et quomodo baptismus sit quaedam nativitas spiritalis, atque principium operum supernaturalium, et simul monet, solos sanctos ad sacramentorum aspectum esse admittendos. — Secunda parte describit solemnem ritum baptizandi, qui sic habet: 1. Pontifex sacra promulgat Evangelia. II. Religionis amator patrinum seu susceptorem quaerit, a quo instructus ad episcopum adducitur. III. Hic benigne ipsum excipit. IV Clerum convocat ad agendas Deo gratias, et a patrino adductum solemni formula interrogat.

[k] Marc. IV, 11.

V. *Infidelitatem detestanti manum imponit, et inscribi jubet.* VI. *Facta precatione baptizandus exuitur, et fiunt insufflationes.* VII. *Fit solemnis professio fidei, et baptizatur.* VIII. *Veste candida amictus traditur susceptori, et sacræ communionis particeps efficitur.* —**167** *Tertia parte subjungit contemplationem, in qua* I. *ostendit, ritum hunc esse sanctum.* II. *Cæremonias istas signare gratiam spiritalem.* III. *Deum gratiam suam omnibus communicare.* IV. *Exponit quo ordine perveniatur ad perfectionem.* V. *Quid sibi velit adductio et inscriptio baptizandi, quid item abrenuntiatio.* VI. *Quid ad Orientem traductio.* VII. *Quid unctio.* VIII. *Quid in aquam immersio et emersio.* IX. *Quid candidum vestimentum.* X. *Quid unctio finalis.* XI. *Quid communio.*

Dictum itaque a nobis est sancte, sacri ordinis nostri scopum esse Dei, quoad ejus fieri potest, assimilationem atque unionem. Hanc autem, ut divina Scripta tradunt, maxime observandorum dilectione mandatorum sacrisque functionibus duntaxat consequemur : *Qui enim,* inquit, *diligit me, sermonem meum servabit, et Pater meus diliget eum, et ad eum veniemus, et mansionem apud eum faciemus* [1]. Quodnam est igitur initium sacrosanctæ augustissimorum observationis mandatorum? Ea quæ ad cæterorum cum sermonum tum operum sacrorum quam expeditissime nostras animales efformat affectiones, quæque nobis ad supercœlestis otii fruitionem viam sternit, sacrosanctæ, inquam, ac divinissimæ regenerationis nostræ traditio. Ut enim inclytus Præceptor noster ait, prima quidem mentis ad divina motio, Dei est dilectio : sacræ vero dilectionis in sacrosancta divinorum præceptorum observatione progressus primus, est ineffabilissima divini nostri status fabricatio.

Cum enim divinus hic status sit quædam nativitas divina, nunquam sane intellexerit, nedum fecerit, quidquam rerum divinitus traditarum, cui ne ipse quidem status hic divinitus afflatus sit. An non et nobis (humano modo loquimur) exsistentia primum opus est, ut deinde quæ nostri fori sunt tractemus, cum quod nullo modo est, neque motionem neque substantiam omnino habeat, quod autem quoquo pacto est, ea tantum et agat et patiatur quæ naturæ statusque sunt sui? Atque hoc quidem, ut opinor, perspicuum est. Cæterum divina divinæ generationis signa contemplemur. At nemo mihi profanus spectatum veniat ; neque enim debilibus pupillis sole irradiatis obtueri tutum, neque nobis superiora tentare innocuum sit; quandoquidem vera illa legalis hierarchia, Oziam quidem sacris, Core vero se dignioribus ingerentem, Nadab denique et Abiud suis muneribus non recte functos, detestetur. **168**
II. *Sacramentum illustrationis, sive baptismi.*

§ I. Sacrorum præsul, cum omnes sigillatim homines ad Deum assimilatione salvos fieri, et ad agnitionem veritatis venire cupiat, prædicat omnibus ex veris Evangeliis, Deum ipsum terrigenis propria sua naturalique bonitate propitium, ad nos pro humanitate summa descendisse, ut sui unione, in morem ignis, unita sibi conformaret, quantum ad eorum conduceret deificationem. *Quotquot enim receperunt eum, dedit eis potestatem filios Dei fieri, his qui credunt in nomine ejus : qui non ex sanguinibus, nec ex voluntate carnis, sed ex Deo nati sunt* [m].

§ II. Quisquis autem horum munerum vere supermundialium sancte particeps esse cupit, accedens quempiam sacris initiatum, flagitat ab eo ad sacrorum præsidem manuduci, nec non integre cunctis sanctionibus obsequi pollicetur, rogatque, suæ cum admissionis tum totius exinde vitæ curam suscipere ne recuset. Tum hunc, salutis quidem illius sancte cupidum, sed rei celsitudinem humanæ fragilitati opponderantem, horror illico anxietasque circumdant : verumtamen benevole tandem simul petitioni ejus satis se facturum annuit, ipsumque suscipiens ad summum ducit sacerdotem.

§ III. Is autem cum lætitia, non secus atque humeris ovem, duos illos viros excipiens, spiritali primum actione gratiarum, corporisque adoratione, unicum, a quo vocanda vocantur, ac salvanda salvantur beneficum principium veneratur.

§ IV. Omnem deinde sacrum ordinem, cum ut hominis saluti cooperentur atque congaudeant, tum ut divinæ bonitati gratias agant, in sacrum locum cogens, initio quidem hymnum aliquem e Scripturis una cum universo ecclesiæ clero decantat: quo finito, ubi sacrum altare deosculatus est, ad virum, qui præsens est, accedit, et quid petitum venerit sciscitatur.

§ V. Tum ipsum, juxta instructionem fidejussoris, infidelitatem pristinam, verique boni ignorationem, nec non vitæ spiritalis privationem detestantem, atque sancta ejus intercessione Dei divinorumque compotem fieri postulantem, præmonet, integre illi **169** ad Deum accedendum esse, utpote prorsus perfectum et immaculatum : propositaque divine vivendi norma, nec non interrogato num ex ea victurus esset, assentienti manum capiti imponit, et consignans eum, sacerdotibus mandat, ut virum susceptoremque describant.

§ VI. Quibus ascriptis, sacram infit precationem : qua una cum ipso ab universa congregatione completa, illum discingit, et per ministros exuit. Sistens exinde ipsum ad occidentem prospectantem, manusque versus illam plagam aversas protrudentem, tertio Satanam insufflare jubet, atque insuper abrenuntiationis verba proferre; eique ter abrenuntiationis solemnibus verbis propositis, cum eamdem toties conceptis verbis pronuntiavit, ipsum ad orientem transfert, et in cœlum intuentem, manusque attollentem, Christo cunctisque sacris a Deo traditis eloquiis jubet assentire.

§ VII. Quo facto, trinam illi denuo præcipit professionem, tertioque professum benedicendo recipit,

---

[l] Joan. xiv, 23. [m] Joan. i, 12.

eique manum imponit. Dum vero ministri penitus eum exuunt, sacrum unctionis oleum afferunt sacerdotes. Pontifex vero trino signaculo inchoans unctionem, sacerdotibus hominem tradit toto corpore inungendum; ipse autem ad adoptionis matrem (id est fontem) vadit; cujus aquas postquam sacris invocationibus sanctificavit, nec non tribus sacratissimi unguenti crucis forma affusionibus, totidem sacri unguenti appositionibus sacrosanctum Deo afflatorum prophetarum divinæ aspirationis hymnum concinendo, consecravit, adduci virum jubet; ac sacerdote quopiam e scripto cum ipsum tum susceptorem proclamante, initiandus sacerdotum manibus in aquam ducitur ad manum pontificis: qui superne astans, ubi sacerdotes secundum aquas, versus pontificem initiandi nomen proclamarunt, ter eum immergit, sub ternam istam immersionem atque emersionem tres divinæ beatitudinis Personas invocando. Tunc excipientes eum cæteri sacerdotes, tradunt susceptori seu admissionis auctori, et ubi una cum eo initiatum veste congrua amiciverunt, rursus illum ad pontificem ducunt: qui, divinitus sacrato oleo virum consignans, sacrosanctæ Eucharistiæ participem declarat.

170 § VIII. His rite peractis, a suo ad secunda progressu, ad rerum iterum præcipuarum exigitur contemplationem, ne ullo tempore vel modo quidpiam a suis institutis tractet alienum, sed assidue perpetuoque divini Spiritus ductu a divinis ad divina transformetur.

III. *Contemplatio.*

§ I. Hæc in sacris symbolis divinæ generationis initiatio nihil indecori vel profani, quin nec sensiles figuras continet, sed Deo dignæ contemplationis ænigmata in naturalibus ad captum hominum speculis effigiata. Quid enim ei defuisse videatur, diviniori etiam mysteriorum silentio suppressa ratione, cum divina institutione satis probet accedentis, quam sancte operatur, vitæ integritatem, et per vitam probam ac divinam, universæ simul malitiæ perpurgationem, naturali emundatione aquæ corporalius ipsi denuntiet?

Ut itaque symbolica initiationum traditio nihil hoc divinius haberet, nequaquam, ut reor expers esset sanctitatis, cum et recte vivendi disciplinam introducat, et omnimodam in vitiis transactæ vitæ emundationem, toto corpore aqua penitus perpurgato, naturaliter insinuet.

§ II. Verum sit hæc quidem rudioribus introductio spiritalis, quæ et sacramenta sancta atque unitiva, uti fas est, a promiscuis distinguat, et singulis ordinibus accommodatam concinnet sublimationem: nos autem, cum sacris ascensionibus sacramentorum principia contemplantes, sacro eadem afflatu perceperimus, cognoscemus quorum characterum sint effigies, et quarum rerum occultarum imagines exsistant. Ut enim in Opere *De intelligibilibus ac sensilibus* perspicue declaratum est, sensibilia sacramenta, simulacra sunt intelligibilium, ad quæ manuducunt ac viam sternunt; intelligibilia vero, sacramentorum sensibilium principium sunt atque scientia.

§ III. Dicimus itaque, divinæ beatitudinis bonitatem, eamdem semper et eodem modo se habentem, beneficos lucis suæ radios cunctis oculis mentalibus abundanter expandisse; adeoque si spontanea mente præditorum arbitrii libertas spirituale lumen deserat, a natura sibi insitas luci excipiendæ vires amore pravi præcludens, præsenti quidem luci se subducit, hæc tamen eam minime destituit, sed vel conniventem illuminat, atque aversanti benigne prorsus occurrit. **171** Quod si mediocri instructa videndi facultate terminos transilierit, radiisque visum superantibus temere ausa fuerit obtueri, lux quidem nihil a se alienum faciet, verum ipsa perfectis imperfecte se ingerens, aliena neutiquam assequetur, mediocritate porro sua insolenter superbiens, sua culpa frustrabitur. Benigne tamen, ut dixi, divina lux mentalibus semper oculis patet, ejusdemque præsentis, et a Deo dignam sui semper communicationem paratissimæ, copiam habere licet. Ad hujus imitationem divinus antistes effingitur, lucidos divinæ eruditionis radios super omnes luculenter explicans, et se accendentem Dei imitatione illuminandi promptissimus, nulla utens objurgatione, vel dira propter priorem defectionem vel intemperantiam imprecatione, sed exemplo Dei, ad se accedentibus suis semper illuminationibus pontificaliter affulgens cum decore atque ordine, et pro cujusque ad sacra capacitatis ratione.

§ IV. Sed quoniam divinum Numen sacræ disciplinæ principium exsistit, qua sanctæ mentes in sui deveniunt cognitionem; quisquis ad insitum naturæ lumen recurrerit, principio quidem quis tandem ipse sit videbit, hocque lucis accessione munus sacrum referet; porro qui propria sua recte irreflexis oculis considerarit, abditas quidem ignorationis sui tenebras eliminabit perfectissimæ tamen Dei unionis et participationis adhuc exsors, ejusdem desiderio sponte non afficietur; sed sensim primum a propriis ad potiora, et ex iis ad potissima, nec non perfectus jam in ordine, ad principium Dei celsitudinem sacro quodam modo evehetur. Hujusce venusti sacrique ordinis argumentum est, accedentis verecundia, rerumque ad se spectantium cognitio, ad summum sacerdotem viæ ducem nacta susceptorem. Sic adductum, divina beatitudo ad sui admittit communicationem propriæque lucis, instar signi cujusdam, ipsum participat, Deo intimum reddens, ac consortem munerum divinorum, atque ordinis sacri; quorum sacra est tessera, summi sacerdotis accedenti datum signaculum, nec non salutaris descriptio sacerdotum, salvandis eum aggregans, atque sacris inserens monumentis una cum susceptorem, tanquam salutiferæ ad veritatem viæ: illum quidem, amatorem sincerum ac comitem ductoris divini; hunc vero minime errabundum divinitus **172** traditis institutionibus sequendis manuductorem.

§ V. Cæterum non licet summe contraria simul participare, neque communicationem aliquam cum uno habenti divisas habere vitas, si unius stabilem præferat participationem; sed exsortem esse decet expertemque omnium uniformitatis divisionum : id quod signorum traditio sacra innuit, dum accedentem priori quodammodo vita exuens, et ad extremos usque affectus exspolians, nudum et discalceatum statuit versus occidentem spectantem, nec non manuum rejectione tenebricosæ malitiæ communionem abnuentem, atque agnatum sibi dissimilitudinis statum quodammodo efflantem, totalesque profitentem deiformitati adversantium abrenuntiationes. Sic omnino ipsum affectus jam expertem exsortemque traducit ad orientem, divinæ lucis statum illi aspectumque, omnimoda malitiæ fuga, fore purum annuntians; ipsumque sacrosanctis, cum uno totali conspiratione, professionibus uniformem effectum, vere amanter suscipiens. Verum, ut opinor, sacrorum peritis principiorum perspectum est, assiduis ad unum connitendo aspirationibus, atque totalibus contrariorum mortificationibus et abolitionibus, res spiritales status deiformis immutabilitate potiri. Non enim ab omni duntaxat malitia est recedendum, sed obdurandum viriliter, et imperterrite semper obsistendum ipsi noxiæ remissioni; nec a sacro est unquam amore cessandum, sed contineater ac perpetuo pro viribus illi insistendum, ad perfectiorem divini principatus sublimationem sancte semper negotia sua dirigenti.

§ VI. Horum autem exactas cernis in iis quæ pontificaliter administrantur imagines: ipse siquidem antistes deiformis sacram auspicatur unctionem, quam cæteri exinde sacerdotes consummant, ad sacra per figuram hanc certamina initiatum excitantes sub Christo munerario constitutum, qui videlicet ut Deus certaminum exhibitor, ut sapiens legum præceptor, præmiorum denique victoribus convenientium ut pulcher munerator exsistit. Et quod his divinius est, cum in ipsismet pugilibus ut bonus exstiterit, sacramentaliter pro illorum libertate atque victoria, mortis ac corruptionis imperium debellando, in certamina quidem gaudens, utpote **173** divina, initiatus ascendet, legibus autem sapientis insistet, juxtaque illas inviolate certabit, illustrium præmiorum certa spe fultus, sub bono certaminum exhibitore Domino ac ductore constitutus: divinisque insistendo vestigiis ipsius pugillum primatis per probitatem, ad imitationem Dei certaminibus deificationi suæ adversantes spiritus atque suggestiones supplantando, commorietur Christo (id est) mystice loquendo, peccato, per baptismum.

§ VII. Attento hic animo perpende, sacramenta quam propriis involuta sint signis. Etenim cum in nobis mors non sit, ut quibusdam placet, substantiæ abolitio, sed conjunctarum partium separatio, ad id quod nos latet abducens, animam quidem, quasi corpore perpetuo privandam, corpus vero, velut homo abditum, alia quapiam alteratione corporea, ex humana specie exterminandum; non improprie totalis ista aquæ coopertio in mortis atque informis sepulturæ figuram accipiatur. Sacramentaliter itaque baptizatum symbolica disciplina mystice docet tribus illis in aquam immersionibus et emersionibus divinam trium dierum ac noctium sepulturæ Jesu vitæ auctoris mortem imitari, quatenus hominibus conceditur ejus imitatio, in quo, juxta mysticam et arcanam Scripturæ traditionem, princeps hujus mundi non invenit quidquam.

§ VIII. Candidis deinde vestimentis induunt initiatum: virili enim ac deiformi pravorum affectuum vacuitate, nec non intenta in unum animi affectione, cum id quod ornatu carebat ornatur, tum id quod deforme erat pulchrum efficitur, dum illustri omnino vita splendescit. Denique unguenti illa consummans unctio eum qui initiatur odoris suavitate perfundit; sacra enim divinæ generationis initiatio, ea quæ initiata sunt divino Spiritui conjungit. Porro illapsum illum, qui spiritalem istam odoris suavitatem affert, cum sit prorsus ineffabilis, spiritaliter relinquo cognoscendum iis qui secundum mentem sancta et deifica divini Spiritus communione digni sunt habiti. Denum omnibus peractis, eum qui initiatus est ad sanctissimam Eucharistiam vocat, et mysteriorum perficiendi vim habentium communionem illi tradit.

174 ADNOTATIONES CORDERII.

Notandum hoc caput cum sequentibus in tres partes dividi : quarum prima continet instructionem eorum quæ tractantur in mysterio, quod ibi explicatur; secunda ipsiusmet mysterii ritum exhibet; tertia, quam *Contemplationem* vocat, tradit ipsius mysterii ac cæremoniarum ejus mysticam expositionem.

Circa titulum observa, baptismum vocari φωτισμὸν, id est *illustrationem*, cujus appellationis rationem sequenti capite reddit : *Quia*, inquit, *primam lucem confert, omniumque divinarum illustrationum principium exsistit*. Dicitur etiam *illuminatio*, ad Hebr. vi, 4 : *Qui semel sunt illuminati*. Et ad Hebr. x, 52 : *Quibus illuminati magnum certamen sustinuistis*. Multis item aliis nominibus baptismum appellant Patres, Nazianzenus Oratione *de baptismo*, et Clemens Alexandrinus lib. i *Pædagogi* cap. 6, et alii, quos citat et explicat Vasquez, tom. II, in III p., disp. 140, cap. 1. Nomina ejus potissima sunt : *Lavacrum regenerationis*, quia homo corporaliter generatus, per baptismum regeneratur Christo spiritaliter per primam gratiam; *sacramentum fidei*, quia nimirum suscipitur ad fidem protestandam ; *signaculum*, quia imprimit characterem ab infidelibus distinctivum ; *unctio*, quia animam inungit gratia; *illuminatio*, quia confert lumen fidei. Plura qui volet, videat apud Vasquez loco supra citato.

Parte I. *Cum enim divinus hic status*, etc. Pulchre ex hoc loco arcetus Thomas in IV *Sent.*, distinet. 4. quæst. 1 probat, characterem baptismalem se habere per modum potentiæ, dicens : « Sicut enim cujuslibet exsistentis in aliqua natura sunt aliquæ operationes propriæ, ita etiam in spiritali vita regenerati. Ubicunque autem sunt operationes propriæ, oportet esse principia propria illarum operationum. Unde sicut in aliis rebus sunt potentiæ naturales ad proprias operationes, ita etiam renati in vitam spiritalem habent quasdam potentias, secundum quas possunt illa opera. Quæ potentiæ sunt similes illis virtutibus, quibus sacramenta efficaciam habent sibi inditam : quia sicut sacramenta causant gratiam instrumentaliter, ita recipientes characterem operantur divina per ministerium. Minister autem est sicut instrumentum ejus cui ministrat. Unde dicit philosophus, servum esse sicut organum animatum ; et ideo tam virtus sacramenti, quam minister, quam character est instrumentalis. » Et quod hujusmodi potentia sit character, patet, si quis diligenter consideret verba Dionysii, a quo prima traditio characteris nobis advenit. Assignans enim ministerium ritus cujusdam qui in primitiva Ecclesia erat, quando adulti baptizabantur, « Pontifex, inquit, accedenti ad baptismum manum imponebat, et signabat eum signo crucis, et præcipiebat eum describi inter nomina Christianorum, ut de cætero ad divina cum aliis admitteretur ; » addique, quod sic accedentem (scilicet ad vitam spiritalem) divina beatitudo in sui participationem recipiat, propriæque lucis, instar signi cujusdam, ipsum participet, Deo intimum reddens, ac consortem munerum divinorum, atque ordinis sacri ; quorum sacra sit tessera, summi sacerdotis accedenti datum signaculum, etc. Patet utique, quod ipse per hoc signum nihil aliud significet, aut intendat, quam illud quod facit eum participem divinarum operationum. Unde hoc signum nihil aliud est, quam quædam potentia ad actiones hierarchicas, quæ sunt administrationes et receptiones sacramentorum : et rerum aliarum ad fideles pertinentium, ad quas operationes rite exercendas indiget habitu gratiæ, sicut et aliæ potentiæ habitibus indigent. Plura vide ibidem apud D. Thomam art. 2, ubi examinat, utrum definitio, quæ attribuitur Dionysio de charactere, bene assignetur, et seqq.

Parte II, § 1. *Sacrorum præsul*, etc. Notandus hic insignis ordo justificationis. Primus enim gradus ad conversionem, est Evangelii prædicatio, quoniam *fides est ex auditu. Quomodo enim credent ei quem non audierunt ? Quomodo autem audient sine prædicante* [a] ?

§ II. Adverte antiquissimam Ecclesiæ cæremoniam de adhibendo sponsore in baptismo, quem vulgo patrinum seu susceptorem vocant, sic dictum, quod eum de manu baptizantis, quasi in fidem et curam suam, in fide et moribus erudiendum suscipiat. Hæc autem obligatio ipsum instruendi desinit, ubi baptizatus sufficienter semel instructus fuit. Ita communiter theologi in III p., quæst. 67, art. 7, etc. Observa item hic duodecim cæremonias baptismo adhiberi solitas.

Prima erat, qua baptizandi nomen suum dabant, ex quo competentes dicebantur. Erant enim duo genera catechumenorum : alterum eorum qui exhortationes audiebant, nondum tamen petierant baptismum, et ideo solum dicebantur auditores seu audientes, de quibus vide Cyprianum epist. 17, lib. III ; alterum genus erat eorum qui jam petierant baptismum, et competentes dicebantur, et postquam admissi erant, **175** dicebantur electi. Dionysius tamen hic § 5, non agit de hac nominis inscriptione, sed de illa quæ fiebat quando jam ad baptismum ipsum adducebantur.

Secunda cæremonia erat scrutinium seu examen, cujus hic etiam meminit Dionysius § 4, dum videlicet pontifex ad virum accedit, et quid petitum venerit sciscitatur, etc.

Tertia erat abrenuntiatio, de qua agit § 5 et 6. Ubi nota, eam ter fieri consuevisse.

Quarta erat fidei promissio, de qua ibid. agit § 6, in fine, et § 7.

Quinta erat signum crucis in fronte baptizandi impressum, manum illi imponendo, ut ibidem tradit § 7.

Sexta erat exorcismus, quem bene notat Vasquez hic a Dionysio § 6, non exprimi per insufflationem istam quam ipsemet catechumenus faciebat, sed intelligi per precem quam ipse pontifex perficit. Nam, ut ait Simeon episcopus Thessalonicensis in lib. *De mysteriis Ecclesiæ*, explicans cæremonias baptismi, « secunda oratio exorcismus est diabolum repellens, » etc.

Septima erat unctio, de qua ibidem agit § 7.

Octava erat aquæ benedictio et consecratio, de qua ibidem agit § 7.

Nona erat trina mersio sub invocatione sanctissimæ Trinitatis, ibid. § 7, unde confirmatur, tempore Dionysii, atque adeo apostolorum, quorum ipse coætaneus fuit, non frequentatum fuisse baptismum in solius Christi nomine, ut aliqui volunt, sed semper requisitam fuisse expressam trium divinarum Personarum invocationem.

Decima, candidæ vestis impositio, de qua § 8.

Undecima, chrismatis unctio, ibid.

Duodecima erat, qua pontifex ipsum eucharistiæ capacem declarabat vel etiam communicabat, ibid. § 8. Ubi observa, quod, sicut manna datum fuit Hebræis post transitum maris Rubri, jam submersis Ægyptiis ; sic eucharistia post baptismum detur Christianis jam deletis peccatis, ut per baptismum a malo emundemur, per eucharistiam vero in bono confirmemur. Sicut enim manna populo isti cibus fuit in solitudine, virtute cujus ad terram promissionis pervenerunt ; sic eucharistia populum Christianum per præsentis vitæ incolatum ad patriam paradisi perducit. Unde quoque viaticum recte appellatur, quia spiritales vires suppeditat, ne deficiamus in via. Quemadmodum enim filiis Israel a transitu maris Rubri manna non defuit, donec in terram promissionis pervenirent ; ita quoque fidelibus per baptisma renatis non deficit eucharistia sub specie, donec Deum in patria facie ad faciem contemplemur.

Has et alias cæremonias in baptismo adhiberi solitas, pulchre exponit mystice Albinus Flaccus, Alcuinus in lib. *De divinis officiis*, ubi agit de Sabbato sancti Paschæ. Primo, inquit, paganus ut catechumenus fiat, accedens ad baptismum renuntiet maligno spiritui et omnibus damnosis ejus pompis : exsufflatur etiam, ut fugato diabolo, Christo Domino paretur introitus : exorcizatur, id est conjuratur malignus spiritus ut exeat, et recedat dans locum vero Domino. Catechumenus audiens, seu auditor, salem accipit, ut putrida et fluxa ejus peccata sapientiæ sale divino munere mundentur. Deinde Symboli apostolici traditur ei fides, ut vacua domus et a prisco habitatore derelicta, fide ornetur et præparetur habitatio Domino. Fiunt scrutinia, ut exploretur sæpius, an post renuntiationem Satanæ sacra verba datæ fidei radicitus corde defixerit. Tanguntur et nares, ut quandiu spiritum naribus trahat, in fide accepta perduret. Pectus quoque eodem oleo perungitur, ut signo-

[a] Rom. x, 14, 17.

sanctæ crucis diabolo claudatur ingressus; signantur et scapulæ, ut undique muniatur. Item in pectoris unctione signatur fidei firmitas et operum bonorum perseverantia. Deinde S. Trinitatis trina subversione baptizatur. Et recte homo, qui ad imaginem sanctæ Trinitatis est conditus, per invocationem sanctæ Trinitatis ad eamdem renovatur imaginem; et qui tertio gradu peccati, id est consensu, cecidit in mortem, tertio elevatur, ut de fonte per gratiam surgat ad vitam. Deinde albis induitur vestimentis, propter gratiam regenerationis et castitatem vitæ, et angelici splendoris decorem. Tunc sacro chrismate caput perungitur, et mystico tegitur velamine, ut intelligat se diadema regni et sacerdotii dignitatem portare, juxta Apostolum: *Vos estis genus electum, regale* °, *sacerdotale*, *offerentes vosmetipsos Deo vivo hostiam sanctam, et Deo placentem*. Sic corpore et sanguine Dominico confirmatur, ut illius sit capitis membrum qui pro eo passus est et resurrexit. Novissime per impositionem manus a summo sacerdote et septiformis gratiæ Spiritum accipit, ut roboretur per Spiritum sanctum ad prædicandum aliis, qui fuit in baptismo per gratiam vita donatus æterna.

Parte III, § I. Nota, sub initium contemplationis ipsismet verbis S. Dionysii manifeste confirmari doctrinam theologorum, docentium, sacramentum baptismi ex institutione Christi, seu ex opere operato, vitæ sanctitatem operari; ait enim: **176** *Quid ei defuisse videatur, diviniori etiam mysteriorum silentio suppressa ratione, cum divina institutione satis probet accedentis, quam sancte operatur, vitæ integritatem, et per vitam probum ac divinam universæ simul malitiæ perpurgationem naturali emundatione aquæ corporalius ipsi denuntiet.* Ubi significatur primo, baptismum conferre gratiam ex institutione Dei, quod theologi vocant *ex opere operato*; quia non ex opere hominis operantis, seu quia est opus hominis, sed quia est opus Dei institutum a Deo, et homini concessum ad ejus sanctificationem. Secundo insinuatur quod licet aqua habeat quamdam analogiam ad spiritalem emundationem significandam; illam tamen non esse satis determinatam et completam, nisi accederet divina institutio, ex qua habet quod sanctificet, quia non ex invocatione hominum, aut merito suscipientis. Aqua enim, seu ablutio secundum se est indeterminata ad hoc vel illud significandum; et ad hunc vel illum usum adhiberi potest; v. g. ad munditiem, refrigerationem, etc. Accedente autem forma verborum, ex institutione Christi determinatur ad significandam ablutionem animæ, sine verbo enim aqua per se nullam vim habet spiritualiter mundandi; sicut materia sine forma non habet vim agendi, sed illam concipit per formam.

§ II. Nota ex S. Dionysio, hic quoque confirmari, internam quamdam esse formam sacramentorum, cum ait: *Nos vero, cum sacris ascensionibus sacramentorum principia contemplantes, sacro eadem afflatu perceperimus, cognoscimus quorum characterum sint effigies, et quarum rerum occultarum imagines exsistant. Siquidem sensibilia sacramenta simulacra sunt intelligibilium, ad quæ manuducunt ac viam sternunt; intelligibilia vero sacramentorum sensibilium principium sunt atque scientia.* Quibus verbis significat, præter formam sensibilem seu externam, aliam quamdam esse formam internam, intelligibilem seu spiritalem, respectu cujus quidquid est sensibile in sacramento, tam verba quam res, sunt materia. Et hæc forma interna est significatio ipsius sacramenti, et virtus effectiva et spiritalis; tum quia est ex institutione ac deputatione divina, tum quia res significata est spiritalis. Similiter virtus operativa est mere spiritalis, ipsa scilicet divina assistentia intime præsens sacramentis, in illis et per illa operans: vel secundum alios, est potentia obedientialis, quæ est in rebus et verbis, estque invisibilis, cum consistat in quodam ordine creaturæ ad Deum. Itaque secundum Dionysium, omne sacramentum non tantum constituitur ex materia et forma sensibili, sed etiam ex natura sensibili et forma spiritali seu intelligibili. Sicut homo non tantum constat ex materia prima et forma carnis, ossis, et cæterorum, sed etiam ex hoc toto, scilicet ex carne, osse, cæterisque tanquam materia, et anima rationali tanquam forma, sicut et homo novus constat natura et gratia. Externam autem formam vocat sanctus Augustinus id quod dicitur, et sonum transeuntem; internam autem et spiritalem, vocat id quod creditur, et virtutem permanentem.

Nota ibidem, secundum Dionysium, sacramentorum principia contemplanda esse, per hæc insinuans, sacramenta nostra non tantum significare gratiam sanctificantem, sed etiam ipsam causam sanctificationis et finem ejus. Ac primo quidem, significant certo et speciali modo ipsam internam sanctificationem animæ; verbi gratia, baptismus significat gratiam per modum ablutionis animæ, et respectu hujus dicuntur *signa demonstrativa*. Secundo significant causam efficientem seu meritoriam, ex qua vim habent; nam omnis effectus significat suam causam, et hæc est passio Christi, atque hæc est quodammodo principalis in sacramentis. Nam non tam instituta sunt, ut significent nos sanctificari, quam ut nobis significent cujus virtute ac merito sanctificemur, et respectu hujus dicuntur *signa commemorativa*. Tertio significant quoque finem hujus sanctificationis, quæ vita est æterna, ut baptismus puritatem illam absolutam et omnimodam quæ erit in cœlis, et eucharistia (ut cap. 1 *Cœlestis hierarchiæ* docuit) participationem divinæ fruitionis; et respectu hujus dicuntur *signa prognostica*.

§ III. Docet, quomodo Deus ex parte sua gratiæ lumen omnibus luculenter expandat, illis tamen non proficiat, qui illud vel non admittunt vel rejiciunt. Hujus rei exempla habemus in eo qui oculos contra lumen claudit, cum Deus tamen faciet solem suum oriri super bonos et malos ᵖ. Item in illo, qui manum ad largientem non extendit; quia Deus, quantum in se est, dat omnibus affluenter ᵠ. **177** Item in illo, qui domum suam cingit spinis, ne ingrediatur amicus, ipse vero semper stat ad ostium et pulsat ʳ. Vide D. Thomam I, II, q. 112 et 113 et ibidem scholasticos.

§ IV. Describit hic ordinem justificationis in adultis, ad quam (uti D. Thomas quoque ipsum secutus, I, II, quæst. 112, art. 5), requirit motum liberi arbitrii, non solum quo per desiderium et amorem animus ejus ad justitiam accedat, verum etiam quo per odium a peccato recedat. Cum enim justificatio impii sit quidam motus, quo humana mens movetur a statu peccati ad statum justitiæ; oportet ut humana mens se habeat ad utrumque extremorum secundum motum liberi arbitrii, sicut se habet corpus localiter motum ab aliquo movente ad duos terminos motus. Manifestum est autem in motu locali corporum, quod corpus motum recedat a termino a quo, et accedat ad terminum ad quem: unde oportet, ut mens humana, dum justificatur, per motum liberi arbitrii recedat a peccato, et accedat ad justitiam. Recessus autem et accessus in motu liberi arbitrii accipitur secundum detestationem et desiderium: dicit enim S. Augustinus, tract. 46 *in Joannem* (exponens illud: *Mercenarius autem fugit*), *affectiones nostræ motus*

° I Petr. II, 9.   ᵖ Matth. V, 45.   ᵠ Jac. I, 5.   ʳ Apoc. III, 20.

animorum sunt, lætitia, animi diffusio; timor animi fuga est. Progrederis animo cum appetis, fugis animo cum metuis. Oportet igitur in justificatione impii duplicem esse motum liberi arbitrii, unum nempe quo per desiderium tendat in Deum, et alium quo detestetur peccatum.

§ V et VI. Exponit mystice vestis depositionem, et exorcismos, quibus antiquæ in peccatis transactæ vitæ depositio insinuatur. *Quicunque* enim, inquit D. Thomas, in p. III, q. 71, art. 2. *sapienter aliquod opus facere proponit, prius removet impedimenta sui operis. Unde dicitur:* « *Novate vobis novale, et nolite serere super spinas* ª. » *Diabolus autem hostis est humanæ salutis, quæ homini per baptismum acquiritur, et habet potestatem aliquam in hominem, ex hoc ipso quod subditur originali peccato, vel etiam actuali. Unde convenienter ante baptismum expelluntur dæmones per exorcismos, ne salutem hominis impediant; quam quidem expulsionem significat exsufflatio. Benedictio autem cum manus impositione præcludit expulso viam ne redire possit. Sal autem in os missum, et narium et aurium sputo linitio, significat receptionem doctrinæ; fidei quantum ad aures, et approbationem quantum ad nares, et confessionem quantum ad os. Olei vero inunctio significat aptitudinem hominis ad pugnandum contra dæmones;* uti § 7, hic sanctus Dionysius declarat. Vide plura de his apud divum Thomam art. supra citato et seq.

§ VII. Explicat mystice quid immersio et emersio designent. Disputat autem S. Thomas in p. III, q. 66, artic. 7 et 8, an immersio, eaque triplex, necessaria sit ad baptismum; et respondet, cum in baptismo assumatur aqua ad corporis ablutionem, non modo per immersionem, verum etiam per aspersionem vel allusionem aquæ baptismum dari posse, et licite quoque unica vel trina perfici immersione. Ad baptismum enim per se requiritur ablutio aquæ, quæ est de necessitate sacramenti; modus autem ablutionis per accidens se habet ad sacramentum. Unde S. Gregorius lib. 1, epist. 41, Leandro scribens, ait: *Reprehensibile esse nullatenus potest, infantem in baptismate vel ter vel semel immergere, quoniam in tribus mersionibus Personarum Trinitatis, et in una potest Divinitatis singularitas designari.* Item, unica immersione significatur unitas mortis Christi, per trinam autem, triduum sepulturæ. Ex diversis tamen causis, secundum ordinationem Ecclesiæ, quandoque institutus est unus modus, quandoque alius. Quia enim a principio nascentis Ecclesiæ quidam de Trinitate male sentiebant, Christum purum hominem esse æstimantes, nec dici Filium Dei et Deum, nisi propter meritum ejus, quod præcipue fuit in morte; ideo non baptizabant in nomine Trinitatis, sed in commemoratione mortis Christi, et una immersione. Quod reprobatum fuit in Ecclesia. Unde in can. apostolorum 49, legitur: *Si quis presbyter aut episcopus non trinam immersionem unius mysterii celebret, sed semel mergat in baptismate (quod dari a quibusdam dicitur in morte Domini), deponatur; non enim nobis dixit Dominus: In morte mea baptizate, sed: In nomine Patris, et Filii, et Spiritus sancti.* Postmodum ob quorumdam rebaptizantium errorem, in concilio Toletano statutum fuit, ut fieret una sola immersio. Sed cessante tali causa, communiter observatur in baptismo trina mersio.

PARAPHRASIS PACHYMER

Pars I. Quodlibet mysterii caput tribus quibusdam rationibus distribuit. Primum quidem tractat de ipso capite, quomodo et ad quid nobis prosit: deinde exponit quomodo ab hierarcha mysterium consecretur; tertio subjungit contemplationem. Cum itaque secundum inferiorem hanc et carnalem generationem fieri soleat, ut primum accipiamus esse, atque ita deinde quidpiam agamus; idem quoque in divina regeneratione usu venit: quocirca primum tractat de divino baptismate. Dictum est itaque, scopum nostræ hierarchiæ esse ad Deum assimilationem; hanc autem non aliter licet adipisci quam per Dei dilectionem, uti divina et evangelica eloquia tradunt. Cum igitur ista dilectio constet observatione divinorum mandatorum, quærit sibi ducem tam sancti operis, scilicet ad sanctam divinorum mandatorum exsecutionem, atque reperit non esse alium, præter illam ex aqua et Spiritu regenerationem. Siquidem divinus ille baptismus, ad Dei familiaritatem cœlestemque hæreditatem principium est et introductio. *Nisi enim*, inquit, *quis renatus fuerit ex aqua et Spiritu, non videbit regnum Dei* ᵗ. Unde homo exterior ᵘ formatur ad meliorem ac salutarem habitudinem, et ad verborum operumque Dei institutionem. Quomodo autem divinus baptismus naturales nostros habitus seu affectus efformat? Utique vim quamdam formatricem inserit figmento nostro, scilicet appetendi, sed cœlestia bona; movendi, sed ad omne opus bonum; A ratiocinandi seu cogitandi, sed quæ oculus non vidit, neque auris audivit; concupiscendi, sed meliora; irascendi, sed inimico salutis nostræ, et cætera. Præclare enim dixit inclytus Hierotheus, primum et eximium mentis motum esse Dei dilectionem. Hujus autem dilectionis quasi quoddam principium est divina nostri fabricatio, quæ nimirum fit per baptismum, secundum quam divinum statum inchoamus: siquidem ea quæ ex semine est nostri fabricatio, etsi sit ex conditore Deo, tamen naturalis est, ea vero quæ ex baptismate exsistit, divina. Neque enim *ex sanguinibus, neque ex voluntate viri, nec ex voluntate carnis* ᵛ. Quemadmodum igitur in naturali nativitate oportet primum exsistere in rerum natura, ac deinde vicissim, et agere et pati, homines quidem quæ sibi sunt propria, bruta vero quæ sunt conducibilia: sic etiam in divina baptismi regeneratione oportet primum Deo exsistere, ac deinde dilectionem ejus operari, uti cætera quæ ad recte vivendum spectant. Ejus enim quod nequaquam est, neque motus est; quod autem quoquo pacto est, sive quod solum subsistit, operabitur omnino quæ sibi sunt accommoda, ut taliter aut tale quid exsistat, v. g. homo, qui simpliciter in rerum naturam prodit. Quomodo igitur qui necdum operatur quidquam, potest eo pervenire ut talis sit, verbi gratia, justus, faciendo justitiam; vel talis, aliud quid operando? Cæterum cum divini baptismatis symbola conspecturi simus,

ª Jer. IV, 3. ᵗ Joan. III, 5. ᵘ Max. interior. ᵛ Joan. I 13.

nemo profanus ad rerum dictarum spectaculum accedat; neque enim debiles oculos habentibus tutum est obtueri radiis quos sol ejaculatur (id enim est, a sole fabricatis) cum etiam in legis umbris (quas etiam hierarchiam appellat) Ozias lepra correptus sit coram Deo adolens incensum; et Core terra absorptus est sacris ipsi non convenientibus se ingerens; et Nadab et Abiud, peregrino igne incensum adolentes, eodem quoque combusti sunt.

II. *Mysterium.*

§ I. Hierarcha Deo similis effectus volens quoque salvari omnes, et ad agnitionem venire veritatis, clara voce prædicat Evangelia : quomodo nimirum Deus, ex propria motus bonitate, nobis semper propitius exsistens, eousque etiam, ut ad nos venire ac carnem assumere dignatus sit. Et sicut ignis frigidum nigrumque ferrum unione sua sibi simile reddit; sic etiam Deus per fidem unita sibi similia efficit, secundum cujusque ad deificationem aptitudinem, prout dilectus ille qui in pectore recubuit in divinis Evangeliis declaravit : et quidem sacerdos hæc et similia quotidie prædicat.

§ II. Porro qui supermundialium participationem libere amat, et non ex necessitate aliqua coactus, susceptorem quærit, et invenit, persuadet illi ut ad hierarcham se manuducat : ipse autem recipit se illum securorum, quemadmodum in lege dictum est : *Secundum omnia audiemus vocem Domini* ᵛ. Hic primum quidem audiens fidejussionem, et expendens hinc quidem rei celsitudinem, inde **180** vero hominum mutabilitatem, horret ac refugit, considerans rei difficultatem (observa autem, quomodo etiam hic cum fidelis sit, proximi salutem amet, uti et sacerdos, ad Dei similitudinem) nihilominus secundum boni Dei cunctos suscipientis similitudinem, promittit se petitioni satisfacturum, atque una cum illo hierarcham adit.

§ III. Hic vero cum lætitia viros istos, susceptorem inquam et accedentem, quasi ovem perditam in humeros accipiens, gratias agit Deo spirituali simul et corporali adoratione. Sed quomodo e duobus cum qui accedit suscipit? quia nimirum fidejussor quidem ipsum offert, ipse vero semetipsum sistit ac tradit; ita ut conciliatio etiam sit utrorumque.

§ IV. Universum exinde clerum (hos enim sacram appellat dispositionem) cum ut cooperentur, tum ut congratulentur, convocat, et e divinis Scripturis hymnum aliquem canit. Nota autem, ex omni sacra Scriptura posse hymnum seu laudem offerri Deo, et non ex solo Psalterio; vel canticum forte Mariæ sororis Moysis : *Cantemus Domino;* vel Psalmum trigesimum tertium, aut ejus partem : *Accedite ad eum, et illuminamini.* Et post hæc sacrum altare osculatus egreditur, et sciscitatur, ut ab eo intelligat, ecquid petitum veniat.

§ V. Ipso autem, juxta præceptum susceptoris, priorem illam ac Dei exsortem vitam deplorante ac

ᵛ Exod. xix, 8 ; xxiv, 3, 7.

per eum Dei consortem fieri postulante, testatur ipsi qualis esse habeat accessio, nempe totalis, et ex tota anima, et omnino perfecta, cum is ad quem acceditur, prorsus quoque perfectus sit et immaculatus : tunc enim forte non totalis esset dilectio, sicubi secundum quid is, ad quem accessio fit, perfectus esset et immaculatus, quod non vacaret reprehensione. Ad hæc vero, postquam ipsum instruxit quomodo vitam agere ac instituere debeat, et interrogavit, post astipulationem ejus capiti manum imponit subditisque sibi sacerdotibus diaconibus mandat, ut in sacras tabulas nomina referant tam accedentis quam susceptoris. Hunc autem existimo esse librum viventium.

§ VI. Completa deinde super ipso una cum aliis oratione, ipsum exuit, unica nimirum, et non omni veste; exinde statuens eum ad occidentem, ter jubet insufflare Satanæ, et abrenuntiationem profiteri, ter et ipse **181** contestatus; quoniam hoc facis. Deinde transfert ad orientem, Deoque jubet consentire, protestatus et hic triplici professione fidem.

§ VII. Hac itaque prece facta, ministri plane ipsum exuunt, ut sacro oleo inungatur. Dum autem sacerdotes eum inungunt, pontifex ad adoptionis matrem sive baptisterium accedit, ibidemque cum aquam benedixit, atque recitavit sacrum hymnum sancti Spiritus (qui sanctus Spiritus est divinorum prophetarum inspiratio) virum accipit. Non autem dixit sacrum hymnum divinorum prophetarum, neque enim prophetæ omnes unum atque idem canticum recitarunt. Est autem psalmus vigesimus octavus : *Vox Domini super aquas, et Alleluia.* Quibus omnibus super ipso rite peractis, sacro oleo inunctum, participem illum facit immortalium mysteriorum. Non oportet autem mirari, si sanctus hic Pater quædam ab ordine jam in ecclesiis recepto diversa commemoret : verisimile enim est, hæc pro isto temporis statu congruisse, nunc autem accuratius fieri.

§ VIII. His absolutis, hierarcha denuo ad primam contemplationem, sive mysticam precationem, id est, missæ sacrificium convertitur : neque enim decet, ut quidquam a suis institutis tractet alienum. Declarat autem hic sermo, quod episcopus, qui Dei omnium personam sustinet, quemadmodum Deus in suo illo uno eodemque statu semper manens, et in ipso fixus nunquam se deserens, salutis omnium causa, providentiæ suæ progressionibus ad omnia bonitatis illustrationes extendit, omnibusque præsens est, a stabilitate sua minime discedens, sic etiam episcopus, ad imitationem Dei symbolice, et prout potest, in sua statione, id est, in ecclesiastico principatu permanens, ad inferiora humanitatis providentia procedit : et inferiorum gubernatione impleta rursum ad altare redit, symbolice declarans, se inferiorum providentia motum, rebus divinis ibidem peractis, a divinis sacramentis recens baptizato collatis, ad divinum institutum reverti, ut appareat, ipsum a sancto Spiritu duci et reduci.

182 III. *Contemplatio*.

§ I. Hoc itaque est sacramentum nostræ regenerationis, quod, etiam dum quis ad sensibilem imaginem attendit, nequaquam dixerit profanum aut absonum : habet enim etiam indicia sublimioris contemplationis. Quinimo nec omnino a naturalibus et humanis rationibus abhorret : nam etsi quando sublimis illa contemplandi ratio sileretur, vel sic tamen sensibiliter inquiri posset, secundum quid aberrare videatur, quoniam accedentis ab omni malitia emundationem operatur, non in humanæ sapientiæ persuasione, sed ex divinis verbis, naturali aquæ emundatione, hunc abluit. Quo etsi nihil sublimius haberet (quod non est) nequaquam omnis expers esset sanctitatis ; cum propter probæ vitæ disciplinam, tum propter naturalem aquæ emundationem.

§ II. Verum sit hæc rudioribus introductio quædam spiritalis, quæ a promiscuis et profanis distinguat uniformia. Uniformia autem vocat divina, tanquam sublimia solæque mente comprehensa. Ait autem *quodammodo* ; quia licet non omnes perfecti, sed multi imperfecti sint, habent tamen etiam ipsi anagogem quamdam virtuti suæ congruentem, qua distinguantur ab omnino profanis et baptismi irrisoribus. Cum enim non omnes capiant contemplationes, oportet nos etiam interpretationes auditoribus accommodare, ut et ipsi pro modulo suo convenienter ad virtutem intelligentiarum adducantur ; nos vero ascensiones sacras in corde statuentes, cognoscamus quorum characterum istiusmodi sint effigies.

§ III. Cæterum aggreditur contemplationem : et cum ostensurus sit hierarcham secundum Dei similitudinem omnibus salutem annuntiare, incipit dicere de Deo quæ decent. Ait itaque, quomodo Dei bonitas super omnes mentales oculos lucis suæ radios luculenter expandit. Cum itaque omne quod intellectu præditum est liberum sit, si quis intellectum habens, propter talem libertatem vel omnino divinum lumen deserat, amans pravitatem ; vel certe secundariam illustrationis mensuram ipsi datam contemnens, ipsam transgredi conetur, utique subtrahitur, et indulta sibi mensura merito frustratur, divino lumine in se immutato permanente. Quemadmodum 183 enim συνηρτῆσθαι significat coaptatum esse, sic etiam ἀπηρτῆσθαι excidisse a conformitate atque congruentia. Interdum vero etiam hoc verbum significat suspensum esse ; hoc loco tamen in priori significatione acceptum est. Illucet itaque lux ipsi etiam conniventi, neque deserit ; neque etiam lux quidquam facit præter ea quæ lucis sunt propria, tametsi mens imperfecte accesserit. Benigne igitur divina lux mentalibus semper oculis patet, licetque his lucem excipere quandocunque voluerint. Ad hujus similitudinem etiam episcopus doctrinæ radios expandit tam iis qui apti sunt ad eos excipiendos, quam iis qui non sunt apti, nullo odio dirave imprecatione propter priorem defectionem intemperantiamque utens. Hæc autem dicit propter ea quæ superius dicta sunt : dixerat enim, duo esse mala intellectu præditorum propter propriam libertatem. Vel enim deserit quis divinam lucem, vel sapit supra modulum suum, et quod non convenit quærit.

§ IV. Rursus, cum divinum numen sit origo rectæ ordinationis sacræ secundum quam etiam angeli semetipsos norunt, nec inordinate prosiliunt ad ea quæ non decent, primum munus ex divina doctrina quis consequitur, quod seipsum noscat, ut illud quod in lege scriptum est servet, *Attende tibi ipsi* [1], quemadmodum etiam magnus Basilius ait : *Eatenus enim ad proprium naturæ lumen, sive contemplationem scientiamve recurrens, angelos imitatur, qui seipsos noscunt*. Porro qui seipsum oculis affectione vacuis consideraverit, profundissima quidem ignorationis loca effugiet, non tamen per se, sed per ducem ac susceptorem desiderabit divinam participationem. Et per doctrinam quidem ad sui notitiam, devenit per semetipsum ad sui principium ; per hoc autem, ad id quod illo prius est, et per illud ad primum adducetur. Hæc significat accedentis modestia reverentiaque, et ad susceptorem accessio, cui utique character imprimitur, tanquam signum partis hæreditatis in Christo, et inscriptio fit ad bonam memoriam ipsius ac susceptoris ; ipsius quidem, tanquam veri bonorum amatoris ; susceptoris vero, tanquam ductoris minime errantis.

§ V. Deinde dicit de vestium depositione. Cum enim non liceat alicui summe contrariorum participem exsistere, sanitatis v. g. et morbi, et peccati ac virtutis, et ignorantiæ cognitionisque Dei, divisam etiam necesse 184 sit habere vitam qui utraque amplectitur, proptereaque liberum esse oporteat qui ad alteram vitam transfertur, nullum affectum retinendo prioris vitæ ; idcirco qui adducitur, nudus sistitur. Ad hæc vero, quoniam ab extremis minoribusque prioris vitæ affectionibus absolvi debet, ad extremos usque pedes totius corporis indumentis exuitur ; spectat autem ad occidentem, obscurum illum locum, et tenebricosam malitiam expellit, insitumque sibi malignitatis habitum efflat, eumque a corde suo ejicit. Atque hoc modo universali abrenuntiatione facta ad orientem traducitur, ad Solis justitiæ ortum, et totalem ad unum conversionem profitetur : cum præterea manifestum sit, initiatum in contentione et agone versari debere, ut immutabilitatem obtineat. *Declina enim*, inquit, *a malo, et fac bonum* [2]. Et iterum : *Beati immaculati in via qui ambulant* [3]. Bonum enim stare

[1] I Tim, iv, 16. [2] I Petr. iii, 11. [3] Psal. cxviii, 1.

nescit, neque facile est divinum amorem cohibere.

§ VI. Vide quomodo olei inunctione initiatus ad certamina adducatur, sub Christo munerario constitutus. Constructio hæc est per hyperbaton, certamina, quidem, utpote divina, lætus aggredietur. Intermedie autem, cum munerarium appellaverit Dominum nostrum Jesum Christum ac Deum, declarat quomodo munerarius, quomodo legifer, quomodo pulchrorum et immortalium coronarum sit elargitor, quomodo etiam commilito sit et veluti inunctor. Jesus itaque Christus, tanquam Deus quidem (quod observa dictum contra Nestorianos) præmiorum propositionem instituit : qui enim supereminet et potens est, is præmia proponit : tanquam sapiens vero leges fert ; sapientis enim est leges ferre, ut si v. g. hoc modo vincere contigerit certantem, ita quoque coronam consequatur, sin secus, bravium quoque non adipiscatur : tanquam pulcher autem pulchra præmia proponit : *neque enim oculus vidit, neque auris audivit, nec in cor hominis ascendit quæ præparavit Deus diligentibus se* [a] : tanquam bonus vero fert auxilium et suppetias, ipse enim est qui dicit : *Confidite, ego vici mundum* [a]. Denuo igitur dicendum, eum qui secundum hos sub Christo munerario constitutus ad divina certamina exutus fuerit, qui legislatoris sapientis sanctionibus adhæserit, a pulchro quoque pulchra præmia certo consecuturum, et a bono adjutum, minime devictum iri. Primi enim athletarum Jesu Christi Domini nostri vestigiis insistens, qui sola bonitate sua cum mortis imperio dimicavit, actiones substantiasque deificationi suæ adversantes prosternens, Christo commoritur per triplicem immersionem, quæ triduanæ sepulturæ Domini figuram refert. Actiones autem vocat, peccata cupiditatesque turbulentas ; substantias vero, dæmonum naturas, quæ istiusmodi agendi vim habent : improbæ enim actiones nequaquam in propria sua substantia videntur.

§ VII. Considera, quæso, ista sacramenta, quantam cum symbolis suis proprietatem habeant. Cum enim in nobis mors non sit omnimoda substantiæ abolitio, uti quibusdam placet, qui etiam animam mortalem esse, hominemque penitus ad nihilum redigi et corrumpi asserebant ; sed separatio animæ a corpore, animam quidem ad id quod nobis obscurum est ducens (juxta quod etiam ille animæ a corpore discessus ᾅδης seu infernus, id est *obscurus* dicitur) corpus vero vel terræ mandans, vel alia quapiam corporali immutatione abolens. Immutationes autem vocat illas quæ in vermes fiunt, vel similes in alia animalcula corporis transformationes; quocirca etiam totalis ista aquæ coopertio istiusmodi perpetuam animæ corporisque mortem significat. Et quoniam tribus diebus ac tribus noctibus Jesus qui vitæ princeps est, in ventre terræ permansit , per tres quidem immersiones, tres noctes, per tres autem emersiones, tres dies designantur.

§ VIII. Candidis deinde vestimentis initiatus induitur, propter passionum ac sordium vacuitatem, et cum uno lumine consensionem, per quam sordida et immunda informisque vita quasi disparuit. Non enim ait, eum, qui omnino formæ expers est, per baptismum exornari, et lucis formam accipere ; et eum, qui initiatus est , lucis filium demonstrari. Denique unguenti illa consummans unctio eum qui initiatur odoris suavitate perfundit ; unitur enim per baptismum Spiritui Dei principali cujus utique Spiritus adventus ineffabilem quamdam odoris fragrantiam conciliat, secundum quam apostoli Christi bonus odor appellantur [b], quaque divino Spiritu afflati, ipsique per puritatem conjuncti, præsentiam ejus sentiunt. Hoc utique etiam declarat illa suaveolentia quam linguis exceperunt, donumque propheticum quod habuerunt, virtusve curationum, ac quodcunque aliud supra conditionem hominis agebant.

CAPUT III.

I. *De iis quæ in synaxi perficiuntur.*

SYNOPSIS CAPITIS.

Prima capitis parte ait, sacramentum venerabilis Eucharistiæ esse cæterorum sacramentorum consummationem, et præ cæteris synaxin dici atque communionem, quod singulari ratione nos Deo conjungat uniatque.—Secunda parte describit ritum et ordinem, quo antiquitus sacramentum eucharisticæ consecrari et sumi solet, et quibus præsentibus et exclusis sacrificium fiebat.—Tertia parte subjungit contemplationem, in qua mystice explicat, I. *Quid in sacro sibi velint sacra cantica et lectiones ; quid panis et calicis participatio.* II. *Invocat venerabile sacramentum.* III. *Exponit, quomodo Deus in se immutatus, se omnibus communicet; et quomodo pontifex Deum imitetur, inferioribus sacra ministrando.* IV. *Quid sacræ Scripturæ libris contineatur.* V. *Quomodo psalmi et Scripturæ animum componant.* VI. *Qui, et qua de causa, a venerabili sacramenti aspectu et communione arceantur : et quis ordo inter illos.* VII. *In quo sita sit impuritas energumenorum et peccatorum, et quomodo, exclusis profanis, viri sancti venerabile sacramentum laudent.* VIII. *Quid pacis osculum significet.* IX. *Quid commemoratio sanctorum.* X. *Quid ablutio extremorum digitorum sacerdotis. Quid elevatio venerabilis sacramenti.* XI. *Describit calamitates in quas homo incidit per peccatum, et quanta sit Dei in reparando homine benignitas.* XII. *Sacrificium esse commemorationem passionis Christi ; et quis sit fuis sacræ communionis.* XIII. *Quid divisio et distributio sacramenti insinuet.* XIV. *Qualiter gratiæ agendæ post communionem, et cur sacerdos se ipsum communicet ante alios.* XV. *Finalis gratiarum actio.*

Sed enge, quoniam hujus mentionem fecimus, ea prætermissa nefas sit aliam functionem hierarchi-

---

[a] I Cor. II, 9. [a] Joan. XVI, 33. [b] II Cor. II, 15.

cam præ hac celebrare : nam ex inclyti præceptoris nostri sententia, sacramentum sacramentorum exsistit, oportetque sacræ ejus descriptionis interpretem secundum Scripturas, ex divina hierarchicaque scientia, per Dei principalem Spiritum ad sacram ejus adduci contemplationem.

Primum itaque illud sancte videamus, quam ob causam id, quod præcipuis quoque aliis sacramentis commune, et huic per excellentiam præ cæteris sit attributum, ut singulariter communio et synaxis appelletur ; cum unumquodque sacramentum divisas quoque vitas nostras ad uniformem colligat deificationem, atque deiformi dissitorum coagmentatione cum illo uno communicet **187** uniatque. Dicimus igitur, cæterorum hierarchicorum symbolorum participationibus, ex divinis hujus perfectivisque muneribus accedere consummationem. Vix enim fas sit ullam hierarchici muneris obire functionem, nisi divinissima Eucharistia, cujuslibet initio consecrationis, initiandi cum illo uno perficiat conjunctionem, divinitusque tradito consumantium mysteriorum dono divinam ipsi conferat communionem. Quare, si quælibet hierarchicarum consecrationum imperfecta manet, dum nostri cum illo uno communionem unionemque non perficit hoc ipso quod non perficitur, perficiendi vim amittens ; finis autem omnium est et caput, ut eum qui initiatur, præcipuorum Dei mysteriorum participem efficiat, jure merito pontificalis scientia proprium illi a rerum veritate nomen adinvenit : ita quoque sacram divinæ regenerationis initiationem, quod primam lucem conferat, omniumque divinarum illustrationum principium exsistat, ex effectu vero illustrationis nomine celebramus. Quamvis enim etiam aliis hierarchicis functionibus commune sit, eos qui initiantur sacræ lucis consortes facere ; attamen hæc illa est quæ primum mihi visum impertivit, perque illius lucem principaliorem ad cætera quoque sacra contuenda lumen accipio. His ita constitutis, consideremus et intueamur, more hierarchico, quemlibet exactum sanctissimi hujus sacramenti ritum et significationem.

II. *Mysterium synaxeos, seu communionis.*

Pontifex precem sacram ad altare Dei celebraturus, ab ejusdem suffitione initium faciens, universum circuit chori ambitum ; donec rursum ad altare divinum rediens, sacrum infit Psalmorum melos, omni ordine ecclesiastico sacram ipsi psalmodiam succinente. Per *ministros* exinde consequenter sacrarum Scripturarum lectio recitatur ; qua finita, sacro ambitu arcentur catechumeni, et cum iis energumeni ac pœnitentes, illis qui divinorum aspectu et communione digni sunt remanentibus. Porro ministrorum quidem alii clausis templi foribus assistunt, alii vero aliud quidpiam quod sit ordinis sui agunt. Qui autem in ministrorum ordine primas tenent, una cum sacerdotibus divino altari panem sacrum calicemque benedictionis imponunt, ab universa plenitudine Ecclesiæ **188** communi hymnologia præmissa. Ad hæc divinus pontifex sacram peragit precationem, sanctamque cunctis pacem apprecatur ; et dum omnes invicem amplexantur, mystica sacrorum voluminum recitatio finitur. Tum lotis aqua manibus pontificis ac sacerdotum, pontifex divini altaris medio assistit, circumstantibus illum solis ministrorum primoribus una cum sacerdotibus. Porro ubi pontifex sacrosancta Dei munera collaudavit, divinissima consecrat mysteria, quæ etiam celebrata sub symbolis sacrosancte propositis in aspectum ducit ; exhibitisque divinorum operum muneribus ad sacrosanctam eorumdem communicationem cum ipsemet accedit, tum cæteros invitat. Accepta denique dataque divina communione in sacram desinit gratiarum actionem ; populoque divina tantum symbola contuente, ipse semper Spiritu divino, per beatas ac spirituales contemplationes, hierarchice ad sacrosancta mysteriorum primordia in divini status puritate ducitur.

III. *Contemplatio.*

§ I. Agedum ergo, probe fili, post figuras ordine sancteque digestas, deiformem primigeniorum veritatem iis qui adhuc initiantur declarabo, ad eorum animos congrue excitandos ; ne diversa illa symbolorum sacra compositio ipsis insipida (inutilis) existat, si exteriorem tantum apparatum præ se ferat. Ac sacratissima quidem eloquiorum cantica et lectiones probæ ipsis innuunt vitæ disciplinam, et quæ hanc præcedit, omnimodam corruptæ pravitatis expiationem : divinissima vero unius ejusdemque cum panis tum calicis communis ac pacifica participatio, divinam iis morum conformitatem, tanquam connutritiis, præscribit ; nec non cœnæ divinissimæ atque archisymbolæ mysteriorum horum sacrosanctam introducit commemorationem ; cujus etiam ipsemet symbolorum auctor jure meritissimo exsortem facit eum, qui neque sancte neque animo concordi sacram secum cœnam frequentarat ; docens simul sancte Deoque consentanee sinceri ad divina animi accessionem, similitudinis quoque divinæ participes efficere sic accedentes.

§ II. Cæterum his, quæ aditorum vestibulis eleganter adpicta rudiorum **189** contemplationi satis sunt, relictis, ab effectis ad causas progrediemur, deinde sacram nostram synaxin, atque consentaneam rerum spiritalium, Jesu prælucente, contemplationem conspicabimur, beatam primitivorum pulchritudinem præclare prorsus evibrantem. Sed tu, o divinissimum ac sacrosanctum sacramentum, circumposita tibi symbolice ænigmatum operimenta revelans, liquido nobis manifesteris, mentalesque nostros obtutus singulari et aperta luce adimpleto.

§ III. Sancta itaque nobis penetranda censeo, ut, intelligentia primi simulacri spiritaliter detecta, deiformem ejus pulchritudinem intueamur, nec non antistitem divino prorsus modo videamus a divino altari ad extremitates usque templi cum odoris suavitate prodeuntem, adque illud ipsum perficiendi sacri causa revertentem. Summa siquidem illa Deitas, quæ beatitudine cunctis antecellit, etsi divina benignitate ad participum sui sacrorum prodeat communionem, nequaquam tamen a naturæ suæ stabili firmoque statu discedit, sed dum omnibus qui divinam similitudinem præ se ferunt pro cujusque captu collucet, secum vere manet, neque quidquam ab identitate sua dimovetur; simili ratione divinum illud synaxeos sacramentum, quamvis singulare habeat ac simplex compactumque principium, quod symbolorum varietate benigne multiplicetur, et ad omnem Dei principalem se extendat effigiationem; uniformiter tamen ad propriam se denuo colligit unitatem, atque in unum redigit eos qui ad se sancte ducuntur. Pari prorsus eoque deiformi modo divinus pontifex, etsi singularem divini principatus sui scientiam in subditos benevole derivet, dum ænigmatum sacrorum varietatibus utitur; rursus tamen, ceu absolutus a rebus inferioribus ac liber, ad proprium principium suum integre revertitur, spiritualique suo in unum introitu perfecto, singulares istas sacramentorum rationes pura mente cernit, dum benigni humanique sui ad inferiora progressus finem diviniorem ad prima facit reversionem.

§ IV. Psalmorum porro sacra modulatio, quæ mysteriis hierarchicis fere omnibus quasi substantialis conjungitur, ab omnium sanctissimo nequaquam erat divellenda; omnis namque sacræ Scripturæ textus vel conditam a Deo rerum substantiam ac dispositionem, vel legalem hierarchiam ac politiam, vel hæreditatum **190** divini populi distributiones ac possessiones, vel sacrorum judicum regumve sapientium atque sacerdotum divinorum prudentiam, vel priscorum virorum in tristium varietate ac multiplicitate casuum inconcussam tolerantiæ philosophiam, aut sapientes rerum gerendarum præceptiones, vel amorum cantica divinorum imaginesque divinas, vel præsagas futurorum prædictiones, vel viriles Jesu Dei operationes, ejusdemque discipulorum divinitus tradita et ad Deum imitandum conducentia vitæ instituta doctrinasque sacras, arcanamve illam mysticamque visionem discipuli dilecti divinique, atque supermundialem Jesu theologiam iis qui divinitatis capaces sunt exposuit, sacrisque cum sacramentorum tum ad Dei formam consequendam aptis institutionibus confirmavit. Sacra vero divinorum carminum descriptio, cui cuncta Dei opera eloquiaque celebrare, nec non sacros virorum divinorum cum sermones tum actiones collaudare propositum est, generalem introducit rerum divinarum cantum et expositionem, dum ad omnia sacri ordinis sacramenta, sive suscipienda sive tradenda, aptum illis animum affert qui ipsum divine ac sancte recitant.

§ V. Ubi ergo illa quæ res quasque sacras complectitur hymnorum modulatio animæ nostræ affectiones, et ea sacra quæ paulo post celebranda sunt, rite disposuit, divinorumque carminum concentu cum ad res divinas, tum ad semetipsas mutuamque consensionem, ceu unica concordique chorea sacrorum coaptavit, ea quæ in spirituali Psalmorum modulatione concisa sunt et magis obumbrata, per plures et manifestiores figuras atque explicationes sacratissimis scripturisticarum compositionum lectionibus dilatantur. In his sacrarum rerum contemplator uniformem quamdam atque singularem advertet conspirationem, utpote ab uno eodemque Dei principali Spiritu concitatam; unde jure merito in orbe post antiquiorem illam traditionem, Testamentum Novum promulgatur, divino scilicet hierarchicoque ordine, mea quidem sententia, per hoc declarante, uti Vetus Testamentum futura prædixerit, Novum vero ipsamet divina Jesu opera exhibuerit; atque illud quidem quasi quibusdam imaginibus depinxerit veritatem, hoc vero præsentem demonstravit, cum prædictionum ejus veritatem effectus hujus comprobavit, divinorumque sermonum operatio divina sit summa.

191 § VI. Qui quidem horum sacramentorum penitus ignari sunt, illi ne imagines quidem cernunt, quod nimirum impudenter salutarem divinæ generationis disciplinam repudient. Eloquiisque sacris exitiose prorsus obstrepant, *Vias tuas scire nolo*. Porro catechumenos et energumenos, eosque qui pœnitentia ducuntur, sacrosanctæ hierarchiæ mos patitur quidem audire sacram psalmodiam, divinamque sacrarum Scripturarum recitationem; verum ad ea quæ deinceps sequuntur sacrificia spectaculaque nequaquam hos convocat, sed perfectos perfectorum oculos. Est enim deiformis ille ordo sacer sanctæ plenus justitiæ, nec non salubriter cuique consentaneam pro merito cujusque rerum divinarum tribuit participationem, et juxta captum modumque singulorum suo tempore sancte concedit. Ac postremus quidem ordo catechumenis tributus est, quod exsortes sint et ignari omnis hierarchicæ perfectionis, neque dum per divinam nativitatem divinum statum assecuti, paternis adhuc eloquiis foveantur, vivificisque formis ad beatum illum, qui ex divina generatione proficiscitur, vitæ lucisque principem progressus efformentur. Quemadmodum itaque carnales liberi, si imperfecti et informes, obstetricis cura destituti, ante tempus excidant, ut abortivi et abortus, nativitatis ac vitæ lucisque exsortem in terram lapsum habituri sunt : neque quisquam qui recte judicabit id quod apparet intuendo, dixerit in lucem ipsos esse editos, quod sint ab alvi tenebris liberati (dicet enim medicina, perita corporum præses, lucem vim suam egerere in illa quæ lucis sunt capacia); sic sacrorum sapiens disciplina primum quidem ipsos introductorio formandi et vivificandi vim habentium eloquiorum cibo fovet, ubi vero statum eorum divinæ regenerationi aptum absolverit, tum demum iis salubriter ordine concedit rerum luciformium et perficientium communicationem ; nunc vero velut ab imperfectis perfecta secernit, cum decoris sacrorum, tum catechumenorum educationis ac vitæ curam gerens, juxta deiformem ordinis hierarchici constitutionem.

§ VII. Porro energumenorum turba immunda quidem est et ipsa, verumtamen secundum locum superiorem a catechumenorum extremitate obtinet. Neque enim penitus profano, divinorumque sacramentorum prorsus exsorti par et æquale duxerim id **192** quod in aliquam sacratissimorum sacramentorum partem venit, tametsi contrariis etiamnum illecebris perturbationibusve implicetur; quanquam etiam ipsis rerum sacratissimarum aspectus communioque subtrahitur, et quidem jure merito. Nam si verum sit divinum prorsus virum divinorum communione dignum, pro suo modulo ad deiformitatis fastigium perfectissimis perfectivisque deificationibus evectum, ea quæ carnis sunt minime curaturum citra naturæ necessitatem, idque, prout usus fert, obiter, sed in sublimissima illa quæ ipsi competit deificatione templum simul Spiritus Dei principalis sectatoremque futurum, dum simile in simili fundat collocatque : profecto quisquis est ejusmodi, contrariis nunquam imaginationibus terroribusque vexabitur, verum irridebit eos, accedentesque profligabit ac persequetur, agetque magis quam patietur, et pro affectus sui impassibilitate atque constantia aliis quoque similium vexationum medicum se præbebit. Cæterum opinor, imo vero compertum habeo, sincerissimum sacrorum ordinum judicium censere, præ istis detestabilissima obsidione teneri eos, qui deiformem vitam deserentes, sententiis moribusque perditis dæmonibus consentiunt, dum ea quidem quæ et vere sunt, et immortaliter possidentur, atque æternaliter delectant, per extremam sibique perniciosam dementiam aversantur; materialem vero pluribusque perturbationibus obnoxiam immutationem, perditasque ac corruptrices voluptates, et instabilem, eamque alienam, neque vere exsistentem, sed apparentem delectationem ambiunt et consectantur. Ili ergo primi, et quidem magis proprie quam illi, segregativa ministri voce arceantur ; neque enim fas sit eis cujuslibet alterius rei sacræ participes evadere, præterquam eloquiorum Dei, quorum magisterio ad meliorem frugem converti possint. Nam si supermundialis illa sacrorum divinorum celebratio, etiamdum pœnitentes, tametsi quondam ejus compotes, repellit, non nisi sanctissimo quoque admisso ; quin etiam proclamat : Ego ad deiformitatis culmen propter suam imperfectionem non assurgentibus invisibilis et incommunicabilis exsisto (arcet enim purissima vox ista quoque illos qui rebus divinissimis digne communicantibus conjungi non possunt) adeoque magis eorum, qui passionibus exagitantur, turba profana erit, et ab aspectu communioneque sacrorum **193** aliena. Ubi demum divino templo sacrisque, quæ capacitatem eorum superant, exclusi sunt, illi qui nullis adhuc sacramentis initiati omninoque rudes exsistunt, et cum iis apostatæ vitæ sanctioris, et his conformiter illi qui adversariorum terroribus visisque præ ignavia facile moventur, quippe qui per constantem firmamque cum divinis rebus consensionem necdum deiformis istius status habitudinem efficaciamque sint adepti ; deinde cum his ii quoque qui contrariæ quidem illi vitæ nuntium miserunt, nondum tamen a visis habitu amoreque divino eoque purissimo purgati sunt, atque secundum hos ii, qui non omnino uniformes, et, ut legis phrasi utar, non omnino immaculati et incontaminati sunt. Tum denique sancti sacrorum administri spectatoresque studiosi, sacratissimam hostiam sacro ritu contuentes, generali laudatione concelebrant beneficum munificumque principium, a quo salutaria nobis exhibita sunt sacramenta, quæ sacrosanctam illam initiatorum consummant deificationem. Hunc autem hymnum alii laudis canticum, alii religionis symbolum appellant, alii denique, mea quidem sententia, divinius hierarchicam eucharistiam, sive sacroprincipalem gratiarum actionem, ut quæ divinitus ad nos dimanantia sacra dona complectatur : videtur enim laudatarum omnium divinarum operationum ratio nobis exstitisse, cum substantiam vitamque nostram benefice sustentando, ac primitivis pulchritudinibus deiformem nostri portionem efformando, atque ad divinioris habitus et anagoges, qua sursum elevemur, partem admittendo ; tum provide curando, ut ex ingenita nobis per nostram ignaviam munerum orbitate divinorum, propositis muneribus in pristinum statum revocemur, perfectaque rerum nostratium assumptione, suarum nos participes officiat, eaque ratione, Dei nobis divinarumque rerum communionem largiatur.

§ VIII. In hunc autem modum deiprincipali benignitate sancte collaudata, coopertus quidem divinus ille panis calixque benedictionis proponitur : divinissima vero salutatio sive osculum, sacrarumque tabularum mystica et supermundialis recitatio celebratur. Non enim possunt ad unum colligi, atque unius pacificæ unionis participes exsistere, qui secum ipsi dissident. Nam si unius contemplatione atque cognitione illustrati, ad uniformem quamdam ac divinam **194** conjunctionem redigeremur, nequaquam in divisas cupiditates dilabi nos pateremur, ex quibus istæ materiales plenæque passionum adversus æquales exsistunt inimicitiæ. Hanc itaque, uti reor, uniformem atque indivisam vitæ rationem sacra ista pacis conciliatio sancit, dum simile in simili collocat, et divina singulariaque spectacula a dividuis secernit.

§ IX. Sacrarum porro tabularum quæ post pacem adhibetur recitatio, deprædicat eos qui sancte vixerunt, atque ad probæ vitæ perfectionem constanter pervenerunt; nos quidem, eorum imitatione, ad beatissimum illum statum quietemque deiformem adhortando ac manuducendo, illos vero ceu viventes celebrando, quippe ut theologia docet, nequaquam mortuos, sed ex morte ad vitam divinissimam translatos. Adverte autem, ut et sacris memorialibus inserantur, non quasi humano more memoriam divinam, in ea parte memoriæ quæ visa recipit, inesse declaret, sed ut quis dixerit pro Dei dignitate, secundum eam quæ in Deo est rerum perfectarum ac deiformium pretiosam et immutabilem cognitionem. *Novit* enim (ut eloquia testantur) *qui sunt ejus* [c]; et : *Pretiosa in conspectu Domini mors sanctorum ejus* [d], morte sanctorum pro sancta consummatione accepta. Sed et illud quoque sancte observa, ut impositis divino altari sacris symbolis quibus Christus significatur ac sumitur, protinus adsit sanctorum illa descriptio; quæ individuam eorum conjunctionem unionemque cum illo supermundialem sacramque insinuat.

§ X. His autem eo quo dictum est ritu celebratis, adstans coram symbolis sanctissimis pontifex aqua manus abluit una cum sacerdotum ordine venerando. Nam qui lotus est (ut eloquia testantur [e]) non opus habet alia quam summitatum seu extremitatum suarum lotione, per quam utique supremam munditiam fiet, ut divinissimo præditus habitu deiformitatis, dum ad sequentia quoque benigne procedit, liber futurus sit et expeditus, quippe prorsus uniformis, et ad unum rursus unitive conversus, immaculatam simul et intemeratam suam faciet conversionem, tanquam qui deiformitatis suæ plenitudinem et integritatem servet. Porro sacrum lavacrum, uti diximus, in legali erat hierarchia; modo autem pontificis ac sacerdotum illa manuum ablutio illud ipsum insinuat. Eos enim qui ad purissimum accedunt sacrificium expiatos esse decet **195** extremis etiam animæ phantasiis, et per similitudinem ipsi, quoad potest, appropinquare; clarioribus enim hoc modo Dei apparitionibus illustrabuntur, supermundialibus istis coruscationibus in consimilis speciei specula limpidius uberiusque jubar suum evibrantibus. Cæterum pontificis illa sacerdotumque ablutio, quæ summis extremisque digitis adhibetur, coram sacrosanctis istis symbolis instituitur, non secus ac coram Christo, qui occultissimas quasque cogitationes intuetur; atque ubi suprema illa expiatio perspicacissimis istis scrutationibus, nec non justissimis integerrimisque judiciis est absoluta, tum jam divinis rebus pontifex conjungitur, sanctisque Dei operibus laudatis, divinissima consecrat mysteria, et in aspectum ducit quæ celebravit.

§ XI. Quænam porro censeamus divina in nos esse opera, deinceps pro virili exponendum est. Neque enim laudandis omnibus sufficio, imo ne clare quidem cognoscendis aliisque tradendis; quæ autem a præsulibus divino numine afflatis conformiter eloquiis laudantur ac celebrantur, eadem pro modulo nostro, sacri ordinis aspirationi implorata, proferemus. Naturam humanam, ab initio divinis bonis imprudentia sua spoliatam, vita passionibus obnoxia et terræ mortis exitus excepit, quippe perniciosa ista veri boni desertio, sacræque in paradiso legis prævaricatio eum qui blande, indicentibus et infestis adversarii fraudibus illectus, vitale jugum excusserat, propensionibus suis, quæ divinis bonis adversantur, dimisit, unde misere æternitatem cum mortalitate commutavit; et qui originem a corruptibili generatione acceperat, ad interitum origini suæ consentaneum jure merito properavit, nec non a vita divina, quæ ipsum ad supera surrigebat, dilapsus, et ad extrema contraria jam præceps datus, variis perturbationibus obnoxiam nactus est immutationem. Cum vero etiam a recto tramite ad Deum verum tendente deflecteret, atque exitiosis maleficisque turmis subditus teneretur, minime advertit se non diis et amicis, sed infestis hostibus fuisse obsecutum; quibus eo crudeliter pro immanitate sua abutentibus, in status internecionisque discrimen venerat. Verum Dei principalis bonitatis infinita benignitas benevole per se nostri curam gerere non destitit, sed nostrorum omnium vero facta particeps, absque peccato [f], humilitatique nostræ unita, **196** salvo proprietatum suarum statu, eoque prorsus inconfuso et inviolato, cujus etiam nobis, utpote congeneis, consortium dedit, nosque bonorum suorum participes declaravit, apostaticæ nimirum turbæ imperio, quod adversum nos habebat, juxta traditionem arcanam, profligato, non viribus ceu prævalens, sed, secundum mysticum eloquium, in judicio et justitia. Nostrum vero statum e diverso clementer immutavit; nam mentis quidem nostræ obscuritatem beato divinoque lumine replevit, deformitatemque nostram deiformibus ornamentis illustravit; animi autem domicilium cum perfecta salute essentiæ naturæque nostræ, quæ ferme collapsa erat et concidarat, fœdissimis quibusque passionibus atque inquinamentis noxiis liberavit, commonstrata nobis supermundiali anagoge, ac divinæ vitæ norma, per quam ad sacras ejus similitudines, in quantum fieri potest, evehamur.

§ XII. Enimvero quomodo nobis divina ista imitatio aliter obveniat, nisi tam præstantium memoria beneficiorum Dei sacerdotalibus prædicationibus atque mysteriis jugiter innovetur? Hoc itaque facimus, ut eloquia jubent, in ejus commemorationem [g]. Quapropter divinus quoque præsul sacris altaribus assistens sancta divinaque Jesu opera collaudat, quæ ex divinissima nostri providentia in salutem generis humani, sanctissimi Patris beneplacito, in Spiritu sancto, ut eloquia testantur, consummavit. Porro veneranda spiritalique mysteriorum contemplatione, quam spiritalibus oculis conspexit, collau-

[c] II Tim. II. [d] Psal. cxv, 15. [e] Joan. xiii, 10. [f] Hebr. iv, 15. [g] Luc. xxii, 19.

data, ad eorumdem sacrosanctam ex divino instituto procedit consecrationem ; quocirca reverenter simul, et ut pontificem decet, post sacras illas divinorum operum laudes, de sacrificio dignitatem suam superante se purgat, ad Christum prius exclamando : Tu dixisti : *Hoc facite in meam commemorationem* [h]. Postulans deinde hoc sacrificio Dei imitatione dignus effici, nec non secundum Christi similitudinem divina celebrare, omninoque pure distribuere, eosque qui sacrorum futuri sunt participes mysteriorum, iisdem digne sancteque communicare, divinissima illa mysteria celebrat, et jam consecrata, sub symbolis propositis ritu sacro visenda proponit; siquidem operto individuoque pane revelato, et in multa diviso, singularique calice omnibus impertito, unitatem symbolice multiplicat distribuitque, sacrosanctum in iis **197** sacrificium consummando. Unicum enim illud ac simplex arcanumque Jesu Verbum divinissimum per assumptionem humanitatis nostræ, in compositionem simul et aspectum, sine ulla sui immutatione, pro sua bonitate benignitateque processit, nostrique secum unificam communionem benigne excogitavit, ea quæ in nobis humilia sunt divinissimis suis uniens excellentiis, ut et nos ipsi, tanquam membra corpori, per ejusdem immaculatæ ac divinæ vitæ identitatem congruamus, ne corruptibilibus necati passionibus, divinis istis sanissimisque membris incongrui vitæque incapaces exsistamus; oportet enim nos, si ad communionem ejus aspiramus, divinissimam ejus in carne vitam contemplari, atque sanctam ipsius impeccantiam imitando, ad deiformem et immaculatum statum contendere ; hac namque ratione, prout nobis congruit, similitudinem suam communicabit.

§ XIII. Hæc pontifex rebus iis quæ sacrificantur insinuat, dum obtecta munera in apertum producit, ipsorumque unitatem in plura dividit, et per summam rerum distributarum cum suscipientibus unionem, earumdem consortes reddit eos qui communicant. Describit enim his sensibiliter dum in aspectum ducit Jesum Christum, spiritalem nostram veluti in imagine vitam, ex abdito illo divinitatis per absolutam et inconfusam humanitatis nostræ assumptionem, benigne nostram speciem induentem, atque ad dividuitatem nostram sine sui immutatione ex unitate naturali prodeuntem, perque hanc beneficam clementiam, ad sui bonorumque suorum participationem genus humanum invitantem, dummodo divinissimæ ipsius vitæ conjungamur, pro virili illam imitando : nam sic vere consortes Dei divinarumque rerum participes reddemur.

§ XIV. Sumpta denique ac tradita divinissima communione, una cum totius Ecclesiæ sacra plenitudine in sacram desinit gratiarum actionem. Cæterum participatio communicationem, ipsaque perceptio mysteriorum eorumdem distributionem mysticam antecedit; est enim iste generalis rerum ordo ac distinctio divinarum, ut prius ipsemet antistes sacer communicet, ac donis iis, quæ per ipsum cæteris divinitus distribuenda sunt, satietur, et deinde illa tradat aliis. Hinc qui divinis magisteriis proterve abutuntur, quod iis neque vivendi ratione, neque statu suo respondeant, tanquam sacrilegi et a **198** sacris extorres omnino reputandi. Quemadmodum enim in coruscationibus solaribus tenuiores limpidioresque substantiæ, dum influenti in ipsas radio primæ repletæ sunt, omne lumen sibi superfusum in subsequentes solis vice transfundunt; pari ratione, nequaquam debet temere ducem sese aliis divini luminis offerre, qui non secundum omnem statum suum deiformis maxime evaserit, divinæque aspiratione atque sententia ad id idoneus sit comprobatus.

§ XV. In his omnis ordo sacerdotum hierarchice congregatus, divinissimis mysteriis perceptis, cum gratiarum actione desinit, agnitis pro captu suo laudatisque divinorum operum beneficiis. Qui enim rerum divinarum expertes sunt et ignari, nequaquam ad gratias agendas convertuntur, quamvis ex natura sua dona illa divinissima sint omni gratiarum actione dignissima. Cæterum cum, uti dixi, divinis istis muneribus, propter suam ad deteriora propensionem, attendere non velint, infinitis divinorum beneficiorum gratiis ingrati permanent. *Gustate*, inquiunt eloquia, *et videte* [i] : quoniam qui sacrosancta divinarum rerum disciplina initiantur, permagnificas ipsarum gratias agnoscent, atque divinissimam earum celsitudinem ac magnitudinem in communione sancte considerantes, supercœlestia supremæ Deitatis beneficia grati collaudabunt.

ADNOTATIONES CORDERII.

Parte I hujus capitis nota, sacramentum Eucharistiæ vocari Græce τελετῶν τελετήν, id est sacramentum sacramentorum, quod item est ac præstantissimum sacramentum : sicut verbi gratia locus sacratissimus dici solet *Sancta sanctorum*, et canticum præstantissimum *Canticum canticorum*. Merito autem sic appellatur, tum quia ipsummet Christum Dominum, omnium sacramentorum institutorem ac sanctificatorem, continet, a quo cætera sacramenta omnem sanctificandi vim habent, et virtute cujus operantur quidquid operantur; tum etiam quod, ut idem Dionysius ait, nullum fere sacramentum ordinis hierarchici, seu episcopalis officii, sine hoc sacramento perficiatur.

Unde cum D. Thoma in parte III, quæst. 65, art. 3, dicendum, simpliciter loquendo, sacramentum eucharistiæ potissimum esse inter alia sacramenta. Quod quidem tripliciter apparet. Primo quidem, ex eo quod in eo continetur; nam in sacramento eucharistiæ continetur ipse Christus substantialiter, in aliis autem sacramentis continetur quædam virtus instrumentalis a Christo participata. Semper autem id

[h] Luc. XXII, 19. [i] Psal. XXXIII, 9.

quod est per essentiam, potius est eo quod est per participationem. Secundo hoc apparet ex ordine sacramentorum ad invicem ; nam omnia alia sacramenta ordinari videntur ad hoc sacramentum sicut ad finem; manifestum est enim, quod sacramentum ordinis ordinetur ad eucharistiæ consecrationem, sacramentum vero baptismi ordinatur ad eucharistiæ receptionem, in quo etiam perficitur aliquis per confirmationem, ut non vereatur se subtrahere a tali sacramento. Per pœnitentiam etiam et extremam unctionem præparatur homo ad digne sumendum corpus Christi. Matrimonium etiam saltem sua significatione attingit hoc sacramentum, in quantum significat conjunctionem Christi et Ecclesiæ ᵏ, cujus unitas per sacramentum eucharistiæ figuratur. Tertio hoc apparet ex ritu sacramentorum; **199** nam fere omnia sacramenta, uti Dionysius ait, in eucharistia consummantur. Hinc recens ordinati communicant, et etiam baptizati, si sint adulti. Aliorum autem sacramentorum ad invicem comparatio potest esse multiplex ; nam in via necessitatis baptismus est potissimum sacramentorum : in via autem perfectionis sacramentum ordinis, medio autem modo se habet sacramentum confirmationis ; sacramentum vero pœnitentiæ et extremæ unctionis sunt inferioris gradus a prædictis sacramentis, quia scilicet ad vitam Christianam non per se, sed per accidens ordinantur, scilicet in remedium supervenientis defectus; inter quæ tamen extrema unctio comparatur ad pœnitentiam, sicut confirmatio ad baptismum, ita scilicet, ut pœnitentia sit majoris necessitatis, sed extrema unctio majoris perfectionis.

Parte undecima agit de ritu hujus sacramenti, sive de sacro missæ sacrificio, in quo venerabile sacramentum consecratur atque conficitur. Ubi nota primo, assignari quinque potissimum partes hujus sacrificii : prima est catechumenorum usque ad oblationem panis et vini ; secunda est ipsamet oblatio panis et vini ; tertia est consecratio, qua panis et vinum vi verborum Christi in ejus corpus et sanguinem convertitur ; quarta est oblatio corporis et sanguinis Christi ; quinta est ipsius sacræ hostiæ consumptio, sive communio. Non facit autem mentionem fractionis hostiæ supra calicem, nec utriusque commistionis. Quænam autem ex his partibus seu actionibus spectent ad essentiam sacrificii, diversimode sentiunt doctores in D. Thomæ p. III, quæst. 83. Communior et verior videtur quæ tenet, sacrificium potissimum consistere in consecratione. Primo, quia sacrificium nostrum offertur in persona Christi; atqui nulla est actio in tota Liturgia, quæ magis fiat in persona Christi, quam consecratio, ergo in ea potissimum consistit. Secundo, quia sacrificium nostrum debet repræsentare sacrificium crucis, quæ repræsentatio fit per consecrationem dum corpus et sanguis, quantum est ex vi verborum, seorsum ponuntur tanquam corpus et sanguis victimæ occisæ. Quod quomodo fiat, vide docte ac clare explicatum a Lessio lib. XII, *De perfectionibus divinis*, cap. 13. Qui autem plura hac de re desiderat, legat Gabrielem Vasquez in III p., disputatione **222**.

Nota secundo, consecrationem non fieri precibus quibusdam, ut quidam Græci volunt, sed solis verbis Domini sicut definitum est in Florentino concilio, et Tridentino, sess. 13, c. 3. Primo, quia Christus nec dixit nec dici jussit illas preces, quibus ipsi putant confici sacramentum ; nam neque Scriptura eas habet, neque traditione constat esse necessario dicendas. Nam in liturgia Latina, quam communis opinio tenet fuisse sancti Petri et Clementis, non habentur illæ preces, nisi ante verba Domini, non autem post; et in liturgia Æthiopum non reperiuntur. Adde, alias fore falsa illa verba Christi : *Hoc est corpus meum*, si ante per preces illas præcedentes facta esset consecratio. Secundo, quia cum hoc sacramentum sit sublimissimum, non decebat illud fieri nisi verbis Dei. Adde, quod si consecratio fieret precibus istis, effectus ejus esset incertus, cum preces istæ non semper exaudiantur. Quod si extrema unctio fiat verbis deprecatoriis, exstat tamen promissio qua promittitur, hanc deprecationem exauditum iri saltem quoad effectum principalem, Jacobi V, nulla autem talis exstat promissio de precibus istis eucharisticis, in quibus ipsi ponunt consecrationem. Tertio, quia sacerdos consecrat in persona Christi, non autem in persona ministri ; ergo in consecratione non debet uti verbis deprecatoriis, hoc enim tantum est ministrorum, sed auctoritativis, scilicet tanquam Christus, cujus personam sustinet. Hinc fit, ut cum in omnibus aliis sacramentis sacerdos loquatur tanquam minister Christi, sive per modum exercentis actum, ut in baptismo, confirmatione et pœnitentia ; sive per modum imperantis, ut in ordine ; sive per modum deprecantis, ut in extrema unctione ; in hoc tamen sacramento non loquatur tanquam minister Christi, sed quasi ipsemet esset Christus ; seu, ut Chrysostomus ait, Christus per os ejus invisibiliter loquitur, quod etiam dicit Tridentinum sess. 21, c. 2.

Confirmatur hoc etiam ex hoc loco Dionysii, quia ubi, dimissis catechumenis, et panis calicisque oblatione facta, dixit pontificem sacram peragere precationem, et post pacis osculum, et digitorum ablutionem, et hymnologiam, tum demum ait ipsum divinissima consecrare mysteria, manifeste post sacras preces consecrationem collocans, tanquam a precibus istis distinctam.

Ad rationem porro Græcorum, respondendum, illis precibus peti, non ut Spiritus sanctus simpliciter panem efficiat corpus Christi, sed ut sacerdoti cæterisque communicantibus efficiat corpus Christi ; id est petit iis qui communicant dari gratiam digne communicandi, ut consequi possint effectum sacramenti. Qui enim manducat indigne, illi non est corpus Christi, sed venenum, nam judicium sibi manducat ˡ. In hunc sensum ipsi Græci responderunt in concilio Florentino sessione ultima.

De cæremoniis missæ vide Guilielmum Durandum lib. IV, *Rationalis divinorum officiorum*, qui illas prolixe explicat.

Parte III hujus capitis, quæ contemplationem continet, § 1, dicit, sacram **200** communionem esse *pacificam participationem*, etc., quia mirum pacis symbolum est, et Christus ᵐ, qui in ea sumitur, est princeps et Deus pacis ac dilectionis ⁿ, cujus, juxta Psalmistam, *Factus est in pace locus ejus* ᵒ ; unde, inquit Dionysius, *jure meritissimo exsortem facit eum, qui neque sancte neque animo concordi sacrum secum cœnam frequentarat.*

Hinc confirmatur catholica sententia quæ docet, graviter peccare illum qui communicat cum conscientia peccati mortalis, quoniam cibus est vivorum, non mortuorum ; quia hoc sacramentum non est institutum in remissionem peccatorum, sed ad alimentum spiritale ; ali autem tantum potest, qui vivit spiritaliter. Adde, quod qui cum conscientia peccati mortalis accedit, quantum ex se est, falsam reddit hujus sacramenti significationem ; significat enim, eum qui sumit esse de corpore Christi mystico, quæ est societas sanctorum fide ac charitate Christo adhærens. Hinc quoque infra § 6 et 7, docet, catechumenos et energumenos cum peccatoribus ab hac sacra communione tanquam indignos arceri.

In Græcis enim liturgiis clamabat diaconus : Τὰ ἅγια τοῖς ἁγίοις, id est *sancta sanctis*, iisque verbis prolatis, catechumeni, energumeni, et notorii peccatores pellebantur, uti etiam testatur sanctus Chrysostomus, homil. 61, ad populum Antiochenum, et Justinus Apolog. 1. Imo nec videre permittebantur

---

ᵏ Ephes. V, 29. ˡ I Cor. XI, 29. ᵐ Isa. IX, 6. ⁿ II Cor. XIII, 11. ᵒ Psal. LXXV, 3.

catechumeni sacram eucharistiam ante susceptum baptismi sacramentum, ut aperte tradit S. Augustinus, tract. 11 *in Joan.*, exponens illa Christi verba : *Jesus autem non se credebat illis.* Hinc dicitur *Missa catechumenorum* illa celebrationis sive sacrificii pars, quæ est ab Introitu usque ad Offertorium, quando catechumeni emittebantur. Hinc concilium carthaginense IV ait : « Nullum prohibeat episcopus usque ad missam catechumenorum, nec hæreticum, nec Judæum, ecclesiam ingredi, et audire verbum Dei ; » siquidem Evangelium et lectiones recitabantur præsentibus catechumenis. Unde S. Augustinus, sermone 237, *De tempore*, « Ecce, inquit, post sermonem fit missa catechumenorum. Post offertorium autem, et tempore consecrationis aut communionis catechumenis illicitum erat interesse divinis. »

Nota hic differentiam inter hoc sacramentum et baptismum; quia ad baptismum, etsi non liceat accedere cum affectu peccati mortalis, licet tamen ad ipsum accedere cum conscientia peccati mortalis. Ideo enim acceditur ad baptismum, ut peccata mortifera omnia, etiam ea quorum nobis conscii sumus, deleantur. Unde baptismus per se *delet peccatum mortale, quia ad hoc est institutus*, et in hunc finem suscipitur. Secus est de eucharistia, quæ non ad hoc instituta est, neque ideo recipitur, sed ut gratiam jam inventam augeat. Is enim qui accedit ad sacram synaxim, debet esse in gratia, vel probabiliter existimare se esse in gratia.

Hinc ulterius breviter collige effectus venerabilis eucharistiæ. Quorum primus est, ex institutione sua per se gratiam augere; secundus per accidens conferre, nempe si aliquem inveniat sine affectu peccati mortalis, qui sufficientem in se examinando adhibuerit diligentiam, sit tamen in aliquo peccato occulto ; vel si quis conscius peccati, cum desit copia confessarii, et instet necessitas communicandi vel celebrandi, probabiliter æstimat se contritum, cum tantum sit attritus; tali enim ex opere operato quoque conferet gratiam justificationis. Tertius effectus est, præservare a lapsu peccatorum, partim augendo habitum charitatis, unde nos reddit robustiores et propensiores ad divina; partim protegendo ab insidiis, et minuendo fomitem peccati; partim præveniendo nos inspirationibus sanctis, quibus contra tentationes præmunimur; horum enim omnium auxiliorum eucharistia est causa quæ necessaria sunt ad vitam spiritalem conservandam. Quartus effectus est, delectatio spiritalis; excitat enim et lætitiam spiritus. Quintus, gloriosa resurrectio corporum. Corpus enim Christi gloriosum; quod in ea sumitur, nostro corpori junctum, relinquit in eo quasi quoddam semen gloriosæ resurrectionis. Sextus denique effectus est, quod prosit etiam aliis per modum impetrationis et satisfactionis.

Nota tamen, hos omnes effectus simul et per totam vitam *non sufficienter præstare unicam* Eucharistiæ sumptionem; quare sæpius iteranda est, uti hic infra, § 12, Dionysius ait, dicens, hanc divinam similitudinem, ad quam per sacram communionem efformamur, in nobis minime perseverare, nisi sacris istis mysteriis jugiter innovetur. Idem quoque dicendum de eucharistia quatenus est sacrificium, quod idcirco quotidie in Ecclesia offertur in commemorationem sacrificii crucis, cujus efficacia nobis ex divina institutione applicari debet per sacramenta et per sacrificium eucharistiæ. Etsi enim Christus unica sui oblatione, quantum est ex parte sua, et in præparatione divina consummavit genus humanum, quia apud Deum promeruit hominibus remissionem peccatorum, justitiam et glorificationem; tamen quotidianum eucharistiæ sacrificium non est supervacaneum, sed necessarium; quia per illud applicatur nobis portio aliqua virtutis sacrificii crucis, cujus oblatio ita Deo grata fuit et accepta, ut paratus sit omnibus hominibus propter eam dare peccatorum **201** remissionem, justitiam et vitam æternam, quibus ejus virtus per media a Christo instituta applicaretur. Atque hoc modo dicitur per oblationem crucis facta esse remissio omnium peccatorum totius mundi, scilicet in præparatione divini favoris; quia sufficiens pretium a Christo oblatum est, ob quod Deus paratus est omnia mundi peccata remittere, si illud hominibus debite applicetur. Et sic *non requiritur nova oblatio*, qua novum pretium acquiratur, necessaria tamen est oblatio jugis sacrificii, qua pretium crucis Christi nobis applicetur.

Nota item ex § 12 et 13, sacrificium eucharistiæ esse sacrificium *laudis et honoris*; quia est excellentissimus cultus Dei. Nulla enim re Deum magis honorare possumus, quam digna oblatione hujus sacrificii, tum quia est omnium donorum Dei præstantissimum, tum quia per hoc protestamur ipsum esse primum fontem salutis nostræ, et auctorem bonorum omnium supernaturalium; tum vel maxime, quia hæc actio est actio Christi tanquam sacerdotis principalis. Est etiam *eucharisticum*, quia per illud Deo gratias agimus pro omnibus beneficiis ab initio mundi collatis, et præcipue redemptione per Christi mortem, et omnibus salutis nostræ præsidiis, quæ nobis ex ejus morte provenerunt. Est insuper *propitiatorium* seu expiatorium peccatorum, et *impetratorium* beneficiorum Dei, ut pulchre ostendit Lessius lib. XII *De perf. divinis*, c. 11. Plura, qui volet, consulat scholasticos in part. III, quæst. 85.

PARAPHRASIS PACHYMERÆ.

Age, quoniam hujus sacramenti, scilicet synaxeos, mentionem fecimus (hanc vero etiam communionem vocat, eo quod dignis omnibus mysteria communicet), quam præterire, aut præ illa aliud sacramentum celebrare nefas, (nam eam inclytus Hierotheus sacramentum sacramentorum appellavit), oportet præ cæteris ipsa hierographice, id est, sacra quadam descriptione, eorum quæ in ea peraguntur expressa, ad quamlibet deinde ejus contemplationem adduci. Et primum illud quærimus, quam ob causam id quod aliis quoque sacramentis commune est, huic approprietur, voceturque proprie communio et synaxis, cum quodlibet sacramentum, sive baptisma sive ordinem dixeris, A etiam illud utique habeat, ut et congreget, et ad communionem unionemque inducat : in omni namque sacramento hæc initiatis conferuntur, v. g. in baptismo, cum hoc quoque sacramentum divisam hominis vitam, id est sæcularem, et in multa distractam, ad uniformem colligit deificationem, ac secundum hoc etiam synaxis dici possit : et rursum, in istiusmodi collectione divisorum sæculariumque motuum ad unum, scilicet Deum, communionem elargitur, atque adeo communio non immerito dici possit. Cur itaque, præsens sacramentum istiusmodi nomina proprie sibi vindicat? Dicimus, istorum sacramentorum perfectionem ex hujus muneribus exsistere : nam non licet aliquod sacramentum hierarchicum perficere, nisi videlicet divinissima eucharistia cum uno, id est **202** Deo conjunctionem operetur; hoc enim est præcipuum quod in singulis celebratur. Si itaque unumquodque sacramentum, hisce mysteriis frustratum, sit imperfectum, et nec proprie sacramentum dicatur, neque cum uno illo communicet copuletve, merito etiam huic soli proprium hoc nomen synaxeos attribuitur. Synaxis porro minime intelligenda populi congregatio, prout aliqui nunc temporis vocem illam accipiunt, sed cum Deo conjunctio communioque. Idem quoque quis inveniat in divini baptismatis sacramento : nam licet alia quoque sacramenta illuminent, huic tamen proprie nomen hoc illustrationis impositum est, quod omnium divinarum illustrationum principium exsistat. Nam nisi quis divino baptismate fuerit initiatus, ejusdemque illustratione dignus sit habitus, non potest alterius cujuspiam illustrationis particeps exsistere. His dictis, consideremus ipsam hujus sacramenti consecrationem, quomodo videlicet mysterium synaxeos celebretur; deinde vero contemplationem ejus indagemus.

II. *Mysterium synaxeos.*

Hierarcha precem sacram (illum inquam introitum) ad altare celebrans, et ab ejusdem suffitione initium faciens, universum templi ambitum circuit : exinde rursum ad divinum altare rediens, una cum aliis infit psalmorum melos : postea vero per lectores (hos liturgos vocat) divinarum Scripturarum, ut prophetiarum, apostoli et Evangelii divini lectio recitatur : qua finita, catechumeni arcentur, et ante hos energumeni, qui nimirum a dæmonibus infestantur, et pœnitentes ; manent autem qui digni sunt. Porro e liturgis, subdiaconibus inquam, alii quidem fores custodiunt, alii vero aliud quidpiam agunt; qui autem primarii sunt, scilicet diaconi, una cum sacerdotibus divino altari panem sacrum, et calicem benedictionis imponunt, et deinde communis hymnologia profertur; habebant enim etiam tum aliquod documentum ac fidei institutionem. Ad hæc pontifex, sacram peragens precationem, pacem appreceatur, dicendo scilicet : Pax omnibus; dumque illico se salutant, sacræ tabulæ recitantur. Et postquam loti sunt, hierarcha stans in medio selectos illos diaconos sibi habet assistentes, hymnoque dicto divinissima **203** consecrat sacramenta, et sub aspectum ducit ea quæ celebrata sunt, declarans ea Christi esse symbola, quoniam post cœnam *accepto pane* ᵇ, et quæ sequuntur. Item : *Hoc facite in meam commemorationem* ᵠ. Ostendit autem, id est, tunc detecta sancta dona post preces attollit seu elevat, de cætero tecta manent usque ad tempus sumptionis. Exinde communicat ipse, aliosque invitat. Accepta denique dataque communione, in gratiarum actionem desinit. Cumque plerique divina tantum symbola contueantur, eo quod sublimius quid considerare nequeant ; ipse tamen hierarcha ad ipsamet prototypa, sacrum videlicet corpus ac sanguinem Domini, adducitur, credens, res propositas in illa sancto ac omnifico Spiritu mutata esse.

III. *Contemplatio.*

§ I. Ad contemplationem modo transiens eorum quæ in synaxi celebrantur, uti in baptismatis sacramento rudiores adhuc animas per sensilem signorum varietatem instituit, sic et hic, ad commodam eorum qui adhuc perficiuntur et necdum perfecti sunt instructionem, similiter facit, id est virtuti habitus ipsorum convenientem. Variam autem vocat et compositam, propter symbola. Cum enim contemplatio simplex sit et unimoda, merito symbola varietas sunt et compositio : qui enim symbolis intendunt, non habent unitam et simplicem cognitionem, sed alius aliter adducit, atque alius aliter allegorias tradit, prout vult. Quinimo sunt nonnulli, qui symbolis inhærentes, secundum illa accipiunt ea quæ supra ipsa sunt, et falsum opinantur; secundum quam falsitatem etiam dividuntur et multiplicantur. Hic itaque Pater ait : Ne diversa illa symbolorum compositio insipida exsistat iis qui initiantur, si rerum sensilium tantum esse videatur : Scripturarum enim lectiones ut etiam anagogem non haberent, probæ tamen vitæ disciplinam et pravitatis innuunt expiationem. Communis autem unius ejusdemque panis ac calicis participatio morum conformitatem præcipit : nam etiam Dominicæ cœnæ convivium ac conformitatem in memoriam reducit, quam et archisymbolam vocat, quasi primitus communicatam. Symbolum enim convivium dicitur, et cœna, quodque illic in commune confertur, unde etiam symbolum est id quod datur, et asymbolus **204** est imperfectus seu inutilis; juxta quod etiam ipsemet symbolorum auctor (sive communionis scilicet, sive eorum quæ in commune conferuntur; quidquid enim in commune confertur, Dei creatura est) jure meritissimo exsortem facit et excludit Judam, qui non sancte cœnam frequentabat. Cum enim ipsi mysticum panem calicemque tradidisset, mysteria solis discipulis tradidit, postquam Judas, quod iis indignus esset, a cœna surrexisset. Utquid itaque Judam exsortem facit divinorum mysteriorum, cum tamen una cœnarit? Ut ostenderet, non satis esse corporaliter tantum adesse ac concœnare (neque enim hoc perinde est ad communionem), sed secundum mentem adesse oportet. Quoniam illa, quæ secundum habitum quasi ex scientia fit accessio, vera est, id est ut quis animo sic constitutus sit, ut per fidem ex affectu accedat, quod veram facit communionem : quod utique Judæ deerat, tametsi corpore præsens erat, atque una cœnabat.

§ II. Cæterum hæc, ut dixi, propter eos qui adhuc imperfecti sunt, et hinc ad sublimitatem con-

ᵇ Luc. xxii, 19.   ᵠ Ibid.

templationis ascendere non valent, sensibilius dicta sint, ad convenientem ipsorum animis erudiendis institutionem. Nos autem iis quæ præ foribus sunt relicti, ad ipsammet contemplationem ingrediamur, ab effectis ad causas, id est, ab iis quæ visibiliter geruntur ad invisibilia mysticaque, quæ causæ sunt et exemplaria eorum quæ sub sensum cadunt. Porro effectus dicuntur, ea quæ aliunde causam habent ut quoquo modo sint. Vel causas dicit eas, quæ quodammodo ad ultimum bonum spectant, et quarum gratia ac intuitu hos effectus idque propter ipsas perficimus. *Sed o divinissimum ac sacrosanctum sacramentum!* ipsum enim tanquam animatum alloquitur, idque merito, cum etiam theologus ille magnus Gregorius dicat : Sed o pascha magnum ac sanctum! nostrum enim pascha, uti et hoc sanctum sacramentum, ipsemet Dominus noster Jesus Christus est, ad quem hic sanctus sermonem habet, ut revelet involucra, unicoque lumine mentem impleat.

§ III. Primum itaque, quandoquidem ingressi sumus, simulacrum detegendum est. Simulacra autem vocat imagines rerum mysticarum, sicut etiam in libro *De Divinis nominibus* id planius accepimus. Primum porro horum synaxeos sacramentum appellavit, cujus sensum, sive id quod per contemplationem significare, postulat **205** explanari. Cum igitur episcopus sit typus Dei, videamus quomodo incipiat incensum adolere ab altari usque ad extremitates templi, iterumque ad divinum altare revertatur. Itaque Dei bonitas a semetipsa ad omnia quæ providentia reguntur procedit ; sed propter hæc, secundum essentiam suam, nunquam a propria statione recedit, cujus utique essentiæ arcanum significat altare illud inaccessum, ad quod episcopus revertitur. Ad hunc itaque modum sese habet synaxeos sacramentum, quoniam hic duplex est ratio anagoges. Estque hæc prima. Quod, licet divinum synaxeos sacramentum et unicum, et simplex, et compactum habeat principium, multiplicetur tamen pro symbolorum varietate; atque uniformiter iterum ex his ad propriam colligatur unitatem, unificetque illos qui ad se sancte accedunt. Secunda vero ratio est, quod divinus pontifex, tametsi symbolis utatur, et ab unica scientia, propter subditorum providentiam, multiplicetur, nihilominus, ceu absolutus omnino a symbolorum multitudine, neque rebus sequioribus communicans, ad proprium principium revertatur, et ad unum spiritalem faciens introitum, cernat spiritaliter uniformes sacramentorum rationes, dum sui ad inferiora progressus finem, diviniorem ad prima facit reversionem.

§ IV. Dicit hic etiam, quid consona psalmodia significet. Observa vero illud συνουσιωμένη (consubstantiata), cui etiam *fere* addit : neque enim hæc inter se per substantiam conjuncta sunt, sed eo quod ad unum omnia scopum pertineant, id est, ad hominum salutem, dixit illud συνουσιωμένη, ceu consubstantiata, unde statim subjunxit *fere*, dictionis repugnantiam corrigendo. Paulo autem infra ait unam inspirationem, id est, unam conspirationem, quod declarat unum finem esse omnium. Quomodo itaque sacra psalmodia propter mysteria dissideret, et non statim conveniret, quandoquidem omnia spectent ad unum scopum, unumque quid rerum ad salutem conducentium explanent? Observa autem librorum omnium Antiqui Testamenti quasi compendio commemorationem. Textus itaque qui conditam describit substantiam, est Genesis; qui legalem hierarchiam, est Leviticus et Deuteronomium; qui hæreditatum distributiones, est liber Numerorum; est et Regum Judicumque liber. Priscos autem viros vocat Moysen, Josue, Eliam, et qui sequuntur; divina vero Cantica appellat **206** Psaltem; et imagines, Canticum canticorum, ubi Christus sponsus et Ecclesia sponsa figuratur; futurorum prædictiones vocat prophetias. Deinde introducit ea quæ sunt Novi Testamenti, ut humanas Jesu actiones, quas Deus exsistens, cum in corpore versaretur, exercuit ; discipulorum Actus atque doctrinas : recenset enim quæ gesserunt atque docuerunt. Mysticam vero visionem existimo vocare Apocalypsin divi Joannis evangelistæ : porro supramundialem theologiam, ejusdem Evangelium.

§ V. Hæc utique omnia sacræ paginæ cum sanctis sacramentis conjunxerunt : nihil enim omnino tacite celebratur, neque aliter quam per divinos hymnos et psalmos. Itaque psalmorum scopus est laudare Deum, virosque Deo gratos ad ejusdem laudes excitandi, et in iis conveniendi vim habent, quæ, inquit, necessario adhibetur omnibus iis quæ hierarchice geruntur, eo quod psallentibus constantem eorum quæ psalluntur memoriam ingeneret, et animales nostras affectiones congrue disponat ad mysteria, quæ paulo post sunt celebranda. Quinetiam psalmodiæ concentum accipe, ad eam quæ cum Deo et ad invicem, et cum semetipso est concordiam edocendam. Hæc ubi peracta sunt, et hymnologia recte nostras animas composuit, et, veluti unica concordique chorea concordavit ineffabilem illam nostram spiritalem psalmodiam (quam et concisam et obumbratam dicit : illud quidem, tanquam spiritalem unicamque, hoc vero, tanquam obscuram et secundum animam) pluribus imaginibus explicavit (alia est enim figura psalmodiæ, et alia lectionis) : quare etiam per lectiones istiusmodi hymnologia dilatatur. Rursus in hisce lectionibus qui ad sensum attendit, videbit quomodo rite omnia et ut oportet ordinata sint, idque secundum inspirationem et instinctum divini vivificique Spiritus. Leguntur enim primum ea quæ sunt Veteris Testamenti, deinde quæ sunt Novi similiter : quoniam illud quidem de Christo disseruit, hoc vero ipsum exhibuit ; atque illud quidem figuras descripsit, hoc vero manifeste veritatem demonstravit; atque illud item theologia vocari possit seu sermo de Deo, hoc vero θεουργία seu opus

Dei, quoniam ipsummet Deum in corpore exhibuit.

§ VI. Qui quidem sacrarum harum lectionum tubarumque spiritalium penitus **207** exsortes sunt, ne ipsas quidem imagines contuentur : nam oculos semel ad lumen salutis occluserunt, Deoque ipsos vocanti obstrepunt : Vias tuas scire nolo. Tubas autem accipit, vel propter spiritale bellum fidelium quod habent cum adversario, vel propter illam populi in Sina congregationem secundum ordinem dignitatis; nam ultimi illorum voces ac tubas audiebant. Porro tres ordines hos, catechumenorum, et a spiritibus obsessorum, pœnitentiumque, sacra quidem sanctio permittit audire lectiones, verum arcet a sequentibus mysteriis. Quin et ordo status eorum secundum justitiam definitus est; atque ultimus quidem ordo attributus est catechumenis, utpote nullo adhuc sacramento initiatis, et secundum Deum necdum perfecte natis. Quemadmodum enim in rebus corporeis accidit, ut imperfectos fetus et abortus nemo dixerit in lucem esse editos, eo quod imperfecti materno utero exciderint (nam physicus medicusque dicent, lucem in iis nihil operari, cum a natura habeat, ut operetur in iis quæ lucis sunt capacia); eodem modo in spiritalibus se res habet : catechumeni enim adhuc eloquiis informantur, neque dum perfectam formam acceperunt, sed perfecti erunt, quando divino baptismate fuerint regenerati; tunc autem iis, tanquam lucis excipiendæ capacibus, divinorum mysteriorum lumina collucebunt ; nunc vero arcentur, hierarchia sacrorumque ordine sic providente, ne quibuslibet propaletur, etiam catechumenis, qui tempore opportuno, ubi per baptisma renascuntur, vitam spiritalem divinaque lumina recipiunt. Quare catechumenorum ordo est postremus.

§ VII. Qui vero a spiritibus immundis agitantur, ordinis sunt secundi et anterioris, id est superioris. Siquidem hic ordo secundus est a catechumenis, sed superior, quoniam hi initiati sunt et minime exsortes sacramenti, ut illi, tametsi et illis quoque, qui corporeis illecebris aut passionibus perturbationibusque irretiti sunt, divina communio subtrahitur; eumque ordinem recte se habere a contrario confirmat. Nam si verum est, inquit, divinum prorsus virum ea quæ carnis sunt minime curaturum citra naturæ necessitatem, ut in comedendo, bibendo, dormiendo, et hæc obiter, sed templum sectatoremque spiritus **208** per omnia futurum; manifestum est, virum ejuscemodi, utpote Deo unitum, nequaquam ab immundo spiritu agitandum; sed potius ipsum irrisurum et subacturum, insectaturumque, illaturumque potius aliquid quam ab eo passurum ; quinimo quoque aliis se medicum spiritalem exhibebit. Præterea compertum habeo sincerissimum sacrorum ordinum judicium magis dæmoniacos existimare illos qui inertia diffluunt, quam qui spiritibus succumbunt; siquidem qui tales sunt, propter turpissimam voluptatem, et eam quæ in alienis minime est, sed esse videtur, felicitatem, vera bona prodegerunt. Aliena autem vocat quæ ad peccatum pertinent ; non enim peccatum est quid naturale. Vel aliena dicit ea quæ mundi sunt, quod nullius proprie sint propria, sed ab aliis ad alios transeant; aut etiam quod in his nequaquam omnino posita sit nostra vivendi ratio, sed aliam vitam spectet, cujus etiam gratia nati sumus. Cum itaque hi magis proprie spiritibus subjaceant, merito a communione excluduntur : neque enim eis licet alterius cujusquam participes esse, præterquam lectionis Scripturarum, ut per eas revertantur ad ea quibus exciderunt. Hæc autem omnia dicta sunt a viro sancto de iis qui passionibus obnoxii sunt, et adhuc manent impœnitentes, tanquam si a majori inferens argumentaretur. Si enim, inquit, illos qui in ipsa adhuc pœnitentia versantur sacrorum divinorum celebratio repellat, eo quod non omnino sanctissimi sint, nequaquam eos admittens, proclamando quodammodo se omnibus sua communicatione indignis invisibilem incommunicabilemque exsistere, multo magis ab ea arcebuntur qui adhuc impœnitentes sunt. Ubi autem a divino templo exclusi sunt catechumeni, qui necdum sacris initiati sunt, quique passionibus obnoxii sunt, et a divina vita defecerunt; atque insuper etiam qui a spiritibus vexantur, et hanc pœnam subeunt, nec excusationem habent, quod hæc inviti sustineant, quoniam semetipsos spiritibus immundis tradiderunt, cum nec intentionem neque firmitatem in divinis obtineant. Deinde cum his quoque illi, quos erratorum quidem suorum pœnitet, et contrariæ vitæ nuntium miserunt, nondum tamen perfecte puri sunt, et secundum hos ii qui non omnino immaculati sunt et intemerati, prout in lege quoque, ad sacrificium agnus requirebatur : opinor autem significari illos qui non sunt **209** apti sacerdotio ; siquidem hi non stant foris, sed solum, cum non astent altari, a divino aspectu arcentur per velamina quæ in medio expanduntur. Tum demum sacratissimi spectatores hostiam contemplantes universale quoddam laudis canticum concinunt, quod vel ab universis canitur, vel pro universali quasi gratia offertur. Hunc hymnum autem, alii quidem hymnologiam, alii religionis symbolum appellant : alii vero divinius, hierarchicam eucharistiam vocant, ut quæ omnem pro omnibus erga nos bonis gratiarum actionem complectatur; continet enim illa sacra munera quæ divinitus ad nos dimanant, recteque pro omnibus gratiarum actio nuncupata est, quia quidquid ad salutem nostram spectat, operata est. Etenim primum a bono Deo conditi, et primigeniis pulchritudinibus ad deiformitatem efformati sumus. Primigenia vero vocat ea quæ in divina natura conspiciuntur, quorum homines pro captu modoque suo Deus participes effecit, et in paradiso diviniori ad superna modo surrigebamur : cæterum cum imprudentia nostra bonis illis excidissemus, præparatis hisce bonis ad pristinum nos statum revocare minime dubitavit (præparata porro vocat bona illa; quoniam cum essemus peccatores, gratia salvati et ornati sumus), et omnimoda assumptione, perfectæ inquam humanitatis, propriorum nos bonorum participes effecit. Hoc est quod et magnus Gregorius ait : *Assumpsit deterius, ut daret id quod est melius.*

§ VIII. Nota vero ut summatim his complexus sit sacram omnem hymnologiam secundum quam benignitate Dei collaudata, propositis muneribus coopertis, salutatio ac tabularum recitatio finitur. Ac salutatio quidem designat, quomodo ad unum aliquem statum per sacram communionem adducendi sint illi qui vel secum ipsi, vel cum aliis in aliquo dissidebant. Nos itaque salutatio sibi invicem conjungi significat. Quomodo autem secum? Quia nimirum ipse secum quilibet unitur, et ad unum affectum fertur, verbi gratia, fraternam conspirationem. Nisi enim ad unum quis sese colligat, ut talem aliquem affectum concipiat, nunquam ipsum exprimet. Hæc autem geruntur, quasi minime decorum sit, eos qui in altari congregati conjunguntur, iterum dilabi in divisas cupiditates, e quibus omnino perturbatæ contra naturam inimicitiæ suscitantur. Adversus autem æquales dicit, id est hominum adversus homines. Illud autem **210** ad id quod secundum naturam est, id est ad bonum ; humanum enim bonum omne est secundum naturam, sicut malum contra naturam. Vel etiam æqualem vocat ejusdem naturæ hominem, sive proximum.

§ IX. Hanc itaque conjunctam vitam salutatio sancit, dum simile in simili collocat, et divina individuaque a dividuis humanisque secernit. Et sic quidem hasque ob causas fit salutatio; tabularum vero recitatio deprædicat eos qui sancte vixerunt, quinimo etiam viventes excitat ad ejuscemodi æmulationem; non enim sanctos quasi mortuos habemus, sed ut viventes vitam meliorem atque sempiternam. Accipit autem hoc ex Salomone dicente : *Justi in perpetuum vivunt* [r]; ex sacris Evangeliis : *Qui credit in me, etiam si mortuus fuerit, vivet* [s]. Non solum itaque nos sanctorum mentionem facimus, verum etiam hos divinæ memoriæ exhibemus. Post hæc quoque dicit quomodo divina fiat commemoratio : quod enim in prophetis dicitur : Meminisse coram Domino, non ita intelligendum, quasi Dei memoria renovetur in phantasia memorativa, quod mentibus carni alligatis, id est nobis, usu venit; sed quod memoria Dei recte dicatur Dei scientia, qua cognoscit eos qui perfecti sunt, deiformes in se factos per vitam virtutibus illustrem, dignosque habitos, ut perennis eorum memoria seu notitia habeatur, quemadmodum divina quoque oracula testantur : *Pretiosa in conspectu Domini mors sanctorum* [t], non in quantum simpliciter mors est, et animæ a corpore separatio, sed quatenus divini viri in sanctitate consummantur; sicut etiam vinctionem pretiosam dicimus, non quod per se pretiosa sit, sed quod pro religione applicata sit religionem prædicanti. Quin et hoc quoque sanctorum cum Christo unionem significat, quod appositis muneribus pretiosis protinus quoque nomina recitentur.

§ X. His itaque peractis, astans coram symbolis hierarcha manus abluit, et una cum ipso omnes sacerdotes. Lectio constructionis hujus hyperbato seu transgressione constat, quod nimirum qui lotus est, non opus habeat aliorum membrorum lotione, quam summitatum seu extremitatum [u], a qua utique lotione purum habitum consecutus, immaculatam faciei ad Deum conversionem, uti sacrum lavacrum, de quo in lege dictum est, et hæc manuum lotio declarat. Hoc enim est quod insinuatur. Quemadmodum **211** enim lex habebat lavacrum, sic et hic fit manuum ablutio. Hic sanctus autem manuum lotionem adducit, quia hinc quoque summa extremitatum expiatio designatur; siquidem manus sunt corporis summitates seu extremitates. Idcirco etiam dicit ipsum liberum futurum, id est expeditum, ut qui nulla inferiori conversatione et affectatione detineatur. Extremis enim animæ phantasiis expiati clarioribus quoque Dei apparitionibus gaudebunt, supermundialibus istis divinisque coruscationibus in consimilis speciei specula, secundum gratiam, lumen suum evibrantibus (ἐφιέντων dicens pro ἐφιετῶν, masculinum pro feminino). Specula autem appellat sanctorum animas, utpote divinæ lucis capaces, et ad meliorem illam sortem comparatas. Loquens autem Attice, ut Atheniensis, verbum hoc construxit, dicens, coruscationibus splendorem suum evibrantibus ; eodem modo fecit capite septimo *Cœlestis hierarchiæ*, juxta illud Κλυτὸς Ἱπποδάμεια [u*], et Ψολόεντος ἐχίδνης. Cæterum cur coram sacris symbolis illa sacerdotum ablutio instituitur? quia nimirum coram Christo, qui occultissimas quasque humanas cogitationes intuetur, suprema illa expiatio perspicacissimis scrutationibus, exactissimisque et integerrimis judiciis absolvitur : hoc enim modo hierarcha divinis rebus unitus divinissima consecrat mysteria. Quasnam autem divinas in nos operationes dicimus (scilicet Jesu Christi Domini nostri circa nos providentias, quas in nostri generis salutem, beneplacito Patris, in Spiritu sancto perfecit), de his consequenter pro virili dicamus prout poterimus. Quæ vero a divinis hierarchis incruentam hostiam sacrificantibus celebrentur, quoad possumus, proferemus.

§ XI. Natura humana ab initio ut paradiso excidit, morti tradita est; consequenter etiam prævaricatio primum parentem nostrum, divinam voluntatem transgressum, deceptionibus erroris, iisque quæ divinis bonis adversantur, ut morti et corruptioni, propriis suis propensionibus tradidit. Quid autem est, propriis propensionibus? Cum scilicet status nostri originem e terra ducamus (corpus enim nostrum ex ea constat), merito post transgressionem finem quoque origini consentaneum habe-

[r] Sap. v, 6. [s] Joan. xi, 25. [t] Psal. cxv, 15. [u] Joan. xiii, 10. [u*] II. ii, 742.

mus in terram resoluti, cum dictum sit : *Terra es, et in terram reverteris* [v]. Vel itaque propter id quod infertur, apponitur, **212** propriis propensionibus, vel etiam liberis ac spontaneis, et id quod infertur iterum eodem modo intelligitur. Observa vero quomodo dixerit : A vita quæ ad superna tendebat; ἀνάγωγος enim seu adducens vita quoque dicitur dissoluta et immorigera, quæ pravum ductum sequitur; hic autem significat eam quæ superiora quærit, et ad Deum conversa est. Hinc cum natura a recta ad Deum via aberraret, minime advertit, se non diis et amicis, sed infestis hostibus fuisse obsecutam, quibus ipsa crudeliter pro immanitate sua abutentibus, (quid enim mali non intulerunt?) in discrimen internecionis inciderat, quod etiam status privationem vocat, scilicet mortem spiritualem. Verum Deus noster propter infinitam suam bonitatem, per se nostri curam gerere non destitit ; quoniam nimirum ipsummet Dei Verbum ea quæ nostra sunt assumens absque peccato, quippe sine mutilatione, manens omnino quod erat, nec a proprio statu deficiens (statum autem hic non aliquam qualitatem immanentem vocat, sed naturalem suam permanentiam et constitutionem) sui nobis consortium tradidit, nec non virtutis apostaticæ adversus nos imperium dissolvit (quam et multitudinem seu turbam vocal, non omnino propter numerum , sed quod ab illo unico, quique supra unum est Deo, quam remotissime defecerit) non in potentia divinitatis, sed in judicio et justitia. Cum enim propter peccatum morti traditi essemus, inventus est ipse Dominus impeccabilis, atque jure merito morte superior evasit. Et sicut ab uno primo Adamo ad omnes noxa venit, similiter ex uno quoque secundo Adam, Salvatore nostro Jesu Christo, ad omnes salus transiit. Hinc et naturam nostram immutavit, id quod obscurum erat lumine adimplens, et quod informe atque indecorum erat ornans, atque corpus animæ domicilium ab omni spurcitia corrumpente liberans ; nobis quoque viam quæ ad ipsum ducit ostendit, secundum eam quæ possibilis est ejus assimilationem.

§ XII. Cæterum quomodo aliter divina ista imitatio fieret, nisi innovatis semper istiusmodi sanctis sacramentis? *Hoc enim, inquit, facite in meam commemorationem* [x]. Observa vero quod hic sanctus mentem omnem mystica prece comprehendat. Deinde divinus hierarcha Salvatoris nostri Jesu Christi providentias collaudans, quas Patris beneplacito in Spiritu sancto consummavit, **213** et intentis oculis spiritalem contuitus contemplationem, ad sacrorum symbolorum, panis scilicet et calicis, consecrationem procedit. Explicans vero quomodo et hoc ex divina traditione faciat, se purgando et ad ipsum exclamando, ait : *Tu enim dixisti : Hoc facite in meam commemorationem*. Postulans deinde cum communione tum ejus distributione dignus effici, sub aspectum ducit ea quæ celebravit, revelans illum panem indivisum, et in multa distribuens. Exinde quoque singularem illum calicem omnibus distribuit, secundum modum quemdam mysticum hoc faciens ; nam unum et simplex Dei Verbum per incarnationem, in compositionem simul et aspectum sine ulla sui immutatione processit, humilia hæc nostra cum divinissimis suis uniens excellentiis. Sic enim et nos ipsi unimur, si tanquam membra illi secundum immaculatæ ac beatæ vitæ identitatem congruamus : ne idem nobis accidat, quod membro mortuo vivo corpori apposito. Quemadmodum enim illud incongruum omnino minimeque cohærens, vitæque expers exsistit ; sic et nos, si ita mortui fuerimus, nunquam vivo Christo congruemus : oportet enim nos, si communionem ejus appetamus, ad divinissimam ejus vitam collimare, et sic per ejus assimilationem ad deiformem statum contendere, prout nobis congruit, similitudine ejus nobis communicata.

§ XIII. Hæc pontifex per ea quæ celebrantur insinuat, dum eadem revelat, et dividit, et communionem distribuit; sensibiliter enim in symbolis ad vivum exprimit vitam nostram spiritalem, Dominum nostrum Jesum Christum, ex abdito illo divino, scilicet immutabilis divinitatis, omnimoda, veraque et perfecta incarnatione ex nostra natura efformatum, et ad dividuam, scilicet materiatam nostram naturam, immutabili ratione ex eo quod est natura sua unum, id est ipsamet divinitate prodeuntem, et humanam nostram humilitatem ad bonorum suorum participationem invitantem, dummodo et nos non inepti videamur ad ejus, quoad fieri potest, similitudinem.

§ XIV. Hierarcha deinde communicans, communionemque distribuens, desinit in gratiarum actionem. Primum autem ipse communicat, et sic distribuit; oportet enim primum esse participem ac plenum bonorum, ac deinde sic distribuere; primum illuminari, ac deinde illuminare. Quocirca **214** censemus illos male agere, qui cum non sint docti a Deo, docere præsumunt. Quemadmodum enim in solaribus radiis ac vitris se res habet, ut vitra cornuave, vel aliæ res transparentes primum lumen recipiant, ac deinde sic lumen ad alia transmittant; sic etiam in divino lumine doctoribusque primum debet doctor ipse luciformis exsistere, ac deinde ad alios doctrina sua illustrandos accedere. Quomodo enim ante divinam aspirationem judiciumque idoneus comprobetur? Lacedæmonii vero exinde subjectarum civitatum gubernatorem ἁρμοστήν seu *aptatorem* nominabant, quod subditos aptaret ut ex lege viverent. Unde etiam Athenienses similiter ἁρμοστῆρας appellabant eos qui ad bene vivendum alios dirigebant. Quare etiam hic ἁρμοστήν vocat principem Ecclesiæ.

§ XV. Cæterum in his omnis sacrorum adornatio (adornationem autem vocat omnes ordines Eccle-

[v] Gen. III, 19. [x] Luc. XXII, 19.

siæ) divinissimis mysteriis perceptis, cum gratiarum actione desinit, gratiam hanc agnoscens et collaudans; quoniam qui eam non agnoverunt, nequaquam gratias agunt, quamvis ex natura sua dona illa sint omni gratiarum actione dignissima. Verum, ut antea dicebam, illi propter suam ad deteriora propensionem nolentes tantis muneribus attendere, infinitis illis gratiis ingrati permanserunt. Non eo autem hoc dicit, quod si voluissent, assecuti fuissent; sed quod ne primam quidem luminis ac doctrinæ gratiam attendere voluerint; unde quoque fit ut muneribus istis priventur, omnique alio beneficio ac boni Spiritus gratia frustrentur. *Gustate enim*, inquit, *et videte* γ. Unde qui gustant communionis hujus magnitudinem considerantes, et quæ consecuti sunt expendentes, merito etiam a gratiis agendis nunquam desisterent.

215 CAPUT IV.

I. *De iis quæ in unguento fiunt ac perficiuntur.*

SYNOPSIS CAPITIS.

Prima parte dicit, unguenti mysterium affine esse venerabili eucharistiæ. Secunda parte describit ritum consecrandi sacrum unguentum. Tertia parte subjungit contemplationem, in qua mystice explanat, I. Quid sibi velit unguenti obvelatio. II. Ait unguentum, licet profanis lectum sit, sanctis tamen patere. III. Sacrum unguentum habere vim consummandi; ibidemque exponit, quanta sit efficacitas canticorum spiritualium. IV. Quid unguenti compositio significet. V. Ostendit, quod quanto quis Deo propinquior est, tanto etiam suavius ab ipso afficiatur. VI. Quid signent seraphim qui pontifici in confectione unguenti assistunt. VII. Quid eorumdem multiplices facies et alæ designent. VIII. Cur facies pedesque obtegant. IX. Quid sibi velit clamor unius ad alterum. X. Quid eorumdem nominis interpretatio; et quomodo unguentum designet, Christum in se invariatum nos sanctificare; et cur unguentum in omni fere consecratione adhibeatur. XI. Cur unguentum adhibeatur in baptismo. XII. Cur altare unguento consecretur; et cur unguentum χρίσμα nuncupetur.

I. Tanta sunt et tam præclara sanctissimæ synaxeos spectacula spiritalia quæ nostri cum uno illo, uti sæpe diximus, communionem atque conjunctionem præcipuo quodam ritu sacro perficiunt; verumtamen est et alia huic coordinata consecratio, quam unguenti mysterium præceptores nostri appellant. Hujus itaque partibus juxta sacras imagines ordine perspectis, hoc modo per easdem ad illud ejus unum hierarchicis contemplationibus evehemur.

II. *Mysterium consecrationis unguenti.*

Eodem modo quo in synaxi, ordines eorum qui minus perfecti sunt, excluduntur, præmissis videlicet, sacra per totum templum cum odoris fragrantia processione, psalmorumque sacra modulatione, et divinissimorum Eloquiorum promulgatione. Deinde pontifex accepto unguento ponit illud supra divinum altare, duodecim sacris alis obvelatum, cunctis sanctissima voce concinentibus illud divinitus afflatorum prophetarum canticum afflationis, completaque super eo consecratoria precatione, in sanctissimis quibusque rerum sacrandarum consecrationibus eodem utitur ad omnem ferme hierarchicam consecrationem.

216 III. *Contemplatio.*

§ 1. Ipsamet quidem introductoria perfectivæ hujus consecrationis anagoge per ea quæ divino illo unguento consecrantur, ut opinor, insinuat, viris sanctis obvelandam esse mentis sanctitatem atque fragrantiam; cum divinitus viri sancti jubeantur, non ad vanam gloriam apparentes arcani Dei pulchras ac fragrantes habere similitudines. Siquidem arcana Dei decora, quorum suavitas intellectum superat, prorsus sunt intemerata, solisque viris spiritalibus spiritaliter apparent, quod in animabus nostris exigant habere sibi conformes per virtutem et incorruptibiles imagines. Incircumscriptum enim illud virtutis deiformis simulacrum rite imitandum est, ut spiritalis ac fragrans ipsum referat pulchritudo, seque formet et effingat ad pulcherrimam ejus imitationem. Et sicut in imaginibus sensibilibus, si pictor ad primævam speciem constanter intendat, nulla re alia visibili distractus, neque secundum quidpiam divisus, illum ipsum qui depingendus est (si ita dicere liceat) quodammodo replicabit, atque ipsammet veritatem in similitudinem et archetypum in imagine exprimet, alterumque in altero citra substantiæ differentiam referet: sic honesti amantibus in mente pictoribus, suaveolentis et arcanæ pulchritudinis intenta constansque contemplatio infallibilem indet maximeque deiformem imaginationem. Merito itaque divini pictores, quando mentem suam ad supraessentialem illam fragrantem spiritalemque pulchritudinem constanter efformant, nullam virtutem earum quæ iis insunt agunt, ut ab hominibus, uti scriptum est, videantur; sed sancte in unguento divino, velut in imagine, sacratissima quæque Ecclesiæ mysteria velata contemplantur; atque adeo quidquid in virtute sacrum ac maxime deiforme est intra mentem suam, quæ ad imaginem et similitudinem Dei facta est, recondentes, ad primævam duntaxat speciem atque intelligentiam intuentur; neque enim solum dissimilia non vident, sed ne ad eorum quidem aspectum pertrahuntur. Quamobrem,

γ Psal. xxxiii, 9.

sicut eos decet, non ea quæ temere videntur, sed quæ vere justa sunt ac bona diligunt; neque istam spectant gloriam, quæ sine ratione vulgo passim beata prædicatur, sed imitatione Dei bonum malumve per se judicantes, divina quædam simulacra siunt istius fragrantiæ divinæ, **217** quæ vere bonum in se odorem continens, ad illud, quod vulgo passim inæqualiter apparet, nunquam convertitur, in veris suis imaginibus exprimens veritatem.

§ II. Age jam deinceps, quoniam exteriorem ritus vere pulchri venustatem aspeximus, diviniorem ejus pulchritudinem intueamur, eamque sublatis velaminibus per se contemplemur, clare suum jubar illud beatum evibrantem, nosque illa, quæ viris spiritalibus explorata est, odoris fragrantia replentem. Neque enim aspectabilis unguenti confectio iis qui pontifici præsto sunt incommunicabilis aut inaspectabilis exsistit, sed e diverso, dum ad ipsos usque pertendit, ac sistit eam quæ vulgi captum superat contemplationem, ab iisdem reverenter obtegitur, et a turba pontificio jure secernitur. Siquidem ille radius rerum sacratissimarum dum viris divinis, tanquam intelligentibus, pure atque immediate collucet, et conceptus eorum spiritales bono palam imbuit odore, ad id quod humi serpit nequaquam similiter procedit, sed ab ipsis, utpote arcanis spiritalis rei spectatoribus, sine ostensione, ne a dissimilibus quibusque violetur, pennatis involucris obducitur, quibus, ceu sacris signis, præclari ordines subditorum pro capacitate sua ad res sacras promoventur.

§ III. Est igitur, ut dixi, sacrosanctum hoc, quod a nobis modo laudatur mysterium, ejus ordinis atque virtutis, ut hierarchicas consummet functiones; quocirca quoque divini præceptores nostri, tanquam ejusdem ordinis et operationis cum sacrosancto synaxeos sacramento, iisdem imaginibus ut plurimum, mysticisque distinctionibus ac sacris verbis descripserunt. Atque pontificem quidem videre liceat eodem modo a diviniore loco odoris suavitatem ad sequentia loca sacra diffundentem, suoque ad eumdem locum reditu docentem, quomodo divinarum rerum participatio, dum in omnibus quidem sacris pro cujusque meritis communicatur; nihilominus in se neque imminuta, neque loco mota, in divini fundi proprietate, sine ulla sui immutatione, consistat. Pari rursus modo cantica Scripturarum atque lectiones rudibus adhuc animis ad vitalem adoptionem obstetricantur, et eorum qui a dæmonibus vexantur, sanctam promovent conversionem, pavoremque contrarium et pellicatum abolent eorum qui a dæmone propter ignaviam arripiuntur, dum **218** nimirum illis, ad illorum captum, status deiformis ac virtutis verticem proponunt; unde fit, ut ipsi potius adversis potestatibus terrori sint, atque cæteris quoque curandis præficiantur, ad Dei quidem imitationem bonis propriis stabiliti, adversus autem terrores contrarios non tantum efficacitatem obtinentes, verum etiam largientes : iis vero qui ex iniquitatibus ad mentem sanctam redierunt, habitum quemdam sanctum inferunt, ne iniquitate denuo capiantur ; quibus autem ad omnimodam puritatem quidquam deest, illos perfecte expiant; sanctos vero ad imagines divinas et earumdem contuitum atque consortium promovent; pascunt itidem eos qui jam plane sancti sunt, beatis ac spiritalibus spectaculis eorum uniformitatem uno illo adimplentes et unificantes.

§ IV. Quid porro? Nunquid etiam præsens quæ modo celebratur consecratio ordines illos qui non plane mundi sunt, quorum antea mentionem fecimus, impromiscue dimittit, eo modo quo fit in synaxi, et in sacris tantum imaginibus cernitur, et a solis viris sanctissimis in hierarchicis anagogiis immediate conspicitur ac celebratur? Verum, hæc cum a nobis sæpenumero dicta sint, supervacaneum esse arbitror iisdem verbis repetere, quin potius ad ea quæ sequuntur transeundo, pontificem videamus alis duodecim obvelatum unguentum sacrum tenentem, ac purissimum in eo sacramentum consecrantem. Dicamus igitur, unguenti compositionem collectionem quamdam esse fragrantium materiarum, quæ in se affatim suaveolentes continet qualitates, cujus qui participes exsistunt, odoris suavitate afflantur, proportione fragrantis quæ illis inest participationis. Scimus autem, divinissimum illum Jesum suprasubstantialiter fragrantem, spiritalibus distributionibus partem nostri spiritalem divina voluptate recreare. Si enim rerum sensibilium suaveolentia nostrum, modo sanus et rei odoriferæ debita proportione accommodatus sit, olfactum bene afficit, et magna cum voluptate alit, eadem utique ratione dicat aliquis, spiritales nostras facultates, si nulla in malum propensione corruptæ fuerint, naturali quodam judicii vigore, secundum divinæ operationis modos congruamque mentis ad Deum conversionem, divini odoris suavitate perfundi, atque sacra quadam voluptate et divinissimo alimento satiari. Ipsamet igitur unguenti mystica compositio, **219** quasi in figuratione rerum infigurabilium, ipsummet Jesum nobis depingit esse fontem uberem, e quo divinorum odorum suavitates hauriuntur, dum proportionibus divinoprincipalibus in mentes maxime deiformes divinissimos illos spiritus infundit, quibus suaviter affectæ, sacrisque perceptionibus plenæ, spiritali alimonia perfruuntur, dum suaveolentes istæ distributiones divina largitione spiritalem animæ portionem subeunt.

§ V. Existimo autem esse perspicuum, superioribus essentiis, utpote divinioribus, fontalis fragrantiæ distributionem propinquiorem quodammodo exsistere, magisque se illis exprimere ac distribuere, partem eorumdem maxime deiformem virtutisque spiritalis capacissimam affatim mundando, ac multipliciter subeundo; ad inferiores autem, et qui non æque capaces sunt, supremam illam contemplationem atque communionem reverenter contrahendo, ejusdem participationem, instillationibus eorum captui accommodatis, divina quadam proportione derivare. Ordo itaque Seraphim, qui sanctas illas nobis excellentiores essentias supra modum superat, in aliis duodecim significatur, astans Jesu et prope ipsum collocatus, beatissimis ejus contemplationibus, quantum fas est, vacans et spiritalis distributionis in sanctissimis receptaculis sancte plenus, et, ut sensibili modo dicam, multum decantatam illam Dei laudem incessabili voce proclamans; sacra siquidem cœlestium spirituum cognitio et indefessa est, et divinum habet amorem indeficientem; omnique malitia et oblivione superior exsistit; unde clamor ille incessabilis, meo quidem judicio, designat sempiternam eorum et immutabilem, cum omni contentione atque gratiarum actione, rerum divinarum scientiam atque cognitionem.

§ VI. Incorporeas quidem proprietates Seraphim a Scripturis sancte sensibilis figuris quibus res intellectiles exprimunt depictas in cœlestium hierarchiarum descriptionibus præclare, uti puto, spectavimus, luisque spiritalibus oculis exhibuimus; sed quoniam etiamnum iis qui pontifici reverenter assistunt, illam ipsam sublimissimam distinctionem nobis repræsentant breviter, iterum immaterialibus oculis quam maxime deiformem eorum splendorem contemplemur.

220 § VII. Infinitæ quidem facies eorum multique pedes significant, ut opinor, vim proprietatemque eorum qua multas divinas cernunt illustrationes, bonorumque divinorum intelligentiam, quæ sempiterno motu cietur, multaque peragrat; senas autem alas, quas Eloquia commemorat, non existimo sacrum numerum denotare, ut quibusdam placuit, sed ipsas virtutes supremæ illius quæ circa Deum versatur essentiæ seu distinctionis, primas, medias, et extremas, esse plane spiritales ac deiformes, superna petere, penitusque liberas exsistere ac supramundiales. Hanc ob causam sacratissima Scripturæ sapientia, dum alarum figuram depingit, ad eorum facies, mediaque corpora, ac pedes pennas adhibet, ut insinuet, eas penitus alatas esse atque omni vi ad id quod veraciter exsistit sursum ferri.

§ VIII. Quod si facies pedesque obtegunt, mediisque tantum alis volant, intellige, tam præstantem summarum naturarum ordinem revereri ea quæ altiora profundioraque sunt, quam ut intelligendo assequi possint, mediisque alis moderate ad Dei contemplationem evehi, dum et divinis lancibus vitam suam subjicit, et ab iis sancte ad sui notitiam promovetur.

§ IX. Quod autem Scriptura dicat, *Clamabat alter ad alterum*, hoc existimo significare, *quod divinarum suarum visionum et intelligentiarum participationem sine invidia sibi mutuo communicent*. Quin etiam hoc memoratu dignum, quod in sacris Litteris sanctissimæ illæ *naturæ perquam significanter Hebraica voce Seraphim appellentur, quod nimirum per*

A divinam semperque mobilem vitam suam ignescant, et supra modum ferveant.

§ X. Si igitur, ut Hebraicorum nominum interpretes affirmant, divinissimi illi Seraphim *incensores et calefactores* a Scriptura nominentur, quod id nomen statum eorum naturalem exprimat, utique, juxta symbolicam effigiationem, habent unguenti divini vires illas, quæ sursum agunt ad *ipsum exprimendum*, et ad efficaciores vapores distribuendos incitant. Etenim essentia illa, cujus odoris suavitas mentem superat, ab igneis purissimisque mentibus ad sui manifestationem invitari amat, divinissimasque suas inspirationes luculentissimis distributionibus impertitur iis qui sic illam supramundialiter invitarunt. Nequaquam igitur divinissimus **221** cœlestium essentiarum ordo ignorabat, Jesum divinissimum sanctificationis ergo descendisse; verum sciebat, ipsum, propter divinam et ineffabilem bonitatem suam, sancte se ad nostra demisisse, et ab ipsomet Patre Spirituque humano more sanctificatum cernens, proprium agnoscebat principium in iis quæ divinitus agebat secundum essentiam invariatum. Quare traditio sacrorum symbolorum, dum divinum unguentum consecratur, Seraphim apponit, ut Christum denotet ac describat, in universa naturæ humanæ nostræ assumptione in se immutatum permansisse. Et quod divinitus est ad omnem rei sacræ consecrationem divino utitur unguento, manifeste demonstrans, juxta Scripturas, eum qui sanctificandum sanctificat, ut qui semper sibi ipsi similis, atque idem sit in omni divinæ benignitatis operatione; quapropter etiam divinæ regenerationis donum et gratia perficiens divinissimi unguenti consecrationibus consummatur. Unde, ut opinor, etiam *in baptisterium expiatorium unguentum*, aspersionibus in crucis formam expressis, infundens pontifex, mentalibus oculis sub aspectum ponit, ut ad mortem usque Jesus in cruce pro divina nostra regeneratione demersus, divino illo et insuperabili descensu in morte sua baptizatos secundum oraculum arcanum, ex antiqua mortis corruptibilis dejectione benigne vindicarit, et ad divinum æternumque statum innovarit.

§ XI. Quin etiam ei qui sanctissimo divinæ regenerationis sacro initiatus est consummans illa unctio divini Spiritus illapsum elargitur, sacra, uti reor, symbolorum lictione hoc sub oculos ponente, quomodo ab ipso, qui propter nos humano more Spiritu Dei principali sanctificatus, essentiali divinitatis suæ *statu invariato*, divinissimus ille Spiritus donetur.

§ XII. Hoc etiam sancte observa, ut sacratissimorum illa lex mysteriorum purissimis unguenti sacratissimi affusionibus divini quoque altaris consecrationem perficiat. Est utique supracœlestis ac supersubstantialis hæc divina operatio universæ divinitus nobis præstitæ sanctificationis initium et essentia virtusque perfectiva. Etenim si Jesus, qui est altare nostrum divinissimum, divina est divinarum mentium consecratio, in quo secundum Scripturam sanctificati, et mystice in morem holocausti concremati, accessum obtinemus, supramundanis oculis **222** divinissimum illud altare intueamur (in quo ea quæ initianda sunt, consecrantur ac sanctificantur) ipsomet unguento divinissimo initiatum : sanctificat enim semetipsum pro nobis sanctissimus ille Jesus, nosque omni replet sanctitate, dum ea quæ in eo geruntur per dispensationem, ad nos, veluti a Deo genitos, benefice dimanant. Unde, ut opinor, juxta sensum hierarchicum qui a Deo traditus est, divini isti sacri ordinis duces sanctum hoc unguenti mysterium τελετήν, id est consecrationem vocant, quod re ipsa consecret atque consummet ; ut si quis dixerit Dei consecrationem, utroque sensu divinam ejus perfectionem prædicando. Est enim Dei consecratio, cum quod propter nos humanitus sanctificetur, ipse quod divinitus cuncta, quæ consecranda sunt ipse consecret et sanctificet. Porro melos illud sacrum prophetarum divinitus afflatorum, aiunt hi qui Hebraice norunt, Dei laudem significare, sive *Laudate Dominum*. Cum igitur sacra omnis Dei apparitio actioque in diversa hierarchicorum symbolorum compositione sit descripta, nequaquam abs re fuerit, meminisse laudationis prophetarum quam divinitus didicerunt : docet enim præclare simul ac sancte, divina beneficia præcipua laude digna esse.

ADNOTATIONES CORDERII.

Nota primo, parte prima hujus capitis, mysterium unguenti seu chrismatis dici coordinatam esse mysterio synaxeos, quia nonnisi intra missarum solemnia consecrari potest; in Ecclesia autem usus obtinuit, ut hæc consecratio in quinta feria majoris hebdomadæ celebretur, cujus rei rationem ac ritum vide apud Guillelmum Durandum in *Rationali divinorum officiorum*, lib. vi, cap. 74.

Nota secundo, in Ecclesia triplex tunc oleum consecrari. Primum est oleum catechumenorum, in cujus exorcismo præcipitur diabolo ut recedat a catechumeno, qui adhuc reputatur mortuus, quousque non est baptizatus. Secundum est oleum chrismatis, quod jam viventes significat, et adhibetur baptizatis, et in confirmationis ordinisque sacramentis, aliisque consecrationibus. Tertium est oleum infirmorum, quod jam sauciatis medelam præstat, et quoniam dolor sequitur ægritudinem, hinc in ejus consecratione rogat pontifex isti oleo virtutem tribui, ad evacuandum omnes dolores, et omnem ægritudinem, juxta illud Jacobi v, 14 : *Infirmatur quis in vobis ? Inducat presbyteros Ecclesiæ, et orent super eum, ungentes eum oleo, in nomine Domini : et oratio fidei salvabit infirmum, et alleviabit eum Dominus, et si in peccatis sit, remittentur ei*. Plura qui volet, de his consulat Guillelmum Durandum loco supra citato, et in libro *De divinis officiis* Alcuinum, et Amalarium diversis in locis, præsertim in officio quintæ feriæ majoris.

Parte undecima tradit ritum benedicendi unguentum, cui suppares fere eucharistiæ consecrationi cæremoniæ adhibentur. Unde Cyrillus Hierosolymitanus catechesi 3 *Mystagogi* hanc consecrationem ita exaggerat, ut eam cum consecratione eucharistiæ conferre videatur, verum comparatio accipienda est per quamdam similitudinem vel proportionem, non æqualitatem. Quoad aliquid tamen hæc benedictio seu consecratio dignior videri possit, quatenus ad eam episcopalis auctoritas **223** necessaria est ; ita ut absque illa nihil fiat in hoc mysterio : pertinet enim ad potestatem ordinis episcopalis, neque eam habet ex vi ordinis simplex sacerdos. An vero pontifex eam committere possit simplici sacerdoti, disputatur a theologis in parte III D. Thomæ, quæst. 72, art. 3 et 4, et probabilius videtur, non posse. Vide Suarez, parte III, q. 72, art. 4, disp. 33, sect. 2.

Porro hujus unguenti seu sacri chrismatis usus (uti hic quoque in fine mysterii docet Dionysius) valde varius est in Ecclesia ; maxime vero solemnis et essentialis est in sacramento confirmationis, cujus est materia necessaria, uti D. Thomas in III parte, quæst. 72, art. 3, et cum eo theologi docent. Infantibus quoque et catechumenis, postquam fuerint baptizati, vertex capitis chrismate inungitur, quam cæremoniam in primitiva Ecclesia adhibitam fuisse, patet ex S. Dionysio supra cap. 2, parte II, § 9, et parte III, § 9. Altaria quoque, et calices, aliaque vasa sacra, dum benedicuntur, chrismate inunguntur, exemplo veteris benedictionis, juxta quam altare, tabernaculum, ejusque vasa ex mandato Dei ungebantur, Exod. xxx.

Parte III, § 1, ubi ait : *Nullam virtutem agunt, ut ab hominibus videantur*, alludit ad illud Matthæi : *Attendite ne justitiam vestram faciatis coram hominibus, ut videamini ab eis* [z], etc. Et ad illud : *Omnia vero opera sua faciunt, ut videantur ab hominibus* [a], de Scribis et Pharisæis hypocritis loquens. Non ita viri sancti, qui soli Deo placere satagunt, et hominibus placere nolunt, juxta illud Pauli dicentis : *Mihi autem pro minimo est, ut a vobis judicer, aut ab humano die* [b] ; et alibi : *Si adhuc hominibus placerem, servus Christi non essem* [c].

§ IV. *Dicimus igitur unguenti compositionem, collectionem quamdam esse fragrantium materiarum*, etc. Unde patet, chrisma sive unguentum hoc non esse simplex, sed confectum ex pluribus rebus, saltem ex veteri Ecclesiæ sensu et usu, uti ex hoc loco patet, et ex Innocentio III, cap. *Pastoralis, Extrav. De sacram. non iterand.*, ubi chrisma distinguit ab oleo simplici benedicto. Unde colligitur, fuisse mistum balsamo, quod optimum odorem spirat. Hinc Cyprianus serm. *De unctione chrismatis*, ait : « Hodie in Ecclesia sacrum chrisma conficitur, in quo mistum oleo balsamum sacerdotalis et regiæ dignitatis exprimit unitatem ; » et sanctus Gregorius papa, cap. 1 *in Cantica* meminit chrismatis ex oleo et balsamo. Docuit autem Ecclesiam suam hanc chrismatis confectionem in ultimo illo sermone quem ante cœnam cum apostolis habuit Christus, quando etiam plura alia ad suavem Ecclesiæ suæ gubernationem fecit et dixit, etiamsi non omnia in particulari sint litteris communedata, uti S. Joannes Evangelium suum concludens testatur, dicens : *Sunt autem et alia multa quæ fecit Jesus : quæ si scribantur per singula, nec ipsum arbitror mundum capere posse eos qui scribendi sunt libros* [d]. Manavit itaque hæc chrismatis

---

[z] Matth. vi, 1. [a] Matth. xxiii, 5. [b] 1 Cor. iv, 3. [c] Gal. 1, 10. [d] Joan. xxi, 25.

confectio ex apostolica traditione Christique institutione, ad quem spectavit instituere essentialia sacramentorum. Esse autem chrisma materiam essentialiter requisitam ad sacramentum confirmationis, definitur in concilio Florentino et Tridentino. Unde illud sacramentum nonnunquam a materia vocatur chrisma, vel sacramentum chrismatis, idque ab antiquissimis Patribus.

Ibidem paulo infra. *Unguenti*, inquit, *mystica compositio quasi in figuratione rerum infigurabilium ipsummet Jesum nobis depingit*, ut qui Act. x, 38, dicitur a Deo fuisse unctus Spiritu sancto. Unde apud ecclesiasticos scriptores unctio significat Spiritum sanctum, qui proinde spiritalis unctio nuncupatur.

§ X. Ubi ait: *Ad omnem rei sacrae consecrationem divino utitur unguento*, nota varium olim et modum usitatum ungendi ritum. Sic Exod. xxix, præcepit Deus certum modum ungendi sacerdotes, qui completus describitur cap. viii Levitici, ubi Moyses consecravit Aaronem, fundendo in illum unguentum quod erat compositum ex myrrha, cinnamomo, casia, et oleo olivarum, ut constat ex Exod. xxx, v. 23 et 30. Effusio autem unguenti odoriferi propria erat pontificis, ad denotandam gratiæ plenitudinem, Spiritus et potestatis abundantiam. Item monebat pontificem misericordiæ, cujus symbolum est oleum, charitatis, atque aliarum virtutum. Sic et in nova lege episcopi in sua consecratione unguntur in capite, sacerdotes in manibus, ut patet ex *Pontificali Romano*. Prophetæ quoque et reges ungi solent, ut patet III Reg. xix, 16, et I Reg. x, quod etiamnum in solemni regum coronatione observatur; et patet ex *Pontificali Romano*, ubi formula unctionis præscribitur.

224 PARAPHRASIS PACHYMERÆ.

1. Tanta sunt spectacula spiritalia sacræ synaxeos. Nota vero quod synaxin solam vocet liturgiam, secundum quam divinis mysteriis communicant qui sunt digni; nam et hinc nomen accipit, non quod populum congreget, ut aliquis putabit, sed propter illam cum uno communionem, secundum quam Salvatori Christo, tanquam membra capiti, coaptamur. Verumtamen est et aliud illi affine sacramentum unguenti: nam et hoc quoque divina consecratione conficitur. Hujus itaque partibus, secundum ordinem cujusque, prout nimirum hæc et illa atque illa conficitur (quas et imagines appellat), perspectis, sic ad illud ejus unum, scilicet intellectile ac spiritale, evehemur. Minime vero, quandoquidem spiritale illud unum vocat, sensibiles imagines appellat partes, utpote sensibiliores, secundum quas nostra cognitio dividitur, et non partes quæ circa singula sacramenta fiunt, ut supra dicebamus.

II. *Mysterium.*

Sicut dicebamus in synaxi, episcopum omnem ecclesiam, ab altari inchoando et in altari desinendo, incensare, et cantica lectionesque recitari, ac catechumenos dimitti, eodem quoque hic modo ista fiunt. Deinde pontifex accipiens unguentum, imponit illud divino altari, duodecim sacris alis seu pennis obvelatum, omnibus Alleluia conclamantibus (hoc enim vocat Canticum sancti Spiritus et aspirationis prophetarum), completaque super eo oratione, postea illo utitur ad omnem propemodum hierarchicam consecrationem.

III. *Contemplatio.*

§ 1. Quemadmodum etiam antea faciebat, et primum proponebat introductoriam anagogen, ad institutionem eorum qui adhuc initiantur, nec ad sublimiorem contemplationem adduci possunt, sic etiam hic facit. Hæc igitur, inquit, divini unguenti obvelatio secundum anagogen introductoriam, existimo, significat fragrantem omnem mentalem actionem 225 esse obvelandam; siquidem hæc anagoge jubet, minime ad inanem gloriam apparentes habere fragrantias spiritales, et occulti Dei similitudines. Puræ enim sunt a sæculo, solisque viris spiritalibus apparent illæ divinæ ac fragrantes venustates, et requirunt uniformes homines, non qui secundum carnem vivant, sed qui in reconditis animis incorruptibiles gerant imagines, dum nimirum id quod imaginem Dei refert manet immaculatum; nam virtutis deiformis simulacrum illud incircumscriptum non aliter habebit, nisi idem rite fuerit imitatus, et ad ipsum spiritalem suam et fragrantem pulchritudinem efformarit. Sicut enim in sensibilibus imaginibus, si pictor ad primævam speciem constanter intendat, nequaquam hinc inde distractus, accurate exprimet id quod imitatur (hoc enim est illud *replicabit;* nam faciet aliud sicut illud citra substantiæ differentiam; siquidem id vere est animatum, hoc vero opus ad vivum expressum); sic etiam picturis spiritalibus, archetypi et suaveolentis pulchritudinis intenta constansque contemplatio conferet illis infallibilem similitudinem. Recte igitur pictores sancti, dum imaginem suam spiritalem non retroversa facie exprimunt, extraneam deceptionem minime attendent. Divinum itaque unguentum obvelatum habebunt tanquam imaginem ordinum ecclesiasticorum, ne omne opus bonum ad inanem hominum gloriam ostentent; atque ideo quidquid in virtute sacrum est intra mentem recondentes, juxta coopertum unguentum ad primævam duntaxat intelligentiam intueantur. Neque enim inaspectabiles tantum sunt multitudini, quam et inæqualem vocat ac dissimilem: nam qui æquales sunt, virtutem sibi mutuo communicabunt, neque sibi mutuo nocebunt, quoniam utrique divinam gloriam sectantur, et non hominum. Non itaque duntaxat inaspectabiles sunt multitudini, sed ne hi ipsi quidem illos videre volunt, non quod illis non consulant, sed quod nolint ab illis emolumentum aliquod accipere; unde consequenter ex se non amant ea quæ apparent, sed quæ sunt (cum enim ab aliis dissideant, quomodo quærunt apparere, cum ea quæ apparent non sint omnino?), sed bonum quoque, quod a se ipso non est, judicantes, et sicut natura sua se habet, simulacra quædam sunt divinæ fragrantiæ, id est ipsius Dei, qui bonum per se faciens ad omnes minime convertitur, id est **226** minime curat, inani gloria ductus, eos qui aliquando non suscipiunt ejus decreta : non enim studet gloriam ab hominibus habere.

§ II. Cæterum, inquit, cum introductoriam contemplationem attulerimus, agedum deinceps *diviniorem* sublimioremque *ejus pulchritudinem intueamur*, ipsamque per se lucem spiritalem, *sublatis velaminibus, contemplemur*, et Ipsius fragrantia repleamur. *Neque enim unguenti confectio*, quod a multitudine non videatur, idcirco etiam hierarchiæ, et iis qui cum ipso sunt, inspectabilis exsistet : sed cum in his quidem excellat ejus contemplatio, ipsimet illam tanquam pretiosam, et vulgi captum excedentem abscondunt et a multitudine secernunt. Sæpe enim in libro *De divinis nominibus* explanavimus, quid sit intellectile et quid intelligens. Hoc igitur etiam hic dicit, sanctis illis, qui episcopo præsto sunt tanquam intellectili luci cognatis (siquidem diei lucisque filii sunt) Deum non per alterius doctrinam, sed per semetipsum illos illustrando mysterium contemplationis revelare ; quocirca ipsis non circumjacet velum in divino unguento, sed revelata facie, secundum Apostolum, mysteria contemplantur ; non perfectis autem opus est signis. Idcirco ipsi sunt, qui unguentum sacris alis contegunt, et a multitudine secernunt. Episcopos autem vocat *speculatores*, quandoquidem etiam a Græcis gentilibus sic nuncupabantur qui præpositi erant ab omnibus, ut de futuris Deum interrogarent, et hostias pro ipsis offerrent ac propitium redderent. Ἀνομοίους autem vocat minus perfectos in populo ; is enim ei mos est. Neque enim, inquit, sic ad sacerdotes sicut ad multitudinem objectum et absconditum sacramentum procedit, sed ab illis propter multitudinem occultatur, ut et ipsa pro captu statuque suo per ænigmata sursum adducatur.

§ III. Est igitur hæc sacra consecratio quoque una ex hierarchicis ordinibus atque virtutibus, quapropter etiam ejusdem rationis est cum synaxeos sacramento. Quin et hic pontificem quoque videas ab altari incensationem ordientem, et circumeundo in eodem rursum desinentem, hocce ritu docentem, divinam illam participationem ad omnes promanantem, secundum semetipsam imminutam permanere, neque quidquam a propria identitate desciscere. Similiter etiam psalmodiæ lectionesque fiunt, quæ et imperfectis **227** obstetricantur, et obsessos a spiritibus retrahunt, et adversariam pressuram (hoc enim vocat pavorem et illecebras peccatorum) repellunt, insinuando ipsis, et modum ostendendo adversarios superandi, ut et aliis imitando Deum medici exsistant ; et non tantum ipsi adversus contrarios pavores ac timorem efficacitatem habeant, verum etiam aliis conversis ac pœnitentibus vim addant, ne denuo subigantur ; eos autem, quibus ad omnimodam puritatem aliquid deest (quos nimirum antea quoque laicos appellabamus) perfecte expient, sanctos denique pascant : idcirco enim communiter et psalmodiæ et lectiones fiunt.

§ IV. Illud autem : *Quid porro, nunquid etiam non omnino puros*, interrogative legendum, ut inferatur, omnino , profecto ; ait enim : *Quid porro ? nunquid etiam* hoc sacramentum, eo modo quo in sacramento synaxeos illos qui non mundi sunt dimittit, et a solis omnino sanctis conspicitur ? Utique profecto. Impromiscue autem dixit, ac si diceret : Idcirco dimittit eos qui non sunt mundi, ut mere ab iis qui puri sunt celebretur. Hæc sæpe a nobis dicta sunt adeoque supervacaneum esse arbitror iterum de his verba facere, cum necdum viderimus, quomodo pontifex unguentum sacrum teneat alis obvelatum. Dicimus itaque unguenti compositionem ex fragrantissimis materiis componi, cujus qui participes exsistunt , pro ratione participationis suavissimo odore reficiuntur. Jesus itaque divinissimus, cujus nomen unguentum effusum est [e], tanquam supernaturaliter fragrans , sui participes divina replet voluptate. Si enim sensibilium perceptio fragrantiarum bene afficit, si modo sanum olfactum obtinemus, eadem utique ratione dicet aliquis, spiritales nostras facultates, animæque judicandi vires, divini odoris suavitatem percipere, modo sint incorruptæ. Hæc itaque unguenti compositio ipsummet infigurabilem nobis in figura exhibet Dominum Christum, suaveolentiæ fontem, deiformibus animis divinas odorum suavitates afflantem, quibus illæ mentes suaviter affectæ, fragranti ista spiritali alimonia perfruuntur.

§ V. Dicens vero *mentes*, voce hac universaliter tam de angelis quam de nobis accepta, modo quoque differentiam assignat, quoniam quidem illis multipliciter infunditur, quod nimirum cœlestes istæ virtutes et propinquiores sint, et istiusmodi divinæ **228** participationis capaciores ; hominibus vero tanquam minus capacibus, ad eorumdem captum : id enim est, *Proportione quadam distribuitur*. Ordo autem qui cœlestes virtutes valde superat (observa vero quomodo hic seraphim omnibus superiores dicat) in alis duodecim significatur. Verum hic non nemo posset objicere, non duodecim, sed sex alas tantum singulis Scripturam attribuere, cum nimirum propheta dicat : *Sex alæ uni, et sex alæ uni* [f], duosque conjunctos nominet. Supremus igitur ille ordo sanctorum seraphim, qui prope Deum collocatus est, incessanter illud divinæ laudis canticum proclamat. Explicans vero quid sit ἀσίγητον, subdit : Quoniam divina cognitio indefatigabilis est, et divinum amorem habet indeficientem, omnique malitia et oblivione

[e] Cant. I, 2. [f] Isa. VI, 2.

superior exsistit, ita ut præ malitia nunquam sponte sileat, neque per oblivionem invite. Recte autem cognitioni scientiam subjunxit : nam accurata cujuslibet rei cognitio scientiam ejus gignit.

§ VI. De sanctis quidem seraphim, et quomodo in Scripturis effigiati spiritaliter explicentur, in libro *De cœlesti hierarchia* pertractavimus : sed quoniam illi quoque qui juxta pontificem consistunt, et unguentum sanctum obtegunt, eamdem dispositionem repræsentant, breviter quoque de illis aliquid dicamus.

§ VII. Diversæ quidem facies eorum, ut unius quidem humana, alterius vero bovina, et alterius leonis, et alterius aquilæ, quodque alius aliter appareat, eorum videndi vim multiplicem declarat : omnis enim visio fit aliquali vultus detectione. Multi vero pedes denotant perpetuum eorum motum, vimque divinæ cognitionis multa penetrantem; nam quod multa norint, hoc propter pedes fit. Senarum vero alarum compositionem non existimo numerum demonstrare, quod hic numerus perfectus sit, tanquam qui partibus suis constet (tria enim, et duo, et unum, sunt iterum sex, quæ sunt dimidium tertium, et sextum, ut aliis placuit, quin et nos ipsi in libro *De cœlesti hierarchia* id ita diximus explicari), sed quod sex in tres dualitates dividantur. Sunt enim in omnibus quoque simul cœlestibus virtutibus, uti etiam in qualibet dispositione, primæ, et mediæ, et postremæ : hac de causa sex alæ circumponuntur, ut per duplices alas earumdem ad supera ducendi vis significetur, non enim una sufficit. Quin et hoc quoque **229** primas, et medias, et postremas virtutes earum spiritales ad ipsum Deum adduci, et a terrenis absolvi insinuat, uti vox ἀπόλυτα declarat; non quod ipsæ sex alæ dissolutæ sint, sed quod ab humi repentibus rebus absolvantur. Ut itaque divina Scriptura penitus alatas esse insinuet, sursum et deorsum et in medio iis alas adhibet.

§ VIII. Verum cur inferiores et superiores alæ succinguntur, mediæ vero extenduntur ? quia nimirum ordo ille sublimiora profundioraque revereretur, sublimiora minime quærendo, et profundiora non scrutando, media vero sibi commensa sectando, sursum fertur, divinæ justitiæ vitam suam submittens, et secundum illam sua dirigens.

§ IX. Quod autem alter ad alterum clamet, notionum abundantem communicationem designat.

§ X. Cæterum cum Hebraica quoque dialecto *incensores* et *calefacientes* interpretentur, hinc significatur vis illorum sursum attollendi per unguenti spiritales distributiones; siquidem omnis fragrantia calore ignis dissoluta vapores excitat; nam suprema illa fragransque natura ab ignitis purissimisque mentibus ad spiritalis suæ aspirationis diffusionem amat provocari, unde etiam illas reddit participes gaudii super uno peccatore pœnitentiam agente. Nequaquam itaque angeli ignorabant ipsum Jesum

⁶ Psal. L, 21.

qui sanctificat, aliquando etiam, cum secundum quod homo est baptizaretur, sanctificatum esse. Nota vero verborum accurationem quomodo quoque carnis differentiam servarit. Nam Jesus, qui ut Deus omnia sanctificat, ut homo quoque sanctificatus fuit a Patre, et a semetipso, quatenus quoque Deus est, et a Spiritu sancto, scientibus quoque cœlestibus ordinibus proprium principium, id est auctorem suum et creatorem Jesum, quod etsi sanctificetur, tamen etiam sic habet naturæ immutabilitatem, quoniam Deus est. Sancte enim sciunt ipsum esse incarnatum : verbum enim ὑφέντα seu *condescendentem*, designat incarnatum. Et si sanctificetur, utique secundum humanitatem sanctificatur, idcirco additur : Et sanctificatur pretiosum unguentum quod Christi Domini symbolum est, et seraphim circumstant. Dixit autem invariatum, vel quod per omnia naturæ nostræ similis factus est absque peccato, vel quod non subiverit mutationem vel vicissitudinis obumbrationem secundum divinitatem, cum humanam naturam assumpsit. Et quod divinius **230** est, quod hierarchia ad omnem sacram consecrationem divinum unguentum adhibet, manifeste demonstrans Jesum sanctificatum sanctificare. Quapropter quoque gratia baptismatis (hæc enim est secundum Deum generatio) consummatur a pontifice per unguentum in crucis formam baptisterio infusum, dum spiritaliter exhibet ipsummet unguentum spiritale, scilicet Dominum ad mortem usque demersum ; siquidem lavacrum hoc mortem significat, et illum qui invicto suo descensu, quo a morte superari non potuit, in morte sua baptizatos attraxit. Arcanum porro vocat oraculum, quia multitudini occulta erat ratio baptismatis Christi.

§ XI. Quin etiam ipsimet baptizato unguenti unctio sancti Spiritus illapsum elargitur, dum hoc modo per unguenti unctionem Spiritus sanctus descendere significatur. Unguentum autem Christus est, quoniam ab ipso quoque humanitas, a Spiritu sancto sanctificato Spiritus sanctus tanquam ipsius Spiritus donatur. Quemadmodum autem cum in angelis substantiales habitus audimus, non qualitates extrinsecus per accidens advenientes intelligimus, multo magis id de Deo cogitabimus; neque enim habitum pro qualitate accidentali accipiemus, sed habitum essentialem divinitatis, qui naturaliter ex se habeat omnia quæ sunt bonitatis, quandoquidem ipsa quoque deitas hic non est ipsamet essentia Dei, sed apparentia quædam ipsius essentiæ.

§ XII. Considera denuo aliud, ut etiam ipsummet altare divinum pretioso illo unguento consecremus. Est autem hæc contemplatio sublimis et supernaturalis, et origo omnis sanctificationis, virtusque perfectiva; quoniam ipsum quoque altare divinissimum est Dominus noster Jesus Christus, in quo omnis mens divina sanctificatur. *Tunc enim*, inquit David, *imponemus super altare tuum vitulos* ⁶, divinas nimirum mentes intelligens. Quemadmodum enim vitulus olim sanctificabatur, ita etiam divinæ A synaxeos, hic vero mysterium consecrationis unmentes, mystice in holocausti morem penitus concrematæ, consecrantur Deo, in quo accessum habemus; quoniam adductio vivarum victimarum dicitur is in quo sanctificantur universa. Qua ratione ipsum hoc altare per divinum unguentum sanctificatur? Utique manifestum est, quod sicut pro nobis baptizatur, cum ipse nullo modo sit coinquinatus, sed ut nos a sordibus mundaret; **231** necnon patitur et moritur pro nobis, cum ipse non peccasset, sed ut nos a peccatis liberaret: sic utique etiam sanctificat ipse semetipsum pro nobis, unguentum scilicet altare; ac deinceps istiusmodi sanctificatio transit ad nos, qui ipsi per divinum baptismum agnati sumus. Quocirca istiusmodi sanctificationem et unguenti consecrationem a re ipsa τελετήν appellant; antea B enim dicebamus, mysterium baptismi et mysterium

guenti. Si itaque diceremus mysterium unguenti, diceremus utique mysterium Christi, unguentum enim Christus; sed dicimus mysterium consecrationis unguenti, perinde ac si quis dicat mysterium consecrationis Dei. Cum vero consecratio tam consecrantis quam consecrati dicatur, utroque sensu hanc vocem accipimus, cum pro eo quod humano more a nobis consecratur, tum pro eo quod omnia quæ consecrantur sanctificat. Porro melos illud sacrum prophetis divina Spiritus inspiratione afflatum, scilicet Alleluia, qui Hebraice periti sunt, aiunt significare laudem Dei. Omni itaque consecratione perfecta, haud abs re est meminisse Dei. Hoc autem dicit, quia Alleluia canitur in unguenti consecratione.

CAPUT V.

I. *De sacrorum ordinum consecrationibus.*

SYNOPSIS CAPITIS.

Prima parte hujus capitis ostendit, I. *Quam sit hierarchia nostra bene ordinata.* II. *Quæ sit consecratio spirituum cœlestium, et quibus data sit legalis hierarchia, et qua de causa, et ubi data sit: aitque nostram hierarchiam mediam esse inter legalem ac cœlestem.* III. *Tres esse functiones hierarchiæ, scilicet expiare, illuminare, perficere.* IV. *Ordines inferiores a superioribus ad Deum adduci.* V. *Pontificem esse primum in ordine hierarchico, et ab eo sacram omnem potestatem ad inferiores derivari.* VI. *Quid sit munus pontificum, sacerdotum, diaconorum.* VII. *Superiores inferiorum facultates habere, et functiones eorum exercere posse, non contra.* — *Secunda parte tradit ritum consecrandi episcopum, sacerdotem, diaconum.* — *Tertia parte proponit contemplationem, in qua explicat*: I. *Quæ sint cuique ordini communia, et quæ particularia.* II. *Quid sibi velit accessus ad altare et genuflexio.* III. *Quid manus impositio.* IV. *Quid crucis signatio.* V. *Quid nominum promulgatio, et quomodo nemo sit ad sacra promovendus, nisi a Deo electus.* VI. *Quid insinuet finalis salutatio.* VII. *Cur capiti pontificis Scripturæ liber imponatur.* VIII. *Quid sibi velit genuflexio sive unius, sive utriusque poplitis.*

§ I. Hæc quidem divinissima est unguenti consecratio: modo tempus **232** est, post divinas istas functiones, ipsosmet sacros ordines exponendi, eorumdemque distributiones, ac virtutes, et actiones atque perfectiones, tresque ordines majores qui sub iis continentur, ut ostendatur hierarchiæ nostræ descriptio, quidquid inordinatum et incompositum atque confusum est, nulla cum eo mistione facta, segregare et ablegare, decorem vero atque ordinem ac majestatem in proportionibus sanctorum ordinum suorum exhibere. Ac triplicem quidem omnis hierarchiæ divisionem in hierarchiis iis, quas pridem celebravimus, congrue satis, uti reor, exposuimus, cum diximus hierarchicam rationem omnem in divina mysteria seu sacra dividi, et in eos qui ea tenent enuntiantque aliis, atque in eos D qui ab illis initiantur.

§ II. Itaque sanctissimæ quidem supercœlestium essentiarum hierarchiæ pro consecratione est intelligentia illa quam maxime a materia semota, qua se Deumque norunt, atque deiformitatis integer, quantusque possibilis est, divinæ imitationis status: illuminatores vero et ad istiusmodi sacrosanctam imitationem duces sunt primæ istæ substantiæ quæ circa Deum versantur; hæ enim in inferiores sacros ordines benigne, pro cujusque captu, continuo

deificas scientias derivant, quas ipsis impertivit per se perfectus ac sapientificus ille divinarum mentium divinus principatus. Porro primis istis essentiis subditæ distinctiones, utpote quæ per illas sancte ad deificam divini principatus illustrationem adducuntur, vocantur, et sunt vero ordines initiati. Secundum illam autem cœlestem mundoque superiorem hierarchiam divinitas in nos benefice sacratissima sua munera depromens, iis quidem qui infantes erant, ut Scriptura testatur, legalem indulsit hierarchiam, sub exilibus nimirum veritatem imaginibus atque simulacris; quæ ab exemplaribus plurimum dissidebant, obscurisque ænigmatibus et figuris, quæ opertam nec ita facilem dijudicatu intelligentiam habebant, lumen iis proportionatum, tanquam imbecillioribus oculis, innocue affundens. Hujus autem legalis hierarchiæ mysterium introductio quædam fuit ad cultum spiritalem. Duces ejus exstiterunt ii qui sacri illius tabernaculi ritum a Moyse, primo legis pontificum doctore ac duce, didicerant: qui ad sacrum illud tabernaculum institutionis causa hierarchiam legis **233** describens, ad exemplaris, quod illi in monte Sina monstratum fuerat, imaginem et imitationem omnia, quæ in lege sancte fiebant, revocabat. Perficiebantur autem ii, qui a legalibus signis secundum captum suum ad perfectiorem disciplinam promovebantur. Perfectiorem vero mysteriorum disciplinam sacra Scriptura nostram vocat hierarchiam, cum hanc illius consummationem sacrumque finem nominat. Est autem eadem etiam cœlestis et legalis communione quadam mediæ conditionis suæ, qua communicat extremis, cum illa nimirum in spiritalibus contemplationibus, cum hac vero sensibilium varietate signorum, per quæ etiam ad divinum Numen adducitur. Porro triplicem etiam habet sacri ordinis distributionem, quatenus dividitur in sanctissimas mysteriorum cæremonias, atque in deiformes sacrorum administros, et in illos qui ab his ad sacra cuique congruentia promoventur. Quælibet autem ex tribus hierarchiæ nostræ partitionibus ad legalis et ejus, quæ nostra hac divinior est, hierarchiæ similitudinem, prima, et media, et extrema statuitur, cum sanctæ proportionis, tum venustissimæ suoque ordini congruæ, ac cuncta connectentis societatis virtute subnixa.

§ III. Sanctissima itaque mysteriorum consecratio primam quidem virtutem deiformem habet, qua profanos sacris expiat; mediam vero, qua eos qui jam expiati sunt illuminando initiat; postremam denique, et summam præcedentium, qua sacris initiatos propriarum consecrationum scientia consummat ac perficit. Porro sacrorum ministrorum distinctio virtute prima per mysteria profanos expiat; media vero expiatos illuminat, postrema denique eaque suprema sacrorum ministrorum virtute eos, qui divini luminis participes facti sunt, perfecta visarum illustrationum scientia absolvit. Eorum vero qui initiantur vis prima est, quæ expiatur; media post expiationem, quæ illustratur, et ad quorumdam sacramentorum conspectum admittitur; postrema denique, cæterisque divinior, ea quæ sacrarum quas percipit illustrationum consummante scientia collustratur. Triplex itaque virtus mysteriorum sanctæ consecrationis celebrata est, cum ex Scripturis ostenderimus sacram quidem Dei regenerationem esse simul expiationem et splendorem illustrantem; mysterium autem synaxeos et unguenti, cognitionem esse **234** atque scientiam quæ divina opera consummat, per quam sacrosancte ad divinum principatum et unifica adductio et beatissima fit communio. Nunc autem deinceps exponenda est distinctio sacerdotum, quæ in ordinem expiantem, illustrantem, perficientemque dividitur.

§ IV. Lex quidem hæc est sacrosanctæ summæ Deitatis, ut per prima quæ sequuntur, ad divinissimam ejus lucem adducantur. An non sensibiles quoque substantias elementorum cernimus primum ad ea, quæ ipsis magis cognata sunt, accedere, ac per illa deinde efficacitatem suam ad alia derivare? Merito igitur omnis eum invisibilis tum visibilis distinctionis initium ac sedes ad eos, qui deiformiores sunt, deificos suos radios permittit pervenire, atque per illos, utpote limpidiores spiritus, et ad participandum traducendumque lumen magis idoneos,

inferioribus pro illorum capacitate illucescit, et apparet. Istorum igitur est, qui primi Deum cernunt, sequentibus sine invidia, pro modulo cujusque, sibi sacrosancte perspecta divina spectacula insinuare : docere etiam ea quæ hierarchiæ propria sunt, eorum est, qui cum perficiente scientia divina quæque sacri sui ordinis mysteria probe sunt edocti, consummatamque docendi alios virtutem acceperunt; sacramenta vero pro dignitate tradere illorum est, qui scite atque integre sacerdotalis initiationis participes exsistunt.

§ V. Pontificum itaque divinus ordo primus est eorum ordinum qui Deum vident, idemque et summus et ultimus, quippe in quo et absolvitur et expletur omnis hierarchiæ nostræ distinctio. Ut enim hierarchiam omnem videmus in Jesum desinere, sic unamquamque in suum divinum pontificem. Porro virtus ordinis hierarchici in sacris omnibus distinctionibus capitur, et per omnes sacros ordines hierarchiæ quæ ipsi propria est mysteria perficit; verum huic excellenter præ cæteris ordinibus in sui ministerium divina lex officia diviniora distribuit, quæ nimirum sunt imagines præcipuæ perficientis virtutis Dei, quibus divinissima quæque symbola sacræque distinctiones omnes consummantur. Licet enim a sacerdotibus veneranda quædam sacramenta conficiantur, nunquam tamen sacerdos divinam illam regenerationem sine divinissimo illo unguento consummabit, neque divinæ communionis mysteria consecrabit, nisi communionis sacramenta divinissimo **235** altari fuerint imposita, quin ne sacerdos quidem erit, nisi pontificiis initiationibus ad sortem istam fuerit promotus. Quapropter lex divina hierarchicorum ordinum sanctificationem, et unguenti divini consecrationem, sacramque altaris benedictionem perficientibus divinorum pontificum virtutibus singulariter attribuit.

§ VI. Est igitur pontificatus seu episcopatus ordo, qui, consummante virtute fultus, perficientia quæque sacri ordinis munia præeminenter consummat, atque sacrorum disciplinas interpretando tradit, et edocet quænam ipsis sacræ competant habitudines atque virtutes. Sacerdotum autem ordo, qui illuminat, ad sacra mysteria contuenda initiatos manuducit divinorum ordini pontificum subjectus, cum quo propria sua celebrat officia, atque in iis quidem quæ facit divina opera sanctissimis signis et sacramentis ostendit, spectatoresque eos qui accedunt efficit, et in sanctorum mysteriorum societatem communionemque admittit, sed ad pontificem remittit eos qui disciplinam expetunt mysteriorum quæ viderunt. Verum ordo ministrorum seu diaconorum est, qui expiat et dissimilia discernit, antequam ad sacerdotum sacra veniant; accedentes etiam lustrat, ut eos a contrariis immunes reddat, atque sacrorum mysteriorum spectaculo et communione dignos. Itaque in sacra Dei regeneratione diaconi eum, qui ad illam accedit, antiqua veste exuunt atque discalceant, et ad occidentem abrenuntiandi causa sistunt, rursusque traducunt ad orientem (sunt enim purgantis ordinis atque virtutis) hortantes eos qui accedunt, ut prioris vitæ indumenta penitus deponant; errorisque pristini tenebris patefactis docent eos ut obscuris rebus ablegatis, sese transferant ad ea quæ illuminant. Diaconorum itaque ordo est expiatorius, ad præclara sacerdotum sacra ducens eos qui expiati sunt, atque expiat imperfectos, quos etiam fovet purgantibus eloquiorum illustrationibus atque doctrinis; et præterea profanos a sacerdotibus arcet, propter quod pontificio instituto sacris quoque foribus præficitur, ut significetur, eorum qui ad sacra veniunt accessum omnimodis illustrationibus esse expiandum, quandoquidem ad aspectum communionemque sacrorum introducendi munus expiatoriis virtutibus sit commissum, a quibus alii, qui ab omni **236** macula mundati sunt, intromittantur.

§ VII. Demonstratum est igitur pontificum quidem ordinem perficiendi vim habere, ac reipsa perficere; sacerdotum autem illuminandi vim habere, atque illuminare; ministrorum vero expiandi ac discernendi facultatem obtinere. Siquidem ordo pontificius non perficiendi tantum, sed et illuminandi simul atque expiandi vim habet; ac potestas sacerdotum, præter illuminandi facultatem, expiandi quoque continet scientiam: verum inferiores ad superiorum functiones transilire nequaquam possunt, quare nefas sit eos ad tantam proterviam devenire. Virtutes autem quæ diviniores sunt, præter facultates proprias inferiorum quoque sacras scientias perfectione sua continent. Quoniam tamen ecclesiasticæ descriptiones divinarum imagines sunt actionum, quod ornati distinctique divinarum actionum ordinis certas ratasque illustrationes in se exhibent, in primas, et medias novissimasque sacras functiones atque ordines in hierarchicis distinctionibus sunt distributæ, quod, uti dixi, divinarum actionum ordinem atque distinctionem in semetipsis exhibent. Cum enim illa summa Deitas mentes eas, quibus se insinuat, primum expiet, ac deinde illuminet, atque illustratas demum ad deiformem quamdam promoveat perfectionem, recte sacer ordo, qui divinis præest imaginibus, in diversos semetipsum ordines virtutesque distinguit; aperte demonstrans, divinas illas præcipuas actiones in sanctissimis purissimisque ordinibus constanter distincteque consistere. Sed quoniam sacerdotum ordines ac munia, virtutesque eorum et actiones pro virili exposuimus, sacratissimas etiam eorum consecrationes, quoad possumus, consideremus.

II. *Mysterium consecrationis sacrorum ordinum.*

Pontifex quidem qui ad pontificiam consecrationem est evectus utroque genu flexo ante altare, supra caput habet Scripturas a Deo traditas, manumque pontificis, atque hoc modo a pontifice, qui ipsum consecrat, sanctissimis adprecationibus consecratur. Sacerdos vero utroque poplite ante altare flexo, in capite habet dextram pontificis, et hoc modo ab illo pontifice, qui illum consecrat, sanctis invocationibus consecratur. Porro diaconus **237** unum genu flectens ante divinum altare supra caput habet dextram pontificis ipsum consecrantis, et ab eo consecratur invocationibus ad ministrorum consecrationem accommodatis. Unicuique autem eorum signum crucis a consecrante pontifice imprimitur, et singulis sancta prædicatio perficiensque salutatio adhibetur, cunctis præsentibus ecclesiasticis, una cum pontifice consecrante, consalutantibus illum qui in aliquem dictorum ordinum sacrorum est cooptatus.

III. *Contemplatio.*

§ I. Communia quidem sunt et pontificibus, et sacerdotibus, et ministris cum consecrantur, accessus ad divinum altare, genuum flexio, pontificiæ manus impositio, crucis impressio, prædicatio, perficiens salutatio; præcipua vero et episcopis propria est Scripturarum supra caput impositio, quod inferiores ordines non habent; sacerdotibus autem utriusque pedis inclinatio, quo caret consecratio ministrorum, ministri enim, ut dictum est, alterum tantum genu flectunt.

§ II. Itaque accessus ille ad divinum altare genuumque flexio insinuat omnibus iis qui sacris ordinibus initiantur, vitam propriam Deo, consecrationis auctori, penitus subjiciendam, nec non spiritalem integritatem omnino puram purgatamque atque uniformem offerendam esse, ut, quantum fieri potest, digna sit divino templo et altari ejus, qui sanctiori ratione deiformes mentes consecrat.

§ III. Pontificis autem manus impositio designat hierarchicam protectionem qua, tanquam sanctos filios paterno affectu fovet, et statum virtutemque sacri ordinis impertitur, adversariasque potestates procul ab illis abigit: simulque docet, sic consecratos obire sacras omnes ordinis functiones, tanquam qui sub Deo illas obeant, quem in omni re suarum actionum ducem habent.

§ IV. Porro signum crucis designat omnium simul carnalium cupiditatum cessationem, divinæque vitæ imitationem, dum constanter intuentur ad Dei virilem Jesu vitam ad crucem usque et mortem, cum summa prorsus ac divina impeccabilitate transactam, qui pie viventes, tanquam sibi conformes, ad imaginem **238** impeccabilitatis suæ forma crucis insignit.

§ V. Sacram vero ordinationum et eorum qui initiantur promulgationem pontifex proclamat, mysterio declarante, Deo charum sacrorum ordinum collatorem interpretem esse divinæ electionis, eumque non privata gratia eos qui initiantur ad sacrum ordinem promovere, sed afflatu Dei regi in omnibus hierarchicis ordinationibus. Hoc modo Moyses, cum esset legalium collator cæremoniarum, fratrem suum Aaron, quantumvis Deo charum, sacerdotioque dignum, non prius ad sacerdotalem ordinem promovit, quam ad id divinitus excitatus, sub summo consecratore Deo sacerdotalem consecrationem pontificaliter celebraret. Quinimo divinus ille ac primus ordinis nostri collator (hoc enim munus sibi Jesus benignissimus in nostri gratiam assumpsit) non semel ipse clarificavit [b], ut Eloquia testantur, sed qui locutus est ad eum: *Tu es Sacerdos in æternum secundum ordinem Melchisedech* [i]. Quapropter etiam ipse dum ad ordinem sacerdotis discipulos promovebat, tametsi ut Deus consecrationis auctor exsisteret, simul tamen ad sanctissimum suum Patrem et Spiritum Dei principalem præcipuum sacrosanctæ consecrationis munus referebat, præcipiens discipulis, ut Eloquia testantur, *ab Jerosolymis ne discederent, sed exspectarent promissionem Patris, quam audistis*, inquit, *per os meum; quia vos baptizabimini Spiritu sancto* [k]. Quin et princeps apostolorum, una cum coæquali sibi ac pontificali decade, ad sacrum illum duodenarium discipulorum numerum implendum congregatus, summæ Divinitati electionis munus reverenter cessit, cum ait: *Ostende quem elegeris* [l]; eumque quem divina sors designaverat sacro illi duodenario hierarchico annumeravit. Cum autem de divina illa sorte, quæ divinitus super Matthiam cecidit, alii ab aliis, meo quidem judicio, non recte diversa senserint, meam ipse sententiam exponam. Mihi enim videtur Scriptura sortem appellare divinum illud munus, quo declarabatur choro hierarchico, quisnam divino suffragio electus erat: siquidem divinus pontifex nequaquam motu proprio sacros ordines conferre debet, sed ut decet pontificem eosdem instinctu Dei divinitus celebrare.

§ VI. Porro illa salutatio quæ sub finem sacrarum ordinationum adhibetur, sacri quidpiam innuit. Cuncti enim **239** qui astant ex sacris ordinibus, ipseque qui consecravit pontifex, ita consecratum salutant. Cum enim mens sancta sacrosanctis habitibus et virtutibus, divinaque vocatione ac sanctimonia ad sacri ordinis consecrationem pervenerit, tum amabilis exsistit æqualibus sanctissimisque ordinibus, et ad maxime deiformem provecta pulchritudinem amat et ipsa mentes sui similes, et ab iisdem sancte redamatur. Hinc sancta illa mutua consalutatio in sacris ordinibus celebratur, quæ mentium æqualium sacrosanctam insinuat communionem, amabilemque mutuam lætitiam, quippe quæ deiformem maxime venustatem totius sacri ordinis conservat.

§ VII. Atque hæc quidem, uti dixi, communia sunt universæ sacrorum ordinum collationi. Habet vero pontifex peculiarem illam sacratissimam Eloquiorum supra caput impositionem. Cum enim perfectiva quæque sacri ordinis vis atque scientia divinis pontificibus a divinoprincipali ordinumque originali bonitate concedatur, merito pontificum capitibus Eloquia divinitus tradita imponuntur, quæ continent exponuntque scite omnem theologiam, Deique cum operatione tum apparitionem, sacrumque sermonem et actionem; unoque verbo, divina omnia sacraque opera ac verba, quæ a benefico divino principatu sacro nostro ordini indulta, ita ut pontifex deiformis omnis quidem virtutis hierarchicæ plane particeps exsistat, omnium vero sacroprincipalium Eloquiorum et operationum veritatem divinitusque traditam scientiam non tantum per illustrationem accepturus sit, verum etiam in alios, pro cujusque ad res sacras capacitate, transfusurus, nec non perfectissima quæque totius pontificatus munia divinissimis scientiis et sublimissimis anagogis pontificaliter celebraturus. Sacerdotibus autem utriusque pedis inclinatio peculiaris es', præ ordine ministrorum, qui unum tantum genu flectit, atque hoc situ corporis a pontifice consecratur.

§ VIII. Ac flectio quidem designat subjectum accessum ejus qui accedit, et subjicit Deo id quod sancte offertur. Quoniam vero tres sunt sacris operantium, uti sæpe diximus, distinctiones, quæ per totidem sanctissimos ritus ac virtutes, tribus eorum qui initiantur ordinibus præsunt, atque salutarem eorum sub divinum jugum promovent accessum, recte ministrorum ordo, ut qui tantum **240** vim expiandi habeat, solummodo eorum qui expiantur accessum procurat, eumque divino altari sistit; in quo nimirum mentes quæ expiantur supra mundanam rationem consecrantur. Sacerdotes vero utrumque genu flectunt, quod ii, qui ab iis sancte promoventur, non solum expientur, verum etiam præclarissimis eorum sacrificiis, vita jam anagogice perpurgata, ad contemplandi statum ac veritatem sacerdotaliter perficiantur. Pontifex autem utrumque genu flectens, supra caput habet a Deo traditas Scripturas, eosque, quos ministerialis virtus expiavit, et sacerdotalis functio illuminavit, ad eorum quæ conspexerunt sacrorum pro modulo cujusque scientiam pontificio munere provehit, perficitque eos qui promoventur, ut pro captu suo toti Deo consecrentur.

ADNOTATIONES CORDERII.

Parte prima § 1 ait hierarchicam rationem omnem in divina mysteria seu sacra dividi, et in eos qui ea tenent enuntiantque aliis, atque in eos qui ab illis initiantur. Unde in supplemento ad III partem S. Thomæ, quæst. 31, artic. 1, infertur, quod sint quidam exercentes actiones hierarchicas, et quidam recipientes tantum, qui sunt laici. Unde nullius sacramenti dispensatio laicis ex officio competit; sed quod

[b] Heb. v. [i] Psal. cix, 4. [k] Act. i, 4. [l] Act. i, 24.

possint baptizare in casu necessitatis, ex divina dispensatione factum est, ut nulli regenerationis spiritalis facultas deesset.

§ III. Ubi ait, *Iis quidem qui infantes erant*, alludit ad *Epist. ad Hebræos*, ubi S. Paulus eos qui legalia Moysis acceperant, vocat parvulos [m]. Lex autem illa, inquit, erat illorum captui accommodata, et per umbras ac figuras ad Christum adducebat, juxta quod ait Apostolus: *Lex pædagogus noster fuit in Christo* [n]. « Dupliciter enim (inquit S. Thomas 1, 11, quæst. 98, artic. 2) homines ordinabat ad Christum. Uno quidem modo, testimonium Christo perhibendo, unde ipse dicit: *Necesse est impleri omnia quæ scripta sunt in lege Moysi, et prophetis, et Psalmis de me* [o]; et Joan. v. *Si crederetis Moysi, crederetis forsitan et mihi : de me enim ille scripsit* [p]. Alio modo, per modum cujusdam dispositionis ; dum retrahens homines a cultu idololatriæ concludebat eos sub cultu unius Dei, a quo salvandum erat genus humanum per Christum. Unde Apostolus ait : *Prius autem quam veniret fides, sub lege custodiebamur conclusi in eam fidem quæ revelanda erat* [q]. »

Nota autem Dionysium hic distinguere triplicem hominum statum. Primus est veteris legis, secundus novæ legis, tertius est status gloriæ sive patriæ. Sed sicut primus status est figuralis et imperfectus respectu status Evangelii, ita hic status est figuralis et imperfectus respectu status patriæ, quo adveniente, ista evacuatur.

Ibidem : *Perfectiorem vero mysteriorum disciplinam sacra Scriptura nostram vocat hierarchiam*, etc. « Lex enim nova (inquit D. Thomas 1, 11, quæst. 107, art. 2) comparatur ad veterem, sicut perfectum ad imperfectum. Omne autem perfectum adimplet id quod imperfecto deest ; et secundum hoc lex nova adimplet veterem legem, in quantum supplet illud quod veteri legi deerat. » Plura vide apud sanctum Thomam loco citato.

§ IV. *Lex quidem hæc est sacrosancta summæ Deitatis, ut per prima quæ sequuntur ad divinissimam ejus lucem adducantur*. Ex hoc loco sanctus Thomas 1ª parte, quæst. 106, art. 5, in corpore, concludit, quod inferiores angeli nunquam illuminent superiores, sed semper ab eis illuminentur. Cujus ratio est, quia nimirum ordo continetur sub ordine, sicut causa continetur sub causa. Unde sicut ordinatur causa ad causam (scilicet secunda ad primam), ita ordo ad ordinem.

Notandum ibidem, quod ecclesiastica hierarchia cœlestem quidem hierarchiam aliqualiter imitetur, sed non perfecte similitudinem ejus assequatur. In cœlesti enim hierarchia tota ratio ordinis est ex propinquitate ad Deum, et ideo **241** illi qui sunt Deo propinquiores, sunt et gradu sublimiores, et scientia clariores; et propter hoc superiores nunquam ab inferioribus illuminantur : sed in ecclesiastica hierarchia interdum qui sunt Deo per sanctitatem propinquiores, sunt gradu infimi et scientia non eminentes, et quidam in uno etiam secundum scientiam eminent, et in alio deficiunt; et propter hoc superiores ab inferioribus doceri possunt.

Nota 1, § 5 et sequentibus a sancto Dionysio describi sacrorum ordinum distinctionem, et eorumdem numerum, differentiam et subordinationem, quæ a summo pontifice descendit. Hæc autem subordinatio confirmatur ex Clemente, in *Apostolicis constitutionibus* libro octavo, capite quadragesimo sexto. *Etenim*, inquit, *si non esset aliqua lex posita, et aliquod discrimen ordinum, satis erat, uno nomine affectos omnia illa ministeria perficere ; verum cum a Deo consequentiam rerum didicerimus, episcopis quidem assignavimus et attribuimus quæ ad principatum sacerdotii pertinent, presbyteris vero, quæ ad sacerdotium, deinde diaconis quæ ad ministrandum utrisque : ut pure et caste fiant quæ ad religionem pertinent. Neque enim fas est diacono sacrificium offerre, aut baptizare, aut benedictionem sive parvam sive magnam facere, neque presbytero ordinationes clericorum facere*. Siquidem non licet ordinem invertere, etc., ut ibi Clemens et hic Dionysius § 7 latius probat. Quare ibidem recte infert Turrianus, cum sancti apostoli a Domino didicerint, ut apostolica doctrina testatur, episcopos esse, et dici ἀρχιερεῖς, id est præsides sive principes sacerdotii, nulla novi nominis ratio efficere potest, quin sit in Ecclesia sacerdotii principatus, qui episcopis convenit, et sacerdotum, qui presbyteri, quibus episcopi præsunt. Ergo licet novatores nostri nomina confundant ad decipiendum, et novas rationes nominum inveniant, nunquam tamen res et rerum differentias mutare poterunt.

Nota 2 ibidem tria duntaxat munia episcopi recenseri, scilicet ordinum collationem, unguenti consecrationem et altaris benedictionem, cum in *Pontificali Romano* sex munera seu officia episcopo attribuantur his verbis : *Episcopum oportet judicare, interpretari, consecrare, ordinare, offerre et baptizare*. Voluit nimirum Dionysius hic duntaxat recensere ea munia episcopi quæ illi propria sunt, et cum nullo alio ordine communia : nam interpretari, offerre et baptizare sacerdotibus quoque ex officio competit; quibus in *Pontificali* quinque munera assignantur, scilicet *offerre, benedicere, præesse, prædicare et baptizare*. Plura de his vide apud Vasquez in tertiam partem, disp. 236, cap. 10.

Parte secunda notandum, in consecratione episcopi a Dionysio tria requiri, scilicet impositionem manus, impositionem libri Evangeliorum, et formam consecrationis. Disputant autem theologi, num impositio illa libri Evangeliorum sit materia sacramenti, sicut impositio manus pontificis. Sed bene ostendit Vasquez, quod licet hæc cæremonia a tempore apostolorum in consecratione episcoporum adhiberi consueverit, tamen materiam consecrationis episcoporum non esse ; quia materia adhiberi debet, a quo proferri potest forma ut legitimo ministro; atqui liber Evangeliorum imponitur scapulis vel cervici consecrandi, non ab episcopis consecratoribus, sed ab uno ex capellanis, ut dicitur in rubrica *Pontificalis*, et antiquitus fiebat a diaconis (ut expresse tradit Clemens lib. viii *Constitutionum* in fine capitis tertii) qui non sunt ministri ordinationis, neque formam proferre possunt : quare non potest esse materia. Et quamvis in concilio Carthaginensi iv, can. 2, præcipiatur ut duo episcopi teneant librum Evangeliorum, et reliqui manus imponant, tamen cum oppositum sit in usu in Ecclesia Romana, et Clemens tradiderit, conficitur plane non pertinere ad essentiam ordinationis, ut liber ab episcopis teneatur. Materiam autem a legitimo ministro debere applicari manifestum est, et quidem ab eo a quo forma proferri debet ; uti bene docet Vasquez citatus disputat. 237, cap. 2, et disputat. 138, cap. 4. Quamvis autem Clemens loco citato et Dionysius hic meminerint hujus cæremoniæ, neuter tamen eorum dicit esse materiam consecrationis episcopi, aut per illam tradi potestatem, sed illius meminerunt, sicut et aliarum cæremoniarum.

Parte tertia, § 5, ubi ait : *Hoc modo Moyses*, etc. alludit ad illud Exodi xxix, 4 : *Et Aaron ac filios ejus applicabis ad ostium tabernaculi testimonii. Cumque laveris patrem cum filiis suis aqua, indues Aaron vestimentis suis, id est linea et tunica, et superhumerali et rationali, quod constringes balteo. Et pones tiaram in*

[m] Hebr. v, 12. [n] Gal. iii, 24. [o] Luc. xxiv, 44. [p] Joan. v, 46. [q] Gal. iii, 23.

capite ejus, et laminam sanctam super tiaram, et oleum unctionis fundes super caput ejus : atque hoc ritu consecrabitur, etc. Unde patet antiquus ritus consecrandi sacerdotes.

Ibidem. Eumque quem divina sors designaverat, etc. Sic Numerorum cap. xvii, intelligimus tribus Israel virgas suas in sortes dedisse, ut qui electus esset a Deo, sacerdos declararetur. Sors autem cecidit super Aaron, cujus solius virga turgentibus gemmis effloruerat. Ita etiam Gedeon divinam sortem petiit, dicens : *Si salvum facis per manum meam Israel sicut locutus es, ponam hoc vellus lanæ in area : si ros in solo vellere fuerit, et in omni terra siccitas, sciam quod per manum meam, sicut locutus es, liberabis Israel* r, etc. Eodem modo libro tertio Regum, cap. xviii, sortes per Eliam prophetam datæ sunt, ut cognosceretur num ipse an sacerdotes Baal essent veri Dei prophetæ, verique sacerdotes.

Notandum sortes in triplici esse genere. Aliæ enim sunt divisoriæ, ut quando per eas inquiritur, quid cuique tribuendum sit, sive illud sit res possessa, sive honor, sive pœna, sive alia functio. Aliæ consultoriæ, ut quando sortibus inquiritur divinum consilium, ut sciatur in re dubia quid agendum. Aliæ sunt divinatoriæ, ut quando per eas de eventis futuris inquiritur.

Sortes tunc demum illicitæ habentur, cujuscunque tandem generis sint, cum quis actus humanos (ut ait D. Thomas ii, ii, quæst. 95, art. 8, et opusc. 25 *De sortibus*) putat sortiri effectum suum secundum dispositionem stellarum aut dæmonum ingestionem : hæc enim est superstitio. Item cum quis eventum ex fortuna exspectat ; quod est vitium vanitatis. Item cum, etiamsi eventum exspectet a Deo, tamen abest necessitas : hæc enim est tentatio Dei. Item cum non adhibetur debita reverentia, vel cum divina oracula convertuntur ad terrena negotia. Denique cum quis sine delectu et peculiari Dei instinctu in electionibus ecclesiasticis sorte utitur. Atque hæ sunt quæ vetantur in cap. *Ecclesia, De sortilegiis*. Attamen cum Dionysio probandæ valde sortes, quæ *Actorum* primo divinitus ab apostolis institutæ, et a Deo singulariter directæ fuerunt in Matthiæ electione. Itaque sortes divisoriæ, quæ nec cedunt in injuriam tertii aut reip. aut Ecclesiæ, neque irrogant irreverentiam rebus sacris, ut dum hæreditas profana datur sortibus acceptis ex libro Evangeliorum, etc., licitæ sunt natura sua. Consultoriæ autem et divinatoriæ nequaquam, nisi intercedat inspiratio divina, vel magna necessitate urgente, aliter dubium dirimi nequit, tunc enim liceret, præmissa oratione, sorte illud dirimere. Et sic S. August. in Psal. xxx dicit, sortes nihil aliud esse, quam in dubitatione humana indicium divinæ voluntatis.

PARAPHRASIS PACHYMERÆ.

§ I. Hæc de divino mysticoque unguento ; cæterum modo tempus est exponendi ipsosmet sacros ordines, ac sortitiones seu distributiones. Hac autem voce utitur, quia quilibet ordo ecclesiasticus separatim habet ecclesiastica ministeria sorte quodammodo sibi attributa, quæ præterire nequit. Virtutes autem et actiones uno eodemque sensu accipere liceat, cum idem valeant : siquidem dicendi sunt doctrinaliter expiandi et illuminandi vim et efficaciam obtinere. Primum enim possumus, ac deinde agimus. Liceat quoque aliter distinguere, ac virtutes quidem accipere pro donis spiritalibus ac meritis ; actiones vero pro ministeriis ; perfectiones autem manifestum est, quod in constitutionibus seu ordinationibus accipiemus. Sic enim in nostra quoque hierarchia quidquid incompositum et inornatum est, pure segregabitur, rectus autem ordo et ornatus demonstrabitur. Quoniam vero in omni hierarchia triplex est distinctio, sicut pulchre, ut existimo, jampridem ostendimus : siquidem omnis functio hierarchica dividitur in ipsas initiationes et mystas, et eos qui initiantur.

§ II. Itaque cœlestis quidem hierarchia pro initiatione habet quam maxime immaterialem rerum divinarum intelligentiam, quantusque dari potest, divinæ imitationis statum ; pro mystis vero primas illas essentias : hæ enim ad inferiores divina munera benefice derivant ; inferiores autem virtutes sunt illæ quæ initiantur et consecrantur. Post cœlestem vero illam, nostram hanc hierarchiam divina bonitas constituens, quandoquidem infantes eramus, legalem hierarchiam indulsit, imbecillioribus nostris oculis lumen illis proportionatum per obscuras quasdam imagines affundens, quæ non ita dijudicatu facilem intelligentiam habebant. Quoniam vero dixit, omnem hierarchiam habere initiationem, et mystas, et initiatos, ad legalem cultum veniens istiusmodi triadem ostendere cupit. Initiatio itaque huic est, a typis ad spiritalem cultum traductio, quemadmodum etiam theologus ille Gregorius asseverat : manuductores vero ad hanc, sive mystæ sunt, qui a Moyse, primo doctore ac ductore, edocti sunt tabernaculum illud non manu factum, secundum quod illam legalem hierarchiam describens, legalia illa figuras seu imagines appellabat : audivit enim : *Omnia facies secundum exemplar quod tibi monstratum est in monte* s. Initiati vero erant, qui ab hac ad perfectiorem disciplinam traducebantur, quam et impletionem primæ sacramque sortem Scripturæ vocant, secundum quod etiam Dominus adimpletor legis, et non solutor dicitur t. Quemadmodum etiam pictor, qui dum umbræ imaginis sæpe colores addit, dicetur illam adimplere, et nequaquam solvere. Si vero Paulo credendum est ad Hebræos scribenti, medium quid inter cœlestem illum et legalem cultum nostra est hierarchia ; quæ cum cœlesti quidem communicat, quod spiritalibus utatur contemplationibus ; cum legali vero, quod ut illa quoque sensilibus signis variegetur.

§ III. Habet autem etiam ipsa triplicem hanc hierarchicam distinctionem, divisa in mysteria, et in divinorum mysteriorum administros ac sacerdotes, et in tertios illos qui ab his ad sacra promoventur. Quælibet autem horum functio denuo tripliciter dividitur. Initiationum itaque prima est expiatio, secunda, expiatorum illuminatio, et tertia, quæ

r Jud. vi, 36.   s Exod. xxv, 40.   t Matth. v, 17.

priores complet perfectio. Item ordo initiantium primum expiat, deinde illuminat, ac postea perficit; diaconi expiant, sacerdotes illuminant, **244** episcopi perficiunt. Eorum autem qui initiantur, primi expiantur per catechesin, secundi illuminantur per baptismum, et tertii perficiuntur, cum perfectivam scientiam accipiunt eorum quæ in baptismo conspexerunt, divinæ eucharistiæ participes effecti. Triplex itaque sacramentorum sacra functio celebratur : nam divinus baptismus ostensus est esse expiatio et illuminatio, communionis autem participatio et unguenti mysteriorum notiones sunt perfectivæ cognitionis atque scientiæ, qua sacrosancte divina communio celebratur.

§ IV. Nunc autem de ecclesiastico ordine dicendum est, qui cum etiam trifariam, in expiationem, illuminationem, perfectionem dividatur ; lex hæc sacrosancta est omnis hierarchiæ, ut per prima secunda adducantur. An non etiam illud in rebus sensibilibus et aspectabilibus videmus ? (hæc enim elementa vocat) ut in vitro perspicere licet, quod solem recipit, atque hoc modo illuminat; et in igne, qui prius ad materiam, quæ facile comburi potest, accedit, et per hanc etiam minus aptas ad eum recipiendum naturas exurit. Idcirco quoque omnis rectæ ordinationis, sive cœlestem sive nostram dixeris, principium ac sedes in primos ordines divinos suos radios emittit, atque per hos quoque inferioribus collucet.

§ V. Horum primorum est, posterioribus sine invidia communicare illa quorum ipsi sunt participes. Itaque divinus ordo pontificum idem est et primus et supremus, et ultimus : primus, quoniam ex eo cæteris quæ propria sunt donantur; ultimus, quoniam in ipsum omnis ecclesiastici ordo desinit. Quemadmodum enim hierarchia omnis in Salvatore nostro Jesu Christo consummatur, ut qui primus hierarcha est; sic etiam quælibet hierarchia in proprium suum hierarcham refertur, ut qui omnia per ordines sibi subditos operetur, quibus præbuit potestatem hæc agendi (ὁλότητας enim vocat omnes ordines, uti paulo post explicat); attamen præcipue pontifici, ut ipsemet peragat, et non per aliorum ministerium, attributa est unguenti sanctificatio, et altaris consecratio, et ecclesiasticorum ordinatio, quæ etiam perfectionis effectrices imagines divinæ potestatis vocavit : hæ enim sunt quæ divinissima quæque symbola perficiunt. Nisi enim sit unguentum, nisi sit altare, nisi sit **245** summus sacerdos, nihil etiam quod sit muneris sacerdotalis perficietur. Deinde, ac si quis objiceret, quomodo etiam baptisma per sacerdotes conferri possit, ait, neque hoc etiam perfecte per se sacerdotem operari ; nam et antistite opus erit, ut unguento inungat baptizatum; siquidem hæc antiqua erat consuetudo. Quomodo autem etiam divina communio fiet non exsistente altari ? Ubi erit sacerdos, nisi episcopus ipsum ordinaverit? Recte itaque diximus, tria hæc mysteria virtutes esse perfectivas, et singulariter episcopo attribui, id est particulariter, et semel simpliciter, non autem secundum quid ac partialiter.

§ VI. Quoniam divisit ecclesiasticum ordinem in perficientem, in illuminantem, in expiantem, modo tradit quid cuique ordini sit proprium. Ordo itaque episcopalis perficiendi vi pollet, et perficiens et perfectus, ac disciplinas, habitusque, ac virtutes sacrorum conferens. Ordo vero sacerdotum, sive presbyterorum, illuminandi munus obtinet, ad sacrorum conspectum manuducens eos qui initiantur, dum sacris quidem ipse operatur, et per manus sacerdotum propria divinitatis opera exhibet : verum eos qui divinarum rerum scientiam adipiscendi desiderio tenentur, ad episcopum transmittit. Ministrorum vero, id est diaconorum, ordo est expiatorius, et discretor bonarum et malarum, sive personarum sive rerum; discernunt enim etiam tam personas accedentium, quam virtutes rerum, et qualia bona sint et qualia prava. Unde et ipsi quoque vetus vestimentum deponunt, quod veteris malitiæ symbolum refert, abluuntque et sistunt, et adducunt eum qui ad baptismum accedit; siquidem hæc omnia virtutis et ordinis sunt expiantis. Docent enim illos, ut rebus obscuris renuntiantes, ad ea quæ illuminant adducantur. Adducit itaque expiatos, expiat imperfectos, fovet institutionibus, secernit sacros a profanis, fores custodit. Diaconi enim tunc fores habebant, nunc vero eas tenent subdiaconi. Lex itaque ecclesiastica diaconos foribus præficit, insinuans qualis et quali futurus sit ad sacra introitus, et virtutibus istis expiatricibus, ipsis, inquam, diaconis ad sacrorum aspectum introducendi munus committens, et per eosdem admittens illos quos ipsi sacrorum aspectu dignos judicaverint.

246 Summatim vero omnia repetendo ait, pontificem quidem perficere, sacerdotem autem illuminare, diaconum vero expiare, ac segregare fidelem ab infideli, et dignum ab indigno, quod proprium est subdiaconorum. Interim episcopus etiam potest obire munera inferiorum, non tamen sacerdos ea quæ sunt episcoporum ; ex quo significatur, quomodo nemo debeat majora se præsumere seu attentare. Cæterum virtutes quidem illæ superiores ea quæ inferiores sunt, habent, et episcopus potest omnia. Quoniam tamen ecclesiasticæ descriptiones divinarum imagines sunt actionum, in illis ipsis quoque rectus ordo distinctioque ostenditur. Denique refert, quomodo hæc nostratia quoque secundum ordinem divinum fiant. Quippe cum illa summa Deitas mentes eas quibus se insinuat, sive angelicas sive humanas, primum expiet, deinde illuminet, atque exinde perficiat, ordo hic etiam semper est inviolatus, et in omnibus servatur, nec unquam invertitur aut in alium transmutatur. Quomodo enim illuminabitur is qui non est expiatus ? et quomodo perficietur qui non est illuminatus? Idcirco cum hierarchia nostra sciat, istiusmodi ordinem esse invariatum, semetipsam distinguit in diversos ordines ac virtutes; et quod potissimum est, per semetipsam exsequens, illuminandi et expiandi munus cæteris secundum cujusque ordinem commisit. Sed quoniam de his satis dictum est, age, sacratissimas etiam eorum consecrationes consideremus.

II. *Mysterium*.

Hierarcha quidem seu episcopus cum ad ordines suscipiendos adducitur, utrumque genu flectens, supra caput habet divina sacraque Evangelia, et manum consecrantis, ac sanctissimis precibus consecratur. Sacerdos autem utrumque etiam ipse genu flectit, et in capite habet dextram consecrantis, atque ita etiam ipse sanctificantibus precibus sanctificatur. Diaconus vero unum genu flectens, super caput habet et ipse dextram consecrantis, et consecratur invocationibus ministrorum, quæ videlicet in eorumdem consecratione adhiberi solent, hierarcha quoque precibus extrinsecus annuente. Iis tribus itaque commune est, ante divinum altare ordinari, et forma crucis signari, et nomen recitari, et in fine salutari. Observa vero quod dicat, **247** omnes qui in sacrario sunt ordinatum salutare.

III. *Contemplatio*.

§ I. Aggrediens eorum qui consecrantur contemplationem, primum ea quæ tribus ordinibus communia, quæque cuilibet propria sunt, recenset. Communia igitur sunt, ordinatio ad divinum altare, formæ crucis signatio, et nominis recitatio, et finalis salutatio. Propria vero est episcopis sacri Evangelii impositio, sacerdotibus utriusque pedis inclinatio, diaconis alterutrius inflexio.

§ II. Dicimus itaque primum de communi illa ad altare sacrum adductione ac flexione, insinuari per hoc omnes illos consecrationis auctori Deo ex integro vitam suam consecrare, eamque, quoad fieri potest, conformem esse debere sanctissimo illi altari, Salvatori scilicet, Christo ac Domino, qui consecrat mentes deiformes.

§ III. Manus autem impositio partim quidem designat divinam protectionem, quæ ad se accedentes tanquam filios paterne protegit; partim vero docet ita consecratos, tanquam sub Deo sacram suam functionem obire debere. Nam manus symbolum est operationis.

§ IV. Porro signum crucis designat omnium carnalium cupiditatum cessationem, divinæque vitæ imitationem ejus qui ad crucem et mortem venit. Episcopus autem nomen illius qui ordinatur proclamat, quoniam Deo charus ordinum collator tantum explicat divinam electionem, quia non favore, sed a Deo motus, ipsum elegit. Hæc enim promulgatio, manifestatio est divinæ voluntatis.

§ V. Hoc modo etiam legalis ordinum collator Moyses fratrem suum Aaron, quamvis eum sciret isto munere dignum, nequaquam elegit, donec di-

vinitus ad hoc moveretur. Sed quid illum memoro ? cum ipsemet primus ordinum collator ac vivificator Jesus ad Patrem clamet : *Pater, clarifica Filium tuum* u, confirmationem quodammodo inde accipiens, tametsi Deus esset ac Dominus, et in vera gloria simul cum Patre et Spiritu sancto esse nosceretur. Si vero credimus ea quæ prophetæ locuti sunt, verba esse Dei, sicut vere sunt, et a Deo proferuntur; illud : *Tu es sacerdos in æternum* v, et quæ sequuntur, nequaquam omnino Davidis esse dicimus, sed **248** dictum Dei : accipitur autem de Patre Filio suo testimonium perhibente sacerdotii illius æterni secundum ordinem Melchisedech. Et discipulos, tametsi Deus esset, non a semetipso proprie ordinavit, sed promisit se missurum iis a Patre Spiritum sanctum. Quin et ipsemet princeps apostolorum, una cum decade discipulorum, quando duodenarium illum implere volebat, nequaquam a semetipso ordinabat quemcunque vellet, sed dicebat : *Ostende quem elegeris* x ; et illum accipiebat quem Spiritus sanctus ostenderat, Matthiam inquam. De divina vero sorte in Actis alii quidem alia tradiderunt, interim tamen non sancte istiusmodi sortes acciperemus, quales sæpe etiam ethnici ponebant, sicut apud Homerum jaciebat Gerenius eques Nestor. Ego autem dico, sortem fuisse signum aliquod revelationis, aut afflationis sanctissimi Spiritus, quod cadebat super eum qui sortiebatur. Unde etiam de Iscariota maximus ille Petrus ait : *Et acceperat nobiscum sortem ministerii hujus* y ; quanquam usitata vulgo sors non fuit adhibita a Domino cum apostolos elegit. Denique ad propositum dicimus, episcopum a sanctissimo Spiritu motum electiones facere debere.

§ VI. Porro omnes, etiam ipsemet ordinum collator, ordinatum salutant ; quoniam cum hoc modo mens sancta, divina vocatione et ecclesiasticis instructa virtutibus ad sacerdotium accedit (et observa, quod sicut primum mens divinis donis illustratur, sic etiam prima consecrationem suscipit, tanquam divinum quoddam munus, et homine subliniius), amabilis exsistit æqualibus, dum amat et amatur : hinc enim æqualium illa communicatio amabilis mutuaque lætitia insinuatur. Simile enim simili gaudet.

§ VII. Imponitur autem Evangelium illi qui in episcopum consecratur ; quia omnis ipsi potestas et scientia traditur, ipsique, tanquam universæ potestatis hierarchicæ ex integro participi, insunt quæcunque sacro quolibet sive verbo sive opere continentur ; ut qui non in semetipso tantum illustratus sit, verum etiam aliis istiusmodi dona largiatur.

§ VIII. Quid autem sibi vult, quod episcopus utrumque genu flectens, simul in capite divinum habet Evangelium, sacerdos vero utrumque etiam genu flectit, verum diaconus alterum duntaxat ? Comprehensim **249** dico, quod cum tres sint virtu-

u Joan. xvII, 1. v Psal. cix, 4. x Act. 1, 24. y Ibid., 17.

tes perfectioni servientes, scilicet expians, illuminans et consummans, et diaconus quidem primam habeat, sacerdos autem praeter hanc, etiam illuminantem, episcopus vero una cum his obtinet consummantem: idcirco diaconus, tanquam qui expiantem solam habet, alterum genu flectit; sacerdos vero, ut qui cum hac etiam illuminantem teneat, utrumque genu flectit, denique episcopus flectit et ipse utrumque genu, ut qui expiandi et illuminandi vi polleat: ad hæc vero, cum etiam perficiendi vi præditus sit, et a divinis Evangeliis perfectionem conferat, idcirco ipsi quoque sacrum Evangelium imponitur. Cæterum universim illa pedum inclinatio declarat, quod etsi ductores sint, hic quidem ad expiationem, ille vero ad expiationem simul et illuminationem, denique alius præterea ad perfectionem, attamen subjecti sint Deo, ipsique subjiciant eum quem adducunt.

CAPUT VI.

I. *De ordinibus qui initiantur.*

SYNOPSIS CAPITIS.

Prima parte capitis dicit. I. *Quinam ordines expientur.* II. *Quinam illuminentur.* III. *Quinam perficiantur, inter quos sunt monachi primi.* — *Secunda parte tradit quo ritu monachi consecrentur. Tertia parte subjungit contemplationem; in qua exponit* I. *Cur monachi non flexis genibus, sed stantes consecrentur.* II. *Quid sibi velit eorum renuntiatio.* III. *Quid crucis signatio.* IV. *Quid prioris vestis depositio.* V. *Quid sacra communio.* VI. *Explicat quanam ratione coelestes ordines expientur.*

§ I. Atque hi quidem sunt sacri ordines eorumque distributiones ac virtutes et operationes atque consecrationes: triplex modo genus ordinum initiandorum superest exponendum.

Dicimus igitur, ordines illos qui expiantur, esse turbas illas quæ a sacris functionibus et consecrationibus segregantur, quarum superius mentionem fecimus: quorum alius quidem a sacris arcetur, quod adhuc a ministris ad vitalem partum verbis obstetricantibus foveatur atque efformetur; alter vero, quod etiamnum ad eam, a qua defecit, vitæ sanctimoniam adhortatoria sermonum bonorum disciplina revocetur; alius autem, quod adhuc contrariis pavoribus ignaviter terreatur, atque potentibus **250** eloquiis corroboretur; alius vero, quod adhuc ab operibus perversis ad sacras actiones traducatur; alius, quod jam traductus quidem sit, sed nondum constantiam in divinis immutabilibusque scientiis sit consecutus. Hi enim sunt ordines qui cura ministrorum et purgandi vi expiantur, quos ad hoc ministri sacris suis virtutibus provehunt, ut perfecte purgati, ad illuminantem illustrissimorum sacrificiorum contemplationem et communionem traducantur.

§ II. Medius autem ordo est is qui sacrorum quorumdam aspectu gaudet, atque eorumdem pro modulo suo in omni puritate particeps exsistit, qui luminis accipiendi gratia sacerdotum curæ est commissus. Perspicuum est enim, ut arbitror, hunc ab omni labe nefaria expiatum, et castam atque immobilem mentis suæ sedem adeptum, ad contemplandi scientiam atque virtutem sacerdotum opera promoveri, divinissimisque, quibus illi fas est, sacramentis communicare, in quorum contemplationibus communionibusque omni sacro gaudio repletur, et ad divinum eorumdem scientiæ amorem per anagogicas virtutes pro virili suo subvolat. Hunc ergo sanctæ plebis ordinem appello; quippe qui per omnem expiationem eo pervenerit, ut sacrosancto præstantissimorum sacramentorum aspectu et communione, quantum fas est, dignus sit habitus.

§ III. Summus vero eorum omnium qui perficiuntur est ordo sacer monachorum, cum et omni piaculo, tota vi, omnique actionum suarum sanctimonia sit expiatus, et omnis mysterii, quod quidem ei fas sit aspicere, spectator particepsque sit factus, traditusque perficienti pontificum ordini, cujus divinis illustrationibus pontificiisque institutis sacrorum ad se spectantium mysteriorum consecrationes eruditus, ab eorumdem sacra scientia ad perfectissimam pro suo modulo perfectionem evehatur. Hinc sancti præceptores nostri divinis eos appellationibus sunt prosecuti; alii quidem therapeutas, seu cultores, alii vero monachos, cum a sincero Dei æmulatu atque cultu, tum ab individua et singulari vita denominantes, quippe quæ sanctis rerum dividuarum conjunctionibus ipsos ad deiformem quamdam unitatem Deoque gratam perfectionem adducat: qua de causa quoque lex sancta perficientem eis gratiam indulsit, eisque consecrantem quamdam adhibet **251** invocationem, non quidem pontificiam, ea enim in solis sacris ordinibus adhibetur, sed consecratoriam aliquam, quæ a sanctis sacerdotibus in hierarchica initiatione secundo loco adhibetur.

II. *Mysterium monasticæ consecrationis.*

Sacerdos quidem stat ante altare, monasticam sancte recitans invocationem; is autem qui consecratur stat post sacerdotem, nec utrumque neque etiam alterum genu flectit, nec supra caput habet Scripturas a Deo traditas, sed tantum astat sacerdoti supra illum mysticam invocationem prosequenti. Qua finita, sacerdos ad eum accedens, rogat ipsum primum, an omnibus rebus dividuis renuntiet, non solum vitis, verum etiam imaginationibus. Deinde exponit illi vitam perfectissimam, contestans illum debere mediam vivendi rationem superare. Quæ ubi omnia is qui initiatur continenter professus est, sacerdos eum signo crucis consignatum tondet, tres personas divinæ beatitudinis invocando, omnique veste detracta, cum alia induit, et cum aliis viris sanctis astantibus ipsum salutans, participem facit divinorum mysteriorum.

III. *Contemplatio.*

§ I. Quod neutrum genu inflectat, neque capiti impositas habeat divinitus traditas Scripturas, sed assistat sacerdoti, precationem recitanti, declarat, ordinis monastici non esse alios adducere, sed penes semetipsum manentem in solitario sacroque statu sacerdotales ordines sequi, et ab iis, tanquam asseclam eorum, ad divinam sacrorum quæ illum attingunt scientiam facile traduci.

§ II. Porro divisarum non solum vitarum, verum etiam cogitationum renuntiatio, perfectissimam illam monachorum philosophiam declarat, quæ ex unificorum mandatorum scientia conflatur. Est enim, ut dixi, non medii ordinis eorum qui initiati sunt baptismo, sed celsioris omnibus ordinibus. Quamobrem multa ex iis, quæ a medio ordine sine reprehensione fiunt, monachis istis **252** singularibus omnino interdicta sunt, quippe qui cum uno conjungi debeant, et cum sacra monade copulari, et ad sacerdotalem, quantum fas est, vitam efformari, tanquam qui præ cæteris initiatis, cum hoc ordine in plurimis conveniunt, majoremque affinitatem habent.

§ III. Signum vero figuræ crucis, ut dictum est, designat omnium carnalium desideriorum privationem. Tonsura porro capillorum, vitam omnino indicat nullatenus fucatam, neque figuris fictis adscititiisve, quibus mentis deformitas tegatur, calamistratam; sed per seipsam non humanis ornamentis, sed singularibus ac unificis virtutibus ad divinam penitus conformitatem evectam.

§ IV. Prioris autem vestis detractio, et alterius assumptio, significat a media sancta vita ad perfectiorem traductionem, sicut in divina illa regeneratione vestis immutatio declarabat expiatæ vitæ ad contemplandi et intelligendi statum transmigrationem et evectionem. Quod si modo quoque tam sacerdos quam astantes omnes viri sancti initiatum consalutent, ex hoc sanctam intellige virorum deiformium societatem, amice sibi mutuo divina cum lætitia congratulantium.

§ V. Sub finem denique sacerdos initiatum invitat ad præcipuam illam Dei communionem, sancte per hoc indicans, eum qui initiatus est, si vere ad monasticum illud singulare institutum pervenerit, non solum eorum quæ ad ipsum pertinent sacrorum spectatorem fore, nec ea duntaxat ratione qua medius ordo ad sanctissimorum sacramentorum communionem accessurum; verum etiam divina illorum quæ percepit sacramentorum cognitione fretum,

alio modo quam sanctus populus ad divinæ communionis participationem promovendum. Hanc utique ob causam, sacris etiam ordinibus, sub finem eorumdem sanctissimæ consecrationis, divinissimæ eucharistiæ communio traditur a pontifice qui illos consecravit; non idcirco solum, quod divinorum perceptio mysteriorum sit summa quædam cujuslibet hierarchicæ participationis, verum etiam, ut omnes sacri ordines ipsius, quod communicatur divinissimi muneris pro captu suo participes exsistant, ad suæ deificationis promotionem atque perfectionem. Conclusum igitur a nobis quod sanctæ quidem initiationes sint expiatio, et illuminatio, et perfectio; ministri vero sint ordinis expiatorii, sacerdotes **253** illustrantis, pontifices denique deiformes consummantis. Ordo autem qui expiatur sacrorum aspectu atque communione frustratur, quod adhuc expiationi vacet. Ordo autem cui sacrorum aspectus indulgetur, pius est populus. Ordo autem perfectus est singularium monachorum. Ita enim hierarchia nostra ordinibus a Deo traditis sancte digesta, conformis est cœlestibus hierarchiis, dum deiformes notas signaque Deum exprimentia pro viribus conservat.

§ VI. Sed objicies, in cœlestibus hierarchiis non esse ordines qui expientur (nefas enim et falsum est dicere cœlestem quampiam distinctionem esse sceleri obnoxiam); ego vero, nisi a sanctissima prorsus mente aberrem, omnino affirmarim cœlestes essentias esse penitus immaculatas, atque supramundiali modo omnem habere puritatem. Nam si quæ in vitium prolapsa sit, continuo etiam a cœlesti illa purissimaque divinarum mentium harmonia defecit, et ad obscuram apostaticæ turbæ ruinam pertinet. Sancte tamen etiam fateri liceat, in cœlesti hierarchia, rerum quas hactenus ignorarunt, illustrationem inferioribus naturis esse quamdam velut expiationem, qua et ad perfectiorem rerum divinarum scientiam adducuntur, et a rerum, quarum hactenus scientia caruerunt, ignoratione quodammodo purgantur, dum a primis et divinioribus essentiis ad sublimiores clarioresque divinarum contemplationum illustrationes promoventur: atque ita in cœlesti hierarchia etiam ordines sunt qui illustrantur et qui perficiuntur, sicut qui purgant, et qui illustrant, et qui perficiunt; sic ut naturæ, quæ supremæ ac cæteris diviniores, subordinatas sibi sacras ac cœlestes adornationes ab omni quidem ignoratione (modis scilicet cœlestibus istis hierarchiis accommodatis) purgent; impleantvero ipsas divinissimis illustrationibus, perficiantque liquidissima divinarum intelligentiarum scientia. Et enim jam a nobis dictum est, et ab Eloquiis divinis pronuntiatum, non easdem esse omnes cœlestes descriptiones, neque pares in omnibus istis sacris divinarum illustrationum scientiis, sed ex Deo quidem immediate primas, per illas autem rursus ex Deo inferiores, pro ipsarum modulo et captu lucidissimis divini radii splendoribus illuminari.

254 ANNOTATIONES CORDERII.

Parte prima. § I. *Dicimus igitur ordines illos qui expiantur*, etc. Nota. catechumenos, peccatores, energumenos et pœnitentes, uti supra cap. 3 declaratum est, a sacris arceri, donec a diaconis sufficienter fuerint expiati. Nam (uti ex hoc loco Dionysii docet S. Thomas, parte III, quæstione 64, art. 1, ad 1, et quæst. 67, art. 1), ad diaconos pertinebat munus expiandi, id est, ejicere immundos, et fideles disponere per admonitiones, ut a sacerdotibus deinde illuminentur, ac digne sacramenta suscipiant.

§ II. *Medius autem ordo*, etc. Intelligit ordinem laicorum, qui baptismo tantum initiati sunt : hi enim medii sunt inter catechumenos qui purgantur ad baptismum, et inter communicantes qui perficiuntur. Hunc autem ordinem plebis sanctæ vocat et contemplativæ; quia nimirum ad contuitum divinorum symbolorum admittitur, cum sit ad illuminandum sacerdotibus commissus, ut fiat aliquarum intelligentiarum pro captu suo et dignitate particeps, quod etiamnum per sacerdotes in concionibus et catholicis institutionibus fit, quæ non debent nimis esse sublimes, sed ad piæ plebis captum accommodatæ, ut hic sanctus Dionysius commendat. Neque enim omnia plebi propalanda sunt, cum nec Moyses neque septuaginta illi arcanæ legis intelligentiæ periti, illam secretam legis intelligentiam in vulgus profuderint.

§ III. *Summus vero eorum omnium qui perficiuntur est ordo sacer monachorum*. Nota, sanctum Dionysium, cum dicit ordinem monachorum esse celsiorem omnibus ordinibus, eumdem non conferre cum diaconis, qui primi purgant; neque cum presbyteris, qui secundi et medii illuminant, et multo minus cum episcopis, qui tertii et summi perficiunt, sed cum ordinibus eorum qui adhuc purgantur, ex quibus primi sunt catechumeni, qui purgantur ad baptismum per catechesin; secundi, qui sunt in peccato, qui purgantur per doctrinam Scripturæ sanctæ, ut recedant a peccato; tertii sunt energumeni, qui purgantur exorcismis, ut resistant fortiter diabolo et terroribus ejus; quarti sunt publici pœnitentes, qui purgantur, ut non revertantur ad peccatum. His omnibus ordinibus, quin et laicis iis qui sacerdotum doctrinis illuminantur, et sacramentorum participatione perficiuntur, perfectior est ordo monachorum ; quia ut monachi sunt, ratione instituti monastici mortui sunt mundo, et *carnem suam cum vitiis et concupiscentiis crucifixerunt* [z] : unde tanquam laicis perfectiores digniorem quoque in Ecclesia locum tenent, scilicet prope januas templi, loco proximo post eos qui sunt ordinis ecclesiastici, uti S. Dionysius infra in Epistola *Ad Demophilum* monachum scribit.

Ibidem. *Alii quidem therapeutas seu cultores, alii vero monachos*, etc. Notandum, vitæ monasticæ professores sive cultores, a Græcis Patribus quinque potissimum nominibus appellari solitos, scilicet μοναχούς, θεραπευτάς, ἀσκητάς, ἱκέτας, φιλοσόφους, id est monachos, cultores Dei vel animæ suæ; pugiles seu exercitatores (qua voce Basilius utitur, et sermones suos *De rebus monasticis* appellat ascéticos); supplices (scilicet a præcipuo munere eorum, quod est Deum exorare); philosophos, ita eos appellat S. Chrysostomus et Nilus, qui rationem dat, eo quod illos deceat contemnere res temporales, et sapientiæ totos se dedere.

Isidorus, lib. VII *Etymol*. cap. 13, et lib. II *De offic. eccles.*, cap. *De monachis*, tria eorum genera constituit, eremitarum nempe, anachoretarum et cœnobitarum : at enim, si Græca nomina consideremus, eosdem prorsus eremitas esse atque anachoretas comperiemus, unde Isidorus tria genera monachorum nomine potius, quam reipsa et vitæ instituto, distinguit. Propterea Cassianus, collat. 18, cap. 4, duo tantum genera bonorum monachorum, videlicet cœnobitarum et anachoretarum, discernit. Eremita enim vocatur, qui in desertis et solitudinibus habitans solitarie vivit; anachoreta vero, qui in solitudinem alio desertum locum disjunctum ac remotum ab hominibus vivendi causa secedit. Quare duo tantum monachorum genera constituenda sunt, nempe eremitarum, qui et iidem propemodum sunt qui anachoretæ, et cœnobitarum. Eremitæ igitur sunt, uti diximus, qui solitarie vivunt in montibus, agris, aliisve locis desertis; cœnobitæ vero, qui in unum locum seu conventum aggregati et conjuncti communiter vivunt, a communi quam profitentur vita sic appellati.

Porro monachi vocabulum licet prima sua notione solitarium designet, proindeque idem sit monachus qui eremita vel anachoreta, usu tamen et consuetudine latius usurpari cœpit, ita ut sit commune eremitarum et cœnobitarum. Nomen autem hoc derivat hic Dionysius a vita indivisibili et singulari, qua ad deformem monadem colliguntur; unde monachi nomen proprie convenit illis qui vitæ contemplativæ

255

dediti sunt. Alii enim religiosi qui in populo versantur, et episcoporum pastorumque coopitulatores sunt in concionibus et sacramentorum administratione, quales sunt ii quos Mendicantes dicimus et Præmonstratenses, non monachi, sed regulares, a certa vivendi norma nuncupantur.

Parte secunda describit ritum monasticæ consecrationis : unde patet jam inde a temporibus apostolorum, quorum discipulus et coætaneus fuit Dionysius, statum illum in Ecclesia primitiva fuisse celebratum, et non quarto demum post Christum natum sæculo, quod hæretici contendunt, exordia sumpsisse, et partim casu, ut aiunt, partim errore et prava imitatione cœpisse; quin potius ab ipsomet Christo Domino, inter alia salutis monita, cum vivendi formulam suggestum esse, qua homines facilius ad vitam æternam devenirent. Nam adolescenti interroganti quid faciendo vitam æternam consequeretur, postquam præceptorum observantiam ad id necessariam dixisset, et de eorumdem custodia alter non laboraret, ut qui omnia a juventute servaverat, addit : *Si vis perfectus esse, vade, vende quæ habes et da pauperibus* [a], etc. E quibus verbis, juxta B. Augustinum, perfectio Christianæ religionis addiscitur. Hinc tempore apostolorum cœpit religio multitudine credentium propagari : ipsorum enim *erat cor unum, et anima una : nec quisquam eorum, quæ possidebat, aliquid suum esse dicebat, sed erant illis omnia communia. Quotquot enim possessores agrorum aut domorum erant, vendentes afferebant pretia eorum quæ vendebant, et ponebant ante pedes apostolorum* [b]. Et ne quis obstrepat, nullam hic promissionem aut votum intervenisse, contrarium suadet objurgatio S. Petri facta Ananiæ et Saphiræ, quod detraudassent de pretio agri venditi, dicebat enim : *Cur tentavit Satanas cor tuum, mentiri te Spiritui sancto, et fraudare de pretio agri? Non es mentitus hominibus, sed Deo* [c]. Statimque de utroque mortis supplicium sumptum est. Quod certe neque dixisset Petrus, neque tam horribili pœna eos afflixisset Deus, nisi interposita fuisset obligatio. Recte igitur de illo sæculo Hieronymus ad locum citatum ait : Talis primum credentium fuit Ecclesia, quales nunc monachos esse videmus. Satis igitur verisimile est, temporibus apostolorum monasteria exstitisse : nam legimus de S. Matthæo, quod in Æthiopia regis filium ; de S. Paulo, quod Theclam in Græcia; de S. Clemente, quod Domitillam cum pluribus aliis Deo consecrarunt. S. Martham quoque scimus in Galba monasteria erexisse; S. Marcum insignia clericorum

---

[z] Galat. v, 24.   [a] Matth. xix, 21.   [b] Act. iv, 34.   [c] Act. v, 3.

collegia Alexandriæ instituisse ; aliosque apostolorum successores alibi : prout luculenter idem describunt, una cum cæremoniis ac ritibus personarum locorumque consecrationi adhiberi solitis, præter Dionysium, Philo Judæus, Eusebius, Rufinus et alii, quos Suarez in tractatu *De religione*, Azor, Medina, Platus citant. Plura qui volet de statu religioso, videat apud S. Thomam 2-2, quæstione 186, et ejusdem commentatores.

PARAPHRASIS PACHYMERÆ.

§ I. Aggressurus mysterium monasticæ consecrationis, cum etiam monachi unus ordo sint eorum qui consecrantur, tres illos sacros ordines recenset, scilicet episcoporum, sacerdotum et diaconorum, quorum cuilibet virtus conveniens et operatio est attributa, expiandi, inquam, illuminandi et perficiendi ; nisi enim virtute præstarent, nil efficerent. Agit etiam de ordinibus qui consecrantur, ut sunt isti, qui expiantur, illuminantur, perficiuntur ; siquidem sunt etiam catechumenorum, et obsessorum, et impotentium et pœnitentium turbæ, sic enim eas liceat appellare respectu numeri innoxiorum, quoniam malum est frequentius, et bonum rarius. Vel potius dicendum, quod cum ad Deum accedentes, tanquam illi uni conjunctos, etiam uniformes vocet, merito qui ab uno illo distant turbæ seu multitudines appellentur, **256** quantoque magis distant, tanto magis multiplicentur ; licet secundum numerum non extendantur, sed pauci sint et numeratu faciles. Eorum itaque qui expiantur ordines distinguens, catechumenos quidem ait foveri a diaconis, et ad vitalem partum per lavacrum efformari ; passionibus vero obnoxios revocari ait per oraculorum lectionem ; eos vero qui contrariis pavoribus vexantur, confirmari ; pœnitentes a malis reduci, et qui non omnino puri sunt hoc accipere, ne in deteriora relabantur. Subdistinguendum vero illud οὔπω ἓξ, *sed nondum*, et subintelligendum, *perfecte expiati;* sic enim sensus magis integer erit.

§ II. Locutus vero de ordinibus qui expiantur, quos a diaconis foveri dixit, et ad luminis susceptionem præparari, modo agit de ordine illorum qui illuminantur, quem et medium appellat, scilicet inter expiationem et perfectionem, et speculativum vocat, tanquam divina contemplatione et aspectu dignum habitum ; intelligit autem eos qui in sacro populo integri et irreprehensibiles exsistunt : hi enim expiati accedunt ad ea quæ illuminant. Etenim manifestum est, ordinem illum omni jam macula expiatum, et mentis motum ab omni perturbatione cohibentem, ad contemplativum habitum adduci, atque ipsismet symbolis, cum contemplando tum participando communicare, et per anagogen ad divinum eorumdem amorem subvolare. Quantum enim symbola explicantur, et quod arcanum est cernitur, tantumdem eorumdem particeps divino quodam et arcano amore flagrat. Dixit de ordinibus qui expiantur et qui illuminantur, quandoquidem post hos sit ordo eorum qui perficiuntur. Multi autem modi sunt quibus perficiuntur : nam et in baptismo aliqui perficiuntur, et in sacrorum mysteriorum participatione, et in sacrorum ordinum susceptione, et in monastico statu, qui sunt omnes sub ordine illorum qui perficiuntur.

§ III. Cum autem de aliis antea egerit, modo tractat de monastica consecratione, quam et sublimiorem vocat, non comparatione illorum sacramentorum quæ sola consecratione perficiuntur ; ubi enim esset virtus baptismatis, ubi sacerdotii eminens ille status, quod hæc sublimior dicatur ? Non itaque comparatione illorum qui sola consecratione perficiuntur sublimior est, sed respectu ritus **257** expiationis et respectu ritus illustrationis, hæc est sublimior. Siquidem hæc tanquam medium, scilicet eorum qui illuminantur, ordinem transcendens, tres etiam in se proprietates continet, expiandi, illuminandi et perficiendi, sicut est superius explicatum. Non dico respectu personarum consecratarum : nam qui baptismate initiati sunt, medii sunt ordinis, et pars sacræ plebis ; quibus etiam nulla permittuntur, nempe nuptias celebrare, militare, hujus vitæ negotia tractare. Qui vero sacerdotio ornati sunt, nec ipsi quoque ab omnibus abstinere ac cessare debent : nam sacerdotes alios perficiunt, et hanc ob causam multa agunt. Qui vero monasticum institutum sectantur, omnino mortui esse debent, crucifigendo carnem cum passionibus et concupiscentiis, et vivendo solum Deo et sibi ipsis : hæc enim est totalis expiatio et omnimoda puritas actionum propriarum. Hoc utique non dico, quasi viri sancti scopus eo non spectet ; sed cum aliud sit τελεῖσθαι, seu initiari, et aliud τελετοῦσθαι, seu perfici ac consecrari (nam initiari est sive per expiationem sive per illuminationem), perfici vero est per solam proprie dictam perfectionem), præfert monachos illis qui simpliciter initiati sunt, expiatis scilicet et illuminatis ; quoniam et ipsi initiati sunt præstantiores, quam catechumeni expiatione, atque insuper illuminatorum ordinem præcedunt, quem et medium appellat, videlicet laicorum. Cum vero nomen initiationis quid universalius sit quam nomen perfectionis, idcirco non ita recte possumus cum eo conferre monachorum consecrationem. Cæterum quoniam monachorum ordo, propter omnimodam sanctitatem, et expiationem et illuminationem complectitur, ostenditur habere expiationem, per quam etiam illuminatorum proprietatem obtinet, imo etiam eorum qui in spiritu perficiuntur ; illuminatorum quidem, quoniam, quantum fas est, omnis actionis sacræ per spiritalem contemplationem et communionem particeps exsistit; perfectorum vero quia virtutes hierarchicas amplectens, iisdemque exornata, ad scientiæ sacræ perfectionem pro captu adducitur: ita ut jure merito istiusmodi vivendi institutum sublime quid habeat, cum in se tres initiatorum ordines complectatur. Hinc divini præceptores nostri divinis nominibus eos honorarunt, alii quidem cultores, alii vero monachos appellando. Cultores quidem, ut qui divinum **258** Numen sincere colerent; monachos vero ut qui ad individuam et singularem vitam aspirarent, quæ nimirum illos unificet, et uniformem afferat cognitionem: hanc enim monadem vocat (scientia enim unita est, sicut ignorantia est multitudo rerum in multa diversaque distractarum), unificat autem quodammodo, dum scilicet sacris rerum divisarum collectionibus se perficit. Porro divisa hic dicuntur symbola illa, ut sunt, cucullus, scapulare, cilicium, atra vestis, et similia, quorum quodlibet sublimem habet et singularem intelligentiam; atque hoc sibi vult vox illa σύμπτυξις, seu collectio. Alii vero divisa vocant illa quæ ad hanc vitam spectant, et collectionem, perfectum et omnimodam ab his recessum. Propter istiusmodi perfectionem ordo iste ecclesiastica quoque consecratione dignus est habitus, et precum invocatione, ita ut non ipsi tantum se habitu isto induant, sed manibus sacerdotum et invocatione divina istiusmodi consecratio celebretur; non tamen manibus episcoporum (nam hoc in solis sacris ordinationibus fit), sed manibus sacerdotum, et secunda post ecclesiasticos ordines consecratione. Itaque, secundum hujus sancti Patris verba, non debet episcopus dare habitum monasticum, sed solus sacerdos.

II. *Mysterium.*

Sacerdos, non episcopus, stat ante divinum altare celebrans orationem; is autem qui consecratur stat post sacerdotem, nec utrumque ut sacerdos, neque alterum, ut diaconus genu flectit, neque ut episcopus divinum ac sanctum evangelium supra caput habet, sed tantum astat sacerdoti supra ipsum mysticam invocationem recitanti. Ea vero finita, sacerdos ad eum accedens rogat ipsum primum, an omnibus rebus dividuis et vitis variis renuntiet, scilicet mercaturis, negotiis, contractibus, et similibus; item omnibus phantasiis seu imaginationibus rerum similium, ut ne de iis quidem cogitare, sed tanquam mortuus, ab iis omnibus penitus abstinere velit. Deinde docet monastici instituti accurationem, contestans illum debere mediam vivendi rationem superare. Quæ ubi omnia is qui initiatur continenter professus est, sacerdos eum, veluti jam a negotiorum multitudine liberum, signo crucis consignans tondet in nomine Patris, et Filii, **259** et Spiritus sancti; et detractis vestimentis, nigra eum veste induit, et cum aliis viris sanctis astantibus ipsum salutans, participem facit divinæ communionis.

III. *Contemplatio.*

§ I. Quandoquidem pedum inclinatio subditam significabat adductionem, sive per unicam expiationem, sive per duas, eam ipsam et illuminationem, innuebat vero quod Deo subditi initiantes, ipsimet initiationis principi Deo initiandum adducerent. Hic autem, cum a nemine adducatur, sed ipse per se a media vivendi ratione ad sublimiorem ac præstantiorem, et a sacro statu ad sacrum statum transeat, ut hic Pater declarat, is qui initiatur neutrum genu flectit, quoniam in sacro solitarioque ordine consistit. Observa etiam aliam monastici ordinis definitionem, et quid sit μοναχικὸν ad μοναδικόν. Antea enim dicebamus, quod cum quis a dividuis, scilicet sæcularibus perturbationibus, ad collectionem quamdam et deiformem unitatem redigeretur, per hoc nomen monachi sortiretur: nunc autem aliam quoque damus rationem; ex eo quod solus per semetipsum adducatur, et per se μοναδικῶς seu solitarie consistat post sacerdotem, tanquam assecla qui ad sacrorum scientiam humiliter aspirat. Unde τὸ μοναχικὸν dicitur proprie de ordine, μοναδικὸν vero de statu. Monadicus nimirum seu solitarius status dicitur, quia solus secundum monadem consistit. Monachicus seu monasticus ordo quia simpliciter et uniformiter, et non dupliciter, vel tripliciter, vel multipliciter instituitur ac gubernatur. Hoc etiam illa vestis atra quæ circumponitur significat: siquidem colores alii in alios facile mutantur, et omnes in nigrum, sed niger color in alium nunquam mutari potest.

§ II. Divisarum autem ac sæcularium vitarum atque insuper imaginationum renuntiatio perfectissimam declarat philosophiam: quoniam a dividuis recedens, unicis illis Christi Domini mandatis unificatur. Neque enim est medii ordinis initiatorum, scilicet illuminatorum et sacrorum laicorum: multa enim monachi facere prohibentur, quorum facultas et potestas laicis est, ut sunt, nuptias, militiam et commercia frequentare, et similia, quæ in laico non damnantur. Ubi nota dictum quoddam **260** utile contra Lampetianos, sive Masalianos, aut Adelphianos, vel, quod idem valet, Marcianistas, qui triennium solum tribuunt competenti sanctificationi, ac postea permissam existimant esse omnem lasciviam, cum sensu spoliati istiusmodi laborent passione. Verum monachi præ cæteris debent ad sacerdotalem vivendi rationem efformari, quippe qui præ cæteris initiatis cum isto ordine majorem habeant affinitatem, uti supra diximus, nequaquam facta comparatione cum initiatis iis qui suprema consecratione initiati sunt, id est perfectis (perfecti enim sunt qui per baptismum, qui per unctionem, qui per communionem, qui per ordinationem sunt consummati) sed cum iis qui initiantur, id est qui expiantur, docentur, illuminantur. Quoniam omnis quidem qui perficitur initiatur, non omnis autem qui initiatur etiam perficitur.

§ III. Signum vero figuræ crucis designat cessationem carnalium desideriorum; tonsura, vitam puram et minime fucatam: a supervacaneis enim expiatur, ita ut non liceat adscititium comæ ornamentum assumere, sed venustatem maxime deiformem, mentalem scilicet et unitam.

§ IV. Vestes insinuant vivendi rationes: illa quidem quæ deponitur, priorem illam laicam, illa vero quæ assumitur, perfectiorem hanc et meliorem: sicut etiam in baptismo vestis illa permutatio designabat ejus, qui per institutionem expiatus fuerat, vitam ad contemplandi et illuminandi statum traduci. Omittenda hic prima illa catechumenorum denudatio, siquidem illa sordium externorum et erroris depositionem exhibet, quocirca fit eminus, et extra sacrum templum. Cæterum agnosco hic societatem illam ac divinam lætitiam per osculum seu amplexum designatam.

§ V. Sub finem denique communicat is qui recens initiatus est, quoniam medium illum ordinem, sacri scilicet populi (quem divinis mysteriis aspiciendis contuentem seu contemplantem vocat) excedit; nam et sacræ cognitionis particeps exsistit, et quantum fas est, ad sacerdotalem scientiam accedit. Quapropter videmus etiam in sacris ordinibus, sub finem eorumdem sanctissimæ consecrationis communionem quoque tradi, non idcirco solum quod divinorum perceptio mysteriorum sit summa quædam cujuslibet hierarchicæ participationis, verum etiam ut 261 sacri ordines ipsius quod communicatur divinissimi muneris pro captu suo participes exsistant, ad sui ad supera traductionem. In hoc autem differt a priori, quod idcirco dicat eos sacris his mysteriis communicare, eo quod hæc summa sint universæ ipsorum sacræ functionis, ita ut sine sacra ista communione illorum functio nequeat consummari; hic autem ait, communionem frequentari per modum muneris, videlicet sacri laboris eorum ac divinæ servitutis. Secundum hæc itaque monachus qui consecratus est, divinis illis mysteriis communicat, vel ut sacram communionem habeat per modum summarii omnium ad se spectantium, vel per modum divini doni percipiat, eo quod istiusmodi vivendi rationem sit amplexus. Concludit itaque, quomodo sacræ cæremoniæ sint expiatio, et illuminatio, et perfectio, et ordines; ac diaconorum quidem ordo sit expiatorius; sacerdotum vero illuminatorius, episcoporum autem perfectivus; et τελούμενοι sint illi qui expiantur: præter quos etiam divini aspectus et communionis exsortes sunt catechumeni; qui vero sacrorum aspectu fruuntur, sunt populus, perfecti sunt monachi: sic enim hierarchia nostra, secundum istiusmodi terniones, cœlesti conformis est, quantum in hominibus fieri potest, deiformes quasdam notas conservans.

§ VI. Sed objicies, quod cum hæc nostra ad hierarchiam istam componatur, debere etiam ibi esse ordines expiantes, qui utique non sunt: neque enim fas sit dicere cœlestem hierarchiam esse sceleri obnoxiam. Ego quidem istiusmodi sermonibus assentior, quoniam omnino puri sunt et intemerati; et si qui, nimirum Satanas et socii ejus, pravitate capti sunt, illi ab ordine angelico exciderunt, et in tetro lapsu permanserunt. Alii autem tempora præteriti plusquam perfecti verbi, *exciderat*, et imperfecti, *ferebatur*, in propria significatione accipientes, atque illud ἂν ἔξωθεν expendentes *, sic interpretantur dicti hujus ignorantiam, et ad hæc deinde propriam suam inferunt explicationem. Si quis enim, inquit, pravitate captus exciderat, et ad obscuram ruinam ferebatur; ac si, inquiunt, dicat: Si quis vitio captus sit, non admittet expiationem, sed ad ruinam adducetur, sicut in Satana contigit; quasi vero talis aliquis jam dari possit. Hoc itaque sensu id accipientes interpretantur, dicentes: Verum nullus eorum post dæmonum 262 lapsum, vitio captus est umquam: hoc enim neque ex divina Scriptura cognovimus, neque quisquam e Patribus divina sapientia conspicuis id dixit. Sic autem sanctus per concessionem hoc ait; ac si aliquis dicat, sanctissimos quidem eos esse et immaculatos, nec expiationis indigere: sed si demus in aliquo eorum labem fuisse, plane ad contrarias virtutes se conferebat, ita ut reliquæ sine labe eodem modo se habeant, et similiter non opus habeant expiatione. Et se hoc dicere, manifeste declaravit: ad objectionem enim suam dicens sententiam, et veram pronuntians, quod nimirum omnino sancti et immaculati exsisterent, subjunxit illud: *Si enim quis*, pro: *Quod si quis* etiam det aliquem perversum fuisse, confestim ex hoc choro decidit; quod ita non est, sed contrarium, quoniam omnino sancti semper permanserunt, nam a supposito aberrarem si hoc dicerem. Ne quis igitur Origenistarum putet, hunc sermonem suæ perversæ fidei sententiam defendere, secundum Origenem dicens, semper lapsum, et revocationem atque immutationem mentium cœlestium exsistere, quoniam dicimus in cœlestibus virtutibus esse expiationem, quando ab iis quæ ignorabant ad diviniorem scientiam evehuntur atque illustrantur: nam ab ignorantia quodammodo expiantur, dum a superioribus illis divinis essentiis ad clarissimas istas coruscationes adducuntur. Hac ratione ibi ordines sunt qui expiantur, et perficiuntur, qui videlicet inferiores sunt: et rursum, qui expiant, et illuminant, et perficiunt, scilicet superiores. Etenim jam et a nobis traditum in libro *De cœlesti hierarchia*, et in divina Scriptura pronuntiatum est, non easdem, quoad illuminationes, esse omnes cœlestes dispositiones; sed primæ quidem immediate a Deo illuminantur, secundæ vero mediantibus illis, et posteriores per præcedentes; et sic etiam ibi ordo manet inconfusus.

---

* Vertere mallem: *atque τὸ ἂν de suo imaginantes.* Edit. Patr.

263 CAPUT VII.

I. *De iis quæ fiunt circa defunctos.*

SYNOPSIS CAPITIS.

Prima parte hujus capitis tradit. I. *Sanctos ex hac vita lætos decedere futuræ beatitudinis spe plenos; et eorum corpora in resurrectione futura gloriosa.* II. *Recenset diversorum errores circa mortuos, et assignat rationem, cur tristes moriantur ii qui male vixerunt.* III. *In morte sanctorum fideles etiam lætari.* — *Secunda parte describit ritum sepeliendi mortuos, sive ecclesiasticos, sive sæculares fideles.* — *Tertia parte subjungit contemplationem, in qua exponit* I. *Quid sibi velit fidelium sepultura.* II. *Quid cantica et lectiones.* III. *Cur ad sepulturam admittantur ordines qui vacant expiationi, exclusis solis catechumenis.* IV. *Quid sibi velint preces antistitis super defuncto, et cur illum salutet.* V. *Quales promissiones factæ sint defunctis piis; et quid sinus Abrahæ significet.* VI. *Cur pro defunctis oretur; et quibus defunctis preces prosint.* VII. *Ait antistitem, tanquam Dei interpretem, defuncto promissa a Deo præmia addicere: et ibidem explicat, quam habeat potestatem ligandi et solvendi.* VIII. *Cur defunctus inungatur.* IX. *Agit de loco sepulturæ; et exponit quid sibi velit illa finalis affusio unguenti.* X. *Ait invocationes consecrationis non esse propalandas.* XI. *Disputat, cur infantes adhuc rationis incapaces baptizentur.*

§ I. His ita constitutis, necessario etiam dicendum arbitror de his quæ circa defunctos a nobis sancte fiunt. Neque enim hoc sacris profanisque commune est; sed, sicut diversa est utrorumque vitæ forma, sic dum ad mortem pergunt hi quidem qui sanctam vitam traduxerunt, ad veras Dei promissiones intuentes, quarum veritatem quodammodo in resurrectione jam conspexerunt, cum firma et vera spe, gaudioque divino ad mortis terminum, tanquam ad finem certaminum proficiscuntur; quod certo sciant sua omnia, propter futuram suam resurrectionem, in tuto fore in illa perfecta æternaque vita et beatitudine. Nam sanctæ quidem animæ cum in hac vita degentes adhuc perverti possint, in regeneratione illa ad statum immutabilem Deoque maxime conformem transferentur. Pura vero illa corpora, quæ sanctis animabus copulata cum iisdem simul et ambularunt, et descripta sunt, atque una certarunt, pro divinis sudoribus, in animarum secundum divinam vitam firmitate, sibi quoque propriam resurrectionem sortientur: sanctis enim animabus copulata, quibus in hac vita conjuncta fuerant, ut quæ jam Christi membra facta sint, deiformem et incorruptam, **264** atque immortalem beatamque requiem consequentur. Hinc fit ut sanctorum obdormitio sit in lætitia certisque spebus, dum ad certaminum divinorum finem venit.

§ II. Profanorum autem alii quidem sine ratione putant corpora nostra penitus aboleri; alii vero censent corporeum hoc cum propriis suis animabus conjugium repudio semel dirimendum, tanquam illis in deiformi vita beataque requie parum consentaneum; nequaquam intelligentes, neque scientia divina eruditi, nos jam deiformem in Christo vitam inchoasse. Alii autem animabus aliorum corporum conjugia attribuunt, in quo, mea quidem sententia, quantum in ipsis est, injuriam irrogant corporibus, quæ cum divinis animabus collaborarunt, eademque sacris suis præmiis defraudant, cum divinum cursum consummarint. Alii porro, nescio quo pacto, ad terrenas cogitationes dilapsi, dixerunt, præsenti vitæ similem beatis promissam esse sanctissimam beatissimamque sortem, cibosque vitæ variabili proprios iis qui angelis æquales sunt, nefarie applicuerunt. Sed absit, ut unquam sanctus vir quispiam in istiusmodi errores incidat! verum illi sancti, qui se totos Christiformem sortem percepturos cognoverunt, ubi ad hujus vitæ finem accesserint, viam suam ad incorruptionem, quasi jam propinquiorem factam, intuentes, summi Dei munera collaudant, divinaque voluptate adimplentur, non jam amplius perverti metuentes, sed probe cognoscentes, se bona parta firmiter perpetuoque possessuros. Verum qui iniquitatibus nefariisque sceleribus sunt cooperti, siquidem aliquam sacram hauserint instructionem, eaque ex animo perniciose abjecta ad corruptrices voluptates sponte sua devoluti fuerint, cum jam ad vitæ finem pervenerint, non jam eis lex divina æque despicabilis apparebit, sed perniciosas passionum suarum voluptates aliis longe oculis aspicientes, sanctamque vitam, quam imprudenter neglexerunt, beatam prædicantes, miseri et inviti ex hac vita decedunt, propter vitam suam pessimam nulla sancta spe fulti.

§ III. Quoniam autem in sanctorum obdormitionibus nihil horum accidit, is qui properat ad finem certaminum suorum sancta quadam lætitia completur, magnaque cum jucunditate sacræ regenerationis iter ingreditur. Propinqui autem ejus qui defunctus **265** est, pro jure divinæ propinquitatis ac morum similitudine, beatum ipsum, uti vere est, prædicant, quod ad optatum victoriæ bravium pervenerit, auctorique victoriæ cantica gratiarum solvunt, atque sibi similem sortem optant; denique assumentes ipsum ad antistitem portant, quasi sacris coronis munerandum; qui libenter eum suscipit, eaque justa peragit, quæ divino instituto exhibentur iis qui sancte obdormierunt.

II. *Mysterium super his qui sancte obdormierunt.*

Coacto cœtu sacro, divinus antistes, si quidem in sacris fuerat qui obdormivit, ante divinum altare illum inclinans, infit orationem ad Deum et gratiarum actionem; sin autem sanctis monachis sanctove populo adnumeratus fuerat, ad venerandum sacrarium ante sacerdotum introitum collocat. Praesul deinde peragit ad Deum precem et gratiarum actionem; deinceps vero diaconi, verissimis de resurrectione promissis, quae divinis Scripturis inserta sunt, recitatis, iisdem consona atque aequivalentia Psalmorum cantica concinunt: tum archidiaconus catechumenos dimittit, sanctosque jam defunctos commemorat, quibus recens vita functum consimili commemoratione censet aggregandum, hortaturque omnes, illi ut beatum in Christo finem petant; tum accedens divinus antistes precem super eo sacratissimam peragit, qua finita, ipsemet antistes defunctum salutat, et cum illo praesentes omnes. Quo peracto, antistes defunctum oleo perfundit, et pro omnibus prece facta, honorato loco corpus collocat una cum aequalibus aliis corporibus sanctis.

III. *Contemplatio.*

§ I. Haec quidem si aspexerint profani, vel a nobis fieri inaudiverint, profuse, ut existimo, ridebunt, et erroris nostri ipsos miserebitur. Verum non est quod hoc miremur: nisi enim crediderint, juxta Scripturam, non intelligent. Nos interim, intelligentis eorum quae geruntur perceptis, praevio duce Jesu dicamus, non abs re praesulem, eum qui defunctus est in chorum ordinis sui **266** introducere ac recondere, nam sancte declarat omnes in regeneratione sortes istas obtenturos, ad quas hic vitam propriam direxerint. Ut puta, si quis hic vitam sortitus sit sanctissimam, eamque duxerit deiformem, in quantum nempe Deum imitari quis potest; in futuro saeculo divino beatoque otio fruetur; sin remissiorem quidem illa deiformi, simul tamen sanctam vitam quis egerit, paria et ipse meritis suis praemia referet. Divinus itaque antistes pro divina hac justitia gratias agens rem sacram peragit, atque venerandum laudat Dei principatum, quod iniquum tyrannicumque imperium, quo omnes premebamur, exterminarit, et nos ad justissima sua judicia transtulerit.

§ II. Cantica porro divinarum promissionum ac lectiones explicant nobis sedes illas beatissimas, ad quas ii, qui divina perfectione praediti sunt, promovebuntur; et quae eum, qui sancte vita functus est, excipiunt, viventes autem ad similem vitae finem adhortantur.

§ III. Caeterum observa, quomodo non omnes qui expiationi vacant ordines pro more jam dimittantur, sed soli catechumeni a sacro choro arceantur, quod nimirum hic ordo sacri omnis mysterii sit expers, neque fas sit illi quidquam sive parvum, sive magnum, eorum quae sancte peraguntur aspicere, quippe qui necdum ejus virtutis particeps exsistat, quae assurgit ad divina contuenda, quam solummodo indulget sacra illa regeneratio, quae primum lucem confert. Caeteri autem ordines qui expiantur, jam pridem quidem sacris sunt instituti,

[d] I Cor. II, 9.

sed quod stulte in deteriora relapsi sint, cum ad anteriora vitae suae rationes extendere debuissent, praecipuis quidem sacris illis divinis, quae sub sacrosanctis signis latitant, interdicuntur, et ab eorundem aspectu ac communione merito arcentur; siquidem damnum referrent, si iisdem indigne communicarent, et ad majorem rerum divinarum suique contemptum devenirent. Non incongrue autem admittuntur ad ea quae hic geruntur, ut perspicue discant et adveriant mortis incertitudinem et sanctorum praemia quae in Scripturis veris celebrantur, quaeque illis eorumque similibus impuris hominibus supplicia infinita intentantur: e quibus utique spectaculis forte fructum capient, dum cernent, eum qui sancte obiit ministrorum praedicatione celebrari, ut vere consortem **267** sanctorum qui a saeculo sunt, ipsique fortassis consimili desiderio flagrabunt, et ministrorum disciplina docebuntur, quam vere beata sit in Christo consummatio.

§ IV. Deinde accedens antistes precem sacram super defuncto peragit: qua finita, ipsemet antistes eum salutat, ordineque deinceps suo omnes qui adsunt. Rogat itaque precatione illa divinam bonitatem, ut defuncto peccata omnia dimittat, quae per humanam infirmitatem contracta sunt, eumque in lucem sanctam ac vivorum regionem transferat, et collocet in sinu Abrahae, Isaac et Jacob, in loco a quo dolor et tristitia gemitusque aufugiunt.

§ V. Haec utique perspicua, ut arbitror, beatissima sanctorum praemia sunt. Ecquid enim perfectae immortalitati omni tristitia carenti, luceque plenissimae conferri valeat? praeterquam quod promissiones istae mente qualibet sublimiores, vel maxime ad captum nostrum accommodatis rationibus expressae earumdem tamen appellationes a reali ipsarum veritate plurimum deficiant. Siquidem Scriptura haec omnino vera est: *Quoniam oculus non vidit, nec auris audivit, nec in cor hominis ascendit, quae praeparavit Deus diligentibus se* [d]. Sinus autem, mea quidem sententia, sunt beatorum patriarcharum caeterorumque sanctorum divinissimae beatissimaeque quietis sedes, quae viros omnes deiformes excipiunt in sua insenescibili beatissimaque consummatione.

§ VI. Fortassis autem ita quidem inquies recte a nobis dici, dubitare tamen te, cujus rei gratia divinam clementiam antistes deprecetur, poscens defuncto dari veniam peccatorum, et aequalem deiformibus viris lucidissimam sortem. Nam si quaelibet a divina justitia recipiat retributionem eorum quae in vita praesenti sive bene sive male gessit, defunctus autem in hac vita suas compleit actiones, quaenam antistitis deprecatio ipsum ad aliam, quam in hac vita meritus est, quietis retributionem transferre possit? Equidem probe scio, Scripturis consentiens, cuilibet pro meritis sortem reddendam esse. Conclusit enim, inquit, Dominus apud se, et *referet unusquisque propria corporis, prout gessit, sive* bonum, sive malum ᵉ. Justorum autem preces etiam in hac vita, nedum post mortem, iis solis prodesse qui sanctis precibus digni sunt, veræ nos eloquiorum **268** traditiones docent. Nunquid Saul a Samuele adjutus fuit? aut Hebræorum populo prophetica precatio quidquam profuit? Etenim ac si quis, sole sanis oculis lucem suam largiente, solaris lucis particeps fieri petat, erutis sibi oculis: sic ex impossibili et inani spe pendet, quisquis sanctorum preces flagitat, dum ipsis connaturales exterminat actiones, divina munera negligens, et a clarissimis beneficisque Dei mandatis recedens. Hoc autem Scripturis consone affirmo, perutiles esse in hac vita sanctorum preces, modo quis sacrorum munerum desiderio incensus, et ad ea suscipienda pie affectus, tenuitatis suæ conscius, virum aliquem sanctum adeat, ac petat ut se adjuvet, ac Deum pro se roget, qua ratione sane maximum ex eo refert emolumentum; patietur enim petitis donis divinissimis, religiosa sua conscientia, sanctorum reverentia et laudabili eorum quæ petit desiderio, et consentanea ac deiformi affectione ipsi suffragantibus. Etenim divinis id decretis stabilitum est, ut divina munera iis, qui eorundem participatione digni sunt, eo quo Deum decet ordine distribuantur ab illis qui iisdem distribuendis sunt præfecti. Hunc itaque sacrum ordinem si quis violaverit, et infelici elatione seductus, dignum se putaverit divina familiaritate, sanctosque despexerit, is certe, siquidem indignas Deo ac profanas res postulaverit, intentoque caruerit rerum divinarum desiderio ipsi consentaneo propter imperitiam suam petitionem, per se nihil eorum quæ petit impetrabit. De dicta porro precatione, quam antistes super defuncto facit, divinorum nostrorum præceptorum traductam ad nos traditionem exponere necesse est.

§ VII. Divinus itaque antistes, ut eloquia testantur, interpres est divinorum judiciorum; angelus enim Domini omnipotentis est Dei: quapropter ex Scripturis divinitus traditis accepit, quomodo iis, qui sancte vivunt, pro cujusque meritis divina clarissimaque vita ab æquissimis istis lancibus retribuatur, divina nimirum clementia, pro bonitate sua, maculas ex humana fragilitate contractas dissimulante, quod nemo, ut eloquia tradunt, mundus sit a sorde. Hæc itaque promissa novit antistes ex verissimis Scripturis; quare petit illa compleri, indulgerique **269** iis qui pie vixerint sacra præmia, simulque semetipse benigne conformans ad imitationem Dei, non secus aliis quam sibi ipsi dona poscens ac gratias; sciens item promissiones Dei esse infallibiles, præsentibus etiam aperte declarat, illa quæ ab eo jure sacro postulantur, prorsus eventura illis, qui secundum Deum vitam consummarint. Etenim antistes, cum sit præcipuus divinæ justitiæ præco, nunquam postularet ea quæ non essent Deo quam gratissima, et juxta promissiones ejus deiformiter concedenda. Quamobrem defunctis improbis

ᵉ I Cor. v, 10.   ᶠ Jac. iv, 3.   ᵍ Joan. xx, 21.

nequaquam istiusmodi precatur, non solum quod interpretis officium in hoc violaret, atque præsumptuose sibi quidquam munerum pontificalium arrogaret, ab auctore mysteriorum minime motus; verum etiam quod impia petitione frustraretur, et a justo prorsus eloquio etiam ipse merito audiens: *Petitis, et non accipitis, quia male petitis* ᶠ. Postulat itaque sanctus antistes ea quæ sunt divinitus promissa, et accepta sunt Deo, omninoque largienda; et affectum benignitatis suæ clementissimo Deo ac præsentibus omnibus aperte declarans, quænam bona sancti adepturi sint insinuat. Eodem modo antistites habent potestatem segregandi, tanquam interpretes divinarum justificationum; non quod irrationabilibus motibus sapientissima divinitas serviliter (ut honeste dixerim) obsequatur, sed quod ipsimet spiritu mysteriorum principali, a quo ad interpretandum moventur a Deo, pro meritis judicatos secernant. *Accipite* enim, inquit, *Spiritum sanctum: quorum remiseritis peccata, remittuntur eis; et quorum retinueritis, retenta sunt* ᵍ. Quin et ei, qui divinas revelationes a supremo Patre didicerat, in Scripturis dicitur: *Quodcunque ligaveris super terram, erit ligatum et in cœlis; et quodcunque solveris super terram, erit solutum et in cœlis* ʰ, ita ut ille, omnisque pontifex illi similis, juxta revelationes paternarum justificationum sibi indultas, quasi interpres ac portitor Deo charos admittat, et impios excludat. Neque enim sanctam illam Dei professionem, ut eloquia testantur, motu proprio, carneve aut sanguine revelantibus, sed a Deo spiritaliter illum imbuente perdoctus, pronuntiavit. Quare sanctis antistitibus tam segregandi quam aliis sacris facultatibus utendum, prout ipsis divinorum auctor mysteriorum divinitus **270** inspirarit. Pontifices autem ita cæteris sunt observandi in iis quæ ut pontifices gerunt, tanquam ipsi a Deo moveantur. *Qui enim*, inquit, *vos spernit, me spernit* ⁱ.

§ VIII. Sed jam ad ea, quæ dictam precationem subsequuntur, veniamus. Ubi pontifex eam linivit, ipsemet defunctum salutat, ac deinde omnes qui adsunt; omnibus enim viris deiformibus admodum gratus est, et honore dignus, quisquis divinam vitam transegit. Post salutationem vero pontifex defuncto oleum affundit. Memineris hic, ut in prima illa regeneratione sacra ante sanctum baptismum, post antiquarum vestium depositionem, ille qui initiatur, in prima sancti symboli participatione, sacri chrismatis oleo inungitur; et hic demum in fine omnium defuncto itidem oleum affunditur. Et tunc quidem olei inunctio baptizandum ad sacra certamina evocabat; nunc autem affusum oleum declarat, eum qui defunctus est iisdem sacris certaminibus exactis functum esse.

§ IX. His peractis, pontifex defuncti corpus honesto loco recondit una cum cæteris ejusdem ordinis corporibus sacris. Si enim is qui defunctus anima simul et corpore sanctam vitam egit, corpus etiam

ʰ Matth. xvi, 19.   ⁱ Luc. x, 16.

una cum anima sancta simul in honore erit ac pretio, quod sacris sudoribus una concertaverit. Divina itaque justitia animæ et corpori condigna præmia largitur, tanquam comiti et consorti sive divinæ, sive contrariæ vitæ. Idcirco etiam sanctorum sacra functio divinas utrique participationes elargitur; animæ quidem, in purissima contemplatione et rerum perfectarum scientia; corpori vero sacratissimum unguentum quasi in imagine per sacratissima divinæ communicationis symbola totum hominem sanctificans, et integram salutem ejus operans, nec non denuntians per universales lustrationes perfectissimam ei fore resurrectionem.

§ X. Invocationes porro consecratorias nefas est scripto interpretari, et arcanum earum sensum, virtutesque quas in iis Deus operatur, e secreto in publicum efferre; sed, ut nostra sacrosancta traditio docet, ubi eas secretioribus instructionibus hauseris, atque ad habitum sacratiorem atque capaciorem intelligentiam, divino amore sacrisque actionibus consummatus evaseris, divina luce collustratus ad supremam earum scientiam subveheris.

§ XI. Quod autem infantes quoque, qui per ætatem nequeunt intelligere, divinæ **271** regenerationis sanctissimorumque divinæ communionis mysteriorum participes fiant, videtur, ut inquis, hominibus profanis non immerito risu dignum, quod pontifices eos erudiant qui nequeunt audire, sanctasque traditiones non intelligentibus frustra tradant; neque minus ridiculum est quod alii pro iis abrenuntiationes sacrasque professiones pronuntient. Verum non oportet tuam sanctam prudentiam errantibus indignari, sed religiose ad eorum institutionem cum charitate rationem reddere, et objectiones eorum solvere; atque illud insuper secundum sacram sanctionem addere, quomodo divina omnia nequaquam nostra intelligentia commensuranda sunt, sed plurima quæ nos latent causas habere Deo dignas, quas nos quidem ignoremus, verum ab ordinibus nobis præstantioribus perspicue cognoscantur. Plurima item latent supremas illas sublimissimasque substantias, quæ soli sapientissimæ sapientificæque divinitati nota sunt. Verumtamen hac de re id quoque dicimus, quod deiformes præceptores nostri ab antiqua traditione acceptum

A nobis transcripserunt. Aiunt enim, quod et verum est, infantes, si in lege sacra instituantur, ad sanctum animi statum perventuros esse omni errore liberos, et sine ullo impuræ vitæ periculo. Hoc enim cum in mentem venisset divinis nostris institutoribus, placuit admitti pueros hoc sancto modo, ut oblati parvuli parentes naturales filium uni ex fidelibus tradant, qui præclare in divinis rebus puerum erudiat, sub cujus deinceps cura sit, tanquam sub patre divino, sanctæque salutis susceptore. Hunc itaque antistes, sancte promittentem se puerum ad sanctam vitam informaturum, jubet profiteri abrenuntiationes sacrasque professiones; non enim, ut illi subsannatores aiunt, alium pro alio rebus divinis imbuit; neque enim sponsor dicit:

B Ego pro puero abrenuntiationes facio, sacrasve professiones, sed hoc modo puerum asserit abrenuntiare ac profiteri; ac si dicat: Profiteor me huic puero, cum per ætatem intelligere sacra poterit, divinis meis institutionibus persuasurum, ut adversariis nuntium omnino remittat, et divina promissa profiteatur, et exsolvat. Nihil ergo, ut opinor, absurdum est, si ad divinum institutum puer adducitur, cum ducem ac sponsorem habeat qui eum et divinarum rerum scientia imbuat, et ab adversariis tutum custodiat. Porro **272** pontifex puerum consortem facit sacrorum mysteriorum, ut in eis educetur, neque agat vitam aliam, quam eam quæ divina semper spectet, et hujusmodi sancta communione proficiat, atque in his sacrum habitum

C possideat, et a susceptore deiformi studiose promoveatur.

Ista sunt, mi fili, tanta tamque præclara hierarchiæ nostræ spectacula uniformia mihi manifestata, sed aliis fortasse mentibus perspicacioribus, non solum hæc, verum etiam alia multo illustriora atque deiformiora perspecta sunt. Quin et tibi quoque, ut opinor, clariores diviniores que pulchritudines collucebunt, si iis gradibus, quos dixi, ad sublimiorem radium conscendas. Communica igitur et tu mihi perfectiorem illustrationem, meisque oculis exhibe præstantiores formas, quæ unius speciem magis exprimant: confido enim, me iis, quæ commemorata sunt, insitas tibi divini ignis scintillas excitaturum.

ADNOTATIONES CORDERII.

Nota primo hic antiquum Ecclesiæ ritum pro defunctis deprecandi, et eosdem, pro cujusque dignitate, honorifico et sacro loco sepeliendi, et exsequias celebrandi. De his quoque Aug. in libro *De cura agenda pro mortuis*, in eamdem plane cum Dionysio sententiam it: « Qui facit, inquit, exsequias mortuorum, ob amorem illius facit, qui promisit corpora resurrectura. » Neque enim contemnenda sunt et abjicienda corpora defunctorum, maxime fidelium, quibus tanquam organis et vasis ad omnia opera bona usus est Spiritus sanctus. Unde et antiquorum fidelium funera officiosa pietate curata sunt, et exsequiæ celebratæ ac sepulturæ provisæ, ipsique cum viverent, de sepeliendis seu transferendis suis corporibus filiis mandaverunt, et Tobias sepeliendis mortuis Deum promerisse commendatur. Ipse Dominus die tertia resurrecturus, gloriosæ mulieris bonum opus prædicit prædicandum; et Joseph, qui eum sepelivit, mire collaudatur. Ac ideo pro nostris defunctis certare debemus, quatenus possint participes fieri eorum quos Christus a claustris revocavit inferni. Plura de exsequiis mortuorum et eorum commemoratione vide apud Alcuinum in libro *De divinis officiis*.

Nota secundo ad partem secundam capitis, sacerdotes alio ritu ac loco quondam sepeliri solere quam laicos ; uti quoque ex Beda tradit Amalarius, lib. IV *De ecclesiasticis officiis* c. 41 : « Aperte, inquit, dominus Beda declarat in exsequiis sancti Cuthberti, quomodo vestiri oporteat sacerdotem defunctum ; ita enim scribit de ejus exsequiis : Postquam ergo sanctæ memoriæ Cuthbertus episcopus, peracta communione, elevatis oculis et manibus ad Deum, commendans ei animam suam, et emittens spiritum, sedensque sine gemitu obiit in via patrum, a navigantibus ad insulam nostram delatus, toto corpore lavato, capite sudario circumdato, oblata super pectus sanctum posita, vestimento sacerdotali indutus, in obviam Christi calceamentis suis præparatus in sindone cereata involutus, animam habens cum Christo gaudentem. Non est dubitandum, inquit Amalarius, quin ipse mos esset apud Romanam Ecclesiam in hac re, qui apud Anglos fuit, præsertim cum ex illa primum episcopum Augustinum haberent Angli Saxones, et eo tempore quo celeberrima fuit Romana Ecclesia, propter auctoritatem doctissimi ejus episcopi Gregorii, et postea ex eadem Ecclesia habuerunt archiepiscopum Theodorum in utraque lingua peritissimum. » Plura qui volet videat apud Amalarium loco citato, et **273** cap. sequenti, ubi agit de officiis mortuorum, et Rabanum Maurum, lib. II *De institutione clericorum*, cap. 44.

Nota tertio, parte tertia hujus capitis § 11, Dionysii testimonio ab apostolis accepto confutari anabaptistas, qui negant prodesse parvulis baptismum, cum tamen Dominus dixerit : *Sinite parvulos venire ad me, talium est enim regnum cœlorum*, Marc. x, 14 ; quod quidem Clemens *Constitutionum apostolicarum* lib. VI, cap. 15, de parvulis baptizandis interpretatur, dicens : *Baptizate autem vestros pueros infantes, et educate eos in disciplina et monitione Dei :* « *Sinite enim*, ait Dominus, *pueros venire ad me et ne prohibete eos*, » Luc. XVIII, 16. Plura de hac re vide apud Vasquez in partem III, disputat. 124, capite primo.

PARAPHRASIS PACHYMERÆ.

§ I. His igitur definitis, necessarium etiam dicendum de defunctis : neque enim id commune habent Christiani (quos hic sacros vocat) cum externis gentilibus, qui profani sunt : sed sicut inter vitam eorum multum interest (cum illi quidem secundum Christum vivant corpus mortificando ; hi vero secundum carnis concupiscentias vitam instituant), sic et finis eorum diversus. Siquidem sancti ad spes futuras attendentes, ad mortis terminum veniunt tanquam ad finem certaminum, virtutis coronam recepturi in totali sua resurrectione, scilicet una cum corpore : sanctæ enim animæ cum hic perverti possint, in resurrectione immutabilitatem consequentur ; corpora vero, quæ hic animabus copulata una cum iis mala pertulerunt, propriam quoque resurrectionem sortientur ; animabus suis, quibus in hac vita conjuncta fuerant, reunita ; assequentur autem deiformem gloriam tanquam membra Dei.

§ II. Profanorum vero aliqui quidem sine ratione putant, non solum corporum non futuram resurrectionem, verum etiam ipsasmet animas penitus aboleri, seu in nihilum abire ; alii vero, his utique prudentiores, ut Plato, aiunt, corpus quidem post mortem nequaquam substiturum, sed nec in æternum ad subsistentiam suam reversurum. Hoc enim est quod dicit εἰσάπαξ. Indignum enim esse, aiunt, ut materiale corpus animæ immateriali sit coævum, animam vero solam esse immortalem. Idem etiam Simonis discipuli asserebant, non cogitantes, necdum edocti a magno apostolo Paulo dicente, pignus et probationem universalis in **274** corpore futuræ resurrectionis Dominum nostrum Jesum Christum exstitisse ; et quod in ipso modo abscondita sit vita nostra in Deo revelanda in regeneratione. Alii vero dicebant corpus tunc æreum animis futurum (si modo futurum sit) et non resurrecturum illud ipsum quod modo gerimus, corporibus quæ una decertarunt injuriam irrogantes. Alii porro, nescio quo pacto ad terrenas cogitationes provocati, scripserunt ibi cibos potusque sensiles futuros. Insinuari aiunt per hoc Pappiam, Hierapolis Asiæ episcopum, qui divi Joannis evangelistæ temporibus floruit. Hic enim Pappius libro quarto *Dominicarum suarum explanationum* scripsit, fore in resurrectione voluptates quæ percipiuntur ex cibis ; in quod quidem dogma postmodum Apollinarius credidit. Quomodo igitur Apollinarii erunt scripta sancti Dionysii, secundum nugas aliquorum, quæ Apollinarium refutant ? Sed nemo virorum proborum ad istiusmodi absurditates abducetur, verum credentes se Christiformem sortem adepturos, mutationem mortis minime formidabunt, probe scientes se bona parte stabiliter possessuros. Peccatores vero siquidem sacram hauserint institutionem, eaque neglecta, ad concupiscentias sua sponte devoluti sint, cum ad vitæ finem pervenerint, non jam legem divinam æque ut prius despicabilem existimant ; sed aliis longe oculis, spiritualibus demum et ea quæ illic sunt intuentibus, ea quæ ibi sunt considerantes, et quibus bonis exciderint expendentes, beatos quidem prædicant eos qui illa adepti sunt, miseri autem et inviti ex hac vita decedunt, propter vitam suam pessimam, nulla salutis spe fulti.

§ III. Cum in sanctorum obdormitionibus nihil horum accidat, is quidem qui ad vitæ finem properat, gaudet se ad sanctam regenerationem pervenire, defuncti autem familiares, spirituales potius quam carnales (hoc enim est pro jure divinæ propinquitatis) beatum ipsum prædicant, et similem finem beatissimum ipsi quoque consequi exoptant. Portant autem ipsum ad episcopum, quasi coronis munerandum ; hic vero ipsum excipiens ei justa persolvit.

275 II. *Mysterium*.

Episcopus clerum congregans, siquidem in sacris fuerat qui obdormivit, ante divinum altare ipsum inclinans, infit precationes et gratiarum actionem : preces quidem, super ignorantias defuncti ; gratiarum vero actionem, quia (Christus) mortis stimulum hebetavit, atque ita ejus auxilio fretus boni quidpiam agere potuit. Sin autem sanctis monachis sanctove populo aggregatus erat, juxta sacrarium collocat. Illud autem, ad sacerdotum ingressum, significat illum coram psallentibus jacere debere. Præsul deinde benedictionem pronuntiat, deinceps vero diaconi ea quæ conveniunt sancte concinunt; illa enim sunt æquivalentia et synonyma, quæ nimirum congruunt defunctis. Tum archidiaconus catechumenos dimittit, sanctorumque jam defunctorum nomina recenset, quibus præsentem defunctum eadem commemoratione aggregare dignatur, hortaturque omnes, ipsi ut beatum in Christo finem petant. Tum accedens antistes, precem sacram super defuncto peragit, eumque salutat, et cum ipso cæteri. Postea affundit ipsi sacrum oleum, et impertiens absolutionem, quæ communis oratio vocatur, loco honorato corpus collocat una cum æqualibus aliis corporibus sanctis.

III. *Contemplatio.*

§ I. Hæc quidem si aspexerint gentiles, vel a nobis fieri inaudiverint, profuse ridebunt : nos autem lucis datorem Jesum invocantes dicimus rite præsulem eum qui defunctus est loco digno collocare; nempe illum qui in sacris est, ante altare; monachum vero vel laicum, in sacrario. Declarat enim, secundum hanc vitam et quæ gesta sunt, ibi sortem retribui : ut si quis hic deiformis exstiterit, in futuro quoque sæculo in divinis erit delectationibus; sin hic nonnihil studium remiserit, pro meritis ibi quoque sortes accipiet. Antistes itaque pro divina justitia hac, nec non de tyranni imperio profligato gratias agit, quodque mors non jam amplius mors sit, sed vita.

276 § II. Porro cantica et lectiones exponunt illas æternas mansiones, quæ defunctos quidem excipiunt, viventes autem ad similem vitæ finem adhortantur.

§ III. Cæterum observa, quomodo non omnes qui expiationi vacant ordines jam dimittantur, ut sunt dæmonibus obnoxiorum et pœnitentium, sed soli catechumeni; quoniam hi nullo sacramento sunt initiati, et omnis aspectus sacri expertes. Nullum autem e mysteriis nostris parvi faciendum est, quoniam magna sunt omnia, licet ad invicem collata diversa sint. Maxima enim et incomparabilia sunt, quæcumque divina sunt. Cæteri autem ordines, ut energumeni et pœnitentes, astant quidem tanquam sacramento initiati, verumtamen, cum imprudenter in malum relapsi sint, a divinorum mysteriorum aspectibus divinæque communione arcebuntur. *Qui enim indigne manducat et bibit, judicium sibi manducat et bibit,* sicut in prima sua ad Corinthios Apostolus ait [j]. Non incongrue autem admittuntur ad ea quæ hic geruntur, ut discant mortis incertitudinem, et præmia justo-

rum ac peccatorum pœnas. Adsunt itaque, ut hinc aliquid utilitatis ferant, et illos forte similium desiderium excitabit.

§ IV. Deinde tractat etiam de salutatione et oratione : et oratio quidem precatio est pro defuncto, ut constituatur in sinu patriarcharum, in loco a quo tristitia omnis abest.

§ V. Quemadmodum enim ab iis quæ nobis jucunda sunt, ut regno, cœna, luce, gloria, splendore, quæ ibi sunt bona designantur, quæ oculus non vidit, nec auris audivit; sic etiam quæ ibi molesta sunt, ab hisce molestiis denominata sunt, tenebræ et stridor dentium, et dolor, et tristitia, et singultus : hæc enim sunt analogæ significationes, quæ a veritate bonorum ac molestiarum istarum omnino discrepant. Sinus autem patriarcharum cæterorumque sanctorum sunt beatissimæ mansiones, quæ, ut opinor, a sinuosis maris gremiis ac portubus navium potius desumuntur, quam a sinu vestium. Quemadmodum enim qui in maris tempestate versantur, ad marinos sinus attendunt, in quibus et quietiori aura fruuntur, et ab agitationibus quiescunt; ita quoque qui in hac vita tempestatibus jactati sunt, in sinibus **277** istis conquiescunt, modo scilicet e periculis animam suam vindicarint. Sin vero sinus etiam a vestibus nostris accipi dixerimus, juxta illud : Ut nos foveat sinus Abrahæ, convenienter hoc quoque explicari possit, quod nimirum Abraham primus ad Dei notitiam adductus sit, et Deo familiaris exstiterit : vel quod pater multarum gentium appellatus sit, earum scilicet quæ secundum Christum sunt; vel propter patriarchæ hospitalitatem, ista facientis in hac vita, propter quæ mundi conditor ac judex justos cœlorum regno honorabit.

§ VI. Sed hæc fortassis quidem satis demonstrata sint, dubitabis tamen de prece antistitis, quam facit pro iis qui in peccatis defuncti sunt; quomodo nimirum justitia Domini salvanda sit, si exauditis precibus salvet eum qui mortuus est in peccatis. Ego autem, inquit, justam quidem pro factis suis (hanc enim retributionem vocat) sortem quemlibet habiturum probe scio, Scripturis consentiens, et subjungit statim testimonia Scripturæ. Solis autem misericordias Dei merentibus, sive vivis sive defunctis, non vero iis qui damnari meruerunt, justorum prodesse, scripta divina docent. Quid enim Sauli profuit Samuel? Et quid Judæis Jeremiæ precatio contulit? ad quem dixit Dominus : *Ne ores pro populo hoc.* Etenim ut si quis sole lucente, sibi ipsi oculos eruens, lucis ejus particeps fieri petat; sic ex impossibili spe pendet, quisquis sanctorum preces flagitat dum mandata Dei non servat, neque mentis oculos apertos habet, et juxta Psalmistam, deficientes in salutare Dei [k]. Ne existimes autem solem dare lumina sua (quomodo enim, cum inanimis sit, possit dare munus?), sed veluti per morum quamdam fictionem id dicit. Sicut enim si quis

[j] Cap. xi, v. 29. [k] Psal. cxviii, 123.

supponat solem dicere: Ego valentibus oculis lumen dono; postea aliquis laborans oculis dixerit: Da etiam mihi radium, valeo enim, dico id huic non tantum non profuturum, quin etiam id quod videbat amittet: eodem etiam modo qui damnari meruit peccator affectus est, cum justorum preces efflagitat, et ipse se non convertit. Et hoc est quod a Scriptura dicitur: *Multum valet deprecatio justi* [1] a Spiritu agitata (1); de justo enim hoc dicitur. De illo autem, pro quo fit deprecatio, Scripturis quoque consone dico, perutiles esse sanctorum preces, dummodo quis sacrorum munerum desiderio **278** accensus, et ad eadem pie affectus (propriae enim vitae ad virtutem affectionem vocavit habitudinem, quae ex cujuslibet conscientia exsistit) ad virum aliquem justum accedens petat, ut Deum pro se roget, sibique conciliet, qua ratione sane maximum ex eo referet emolumentum: voti enim compos fiet, cum propter conscientiam religiosam, tum propter sanctorum reverentiam, tum propter piae petitionis affectum; hoc enim ita convenit, quoniam bona adamavit, et quaesivit. Etenim divinis id decretis stabilitum est, ut eorum participatione dignis, donentur per eos qui digni sunt eadem distribuere. Quemadmodum enim postulantem dijudicat, num dono dignus sit, sic etiam precantem scrutabitur, num et ipse dignus sit tale illi munus impetrare. Non temere itaque qui cupit ad divinum consortium accedere, et a Deo optima quaeque postulare prohibebitur, cum sciat magnum Apostolum praecipere ut incessanter oremus; sed absurdum simul et illicitum esse, si quis, opinione sua seductus, supra sanctos sapere velit, et pro rebus malis preces fundere. Quando autem nulla adest elatio, tunc non refugimus communes preces; tum ut discamus quae petere debeamus, tum vero etiam quomodo preces instituamus. Frustramur enim votis, vel quia nescimus quomodo oratio sit intendenda, ista enim est postulationis inscitia; vel quia res indignas postulamus. Sed dicet aliquis: Quid opus est institutione, ut cognoscamus quaenam sint indignae postulationes et quaenam dignae, Domino dicente: *Petite primum regnum Dei, et caetera omnia adjicientur vobis* [m]? Dicimus idcirco multa nobis esse ignota quae sint indigna: nam cupiditate decipimur, et peccatis saepenumero circumvenimur, saepenumero etiam rogamus, et bona indigne postulamus, nescientes, adversa, quae permissu Dei obveniunt, magis prodesse. Quomodo enim Israel in Ægyptum transmigrasset, et terram promissionis haereditasset, nisi Deus Josephi preces exaudiens, incolumem patri filium servasset?

279 § VII. Verum his in communi de oratione dictis, necessario etiam dicendum de prece quam super defuncto recitat antistes. Divinus igitur antistes interpres est divinarum justificationum: idcirco enim angelus Domini omnipotentis a sancto Michaea dicitur, ut qui Dei justificationes annuntiet ac manifestet. Didicit utique ex Scripturis, justis quidem justo Dei judicio lucidissimam divinamque vitam retribui, divina bonitate ac benignitate contractas ex humana fragilitate maculas clementer dissimulante, cum nemo sit, ut inquit, mundus a sorde. Haec antistes promissa esse novit. Postulat igitur, ut fidelium ex infirmitate contractae maculae dissimulentur, et sacrae retributiones conferantur, simulque Deum imitando, dona quae aliis conferenda sunt tanquam sibi indulgenda postulans (hoc est enim Deum imitari, proximum diligere sicut seipsum), simul vero etiam tanquam interpres Dei sciens et aliis manifestans, tanquam angelus id quod petitur, utpote justum, prorsus eventurum significat; neque enim ab initio petebat nisi quae Deo erant quam gratissima. Quocirca quidem pro sanctis sic facit, sed pro improbis infidelibus, sicut etiam in progressu significabit, quando dicit, Videbitur hoc profanis probabili risu dignum. Profanis itaque haec minime apprecatur, non solum quia, si ista peteret, minime bonus interpres esset Spiritus, ut qui illa peteret, ad quae ab auctore mysteriorum, divino scilicet Spiritu, minime moveretur; verum etiam quod petitione sua tanquam indigna frustraretur: hoc enim indicat vox ἐναγοῦς, sive impia, id est, indigna. Audiet enim etiam ipse a justo eloquio: *Petitis et non accipitis* [n], est autem haec sententia ex Epistola Jacobi. Quod utique dicit, vel quia juste dictum, vel quia a justo prolatum. Jacobus enim Joblias, quasi justus, cognominatus est. Postulat itaque sanctus antistes illa quae omnino dauda sunt, ostendens hic, Deo quidem, habitum suum quo Deum imitatur; praesentibus vero, praemia quae sanctos manent. Sic etiam hierarchae habent virtutes segregandi, id est segregationes, non quod irrationabilibus motibus eorum, ut dicam honeste, Divinitas obsequatur, sed quod ipsimet a Spiritu sancto moti damnatos segregent. *Accipite* enim, inquit, *Spiritum sanctum*, qui videlicet vos moveat ad ligandum et solvendum. Et iterum sic **280** Petro Dominus ait: *Quodcunque ligaveris super terram* [o], et quae sequuntur, quando divinis revelationibus a Patre qui in coelis est illustrabatur, ita ut beato Petro, et omni post ipsum pontifici, secundum revelationes ipsi coelitus a Deo factas, et approbandi et segregandi potestas sit. Quomodo autem revelationes ipsi factae in caeteris quoque pontificibus erunt, ita ut per hos etiam haec operentur, nisi per traditionem et mutuam successionem et manifestationem? Quanto enim revelationes in pluribus multiplicantur, tanto magis manifestantur. Etenim sacram illam Dei professionem: *Tu es Christus Filius Dei vivi*, non a se-

---

[1] Jac. v, 16. — [m] Matth. vi, 33. — [n] Jac. iv, 3. — [o] Matth. xvi, 19.

(1) Graece ἐνεργουμένη. Vulg. *assidua*.

metipso, neque a carne et sanguine, sed Deo ipsum hoc docente ac movente pronuntiabat. Similiter itaque pontifices ecclesiasticis potestatibus uti debent. Attica est syntaxis et vetusta constructio, qua propositiones accusandi casibus efferuntur; sic nimirum, ac si moveret eos Deus; cæteris autem ita pontifices observandi sunt (nam et hoc eodem modo construitur) tanquam qui a Deo moveantur : ad eos enim est sermo Christi Domini : *Qui vos spernit, me spernit* P.

§ VIII. Cæterum ad textum redeuntes, dicimus, finita precatione, omnes defunctum salutare; acceptus enim et honore dignus est quisquis sancte vixit. Postea pontifex defuncto oleum affundit. Diximus autem in iis quæ de illuminatione dicta sunt, quomodo initiandus primum oleo inungeretur post vestium depositionem; sic et hic in fine, et quidem non immerito. Cum enim ii qui ad certamina instruuntur, inunguntur; uti et ii qui a certando cessant, et sudores absterserunt; merito etiam in his : ibi quidem in principio, is qui certamina suscipit, hic vero in fine omnium, tanquam qui a certando desistit, inungitur.

§ IX. His peractis, pontifex defuncti corpus honesto loco recondit cum aliis corporibus sacris. Cum enim is qui defunctus est, anima simul et corpore constans, sanctam vitam egerit, cur anima in bonis commorante corpus negligeretur, et non honeste deponeretur? Etenim a justo judice condigna retributio animæ una cum corpore donabitur, sive bonorum sive malorum. Idcirco etiam sacra lex utraque sanctificat, tam corpus quam animam : animam **281** quidem, in spiritalibus contemplationibus atque scientia eorum quæ celebrantur; corpus vero, divino unguento. Quin et sanctissimis symbolis divinæ participationis totum hominem sanctificat, atque totalem ejus, animæ scilicet et corporis, salutem operatur, nec non hoc modo perfectissimam illi quoque resurrectionem annuntiat.

§ X. Invocationes porro ordinationis nefas est interpretari, seu explicando publicare, cum mysticæ sint et arcanæ; non oportet autem in commune efferre virtutes Spiritus sancti, quæ per preces initiatis conferuntur. Sed tu, ubi eas juxta divinam traditionem mystice hauseris, et ad diviniorem habitum traductus fueris, earum quoque scientiam hierarchica illustratione consequeris, hæc enim est omnium mysteriorum princeps ac dux.

§ XI. Considera etiam hic quid dicat sanctus Pater de baptismo parvulorum. Illud autem, *Videtur quidem, ut ais*, manifestum facit, eum hæc et alia sancto Timotheo tanquam interroganti scripsisse. Videbitur itaque profanis non immerito risu dignum quod infantes docent, qui necdum possunt audire; atque insuper movebit hoc eos ad nostra mysteria explodenda, quod alii pro aliis abrenuntiationes ac professiones pronuntient. Verum non oportet hierarchas ac prudentes indignari illis qui errant, sed religiose rationem reddere; nec non addere, rationes in rebus nostris quasdam esse quæ nostram superent intelligentiam, quarum aliquarum notitia tamen angelos non latet, quarumdam vero etiam ipsos fugit, et soli Deo cognitæ sunt. Verumtamen in quantum a præceptoribus nostris accepimus, qui antiqua traditione docti erant, dicimus, infantes, si in lege sacra instituantur, ad sanctum animi statum esse perventuros, ita ut donum intelligant quod acceperunt. Hoc itaque, illos aliquando ad perfectam ætatem ac statum perventuros, cum præceptoribus nostris in mentem venisset (ubi nota constructionem Atticam ἐληλυθός, pro genitivo ἐληλυθότος) placuit admitti pueros; verumtamen sic, ut naturales eorum parentes filium fideli alicui pædagogo susceptori concredant, a quo in divinis instituatur. Ab hoc itaque antiste exigit professiones : non, ut illi aiunt, alium pro alio divinis imbuens, sed promissiones hujus excipiens, tempore nimirum opportuno, **282** parvulo huic omnem mysterii doctrinam tribuendam esse; ita ut ipse propria sua sponte rebus contrariis renuntiaturus, ac fidem professurus, atque insuper re ipsa professiones a susceptore pro se factas adimpleturus sit. Nihil itaque absurdi est, si hæc super puero peragantur, cum ducem ac sponsorem habeat, qui divinis ipsum erudiat. Puerum autem mysteriorum consortem facit ut in iis magis educetur, neque amplius secundum carnem vitam ducat, sed divina contemplantem et in iis sub sponsoris disciplina proficiat. Hæc tanta uniformia seu divina nostræ hierarchiæ spectacula mihi manifestata sunt; sed et tibi, ut opinor, omnino clarescent nostris hisce rationibus, quasi gradibus quibusdam, ad sublimiorem illustrationem ascendenti : hanc et tu mihi communica et spiritualibus meis oculis exhibe venustiores illas pulchritudines quas contemplari poteris. Confido enim me nostris hisce sermonibus insitas tibi divini ignis (divinæ scilicet cognitionis illustrantis) scintillas suscitaturum.

P Luc. x, 16.

SANCTI DIONYSII AREOPAGITÆ

DE

DIVINIS NOMINIBUS

Interprete Balthasare Corderio, Societatis Jesu doctore theologo.

CAPUT PRIMUM.

SYMPRESBYTERO TIMOTHEO DIONYSIUS PRESBYTER.

Quis libri finis, et quæ de divinis nominibus prodita sint.

SYNOPSIS CAPITIS.

I. *Docet, omnem de Deo doctrinam ex Scripturis petendam esse, et ex rebus sensibilibus non posse cognosci quid sint res spirituales, multo minus Deum.* II. *De Deo nihil præsumendum dicere, nisi ex Scripturis, in quibus Deus sui cognitionem nobis pro captu nostro communicat.* III. *Hinc infert, arcanum Dei non temere scrutandum esse, sed ex Scripturis Deum esse laudandum; et simul pandit, quid ex ipsis de Deo discamus.* IV. *Tradit, nomina divina ut plurimum a divinis providentiis atque emanationibus desumi, et nos in hac vita Deum in ænigmate cognoscere, in cælis vero clare Deum videri ut in se est, quomodo jam eum concipere non possumus, sed nec statum beatorum.* V. *Ait tamen, Deum ab omni et a nulla re celebrandum esse, per positionem scilicet et ablationem.* VI. *Deum simul et ἀνώνυμον et πολυώνυμον esse.* VII. *Quo sensu Deus omni nomine careat, et omni nomine appelletur.* VIII. *Deum non solum a providentiis, sed etiam ab apparitionibus diversimode nuncupari.*

§ I. Modo, vir beate, post theologicas informationes ad divinorum nominum explicationem pro virili me conferam. Sit autem etiamnum nobis oraculorum sacra lex proposita, ut veritatem ostendamus corum quæ de Deo dicuntur, *non in persuasibilibus humanæ sapientiæ verbis, sed in ostensione virtutis* [q], quam Spiritus theologis inspiravit, qua rebus ineffabilibus et ignotis modo ineffabili ignotoque conjungimur secundum eam unionem, quæ vim omnem ac potentiam nostræ aut ratiocinationis aut intellectionis excedit. Universe igitur audendum non est, neque dicere, neque cogitare quidquam de supersubstantiali et abdita deitate, præter ea quæ nobis in sacris oraculis sunt indicata divinitus. Nam supernaturalitatis ipsius indemonstrabilitas, quæ supra omnem rationem, et mentem, et essentiam est, ipsa est cui supernaturalem scientiam tribuere nos oportet; tantum ad inaccessum illud lumen aspirando, quantum se insinuaverit divinorum ille radius oraculorum, quo eminentioribus istis rerum divinarum splendoribus sobrietate quadam ac sanctitate contemperamur. Etenim si quid sapientissimæ verissimæque theologiæ credendum est, pro singularum captu mentium divina revelantur, spectanturque, dum summa Dei bo-

nitas, justitia salutari, rebus mensuratis immensitatem suam divino quodam decore, quod comprehendi nequeat, commensurat. Sicut enim ea quæ sub intelligentiam cadunt per ea quæ sub sensum cadunt comprehendere et contemplari non possumus, neque per ea quæ typis et signis informantur, ea quæ simplicia sunt et typis non signantur, neque per figuras corporum incorporea, quæ neque sensum tactus subire, neque figuram et formam capere possunt; eadem plane ratione veritatis supra substantias est illa suprasubstantialis infinitas, et supra mentes illa supra mentem unitas; et omnibus ratiocinationibus inscrutabile est illud supra ratiocinationem unum; omnique verbo ineffabile est illud supra verbum bonum; unitas effectrix universæ unitatis, et substantia supra substantiam, et mens non cadens sub intelligentiam, ratio non effabilis ratione, intelligentia, nomineque vacans, nullius rei similitudinem habens: quæ quidem causa est ut omnia sint, ipsa vero non est, ut quæ quiescit extra omnia quæ sunt, quemadmodum etiam ipsa de se proprie sciteque hæc effari potest.

§ II. De hac igitur, ut dictum est, supersubstantiali ac recondita divinitate non est præsumendum dicere, sed neque cogitare quidpiam, præter ea quæ nobis

---

[q] I Cor. II, 4, cum aliqua αὐξήσει in Græco textu S. Dion.

divinitus sacris sunt eloquiis enuntiata, nam ut ipsa de se **285** in sacris Litteris benigne tradidit, ejus quid sit scientia et contemplatio, est omnibus inaccessa substantiis tanquam ab omnibus superessentialiter excepta. Multos quoque theologos invenias, non modo illam, quod visum nostrum captumque fugiat laudasse; verum etiam quod indagari nequeat et investigari, nullo scilicet exstante vestigio quod ducat ad ejus secretissimam infinitatem. Sed neque tamen eorum quæ sunt quidquam ejus omnino boni exsors exsistit, quia radium illum supersubstantialem sibi perseveranter insitum cuilibet rei congruis illuminationibus clementer attemperat, necnon ad quantam fas est contemplationem ac communionem similitudinemque sanctas mentes evehit, quæ ad ipsum, quoad possunt, connituntur, dummodo non sublimius, quam pro eorum captu divina fert illustratio, insolenter aliquid præsumant, nec in præceps perversa propensione labantur, at constanter et irreflexis oculis illucenti radio obtueantur, nec non amore indultis sibi collustrationibus commenso, cum sacra quadam reverentia modeste sancteque sursum evolent.

§ III. Eas ergo divinas lances, quæ sanctas omnes ordinum cœlestium distinctiones moderantur, imitantes, summæ quidem divinitatis arcanum illud, quod omnem intelligentiam substantiamque transcendit, a scrutatione vacuis, sacrisque mentis venerationibus, ineffabilia vero modesto quodam silentio prosequentes, fulgoribus, qui nobis e sanctis eloquiis affulgent, attendamus, quorum deinde luce ad divinos hymnos excitemur, quibus supermundialiter illuminamur, sacrisque laudum canticis formamur ad divina lumina, quæ in iis ad captum nostrum conceduntur, contuenda, beneficumque principium omnis illustrationis, prout ipsum de se in eloquiis expressit collaudandum. Ut quod omnium sit causa et origo, essentiæque ac vita, et a se dilapsorum revocatio ac resurrectio, divinam vero in semetipsis imaginem oblitterantium renovatio ac reformatio, nec non impuro motu nutantium firmamentum, ac stantium securitas; ad se tendentium manuductio, illuminatorum illustratio, perfectorum principium perficiens, deificatorum summa divinitas, simplificatorum simplicitas, unitorum unitas, omnis principii superessentialiter superoriginale principium, atque abditi illius secreti, quoad fas est, benefica communicatio, et simpliciter **286** dicendo, vita viventium, essentia entium, omnis vitæ et essentiæ principium ac causa propter suam bonitatem, qua et universa producit ut sint, et continet ne pereant.

§ IV. Hæc ex Scripturis divinis didicimus; et, ut ita dicam, omnem fere sacram Scripturam reperies, ad declarandum nobis Deum, et ad laudandum eum, divina nomina formare secundum divinæ bonitatis emanationes. Hinc in omni ferme theologica tractatione divinitatem ipsam sancte collaudatam cernimus, ut monadem quidem ac unitatem propter supernaturalis individui sui simplicitatem, ex qua, ceu unifica virtute, quid unum exsistimus, atque dividuis nostris diversitatibus supermundane coagmentatis, ad monadem quamdam deiformem, ac Deum imitantem unionem redigimur : ut Trinitatem vero, propter superessentialis fecunditatis in tribus personis manifestationem, ex qua paternitas omnis in cœlo et in terra est, et nominatur : ut rerum vero causam, quod omnia per bonitatem ejus, rerum effectricem, sint producta, ut sapientem quoque ac pulchram, quod res omnes, dum naturam suam servant incorruptam, divinæ omnis harmoniæ sacræque pulchritudinis sint plenæ: singulari autem amore humanum genus complectentem, quod se nobis vere integre in una persona sua communicarit, revocans ad se sibique jungens humanam humilitatem; ex qua simplex Jesus ineffabili modo consistit, ac qui æternus est, temporalem sumpsit accessionem, necnon ad intima naturæ nostræ descendit; qui universum totius naturæ ordinem superessentialiter transcendit; servatis tamen proprietatibus suis prorsus integris et inconfusis. Hæc aliaque quælibet deifica lumina, quæ Scripturis consona sancti nostri præceptores arcana nobis interpretatione tradiderunt, nos quoque hausimus : nunc quidem pro captu nostro, dum velaminibus quibusdam sacris eloquiorum et hierarchicarum traditionum benignitas, signis sensilibus res spiritales, substantiisque res supersubstantiales abdit, formasque figurasque rebus forma figuraque carentibus circumdat, nec non supernaturalem, et quæ figuras respuit, simplicitatem dividuorum signorum varietate multiplicat et effingit. At quando incorruptibiles et immortales evaserimus, Christiformem beatissimamque sortem adepti, tum *semper* (uti scriptum est) *cum Domino erimus* [r] **287** visibilis quidem ipsiusmet Dei apparitionis castissimis contemplationibus pleni, cujus lucidissimis splendoribus, non secus ac discipuli in divinissima transfiguratione, irradiabimur, intelligibilis vero ejus illustrationis participes secundum mentem passionibus materiaque carentem, radiorum lucidissimorum incognitis beatissimisque coruscationibus, ad diviniorem supercœlestium intelligentiarum imitationem, unione quadam intelligentiam superante ipsi conjungemur, nam, ut eloquiorum veritas habet : *Æquales angelis erimus et filii Dei, quando erimus filii resurrectionis* [s]. Modo autem, ut valemus, ad divina capienda signis utimur, quibus scilicet ad simplicem et unicam illam intelligibilium spectaculorum veritatem pro captu nostro adducimur, et post omnem nostram rerum deiformium intelligentiam, sedantes nostras intellectiles operationes, in superessentialem istum radium, quantum fas est, intendimus, in quo cuncti fines omnium cognitionum ineffabili modo præexstiterunt

---

[r] I Thess. IV, 16, in textu vero Græco, 17. [s] Luc. xx, 36.

quemque nec mente concipere, nec oratione proloqui valemus, neque visu quomodolibet intueri, eo quod sit omnibus exemptus, et eminenter ignotus, ut qui simul omnes omnium cognitionum essentialium, virtutumque terminationes superessentialiter in semetipso anticiparit, cunctis cœlestibus intelligentiis eminentior incomprehensa virtute collocatus. Etenim cum notiones omnes sint entitatum, et ad entitates terminentur, is qui omni entitate sublimior est, omnem quoque effugit cognitionem.

§ V. Cæterum si sermonem omnem cognitionemque transcendat, supraque mentem sit et essentiam, ut qui omnia suo ambitu contineat ac complectatur, et anticipet, quin et omnem captum superet, cum neque sub sensum cadat, neque ejus sit imaginatio, nec opinatio, neque nomen, neque sermo, neque tactus, neque notitia, quomodo de divinis nominibus a nobis sermo concinnabitur, cum divinitatem illam uti essentia, sic et nomine quovis atque appellatione potiorem esse declaraverim? Utique, ut diximus quando theologicas descriptiones exposuimus, unum illud, ignotum, supra substantiam, seipso bonum, quod est, trinum, inquam, unitatem, simul Deum, simul bonum, neque verbis eloqui, neque cogitando assequi valemus; quin et sacrarum quoque virtutum cum plusquam ignota illa præludicaque bonitate conjunctiones, quæ angelis conveniunt, sive immissiones, sive susceptiones appellandæ sint, et ineffabiles sunt, et ignotæ, solisque illis insunt, qui præter angelicam cognitionem, una cum angelis eas acceperunt. Mentes itaque deiformes ad angelorum, quantum fas est, imitationem hacce ratione Deo unitæ (siquidem per omnem mentalis operationis vacationem ejuscemodi deificatarum mentium ad supremum Dei lumen unio exsistit) laudant ipsum propriissime ex rerum omnium ablatione, hoc ex beatissima illa cum Deo unione supra naturam vere per illuminationem eruditæ, ut Deus omnium quidem rerum causa sit, ipse vero nihil earum exsistat, sed ab omnibus sit superessentialiter exemptus. Illam igitur divinam supraquam substantiam, quodcunque est illa supraquam essentia bonitatis, quæ supra bonitatem est, neque tanquam rationem aut potentiam, neque tanquam mentem, aut substantiam, aut vitam laudibus celebrare fas est ulli qui veritatis, quæ supra omnem veritatem est, sit studiosus. quinimo laudare eam oportet, tanquam ab omni habitu, motu, vita, imaginatione, opinione, nomine, sermone, cogitatione, intelligentia, substantia, statu, fundatione, unione, fine, immensitate, denique ab omnibus quæcunque sunt, superlate abstractam. Quoniam vero ut ipsa bonitas, eo ipso quod est, omnium causa est, providentia Dei, eorum qui dii dicuntur principis, quæ omnium bonorum principium est, ab omnibus effectis laudanda est; quia et circum ipsam sunt omnia, et propter ipsam, et ipsa est ante omnia, et in ipsa omnia consistunt, et esse eam producit omnia, et facit ut exsistant, eamque omnia appetunt; spiritalia quidem ac rationalia scienter, hisce interiora, sensiliter; cætera vero vel per motum vitalem, vel substantialem, vel habitudinalem aptitudinem.

§ VI. Hoc igitur cum scirent theologi, Deum laudant et tanquam nomine carentem, et ab omni nomine. Tanquam nomine carentem, ut cum aiunt, Deum ipsum in una ex mysticis visionibus symbolicæ apparitionis Dei increpasse eum qui dixerat: *Quod est nomen tuum* [t]? et tanquam ab omni divino nomine abducentem, dixisse: *Quare interrogas de meo nomine? et hoc est admirabile* [u]. An non est hoc vere nomen admirabile, quod est supra omne nomen, quod caret nomine, quod est collocatum super *omne nomen, quod nominatur, sive in hoc sæculo, sive in futuro* [v]? Multorum vero nominum faciunt, ut cum ipsum Deum introducunt dicentem. *Ego sum qui sum* [x], vita, lux, Deus, veritas; et cum sapientes ipsum Deum omnium effectorem ab omnibus effectis laudant, ut bonum, ut pulchrum, ut sapientem, ut dilectum, ut Deum deorum, ut Dominum dominorum, ut Sanctum sanctorum, ut æternum, ut eum qui est, ut auctorem sæculorum, ut largitorem vitæ, ut sapientiam, ut mentem, ut Verbum, ut cognitorem, ut superlate habentem omnes thesauros omnis scientiæ, ut potentiam, ut potentem, ut Regem regum, ut Antiquum dierum, ut non senescentem et immutabilem, ut salutem, ut justitiam, ut sanctificationem, ut redemptionem, ut magnitudine omnia superantem, et ut in aura tenui. Atqui et in mentibus eum esse dicunt, et in animis et corporibus, et in cœlo et in terra, et simul in eodem eumdem, in mundo circa mundum, super mundum, supracœlestem, suprasubstantiam, solem, stellam, ignem, aquam, spiritum, rorem, nubem, per se lapidem, petram, omnia quæ sunt, et nihil eorum quæ sunt.

§ VII. Sic igitur ei qui omnium rerum causa est, et supra omnia, congruit carere nomine, et congruunt rursus omnia rerum omnium nomina, ut sit perfecte regnum universitatis rerum, et circa ipsum sint omnia, ex ipso, tanquam ex causa, principio et fine cuncta pendeant, et ipse sit, ut ait Scriptura, *omnia in omnibus* [y], vereque laudetur, ut omnia procreans, inchoans, perficiens, continensque, custodia ac domicilium, eademque ad se convertens, atque hæc conjuncte, invicte, excellenter; non enim solum est causa continendi omnia, vitæque ac perfectionis, ita ut ab hac sola, aut ab alia providentia, bonitas, quæ omne nomen superat, nominetur; sed universa simpliciter et incircumscripte in se anticipavit perfectis bonitatis ipsius unicæ et omnium effectricis providentiæ, et ab omnibus rebus apte laudatur, et nominatur.

§ VIII. Siquidem theologi non hæc solum divina nomina celebrant, quæ a providentiis universalibus aut particularibus, aut ab iis quæ providentiam capiunt,

[t] Gen. xxxii, 29. [u] Jud. xiii, 18. [v] Ephes. i, 21. [x] Exod. iii, 14. [y] I Cor. xv, 28.

ducuntur, sed etiam a quibusdam divinis visis, quæ **290** aliquando in sacris templis, aut forte alibi, magistros mysteriorum vel prophetas illuminarunt, ob multiplicem causam et vim nominant bonitatem divinam, quæ omne nomen omnemque splendorem superat, formasque ei figurasque humanas, aut igneas, aut electri inducunt; et oculos ejus, atque aures, capillos, facies, manus, scapulas, alas, brachia, posteriora, et pedes laudant; tum coronas, sedes, pocula, et crateras, et quædam alia ei affigunt, de quibus in *Symbolica theologia* pro virili parte dicemus; modo autem omnibus quæ hujus instituti sunt ex eloquiis divinis collectis, iis quæ dicta sunt quasi regula quam intueamur utentes, ad spiritalia Dei nomina reseranda veniamus; et,

A quod in omni theologia lex semper præcipit, deiformes (ut proprie dicam) contemplationes divina mente intueamur; et sacras aures sacris divinorum nominum interpretationibus adhibeamus, sanctis sancta, ut divina scripta tradunt, proponentes, a profanorum irrisionibus illusionibusque illa vindicemus, quinimo illos ipsos, si qui sint homines istiusmodi, a bello, quod hac ex parte cum Deo gerunt, revocemus. Hæc tibi servanda sunt, optime Timothee, juxta sacratissimam sanctionem, ne res divinas coram profanis efferas, aut evulges. Mihi autem det Deus, ut divinitatis, quæ vocari nominarique non potest, multa variaque nomina pro Dei dignitate celebrem, et non auferat sermonem verum ab ore meo.

ADNOTATIONES CORDERII.

Modo, vir beate, post theologicas informationes. Hinc patet, sanctum Dionysium quemdam alium tractatum edidisse de divinis informationibus, qui magno sane Ecclesiæ damno, et theologorum luctu vel intercidit, vel certe alibi inter Turcas vel schismaticos in tenebris delitescit. Optimo autem ordine, post divinas informationes, scribit de divinis nominibus : quoniam mens nostra prius debet divinitus illustrari atque informari, antequam de Deo congrue loqui possit. Hinc etiam hic, ut in prima generali observatione notavimus, profitetur se nihil nisi ex Scripturis sacris allaturum.

Ibidem : *Sicut ea quæ sub intelligentiam cadunt*, etc. Hinc divus Thomas prima parte, q. 12, a. 2, concludit, divinam essentiam non per aliquam speciem ex parte divinæ essentiæ ab intellectu creato conspici, sed ex parte intellectus creati, aliqua similitudine confortati (lumine videlicet gloriæ) apprehendi et videri ; ut ibidem fusius probat, et scholastici disputant. Item q. 88, art. 2, occasione hujus loci quærit utrum intellectus noster per cognitionem rerum materialium possit pervenire ad intelligendum substantias immateriales ; et resolvit, cum quidditas rei materialis, quam abstrahit intellectus noster a materia, sit omnino alterius rationis a substantiis immaterialibus, non posse nos per substantias materiales perfecte **291** substantias immateriales intelligere : et simul conciliat cum hac resolutione locum capitis primi *De cœlesti hierarchia*, ubi § 5, dicitur, fieri non posse, ut mens nostra ad immaterialem illam cœlestium hierarchiarum contemplationem excitetur, nisi materiali usa fuerit manuductione. Licet enim, inquit, ex materialibus ascendere possimus ad aliqualem cognitionem rerum immaterialium, non tamen perfectam : quia non est sufficiens comparatio rerum materialium ad immateriales. Nam similitudines, si quæ a materialibus ad immaterialia intelligenda accipiuntur, sunt multum dissimiles, ut Dionysius hoc loco docet.

Notandum hic, quomodo Deus non possit intelligentia comprehendi. Etenim, inquit S. Maximus ad hunc locum, si quæ incorporeæ substantiæ sunt, et simplices, et intellectiles, et unitæ, non solum non subjiciuntur sensibus, ut angeli et animæ, ut per eos cognosci possint, sed neque per sensilia, quæ inferioris ordinis sunt, cognitione eas comprehendere, nec earum essentiam spectare possumus, quanto magis excellit Deus, sensus, et sensilia, qui non est substantia, sed supra substantia; neque simplex, sed supra quam simplex; neque intellectus, sed supra intellectum; neque unitas, sed supra unitatem; nec ullo termino circumscriptus, sed infinitate sua omnibus solutus : qui in se est, neque ratione investigari, nec intelligi, neque nominari potest. Cum igitur audis in Scriptura formam Dei, et speciem, et faciem, intellige per anagogem, id est elevate et supra corpora, ut Deo dignum est : cum vero unitatem audis, ne intelligas quasi varia quædam ad unionem concurrant : non enim de his nunc sermo fit, sed de Deo, qui nec est principium numerorum, neque compositus, sed supra simplices substantias unitus. Unitas effectrix unitatis. Postquam autem Dionysius ea quæ de Deo sunt, ex omnibus quæ in rerum natura sunt exemit, deinceps sequens linguæ nostræ modum (non enim supra hunc ferri possumus) ex illis ipsis Deum laudat, e quibus eum exemit : et unitatem vocat sed effectricem unitatum, id est simplicium substantiarum, ut angelorum, et animarum : et mentem non intellectilem, id est quæ a nulla mente intelligitur. Si enim simile a simili cognoscitur, si mens esset, oporteret ut a mentibus cognosceretur : *At quis novit mentem Domini*[a] ? Est igitur mens supra mentem, et nomen supra omne nomen. *Et nomen*, inquit, *meum non manifestavi eis*[a]. Quamobrem omnibus est sine nomine. Imo nec ens est. Etenim si ea quæ sunt ex nihilo creat, non est igitur ex iis quæ sunt, sed supra ea quæ sunt. Quod si dicit : *Ego sum qui sum*[b], intellige ut decet, esse scilicet sine principio, et sine fine, quin etiam inscrutabilem, et similiter in aliis quæ Deo natura conveniunt. Dicit etiam Deum vacare ratione et intelligentia, sicut infra cap. 7, Paulum imitatus, sapientiam Dei ratione vacantem et stultam vocat, ut excellentiam ejus significaret, quod ita antecellat rationem nostram, ut a ratione aliena habeatur, ita mentem, ut amentia et stultitia putetur; sic hoc loco, quia cognitio Dei infinito intervallo rationem creaturæ, et intellectum, et nomina quæ de Deo dicuntur superat; cum alioqui Deus ex omnibus creaturis per rationem investigari possit, et intelligi ac nominari ; dicit tamen esse eum ἀλογίαν, et ἀνοησίαν, et ἀνωνυμίαν, id est ἄλογον, ἄνουν, et ἀνώνυμον, hoc est, ratione, mente et nomine vacantem, scilicet propter superlationem substantiæ et intelligentiæ. Sicut lumen excellens aciem oculorum efficitur nobis tenebræ; et sonus item excellens sensum auditus, surditas. Vide quæ dicta sunt in observationibus generalibus septima, octava, nona. Joannes Cyparissiota in præmeditatione *Expositionis materiatæ* primum hoc ponit axioma : Unum esse Deum, impartibilem, infinitum, expertem coloris, inaspectabilem, ex nulla naturali repræsentatione cognitum, qui notionibus, aut quid quomodo sit, omnino repellit ; quem nullo modo quavis parte mens capere po-

[z] Rom. xi, 34. [a] Exod. vi, 3. [b] Exod. iii, 14.

test, nisi tantum per fidem ex creaturis ejus quod sit, non autem quid sit. Ad quem locum P. Turrianus in Scholiis : Ex nulla, inquit, naturali repræsentatione cognoscitur Deus, sicut lapis cognoscitur per speciem et similitudinem quæ est in oculo, quia ἀνείδεος est, ut Dionysius ait, id est omni specie caret, et similitudine; ipse enim nullius creaturæ similitudinem habet, nec habere potest. Deum itaque non cognoscimus videntes, quod est cognoscere ἐποπτικῶς, sed ἐπιστητῶς ex creaturis per rationem, id est ex similitudinibus Dei quæ in creaturis cernuntur, cognoscitur Deus, non quid sit, sed quod sit. Cum autem ait, quod nullo modo quamvis parte potest mens Deum capere nisi per fidem, tantum quod sit, non quid sit; non negat, quin ratione naturali cognosci possit Deus, quod sit, siquidem demonstrari hoc potest ex effectis ejus, illud Sap. xiii : *A magnitudine enim speciei et creaturæ poterit cognoscibiliter creator horum videri*; sed loquitur de cognitione altiore necessaria, cujusmodi est fides, juxta illud Sap. ix : *Et si quis fuerit consummatus inter filios hominum, si ab eo abfuerit sapientia tua, Domine, in nihilum computabitur. Nam sine fide impossibile est placere Deo* [c]. Hanc cognitionem Dei vocat beatus Basilius **292** comprehensionem intellectilem per fidem. Sic enim ait, edisserens illud, *Attende tibi* : Ne in Deo quæras cognitionem per oculos, sed menti fidem committe, et intellectilem de Deo comprehensionem habe. Græce dixit κατάληψιν. Similiter locutus est sanctus Maximus in prima centuria theologica cap. 8; sic enim ait : Quæcunque sunt intellecta nominantur, et habent in seipsis demonstrabilia principia cognitionis. Deus autem non nominatur intellectus a nobis; sed ex creaturis, inquit, intellectis a nobis solum esse creditur. Cum dicit, *solum esse creditur*, non negat quin naturali etiam ratione ex creaturis esse cognoscatur; sed loquitur de cognitione per fidem, quam in nobis requirit Deus tanquam necessariam, quam quidem ipse dat omni demonstratione firmiorem, de qua Apostolus ait : *Accedentem ad Deum oportet credere, quia est, et quia remunerator est* [d]. Non dixit, oportet scire quia est, tametsi demonstrari hoc et sciri potest, quia demonstrationes non omnes capere possunt; credere autem omnes possunt, adjuvante Deo, et debent. Principia autem hujus cognitionis per fidem non sunt demonstrabilia, ut ait idem sanctus Maximus : « Quia, inquit, fides est eorum quæ sunt supra mentem et rationem. » Idem c. 11 primæ centuriæ : « Res, inquit, omnes quæcunque sunt intelligentia prius perceptas nominamus, quæ in seipsis habent principia notitiarum demonstrabilia ; at Deus non cognitus nominatur, quin potius ex iis tantum quæ intelligentia percipiuntur, creditur esse ; quamobrem nihil eorum quæ intelliguntur cum eo quacunque ex parte confertur. Omnia enim quæ intelliguntur habent in se principium cognitionis, quia vel sunt in sensibilibus ; quorum sunt phantasmata , a quibus abstrahuntur species intelligibiles, quibus intellectus informatus intelligit ; aut sunt incorporea, quæ in se habent unde comparentur cum sensibilibus, ad quorum phantasmata, quæ sunt imagines et similitudines eorum ad animos pervenientes, se convertit intellectus, ut aliquid de incorporeis intelligat. Sunt autem similitudines principia sentiendi et intelligendi, ut ait sanctus Thomas. p. 1, quæst. 84, art. 5. Deus autem non potest sic cum creatura sensibili comparari ; unde non sic intelligitur, sed tanquam causa et per excessum, ut ait S. Thomas eadem q. 84, art. 7.

Quibus autem modis Deus incomprehensibilis exsistat, vide apud Lessium, lib. i *De perfectionibus divinis*, cap. 2.

§ II. *De hac igitur*, etc. Denuo hic inculcat Dionysius, nihil de rebus divinis asseverandum esse, nisi quantum divina Scriptura confirmat. Sic etiam Plato in Timæo, « De rebus divinis credendum, inquit, Dei filiis, etiamsi nullas afferant rationes. » In legibus quoque theologiæ inventa jubet oraculis confirmari.

Ibidem : *Ejus quid sit scientia et contemplatio est omnibus inaccessa*. Nobis enim, quamdiu sumus extra patriam, summa Dei cognitio est intelligentia, quæ divinam naturam nondum attingit. Tantum vero de divina cognitione consequimur, quantum divinæ revelationis radius per serenas sanctorum mentes transmissus ostenderit; in quibus sane, tanquam in corporibus diaphanis, divinum illum solem percipimus, quem capere in seipso non possumus. Quamobrem recte docet sanctus Dionysius, nos circa divinarum rerum contemplationem certis quibusdam limitibus coerceri. Primo quidem , quia nihil ultra pertingere possumus, quam radius ille offerat. Secundo, quia radius ille in nos sub mensura descendit ; non quidem ostensurus nobis naturam ipsam divinam, vel quæcunque Deus conspicit in seipso, vel omnia saltem quæ penes Deum angeli continentur; sed pauciora et inferiora quædam, quamvis pretiosissima procul dubio, si cum cæteris conferantur. Tertio, quoniam radius ille unicuique se pro subjecti duntaxat capacitate demonstrat, justa quadam ubique pro meritis distributione servata. In quo certe Sol divinus perinde se habet, ac si sol cœlestis lumen suum singulis passim oculis attemperaret. Deus ergo se quasi finitum mentibus finitis offert, infinitatem interea suam occulens in seipso. Denique docet unumquemque circa divinum istum radium ita sibi moderari debere, ut nec per ignaviam ab illius excellentia decidat in deterius, neque temere per superbiam quidquam supra vires attentet.

§ III. *Eas ergo divinas lances*, etc. Docet, id quod in Deo supra essentiæ et intelligentiæ limites relucet, non tam perscrutandum quam venerandum esse, et mentis oculos, immensam hanc lucem minime sustinentes, ad sacras litteras, tanquam ad cœlos quosdam, flectendos esse, in quibus nomina divina lucent quasi stellæ oculis nostris accommodatæ : ex quibus sane stellis nobis emicant propriæ Dei virtutes, et appellationes, laudesque divinæ, non secus ac solis virtutes in stellis. Unde duo potissimum consequimur. Primum quidem, quod divinos radios hinc haurimus nostro ingenio congruentes ; secundum, quod divinum solem, radiorum ejusmodi fontem, rite laudemus. In nominibus autem appellationibusque divinis mirabiles latere virtutes, tum ad divina mysteria declaranda , tum ad mirabilia **293** perpetranda, Hebræi omnes existimant, et Zoroaster Jamblicusque confirmant. Male tamen et superstitiose multi in amuletis et præstigiis sacrosanctis nominibus abutuntur, de quibus hic nihil attinet dicere.

Ibidem : *Ut quod omnium sit causa et origo*, etc. Gregorius Nyssenus in *Explanatine Cantici canticorum* : « Omnia, inquit, mira quæ in universo contemplamur, materiam divinorum nominum præbent, quibus Deum sapientem, potentem, bonum, sanctum, beatum, æternum, judicem, salvatorem, et aliis hujusmodi nominamus. » Et Damascenus libro primo *De fide orthodoxa* : « Deus, inquit, propter ineffabilem bonitatem voluit de nostris rebus et nostro more nominari, ne simus funditus notitiæ ejus expertes. » Magnus Basilius libro primo *Contra Eunomium* : « Unus, inquit, Dominus cum sit, et una substantia simplex et expers compositionis, alias aliter se nominat ; aptans sibi nominationes quæ nostris cogitationibus inter se different. Diversa enim nomina sibi imponit, ut sunt diversæ operationes subjectæ, et diversa earum ad ea quæ sunt habitudo ; nos vero ex operationibus Deum nostrum cognosci dicimus, ad essentiam tamen ejus appropinquare non promittimus. Operationes enim Dei descendunt ad nos ; at essentia

[c] Hebr. xi, 6.   [d] Ibid.

ejus manet inaccessa.» Gregorius item Nyssenus disputans contra Eunomium : « Ego, inquit, quod ex Scriptura sancta didici fidenter pronuntio, eum qui est supra omne nomen fieri nobis multorum nominum cum pro varietate beneficiorum varie nominatur. Lumen enim dicitur, cum caliginem ignorantiæ depellit; vita, cum immortalitatem largitur; via, cum ab errore ad veritatem deducit. Sic turris fortitudinis, et civitas munita, et fons, et petra, et vitis, et medicus, et resurrectio, et omnibus hujusmodi nominibus appellatur.» Rursus idem : « Deus quidem est secundum se id quod demum esse creditur; nominatur autem ab iis qui eum appellant non id ipsum quod est (non enim explicari potest natura ejus), quin potius ex iis quæ ad vitam nostram pertinentia operari creditur, homonymias seu nomina quædam æquivoca habet.» Et Basilius Magnus : « Naturam inquit, divinam quatenus est, nihil eorum quæ excogitantur declarat. Ex his igitur liquet, fieri nobis Deum multorum nominum, quoniam multis beneficiis ejus ad custodiendam vitam indigemus, nosque sumus qui difficultatibus circumplicamur, et in eis Deum excogitatis et adinventis nominibus imploramus. Quare hoc etiam efficitur manifestum, quod licet Deus ex infinitis operationibus multis nominibus afficiatur, quam tamen naturam habeat, funditus intelligentia nostra non assequatur. Cum enim duplex sit quæstio, quod sit Deus, et quid sit; illud quidem, id est esse, omnino inter omnes convenit, quid vero sit, et qua natura, solis beatis notum est.

§ IV. *Hæc ex Scripturis didicimus*, etc., *divina nomina formare secundum divinæ bonitatis emanationes*, etc. Sanctus Thomas prima parte, q. 13, art. 6 : « Hæc, inquit, nomina Dei, *bonus, sapiens*, et similia, quantum ad rem significatam per prius dicuntur de Deo quam de creaturis, quia a Deo hujusmodi perfectiones in creaturis manant, sed quantum ad impositionem, inquit, nominis imposita sunt creaturis quas prius cognoscimus, significant enim bonitatem creatam, *bonus*, et sapientiam creatam, *sapiens*, etc., quæ de Deo per essentiam conveniunt ἐξῃρημένως, id est clate et eminenter.»

Ibid. art. 2, sic interpretatur Dionysius ut voluerit significare, nomina Dei, *bonus, sapiens*, et alia ejusmodi, imposita quidem esse a processionibus sive providentiis Dei in creaturas manantibus, sed significare ipsum rerum principium, quatenus in eo est prius bonitas, et vita, et sapientia, et quidem excellentius quam a nobis intelligatur et significetur. Aliud enim est a qua re imponitur nomen, et aliud in qua re imponitur. Sic nomina Dei imposita sunt a providentiis, quas alii vocant processus, ad significandam substantiam Dei, licet non perfecte eam significent: sicut perfecte hoc nomen *homo* significat substantiam sive essentiam hominis, quia quid sit Deus comprehendi intelligentia non potest, ut potest comprehendi quid sit homo; est enim animal rationale, quæ est perfecta essentia hominis quam homo significat. Imo illud etiam est advertendum, vocabulum ipsum *eminentia* et *eminenter*, quibus sanctus Thomas uti solet cum de nominibus Dei loquitur, et quid in Deo significent explicat, ex Dion. sumpsisse qui ἐξῃρημένως, ut paulo ante notavi, dicere solet, quod varie licet interpretari, *elate, exsuperanter, eminenter, eximie, excellenter, separate*.

§ V. *Neque nomen, neque sermo*. Quia nimirum nec uno nomine, nec sermone, qui pluribus vocibus constat, explicari Deus potest. Et quavis appellatione potiorem dicit ; quia nullo nomine totum quod in ipso est, exponi potest. Intelligit autem respectu cujuscumque intellectus creati natura sua considerati, quia non videt Deum sicuti est, et ita neque nomine aliquo potest Deus ei integre significari.

Ad eumdem modum Justinus in *Apologia secunda pro Christianis* non longe a **294** fine, ait, Deo nomen imponi non posse, quod si quis id contendat, summæ dementiæ esse. Nazianzenus similiter oratione trigesima quarta quæ est secunda de Theologia, refert sententiam Platonis in Timæo dicentis, difficile esse Deum intellectu percipere, eloqui vero impossibile. Ipse vero Nazianzenus suam nobis sententiam exponit, dicens, Deum nullis verbis explicari posse, mente autem comprehendi multo minus. Quæ loca recte concordat Vasquez. tom. I, in prim. part., disput. 57, q. 13, artic. 1, cap. 3 : « Nec contradicit, inquit, ullo modo Platoni, qui docuit difficilius esse eloqui Deum, quam percipere ; quia hoc dicit esse difficile, illud vero impossibile. Nazianzenus vero utrumque esse impossibile, et multo magis Deum comprehendere. Nam Plato loquebatur de cognitione Dei, qualis viatoribus conceditur, obscura, et hac vere dixit difficile esse percipere absque falsitate Deum, et quæ de ipso dicuntur, eloqui vero ipsum et explicare exacte sicuti est (id enim significare voluit, cum dixit *eloqui*) impossibile.» Nazianzenus autem dicit, impossibile esse Deum explicare non solum quidditative et sicut est, sed etiam omnia quæ sub velamine de ipso dici possent ; semper enim superest aliquid addendum : at ipsum videre sicuti est, quod vocat *comprehendere*, certe magis est impossibile ; id enim magis adhuc remotum est a cognitione viatorum, quam Deum exacte explicare sub velamine et obscuritate fidei. Contra vero Augustinus de alio modo cognitionis ait (1) : « Verius cogitatur Deus quam dicitur ; sed verius est quam cogitatur.» Id autem intelligitur in viatoribus, qui aliquando plura de Deo contemplatione concipiunt quam explicare queant ; cum tamen adhuc melius et verius in se sit Deus, quam a nobis cogitatur. Hæc tamen non obstant, quo minus, si loquamur ex parte ejus qui nomina aut sermonem de Deo audit, æqua sit illi nominum aut sermonis significatio atque cognitio, quam ipse de Deo habet ; nam cognitio audientis metitur significationem nominis. Unde sicut beati proprium de Deo verbum et conceptum formant, ita puri viatores nullo ipsum verbo proprie quid sit significare, neque conceptu mentis assequi possunt ; ut eleganter Nazianzenus *Oratione de fide*, quæ est quadragesima nona, sic ait : « Certe hoc est Deus, quod cum dicitur, non potest dici ; cum æstimatur, non potest æstimari ; cum definitur, ipsa definitione crescit.» Dixit autem Deum ipsa definitione crescere ; quia licet definitio dicatur terminus rei, quia ea veluti termino et fine res clauditur, tamen cum Deum definire et determinare contendimus, ita se habet, ut semper aliquid illius extra maneat ; eo quod natura ejus ab intellectu creato propria virtute cognosci nequeat, nec viatori satis explicari, et definitione describi. Vide hæc fusius apud Vasquez, tom. I, in 1 part., disput. 57, q. 13, art. 1, cap. 3, unde hæc compendio desumpta sunt.

Ibidem : *Illam igitur*, etc. Negat hic Dionysius de Deo, quæcumque formali aliqua ratione pertinent ad proprietates rerum naturalium, animarumque et mentium, vel etiam entis illius universi, in quo Platonici essentiam, vitam, intellectum, collocant ; item motum, statum, identitatem, diversitatem, tanquam genera rerum ; rursus infinitatem atque terminum, veluti prima omnium elementa. Utitur etiam epistola Platonis quæ dicit : « Circa Regem omnium cuncta sunt, ipsius gratia omnia, ipse causa est bonorum omnium.» Nota autem, ad excellentiam causæ duo pertinere ; primum quidem, ut quo præstantior causa est, eo sit a subditorum conditionibus segregatior ; secundum vero, ut pro excellentiæ suæ gradibus vires suas actionesque longius latiusque diffundat. Quamobrem prima omnium causa separatissima est ab omnibus, et interim præsentissima ; inde *unum*, hinc *bonum* a Platonicis nominatur. Inde quidem nihil

(1) Lib. VII *De Trin.*, c. 4.

habet simile cum effectibus atque commune; hinc rursum agit omnia, agit in omnia, conservat assidue. Deus enim, uti supra docet, omnia amplectitur, complectitur et anticipat. Amplectitur quidem per excellentiam potestatis, velut extrinsecc circumfusus; complectitur autem, penes se natura sua unice colligens singula, quantumlibet inter se diversa; anticipat denique, quoniam et antequam sint possidet ipse, et gradu longe præstantiore quam sint. Hinc etiam probat Dionysius *bonum* esse Deo accommodatissimum nomen, tum ratione principii, quoniam ad ipsum bonum amplissima diffusio pertinet; tum ratione finis, quia omnia bonum appetunt.

§ VI. *Hoc igitur cum scirent theologi, Deum laudant,* etc. Docet qua ratione negari omnia de Deo ac pariter firmari possint. Confirmatur hic sententia Mercurii Trismegisti dicentis, Deum nihil esse omnium, et Deum esse omnia; item Deum nullum habere nomen, habere omne nomen. Ita enim res omnes in Deo fere pariter sunt, atque non sunt, sicut domus in architecto, formæ membrorum in vegetali se inariaque natura, igneus calor in sole, in unitate numeri, longitudo lineæ in puncto unde Pythagorica ratione producitur, lineæ in centro circulari, radii omnes in centro solis, in lumine vero calores. Merito igitur Parmenides **295** etiam Pythagoricus apud Platonem, omnia de ipso una rerum principio negat pariter et affirmat.

Nota cum D. Thoma hic, ex quibus Scripturæ locis ista Dei nomina desumpta sint. *Vita et veritas,* Joannis XIV, 6 : *Ego sum via, veritas et vita. Lux,* Joan. VIII, 12 : *Ego sum lux mundi. Deus,* Exodi III, 6 : *Ego sum Deus patris tui. Bonus,* Lucæ XVIII, 19 : *Nemo bonus nisi solus Deus. Pulcher,* Cant. I, 16 : *Ecce tu pulcher es, dilecte mi. Sapiens,* Job IX, 4 : *Sapiens corde est. Dilectus,* Cant. II, 16 : *Dilectus meus mihi. Deus deorum,* Psal. XLIX, 1 : *Deus deorum Dominus locutus est. Dominus dominorum,* Apocalypseus XVII, 14 : *Dominus dominorum est. Sanctus sanctorum,* Danielis IX, 24 : *Et ungatur Sanctus sanctorum. Æternus,* Baruch. IV, 7 : *Exacerbastis eum qui fecit vos, Deum æternum. Qui est,* Exod. III, 14 : *Qui est misit me ad vos. Auctor sæculorum,* Ecclesiastici XXIV, 14 : *Ab initio et ante sæcula,* etc. *Vitæ largitor,* Act. XVII, 25 : *Cum ipse det omnibus vitam et inspirationem. Sapientia,* I Corinth. I, 30 : *Factus est nobis sapientia. Mens,* Isaiæ XIV, et ad Rom. XI : *Quis cognovit sensum Domini?* Græce est νοῦν, id est mentem. *Verbum,* Osee I : *Verbum Domini quod factum est ad Osee;* et Joel I : *Verbum Domini quod factum est ad Joel.* Et similiter in aliis prophetis; quod, ut Cyrillus in *Commentariis in Osee* caput primum, ait, nihil aliud significat, quam cognitionem futurorum instar luminis illustrasse mentem ejus prophetæ ad quem factum est verbum Domini, id est sanctæ Trinitatis. Quod autem ejusmodi revelatio non lingua ac verbis more nostro fieret in prophetis, docet (inquit idem Cyrillus ibidem) Paulus cum ait : *An experimentum quæritis ejus qui in me loquitur Christus* [a]? *Cognitor,* II Timoth. II, et Danielis XIII. *Superlate,* sive exsuperanter, *habens omnes thesauros omnis scientiæ,* Col. II. *Potentia,* I Cor. I, ubi Interpres *virtutem* vocat. *Potens,* Psal. XXIII. *Rex regum,* Apoc. XIX. *Antiquus dierum,* Danielis VII. *Non senescens,* Psal. CI. *Immutabilis,* Isa. I. *Salus,* Matth. I : *Ipse enim,* inquit, *salvum faciet populum a peccatis eorum;* a salute enim dicitur Deus Salvator. *Justitia, sanctificatio, redemptio,* I Cor. XI. *Magnitudine omnia superans,* Psal. XCIV. *Ut in aura tenui,* III Reg. XIX. Atqui et *in mentibus eum esse* dicunt, Ephes. III (mentes enim vocat ibi Paulus corda); et *in animis,* Sap. VII : *Et in animas,* inquit, *sanctas se transfert;* et *in corporibus,* I Cor. VI, et I Thess. V : *Ut integer spiritus vester, et anima et corpus sine querela servetur;* hoc autem fit habitando Deo in mente, et anima, et corpore (mentem vocat hic Paulus spiritum), et II Corinth. VI : *Et inhabitabo in illis,* scilicet in mentibus, et animis, et corporibus. Et *in cœlo et in terra,* Jeremiæ XXIII. Et *simul in eodem eumdem,* hoc exponit Dionysius cap. 9, de magno et parvo, et eodem, etc. *In mundo,* Joan. I. *Circa mundum,* Ecclesiastici XLIII. *Super mundum,* Isaiæ LXVI. *Supracœlestem et suprasubstantiam,* Psal. CXII : *Super cœlos gloria ejus. Solem,* Malach. IV. *Stellam,* Apoc. ultimo. *Ignem,* Deut. IV. *Aquam,* Joan. VI. *Spiritum,* Joan. IV. *Rorem,* Osee XIV. *Nubem,* Osee VI. *Per se lapidem,* αὐτόλιθον, Psal. LXXX. Esse enim fundamentum proprie virtutis et per se, Christo convenit propter divinitatem, quæ una et eadem est in tribus Personis, quæ fecit in ipso Christo, summo lapidem angulari, utraque unum [f], cui convenit esse αὐτόλιθον. *Petram,* I Corinth. X. Est igitur B. Petrus (ut hæreticis nostri temporis occurramus) petra Ecclesiæ, ut Evangelium testatur [g]; non tamen est αὐτόλιθος nec αὐτοπέτρα, id est per se lapis, vel per se petra : neque sic unquam in Scripturis vocatur, ut Christus Deus noster, qui sic est αὐτοθεμέλιος, id est per se fundamentum, præter quod per se fundamentum aliud nemo potest ponere, sicut Apostolus ait I Corinthiorum III, de hoc enim per se fundamento loquitur.

§ VII. *Sic igitur ei,* etc. Docet Deum esse omnia in omnibus. Sic etiam Plato in Epistolis ait, omnia a Deo regente pendere, tanquam ab efficiente pariter atque fine. Præterea in quarto Legum idem confirmat his verbis : Ὁ μὲν δὴ Θεός, ὥσπερ καὶ ὁ παλαιὸς λόγος, ἀρχήν τε καὶ τελευτὴν καὶ μέσα τῶν ὄντων ἁπάντων ἔχων, εὐθεῖαν περατείνει κατὰ φύσιν περιπορευόμενος, id est, *Deus, ut prisci tradunt, principium et finem et media omnium comprehendens, recta via peragit, et secundum naturam omnia circuit.* In Timæo etiam atque Parmenide omnia deducit ab uno. Hinc etiam Plotinus, Jamblicus, cæterique Platonici, quamvis res, virtutes et eventus differentes in causas quoque differentes proxime referant, omnes tamen effectus et causas in primum redigunt causam causarum, unde causæ omnes habent ut et sint, et causæ sint, et sua quæque naturaliter agant, et certo quodam ordine moveantur. Quin etiam astrologi tradunt, per aspectum quemdam lunæ ad solem vires summatim congregatas stellarum omnium hauriri; quod nimirum vires omnium et exsistant a sole, et in sole consistant, per lumen vidussque diffusum singulis virtutes singulas conferente. Itaque non solum quidquid stellæ faciunt, sol quoque facit, sed etiam virtutes in stellis differentes sunt, quasi sol ipse verbi gratia, **296** in Saturno solis lumen est ipsa Saturnia firmitas, in Jove virtus alma, in Marte motus efficax, in Venere gratia, in Mercurio agilitas et industria, in Luna vividus humor, in cæterisque similiter est, et cætera. Quid ergo mirum, si Deus sit nominibus omnium appellandus, cum ipse Deus in essentia sit ipsum essentiæ firmamentum; in vita vero sit ipse ad universalem motum vigor intimus; in intellectu perspicacia pariter atque claritas; in omnibus denique summitas cujusque boni? Huc spectant quæ Dionysius de universali Dei actione et regno e. providentia disputat. Ita vero universale et absolutum est Dei regnum, ut non solum omnia in omnibus agat, sed ipse quoque excellenter sit in omnibus omnia.

Nota verba ista, *universa simpliciter et incircumscripte in se anticipavit,* Græce, Πάντα δὲ ἁπλῶς καὶ ἀπεριορίστως ἐν ἑαυτῇ τὰ ὄντα προείληφε, id est ita in se omnia anticipavit, et omnia est, ut cum eis non sit coagmentatus, neque corporeo unitus; hoc est simpliciter et incircumscripte omnia esse in eo, et ipsum esse omnia, contra quam aiebat Manichæus, Deum omnibus corporibus, συνουσιωμένον id est ut ita vertamus, *consubstantiatum.* Non enim (inquit Lessius libro primo *De perfectionibus divinis,* cap. 1, § 6), sicut mundus complectitur omnem perfectionem rerum creatarum per diversas sui

---

[a] II Cor. XIII, 3.   [f] Ephes. II, 20.   [g] Matth. XVI, 18.

particulas et formas, ita Deus per aliquam diversitatem formarum vel partium continet omnia, sed per unam simplicissimam rationem suae deitatis, per quam est omnia formaliter vel eminenter. Nam per rationem suae deitatis non solum est Deus, sed etiam est omnipotentia, bonitas, et caetera. Deinde per eamdem continet omne bonum angelorum et hominum, et totius creaturae non solum exsistentis, sed etiam possibilis. Pulchre in hanc sententiam Gregorius Nazianzenus in quodam carmine :

Σοὶ ἔτι * πάντα μένει, σοὶ δ' ἀθρόα πάντα θοάζει. *In te omnia permanent, ad te confestim festinant*
                                                                [*omnia.*
Σὺ πάντων τέλος ἐσσί, καὶ εἷς, καὶ πάντα, καὶ *Tu omnium finis, tu unus et omnia, et nihil re-*
                      [οὐδέν. [*rum :*
Οὐχ ἓν ἐών, οὐ πάντα, πανώνυμε, τί σε κα- *Cum neque unum sis, neque omnia, quem te ap-*
                             [λέσσω, [*pellem,*
Τὸν μόνον ἀκλήϊστον ; *Qui es solus innominabilis, et omninomius ?*

Dicitur esse *omnia*, quia omnia in ipso continentur, ita ut sit omnia formaliter vel eminenter. Dicitur esse *nihil rerum*, quia est supra omnia quae a nobis concipi possunt. Simili modo dicitur *innominabilis et omninomius*; etsi enim plurimis nominibus appelletur, ut a nobis aliquo modo concipi possit, nullum tamen nomen nullaque conceptio nostra illum exprimere potest, prout est in seipso. Vide haec fusius exposita apud Lessium loco citato.

§ VIII. Notandum, divina nomina non solum a providentiis universalibus aut particularibus, sed etiam a quibusdam visis sumi. Nomina autem quae a providentiis universalibus sumuntur, sunt, inquit sanctus Maximus, *Rex, Creator, Omnipotens*, haec enim sunt nomina divinae providentiae in genere. A particularibus vero providentiis dicitur *Deus deorum, Dominus dominorum, Rex regum*, non enim omnes, sed quidam dicuntur dii, domini, reges. A visis autem sumi dicit nomina revelationum Dei in symbolis, quae aliquando in templis apparuisse scribit, alludens ad illud visum Isaiae, c. vi, videturque dicere Isaiam vidisse in templo visum illud de sedente in solio, et de seraphinis supra illud. Quae vero deinceps in Dionysio hic sequuntur, dicta sunt de visione Ezechielis c. i, et de alia c. x. Ait autem a Scripturis frequenter Deo tribui humana membra, ut *oculos*, Psal. xxxii : *Oculi ejus super pauperem respiciunt. Aures*, Jacob. v : *Clamor eorum in aures Domini Sabaoth introivit. Capillos*, Dan. vii : *Et capilli capitis ejus quasi lana alba. Faciem*, Psal. xxxii : *Facies Domini super facientes mala. Manus*, Job x : *Manus tuae fecerunt me. Scapulas*, Psal. xc : *Scapulis suis obumbrabit tibi. Alas*, Psal. xvi : *Sub umbra alarum tuarum protege me. Brachia*, Psal. lxxxvii : *Brachium meum confortabit eum. Posteriora*, Exod. xxxiii : *Posteriora mea videbis. Pedes*, Gen. iii : *Et audierunt vocem Domini deambulantis in paradiso. Coronam*, Psal. lxiv : *Benedices coronae anni benignitatis tuae. Sedes*, Psal. lxxxviii : *Thronus tuus Deus in saeculum saeculi. Calicem*, Psal. lxxiv : *Calix Domini in manu ejus. Craterem*, Prov. ix : *Miscuit craterem*, apud LXX.

---

297 PARAPHRASIS PACHYMERAE.

Praesentem librum magnus Dionysius scribit ad sanctum Timotheum, magni Pauli discipulum, Ephesi episcopum ab ipso constitutum. Qui, quod tum in Ionia philosophorum haereses pullularent, multaeque dialecticae argutationes ei ab illis objicerentur; cum probe nosset magnum Dionysium non externa minus quam divina sacraque sapientia praeditum, ut qui magni Pauli discipulus exstiterat, et divinis Scriptis multum vacaverat, petit ab eo proposita edoceri; quod et fit. Vocat itaque ipsum magnus Dionysius compresbyterum, id est coepiscopum, sicut semetipsum vocat presbyterum, id est episcopum. Sic enim etiam in Actis sanctorum apostolorum declaratur, ubi magnus Christi apostolus Paulus Asiae Ecclesiis nonnulla praescribit. Cum autem hic tractatus sit de divinis nominibus, sciendum, universim et in omnibus nomina non significare substantias, et quid aliquid sit, hoc enim est definitionis, sed nomen etymologia quaedam est ex iis quae rei nominatae adsunt, verbi gratia, ἄνθρωπος, id est homo, ab ἄνω ἀθρεῖν, id est, ab

eo quod sursum tueatur vel aspiciat, nomen accipit. Hoc igitur quid sit esse divini numinis etiam ipsismet angelis est inscrutabile. Quod autem ex quibusdam effectis suis (Deus v. g. bonus, salvator, quam theologiam affirmantem vocant) uti et illam quae ex rebus nostris sumitur, negantem theologiam dicunt (ut quod sit incomprehensus, expers formae, immortalis), quod ex hisce, inquam, denominetur, nequaquam ab ipsius sanctimonia abhorret; non enim naturam ejus multiplicamus, quod fieri non potest, sed quemadmodum ex sacris quibusdam quasi compositis Dei descriptionibus ad simplicitatis ejus aliqualem cognitionem promovemur, sic etiam ex istiusmodi nominibus et eorumdem usurpatione, ad id quod innominabile est adducimur. Hinc si quis aliquid de Deo dixerit, est supra id quod dicit; omni enim nominabili nomine est eminentius. Idcirco in his excogitata est a theologis loquendi formula per praepositionem ὑπέρ et αὐτό : atque ita dicitur Deus supra quam bonus, et per se bonus, et supra quam infinitus, et per se infinitus. Illud quidem

---

* Parum recte allegat P. Corderius versus sancti theologi. Carmine xθ' *Poematum dogmaticorum*, t. II, p. 286 ed. Bened., exstant hoc modo, absque ulla varia lectione :

  Σοὶ ἐνὶ πάντα μένει· σοὶ δ' ἀθρόα πάντα θοάζει.
Καὶ πάντων τέλος ἐσσὶ καὶ εἷς, καὶ πάντα, καὶ
                        [οὐδεὶς,
Οὐχ ἓν ἐών, οὐ πάντα· πανώνυμε, πῶς σε καλέσσω,
Τὸν μόνον ἀκλήϊστον ;

Tibi uni omnia permanent: et ad te cuncta si-
                                  [mul festinant.
Et omnium finis es, et unus, et omnia, et nihil
                                 [horum,
Non unum es, non omnia; qui omnia habes no-
                              [mina, qui te appellabo,
Qui solus appellari nequis?

                                                                   DRACH.

dicitur, quoniam supra ea quæ dicuntur incomparabiliter eminet; hoc vero, quia proprie et primario, et non secundum participationem **298** vel habitudinem vel comparationem est; nam nomen vel corpus vel rem significat, supra hæc autem divinum Numen incomprehensibiliter et eminenter exsistit.

§ I. Nunc autem, o beate, secundum gratiam et participationem ejus, qui beatus, et nequaquam fato mortive subjectus est, Dei, Timothee, post theologicas informationes et præintroductiones cætus enim ante hunc a sancto hoc elaboratus est tractatus, elementaris eorum quæ de Deo in Scripturis dicta sunt, post quem, secundum ordinem, præsens hic liber est compositus. Post illum itaque) ad divinorum nominum explicationem transiluit. Ἀνάπτυξιν, id est explicationem, igitur vocavit διασάφησιν, id est declarationem, quod hæc divina nomina quid profundius contineant quam id quod apparet. Sit autem etiam hic ante in confesso, nos eorum quæ de Deo dicuntur veritatem minime tradere, et astringere humanæ sapientiæ persuasioni atque sermoni; incomprehensibilis enim est, et super omnia quæ exsistunt, ita ut ex his nunquam colligi possit: nam humana sapientia ex rebus sensibilibus demonstrationes emendicat. Quod si etiam dixeris ipsam immediatam esse propositionem quæ per se credibilis sit, et ex partialibus sensibus menti applicetur, quomodo de iis quæ omnem superant essentiam ratiocinari quis poterit, nisi saltem summo mentis vigore per puram religionem modo inexplicabili illa valeat assequi cogitando? Non sic itaque veritatem in humanæ sapientiæ persuasibilitate investigamus, sed in ostensione virtutis theologorum, qua rebus ineffabilibus et ignotis spiritali modo conjungimur, hoc enim est ineffabili et Ignoto. Nam si quis aliquid proferat docendo, et discendo cognoscat, nequaquam id cum iis quæ de Deo sunt notionibus conveniet, nisi spiritales nostræ facultates roborentur divinis rationibus a Spiritu sancto motis, quibus ad talem ineffabilem conjunctionem disponantur, secundum excellentiorem rationalis et intellectualis nostræ virtutis, juxta quam aliquid effari et concipere valeamus, atque operationis unionem, secundum quam dicimus vel intelligimus. Hoc autem est, quod similis sit, nosse simile. Nostratia itaque rationali methodo atque scientia noscimus, dicentes, nos intelligendi vi et operatione, secundum convenientem ejus quod cognoscitur proportionem intelligere, et quodammodo rebus ipsis conjungi et uniri. **299** Quemadmodum enim in sensu usuvenit, ut tunc sentiamus, quando sensibili sensus conjungitur, sic etiam in intellectione se res habet; nam etiam intelligibili intellectus unitur, quando illud apprehendit. Et hæc quidem quoad alia: quoad Deum vero, cum nihil habeamus Deo magis affine quam mentem ac rationem, rursum ea quæ harum potissima sunt et quasi flores, hæc etiam purgata accipiuntur, ita ut et mens quidem quodammodo cognoscat, ratio vero enuntiet quæ supra nos sunt.

Nihil igitur omnino præsumendum dicere vel cogitare de ea quæ supra omnem essentiam, tam sensilem quam intellectualem, etiam natura sua abdita est, Deitate, præter illa quæ ex sacris divinisque oraculis sunt manifestata, quibus etiam quodammodo mens nostra ratioque delectatur; nam et sermonem et intellectum et essentiam excedit superessentialitatis ejus ignoratio, cui soli superessentialis scientia tribuenda est. Observa vero etiam scientiam ignorationis, et non tantum cognitionis: non solum enim non capimus scire quid Deus sit (nam hoc est impossibile), sed etiam quid non sit; scimus tamen Deum non esse aliquid rerum exsistentium. Quomodo autem et qua de causa non novimus id quod exactæ scientiæ est in rebus nostris? Quando quid est scite novimus, tunc etiam quid non est scite novimus. Si enim causam scimus cur homo sit rationalis, quod nimirum ratione utitur, cum hoc sit medium et causa, per illud ipsum medium novimus etiam causam cur homo non sit irrationalis. Quoniam vero de Deo quid sit dari notio non potest, ejus etiam quid non sit, ignorationis scientia, supernaturalis Deo quoque tribuenda est. Tantum ergo ad superiora suspiciamus, quantum se nobis insinuaverit sacrorum ille radius oraculorum (non enim quantum potest, sed quantum satis est, Deum ex Scripturis discimus) quo eminentioribus istis rerum divinarum splendoribus sobrietate quadam ac reverentia contemperemur. Etenim si quid sapientissimæ magni Pauli theologiæ credendum est, (ipse enim si qui dicit, secundum mensuram virtutis cujusque a Deo donari illustrationem [h]) hoc dicimus, quoniam pro singularum captu mentium sive humanarum, ut quæ primum illustrationem accipiant sive angelorum, quos mentes appellare solet, ut qui omnino essentialiter mens exsistant, et omnia intelligant **300** unite quæ a Deo in ipsos continue derivantur, pro cujusque, inquam, captu divina revelantur; non quod Deus iis lumen majus invideat, sed ut in distributione divinæ cognitionis et æquitatem servet. Proprium siquidem justitiæ est, cuique pro merito mensuram tribuere. Itaque immensa quidem est Dei cognitio, sed mensuris nobis opus est. Nam si absque mensura nobis revelaretur, minime servari possemus; sicut neque oculus corporeas, si totum solem excipiat. Summa itaque Dei bonitas, sive justitiæ decorem, sive nos ipsos servare volens, uti Deum decet (nam Deo convenit salvare, et non invidere) a rebus mensuratis et comprehensis suam immensitatem, utpote incomprehensibilem subducit, dum divinæ cognitionis incomprehensibilitatem per proportionem quamdam tribuit. Sicut enim imperceptibiles sunt et invisibiles rebus sensitivis intellectuales, et fictis compositisque simplices et incompositæ, et per figuras effor-

[h] Ephes. IV, 7.

matis infiguratæ, secundum eamdem rationem etiam res divinæ incomprehensibiles exsistunt. Si enim res simplices et infiguratæ, licet substantiæ quædam sint, minime sub sensum cadunt, ut angeli et animæ, quanto magis Deus supereminet, quia non substantia, sed supra substantiam et infinitus exsistit; neque mens est, sed supra mentem unitas? Unitatem vero audiens, ne quis cogitet diversorum quorumdam ad unitionem concursum; non enim de talibus modo sermo est, sed de Deo prorsus incomposito, et supra ea, quæ unius substantiæ sunt, unito. Nam quid uno magis simplex, et unius substantiæ est? tamen Dei unitas supereminenter supra id ipsum est, et omnibus mentibus inconceptibile est illud unum quod ibi mentem superat. Hic enim intelligentia nostra variatur, dum demonstrationes et propositiones aliquas excipiens, multiplicatur. Quando autem ex his colligit conclusionem, ex iis quæ proposita sunt comperit unum quiddam aliud consequi. Illud autem unum quod supra mentem est, non est tale quid, sed inconceptibile, et quod ratiocinatio non attingit: quippe quod bonum est, supra rationem, omni etiam verbo ineffabile est.

Cæterum cum ea quæ sunt Dei, a rebus omnibus exsistentibus excepit, linguæ nostræ modulum sequens (neque enim hunc excedere valemus), ex iis ipsis rebus a quibus Deum excepit, ipsum laudat. Et ait ipsum esse unitatem, sed effectricem **301** universæ unitatis, id est creatorem simplicium substantiarum, ut angelorum, animarum; et mentem, sed non intellectilem, id est, quæ a nulla mente intelligitur. Si enim simile a simili cognoscitur, si mens esset, oporteret ut a mentibus cognosceretur: at *quis cognovit mentem Domini* [i]? Est igitur mens supra mentem, et nomen supra omne nomen. *Et nomen,* inquit, *meum non manifestavi eis* [k]; quamobrem omnibus est sine nomine [l]. Quod si dicit: *Ego sum qui sum,* intelligitur ut decet, esse scilicet sine principio et sine fine, et ut ipsa Divinitas de seipsa dicit: soli enim Divinitati ipsi per se natura sua nota est, et sola se scite ac proprie novit. *Nemo enim novit Patrem nisi Filius, et Filium nisi Pater* [m]. Idem est de sancto Spiritu; nemo enim novit ea quæ sunt Dei, nisi Spiritus qui ex Deo est [n].

§ II. De hac igitur superessentiali; nam essentia dicitur abesse; ipsum autem esse, cum productionis alicujus sensum insinuet, non dicitur proprie essentia, sed superessentialis. De hac igitur superessentiali ac recondita divinitate non præsumendum dicere, sed ne cogitare quidquam, præter ea quæ sacris sunt eloquiis enuntiata. Nam ut ipsa de se in Evangeliis tradidit (quando Dominus dixit: *Nemo novit Patrem nisi Filius* [o]; et: *Nemo novit quæ sunt Dei, nisi Spiritus qui est ex Deo* [p], benigne visus cohibere nostram præposteram scrutationem) ejus scientia et contemplatio omnibus est inaccessa substantiis, utpote omnia excedens. Multos quoque theologos invenias illam non modo invisibilem incomprehensibilemque dixisse (hæc enim Dei laus est, quando quis decenter de Deo loquitur; sicut e diverso blasphemia, quando quis indecenter) verum etiam inscrutabilem et ininvestigabilem: quoniam arcanum ejus, est ejus infinitas. Et non tantum non comprehenditur propter infinitatem (quod enim terminatum est, comprehenditur ab eo a quo terminatur: Deus autem est locus omnium non corporaliter, sed effective; nam cœlum et terram et omnia ipse implet), quinimo nullum exstat vestigium eorum quæ ad ejus secretissimam infinitatem penetrarint. Hoc autem dicit, non quasi aliqui quidem eo penetrarint, eorum vero vestigia non videantur; sed quod neque eo pervenerint, neque vestigia aliquorum appareant; quomodo enim videri possint vestigia eorum qui non transiverunt?

302 Etsi autem quis audiat hanc esse incomprehensibilem, non tamen ejus bonitas ulli omnino est prorsus incommunicabilis, sed divinum radium in semetipso stabiliter firmatum (neque enim a proprietate sua quidquam recedit) proportionatis cuilibet rei illustrationibus per bonitatem benigne distributum, secundum modum et ordinem cujusque naturæ expandit. Quod enim duntaxat est, proprie participat essentiam in quantum est, quod autem vivit, proprie vitam in quantum vivit; quod ratione menteque præditum est, proprie id ipsum in quantum ratione menteque pollet. Quin etiam ad quantum fas est sui contemplationem, ex qua communio similitudoque exsistunt, sanctos angelos excitat, dum ad bonum illud pro viribus conniuntur, modo non sublimius, quam pro eorum captu divina fert illustratio, insolenter aliquid præsumant, nec in præceps perversa propensione labantur, sed, quoad possunt, constanter et irreflexis oculis illucenti radio obtueantur, nec non, amore indultis sibi collustrationibus commenso cum sacra quadam reverentia modeste sancteque sursum evolent. Recte addit τὸ ἀδυνάτως, id est *impotenter;* etsi enim quispiam tentarit, minime assequitur, sed tantum intellectus oculis obscuratis, etiam a vero lumine excidit, non secus ac qui integrum solem oculo corporeo excipere contendit. Hoc cum divinæ virtutes insinuare vellent, cherubim et seraphim, facies tegunt, declarantes, se non inhærere contemplationi sublimiori quam ipsis concessa sit. Atque hoc est: *Deum nemo vidit unquam* [q]. Unde qui divina sapiunt, gloriam Dei, non autem ipsum Deum visum asserunt.

§ III. Has ergo divinas lauces imitantes (id est divinam æquitatem seu justitiam salutarem, quoniam illustrationes secundum modum convenientem fiunt), per quas nimirum lauces angelicæ etiam virtutes, secundum convenientes ipsis illustrationes gubernantur; siquidem quod mentem essentiamque

---

[i] Rom. xi, 34. [k] Exod. vi, 3. [l] Exod. iii, 14. [m] Matth. xi, 11, 17. [n] I Cor. ii, 11. [o] Matth. xi, 27. [p] I Cor. ii, 11; Apoc. xix, 12. [q] Joan. i, 18.

superat omnium qui dii appellantur, angelorum inquam et sanctorum, imperatricis ac reginæ Trinitatis arcanum illud incomprehensibile a scrutatione vacuis mentis venerationibus, ineffabilia vero modesto quodam silentio prosequentes, fulgoribus, qui nobis e sanctis Eloquiis affulgent, attendamus, et a Scripturis illustrati, ad divinas laudes, sive divina nomina dirigamur. Verum non ita dirigimur **303** et efformamur, ut irrationabiliter et imperite sequamur, et obscure quodammodo ac sine lumine, sed ita ut illa videndo commensa quoque nobis lumina præbeantur, quibus instructi, principium et causam omnis illustrationis collaudemus. Quomodo autem sit principium et causa, ipse Dominus in sacris Evangeliis ait: *Ego sum vita et resurrectio* [r]. Vita eorum qui divinam imaginem in se aboleverunt; quod enim interitus est corporibus, hoc animis divinæ imaginis abolitio; resurrectio eorum qui exciderunt. Ad hæc vero impuro motu nutantium, ita ut a Dei vestigiis semitisque fere exciderint, sacrum firmamentum, quoniam nutatio ista prorsus impura est; contraria autem contrariis curantur. Ad hæc stantium securitas: *In Deo enim*, inquit David, *faciam virtutem* [s]. Et ad se per contemplationem tendentium manuductio; nam ipsis adhuc clamantibus dicit: Ecce adsum. Et post adductionem illuminatorum illustratio, et basis perfectorum ac principium profectus eorum, et deificatorum principium divinitatis. Atque insuper a materiali multiplicitate recedentium, ac simplificatorum simplicitas, et unitorum, ac proprie unitatem recipientium unitas; omnis principii principium, atque abditi illius per bonitatem communicatio; vita viventium, essentia entium, principium et causa entium, propter bonitatem qua et producit et conservat universa.

§ IV. Hæc ex Scripturis divinis didicimus. Et omnem reperies theologorum laudem, Dei nomina ad divinas operationes referre, non ad ipsius naturam, quod id laudi et interpretationi ejus conducat; interpretes enim dicuntur, qui ineffabilia mysteria symbolice exponunt. Hinc in omnibus ferme divinis Scripturis Deum sancte collaudatum cernimus, ut monadem quidem et unitatem, quoniam monas incomposita est et individua, unitas autem unitiva est, et unita, et unifica, ut repræsentet Dei individuitatem. Quod enim mole et quantitatibus distinctum est, hoc instar corporis in partes dividitur; quod autem parte caret, id etiam non apparet, quinimo est supra omnem incorporeitatem. Cæterum cum etiam cogitando Deus voluntate sua fecit cuncta subsistere, non tanquam mens aliqua in cogitationes divisa multiplicatus fuit, sed postquam in se mansit ac manet in unitate absque partitione atque divisione, creaturas omnes et **304** subsistere fecit, et sustentat; nam *usque modo operatur* [t]. Singulari ergo modo simplificatus est, qui omnem simplicitatem indivisim excedit, inde enim nobis unio obtingit. Quomodo autem unimur, cum partialibus constemus diversitatibus, secundum quas qualibet ab altero differt? *Sed una fides, et unum baptisma, et Christus non dividitur, juxta magnum Apostolum* [u]. Conjungimur itaque in deformi unitate, ipsi quoque, prout decet instar Dei simplices et partium expertes effecti, et ad unionem Deum imitantem revocati, id est unificamur et unificamus; hoc enim est Deum imitari, juxta quod etiam pacifici filii Dei appellantur [v], quoniam Deum imitantur. Itaque vel multi ita per pacem unimur, vel qui in se unus est hocce modo unitur. Quemadmodum enim in supramundialibus, et hoc mundo qui videtur inferiora conversa sunt ad superiora, et res corporea sita est in vivente (siquidem *in manu ejus omnes fines terræ* [x], imo etiam cœli, *in quo enim, inquit, sunt omnia*), sic etiam in proposito nostro usuvenit; nam anima convertitur ad spiritum, in quo sensus ac ratiocinationes fundantur, quibus in speculatione rationes indagamus; quia spiritus novit quæ sint in homine [y]. Anima igitur ad hunc spiritum conversa, uti ad sensus qui in ipso sunt, et per eos ad corpus, intellectiles operationes divisas habet in diversas, et discriminatim prodeuntes a primis cogitationibus ad sequentes, sive bonas, sive malas. Dicit ergo, nos in Deum intendendo ab unitate illa quid unum indistinctum fieri, discriminibus nostris, quæ multis partibus constabant, ex divisione in complexionem coactis, et supermundialiter unificatis, id est non sensili sed intellectuali modo, cum ab eorum conjunctione minime abhorreamus, sed uniformiter quid unum effecti simus, sicut et ipse unum est, quemadmodum in sacris Evangeliis testatur [z]. Rursus Trinitatem, utpote in tribus Personis subsistentem, et propter incomprehensibilem paternam processionem principio carentem, ad productionem Filii et Spiritus sancti, *ex qua omnis paternitas in cœlo*, id est ordines cœlestes, *et in terra* [a], scilicet spiritales cogitationes et complexiones, Moyses enim πατριάς vocat cognationes seu affinitates, *est et nominatur*. Ut rerum causam, quoniam etiam omnia ex Patre per Filium in Spiritu sancto facta sunt, et essentiam **305** acceperunt, non propter necessitatem, sed propter bonitatem. Ut sapientem quoque ac pulchram, quoniam omnes creaturæ Dei bonæ valde factæ sunt, et sunt. Nisi itaque Creator erat sapiens, quomodo factæ sunt? et nisi erat pulcher, quomodo ipsæ pulchræ sunt? in tantum autem pulchræ sunt, in quantum manent in naturali ordine in quo productæ sunt. Perversio autem, quæ contra naturam est, sive in angelis, sive in animis, sive in quibuscumque corporibus exsistat, pulchritudinem destruit, et ab hac deficiendo turpitudinem operatur. Singulari vero amore humanum genus complectentem, quoniam in veritate una Trinitatis

---

[r] Joan. xi, 25. [s] Psal. lix, 14. [t] Joan. v, 17. [y] I Cor. ii, 11. [z] Joan. xvii, 21. [a] Ephes. iii, 15. [u] Ephes. iv, 5. [v] Matth. v, 9. [x] Psal. xciv, 4.

Persona incarnata est, et perfectum hominem assumpsit (hoc enim denotat vox *integre*) nobisque se communicavit, revocans ad se sibique jungens humanam exinanitionem, ex qua humana exinanitione divinitate simplex Jesus est compositus, et natura duplex exstitit; ac qui æternus est temporalem sumpsit accessionem, scilicet in carne conversationem; nec non in natura nostra exstitit secundum hypostasin ipsi unitus, qui universum naturæ ordinem divinitate transcendit, immutabiliter et inconfuse incarnatus. Et quæcunque alias doctrinas Scripturis consone, præceptorum nostrorum arcana traditio in mysterio (hoc en m est ἐκφαντορικῶς) nobis indulsit (ubi nota, apostolos perfectis per sermonem multa mysteria revelando tradidisse; quare et Apostolus ad Thessalonicenses scribens ait, oportere ipsos servare quæ audiverant *sive per sermonem, sive per epistolam* [b] : et Timotheo dicit, se depositum dedisse in mysterio) has et nos quoque hausimus; nunc quidem etiam hujus vitæ tempore, intelligentiæ nostræ viribus accommodate, per velamina Scripturarum ut cum dicitur, Deus quidem, velut ignis, et tanquam senex, et sicut luctans cum Jacob et similia; angeli vero, velut formæ ferarum, juvenesque et cæteræ figuræ. Hæc enim sunt velamina, quod non possimus immediate rebus ipsis conjungi, adeoque velaminibus quibusdam opus habeamus, quæ sunt prædicta. His itaque humano more nobis indultis, atque insuper traditionibus erudimur. Ubi nota, sanctos quoque multa non scripto didicisse. Quænam autem est humanitas Scripturarum? Quod nimirum secundum divinam dilectionem, ut res spiritalis et incomprehensibilis, a nobis caperetur, **306** sensibilus signis usa sit, tanquam quibusdam velamentis, et res infiguratas figurarit, simplicesque dividuorum signorum varietate depinxerit : ut quando nimirum Scriptura Deum humana voce loquentem, pedes et manus faciemque illi circumponens, multiplicat et effingit id quod natura sua unum est, per symbola variegans et efformans. Et nunc quidem sic; at in resurrectione, quando christiformem statum consequemur (hoc enim denotat vox λήξεως) *semper cum Domino erimus*, ut ait Apostolus [c], visibili quidem ipsiusmet Dei apparitione pleni, quoniam ipsius animatæ carni, quam assumpsit, indivulsa lux inest, quæ lucidissimis coruscationibus nobis resplendebit, quemadmodum apparuit in transfiguratione; intelligibilis vero illius illustrationis participes, quæ est etiam supra mentem et secundum mentem unio (secundum mentem enim illam participabimus) tum perfectius, quando ad Deum conversi, inde perfecte illustrabimur, uniformiter quid unum erimus, a diversitatibus nostris quæ ex compositione oriuntur, id est a mundanis cupiditatibus sensibusque liberati; hoc enim est mens impassibilis et immaterialis. Quomodo autem participabimus? jactibus incognitis radiorum.

Quantum enim accedemus, in tantum nobis incognitum erit; et quantum nos contemplationi vacabimus, tantum etiam infinitatis ejus pelagus dilatabitur, ad diviniorem angelorum imitationem, id est accuratiorem; significans per hoc, quomodo etiamnum angelis digna beatorum vita in Dei laude, et carnalium contemptu, etsi non omnimodo, versetur; ideoque etiam hæc imitatio moderatior est tum autem imitatio divinior exsistet. Nam, juxta sacra Evangelia : *Æquales angelis erimus, et filii Dei* [d], quippe filii resurrectionis appellabimur. Qui enim *morti Domini complantati sunt, consortes quoque gloriæ erunt* [e], quemadmodum etiam Dominus ait : *Vado ad Patrem* [f] meum, *et Patrem vestrum*. Verum hæc post resurrectionem : nunc vero propriis symbolis utamur (in Deo scilicet) et figuris, et nominibus. Verumtamen in illis nequaquam immoremur, sed contendamus, quoad possumus, ad simplicem et unitam veritatem. Simplicem quidem, quoniam indivisa est, et uniformis; unitam vero, quia singularis seu unica est. Etsi diversimode symbolis multiplicetur, post divinorum etiam notitiam angelorum, **307** tranquillantes ac sistentes intellectiles nostras operationes divino radio, quantum fas est, attendimus. *Tranquillantes* autem seu *sistentes* dixit, secundum duas explicandi rationes; vel quod usque ad angelica spectacula sistimus intelligentiam, quasi in Deo omnis notio deficiat, ut qui nihil sit eorum quod mentis notione percipitur, tantum autem supra notionem divinus radius nobis per bonitatem affulget; vel *tranquillantes*, quasi ad aliquam quæ in confesso est, seu perspicuam comprobationem, intelligentiam sistentes, scilicet circa Dei incomprehensibilitatem, quæ intellectus cessatione percipitur; in quo nimirum divino radio omnes fines sunt omnium cognitionum; non enim ex parte, sed confertim, et simul præexstitit. Et hinc intelligitur, quomodo Apostolus ait, in Deo nos esse *ante mundi constitutionem* [g]. Sciendum itaque productionem universorum secundum causam et principium ab eo pendere, quandoquidem res omnes per ipsum exsistant, probabiliter etiam ea, cum futura erant, in ipso quoque ante constitisse, utpote sciente, et quod producet, et quando producet, uti dictum est : cum omnia cognoscat ante illorum generationem. Hunc utique radium neque mente concipere nec oratione proloqui valemus, neque alio quocumque modo contueri, quod sit omnibus exemptus, et omnem quidem notionis et essentiæ et virtutis terminationem anticipet, supra omnes vero cœlestes intelligentias collocetur. Et vide quomodo id probet. Quoniam cognitiones aliquorum sunt cognitiones, verbi gratia, rerum; et si aliqua definiuntur nota, quæ et ipsa res sunt. Quod igitur omni essentia rebusque omnibus eminentius est, utique ab omni quoque cognitione eximitur. Sciendum porro, aliud esse essentiam, et aliud virtutem; illa enim est eorum

[b] II Thess. II, 14. [c] I Thess. IV, 16. [d] Luc. xx, 36. [e] Rom. vi, 5. [f] Joan. xvi. [g] I Petr. I, 20.

quæ per se subsistunt, hæc vero eorum quæ aliis insunt.

§ V. Cum dixisset divinitatem omnem essentiam et cognitionem superare, petit quomodo igitur nominari possit (nomina enim rerum subjectarum sunt declarativa) et quomodo de divinis nominibus a nobis sermo concinnabitur, si, uti dictum est, et omnem sermonem et omnem notionem excedat? et si sit supra mentem et essentiam, quomodo mens eam attinget, aut apprehendet? Hæc enim ut creatrix omnia complectitur, quia cœlum et terram implet; et comprehendit, in quantum **308** providet, in ipsa enim omnia consistunt, et anticipat, quia rationes omnium, vel potius fines omnium notionum, in ipsa præexsistunt. Est autem omnibus non simpliciter omnino et proprie, sed per se omnino, et per se proprie, et per se penitus incomprehensibilis. Nam quod per se infinitum est, etiam per se omnino incomprehensibile exsistit : et quale est subjectum, talis etiam est proprietas. Neque etiam sub sensum cadit, quoniam non est sensile; neque ejus est imaginatio, quæ videlicet sit sensilis alicujus enuntiativa figuratio, fit enim imaginatio ex reliquiis quibusdam ex sensationibus remanentibus, non habens solidas in aliquo imagines. Quomodo igitur imaginatione exprimi possit quod cerni nequit? Neque etiam ejus est opinio, quæ quasi ex conjectura aliqua secundum æstimationem probabili formari possit : siquidem opinio est magis limitata quam imaginatio, estque mentis ad unum quid applicatio; quoniam hæc etiam sine ratiocinatione rerum terminos apprehendit, sicut intellectus per simplicem apprehensionem, cum imaginatio infinitam et indeterminatam habeat multitudinem, sed neque etiam potest opinio ea quæ supra captum sunt apprehendere. Neque etiam sub nomen cadit; quomodo enim nominabitur quod superat omne nomen? Neque sub sermonem; quomodo enim quod ineffabile est enuntiari possit? Neque sub tactum, intellectilem videlicet, id est mentis : qui enim intelligibilibus et immaterialibus rebus mente incumbunt, videntur quodammodo ipsa tangere intelligendo qualia sint, non secus ac sensilia per tactum sensilem, Deum tamen ne quidem mente contingimus. Cum itaque quatuor animæ virtutes, quæ cognoscendi vi pollent, recensuerit, scilicet sensum, imaginationem, opinionem, mentem, addit et reliquam scientiam, scilicet sententiam; scientia enim fit per aliquas præexsistentes notiones. Qualis autem Dei notio præexsistat? quare neque sub scientiam cadit. Quomodo igitur nominari possit, et cum innominabilis sit, neque ulla notione compellari valeat; neque tantum innominabilis, sed et supra omne nomen sit? Quod enim dicebamus, quando theologicas informationes exponebamus, trinam illam unitatem et simul bonum, et simul Deum, quid natura sua sit, neque verbis exprimi, neque cogitando capi posse. Et **309** quid dico Deum inexcogitabilem nobis et inexplicabilem exsistere? quin et cœlestium quoque virtutum dignæ angelis uniones, secundum quas Deo conjunguntur quantum angelos uniri Deo convenit. Hæ sive immissiones sive susceptiones divinæ bonitatis appellandæ sint, ineffabiles et ignotæ exsistunt. Per immissionem autem intelligenda est ¡Dei volitio indivisim divisa in rerum productarum unitatem, id est in cujuslibet productionem. Verum cum susceptiones non eodem sensu accipiantur quo immissiones, aliter intelligendum est hoc dictum de angelis, præsertim cum immissiones et susceptiones angelorum ad Deum referantur. Immissio quidem est, secundum quam incumbunt pro sua dignitate bonitati Dei; susceptio vero est ipsa revelatio divinæ bonitatis, quæ ipsis exhibetur. Hæ itaque non solum nobis sunt ignotæ, uti revera sunt, sed etiam angelis inferioribus; a solis autem supremis cognoscuntur, utpote dignis præstantioribus unitionibus. Hisce divinis unionibus ad angelorum imitationem unitæ sunt mentes illæ deiformes theologorum ac prophetarum, cumque talis eis unio obtigerit, utique cessant secundum omnem intellectualem operationem; non enim in motione Deus, sed magis in silentio et quiete divina cognitio instillatur. Et qui deificati sunt propter puritatem propriissime Deum laudant ex ablatione, quam et negantem theologiam vocant; quia non corpus, non habitus, non virtus, cæteraque rationalia, exsistit, sicut in sequentibus declarat, hoc ex istiusmodi ineffabili unione supernaturaliter illustrati, ipsum quidem rerum omnium esse causam, nihil autem earum exsistere, non tamen quasi nihil omnino penitus exsistat, sed quod ab omnibus superessentialiter exemptus sit. Propriissimum porro dicit hanc ex ablatione ad differentiam istius affirmantis : quid enim non sit, scimus, sed quid exsistat, ignoramus.

Illam igitur supraquam essentiam, et supraquam exsistentiam supraquam bonitatis, quoniam et supra bonitatem, et supra esse, et supra ipsam exsistentiam exsistit. Hæc enim omnia productionis significationem habent, Deus autem est supra omnem productionem. Deus itaque quid sit nemini illorum qui veræ veritatis amatores exsistunt, prædicare fas est : neque ut rationem, neque ut virtutem, neque ut alia, quæ sunt recensita; **310** sed est super hæc omnia, et per excellentiam exemptus, et ab omni habitu, et ab omni motu, et ab omnibus quæ circa hæc versantur. Siquidem habitus est qualitas immanens, motus autem est id quod opponitur quieti; quæ oppositio in pluribus consistit; motus enim elicit, vita vero hæc ostendit efficacia; imaginatio est id quod in intellectu species efformat, opinio autem est persuasa conjectura, sententia est scientificus animi habitus, intellectio est mentis operatio, statio est quidem etiam quies quæ motui opponitur, veruntamen quoque idem est quod stabilitas, pro qua ex Græcorum usu accipitur. Illi enim statuebant, et quibusdam ritibus confirmabant eos qui olim apud eos dii habebantur. Ἕνωσις seu unio est mentis attactus, et quasi cognitio; terminus, quod non ut pars est in terminato, ut terminus lineæ est punctum, et terminus temporis est nunc, seu instans; instans autem est in tempore, et non tanquam pars temporis; nam pars temporis tempus exsistit. Infinitas est infiniti coextensio. Hæc omnia non sunt essentia, sed circa essentiam videntur. Super hanc autem ipsam essentiam rursum Deus eminet, et supra essentiam est, et supra Deum. Quoniam ipse quidem est essentia bonitatis, et non simplici ratione bonitas; creata vero omnia quæ sunt, etiam ipsius sui esse causam habent Deum in hoc ipso esse, quod divinum nomen eminenter habet tanquam essentia bonitatis, per quam utique bonitatem etiam omne quod est produxit. Atque hinc solvuntur fatuæ opiniones eorum qui ausi sunt dicere, insitam esse Deo natura quadam vim creandi, sicut insitum est araneolis texere, per solam enim bonitatem ineffabili voluntate Deus produxit creaturas. Cum hæc itaque, quod etiam in ipso sint per suum esse, causa rerum sit Deus, ejus providentia, cum nulla sit causa sublimior a qua laudari possit, ex effectis laudanda est. Quam ob causam? quia et circum ipsam sunt omnia, tanquam circum causam, et conditricem, et principium, ac si quis explicationis gratia dicat, sicut circumferentia circum centrum, et propter hanc, tanquam finem ante omnium, et ipsa est ante universa. Principium enim et finis omnium est Deus, verumtamen supereminenter et effective; siquidem non cum ipso, sed in ipso cuncta consistunt; et eo quod Deus est, omnium quoque **311** productio et subsistentia exsistit. Hunc omnia appetunt; spiritalia quidem, ut angeli, et rationalia, ut homines, per cognitionem divinæ providentiæ pro captu suo Deum appetunt. Quæ vero his inferiora sunt, scilicet irrationalia, quorum irrationalium anima ex elementis et materiali igne constat, in spiritu materiali habent esse; hæc solum ex sensu compulsa ad esuriendum et sitiendum merito desiderant sensili modo eum qui præbeat, juxta illud : *Omnia a te exspectant, ut des illis escam ipsorum in tempore opportuno* [h]. Porro alia, quæ solum vitalem sine sensu motum habent, sicut plantæ et herbæ, quæ vitalem spiritum solum consistentem habent, et suam essentiam sine sensu, quæ utique frequenter arescunt, naturali spiritu privata, quo ad accretionem et germinationem impelluntur. Appetunt etiam hæc divinam providentiam ut consistant, et floreant, unde etiam hæc assumuntur in Psal. cxlviii, ad laudandum Deum propter ipsorum consistentiam. Inanima vero eo quod omnino in se esse habeant, vel tale aut tale esse; hoc enim appellavit substantialem ac habitualem aptitudinem; qualis est lapidis motus deorsum, et ignis sursum, et aquæ omnem admittere figuram.

§ VI. Hoc scientes theologi, quale illud? quod nimirum impossibile sit, ex priori aliqua causa notioneve Deum collaudare, sed tantum ex effectis, et tanquam nomine carentem laudant, quod ab omnibus exemptus sit; et rursum, ex omni nomine, quod etiam omnes effectus ex hac causa sint. Innominabilem quidem, ut in libro Judicum reperitur cuidam interroganti dicere : *Quare interrogas nomen meum, et hoc est mirabile* [i]? Quomodo mirabile sit explicans, ait: Quoniam *super omne nomen* [k], et superat *omne nomen quod nominatur* sive *in hoc sæculo,* sive *in futuro* [l]. Multinomium vero, ut quando etiam ipsum inducunt dicentem, ut in Sina : *Ego sum qui sum* [m]; et alibi, Vita, Lumen, Deus, Veritas, sicut in Evangeliis: *Ego sum vita et veritas* [n]; et rursum : *Ego sum lux mundi* [o]; et in oraculo ad Jacob: *Ego sum Deus patris tui* [p]. Et rursum ipsimet theologi prædicant ex effectis sæcularem : nam Conditorem sæculorum sæcularem vocant; sæculare autem est id quod sæculi particeps est. Atque Isaias ait : *Deus sempiternus* (seu sæcularis) *qui creavit terminos terræ* [q]. **312** Deus autem non est posterior sæculo, ut ejus etiam particeps sit, sed conditor sæculorum. Senii expertem dicit, secundum illud : *Tu autem idem ipse es, et anni tui non deficient* [r]; et iterum ut magnitudine omnia superantem; cœlum enim et terram implet : et ut in aura tenui, juxta quod dicitur in libris Regum : *Sed sibilus auræ tenuis, et ibi Dominus* [s]. Atqui et in mentibus eum esse dicunt, et in animis, et in corporibus, juxta illud : *Et inhabitabo in illis, et inambulabo* [t], et in universo; et eumdem simul in mundo, ut quando in mundo esse dicitur [u], et circa mundum, ut quando in omni; et supra mundum, ut quando ab universo comprehendi posse negatur; et supracœlestem, suprasubstantialem, juxta illud : Supra cœlum gloria Domini ; et iterum Solem justitiæ, et similia, et lapidem ex monte abscissum, et petram scandali; et ex effectis, omnia quæ sunt, et nihil eorum quæ sunt.

§ VII. Sic igitur ei qui omnium rerum causa est, et super omnia, congruit carere nomine, in quantum super omnia est, et nihil horum. Et rursus ei congruunt omnia rerum nomina, in quantum est causa omnium, omniaque ipsum pro captu suo participant, ut sit perfecte regnum universorum, dignitate quidem omnibus antecellens, et a nemine nomen accipiens, providentia vero complexuque suo in illis exsistens, et ab illis nominatum. Omnia enim ab ipso pendent, tanquam a causa quidem et principio, omnibus essentiam suppeditante, tanquam a fine vero, ut qui illorum esse continet. Et ipse est, ut ait Scriptura, *omnia in omnibus* [v], qui cuncta facit subsistere, tanquam principium et finis ; non quasi alius quidem incipiat, ipse vero perficiat vel quasi ipse det initium, et ad alium re-

---

[h] Psal. cxliv, 15. [i] Jud. xiii, 18. [k] Philip. ii, 9. [l] Ephes. i, 21. [m] Exod. iii, 14. [n] Joan. xiv, 6. [o] Joan. viii, 12. [p] Gen. xxviii, 13. [q] Isa. xl, 28. [r] Psal. ci, 28. [s] III Reg. xix, 12. [t] II Cor. vi, 16. [u] Joan. i, 10. [v] I Cor. xv, 28.

mittat, qui perficiat. Ipsemet est qui continet et custodit, quasi domicilium exsistens et sacrum habitaculum. Est hæc phrasis Græcanica; convertit enim ad se creaturam, dicens : *Manete in me* ˣ ; et iterum : *Qui manducat meam carnem, et bibit meum sanguinem, in me manet* ʸ. Quemadmodum enim sumus velut templum ejus, juxta illud : *Inhabitabo in illis, et inambulabo* ᶻ : ita etiam ipse domus nostra est. Recte autem statim subjunxit *unite*. Cum enim dixisset ipsum esse omnia et in ipso omnia, ne quis existimaret omnia in Deo acervatim circumferri, atque inde incorporeas quasdam divisas et compositas opiniones incideret, suspicionem hanc corrigens ait *unite*, quasi non partitim, et in propria unitate, quin potius supra unitatem permanens est omnium domicilium ; quin etiam *incomprehense*, id est a nemine comprehensus aut circumscriptus ; vel potius *eximie*, nam est extra omnia. Siquidem non tantum causa est complexionis eorum quæ simpliciter sunt, vel vitæ viventium, vel perfectionis spiritalium ac rationalium essentiarum, quasi extra has maneat, ut ab his solis nominetur, continens v. g. vita et perfectio, vel ab alia providentia, v. g. creator cuncta cernens, hominum amator, omnipotens, etc.; quæ nomina partim a causa, partim a providentia desumuntur ; sed quod universa simpliciter, et incomposite, et indefinite, et invicte in semetipso non solum contineat, verum etiam anticiparit, bonitatibus ipsius hominum effectricis providentiæ. Hæc enim est quæ *vocat ea quæ non sunt, tanquam ea quæ sunt* ᵃ. Congrue igitur vicissim quoque ex rebus omnibus laudatur ac nominatur lux, aqua, ignis, ros, nubes, etc.

§ VIII. Atqui theologi non hæc solum divina nomina celebrant, quæ ab universalibus rerum provisarum providentiis ducuntur, ut Rex, Creator, Omnipotens ; hæc enim nomina sunt divinæ providentiæ in genere. Et rursum quæ a particularibus providentiis sumuntur, ut Deus deorum, et Dominus dominorum, et Rex regum : hæc enim nomina particularium sunt providentiarum, et quorumdam. Non igitur ab his duntaxat divina nomina laudant, sed etiam a quibusdam divinis visis, quæ verbi gratia, aliquando in sacris templis symbolice revelata sunt, id est in templis apparuerunt ; ἀνάκτορα enim gentiles vocabant deorum suorum delubra. Nominant itaque supraquam lucidam bonitatem et humanas figuras, sive igneas, sive electrinas ei circumponunt, sicut in Ezechiele reperitur. Et rursus humana membra referunt, ut in Psalmis aliisque Scripturis, juxta illud : *Oculi ejus super pauperem respiciunt* ᵇ; et illud : *In aures Domini Sabaoth* ᶜ; et illud : *Capilli ejus quasi lana* ᵈ ; et illud : *Facies Domini super facientes mala* ᵉ; et illud : *Manus tuæ fecerunt me* ᶠ; et illud : *Scapulis suis obumbrabit tibi* ᵍ; et : *Sub umbra alarum tuarum protege me* ʰ; et illud : *Brachium tuum servavit eos* ⁱ; et posteriora Domini, quibus Moyses dignus est habitus ᵏ; et : *Audierunt vocem Domini deambulantis in paradiso* ˡ. Rursus coronas circumponunt, juxta illud : *Benedic coronæ benignitatis tuæ* ᵐ; et sedes, juxta illud : *Thronus tuus, Deus, in sæculum sæculi* ⁿ, et calices, juxta illud : *Calix Domini in manu ejus* ᵒ; et crateras, juxta illud : *Miscuit craterem suum* ᵖ; de quibus dicendum in Symbolica theologia. Nunc autem quæ præsentis instituti sunt colligentes, et ea quæ dicta sunt quasi regulam proponentes, Deum ex iis quæ sunt, et affirmative et negative nominamus. Affirmative quidem, tanquam causam ex effectis ; negative vero, ut qui nihil sit eorum quæ sunt. Ad declarationem spiritalium Dei nominum veniamus. Et cum in omni theologia nobis lex sacra præcipiat, sancte videnda, sancte proferenda, sancte audienda esse sacra ; sic deiformes contemplationes divina mente intueamur, et sacras aures sacris divinorum nominum interpretationibus adhibeamus, eloquia sancta sanctis auribus instillantes et a profanis irrisionibus et illusionibus vindicantes, eos, quos gentiles illi crassi et carnales, dum audirent, irridebant. Quinimo, cum quoddam adversus Deum bellum censeatur, si res divinæ cum illusionibus et despectibus audiantur, si fieri possit, eos qui sunt tales, ab hoc cum Deo bello revocemus. Hæc itaque tibi servanda sunt, optime Timothee : habes enim Apostolum admonitorem, quomodo non oporteat incapacibus de rebus istiusmodi in veritate verbum loqui. Mihi autem det Deus, innominabilis divinitatis nomina divina, quæ ex bonis ejus operibus sumuntur, Deo digne eloqui ac recensere. Omnia autem opera Dei bona sunt et propter bonitatem fiunt, etsi aliqua nobis non sint delectabilia ; quoniam in iis quibus peccamus juste punimur ; quod utique est summæ Dei bonitatis, cum ipsa pœna sit benignitatis, secundum divum Gregorium : et non auferat Dominus sermonem veritatis ab ore meo, uti David rex et propheta canit.

ˣ Joan. xv, 4. ʸ Joan. vɪ, 57. ᶻ II Cor. vɪ, 16. ᵃ Rom. ɪv, 17. ᵇ Psal. x, 5. ᶜ Jac. v, 4. ᵈ Dan. vɪɪ, 9. ᵉ Psal. xxxɪɪɪ, 17. ᶠ Job x, 8. ᵍ Psal. xc, 4. ʰ Psal. xvɪ, 8. ⁱ Psal. ʟxxxvɪɪɪ. ᵏ Exod. xxxɪɪɪ, 23. ˡ Gen. ɪɪɪ, 8. ᵐ Psal. ʟxɪv, 12. ⁿ Hebr. ɪ, 8. ᵒ Psal. ʟxxɪv, 9. ᵖ Prov. ɪx.

315 CAPUT II.

De copulata distinctaque theologia, et quæ sit divina unio et distinctio.

SYNOPSIS CAPITIS.

I. Docet, nomen boni, pulchri, veri, sapientis, et similia, de tota Trinitate æqualiter prædicari, quia ratione naturæ, quæ in tribus personis eadem est, Deo conveniunt; et non solum attributa essentialia, sed etiam emanationes ad extra sic prædicari. II. Illa quæ in Scripturis de Deo copulatim, id est ratione essentiæ, prædicantur, non esse distinguenda; et quæ distincte sive personaliter dicuntur, non esse confundenda. III. Exponit quænam sint illa quæ copulatim et quæ item distincte prædicentur. IV. Ait, uniones in Deo vocari attributa essentialia, distinctiones vero dici emanationes; et exemplo ob oculos ponit, quomodo tres divinæ Personæ se totis sine confusione unitæ sint. V. Docet Personas divinas solu relatione inter se distingui, et Deum totum participabilem esse, et totum non participabilem, explicat rem exemplo. VI. Occurrit objectioni, et ostendit exemplo sigilli, Deum ex parte sua non inæqualiter participari, sed ex defectu participantium id evenire. Et simul docet, opera Christi non esse communia Trinitati, quia ejus Incarnatio non est communis toti Trinitati, sed singularis personæ Verbi. VII. Tradit nos res divinas solum a posteriori ex participationibus cognoscere. VIII. Docet, quomodo ex Deo sit omnis paternitas et filiatio; et quomodo effectus sint causis suis similes, non contra causæ effectis. IX. Quomodo ratio mysterii Incarnationis omnibus ignota fuerit. X. Ex sancto Hierotheo ostendit, quomodo Jesu divinitas sit omnia in omnibus, et supra omnia; et quomodo Christus naturam nostram supra naturam participarit. XI. Deum dici multiplicari dum res diversas producit, eum tamen in rebus omnibus unum esse.

§ I. Ipsamet bonitas a sacris litteris celebratur, totam essentiam divinam, quidquid tandem sit, diffinivisse atque explanasse. Quid enim aliud ex eloquiis sacris cognoscimus cum ipsummet Deum tradunt se designando dixisse : *Quid me interrogas de bono? nemo bonus, nisi solus Deus* ᵠ. Hoc aliis etiam locis a nobis expensum demonstratum est omnia nomina divina Deum decentia non in parte, sed in tota et perfecta, et integra et plena divinitate a Scripturis sanctis laudari, et ipsa omnia imparticipate, absolute, sine observatione ullius differentiæ, universe, ad omnem universitatem ex toto perfectæ, et totius divinitatis referri. Siquidem, ut in theologicis Informationibus meminimus, nisi quis de tota Divinitate dicat hoc dictum esse, næ audet ille temere unitatem, quæ supraquam una et simplex est, distrahere et vituperare. Dicendum est igitur, de tota Deitate hoc accipi oportet : etenim et Verbum ipsum, quod natura bonum est, ait : *Ego bonus sum* ʳ, et quidam propheta divino Numine afflatus **316** laudat Spiritum bonum ˢ. Et rursum illud : *Ego sum qui sum* ᵗ, nisi de tota concedant divinitatem pronuntiatum, sed secundum unam duntaxat partem descriptam contenderint, quomodo illud intelligent : *Hæc dicit qui est, qui erat, qui venturus est, omnipotens* ᵘ; et illud : *Tu autem idem ipse es* ᵛ; et illud : *Spiritus veritatis qui est, qui a Patre procedit* ˣ? Et nisi divinitatem totam dicant esse vitam, quomodo verum est sacrum Verbum quod ait : *Sicut Pater suscitat mortuos, et vivificat, sic et Filius quos vult vivificat* ʸ; et illud : *Spiritus est qui vivificat* ᶻ? Quoniam quoque dominatum totius mundi tota Divinitas obtinet, de Deo A quidem qui Deum genuit, vel de Deo Filio ne dici quidem possit, ut opinor, quot Scripturæ sanctæ locis in Patre et Filio nomen Dominus celebretur; atqui Spiritus quoque Dominus est. Pulchrum etiam et sapiens de tota divinitate prædicatur, uti et lux, et id quod Deum efficit, et causa, et quæcunque tandem sunt totius divinitatis, ad omnem divinam laudem sacræ litteræ transferunt; summatim quidem, cum dicunt : *Omnia ex Deo* ᵃ, fusius vero, ut cum quidam ait : *Omnia per ipsum et in ipso facta sunt* ᵃˣ; et : *In ipso cuncta consistunt* ᵇ; et : *Emittes Spiritum tuum, et creabuntur* ᶜ. Et, ut compendio quis dicat, ipsummet Dei Verbum ait : *Ego et Pater unum sumus* ᵈ; et : *Quæcunque habet Pater, mea sunt* ᵉ; et : *Omnia mea tua sunt, et omnia tua mea sunt* ᶠ. Et rursum quæ sunt Patris et sua, Spiritui divino principali per communicationem unionemque attribuit, utpote divinas operationes, venerationem, scaturientem et nunquam deficientem causam, atque distributionem donorum quæ bonum decent. Ac neminem quidem arbitror eorum, qui Scripturis haudquaquam perversis sunt imbuti, negaturum, omnia quæ Deo ratione perfectæ Deitatis competunt, toti inesse divinitati. Cum igitur hæc impræsentiarum quidem breviter et ex parte, alibi vero, quantum satis est, sacrorum eloquiorum testimonio probaverimus ac distinxerimus, quodcunque tandem integrum Dei nomen explicare aggrediemur, ad totam divinitatem pertinere putandum est.

§ II. Si quis autem objecerit nos isto modo contra distinctionem divinitati competentem, confusionem quamdam introducere, næ is, nostro judicio, ejusce-

---

ᵠ Matth. xix, 17. ʳ Matth. xx, 15. ˢ Psal. cxlii, 10. ᵗ Exod. xxxiii, 14. ᵘ Apoc. i, 4. ᵛ Psal. ci, 28. ˣ Joan. xv, 260 ʸ Joan. v, 21. ᶻ Joan. vi, 64. ᵃ I Cor. xi, 12. ᵃˣ Joan. i, 3. ᵇ Rom. xi, 36. ᶜ Psal. ciii, 30. ᵈ Joan. x, 30. ᵉ Joan. xvi, 15. ᶠ Joan. xvii, 10.

modi objectionis veritatem probare nunquam poterit. Nam **317** si talis sit qui omnino sacris litteris resistat, a philosophia quoque nostra procul admodum aberit : et nisi illi curæ sit divina sacrarum litterarum sapientia, quomodo nobis curæ erit ut ipsum ad scientiam theologicam manuducamus? Sin eloquiorum veritati attendat, nos ista quoque regula luceque freti, ad reddendam pro viribus rationem sine tergiversatione properabimus, dicentes : Theologiam quidem nonnulla copulatim tradere, quædam vero distincte; neque fas esse copulata disjungere, nec distincta confundere, sed Scripturis insistendo pro virili ad divinos esse splendores aspirandum; quoniam inde divinas explanationes ceu quamdam veritatis regulam pulcherrimam, accipimus, dum quæ ibi sunt recondita, nihil addendo, nihil minuendo, nihil pervertendo, in nobismetipsis conservare nitimur, atque ipsi interim eloquiorum custodia conservamur, nec non ab iisdem ad eorum observatores defendendos vires accipimus.

§ III. Nomina itaque copulata in unum in tota divinitate, ut in theologicis Informationibus prolixe ex Scripturis sacris demonstravimus, sunt, supraquam bonus, supraquam Deus, supraquam substantia, supraquam vivens, supraquam sapiens, et quæcunque sunt ablationis secundum exsuperantiam; cum quibus numerantur omnia quæ ad rationem causæ pertinent, bonum, pulchrum, exsistens, vivificum, sapiens, et quæcunque sunt ex donis ejus quæ bonitatem ejus decent, a quibus omnium bonorum causa nominatur. Discreta vero sunt Patris suprasubstantiale nomen, et res, et Filii, et Spiritus sancti, nulla in his facta reciprocatione, nec ulla prorsus communitate introducta. Est præterea discreta ac distincta, perfecta, sicut in nobis, et immutabilis Jesu essentia, et quæcunque sunt mysteria substantialia humanitatis ejus.

§ IV. Arbitror autem expedire, ut nonnihil altius resumendo perfectissimus ille divinæ unionis ac distinctionis modus explanetur, quo nobis oratio omnis ita sit aperta, ut varietatem quidem omnem et obscuritatem repudiet, distincte autem ac plane, ordineque quæ propria sunt, quoad ejus fieri potest, definiat. Theologicæ nostræ traditionis auctores (ut alibi dixi) divinas quidem uniones vocant abditas istas collocationes plusquam ineffabiles et supra modum ignotæ mansionis, quæ nusquam sese prodit; distinctiones vero, beneficas Dei emanationes et manifestationes, **318** assignantque, Scripturis sacris insistendo, nonnulla dictæ unioni propria, vicissimque distinctioni, proprias item suas copulationes ac disjunctiones; verbi gratia, in divina unione seu supersubstantialitate, copulatum quidem unitatis principi Trinitati ac commune est, superessentialis exsistentia, et supraquam divina divinitas, supraquam bona bonitas, summa omnium ejus quæ supra omnia est totius proprietatis identitas; unitas supra principium unitatis : ineffabilitas, multivocatio, indemonstrabilitas, omnimoda intelligibilitas, omnium positio, omnium ablatio, supra omnem positionem et ablationem, divinarum Personarum in seipsis, si ita loqui fas est, mutua mansio, et collocatio, in totum supraquam copulata in unum, et non confusa in parte ulla : sicut lumina lampadum (ut exemplis sub sensum cadentibus et familiaribus utar) quæ sunt in una domo, et tota sunt in se totis vicissim, non permista, ac per se exsistunt perfecte inter se mutuo sigillatim distincta, conjuncta in unum discrete, et discreta conjunctim. Siquidem in domo cernimus, in qua multæ lampades exsistunt, in unum quoddam lumen cunctarum lumina coalescere, splendoremque unum individuumque proferre; neque quisquam, ut arbitror, potest unius lampadis lumen ab aliarum ex aere cuncta lumina continente secernere, atque alterum absque altero videre, quod tota totis sine confusione contemperata sint.

Quinimo si quis unam lampadem educat e domo, simul exibit totum proprium lumen, nihil quidquam cæterorum luminum in seipsa simul trahens, neque aliquid sui illis relinquens; erat enim illorum, ut dixi, totorum ad tota perfecta conjunctio; mera penitus et nulla ex parte confusa, idque cum esset lumen in corpore, id est acre, et ex materiato igne penderet. Quare supersubstantialem illam unionem longe præstantiorem dicimus, non modo iis quæ in corporibus exsistunt unionibus, verum etiam illis quæ in animabus ipsis mentibusque contingunt, quas inconfusa et supermundiali ratione obtinent, dum lumina ista deiforma supercœlestiaque proportionata sibi participatione per unionem quamdam omnibus eminentiorem, se totis tota participant.

§ V. Quinetiam est in superessentialibus Dei nominibus distinctio, qua non tantum (ut dixi) secundum **319** ipsam unionem quælibet præcipuarum Personarum impermista atque inconfusa ponitur, verum etiam ea quæ supersubstantialis illius divinæ generationis sunt, inter se minime reciprocantur. Adeo ut solus Pater fons sit in supersubstantiali Deitate, atque ita Pater non sit Filius, neque Filius sit Pater, sed cuique divinarum Personarum propriæ suæ laudes inviolatæ conserventur. Illæ quidem sunt uniones et distinctiones in illa ineffabili unione et essentia. Quod si vero etiam divina distinctio sit emanatio bono conveniens divinæ unionis, quæ supraquam unite bonitate Dei multiplicatur : distinctione quidem divina unitæ sunt incomprehensibiles istæ communicationes, substantificationes, vivificationes, sapientificationes, aliaque istiusmodi omnium effactricis bonitatis munera, secundum quæ ex participationibus et participibus laudantur ea quæ imparticipate participantur. Et hoc commune et copulatum et unum est toti divinitati, participari scilicet ipsam ab unoquoque participantium, et a nullo nulla parte : sicut punctum centri in medio circuli et ab omnibus lineis rectis, quæ sunt in circulo circumpositæ participatur, et sicut multæ figuræ sigilli expressæ archetypum sigillum participant, et in unaquaque figura sigilli expressa totum et idem sigillum est, et in nulla figura secundum ullam partem. Vincit autem hæc exempla divinitatis, quæ omnium causa est, imparticipabilitas; quoniam ejus nulla est tactio, neque alia cum participantibus mistionis communio.

§ VI. At dicet aliquis, sigillum in totis expressis figuris non esse totum et idem. Verum hujus rei non sigillum causa est (totum enim sese illud atque idem unicuique communicat), sed participantium differentia, unius, totius, ejusdemque primitivæ formæ dissimiles reddit effigies : ut si, verbi gratia, subjecta sint mollia, formatuque facilia, leviaque et infigurata, nec reluctantia, nec dura, neque fluxa, et inconstantia, figuram nitidam et apertam, ac permanentem habitura sunt ; sin autem aliquid dictæ aptitudini defuerit, ea utique causa erit, cur figura minus expressa sit et clara, cæteraque accidant quæ ex participandi ineptitudine solent evenire. Porro in benefica nostri reparatione munus hoc a Deitate distinctum est, quod propter nos ex nobis Verbum quod supra substantiam est, integram veramque nostram substantiam assumpserit, **320** eaque gesserit tuleritque, quæ humanæ ipsius actionis præcipua sunt et singularia. Hæc enim nulla ratione communia sunt Patris ac Spiritus, nisi forte quis dicat, consilii benigni atque humani communitate, et secundum omnem illam eminentem atque ineffabilem divinam operationem, quam, apud nos exsistens, is qui immutabilis erat exercuit, in quantum Deus et Dei Verbum. Nos quoque similiter res divinas sermone conjungere distinguereque satagimus, prout ipsæ nimirum in se vel unitæ sunt vel distinctæ.

§ VII. Sed harum unionum ac distinctionum quascunque in eloquiis rationes Deo consentaneas reperimus, in Institutionibus theologicis, seorsum de singulis disserentes, uti potuimus, explicuimus, partim quidem eas vera ratione enodando, et exponendo, atque ita purum ac tranquillum animum perquam lucidis eloquiorum contemplationibus admovendo; partim vero, ceu mysticis, ex divina traditione supra intellectus operationem intendendo. Divina enim omnia, etiam illa quæ nobis apparuerunt, solis participationibus cognoscuntur ; porro ipsa, cujusmodi in suo principio suaque sede propria exsistant, nullus sensus attingit, nulla natura nullaque cognitio penetrat. Veluti cum arcanum illud superessentiale, vel Deum, vel vitam, vel substantiam, vel lucem, vel Verbum appellamus, nihil aliud quam vel deificas, vel substantificas, vel vivificas, vel sapientificas virtutes intelligimus, quæ ab eo in nos dimanant; ipsum autem omnium mentis operationum cessatione contingimus, cum nullam cernamus divinitatis effectionem, nullam vitam, aut essentiam, quæ plane similis sit causæ illi, quæ cunctis per omnem excellentiam antecellit. Rur-

sum a Scripturis sacris accepimus, Patrem quidem esse originem in divinis, Jesum vero et Spiritum sanctum, quasi Dei prolem, vel, si dictu fas sit, quasi germina divina, floresve ac lumina supersubstantialia exsistere : quonam autem pacto sese habeant, neque eloqui neque intelligere valemus.

§ VIII. Cæterum hactenus omnis intellectus nostri studium eo tendit, ut intelligat, quomodo divina omnis paternitas et filiatio, ex supraeminenti omnium patriarchatu filiique principatu, tam nobis quam supracœlestibus virtutibus indulta sit, ex qua sit, ut etiam dii deorumque filii ac patres sint ac nominentur **321** mentes deiformes, quibus ejuscemodi paternitas ac filiatio spiritaliter confertur, modo scilicet incorporeo a materia segregato, intellectilique, quo tamen Spiritus divinus, ut supra omnem quæ concipi potest materiæ vacuitatem ac deificationem constitutus, eminentior exsistit, uti, et Pater Filiusque, ab omni simili paternitate ac filiatione divina eminenter exempti. Non enim est perfecta et absoluta similitudo eorum quæ effecta sunt et causarum; quin potius habent quidem effecta causarum, quoad fieri potest, imagines ; ipsæ vero causæ ex effectis exemptæ sunt et pro ratione principatus sui supra locatæ ac fundatæ : et ut nostratibus exemplis utar, voluptates ac dolores efficere dicuntur, ut homines lætentur vel doleant, tamen ipsæ nec lætantur nec dolent ; ignis etiam cum calefaciat et comburat, non tamen comburi et calefieri dicitur. Et si quis vitam ipsam vivere aut illuminari lucem dixerit, mea quidem sententia, non omnino recte locutus fuerit, nisi forte hæc alio modo dicat, quod nimirum abundantius, et secundum essentiam, ea quæ sunt effectuum prius sint causæ.

§ IX. Quinetiam, id quod est omnium quæ de Deo dicuntur clarissimum, divina ipsius Jesu e natura nostra formatio, et ineffabilis est sermone omni, nullique nota intelligentiæ, etiam ipsi antiquissimorum angelorum primati. Atque eum quidem viri formam et substantiam assumpsisse, mystice accepimus; sed ignoratur, quomodo ex Virginis sanguine alia quam naturæ lege sit efformatus, quove pacto siccis pedibus, qui corporis molem et materiæ pondus haberent, liquidam perambulaverit fluxamque substantiam, aliaque perfecerit quæ supernaturalem Jesu naturam indicant. Verum hæc a nobis etiam alibi satis explicata, et ab inclyto præceptore nostro supra naturæ modum valde celebrata sunt in theologicis ipsius elementis, quæ ille partim a theologis sanctis accepit, partim etiam ex solerti Scripturarum indagatione longo exercitio ac tempore comprehendit, partim etiam diviniore quadam inspiratione hausit, ista non discendo tantum, verum etiam divina patiendo assecutus, nec non eorum (si dictu fas sit) compassione, ad illam quæ doceri nequit fidem mysticam atque unionem informatus. Atque ut plurima, eaque beatissima, præclaræ illius mentis documenta paucis subjiciamus, hæc de Jesu in theologicis elementis a se collectis ait :

322 *Sanctissimi Hierothei verba ex theologicis elementis.*

§ X. Causa omnium, et quæ omnia implet, est Jesu divinitas, quæ servat partes toti consentientes ; et neque pars neque totum est, et est totum et pars, quatenus omne et totum et partem in seipsa comprehendit et suprahabet, et antehabet. Perfecta quidem est in imperfectis, tanquam principalis causa perfectionis; imperfecta autem in perfectis, tanquam supraquam perfecta et ante perfecta : forma formæ effectrix in iis quæ carent forma, tanquam principalis causa formæ; sine forma in ipsis formis, utpote supra formam substantia totis substantiis insistens impollute, et ab omni substantia supra substantiam abstracta ; tota principia et ordines definiens, supra omne principium et omnem ordinem collocata. Rerum est mensura, sæculumque et supra sæculum, et ante sæculum ; plena est in iis quæ egent, in iis quæ plena sunt exuberat; ineffabilis est et inexplicabilis, supra sensum, supra vitam, supra substantiam, supernaturaliter habet supernaturalitatem, et supersubstantialiter substantiam excedit. Unde, quoniam ad nostram usque naturam ex humani generis amore se demisit, nostramque vere substantiam assumpsit, summusque ille Deus appellatus est homo (propitiationis profecto illa sunt omnem intellectum rationemque superantis, quæ modo prædicamus), in his quoque naturam substantiamque superat, quod non tantum sine sui immutatione naturæve confusione nobis sese communicarit, nihil in exuberanti sua plenitudine ex ineffabili exinanitione perpessus, verum etiam, quod novis omnibus magis novum accidit, ea quæ naturæ nostræ sunt, supra naturæ ordinem substantiamque, supra substantiæ modum participarit, nostra omnia ex nobis et supra nos excellenter habens.

§ XI. Sed de his satis : modo sermonis nostri scopum prosequamur, communia et unita divinæ distinctionis nomina, prout possumus, explicando. Atque ut plane de omnibus deinceps explicemus, distinctionem divinam esse dicimus, quemadmodum dictum est, benignissimas Dei emanationes. Dum enim rebus omnibus ubertim bonorum omnium consortia impertit et infundit, tum conjuncte **323** quidem distinguitur, amplificatur autem unice, multiplexque fit ex uno, nec ab unitate discedit : ut puta, quoniam Deus superessentialiter est essentia, cunctasque producit essentias, secundum illud unum quod est multiplicari dicitur, dum multas ex se producit entitates ; verumtamen in seipso manet in multiplicatione unus, et in emanatione unitus, atque in distinctione perfectus, quod sit ab essentiis omnibus superessentialiter exemptus, tam singulari productione omnium quam indiminuta suarum indeficientium profusione communicationum. Quinetiam cum quid unum ipse sit, omnique parti et toti, et uni et multitudini, unius sui consortium largiatur, vel ut sic etiam supra substantiam exsistit unus, cum neque pars sit multitudinis, neque ex partibus totum ; nam hoc modo non est quid unum, neque sic unum participat, habetve unitatem ; sed longe ab his alia ratione quid unum est, supra unum, quod rebus unum est, et multitudo individua, inexplebilis superplenitudo, omne unum multitudinemque producens ac perficiens atque complectens. Rursus dum ejus deificientia deiformi pro cujusque virtute plures dii fiunt, videtur quidem diciturque unius Dei divisio multiplicatioque, verumtamen ipse est principium istiusmodi divinitatis et eminenter Deus, et superessentialiter unus Deus, indivisus in dividuis, in se unus, et in multis istis neque mistus neque multiplicatus. Quod cum supernaturaliter intellexisset communis noster ac præceptoris nostri ad divinam illustrationem manuductor, qui multum in divinis rebus exercitatus est, et lux est mundi, hæc in Epistolis suis divino Numine afflatus scribit : *Nam etsi sunt qui dicantur dii, sive in cœlo, sive in terra (siquidem sunt dii multi, et domini multi), nobis tamen unus Deus Pater, ex quo omnia, et nos in ipso; et unus Dominus Jesus Christus, per quem omnia, et nos per ipsum* [g]. Etenim in divinis rebus uniones superant distinctiones, et antecedunt, nihiloque minus tamen etiam conjunctæ sunt post unius non abeuntem singularemque distinctionem. Has itaque communes unitasque totius divinitatis distinctiones, sive benelicas emanationes, ex nominibus divinis, quæ illas in eloquiis declarant, pro virili nostra parte celebrare conabimur; si hoc primum, uti dictum est, constitutum fuerit, beneficum omne **324** nomen Dei, cuicunque divinarum Personarum impositum fuerit, sine discrimine in tota ipsa divina Trinitate accipi.

ADNOTATIONES CORDERII.

Pro exactiori hujus capitis intelligentia, maxime § 1, vide quæ in Observationibus generalioribus dicta sunt, observatione 5 et 10.

Ubi item nota, non tantum attributa essentialia toti Trinitati competere, verum etiam nomina, quæ a rerum creatarum productione, conservatione ac gubernatione desumpta sunt. Operationes enim, quas *ad extra* theologi vocant, communes sunt sanctissimæ Trinitati, atque uni Divinitati omnium creatrici.

§ II. *Et nisi illi curæ sit divina sacrarum Litterarum sapientia,* etc. Hinc bene probat divus Thomas prima parte, quæst. 32, artic. 1, in corpore : mysteria quædam fidei rationis captum excedentia, nonnisi ex Scripturis seu divinis revelationibus cognosci posse. Qui enim, inquit, naturali ratione Trinitatem

[g] I Cor. viii, 5.

verbi gratia, probare nititur, is fidei dupliciter derogat. Primo quidem quantum ad dignitatem ipsius fidei, quæ in hoc consistit, ut sit de rebus invisibilibus quæ humanam excedant rationem. Unde Apostolus dicit, fidem esse de non apparentibus; et alibi : *Sapientiam*, inquit, *loquimur inter perfectos; sapientiam vero non hujus sæculi, neque principum hujus sæculi, sed loquimur Dei sapientiam in mysterio, quæ abscondita est* [h]. Secundo, quantum ad utilitatem trahendi alios ad fidem. Cum enim aliquis ad probandam fidem introducit rationes quæ non sunt urgentes, in irrisionem cedit infidelium; credunt enim quod hujusmodi rationibus innitamur, et propter eas credamus. Quæ igitur fidei sunt, non sunt probanda nisi per auctoritates his qui auctoritates suscipiunt; apud alios vero sufficit defendere, non esse impossibile id quod fides prædicat. Ita sanctus Dionysius hoc loco, et ex eo divus Thomas.

§ III. Nota nomina, id est *supra-bonum*, *supra-Deum*, etc., dici, *ablationis secundum exsuperantiam*, quia tollunt in Deo bonitatem creatam, et tribuunt exsuperantem et superlatam bonitatem, scilicet increatam, quæ vincit omnem cognitionem et intelligentiam. Vide observationes 4 et 9 generales.

Nota hæc ibidem : *Discreta vero sunt Patris substantiale nomen et res*. Nomen Patris, inquit Turrianus (1), suprasubstantiam dicit, quia in divinis non significat nobis nomen Patris aut Filii, quod in creaturis intelligimus, personas scilicet re et substantia separatas. Rem vero Patris vocat non ipsam substantiam, quæ una est et eadem in tribus, sed rem Patris, et rem Filii, et rem Spiritus sancti vocat proprietates, quæ in divinis personis ordinem originis sive principii inter eas designant; unde notionales proprietates sive actus dicuntur, quia sunt propriæ notiones sive designationes personarum, ut proprium Patris est generare Filium, propria est nativitas Filii ex Patre, et propria Spiritus sancti processio ex uno principio Patre et Filio; hæc dicuntur Græce χρήματα γνωριστικά, id est, *res sive actus notionales*. Res enim, quatenus pertinet ad relationem, numero plurium prædicatur in divinis ; sanctus Thomas prima parte, quæst. 39, artic. 3, ad 3. In his igitur non est reciprocatio, neque communitas, nec in ipsis nominibus Patris, et Filii, et Spiritus sancti, nec in eorum rebus, id est in eorum actibus, sive usibus, unde manant. Nec enim nomen Patris convenit Filio, neque Filii nomen convenit Patri ; quia neque generare Filii est, neque generari Patris. Similiter in Spiritu sancto, qui ab utroque procedit.

Est præterea observatione dignum, quod hic ait Dionyius, discreta esse in divinis nomen Patris et χρῆμα, id est *rem*, et nomen Filii et rem ; item nomen Spiritus sancti et rem. Cum enim prius posuit nomen Patris, et nomen Filii, et nomen Spiritus sancti, et postea secundo loco posuit χρῆμα, id est *rem* Patris, quæ est generare, et rem Filii quæ est generari, et rem Spiritus sancti quæ est procedere ; plane docuit id quod sanctus Thomas etiam tradit, prius et principalius secundum modum intelligendi distingui hypostases divinas per relationes quam per origines, sive actus notionales, quos Dionysius significavit nomine χρήματος (interpres vero Dionysii, quem sanctus Thomas habuit, vertit χρῆμα *usum*, sanctus Thomas *usum* mutavit in *actum* et *originem*); distinguuntur, inquam, prius et principalius per relationes quam per notionales origines; quia relationes constituunt personas, cum sint ipsæ relationes personæ subsistentes, actus vero notionales, **325** licet sint idem re cum relationibus, tamen secundum modum significandi et intelligendi non constituunt personas, cum sint origines earum, sive origo significetur active, ut generatio, quæ tamquam actus notionalis attribuitur Patri, et spiratio, quæ attribuitur Patri et Filio ; sive passive, ut nativitas, actus notionalis qui attribuitur Filio, et processio, Spiritui sancto. Origines enim secundum rationem intelligendi extra ea sunt quorum sunt origines, cum sit origo, sicut ait sanctus Thomas, via quædam a re, aut ad rem, ut generatio significatur ut via quædam ad genitum procedens a generante. Itaque res Patris est generare (χρῆμα enim, ut dixi, *rem* significat), res Filii est genitum esse, res Spiritus sancti procedere. Sic Gregorius in Oratione prima de Filio : « Ex non habente, inquit, causam, id est ex Patre, accedit res nativitatis : » de Filio loquitur. Πρᾶγμα γεννήσεως vocavit, quod Dionysius χρῆμα. Significat etiam πρᾶγμα *actum*, a verbo πράττω, unde recte theologi Latini *actum* vocant, quod Græci *rem*; idem enim verbum πρᾶγμα utrumque significat. Hæc notavi, quia non parum refert, vocabula propria alicujus scientiæ callere.

Nota ibidem proxima ista verba : *Est præterea discreta ac distincta, perfecta, sicut in nobis, et immutabilis Jesu essentia, et quæcunque sunt mysteria substantialia humanitatis ejus*, ubi naturam humanam in Christo *perfectam* dicit, contra Apollinarium ; quia habuit corpus præditum anima rationali et intelligente, sicut nos habemus ; *immutabilem*, contra alios hæreticos, qui dixerunt naturam humanam ab ipso principio unionis victam esse a divina, et factam incorruptibilem, quod erat negare veritatem humanæ naturæ, negando proprietates ejus. Hic fuit Julianus Halicarnasseus. *Mysteria autem substantialia humanitatis ejus* vocat sitire, esurire, defatigari, vulnerari, et reliqua ejusmodi, quæ vere passus est Christus, et non phantastice secundum hæreticos ; quamvis hæ passiones naturam divinam non attigerunt, cum esset aliqui in eadem hypostasi, quæ non differebat nisi ratione tantum et cogitatione. Hujusmodi etiam sunt ambulare super undas [i], ingredi per januam clausam ad discipulos [k] : hæc enim miracula per carnem operatus est Christus sua divinitate. « Ex his manifestum fit (inquit Cyparissiotus, decadis 9 c. 4) quod in Trinitate, quæ est supra substantiam, persona et substantia non sunt idem ratione et cogitatione, sunt tamen re et substantia. Similiter tres divinæ personæ inter se non discernuntur re et substantia, sed ratione tantum et cogitatione ; essentia enim earum una est, sed non est earum inter se reciprocatio ; idcirco non potest cadere in eas alia oppositio, nisi eorum quæ sunt ad aliquid. Aliæ enim oppositiones non assumuntur sine materia ; oppositiones vero in iis quæ sunt ad aliquid, quodam modo consistunt supra materiam ; quia in hac oppositione non dirimitur copulatio ; quia esse eorum est quodam modo se habere ad aliquid. » In quo Cyparissiotus omnino consentit cum divo Thoma. Nam quatenus tres personæ divinæ idem re et substantia sunt, sic non distinguuntur inter se nisi ratione tantum et cogitatione, ut affirmat sanctus Thomas, parte 1, quæst. 39, artic. 1, ad 1, cum dicit : Relationes ipsæ non distinguuntur ad invicem secundum quod sunt idem realiter cum essentia ; relationes autem idem sunt re cum personis. Quatenus vero relationes, quæ in divinis sunt per se subsistentes, oppositionem habent ad invicem, distinctæ realiter sunt et personas realiter distinguunt, et una persona non est alia ; hoc enim est quod ait Cyparissiotus cum doctrina sancti Thomæ consentiens. Sed earum scilicet personarum non est inter se reciprocatio, quatenus scilicet in eas cadit oppositio relationum.

§ IV. Pulchre describitur intima et perfectissima inhabitatio unius personæ in alia, et e converso ; quam Damascenus libro primo *Fidei orthodoxæ*, cap. 11, vocat περιχώρησιν, id est, ut scholastici ver-

---

[h] I Cor. II, 6.   [i] Matth. XIV.   [k] Joan. XX.

(1) Ad. cap. 4, dec. 9, Cyparissioti.

tunt, *circumincessionem*. De quo mysterio disputat Hilarius lib. IV *De Trin.*, et sanctus Augustinus l. VI *De Trinit.*, c. ult. : « Singula, inquit, sunt in singulis personis, omnia in singulis, et singula in omnibus, et omnia in omnibus, et unum omnia. »

Nota autem ad hunc locum Dionysii, quia hæc vocabula, *mansio et collocatio*, distinctionem secum inferre videntur, et ad locum referri (quod enim in aliquo manet, et collocatur, non videtur esse idem quod est illud, in quo aliquid manet tanquam in loco, et in quo collocatur) ; idcirco correctionem adhibuit, inquiens, *si ita loqui fas est*. Quoad exemplum autem luminarium, non eo usus est Dionysius, ut quidam existimarunt, secundum opinionem eorum qui tradebant, lumen esse substantiam corpoream, et non qualitatem. Quod enim posuit Dionysius lumina lampadarum per se exsistere, non ad lumina retulit, sed ad lampadas, quæ per se exsistunt, sicut faces et tædæ. Itaque faces ardentes, sive lampadas accensas, luminibus in unum conjunctis per se exsistentes, cum proprietatibus hypostaticis per se subsistentibus, in lumine suprasubstantiali Trinitatis discrete unitis et unite discretis, comparat. Nam 326 si in aula lucernis tribus illustri deambules, tres umbræ resultant. Præterea, si ingentem tabulam lucernis illis opponas, in cujus medio sit foramen, lucernæ tres per foramen illud tria lumina transverso trajiciunt in oppositum. Unde conjicimus emicantia lumina in aere invicem non confundi, sed quamvis sint conjuncta loco, pura tamen esse, suamque proprietatem servare inter se discretam. Quasi spiritalis enim eorum natura facit, ut non commisceantur invicem in novam communemque formam, sicut solent corporeæ qualitates ; quanquam astrologi putent, e multis radiis vim novam aliquam procreari, tamen interim non commistis. Quod si lumina, inquit, ob incorpoream proprietatem, in corpore tamen exsistentia, munus id consequuntur, ut et unita invicem, et simul discreta inter se mirabiliter esse possint, multo magis id habent, quæ magis a corporibus sunt separata, ut ipsius animæ virtutes atque scientiæ, magis etiam ipsæ inter se substantiæ animarum ; magis insuper invicem intellectus angelici ; maxime omnium Trinitatis divinæ personæ, cujus quidem tam unitatis quam discretionis participatione quadam singula deinceps pro modo suo gradatim unionem discretionemque reportant. Et quod sequitur in Dionysio : *Si quis unam lampadem educat e domo, simul exibit totum proprium lumen, nihil quidquam cæterorum luminum in se ipsa simul trahens, nec aliquid sui illis relinquens*, ad mysterium Incarnationis retulit, ut Pachymeres notavit, interpretatusque est illud Joan. XVI : *Ego a Patre exivi*. Filius enim factus homo, qui erat fax quædam humanitatis accensa lumine divinitatis, non traxit secum Patrem, neque Spiritum sanctum, neque quidquam proprium divinitatis illis reliquit ; quin potius eamdem totam divinitatem, quæ in illis est, tulit, manens in illis. Ad idem mysterium Incarnationis retulit hoc exemplum Leontius monachus, auctor eruditissimus, in libro quem contra Nestorium et Eutychem scripsit. Docet enim, sic substantias uniri posse sine mistione, ut hic sine mistione uniuntur qualitates luminum, et uniuntur splendores stellarum, salva proprietate quanti in quali.

§ V. Ad illa verba : *Est autem divina distinctio, emanatio Deum decens divinæ unionis*. De inexplicabili (inquit sanctus Maximus) Trinitatis emanatione usque ad tres personas philosophatur nunc, quod Deus et Pater sine tempore, convenienter Deo et amanter motus, processit ad distinctionem personarum, absque imminutione et partitione in se toto manens, proprio ejus splendore supraquam unite, et supraquam simpliciter emisso, ut exsisteret tanquam imago viva ; et Spiritu sancto ex Patre venerande et supraquam peremiter procedente, sicut Dominus docet : « Dei autem bonitate causa et origo omnium in tribus personis divinis multiplicata est [1]. » Item Gregorius theologus disputans contra Eunomium : « Est vero etiam, inquit, alio modo distinctio divina, emanatio Dei ob nimiam bonitatem ad multiformem creationem aspectabilem, et non aspectabilem ; secundum quam (ut hoc item loco ait Dionysius) *ex participationibus et participibus laudantur ea quæ imparticipate participantur*. Hunc locum item edisserens sanctus Maximus : « Trinitas, inquit, universi regina ab iis quæ participare eam possunt participatur non comprehense, neque participate. » Idem enim utrumque declarat : participatur enim Deus non comprehense neque restrictus, sed potius totus in cujusque participatione exsistens, et ab omnibus exemptus. Et rursus idem in *Centuriis theologicis*, centuria III, c. 7 : « Deus, inquit, qui secundum substantiam non est participabilis, cum vult aliter ab iis qui possunt participari, a natura et substantia sua occulta non recedit ; quando etiam quolibet modus ipse, quo volens participatur, manet semper omnibus opertus. » Adhuc idem in iis quæ in *Dogmatica panoplia* feruntur : « Participabilis est Deus secundum communicationes suas ; non participabilis vero, quatenus nihil substantiam ejus participat, vel vitam ejus, vel sapientiam ejus, aut aliquid talium, quæ habet omnia secundum excellentiam, et eximie. »

« Ex his (inquit Cyparissiotus) constat primo, duplicem esse emanationem : una est, qua Deus et Pater ad sua manando Filium suprasubstantialem et Spiritum sanctum, duo unius et ejusdem divinitatis lumina, univoce protulit, nullo modo a se ipso toto egressus, sed potius ad seipsum motus sine distantia intermedia, ex æternitate in naturam trium personarum desiit. Atque hæc emanatio mota a divina persona in divinas personas in Trinitate, ad quam mota est, substitit, et motionem increatam exhibuit. Omnis enim emanatio, cum fiat causa eorum quæ emanant, talis est emanatio, qualia sunt ea ad quæ facta est emanatio. Altera est, qua Deus æquivoce motus est ad creaturam, eam in tempore producendo : ac per illam quidem motus est naturaliter, per hanc vero voluntarie. »

Constat secundo, quod in totum Deus et a nobis participatur, et non participatur. Participatur quidem secundum rationem causæ, id est, quatenus omnia ex nihilo produxit, ut et simpliciter sint, et bene sint ; rursus vero non participatur, secundum participationem nostram, et secundum exsistentiam. Nec enim Deum participamus sicut species participant genera, et sicut singularia participant 327 universalia, et sicut quæ subter prima sunt, participant illa ipsa prima. Neque participamus eum secundum exsistentiam, et illam quam Dionysius dicit permistam communionem ; ut si dicamus : Vita sentiens est pars substantiæ omnium sensu viventium ; et : Omnes species ex materia concretæ, secundum admistam communionem, materiam et formam participant ; his enim modis et rationibus nequaquam a nobis participatur. Nec rursus est aliquid in eo quod participatur, et aliquid quod non participatur ; absurdum enim est, si dicatur, oportere exsistentiam Dei ex duobus quibusdam dissimilibus consistere, ex participabili scilicet et non participabili. Vide hæc fusius apud Cyparissiotum, decade 7, quæ tota est de divinis participationibus.

§ VII. Explicatio colligi potest ex notabili primo capitis primi.

§ VIII. Alludit Dionysius ad vers. 15 capitis tertii Epist. ad Ephesios, docens Deum omnium esse Patrem hominum et angelorum, quo communi Parente affines sunt homines et angeli. Ipse enim Pater est

---

[1] Joan. XV.

omnium familiarum corporalium et spiritualium, ac proinde communiter ab omnibus adorandus et colendus: videtur autem notare pluralitatem principiorum et deorum Simonis Magi et Valentini.

§ IX. Quomodo modus et mysterium Incarnationis supremos etiam angelos latuerit, vide supra sanctum Dionysium c. 7 *Cœlestis hierarchiæ*, et sanctum Thomam *in Epist. ad Ephesios*, c. 3, lect. 4.

Nota hic sub finem hujus paragraphi, sanctum Hierotheum dici partim a theologis, partim Scripturarum indagatione, partim diviniore quadam inspiratione doctum non discendo tantum, verum etiam divina patiendo. Tribus enim modis divina percipimus, nempe actione, aut passione, aut modo quodam misto. Actione quidem præcipue, quando ea non ab aliis eruditis, sed rationis investigatione assequimur; passione vero, cum divinitus afflati percipimus; misto denique modo, id est partim patiendo, partim agendo, ubi docente alio, aut verbis aut litteris erudimur. Tunc enim quatenus aliunde movemur, quodammodo patimur, quatenus autem proprium ipsi judicium examenque adhibemus, videmur et agere. Ceterum et aliena disciplina, et inventio propria divinorum, ad hoc velut ad signum duntaxat dirigenda est, ut Deo assiduæ nos pulsanti penitus exponamur. Id autem solo in eum amore perficimus. Hoc enim duntaxat ad Deum dirigimus omnia, et Deo subjicimur clam pulsanti; atque illo inspirante, et quasi movente agenteque, subito commovemur, atque ita compatimur spiritusque replemur. Affectio vero ejusmodi passio nuncupatur, tum quoniam amatoria est (amor enim transferens in amatum, amantem inde pati compellit), tum quia vacantibus tunc propriis rationis intelligentiæque actionibus, divina luce formamur, patimurque formati. Ad hanc utique lucem amore solum ferventissimo præparamur. Sicut enim opacas sæpe materias luci invias calor ingens purgat, extenuat, pervias luci præbet; sic amatorius in Deum fervor a corporeis perturbationibus et nebulis purgans animum, quasi serenum reddit, lucique divinæ paratum, cum qua et unionem arctiorem intelligentia, et fidem humana scientia certiorem consequimur.

§ X. Pro intelligentia verborum Hierothei nota cum Turriano ad cap. 2 decadis 7 Cyparissioti: in essentiis rerum hunc ordinem considerari. Primo, principia rerum; secundo, substantiam; tertio, speciem compositi totius ex forma proficiscentem; quarto, perfectionem ipsius rei, non solum quoad speciem, sed quoad propriam operationem et finem: tunc enim res est omnimode perfecta, cum suum finem assequitur; quinto, res varias, quæ singulæ quadam propria perfectione præditæ sunt, et ordine quodam copulatæ, totum quoddam perficiunt, ut in universo, et in homine. Hierotheus ergo docet quomodo divinitas Christi est causa in his omnibus, incipitque ab extremo, id est a toto, et remeat in primum, id est in principia rerum. Conservat igitur, inquit, universum et partes universi toti consentientes, et cum eo conspirantes; et ipsa non est totum, neque pars, quia scilicet non habet perfectionem totius et partis, sicut totum et pars, sed excellentius in infinitum. Estque rursus totum et pars divinitas Christi, nempe quia quidquid perfectionis est in toto et in parte, hoc ipsa Christi divinitas præhabet. Reliqua faciliora sunt. Illud vero, *substantia totis substantiis insistens impolluta*, significat esse Deum in omnibus substantiis, et ab eis participari non per admistionem, hoc est, non misceri cum eis; ita sanctus Thomas ad hunc locum. Consule item in Observationibus generalibus octavam et nonam.

328 PARAPHRASIS PACHYMERÆ.

§ I. Hoc præsens caput est de unita distinctaque theologia. Cum enim hic sanctus de divinis nominibus loqui proposuerit, divina vero nomina, quædam in communi tribus Personis divinis conveniant, quædam etiam uni ex Personis illis in particulari, idcirco illa quidem nomina quæ in communi divinæ naturæ congruunt, *unitam* inscribit theologiam, quæ vero cuilibet Personæ in particulari competunt, *distinctam*. Et rursus divinam unionem vocat occultam et incomprehensibilem divinæ naturæ cognitionem (nam essentiam incomprehensibilis Trinitatis, quid sit, nemo cognoscet unquam); divinam vero distinctionem, subsistentes exsistentias adorandas, id est Filii quidem ex Patre splendorem ineffabilem, sancti vero Spiritus ex Patre inconceptibilem processionem, divinam totam exsistentiam, vel potius proprie non exsistentiam, sed superexsistentiam, sed quoniam omnis exsistentia ex ipsa est, ex effectis creaturis exsistentia nominatur. Hanc itaque divinam totam exsistentiam, id est unicam et solam Deitatem (sic enim appellare consuevit sanctæ atque solum adorandæ Trinitatis in tribus Personis agnitam Deitatem); hanc, inquam, ipsam per se bonitatem esse, in Evangeliis nobis declarasse Dominum prædicatur, id est cum omni religione ac divinitate agnoscitur; nam ipsemet A Deus Dominus explicando dixit cuidam interroganti: *Quid me dicis bonum? nemo bonus, nisi solus Deus* [m]. Verum hoc aliis etiam locis a nobis expositum, istiusmodi nomina non partialiter de una ex Personis divinis dici, sed de tota plenaque Deitate; nec non omnia hæc nomina communia ipsi attribui imparticipate, id est non participata secundum attributionem, sicut una Persona, sed ad unamquamque et ad tres in communi, absolute, id est sine ulla restrictione ad unam Personam, vel sine hac ad aliam, sed sine reservatione, uti ad unamquamque, sic etiam ad tres in communi; et universim, tam ad unamquamque, quam universe ad omnem universitatem divinitatis referri. Siquidem, ut alibi meminimus, qui hæc divina nomina negat esse communia, distrahit omnino impie unitatem adorandæ Trinitatis. Dicendum itaque, in Evangeliis vocem 329 illam *bonus* de tribus divinis Personis accipiendam esse; nam *bonum* Verbum ait: *An oculus tuus nequam est, quia ego bonus sum*[n]? et rursum apud Davidem in Psalmis dicentem reperitur: *Spiritus tuus bonus deducet me in viam rectam*[o]; et iterum, id quod ad Moysem dictum est: *Ego sum qui sum*[p]. Si id nonnulli uni Personæ ascribere velint, quomodo intelligent quæ in Apocalypsi Joannis evangelistæ de Patre dicta sunt: *Qui est, qui erat,*

[m] Marc. x, 18. [n] Matth. xx, 15. [o] Psal. cxlii, 10. [p] Exod. iii, 14.

qui venturus est ⁴·ʳ ? de Filio vero in Davide : *Tu autem idem ipse es* ˢ ? de sancto quoque Spiritu in Evangeliis : *Spiritus veritatis qui est, qui a Patre procedit* ᵗ ? Et observa, quomodo hæc dicat usurpari; nunc enim non ita fertur. Et rursum de vita, nisi hæc de tribus Personis dicta sint, quomodo in divinis Evangeliis reperitur, quod, *sicut Pater suscitat mortuos et vivificat, sic et Filius quos vult vivificat* ᵘ ? Et illud : *Spiritus est qui vivificat* ᵛ ? Quod autem nomen *Dominus* etiam commune sit, de Deo quidem qui Deum genuit, sive Patre, et de Deo qui genitus est, sive Filio, vix dici possit quoties dicatur. Quin etiam Spiritus sanctus Dominus est : similiter quoque pulchrum, et sapiens, et lumen, et deificum, et causa. Omnia, inquam, hæc nomina summatim de tota Deitate prædicantur, juxta illud : *Omnia ex Deo sunt* ˣ , et diffusius etiam de singulis Personis, ut cum de Deo quidem Filio dicit : *Omnia per ipsum et in ipso facta sunt* ʸ, et : *In ipso cuncta consistunt* ᶻ. Hoc enim omnes referunt ad Verbum quod creat. De Spiritu autem : *Emittes Spiritum tuum, et creabuntur* ᵃ. Et ut compendio quis dicat, ipsemet Dominus dixit : *Omnia quæ habet Pater mea sunt* ᵇ, et : *Omnia mea tua sunt, et tua mea sunt* ᶜ. Verumtamen hæc etiam sanctissimo Spiritui per communicationem unionemque attribuit. Quænam hæc? Divinas operationes, id est miracula, juxta illud : *Si ego in Spiritu Dei ejicio dæmonia* ᵈ. Venerationem, juxta illud : *Qui vero blasphemaverit in Spiritum sanctum, non remittetur ei* ᵉ. Fontem et distributionem gratiarum, juxta illud : *Accipietis virtutem ex alto* ᶠ , superveniente Spiritu sancto. Ac neminem existimo eorum qui Scripturis haudquaquam perverse sunt imbuti, negaturum, quin istiusmodi nomina, tam in communi quam in particulari, secundum rationem et causam insint omnibus Personis divinis, ita ut quælibet sit perfectus Deus, et rursum omnes tres sint unus perfectus Deus. Cum igitur hæc impræsentiarum quidem breviter, alibi vero satis definita sint, quodcunque tandem integrum et commune Dei nomen (excepto scilicet proprio et personali) explicare aggrediemur, in communi accipiendum est.

§ II. Si quis autem objecerit nos hoc modo confusionem introducere, et Deo competentem Personarum distinctionem confundere, quod v. g. nomen Filii Dei de tota Divinitate prædicemus, nos putamus ipsum non satis probare posse, se nobis hæc secundum veritatem objicere. Nam si talis sit qui omnino sacris Litteris resistat, a philosophia quoque nostra procul admodum aberit : et nisi ipsi curæ sint Scripturæ sacræ, quomodo nobis curæ erit ut ipsum ad scientiam manuducamus ? Sin Eloquiorum veritatem admittat, nos Scripturas tanquam regulam lucemque adhibentes, respondebimus ipsi, quod theologia nonnulla quidem nomina unite tradat, ut *Deus, bonus*, et similia ; nonnulla vero distincte seu divisim, ut *Pater, Filius, Spiritus, genitum, ingenitum, procedens* ; et nefas sit vel unita distinguere vel distincta confundere, sed Scripturis insistendo, ad divinas esse illustrationes suspiciendum, quoniam inde divinas explanationes accipientes, conamur easdem tanquam canonem seu regulam observare, nihil addendo, nihil demendo, hoc enim proprium est regulæ ; et quod magis est, dum quidem illas inviolatas custodimus, Scripturarum ipsi custodia servamur : dum vero ita servamur, potentiores evadimus ad easdem custodiendas.

§ III. Nomina igitur unita, scilicet totius Deitatis, Trinæ unitatis, sicut alibi diximus, sunt *supraquam bonum*, et cætera, quibus præpositio *supra* præponitur, quæ vocat ablationis secundum exsuperantiam ; siquidem etiam ablativum est nomen *immortale* et *increatum*, sed secundum affirmationem. Ablativum etiam est *supraquam bonum* ; non enim simpliciter bonum et sapiens, sed supra hæc, et sine comparatione, et idcirco superlative ablationem continent, quibus adnumerantur omnia quæ ad rationem causæ pertinent ; nam *bonum*, et *pulchrum*, et *ens*, quoniam Deus ea quæ sunt pulchra, et exsistunt, et bona sunt, suppeditavit, ex effectis hæc nomina sortitur ; quæ sunt unita. Discreta vero sunt nomen superessentiale Patris, nomen superessentiale Filii, nomen superessentiale Spiritus sancti ; ex his enim nulla fit reciprocatio, vel communicatio. Pater enim Deus, non tamen Deus solum Pater ; et Filius Deus, non tamen Deus solus Filius ; similiter etiam de sancto et vivifico Spiritu. Invenitur etiam alia quædam distincta theologia, quæ propria est Domino nostro Jesu Christo ac Deo, scilicet perfecta ejus secundum nos exsistentia, siquidem assumpsit carnem animatam ac intellectus participem ; et immutabilis ; quod enim erat immutabiliter manens, id quod non erat assumpsit, nempe filius hominis, principii temporisque subjectionem, aliaque quæ humana sunt, cæteraque mysteria humanitatis ejus, esuriem, sitim, laborem, et cætera quæ dicit essentialia, ut excludat apparentiam imaginariam.

§ IV. Expedit utique, nonnihil altius resumendo perfectissimum illum divinæ unionis ac distinctionis modum, explanari, quo nobis oratio sit aperta, obscuritatem quidem fugiens, hæc vero, quoad fieri potest, clare definiens. Sacri enim doctores, ut in aliis etiam dixi, divinas quidem uniones vocant notiones illas divinæ et incomprehensibilis essentiæ ; ipsam autem essentiam incomprehensibilis Trinitatis quid sit, nemo cognoscet unquam ; distinctiones vero divinas, per se subsistentes exsistentias venerandas, id est Filii quidem ex Patre ineffabilem splendorem, et sancti Spiritus ex Patre incon-

---

ᵠ·ʳ Apoc. I, 4. ˢ Psal. ci, 28. ᵗ Joan. xv, 26. ᵘ Joan. v, 21. ᵛ Joan vi, 64. ˣ I Cor. xi, 12. ʸ Rom. xi, 36. ᶻ Joan. I, 3. ᵃ Psal. ciii, 30. ᵇ Joan. vi, 15. ᶜ Joan. xvii, 10. ᵈ Luc. xi, 20. ᵉ Marc, iii, 29. ᶠ Act. I, 8.

ceptibilem processionem; illas, inquam, vocant uniones, quoniam identitatem unius naturae declarant; has vero distinctiones, quoniam distinctionem Personarum exponunt. Traditque istiusmodi viri sancti, quaedam esse unionis propria, videlicet bonitatem, sapientiam, immortalitatem; atque item quaedam propria distinctionis, ut Patris quidem, esse ingenitum; Filii vero, genitum, et Spiritus sancti, processionem. Quaedam item sunt propriae unitates, et quaedam propriae distinctiones; v. g. commune quidem est Filio et Spiritui sancto, ex Patre esse, proprium vero, quod ille per generationem, hic per processionem. Et rursus, commune quidem Patri et Filio, quod Spiritus sanctus sit Patris et Filii; proprium vero, quod sit Patris Spiritus, tanquam ex Patre procedens; Filii vero Spiritus, tanquam consubstantialis ac proprius ipsius. Et has vocat uniones et distinctiones distinctionis proprias. Deinde dicit, **332** quaenam sint divinae uniones, sive quae communes sunt essentiae divinae, nimirum superessentialis exsistentia, et superessentialis deitas, et supraquam bona bonitas; quoniam supra ea, supra quae Deus esse dicitur, incomparabiliter superior est; quod asserens, per exuberantem negationem dixit. Identitas omnibus superior, omnia superantis totius Dei proprietatis, scilicet boni, et sapientis, et similium; haec enim sunt Dei proprietas, videlicet per excessum ad creaturas. Super omnem unitatem quae in rebus est, indivisus et simplex, ineffabilis, et multis vocibus expressus; tum quia innominabilis, tum quia pro beneficiorum diversitate diversimode nominatur. Ignoratio, et ex omni intellectilis; in ignoratione enim Deus cognoscitur. Ignorationem autem non eam accipias quae ex inscitia oritur (nam haec animae quaedam est tenebricositas) neque etiam cognoscentem (quoniam qui incognoscibilis est minime cognoscitur), nam haec quoque species est cognoscitiva, sed secundum illam ignorationem, secundum quam simplificati, supra notiones omnemque Dei cogitationem transcendentes, simplices efficimur. Dum existimamus autem nos comprehendisse, etiam manemus ambigui, propter statum unionis; et firmiter in unione consistentes, ignoramus nos non percepisse, id est nihil aliud scientes, nos velut rudes ignoramus. Tamen quae ab omni creatura religiose ignorantur, ignoramus. In hac enim ignoratione constituti, efficimur forma ejus quod ante omnia exsistit, negligentes quidem formas omnes ac notiones, in silentio autem sermone omni praestantiori constituti, hoc ipso, quod ne hoc ipsum quidem cognoscimus nos ignorare; postmodum iterum a muto silentio conversi, et cognoscentes nos ignorare, abstinemus caeterum ab ejus quod cognosci nequit inquisitione. Rursum vero Deus ex omni intellectilis dicitur; quoniam ex amicis suis muneribus et intelligentiis, nec non ex creaturis exsistere cognoscitur, ex illis quidem Salvator, ex his vero

f' Joan. x, 58. g Joan. xvi, 28.

Creator. Positionem autem seu affirmationem vocat exsistentiam, tanquam ex ipso Deo, qui est omnium exsistentia. Philosophi enim θέσιν, seu positionem, vocant formas illas quae materiae imprimuntur; ablationem vero, quando qualitates a formis auferuntur, veluti a terra siccitas et gravitas, tunc enim fortassis aqua **333** erit. Deus igitur qui haec omnia transformat, omnium est positio et ablatio. Omnium quidem positio, ut qui omnia ponit et facit, atque ut consistant disponit; in ipso enim cuncta consistunt. Est autem omnium ablatio, ut qui ipsammet rerum positionem ac creationem componit atque concinnat, nec non aufert a rebus positis quae illarum naturae adversantur. Cum enim in confesso sit, ea quae generantur omnino etiam corrumpi, ipse autem abundantia bonitatis quorumdam quoque auferat corruptibilitatem, ut angelorum atque animarum; quorumdam vero corruptibilitatem transferat ad incorruptionem, ut corpora nostra in resurrectione: manifestum est ipsum nobis haec exsistentem, supra positionem quoque esse, et ablationem, cum sit fundamentum ac radix omnium, non quoad locum, sed quantum ad causam. Neque ipse etiam est ablatio eorum quae habet; nam ipse per se habet immortalitatem, et incomprehensibilitatem, et incognoscibilitatem, aliaque similia; non quasi non sit contrarium, sed juxta proprietatem quamdam omnibus ineffabilem: nam exemptus est ab omnibus, et a nullo cognoscitur, vel ou nin comprehenditur, ut qui semetipsum propter infinitatem subducat. Rursum est divinarum quoque in se invicem Personarum mansio et collocatio; sunt enim unum, et unum, et unum, et tria unum. Quid autem est mansio et collocatio, ut illud: *Ego in Patre, et Pater in me est* f? Ita etiam de Spiritu sancto apostolus ait. Haec mansio non est in parte confusa, sicut sensibile exemplum declarat. Quemadmodum enim si in aliqua domo tres cerei accendantur, subjectis quidem diversi erunt, sed lumine uniti sibi invicem communicabunt; neque quisquam potest commune lumen discernere, quodnam sit hujus, et quod alterius luminaris. Haec ubi dixit, transfert sermonem ad mysterium dispensationis, et evangelicum illud dictum explanans: *Ego a Patre exivi, et ad Patrem meum vado* g, ait. Ut si quis unam facem accensam e domo educi intelligit, nihil aliorum luminum secum trahentem vel de suo caeteris relinquentem, lumen eductum subducendo; sic etiam intellige in dispensatione Incarnationis. Quippe Filius a Patre veniens, et in hoc mundo conversatus non eduxit secum Patrem, neque Spiritum, neque quidquam sibi proprium iis reliquit, sed hunc egressum a sui ipsius mansione fecit **334** indivulsum. Caeterum uniones corporum quae elementaliter considerantur, atque alio quodam modo permiscentur, virtutibus et qualitatibus permutantur; similiter quoque facultates animales suam habent differentiam; quin et angelorum cum divinis illustrationibus unitiones pro ordinum propriorum parte ac proportione fluunt. Divinitas vero sanctæ Trinitatis, et quidquid ejus est, nullo dictorum modo dissecta, aut a se diversa, merito censetur esse supra istas uniones. Supercollocatur enim unio supersubstantialis non tantum corporeis, verum etiam iis quæ in animabus, quin et in ipsismet angelis contingunt, quas utique divinas uniones illa luminaria supercœlestia, scilicet angeli, impermiste, inconfuse, et supermundialiter tota se totis obtinent; non enim partialiter his illustratio conceditur, sed omnino integre, tametsi quoque pro captu suo duntaxat uniantur. Quemadmodum sole omnino perfecte illucescente quidlibet pro captu suo lumen participat, ita etiam in angelis contingit, dum secundum proportionem suam divinæ illius et supereminentis unionis participes exsistunt. Est etiam distinctio in divinis, non ea tantum quam prius diximus, quod inconfuse in tres Personas individua simplexque natura divina dividatur, verum etiam Patris notio, scilicet activa Dei generatio, cum aliis non convertatur. Pater enim solus fons est superessentialis Deitatis, qualibet divinarum Personarum proprietatis suæ laudes religiose conservantibus. Ecce etiam aliam distinctionem secundum quam Pater ab effectis Filii et Spiritus sancti distinguitur. Hæ quidem sunt uniones et distinctiones in illa ineffabili unione naturali.

§ V. Est etiam secundum aliam rationem divina distinctio, illa Dei propter abundantiam bonitatis emanatio ad multiplices tam invisibilis quam visibilis creaturæ formas. Porro providentiæ benignitatesque creationis, trinæ unitati sunt communes. Ne itaque, cum audies distinctionem, existimaveris, uni quoque Personæ alicui seorsim competere creationem providentiamve, sed distinctiones appellavit emanationes creationis ac providentiæ, tanquam effusiones bonitatis a beata et inconfusa Trinitate distinctas, secundum quas a participatis, scilicet donis, et participantibus, scilicet effectis, laudantur ea quæ imparticipate participantur. Imparticipate autem participatur Deus, **335** qui natura sua in tribus subsistit Personis; siquidem hoc toti divinitati commune est, omnem ipsam totam a quolibet participantium participari, et non in parte, tametsi participantia secundum propriam facultatem eam participent, quemadmodum valida voce excitata, præsentes omnes pro facultate sua eamdem percipiunt, et vir, et puer, et bruta: sed illi quidem valentius, hi vero remissius, secundum facultatis audiendi efficaciam. Atque communicabilis est vox, et in se ipsa incommunicabilis manens. Vel, juxta exempla proposita, sicut lineæ recte a circumferentia centro circuli incidentes, illud integre participant, et non ex parte, quoniam punctum, quod et centrum est, parte caret; et sicut ea quæ expressa sunt totaliter et non ex parte sigillum participant. Dum autem exempla profert, declarat divinitatis imparticipabilitatem hæc ipsa superare; quoniam neque tactus ejus est, sicut in puncto, neque alia quævis mista communio cum participante, ut in sigillo; nam divinitas secundum substantiam non participatur, sed est participans, in quantum ex ea sunt omnia et ab ipsa in suo esse continentur.

§ VI. At dicet aliquis, sigillum in totis expressis figuris non esse idem; quandoque enim exacte expressum est, quandoque vero mediocriter; aitque sanctus Pater id solvens, magis ea quæ dicuntur confirmare; quoniam sigillum idem est, sed diversitas communicantium, unius ac ejusdem primitivæ formæ, dissimiles reddit effigies : ut si simplicia formatuque facilia, vel etiam mollia, aliisque figuris ac formis carentia, quæ neque dura sint, neque reluctantia, ut exsiccata cera; neque iterum fluxa, ut cera præ calore liquefacta, nitidam figuram habitura sunt; sin autem aliquid defuerit, hoc causa erit vel obscuritatis, vel falsitatis, vel alterius defectus, quæ propter ineptitudinem participantium accidunt. Observa etiam aliam divinam distinctionem Verbi incarnati tam in agendo quam patiendo mirabilia et obstupenda, quæ, in quantum homo, et egit et pertulit; his enim et Pater et Spiritus non communicarunt, nisi forte quis dixerit, secundum benignum beneplacitum ac voluntatem, et in divinis signis Filio cooperando. Nos itaque similiter res divinas sermone conjungere distinguereque satagimus, prout vere ac natura sua unitæ sunt ac distinctæ.

336 § VII. Sed harum unionum ac distinctionum quascunque in sacris Litteris rationes Deo consentaneas reperimus, alibi seorsum explicuimus, partim quidem eas enucleando, ac purum tranquillumque animum perquam lucidis Scripturarum contemplationibus admovendo (sic enim eas mens sacra explicat et interpretatur), partim vero, ceu mysticis, supra mentis etiam operationem uniti, silentio scilicet et incomprehensibili modo honorem exhibentes. Mens enim sacra non aliter iis intendit quam per omnem cessationem motus, qui ad intelligendas res facit; hoc enim declarat illud quod dixit, *supra mentis operationem*, id est quando undique Dei incomprehensibilitate comprehenditur, tunc assequitur quod quærebat. Nam omnia divina nomina, et quæcunque nobis apparuerunt, solis participationibus cognoscuntur, secundum quas impermiste Deum participamus; nam ex participationibus quæ a Deo nobis donantur, Dei quoque nomina componimus. Porro quales ipsæmet res divinæ sint secundum naturam suam, omnem mentem et essentiam excedit; velut cum arcanum illud superessentiale, Deum, Deum nominamus, vel vitam, vel alia, nihil aliud intelligimus, quam vel benignas in nos virtutes, secundum quas deificamur, vel substantificamur vel vivificamur, atque alia similiter. Ipsa vero divina supraquam exsistentia sic quodammodo laudabitur, quando ab efficacia omni validissima et intelligente absoluta suscipiet nos in sancto silentio, mentem iis quae illinc promanant donis adjicientes : haec enim est cognitio in ignoratione, in qua nullam cernimus vel deificationem, vel vitam, vel substantiam quae plane similis sit causae isti, quae cunctis per omnem excellentiam antecellit. Veneranda sacroque pavore digna sunt sanctae Trinitatis nomina; quoniam Pater est divinitas fontalis, Filius vero sanctusque Spiritus sunt quaedam germina ac flores, ac lumina superessentialia. Germina quidem, ex visione olivarum Zachariae [h] : lumina vero, ex Epistola Jacobi fratris Domini [i], qui de Patre luminum mentionem facit. Haec itaque nomina a Scripturis sacris accepimus; quonam autem pacto sese habeant, neque eloqui neque intelligere valemus.

§ VIII. Caeterum hactenus omne mentis nostrae studium hoc spectat, quomodo ex hac paternitate ac filiatione omnis paternitas in coelo et in terra **337** nominetur; ex qua fit, ut spiritaliter ac doctrinaliter etiam dii et deorum patres divini ac sancti viri, et deorum filii qui in sacra doctrina proficiunt, nuncupentur. Quid autem est *spiritaliter?* id est incorporee et immaterialiter, ac intellectualiter, viris nimirum sanctis ex sancto quidem Spiritu divino, qui est supra omnem immaterialitatem ac deificationem, divinitatem hanc ac spiritalitatem accipientibus; ex Patre vero ac Filio, qui per excellentiam omnem paternitatem ac filiationem superant, istiusmodi statum participantibus. Non enim est perfecta similitudo effectis creatis ad causas, divinas, inquam, Personas; sed habent quidem creaturae, quoad fieri potest, imagines Dei; ipsae vero causae penitus ab effectis creatis exemptae sunt. Et, ut terrenis exemplis utar, voluptates ac dolores efficere dicuntur, ut homines laetentur vel tristentur, tamen ipsae voluptates non dicuntur laetari, nec dolores tristantur. Et ignis calefacit, et adurit, tamen non calefit, nec aduritur. Idcirco etsi quis vitam vivere, et per se vitam dixerit, et illuminari id quod per se lumen est, nequaquam proprie locutus fuerit, secundum rectam veritatis rationem : nisi forte haec alio modo dicat, quod nimirum abundantius, et secundum essentiam, non autem secundum participationem, prae effectis haec insint causis.

§ IX. Quin etiam quod est universae theologiae manifestissimum Jesu humanitatis mysterium (quoniam etiam manifeste ac vere nobiscum communicavit), tamen id ipsum etiam ineffabile est sermoni omni, et omni menti inconceptibile, etiam primo et antiquissimo angelo, scilicet sublimissimo primoque ordini; hoc enim Joannes ille theologus in Apocalypsi de antiquioribus iis angelis tradit. Atque eum quidem carnem assumpsisse, mystice accepimus, sed quomodo ex virgineis sanguinibus alia quam naturae lege sit *efformatus,* aliaque omnia quae ad naturae Jesu explicationem spectant, quo-

modo in duabus naturis cognitus, et prout hominem se gesserit, et supra hominem opera ediderit, longe alterius et praestantioris sermonis res est, quam nostra ratio aut facultas fert. Ad haec itaque, si ineffabilia sunt divina, ut quae subtiliorem habeant theologiam, quid dicet quis de beata Trinitate? Verum haec a nobis etiam alibi dicta sunt, et ab inclyto praeceptore nostro beato Hierotheo, **338** quem post sanctum Paulum habuit praeceptorem; quae ille, sive a Scripturis sacris acceperat, sive ex earumdem indagatione fuerat contemplatus, et exercitio usuque plurimo, sive etiam diviniori aliqua insinuatione doctus erat, non solum discens, sed et patiens divina, ut qui non doctrinaliter per verba doctrinam eorum hauserat, sed divina illustratione expressam, et veluti insignitam, in mente supernaturalem habebat cognitionem. Hanc autem rerum divinarum eruditionem συμπά- θειαν seu consensionem appellavit. Atque, ut plurima eaque beatissima illius documenta transeamus, paucis subjiciamus ea quae de Domino nostro Jesu Christo ac Deo in Theologicis elementis tradit.

Hierothei.

§ X. Deinde vero ad verbum exponit scriptum quoddam sancti Hierothei, in quo beatus ille ait, ostendendo quomodo et Filius omnia in omnibus et caput omnium sit, secundum Apostolum; quoniam omnium est plenitudo et compago, et conservat ac astringit partes toto, et neque pars est neque totum, quia his superior est; attamen et totum est, et pars, tanquam continens universa, et suprahabet natura, et antehabet ut causa; et perfectus est in imperfectis nobis, et imperfectus in perfectis angelis, tanquam supraquam perfectus, et nullam habens comparationem perfectionis ad illos; et forma rerum informium, tanquam Creator et principium omnis formae, et sine forma respectu rerum informatarum, utpote supra formam. Substantia cunctas substantias pervadens sua providentia, et natura sua rursus ab omni substantia exempta ; cuncta principia ordinesque definiens, et supra omne principium ordinemque collocatus. Et rerum est mensura, quoniam in ipso universa terminantur; et saeculum et supra saeculum, tanquam auctor saeculorum; quasi perfectus in imperfectis, et in perfectis imperfectus, quippe supraquam perfectus; tanquam plenus in indigentibus, et supraquam plenus in plenis, et quaecunque supra haec sunt, ne singula recenseamus. Hinc quoniam etiam nobiscum in carne et sanguine communicavit, et vere substantiam nostram assumpsit, et homo dictus est, rursus etiam in iis habet perfecta quaedam vestigia divinitatis; non solum quod divinitas sine ulla immutatione **339** nobiscum communicarit, nihilque a viliori humanitate passa sit; verum etiam, quod novis omnibus maxime novum est, in naturalibus nostris supernaturalis exstiterit,

[h] Zach. IV, 3. [i] Jac. I, 17.

ambulans, sed supra aquam fluxam; comedens, sed tot millia satians, omnia nostra ex nobis et supra nos excellenter habens.

§ XI. Sed de his satis : modo sermonis nostri scopum prosequamur, communia et unita sanctæ Trinitatis nomina, quæ divinæ sunt distinctionis, utpote donorum divinorum quæ a Deo distinguuntur, exponentes. Et ut clare definiamus, distinctionem divinam esse dicimus, Deum decentes, uti dictum est, donationes; dum enim rebus omnibus bonorum consortia impertit, tum unite quidem, id est ex unius naturæ proprietate in sua munera distinguitur, multiplicata vero in beneficia particularia, rursum unitur; quoniam ex uno Deo omnia sunt beneficia. Et dona quidem in singulis multiplicantur, manent autem in uno sine egressione, ac si in uno qui est illa quis videat; quoniam Deus est is qui est, sed superessentialiter : et producit ea quæ sunt; dumque iis tribuit esse, multiplicatur is quod unum est in iis quæ multa sunt; nihilominus tamen in istiusmodi multiplicatione manet is quid unum, et in singulorum distinctione plenum, quoniam est ab omnibus rebus exemptum, tam singulari productione omnium (scilicet simul volendo, et non paulatim ac per partes et minuta fusione;) quia Deus, dum res creat, nihil imminuit bona sua, sed quid unum exsistit, ac virtutem unitam distribuit cuilibet parti sive mundi, sive animalis. Nam pars quælibet quid unum est etiam toti (quia totum est quid unum) etiam uni atomo, ac multitudini sive multis, quæ sunt quid unum specie, sicut multi homines sunt quid unum natura. Cum itaque his omnibus impertiat unitatem, dum ea ex principalibus elementis, quæ ipsemet condidit, componit, et singula ex composito quid unum facit; similiter iterum quid unum est, nequaquam creationibus in multitudinem divisus, quemadmodum una eademque ars alicujus, quæ virtute multa arte facta componens, et rebus immaterialibus præfecta, rursum in semetipsa una simplexque manet, cum neque pars sit arte factorum, neque quid totum ex iis conflatum. Quomodo enim ars pars esse possit eorum quæ arte consistunt, cum ipsa singulis præsideat? quomodo autem totum ex his sit, et quæ prior est ex posterioribus, et causa ex effectis exsistat? Unde etiam concluditur, Deum non esse istiusmodi unum quid, quale in nobis est; in nobis enim id quod unum est, vel totum vel pars est; Deus autem est supra ista; neque participat de uno; quomodo enim? nam sic iterum aliud quiddam unum prius erit, cujus particeps erit Deus : quoniam id quod participatur, prius est iis quæ participant. Neque etiam quid unum est tanquam per accidens, vel etiam ut proprietas essentialis; hæc enim illud unum habet quod essentia et ens;

Deus autem supra essentiam est et supra ens. His omnibus itaque modo longe sublimiori Deus quid unum est, supra unum quod est in rebus; quin etiam multitudo est, cum in optima quæque munera providentiasque multiplicetur, minime divisus, sed ex integro singulis obtingat, tametsi pro facultate quæque sua ipsum participent. Quocirca est inexhaustus, et superplenus; si enim divideretur, impleretur, cum omne tam unum quam multitudinem producat, perficiat, et contineat, multis tam angelis quam hominibus ex ipsius deificatione diis factis, juxta cujusque deiformem facultatem quam a Deo accipiunt. Hinc itaque, dum quemlibet deificat, videtur quodammodo distingui et multiplicari Deus; nihilominus Archideus unus est Deus, individuus in dividuis, unitus in semetipso supra omnem unionem; et impermistus manet multis, neque multiplicatur, sicut lumen solis dum multos illuminat, manet unum, et non multiplicatur. Quod cum egregie nosset communis noster, meus inquam et præceptoris mei magni Hierothei præceptor, qui sicut est doctor mundi, sic et lux mundi, et discipulus ejus qui vere lux est mundi; magnus, inquam, Paulus, divinitus hæc ait : *Etsi sint dii multi, et domini multi* secundum gratiam, ut angeli divini, virique sancti; *nobis tamen* vere *unus est Deus Pater* [k], *et Filius, et Spiritus sanctus*, qui secundum indivisam et indistinctam communicationem nominis propriæ divinitatis, et dominationis, multis se communicat, minime tamen in partes deitatum Deitate discissa, sicut aurum in nummos; neque multis diis ejus divinitatem complentibus, quemadmodum multæ species unum mundum; sed multiplicari dicitur Deus secundum quamlibet res producendi voluntatem, providis processibus multiplicatus, manet tamen in se quid unum absque divisione. Idcirco etiam in divinis uniones superant distinctiones, quæ scilicet unice et solitarie spectantur; non enim una Deitas et potestas ex multis conflata est, sed ex hujus singularitate, quæ in illis est, multitudo consideratur. Et hæc quidem quoad divina; in nostris autem rebus contrarium accidit; nulla enim in ipsis proprie est unitas; sed præexistentes elementorum distinctiones, dum concurrunt et uniuntur, alias ex compositione uniones efficiunt. In divinis vero et unum præexsistit, et post illam in beneficia distinctionem, iterum manet unum et supraquam unum. Has etiam nos communes totius Deitatis, et unitas distinctiones ac beneficientias e divinis nominibus juxta Scripturas laudare conabimur, modo id ante cognitum sit, quod si quod nomen ponatur etiam cujuslibet Personæ, sine proprietatibus, v. g. paternitatis, filiationis, processionis, quibus ad certam aliquam contrahitur, in tota ipsa divinitate accipiendum esse.

---

[k] 1 Cor. viii, 5, 6.

CAPUT III.

Quæ sit vis orationis, et de beato Hierotheo, de religione et conscriptione theologica.

SYNOPSIS CAPITIS.

I. *Docet, ad Deum accedendum esse per orationem; non quia Deus a nobis abest, sed ut nos Deo mente et spiritu præsentes simus. In oratione enim non tam Deus nobis, quam nos Deo cogitatione appropinquamus.* II. *Reddit rationem, cur post sanctum Hierotheum hosce libros theologicos conscripserit, et simul describit laudes Hierothei, et quomodo una cum Petro et Jacobo interfuerint obdormitioni sanctissimæ Virginis Mariæ, quidque ibidem egerint.* III. *Declarat, quam submisse de seipso scriptisque suis sentiat.*

§ I. Ac primum, si videtur, perfectum, et quod omnes Dei emanationes manifestat, boni nomen expendamus, invocata Trinitate, quæ boni principium est, et bonum superat, et optimas quasque suas providentias explanat. Oportet enim nos primum orationibus ad ipsam, ut ad boni principium, adduci, ac deinde magis ipsi propinquantes, edoceri optima quæque munera quæ penes ipsam sunt collocata; nam ipsa quidem præsens adest omnibus, non autem illi adsunt omnia. Sed cum eam sanctis precationibus, 342 et mente tranquilla, et ad divinam unionem accommodata deprecamur, tum demum nos etiam ei præsentes sumus. Ipsa enim nec in loco ita est, ut usquam absit, vel ex aliis ad alia migret. Quinimo dicere in omnibus rebus ipsam esse, quid minus est ejus infinitate, quæ et excedit et continet universa. Nos ipsos itaque orationibus ad sublimiorem divinorum benignorumque radiorum contuitum comparemus; quemadmodum si lucidissimam catenam e summo cœlo suspensam, et hucusque demissam, manibus alternis in anteriora protensis continenter arriperemus, attrahere quidem ipsam videremur, re autem vera, non illam ipsi deduceremus, ut quæ superne et inferne præsens esset, sed ipsimet magis ad sublimiores radiorum illustrium fulgores eveheremur. Aut sicut si navim ingressi, rudentes ex petra quadam ad nos usque porrectos auxilii causa teneremus, non ad nos petram, sed nos ipsos revera naviumque ad petram traduceremus. Quemadmodum etiam rursus, si quis stans in navi maritimum saxum impellat, nequidquam saxum illud fixum et immobile movebit, sed se ipse ab illo repellet; quantoque vehementius illud impulerit, tanto longius ab eo removebitur. Quapropter ante omnia, maxime in theologia, ab oratione auspicandum est, non ut ubique et nusquam præsentem virtutem attrahamus, sed ut divinis commemorationibus invocationibusque nos ipsos illi dedamus atque uniamus.

§ II. Atque hic fortasse nobis non immerito reddenda ratio sit, cur cum eximius præceptor noster Hierotheus theologica principia accurate collegerit, nos, quasi illa non sufficerent, et alios, et hunc præsentem tractatum theologicum conscripserimus. Profecto si consequenter ille omnes tractatus theologicos ordine digestos edere voluisset, et vel brevissimis expositionibus totius theologiæ summam explanasset, nunquam eo nos insania stoliditasve cepisset, ut illo vel liquidius vel divinius res istas theologicas nos penetrare posse putaremus; aut eadem bis repetendo, superfluo cassoque labore nos vellemus fatigare, tantamque amico et præceptori nostro injuriam irrogare, ut præstantissimam ejus, a quo post divinum Paulum imbuti sumus, scientiam et expositionem nobis per plagium usurparemus. 343 Sed quoniam ille res divinas vere graviter explicans, compendio nobis subtiles aliquot definitiones tradidit, quæ in unum multa conglomerant, jussus sum, una cum collegis meis, qui animabus adhuc rudioribus imbuendis vacant, subtiles istas ac singulares conclusiones, in quibus maxime spiritalis tanti viri virtus enituit, sermone magis ad captum nostrum accommodato explanare atque digerere; quin et ipse tu quoque nos frequenter ad hoc hortatus es, ipsumque librum ut perquam sublimem nobis remisisti. Quapropter nos quoque, ceu perfectorum seniliumque sensuum magistrum, alterasque Scripturas, quæ divinitus afflatorum scripta proxime assequantur, iis qui sublimiora capiunt illum assignamus; nos vero nostri similibus ad captum nostrum res divinas explanabimus. Si enim solidus cibus perfectorum est, eo etiam alios pascere quantæ sit perfectionis? Merito itaque dicimus, ad spiritalium eloquiorum intuitionem, et subtilem eorumdem eruditionem, virtute senili opus esse; sermonum vero introductoriorum, ceu inferioris notæ, scientiam ac disciplinam initiantibus atque initiatis convenire. Atqui et hoc a nobis perquam studiose observatum est, ne quidquam eorum, quæ divinus ille præceptor plane nobis expressit, ullo modo attingeremus; ne secundo eadem repeteremus quæ ad Scripturam aliquam elucidandam ipse tradiderat; nam etiam apud ipsos divino Spiritu plenos antistites nostros (cum et nos, ut nosti, et ipse plurimique sanctorum fratrum nostrorum, ad corpus illud, quod dedit principium vitæ, Deumque susceperat, contuendum venissemus; aderat autem et frater Domini Jacobus, et Petrus, suprema ista atque antiquissima summitas theologorum; placuissetque post contuitum antistitibus omnibus, pro virili cuique sua, infinita potentia præditam divinæ imbecillitatis bonitatem collaudare) ipse post theologos, ut nosti, cæteris omnibus sacris laudatoribus antecellebat, totus excedens, totus se deserens, rerumque quas laudabat consortium patiens; denique ab omnibus, a quibus audiebatur ac videbatur, tam a notis quam ignotis, divino numine afflatus divinusque plane laudator censebatur. Sed quid tibi, quænam ibi divinissime dicta sunt, refero? Etenim, nisi me mei capiat oblivio, memini me sæpius divinarum istarum **344** laudationum partes aliquas abs te accepisse; tantæ tibi curæ fuit, ne unquam perfunctorie divina prosequereris.

§ III. Verum ut ista mystica, quippe vulgo non promulganda, tibique notissima, missa faciamus; quando jam tempus erat, quamplurimis hominibus fidem nostram promulgandi, et quotquot adduci possent, ad sacram disciplinam nostram attrahendi, non paucos hoc in munere doctores sanctos superabat cum usu temporis, tum mentis puritate, tum acumine demonstrationum, cæterisque sacris institutis, adeo ut nunquam tanto soli conati simus obtueri. Ita enim nobis conscii sumus, imo scimus, nos rebus divinis intelligendis minime sufficere, nedum, quod ineffabiles sint, ut cognitæ essent eloquendis. Cum autem in theologica veritate explananda a virorum divinorum facultate procul absimus, eo etiam præ religionis abundantia deducti sumus, ut de divina philosophia nil vel audire vel loqui præsumeremus, nisi intellexissemus, non esse rerum divinarum, quam assequi possumus, negligendam scientiam. Atque id non solum naturalia mentium desideria, quæ amanter semper, quantum fas est, ad divinarum rerum contemplationem excitantur, verum ipsa quoque præstantissima legum divinarum institutio persuadet; quæ, ut ea quæ supra nos sunt, meritaque nostra excedunt, et captum superant curiosius investigare vetat, ita jubet omnia, quæ permissa nobis et indulta sunt, assidue addiscere, benigneque aliis communicare. His itaque adducti, neque labore neque ignavia a licita rerum divinarum scrutatione deterriti, ne pro modulo nostro illos, quibus sublimiora nobis contemplandi facultas deest, adminiculo destitutos pateremur, ad scribendum animum appulimus, nihil quidem novi afferre præsumentes, sed minutioribus duntaxat quibusdam singularum partium observationibus, ea quæ a vere Hierotheo subtili sane compendio tradita sunt, distinguentes atque explanantes.

345 ADNOTATIONES CORDERII.

§ I. *Ac primum, si videtur, boni nomen expendamus.* Occasione hujus loci, sanctus Thomas, prima parte, quæst. 5, artic. 2, quærit, utrum bonum secundum rationem sit prius quam ens. Et ratio dubitandi est, quia ordo nominum est secundum ordinem rerum per nomina significatarum, sed Dionysius, inquit, inter alia nomina Dei prius ponit bonum quam ens; ergo bonum secundum rationem est prius quam ens. Resolvit tamen, ens, cum prius cadat in conceptionem intellectus, quam bonum, ipso etiam prius esse secundum rationem. Est enim primum intelligibile, sicut sonus est primum audibile; quia secundum hoc unumquodque cognoscibile est, in quantum est actu, unde etiam prius est secundum rationem.

Ad auctoritatem autem Dionysii, et argumentum inde sumptum, respondet, sanctum Dionysium divina nomina assignare secundum quod important circa Deum habitudinem causæ. Bonum autem, cum habeat rationem appetibilis, importat habitudinem causæ finalis, cujus causalitas prima est ; quia agens non agit nisi propter finem, et ab agente materia movetur ad formam, unde finis dicitur causa causarum. Et sic in causando bonum est prius quam ens, sicut finis quam forma : et hac ratione, inter nomina divinam causalitatem significantia, prius ponitur bonum quam ens ; vide quoque quæst. 13, artic. 11. Verum facilius mens Dionysii sic explicari potest, quod cum Dei nomina secundum emanationes assignentur quæ Deo ratione bonitatis tribuuntur, cujus proprius actus est, aliis se communicare, idcirco primo loco boni nomen interpretetur. Unde non sequitur, nomen boni primam omnium rationem in Deo significare.

Ibidem : *Oportet enim nos primum orationibus,* etc. Ubi nota primo, per orationem a Deo rerum divinarum notitiam esse impetrandam; quoniam est generale medium ad omnia dona spiritalia obtinenda. « Est enim, ut sanctus Chrysostomus ait (1), instar clavis cujusdam, per quam omnes Dei thesauros possumus aperire, et ex illis accipere quidquid nobis commodum videtur ad æternam salutem consequendam. Omnia enim ista oratione certissime possumus impetrare, ut idem sanctus Chrysostomus fuse ac pulchre ex Scripturis probat in aureis illis libris *De orando Deo.* Hic tantum observa tria ad orationis efficaciam summopere necessaria. Primum quidem, perturbationes sensuum cohibere, quæ ad corporea longissime a divinitate distantia, nos detorquent. Secundum, tanquam nebulas ab intellectu expellere fallacias et machinamenta imaginationis. Tertium, universum voluntatis affectum, in diversa nunc bona distractum, in primum bonum tota prorsus amoris intentione convertere : ita enim fervor obsecrantis animum conjungit Deo, sicut sulphureus calor copulat lignum flammæ. Huc tendit Zoroastricum illud : «Si mentem igneam ad opus pietatis intenderis, caducum quoque corpus inde servabis. »

Nota secundo, quod *Deus quidem præsens adest omnibus, non autem illi adsunt omnia.* Etiamsi enim Deus omnibus rebus sit intime præsens, easque suo substantifico influxu tangat et conservet, ab illis tamen non attingitur. Nam (ut bene notat Lessius [2]) ita præsens est loco, seu locali præsentia et indistantia cuilibet rei, ut tamen naturæ gradu et celsitudine infinite distet, in seipsum collectus, et firmissime in sua puritate subsistens; ab omnibus segregatus. Unde simul et conjunctissimus est et remotissimus, præsentissimus et secretissimus, unitissimus seu collectissimus, et diffusissimus. Et quamvis infinitis

---

(1) Lib. I *De orando Deo.*
(2) Lib. II *De Perfectionibus divinis,* c. 3.

modis per suos influxus ad creaturas descendat, manet tamen in sua celsitudine et immobili identitate stabiliter fixus. Illi autem per orationem conjungimur, dum enim in rebus omnibus præsentem adoramus, et in Deo universa contemplamur.

Quærit autem divus Thomas in primum Sententiarum, distinct. 37, q. 1, artic. 2, ubi hunc sancti Dionysii locum citat, utrum Deus sit in omnibus per potentiam, præsentiam et essentiam, in sanctis per gratiam, in Christo per esse, et respondet distinctionem istorum modorum partim sumi ex parte creaturæ, partim ex parte Dei. Ex parte creaturæ, in quantum diverso modo ordinatur in Deum, et conjungitur ei, non diversitate rationis tantum, sed etiam realiter. Cum enim Deus in rebus esse dicatur, secundum quod eis aliquo modo applicatur, oportet, ut ubi est diversus conjunctionis vel applicationis modus, ibi sit diversus modus essendi. Conjungitur autem creatura Deo tripliciter. Primo, secundum similitudinem tantum, in quantum videlicet invenitur in creatura aliqua similitudo divinæ bonitatis, non autem quod attingat ipsum Deum secundum substantiam. Et ista conjunctio invenitur in omnibus creaturis divinam bonitatem assimilantibus : atque ita Deus est in omnibus per essentiam, præsentiam, et potentiam.

346 Secundo, creatura attingit ad ipsum Deum etiam secundum substantiam suam considerantum, et non tantum secundum similitudinem : et hoc est per operationem, ut quando aliquis fide adhæret ipsi primæ veritati, et charitate ipsi summæ bonitati. Et ita est alius modus, quo Deus spiritualiter est in sanctis per gratiam.

Tertio, creatura attingit ad ipsum Deum non solum secundum operationem, sed etiam secundum esse ; non quidem prout esse est actus essentiæ divinæ (quia creatura non potest transire in naturam divinam), sed secundum quod est actus hypostasis seu personæ, in cujus unionem creatura assumpta est. Et hic est modus quo Deus est in Christo per unionem hypostaticam.

Ex parte tamen Dei non invenitur diversitas rei, sed rationis tantum, quatenus in ipso distinguitur essentia, virtus et operatio. Essentia autem ejus cum sit absoluta ab omni creatura, non est in creatura, nisi in quantum applicatur illi per operationem, et secundum hoc quod operatur in re, dicitur esse in re per præsentiam, secundum quod operans operato debet esse aliquo modo præsens. Et quia operatio non deserit virtutem divinam a qua exit, ideo dicitur esse in re per potentiam. Et quia virtus est ipsa essentia, ideo consequitur ut etiam in re sit per essentiam.

Nota tertio, ex eo quod subjungat : *Quinimo dicere in omnibus rebus ipsum esse, quid minus est ejus infinitate, et excedit et continet universa*, manifeste colligi, Deum non solum esse in hoc mundo, sed etiam extra mundum per immensa spatia diffusum ; sicut lumen quoddam non solum totum occupans mundum, sed extrorsum in omnem partem se absque termino extendens : quod bene probat Lessius, lib. II *De perfectionibus divinis*, cap. 2 : « Sicut enim, inquit, coexsistit non solum durationi hujusmodi, sed etiam immensis intervallis quæ sunt extra mundum, nimirum simul et semel omnia locorum et temporum intervalla occupans et adæquans. Unde sicut ante, mundum nullum potest signari momentum, quantumvis a principio mundi distans, in quo non sit Deus ; ita extra mundum nullum potest fingi animo punctum quantumvis a mundo remotum et disjunctum, ubi plenissime cum tota sua majestate, potentia et gloria non sit Deus. » Vide plura apud Lessium loco citato.

§ II. *Petrus, suprema ista atque antiquissima summitas theologorum*. Nota hinc firmissimum a sancti Dionysii auctoritate argumentum pro primatu Petri, et consequenter pontificum Romanorum ejusdem successorum. Describit autem hic, quomodo apostoli cum aliis discipulis, inter quos ipse erat cum Hierotheo, interfuerint exsequiis beatæ Virginis Mariæ, eamque divinis laudibus celebrarint : vide Baronium, tom. I, ad annum Christi quadragesimum octavum.

PARAPHRASIS PACHYMERÆ.

§ I. Primum, si placet, id quod universa Dei beneficia manifestat, scilicet boni nomen, expendamus, invocata sancta Trinitate, quæ omnis boni principium est, et omnes suas providentias benigne explanat. Oportet itaque nos orationibus adductos, vel potius appropinquantes, juxta illud : *Accedite ad me, et ego accedam ad vos*, dicit Dominus, edoceri ejus munera, vel potius pati magis ea dum discimus ; etenim ipsa quidem adest omnibus, non autem ipsi adsunt omnia, quæcunque videlicet rerum terrenarum affectione et cogitationum perturbatione procul recedant ; quando vero precatione et tranquilla mente idonei evadimus ad divinam unionem, tunc etiam nos ipsi adsumus. Confirmans autem ipsam omnibus adesse, ait : Ipsa enim nec in loco ita est, ut usquam absit, vel ex aliis ad alia migret. Quæ enim in loco **347** sunt, continentur ; locus enim terminus est ejus quod continet contentum. Quinimo dicere in omnibus rebus ipsam esse, multum deficit ab ejus infinitate qua cuncta complectitur ; non enim tantum est in omnibus, verum etiam continet universa ; neque tantum continet, verum etiam complexum omnem infinitum excedit. Incumbamus A itaque orationibus, non ut Deum deducamus, sed ut ipsi potius ad Deum adducamur. Et adducit primum exemplum gentile ex Homero ; pulcherrime autem id rebus divinis accommodat : tradit enim ipse, catenam auream e cœlo dependisse. Sicut ergo catena sic constituta, qui sensim semetipsum a terra elevans, alternis quidem apprehensionibus videtur illam catenam ad se trahere, ipse vero potius in altum tollitur sensim ascendendo : sic qui intense orat, per opera, quæ manus vocat, sensim et operando et precando mentem suam applicat ad Deum. Sin vero manus, jam in altum adducti, a catena solvimus, ex alto decidimus ; nam dum adducimur, etiam Deo adhærere debemus. Simile est in navi, ut cognoscamus mentem nostram navem B esse, quæ vitæ hujus ventis agitatur ; mare vero hanc vitam multis tempestatibus refertam, petram vero Christum, quem dum apprehendimus, inconcussi permanemus, ad ipsum tam vitam quam vivendi rationem dirigentes. Quapropter ante omne opus, præsertim ante omnem de Deo sermonem, ab oratione inchoandum est, non ut ad nos attrahamus virtutem illam, quæ ubique et nusquam præsens est (adest enim ubique, quia penetrat universa, nusquam vero adest, quoniam nullus locus dignus est ejus requiete), sed ut nos ipsi excitemur, Deoque conjungamus divinis commemorationibus et invocationibus.

§ II. Atque hic fortasse nobis reddenda ratio sit, cur, cum inclytus Hierotheus theologica principia collegerit, nos, quasi illa non sufficerent, uti alia opuscula, sic et præsentem hunc tractatum theologicum conscripserimus. Etenim si ille de his enucleatius disserere voluisset, nunquam ea nos insania stoliditasve cepisset, ut illo doctius nos de divinis loqui posse putaremus, atque adeo bis eadem repetendo, et amico simul et præceptori hanc injuriam faceremus, ut, cum ejus post B. Paulum discipuli fuerimus, ejus scripta nobis per plagium **348** usurparemus; sed quoniam ille graviter et scite de his loquens, compendio et summatim doctrinas suas tradidit, jubens nos, aliosque rudiorum adhuc animorum præceptores, sigillatim, quoad fieri potest, explanare ac distinguere compendiosas illas brevesque enarrationes unitæ illius ac spiritualissimæ virtutis; quin et ipse tu quoque frequenter nos ad hoc adhortatus es, et librum ejus nobis remisisti : quapropter nos quoque sanctum Hierotheum, tanquam perfectarum mentium præceptorem, perfectis assignamus, et ipsius dicta tanquam altera oracula, secundum divina sacraque apostolorum scripta, æstimamus; nos vero nostri similibus imperfectis res divinas explicabimus; nobis præceptoribus non absimiles discipulos habentes. Quantæ vero ipse est perfectionis, cum etiam alios solido cibo nutriat, cum nos etiam perfecti appellemur, si istiusmodi solido cibo vesci nobis licuerit? Merito itaque dicimus, ad ipsam per se intuitionem, et non revelatam manifestioremque intelligentiam, et summariam doctrinam senili facultate opus esse, explanationem autem et explicationem nobis ut inferioribus convenire. Observatum itaque a nobis, ut quæcunque clare a divo Hierotheo distincta sunt ne quidem omnino attingeremus, ne quodammodo idem iterato dicere videretur; quæ vero ipse compendiose tradidit (hoc enim excipiendum est) minutioribus intelligentiis explanaremus; nam hoc est quod quæritur, ut in fine orationis addidit. Nunc vero viri laudes aggrediens, quanam ratione, et qualia ab ipso sanctæ Deiparæ obdormitionis tempore laudata sint, ostendit artificiose ipsa loquendi formula, orationis ea compositionem effugere, et ait : Cum Patribus illis divino Spiritu afflatis (et nos ipsis adessemus) tempore obdormitionis sanctissimæ dominæ nostræ Deiparæ, placuissetque post contuitum sanctis antistitibus pro virili cuique suo, infinita potentia præditam divinæ imbecillitatis bonitatem collaudare, id est voluntariam condescensionem Dei usque ad corpus absque peccato, cæteros sacerdotes superabat magnus Hierotheus, totus quodammodo a corpore ab-

ductus, totus extra se positus in hymnis ac laudibus, rerumque quas laudabat consortium patiens, ab omnibus tam notis quam ignotis divino Numine afflatus censebatur. Vel itaque hoc dicit, ab omnibus tam iis qui ipsum **349** noverant, quam qui non noverant; vel potius, non dixit quod noscebatur, sed non cognoscebatur; siquidem ab illis, inquit, noscebatur, qui videlicet noverant eorum quæ dicebantur valorem; non cognoscebatur autem ab illis, qui istarum laudum celsitudinem attingere non valebant. Videbatur itaque divino Numine afflatus et illis et his. Illis quidem, tanquam consciis ac scientibus ipsum esse talem; his vero, tanquam non intelligentibus quæ dicebantur, atque ideo existimabant, illa divina quædam esse quæ vulgi captum superarent, et divinis tantum eorumque similibus viris digna forent. Divinarum porro laudum istarum partem aliquam me abs te audivisse memini : tantam divinorum curam geris, ut nunquam illa perfunctorie percurras.

§ III. Atque ut multa omittamus quæ vulgo sunt arcana, tibique nota, vel ideo nota quia arcana mysticaque, vel tibi nota tanquam supra vulgus existenti, ac divino, hoc impræsentiarum dicimus : quomodo, cum multos vellet instruere, et quotquot poterat ad Dei cultum traducere, plurimis modis superasse plurimos præceptores sacros, a quibus ut divinus Magister celebrabatur, adeo ut nunquam tanto soli conati simus obtueri. Agit de illius compositionibus ac scriptis, unde dicit, ita nobis conscii sumus, quoniam juxta tritum illud : *Nosce te ipsum*, ita de nobis sentimus, ac si ne divinis quidem intelligendis, ne dicam eloquendis, sufficere possumus. Multum vero a sanctorum virorum habitu atque scientia distamus; quin eo præ nimia religione adducti sumus, ut de divinis nihil omnino audire vel loqui auderemus, non tantum de iis quæ ignoramus, verum etiam de iis quæ exacte noscimus, nisi nobis persuasum esset, haud æquum esse, rerum divinarum quam quilibet cum divina gratia assequi potest, scientiam negligere; uti manifestum fit ex eo qui talentum non expenderat. Quin id ipsum nobis quoque persuadent, pulchrum nempe esse cum aliis scientiam suam communicare, naturalia divinorum angelorum desideria, dum convenientem semper divinam contemplationem desiderant; nec non etiam divinarum Scripturarum ordinatio, dum prohibet quidem ea quæ supra nos sunt curiosius inquirere, sicuti Sapientia Sirach suadet : *Altiora te ne quæsieris, et profundiora te ne scruteris* [l]. **350** Præcipit vero ut discamus ea quæ possumus, ut d.vinus jubet Apostolus, dicens : *Et quæ audisti a me, hæc commenda fidelibus hominibus* [m]. Istiusmodi monitis morem gerentes, quoad possibilem divinorum inventionem animum non despondentes, sed et illos qui nostro modulo ac facultate subliminora capere possunt, auxilio destitui non ferentes, cum aliqui ex hac humi

[l] Eccli. III, 22. [m] II Tim. II, 2.

reptante doctrina nostra, studio ac meditatione sua, possent ad sublimiorem aliquam notitiam ascendere, nos ipsos ope divina excitavimus, et animum ad scribendum appulimus, nihil quidem novi ac peregrini afferre et explicare præsumentes, sed minutioribus duntaxat quæstionibus ea, quæ summatim a sancto divinoque viro (id est enim, a vere Hierotheo) dicta sunt exponentes, et pluribus plana facientes.

CAPUT IV.

De bono, luce, pulchro, amore, exstasi, zelo; et quod malum neque ens sit, neque ex entibus, neque in entibus.

SYNOPSIS CAPITIS.

I. Docet, bonitatem esse primum Dei attributum, et divina bonitate cuncta consistere. II. A bonitate esse angelorum ordines ac functiones; item animas earumque facultates; similiter res animatas et inanimatas. III. Bonitatem esse super omnia, atque illa ipsa quæ non sunt vocare ut sint. IV. Bonitatem hanc esse causam quod sint cœli, atque illorum motus; solem autem esse imaginem divinæ bonitatis, et ad se cuncta convertere. V. Docet, cur Deus lumen appelletur. VI. Deum esse lumen intellectile, et quanta sit ejus excellentia et vis. VII. Tradit, quomodo Deus dicatur pulcher et pulchritudo, et unde ac qua ratione sic appelletur; et quomodo anticipet rerum omnium pulchritudinem ut causa, et ex hac ejus pulchritudine omnes exsistant congruentiæ. VIII. Spiritus cœlestes triplici motu cieri. IX. Iisdem motibus pro captu suo nostros animos moveri. X. Omnia per pulchrum et bonum conservari, omniaque pulchrum et bonum appetere. XI. Nomen amoris etiam in Scripturis usurpari, et non tam verborum quam significationum rationem habendam esse. XII. Scripturas aliquando nomen amoris nomini dilectionis anteferre, et vulgus nomen amoris spiritalis non capere. XIII. Amorem exstaticum esse et zelotem. XIV. Quomodo Deus sit amor et dilectio, et amabilis et dilectus : et qualis sit divini amoris circulus. XV. Ex Hierotheo docet, quomodo omnis amor sit unitivus. XVI. Distribuit ordines amoris. XVII. Ostendit, quomodo divinus amor ex Deo, per Deum, in Deum revolvitur. XVIII. Objicit, cur dæmones non expetant pulchrum et bonum, et petit quid sit malum, et unde. XIX. Respondet, malum non esse ex bono, et quidquid est bonum esse, virtutem autem vitio contrariari. XX. Malum qua malum ad nihil utile esse; et quidquid exsistit secundum boni participationem, esse id quod exsistit; et vitia præ se ferre quamdam boni speciem **351** sub qua appetuntur; et malum purum non exsistere, sed bono mistum. XXI. Malum non esse in rebus, et dualitatem non principiare, sed unitatem et bonum esse pacificum; malum autem nec ex Deo nec in Deo esse. XXII. In angelis quoque non esse malum. XXIII. Quin nec dæmones natura sua malos esse, sed per defectum angelicorum bonorum; illos autem non perdidisse vires naturales. XXIV. An, et quid in animis malum sit, disserit. XXV. Nec in brutis ait quidem malum esse. XXVI. Nec in rerum natura. XXVII. Nec in corporibus. XXVIII. Nec in materia prima. XXIX. Sed nec privationem per se esse malam. XXX. Exponit, quid sit bonum et malum, et unde. XXXI. Bonorum causam ait esse unam, malorum vero multas; et ex bono et propter bonum esse omnia. XXXII. Malum tantum esse per accidens; et simul tradit, quid sit malum, et quid possit. XXXIII. Discutit, quomodo exstante providentia sunt aliqua mala, et ostendit providentiam rerum naturas servare inviolatas. XXXIV. Ait malum non esse rem aliquam, neque potentiam, sed defectum. XXXV. Inscitiæ peccatum quale sit, et quid in peccato pœna dignum.

§ I. Age ergo, jam ad ipsum nomen boni progrediamur, quod exemplo ab omnibus divinitati supra divinitatem attribuunt theologi, vocantes, ut arbitror, bonitatem ipsam essentiam divinam, divinitatis (1) originem; et quia sic essentia sua bonus est Deus, ut tanquam substantiale bonum, bonitatem in omnia porrigat. Quemadmodum enim sol ille noster non cogitatione aut voluntate, sed eo ipso quod est, illuminat universa quæ quoquo modo lucis ejus sunt capacia : sic etiam ipsum bonum (quod non secus præstat soli quam primæva species imagini obscuræ) ipsamet substantia sua, rebus omnibus, pro cujusque captu, totius bonitatis suæ radios affundit. His constiterunt omnes intellectiles ac intelligentes substantiæ, et virtutes, et operationes; horum virtute sunt, vitamque habent sempiternam et indeficientem, ab omni corruptione ac morte, et materia generationeque liberæ, nec non ab instabili fluxaque, quæ in diversa diversimode fertur permutatione semotæ, et tanquam incorporeæ et immateriales intelliguntur, et ut mentes supermundialiter intelligunt, atque propriis rerum rationibus illustrantur; rursumque in ea quæ illis cognata sunt sua munera derivant, Mansionem quoque a bonitate habent; quin et earum firmitas hinc, et stabilitas, et conservatio, bonorumque pabulum pendet; et dum illam appetunt, tam ut sint, quam ut bene sint, obtinent, nec non illi, quantum fas est, conformantur, atque boni speciem præ se ferunt, et, juxta legis dictamen, inferiores suos donorum ex summo bono promanantium participes reddunt.

§ II. Inde illis ordines supermundiales, **352** earum inter se conjunctiones, mutuæ susceptiones, inconfusæ distinctiones, virtutes istæ quibus inferiores adducuntur ad superiores, providentiæ superiorum circa inferiores, cujuslibet virtutum suarum conservationes, et immutabiles in semetipsas revolutiones, eadem atque summa summi boni desideria, et quæcunque alia in tractatu *De proprietatibus atque ordinibus angelorum* a nobis sunt commemorata; quinimo etiam quæ ad cœlestem hierarchiam spe-

(1) Scilicet *creatæ* seu *participatæ*.

ctant, ut angelicæ lustrationes, supermundanæ illuminationes totiusque angelicæ perfectionis consummatio, ex universali causa fontalique bonitate proficiscuntur, ex qua etiam ipsamet forma bonitatis ipsis data est, concessumque, ut latentem in se bonitatem valeant enuntiare, sintque angeli velut interpretes divini silentii, et tanquam clara lumina, quæ in adytis latentem indicant. Præterea post sacras istas sanctasque mentes, animæ quoque ac quælibet animarum bona sunt per bonitatem illam, quæ omne bonum superat; inde provenit, illas intellectu præditas esse, vitam habere substantialem, corruptionis expertem, ut esse habeant cum angelis commune, possintque ad eorum vivendi rationem aspirare, quorum ductu optimo ad bonorum omnium summum bonum promoveantur, atque ex eodem promanantium illuminationum pro captu suo participes evadant, donique boniformis, quantam possunt, sortem accipiant, et quæcunque alia in tractatu *De anima* sunt a nobis enumerata. Porro, si de animabus quoque ratione carentibus animalibusve loquendum, quæ vel aërem tranant, terramve permeant, aut humi reptant, vel in aquis vitam agunt, aut amphibia sunt, vel sub terra recondita, atque in caverna vivunt, vel quæcunque simpliciter anima sensili vitaque præstant, hæc utique omnia etiam per eamdem bonitatem et animantur, et vivificantur. Plantæ similiter omnes ex eodem bono nutritivam motabilemque vitam habent; denique substantia quæcunque anima vitaque caret, per illud ipsum bonum exsistit, a quo et statum suum substantialem obtinuit.

§ III. Quod si autem supra res omnes sit (uti vere est) bonum ipsum, et quod informe est, format; et in ipso solo id quod substantia caret, substantiæ est excellentia; quod inanime est, vita est præstantissima; et quod mentis expers est, **353** suprema est sapientia, et quæcunque in bono sunt, rerum sunt informium supereminentis efformationis; et, si dictu fas sit, illud ipsum quod non est, illius quod supra res omnes est, boni desiderio tenetur, quin etiam in bono vere supersubstantiali per omnium ablationem esse contendit.

§ IV. Sed, quod in medio præterlapsum nos effugerat, cœlestium etiam principiorum et subterminationum causa est bonum, item substantiæ hujus cœlestis quæ non augetur neque minuitur, et penitus non variatur, et motuum cœlestis curriculi vastissimi, non sonantium, si ita loqui oportet, et ordinum stellarum, et pulchritudinum, et luminum, et infixionum earum, et multiplicis cursus vagantis quorumdam siderum, et duorum luminarium, quæ Scriptura vocat magna [n], circuitus, et eodem, unde profecta sunt, reversionis, quibus apud nos dies et noctes distinguuntur; et menses atque anni definiti ipsos motus temporis, et eorum quæ in tempore sunt, circulo confectos distinguunt, numerant, ordinant et continent. Quid autem dicatur de ipsomet radio solis? a summo enim bono lumen proficiscitur, et imago bonitatis est; quamobrem nomine luminis bonum laudatur, tanquam appareat primum exemplar in imagine. Sicut enim bonitas divinitatis quæ supra omnia est, a supremis et provectissimis substantiis usque ad extremas pervadit, et adhuc supra omnes est, ita ut neque superiores usque ad illius excellentiam pertingant; nec inferiores ejus ambitum pertranseant; quin potius omnia quæ illuminari possunt illuminat, et creat, et vitam dat, et continet, et perficit, et mensura est eorum quæ sunt, et ævum, et numerus, et ordo, et complexus, et causa, atque finis; sic etiam ingens iste, et totus splendidus ac semper lucens sol imago expressa est divinæ bonitatis, quatenus tenuissimum quid illius boni in eo procul resonat, et omnia quæ eum participare possunt illustrat, et lumen habet supra extensum, quod in universum mundum qui cernitur, tum superiorem, tum inferiorem, splendore radiorum suorum multiplicat; et si quid eum non participat, non est in causa imbecillitas aut tenuitas facultatis illuminandi, sed potius rem ipsam non esse expeditam ad participationem luminis, quia non sit idonea ad admittendum illud. Ac revera **354** multa sic sunt, quæ radius solis prætergressus, illa quæ ultra sunt illuminat; et nihil est eorum quæ cerni possunt, quo non pertingat sol ingenti vi splendoris sui. Quin etiam ad ortum corporum sub sensum cadentium confert, et ea movet ad vitam, nutrit, auget, perficit, et purgat, ac renovat; et mensura est ac numerus tempestatum ac dierum, et omnis nostri temporis: hoc enim est illud lumen, tametsi tunc non erat figuratum, quod dixit divinus Moyses distinxisse illud primum dierum nostrorum triduum. Atque ut omnia bonitas ad se convertit, primaque, quæ dispersa sunt, colligit, tanquam unifica divinitas et principium unitatis, omniaque ipsam ut principium, ut complexum, ut finem appetunt; bonumque illud est (ut Scriptura sacra testatur) ex quo omnia constiterunt, et veluti a perfectissima causa producta sunt, et in qua consistunt universa, tanquam in fundo cuncta continente custodita, contentaque; et ad quod omnia, tanquam ad finem quæque suum, convertuntur, quodque appetunt universa, spiritalia quidem rationeque utentia scienter, sensilia vero, sensiliter; quæ autem sensus sunt expertia, innato motu vitalis appetitionis, et quæ vita carent, ac tantummodo exsistunt, vi quadam ad solius essentiæ participationem propensa sunt. Eadem clarissimæ similitudinis ratione lux quoque colligit convertitque ad se omnia quæ videntur, quæ moventur, quæ illustrantur, quæ calescunt, quæque universim radiis ejus perstringuntur; unde ἥλιος seu sol, nomen habet, quod omnia faciat ἀολλῆ. id est omnia servet salva, et congreget dispersa. Et omnia quæ sentiendi vim habent cum appetunt, vel ut videant,

[n] Gen. I, 16.

vel ut moveantur, et illuminentur, et calescant, et quidem appellatur, propter illam pulchritudinem denique ut contineantur et conserventur a luce. Non hoc dico, ut antiquitas existimabat, quod sol sit Deus, et auctor universi, qui hunc mundum, quem cernimus, proprie gubernet; sed potius, quod *invisibilia Dei, a creatura mundi, per ea quæ facta sunt, intellecta conspiciuntur, sempiterna quoque ejus virtus et divinitas* °.

§ V. Verum de his in Symbolica theologia. Nunc autem intellectile boni a luce nomen nobis celebrandum est, et dicendum quod is qui bonus est, lux intellectilis dicitur, quia omnem mentem supracœlestem implet lumine intellectili; omnem autem ignorantiam et errorem ex omnibus animis, in quibus est, ejicit, et ipsis omnibus lumen sanctum impertit, eorumque oculos mentales a caligine ex ignorantia circumfusa repurgat, et liberat, et excitat, atque aperit multa gravitate tenebrarum compressos et clausos : datque primum quidem mediocrem splendorem ; deinde, tanquam degustato lumine, et oculis jam magis post degustationem lumen appetentibus, magis se impertit, et copiosius fulget ; quia dilexerunt multum P; ac semper eas ulterius provehit proportione studii earum ad aspiciendum sursum.

§ VI. Lumen igitur intellectile dicitur illud bonum quod est supra omne lumen, tanquam fons radiorum et effusio luminis inundans omnem mentem supramundanam, et circummundanam, et mundanam ex plenitudine sua illuminans, et totas earum facultates intelligendi renovans, et omnes continens, quatenus supra omnes tenditur; et omnibus antecellens, quatenus supra omnes stat, atque simpliciter omnem principatum illuminandi, tanquam princeps luminis, et supraquam lumen in se comprehensum habet, et supraquam habet, et præhabet, atque omnia ratione et mente utentia congregat, et in unum copulat. Etenim sicut ignorantia errantes dirimit; sic adventus luminis congregat et copulat illuminatos, perficitque eos, et ad id quod vere est convertit, a multis opinationibus eos revocans, ac varios aspectus, vel, ut magis proprie dicam, varia in unam veram et puram ac simplicem cognitionem contrahit, et uno lumine unifico implet.

§ VII. Hoc item bonum laudatur a sacris theologis ut pulchrum et ut pulchritudo, et ut dilectio et ut dilectum, et quæcunque alia sunt divina nomina, quibus ipse speciosus decor et effector pulchritudinis decenter nominatur. Pulchrum autem et pulchritudo sunt distinguenda in causa quæ universa in uno complexa est ; hæc enim in omnibus rebus, in participationes et in participantia dividentes, pulchrum quidem dicimus, quod pulchritudinis particeps est ; pulchritudinem vero, participationem causæ omnia pulchra efficientis. Ipsum autem pulchrum superessentiale pulchritudo

quam rebus omnibus pro cujusque modulo communicat, in quantum est causa omnis pulchritudinis ac venustatis, dum **356** rebus omnibus pulchrificas fontalis sui radii distributiones lucis in morem afflat, omniaque ad se καλεῖ, id est *vocat* (unde et κάλλος, id est *pulchritudo*, dicitur), et tota in totis quasi in se colligit. Pulchrum vero vocatur, quod ex omni parte pulchrum sit et plus quam pulchrum, et tanquam semper exsistens, secundum eadem et eodem modo pulchrum, neque factum, neque destructum, neque augescens, neque decrescens, nec ex parte una pulchrum, et ex alia turpe, neque alias quidem pulchrum, alias vero non ; neque ad hoc pulchrum, et ad illud inconcinnum ; neque hic quidem ita, alibi vero aliter, nec ut aliis formosum, aliis vero deforme ; sed ut ipsum secundum se, atque secum uniforme, semper exsistens pulchrum, atque fontanam universi pulchri pulchritudinem in seipso eminenter anticipans, præhabensque. In ipsa enim natura simplici ac supernaturali pulchrorum universorum omnis pulchritudo, et omne pulchrum uniformiter secundum causam præexsistit. Ex hoc ipso pulchro rebus omnibus obtingit, ut sint singula secundum propriam rationem pulchra ; et propter pulchrum sunt omnes congruentiæ, et amicitiæ, et communicationes ; et per pulchrum cuncta conjunguntur ; atque pulchrum est omnium principium, ut causa efficiens, et movens, et universa propriæ pulchritudinis amore continens ; et ut finis omnium, atque id quod appetitur tanquam causa finalis (nam pulchri gratia cuncta fiunt) et exemplaris, quia secundum illud omnia definiuntur. Quamobrem idem est pulchrum atque bonum, quoniam omnia secundum omnem causam pulchrum et bonum appetunt ; et nihil est in rerum natura, quin pulchrum et bonum participet. Audebo etiam hoc dicere, id quod non est, pulchrum et bonum participare ; tunc enim est ipsum pulchrum et bonum, quando in Deo laudatur supra substantiam, auferendo universa. Denique hoc unum bonum et pulchrum singulariter est omnium multorum pulchrorum et bonorum causa. Ex hoc rerum omnium substantiales exsistentiæ, uniones, distinctiones, identitates, diversitates, fœdera contrariorum, rerum unitarum impermistiones, providentiæ superiorum, mutua consortia rerum quæ sunt ejusdem ordinis, conversiones inferiorum omniumque suimetipsorum conservatrices **357** immutabilesque mansiones ac firmitates. Et rursus omnium in omnibus pro cujusque proprietate communiones, et congruentiæ, inconfusæque amicitiæ, et consensiones universi, nec non rerum in hoc universo contemperationes, indissolubilesque complexus, et eorum quæ fiunt perpetuæ successiones, status omnes, motusque mentium, animorum, corporum ; status enim est omnibus atque motus quod omni statu motuque superius exstans, rem

° Rom. I, 20. P Luc. VII, 47.

quamlibet in propria ratione firmat, et ad propriam dirigit motionem.

§ VIII. Denique divinæ mentes dicuntur moveri circulariter quidem, dum principio lineque carentibus pulchri boniqne splendoribus uniuntur; directe autem, quando ad inferiorum providentiam procedunt, recte omnia dirigendo; oblique vero, dum inferioribus consulentes in eodem statu perpetuo manent, circum bonum et pulchrum, ejusdem status causam, semper se versantes.

§ IX. Animi autem motus orbicularis est ejus ab extraneis in semetipsum introitus, spiritaliumque ipsius facultatum unimoda inflexio, quæ quasi in circulo fixum et ab omni errore liberum motum ei tribuit, et a multis rebus extraneis ipsum convertit ac colligit primum ad se, deinde, quasi jam unius modi effectum, conjunctis uno modo facultatibus conjungit, atque ita demum ad pulchrum ac bonum manuducit, quod supra omnia quæ sunt et unum et idem, et sine principio et sine fine est. Oblique vero cietur animus, quando pro captu suo notionibus divinis illustratur, non spiritali quidem unito modo, sed cogitando et discurrendo quasi permistis fluxisque actionibus. Directe vero movetur, quando non ad seipsum ingreditur, neque singulari motu spiritali fertur (nam hic motus circularis est, ut dixi), sed ad ea quæ ipsi vicina sunt progreditur, et a rebus externis, non secus ac signis quibusdam variis ac multiplicibus, ad simplices et unitas contemplationes revocatur.

§ X. Harum igitur trium, uti et sensilium, in hac rerum universitate motionum, statuumque ac firmitatum causa, et conservatio et finis, est bonum illud pulchrum, quod est supra statum omnem ac motum, per quod, et ex quo, et ad quem et cujus gratia, status omnis ac motus exsistit. Etenim ex ipso, et per ipsum, et substantia, **358** et vita omnis et mentis et animæ, atque universæ naturæ parvitates, æqualitates, magnitudines, mensuræ omnium, et rerum proportiones, et concentus, et concretiones, tota, partes, omne unum et multitudo, conjunctiones partium, omnis multitudinis copulationes, perfectiones totorum, quale, quantum, quam magnum aut parvum, infinitum, comparationes, separationes, omnis infinitas, omnis finis, definitiones omnes, ordines, excellentiæ, elementa, formæ, omnis substantia, omnis facultas sive potestas, omnis actio, omnis habitus, omnis sensus, omnis ratio, omnis intelligentia, omnis tactus, omnis scientia, omnis copulatio; et simpliciter, omne quod ex pulchro et bono exsistit, et in pulchro et bono est, et ad pulchrum et bonum convertitur; et quæcunque sunt et fiunt, propter pulchrum et bonum sunt et fiunt, et cuncta in ipsum intuentur, et ab ipso moventur et conservantur, et ipsius gratia et propter ipsum et in ipso omne principium exemplare, finale, efficiens, formale, materiale, et denique omne principium, omnis

q Rom. xi, 36.

conservatio, omnis finis; et, ut summatim dicam, omnia quæ sunt, ex pulchro et bono exsistunt, et omnia quæ non sunt, in pulchro et bono sunt suprasubstantialiter; et est omnium principium supraquam principiale et finis supraquam perfectus: *Quoniam ex ipso, et per ipsum*, et ad ipsum *omnia*, sicut ait Scriptura q. Universis igitur pulchrum et bonum desiderabile et amabile est et ab universis diligitur; et propter ipsum, et ipsius causa et inferiora amant superiora, convertendo se ad ea; et quæ sunt ejusdem ordinis amant similia, communicando; et majora minora, providendo eis; et singula seipsa, conservando se; et omnia, pulchrum et bonum expetendo, faciunt et volunt, quæcunque faciunt et volunt. Quin et hoc vere audemus dicere, quod ipse qui est omnium causa, propter excellentiam bonitatis omnia amat, omnia facit, omnia perficit, omnia continet, omnia convertit ad se; et est divinus amor bonus boni propter bonum. Ipse enim amor divinus, qui bonitatem in iis quæ sunt operatur, quia prius exstitit in bono superlate, non sivit ipsum in se sine fœtu manere, sed potius movit cum ad operandum secundum excellentiam virtutis suæ omnium rerum effectricis.

359 § XI. Neque vero nos quisquam putet contra Scripturæ auctoritatem amoris nomen celebrare. Est enim a ratione alienum, ut opinor, et absurdum, non vim ipsam instituti attendere, sed verba; neque hoc proprium est eorum qui res divinas intelligere cupiunt, sed sonos exiles aucupantur, eosdemque extrinsecus aure tenus admittunt, neque scire volunt, quid hujuscemodi dictio significet, et quonam modo aliis etiam verbis æquipollentibus et explanatoriis sit exponenda, sed addicti sunt elementis ac lineis quæ intelligi non possunt, syllabisque et verbis incognitis, quæ illorum intellectum minime feriunt, sed extra circum labra et aures eorum perstrepunt, quasi non liceat quatuor per bis duo significare, aut simplices lineas per lineas rectas, aut maternum solum per patrium, aut aliud quodlibet per id quod in plurimis orationis partibus æquivalet : cum recta ratio doceat, elementis, syllabis, dictionibus, scriptis, verbisque nos uti propter sensus, adeo ut cum anima nostra intelligendi facultatibus fertur in ea quæ intellectu percipiuntur, tum frustra sensus una cum sensibilibus adhibeantur; sicut etiam vires intelligendi, quando anima jam deiformis effecta per ignotam unionem, lucis inaccessæ radiis exoculatis quasi jactibus se ingerit. Quando autem mens per sensilia studet ad contemplatrices illas intelligentias excitari, præstantissimæ omnium sunt perspicacissimæ sensuum trajectiones, ut apertissimi sermones ac clarissimæ visiones; quippe, quando illa qua sensibus objecta sunt minime liquent, tum utique sensus res sensiles menti porrigere minime possunt. Sed ne hæc dicere videamur, ut divina scripta immutemus, audiunt illa qui nomen amoris criminantur : *Ama illam*, inquit, *et custodiet te : sepe illam et extollet te : honora eam, ut complectatur te* [r] : et quaecunque alia in amatoriis de Deo sermonibus celebrantur.

§ XII. Atqui visum est quibusdam nostris sacrarum Scripturarum tractatoribus, nomen amoris divinius esse quam nomen dilectionis. Scribit enim divinus Ignatius : « Meus amor crucifixus est. » Et in iis quae aditum ad Scripturam praeparant, quemdam invenies de divina Sapientia aientem, *Amator factus sum formae illius* [s]. Quare ne propter hoc nomen amoris metuamus; nec ullus de hoc nomine **360** sermo nos moveat, aut terreat. Mihi enim videtur theologi existimasse quidem commune nomen esse amoris et dilectionis, sed attribuisse divinis Scripturis verum amorem propter hujusmodi hominum turpem mentis anticipationem. Cum enim verus amor non a nobis solum, sed ab ipsis sanctis Scripturis, ut Deum decet, laudetur, vulgus hominum, cum non percepisset illam uniformitatem quam divinum nomen amoris significat, convenienter sibi ad amorem patibilem et corporeum atque distractum delapsum est, qui non est verus amor, sed imago, vel potius lapsus a vero amore ; multitudo enim non potest cogitatione capere illud singulare divini et unius amoris; quamobrem tanquam nomen, quod vulgo videtur durius, ponitur in divina Sapientia, ut vulgus ad cognitionem veri amoris elevetur et erigatur et ab ea, quam illi inesse concipit, indecentia liberetur : et in nobis rursus, ubi saepenumero aliquid absurdum homines terrae affixi cogitare possent, ponitur nomen quod honestius videtur. *Cecidit*, ait quidam, *dilectio tua in me, sicut dilectio mulierum* [t] : quoniam sacri theologi nomen dilectionis et amoris adhibent secundum divinas elocutiones, ut eamdem vim habeant apud eos qui divina recte audiunt. Estque hoc virtutis cujusdam unificae ac collectivae excellenterque contemperantis, quae in pulchro et bono per pulchrum et bonum praeexsistit, et ex pulchro et bono propter pulchrum et bonum emanat, continetque quidem aequalia per mutuam connexionem, superiora vero ad inferiorum movet providentiam, inferiora porro per conversionem quamdam superioribus inserit.

§ XIII. Est praeterea divinus amor exstaticus, qui non sinit esse suos eos qui sunt amatores, sed eorum quos amant. Atque hoc declarant quidem superiora, quae inferiorum fiunt, per eorumdem providentiam; et quae ejusdem generis sunt, per mutuam cohaerentiam ; et inferiora, per diviniorem ad superiora conversionem. Unde divinus Paulus divino isto amore captus, et virtutis exstaticae particeps factus, divino ore ait : *Vivo ego, jam non ego, vivit vero in me Christus* [u] ; tanquam verus amator, et qui excessit, ut ipse ait, Deo, et non jam vitam suam,

[r] Prov. iv, 6, 8. [s] Sap. viii, 2. [t] II Reg. i, 26.

sed amati tanquam vehementer dilectam vivens. Audendum est hoc etiam pro veritate dicere quod ipsemet omnium auctor, pulchro **361** et bono omnium amore, propter excellentiam summam amatoriae bonitatis extra se per providentias omnium rerum exsistit et bonitate atque dilectione et amore veluti delinitur et oblectatur : et cum sit supra omnia et ex omnibus exemptus, ad omnia demittitur secundum potestatem suprasubstantialem, qua extra se non egrediendo exit. Hanc ob causam periti rerum divinarum zelotem illum nuncupant, quod magno et benigno rerum amore teneatur, easque ad ipsius amatorii desiderii zelum provocet, atque adeo semetipse quodammodo zelotem praestet, ut cui res desiderabiles sint zelo dignae, et ut qui rerum, quibus providet, zelo afficiatur. Denique omnino pulchrum est et bonum, quidquid amabile est et amor, et in pulchro bonoque praecollocatur, et propter pulchrum et bonum est, et fit.

§ XIV. Quid porro tandem significare volunt theologi, cum aliquando quidem Deum vocant amorem et dilectionem, quandoque vero amabilem et dilectum? Illius quidem (scilicet amoris et dilectionis) auctor, et tanquam productor ac generator est ; hoc autem (id est amabilis et dilectus) ipse est. Illo quidem (id est amore et dilectione) movetur, hoc autem (id est ut amabilis et dilectus) movet ; quia se ipse adducit, et sibi adducit, et movet. Hac autem ratione dilectum et amabilem eum vocant, tanquam pulchrum et bonum ; amorem vero rursus et dilectionem, tanquam vim motricem, et sursum trahentem ad se, qui solus est ipsum per se pulchrum et bonum, et tanquam manifestationem sui ipsius per seipsum, et ut benignum processum eximiae illius unionis, et amatoriam motionem, simplicem, per se mobilem, per se operantem, praeexsistentem in bono, et ex bono in ea quae sunt redundantem, ac rursus ad bonum revertentem. Qua in re et fine et principio se carere divinus amor excellenter ostendit, tanquam sempiternus circulus, propter bonum, ex bono, in bono, et ad bonum indeclinabili conversione circumiens, in eodem, et secundum idem, et procedens semper, et manens, et remeans. Haec etiam inclytus noster in sacris initiator divino Spiritu afflatus in amatoriis suis hymnis exposuit, quos non abs re fuerit commemorare, et quasi sacrum quoddam caput huic nostro sermoni de amore attexere.

362 *Hierothei sanctissimi viri verba ex hymnis amatoriis.*

§ XV. Amorem, sive divinum, sive angelicum, sive spiritalem, sive animalem, sive naturalem dixerimus, vim quamdam sive potestatem copulantem et commiscentem intelligamus, superiora quidem moventem ad providentiam inferiorum ; ea vero quae sunt ejusdem ordinis, ad mutuam communicationem, et novissime ea quae sunt inferiora, ad convertendum se ad praestantiora et praeposita.

[u] Galat. ii, 20.

Ejusdem verba ex iisdem hymnis amatoriis.

§ XVI. Quoniam ex uno amores multos ordinavimus, ordine recensendo quales mundialium et supermundialium amorum notiones ac virtutes exsisterent, quibus, juxta rationem assignatam, spiritalium et intellectu præditorum amorum ordines distinctionesque præcellunt, inter quos illi qui seipsis intellectiles ac divini, bonis qui illic vere sunt amoribus præfecti, et a nobis proprie laudati sunt : modo iterum altius repetentes, omnes in unum conjunctumque amorem, et eorum omnium parentem colligamus simul, et conferamus ex multis ; primum in duas eorum amatorias omnino vires contrahentes, quibus omnibus præstat et antecellit incomprehensa illa omnis amoris causa, quod sit omnibus superior, et ad eam pro cujusque captu rerum omnium totalis amor tendat.

Ejusdem ex iisdem hymnis amatoriis.

§ XVII. Age vero, his iterum in unum collectis, dicamus, unam esse simplicem virtutem, per se moventem unitivam quamdam mistionem ex bono usque ad extremum eorum quæ exsistunt, et ab illo rursus consequenter per omnia ad bonum, ex seipsa, per seipsam, et in seipsa seipsam revolventem, et ad seipsam semper eodem modo revertentem.

§ XVIII. Atqui aliquis objiciet : Si pulchrum et bonum omnibus amabile et desiderabile atque dilectum sit (desiderat enim illud etiam id quod non exsistit, ut dictum est, et aliquo modo in ipso esse contendit ; quoniam **363** ipsum est quod formam rebus forma carentibus tribuit, et in ipso etiam id quod non est, supra essentiam dicitur, et est), quomodo turba dæmonum non expetit hoc pulchrum et bonum, sed affixa materiæ, atque ab illo statu, quem angeli in boni appetitione obtinent, prolapsa, causa est malorum omnium tam sibi quam aliis, quæ perverti depravarique dicuntur ? aut quomodo genus dæmonum, ex omnino bono productum, boni forma caret ? vel quomodo bonum ex bono factum mutatum est ? et quid est quod illud depravavit ? et quidnam etiam malum est ? et ex quo principio constitit ? et quanam in re exsistit ? et quomodo bonus illud producere voluit ? quomodo item volens potuit ? Quod si malum exsistat ex alia causa, quænam alia rerum causa est, præter bonum ? quomodo vero etiam exstante Providentia est malum, aut omnino factum, aut non penitus sublatum ? quomodo etiam eorum quæ sunt quidpiam præ bono illud expetit ?

§ XIX. Hæc fortasse dixerit qui ista ignorabit, nos autem eum rogabimus, ut attendat veritati, idque primum dicere non verebimur : Malum non esse ex bono ; ac si ex bono est, non esse malum ; neque enim ignis est refrigerare, neque boni facere non bona. Si etiam ea quæ sunt, omnia ex bono sunt (natura enim boni est, producere et conservare ; mali autem, corrumpere ac perdere), nihil eorum quæ sunt ex malo est, ac ne ipsum quidem malum erit, siquidem etiam sibi malum esset. Quod nisi ita sit, malum omnino malum non erit, sed habet quamdam boni, secundum quam omnino est, partem. Et si ea quæ sunt pulchrum bonumque appetunt, et quæcumque agunt, propter id quod bonum videtur, faciunt, omnisque rerum intentio cum principium tum finem bonum spectat (nihil enim, mali naturam spectando, facit ea quæ facit), quonam pacto erit malum in rerum natura, vel omnino exsistat ejuscemodi boni appetitu destitutum ? Enimvero si res omnes ex bono sint, bonumque sit supra res ipsas, id quod non est, jam in bono est, malum vero nequaquam est ; alioquin non est plane malum, nec id quod non est ; nihil enim erit id quod omnino non est, nisi secundum modum quemdam supraessentialem in bono esse dicatur. Bonum igitur erit, et eo quod omnino est, et eo quod **364** non est, multo prius et superius locatum. Malum autem nec in iis est quæ sunt, nec in iis quæ non sunt, sed eo etiam quod non est, remotius est a bono, tanquam alienum ac minus ens. Unde igitur est malum ? dicet aliquis. Si enim malum non est, virtus et vitium idem sunt (proportione scilicet totius ad totum, et partis ad partem), aut saltem id quod virtuti repugnat non erit malum. Atqui contraria sunt temperantia et intemperantia, justitia et injustitia. Neque vero dico illas esse contrarias, in quantum prodeunt a justo et injusto, et a temperante atque intemperante ; verum etiam prius quam viri probi ab improbo discrepantia foris appareat, jam in ipso animo a virtutibus vitia discrepant, et a ratione dissident perturbationes ; quapropter necessario concedendum est, malum aliquod esse bono contrarium. Neque enim sibi bonum contrarium est, sed ut ab uno principio unaque causa profectum communione, conjunctione, amicitiaque gaudet. Neque etiam minus bonum majori adversatur ; quia neque id quod minus calidum aut frigidum est, magis calido frigidove contrariatur. Est igitur in rerum natura, estque aliquid, et opponitur atque adversatur bono malum. Et esto corruptio sit rerum, non tamen hoc penitus exterminat malum e rerum natura, sed erit illud etiam aliquid, et ad rerum conferet generationem. An non frequenter unius corruptio alterius est generatio ? Atqui malum hoc modo ad universi plenitudinem conducet, ac per se faciet, ut rerum universitas non sit imperfecta.

§ XX. Ad hæc autem vera ratio respondebit, malum qua malum nihil conferre ad essentiam aut rerum generationem, sed, quantum in ipso est, rerum substantiam tantum depravare atque abolere. Si quis autem dixerit, hoc ipso rerum generationi subservire, dum alterius corruptione præstat alteri genituram ; respondendum utique, non quatenus corrumpit perficere generationem, quia quatenus corrumpit malum est, nam ut sic tantum destruit ac depravat, cum generatio et essentia per bonum fiant : atque adeo malum ex se quidem erit corruptio, subservit autem generationi per id quod bonum est, adeoque qua malum neque res est, neque res producit, sed per bonum et res est et bonum, producitque bona. Quinimo non erit quidem idem eadem **365** ex parte et bonum et malum, neque eadem potentia sub eadem ratione corruptio et generatio, neque ipsa vis, aut ipsa corruptio; ipsum enim malum neque est, neque bonum est, neque generandi vim habet, neque res, neque bona facit; bonum autem quibuscunque perfecte inest, eadem et perfecta et simplicia atque integra bona reddit; quæ vero minus ipsum participant, imperfecta bona sunt et permista, propter boni privationem. Sed malum penitus non est, neque bonum neque beneficum est; verum id quod magis vel minus appropinquat bono, pro sua portione bonum erit; nam perfecta bonitas, quæ per omnia se diffundit, non solum ad illas optimas, quæ ipsi vicinæ sunt, essentias dimanat, sed ad extremas usque protenditur, aliis quidem se tota præsens, aliis autem inferiori modo, atque aliis infimo, pro captu scilicet singulorum. Eorum autem quæ exsistunt, alia quidem bonum plane participant, alia autem eo magis minusve privata sunt; alia vero tenuiorem quamdam boni præsentiam sortiuntur, aliis denique boni ultimum vestigium obtingit. Nisi enim bonum pro cujusque captu singulis adesset, utique antiquissima divinissimaque essent, quæ novissimorum modo ordinem tenent. Quonam autem pacto fieri poterat, ut uniformiter omnia bonum participarent, cum qualibet ad omnimodam boni participationem minime sint accommodata? Nunc autem hæc est potentiæ boni præstans magnitudo, ut ea quoque quæ sunt illius expertia, quin et ipsam sui privationem corroboret, ad ipsum omnino participandum. Quod si confidentius verum proferre liceat, illa etiam quæ illi contraria sunt, ejus vi et sunt et repugnare possunt; aut potius, ut summatim dicam, ea quæ sunt omnia, in quantum sunt, et bona et ex bono sunt; in quantum autem bono privata sunt, neque bona sunt, neque exsistunt. In cæteris nempe qualitatibus, velut in calore vel frigore, illa quæ calefacta fuerunt superesse quoque possunt, postquam calor ea deseruit, plurimæque res exsistunt cum vitæ tum mentis expertes; quin et Ipse Deus, a substantia secretus suprasubstantialiter tamen exsistit. Et simpliciter in omnibus aliis, sive habitus amissus sit, sive penitus non fuerit, res tamen ipsæ sunt, et constare possunt; quod autem bono prorsus privatum est, id nusquam ullo pacto **366** vel fuit, vel est, vel erit, vel esse potest. Veluti intemperans, etsi per *concupiscentiam irrationabilem bono* privatus sit, eatenus tamen non est, neque quidquam concupiscit, sed simul boni particeps exsistit secundum exilem quamdam partem amicitiæ et conjunctionis. Ira etiam boni particeps hoc ipso quod movetur, cupitque ea quæ mala videntur ad id quod boni speciem præ se fert dirigere et convertere. Quin et is quoque qui deterrimam vitam expetit, ut qui omnino vitam cupiat, et quidem optimam ipsi visam, eo ipso appetitu, ut vitæ appetitus, qui et optimam vitam spectat, boni particeps exsistit. Denique si bonum penitus sustuleris, neque essentia erit, neque vita, neque appetitus, neque motus, neque quidquam aliud. Itaque, quod etiam ex corruptione fiat generatio, non est mali vis, sed minoris boni præsentia; sicut morbus defectus quidem est constitutionis, sed non universæ; nam si tota desit constitutio, neque morbus ipse subsistet; morbus autem manet et exsistit, in quantum et statum habet, et minimam constitutionem, in qua quodammodo cohæret. Quod enim omnis boni expers est, id neque aliquid est, neque in iis quæ sunt exsistit; quod autem mistum est, id propter bonum est in rebus, et in tantum in rebus exsistit, et est, in quantum boni est particeps. Quinimo ea quæ sunt omnia, in tantum magis minusve erunt, in quantum ad boni consortium accedunt; nam quod ad ipsum statum attinet, si nentiquam usquamve sit, *nec erit quidem*. Quod autem partim quidem est, partim autem non est, id quatenus ab eo quod semper est deflexit, non est; in quantum vero status est particeps, eatenus est, atque status ejus statusque privatio et obtinetur et conservatur. Malum etiam quod omni ex parte a bono defecit, neque inter ea quæ magis neque inter ea quæ minus bona sunt, erit. Quod autem partim quidem bonum, partim vero non bonum est, id alicui quidem bono adversatur, non tamen toti bono, adeoque tenetur aliqua boni communione; atque hoc modo bonum sui etiam privationi statum omnino dat per sui communicationem; nam bono penitus exterminato, neque omnino quidquam bonum erit, neque mistum, neque ipsum malum. Si enim malum sit quoddam bonum imperfectum, propter omnimodam **367** boni absentiam tam imperfectum quam perfectum bonum aberit; tumque solum erit et apparebit malum, quando aliis quidem malum est, quibus est contrarium, ab aliis autem tanquam bonis segregatum est. Nequeunt enim eadem secundum eadem inter se in omnibus repugnare. Malum itaque non est res aliqua.

§ XXI. Quin ne rebus quidem inest malum. Nam si res omnes sint ex bono, omnibus insit bonum, omniaque contineat, malum utique vel non erit in rebus, vel in bono erit; atqui in bono non erit (neque enim in igne frigus est), nec depravari poterit id quod etiam malum bonum reddit. Quod si erit, quomodo erit in bono malum? Si quidem ex eo est, absurdum id est nec fieri potest: *Non enim potest* (ut Scripturæ veritas testatur) *arbor bona malos fructus facere* [v]; nec contra. Si ex eo non est, perspicuum est id profectum esse ab alio principio atque causa; nam aut malum ex bono erit, aut bonum ex malo; vel si id fieri non potest, ex

---

[v] Matth. vii, 18.

alio principio et causa exsistet tam bonum quam malum. Nulla enim dualitas principiat, sed unitas erit principium omnis dualitatis. Atqui absurdum quoque est, ex uno et eodem duo prorsus contraria proficisci et exsistere, idemque principium nec simplex, nec unum esse, sed divisum ac duplex, et sibi ipsi contrarium ac repugnans. Neque vero duo rerum principia contraria, quæ sibi mutuo et universo insint, pugnare quoque possint; si enim hoc detur, ne Deus quidem ipse incolumis erit vacuusque molestia, siquidem sit aliquid quod eum offendat; deinde cuncta erunt inordinata semperque pugnantia; atqui bonum cum rebus omnibus amicitiam jungit, ideoque ut ipsa pax, pacisque conciliatrix, a theologis sanctis laudatur. Itaque bona omnia sibi invicem amica sunt et consona, tanquam ab una vita propagata, et ad unum bonum coordinata, placidaque, atque similia, et inter se affabilia: non igitur in Deo malum est, neque malum est quid divinum. Sed nec ex Deo malum est; aut enim bonus non est, vel bona facit, bonaque producit; et non aliquando quidem et aliqua, aliquando vero non, et non omnia; isto enim pacto mutatio in eum cadet atque commutatio, etiam circa id quod omnium divinissimum est, id est causam. Quod si vero in Deo bonum sit ipsa substantia, si permutetur **368** ex bono Deus, aliquando quidem erit, aliquando vero non erit. Si autem participatione bonum habeat, habebit utique ex alio, atque alias id habebit, alias non habebit. Malum igitur nec ex Deo, nec in Deo, neque omnino, neque certo tempore.

§ XXII. Quin ne in angelis quidem inest malum. Si enim bonus angelus divinam enuntiat bonitatem, id ipsum exsistens secundum participationem secundo ordine, quod secundum causam est id quod enuntiatur primo, certe angelus est imago Dei, et arcani luminis declaratio, speculum purum, clarissimum, integrum, immaculatum, intaminatum, totam in se recipiens (si dictu fas est) pulchritudinem boniformis deiformitatis, liquidoque (quoad fieri potest) in semetipso resplendere faciens secretissimi illius silentii bonitatem, atque adeo neque angelis inest malum; at quod peccatores puniant, mali sunt. Eadem profecto ratione correctores delinquentium mali erunt, sicut et sacerdotes, qui profanum a mysteriis divinis arcent. Atqui non malum est puniri, sed supplicii reum fieri; uti etiam aliquem a sacris propter demerita excludi minime malum est, sed sceleribus coinquinari, et sacratissimis mysteriis indignum reddi, pessimum.

§ XXIII. Sed neque dæmones natura sua mali sunt; nam si natura mali forent, neque ex bono essent, neque in natura rerum exsisterent, neque etiam ex bonis mutati, si natura semperque mali erant. Deinde, num sibi mali sunt, an aliis? Si sibi, etiam seipsi perimunt; sin aliis, quomodo interimunt, aut quid interimunt? essentiamne, an potentiam, an actionem? Si essentiam, primum quidem non contra naturam id faciunt; quæ enim natura sua interire non possunt, ea non interimunt, sed ea quæ corruptioni sunt obnoxia. Deinde ne id quidem omnibus et omnino malum est; nec vero quidquam eorum quæ sunt interit, quatenus essentia est et natura, sed defectu naturalis ordinis, congruentiæ et compositionis ratio debilitatur, cum in eodem statu manere deberet. Imbecillitas autem non est perfecta; nam si omnino perfecta foret, et corruptionem ipsam et subjectum ejus e medio tolleret, essetque talis corruptio sui quoque ipsius interitus, ideoque etiam ut talis non esset malum, sed deficiens bonum; nam quod omnino **369** expers boni est, ne quidem res erit, eademque ratio de corruptela potentiæ et actionis. Præterea, quomodo dæmones, qui effecti sunt a Deo, mali sunt? Bonum enim bona profert et stabilit. Verum dicet aliquis, eos malos appellari non secundum quod sunt (ex bono enim sunt, bonamque sortiti essentiam), sed ex eo quod non sunt, quia *non custodierunt* (ut Eloquia testantur) *principatum suum* [x]. In quo enim, dic, amabo, dæmones depravatos dicimus, nisi quod divina bona velle et perficere destiterunt? alioquin, si natura mali essent dæmones, semper fuissent mali; atqui malum instabile est. Si itaque semper eodem modo se habent, non sunt mali; nam eodem modo semper se habere, proprium est boni. Si autem non semper mali, neque natura mali sunt, sed defectu angelicorum bonorum. Neque vero penitus expertes boni sunt, quatenus sunt, vivunt, intelligunt, illisque omnino inest quidam motus desiderii; pravi autem dicuntur, quatenus in naturali actione sunt imbecilles. Depravatio igitur eis malum est, rerumque illis convenientium desertio frustratioque, atque imperfectio et impotentia; facultatisque in eis perfectionem conservantis infirmitas, et abactio, et dilapsio. Quid vero præterea malum in dæmonibus? Furor irrationalis, concupiscentia demens, imaginatio præceps. Verum ista tametsi dæmonibus insint, non tamen omnibus, neque omnino etiam ipsa per se mala sunt. Etenim in aliis animalibus non istiusmodi affectio, sed ejusdem privatio potius interitus exsistit animalium, et malum; ipsa vero affectio per suam habitudinem servat, ac constituit naturam animalis dum ista habet. Non itaque genus dæmonum exsistit malum, quatenus naturæ suæ respondet, sed quatenus repugnat. Neque totum bonum, quod illis concessum est, penitus eversum est; sed ipsimet a toto bono, quod iis traditum erat, exciderunt. Neque dicimus angelicas dotes, quas acceperant, penitus unquam fuisse immutatas, sed etiamnum integras esse planeque conspicuas, quamvis eas ipsi minime cernant, quod videndi vires obstruxerint, quibus bona sua possent intueri. Quare quod sint, et ex bono sunt, et boni, et pulchrum bonumque appetunt, dum et esse, et

[x] Jud. 6.

vivere, et intelligere quæ sunt desiderant; atque honorum ipsis congruentium privatione, et declinatione 370 atque prolapsione mali nominantur; suntque mali secundum id quod non sunt, dumque id quod non est appetunt, malum appetunt.

§ XXIV. Verum animas quis malas dixerit? Siquidem idcirco, quod malis provide salubriterque adsint, jam hoc non malum est, sed bonum, et ex bono, malumque bonum faciente. Sin dixerimus animas depravari, quo depraventur? nisi bonarum affectionum actionumque defectu, quodque imbecillitate sua devient et aberrent a fine. Quin et aerem hunc, qui nobis circumfunditur, luminis defectione atque absentia dicimus obscurari, cum lux ipsa semper lux sit, quæ etiam tenebras illustrat. Quare nec in dæmonibus, nec in nobis ita malum est, quasi malum sit res aliqua, sed ut defectus et carentia perfectionis bonorum propriorum.

§ XXV. Verum nec in animalibus brutis malum est. Nam si furorem, et concupiscentiam, cæteraque quæ dicuntur, sed non sunt simpliciter suapte natura mala, sustuleris, leo quidem, fortitudine superbiaque deperdita, leo esse desinet; canis quoque, si blandus fiat omnibus, non erit canis, cum vigilare canis proprium sit, et domesticos admittere, externosque repellere. Itaque naturæ incorruptio nequaquam malum est, sed ejus corruptio et imbecillitas, et defectio cum naturalium affectionum, tum actionum atque virtutum. Quod si res omnes in tempore per generationem suam habeant perfectionem, imperfectio jam non erit in natura universa.

§ XXVI. Sed neque in tota natura malum est. Si enim omnes rationes naturales sunt a natura universali, nihil jam est illi contrarium; singulari vero naturæ aliud quidem secundum naturam erit, aliud vero non erit secundum naturam. Alii enim aliud est contra naturam, quodque huic est naturale, illi contra naturam est. Naturæ vero vitium est, id quod naturæ contrarium est, eamque privat suis naturalibus. Non est itaque natura mala; sed hoc naturæ malum est quod eam impotem reddit explendi ea quæ sunt naturæ propria.

§ XXVII. Verum nec in corporibus malum est. Fœditas enim et morbus defectus quidam formæ est, ordinisque privatio; illud autem non usquequaque malum est, sed minus pulchrum; nam si omnimoda pulchritudinis et formæ ordinisque resolutio fiat, ipsum quoque corpus 371 interibit. Quod autem corpus animæ non sit causa malitiæ, vel ex eo constat, quoniam etiam sine corpore malitia possit alicui adhærere, ut in dæmonibus patet; siquidem id æque spiritibus atque animabus quam corporibus malum est, si infirmentur, et de bonorum suorum statu deturbentur.

§ XXVII. Sed neque tritum illud: « In materia malum, ut aiunt, quatenus materia est; » nam et ipsa pulchritudinis et ornatus formæque fit particeps. Si autem seorsum ab his suapte natura materia qualitatem nullam speciemque obtinet, quonam pacto materia quidquam agat, quæ nec id ipsum a se habet, ut pati possit? Præterea, quonam modo materia malum sit? Si enim neutiquam nusquamque est, neque bonum neque malum est; sin vero quomodocunque est, omniaque quæ sunt, ex bono sunt; utique etiam ipsa ex bono erit, atque ita vel bonum malum efficit, vel certe malum, quatenus ex bono est, bonum erit, nisi forte malum bonum faciat, adeoque bonum, quatenus ex malo est, malum sit. Vel iterum, duo sunt principia quæ ipsamet ab uno aliquo alio capite dependent. Jam vero si materiam ad universi consummationem necessariam fuisse dicant, quomodo materia malum sit? aliud enim est malum esse, aliud necessarium. Quomodo autem bonus aliqua ex malo gignat? aut quomodo malum sit id quod bono necessarium est? nempe malum boni naturam fugit. Quomodo vero materia naturam gignit ac nutrit, si mala est? malum enim, qua parte malum est, nihil gignit aut nutrit, efficitve aut salvat. Quod si dicant, eam quidem in animabus malitiam non progignere, sed ad malitiam eas instigare, quonam modo id verum erit? cum ex iis plurimæ bonum spectent. Atqui, quonam pacto id fieri potuisset, si ad malum eas materia prorsus inclinaret? Quamobrem malum in animabus non exsistit ex materia, sed ex inordinato quodam et peccante motu. Quod si dicant, eas omnino sequi materiam, atque materiam illam instabilem iis esse necessariam, qui in semetipsis consistere non possunt; quanam ratione malum sit necessarium? vel quomodo id quod necessarium est sit malum?

§ XXIX. Sed neque dicimus, privationem vi sua bono repugnare; nam omnimoda quidem privatio prorsus impotens est; partialis vero non secundum 372 quod privatio est vim habet, sed secundum quod non est omnimoda privatio. Si enim sit privatio boni partialis, nondum malum est; et si facta sit, jam etiam mali natura discessit.

§ XXX. Sed ut summatim dicam, bonum ex una integraque causa exsistit, malum autem ex multis partialibusque defectibus. Cognovit Deus malum ut bonum, et penes ipsum malorum causæ virtutes sunt beneficæ. Quod si malum æternum est, et creat, et potest, et est, et agit, unde ei hæc omnia? num ex bono? an bono ex malo? an vero utrique ex causa alia? Omne quod secundum naturam est, ex definita causa nascitur; malum autem si causæ sit ac definitionis expers, non est secundum naturam; neque enim est in rerum natura, quod contra naturam est, neque in arte ratio est inscitiæ. Num ergo anima malorum causa sit, sicut ignis v. g. caloris, atque omnia, quibus appropinquat, malitia replet? an vero bona quidem animæ natura, sed in actionibus suis alias quidem sic, alias vero aliter se habet? Si natura sua sta etiam ejus malus est, unde statum habuit? an ex causa bona quæ effectrix est rerum omnium? Sed si ex ea, quomodo malum est secundum essentiam? Omnes enim ejus effectus boni sunt. Sin per actiones, neque hoc est immutabile; alioquin unde virtutes illi, nisi boniformis facta sit? Reliquum est igitur, malum esse debilitatem quamdam defectionemque a bono.

§ XXXI. Bonorum causa una est. Si bono malum est contrarium, malorum causæ multæ sunt; non tamen efficientes sunt malorum rationes ac facultates, sed impotentia, et infirmitas, et incongrua quædam permistio rerum dissimilium. Mala nec immobilia sunt, neque semper eodem modo se habent, sed infinita et indeterminata, in aliis atque aliis, iisque infinitis, diversimode vagantur. Malorum etiam omnium principium atque finis bonum est; boni enim causa sunt omnia, et quæ bona sunt et quæ mala; quippe cum hæc quoque boni desiderio agamus (nemo enim proposito sibi malo facit quæ facit): quapropter neque substantia malum nititur, sed substantiæ simulacro, dum boni et non sui ipsius gratia geritur.

§ XXXII. Malo status tribuendus est per accidens, et propter aliud, et non ex proprio principio; ut quod dum fit, rectum quidem esse videatur, quia **373** boni gratia fit, revera autem rectum non sit, quandoquidem id bonum opinemur, quod bonum non est. Ostensum est aliud esse quod expetitur, et aliud quod agitur. Malum itaque deflectit a via præter intentionem, præter naturam, præter causam, præter principium, præter finem, extra terminum, extra voluntatem, extra substantiam. Malum ergo privatio est, et defectus, et infirmitas, et inconcinnitas, et error, et frustratio scopi, pulchritudinis, vitæ, intellectus, rationis, perfectionis, fundamenti, causæ; est interminatum, sterile, iners, imbecillum, confusum, dissimile, infinitum, tenebrosum, statu caret, ipsumque nullo pacto, ac nusquam, et nihil exsistit. Quomodo ergo malum omnino possit aliquid permistione boni? quod enim boni prorsus expers est, neque est quidquam, neque quidquam potest. Etenim si bonum est id quod est, et appetendum, et validum, et efficax, quomodo quidquam possit id quod bono contrarium est, cum et essentia careat, et voluntate, et potentia, et actione? Non omnibus omnia et omnino eadem secundum idem mala sunt. Dæmoni malum est, quod a bona mente deflexerit; animo, quod a ratione; corpori, quod a natura.

§ XXXIII. Quomodo exstante Providentia mala sunt omnino? Malum, qua malum, neque res, neque in rebus est. Nulla etiam res Providentiam effugit; neque enim est malum quod non sit admistum bono. Quod si nulla res sit expers boni, malum autem sit defectus boni, cum nulla res omnino privata sit bono, in rebus omnibus divina quoque Providentia est, nec res ulla Providentiam divinam effugit; quin etiam ⁔⁔ ⁔⁔ mali evaserunt, ad ipsorum aut aliorum privatam vel communem utilitatem, Providentia benigne utitur, proprieque singulis rebus consulit. Quamobrem vanum sermonem plurimorum nequaquam approbamus, qui aiunt, divinam Providentiam nos vel invitos ad virtutem debere impellere; nam non est Providentiæ naturam violare. Quapropter tanquam Providentia, quæ naturæ cujusque conservatrix sit, libero motu præditis, ut libere se moventibus, et universis ac singulis, modo quodam universo ac cuilibet proprio prospicit, in quantum eorum, quibus providetur, natura capit universæ atque omnigenæ providentiæ beneficia, quæ cuique pro captu suo dantur.

374 § XXXIV. Non igitur malum est res aliqua, neque in rebus malum exsistit. Nusquam enim malum est, qua malum; nec quod malum fit, hoc a potestate proficiscitur, sed ab imbecillitate. Ac dæmonibus, id quidem quod sunt, et ex bono est, et bonum; malum, quod illis ex lapsu a propriis bonis accidit, est ejusdem status habitusque mutatio, et accommodatæ eis angelis dignæ perfectionis imbecillitas. Expetunt etiam bonum, in quantum et esse, et vivere, et intelligere desiderant; et in quantum non expetunt bonum, id quod non est expetunt; atqui non est hoc appetitus, sed veræ appetitionis defectio.

§ XXXV. In scientia vero peccantes Scriptura vocat eos qui circa eam, quæ latere non potest, boni cognitionem aut actionem imbecilles sunt, quique sciunt voluntatem, et non faciunt; qui audiverunt quidem, sed infirmi sunt in fide vel operatione boni, quin etiam aliqui nolunt intelligere ut bene faciant, ex perversione vel debilitate voluntatis. Atque universim malum, ut sæpe diximus, infirmitas est et imbecillitas, et defectus sive scientiæ, sive liquidæ cognitionis, sive fidei, sive naturæ, sive desiderii, sive operationis boni. Atqui dixerit nonnemo, infirmitatem minime supplicium mereri, sed e diverso venia dignam esse. Si quidem facultas non suppeteret, recte utique id diceretur; sin autem ex bono sit posse, quod, juxta Scripturam, omnibus omnino convenientia largitur, ex bona bonorum propriorum habitudine defectio, et perversio, et fuga, prolapsioque, laudanda non sunt. Verum hæc in tractatu *De justo divinoque judicio* satis a nobis pro virili sunt exposita; in quo sacro tractatu veritas Eloquiorum sophisticas rationes, quæ injustitiam mendaciumque Deo impingunt, tanquam plane impias et stolidas elisit. Jam vero pro modulo nostro satis laudatum est bonum, in quantum vere admirandum, ut principium et finis omnium, ut rerum omnium complexus, ut informans res non exsistentes, ut causa bonorum omnium, ut nullius mali causa, ut providentia et bonitas absoluta, quæque omnia, tam quæ sunt quam quæ non sunt, superat, et mala, suique privationem, bona efficit, ut omnibus expetendum, amandum et diligendum, et quæcunque alia in superioribus verax, uti reor, oratio demonstravit.

375 ADNOTATIONES CORDERII.

§ I. Nota quod bonitatem vocet *essentiam divinam, divinitatis originem*, in creaturis scilicet; quia Deus est auctor divinitatis in cunctis hominibus et angelis qui Deum imitantur, et ei similes fiunt, de quibus scriptum est, *Ego dixi: Dii estis* ⁷. Unde divinitatem deificam et Deum deificum frequenter vertimus, quod Dionysius θεαρχίαν et ὕπαρξιν θεαρχικήν dicit. Hunc locum adnotans S. Maximus, « Substantiale, inquit, bonum vocat ipsum Deum. » Et paulo post, « Deus, inquit, bonum habet non ex accidenti tanquam qualitatem quamdam, sicut nos habemus virtutes; quinimo substantia boni Deus est, sicut lumen est substantia solis. » Ubi adverte, quod non significet lumen esse formam substantialem solis (non enim substantia, sed qualitas est lumen), sed quia natura solis, qui est corpus luminosum, non consistit sine lumine, dicit substantiam ejus esse, id est consequi naturaliter formam substantialem solis; sicut calor est substantia igni, id est naturaliter consequens formam substantialem ignis. Hunc igitur locum interpretans S. Maximus, « Nemo, inquit, suspicetur, judicare Dionysium de Deo omnino ad exemplum solis; quin potius sic intelligendum est: sicut sol, cum non sit aliud præterquam lumen, non habet lumen adventitium et conjunctum, quod vocatur accidens; neque tanquam sit animal, velut præditus anima, voluntate benefaciendi intus lumen accipit, et in omnia dispertit (potius enim contra, neque animatus est, neque voluntatem benefaciendi habet, caret enim ratione, nec aliunde lumen accipit; est enim hoc ipsum lumen, et illuminat), sic in Deo intelligere oportet, quod Deus scilicet non habet bonum conjunctum tanquam qualitatem quamdam, sicut nos habemus virtutes; quin potius substantia ipsius boni ipse Deus est, sicut lumen substantia solis; et tanquam qui est id ipsum bonum fulgorem bonitatis in omnia porrigit. » Hactenus Maximus; qui cum ait, lumen, quod alioqui qualitas est, substantiam solis esse, more philosophorum loquitur, qui proprietatem naturæ alicujus ad eam categoriam referunt, ad quam natura illa pertinet. Porro sicut sol per septem rerum gradus lumen usquequaque diffundit, nempe per stellas fixas, per planetas sex eodem semper tenore fulgentes, per lunam lumine variam, per ignem, per aerem, per aquam et per terram; similiter sol ille solis summus Deus ipsum bonum per septem gradus beneficos radios ubique distribuit, scilicet per angelos, per animas ratione præditas, per animas sensu viventes, per animas vegetales, per cœlestia corpora, per corpora elementaria, perque materiam.

Dicendum quoque cum S. Thoma in parte 1, quæst. 19, artic. 4, per illa verba: « Quemadmodum sol ille noster non cogitatione aut voluntate, » etc., S. Dionysium non voluisse excludere a Deo electionem simpliciter, ac si Deus non libere sed necessario res creatas produxisset, sed electionem secundum quid, in quantum scilicet non tantum quibusdam creaturis bonitatem suam communicat, sed omnibus, prout scilicet electio d'scretionem quamdam importat: nam alioquin, ut ibidem bene probat D. Thomas, Deus, cum sit primum agens, per intellectum et voluntatem cuncta causare dicendus est.

§ II. Docet, ex Deo, tanquam fonte bonitatis, omnium rerum bonitatem derivari. Unde S. Thomas, parte 1, quæst. 6, art. 4, concludit, quod quælibet res dicatur bona bonitate divina sicut primo principio efficiente, exemplari, et finali totius bonitatis: formaliter vero dicatur bona similitudine bonitatis sibi inhærente, quæ est formalis uniuscujusque bonitas, id est: nulla res dicitur bona a bonitate divina tanquam a forma denominante, sicut paries dicitur dexter a dextera parte animalis; sed quælibet res dicitur bona a bonitate sibi inhærente, quæ est participatio quædam divinæ bonitatis, per quam ei quodammodo assimilatur. Hanc autem sententiam S. doctor sic probat: Quamvis ea quæ relata dicuntur, possint ab extrinseco aliquo, veluti a forma, denominari (ut in exemplo proxime allato), ea tamen quæ absolute talia dicuntur, nequeunt ab aliquo extrinseco, veluti a forma, denominationem accipere. In quo S. doctor reprehendit Platonis opinionem, qui, teste Aristotele, 1 Metaph., text. 6, posuit ideas rerum quasi species communes separatas, a quibus individua denominarentur. Reprehendit autem eum, non quod poneret principium ad aliquid primum, quod per suam essentiam esset ens et bonum, qualis est Deus, sed quod diceret, rem omnem individuam talis aut talis naturæ ab eo primo ente, veluti a forma, denominari. Concedit vero, denominationem absolute ab aliquo posse provenire, tanquam a principio efficiente, aut exemplari; quod perinde est ac si diceret, posse esse principium efficiens et exemplare alicujus formæ, quæ inhærens subjecto ipsum denominat. Ideo asserit, res omnes bonas appellari a bonitate sibi inhærente, sicut a forma; a bonitate autem **376** Dei, sicut ab efficiente, exemplari et fine; vide hæc fusius apud Vasquez tom. 1, in partem 1, q. 6, a. 4.

§ III. *Quod si autem supra omnes res sit bonum ipsum*, etc. Docet hic bonum latius patere quam ens, cum ad ipsa non entia se extendat; quod D. Thomas parte 1, quæst. 5, art. 2, secundum Platonicos dictum interpretatur, qui, materiam a privatione non distinguentes, dicebant materiam esse non ens, et consequenter volebant participationem boni ad plura se extendere quam participationem entis, cum materia prima bonum participet, quia ipsum appetit; nihil enim appetit nisi sibi simile, non autem participat ens, cum ponatur non ens. Vel dicendum, inquit, quod bonum extenditur ad exsistentia et non exsistentia non secundum prædicationem, sed secundum causalitatem, ut per non exsistentia intelligamus non ea simpliciter quæ penitus non sunt, sed ea quæ sunt in potentia et non in actu; quia bonum habet rationem finis, in quo non solum quiescunt ea quæ sunt in actu, sed ad ipsum etiam ea moventur quæ in actu non sunt, sed in potentia tantum; quia autem non importat habitudinem causæ nisi formalis tantum vel inhærentis, vel exemplaris, cujus causalitas non se extendit nisi ad ea quæ sunt in actu. Porro, ut aliquid sit bonum, non est necesse exsistat. Nam sicut in quibusdam rerum essentiis abstractis per intellectum ab exsistentia consideramus alias proprietates, et de ipsis eas prædicamus; sic etiam intelligere possumus rationem bonitatis, et de ipsis eam enuntiare. In enuntiatione enim, qua res aliqua dicitur esse bona, verbum *est* non significat exsistentiam, sed extremorum connexionem; sicut cum dicimus: « Homo est animal. » Cæterum quando dicitur, eo differre verum a bono, quod verum solum sit in intellectu, bonum autem in rebus, non est ita accipiendum, quasi bonum solum conveniat rebus exsistentibus; sed ideo dicitur, quia verum, quod etiam est passio entis, non convenit rebus nisi per ordinem ad intellectum, rebus autem convenit bonum ex seipsis, tametsi solo intellectu ratio entis et boni distinguatur. Aliud enim est, aliqua distingui per intellectum solum; aliud es., per solum intellectum aliquid ipsis convenire, ut fusius explicat Vasquez, in partem 1, q. 77.

§ IV. Nota, dum dicit: *Cœlestium principiorum et subterminationum causam esse bonum*, non significare

---

⁷ Psal. LXXXI, 6.

hoc loco Dionysium, ut quidam interpretati sunt, corpora cœlestia esse principia agentia eorum quæ ortum et interitum capiunt, et discerni res secundum eadem corpora. Non loquitur hic de hujusmodi principiis, sed de principiis et terminationibus orbium cœlestium, quos fecit Deus bonitate sua globosos, in qua figura idem est principium et terminus sive finis. Non dixit *terminationes*, sed *subterminationes*, ut S. Maximus observavit; quia motus corporis globosi non habet proprie terminum, sed veluti terminum habet moveri ab aliquo principio ad idem tanquam ad terminum, verbi gratia, ab oriente ad eumdem orientem.

Ibidem paulo post ait : *Solem esse imaginem divinæ bonitatis, quatenus tenuissimum quid illius boni in eo procul resonat*. Græce est πολλοστόν, quod Lucretius poeta Romanus, lib. VI, vertit *multesimum*, ea forma qua dicitur centesimum, millesimum. Significat hic tenuissimum extremi soni. « Ut si quis, inquit S. Maximus, magna vociferatione aliquid dicat, qui astant, et bene clamorem, et quod dictum est, percipiunt ; qui autem distant, minus audiunt ; qui vero longe sunt, tenuissimum sonum audiunt sine significatione vocis : sic cogitandum est, inquit, de lumine solis, si cum divino conferatur, esse scilicet divinum lumen infinitum ; et conferri cum illo non posse, adinstar acutissimi clamoris et clarisonæ vocis cum tenuissimo et obscurissimo sono collatæ. »

Ibidem : *Hoc enim est illud lumen, tametsi tunc non erat figuratum.* S. Thomas in quæst. disputatis, tom. VIII, quæst. 4, artic. 2 ad 6, ait, lucem illam, quæ legitur primo die facta, secundum Gregorium (1) et Dionysium esse lucem solis, quæ simul cum substantia luminarium, quæ est subjectum ejus, fuit prima die producta secundum communem lucis naturam ; quarta autem die attributam esse luminaribus determinatam virtutem, ad determinatos effectus, secundum quod videmus alios effectus habere radium solis, et alios radium lunæ, et sic de aliis. « Et propter hoc, inquit, dicit Dionysius lucem illam fuisse lucem solis, sed adhuc informem, quantum ad hoc quod jam erat substantia solis, et habebat virtutem illuminativam in communi ; sed postmodum quarta die formata fuit, non quidem forma substantiali, quam prima die habuit, sed secundum aliquas conditiones accidentales per collationem determinatæ virtutis, secundum quod postmodum data est ei specialis et determinata virtus ad effectus particulares. Et secundum hoc in productione hujus lucis distincta est lux a tenebris quantum ad tria. Primo quidem quantum ad causam, secundum quod causa luminis erat in substantia solis, causa vero tenebrarum in opacitate terræ. Secundo distincta est quantum ad locum, quia in uno hemisphærio erat lumen ; et in alio tenebræ. Tertio, quantum ad tempus, quia **377** in eodem hemisphærio secundum unam partem temporis erat lumen, et secundum aliam partem erant tenebræ. Et hoc est quod dicitur : *Lucem vocavit diem, et tenebras noctem* ². Sic nec lux illa undique terram complectebatur, quia in uno hemisphærio erat lumen, et in alio tenebræ ; nec semper ex una parte erat dies, et ex alia nox, sed in eodem hemisphærio secundum unam partem temporis erat dies et secundum aliam erat nox.

Ex iis itaque, quæ a Dionysio § 4 dicta sunt, patet omne lumen quod cernitur a Deo factum esse ; et solem esse multis modis et rationibus imaginem bonitatis Dei. Simul etiam demonstratum est, quemadmodum, cum Deus dixit primo die, *Fiat lux* ᵃ, lucem illius tridui sine figura et diffusam coegit, et in figuram globi solis contulit, præfiniens ei circuitus et orbes annuos. Idem ostendit Basilius in Hexaemero, et Philoponus ; libro IV *De mundi opificio*, cap. 16 et 17. Nota vero, rem nullam magis quam lumen referre naturam boni. Primo quidem, quia lumen in genere sensibili purissimum eminentissimumque apparet. Secundo, facillime omnium, et amplissime momentoque dilatatur. Tertio, innoxium occurrit omnibus, atque penetrat, et lenissimum atque blandissimum est. Quarto, calorem secum fert almum, omnia foventem et generantem atque moventem. Quinto, dum adest, inestque cunctis, a nullo inficitur, nulli miscetur. Similiter ipsum bonum totum rerum ordinem supereminet, amplissime dilatatur, mulcet et allicit omnia, nihil cogit ; amorem quasi calorem habet ubique comitem, quo singula passim inescantur, bonumque libenter asciscunt ; ubique rerum penetralibus præsentissimum, commercium cum rebus nullum habet. Denique, sicut ipsum bonum inæstimabile est atque ineffabile, ita ferme lumen, hoc enim nullus adhuc philosophorum definivit : ita ut cum nihil lumine clarius sit, nihil tamen videatur obscurius ; sicut et bonum et notissimum est omnium, et pariter ignotissimum. Quamobrem Jamblicus huc postremo confugit, ut lumen actum quemdam et imaginem perspicuam divinæ intelligentiæ nominaret ; quemadmodum emicans e visu radius, est ipsius visus imago. Quemadmodum autem, juxta Platonem, sol et oculos generat et colores, oculisque vim præbet qua videant, et coloribus qua videantur, et utrosque in unum lumine conciliante conjungit ; ita Deus ad intellectus omnes resque intelligibiles se habere putatur. Atque ita demum excedit hæc omnia, quemadmodum sol oculos et colores. Denique, sicut nihil alienius est a luce divina quam materia prorsus informis, ita nihil a luce solis remotius est quam terra ; quocirca corpora, in quibus terræ conditio prævalet, tanquam luci ineptissima, lumen nullum intus accipiunt ; non quia sit impotens lumen ad penetrandum ; hoc enim dum non illuminat intus lanam aut folium, interim penetrat momento crystallum, alioquin difficilius penetratu ; ita divinum lumen etiam in tenebris animæ lucet, sed tenebræ ipsum non comprehendunt.

§ V. *Summum enim bonum dicitur lumen intellectile*. Disputat D. Thomas parte I, qu. 67, a. 1, utrum lux proprie in spiritalibus dicatur ; et in corpora respondet, quod de aliquo nomine dupliciter convenit loqui, scilicet uno modo secundum primam ejus impositionem, alio modo secundum usum nominis ; sicut patet in nomine visionis, quod primo impositum est ad significandum actum sensus visus, sed propter dignitatem et certitudinem hujus sensus, extensum est hoc nomen, secundum usum loquentium, ad omnem cognitionem aliorum sensuum ; et ulterius etiam ad cognitionem intellectus, juxta illud : *Beati mundo corde, quoniam ipsi Deum videbunt* ᵇ. Et similiter dicendum est de nomine lucis ; nam primo quidem est institutum ad significandum id quod facit manifestationem in sensu visus ; postmodum autem extensum, ad significandum omne illud quod facit manifestationem secundum quamcunque cognitionem. Si ergo accipiatur nomen luminis secundum suam primam impositionem, metaphorice in spiritalibus dicitur, ut Ambrosius ait ; si autem accipiatur, secundum quod est in usu loquentium ad omnem manifestationem extensum, sic proprie in spiritalibus dicitur. Vide plura de luce apud D. Thomam in *Sentent*., II, distinct. 13, quæst. 1, art. 3.

§ VII. *Hoc item bonum laudatur ut pulchrum*, etc. Nota hic cum D. Thoma, parte I, quæst. 5, artic. 4

ᶻ Gen. 1, 5.   ᵃ Gen. 1, 3.   ᵇ Matth. v, 8.

(1) Lib. II *Moral.*, c. 9.

ad 1, quod pulchrum et bonum in subjecto quidem sint idem, quia super eamdem rem fundantur, scilicet super formam, et propter hoc bonum laudatur ut pulchrum, sed ratione differunt; nam bonum proprie respicit appetitum (est enim bonum quod omnia appetunt), et ideo habet rationem finis (nam appetitus est quasi quidam motus ad rem), pulchrum autem respicit vim cognoscitivam (pulchra enim dicuntur, quæ visa placent), unde pulchrum in debita proportione consistit, quia sensus delectatur in rebus debite proportionatis, sicut in sibi similibus; nam et sensus ratio quædam est, et omnis virtus cognoscitiva. Et quia cognitio fit per assimilationem, similitudo autem respicit formam, pulchrum proprie pertinet ad rationem causæ formalis.

Ibidem : *Dicuntur omnia secundum omnem causam pulchrum et bonum appetere* ; quia **378** Deus est causa omnium effectrix, qui cum omnibus bonitatem et pulchritudinem suam communicat; et quia finis omnium; omnia enim facta sunt, ut divinam bonitatem et pulchritudinem, prout quælibet possunt, imitentur. Est præterea causa exemplaris Deus; quia omnia priusquam fierent, et inter se distinguerentur, in ipso erant, et secundum rationes et exemplaria omnium quæ in se habebat, omnia facta et discreta sunt.

Ibidem paulo post : *Tunc*, inquit, *est ipsum pulchrum et bonum, quando in Deo laudatur supra substantiam, auferendo universa.* Exponit, quando quod non est participat pulchrum et bonum, quando scilicet aliquis dicit : « Hoc non est Deus, nec illud, sed est supra hæc; » hoc igitur non esse, ablatio, inquam, omnium, sive negatio, participat pulchrum et bonum, quatenus Deus dicitur non esse. Potest etiam dici, hic non esse materia, ut dici solet a Dionysio, quatenus expers est pulchræ formæ. Potest item dici, non esse malum, ut etiam alias dicitur, et hoc etiam participat bonum, quia fit propter aliquid quod pulchrum et bonum videtur. Ita Maximus et Pachymeres.

§ VIII et IX. Nota S. Dionysium in angelis aliter assignare tres motus quam in anima; dicit enim motum circularem angeli esse secundum illuminationes pulchri et boni, motum autem circularem animæ secundum plura determinat. Quorum primum est, introitus animæ ab exterioribus ad seipsam. Secundum est quædam convolutio virtutum ipsius, per quam anima liberatur ab errore et externa occupatione. Tertium est unio ad ea quæ supra se sunt. Similiter etiam differenter describit motum rectum utriusque; nam rectum motum angeli dicit esse, quando ad inferioribus providendum procedit; motum autem rectum animæ ponit in duobus. Primo quidem in hoc quod ad seipsam ingreditur, secundo autem in hoc quod ab exterioribus ad simplices contemplationes revocatur. Sed et motum obliquum diversimode in utrisque determinat; nam obliquum motum in angelis assignat ex hoc, quod inferioribus consulentes, in eodem statu perpetuo manent circa Deum; obliquum vero motum animæ assignat ex eo, quod anima illuminetur cognitionibus divinis modo rationali et discursivo. Unde divus Thomas, parte 1, quæst. 80, artic. 6 ad 2, respondet, hominem cum angelis quidem in intellectu generice convenire, sed ipsam vim intelligendi esse multo sublimiorem in angelo quam in homine; et ideo alio modo oportere hos motus in hominibus et in angelis assignare, secundum quod diversimode se habent ad uniformitatem. Intellectus enim angeli habet uniformitatem quoad duo. Primo quidem, quia non acquirit intelligibilem veritatem ex varietate rerum compositarum. Secundo, quia non intelligit veritatem intelligibilem discursive, sed simplici intuitu. Intellectus vero animæ a sensibilus rebus accipit intelligibilem veritatem, et cum quodam discursu rationis eam intelligit. Et ideo Dionysius motum circularem in angelis assignat, in quantum uniformiter et indesinenter absque principio et fine intuentur Deum, sicut motus circularis carens principio et fine uniformiter est circa idem centrum. In anima vero, antequam ad istam uniformitatem perveniat, requiritur, ut duplex ejus difformitas amoveatur. Primo quidem, illa quæ ex diversitate rerum externarum exsistit, prout scilicet exteriora relinquit : et hoc est quod primum ponit in motu circulari animæ, introitum ipsius ab exterioribus ad seipsam. Secundo debet etiam removeri altera difformitas, quæ est per discursum rationis ; et hoc contigit, secundum quod omnes animæ operationes reducuntur ad simplicem contemplationem intelligibilis veritatis. Et hoc est quod S. Dionysius ait, necessariam esse uniformem convolutionem intellectualium ipsius virtutum, ut scilicet, cessante discursu, figatur ejus intuitus in contemplatione unius simplicis veritatis. Et in hac operatione animæ non est error, sicut circa intellectum primorum principiorum simplici intuitu cognitorum non erratur. Istis præmissis, tertio loco ponitur uniformitas angeliformis, quatenus nimirum, omnibus prætermissis, in sola Dei contemplatione persistitur, et hoc est quod Dionysius dicit. Deinde jam quodammodo uniformem factum unitis unimode virtutibus unit, atque ita demum ad pulchrum ac bonum manuducit. Motus autem rectus in angelis non potest accipi secundum id quod in considerando procedat ab uno ad aliud, sed solum secundum ordinem suæ providentiæ, secundum scilicet quod angelus superior inferiores illuminat per medios. Et hoc est quod dicit directe moveri angelos, quando ad inferiorum providentiam procedunt, recte omnia dirigendo. Rectum vero motum ponit in anima, quatenus ab exterioribus rebus sensibilibus procedit ad intelligibilium cognitionem. Obliquum porro motum ponit in angelo, compositum ex recto et circulari, quatenus secundum contemplationem Dei providet inferioribus; in anima vero ponit motum obliquum similiter ex recto et circulari compositum, prout scilicet illuminationibus divinis ratiocinando utitur.

§ X. Nota, hic a Dionysio *perfectiones totorum* intelligi, quando ex copulatione partium exsistit forma, quæ est perfectio totius. *Quantum, quam magnum, vel* **379** *parvum* hoc, quod Græce πηλίχον dicitur, refertur ad certam magnitudinem vel parvitatem, ut bicubitum, tripedale, bipedale; illud vero *quantum*, sive τὸ ποσόν ad incertam. Infinitum, scilicet potentia, est id quod convenit quantitati continuæ secundum divisionem, et quantitati discretæ secundum appositionem. Comparationes spectant ad relationem convenientiæ, ut idem, æquale, simile; separationes ad relationem differentiæ, ut diversum, inæquale, dissimile. Omnis infinitas dicitur, quia est multiplex infinitudo, alia quantitatis, alia materiæ primæ, quæ non est determinata ad unam formam, sed in potentia ad infinitas. Omnis finis, ut substantiæ, motus ad operationem, et operationis ac perfectionis. Definitiones etiam sunt quidam fines et terminationes rerum: itaque ubi est aliquis finis ex istis, ibi non est infinitas. *Omnis intelligentia*, S. Thomas legit in suo textu, omnis actio, ut si Græce fuisset πᾶσα ποίησις, ut nunc est πᾶσα νόησις.

Ibidem paulo post : *Ipse enim amor divinus, qui bonitatem in iis quæ sunt operatur, quia prius exstitit in bono superlate, non sinit ipsum in se sine fetu manere.* Græce, ὁ ἀγαθοεργὸς τῶν ὄντων ἔρως, ad verbum, *bonificus rerum amor.* Hoc in loco S. Maximus mirifice dicit, quod bonus amor, qui ante omnia in bono exstitit, non remansit sine fetu, sed potius bonum amorem nobis peperit, per quem pulchrum et bonum expetimus. Observa hinc divinum motum : amor enim bonorum effector movit

Deum ad providendum nobis, et ut nos constitueret; ut, cum moveretur, produceret, et non remaneret expers fetus.

§ XI. Docet nomen amoris etiam in Scripturis usurpari. Ubi nota ex D. Thoma I, II, quæst. 26, artic. 3, quatuor nomina inveniri ad idem quodammodo pertinentia, scilicet amor, dilectio, charitas et amicitia. Differunt tamen in hoc, quod amicitia secundum Philosophum (1), est quasi habitus; amor autem et dilectio significantur per modum actus vel passionis; charitas autem utroque modo accipi potest, differenter tamen significatur actus per ista tria: nam amor quid communius est inter ea. Omnis enim dilectio vel charitas, est amor, sed non e converso. Addit enim dilectio supra amorem electionem præcedentem, ut ipsum nomen sonat; unde dilectio non est in concupiscibili, sed in voluntate tantum, et est in sola natura rationali; charitas autem addit supra amorem perfectionem quamdam amoris, in quantum id quod amatur, magni pretii æstimatur, ut ipsum nomen indicat. Quando autem Dionysius hoc loco ait, quod eo modo se habeat amor et dilectio, sicut quatuor et his duo, intelligendus est, prout amor et dilectio sunt in appetitu intellectivo, sic enim amor idem est quod dilectio.

§ XII. Nota, quod per ista verba: *Et in iis quæ aditum ad Scripturas præparant*, divinam Scripturam, ut ait sanctus Maximus, intelligat; unde sumptum est illud Sap. VIII, 2: *Factus sum amator pulchritudinis illius*. Ex quo patet, falsum esse quod quidam scripserunt, Philonem esse auctorem libri Sapientiæ, qui tunc, cum Dionysius hæc scripsit, nondum haberetur inter canonicas Scripturas: cum plane hoc loco Dionysius in Scripturis divinis numerare videatur, quas προεισαγωγάς, id est, ut verbum de verbo exprimamus, *antegredientes introductiones Scripturarum* vocat. Et rursus paulo post *Scripturas sacras* Græce τὰ Λόγια vocat, in quibus nomen amoris reperitur; reperitur autem etiam in Sapientia, unde idem Dionysius auctoritatem produxerat: Sap. VIII. Explicandum vero, quare Dionysius libros Salomonis vocavit προεισαγωγάς, quod quidem ex ipso intelligere licet, cum libros Scripturæ sanctæ Veteris et Novi Testamenti ex significatione ac notatione argumentorum cujusque libri designat in *Ecclesiastica hierarchia*, capite tertio, de communione, ubi ait inter cætera: Scripturam exponere, *Sapientes rerum gerendarum præceptiones*, sive præcepta de actionibus vitæ, libros morales Salomonis, Proverbiorum, Ecclesiastes et Sapientiæ, et librum Sapientiæ Sirach, qui Ecclesiasticus vocatur, intelligens; his adjunxit: *vel amorum cantica divinorum imaginesque divinas*, Cantica canticorum intelligens, quæ sunt symbola et imagines scripta ab eodem Salomone. Quia igitur disciplina sancta bene et ex virtute vivendi, quæ in Proverbiis, Ecclesiaste, Sapientia Salomonis, et in Ecclesiastico traditur, necessaria est ad intelligendas Scripturas sanctas, quæ sine fide non intelliguntur, et fides neglecto studio virtutis amitti solet (sicut Apostolus I Tim. I, 19, scripsit): *Quam quidem repellentes* (bonam scilicet conscientiam, quam dixerat) *circa fidem naufragaverunt*; et Sapient. I, 4: *In malevolam*, inquit, *animam non introibit sapientia, neque habitabit in corpore subdito peccatis*; unde Paulus Timotheum, I Tim. IV, 16, admonens, *Attende*, inquit, *tibi et doctrinæ* (prius enim dixit *tibi*, quod virtus docentis et proba vita in viam recte docendi tanquam dux introducat); idcirco, ut mihi quidem videtur, libros Scripturæ morales, quos dixi, tanquam duces percipiendi sapientiam Scripturarum, προεισαγωγάς, id est (ut totam vim verbi exprimamus) *antegredientes introductiones* vocavit divinus Dionysius. Præclare autem scripsit magnus Athanasius in extrema pagina libri *De Incarnatione Verbi*: « Qui theologorum intelligentiam consequi cupit, debet prius animam abluere atque detergere, et per vitæ morumque similitudinem ipsos adire. »

Ibidem. Nota verba ista quæ sequuntur ex II Reg. I: *Cecidit dilectio tua in me, sicut dilectio mulierum*, esse verba David mortem Jonathæ deplorantis. Quæ stulti, inquit Theodoretus, reprehendunt, cum hic David, ad significandam amoris et charitatis suæ erga Jonathan vehementiam, similitudinem et exemplum sumpserit ex amore arctissimo uxoris et viri, qui tantus est, ut lex conjugalis dicat: *Propter hanc relinquet homo patrem et matrem, et adhærebit uxori suæ* [c]; id quod Elcana etiam significavit, cum, uxorem consolans, *Nonne*, inquit, *ego bonus sum tibi supra decem filios* [d]? Itaque ut connubialis conjunctio unum efficit conjuges, sic eorum qui vere inter se amant, animos charitas in unum copulat. Ita Theodoretus.

§ XIII. Tradit, quod sit etiam exstaticus amor divinus qui non sinit amantes esse suos, sed eorum quos amant, idque exemplo Pauli probat, qui, inquit, excessit e se Deo. Ubi observavit sanctus Maximus, quomodo ex hoc loco intelligatur, quod Apostolus II Cor. V, 13, ait, *sive excedimus Deo*, scilicet intelligitur, sicut Dionysius accepit, de amore exstatico Pauli, quem descripsit in Epistola ad Galatas, inquiens cap. II, 20: *Vivo ego, jam non ego, vivit vero in me Christus*; sic etiam intellexit locum Pauli S. Diadochus in libro *De perfectione spirituali*, cap. 14. De eodem amore exstatico notavit in eodem loco sanctus Maximus, intelligi illud in Psal. CXV: *Ego dixi in excessu meo*, id est in amore Dei exstatico.

§ XIV. Ubi ait, Deum vocari *amorem et dilectionem*, interpretatur Dionysius id quod ait S. Joannes in Epist. I, cap. IV: *Deus charitas*, sive *dilectio*, *est*. Est enim ipse amoris et charitatis auctor et generator, qui hæc quæ in ipso erant producit foras, id est creaturas, motus scilicet charitate. Sic dictum est (ait sanctus Maximus) *Deus charitas est*, propter creaturas scilicet quas produxit. Est alioqui Deus, ne quis hoc tolli putet, absolute ipsa per se charitas superlata, non creata, sed omnium creatrix.

Nota ibidem, Deum vocari *dilectionem tanquam vim motricem, et sursum trahentem ad se*. Ubi observavit S. Thomas, triplicem effectum amoris sive charitatis. Primus est, quod amor sive charitas movet amantem ad operationem. Unde (ut hoc obiter observetur in hæreticos, qui hominem per solam fidem justificari tradunt) sicut aqua operationem ab igne, scilicet calefactionem, recipit, et calefit (operatio enim ignis aquam movet), sic fides operationem recipit a charitate, qua operatione veluti vivificatur et calefit, et sine ea friget, et, ut ait B. Jacobus [e], *mortua est*; ex quo fit ut hujusmodi *fides* sit quæ *in Christo valet*, sicut Apostolus ad Galatas scripsit [f], quæ, inquam, per charitatem movetur, scilicet erga Deum. Secundus enim effectus est, quod movet ad operationem erga amatum; unde sic intelligendum est quod idem Apostolus dixit: Quæ per operationem scilicet charitatis operatur, id est movetur. Passive enim accipiendum est vocabulum

---

[c] Gen. II, 24. [d] I Reg. I, 8. [e] Jac. II, 17. [f] Galat. V, 6.

(1) Lib. VIII *Ethicorum*, cap. 5.

ἐνεργουμένη, ut alias a nobis probatum est. Tertius effectus, quod amor seipsum ostendit erga eum erga quem est. Unde B. Jacobus, contra eum qui de fide sine operibus gloriatur, *Ostende tu*, inquit, *fidem tuam sine operibus, et ego ostendam tibi fidem meam ex operibus* [g]. Deinde observavit etiam idem S. Thomas quinque proprietates amoris sive charitatis in his quæ hic ex Dionysio recitantur. Prima est, progredi ad uniendum eum qui diligit cum eo quem diligit, et quanto excellentior est amor, tanto excellentius unit; unde, quia amor in Deum est excellens, excellenter cum Deo conjungit, et erga magis conjuncta major est. Secunda proprietas est charitatis, quod facit, ut is qui amorem sive charitatem habeat, ad eum tendat erga quem habet charitatem; contra atque facit cognitio, quæ rem cognitam trahit ad cognoscentem, amor vero trahit amantem ad eum quem amat. Tertia proprietas est, esse simplicem motum charitatis, quia est primus motus appetitus; et primum in unoquoque genere oportet ut sit simplex, quia ex eo cætera in eo genere composita existunt. Quarta proprietas est, esse per se mobilem, quia in unoquoque genere prius est quod est per se, quam quod est per aliud; unde in genere motus, appetentis oportet ut primus motus qui est amor, sit per se mobilis. Unde timor, quia est sicut motus violentus extrinsecus accedens, non est in charitate, sicut ait B. Joannes, sed *perfecta charitas foras expellit timorem* [h]; quia charitas motus est ab intimo, ut ait sanctus Thomas, procedens. Quinta proprietas est, operari per se, quod proprium est charitatis, in quo a spe differt. Qui enim propter spem alterius operatur, propter aliud operatur; qui autem (inquit S. Thomas) ex amore operatur, per seipsum operatur illud, tanquam hoc sibi placeat. Præstat scire quæ efficiat charitas, et quæ sint ejus propria, ad cognoscendam excellentiam et præstantiam ejus supra fidem solam, quam hæretici vane jactant, non intelligentes quæ dicunt.

381 Vocat autem *amatoriam motionem*, quia quatenus amor et charitas ex ipso Deo manant ad creaturas, ipse amoris et charitatis auctor moveri dicitur; quatenus vero ipse est amabilis et diligendus, movet et ciet ad amorem omnia, quibus vis amandi convenienter ipsis insita est.

Pulchre hunc locum S. Dionysii explicat P. Lessius lib. ix *De perfectionibus divinis*, cap. 2: « Primo, inquit, dicit *amorem esse vim motricem*, tum quia Deum movet ut descendat ad creaturas, eisque sua bona communicet, tum quia ipsas res creatas sursum trahit in Deum. Unde amor dicitur ἐκστατικός, id est *efficiens exstasin*; quia amantem transfert a seipso in amatum, nempe Deum in creaturam, et creaturam in Deum. Verum, etsi amor Deum moveat ad creaturas, non tamen ipsum sinit in creatis rebus quiescere, sed ab illis retrahit eum una cum creatis in seipsum, ut creatura simul cum ipso quiescat in ipso; nam totum bonum quod confert rebus creatis, statim reflectit et refert ad seipsum, qui est ipsum per se bonum et pulchrum, quod omnia ad se allicit, et potentissime trahit.

Secundo dicit, esse ἐκφανσιν, seu *manifestationem Dei per seipsum*, quia cum Deus lucem habitet inaccessibilem, ita ut nulli creaturæ per se possit esse manifestus, per amorem egreditur extra se, et sic manifestatur creaturis: primo, per creationem; secundo, per gubernationem; tertio, per mysterium Incarnationis; quarto, per doctrinam, illuminationem et justificationem; quinto, per lumen gloriæ seu glorificationem.

Tertio dicit, esse *processum benignum eximiæ illius unionis*, quia amor Dei erga creaturas est processus quidam, et veluti germen amoris Dei quo amat seipsum; sicut amor mediorum est quædam extensio et veluti surculus amoris ipsius finis; et cognitio effectuum est quidam processus cognitionis principiorum. Eximiam illam unionem, intelligit amorem illum, quo Deus seipsum ut summum bonum et pulchrum amat; hic enim est unio quædam vitalis Dei ad seipsum.

Quarto dicit, amorem Dei esse *motionem amatoriam*, quia amor est motio quædam vitalis per seipsam faciens amare, et amantem transire a seipso in dilectum. *Simplicem*, quia amor Dei in se unicus et simplicissimus est, etsi infinita sint ea ad quæ procedit. *Per se mobilem*, quia amor proposito bono et pulchro per se excitatur. *Per se innatam*, αὐτενέργητον, quia amor divinus non est ab alio productus in Deo aut aliunde excitatus, sed ex ipsa Dei bonitate sponte exortus. Præexstitit hæc motio in bono, quia ante omnem creaturam hic amor est in Deo: et ex bono in ea quæ sunt exundat, et rursus in bonum revertitur, etc.

Idem sequenti capite ex dictis colligit octo divini amoris proprietates. Prima, quod eminenter et originaliter præexsistat in pulchro et bono. Secunda, quod ex pulchro et bono tanquam fonte prodeat, ut exsistat jam in Deo formaliter. Tertia, quod immediate in pulchrum et bonum se reflectat. Quarta, quod propter pulchrum et bonum extendat se et descendat ad creaturas. Quinta, quod creaturas sursum rapiat, et ad pulchrum bonumque convertat. Sexta, quod divinus amor sit exstaticus, quia amantem extra se trahit in amatum. Septima, quod amor divinus sit vis unitiva. Octava, quod motus amoris sit orbicularis. Vide hæc ipsa fusius apud Lessium lib. ix citato, cap. 2 et 3.

§ XVIII et sequentibus usque ad finem tuse disputat, quid et unde malum sit: pro cujus intelligentia notandum hic ex Lessio *De perfectionibus divinis* lib. xiii, cap. 46, sanctos Patres malitiam peccati interdum explicare per privationem boni, non quod debeat inesse ipsi actui peccati, sed quod debeat inesse homini operanti, quodque per ipsum peccatum destruitur; unde declarari malitiam peccati ab effectu, quem causat in anima, spoliando eam bonis quæ possidebat, vel habere debebat, nempe bonis habitibus et functionibus, quibus Deo conjungebatur; hic enim effectus est nobis notior quam intrinseca peccati malitia. Quod enim peccatum privet hominem gratia divina; charitate, et conjunctione cum Deo, aliisque virtutibus et vita æterna, et reddat ineptum ad bonas operationes, facile intelligitur et inde optime æstimatur, quantum malitiæ sit in peccato. Et hoc modo intelligendus est hic Dionysius cum ait: *Malum in dæmonibus et hominibus esse privationem divinorum donorum, defectum habituum et operationum, prolupsionem a naturalibus bonis*, id est a bonis naturæ consentaneis; quamvis ipse non tam loquatur de malitia actus transeuntis, quam de malo, quod post actum remanet in subjecto, quod manifeste in privationibus situm est. Eodem modo Vasq. exponit multos alios Patres, sed multi ex illis exponi possunt de privatione, quæ consistit in **382** recessu a virtute, vel lege divina, vel ab ipso Deo et statu gratiæ. Vide plura de natura mali apud Lessium, capite citato per totum.

§ XIX. *Malum non esse ex bono*, etc. Nota sanctum Dionysium intelligere quod malum non sit ex bono sicut ex causa per se; nam § 32 dicit malum esse ex bono per accidens. Quod autem malum causam per se habere nequeat, ex S. Dionysio divus Thomas in *Quæstionibus disputatis*, quæstione de malo, art. 3, triplici ratione ostendit. Primo quidem, quia illud quod per se causam habet, est inten-

---

[g] Jac. ii, 18.   [h] I Joan. iv, 18.

tum a sua causa (quod enim provenit præter intentionem agentis, non est effectus per se, sed per accidens), malum autem, in quantum hujusmodi, non potest esse intentum, nec aliquo modo volitum vel desideratum, quia omne appetibile habet rationem boni, cui opponitur malum, in quantum hujusmodi. Unde videmus quod nullus facit aliquod malum, nisi intendens aliquod bonum, ut sibi videtur; unde relinquitur, quod malum non habeat causam per se. Secundo idem a; paret, quia omnis effectus per se habet aliqualiter similitudinem suæ causæ, vel secundum eamdem rationem, sicut in agentibus univocis; vel secundum deficientem rationem, sicut in agentibus æquivocis, omnis enim causa agens agit secundum quod actu est, quod pertinet ad rationem boni. Unde malum quatenus tale, non assimilatur causæ agenti secundum id quod est agens; relinquitur ergo, quod malum non habeat causam per se. Tertio idem apparet ex hoc quod omnis causa per se habeat certum et determinatum ordinem ad suum effectum; quod autem fit secundum ordinem non est malum; nam malum accidit prætermittendo ordinem, unde malum qua tale non habet causam per se; oportet tamen ut malum aliquo modo causam habeat. Manifestum est enim, quod cum malum non sit aliquid per se exsistens, sed sit aliquid inhærens ut privatio (quæ quidem est defectus ejus quod est natum inesse, et non inest), quod esse malum non naturaliter insit ei cui inest. Si enim aliquis defectus sit alicui rei naturalis, non potest dici malum ejus; sicut non est malum homini non habere alas, nec lapidi non habere visum, quia est secundum naturam. Omne autem ens, quod non naturaliter inest alicui, debet habere aliquam causam (non enim aqua, v. g., esset calida, nisi ab aliqua causa); unde relinquitur, quod omne malum habeat aliquam causam, sed per accidens, cum per se causam habere non possit; omne autem quod est per accidens reducitur ad id quod est per se. Cum autem malum non habeat causam per se, ut ostensum est, restat, ut solum bonum habeat causam per se. Nec potest per se causa boni esse nisi bonum, cum causa per se causet sibi simile; relinquitur ergo, quod cujuslibet mali bonum sit causa per accidens. Contingit quidem etiam malum, quod est defectivum bonum, esse causam mali; attamen eo deveniendum est, quod prima causa mali non sit malum, sed bonum. Est ergo duplex modus quo malum causatur ex bono, scilicet uno modo bonum est causa mali, in quantum est deficiens; alio modo, in quantum est per accidens agens. Patet in monstruositate partus, cujus causa est virtus deficiens in semine, hujus autem defectus causa ulterior est aliquod principium alterans, quod inducit qualitatem contrariam qualitati requisitæ ad bonam seminis dispositionem; cujus alterantis virtus quanto fuerit perfectior, tanto hanc qualitatem contrariam magis inducit, et per consequens defectum seminis consequentem. Et sic malum seminis non causatur ex bono in quantum est deficiens, sed causatur ex bono, in quantum est perfectum, sed per accidens. Sic etiam causa corruptionis aquæ est virtus activa ignis; quæ quidem per se non intendit destructionem aquæ, sed introductionem formæ ignis in materiam cui conjungitur, et sic per accidens facit ignis aquam desinere. Vide hæc fusius apud D. Thomam loco supra citato, ubi disputat de malo in communi.

§ XXIII. *Sed neque dæmones natura sua mali sunt.* Quia, secundum D. Thomam, parte 1, quæst. 63, art. 4, cujus natura ordinatur in aliquod bonum secundum communem boni rationem, hoc secundum suam naturam non potest tendere in aliquod malum. Manifestum est autem, quod quælibet natura intellectualis habeat ordinem in bonum universale, quod potest apprehendere, et est objectum voluntatis; unde cum dæmones sint substantiæ intellectuales, nullo modo possunt habere inclinationem naturalem in aliquod quodcunque malum, et ideo non possunt esse naturaliter mali. Vide hæc ipsa fusius a D. Thoma disputata in *Quæstionibus disputatis*, quæstione decima sexta de dæmonibus, artic. 2.

PARAPHRASIS PACHYMERÆ.

§ I. Ad illud *ergo* perfecta distinctio est apponenda; siquidem illud *age*, juxta usum antiquum, remotio quædam est eorum quæ dicta sunt, et exordium dicendorum, ac si dicat: Quæ prædicta sunt ita se habeant; modo autem orationem convertamus ad ipsum nomen boni, quod theologi per excellentiam attribuunt divinitati, tanquam a qua cuncta procedant, quoniam omnia ex ipsa producta sunt propter bonitatem, ipsam Dei superexsistentiam appellantes bonitatem, et per se bonitatem. Non enim Deus ascititium habet bonum aut per accidens, quasi essentia ejus sit quid aliud, et accidentariam habeat bonitatem; sed ipse, cum exsistat ipsius boni substantia naturaliter, ad omnes extendit bonitatis suæ fulgorem, hoc ipso quo bonus est. Quemadmodum enim sol non est a lumine distinctus, neque aliunde lumen mutuando illuminat (siquidem ipse lux est, et hoc ipso quo lux est, naturaliter illuminat omnia quæcunque lumen ejus valent excipere, neque ratiocinans, neque præeligens; nam si non illuminaret, neque etiam sol esset; ecquid aliud concipi possit illuminare, nisi lux sit? hoc enim vult hic sanctus, et non simpliciter solem esse irrationalem et exsortem libertatis, hoc enim manifestum est, et nihil ad propositum); sic etiam illud supra solem bonum Deus, qui primævum est exemplar respectu istiusmodi obscuræ et absimilis imaginis, ipsa sua substantia qua bonus est, rebus ipsis pro cujusque captu bonitatis suæ radios affundit. Hac omnes intelligibiles ac intelligentes substantiæ consistunt. Aliud autem est intelligibile et aliud intelligens, nam id quod intelligibile est, est velut alimentum ejus quod intelligit; quoniam id quod intelligitur, seu intelligibile, nobilius est, et antea intelligitur, quam id quod intelligit, id est intelligens. Superiores igitur et Deo vicini ordines proprie dicendi sunt intellectiles; inferiores vero intelligentes, ut qui intelligant superiores; non ideo tamen quod intellectiles dicantur, qui intelliguntur, censendum est ipsos non intelligere; ipsi enim intelligunt, quoniam mentes sunt et substantiæ. Ideo intelliguntur quidem, ut materiæ expertes; intelligunt vero res, ut incorporei et supermundiales, rationibus rerum superne illustrati, ipsasque mystice ad inferiores angelos trajicientes. Hos autem vocat virtutes et operationes, non quod non subsistan', sed subsistentes sint ac viventes, et potentes, et efficaces motuum propriorum ; a Davide enim dicuntur *potentes virtute*[i]. Vel etiam alio modo : Virtutes quidem, quod cum necdum creaturæ apparerent, omnia virtute in Deo antea substiterint, quæ ab eo, ut essent, producenda erant : operationes vero, quod creatura etiam ad operationem perducta fuerit. Propter hosce bonitatis radios et sunt ipsi et vivunt, et vitam habent indeficientem, et a corruptione, et morte, et materia, et generatione sunt liberi. Corruptio autem, quæ magis late patet morte, est motio ad id quod non est, quæ etiam competit inanimatis. Virtutes autem generatione sunt sublimiores, non quod non factæ sint (siquidem creatæ sunt), sed quod non constent materia ; istiusmodi enim sunt, quæ in generatione ac corruptione versantur, quibus materia subjecta, si quidem formam suscipiat, efformatur, et ecce aliquid facta est ; si vero forma privetur, fit aliquid informe, et ecce interitus cujusdam entis, et ad id quod non est motio. Divinæ autem virtutes, etiam hisce sublimiores tam corruptionibus quam generationibus, quoniam et immateriales sunt, et ab omni fluxa immutatione exemptæ. Hoc dicit, quoniam angeli etiam mutabiles creati fuerunt, sed secundum sententiam, non secundum substantiam ; unde quoad substantiam etiam sunt immutabiles. Intellectiles itaque sunt, in quantum incorporei, et tam ab invicem quam a nobis aliquo modo cogniti ; et intelligentes, in quantum mentes, et quoniam supermundialiter intelligunt, per illustrationem rerum rationes cognoscentes, et non sensiliter, uti nos, res apprehendentes. Quod si nos quoque non raro rerum rationes intelligimus, tamen scientifice id habemus et dependenter a sensu, quo idcirco egemus; nihil enim quod sensum fugiat cognoscimus, etsi etiam ejus sensum accipimus. At mentes divinæ supermundialiter illustrantur rationibus, et in mentes cognatas transfundunt ; et mansio, et firmitas, et contemperatio, et conservatio ipsis est ex bonitate Dei, quodque sint instar domicilii cujusdam, ac divinæ aræ bonorum quæ ex Deo sunt. Ἑστίαν enim veteres aram appellabant, in qua sacrificia consecrabant. Dicebant etiam alio **385** sensu ἑστίαν, ipsam rerum divinarum firmitatem, quam sacrosanctam habebant, et jusjurandum appellabant, res autem cœlestes vocabant divinas. Philo etiam Judæus, in sermone *De flammea rhomphæa et cherubim*, ait : Mansio autem partium mundi, cum stet firmiter, ἑστία ab antiquis recta conjectura nominata est; partes mundi vocans fulgorem solis et lunæ in eumdem statum restitutionem, incrementumque ac imminutionem, pluviarum effusionem, tonitruorum ac fulgurum constitutionem ac dispensationem, cæteraque quæ secundum easdem perpetuo fiunt; nam hæc etiam gentiles divina nominabant, ad distinctionem rerum nostratium, quæ aliis atque aliis de causis fluxæ sunt ac mutabiles. Dumque rursus illæ divinum splendorem appetunt, tam ut sint quam ut bene sint, ex eadem bonitate obtinent, nec non ipsi boniformiter conformantur, et juxta divinæ legis dictamen, inferiores suos donorum istorum participes efficiunt.

§ II. Ab hac divina bonitate ipsis et gradus sunt, et ordines, et ad invicem uniones, id est divinus amor ad invicem. Qui divinus amor, cum sit etiam unificus, conjungit ipsas non acervatim comportans, sed amabiliter constringens. Nam cum res intelligibiles, ut et sensibiles, æquivoce dicantur, alia quidem sunt unita, et a se mutuo dependentia, alia vero divisa et coacervata. Ac intelligibilium quidem unita sunt, veluti lumen, vita, et mundus intelligibilis, et similia ; secundum quam unionem etiam ordines angelorum sunt uniti, et a se mutuo divino amore dependent ; divisa vero et apposita sunt, velut exercitus, et ordo particularis angelorum, et familia et chorus. In sensilibus autem unio est animal, arbor, mundus hic sensibilis ; divisiones vero, grex, populus, chorus, acervus. Verum hæ quidem sunt uniones angelicarum virtutum ad invicem, habent autem etiam mutuas penetrationes, atque iterum distinctiones inconfusas. Mutuas quidem penetrationes, ne uniones intelligens ad invicem, naturalem aliquam dixeris unionem, secundum quam partes ad totius alicujus complemen'um uniuntur, sed libera est penetratio, qua ista unio Dei bonitate in ipsis fit : nam res materiæ expertes et se mutuo inconfuse penetrant, et rursum recedunt, ac discernuntur, atque ad hoc sunt gradus et ordines ipsorum primi et secundi. Tu vero considera, **386** quomodo inconfusionem ponat in distinctionibus. Oportebat enim potius id dictum in mutuis penetrationibus, ubi etiam confusionis suspicio oboritur; sed huic occurrit assignando statim etiam distinctionem proprietatum, ne confusio sit illa mutua penetratio, quoniam illico sequitur distinctio. In distinctionibus autem intellectam fuisse inconfusionem, declarat ordinis eorum immutabilitas; siquidem secundum istiusmodi distinctionem consistunt gradus et ordines earum, secundum quos primum est et secundum. Idcirco quodammodo dicit, non quod se mutuo penetrant, et iterum discernuntur, immutari ordines earum, ne confusionem aliquam intelligas, sed iterum ipsis eumdem ordinem manere, tametsi se mutuo penetrent. Hoc iterum est bonitatis Dei, quod inferiores virtutes ad superiores adducantur, et rursus superiores inferioribus provideant, ut neque ipsæ principia sint adductionis, neque hæ inconversæ sint ad providentiam ; uno enim e duobus deficiente nihil fieret. Verum divina bonitas ita de ipsis disposuit. Hinc etiam sunt propriæ cujusque virtutis custodiæ, et immutabiles circum semetipsas convolutiones. Ne existimes autem ipsas, quod potiora desiderent, contemnere propria. Volvuntur autem divinæ mentes circum semetipsas non volutatione quadam corporea, sed super-

[i] Psal. cii, 20.

mundiali et intelligente, et quali mens volvi solet, dum ex seipsa ad considerationes progreditur, et ad seipsam revertitur, non vero extra semetipsam divulsa abit. Hoc etiam insinuant rotæ apud divinum Ezechielem, quæ multos habent oculos. Ex divina quoque bonitate exsistunt istæ circa boni desiderium identitates et extremitates. Identitas quidem intelligenda, minime deficiens a Deo conjunctio; extremitas vero intelligentiæ earum adductio, et secundum gratiam deificatio, progressus et quæcunque alia in peculiari libro *De proprietatibus et ordinibus angelorum* a nobis commemorata sunt. Quin et illa quæ diximus in libro *De cœlesti hierarchia* divinis virtutibus adesse, etiam hæc sunt ex bonitate Dei. Quæ vero ea sunt? Angelicæ nimirum lustrationes, illuminationes, perfectiones; siquidem et ipsæ expiantur, et illuminantur, et perficiuntur, a fonte bonitatis initiatæ, ex quo ipsis quoque boniformitas donata est, et in semetipsis manifestant arcanam illam bonitatem. Siquidem et ipsæ expiant, **387** et illuminant, et perficiunt ea quæ patiuntur, dum hæc agunt, et manifestant arcanum bonitatis Dei. Si enim ex me scientia Dei mirificatur, quanto magis ex angelicis ac divinis virtutibus? Enuntiant enim non cum dicunt, sed cum in semetipsis intelligunt divinum illud silentium, ac incomprehensibilem illustrationem ejus qui in adytis et occulto exsistit, juxta illud: *Posuit tenebras latibulum suum* [k], tanquam lumina quædam secundaria, quæ proposita sunt ad primum illum splendorem quoquo modo interpretandum. Præterea, post angelos, animæ quoque, et quæcunque animarum bona sunt, ex bonitate Dei exsistunt; ut quod intelligentes sint, tanquam quæ intelligant, quod sint immortales, quod sint, et habeant virtutem, et ad angelicas vitas accedant, et per illos ceu præceptores ad divinam ipsam bonitatem adducantur, et pro captu suo divinis illustrationibus communicent, et muneris boniformis participes exsistant, sicut in Isaia et Ezechiele accidit, dum ille quidem prunam accepit, hic vero libri capite refectus est, et quæcunque alia in peculiari tractatu *De anima* a nobis dicta sunt. Quin et animæ irrationales et omnia bruta animantia, et aeria, et terrestria, et serpentia, et aquatilia, et amphibia, et quæ in cavernis terræ degunt, omnia hæc per Dei bonitatem et animata sunt et vivificata; similiter et plantæ, et quælibet inanima vitæque expers substantia, per eamdem bonitatem, illa quidem nutritivam et auctricem vitam, hæc vero habitum substantialem acceperunt.

§ III. Quod si autem Deus sit supra omnia, uti et bonum ipsum, ergo privationes in Deo sunt excellentiæ positionum effectrices, ut expers formæ, expers substantiæ, expers vitæ, expers mentis; quæ quidem videntur significare aliquid quod non exsistit, tamen in Deo, qui superessentialiter omnium rerum negatione exsistit (nihil enim est eorum quæ sunt),

eminenter intelliguntur. Et, si dictu fas sit, illud ipsum quod non est, illius, quod supra res omnes est, boni desiderio tenetur (si enim id non est, quomodo desiderat?); unde manifestum, per id quod non est, malum intellexisse, cum non sit aliquo modo bonum, uti in progressu orationis ostendit; quia illud **388** etiam quod malum dicitur, propter bonum fit.

§ IV. Sed, quod nos effugerat, cœlestium et mundanorum (cœlum enim mundum vocant) principiorum ac terminationum causa est Dei bonitas, nam Deus hæc omnia bonitatis abundantia creavit. Principia vero cœlestia et terminationes intelligenda tanquam ex puncto seu centro voluntatis Dei rotunda cœlorum fabricatio subsistens: circularis enim figura ex seipsa incipiens, in seipsa terminatur. Cœlestem vero substantiam neque augeri neque minui ait, ut perfecte et sufficienter finem suum assecutam; ideoque immutabilem ipsam dixit, ex quo facta est, non perversam; perfectum autem est, quod neque augetur neque minuitur. Nota vero, cum dicere, cœlos sine strepitu et absque sensu moveri. Illud autem, *quarumdam stellarum multiplicis motus quo transferuntur*, de planetis dicit; censet enim illos solos moveri. Quid porro dicat quis de solari radio, qui seorsum ab aliis per se movetur? quoniam et huic suum lumen est ex hac Dei bonitate, cujus lux hæc imago quædam est; quamobrem quoque nomine lucis divinum illud primum exemplar laudatur, ut ad cujus imaginem lux hæc exsistat. Quemadmodum enim hæc Dei bonitas a supremis usque ad extrema pervadit, et super omnia exsistit (Deus enim in omnibus est, et nihil omnium, ut neque suprema ad ipsius excellentiam pertingant, expers enim principii est, et nihil se habet sublimius; neque inferiora ipsius ambitum pertranseant, id est extra ejus complexum sint, siquidem infinitus est, et extra ipsum nihil est inferius; quin etiam illa quæ lucis sunt capacia secundum mensuram capacitatis illuminat, unde etiam Deus dicitur esse mensura rerum, quod contineat et sciat principium et finem omnium, et ævum, et numerus, et ordo, ut qui res continet atque disponit, omnia enim cum bono ordine creavit); sic utique etiam sol ille manifesta divinæ bonitatis imago exsistit. Pulchre autem statim corrigit quæ minus consentanee de sole dicta videbantur, dum eum tenuissimum quemdam et ultimum boni illius sonum nominat. Quemadmodum enim si quis vociferans et clamans aliquid dixerit, præsentes quidem valentibus auribus præditi vocem et sermonem audiunt; qui autem distant, quanto absunt, tanto debilius vocem audiunt; qui porro longiori spatio remoti sunt, **389** obscurissimum quemdam sonum capiunt, ut vocem quidem aliquam obscuram audiant, sed quod pronuntiatum est non intelligant. Unde colligere licet tantum esse solare lumen, si cum vero illo ac divino comparetur, ut

[k] Psal. xvii, 12.

intercapedo et infinita sit et incomparabilis. Deinde dicit, quomodo sol Deum referat; quia Deus omnia quæcunque ipsius participationis capacia sunt, per bonas institutiones atque actiones aliasve aliquas dispositiones illuminat, et lumen desuper expansum habens, omni mundo visibili se suosque radios explicat, cum propter ea quæ anima sensusque carent, tum propter ea quæ ratione et intellectu prædita sunt. Quemadmodum igitur sol sensibilis omnia quæ cernuntur illuminat, et quæcunque lucem ejus non participant, propter propriam suam opacitatem ejus experta exsistunt; sic etiam in Deo, cum ejus illuminatio et sanctificatio desuper expansa sit, omnes quicunque volunt illuminantur et sanctificantur. Rursus, sicut Deus creat, sic etiam sol ad sensibilium corporum generationem conducit, et vitam movet, aliaque facit, non tamen tanquam eorum causa libera; verum Deus sciens frigus esse valde sterile, moderatum autem calorem ad generationem facere, atque stirpes et semina caloris indigere, sicut etiam corpora omnia quæ vita fruuntur, ejus rei gratia solem se ita habere fecit. Hoc lumen solis, secundum imaginem Dei, qui tanquam creator et conservator universi ævum ac numerus exsistit, etiam mensura est, et numerus tempestatum ac dierum et omnis nostri temporis; quod etiam primorum dierum triduum, tametsi tunc non erat figuratum, contractione et interjectione definivit, uti divinus quoque Moyses declarat, ille enim ait : Et facta est dies una, et iterum, secunda, ac deinde tertia [1]. Et sicut bonitas, tanquam principium et causa, cuncta quæ dispersa sunt ad se colligit, omniaque ipsam appetunt; et ut principium, ex ea enim omnia, ut ait Scriptura ; et ut continentem, in quo nimirum omnia veluti in omnitenenti fundo ac fundamento custodiuntur, et ut finem, ad quem omnia, quasi ad terminum suum non naturalem, sed effectivum spectant ; et cujus desiderio omnia tenentur, quodlibet nimirum secundum proprium naturæ ordinem, ut angeli et homines scienter, bruta animantia sensiliter, stirpes insito **390** ipsis naturæ motu, vitæ vero sensusque expertia secundum esse, non ut cognoscant, sed ut persistant naturali permansione contenta ; sic etiam sol ea quæ sub splendoribus ejus continentur, ad se convertit : propter quod etiam ἥλιος appellatur, quod omnia ἀολλῆ seu congregare faciat, et dispersa congreget, omniaque ipsum appetant, viventia quidem ut videant, stirpes ut moveantur, cætera ut ab ipso conserventur dum lumen ejus appetunt. Non hoc dico secundum antiquam et splendidam fabulam ac nugacem gentilium sermonem (erant enim aliquando etiam utrique gentiles, ut in sanctorum apostolorum Actis declaratur) vel certe fatuum; nam fatuum gentiles idem quod antiquum dicebant. Itaque non secundum hanc fatuam fabulam, inquam, quoniam sol Deus est, mundum convertit; verum *invisibilia Dei*, secundum Apostolum, *a creatura mundi, per ea quæ facta sunt, intellecta, conspiciuntur* [m], et divinitas ipsius virtusque sempiterna a sole manifestatur.

§ V. Verum hæc in proprio tractatu theologice descripsimus : modo dicendum de luce intellectili. Dicitur itaque Deus lux, sed intellectilis, quod omnem angelicum intellectum illuminet, omnem autem ignorantiam ex animis, quibus inest exterminet. Observa vero, quod in angelis quidem recta conjectura dixerit lucem illuminare, in animabus vero prius erroris tenebras ejicere, et tum illuminare; nam angeli cum simplices ac uniformes sint, et ab initio lucis participes exstiterint, continua intentione omnes illuminantur; homines vero, cum duplices sint, et carnem circumferant, sæcularibus ignorantiis erroribusque sunt assueti, non possunt aliter illuminari, nisi tenebræ depulsæ sint. Unde cum lux natura sua simul cum tenebris esse nequeat, idcirco luce subintrante, tenebræ fugantur; et quantum lux ingreditur, tantum animæ ipsam degustantes magis appetunt; et quanto illæ majori desiderio aguntur, tanto magis lux affulget, quoniam dilexerunt multum, juxta sancta Evangelia [n]. Non enim repente lux affulget, ne quando caligine offundantur, sicut contingit iis qui e profundis tenebris solem directis oculis intueri volunt; sed sensim, juxta modulum eorum qui lumen excipiunt, ut neque luce nimia infirmiores obruat, neque rursum, propter luminis inopiam, meritis non respondeat, sed juxta suscipientium **391** sursum contuendi capacitatem temperetur; hoc enim est quod etiam superius dixit, Deum esse ordinem et mensuram nostram.

§ VI. Illud quod *supra omne lumen*, bonum lumen dicitur; quia etiam omnem mentem supramundanam, scilicet virtutum superiorum, circummundanam illam angelicam, id est eorum qui, juxta Apostolum [o], in ministerium missi, et ad ædificationem et obsequium ordinati sunt (id enim etiam in libro *Decœlesti hierarchia* tradit) et mundialem, scilicet humanam ex sua plenitudine illuminat, juxta divinum apostolum et evangelistam Joannem [p], dicentem : *Et ex plenitudine ejus omnes accepimus*. Vel supramundanam ait spiritalem; circummundanam, animalem ; et mundialem, carnalem. Vel etiam aliter, supramundialem, quam theologiam docet; circummundialem, quæ naturalem contemplationem mundialem, quæ practicam virtutem tradit. Deus iterum lux est, quia omnes intellectu præditas virtutes, cum cœlestes tum nostras renovat. Quomodo autem renovat lumen? Quoniam videlicet ex proportione rerum corporearum intelliguntur ea quæ ad animum et intellectum spectant. Quemadmodum igitur juventus est, in qua corpus optime functiones suas obire valet, senium vero, in quo non valet, sic etiam et animæ et mentis senium quidem est, in quo non potest exsequi munus suum, juventus vero, in qua potest. Dum itaque mens in erroris et ignorantiæ

[1] Gen. I. [m] Rom. I, 20. [n] Luc. VII, 47. [o] Ephes. IV, 12. [p] Joan. I, 16.

tenebris versatur, quodammodo consenescit, et vires ejus obtorpescunt; verum ubi lux intelligibilis affulget, renovatur, et quæ sui muneris sunt exsequi valet. Porro radius ille lucis intelligibilis mentes omnes continet, cum supra omnes est, et a nullo continetur, atque omnem simpliciter illuminandi facultatis dominatum ac potestatem comprehendit, et superhabet, quoniam supra omnia lumina exsistit ; et præhabet, quoniam harum creator est, et omnia congregat, et in unum copulat. Quomodo autem lux omnia congreget et in unum copulet, probat a contrario. Sicut enim ignorantia errantes dividit (qui enim ignorat, in multa distrahitur), sic luminis cognitionisque præsentia colligit ea quæ illuminantur; insuper vero etiam convertendi vim habet, dum a multa visione ad id quod vere est convertit (quemadmodum lucente sole is qui videt, ad ipsum primum convertitur, **392** ipsumque excipit), et ad unam puram cognitionem, videlicet ad Dei notitiam, adducit varia illa visa, quæ nimirum ad multa sunt distracta. Cæterum cum visus rem per se subsistentem postulet, figmenta autem non sint imagines rerum aliquarum, sed fingantur (nam idcirco figmenta nominantur), magis proprie phantasias seu imaginationes vocari posse dicit, utpote fabulosas cogitationes circa sensilia ; solet enim imaginatio etiam ea quæ non sunt, et in quorum cognitionem vel aspectum non venimus, effingere.

§ VII. Hoc item bonum laudatur etiam ut pulchrum, et ut pulchritudo, et ut dilectio, et ut dilectum. Cæterum cum pulchrum quidem sit id quod particeps est pulchritudinis, pulchritudo autem id ipsum quod participatur; et dilectum quidem sit id quod particeps est dilectionis, dilectio vero id ipsum quod communicatur, et in nobis hæc secundum distinctionem apparent, quoniam hæc sunt habitus, illa vero habituata, dicit, quoniam non eodem modo se habent, etiam in causa, quæ in uno complectitur universa. Nam in uno et eodem et habitus et quæ habituata sunt complectitur, neque ut habituatum quid, nec ut habitus, sed ut supra hæc exsistens, aliis etiam causa est istiusmodi bonorum. Unde etiam pulchritudo dicitur, propter eam pulchritudinem quam omnibus elargitur, et quod auctor sit omnis concinnitatis ac splendoris (pulchritudo enim est proportio membrorum ac partium cum colore florido), vel etiam quod omnia ad se vocet, et quod semper sit et nunquam minuatur vel augeatur; nam excessus et defectus malitias dici non ignoramus. Neque secundum quid et ex parte pulchrum, neque aliquando pulchrum, aliquando non, neque ad aliquid pulchrum, aut alibi, aut quibusdam (quæ utique omnia ab ista pulchritudine omnino aliena sunt, ubi nostra pulchritudo ex necessitate istiusmodi definitionibus subjecta sit), sed ut ipsum secundum se uniforme semper exsistens pulchrum, quoniam neque dividitur in habitus ac pulchrificas differentias. Nostra enim pulchritudo distinguitur; nam alia, verbi gratia, est pulchritudo oculi, et alia pulchritudo nasi, et alia totius faciei, et alia manuum. Nec ut aliis formosum, aliis vero non, sed ubique apparet pulchrum, et in omnibus, quod non habet nostra pulchritudo; etsi enim in omnibus esse amet, quoniam etiam omnia **393** pulchra valde, sed non uniformiter. Alia est enim pulchritudo solis, et alia pulchritudo terræ, et alia aquæ, quæ variæ sunt pulchritudines, nec ad unum conducunt. Id quod autem vere pulchritudo uniformis exsistit, in subjectis variegatur, idcirco in se pulchritudinem præhabere dicitur, quippe quod ante creaturas exsistat, et quidquid pulchrum est habeat eminenter, tanquam fons et principium pulchrorum omnium. Etsi enim multa pulchra sint, tamen ex ipso pulchro sunt; in ipsa enim supernaturali et quæ causa caret pulchritudine, omnis pulchritudo omneque pulchrum secundum causam præexstitit. Pulchrum autem uniforme Deus est ; quoniam non per participationem pulchritudinis pulcher exsistit, ut in subjectum aliquod et qualitatem dividatur, sed ipsemet et pulchrum est et pulchritudo, iisque superior; quæ autem ab hoc per participationem pulchra exsistunt, in qualitate aliqua suam habent pulchritudinem. Hujus pulchri causa, elementorum connexiones, quas coaptationes vocant, sunt, rerumque bene ordinatæ colligationes perdurant, quæ dicuntur amicitiæ et communiones ; ratione quidem præditorum ad Deum aspirationes, quemadmodum Ecclesia primogenitorum in cœlo, atque etiam in terra; in brutis autem gregales societates, in inanimis vero mutuæ quædam quibus colligantur sympathiæ; hæc igitur cum pulchro uniuntur, per participationem ad auctorem conversa. Hocce pulchrum est omnium principium ut causa efficiens, et ut causa finalis ad quam tendit omne studium et appetitus. Finis omnium, Deus enim finis dicitur tanquam omnia continens, et veluti cuncta in securitate complectens, et in quantum ejus causa producta sunt universa, et nullius alterius indiguerunt ut perficerentur. Sic etiam medium dicitur, veluti perdurationem in consistendo concedens ; et finis, quatenus omnia in ejus voluntate terminantur, ad quem etiam convertuntur. Hunc etiam vocat causam exemplarem, qua omnium futurorum prædefinitiones in seipso præcoepit, et etiam ante productionem, ut inquit Apostolus : *Quos autem prædestinavit* q, et quæ sequuntur. Sic enim vir sanctus futura in ipso præscienter prædefinita dixit per unicam illam præcognitionem, qua cuncta complectitur. Quemadmodum igitur bonum, sic et pulchrum omnia appetunt ; et nihil est **394** in rebus quod non pulchri sit particeps in veri pulchri participatione. Audebit etiam non nemo dicere, id

q Rom. viii, 30.

quod non est etiam pulchrum participare. Quomodo autem dicit participare id quod non est? Quia etiam in Deo id quod non est per omnium ablationem prædicatur; ut quando quis dicit, verbi gratia, Deus non est hoc vel illud, sed supra ista. Id itaque quod non est, sive omnium ablatio, particeps est divini pulchri ac boni in quantum divinum numen vocatur non esse (1). Possis etiam materiam non ens appellare, quatenus expers est pulchræ formæ. Possis etiam malum dicere non esse bonum, in quantum etiam hujus pulchri particeps exsistit; quia per aliquod apparens pulchrum vel bonum fingitur; expressa vero similitudo dat nobis cogitandum id quod prius est. Cum commiscuerit bono pulchrum (sicut enim illud, sic et hoc cuncta appetunt), hoc, inquit, talium omnium est causa, nimirum unice, tametsi in singulis varietur, tamen una simplexque permanet. Sicut idem sol calefaciens et lapidem et vestem, et terram complutam, et aquam, licet diversimode pro materia subjecta, ex hoc creaturarum omnium substantiales exsistentiæ. Pulchre autem *substantiales* : nam exsistentiæ secundum seipsas superiores sunt substantiis; exsistentia enim est, ipsummet esse aliquid, substantia vero est id quod quid est. Quoniam itaque de creaturis loquitur, merito dictioni ὑπάρξεις, seu exsistentiæ, apposuit οὐσιώδεις, seu substantiales. Uniones autem dicuntur, non quod simul cum illo acervatim aliquid unum efficiant, sed quod Deus erat fons illorum et principium, et ex ipso producta sint ea quæ subsistunt secundum subsistentiam, ita ut etiam ad distinctiones suppositorum appareant. Identitates autem sunt virtutes adductrices et unitrices rerum intelligibilium ad Deum, uti et similitudines; quandoquidem et ex ipso sint, eique inhæreant. Diversitates autem sunt quasi partita quædam multiplicatio divinæ voluntatis ad inferiora procedentis. Dissimilitudines vero, quoniam id quod creatur diversum est a creatore. Fœdera sunt contrariorum elementorum temperationes : cohærentiæ sunt totius mundi connexio et consensus. Rerum unitarum impermistiones sunt sicut in humani generis communitate, et cujusque hominis proprietate; communi enim essentiæ ratione omnes **395** uniti sumus, uniuscujusque vero proprietate minime commiscemur. Immobiles omnium mansiones, quidlibet enim per se subsistit et est. Et rursus, omnium in quolibet communiones. Hinc corriguntur etiam opiniones duorum veterum philosophorum, Empedoclis et Anaxagoræ. Siquidem Empedocles sphæram ab omnium amicitia et commistione nominavit, ita ut quidlibet per se ab alio discerni nequeat, antequam pugna fiat et divisio, secundum quam mundus subsistit ; Anaxagoras vero, *Omnia simul erant*, aiebat. Ait itaque, per se quidlibet subsistere, et omnia omnibus communicare,

ʳ Joan. v, 17.

(1) Scilicet hoc vel illud.

neque a propria mansione desciscere, et sic sphæram exsistere : non tamen realem inter se communionem habent, ita ut verbi gratia etiam in pane, aurum, et lignum, et ferrum sint atomi quidam, quipropter parvitatem minime videantur, uti Anaxagoræ placuit, qui generationem divisionem nuncupavit ; verumtamen communicant virtute secundum qualitatem, ut quodammodo dici possit, id ipsum quod est aquæ fieri aerem et ignem, et a terra aquam, et a cibis carnes, et cætera ; ita ut amicitia sit inconfusa, et complexus indissolubilis. Indeficientes autem ait esse successiones eorum quæ fiunt : *Usque* enim *modo operatur* ʳ. Et Aristoteles illud dubium aliter solvit, dum ait, omnia ab invicem oriri, et hujus corruptionem alterius esse generationem, et alterius corruptionem hujus esse generationem, et sic subjungit rationem, ne scilicet deficiat generatio. Cum autem status sit et motus omnium Deus, supra stationem et motionem exsistit, tanquam rem quamlibet in propria ratione firmans, et movens ad propriam motionem; idcirco dicit, omnes stationes ac motiones, sive angelorum dicas, sive animarum, sive corporum, ex ipso sunt. Mentium igitur statio est, firmari in contentione ad Deum, etsi delegentur et descendant ad inferiora, ut ope indigentibus provideant.

§ VIII. Cum autem tripliciter motus fiat, ipsis etiam triplex hic motus est. Circularis quidem, dum circum semetipsi convertuntur ; rectus vero, quando ad inferioribus providendum procedunt. Cum enim quælibet cura finem habeat (eo quod recto motu cientur omnino finem habente) secundum hunc moventur, et providendi partes explent; cum vero in semetipsos iterum revolvantur, ecce ibi obliquus motus subsistit.

396 § IX. Iterum, animæ status est immobilitas et stabilitas propriæ substantiæ. Motus autem circularis quidem est, quando mentis contemplatione cietur, et in seipso factus, ex extrinseco errore sensuum conglomeratur et primum in seipsum cogitur, et exinde ad Deum manuducitur. Et hæc est obliqua mentis operatio, quando procedit quidem ad ea quæ secundum partem exsistunt, capit autem notiones nequaquam intellectualiter et unite ; hoc enim angelorum est, qui secundum crebram mutationem supernas visiones ac illustrationes intelligunt, dum pro eorum captu revelantur. Anima vero ratiocinatione et evagatione, id est in particulari divisa, atque ex communicatione addiscens intelligit, mens enim ad ratiocinationes descendens aliquo modo dividitur, et pluribus exemplaribus seu speciebus indiget, dum ratio modum inquirit, ut exprimat quod intellexit. Igitur anima commistim et transcursim operatur, etiam quando intellectualiter intelligit, siquidem hoc animæ proprium est ; quapropter solum intelligit ea quæ transcendunt. Non intelligitur autem ab aliquo, ac si esset etiam intelligibilis, cum sit omnium intelligibilium postrema, ut vel hinc etiam intelligibilis appelletur; non secus ac testa in inexplebilis maris fundo constituta sensibilis est, vel potius ipsamet aqua quæ supra cœlos exsistit. Recto autem motu anima cietur, quando in semetipsam non ingreditur (hoc enim est circulariter moveri), sed progrediendo ea quæ circum et extra ipsam sunt considerat, in quæ tanquam in symbola quædam directa, ex his iterum motu recto ad simplices contemplationes adducitur, non ratiocinando, neque scientificam rationem inquirendo, quasi scientifice adduceretur : nam sic etiam res divinæ scientificæ cognitioni subjacerent, et motus ille haud rectus, sed obliquus esset. Verum a creatura mundi invisibilia Dei simplicibus et rectis apprehensionibus, et non operose, intellecta sunt supra omnem intellectus operationem ac demonstrationem.

§ X. Harum igitur trium motionum, scilicet mentium et animarum, et ipsarumnet trium motionum quæ in sensibilibus reperiuntur, et multo prius, cujusque angeli et animæ, reique sensilis, mansionum, et stationum, et firmitatum vicissim etiam causa est Deus. Quomodo autem multo prius mansionum quam motionum ? quia videlicet id quod manet præstantius **397** est eo quod movetur ; unde etiam quæ divina sunt, sunt immobilia, nostratia autem mobilia sunt et nominantur ; quoniam quoque omne id quod movetur ab immobili movetur ; et quod immobile est, non opus habet eo quod movetur. Quomodo autem res sensibilis tres hasce motiones habet, nisi quia videlicet elementa quidem rectam, ut ignis sursum, terra deorsum, universum autem hoc circularem, planetæ vero obliquum motum habent, quandoquidem ab Austro versus Boream, et vicissim a Borea versus Austrum moventur, et ad idem punctum denuo revolvuntur ? Siquidem ex Deo et per Deum sunt omnia, quantumvis natura sit parva, vel magna, vel æqualis aliis ; et modo certo definita, corporearum quoque partium proportiones et congruentiæ, humorum temperationes , tota, partes, omne unum et multitudo. Est autem quid unum secundum colligationem partium, ut homo, bos ; et est unum secundum multitudinis unionem, ut populus, congregatio, grex. Cujusque item qualitas ac quantitas : hoc enim est quale, elementorum communiones ac distinctiones. Quemadmodum enim aliquid alteri unitur, sic ab altero separatur; sic ignis secundum calorem et aeri unitur et ab aqua segregatur. Infinitas in magnitudinibus secundum divisionem, in numeris secundum additionem, omnis finis, interpretantes sermones omnium, ordines, mutuæ excellentiæ, omnis substantia, et omnis habitus qui in ea est, et omnis vis et efficacitas, et omnis sensus, et ratio, et tactus sive notio, et scientia, et omnis unio quæ per ignorationem rebus optimis conjungit, et omne quod est, ex ipso, et in ipso, et ad ipsum est, et spectat, et ab ipso continetur, et in ipso exsistit omne principium sive exemplare, secundum quod fit id quod fit ; hoc autem est idea, quæ est intellectio per se perfecta, sempiterna, sempiterni Dei ; sive finale, et cujus gratia id quod fit perficitur, sive efficiens, quod ab effectu separatum est ; sive formale, quod fit id quod producitur ; sive elementare seu materiale, ex cujus subjecto fit id quod fit. Et omnia quæcunque sunt ex bono sunt, et quæcunque non sunt a pulchro quidem non denominantur, siquidem non habent statum, sed in pulchro sunt; dicitur autem hoc pulchrum de omnibus per ablationem.

398 § XI. Hic de amore sermonem introducit, ac ait : Omnibus igitur pulchrum et desiderabile et amabile est propter se et sui causa, et non propter aliquid aliud, et non solum per se omnia ad invicem amorem habent. Et inferiora quidem amant superiora, convertendo se ad ea ; et quæ sunt ejusdem ordinis, amant sui similia, cum iis communicando: et superiora inferiora, providendo illis; et singula se ipsa, conservando se, et omnia ad pulchrum et bonum directa faciunt ac volunt quæcunque faciunt ac volunt; et simpliciter, omnia se mutuo et seipsa amant, et Deus amat omnia, ut omnia bona reddat. Quocirca etiam divinus amor et bonus est, et rei bonæ ad bonum conducentis, et propter bonum ; fit enim ut perficiat, et contineat, et sanctificet. Siquidem hic amor etiam Deum movit ad nostri productionem ac providentiam, ut etiam ageret ac moveretur, nec sterilis remaneret. Notandum autem, non ipsas dictiones, sed vim scopi attendendam esse. Divine enim hæc ipse sermo explicat, non enim invocamus ipsum nomen amoris, ut gentiles ; neque hoc proprium est eorum qui res divinas intelligere cupiunt, sed sonos exiles auretenus admittunt, nec eos intrinsecus admissos ipsam animam penetrare sinunt, neque scire volunt, æquipollentibus etiam dictionibus , quæ multum terreni sapiunt, res divinas exprimi minime prohiberi ; sed stolide elementis ac dictionibus et syllabis animam non penetrantibus, sed extrinsecus aures ferientibus tenacius adhærent; ac si non liceat quatuor per bis duo significare, aut simplices lineas rectas. Similis enim, imo eadem sunt, sive quis secundum Cretenses matriam dicat, sive secundum nos patriam, et sic de cæteris. Ne singula reconseamus, sciendum cur verbis et sensibus utamur. Quando enim sermonem qui pronuntiatur, movemus de sensili aliquo, tum dictionibus et scripturis et verbis opus habemus ad ejus, quod dicitur, declarationem. Si autem anima a seipsa ad intelligibilia movetur ; in rectis operationibus superflui sunt cum sensibilibus sensus, sublimia enim imaginatur. Quando autem deiformis effecta fuerit elevationibus paulatim proficiens, atque per ignotam unionem intellectiones suas in inaccesso lumine habuerit, tum etiam intelligibiles operationes sunt superfluæ, sicut et sensus, quoniam his sublimiora cogitat anima jam Deo unita. **399** Quando autem mens humi repentia seu terrestria imaginatur, et in sensili aliquo moveri studet, tunc clariores sermones, et quæ in rebus visibilibus maxime perspicua sunt, seligere oportet, quippe quando illa quæ sensibus objecta sunt minime liquent, et obscura existunt, tum utique sensus ea quæ occurrunt, menti porrigere non recte poterunt.

§ XII. Sed ne hæc dicere videamur ad divinas Scripturas immutandas, agedum ex ipsis Scripturis amoris nomen astruamus. Adducit igitur in testem ipsum Salomonem et magnum Ignatium, et denuo Salomonem, cujus etiam verba divinorum introductiones oraculorum et umbras gratiæ esse tradit; ne quid igitur nos in hoc terreat vel perturbet, siquidem theologi commune censent esse nomen amoris et dilectionis; quinetiam nonnulli divinius esse putant nomen amoris, tanquam occultius, sicut etiam magis absonum. Quantum enim videtur indecens et divinis non conveniens, tantum est et occultum, dum quærimus quomodo et quam ob causam sic vocetur. Cum hoc itaque, ut Deum decet, a nobis dictum sit, vulgus hominum, cum non capiat uniformitatem amatorii nominis divini, vel secundum quam Deus amat omnia, qui est unicus et simplex; et supra omnia amor, neque est divisus in fines multos, sed in unum, dum omnibus bene facit; vel secundum quam nos ipsum amamus; nam etiam hic amor illius uniformis esse debet, juxta illud: *Diliges Dominum Deum tuum ex tota mente tua, et ex tota anima tua, et ex totis viribus tuis*[s], ita ut in anima nulli alteri amori locus sit quam amori divino. Hoc igitur divini amoris nomen vulgus non intelligens, ad amorem corporeum et distractum ac divisum dilapsum est; alius enim aliud amat, et alius aliud appetit secundum istiusmodi amorem, qui non est verus amor, sed magis simulacrum vel prolapsio ab amore divino. Sicut enim ars fucandi simulacrum est artis gymnasticæ, dum fuco coloris pulchritudinem mentitur, quam revera ars exercitandi et culinaria medicina conferunt; sic etiam amor corporeus simulacrum est amoris divini, cum hic etiam animam accendat, sed ad nihil diligibile ac stabile, quin potius amoris lapsus est: siquidem divinus ille amor proprius est animæ, hic autem alienus et extraneus. Unde etiam animæ naturaliter et secundum gratiam insitum est, ut verum **400** bonum appetat et ad fervorem ejus incalescat, quoniam istiusmodi calorem ac motum inserit; verum mens a vero judicio aberrat, et per concupiscentiam avertitur, et id quod secundum naturam odio habendum est, existimat desiderandum esse, et tanquam quid permanens id quod transitorium est, amplectitur, sicut dictum est, quia tanquam stabilem amabat, et non tanquam fugacem. Et hic est divini amoris lapsus, ex impassibili in passibilem, ex divino in corporeum, ex immateriali in materialem; vulgi enim turba non capit unicum illud divini amoris, et idcirco, tanquam id quod durius sit et magis exosum, de Deo ponitur, ut vulgus hisce in veri amoris cognitionem adducatur, utque compendio ab istiusmodi falsa opinione liberetur, dum intelligit, etiam exosum alias amoris nomen et infima quæque ipsi Deo competere. Sic enim etiam in *Cœlesti hierarchia* ait: « Id quod magis absonum est opportune de Deo dici, eoque magis quo vilius exsistit; quoniam hinc facile mens abducitur, ut cogitet, Deum non esse istiusmodi, sed secundum sublimem aliquem sensum sic appellari. » Quis enim opinabitur Deum pantheram esse vel leonem? Lux autem vel ignis vel spiritus cum de Deo dicuntur, facilius mentem aberrare faciunt, ne forte quid horum sit. Eodem modo etiam de amore ac dilectione; in Deo quidem exosum illud nomen amoris ponitur, in nobis autem, ubi sæpenumero aliquid absurdum homines terræ affixi suspicari possent, dilectio dicitur; quod nomen honestius videtur, juxta illud quod in primo Regum a Davide ad Jonatham dicitur. Cum autem in sacris de Deo sermonibus a recte sentientibus duo hæc nomina, ceu æquipollentia divinis explanationibus, adhibeantur, et unificam quamdam virtutem seu copulandi vim significent, quæ in Deo præexsistit, propter pulchrum et bonum, ut nimirum quæ ordinis sunt ejusdem, velut vicissim amantia et amata, se mutuo complectantur; prima vero inferiora moveant et ament, iis providendo, ut illa sui similia efficiant; inferiora vero ad superiora amabiliter affecta convertantur, ut et illa, quoad fieri potest, superiorem statum consequantur.

§ XIII. Est præterea divinus amor exstaticus; a se ipsis enim excedere facit **401** amantes, dum vivunt et moventur non ipsi, sed in ipsis ii qui amantur. Et hæc declarant illa quæ prædicta sunt, magis autem magnus ille Paulus, divino hoc amore correptus, aiens: *Vivo ego, jam non ego, vivit vero in me Christus*[t], tanquam verus amator, et qui excessit, ut ipse testatur, a se Deo: et rursum, veluti vicissim a supremo Deo provide amatus, non suam, sed amati vitam ducens, ait: *Tanquam morientes, et ecce vivimus*[u]. Nam audendum est hoc etiam tanquam verum dicere, quod ipsemet omnium Deus, propter excessum bonitatis, extra se per rerum providentias exsistat, et in istiusmodi bonitate sibi quasi complaceat; ait enim: *Et quid volo nisi ut accendatur*[v]? Et cum sit ex omnibus exemptus, ad omnia deducitur, unde etiam Zelotem ipsum appellant, ut qui multum in divinis rebus amorem ostendat, et quasi ad sui desiderium excitet; quodque illa quæ ab ipso desiderantur ac procurantur, æmulatione digna sint et beata. Nisi enim talia essent, nequaquam indignaretur quod ab ipso declinent, et aliis se adjungant. Et universim, amor

[s] Deut. vi, 5; Matth. xxii, 37.   [t] Gal. i, 20.   [u] II Cor. vi, 9.   [v] Luc. xii, 41.

pulchri est; cum enim pulcher sit, amat istiusmodi pulchrum, et in pulchro manet, et diffunditur consumendo. Siquidem amores corporum, cum rerum sint fluxarum, non secus ac verni flores defluunt; amores vero divini rerumque divinarum, tanquam permanentium, ipsi quoque permanent in possessore suo, et pulchri causa exsistunt; quoniam amor ille est ad amata condecoranda, neve materiæ colluvie conspurcentur.

§ XIV. Quærit hic etiam, utquid theologi aliquando quidem amorem ac dilectionem, quandoque vero amabilem ac diligibilem dicant. Et resolvens quæstionem, ait, quod quidem, tanquam auctor ac genitor amoris divini, amor appelletur; in quantum vero ipse est id quod amatur, amabilis dicatur; et secundum illud quidem movetur ad alia amanda, secundum hoc vero movet alia ad amorem suum. Vel amabilis dicitur, quia vim habet adducendi ac movendi ad amatoriam in spiritu conjunctionem, id est quod hujus mediator et ipsemet conciliator sit amoris, quo a suis creaturis adamatur. Dicit autem habere vim movendi, ut qui singula moveat secundum propriam rationem, ut ad ipsum convertantur. Porro nomen illud productionis seu prostitutionis, etsi apud profanos rem impuram significet, **402** verumtamen hic dicit intercessionem conciliatricem unionis cum Deo, et hoc modo quidem amabilis dicitur; amor vero rursus et dilectio, tanquam vis motrix, et sursum ad se trahens illud quod solum et per se bonum est, et quod ipse sit manifestatio sui ipsius per seipsum, nullo alio mediante, nec aliunde amore aliquo adveniente, nisi a se ipso in seipsum; tale enim est id quod per se pulchrum est. Quemadmodum enim mellis dulcedinem amamus, non aliunde moti quam ab ipsa, nec propter aliud quam illam ipsammet dulcedinem, quapropter etiam inexplicabilis est dulcedo illam ignorantibus; si enim ab aliis quibusdam ad hoc moveremur, utique ex his aliquid dicere possemus, unde etiam ignorantes cognoscerent. Sic cogita etiam in divina veraque dulcedine amorem ex ipsa exsistere, et ipsam esse amabilem cum propter se, tum per se, et non propter aliud, nam istiusmodi unio ab omnibus exempta est, et simplex, et ab ipsomet amabili mota. Porro dicit amorem hunc divinum principio fineque carere, utpote ex bono prodeuntem, et ad bonum se convertentem, secundum figuram circularem (quemadmodum neque linea circuli cognosci potest unde incœperit, vel ubi desierit) etenim ex ipso boni desiderium, et ad ipsum iterum tendit; in ipso vero est et manet amor agnatæ bonitatis, omniumque ad bonum hoc aspirantium. Deinde apponit etiam testimonium eorum quæ dicta sunt ex divo Hierotheo.

Hierothei.

§ XV. Observa quam præclare magnus Hierotheus de laudabili amore disserat, primum quidem divinum ipsum asserens, quoniam Deus ipse primus auctor est amoris, idque per excellentiam et sine causa. Si enim amor ipse charitas est, uti prædictum, scriptum sit autem: *Quoniam Deus charitas est* [x], id est amor omnium unificus, utique charitas Deus est. Isthinc igitur per transgressionem progreditur ad angelos, unde ipsum quoque angelicum dicit, ubi maxime quis reperiat divinum illum amorem unitatis; nihil enim apud ipsos dissonum aut seditiosum. Deinde post angelos, intelligentem quoque amorem commemorat, id est qui insit viris divinis Ecclesiæ, ad quos Paulus ait *ut idem dicatis* [y]; et Dominus: *Ut sint unum* [z]. Postea etiam de aliis hominibus qui amicitiæ rationem **403** habent; nam amorem qui est secundum animas rationales, intelligentem nominavit, animalem vero vocavit amorem brutorum. Ex amatoria hac virtute et volucres gregatim volant, et terrestria natatiliaque conjunguntur. Porro amorem naturalem vocat illum rerum animatarum et sensu carentium, cum sensu carentia etiam proprie habitudinali aptitudine Creatorem ament, propterea quod ab ipso producta sint; nam secundum naturalem suum motum etiam ipsæmet ad Deum convertuntur.

Ejusdem.

§ XVI. Quoniam ex uno ac vero amore Dei multos amores coordinavimus, angelicos, intelligentes, animales, naturales (siquidem horum aliqui mundiales sunt, alii vero amores supramundiales, inter quos intelligentium et intelligibilium excellunt), agedum omnes ad eorumdem Patrem collectim reducamus. Nota autem, intelligentia esse ea quæ intelligunt, intelligibilia vero ea quæ intelliguntur, et intelligentia ab intelligibilibus superari, unde etiam illa quæ intelliguntur cibus sunt intelligentium. Itaque intelligentia amant intelligibilia prorsus conversive; intelligibilia vero etiam amant intelligentia, sed provisive, illis utilia communicando. In confesso igitur est amores istiusmodi superare sensitivos. Cæterum hæc intelligibilia et intelligentia ex participatione veri boni talia facta sunt, ipsi autem amores per se intelligibiles, divini sunt. Sicut enim aliud est bonum per participationem, et aliud bonum simpliciter; sic etiam aliud est intelligibile alicui, ut quod ab illo intelligitur; et aliud quod simpliciter est intelligibile, non ut tempus aut locus (hæc enim etiam intelligibilia, cum non sint sensibilia), sed quod sit intellectus intelligibilium, et vivens, et vita, et operatio. Vires itaque amatorias a multis amoribus ad duos omnino contrahi cupit, tam intelligibiles quam intelligentes, quibus omnibus præstat et antecellit incomprehensibilis illa omnis amoris causa. Incomprehensibilem vero causam vocat vim creandi; siquidem hæc sola valet id, quod effectus materialis et

[x] I Joan. iv, 8, lectione varia. Cf. P. Sabatier V. Italicam. [y] Philip. ii, 2. [z] Joan. xvii, 21.

formalis et finalis, dum efficit quæ illi videntur. Ad hanc igitur incomprehensibilem et efficientem causam, in commodum uniuscujusque, omnium totalis amor extenditur, totalem **404** amorem vocans illum, qui ex omnibus particularibus amoribus collectus est; Deus autem totalis et particularis amor exsistit, in quantum causa est et omnibus præbet amatorium quodammodo humorem. Quomodo igitur Deus totum et pars, sine egressu sibi præsens esse possit, ex seminandi ratione patet : quando enim semen absque interruptione simul in matricem deciderit, unus quidam embryo formatur ; si vero semen in varias matricis cellulas dividatur, quælibet pars integrum format embryonem ; erit autem seminis pars una nasus, altera oculus, et sic deinceps, omniaque perfecta. Simile quidpiam considerandum etiam per proportionem de mente perfecta, nam tot efficacia complectitur etiam partes : sic etiam Deus tam totalis quam partialis amor est.

Ejusdem.

§ XVII. Duas igitur virtutes amatorias supra dictas agedum in unum colligentes, dicamus unam esse simplicem virtutem, quæ ex semetipsa, et per semetipsam, et non per aliam aliquam virtutem, et in semetipsa movetur : ingressibiliter enim ex semetipsa in semetipsam revolvitur usque ad extremitatem rerum, et ex hac in semetipsam. Et post hæc exponit sanctus hic quorumdam quæstionem, est autem fere tota gentilium et Manichæorum.

§ XVIII. Ait itaque, nonneminem objicere posse : Si bonum omnibus est amabile (nam id ipsum quod non est illud expetit, non ens vocans informem materiam ; idem enim est bonum atque formificum. Quemadmodum igitur materia formam, sic id quod non est Deum expetit. Quinimo quod non est, in Deo supra essentiam dicitur, siquidem et quantitate et forma et figura caret ; et Deus est non terra, non aqua, non ignis, sed supra hæc omnia superessentialiter) : si, inquam, omnia bonum appetunt, quomodo turba dæmonum non illud expetit? Primum autem observandum circa non ens, veteres illud non ens non solum informem materiam, verum etiam extremam turpitudinem appellasse. Materia autem dicitur non ens, non quod omnino nihil sit, sed quod non sit aliquid rerum exsistentium ; siquidem ex non entibus etiam ipsa materia a Deo producta fuit, sed non, ut aliqui opinabantur, sine forma et figura : ideoque **405** materia non est principium sensilium, sed potius eorum complementum, et extremum quid ac fundamentum entium. Et quod sensibile est, non sine materia est, sed cum sit præstantius quid materia, formam quoquo modo participat ; nunquam igitur ostendetur materia sine forma et qualitatibus : quando enim fuit ignis sine calore aut lumine, vel aqua sine frigore et humiditate et cæruleo colore? Idcirco etiam dixi materiam ratione concipi, et non sensu apprehendi, nec non impropria seu illegitima ratione concipi perhibetur : sic etiam quod hoc sit dicitur, sed quod illud non sit, quippe quid pejus omnibus. Etenim sic etiam de Deo dicimus, verum tunc asserimus, ipsum quid omnibus esse melius, idque superessentialiter. Si itaque hæc ita se habeant, quomodo turba dæmonum bonum non expetit, sed a suo statu prolapsa, tam sibi ipsi quam aliis perversis malorum omnium causa exsistit ? Quomodo autem, cum producta sit ex bono, boni forma caret, particeps exsistens ejus qui essentialiter et non participatione bonus est ? nam quæ extrinsecus ejus desiderio bona facta sunt, boniformia dicuntur, et non reapse bona, aut quomodo bona facta, mutata est bono minime superante ? Ecquid est quod illam movit ad malitiam, vel potius, quodnam ejus principium ? neque enim religiosum sit duo principia statuere, secundum Manichæos. Si autem bonus ipsam produxit, quomodo voluit hoc facere ? vel si voluit, quomodo potuit ? Quemadmodum enim ignis naturalem impotentiam habet ad frigefaciendum, et quidquid fiat non refrigerabit ; sic etiam ipsum per se bonum naturalem impotentiam habet ad faciendum malum. Quomodo vero, etiam exstante atque omnia gubernante Providentia, qua cuncta in bono perseverant, malum est, vel fit ? vel si unquam factum sit, non e medio sublatum est ? et quomodo quidpiam relicto bono, malum expetit ?

§ XIX. Stylum hic circa malum simpliciter et non circa dæmones exercens, et resolvens quæstiones, ait : Malum neque ex bono dicemus productum esse, neque ex malo ; siquidem non est ex bono, quia alias ipsum quoque non esset malum ; quemadmodum enim ignis non est refrigerare, sic neque boni malum producere. Rursum vero non est ex malo, quoniam sicut boni **406** est producere ac servare, sic etiam mali est corrumpere ac perdere. Quid igitur ? dicet aliquis. Vel igitur non est malum reliquum, vel exsistens habet partem aliquam boni, secundum quam omnino est. Rursum oritur utrinque quæstio. Si namque non est omnino malum, virtus et malitia quid unum erunt, uti in progressu tradit ; si autem est, et ea quæ sunt, omnia bonum appetunt ; et si quid fit, vel propter bonum fit, vel propter id quod videtur bonum (nam et ipsamet invidia oritur propter id quod apparet bonum, et omnis rerum scopus principium ac finem habet bonum); etiam malum, in quantum est, habebit appetitum ad bonum ; quomodo enim omnino exsistat ejuscemodi boni affectu destitutus ? Si igitur res omnes etiam ex Deo et in Deo sint, etiam illud ipsum quod non est ut materia, et quæ ex ablatione de Deo superessentialiter prædicantur, malum id quod in rebus ponitur, in Deo erit, et id quod non est in rebus, iterum in Deo erit. Si autem non sit in Deo, quid tandem erit quod extra res et non res est ? cum in confesso sit Deum esse extra ea quæ sunt, et extra ea quæ non sunt ; et id quod non est in bono supra substantiam dici, non quod hoc sit vel illud, sed supra hæc suprasubstantialiter. Bonum ergo locatum est supra id quod est, et supra id quod non est; malum autem non solum alienum est a rebus (nam si esset, boni particeps exsisteret), verum etiam a non entibus remotum est, et iis ipsis minus ens est, cum id quod non est etiam in Deo desuper collocetur. Concluditur itaque, haudquaquam quidquam esse malum, et si hoc sit, indifferentia erunt omnia et laudabilia; et non solum virtus cum malitia erit idem, tota toti, et partialis proportionali, v. g., fortitudo pusillanimitati, verum etiam id quod virtuti repugnat virtus erit. Cæterum formans syllogismum hypotheticum, elidit sequelam, dicens: Contraria est temperantiæ dissolutio. Neque vero dico illa sibi repugnare et contrariari, in quantum ab hominibus ipsis participantur (sic enim propter alias aliquas causas adversari viderentur); verum etiam antequam exterius se prodant et appareant, multo prius in ipsamet anima cum parte rationali animæ dissident ipsæ passiones, ira, inquam, et concupiscentia; atque illa quidem auriga dicitur, **407** hæc vero subjugalia, semper quidem prævertentia, nonnunquam vero etiam obsequentia, quando videlicet ratio tenet principatum. Ex hoc itaque fit necessarium, dari aliquid bono contrarium; neque enim bonum sibi ipsi adversatur; omnia enim bona, ab uno principio unaque causa profecta, unitate gaudent, et sibi mutuo nequaquam adversantur. Ne quis itaque dixerit, majus bonum minori bono repugnare; quantitati enim nihil est contrarium, neque magis calidum minus calido contrariatur. Sequela itaque elisa concluditur, malum exsistere, et opponi bono; neque enim quod malum corruptio sit rerum, ipsum hoc malum ab essendi statu eliminat, quin ipsamet corruptio quandoque ad generationem facit. Sic ovum quidem corrumpitur, sed in avem transformatur; et medulla cerebri bovis in apes, et equi in vespas per corruptionem transmutatur. Erit itaque et ipsum non solum ens, verum etiam cum ad generationem, tum ad consummationem conducet, et per se præbebit effectui ut non sit imperfectum.

§ XX. Postquam dixit, ex istiusmodi rationibus colligi et esse malum, et ad quorumdam generationem facere, aliam opponit rationem veriorem, et ait, malum qua malum ad nullam generationem facere, sed tantum corrumpere, quantum ex se est, rerum subsistentiam. Si quis autem dixerit, hoc ipso generationi subservire, quod alterius corruptio alterius generatio exsistat, respondendum, non in quantum corrumpit dare generationem; sed corruptio quidem corrumpit, si quid autem gignitur, ex bono gignitur, et erit malum. Observa enim quod adhuc examinet rationem, et idcirco dicat: Est et non est. Atque adeo malum ex se quidem erit corruptio, subservit autem generationi per id quod bonum est. Et per se quidem neque res est, neque res producit; cum enim sit malum, quomodo consistat unquam, et unde habeat exsistentiam, cum sit privatio? Per bonum autem et res est, et bona producit. Res, inquam, quoniam hoc recedente illud apparet; bona vero producit, quia hoc corrumpit substantiam formatam, subintroducitur alia forma materiæ inexsistentis, et per bonum formationem suscipientis; præsertim cum obvia sit in divinis oraculis ex rerum præcipuarum enumeratione **408** traditio. Hoc universum, inquit, boni est, sicut in progressu demonstrabit. Quomodo enim id ipsum erit et bonum, in quantum corrumpendo promovet generationem, et malum, in quantum corrumpit? neque enim ejusdem et unius rei virtus unica secundum idem et corruptio est et generatio; quod utique contingit, si concedamus, malum esse virtutem quæ secundum se non corrumpat, per accidens autem generationem exhibeat. Quomodo enim motus contrariorum una eademque vis erit? nam si etiam medicus dicatur habere vim sanandi, et habere vim morbum conferendi, illud quidem per se, hoc autem per accidens, propter absentiam vel inadvertentiam; et gubernatori non solum præsenti salutem navis ascribimus, verum etiam absenti perditionem. Quod enim præsens hujus causam dicimus, inquit Aristoteles, id etiam absens contrarii causam asserimus. Sed præsupponitur in his vis aliqua, in illo quidem curandi, in hoc autem servandi, cujus absentia contraria præstet: ac per se quidem illa fiunt secundum habitum, hæc vero secundum privationem per accidens: ibi autem privatio se habet per se, habitus vero per accidens. Quænam itaque hæc vis sit, quæ secundum privationem subsistat, quæ in eodem sit et corruptio et generatio? Neque enim corruptionis privatio generatio est, sed generationis et exsistentiæ privatio corruptio est; neque privationis absentia forma est, sed formæ absentia corruptio est et privatio. Quapropter cum etiam malum per se corruptio sit, bonum autem per se valeat ad generationem, quomodo per se corruptio sit per se virtus, ut possit aliquid facere? Sed sciendum, quod cum per se malum, per se immensum, per se informe, et se ipso essentialiter malum sit, non autem per alterum malum; hoc enim forma est, et quasi accidens malitiæ. Sicut iterum Deus per se mensura, per se formam tribuens, et per se bonum essentiale est, non autem in altero bonum; hoc enim accidens. Istud itaque per se malum neque est, neque efficax est, nec apparet in aliqua exsistentia, sed in irreptione, in boni privatione. Et hoc est, quod magnus ille theologus Gregorius ait esse *in boni fuga*. Quomodo igitur malum irrepat, cum non sit, fusius exponit, et totum bono attribuit. Bonum **409** itaque quibuscunque quidem perfecte inest, eadem impermista et integra bona reddit; quibus vero minus inest, permista sunt malo. Malum tamen non est per se, sed per boni defectum, quandoquidem illa perfecta bonitas, quæ per omnia se diffundit, non solum usque ad cœlestes ac divinas virtutes pertingit, sed ad extremas usque etiam terrenasque protenditur; quoniam idcirco etiam terra dicitur scabellum Dei[a]. Atque aliis quidem aliter atque aliter secundum intentionem et remissionem, extremis vero secundum extremam quasi resonantiam adest bonum. Sicut enim diximus, suppone aliquem alte vociferari, ac vicinum quidem audituque valentem totam vocem excipere, remotos autem pro rata distantiæ portione, remotissimum vero obscurissime tanquam resonantiam quamdam ultimam vocis quodammodo percipere; nisi enim hoc modo bonum participaretur, utique divinissima exsisterent, quæ novissimorum modo ordinem tenent. Quonam autem pacto oportebat æqualiter omnia bonum participare, cum quælibet ad æqualem boni participationem non sint accommodata? Nunc autem hæc est potentiæ boni præstans magnitudo, quod etiam sui expertia non aliis, neque aliter quam per sui privationem corroboret ad ipsum omnino participandum. Et hoc est, quod quæ impossibilia sunt hominibus, possibilia sint Deo. Quod si confidentius dicere liceat, illa etiam quæ ipsi repugnant, ipsiusmet vi et sunt et pugnant; sustinet enim peccatores Deus, imo plurimos divinis suis voluntatibus repugnantes; et hoc est quod ipsius judiciis reservatum est, dum dicimus, quibus judiciis novit Deus, hoc fit, et hoc non fit. Quinimo, ut summatim dicam, ea quæ sunt omnia, in quantum bona sunt, et sunt, et bona ex bono sunt; in quantum autem bono privata sunt, non modo non bona sunt, sed ne exsistunt quidem. Hinc intelliges etiam illud Abdiæ prophetæ dictum de peccatoribus: *Et erunt quasi non sint*[b]. Quod etiam in profanis locum habet, ut in Homero, v. g. cùm quis loquitur de bonis quorum olim particeps exstitit, quibus modo privatus est, *si quando fuerint*. Unde colligitur omnino malum esse quod omnino privatum est bono, ut quod nec erat, nec est, nec esse potest. Suppone, inquit, bonum esse habitum; **410** nam licet Deus sit supersubstantialiter et per se bonum, et essentiale bonum, tamen in participibus etiam bonum est secundum quemdam habitum. Ponit itaque aliquam quidem manere in habitu, etiam deficiente habitu, sicut deficiente calore ignis (manent) calida quæ calefacta sunt, et frigore nivis frigida, quæ frigefacta sunt. Et rursum alia sunt, quæ dum aliquos habitus non participant, tamen servantur et exsistunt. Quot enim res sunt vitæ mentisque expertes, attamen sunt, lapides, et stirpes, et similia? Veni etiam ad ipsum Deum; a substantia exemptus est, et est supersubstantialis. Et simpliciter in aliis quidem, vel absente etiam habitu vel non insito, esse aliquid et subsistere potest; quod vero omnimodo bono privatum est, tanquam non se malum, nequaquam exsistere potest. Ponit igitur exempli gratia intemperantem, qui quatenus mali particeps est, neque est, neque omnino quidquam concupiscit (qualis enim amor est, talia et illa quæ amantur), simul tamen secundum quamdam unionis et amicitiæ speciem boni particeps exsistit, si non exsistentis, saltem apparentis; hoc enim est obscurum quoddam eorum quæ sunt amicitiæ vestigium. Et qui iracundia abutitur, particeps esse boni dicitur, in quantum movetur ad corrigenda illa quæ videntur mala. Sic et is qui deterrimam vitam expetit, boni particeps exsistit, in quantum cupit vitam optimam ipsi visam. Et qui malum aggreditur, in quantum videtur bonum agere, bonum participat. Ita ut si omnino bonum sustuleris, omnia sustuleris. Et quod ex corruptione fiat generatio, uti superius dixit, non est mali vis, sed minoris boni victoria. Sicut etiam sanitas ordo est et commensuratio temperiei, morbus vero defectus istiusmodi ordinis, verumtamen non universi, sed alicujus: nam si defectus esset universi ordinis, animal interiret, et morbus non subsisteret. Est itaque morbus absentia sanitatis, pro statu habens minimam constitutionem; nisi enim sanitas aufugeret, morbus non subsisteret, qui consistit in defectu constitutionis, neque sanitas a morbo superata abesset; nam sic etiam morbus primum ordinem haberet. Verum morbus est privatio sanitatis, idcirco etiam dixit παρυφισταμένη (id est quid minus quam subsistens;) siquidem non habet subsistentiam, sed quasi subsistentiam **411** in hoc quod absit sanitas; sicut tenebræ lucis subtractione quodammodo subsistunt. Quod itaque omnino boni expers est, non exsistit; quod autem boni particeps est, secundum bonum, et in quantum boni particeps est, vel majus vel minus quid exsistit, et in rebus est. Simili modo etiam in eo quod dicitur ipsum esse per affirmationem; nam quod nequaquam usquam est, tametsi etiam diceretur ipsum esse per affirmationem, nequaquam erit. Quod autem partim quidem est, partim vero non est, id quatenus ab eo quod vere est decidit, non est etiam vel aliquali modo, et non ens ipsius superatur atque servatur; nam hoc etiam, priusdixit quod etiam privationes roboret secundum quod omnino sunt. Quod itaque prorsus malum est, nec est quidem: quod autem partim quidem bonum, partim vero non bonum est, hoc alicui bono adversatur, verumtamen superatur et continetur a bono aliquali ejus participatione. Etsi enim pusillanimitatem autem audaciam dixeris, habent etiam hæc portionem aliquam boni, illa quidem providentiam et amorem vitæ, hæc vero serenitatem et ad pericula promptitudinem. Bono enim prorsus decedente, id quod remanet nec omnino bonum erit, neque mistum, neque etiam per se malum. Duo igitur percurret. Quomodo enim omnino erit bonum, a quo decessit omnimodum bonum? quomodo vero iterum per se malum erit, cum omnia quæ sunt bonum participent? hoc autem omnimode abest a bono. Quod vero neque mi-

[a] Isa. LXVI, 1.   [b] Abd., 16.

sium quid residuum erit in omnimoda boni absentia, ostendit sic dicens : Si demus in omnimoda boni absentia, malum quod remanet imperfectum esse bonum, manebit in ipso residuum aliquod bonum; atqui in omnimoda boni absentia, tam quod perfectum quam quod imperfectum est aberit, quomodo ergo erit hoc ¡imperfectum bonum ? tunc enim tantum apparebit malum imperfectum bonum, quando non est omnimoda boni absentia. Sed id quod est ejusmodi, quibusdam quidem bonis tanquam malum adversabitur, ab aliis autem tanquam bonum eximitur; nequeunt enim eadem secundum eadem inter se in omnibus pugnare. Non ergo exsistit per se malum.

§ XXI. Quin ne quidem est in rebus, uti demonstrabit per syllogismum hypotheticum, **412** conjunctione disjunctiva. Si enim in rebus omnibus sit bonum, malum vel in rebus non erit, vel si sit, in bono est; sed hoc impossibile est ut sit in bono; ergo sequitur illud prius, quod non sit malum in rebus. Assumptum itaque confirmat ab exemplo, dicens : Neque enim in igne frigus est, nec depravatio in eo quod etiam malum bonum reddit. Quod si erit, quomodo erit in hoc? si quidem ex ipso quodammodo subsistat, absurdum id est, *non enim potest arbor bona malos fructus facere*, secundum sancta Evangelia ᶜ. Neque etiam e contra bonum ex malo est, quoniam id absonum et impossibile est. Sin autem non ex ipso, ex alia profecto causa subsistet, et ecce duo principia et causæ. Nulla autem dualitas principiat, sed unitas quoque erit principium dualitatis. Hæc autem omnia dicuntur contra Manichæos, quia dualitas non principiat, unitas autem omnis dualitatis principium exsistit. Rursus absurdum, ex uno et eodem duo contraria, bonum et malum, proficisci, et principium non esse simplex, sed duplex; sibique vel contrariari, in quantum contraria producit; vel immutari, ut alias quidem producat bonum, alias vero immutatum producat malum. Quod si vel unum absurdum hinc sequatur, quid utrique erunt ipsa principia? an rursus duo contraria? sed id absurdum est : neque enim sibi mutuo inesse possunt, neque sibi invicem repugnare; nam sic ne Deus quidem ipse incolumis erit, et ab insultu molestiaque liber. Deinde cuncta erunt inordinata pugnantiaque, cum alia quidem sub hoc, alia vero sub isto exsistant : sed hoc fieri nequit, quoniam bonum amicitiam conciliat, et Deus pax ipsa celebratur; idcirco etiam omnia bona consona sunt (sicut mala pariunt divisionem; nam κακόν, id est *vitium*, a χάζω, id est *vito*, sive *recedo*, nomen habet) et ex una vita divina propagata sunt, et ad unum bonum tendunt. Non igitur in Deo, nec quid divinum, nec ex Deo malum est; vel enim non bonus et sic ex ipso malum est; vel bona facit, et sic ex ipso non est. Neque etiam aliquando quidem bonum producet, aliquando vero malum; sic enim mutationem pateretur etiam circa id quod omnium est divinissimum, scilicet causam. Si vero quid aliud sit Deus, et aliud in ipso boni substantia, utique per accidens in Deo bonum erit; et sic aliquando quidem **413** Deus erit habens in se notam divinitatis, scilicet bonum, aliquando vero non erit, bonum abjiciens. Quod si participet bonum, ex alio participabit et aliquando, quandoque vero non participabit, sed mali particeps erit; et sic bonum quidem participans bonum, non participans autem producet malum, quod est absurdum. Non itaque ex Deo, vel in Deo malum, neque omnino, neque certo tempore.

§ XXII. Quin ne in angelis quidem est malum, siquidem angelus imago Dei est, id ipsum exsistens secundum participationem secundo ordine, quod secundum causam est id quod enuntiatur primo, arcani luminis declaratio et speculum purissimum, venustatis species excipiens, et a malo impollute sive boniformiter in semetipso resplendere faciens arcani illius silentii bonitatem; ergo etiam in angelis non est malum. Silentium autem quod in adytis est, vocat divinum illud arcanum; siquidem id silent res viles propter suam deformitatem, res vero pretiosæ ac divinæ illud silent propter ejus venerationem, quodque non valeant enuntiare illa quæ in adytis latent, quo mens nulla penetrat, quantumvis pura sit, et propter sanctitatem perspicacissima. Atqui dicet aliquis malos esse angelos quod puniant. Hanc objectionem sapientissime dissolvit, primum a sacerdotibus, qui indignos a divinis mysteriis arcent; deinde dicit, ne id ipsum quidem malum esse, punire aliquem, quoniam correctio est, correctio autem bona, neque qui puniunt mali sunt, dictum est enim : *Non enim sine causa gladium portat; Dei enim minister est, vindex in iram ei qui male agit* ᵈ. Cæterum solutionem propositæ quæstionis prosequitur, et ait, nec ipsos dæmones natura malos esse. Hoc ex pluribus probat: primum quidem, quomodo alioquin a bono Creatore conditi, et aliud sint, quoniam ex bonis mutati? mutationes enim quæ sunt secundum alterationem, non sunt secundum substantiam, sed secundum qualitatem, sicut illæ quæ sunt secundum augmentum aut decrementum, secundum quantitatem; mutatio autem secundum substantiam, generatio est, vel corruptio. Cum itaque mutati sint, oportebat eos, si secundum substantiam mutati essent, interire, et in nihilum abire; sed ecce sunt substantiæ immateriales, tametsi secundum alium modum dicantur non esse, in quantum mali sunt. Tu autem considera **414** quod aliud sit, in nihilum abire ac interire, et aliud non esse quidpiam. Sicut enim generatio alia quidem simplex est, ut secundum substantiam; alia vero secundum quid est, ut secundum alterationem; ita etiam corruptio, alia est simpliciter, quæ secundum substantiam; alia vero

---

ᶜ Matth. vii, 18. ᵈ Rom. xiii, 4.

secundum quid, quæ secundum alterationem. Quod itaque corruptionem alterativam subierint, dicuntur non esse; cum autem illam secundum substantiam ignorarint (quoniam immortales sunt) non dicuntur interire et in nihilum abire.

§ XXIII. Deinde dividens hic sanctus, quærit : Si mali sunt, sibine mali sunt, an aliis? Si sibi, sequitur illos se ipsos interimere (nam malum interimendi vim habet) ; verum non ita se res habet. Sin aliis (rursum distinguit). Quid interimunt? Substantiamne? an potentiam? an actionem? (Talis differentia est inter potentiam et actionem, qualis est inter habitum et operationem ex habitu; v. g. potentia ignis est calefactiva, actio autem est calefactio alicujus.) Si itaque substantiam interimunt, primum quidem, quandoquidem illa quæ natura sua incorruptibilia sunt minime interimunt, sed ea quæ natura sua corruptibilia exsistunt, quæ etiam sine illis debebant interire, nil faciunt contra naturam, sed secundum naturam rerum. Deinde vero neque hoc omnino malum est, sed eatenus solum est malum, quatenus interitus, ut putatur, sit ante tempus; neque omnibus id malum est, quibusdam enim id bonum est, ut in feris et serpentibus et herbis noxiis. Cum igitur hoc solvisset per oppositionem, modo solvit etiam per instantiam, quod nihil eorum quæ sunt intereat in quantum substantia est, ita nimirum ut penitus aboleatur et annihiletur, sed defectu naturalis ordinis debilitatur, ut ita se habeat. Imbecillitas autem hæc non est perfecta corruptio; nam si perfecta foret, illis circa quæ corruptio versatur intereuntibus, etiam ipsamet corruptio deficeret. Itaque defectio ordinis non est tale malum, sive omnino malum, quod in rebus non exsistit, sed deficiens bonum. Eadem quoque ratio est de potentia et actione; si enim interiret omnino subjectum potentiæ et actionis, non solum non ipsa potentia et actio forent, sed nec ipsa corruptio. Sin subjectum quidem servaretur, sed potentia actioque deficerent, corruptio **415** hæc non esset omnino mala, ut quæ non penitus interimeret, sed solam potentiam et actionem. Quin etiam sæpenumero corruptio bonum foret; nam si potentia et actio bonarum rerum erant, corruptio earum inter mala est; sin illa erant malarum rerum, tum corruptio erat bonum, quippe sinens quidem subjectum, interimens vero malum habitum et actum. Præterea dæmones, quatenus ex bono Deo oriundi, nequaquam mali ; verumtamen si quis dixerit eos malos, dicam et ego; sed non in quantum hoc sunt, sed quatenus hoc non sunt, nempe sicut erant creati. Quoniam procreati sunt et ipsi ad omne opus bonum, sed infirmati sunt, quod non custodierint principatum suum ac statum in quo creati erant[e] : in nullo enim alio mali sunt quam in cessatione habitus bonorum, et quod non operentur bonum, ita ut secundum propositum mali sint, et non secundum naturam ; alioquin enim fuissent semper mali. Atqui contra si semper mali, non mali ; unde concluditur, quod si secundum naturam mali sunt, non sint mali ; hoc enim absonum : malum autem quod semper eodem modo se habet, non est malum, siquidem eodem modo se habere, proprium est boni ; quoniam bonum est conservativum identitatis, sicut malum destructivum. Quod si non semper mali fuerint, cum reperiantur boni esse creati, non sunt natura mali, sed quatenus sunt et vivunt et intelligunt participes sunt boni, quam utique vitam etiam appetunt; sed dicuntur mali, quatenus in naturali sua actione infirmantur, et a rebus sibi convenientibus deficiunt. Quid vero, dicet aliquis, præterea malum in dæmonibus ? Furor irrationalis (invenitur enim etiam in nobis ira rationalis, ut contra hostem et peccatum) et concupiscentia demens (siquidem etiam in aliis prudens concupiscentia reperitur : *Desiderio desideravi* [f], et : *Vir desideriorum* bonorum Daniel[g]) et imaginatio præceps, dum illa imaginantur quæ nunquam habebunt effectum ; est enim etiam imaginatio minime præceps, qua ea quæ sunt et fieri possunt attingimus. Cum itaque hæc ita se habeant, sive quis bona dicat de viris probis, sive mala de dæmonibus, in aliis tamen animalibus sunt virtutes constitutivæ, et nequaquam horum habitus, sed ablatio est interitus; ablata enim iracundia, imaginatione **416** et concupiscentia, nec ipsum animal erit ; quapropter hæc non sunt mala, atque adeo etiam in dæmonibus non omnino mala sunt, quippe illos non interimentia; non itaque mali sunt secundum naturam, sed in quantum non sunt boni. Neque bonum, quod illis concessum est, penitus perversum est, quasi forte pœniteat Deum quod ita illos honorarit, absit ; sed ipsimet a toto bono desciverunt, potentias suas boni visivas odio habentes, juxta id quod de populo Israelitico dictum est : *Oculos suos clauserunt, et auribus graviter audierunt, nequando convertantur, et sanem eos* [h]. Idcirco etiamnum Satanas Lucifer nominatur, et in Evangeliis dicitur : *Videbam Satanam sicut fulgur de cœlo cadentem* [i]. In ordinem enim suum angelicum ac luciformem inordinationem et interitum ex proposito invexerunt, sicut reperitur apud Ezechielem [k] : *Corrupta est scientia tua cum pulchritudine tua*, id est luciformis habitus et angelicus decor. Quomodo autem, dum id quod non est appetunt, malum appetunt, nisi quia Deus veritas est et ens ? quod autem veritati repugnat mendacium, neque ens est, siquidem omnino est extra Deum, nec imago veritatis. Cum autem persuadeat quibusdam prorsus esse aliquid, obscurum erit ac tenue rerum quoquo modo exsistentium simulacrum; quocirca etiam effectu simulacrum est, et effectu falsum, id est vere ac realiter falsum, atque adeo etiam effectu non ens. Quemadmodum igitur in falsis entibus, si falsitas auferatur, omnem rei sub-

[e] Jud. vi. [f] Luc. xxii, 15. [g] Dan. ix, 23. [h] Is. vi, 9. [i] Luc. x, 18. [k] Cap. xxviii, 7.

stantiam aufert; ita quoque falsitatis amans, ut dæmones, amat id quod non est, et in eo quod est, id est in veritate, non stat. Dæmones igitur, sicut ait Dominus, cum mendaces sint et mendacii patres, appetunt id quod non est, malumque desiderant.

§ XXIV. Transit ad dictas pravas animas, sermonem in iis exercens, an possint in iis etiam secundum substantiam aliqua esse mala, et ait : Sed quis dicat animas esse malas? Etenim vel ex eo, quod cum aliis rebus malis versetur, malum anima habebit, vel quod a semetipsa depravetur : siquidem ex conversatione, vel ut mala simili se conjungit ei accurrens, vel ut bona, quo forte illi prosit, juxta dictum Apostoli: *Factus sum iis qui sine lege erant, tanquam sine lege* [1], et hæc non sunt mala, quoniam utraque et provide 417 et salutariter fiunt, dum nimirum anima studet vel malum evitare, vel in bonum commutare. Illud primum itaque, quod tanquam mala cum malis coeat, providentiæ quoque ac salutis rationem habet, scilicet apparentis et non omnino veræ; quoniam prava anima curat, ut servetur malum in iis quibuscum congreditur : hoc modo aggreditur qui sanctos ab initio cepit; quia sub boni specie congreditur, ut nimirum prosit, et sic noceat. Præterit hic alterum, quod tanquam mala sæpenumero cum malis congrediatur, inferens hoc esse bonum, in quantum iis quæ perdita sunt consulere ac salutem afferre cupit, tametsi non possit, sed potius ipsamet mali particeps reddatur. Ad secundum hoc tantum opponit : Quod si tanquam bona congreditur ut prosit, et per hoc noceat, non jam hoc malum, sed bonum, et ex bono quod etiam malum bonum facit. Quod si non hoc, sed alterum concedamus, quod nimirum anima depravetur a semetipsa, quanam alia re depravetur, quam defectione bonorum? Nequaquam sane in supposito aliquo malo depravatur, sicut exemplum illud de aere habet; neque enim malum est aliqua substantia, neque potentia, neque actio, sed defectus et carentia perfectionis : ita nos qui mente ac ratione regimur, invadunt passiones per defectum bonorum ; et idcirco non sunt ipsæ per se malæ, in quantum sunt aliquid, sed malæ sunt, quod non sint in bono, sed ab illo deficiant.

§ XXV. In animalibus autem brutis passiones istæ non tantum non sunt malæ simpliciter et absolute, quin etiam, si illas abstuleris ab animalibus quibus insunt, ne istiusmodi quidem animalia futura sint qualia dicuntur; ita ut, cum naturam magis conservent quam interimant, nequaquam mala sint; siquidem naturæ interitus, defectio est habituum naturalium et actionum atque virtutum. Et cum generatio quidam motus exsistat, omnis autem motus sit in tempore, et imperfecti ad perfectionem, utique nec imperfectio contra naturam est, sed in natura quæ exigit suscipere perfectionem : unde quoque ipsamet imperfectio non est omnino nihil, cum non sit omnino contra naturam. Hoc autem dicit, ut supra dictis sensum adaptet; dixerat enim ibi, quod si anima depravatur, perturbatione depravatur; perturbatio autem non est malum aliquod subsistens, sed defectus 418 et vacuitas bonorum perfectionis ; hæc autem imperfectio est : quod itaque imperfectum est, non est contra naturam, quandoquidem etiam ex hoc nondum exsistente perfectum quid gignatur. Si igitur id quod imperfectum est non sit contra naturam, hoc ipso res est, quo secundum naturam est. Totius itaque orationis sensus concludit, animam si depravetur, bonorum defectu depravari, atque malum non esse quid subsistens; per oppositionem dicens, quod si omnibus passiones essent malæ. Deinde dat instantiam, quod non omnibus sint malæ : nam in brutis quorumdam natura hisce constat, et idcirco potius non malæ sunt. Cæterum hinc manet dubium, quomodo in ratione utentibus privatio boni, vel saltem imperfectio, malum sit, quando nimirum bonum non promovetur, sed anima manet imperfecta ; in brutis autem, cum incapacia sint rationis, quomodo dicemus per boni absentiam passiones exsistere? Cogemur itaque hic dicere, quod sint etiam quædam mala per se, quæ non oriantur ex absentia boni. Vel respondemus, etiam in brutis istiusmodi passiones, ut sunt iræ et concupiscentiæ, nullo modo esse malas, sed potius eorum naturas constituere. Si negetur itaque in brutis passiones esse malas, dubium quoque tollitur; si enim non sint malæ, superfluum erit quærere num per se malæ sint, et non secundum boni absentiam ; est enim entis simpliciter. Quærimus etiam, an sic an aliter se habeat; de eo autem quod simpliciter non est, istiusmodi quæstio superflua est et insipiens.

§ XXVI. Ubi malum ab angelis, quin et omnino malum etiam a mentibus et animis atque insuper a dæmonibus removit, nunc illud a rebus quoque aliis excludit, et primum a natura rerum universali. Omnes ergo, inquit, naturarum rationes ac causæ, secundum quas factæ sunt et exsistunt, a divina natura exsistunt : quam universalem vocat, quia ex ipsa universa procedunt. Universam autem naturam, vocat omnia quæ a Deo creata sunt. Nihil igitur, inquit, est in rerum natura quod universim universis contrarietur; quod enim alicui rei contra naturam est, alteri est natura, hoc autem bonum, siquidem natura principium est motus et quietis ; ille motus autem est ratio immobilis et ars divina. Sicut igitur in effectis artificialibus rationes artis remanere 419 dicimus, et sæpenumero cum hos cernimus, O miram artem! exclamamus, id quod videmus admirantes ; sic etiam in rebus omnibus naturalibus creationis rationes permanent. Quomo-

---

[1] I Cor. ix, 21.

do igitur quidquam universæ naturæ possit esse contrarium? Et rationes creaturarum cui contrariari possint? Creatorine? sed hoc impium. An sibi ipsis? et sic nihil unquam subsistet. An alteri cuipiam? et erit diversum ab universo cum quo pugnabit. Itaque non est malum etiam in universo. Si quid autem alicui secundum speciem creationis suæ accidat contrarium, id dicitur contra naturam, et non secundum naturam accidere; sicut v. g. aquam ferri sursum, ignem deorsum. Hoc autem fit naturæ privatione, unde non est natura malum, sed potius offensio naturæ quid malum est, quod etiam contra naturam dicitur.

§ XXVII. Ubi autem dixit non esse malum in natura, negat etiam in corporibus naturalibus esse malum. Sicut enim pulchritudo est membrorum cum bono colore, symmetria seu proportio, sic deformitas est eorumdem disproportio. Deformitas autem non omnino malum est; nam si omnimoda formæ ordinisque resolutio exsistat, ipsum quoque corpus interibit. Quod autem corpus animæ non sit causa malitiæ, sicut nonnulli depravatæ opinionis creatorem criminantur, manifestum est ex dæmonibus, qui cum incorporei sint, malitia abundant; malitia enim omnibus lapsus quidam est a propriis bonis.

§ XXVIII. Neque materia malum est, ut quidam fabulantur. Primum quidem, quia nunquam reperietur informis, seu omni forma spoliata; cum forma autem, ut particeps formæ, pulchritudinem participat ac venustatem. Sin vero ipsam per se informem consideremus, nihil patientem aut sustinentem, quomodo materia mali quidquam agat, cum ne id pati quidem possit? Quod si etiam Deus, cum nihil pati possit, omnia faciat, per id excedit effectus naturales, etsi causa sit, sed efficiens. Causa autem materialis, quæ effectibus connaturalis est, nihil unquam agit in effectis, nisi prius passa sit informationem. Hæc autem omnia sanctus hic dicit, quia quidam philosophi dicebant, ex irrationalibi animæ parte materiæ corporique commista, cum ad eam anima adreperet, mala proficisci. Rursum de materia decertat, et argumentum **420** format ex divisione. Vel itaque neutrum nusquamve est, et neutrum habebit; aut uspiam erit: at vero quæ sunt, ex Deo sunt, et id ipsum, quippe ex Deo, bonum est. Alias autem cum duo sint, Deus et materia, si alterum supponatur bonum, alterum vero malum, continget ut vel bonum malum faciat, vel certe malum, quatenus ex bono est, bonum; vel e diverso, ut malum bonum efficiat; vel bonum, quatenus ex malo est, malum. Si non fiat alterum ex altero, sequitur etiam duo esse principia, quod dictu nefas. Hæc vero necessario iterum ad unum quid erunt reducenda, quia principium est unitas, non dualitas. Et hoc qualecunque tandem sit, eadem iterum dicenda erunt. Vel enim bonum erit, et bona omnia quæ ex ipso; vel partim quidem malum, partim vero bonum; et

jam compositum erit et non simplex, atque adeo neque principium, sed illa principium sunt ex quibus componitur, et hoc in infinitum. Quoniam vero quidam gentilium dixerunt propterea cœlum et astra non corrumpi, quia ex puriori materia producta sunt, ea vero quæ apud nos sunt ex subjecta crassiorique materia, ait hic sanctus, idcirco etiam hæc corrumpi, quod non possint stabiliri, et firmiter hærere. Quod si materiam ad universi consummationem necessariam fuisse dicant, quomodo materia malum quid? Nota autem, Aristotelem ex hypothesi dixisse materiam esse necessariam, id est forma exsistente necessario etiam exsistere materiam; licet etiam tum forma necessaria sit. Sed qua de causa, quidve hoc sibi vult? materia videlicet ex suppositione necessaria est; sicut, supposito quod sit serra, necesse est esse ferrum, aliter enim constare nequit: non autem necessario ferrum exsistit, sive serra futura sit, sive non. Cum autem Creator ex malo materiam producat, et non ex bono; vel cum, juxta illos, materia formam expetat, quomodo malum est quod bonum appetit? refugit enim et repugnat malum bono. Quomodo vero etiam malum generandi et efficiendi vim habet, quandoquidem dicant materiam nutrire naturam, non secus ac materia combustioni apta ignem? Si autem dicant, materiam quidem ipsam malum non facere, sed, cum sit bona, habere vim attractivam ad malum, quomodo hoc verum, cum multæ animæ corpori materiæque colligatæ bonum **421** spectent? Hoc autem non possent, siquidem ex necessitate a materia attraherentur, quoniam id omne ex animi destinatione exsistit. Quod si quis dicat, materiam illas animas pellicere quæ illi facile cedunt, alias autem non posse pellicere; sicut etiam ignis illa corpora vicina urit, quæ naturali flexibilitate igni cedunt, salamandram vero nequaquam comburit, atque ita materia necessaria sit ad pertrahendum ad malum illa quæ in se non sunt firmata; quomodo malum est necessarium, vel id quod necessarium est, est malum? Quod enim quasi ex natura necessarium est, non est malum. Alias etiam non minus hinc magis confirmatur libertas; quoniam in nostra potestate situm est, in nobis ipsis stabiliri, vel non, sed passionibus resolvi ac subjugari.

§ XXIX. Cum autem Aristoteles una cum materia et forma principium ponat et privationem, quæ utique contraria est formæ, et inest materiæ, ait, ne ipsam quidem privationem bono repugnare vi sua; nam privatio non subsistit; quod autem non subsistit, qualem vim habebit? Quod si partialis sit, ut hoc quidem sit, aliud vero non sit, istiusmodi privatio non omnino mala: partiali enim boni privatione exsistente, res nondum perfecte mala est; et dum fit, eatenus dicimus eam fieri, quatenus bonum subsequitur. Dixit οὔσης de iis quæ olim aliquando privata fuerunt, γενομένης vero de iis quæ modo et in præsentiarum privationem patiuntur, ex utroque declarans, tum quasi subsistere privationem, quando bonum recedit.

§ XXX. Argumentatur hic contra Manichæos, dum ostendit malum non esse ens; etsi enim nondum illa hæresis exsisteret, tamen ad præcautionem inspiratione accepit quæ errorem illum everterent. Fortassis etiam contra quasdam ethnicas opiniones valent istiusmodi argumenta. Cæterum, inquit, bonum est ex una universorum causa (hanc enim integram causam vocat), malum autem non est secundum naturam, sed ex multis ac particularibus boni defectibus. Ex particularibus autem dixit, ut tollat universalem; nam totalis defectus tollit simpliciter omnem exsistentiam. Non est itaque definitum quid sit malum, sed indefinitum, ut quod ex multis exsistit. Quomodo vero malum ex multis defectibus? nisi videlicet, quod in quantum deficit bonum, in tantum **422** quod ammodo exsistat malum; secundum modicum et in tempore defectus, secundum modicum et in tempore mali exsistentia. Primum ergo argumentum virtute duo concludit, quod bonum id quod est, et malum id quod non est, terminent. Concluduntur etiam duo ex sola minori propositione, bonum videlicet ex solo universorum principio rem esse quæ sic se habet; bonum ergo res est; et rursus, malum ex multis et indefinitis defectibus non esse rem; quod sic se habet, malum ergo non est res. Deus, inquit, etiam ea quæ mala dicuntur novit sicut bona, mala dicens bella, morbos, qui mores corrigant, mortes, et similia; reputantur enim a nobis mala, sunt autem vires causæ quæ bonum efficit; nam per prædicta pœnitentia et Dei cognitio acquiritur, pluribusque pietatis occasio fuit, atque in prophetis malitia vocatur. Vel etiam aliter. Causa mali in lasciviendo est concupiscentia; ipsa tamen concupiscentia est facultas boni effectrix ratione quidem utentibus, ut per ipsam sursum ad verum bonum tendant; ratione vero privatis, ut ea, quæ ad propriam suam conservationem faciunt, appetant. Novit itaque Deus, sive etiam cognoscit, ac facit etiam malum, non qua malum, sed qua bonum: nihil ergo etiam per se est malum: quippe quod nihil habeat etiam boni, unde etiam malorum causæ virtutes sunt beneficæ. Quod si malum æternum est, et potest, et agit; unde ei hæc? num ex bono? an e diverso, cum et bonum hæc habeat, erunt hæc bona ex malo? verum haudquaquam decet, ut bonum ex malo perficiatur, ergo erit primum. Verum ex bono bona data, malum bonum redderent, quomodo ergo manet adhuc malum? Vel certe; non sic se res habet, sed utrique horum, tam bono quam malo, hæc ex alia causa obtingunt? Et quæ tandem hæc sit? et si sit, qualis est? Et iterum, ibidem hæc eadem quæ hic dicentur. Non itaque malum per se exsistit. Cæterum id quod ex natura sequitur, definitum est; definitio est ratio essentias rerum explicans, et quod quid sit declarans. Omne igitur quod est secundum naturam, ex definita causa est, per quam fit id quod fit. Si itaque malum causa caret (a nullo enim productum est), merito nec definitum est, cum nulla sit ejus ratio quæ essentiam declaret; necessario itaque malum non est etiam **423** secundum naturam. Si autem est contra naturam, non habebit etiam in natura rationem, sicut nec inscitia in arte; omne autem quod non habet rationem in natura, neque est, neque subsistit, sed defectu ejus quod secundum naturam est, fit contra naturam.

Præterea, anima vel natura mala est, sicut ignis calidus, vel operationes ejus prorsus et omnimode malæ sunt. Sed non primum, nam id quod bonum est non faceret id quod natura malum est; neque secundum, unde enim virtutes? sequitur ergo malum non esse quid per se subsistens, sed boni defectionem. Hic totus sensus est orationis. Hic sanctus autem dum interrogando proponit orationem, Num ergo anima malorum causa sit? non per divisionem interrogavit, ita ut particula *an* disjunctiva fuerit, cum dixit: *An anima quidem bona?* sed illico institit interrogationi, et posuit illud *an* declaratorie, ac si diceret: An scilicet bona quidem natura animæ, sed in operationibus suis aliquando quidem bene, aliquando vero secus se habet, quod est, ipsam esse variabilem. Ponens itaque hoc tanquam verum, explicansque, primum oppugnat, quod anima non sit natura sua mala, vel causa malorum.

§ XXXI. Ad hæc, bono malum est contrarium, boni itaque causa una est, mali vero multæ. Nota vero, non solum in bono causam efficientem prædicari, verum etiam formalem, et quod quid est dici, sicut etiam superius dixit, in quantum etiam definitum dicitur. Cum autem mali causas formales assignare nequeamus (quia nihil natura sua malum est, unde definiri possit et proprietate insigniri, et quod quid est habeat), idcirco non vult dicere causas formales, sed efficientes; hæ vero sunt, quas superius defectus particulares nominavit. Deinde, ne quis suspicetur, efficientes hasce malorum causas exsistere, virtutes quasdam ac rationes et formas, secundum quas mala ista insigniantur, asserit, non esse virtutes, sed impotentiam et incongruam mistionem rerum dissimilium. Cum enim subjecto defectus aliquis accidit secundum virtutem, ecce aliqua exoritur malitia, et adhuc major, et adhuc major, idque in infinitum, nec unquam malitia habebit perfectionem. Recte vero dicitur *immensa;* nam proportionata quædam dissimilium commistio est quid proprietatibus insignitum ac definitum, **424** atque adeo non malum, sed bonum; quemadmodum videre est in sanitate, quæ consistit in contrariorum humorum proportione; ac in congruentia, quæ dicitur unio multarum rerum mistarum, et ad diversa spectantium, quæ videlicet secundum naturam semper eodem modo se habent sicut definitæ sunt, pro naturæ suæ ratione. Non enim unquam ex acino oliva, sed vitis pullulabit; nec ex ossiculo olivæ vitis, sed oliva. Mala indefinita sunt, atque in aliis et aliis infinitis. Quin etiam malorum principium ac finis est bonum; nam dum malum facimus, bonum facere arbitramur; si quid enim facimus, bonum appetentes facimus; si enim videretur omnino malum, nullus in nobis ad illud esset motus et appetitus: quocirca malum non habet subsistentiam, ad quam quis forte spectans operetur, sed quasi quodammodo subsistentiam, dum boni et non ipsius causa quid fit.

§ XXXII. Malo status est per accidens, et non per se: neque enim appetendo malum facimus id quod facimus, sed appetimus quidem bonum, facimus autem malum; adeo ut propter bonum malum fiat. Mirabiliter itaque ostendit malum non subsistere, dum vocat illud privationem rerum ordinatarum ac naturalium; privatio autem per se minime subsistit, sed cum deberet et exigeret adesse, non adest: unde etiam privationem vocat ἁμαρτίαν, id est aberrationem et lapsum a decoro, et scopi frustrationem, pro jactu a scopo deflectente, a jaculantibus metaphora desumpta. Sicut enim illi extra scopum jaculantes aberrant a decoro; sic et nos a scopo et ordine aberrantes, vergimus præter naturam ad irrationalem et imperfectam et amentem abolitionem; unde dicit etiam malum nihil omnino exsistere. Cæterum adversus eos qui dicunt, malum per se aliquid posse, ait, malum aliter non exsistere, quam in permistione boni, in tantum accidens, in quantum deficit bonum; quod enim boni prorsus expers est, neque est quidquam neque quidquam potest. A contrario itaque argumentatur dicens: Si bonum est id quod est, et appetendum, et validum, et efficax; malum, utpote entitate privatum, hæc minime habebit. Deinde malum non per se exsistere, patet ex eo quod non sit idem in omnibus, verum etiam aliud in aliis, prout in unoquoque boni lapsus exsistit. Deus autem subordinationes servavit in **425** creatione; siquidem mens, secundum quam divini et prorsus immateriales spiritus substantiam suam sortiuntur, cum anima sublimior sit, a boniformitate deficiens, in dæmonem evasit; anima vero, in quantum intelligens ac rationalis, secundum rationem agendo manet in sua proprietate, sed dum movetur contra rationem, mala fit; corpora denique dum contra naturam moventur, minime valent.

§ XXXIII. Præterea si in cæteris rebus omnibus est providentia, malum secundum se non est; alias enim etiam esset providentia mali tanquam entis; sed providentia est in omnibus; malum igitur secundum se non est. Est autem primus modus syllogismorum hypotheticorum, probabili propositione probare sequelam; in omnibus siquidem rebus exsistit providentia, et nihil eorum quæ sunt omnino expers est providentiæ, id est omnimodo bono privatum est. Ecquid dico in bonis quæ fiunt vel exsistunt? quin et malis quæ fiunt providentia benigne

utitur ad correctionem sive eorum qui illa agunt, sive aliorum; quocirca male dicunt, qui aiunt: Quare non fecit nos Deus sic, ut vel inviti non peccemus? hoc enim nihil aliud est quam dicere: Quare non amentes nos et irrationales fecit? Si enim necessario ad virtutem duceremur, nequaquam nos nostri rerumque nostrarum compotes ac potentes declarasset, neque naturam nostram intelligentem esse sivisset. Aufer enim libertatem nostram, et neque Dei imago erimus, nec habebimus animas rationales et intelligentes, et natura nostra penitus interibit. Per se vero mobilium dixit, pro liberi arbitrii, suique juris ac potestatis exsistentium, non autem pro se moventium, ad distinctionem immobilium, ut domorum; vel ab aliis motorum, ut lapidum: disserens enim de virtute αὐτοκινήτους, seu per se mobiles, tanquam liberos accepit. Hinc itaque concludit, malum non esse ens, ipsumque gigni non secundum virtutem, sed secundum imbecillitatem.

§ XXXIV. Et immutatio dæmonum, ab initio ex bono exsistentium, sed non qua malorum, sed qua bonorum et angeliformium, aut identitatis angelicæ formæ est defectio et imbecillitas. Dico autem etiam hos bonum desiderare, in quantum et esse et vivere et intelligere desiderant; et ex assertione concludit: Si non desiderant bonum, desiderant id quod **426** non est; et hoc non est desiderium, nullum enim quibuspiam desiderium est non essendi, sed corrumpi; at hoc est error veri desiderii.

§ XXXV. Cum dixerit, malum in unoquoque esse imbecillitatem et defectionem boni, bonorum autem malorumque sit una cognitio, et hinc sequatur, omne peccatum actionis fieri defectu istiusmodi cognitionis; quomodo subsistet illud: Væ peccantibus cum cognitione! et illud: *Sciens voluntatem Domini sui, et non faciens eam, vapulabit multis* [m]? non sine boni seu cognitionis defectu peccatum fieri possit. Mirabili sane modo resolvit quæstionem, quod nimirum hic etiam interveniat defectio quædam atque imbecillitas; quoniam illi quoque infirmantur vel circa fidem, ita ut audiant, sed iis quæ dicuntur firmam fidem non adhibeant; vel circa operationem, secundum desiderii perversitatem, quod velit quis non bonum, sed malum; universim enim qui facit malum, propter defectum id facit, vel cognitionis scilicet doctrinalis, quam vel oblivio sæpenumero obliterare potest, quam etiam superius dixit ex auditu ingenerari; vel liquidæ cognitionis, quæ nimirum ex naturali meditatione aut illustratione sine doctore inhæret; vel fidei, ita ut quis audiat quidem, sed non perfecte credat ea quæ dicuntur; vel desiderii, ut quando quis male desiderat et peccat circa desiderium; vel operationis bonæ, ita ut velit quidem bonum agere, re autem quapiam præpediatur, unde etiam hinc oritur defectus. Atqui dicet aliquis condonandam esse infirmitatem, et minime puniendam. En in promptu so-

[m] Luc. XII, 47.

lutio. Si quidem facultas non suppeteret, recte utique id diceretur; cum autem ex bono nobis sit posse, nequaquam laudabilis est lapsus circa bonum. Verum hæc in tractatu quodam alio explicuimus, in quo tractatu quorumdam captiosas et stolidas rationes impugnavimus; jam vero a nobis satis laudatum est bonum, ut causa est bonorum omnium, et nullius mali; ut est causa formæ effectrix ac finis rerum, finis autem non naturalis, sed efficiens (terminus enim naturalis est in terminato, sicut punctum in linea); ut qui etiam ipsamet mala bona reddit, et qui omnibus sit expetendus et amandus et diligendus, et quæcunque alia oratio demonstravit.

CAPUT V.

De ente, in quo etiam de exemplaribus.

SYNOPSIS CAPITIS.

I. *Docet Deum, prout in se est, neque cognosci neque explicari posse; et ostendit, quomodo nomen boni latius pateat quam nomen entis.* II. *Ait sibi propositum esse, Deum secundum providentias seu emanationes prædicare.* III. *Ea, quæ Deum magis participant, ei esse propinquiora.* IV. *Deum esse omnia in omnibus eminenter.* V. *Ex Deo esse ævum et tempus, et omnia : et gradum entis esse primum seu antiquissimum Dei donum.* VI. *Gradum entis et res omnes esse a Deo et in Deo unite.* VII. *In Deo, tanquam causa omnium, omnia etiam contraria esse unita.* VIII. *A Deo spiritus cœlestes et animas et res omnes gradum suum essendi obtinere, et quidquid habent; et Deum in omnibus esse exempte, et confirmat exemplo solis : et simul explicat quid sint exemplaria.* IX. *Docet, illa, quæ in rebus principaliora sunt, non esse proprie relationes, nec exemplaria, sed exemplata, et Deum simplici sua perfectione cuncta complecti.* X. *Quomodo Deus sit rerum omnium principium et finis.*

§ I. Modo transeundum est ad theologicum nomen entis vere exsistentis. Tantum autem commentabimur, quantum propositi ratio postulat; non enim propositum est, substantiam, quæ est supraquam substantia, explicare quatenus est supraquam substantia (hoc enim ineffabile est et ignotum, ac penitus expromi non potest, et ipsam copulationem mentis superat); sed potius, substantiæ deificæ, et quæ omnis substantiæ principium est, ad universa quæ sunt emanationem substantificam celebrare. Siquidem nomen boni de Deo declarat omnes emanationes auctoris omnium, et porrigitur hæc nominatio Dei a bono tum ad ea quæ sunt, tum ad ea quæ non sunt, estque supra ea quæ sunt, et supra ea quæ non sunt. Nomen autem entis ad omnia quæ sunt extenditur, ac supra essentias ipsas eminet. Nomen vero vitæ ad omnia viventia tenditur, et supra viventia est. Nominatio Dei a sapientia, porrigitur ad omnia quæ intelligunt, quæ ratiocinantur, quæ sentiunt, et supra omnia ita est.

§ II. Has igitur Dei nominationes, quæ providentias Dei aperiunt, propositum est prædicare; non enim tractatio nostra promittit enodare et aperire supraessentialem ipsiusmet superessentialis divinitatis bonitatem et essentiam, et vitam et sapientiam, quæ supra omnem bonitatem, et divinitatem, et essentiam, et sapientiam, et vitam in absconditis, ut Eloquia tradunt, sedem posuit : quin potius providentiam patefactam, bonorum effectricem, bonitatem excellentissimam, et bonorum omnium causam laudibus celebrat; ut ens, et vitam et sapientiam, substantiæ et vitæ effectricem et causam, quæ sapientiam tribuit iis quæ substantiam et vitam, et mentem et rationem, et sensus participant. Non dicit (hæc nostra tractatio) aliud esse bonum, et aliud ens, aliudque vitam, vel sa- pientiam, neque multas causas, et alias aliorum effectrices divinitates, superiores et inferiores, sed unius Dei universas bonas emanationes, et nominationes Dei a nobis laudatas; atque unam quidem esse, quæ totam providentiam unius Dei declarat; alias vero, quæ magis et minus generales providentias patefaciunt.

§ III. Verum dicet aliquis : Cum ens quam vita, vitaque quam sapientia latius pateat, cur entibus quidem viventia, viventibus vero sensitiva, atque his rationalia, et rationalibus ipsi spiritus antecellunt, et circa Deum versantur, illique magis appropinquant? Atqui decebat ea, quæ majora Dei munera participabant, cæteris quoque præstare atque antecellere. Id utique recte diceretur, si quis poneret res spiritales et entitate et vita carere; verum cum divini Spiritus entitate sua cæteris entibus antecellant, excellentiusque vivant aliis viventibus, et intelligant cognoscantque supra sensum ac rationem, et præ cunctis entibus pulchrum et bonum appetant participentque, hoc utique viciniores bono sunt, quo luculentius illud participantes, plures etiam et ampliores ab ipso dotes acceperunt; sicut etiam rationalia sensitivis antecellunt, quo uberiori ratione pollent, uti et sensitiva sensu, atque alia vita. Estque hoc, ut opinor, verum, illa, quæ unius infinitis muneribus abundantis Dei magis participant, propinquiora quoque ipsi divinioraque exsistere iis quæ his rebus superentur.

§ IV. Quoniam vero etiam de his disseruimus, agedum laudemus bonum, tanquam vere exsistens, et rerum omnium substantias efficiens. Qui est, universæ essentiæ possibilis supernaturalis causa substantialis exsistit, et effector entis, exsistentiæ, personæ, substantiæ, naturæ; principium et mensura sæculorum, et temporum entitas, et entium ævum, tempus eorum quæ fiunt, esse iis quæ quomodo sunt generatio quoquomodo genitis. Ex eo qui est, **429** ævum, et substantia, et exsistentia, et tempus, et generatio, et quod gignitur. Est ea quæ sunt, in iis quæ sunt, et quæ quocunque modo exsistunt, et quæ per se exsistunt. Deus enim non quovis modo est ens, sed simpliciter et infinite totum esse in se pariter complexus et anticipans; quamobrem etiam Rex sæculorum nominatur, ut in quo et penes quem cujuslibet esse et sit et constet, et in quo nec erat, nec erit, neque factum est, neque fit, neque fiet, imo nec est; sed ipse est esse rebus; et non tantum ea quæ sunt, sed ipsum esse rerum, ex præterno ente; ipse enim est ævum ævorum, exsistens ante omne ævum.

§ V. Altius itaque repetentes, dicamus, rebus omnibus et ævis, ipsum esse ab eo qui præexstitit exsistere. Atque omne quidem ævum ac tempus ex ipso, omnis vero ævi ac temporis, reique cujuslibet principium ac causa is est qui præexstitit; et cuncta ipsum participant, et a nullo entium recedit; et ipse est ante omnia, et universa in ipso consistunt, et simpliciter, si quid quomodolibet exsistit, in ipso præente tum est, tum intelligitur, tum salvatur; et ante alias ejus participationes præsupponitur ipsum esse, et est ipsum per se esse antiquius, quam esse per se vitam, et per se sapientiam, et per se similitudinem divinam, et quæcunque alia participantur ab iis quæ sunt, ante omnem sui participationem participant esse; imo vero etiam ipsa secundum quæ sunt omnia, quæ ab iis quæ sunt participantur, ipsum per se esse participant; et nihil est, cujus ipsum per se esse non sit essentia et ævum. Deus igitur cum sit, ut consentaneum est, omnibus aliis magis principalis, ab antiquiore dono suo laudatur ut ens; siquidem prius esse et excellentius esse cum prius habeat et excellentius habeat, prius fecit esse quod est, ipsum, inquam, per se esse, et per ipsum omne quod quomodocunque est, exsistere fecit. Atqui principia eorum quæ sunt, omnia participant esse, et sunt, et principia sunt, et primum sunt, et postea principia sunt. Et si vis viventium, quatenus vivunt, principium dicere per se vitam; et similium, quatenus similia sunt, per se similitudinem; et copulatorum, quatenus copulata sunt, per se copulationem; et ordinatorum, quatenus ordinata sunt, per se ordinationem; et similiter in aliis, quæcunque hoc aut illud, aut utrumque, aut multa **430** participant, et hoc aut illud, vel utrumque aut multa sunt participata, reperies, per se participationes, primum participare esse, et sic primum esse quod sunt, deinde hujus aut illius principia esse, et participando esse, exsistere, et participari. Si autem hæc (quæ aliorum principia numerantur) per participationem ipsius esse exsistant, multo magis quæ ipsa illa principia participant.

§ VI. Primum igitur donum per se esse cum per se illa supraquam bonitas producat, merito ab antiquiore et prima omnium participationum laudatur; et est ex ipsa et in ipsa ipsum per se esse, et rerum principia, et omnia quæcunque sunt, et quæ quomodocunque sunt; idque incomprehense, et copulate, et singulariter. Siquidem in unitate omnis numerus uniformiter præexstitit, habetque unitas in seipsa singulariter omnem numerum; et omnis numerus in unum copulatus est, et in unitate est, et quanto longius ab unitate procedit, tanto magis dividitur et multiplicatur. Et in centro omnes lineæ circuli una copulatione simul exsistunt; et punctum habet omnes rectas lineas uniformiter copulatas inter se, et cum uno principio a quo exierunt, et in ipso centro omnino copulatæ sunt; et parum ab eo distantes parum dividuntur, magis autem distantes magis; et, ut semel dicam, quanto sunt centro propinquiores, tanto magis cum eo et inter se copulantur; et quanto magis a centro distant, tanto magis et inter se distant.

§ VII. Imo et in tota natura universi rationes uniuscujusque naturæ una copulatione non confusa collectæ sunt, et in anima copulatæ sunt uniformiter virtutes, quæ omnibus partibus corporis provident; non est igitur absurdum, ex parvis et minutis imaginibus et exemplis ad causam omnium ascendentes, supermundanis oculis contemplari omnia in causa omnium, et quæ sunt inter se contraria, uniformiter et copulate; siquidem principium est rerum, a quo tam ipsummet esse, quam omnia quæ quomodocunque sunt, omne principium, omnis finis, omnis vita, omnis immortalitas, omnis sapientia, omnis ordo, omnis congruentia, omnis potentia, omnis custodia, omne firmamentum, omnis permansio, omnis intelligentia, omnis ratio, omnis sensus, omnis habitus, omnis status, omnis motus, omnis unio, omnis complexus, omnis **431** amicitia, omnis discrepantia, omnis distinctio, omnis definitio, et cætera quæcunque essendo sunt entia, universa insignit.

§ VIII. Atque ex hac ipsa omnium causa sunt intellectiles ac intelligentes deiformium angelorum animarumque essentiæ, ac totius mundi naturæ, et quæcunque vel in aliis exsistere, vel per cogitationem esse dicuntur; denique sanctissimæ illæ antiquissimæque virtutes, quæ veræ sunt essentiæ, et quodammodo in ipso vestibulo superessentialis Trinitatis constitutæ, ab ipsa quoque et in ipsa, et post eas inferiores inferiori, novissimæque, quoad angelos quidem novissimo, quoad nos autem supermundiali gradu tum esse tum deiformiter esse obtinent. Animæ quoque, cæteræque omnes entitates, secundum eamdem rationem, tam esse quam bene esse habent, et sunt et bene sunt, dum ab eo qui prius est cum esse tum bene esse obtinent, et in ipso et sunt et bene sunt, et ex ipso incipiunt, et in ipso conservantur, et ad ipsum terminantur. Ac primas quidem ipsius esse distribuit præstantioribus illis essentiis, quas æviternas Scripturæ vocant; ipsum autem esse rerum universarum nunquam deficit; verumtamen illud ipsum esse est ex eo qui prius est; et ipsius est essentia, et non ipse essentiæ; et in ipso est exsistentia, et non ipse in exsistentia; atque ipsum habet exsistentia, et non ipse habet exsistentiam; et ipse est ipsius exsistentiæ et ævum, et principium, et mensura, cum ante exsistentiam et entis et ævi, et omnium substantificum principium, et medium et finis exsistat. Atque ideo ab Eloquiis qui vere præexsistit, secundum omnium eorum quæ sunt cogitationem multiplicatur, et in eo proprie celebratur, erat, et est, et erit, item factum est, et fit, et fiet; hæc enim omnia significant iis qui ut Deum decet intelligunt, esse eum secundum omnem cogitationem suprasubstantiam, et esse causam eorum quæ modis omnibus sunt. Etenim non hoc quidem est, illud vero non est; nec aliquo quidem modo est, aliquo vero non est; sed potius omnia est, ut omnium auctor, et in se omnia principia, omnes omnium rerum terminationes continens et anticipans; et supra omnia est, utpote ante omnia supraessentialiter supraquam exsistens. Quamobrem omnia de ipso et simul dicuntur, nihilque est omnium; est omnis figuræ, omnis *432* formæ, sine forma, sine pulchritudine, principia et media et fines rerum solute et abstracte in seipso anticipata habens, et omnibus pure illucens, largiendo ut sint secundum causam unam et supraquam copulatam. Si enim sol ille noster rerum sensilium substantias ac qualitates, quantumvis multæ sint ac diversæ, simul ille, cum sit unicus, et uniformiter diffundat lumen suum, omnes renovat, et nutrit, et servat, et perficit, et distinguit, et unit, et refovet, et fecundat, et auget, et immutat, et firmat, et producit, et suscitat, et vegetat; et quodlibet ex iis, modo cuique proprio, unius ejusdemque solis particeps exsistit, et plurimorum se participantium causas sol unicus in seipso uniformiter anticipavit; potiori utique ratione concedendum est, in ipsismet solis ac rerum omnium causa, secundum unicam supraessentialem copulationem, rerum omnium exemplaria præexstitisse, quandoquidem hæc ipsasmet essentias producat secundum excessum essentiæ. Exemplaria vero dicimus esse rationes in Deo substantificas rerum et unite præexsistentes, quas divinus sermo vocat prædefinitiones, et divinas atque bonas voluntates, rerum definitrices et effectrices; secundum quas qui est supra substantiam, omnia quæ sunt prædefinivit et produxit.

§ IX. Si autem vult Clemens philosophus, ad aliquid dici exemplaria quæ sunt in rebus principaliora, progreditur quidem, cum sic loquitur, non per propria et perfecta et simplicia nomina; sed si concedamus etiam hoc recte dici, oportet meminisse Scripturæ quæ ait ª : Non ostendi illa tibi, ut eas post illa; sed ut per proportionem cognitionis horum ad cognoscendam omnium causam, quoad possumus, adducamur. Quamobrem universa ipsi entia secundum unam omnibus eminentem copulationem sunt attribuenda; quandoquidem dum ab ipsamet essentia substantificæ promanationis ac bonitatis exordiens, per omnia dimanat, et universa per semetipsam implet, et in rebus omnibus delectatur, omnia quidem in se præhabet excellentia simplicitatis, quæ omnem refugit duplicitatem; cuncta vero similiter continet secundum plusquam simplicem infinitatem suam, et ab omnibus singulariter participatur, quemadmodum et vox, cum una sit et eadem, a multis quoque auribus ut una percipitur.

433 § X. Omnium igitur principium et finis, qui rebus præexsistit. Principium quidem ut causa; finis vero, ut cujus causa, et finis omnium, atque infinitas omnis infinitatis et terminationis excellenter, sicut oppositorum. In uno enim, ut sæpenumero dictum est, omnia quæ sunt præhabet, et exsistere fecit, præsens omnibus ubique secundum unum et idem, et secundum idem omne; in omnia means et in se manens, et stans et se movens, et neque stans neque movens; neque principium vel finem vel medium habens; nec est in quopiam eorum quæ sunt, neque quidquam eorum est. Et neque totaliter ipsi convenit aliquid æternaliter exsistentium, aut temporaliter subsistentium, sed et a tempore, et ab ævo, et ab iis quæ sunt in ævo, et ab iis omnibus quæ sunt in tempore segregatur; quia ipsum per se ævum, et quæ sunt, et mensuræ rerum, et quæ mensurantur per ipsum et ab ipso. Sed de his quidem alibi commodius dicetur.

ADNOTATIONES CORDERII.

§ I. Nota, cum ait de Deo, quod *ipsam copulationem mentis superat*, id est, inquit S. Thomas, excedit ipsam copulationem intellectus beatorum, qui essentiam Dei vident per copulationem sui intellectus cum ipsa Dei essentia; quamvis enim videant ipsum Deum, non tamen est tanta perfectio visionis, quanta est perfectio ipsius esse divini, et quanta est perfectio visionis qua Deus seipsum videt.

Ibidem : *Porrigitur hæc nominatio Dei a bono tum ad ea quæ sunt tum ad ea quæ non sunt, et est supra ea.* Vocare solet Dionysius, ut S. Maximus notavit, ea quæ sunt, expertia materiæ; quæ vero materiam habent, vocat quæ non sunt, propter interitum. Porrigitur etiam nomen boni ad ea quæ non sunt; quia Deus *vocat ea quæ non sunt, tanquam ea quæ sunt* º ; participatio enim boni est posse esse, ut ait S. Thomas. Aut porrigitur ad ea quæ non sunt; quia non esse, bonum est, cum contemplamur illud in Deo, qui est supra omne quod est, et, bonum est non esse sapientem, sanctum, et alia hujusmodi, qualia in creaturis cognoscimus, quod Deo convenit, a quo hæc removentur, ut ait S. Thomas, non propter defectum, sed propter excessum. Aut esse supra ea quæ sunt, et quæ non sunt, significat esse loco incircumscriptum, id est esse ubique.

ª Exod. xxv. º Rom. iv, 17.

Ibidem : *Nominatio Dei a sapientia porrigitur ad omnia quæ intelligunt.* Græce νοερά. Nomine intelligentium comprehendit angelos et animas; et licet animas soleat Dionysius vocare νοεράς, id est intelligentes, cum eas distinguit ab angelis, quos vocare solet τὰ νοητά, id est intellectilia, quia habent angeli infra se a quibus intelligantur, nempe animas, animæ vero non habent; nunc tamen, ut dixi, communi nomine intelligentes vocat tum angelos tum animas, quia tum angeli tum animæ intelligunt Deum, et intelligendo Deum ad eum se convertunt. Per ea vero *quæ ratiocinantur* homines viatores intelligit; anima enim dum in corpore est, ratiocinari potest per conversionem ad phantasmata, non autem separata. Per ea *quæ sentiunt* significat animalia, quæ non participant rationem, quæ sapientiam Dei in suis a natura insitis conatibus participant, ut B. Basilius in Hexaemero docet.

§ II. Ad illa verba : *Non dicit aliud esse bonum, et aliud ens*; non otiose, inquit Maximus, hoc dicit, sed ut reprehendat eos philosophos et Simonem Magum, qui ponebant deos κοσμοποιούς, id est *opifices partium mundi*, majores et valentiores majorum creaturarum, et infirmiores infirmiorum, secundum gradus suos descendentes in opificio suo usque ad materiam. Nomen ergo boni ait complecti **434** omnem providentiam, reliqua vero nomina, partes providentiæ, ut vitam, sapientiam, rationem. Omnia enim quæ sunt, propter bonitatem Dei producta sunt, ut exsistant; et sunt bona, non tamen omnia participant vitam, vel sapientiam, vel rationem. Generaliores scilicet providentias vocat quas in pluribus contemplatur, ut vita pervadit in stirpes et animantes tum rationis participes tum non participes; sapientia vero et ratio pauciorum sunt : hæc enim solum in ratione utentibus cernuntur.

§ III. *Verum, dicet aliquis, cum ens quam vita*, etc. Nota hic cum D. Thoma, I-II, quæst. 2, art. 5, quod esse simpliciter acceptum, secundum quod includit in se omnem perfectionem essendi, præeminet vitæ, et omnibus perfectionibus subsequentibus (sic enim ipsum esse præhabet in se omnia bona subsequentia; et hoc modo Dionysius loquitur), sed si consideretur ipsum esse prout participatur in hac vel illa re quæ non capiunt totam perfectionem essendi, sed habent esse imperfectum, sicut est esse cujuslibet creaturæ; sic manifestum est, quod ipsum esse cum perfectione superaddita sit eminentius. Unde Dionysius ibidem dicit, quod viventia sint meliora exsistentibus, et intelligentia viventibus. Hoc enim interest inter ipsas Dei participationes, et participantes, quod participatio quanto simplicior est, tanto nobilior sit; participans vero quanto majorem habet compositionem donorum participatorum, tanto nobilius sit : sicut esse est nobilius quam vivere, et vivere quam intelligere, si unum sine altero intelligatur (omnibus enim esse prælegeretur), sed quod habet plura ex his, melius exsistit.

§ IV. Ad ista verba : *Est vere effector exsistentiæ, personæ, substantiæ, naturæ*, nota ex D. Thoma, ea quæ existunt considerari posse et ut singularia, et ut species vel genus, et ut natura. Verbi gratia, Socrates est persona, homo, animal, species et genus, quæ potestate continent singularia, quia possunt cogitari in singularibus; humanitas est natura, quæ nec actu neque potestate continet singularia : itaque homo secundum substantiam constat ex humanitate quæ est hominis natura, cujus partes sunt corpus et anima in universali; secundum exsistentiam constat ex hoc corpore et ex hac anima. Natura generis vel speciei, id est universalis, ea tantum actu continet quæ in definitionem cadunt, ut humanitas quæ non continet actu carnes et ossa, quæ non cadunt in definitionem, sicut continet homo; quia notio hominis abstrahit ab istis, sicut abstrahit notio humanitatis; continet tamen potentia carnes et ossa, quia potest cogitari humanitas in nomine universali qui definitur; principia autem individui neque actu, neque potentia continet; humanitate enim est homo; sed non est, neque cogitari potest esse humanitate hic homo. Ad hunc modum se habent per se participatio, participatio, et hæc participatio, ut v. g. per se vita, vita, et hæc vita. Per se vita naturam vitæ significat, id est ea quæ cadunt in definitionem vitæ. Vita est universale speciei, ut vita hominum, vita equi : vel universale generis, ut vita angeli, hominis, equi. Et sicut Deus est auctor per se hominis, id est humanitatis, est, inquam, causa, ut natura hominis sit esse animal rationale (hæc enim continet humanitas), et auctor hominis, et hujus hominis; sic causa est per se vitæ, et vitæ, et hujus vitæ. Per se vita non est proprie et vere ens subsistens, ut homo, lapis, sicut neque humanitas; sed quo aliquid est, ut per se vita vivens, sicut humanitate homo.

Ibidem : *Deus enim non quovis modo est ens, sed simpliciter et infinite totum esse in se complexus.* Quia omnibus dat esse, per sui esse participationem, et ipse est omnia secundum causam, et suo esse omnia quæ sunt, et quomodocunque sunt, facit esse; sic est causa propria absoluta, et incircumscripta. Vide hac de re fuse ac pulchre Lessium, lib. I *De perfectionibus divinis*, cap. 1.

§ VI. *Primum igitur donum per se esse.* Dionysius hic aggressus disserere generatim in substantia simpliciter, et in participatione simpliciter, tractavit et ostendit prius quidem oportere esse subjectum, quod quidem dixit, antiquius esse Dei donum, deinde participationem, quæ in illo subjecto facta est. Propositio igitur est ad participationem participantium per se substantia; quod perinde est, ut si dicatur substantia facta ad participationem; nisi enim substantiam participaremus, penitus in rerum natura non essemus. Deinceps, ipsi substantiæ factæ ad capiendam participationem aliæ participationes propositæ sunt.

Ibidem : *Omnia quæcunque sunt, et quæ quomodocunque sunt.* Ut quæ sunt in alio sicut accidentia, et quæ sunt in potentia, et quæ sunt privationes, et quæ non habent totum esse simul, ut motus sunt in Deo incomprehense, in se autem finite : in se multa, in Deo unum; in se divisa, in Deo copulata. Sunt itaque incomprehense, et conjuncte, et unice res omnes quæcumque sunt in Deo; quia sunt ipsa divina essentia incomprehensibilis, Pater, Filius et Spiritus sanctus in unum incomprehensibiliter uniti. Vide Lessium supra citatum, cap. 4 et 5.

435 § VIII. Nota illa verba : *Ipsius est essentia, et non ipse essentiæ; et in ipso est exsistentia, et non ipse in exsistentia; atque ipsum habet exsistentia, et non ipse habet exsistentiam.* Exsistentia enim habet Deum, ut consistat ipsa exsistentia, sicut quis habet vitam ad sui exsistentiam; non autem sic Deus habet exsistentiam, ut per exsistentiam sit. Sicut igitur exsistentia habet Deu n, sic exsistentia est Dei, quia ab ipso manat; et ut Deus non habet sic exsistentiam ut per exsistentiam sit, sic neque Deus est ipsius exsistentiæ, ut per eam sit.

Ibidem : *Atque ideo*, inquit, *ab eloquiis qui vere præexsistit, secundum omnium eorum quæ sunt cogitationem multiplicatur.* Id est, quidquid cogitetur, et ad quamcunque rem quis mentem intendat, inveniet in ea notionem causæ, id est auctoris Dei. Hoc igitur est multiplicari, cerni eum in multis causam. Ex sancto Maximo et Pachymere.

Ibidem : *Et in eo proprie celebratur, erat, et est*, etc. Scilicet sicut Dionysius seipsum explicat, quatenus intelligitur ut Deum decet, eatenus proprie dicuntur in Deo, et in Deo sunt; id est, quatenus est, erat, erit, participant esse; omnia enim secundum causam dicuntur de Deo, et in Deo sunt, et intelliguntur suprasubstantialiter. Quatenus vero sic accipiuntur, ut cum dicitur, Deus est, erat, erit, significetur Deum participare esse, aliena sunt a Deo. Ita Pachymeres.

Ibidem : *Est omnis figura, omnis formae, sine forma, sine pulchritudine.* S. Maximus, contra illud, inquit, *esse omnis figurae* opposuit *esse sine forma*, quia supra incorporeum et supra vacationem materiae, non formatus ad quidquam eorum quae sunt; contra illud vero *omnis formae seu speciei* opposuit *esse sine pulchritudine.* Sine pulchritudine dicit, quia ab ipso facta est pulchritudo, ipse vero est supra pulchritudinem. Auctoritates vero Scripturae sunt Isaiae LIII : *Vidimus eum, et non habebat speciem*, etc. Hoc de Christo secundum humanitatem dictum est, quod magis adhuc declarat quod sequitur; *sed potius species ejus inhonorata et deficiens plusquam in omnibus filiis hominum;* sic enim est apud LXX. Deficientem dixit, propter mutationem coloris naturalis in pallorem, ex recessu caloris ad intima sanguine se contrahente, et superficie refrigerata, ut Leontius Byzantius notavit scribens contra Ἀφθαρτοδοκήτας qui carnem Christi corruptibilem fuisse negabant, ac proinde non fuisse in eo passiones naturales tradebant. Sed nihil prohibet, quin de Christo quoque secundum divinitatem intelligatur esse sine pulchritudine, qui erat creator pulchritudinis, ac proinde non pulcher sed plusquam pulcher, quod est esse sine specie.

Ibidem nota, exemplaria esse rationes in Deo substantificas rerum. Docet autem eas, vocari praedestinationes, et bonas divinasque voluntates, rerum definitrices et effectrices; quia etsi ideae secundum se sint in intellectu, tamen quia sine imperio voluntatis nihil operantur, nec exercent officium ideae, ideo vocat eas bonas voluntates. Clemens autem Alexandrinus, lib. v *Stromatum* sub finem, « Alterum, inquit, mundum novit barbara philosophia (sic Christianam philosophiam vocat) intelligibilem, alterum sensibilem, illum archetypum, hunc imaginem ejus qui exemplar dicitur. » Eleganter quoque Boetius *De consolatione* lib. III metro 9, hoc exemplar describit his verbis :

. . . . *Tu cuncta superno*
Ducis ab exemplo, pulchrum pulcherrimus ipse
Mundum mente gerens, similique in imagine formans.

E quibus constat, ideas proprie et formaliter esse conceptus divinos, quibus Deus res singulas concipit, sicut eas creaturus est, aut creare potest. Quae sententia etiam est S. Augustini lib. LXXXIII *Quaestionum*, q. 46, ubi ait : « Sunt namque ideae principales formae quaedam, vel rationes rerum stabiles atque incommutabiles, quae ipsae formatae non sunt, ac per hoc aeternae, et semper eodem modo se habentes, quae in divina intelligentia continentur; » et addit, secundum eas omnia creata formari. Quae perfectissime conveniunt divinis conceptibus, qui proprie sunt in mente Dei, secundum quos Deus omnia facit; quia res omnes facit tales, quales per eos conceptus repraesentantur, et propter nos res creatae dicuntur Deo vivere, ut saepe testatur D. Augustinus ; quia nimirum conceptus Dei, qui tanquam vivae imagines eas exactissime repraesentant, atque ita quodammodo videnturesse res ipsae, sunt proprie dicta vita in Deo. Hi conceptus etiam, secundum D. Augustinum et Dionysium, in Deo sunt ars et rerum effectrices, quatenus dirigunt voluntatem divinam in rerum creatione; et ratione istorum conceptuum mundus intelligibilis est in mente divina.

§ IX. *Si autem vult Clemens philosophus, ad aliquid dici exemplaria quae sunt in rebus principaliora, progreditur quidem, cum sic loquitur, non per propria et perfecta et simplicia nomina.* Id est, per se esse, et per se vita, et per se sapientia, et similia, quae sunt principia, et causae eorum quae sunt, quae vivunt et quae sapientia praedita sunt, non possunt dici proprie exemplaria; quia, quorum ista sunt principia, non fiunt ut imitentur illa ipsa principia, sed fiunt ut impleatur in eis quod divina sapientia ordinavit, id est, quod erat in idea et exemplari divino. Non sunt etiam perfecta exemplaria, cum ipsa aliis exemplaribus indigeant. Non sunt simplicia, quia simul sunt ad exemplar formata (quae vulgo vocantur exemplata) exemplaria. Ita divus Thomas.

Ad locum autem Exodi XXV : *Non ostendit illa tibi*, nota, illum non esse ad verbum a Dionysio citatum, sed secundum sensum. Sic nimirum apostolici discipuli a sanctis apostolis didicerunt citare aliquando Scripturam, sicut ipsi sancti apostoli interdum faciunt; sic enim ait Scriptura : *Inspice, et fac secundum exemplar quod tibi monstratum est in monte* P. Cum ait, *Inspice, et fac secundum exemplar* (sive exemplaria, non enim fuit unum exemplar, sed multa) *tibi ostensum in monte*, satis clare dicit, ostendi exemplar, sive exemplaria, non ad colendum illa (hoc enim erat ire post ea, colere illa, et habere ea pro diis), sed ostendi exemplaria, ad faciendum secundum illa quae facienda sunt in tabernaculo et vasis ejus, et in sacerdotibus, et eorum sacrificiis, et in aliis : *Lex enim umbram habebat futurorum bonorum* q, scilicet spiritualium, quae quidem ostensa sunt Moysi in spiritu, quorum exemplarium imagines erant omnia quae in lege fiebant, sicut ait idem Dionysius in extrema pagina cap. 4 *Ecclesiasticae hierarchiae*. Quia igitur Clemens videbat τὰ νοητά, id est *spiritualia*, ostensa Moysi vocari in Scriptura Exodi παραδείγματα quae sunt ad aliquid, quia referuntur ad imagines (exemplar enim dicitur imaginis, et imago exemplaris) similiter Clemens quae sunt in rebus principaliora exemplaria dici voluit, quae ad aliquid referuntur, ad illa scilicet quorum sunt principia, ut causae ad effecta, et effecta ad causas. Si sic accipit Clemens, ut plane accepisse videtur, recte accepit ; et sic etiam ista principaliora, quae exemplaria vocat, creata sunt, sicut illa spiritualia exemplaria ostensa Moysi in monte, non quidem tanquam exemplaria illa divina, quae sunt increata et aeterna, invisibilia Dei et adoranda, quae sunt ipse Deus simplicissimus, sed tanquam exemplaria creata, et menti Moysis divinitus informata, ut secundum ea faceret, quae facere Deus ei praecipiebat, quae erant omnia imagines tenuiter et obscure adumbratae illorum exemplarium.

Alii hunc locum a Dionysio citatum ex Deuteronomio cap. v sumptum esse adnotaverunt; sed nulla ratione quadrat. Ego Pachymerem secutus sum, qui ad illum locum Exodi XXV reudit, quem dixi citatum esse a Dionysio secundum sensum, sicut aliquando solent apostoli et sancti Patres. Similiter citavit etiam ibidem Dionysius locum Epist. ad Rom. cap. II : *Invisibilia ipsius a creatura mundi, per ea quae facta sunt, intellecta, conspiciuntur*; citavit, inquam, hunc locum secundum sensum; ait enim D. Dionysius, per proportionem cognitionis creaturarum adduci nos, quod possumus, ad cognoscendam causam omnium. Itaque cum dixit: *Invisibilia ipsius* (ut hoc obiter observetur), videtur plane Paulus intellexisse illa in Deo exemplaria aeterna, quae ideae vocantur, secundum quas omnia per essentiam suam simpli-

P Exod. XXV, 40.   q Hebr. x, 1.

cissimam cognoscit, et fecit omnia tanquam per principium et causam omnium; et est omnia ut omnium causa. Ita Turrianus ad Cyparissioti decadis 5 cap. 4.

§ X. *Omnium igitur principium et finis*, etc., *atque infinitas omnis infinitatis*, etc. Sanctus Thomas ad hunc locum, « Ab ipsius, inquit, infinitate proficiscitur omnis infinitas, et terminatio tanquam a causa exsuperante, et superlata, et effectrice oppositorum, quia in se habet omnia. » Unde omnia quæ de Deo prædicantur, possunt de eodem negari; quia non conveniunt ei ut inveniuntur in rebus creatis, et ut intelliguntur a nobis et significantur. Unde licet sit principium et finis, sicut dictum est, tamen neque habet principium, neque finem, neque medium, sicut in creaturis intelligimus : et licet sit præsens omnibus et ubique, nusquam tamen est, nec in ullo est sicut creatura. Sanctus Maximus in centuria 1, cap. 7, ait : « Omne principium et medium et finis non usquequaque negant, quin secundum habitudinem prædicentur; Deus autem in universum omni habitudine infinite et infinitum superior cum sit, consentaneum est, ut neque principium, neque medium, neque finis sit; neque quidquam omnino habet eorum, in quibus natura secundum habitudinem, prædicatio ad aliquid cerni potest. »

Ibidem : *Et neque totaliter ipsi convenit aliquid æternaliter exsistentium, aut temporaliter subsistentium*, etc. « Universaliter, inquit sanctus Thomas, non convenit ei aliquid de numero creaturarum, sed separatur per quamdam eminentiam; » et rursus : « Etiam, inquit, separatur ab iis quæ sunt in ævo et in tempore per quamdam eminentiam. » Quod igitur alibi etiam sanctus Thomas dixit : Hæc Dei nomina, *bonus*, *sapiens*, et similia, significare esse hæc in Deo eminenter, ex Dionysio, quem interpretatus est, sumpsit.

PARAPHRASIS PACHYMERÆ.

§ I. Modo transeundum est ad essentiale nomen entis vere exsistentis. Quemadmodum enim ἀγαθωνυμίαν vocat nomen boni, sic et οὐσιωνυμίαν, nomen entis, sicut ἀντωνυμίαν; ens autem et essentia sunt idem. Cæterum tantum admonebimus sermonis hujus scopum non esse, ipsam supraessentialem essentiam quatenus superessentialis est, explicare, sed exponere quidem omnis substantiæ principium, causam, essentiam, non in quantum essentiam superat (quod enim supra essentiam exsistit, quomodo secundum se explicari posset?), sed in quantum ab aliis entibus ab ipsa productis ad ipsam adducimur : ipsa enim secundum se ineffabilis exsistit, et ipsam unionem excedit ; per unionem intelligens entis unitatem ac definitionem, secundum quam ens est. Quemadmodum enim id quod non est, non est unum, sed ex multis atque infinitis defectibus productum, sic etiam id quod est, unum est, in quantum ens est ac destituitur; supra quod exsistit essentia illa supraessentialis, quæ unum nominatur, non ut principium numerorum, sed quod omnibus emineat, nullisque rebus quæ post ipsum sunt connumerari possit, quin etiam propter compositionis vacuitatem atque simplicitatem. Itaque, si Deum quoque unum dixeris, non hoc essentiam Dei explicabit; nam essentia proprie de Deo non dicitur, quoniam superessentialis est; quocirca hanc ipsam unionem extollit. Quemadmodum igitur de bono diximus, divinam bonitatem se extendere et ad ea quæ sunt, et ad ea quæ non sunt (per ea scilicet quæ non sunt, materialia, materiamque intelligenda), vel ea quæ partim quidem sunt, partim vero non sunt, non autem ea quæ nullibi usquam sunt : vel tertio, ut dictum est a S. Patre, quod id ipsum quod non est, pulchrum sit, quandoquidem in Deo per id quod superessentiale est, consideretur. Quemadmodum igitur in omnibus bonitas Dei relucet, et rursum his eminet, supra ens quidem, quia non est quidquam eorum quæ sunt; supra non ens A vero, quia quidquid tale est informat ; sic etiam essentiale entis nomen ad omnia porrigitur, cum omnibus esse donet, et supra ipsa sit, quia nihil est eorum quæ sunt. At enim hinc quispiam quæsiverit, Quomodo in bono quidem dicit bonitatem pertingere ad ea quæ sunt et ea quæ non sunt, in ente autem hoc non dicit, sed tantum pertingere ad ea quæ exsistunt? Utique dicendum, ens quidem bonum factum manere sæpenumero non ens; cum enim materia quoque non ens dicatur, utique materia quoque bonum videbitur impropria ratione accepta et sine formis intellecta, tametsi non per se sit, utpote a Deo producta, maneatque rursum non ens. Quomodo autem ens non enti coextendi possit, et maneat rursum non ens, hoc utique impossibile est. Secure igitur proponit hæc sanctus. Similiter etiam nomen vitæ boni Dei ad omnia viventia extenditur, et supra hæc est, uti et sapientiæ ad omnia rationalia et intelligentia, angelos inquam et sensilia, id est ad animas corporeas extenditur, et supra hæc eminet. Sciendum vero, quando de angelis et hominibus solis loquitur, ipsum angelos vocare intelligibiles, nostras vero animas intelligentes ; nunc autem cum de Deo sermo est, merito etiam tam angelos quam nos intelligentes appellare, quod etiam ipsi Deum intelligendo intellectione alantur, non secus ac animæ humanæ. Sensilia vero intelliges etiam irrationalia, ut quæ etiam divinam sapientiam participent in suis naturalibus propensionibus, ut in aranea et formica cæterisque omnibus patet.

§ II. Has igitur Dei nominationes, quæ providentias Dei aperiunt et proponunt ac manifestant, propositum est prædicare, non vero illam quæ supra omnem bonitatem ac deitatem (nam et angeli hominesque justi Dii appellantur) in absconditis sedem posuit, juxta illud : *In abscondito tempestatis* [r] ; atque illud : *Posuit tenebras latibulum*

---

[r] Psal. LXXX, 8.

suum ᵃ; sed bonitatem illam quæ bonorum omnium rerumque causa exsistit, et vitam quæ viventium causa est, sapientiamque sapientiæ largitricem; quod hinc manifestum fit, dum una cum effectu causam conjungit, ut nimirum ex effectu clare causa demonstretur; vel etiam demonstratio dicitur non particulæ διότι, sed ὅτι, ut quando demonstramus lunæ oppositionem per eclipsim. Quoniam igitur Deus bonum est, et ens, et vita, et sapientia, discimus ex effectis; per quod autem hæc sit, non cognoscimus, quippe qui paulo ante visus est dicere, bonum esse subjectum, cum dixit esse ejus quod est causa. Et ita deinceps, ne qui hac occasione imprudentes deciperentur, non ait, aliud esse **439** ens, et aliud bonum, et sic de cæteris : una siquidem omnium causa, et non multæ; et una deitas quæ universa produxit. Perstringit autem hic Græcorum sapientes, et hæreticos Simonis sectatores, qui asserunt, deos mundi fabricatores quanto inferiores sunt, tanto quoque infirmiores producere creaturas, etiam usque ad omnium fundamentum, id est materiam; nam et huic peculiarem conditorem assignarunt. Inter hæc itaque unius Dei nomina, nomen boni universales Dei providentias declarat, reliqua vero particulares providentias manifestant, alia quidem magis universales, alia vero magis particulares; siquidem boni nomen designat universalem omnino providentiam, quoniam universa per bonitatem producta sunt, et exsistunt; nomen vero vitæ particularem providentiam declarat, sed generaliorem, non enim omnia vivunt, sapientiæ vero adhuc magis particularem, non enim omnia quæ vivunt sapiunt. Generaliores autem vocat eas, quæ in pluribus cernuntur; vita enim pervenit usque ad plantas, et animalia rationalia rationisque expertia; sapientia autem et ratio sunt magis particulares.

§ III. Dubium hinc resultans solvit, cur, cum nomen ipsius entis, quam vitæ, et vitæ, quam sapientiæ latius pateat (siquidem ens ut universalius in omnibus reperitur, vita vero ut magis particularis in quibusdam, et sapientia adhuc in paucioribus) non magis excellant, Deoque viciniora sint quæ simpliciter exsistunt, et his minus quæ vivunt, et his iterum minus ea, quæ intelligunt; sed ordine inverso, magis particularia, ut intelligentia, circa Deum sunt, et deinceps quantum superexpanduntur, tanto remotius a Deo exsistunt. Majora vero munera vocat ea, quæ a pluribus cernuntur, ut ens, et vitam. Respondet itaque, et solvit quæstionem dicens, quod si quidem ea, quæ intelligunt, entitate ne vita carerent, et ea quæ vivunt similiter substantiam non haberent, recte se haberet dubitatio; verum cum ea quæ intelligunt etiam exsistant, et vivant vita potiori, et intelligant supra sensum ac rationem, et præ cunctis entibus participent entitatem, hoc utique bono Deo viciniores exsistunt, quo luculentius ipsum participantes, plures etiam ab ipso dotes acceperunt, scilicet et entitatem, et vitam, et cognitionem, et intellectum ; nec non etiam dotes ampliores, quod hæc omnia præ cæteris præstantiori modo habeant; estque hoc verum, **440** illa quæ Deum magis participant ipsi quoque exsistere viciniores. Quoniam autem de his disseruimus, agedum ad propositum scopum veniamus, et de ente vere exsistente et entitatum effectrice verba faciamus.

§ IV. Qui est, id est Deus, secundum oraculum Mosaicum, est supra ipsummet esse (hoc enim est *supra substantiam*) causa efficiens substantiam ; quippe subsistentiam et exsistentiam perficiens totius esse collective sumpti ; nihil enim est in rebus, quod non inde suum esse sortiatur. *Secundum virtutem* autem dixit, quoniam alia quidem producta sunt, alia vero producuntur. Cum itaque Deus universum esse in se ipso collectum habeat, tam eorum quæ exsistunt, quam quæ futura sunt, ponit illud *secundum virtutem*, comprehendens etiam entitatem futurorum, quia in eo qui vere est exsistunt, vel potius etiam præexsistunt. Et si enim quæ exstitura sunt futurum habeant, tamen apud creatorem præexsistunt, secundum id quod a Jeremia dictum est ; ita ut illud *secundum virtutem* non ad creatorem referendum sit, sed ad creaturas. Quod si aliam significationem virtutis accipias, quemadmodum dicis, ignem habere vim calefaciendi, hoc sensu de creatore intelligi commode non potest. Est igitur creator entitatis, et quid dico entitatis rei? quinimo ipsiusmet exsistentiæ entitatis, subsistentiæ, essentiæ, naturæ, principium sæculorum, tanquam conditor eorum, per eum enim etiam *sæcula fecit*, ut inquit Apostolus ᵗ. Entitas temporum, siquidem statuta sunt *in signa, et in annos*, ut ait Scriptura ᵘ; quoniam tempus solis cursu mensuratur; et quod nobis tempus est, quod prius et posterius habet, hoc rebus sempiternis est æternitas. Quod itaque neque erat, neque erit, sed solum est, habens hoc esse consistens, non mutari inerit, neque transivisse ex erat in est, hoc est æternitas. Idcirco enim etiam æternitas dicitur rerum Deus, quippe non habens principium, neque finem, neque erat, neque erit, sed solum esse perpetuum et incircumscriptum; tempus autem est eorum quæ fiunt, quoniam ea quæ videntur imagines sunt eorum quæ non videntur et intelliguntur. Et sicut æternitatem dicimus immutabilem illam vitam, quæ et simul tota exsistit, et nullius unquam eget, nec omnino deficit, et in uno ac propter unum consistit; sic etiam tempus tum quidem in eo quod semper **441** est requiescere dicimus, apparere vero, quando oportebat quoque solem subsistere, et visibilem naturam prodire. Itaque progressum divinæ bonitatis ad sensilia producenda, vocat tempus eorum quæ fiunt, quin

ᵃ Psal. xvii, 12. ᵗ Hebr. i, 2. ᵘ Gen. i, 14.

etiam esse rerum et generationum quæ fiunt; quoniam ex ipso mota sunt, et substiterunt omnia quæ generationi subjecta sunt, et quæ sub tempore fiunt. Ex hoc superessentiali ente etiam ævum exsistit, quod nimirum rebus coextenditur, et essentia rerum, et ipsummet ens, quod secundum essentiam dicitur. Hæc quoad superiores nobis divinioresque virtutes. Et rursum quoad nostratia quoque, tempus est per prius et posterius in rebus genitis mensuratum, et generatio eorum quæ generantur, et id ipsum quod gignitur secundum generationem dictum, cæteraque omnia quæ in rebus divinioribus exsistunt, et quæ quocunque modo exsistunt, scilicet secundum nos. Hæc autem omnia sunt aliquo modo entia : non enim esse angelorum et hominum comprehendunt, neque horum et angelorum, sed quodlibet habet propriam subsistentiam, eamque limitatam; quoniam alia quidem principium habent, finem non habent, alia vero et principium et finem habent. Sunt vero etiam quæ principium quidem non habent, sed finem habent, uti etiam Magnus Basilius tradit, loquens de divinis circa mundi providentiam volitionibus, quæ principium quidem non habuerunt, finem vero aliquæ illarum jam acceperunt, aliquæ etiam habebunt. Hæc igitur omnia sunt aliquo modo entia, solus autem Deus non est aliquo modo ens, sed simpliciter et illimitate : totum enim esse in se complexus est, nec incipiens neque desinens; quare etiam dicitur Rex sæculorum, quippe qui omnia sæcula et ens omne complectitur, et temporum decisiones, erat, erit, factum esse ac fieri subterfugit; siquidem hæc rebus nostratibus, naturæque fluxæ conveniunt. Quin ne quidem habet ipsum est, quoniam supra ipsum est, et ipsemet est esse rebus; nec enim entia solum a Deo sunt, sed entium quoque ipsa entitas; ipse enim est exsistens *ante sæcula*, secundum Davidem [v], sæculum sæculorum, quippe continens sempiternam coextensionem, terminus vitæ sempiternæ, qui est supra id quod non deficit.

§ V. Alius itaque repetentes dicamus, rebus omnibus et ævis ipsis rerum, ipsum esse ab eo qui præexs'stit exsistere, **442** qui horum omnium est principium ac causa præexsistens, omniaque in ipso consistunt, cum sit ante alia quæ esse participando sortita sunt. Suppone enim hominem : hic primum habet ut sit, deinde habet ut vivat et sentiat, et ratiocinetur; et mentes invisibiles primum esse participarunt, et sic vitam et sapientiam. Hæc vero etiam secundum conceptum distinguuntur. Sicut igitur in nobis prima materia concipitur, ex qua constamus, sic etiam in mentibus incorporeis, instar materiæ, concipitur ipsummet cujuslibet rei esse per vitæ speciem, et quatenus ad vitam et sapientiam et ad divinam similitudinem substantiatum est. Idcirco dicit, quod ipsum per se esse sit antiquius quam esse per se vitam et per se sapientiam; non quod in Deo sit istiusmodi divisio, sive simpliciter, sive per conceptum, absit; sed ab hoc intelliguntur hæc in iis omnibus quæ per creationem exsistunt. Merito igitur præ cæteris quæ exsistendo Deum participant, Deus ipsemet antiquissimum ipsius entis principium intelligitur. Quare quæ in effectis sunt ascribit causæ, ideoque cum hac dictione ponit ea quæ ponit tanquam de Deo dicta : sicut etiam ipsam per se similitudinem qua Deo assimilantur mentes ipsi vicinæ, quin potius etiam ea quæ participant ea quæ sunt, ut esse, moveri, ratiocinari, et similia. Atque hæc, in quantum sunt et apparent in rebus, ipsum esse participant, ita ut ex eo etiam ipsa sint[1]; et nullum est ens, quantumvis subsistens, vel in altero consideratum (siquidem etiam entia per accidens sunt quæ in altero considerantur) cujus essentia non sit ipsummet per se esse Dei. Cæteris omnibus, vita, inquam, sapientia, bonitate, antiquiorem habens Deus ab ipso esse denominationem quam sibi ipsi dedit, dicens : *Ego sum qui sum* [x]; primum laudatur ab eo quod sint res, quod hoc sit antiquissimum ejus donum. Diximus enim, esse quidem Dei, quod antiquius est vita, sapientia, bonitate, incomprehensibile exsistere. Ex eo autem quod sint omnia, concludimus, tanquam ex effectis, causam esse Deum, quinimo præexsistere, et superexsistere. Nisi enim præexsisteret, minime subsisterent illa quæ sunt, si vero non superexsisteret, haudquaquam tali virtute usus fuisset. Hic Deus in prædefinitione ipsius esse propriæ cognitionis universim omnia subsistere fecit : secundum primum enim conceptum mens **443** apprehendit ipsum esse et sic aliquo modo res esse concipit. Itaque simpliciter esse, non aliquo modo esse significavit cum dixit, per se esse; uti et deinceps, cum ipsam per se vitam, ipsam per se similitudinem et cætera dixit, omnino vitam esse, et simpliciter vivere, nequaquam vero istiusmodi vitam explicavit. Sicut igitur aliqua ratione in qualitatibus nostratibus, v. g. albedine, nigredine, primum quasi per se qualitatem aliquam concipimus, ipsammet scilicet albedinem per accidens subjectis advenientem, et apparere, et operari ; ut cum albedo per se incorporea corpori adveniens illud dealbat, ita concipe hæc, sed proportione numerum divinorum, vitæ, sapientiæ, quæ rerum principia appellavit. Nostræ enim vitæ principium et auctor est ipsa per se vita, et sapientiæ ipsa per se sapientia. Hæc itaque primum concipiuntur exsistere, ac deinde sic exsistere principia viventium, ipsa, inquam, divina per se vita, et quæ in Deo est vita. Apponit autem *quatenus tivunt*, sicut etiam ens per se, quatenus sunt, et quatenus sapiunt, ipsa per se sapientia principium exsistit, et sic de similibus. Prius enim dicebamus, ipsum similitudines vocare, secun-

[v] Psal. LXXIII, 12. [x] Exod. III, 14.

dum quas divinæ mentes Deum participant. Harum itaque similitudinum principium est ipsa per se similitudo, de qua ipse per se Deus gloriatur; uti et rerum unitarum, id est natura sua definitarum, et non dispersarum: quælibet enim res, secundum unam aliquam definitionem, sibi quoque unita constat. Horum igitur iterum principium ipsa quæ in Deo est per se unitas; tum et cæterorum quæcunque vel vitam, vel notitiam, vel utrumque participando vivunt, vel sapiunt, vel utraque aut plura habent, quinimo vel entia sunt, vel immortalia, vel intelligentia, ut in divinis angelis accidit; horum, inquam, omnium per se participationes reperies, scilicet ipsam per se vitam, per se sapientiam, et cætera ipsummet esse participare et in esse permanere; in quantum enim esse participant et sunt, in tantum etiam ab aliis participantur.

§ VI. Si autem illa majora, quæ habent quoque singula per se, entitatem participent, quanto magis hæc quæ illorum participia sunt, facit ipsum esse viventia, v. g., vel sapientia, per sui participationem; et non (ut quispiam imperite suspicari posset) per se et sine alterius participatione hæc habent? Est autem hoc argumentum **444** efficacissimum a majori. Cum itaque Deus primum hoc donum rebus largiatur, ex ipso quoque primum laudatur, et exsistit ex ipso, ipsummet est esse omnium, et in ipso collecta continentur omnia secundum simplicem aliquam et comprehensivam et incomprehensam universorum causam: nulla enim ratione, vel conceptu, vel re communionem vel proportionem habet Deus cum rebus exsistentibus. Exempla autem quæ sequuntur fidem faciunt, ea quæ sunt omnia ex Deo exsistere, tanquam causa eorum exsistentiæ, cum diversus sit ab illis, et in ipso consistant diverso ab illis exsistente; siquidem unitas, tanquam causa numerorum, uniformiter, haudquaquam variegata, vel aliter atque aliter intellecta, universos numeros complectitur; et medium circuli centrum omnes a circumferentia lineas rectas uniformiter et simplici similique modo continet; punctum enim caret partibus, quomodo ergo aliter atque aliter lineas rectas possit comprehendere? Mirabili autem modo posuit exemplum hoc de circulo, ut ostendat, quomodo uniformiter in Deo universa uniantur, et quomodo quæ distant distinguantur, et in quantum distant, in tantum etiam dissipentur. Ad hæc, etiam in natura, creatrice universorum, omnes cujuscunque naturæ rationes absque confusione collectæ sunt, sicut in anima uniformiter copulatæ sunt providæ virtutes ejus, videlicet nutritiva qua nutrit, auctrix qua auget id quod aptum est generationi, sensitiva qua præest sensibus, opinativa qua discernit ea quæ sentiuntur, imaginativa qua sensibilia imaginatur, appetitiva qua appetit, et sic de cæteris: sic etiam creandi rationes omnes speciesque omnium in

Creatore sunt, manentque inconfusæ, verumtamen in ipso sunt, non tanquam in loco (neque enim ipse in loco est, nec quæ in ipso), sed habet illa sicut seipsum habet, omnibus quidem simul exsistentibus, distinctis autem in parte indivisibiliter. Acceptis exemplis a numero et centro, ait minime absurdum esse, ex similibus imaginibus ad eorum quæ dicta sunt culmen ascendere, modo supermundanos oculos adhibeamus. Diximus enim, omnia in causa unite tanquam in unitate numeros omnes, et collectim, tanquam in centro lineas rectas, quæ a circumferentia ducuntur, contineri.

§ VII. Omnia igitur quæcunque essendi **445** gradum sortiuntur, insigniunt illa quæ sunt; nisi enim esset vita, nequaquam viveremus; nisi esset custodia, nequaquam custodiremur; nisi esset motus, nequaquam moveremur. Omnia itaque, omnia quæcunque essendi graduum obtinent, insigniunt illa quæ sunt. Dicit autem illa quæ sunt, non substantias, sed (accidentia) quæ in substantiis cernuntur, atque etiam ex Deo sunt; hæc autem extra corpus consistere nequeunt, eaque etiam per cogitationem sanctus Pater divisit.

§ VIII. Atque ex hac omnium causa etiam intellectiles quoad nos, et intelligentes quoad Deum, virtutes subsistunt, uti et animæ et corpora, et quæ quoquomodo in aliis existunt, ut color, forma, qualitas, aliaque quæ circa corpus cernuntur, vel per cogitationem esse dicuntur, ut intellectio, sensus, ratio, et similia. Illa utique ab his secernit, quoniam illa, tametsi in aliis subsistant, tamen sensui subjiciuntur; hæc autem nequaquam sensui subjacent, sed per solam cogitationem cognoscuntur. Itaque virtutes illæ beatæ, tam primæ quam sequentes et ultimæ quoad illas, non quoad nos; nam quoad nos omnes supermundiales sunt, etiam postremæ; et principatus et omnia ex Deo et in Deo sunt; et non tantum ab eo ut sint, sed etiam ut bene sint, habent. Atque munera quidem antiquiora, v. g. sublimius esse, seu immortale esse, intellectilibus virtutibus concessa sunt, quas et æternas appellavit, ut quæ participant æternitatem, cum et Scriptura dicat: *Nam quæ videntur temporanea sunt; quæ vero non videntur, æterna* ⁊. Ipsum porro esse rerum nunquam deficit; quando enim deficit ipsum esse, jam non est ens. Verumtamen illud ipsum esse est ex eo qui prius est, quocirca etiam cæterarum formarum divinarum et intelligentiarum, vitæ, sapientiæ, et similium esse in Deo quid unum et idem est. Nequaquam tamen Deus est in ipsa exsistentia; nam exsistit ante ipsam exsistentiam (quoniam ipsius est exsistentia, uti etiam vita et lumen, et non ipse est exsistentiæ). Quid autem sibi vult, quod ipsum habeat exsistentia, et non ipse exsistentiam? nisi cum, præter alias istius verbi *habere* significationes, dicitur aliquid habere id

⁊ II Cor. IV, 18.

quod ei secundum habitum adest; sicut dicimur habere entitatem et vitam, sine quibus nec essemus quidem, nec quidquam haberemus : hoc autem hic significatur. Ipsa itaque exsistentia Deum habet, **446** ut subsistat et appareat, non ipse illam habet ut exsistat; nam ipsemet ævum est exsistentiæ, et principium, et mensura, et rerum omnium principium, et medium, et finis. Quidquid enim cogitetur, et ad quamcunque rem quis mentem intendat, inveniet in ea notionem causæ, id est auctoris Dei. Hoc igitur est *multiplicari*, cerni eum in multis causam, et in quamlibet earum quotiescunque quis intendat, et rem ipsam speculetur, semper in ea reperiet notionem auctoris Dei; juxta hoc enim secundum omnem cogitationem multiplicatur, estque principium, et medium, et finis. Deus neque erat, neque erit habet, secundum Gregorium eximium theologum. Sed neque est de ipso proprie dicitur, secundum hunc D. Dionysium, quoniam verbum *est* sensum ingerit, ac si participet exsistentiam; Deus autem non participat exsistentiam, sed ipsamet exsistentia Dei particeps est, et in Deo exsistit, sicut etiam superius diximus. Quomodo ergo hic sanctus ait, quoniam erat, et erit, et cætera quæ minime propria sunt Dei, de Deo proprie prædicantur? Ipsemet sanctus hanc quæstionem solvens ait, ista de Deo dici quatenus Deum decet. Hæc enim omnia etiam aliena sunt a Deo, et iterum in Deo sunt, quatenus participant esse. Omnia enim secundum causam dicuntur de Deo, et in eo intelliguntur suprasubstantialiter; hoc enim ita prædicari secundum philosophos, declarat. Ut ergo omnium causa est, etiam est, et erat, et fieri, et erit, in se omnia continet; verum simul omnia et erat, et erit, et est, quod de nullo alio dicetur unquam. Et non solum affirmationes, verum etiam negationes, magis autem privationes de ipso dicuntur, atque hæc simul, velut ipsum esse, omnis formæ et absque forma, et omnis figuræ et sine figura seu pulchritudine : illa quidem, quia causa est formarum et figurarum omnium; hæc vero, quia supra ea omnia est, et supra incorporeum, et supra immaterialitatem forma specieque carens, principia et fines et media rerum circumplectens : nullum enim principium est, supra quod non sit Deus incomprehense et exempte; et nullus finis, post quem non sit Deus; et nullum medium, in quo non sit Deus, juxta illud : Ego Deus primus, et ego post hæc; et præter me non est alius [a]; hoc enim est principium, et finis, et medium, utique secundum unam et supraquam unitam **447** causam. Licet enim multi sint effectus et munera infinita, tamen supra omnem unionem habet unum illud causa, quæ liquido omnibus illucet more solis hujus sensibilis : si enim hic, cum ex Deo subsistat, multas substantias ac diversas qualitates unus exsistens uniformiter illuminet, et, illuminatione una et unita permanente, diversæ fiant operationes; quanto magis in Deo quis illud intelligat, qui tam illius quam cæterarum rerum conditor exsistit? Et si sol tantorum operum ac motionum causas uniformiter præacceperit, unite totus omnibus affulgens, unicuique commodus inventus ; quanto magis apud Creatorem exemplaria rerum omnium exsistere concedamus ? Ac Plato quidem ideas et exemplaria nimis vili et indigna Dei ratione accepit; hic Pater vero hac quidem voce usus est, sed sensum ejus pie explicavit, dicens, exemplaria esse rationes præexsistentes, ac divinas voluntates quæ definiunt ac faciunt universa (sola enim (Dei) voluntate omnia consistunt) quas et prædefinitiones seu prædestinationes divus Paulus appellat, dicens : *Quos autem prædestinavit, hos et vocavit* [a]; et alibi : *Qui prædestinavit nos in voluntate sua* [b]. Quod autem etiam substantias adducat secundum egressionem a substantia, istiusmodi rationem habet. Dixerat in Deo esse omnium rerum exemplaria; deinde ac si quis aliarum quidem rerum rationes in Deo esse dicat, utputa providentiarum ac munerum, motuumque, sicut apostolica dicta tradunt; ita ut hinc quidem probabiliter colligatur, prædestinationes ministerii et apostolatus rationesque horum esse in Deo, ipsarum autem personarum exemplaria non esse. Ac si quis itaque istiusmodi opinionis foret, et a personis actiones separaret, asserit, creatorem ipsarummet personarum quoque rationes penes se habere, cum etiam substantias producat. Siquidem id observare licet in rebus nostratibus arte factis, quoniam nos quidem cum substantias non producamus, substantiarum quoque rationes apud nos minime habemus; habitudinum autem et artis rationes habere nos nihil vetat, secundum quas res arte facta absolvatur. Deus vero, cum tam hæc quam illa producat, merito habet utrorumque rationes, tam substantiarum quam habituum.

§ IX. Clemens autem philosophus, urbis Romanæ episcopus, ut quidam interpretes **448** aiunt, opinionem quamdam secutus est, quæ tradit, etiam in generatione rerum sensilium quasdam esse causas principales. Quemadmodum itaque in intellectilibus licet dicere, divinas notiones rationes esse principales et exemplaria, sic in sensilibus dixit esse quædam principaliora exemplaria, v. g. ignis materialis qualitas ætheria, et fontalium aquarum supercœlestes aquæ, quæ quodammodo magis immaterialis sunt inferioribus, in quantum æther quidem ipse in seipso ardens subsistit, aquæ vero supercœlestes sine circumscriptione conveniente constringuntur ac continentur; quin potius cum orbicularis ac fluxæ naturæ sint, utraque conditoris ac divina voluntate continentur. Quocirca etiam ad aliquid exemplaria esse dicit; ad hæc ipsa enim exemplaria, et non simpliciter causas principales, ut hic ait, divinæ sunt voluntates. Alii vero intellectilia sensilium, et horum

---

[z] Apoc. xxii, 13. [a] Rom. viii, 30. [b] Ephes. i, 5.

iterum sublimiora inferiorum exemplaria Clementem dicere existimantes, ad istiusmodi opinionis explicationem, quid simile adducunt. Suppone enim lineam cujus superior quidem pars data sit rebus intellectibus, inferior vero sensibus; atque iis quidem quæ inter hæc primatum tenent, quæ sunt proprie intelligibilia, primam ac superiorem partem obtigisse, intellectilibus autem inferioribus inferiorem, et ita cæteris, secundum lineæ descensum. Siquidem talis opinio vult docere omnia non esse ejusdem dignitatis, sed quædam ex se mutuo dependere, velut subjectas species ab universalibus. Et hæc quidem aliquorum est sententia : totus vero, quantum ex verbis ipsis conjicio, sensus hic est : quod cum præsentia dicant esse rerum spiritalium, sicut magnus Apostolus ea quæ sunt legis umbram appellavit, ita hic illa his opponens exemplaria vocavit. Idcirco enim dixit etiam ad aliquid, imago videlicet ad exemplar, et exemplar ad imaginem. Ait itaque hic Pater, quod si etiam ille intellectilia sensilium exemplaria vocavit (*Vide enim*, inquit, *facias secundum exemplar quod tibi monstratum est* ^c), utique non sunt istiusmodi exemplaria intellectilia illa, quæ etiam adoranda sint ut divinæ voluntates, verum illa quoque creata sunt, deque iis audimus id quod Moyses de sensibus Dei nomine dixit : Non ostendi tibi hæc ut ambules post ea ^d, sed ut per hæc ad id quod vere est et Creatorem adducamur. **449** Cum aliqui gentiles dixerint, ideas esse exemplaria quæ per se subsistunt, hos refutans ait : Nisi enim ideæ hæ notiones essent simpliciter et unite superexpansæ, supereminenter et supraquam uniti Dei, utique Deus compositus esset ex exemplari et seipso, quod duplicitatem appellavit ; omnia igitur primæ causæ ascribenda sunt. Sed neque, quod partiales et diversi temporis sint effectus, statim suspicandum est, esse divisiones quasdam per se subsistentes, vel certe proprie intellectas in Deo ; sed unica est eademque eminens universæ unitatis unio ; nam secundum unam et eamdem non simpliciter simplicitatem, sed eminentiam simplicitatis, omnia in seipsa non solum continet, verum etiam præhabet prædefinite inchoans progressum suum substantificum, et creaturarum productionem a sui ipsius esse, sicut etiam ipsam vivificationem a sui ipsius vita, et consummationem a sua perfectione. Dixit autem hoc, quoniam omnia ex Deo facta sunt, atque omnia seipsis proprie, et in quantum naturam habent, Deum participant ; si quidem tantum existant, participant divinum esse ; si cognoscant, divinam cognitionem ; si vero etiam intelligant, divinam intellectionem quæ omnem excedit intelligentiam. Inchoat autem a substantifico progressu, quoniam primum intelligimus esse alicujus, et deinde sic vel taliter illud esse. Quapropter istiusmodi progressum inchoavit a sui ipsius esse ; non enim satis est bonitati, si circa semetipsam propriæ vacet contemplationi, sed debebat per plura beneficia diffundi ac propagari.

§ X. Per omnia autem dimanat providentia, cunctaque replet essentia, et in rebus omnibus delectatur. Hoc vero dicit, non quod Deus affectionem habeat gaudii et exsultationis, sed a nobis ipsis gaudentibus de operum nostrorum perfectionibus, siquidem secundum rationem procedant, et nullam incurrant reprehensionem ; hoc enim sibi quoque vult illa quæ in divina sacraque Scriptura additur approbatio : *Ecce bona valde* ^e. Quibus congruit et illud divini Davidis dicentis : *Lætabitur Dominus in operibus suis* ^f ; illudque Salomonis : *Ego eram cui congaudebat*. Etenim ut vox, cum una sit, a multis quoque auribus, in se una rursum perseverans, non prius neque posterius, neque divisim neque partialiter, sed integre, sed totaliter et ex toto, et simul et eodem modo, ut una percipitur ; sic **450** etiam Deus unice et integre ab omnibus participatur, omniumque principium est, tanquam causa, finis ut cujus causa ; nam omnia propter Deum sunt, verum non propter necessitatem, sed propter bonitatem ; et finis omnium est, ut qui continet et terminat universa. Nihil enim potestatem ac providentiam ejus effugit, sed in ipso cuncta terminantur, et infinitas omnis infinitatis ac terminationis exsistit ; æqualiter enim deficiunt tam infinitas quam terminatio a divina infinitate, sicut a sole ac cœlo qui illa intuentur, vel potius etiam magis et excessive atque infinite deficiunt. Verum quænam est in rebus nostratibus infinitas ? Si dicat quis materiam, quæ semper transfiguratur atque in alias atque alias formas transmutatur ; atqui hæc ipsa quoque in Deo terminatur, quantumvis instabilis sit et indefinita. Est itaque Deus infinitas etiam infinitatis, non quasi secundum se transformetur, sed quod hanc ex nihilo producat. Dicens autem infinitatis et terminationis, ait sicut oppositorum ; non enim hæc proprie sicut habitus et privatio opponuntur (oportebat enim apparere aliquando habitum, siquidem is erat, et sic fieri privationem), quin potius opponuntur sicut affirmatio et negatio. Dicitur enim secundum habitum et privationem, intelligitur autem per affirmationem et negationem. Infinitum namque dicitur id quod non habet finem, non quod privatum est fine ; Deus siquidem in uno, id est unite, ut sæpe dictum est, omnia et præhabet ut causa, et subsistere facit ut conditor, atque similiter omnibus et ubique præsens est, et ad omnia se extendit conservatrice providentia, in seipso manet tanquam supra omnia exsistens, et nullius egens. Et *stans* dicitur, quia in eo nullum vestigium mutationis cernitur ; et rursum *se movens*, quia res continet atque conservat. Et rursum non hæc est, sed supra hæc : motio enim est actio im-

^c Exod. xxv, 40. ^d Ibid. ^e Gen. 1, 31. ^f Psal. ciii, 31.

perfecta; statio vero est omnimoda immobilitas, quæ si post motum fiat, quies appellabitur. Deum autem mali plusquam imperfectam actionem esse, clarum est; quod vero etiam sit supra immobilitatem, clarum est ex eo quod omnia habeat eminenter, et non sicut res sunt et intelliguntur. Etsi enim Deo valde consona sit omnimoda immobilitas, attamen ea ipsa eminenter est et intelligitur in Deo. Rursum non est in ullo eorum quæ sunt, quia in **451** omnibus incomprehensibilis exsistit; nihil rerum æviternarum illi convenit, quia ævorum quoque conditor exsistit; nihil rerum temporalium, quia temporum quoque creator est; æviternas autem vocat virtutes intellectu præditas, quoniam ævi participes exsistunt, et quia natura temporis priores sunt; quoniam tempus a cœli terræque creatione computatur. Quod autem ipsi nihil conveniat, intellige secundum substantiam, et non secundum aliam quampiam intelligentiam, v. g. gubernationis ac constitutionis, atque similium. Nota vero hinc, id quod principio caret, quoque æternum esse, non tamen omne quod æternum est, principio carere. Deus autem est ipsamet æternitas, quoniam ejus esse non solum tempore non mensuratur, sed neque æternitate, sed est ipsamet æternitas. Ait autem sæcula intelligibilium, tempora vero sensilium mensuras esse; siquidem intellectilia, tanquam mensuræ subjecta, sæculo mensurantur, etsi eodem nomine, quæ mensurantur, et quod mensurat, afficiantur. Angeli enim etiam sæcula appellantur. Ita etiam in sensilibus: quæ enim tempore mensurantur, eodem cum tempore nomine appellantur, ut motus astrorum et solis, et ætates vitæ; tempore enim mensuratæ tempora dicuntur, siquidem tempus unum; mensuralia vero tempora sunt, quæ unius hujus temporis extensione mensurantur. Hæc itaque omnia per ipsum, et ab ipso, et in ipso sunt.

CAPUT VI.

De vita.

SYNOPSIS CAPITIS.

I. *Docet Deum esse vitam ex qua omnis vita proficiscitur.* II. *Eum cuilibet viventi naturæ congruam vitam impertiri.* III. *A divina vita, quæ supra vitam est, vivificari ac foveri universa, atque adeo ipsam omnigenam vitam prædicari.*

§ I. Nunc laudanda nobis est vita æterna, ex qua per se vita, et omnis vita manat; et a qua vivere in omnia quoquo modo vitam participantia, convenienter unicuique, disseminatur. Itaque vita atque immortalitas immortalium angelorum, et illa perpetuitas angelicæ vitæ, quæ omnem effugit interitum, ex ipsa et propter ipsam est et subsistit; quamobrem semper viventes et immortales **452** dicuntur, et rursus non immortales, quia non ex se habent ut immortales sint, et perpetuo vivant, sed ex vivifica et omnis vitæ effectrice et conservatrice causa. Et sicut dicebamus de eo qui est, esse ævum ipsius per se esse, sic etiam hic vita divina est per se vitæ vivificatrix et effectrix; et omnis vita, vitalisque motio ex vita quæ est supra omnem vitam, et omne principium omnis vitæ. Ex ipsa etiam animæ habent, quod non intereant, et animantia germinaque quod ultimo vitæ gradu gaudeant. Hac subtracta, juxta Scripturam, deficit omnis vita, et ad ipsam denuo conversa, rursum vivificantur quotquot ab ejus consortio præ imbecillitate desciverant.

§ II. Et largitur primum quidem per se vitæ esse vitam, et omni vitæ, et cuique vitæ esse unamquamque apte ad naturam suam: cœlestibus etiam vitis immaterialem ac deiformem et immutabilem immortalitatem, et motum sempiternum ab omni errore inflexioneque liberum, ad ipsam quoque vitam dæmoniacam abundantia bonitatis se extendens; neque enim illa quod sit, et vita sit ac maneat, ab alia causa nisi ab hac habet. Dat insuper hominibus, licet compositis, vitam quæ angelicam proxime attingit; et nos aversos etiam exuberantia benignitatis ad se convertit revocatque, et (quod divinius est) nos totos, animas dico et conjuncta corpora, ad perfectam et immortalem vitam translaturam se promisit: id quod antiquitati quidem contra naturam esse videtur, mihi vero et tibi et veritati divina res, et supra naturam. Supra naturam nostram dico quæ videtur, non autem illam omnipotentem vitæ divinæ; huic enim ut quæ sit omnium vitarum, et earum præsertim quæ diviniores sunt natura, nulla vita est contra naturam aut supra naturam. Quamobrem vesaniæ Simonis contradictorii sermones procul a divino cœtu tuaque spirituali anima repellantur; latebat enim ipsum, uti puto, tametsi sibi sapiens videbatur, eum qui sanæ mentis sit, evidenti sensus ratione adjutrice uti contra abstrusam omnium causam non oportere. Atque hoc et dicendum est, id esse contra naturam dicere; ei enim nihil est contrarium.

§ III. Ab ipsa vivificantur et foventur universa, tam

animalia quam plantæ. Et sive spiritalem dixeris, sive rationalem, sive sensitivam, sive nutritivam et auctricem, sive qualemcunque **453** tandem vitam, vel vitæ principium, vel vitæ essentiam, ex ipsa et vivit et viget supra omnem vitam, et in ipsa secundum causam uniformiter præexsistit. Nam supraquam vitalis et vitæ principialis vita, et omnis vitæ causa est, adeoque vivificat et complet atque A distinguit vitam, et ex omni vita prædicanda, juxta secundam vitarum omnium propagationem, unde tanquam omnigena omnisque vita concipitur ac celebratur, et ut nullius indiga, imo vero vitæ superplena, seipsa vivens, et quasi omnem vitam vivificans, et supervivens, sive quomodocunque ineffabilem Illam vitam humano more laudare quis possit.

ADNOTATIONES CORDERII.

Nunc laudanda nobis est vita æterna, ex qua per se vita, et omnis vita manat. Quid sit *per se vita*, collige ex notis ad § 4 capitis præcedentis. Quibus hæc adde ex sancto Maximo : Quemadmodum oportet dicere, quandoque quidem accipiendum esse Deum, cum dicimus per se vitam, et alia ejusmodi ; quandoque vero horum effectorem esse, id est hæc creasse ; quoniam tanquam causa ille quidem horum et principium et supraquam principium vocatur his nominibus, ea vero hæc participant, inde, id est ex participatis, dicuntur esse, et vivere, et divina esse. Vitæ igitur creationem, et substantiæ creationem, ipsas, inquam, res fecit Deus. Primum igitur cogitemus rem ipsam, deinde ipsius rei generalem notionem informemus ; v. g. vitam aut substantiam universe consideratam, et postea in parte. Hæc autem dicit, non quasi dicat, alteram quidem vitam esse ipsum Deum, alteram vero productam substantialem esse, et veluti per se exsistentem præter Deum, quam participant quæ vitam participant ; sed potius, sicut ipse suus est interpres cap. 2, per se quidem vita, inquit, et per se potestas, et per se similitudo, et alia hujusmodi dicitur Deus, quod hæc sit Deus tanquam principialiter et divine et efficienter : hæc enim est ipse eorum verus fons ; auctor vero est per se vitæ et similium, tanquam largiens participate iis quæ primum inter ea quæ sunt hoc donum participant. Cuncta namque, ut cujusque naturæ convenit, hujusmodi dona participant : primæ quidem et supremæ inter cœlestes mentes creaturæ participant præcipue ; quæ vero deinceps, participant infra illas. Cum autem Dionysius horum contemplationem dilatat : « Nec aliam, inquit, divinitatem quæ vitam pariat dicimus, præter causam supraquam divinam omnium quæcunque vivunt, et per se vitæ causam. » Quod si non est alia causa viventium, nec alia divinitas quæ vitam pariat viventibus, nisi vita supraquam divina, et substantia supraquam substantia, et ipsum singularissimum et splendidissimum unum, et hoc est sola causa omnium ; evidens est, quod hæc quæ primo et principaliter sunt, et effecta tantum, nihil eorum quæ postea sunt, tanquam causa, efficiunt. Idcirco bonus Deus, eorum ipsorum quæ prima sunt, effector dicitur, deinde eorum quæ universe participant, ut vita omnium viventium ; in parte, ut vita hominum, angelorum, etc. Sic demonstrat solum Deum esse causam omnium, sive prima dicuntur, sive universe sive in parte, et sive sic participata dicuntur, sive participantia.

Nota autem, ut in § 4 ad cap. 5 indicavimus, per se vitam esse participationem simpliciter, quæ non distinguitur a viventibus, a quibus participatur secundum rem ; re enim vita et vivens idem sunt, sicut humanitas simpliciter et homo ratione tantum differunt. Quia sicut humanitas sola illa comprehendit quæ hominem definiunt, et non quæ materiam faciunt individuam, neque humanitas actu aut potentia continet principia quæ individuum reddunt, homo vero continet potentia ; sic per se vita illa continet quæ viventem definiunt, quatenus vivit. Itaque ut homo formaliter est humanitate homo, sic vivens per se vita vivens. Participatio autem, secundum exsistentiam, est vita illa simpliciter jam recepta in subjecto vivente, sicut humanitas secundum exsistentiam, est in hoc homine qui **454** exsistit ; sola enim singularia exsistunt in rerum natura, universalia vero et abstracta solum in mente.

§ II. *Id quod antiquitati quidem contra naturam esse videtur.* Antiquitatem hic vocat stultam et fatuam opinionem gentilium, ut sanctus Maximus notatum reliquit. Itaque non antiquis simpliciter, sed fatuis antiquis, visum esse hoc dicit.

§ III. *Ab ipsa vivificantur et foventur universa*, etc. Deus enim, inquit Lessius, libro sexto *De perfectionibus divinis*, cap. 5, non solum vita, sed prima vita et æterna vita, et ipsa vitæ plenitudo ac universitas, omnis vitæ origo et consummatio, principium et finis ; in quo etiam omnia quæ non vivunt vita sunt. Ipse enim est supervitalis essentia et superessentialis vita, omnem vitalem substantiam intra se eminentissime et simplicissime præhabens, et causaliter complectens, et extra se quamlibet, juxta suam speciem, formans, conservans, et perficiens. Ipse est sua vitalis operatio (ut sic loquar), nimirum sua intellectio, suus amor, suum gaudium, sua beatitas. Ex illo supervitali fonte omnia quæ aliquo modo vivunt vitam hauriunt, et vitales facultates motusque arcessunt, alia præstantiores, alia minus præstantes, juxta gradum cujusque et ordinem ; inde vita omnis et plantarum et animalium, et hominum et dæmonum et angelorum, omnis vita naturalis et supernaturalis, hujus sæculi et futuri, temporalis et æterna. Denique, sicut ipse est omnium exsistentium esse superessentiale, ita omnium viventium vita supervitalis, uti Dionysius ait. Plura vide apud divum Thomam, parte prima, quæstione 18, artic. 1 et sequentibus, ubi disputat de vita.

PARAPHRASIS PACHYMERÆ.

§ 1. Incipit de vita æterna verba facere, scilicet B quod non participet essentiam, sed sit supraquam divina. Æternam autem dicit, non quod participet æternitatem (siquidem hæc continet æternitates), sed sicuti Deus et ens dicitur et plusquam ens ; cum quod sit exsistentia plusquam exsistentia, tum essentia ; sic etiam æterna est vita ejus, et rursum plusquam æterna. Æterna quidem, quia ipse sibi æternitas et perpetuitas exsistit ; supraquam æterna vero, quia ipse sæculorum quoque conditor est. Ex hac vita sempiterna per se vita omnisque vita est. Per se vita intelligenda est in Deo ratio exemplaris ipsius vitæ ; omnis autem vita, accipienda ea quæ est in angelis, et in hominibus, atque insuper in brutis, et stirpibus ; licet enim omnia vivant vitamque participent, proprio tamen cuique modo pro ratione naturæ suæ vita disseminatur. Proprie autem *disseminatur*, siquidem omnibus viventis membris vita aspergitur, verum non secundum aliam atque aliam vitæ partem in alia atque alia corporis parte, sed tota in omnibus, sicut in semine in suis folliculis distributo, in unaquaque parte omnis vis seminis exsistit integra et perfecta. Ex hac vita æterna angelorum vita est et subsistit, qui et immortales appellantur, et non immortales ; illud quidem, quia sunt incorruptibiles ; hoc vero, respectu propriæ immortalitatis, quia non per se habent immortalitatem uti ipsa, sed per illius æternæ ac **455** divinæ vitæ participationem ; quem et vim conservandi habere dicit, ita ut rebus non solum vitam conferat, verum etiam ut perseverent contineat. Et sicut de ente diximus, Deum non tantum ipsius per se esse, id est rationis qua ens creatur, ævum esse ; sic etiam rationis ejus, qua vita producitur, causa exsistit divina vita. Hæc autem secundum antiquiores dicuntur ideæ per se subsistentes et creatori coæternæ. Ex hac æterna vita animæ rationales incorruptibilitatem habent, bruta omnia vivunt, et plantæ, quod ultimo vitæ gradu gaudeant, sicut antea diximus. Vitæ itaque brutorum ac plantarum non sunt divinæ, sed ignis materialis ac spiritus. Humanam autem vitam vocat David spiritum, dicens : *Auferes spiritum eorum, et deficient* [g] ; et ; *Emittes spiritum tuum, et creabuntur* [h], videlicet in resuscitatione ac resurrectione. *Auferri* autem posuit pro *separari*, declarans, ab initio quoque spiritum fuisse datum ; *infirmari* vero dicit in hujus vitæ participatione, quia non domi suæ, nec a seipsis vitam habent, sed insitam a Deo.

§ II. Quia itaque vitam insitam habent, dum ad ejus participationem infirmantur, deficiunt, et dum rursum convertuntur, rursum vivificantur. Itaque per se vita est conditricis atque exemplaris vitæ ratio, quæ in Deo æterna exsistens, tribuit esse omni vitæ, tam vitæ simpliciter quam cuilibet viventium in particulari ; atque angelis quidem dat vitam immaterialem ac deiformem ; toti enim sunt vitæ substantiales, quæ vivendo semper et indesinenter moventur. Ad ipsam quoque turbam dæmoniacam istiusmodi vitam per bonitatem extendit (*sine pœnitentia enim sunt dona Dei* [i]) ; siquidem vita dæmonum ab ipsamet per se vita quoque exsistit ac continetur. Quin et hominibus, quorum animæ corporibus commistæ sunt, angeliformem vitam tribuit, quantum scilicet fas est ; nos enim, cum medii simus inter angelicam vitam ac naturalem, secundum liberum arbitrium habemus propensionem ad utramque ; sive melius dicendo, ad angelicam vitam compositi, sicubi per libertatem etiam deflectimus, superabundantia benignitatis ad pristinum statum revocamur atque convertimur ; quodque magis mirandum est, etiam secundum corpus ad incorruptibilem vitam nos traducturos promittit. Quæ res **456** insanæ quidem gentilium opinioni (quam vetustatem appellat, quippe fatuam et putidam) etiam credita merito quasi contra naturam videatur ; illi enim aiunt, esse contra naturam ut materia fiat immortalis ; nam dum est materia, etiam secundum naturam suam habet ut in se formas transmutet, quomodo ergo in se semper immutabilis et immobilis manere possit ? Illi itaque naturam sequentes, verosimiliter dicunt, omne id quod naturæ peregrinum ac novum accidit, contra naturam esse, et fieri nunquam posse : nos vero ad Deum spectantes, qui omnia ex nihilo vel verbo solo ac voluntate sua consistere fecit, id quod ipsis contra naturam videtur, id nos divinum et supra naturam esse dicimus, et, volente Deo, fieri posse. Deo enim volente quidpiam peregrinum seu novum fieri, minime contra naturam esse dicimus ; vis enim hæc est naturæ, et non naturæ status, sed imbecillitas, ita ut denuo ad naturalem statum redire debeat, si quando vis illa motusque, qui contra naturam est, auferatur. Quod vero supra naturam est, statum habet et naturæ transformationem, ita ut Deo quidem volente fiat, miraculo autem etiam in identitate sui ordinis perseveret : ita ut ignoretur penitus id quod prius secundum naturam habere dicebatur. Proprii autem motus peregrini quidem, et supra eos quos nos habemus dicendi, sed proprii ac secundum naturam ejus. Etsi enim dicatur esse supra naturam, tamen (superintelligi debet) nostram hanc quæ videtur, et eam quam prius habuit, non autem est supra naturam omnipotentem ac divinam ; divinæ siquidem naturæ, ut quæ est natura statusque vitarum omnium, præsertim diviniorum sive angelicarum, vel etiam corporum in resurrectione vivis animabus conjunctorum, nulla vita est contra naturam, vel supra naturam. Qualis enim vita Deo contra naturam ac violenta sit ? quæ vero supra naturam ejus ? quid enim et quale divinam naturam superet ? Unde, quando dicimus de Deo, quod hoc sit et hoc dicatur supra naturam, non intelligimus naturam ejus, absit ! sed nostram, et cæterarum rerum omnium ; et quando rursum e contra dicimus secundum naturam, non nostram intelligimus rerumque cæterarum, sed ipsius. Quamobrem contradictoriæ Simonis rationes, contra doctrinam quæ ait, corpora nostra **457** immortalitate donanda, procul repellantur. Hunc autem arbitrari, ex his conspicuis et his sensibilibus contra incomprehensibilem atque omnibus obscuram universorum causam demonstrationes præbere

[g] Psal. cxxx, 29. [h] Ibid., 30. [i] Rom. xi, 29.

posse, vanum est; quomodo enim id quod omnem sensum et cogitationem superat evertent ea quæ sensu et cogitatione percipiuntur? cum autem Deo nihil sit contrarium, quomodo aliquid erit ei contra naturam vel violentum?

§ III. Cum vero ab ipso vivificetur id quod vivit, sive angelus sit sive homo, sive brutum sive planta, et ex ipso vitæ omnis initium, vitæque substantia sit, credibile etiam erat, et illud resurrectionis, quoniam ab ipso ad denuo vivendum resuscitabimur. Vitæ porro principium ait esse animas (per has enim corpora, quæ ad vitam veniunt, vivunt et moventur), vitæ autem essentiam ipsas per se esse animas intellectilesque virtutes (siquidem hæ sunt substantiales, et per se mobiles atque immortales); hæ autem ex ipsamet divina vita quæ est supra omnem vitam, et vivunt corporaque vivificant, in qua divina vita licet multæ sint vitæ, et ejusdem nominis cum nostra, tamen uno modo et secundum unam vitalem causam præexsistunt. Quare Deus, tanquam auctor et consummator vitæ nostræ, tanquam contentor et distributor, tanquam disponens differentias omnis vitæ, scilicet intellectilium, rationalium, sensilium, et eorum quæ augentur, omnium principium exsistit. Consideratur enim in omni vita secundum multiplicem vitæ generationem ac varietatem: alia est enim angeli, et alia hominis, et alia bruti, et alia plantæ; quocirca consideratur ut omnigena diversaque, quæ unita simplexque est, nullius indiga, quinimo superplena; non enim satis est de ea dicere quod non sit indiga, sed addendum, eam esse supraquam plenam, in quantum vitæ bonum ab hac in multa alia diffunditur, ut quæ est seipsa vivens, et supervivens, et vivificans, vel quocumque alio modo humano ineffabilem illam divinamque vitam laudare quis possit.

CAPUT VII.

De sapientia, mente, ratione, veritate, fide.

SYNOPSIS CAPITIS.

I. *Docet, sapientiam Dei esse omnis sapientiæ creatricem, supraque omnem sapientiam exsistere investigabilem et incomprehensibilem; neque secundum nostram intelligentiam metiendam esse.* II. *Ex eo Dei sapientia dicit angelos habere, quod sint intellectiles, et homines quod sint rationales, et res aliæ sensibiles. Quærit insuper, quomodo Deus omnia novit sine ulla actione; et quomodo omnia cognoscendo anticipet, et in seipso per sui notitiam cognoscat; et angeli quoque sensilia intellectiliter percipiant.* III. *Ostendit, Deum, ut in se est, nobis ignotum esse, eumdemque nosci partim per notionem, partim sine notione, et hanc notitiam esse illa diviniorem ac veriorem.* IV. *Quomodo Deus Verbum sit, quod est, simplex veritas et fidei fundamentum.*

§ I. Age porro, ipsam, si placet, veram æternamque vitam, etiam, ut sapientem, ipsamque sapientiam celebremus, imo vero tanquam omnis sapientiæ procreatricem, supraque omnem sapientiam et intelligentiam eminentem. Non enim Deus tantum supraquam plenus sapientia exsistit, et intelligentiæ ejus non est numerus, sed supra omnem rationem et mentem et sapientiam collocatur. Idque supernaturaliter intelligens vir plane divinus, communis ille noster nostrique præceptoris sol, *Quod*, inquit, *stultum est Dei, sapientius est hominibus* [k], non solum quod omnis humana cogitatio error quidam sit, si cum divinarum absolutissimarumque intelligentiarum firmitate stabilitateque comparetur; verum etiam quia solemne est theologis, ut in Deo ea quæ sunt privationis contrario sensu dicant. Sic lucem splendidissimam Scripturæ vocant inaspectabilem: et qui multa laudum insignia nominaque habet, dicunt ineffabilem et innominabilem; atque eum qui omnibus præsens est et ex omnibus invenitur, vocant incomprehensum et investigabilem. Hoc igitur modo etiamnum divinus Apostolus stultitiam Dei laudare dicitur, dum id quod in ea rationi contrarium et absurdum videtur, ad ineffabilem omnique ratione potiorem veritatem refert. Verum (ut alibi dixi) si more nostro ea quæ supra nos sunt accipiamus, familiaribusque nobis sensibus inhæreamus, atque divina cum rebus nostris conferamus, fallimur, si secundum id quod deforis apparet divinum Numen et arcanam illam rationem metiamur; cum scire debeamus, mentem quidem nostram pollere vi intelligendi, qua res intellectiles contuetur, tamen istam unionem, qua rebus se superioribus conjungitur, naturam ipsius longe superare. Secundum hanc itaque divina sunt intelligenda, non more nostro, sed quatenus nos ipsi totos a nobis totis abdicamus, et toti transimus in Deum; siquidem longe præstat nos Dei esse quam nostros; sic enim divina nobis dari poterunt, si cum Deo fuerimus conjuncti. Hanc igitur rationis expertem et amentem atque fatuam sapientiam superlate laudantes, dicamus, omnis mentis et rationis, omnisque sapientiæ et intelligentiæ causam esse; et ipsius esse omne consilium, et ab ea omnem scientiam et intelligentiam proficisci, et in ea omnes thesauros sapientiæ et scientiæ absconditos esse [l]. Etenim convenienter iis quæ antea dicta sunt, causa supraquam sapiens et

[k] I Cor. I, 25. [l] Coloss. II, 3.

omnia sciens, per se sapientiæ et totius sapientiæ universalis et singularis effectrix.

§ II. Ex ea intellectiles ac intelligentes angelicarum mentium virtutes simplices ac beatas habent Intelligentias, dum non dividuis aut e dividuis, vel sensibus vel diffusis rationibus, ratiocinando divinam colligunt scientiam, nec iisdem communiter adhærent, sed ab omni materia pluralitateque puræ, spirituali, a materia secreto atque uniformi modo ea capiunt, quæ in divinis intelligi possunt; estque illis vis spiritalis atque operatio impermista, et immaculata puritate resplendens, et conspicax divinarum intelligentiarum, quæ divisionis ac materiæ carentia, nec non deiformi unitate ad divinam et plusquam sapientem mentem ac rationem, quantum fieri potest, per divinam sapientiam efformatur. Hinc etiam animæ ratiocinandi vim obtinent, quæ dum per digressus quosdam et per ambages rerum investigant veritatem, propter divisam et omnifidam varietatem non parum ab unitis illis mentibus deficiunt; sed ubi demum e multis in unum sese colligunt, angelicas etiam, quantum quidem animabus congruit, intelligentias æmulantur. Quin et sensus ipsos si quis sapientiæ quemdam sibilum esse dixerit, nequaquam a vero aberrabit : nam et dæmonum quoque mens, in quantum mens est, ex ipsa est; in quantum vero amens est, et id quod appetit nec scit, nec vult assequi, verius a sapientia defectio dici debet. Sed **460** quoniam divina sapientia ipsiusmet sapientiæ, atque omnis etiam mentis, rationis ac sensus principium, et causa, et procreatrix, et perfectio, et custodia, et terminatio dicta est; quomodo ergo Deus ipse supraquam sapiens sapientia, et mens, et verbum, et cognitio prædicatur? quomodo enim intelligat quidquam intellectilium, si non habeat spiritalem actum? vel quomodo percipiat sensilia, si supra sensum omnem sit collocatus? atqui Eloquia tradunt Deum omnia nosse, nihilque divinam effugere cognitionem; verum, ut sæpenumero dixi, divina prout Deo competunt accipienda sunt. Nam amentia et insensilitas, per excessum, non per defectum Deo tribuuntur; sicut etiam rationis carentiam ei qui supra rationem est attribuimus, et imperfectionem supraquam perfecto ac præperfecto ; et caliginem, quæ tactum visumque fugiat, luci inaccessæ accommodamus, secundum quod excellit lucem spectabilem. Itaque mens divina comprehendit omnia cognitione quadam eminenti, qua secundum ipsammet omnium causam in se omnium cognitionem anticipat, priusquam angeli fierent cognoscens angelos, eosque creans, cæteraque omnia intus et ab ipso, ut ita dicam, exordio noscens, et in rerum naturam proferens; idque arbitror Scripturam significare, cum ait : *Qui novit omnia priusquam fiant* [m]. Non enim ex rebus ipsis res discens, novit eas divina mens, sed ex seipsa et in seipsa, secundum causam omnium scientiam, et notionem, et essentiam præhabet, et ante comprehendit, non singula secundum cujusque speciem intendens, sed secundum unicam causæ complexionem cuncta sciens et continens; sicut et lux secundum causam tenebrarum notionem anticipat, non aliunde quam ex luce tenebras noscens. Seipsam igitur divina sapientia noscens, sciet omnia; materialia sine materia, et indivise divisibilia, et unice multa, ipso uno omnia et cognoscens et producens; nam si secundum unam causam Deus omnibus esse impertit, secundum eamdem unicam causam sciet omnia tanquam ex se exsistentia, et in seipso ante præexsistentia, et non ex rebus rerum accipiet notionem, sed et ipsis singulis ipsarum aliisque aliarum notitiam largietur. Non habet itaque Deus peculiarem scientiam sui, aliam vero communem res omnes complectentem; ipsa enim omnium causa seipsam cognoscens, nullo **461** modo ea quæ ab ipsa, et quorum causa est, ignorabit. Hac igitur Deus res cognoscens, non scientia rerum, sed scientia suiipsius ipsas novit; etenim angelos quoque Scriptura testatur ea scire quæ in terra sunt, non secundum sensus illa cognoscentes quæ sensibilia sunt, sed secundum virtutem ac naturam mentis deiformis.

§ III. Præterea quærendum est, quomodo nos Deum cognoscamus, qui neque sensu percipitur nec intelligentia, et nihil omnino est ex iis quæ sunt. An non potius vere dicatur, quod Deum non cognoscimus ex natura ejus (id enim quod natura ejus est incognitum est, et omnem rationem ac mentem superat), sed ex ordine omnium rerum, tanquam ab ipso proposito, et imagines quasdam ac similitudines exemplarium ejus divinorum in se habente, ad cognoscendum illud summum bonum et omnium bonorum finem, via et ordine pro viribus ascendimus in ablatione et in superlatione omnium, et in omnium causa. Quocirca Deus in omnibus cognoscitur, et separatim ab omnibus; et per cognitionem Deus cognoscitur ac per ignorationem ; et est de eo cognitio, ratio, et scientia, et tactus, et sensus, et opinio, et cogitatio, et nomen, et alia omnia; et neque intelligitur, neque dicitur, neque nominatur; nec est aliquid eorum quæ sunt, nec in aliquo eorum quæ sunt cognoscitur; et in omnibus omnia est, et nihil in ullo; et ex omnibus ab omnibus cognoscitur, et a nullo ex ulla re : utique de Deo ista recte dicimus, et ex omnibus quoque rebus celebratur, secundum omnium quorum ipse causa est proportionem. Est item divinissima Dei notitia, quæ per nescientiam accipitur, secundum illam, quæ supra intellectum est, unionem, quando mens, a rebus omnibus recedens, ac demum semetipsam deserens, desuper fulgentibus radiis unitur, quibus in illo inscrutabili sapientiæ profundo collustratur. Attamen (ut dixi) ex iis quoque omnibus est agnoscenda, quoniam ipsa, secundum Scripturam, est omnium effe-

[m] Dan. XIII, 42.

ctrix, quæque semper erat cuncta componens °, et indissolubilis rerum omnium connexionis ordinisque causa, semperque fines præcedentium cum principiis sequentium connectit, unicamque totius universi concordiam et consonantiam concinnat.

§ IV. Deus etiam ratio prædicatur a Scripturis, non solum quia rationis **462** et mentis et sapientiæ largitor est, sed quia causas omnium in se ipso uniformiter anticipavit, et quia per omnia meat, pervadens, ut ait Scriptura ᴾ, usque ad finem omnium: et potissimum, quia ratio Dei supra omnem simplicitatem simplex est, et ab omnibus supra omnia, supra substantiam absoluta. Ratio hæc simplex est ac vere exsistens veritas, circa quam, ut puram et infallibilem universorum notionem, fides divina versatur, quæ est constans fidelium firmamentum fundans illos in veritate, atque in ipsis veritatem, dum indissuasibili identitate simplicem veritatis cognitionem habent rerum credendarum. Nam si cognitio res cognitas cum cognoscentibus unit, igno- ratio vero ignoranti causa est ut semper mutet, atque a seipso discrepet, eum qui credit in veritate, juxta Scripturam, nihil a vero fidei fundamento dimovebit, in quo constantiam habebit immobilis et immutabilis identitatis. Probe namque novit quisquis unitus est veritati, quam bene se habeat, quamvis cum multi ut amentem arguant; latet enim illos, uti par est, eum per veræ fidei veritatem ex errore excessisse; ipse autem vere novit se, non (ut illi fabulantur) insanire, sed ab instabili mutabilique omnimode errantis varietatis motione per simplicem, circa eadem semper et eodem modo se habentem, veritatem esse liberatum. Hoc modo primi divinæ sapientiæ nostri præceptores pro veritate quotidie moriuntur, testificantes, uti par est, et omni sermone et opere singularem illam Christianæ veritatis agnitionem, omnium esse cum simplicissimam tum divinissimam, imo potius hanc solam esse veram atque unicam simplicem Dei notitiam.

ADNOTATIONES CORDERII.

§ I. Ad locum Pauli I Cor. 1, 25, vide quæ supra diximus in notis ad primum caput hujus libri, § 1. Sensus litteralis est: *Quod stultum est Dei*, id est, quod in Deo et Christo nato ac passo putant gentiles et philosophi stultum esse, *id sapientius est hominibus*, id est, omnem sapientiam excedit. Ita P. Cornelius.

Ibidem: *Istam unionem, qua rebus se superioribus conjungitur, naturam ipsius longe superare.* Ubi nota, intelligi actum fidei, qua hic in via dirigimur ad res divinas pro captu nostro apprehendendas, quæ est donum Dei et ordinis supernaturalis. Cur autem Deus hujusmodi sublimia et captum nostrum excedentia a nobis credi voluerit, tres pulchras rationes affert Lessius lib. vi *De perfectionibus divinis*, cap. 3.

« Prima est, inquit, ut captivantes intellectum nostrum in obsequium fidei, illum **463** totum Deo subjiciamus; et agnoscentes imbecillitatem mentis nostræ, ac divinæ sapientiæ altitudinem, Deum sic honoremus.

« Secunda est, ut mens nostra sursum erigatur, et ad divina elevetur; si enim Deus non proponeret ea quæ captum humanum excedunt, mens non attolleretur sursum, sed in suo gradu et infima sorte maneret, neque ad Dei visionem disponeretur, fides enim supernaturalium media est inter cognitionem naturalem et visionem beatam.

« Tertia, quia cum vita æterna sit supra naturam, ea quoque quæ ad illam ducunt debent naturæ captum superare; hinc tantopere in Scripturis donum fidei commendatur, et ex divina illustratione haberi dicitur. »

§ II. *Ex ea intellectiles ac intelligentes*, etc. Hinc divus Thomas parte prima, quæst. 55, artic. 2 concludit, angelos, cum a corporibus sint abstracti, non intelligere per species a rebus acceptas, sed per species sibi naturaliter congenitas. Sic enim, inquit, oportet intelligere distinctionem spiritualium substantiarum et ordinem, sicut est distinctio et ordo corporalium. Suprema autem corpora habent potentiam in sui natura totaliter perfectam per formam; in corporibus autem inferioribus potentia materiæ non totaliter perficitur per formam, sed accipit nunc unam nunc aliam formam ab aliquo agente; similiter et inferiores substantiæ intellectivæ, scilicet animæ humanæ, habent potentiam intellectivam non completam naturaliter, sed complet*ur in eis successive, per hoc quod accipiunt species intelligibiles a rebus; potentia vero intellectiva in substantiis spiritualibus superioribus, id est in angelis, naturaliter completa est per species intelligibiles connaturales, ad omnia intelligenda quæ naturaliter cognoscere possunt. Et hoc etiam ex ipso modo essendi hujusmodi substantiarum apparet, substantiæ enim spirituales inferiores, scilicet animæ, habent esse affine corpori in quantum sunt corporum formæ, et ideo ex ipso modo essendi competit eis ut a corporibus et per corpora suam perfectionem intelligibilem consequantur, alioquin frustra corporibus unirentur; substantiæ vero superiores, id est angeli, sunt a corporibus totaliter absolutæ, immaterialiter et in esse intelligibili subsistentes, et ideo suam perfectionem intelligibilem consequuntur per intelligibilem effluxum, quo a Deo species rerum cognitarum acceperunt simul cum intellectuali natura. Unde idem D. Thomas ex hoc item loco Dionysii quæst. 58, art. 3, concludit, angelos quæcunque cognoscunt sine discursu apprehendere, et confirmat a pari. Angeli enim, inquit, illum gradum tenent in substantiis spiritualibus, quem corpora cœlestia in substantiis corporeis (unde et cœlestes mentes a Dionysio appellantur). Est autem hæc differentia inter cœlestia et terrena corpora, quod corpora terrena per mutationem et motum adipiscuntur suam ultimam perfectionem, corpora vero cœlestia statim ex ipsa sua natura suam ultimam perfectionem habent. Sic igitur inferiores intellectus, scilicet hominum, per quemdam motum et discursum intellectualis operationis perfectionem in cognitione veritatis adipiscuntur; dum scilicet ex uno cognito in aliud cognitum procedunt. Si autem statim in ipsa cognitione principii noti inspicerent, quasi notas, omnes conclusiones consequentes, in eis discursus locum non haberet, et hoc est in angelis,

---

ⁿ Prov. VIII. ᵒ Sap. VII. ᴾ Sap. VIII.

quia statim in illis quæ primo naturaliter cognoscu.it, inspiciunt omnia quæcunque in eis cognosci possunt; et ideo dicuntur intellectuales, quia etiam apud nos ea quæ statim naturaliter apprehenduntur, intelligi dicuntur, unde intellectus dicitur habitus primorum principiorum, animæ vero humanæ, quæ veritatis notitiam per quemdam discursum acquirunt, rationales vocantur. Quod quidem contingit in eis ex debilitate luminis intellectualis; si enim ejus plenitudinem haberent, sicut angeli, statim in primo aspectu principiorum totam virtutem eorum comprehenderent, intuendo quidquid ex eis syllogizari posset.

Cæterum docet, angelos, homines, sensilia, et denique omnia per Dei sapientiam creata esse, et suo modo sapientiam Dei prædicare, ut pulchre magnus Basilius in illud Proverbiorum VIII. 22. *Dominus creavit me principium viarum suarum.* Loquitur, inquit, de sapientia mundi, quæ apparet, et vocem fere per ea quæ cernuntur emittit, quod scilicet a Deo factus sit, et non fortuito tanta sapientia ea quæ effecta sunt decorat. Ut enim *Cœli enarrant gloriam Dei, et opus manuum ejus annuntiat firmamentum* ¶, enarrant, inquam, me voce quia non sunt voces, neque sermones, quorum non audiantur voces eorum; ad eumdem modum sunt quidam sermones sapientiæ antiquitus editæ, quæ ante alia in fabricatione mundi cum creatura conseminata est. Hæc tacens suum conditorem et Dominum clamat, ut per eam, ad cogitandum eum qui solus est sapiens, te referas. Sic etiam intelligi potest hic locus Scripturæ, ut scilicet nulli usquam sint homines, quacunque lingua et sermone loquantur, qui non audiant et percipiant, quid dies et noctes sua illa composita et rata mutuæ successionis vicissitudine prædicent et declarent, nempe notitiam Dei, qui omnia fecit, moderatur et regit. Est autem constructio **464** verborum idiomatis Græci: *Non sunt loquelæ neque sermones,* hominum scilicet, *quorum non audiantur,* id est a quibus non audiantur, *voces eorum,* dierum scilicet et noctium. Sic intellexit Eusebius Cæsariensis in Commentariis suis eruditissimis, uti notat Turrianus. Ex quibus liquet quod divina sapientia, et scientia, et mens, et Verbum, et intelligentia, ex nihilo creat ipsam late patentem et cum creatura conditam per se sapientiam, et ea quæ secundum ipsam per se sapientiam sapiunt et omnem aliam sapientiam, quæ in iis quæ sunt reperitur.

Ibidem: *Itaque mens divina comprehendit omni cognitione quadam eminenti, qua, secundum ipsammet omnium causam, in se omnium cognitionem anticipat,* etc. Comprehendendo enim, inquit Lessius, essentiam suam, hoc ipso, ex vi illius comprehensionis, cognoscit distinctissime et clarissime omnia possibilia (sub quibus etiam continentur omnium possibilium complexiones) quæ nimirum ipsa per se facere potest; et illa comprehendendo, cognoscit ulterius omnia in particulari, quæ singula illorum facere vel pati possunt, et in quibus deficere; neque hoc solum, sed etiam quid singula in quavis occasione essent factura, si talis vel talis occasio daretur. Neque in his sistit, sed etiam clare intuetur, quid reipsa in omnem æternitatem sit eventurum, quibus momentis, quibus locis, quibus occasionibus, et aliis circumstantiis. Ratio est quia in Deo cognitio abstractiva possibilium, cum sit *infinitæ* perfectionis et efficaciæ in attingendo objecto, hoc ipso quo objecta illa reipsa sunt futura, fit intuitio existentium; nec opus est alia vi aut conatu. Unde patet, omnem intuitum futurorum esse ex vi comprehensionis essentiæ, nec aliud requiri quam præcognitionem objectorum, tunc enim cognitio, quæ prius, seu in priori signo rationis, erat abstractiva, transit in intuitivam ex vi suæ perfectionis. Ita Lessius, lib. VI *De perfectionibus divinis,* cap. 1, qui hæc ex præsenti loco Dionysii confirmat.

§ III. *Præterea quærendum est, quomodo nos Deum cognoscamus;* et respondet: *Ex ordine omnium rerum, tanquam ab ipso proposito, et imagines quasdam ac similitudines exemplarium ejus divinorum in se habente.* Quæcunque enim species (inquit S. Maximus) et singulæ creaturæ, ut ordines angelorum et omnia sensilia, imagines sunt et similitudines divinarum idearum, id est exemplarium quæ sunt in Deo. Quæ quidem exemplaria æternæ Dei intelligentiæ sunt, per quas et secundum quas omnia in ipso erant, quæ non erant alia ab ipso, et per eas et secundum eas omnia quæ produxit facta sunt, sicut B. Joannes in Apocalypsi c. IV, ait dixisse illos viginti quatuor seniores: *Omnia in ipso erant, et creata sunt.* De ideis dictum est quod erant; de imaginibus autem et similitudinibus idearum, id est exemplarium, quod creata sunt.

Ibidem addit; quod *ad cognoscendum illud summum bonum pro viribus ascendimus in ablatione, et in superlatione omnium, et in omnium causa.* Tribus enim modis ascendimus ad cognoscendum Deum ex creaturis. Uno modo, auferendo ei neganter, tanquam non decentia, quæcunque creata cernuntur; quia nihil eorum Deum esse dicimus, sed omnia negamus, aientes, non est Deus angelus, neque anima, neque ullum animal, aut istud, aut illud, quodcunque sit. Alio modo perfectiones creaturarum, ut vitam, sapientiam et alia hujusmodi removendo a Deo; quia sapientia Dei omnem sapientiam creatam excedit, et vita Dei omnem vitam, et perfectiones reliquæ reliquas omnes perfectiones creaturarum superant. Tertio modo, quatenus omnia sunt a Deo creata, quæcunque in natura rerum et universitate mundi sunt. Vide dicta in Observationibus generalibus 8 et 9, item Adnotationes ad cap. 1 hujus libri.

Ibidem infra per verba illa, *Semperque fines præcedentium cum principiis sequentium connectit,* significat, nihil esse inter creaturas medium, vacuum et inane, sed omne esse plenum creatura; hæc enim est definitio eorum quæ se tangunt, quorum termini sunt simul; significat etiam esse conspirationem quamdam omnium partium in universo, secundum ordinem et proportionem convenientem, extremum ignis conspirare et conjungi cum principio aeris, extremum aeris cum humore aquæ, extremum aquæ cum sicco terræ; et similiter, ascendendo ab elemento terræ ad ignem, reperitur similis conjunctio in extremis priorum cum principiis secundorum. Ad eumdem modum in tempestatibus anni, extremum hiemis cum principio veris, extremum veris cum principio æstatis, extremum æstatis cum principio autumni, hujusmodi conjunctiones ac conspirationes dicuntur a Dionysio ἀλληλουχίαι, quod uno verbo Latine exprimi non potest.

§ IV. *Deus etiam ratio prædicatur a Scripturis.* Hunc locum edisserens sanctus Maximus: Nominatur, inquit, Verbum Dei λόγος, id est ratio, quia habet omnium causas in se, rationes enim omnis naturæ in ipso sunt, tanquam in causas creationis; per ipsum enim omnia ʳ. Ideæ namque et exemplaria in ipso, non alia in alio, sed æternæ notiones sunt, et rationes facientes omnia.

Ibidem: *Ratio hæc simplex est ac vere exsistens veritas,* etc. Quomodo autem ab **465** hac veritate in nos omnis veritas derivetur, pulchre tradit Lessius libro sexto *De perfectionibus divinis,* cap. 4, dicens: A veritate divinæ sapientiæ descendit omnis veritas in creaturas, idque dupliciter. Primo per creationem, quia

¶ Psal. XVIII, 2. ʳ Joan. I.

per sapientiam conditæ sunt et formatæ, et in conformatione cum illa sapientia et arte divina consistit ea veritas. A rebus transit ulterius veritas in nostram cognitionem; quia veritas rerum est veritatis mensura et origo. A nostra cognitione transit in nostros affectus et mores quatenus hi judicio prudentiæ et notitiæ divinæ legis conformantur; denique in nostros sermones et scripta, quatenus sermones sunt signa conceptuum animi et scripta sermonum. In his ergo cernitur solum veluti extremum veritatis ἀπήχημα, et resultans quoddam umbratile vestigium. Secundo, descendit veritas a Deo in creaturas per revelationem et illustrationem divinam; hæc enim veritas non est hausta ex objectis, sed directe per infusionem luminis communicata, hoc modo veritas fidei et visionis beatæ ad nos derivatur.

Vide plura de hac veritate apud Lessium loco citato; item divum Thomam 2 2, quæstione prima, articulo primo, qui ex hoc loco Dionysii probat, objectum formale fidei esse ipsam primam Veritatem.

PARAPHRASIS PACHYMERÆ.

§ I. Quoniam diximus de bono, de ente, de vita, age, ipsammet bonam et æternam vitam Deum celebremus etiam ut sapientem. Antea enim dixerat, nos a rebus nostris ea quæ supra nos sunt colligere; idcirco, quasi se corrigens, ait : Quin potius, tanquam omnis sapientiæ quæ scilicet in angelis et hominibus est causam et supra omnem sapientiam et compositionem eminentem ; nulla enim ratione congruentiave concluditur, causam effectivam alicujus similem esse effectui. Ex nostra itaque sapientia divinam sapientiam per excessum intelligimus, sicut ex effectu causam, et non simpliciter causam, sed causam efficientem. Non enim duntaxat supraquam plenus est sapientia, juxta Scripturam : *Et intelligentiæ ejus non est numerus* ʳ*, verum etiam supra omnem sapientiam exsistit. Hoc intelligens etiam magnus Paulus, communis ille meus meique præceptoris Hierothei sol, *quod stultum est Dei sapientius esse dixit hominibus* ˢ, non solum quod nostra scientia, cum divina illa quæ errare non potest comparata, error reputetur, verum etiam quia solemne est theologis, per quamdam rerum nostrarum aversionem ex privatione res divinas per negationes efferre, cum res nostræ potius ex habitibus nominentur : sic enim divina excellentia manifestatur. Hoc etiam alio loco vocavit vim quamdam superexcellentis negationis ; nam cum omnis habitus per excessum imminuatur respectu eorum quæ ibi sunt, idcirco ad oppositionem nostratium illa ex negatione dicuntur. Sic etiam exinanitionem vocat Dei incarnationem, tametsi plena fuerit, imo supraquam plena, tam sapientia, quam virtute ac salute ; quinetiam Dei infirmitatem, crucis tropæum vocant. Hoc igitur modo etiam stultitiam Dei, omnem sapientiam et scientiam excedentem Apostolus appellavit, id quod nobis rationi contrarium et absonum videbatur; scilicet quomodo Deus in carne, vel quomodo corporaliter in cruce passus sit, adducens ad veritatem, quæ omnem superat rationem ; mysterium enim hoc sensilium demonstrationum rationibus non explanabitur, nisi fides præcedat. Sed quod etiam alibi dixit, si velimus more nostro ea quæ supra nos sunt accipere, familiaribus sensibus involuti, decipimur; cum scire oporteat, nostrum intellectum habere quidem vim intelligendi

res intellectiles (siquidem simplicibus quibusdam conceptibus et indemonstrabilibus intelligit), verum illas res intellectiles quæ sub intelligendi ejus facultatem cadunt ; res autem superiores nunquam apprehendet, nisi per eminentem quamdam unionem sensilia intellectiliaque cuncta atque insuper motum proprium excedat, atque ita radium quemdam divinæ cognitionis accipiat. Unionem autem non, ut ita quis dicat, mistionem et contactum vocat, quod utique etiam dicitur, ut cum in progressu hic sanctus ait : *Quando mens supernaturalibus radiis unita fuerit*, sed quoniam intellectiones inferiores sunt intelligente, et quando aliquid intelligitur, verosimiliter etiam divisio quædam unionis ipsius mentis exsistit ; dum vero in se ipso manet, indivisus apparet : idcirco unionem vocat statum illum quem secundum se unitus habet, æqualiter enim se applicat divinæ contemplationi indivisus, immotus, non intelligens, sed integre, secundum quamdam intremulam immobilitatem, dum toti simus Dei, et non nostri ; sic enim divinum radium aliquis accipiet.

§ II. Hanc itaque sapientiam, quæ non admittit rationem interpretantem, nec intellectum comprehendentem, nec sapientiam enuntiantem (hoc sensu enim vocat irrationalem, et amentem ac stultam non per affectionem, sed per negationem et per excessum, non propter defectum), per excessum igitur hanc laudantes dicimus, omnis mentis et rationis omnisque sapientiæ causam exsistere, et ipsius esse omne consilium et scientiam, juxta illud : *Mea est scientia, meum item consilium et securitas* ᵗ ; et in ipsa *omnes thesauri sapientiæ sunt et cognitionis absconditi*, secundum magnum Apostolum ᵘ. Etenim sicut æterna divinaque vita suppeditatrix dicta est etiam ipsius per se vitæ, et cæterarum vitarum omnium, sic utique etiam omnisapiens sapientia ipsius quoque per se sapientiæ causa, scilicet per se sive in se, rationis sapientiæ creatricis omnisque sapientiæ effectrix exsistit, ex qua intellectiones habent intellectiles et intelligentes virtutes angelorum. Intelligentes sunt inferiores respectu superiorum, et omnes respectu Dei : intellectiles sunt superiores respectu inferiorum, et omnes respectu nostri ; nos enim duntaxat sumus intelligen-

ʳ Ps. CXLVI, 5. ˢ I Cor, I, 25. ᵗ Prov. VIII, 14. ᵘ Coloss. II, 3.

tes, quia non habemus aliam intelligentiam inferiorem per quam intelligamur, siquidem anima, quæ nos sequitur, irrationalis est et mentis expers. Habent itaque cœlestes virtutes intellectiones non in divisibilibus, nos autem in divisibilibus sensuum instrumentis. Aliud enim auditus, et aliud visus, et sic de aliis. Et ab his divisibilibus sensibilibus rerum cognitionem recipimus, aut in divisibilibus quidem ex parte cogitationibus, sed a divisibilibus disciplinis seu intellectus objectis; hoc enim est: *per divagationes*. Non enim simul disciplinas percipimus, sed tempore, ac divisim. Intelligentes vero naturæ, nullam in his omnibus communicationem habentes, una simplicique intellectione veritatis cognitione illustrantur. Illud autem, sub aliquo communi est ejusmodi: nostræ cognitiones a rebus divisis collectæ commune quid abstrahunt, et ab illo, tanquam præcognito, aliud in cognitionem adducitur: quoniam ipsæmet etiam immediatæ propositiones ac primæ species, non aliter omnino etiam ad demonstrationem conducent, nisi etiam ipsæ ex sensibilibus divisibilibusque motibus ad commune quidpiam fuerint revocatæ. Sicut enim in bello, dum fit fuga, sistitur unus, et post eum alter, et tertius, et sic de cæteris, et sic forte victores evadunt qui ante succumbebant; similiter in communi cognitione, divisibilia sensitiaque collecta commune quid faciunt. Nam ex eo quod multi frequenter ad ignem aliquem accedentes calefacti sint, communi notitia acceptum est, omnem ignem calefacere, qua communi notitia informata, mens nostra, ex ea quidpiam aliud discit; quod non habet locum in angelis: sed ab omni materiali, id est sensibili divisibilium notionum multitudine puri, uniformiter res divinas, **468** non omnes quidem, sed quas eos nosse fas est; per divinam illustrationem intelligunt, qua illustrantur et ad unitatem informatur: in hac enim sita est eorum deiformitas. Per hanc quoque divinam sapientiam etiam animæ ratiocinandi vim obtinent. Cur autem non νοερόν, seu *intelligendi*, sed λογικόν, id est *ratiocinandi* vim dixerit, ex abundanti manifestum fit; omnia enim quæ hic animæ norunt, per fusas rationes ac demonstrationes, quinimo etiam per sensationes divisibiles percipiunt. Intellectilia vero anima intelligit, non in quantum anima rationem habet, sed in quantum mens est seu intellectus: tunc enim intelligit mens intelligibilia, quando et animam et semetipsam deserit. Hoc significat quoque divinus Apostolus dicens: *Animalis homo non capit ea quæ sunt spiritus* ᵛ. Deficiunt itaque animæ ab unitis illis et angelicis mentibus varietate et divisibilitate omnigenæ cognitionis. Deinde cum eæ cognitiones, quæ secundum animas fiunt, in unum conglomerantur (hoc enim est etiam *secundum se et universæ demonstrationis*) animæ quoque angelis æquiparantur. Idcirco considera etiam ut unitæ, ut ita quis

dixerit, intelligant: quando videlicet alias non per rationem, sed per arduum virtutique congruum habitum, quod utique præstantius est, ad cognitionis unitatem pertingunt; sicut videre licet in magnis ac divinis Patribus nostris, qui non eruditione, sed puritate, per virtutem ad magnas contemplationes diviniores, quæ humanum captum superent, cognitiones pervenerunt. Ad hæc nequaquam aberrabit, qui sensus quoque ipsos extremum quasi quamdam divinæ sapientiæ resonantiam appellarit: nam et ipsi habent habitum quemdam, quo illa quæ iis subjiciuntur recipiant et cognoscant, quanquam corporeis instrumentis sensitivis opus habeant, per quæ anima prospiciat. Dæmones vero, in quantum et ipsi mentem habent, ex divina sapientia eamdem compararunt; a ratione autem aversi, neque id quod erant permanentes, prolapsionem a sapientia potius sustinuerunt. Siquidem mens dæmoniaca ex irritationabilitate ambit et affectat æqualitatem Dei, sed nescit quomodo eam assequi possit; non quod natura ignorans sit, sed voluntarie id quod contra naturam est eligat. Unde, in quantum mens dæmonum a ratione deficit, nequaquam sapiens, sed a sapientia defecisse dicetur. **469** Sed quoniam divina Sapientia omnis mentis et rationis omnisque sensus effectrix et est, et causa dicitur, quomodo ipsemet supraquam sapiens Deus intelligit intelligibilia sensiliave, cum neque intelligentes habeat operationes, et supra omnem sensum sit collocatus? Attamen divina sacraque Evangelia dicunt: *Domine, tu omnia nosti* ᵛ; Dicendum itaque, quod dixi sæpius, quod quæ per privationem de Deo dicuntur, et contraria, per excellentiam intelligantur, ut irrationale, amens, intactile, invisibile, ita ut divina mens omnia contineat, secundum eminentem quamdam cognitionem omnium notitiam anticipando, tanquam causa omnium omniaque intrinsece noscens, et non ex alio, neque per aliquam aliam præexistentem cognitionem; et ab ipso initio noscens, non ab initio rerum productarum, sed ab universali initio Deo; quod cum non satis commode in Deo accipi possit (quoniam Deus sine initio est, et plusquam sine initio) correxit illud addendo: ut ita dicam. Recte igitur etiam magnus Basilius ait, quædam esse quæ quidem principio carent, sed finem habent, ut divinæ illæ creationis cogitationes; ab initio enim, ut ita dicam, apud Creatorem fuere rationes creationis. Nam idcirco dicitur: *Qui nosti omnia priusquam fiant;* quorum originem novit, non quod ex iis disceret qualia sint, uti declaravit dicens: Non ex rebus ipsis res discens, neque singulis secundum cujusque speciem intendens, sed tanquam creator suorum operum præhabet cognitionem, sciens quando et quibus modis illa sit producturus. Quorum perversio et defectio, sive frustratio et impotentia, malum introducit, privatione ejus quod se-

---

ᵛ 1 Cor. ii, 14.   ᵛ Joan. xxi, 15.

cundum naturam est, id quod contra naturam est introducens. Ad hoc enim lucis exemplum attulit; nam hujus privatione tenebræ exsistunt, et causam habent absentiam naturæ lucis, sicut etiam habitus principaliores sunt privationibus, et, ut ita quis dicat, causæ. Nemo itaque ex his ad tam absurdas sententias abducatur, ut dicat, etiam malorum in seipso causam habere Deum, sive ipsum esse causam cur hæc producantur; jam pridem enim ostendit, neque ens, neque in rebus esse malum. Hoc vero etiam declarat exemplum. Sicut enim si quis lucem hanc visibilem mentis ac rationis compotem supponat; deinde rogemus ipsam, an tenebras cognoscat, ipsa autem se nosse dicat, etiam antequam tenebræ **470** essent; nosse, inquam, non per aliquam experientiam (quomodo enim lux tenebras sciret? nam si lux sit, non erunt tenebræ), sed nosse dicat tenebras in quantum lux est; ideoque novit, quod si proprium lumen contraxerit, nemo videbit. Ita etiam Deus per causam omnium in se cognitionem habet, non quod experientia eam comparaverit (tum enim Deus cognitione posterior inveniretur), aut in aliquo tempore non cognoverit. Nota autem, tenebras esse effectum qui ex defectu lucis exsistit, quod est contra Manichæos. Hinc probat, secundum unam eamdemque cognitionem Deum nosse et seipsum et omnia, atque adeo etiam immaterialiter materialia, et divisa indivise, multaque unite; siquidem immaterialis, et individua, et unita, et simplex est notitia Dei. Cum dixerimus, Deum in uno, scilicet in una simplicique creandi facultate, diversa condidisse, sic et in uno, sive in una simplicique cognitione, diversa cognoscit; quinimo etiam largitor est omnis cognitionis, per quam aliquis et se et alia cognoscit. Non ergo Deus secundum aliam quidem cognitionem seipsum cognoscet, secundum aliam vero creaturas. Cum itaque ipsa omnium causa seipsam etiam a seipsa cognoscat, quanto magis cognoscet ea quæ a se promanant? verumtamen sui ipsius, et non scientia eorum quæ sunt. Infert igitur a minori, angelos etiam scire sensibilia, non per sensus illis inhærendo, sed per virtutem transcendentem, iis attendendo. Qui enim coram Gedeone ignem in sacrificium ex petra ejiciebat, non percepit eum sensu, sicut nos, ignem comburere, sed sublimiori modo, et secundum deiformem suam virtutem. Si itaque angeli nobiliori modo quam secundum sensum sensibilia cognoscant, quanto magis Deus immaterialiter materialia?

§ III. Ad hæc quærit, quomodo dicamur nos nosse Deum, et ea quæ intellectilia sensiliaque superant eminenter. Verum utique dicit, Deum natura sua ignotum exsistere, sed creaturarum pulchritudinem, generationis auctorem, id est eorum quæ producta sunt, conditorem, ostendere; siquidem rerum creatarum dispositiones sunt imagines quædam ac similitudines eorum quæ in Deo sunt exemplarium, ac creandi rationum, secundum quas omnia quæ exsistunt in ipso producta sunt; sicut **471** etiam in Apocalypsi Joannis theologi et evangelistæ narratur, quod omnia erant et fuerunt; quia erant exemplaria rerum creatarum, quorum imagines sunt creaturæ perfectiones. In omnibus ergo creaturis Deus cognoscitur, sicut artifex ex rebus arte factis; secundum substantiam vero ab omnibus omnino segregatus est: atque cum hinc sit ignotus, ex istiusmodi ignoratione dignoscitur; quinimo ex contrariis cognoscitur, diciturque tam per positiones quam per ablationes. Quamvis enim antea dixerit de Deo, neque tactum esse, neque notionem, neque rationem, neque quidquam aliud; verumtamen quando hæc positiva convenienti modo intelligimus, etiam hæc ipsius esse dicimus, et non ex nobis ad ipsum transferri possunt. Itaque tactus quidem nobis ad Deum non est, sed tactus ipsius ad scipsum dicetur, sicut etiam cognitio notioque; negationes vero etiam in nobis ponentur, quoniam supra omnia ista Deus est; et non potest ex his a nobis intelligi. Idcirco etiam ex omnibus a nobis celebratur secundum omnium proportionem, ex entibus tanquam ens, ex viventibus tanquam vivens, ex sapientibus tanquam sapientia. Et rursum est divinissima Dei cognitio, quæ per ignorationem cognoscitur secundum supramentalem unionem atque conjunctionem, sicut infert quando, inquiens, mens a rebus recedens, et semetipsam deserens, desuper fulgentibus radiis unitur, quibus in illo inscrutabili fundo collustratur; inde videlicet et ibi sic fit illustratio, quando ibi manens, omnia et seipsam deserens, inde illustratur. Mens autem semetipsam deserit, quando prorsus cessat ab omni proprio motu, omninoque immobilis est, nihil habens sui proprium, neque sui compos exsistens, sed penitus est divini illius arcani, quod etiam alibi interioritatem appellavit. Nihilominus etiam secundum aliam rationem, videlicet fictionis, ut dicebamus, ex omnibus cognoscitur non solum ut causa productionis, verum etiam conjunctionis eorum, atque semper fini priorum sequentium principia connectens; nullum enim medium rerum creatarum vacuum, in quo non sit aliqua creatura; universum enim rebus plenum est. Etiamsi aerem dixeris, tamen et ipse creatura exsistit; secundum hoc etiam conspiratio in universo dicitur quasi consensio. Sicut itaque in animali conspiratio est, cum simul viva omnia membra spirant, sic **472** et in universo consensio exsistit.

§ IV. Modo dicit etiam, quomodo Deus Verbum seu ratio celebretur, non solum utique juxta prædicta, quoniam ex effectis tanquam causa cognoscitur (ipse enim omnis rationis et sapientiæ largitor est); sed quia causas rerum omnium in se ipso habet: rationes enim omnis naturæ in ipso sunt tanquam in causa omnis creationis; ideæ namque et exemplaria non alia in alio, sed cum æternæ rationes sint, in ipso exsistunt. Dicit autem ipsum Verbum, quod etiam per omnia sine impedimento

permeet, omniaque etiam usque ad extrema perva- cum cognoscentibus unit, Ignoratio vero ignoranti
dat, uti etiam ad Hebræos ait Apostolus : *Vivus exsistit causa divisionis; siquidem ignorans men-
enim sermo et efficax* x, et quæ sequuntur. Ac præ- tem habet inconstantem, et in multa divisam. Num
sertim, quia supra omnem simplicitatem simplex itaque qui credit in veritate, nihil a fidei domicilio
est, et ab omni materia liberum, sumpta similitu- ac fundamento dimovebit. Qui itaque, juxta Apo-
dine ex verbo nostrarum cogitationum ; quoniam stolum y, in tenebris ignorantiæ exsistit errore ipso
verbum quoque nostrum quando non scribitur, ab fluctuans, circumfertur omni vento nequitiæ homi-
omni materia liberum esse constat. Quomodo vero num, sicut illi qui in mari tempestate agitantur, et
etiam simplex, utique dicet aliquis, cum ex elemen- existimant Gnosticos insanire; sicut etiam Festus
tis et syllabis constet? Verum non dicimus verbum Paulo veritatem prædicanti aiebat: *Insanis, Paule* z.
quod profertur, sed verbum internum, secundum Christianus autem vere gnosticus, utpote vere Chri-
quod etiam rationales dicimur. Hic Deus Verbum stum cognoscens, et **473** per ipsum Dei cognitio-
cum sit ipsa quoque veritas, merito etiam est in- nem, unam, inquam, veritatis cognitionem possi-
fallibilis omnium cognitio. Quid sit autem cogni- dens. Unam autem vocavit fidem nostram, utpote
tio, statim subjungit dicens : Divina fides, quæ est simplicem et infallibilem veræ prædicationis cogni-
constans fidelium firmamentum, fundans illos in tionem habentem. Est quidem extra mundum po-
veritate, atque in ipsis veritatem, ita ut fides veri- sita, cum minime versetur in mundana infidelium
tatis quid unum fiat cum credentibus; non secus scientia et errore, seipsum autem cognoscit so-
ac in igne ferrum quid unum fit cum eo, eademque brium, et a multivaga infidelitate liberatum; ideo-
operatur quæ ignis. Idcirco tam fides quam creden- que quotidie pro veritate moriuntur, non tantum
tes operari dicitur : siquidem credentes simplicem usque ad mortem, in dies propter veritatem peri-
quamdam cognitionem habent minime divisam, clitantes, sed etiam semper ignorantiæ morientes,
minimeque dubiam ; quoniam cognitio res cognitas cognitioni vero viventes, et Christiani comprobati.

CAPUT VIII.

De potentia, justitia, salute, redemptione ; ubi etiam de inæqualitate.

SYNOPSIS CAPITIS.

I. *Petit, quomodo Deus, qui est supra omnem virtutem ac potestatem, etiam virtus seu potestas appelletur.*
II. *Dicit, Deum virtutem seu potestatem nuncupari, ex eo quod omnipotens sit, et omnis virtutis ac potestatis auctor.* III. *Ostendit, quomodo divina omnipotentia cuncta pervadat.* IV. *Hanc angelis omnem vim ac
potestatem, qua pollent, impertiri.* V. *Similiter homines, animalia, cæteraque omnia corroborare et in statu
suo conservare.* VI. *Demonstrat, summæ esse potentiæ, quod Deus semetipsum negare non possit.* VII. *Tradit,
unde Deus etiam justitia appelletur ejusque munus expleat.* VIII. *Cur Deus relinquat in hoc mundo sanctos
effligi.* IX. *Unde Deus etiam salus nuncupetur ac redemptio.*

§ I. Sed cum divinam veritatem ac supraquam sa- quam cujusque particularis; et ut infiniti-potens,
pientem sapientiam, ut potentiam quoque et justi- non solum omnem potentiam producendo, sed etiam
tiam theologi collaudent, nec non ipsam quoque supra omnem potentiam, et supra ipsam per se
salutem ac redemptionem vocent; agedum etiam potentiam exsistendo; et quod desuper possit innu-
hæc Dei nomina, quoad possimus, enucleemus. merabiliter infinitas alias potentias producere; et
Quod Deus quidem, deificationis princeps, supra quod infinitæ infinito numero productæ potentiæ
omnem potentiam feratur, et omnem potentiam, nunquam queant supraquam infinitam potentiæ
quomodocunque est et excogitatur, exsuperet, non ejus potentificæ effectionem hebetare ; quodque
puto ullum ex iis qui in Scripturis divinis alti sunt ineffabilis et incognoscibilis et inexcogitabilis sit
et educati, ignorare ; multis enim in locis Scriptura omnia transcendens ejus potentia, quæ exuberantia
et dominationem ipsam esse tradit a, et ab ipsis potestatis potentem reddit infirmitatem, cujus ex-
supracœlestibus potentiis separat b. Quomodo igi- tremos quoque terminos continet penetratque, sicut
tur theologi tanquam potentiam laudant, quæ extra in iis quæ sensum valde feriunt videmus, prælucida
omnem potentiam posita est? aut quomodo in ea lumina hebetes quoque videndi facultates perstrin-
nomen potentiæ accipiemus ? gere ; et ingentes aiunt strepitus audiendi quoque
§ II. Dicimus igitur, Deum esse potentiam, ut qui sensus, sono capiendo parum idoneos, penetrare.
præhabet in se et supraquam habet omnem poten- Quod enim penitus non audit, jam non est auditus ;
tiam; **474** et ut omnis potentiæ auctor, et ut omnia neque visus, quod non cernit omnino.
inflexibili et incircumscripta potentia producens, et § III. Hæc igitur potentia Dei infiniti potens in
ut auctor ipsius esse potentiæ, tam universalis omnia quæ sunt meat et progreditur, nihilque eorum

x Hebr. iv, 12 et 18.   y Ephes. iv, 14.   z Act. xxvi, 24.   a II Petr. ii.   b Psal. xxiii.

quæ sunt sic omnino nudatum est, quin aliquam potestatem habeat; quin potius potestatem habet vel intelligentem vel ratiocinantem, vel sentientem, vel viventem, vel proprium substantiæ; et ipsum esse, ut fas est dicere, potentiam, habet ut sit ab ipsa supraessentiali potentia.

§ IV. Ex ipsa sunt deiformes angelicorum ordinum potentiæ; ex ipsa quoque habent statum immutabilem, nec non omnes suas spiritales et immortales ac perpetuas motiones, ipsamque constantiam bonique appetitum, qui minui non possit, ab immensæ bonitatis potentia receperunt, cujus munere habent, ut et possint et sint hæc ipsa, semperque esse desiderent, et id ipsum posse desiderare semper possint.

§ V. Porro indeficientis istius potentiæ munera in homines quoque dimanant, et in animalia et plantas, totamque naturam universi; corroborat enim illa, quæ unita sunt, ad mutuam amicitiam ac communionem, et quæ distincta sunt, ut secundum suam quæque rationem ac definitionem impermista quoque et inconfusa consistant; nec non universi hujus ordines ac directiones in bono proprio conservat, atque immortales angelicarum unitatum vitas inviolabiles, et cœlestium luminum **475** siderumque substantias atque ordines servat immutabiles, sæculaque ut esse possint indulget; temporum quoque circumvolutiones progressibus quidem distinguit, reditibus vero colligit; et ignis vires inexstinctas facit, nec non aquæ fluenta perennia; aeriam quoque fusionem terminat, atque terram supra nihilum firmat, ejusque vivificos partus incorruptibiles custodit; quin et elementorum inter se congruentiam atque temperiem inconfusam et indivisam servat, atque animæ et corporis nexum continet, stirpiumque altrices auctricesque vires suscitat; nec non essentiales rerum omnium facultates et indissolubilem totius universi tuetur mansionem, quin et ipsam quoque deificationem præstat, et virtutes ad eam requisitas iis qui deificabuntur sunt præbet; denique nihil est in universum, quod omnipotentis tutela et conversatione divinæ potentiæ privatum sit. Quod enim universe nullam habet potestatem, nec est, nec quidquam est, nec est funditus ullus ejus situs.

§ VI. Atqui, inquit Elymas magus: Si omnipotens est Deus, quomodo a theologo vestro aliquid non posse dicitur? Insinuat autem divinum Paulum, dicentem, non posse Deum semetipsum negare ᵉ. Hoc autem dum propono, vehementer metuo, ne ut amens videar, qui ludentium puerorum structuras arenaceas et infirmas evertere moliar, atque ad hujus loci scopum, tanquam qui attingi nequeat, quasi collimando conniter sensum ejus theologicum attingere, siquidem sui ipsius negatio, est a veritate prolapsio; veritas autem est id quod est; et a veritate defectio, est ab essendi statu dimotio. Si ita-

que veritas est id quod est, negatio autem veritatis, est ab essendi statu prolapsio; utique essendi statu frustrari Deus nequit, neque potest non esse; ac si quis dicat, non potest non posse, et nescire nescit per privationem. Hoc sapiens ille non intelligens, athletas imperitos imitatur, qui sæpenumero imbecilles sibi adversarios proponunt, et dum videntur sibi cum absentibus illis fortiter in umbra dimicare, aeremque cassis ictibus constanter feriunt, existimant se ipsos adversarios suos superasse, seseque jam victores jactitant, cum robur eorum nondum habeant exploratum. Nos autem ad theologum, in quantum fieri potest, collimando collaudamus Deum præpotentem ut omnipotentem, ut beatum, solumque potentem, utpote qui potestatis **476** suæ principatu ipsimet æternitati dominetur, nullaque unquam re frustratus; quinimo, ut qui desuper habeat et præhabeat omnia quæ secundum potentiam suam supraessentialem exsistunt, omnibusque rebus, tam ut esse possint quam ut sint, secundum affluentiam superabundantis potestatis copiosa fusione largiatur.

§ VII. A justitia autem rursus laudatur Deus, quod omnibus, ut dignum est, tribuat et congruentem modum, et pulchritudinem, et compositionem ordinis et dispositionem; et omnibus dispertiat, et singulis ordines præstituat, secundum veram et justissimam præscriptionem; et omnibus suæ cujusque actionis auctor sit. Omnia enim divina justitia ordinat, et determinat, omniaque ab omnium mistione et confusione libera servans, cuique convenientia rebus omnibus tribuit, prout cujusque congruit dignitati. Etenim si hæc recte dicimus, ii qui divinam justitiam cavillantur, dum minime advertunt, suam ipsi injustitiam manifesto damnant; aiunt enim, mortalibus debere inesse immortalitatem, et rebus imperfectis perfectionem, iisque quæ seipsis moventur aliunde motam necessitatem, ac mutabilibus identitatem, et imbecillibus perficiendi potestatem, item ea quæ temporanea sunt esse perpetua, et immutabilia quæ a natura moventur, et temporaneas voluptates æternum perdurare, atque universe illa quæ aliorum aliis attribuunt. Sed sciendum est, divinam justitiam hoc ipso revera veram esse justitiam, quod omnibus quæ sua sunt tribuat pro merito singulorum, atque naturam cujusque in ordine proprio potentiaque custodiat.

§ VIII. At dixerit aliquis: Non est justitiæ, permittere viros sanctos auxilio destitutos a pessimis quibusque conculcari. Cui respondendum, quod si quidem illi, quos appellas sanctos, terrena diligunt quæ ab amatoribus rerum materialium ambiuntur, vel hoc ipso jam a divino amore penitus exciderunt. Neque sane intelligo, quanam ratione sancti dici possint, qui res vere amandas et divinas contumeliis afficiunt, dum eas rebus fugiendis et abominandis, quas nefarie insectantur, minime præferunt.

ᵉ II Tim. II, 13.

Sin autem ea quæ vere sunt amarent, gauderent utique, quod voti compotes fieri possint. Nunquid tunc magis ad angelicas virtutes accedunt, cum rerum divinarum studio, quantum possunt, a materialium **477** affectione recedunt, et ad hoc viriliter exercentur periculis quæ honesti causa subeunt? Itaque hoc vere dici potest, divinæ justitiæ magis congruere, ut nunquam patiatur proborum virorum virile robur rerum materialium largitionibus enervari atque emolliri; quin potius, si quis id tentaverit, divinis auxiliis suffultos in præclaro illo et inconcusso statu solidaret nec non perseverantes pro meritis remunerari.

§ IX. Hæc etiam divina justitia tanquam omnium salus celebratur, quod propriam cujusque rei puram ab aliis essentiam ordinemque conservet ac tueatur, nec non vera causa sit, ut actionem quæque suam universa prosequantur. Si quis vero salutem laudet, quatenus a rebus deterioribus cuncta salubriter defendit, hunc nos tanquam omnigenæ salutis laudatorem, admittemus petemusque, ut illam primam omnium salutem statuat, quæ omnia sic immutata et inconcussa servat, ut in deterius nunquam vergant; et inexpugnata invictaque suis quæque rationibus distincta custodit, omnem inæqualitatem et alienam actionem ab universis eliminans, atque cujuslibet proportiones ita confirmans, ut in contrarium neque mutari possint neque transferri. Quin et hanc salutem nequaquam, præter sacræ theologiæ propositum laudare quis possit, tanquam quæ res omnes, prout cujusque rei quæ servantur natura fert, a bonorum suorum amissione liberet: unde theologi quoque illam vocant redemptionem, in quantum non sinit ea quæ vere sunt in nihilum relabi, et si quid peccatum sit, ac præter ordinem erratum, ex quo bonorum suorum aliquod detrimentum passa sit, perfectio illico quoque jacturam illam et imbecillitatem privationemque resarcit, id quod deest supplens, ac paternæ remissionem donans, et e malo erigens, imo potius in bono collocans, atque bonum quod effluxerat adimplens, ordinansque et exornans id quod inordinatum erat et difforme, ita ut redintegret omnino et ab omni labe liberet. Hoc quidem de his dictum ac de justitia quæ omnium æqualitatem dimetitur et definit, omnemque inæqualitatem, quæ secundum privationem æqualitatis singulorum sumitur, exterminat: inæqualitatem enim si quis accipiat et interpretetur differentias, quibus res omnes inter se distinguantur, hujus etiam custos et conservatrix est justitia; cum omnia in omnibus **478** permista confundi minime patiatur, sed ea quæ sunt omnia custodiat secundum suam quæque speciem, in qua esse debent.

ADNOTATIONES CORDERII.

Multis enim in locis Scriptura, etc. Notat Lessius, lib. v *De perfectionibus divinis*, cap. 1, plusquam septuaginta locis vocari *omnipotentem*. Idem multis aliis locis diserte asseritur, ut Matth. ix : *Apud Deum omnia possibilia sunt*; Marc. x : *Omnia possibilia sunt apud Deum*, etc.; Luc. ii : *Non est impossibile apud Deum omne verbum*. Hinc in Symbolo, tanquam præcipuum fidei fundamentum, articulo primo dicitur : *Credo in Deum Patrem omnipotentem*, etc., quia præcipua religionis nostræ dogmata eo nituntur, v. g. dogma de creatione mundi, de ejusdem conservatione et gubernatione, mysterium Incarnationis, Eucharistiæ, resurrectionis, visionis beatificæ, et similia.

Notandum item ex eodem Lessio, apud sanctum Dionysium esse duo nomina quibus explicatur divina potentia, nempe παντοδύναμος et παντοκράτωρ; quæ etsi aliquando pro eodem accipiantur, et significent idem quod *omnipotens*, tamen apud Dionysium significant diversa, et diversis verbis explicanda, quod interpretes, qui ex Græco verterunt, non videntur advertisse. Παντοδύναμος proprie verti debet *omnipotens*, de quo agit Dionysius hoc capite; παντοκράτωρ vero *omnitenens*, ut patet ex Dionysii declaratione quam habet cap. 10, ubi agit de hoc nomine. Est autem inter hæc nomina divina hæc distinctio, quod Deus dicatur *omnipotens*, Græce παντοδύναμος, quia ipse est auctor omnis potentiæ, et omnis potentia ac vigor qui est in rebus creatis, ab ipso est. Secundo, ipse omnia potest, et sua potentia omnia produxit, et alia sine fine, imo infinities infinite (uti hoc capite dicit Dionysius) potest producere. Unde vocat eum ἀπειροδύναμον, id est *infiniti-potentem*. Dicitur autem *omnitenens*, seu παντοκράτωρ, quia omnia producta continet et constringit, ne possint diffluere; et mundi partes continet in suo ordine et situ, ne possit earum ordo et connexio dissolvi. Itaque dicitur *omnipotens*, tanquam omnium creator; *omnitenens* vero, tanquam omnium conservator.

§ II. *Dicimus igitur Deum esse potentiam, ut qui præhabet*, etc. Ex his (inquit Cyparissiotus, decade 5, cap. 6) patet, quod potentia Dei potentiæ effectrix, quæ omnem exsuperat potentiam, quæ est unum et supraquam substantia, quæ omnem potentiam in se præhabet, et suprahabet hæc omnem potestatem, tam generalem quam particularem, et ipsam illam per se potentiam cogitationem abstractam, ex iis quæ non sunt, secundum suam inflexibilem et incircumscriptam potentiam, producit, et facit exsistere; et ex ipsa emanatione quæ in universo cernitur, suppetit nobis facultas Deum ipsum potentiam nominandi.

§ III. *Hæc igitur potentia Dei infiniti-potens, in omnia quæ sunt, meat*, etc. Ex his (inquit ibidem Cyparissiotus) potest quis percipere proprietates ejus. Cernitur enim quemadmodum in quæcunque pervadit, et si fas est dicere, ipsum esse, et quod est universum esse, quod si sit, potentiam habet ab ipsa potentia quæ supra substantiam est. Igitur et esse opus est potentiæ; sed non ipsum esse potentia est, verum tanquam in subjecto est potentia. Præterea inest proprietas supraquam posse; siquidem potentia supraquam potens Dei, qui est supraquam substantia, indidit nobis intellectum possibilem, et qui cum produxit et creavit, sit supraquam potens ad producendum alias potentias, diversas ab iis quæ sunt, in a nite infinitas, et quod infinitæ potentiæ in infinitum productæ, creationem supraquam infinitam potentificæ potentiæ ejus, retundere nunquam possunt. Si igitur potentia ostensa non haberet potentiam has potentias recipiendi nunquam promitteret Dionysius, infinitas illas potentias, a potentifica potentia productas, non posse actionem ejus obtusam reddere. Quare evenit ut potentia bono appropinquet; quia sicut nihil est expers bonitatis, ita neque potestatis.

§ IV. *Atqui, inquit Elymas*, etc. Pulchre ostendit contra Elymam, Deum seipsum non posse negare, non posse mentiri et similia, non esse impotentiæ, sed infinitæ potentiæ argumentum. Uti quoque probat Theodoretus, dialogo tertio *contra Hæreses* : 1 Multa, inquit, talia reperiuntur impossibilia esse omnipotenti Deo; verum horum quidpiam non posse, infinitæ potentiæ signum est, non imbecillitatis indicium; posse vero, utique impotentiæ, non potentiæ. Quomodo hoc dico? quoniam **479** unumquodque eorum Dei firmitatem immutabilitatemque deprædicat. Bonum enim malum fieri non posse, supereminentiam denotat bonitatis; et justum nunquam posse fieri injustum, nec veracem mendacem, hoc in veritate atque justitia stabilitatem soliditatemque demonstrat. Similiter lux vera non potest tenebrescere, nec is qui est non esse; sufficiens enim habet esse, atque immutabilis lux exsistit. Sic et alia cuncta perlustrans, illud *non posse* comperies summam potentiam significare. Ita quoque in Deo talia *non posse* divinus Apostolus et intellexit et posuit, nonnunquam quidem dicens : *Impossibile est mentiri Deum* [d] ; non infirmum illud impossibile, sed valde potens ostendens; alibi vero scribens : *Negare seipsum non potest* [e]; Rursus ergo illud *non potest* infinitæ est demonstrativum potentiæ. Tametsi enim, inquit, omnes homines ipsum negarent, ipse Deus est, et a propria non excidit natura; nam incorruptibile habet esse, uti significat illud : *Negare seipsum non potest*. Redundantiam igitur indicat potentiæ illa in deterius commutationis impotentia. Hoc modo multa Deo sunt impossibilia, et quidem tot tantaque, quot quantaque sunt divinæ naturæ contraria.

§ V. *A justitia autem rursus laudatur Deus*, etc. Non quod ipse sit cognitus justitia (hoc enim, inquit Cyparissiotus supra citatus, neque effari neque intelligere possumus, sicut magnitudinis ejus non est finis, et intellectus ejus non est numerus), sed cognoscitur justitia ex justitia quam produxit in nobis, imponens singulis rebus ordinem et descriptionem, et cætera omnis justitiæ pondera. Justitia enim Dei, quæ justa est, et justitias diligit, uniuscujusque eorum quæ sunt ordinem definit, et producit, et ponit secundum propriam actionem et secundum supraquam infinitam justitiam suam, unicuique justitiæ ab ipso productæ virtutem indidit, reddentem omnibus pro dignitate vel propriam actionem partium animæ, vel mediocritatem inter plus et minus, vel appetitum tribuentem æqualitatem, vel rursus habitum prospicientem utilia in commune, vel scientiam eorum quæ sunt tribuenda, et quæ non tribuenda, vel neutrum; et ut semel dicam, nihil reliquit sine honore justitiæ a se productæ, quia potius omnes capillos capitis nostri numerat, et passerem duorum assium [f] non sinit incidere in laqueum sine justissima voluntate sua; et injustitias nostras, quæ dicuntur, convincit esse aberrationes nostrorum desideriorum. Cunctos vero justitia sua implet, et nihil eorum quæ sunt, in re ulla justa ejus salute et conservatione privatum est; unde videtur mihi valere illud pervulgatum: Injuriam quidem facere omnes, nulli vero injuriam fieri. Qualem autem æqualitatem et debitum justitia respiciat, et quomodo hæc in Deo locum habeant, vide in Lessio lib. xiii *De perfectionibus divinis*, cap. 1 et seqq.

PARAPHRASIS PACHYMERÆ.

§ I. Cæterum cum theologi Deum supraquam sapientem veritatem, etiam virtutem seu potentiam, et justitiam et salutem et redemptionem vocent, age etiam hæc divina nomina explicemus, præsupposito, Deum sine comparatione excedere omnem potentiam, quæ vel est vel excogitari potest. Non dixit, intellectilem, nam et angelicæ virtutes intellectiles exsistunt, quibus Deum esse superiorem, manifestum est; sed simpliciter, excogitabilem, ac si dicat : Qualemcunque quis potentiam excogitare possit, Deus tamen ipsam sine comparatione excedit; siquidem Scripturæ quoque Deum Dominum virtutum seu potestatum vocant, juxta illud : *Dominus virtutum ipse est Rex gloriæ* [g]; et : *Dominus virtutum nobiscum, susceptor noster Deus Jacob* [h].

§ II. Quomodo igitur potentiam ab omni potentia exemptam nominabimus? Dicimus, Deum dici virtutem seu potestatem, tanquam præhabentem **480** et continentem omnem potentiam, et tanquam causam omnis potentiæ, et producentem omnia secundum indeclinabilem virtutem; non enim ad virtutem inclinatus creat, sed immobilis et inflexibilis exsistens in propria virtute producit; non enim inclinatur quasi potens sit in aliquo. Vel ἔκλιτον dixit, id est a proprio fastigio minime descendentem, et quasi ipsiusmet esse virtutis causam; quodque sit infinitæ potentiæ, non solum in virtute omni producenda, verum etiam quod sit supra omnem etiam ipsammet per se virtutem, exemplarem, inquam, virtutis rationem; et quod potens sit plusquam infinitis infinities virtutes producere, et nunquam vis ejus in infinitis etiam virtutibus creandis valeat hebetari, et quod inexplicabilis et inexcogitabilis sit virtutis ejus excellentia. At quomodo sit inexplicabilis, siquidem non habuit virtutem ut non conciperetur ab aliquo, nisi per potentiæ abundantiam et imbecillitatis roborationem? Imbecillitatem autem vocat materialia hæc et terrena corpora, quæ etiam extrema vestigia dicit, quod remisse et pro captu suo divinam virtutem participent; ut se res habet in culicibus et muscis, et similibus, quæ stimulis suis pollent. Unde etiam Deus in Joele de locusta et brucho et eruca dicit, *Fortitudo mea magna* [i]. Quod vero etiam ad hæc infirma usque Dei virtus pertingat, vide quæ secundum sensum potentia sunt, ut lumen aspectabile et ingentes strepitus : siquidem splendidissima lumina usque ad infirmos quoque oculos pertingunt, et ingentes fragores imbecilles quoque audiendi facultates penetrant. Non enim lux ad

---

[d] Hebr. vi, 18. [e] II Tim. ii, 13. [f] Matth. x, 29. [g] Psal. xxiii, 10. [h] Psal. xlv 8. [i] Joel, ii, 5, sqq.

lapidem pertingere dicitur, neque illum strepitus subit, sed illa quæ visus auditusque capacia sunt licet imbecilla.

§ III. Secundum hanc rationem ad res omnes Dei virtus meat, quoniam omnia virtutis sunt capacia, sive spiritalis et angelicæ, sive rationalis et humanæ, sive sensilis brutorum, sive viventis plantarum, sive alterius substantialis cæterarum rerum omnium; juxta quod quidem adamantem dicimus habere hanc virtutem, ut secari nequeat, aerem vero hujus ipsius impotentiam. Quin et id ipsum secundum se virtutem esse, etiam a virtute divina exsistit.

§ IV. Ex tali infiniti-potente virtute angelicæ virtutes exsistunt, et statum immutabilem cæteraque omnia habent; hæc enim iis tribuit et posse, et esse, et appetere semper esse; hæc **481** est quæ iis vires suppeditat, ut idipsum posse desiderare semper possint.

§ V. Porro indeficientis istius potestatis munera in homines quoque dimanant, et in animalia, et in plantas, totamque naturam universi. Corroborat enim illa quæ unita sunt, partes v. g. totius corporis, vel etiam elementa, quæ quidem secundum aliqua sibi mutuo communicant, secundum aliqua vero discrepant quoad talem communionem. Corroborat etiam quæ distincta sunt, ut secundum suam quodque rationem impermistum consistat. Cum autem quodlibet habeat ordinem et propriam directionem, hæc etiam roborat, ut in proprio quæque ordine conserventur. Corroborat etiam vitas immortales angelicarum unitatum, scilicet simpliclum naturarum, ut inviolabiles conserventur. Conservat etiam ordines cœlestes immutabiles. Verum noli intelligere immutabilitatem secundum esse sempiternum, sed secundum immutabilitatem ordinis universi. Quin et sæcula, ut esse possint, indulget; potest enim rebus sempiternis temporalem quasi motum quemdam spatiumque coextendere. Corroborat vero etiam temporaneos progressus, astrorum scilicet motiones, quæ in quodam temporis numero per duodecim dictarum domorum spatia sensim moventur. Corroborat etiam revolutiones, quæ ab aliquo puncto ad idem punctum recurrunt. Corroborat quatuor elementa, ad proprium quodque ordinem naturæ constringens ac continens. Corroborat vivificos terræ partus, corroborat nexum animæ cum corpore, suscitat virtutes animales ad plantam sæpenumero fovendam et augendam, et in id ipsum revolvendo essentiales vires confirmat, et ipsammet justorum deificationem elargitur, virtutem ipsis ad hoc præbens. Et universim, nihil est in rerum natura, quod non omnipotentis divinæque virtutis particeps exsistat.

§ VI. Etsi contradicat in Actis Elymas magus, dicens : Si omnipotens Deus, quomodo a vestro theologo, Paulo videlicet, dicitur aliquid non posse [k]? Cavillatur autem ipsum dicentem, non posse Deum semetipsum negare. Dum autem hoc propono, vehementer metuo, ne videar puerorum structuram arenaceam et infirmam oppugnare, et ad hujus loci sensum, tanquam ad scopum qui attingi nequeat, collimare. Dico autem Deum esse veritatem : veritas autem ens est, mendacium vero **482** neque consistentiam nec entitatem habet. Si itaque veritas negaret semetipsam, succumberet mendacio, et id quod est et exsistit minime esset. Ergo illud non posse in Deo constitutum, est signum infinitæ virtutis; perinde enim est ac si diceretur, Deum non posse facere seipsum non esse Deum. Quemadmodum enim lux, in quantum lux est, non potest esse tenebræ : sic et hoc impossibile est Deo, propter superabundantem veritatem. Sicut igitur Deus nunquam scivit inscitiam, sicut nec novit ignis non calefactionem, sic neque potest non posse; quod sapiens ille per ironiam Elymas dum non intelligit, imitatur pugiles, qui neque victoriam norunt quomodo comparetur : qui videntur sibi in umbra cum absentibus adversariis concertare, existimantque se illos superare, cum virtutem eorum non habeant exploratam. Nos autem, ad divi Pauli sensum collimantes, collaudamus Deum tanquam beatum solumque potentem, utpote dominantem æternitati, et nulla unquam entitate frustratum (si enim potentia rebus inest omnibus, omnino is qui secundum quid impotens est, nisi pie dictum hoc interpretemur, secundum quid ab entitate descivit, ut imprudens Elymas tradit) quin potius non solum tanquam secundum rem nullam deficientem, sed etiam ut præhabentem ac desuper habentem omnia secundum virtutem superessentialem, et rebus omnibus largientem tam ut esse possint, quam ut sint secundum affluentiam virtutis superabundantis.

§ VII. Definitio justitiæ est, virtus cuique tribuens pro dignitate, vel propria actio facultatum animæ, vel medium inter abundantiam et inopiam, vel habitus distributivus æqualitatis. Istiusmodi itaque definitionibus rite accommodat justitiam divinam. Idcirco enim Deus justitia dicitur, quod omnibus pro dignitate tribuat omnia secundum propriam cujusque naturæ definitionem, et quod causa exsistat propriæ cujuslibet actionis, singula enim disponit divina justitia pro cujusque dignitate. Iniquitatem itaque loquuntur, qui divinæ justitiæ contradicunt, et qui dicunt, mortalibus inesse debere immortalitatem, et rebus imperfectis perfectionem, et cætera, ne singulis immoremur. Causantur enim, cur homo, cum istiusmodi animal sit, corrumpatur, cur talpa oculis careat, cur lapis non sit per se mobilis, cur universum secundum tempestates **483** immutetur, cur temporaneæ voluptates non sint æternæ. Sciendum est, divinam justi-

[k] II Tim. II, 13.

tiam omnibus quæ cuique propria sunt distribuere, et uniuscujusque ordinem virtutemque conservare.

§ VIII. Sed dicet aliquis : Cur non succurrit sanctis injuria affectis? Dicendum cum distinctione : Vel diligunt sancti præsentia, vel non diligunt. Si quidem diligunt, non sunt sancti, ut qui jam a divino amore exciderint; quoniam injurii sunt rebus vere amandis, quæ ab ipsis præferendæ sunt, quod, iis neglectis, ament ea quæ non sunt amanda. Quod si vero non diligant, sed ament ea quæ vere sunt, oportet potius ipsos lætari, quod in tentationes inciderint, uti magnus Jacobus monet; quoniam per has ea quæ desiderabilia sunt assequuntur, tumque angelicis virtutibus appropinquant, dum in instantiis pro bono, ab affectu materiali recedunt : ita ut vere dici possit, illud magis esse proprium divinæ justitiæ, ut eos, qui ad æterna spectare desiderant, non patiatur per dissolutam vitam voluptatibus decipi, sed potius afflictiones sustinere, ut vel amantes ungat, vel lapsuros suffulciat, nec non ipsos in præclaro illo et inconcusso statu consolidet. Inconcussum autem statum vocat, institutum quod titillationi terrenorum minime cedit, nec propter tentationes ad materialia flectitur.

§ IX. Hæc etiam divina justitia tanquam salus celebratur, quod juste cujusque naturæ rationes servet, ac causa sit propriæ cujusque rei operationis. Propriam autem operationem appellavit motum illum qui cuilibet naturæ proprius est; neque enim homines facere possunt quæ propria sunt angelis, neque aqua quæ propria sunt igni, et contra. Si quis vero dixerit, Deum secundum alium quoque modum salutem esse, quod a rebus deterioribus omnia eripiat (deteriora vero vocat, quæ naturæ cujusque aliena sunt, vel indigna, vel potius ipsammet materiam informem) hunc nos quoque tanquam divinum laudatorem admittemus. Hanc enim salutem omnium statuemus, quæ omnia sic immutata inconcussaque servat, ut in deterius non vergant; et omnem inæqualitatem atque alienam actionem eliminat, atque cujuslibet proportiones confirmat. Si enim humor aquam deserat, jam non erit aqua; si redundet tamen, aliquid erit; quocirca etiam istiusmodi salus liberatio vocabitur, quoniam ea quæ servantur, a propriorum bonorum defectione liberantur, nec in nihilum redigi permittuntur; et si quid ad peccatum deflectat, hæc ab istiusmodi affectione liberat paterne suffulciens, bonumque resuscitans, quinimo etiam, antequam in malum incidat, in bono firmans, et defectum implens, et ab omnibus noxis absolvens.

Hoc quidem de his dictum ac de justitia, secundum quam utique justitiam omnium æqualitas mensuratur ac definitur; omnisque inæqualitas, quæ secundum privationem æqualitatis sumitur, exterminatur. Observa autem, qualis inæqualitas eliminetur, scilicet quæ est secundum privationem æqualitatis : est enim inæqualitas etiam, in omni toto ad totum differentia, secundum quam quidlibet a quolibet differt. Talem itaque inæqualitatem divina justitia eu tollit, et non exterminat; non enim simpliciter inæqualitatem exterminari, sed eam quæ in singulis exsistit, id est secundum quam quodlibet eorum quæ sunt, haud æqualiter, neque similiter in naturali identitate consistunt, permanere dicit. Cum vero sciret duos modos, secundum quos inæqualitas dicitur, duos exponit, et ait, Deum eatenus dici justitiam, quatenus omnem æqualitatem mensurat, et quamlibet inæqualitatem exterminat. Inæqualitatem vero intelligit eam quæ per privationem æqualitatis accidit, id est redundantiam. Alterum quoque modum affert inæqualitatis : novit enim, aliquos, intelligibiles et incorporeas formas et unitates, hoc est simplices substantias, æqualitatem et identitatem nominasse; sensitia vero quæ etiam divisibilia sunt et mutabilia, et ab invicem diversa, inæqualitatem et diversitatem. Dicit itaque, etsi aliquis hanc inæqualitatem intellexerit differentiam sensilium, nihilominus etiam Deum hujusce inæqualitatis custodem exsistere, dum non permittit contraria in unum commisceri, et naturaliter in corruptionem devenire; ut enim omnia produxit, sic etiam ipsa conservat, ut et sint sicut in principio fuerunt.

CAPUT IX.

De magno, parvo, eodem, alio, simili, dissimili, statu, motu, æqualitate.

SYNOPSIS CAPITIS.

I. *Dicit, Deum in Scripturis vocari magnum, parvum, eumdem, alium, etc.* II. *Explicat, quo sensu Deus dicatur magnus.* III. *Quo sensu parvus.* IV. *Quo sensu idem.* V. *Quo sensu alius, et quomodo accipienda sit in Deo longitudo, latitudo, profundum.* VI. *Quo sensu dicatur Deus similis, cum tamen causarum ad effectus non sit proprie similitudo.* VII. *Quo sensu dicatur dissimilis.* VIII. *Quo sensu stare vel sedere.* IX. *Quo sensu dicatur moveri, et quomodo Deo conveniat triplex motus.* X. *Quo sensu dicatur æqualis.*

§ 1. Quoniam vero etiam magnum et parvum attribuitur omnium auctori, et idem et aliud, et simile et dissimile, et status et motus, agedum quoque hæc divinorum nominum simulacra, quatenus nobis patent, intueamur. Magnus quidem Deus in Scripturis laudatur, et in magnitudine, et in aura tenui quae divinam insinuet parvitatem;. idem quoque, ut in illo Scripturarum loco : *Tu autem idem ipse es* [1]; et alius ac diversus, ut cum multarum figurarum ac formarum ab eadem Scriptura fingitur; et similis, ut similium ac similitudinis conditor; et dissimilis omnibus, ut cui non sit similis; stans etiam et immobilis, ac sedens in saeculum; et mobilis, ut qui per omnia penetret; et quaecunque alia divina nomina his aequipollentia a Scripturis celebrantur.

§ II. Ac magnus quidem Deus appellatur, secundum sibi propriam magnitudinem, quae magnis omnibus de se communicat, et omni magnitudini extrinsecus superfunditur et supraexpanditur, locum omnem complectens, omnem numerum excedens, omnem transiliens infinitatem, et juxta supraquam plenitudinem suam ac magnificentiam, fontalesque suas distributiones, quatenus hae omnibus infinita profusione communicatae, manent prorsus imminutae, et eamdem habent supraquam plenitudinem, neque participationibus minuuntur, quinimo magis redundant. Haec magnitudo et infinita est, et quantitatis ac numeri expers et haec est excellentia secundum effusionem absolutam et supraquam extensam magnificentiae non comprehensae.

§ III. Parvum vero sive subtile in ipso dicitur, quod omnem molem et distantiam effugit, et absque impedimento **486** cuncta pervadit. Atqui etiam omnium elementaris causa est illud parvum; nunquam enim formam parvi reperies non participatam. Sic igitur in Deo accipiendum est parvum, ut in omnia et per omnia expedite means, et operans, et pervadens *usque ad divisionem animae et spiritus, compagum quoque et medullarum*, discretivum concupiscentiarum *et cogitationum cordis*, imo omnium quae sunt, *non enim est creatura ulla invisibilis in conspectu ejus* [m]. Hoc parvum est sine quantitate, sine qualitate, sine inhibitione, infinitum, incircumscriptum, omnia comprehendens, ipsum vero a nullo comprehendi potest.

§ IV. Idem autem ipsum est supersubstantialiter aeternum, inconvertibile, secundum eadem in semetipso manens semper, et eodem modo se habens, omnibus aeque praesens, atque ipsum per se et in seipso firmiter et intemerate in pulcherrimis supraessentialis suae identitatis finibus locatum, immutabile, lapsus expers, permanens, invariabile, non permistum, expers materiae, simplicissimum, non indigens, non augescens, non imminutum, ingenitum, non tanquam nondum factum, aut imperfectum, aut ab hoc aut hoc non factum, neque tanquam nullo modo exsistens; sed tanquam omnino ingenitum, et absolute ingenium, et semper exsistens, et per se perfectum, atque idem secundum se, atque a seipso uniformiter et eadem specie determinatum, atque illud idem etiam omnibus ejus participandi capacibus affians, et affluentia identitatis, et causa alia aliis coordinans, et identidem in semetipso ea quae inter se contraria sunt superhabens secundum unam atque unicam causam eminentem totius identitatis.

§ V. Aliud autem, quia cunctis providentia sua Deus adest, et propter omnium conservationem fit omnia in omnibus, dum in semetipso propriaque identitate inemananter permanens, et secundum unam incessantem operationem sibi ipsi adhaerens, virtute quadam indeficiente semetipse tradit, ad divinam formam conversis imprimendam ; variarum autem Dei, secundum multiformes visiones, figurarum diversitate, quaedam alia ab iis quae visis insinuantur, significari putandum est. Quemadmodum enim si quis cogitando animam ad corporeae figurae modum ipsam repraesentaret, et rei partium experti partes corporeas affingeret, alio modo in ea partes, quae illi attributae **487** essent, intelligeremus, prout nimirum convenit ipsius individuitati; et caput quidem intelligentiam, cervicem vero opinionem (utpote mediam inter rationem atque irrationabilitatem), pectus autem iram, ventrem vero cupiditatem, crura denique ac pedes naturam diceremus, istarum partium nominibus pro facultatum symbolis utendo; ita multo sane potiori ratione, in eo qui omnibus eminet, diversitas illa formarum atque figurarum, sacris quibusdam ac Deo congruis mysticisque explanationibus, anagogice est describenda. Et si tripartitas corporis figuras ipsi Deo, qui tangi ac figurari nequit, attribuere volueris; divina quidem latitudo dicenda est, latissima ad universas res progressio; longitudo autem, potentia quae supra omnia expanditur; profundum vero, arcanum illud omnibus inaccessum, ejusdemque ignoratio. Verum ne fallamus nosmetipsos, dum variis figuris formisque explicandis insistimus, divinarum rerum incorporeas appellationes cum signorum sensibilium appellationibus confundendo, de his in Symbolica theologia disseruimus; nunc autem divinam diversitatem, ne mutationem quamdam ejus, qui immutabiliter idem est, esse suspicemur, sed potius multiplicationem singularem, et emanationes simplices ad omnia.

§ VI. Similem vero Deum si quis dicat ut eumdem, et ut totum per totum sibi unite et impartiabiliter similem, non est improbandum nomen divinum *similis*. Theologi tamen Deum, qui est supra omnia, quatenus ipse est, nullius similem esse aiunt, sed ipsum divinam similitudinem dare iis qui ad eum convertuntur, dum eum supra omnem terminum ac rationem pro viribus imitantur. Atque haec est divinae similitudinis vis, ut omnia quae producta sunt, ad auctorem suum convertat. Ista igitur Deo

[1] Psal. ci, 28. [m] Hebr. iv, 12.

similia dicenda sunt, ut ad ejus imaginem ac similitudinem efficta; non autem Deus iis similis dicendus est, quia ne quidem homo est imagini suæ similis; quoniam quæ æqualia sunt, possunt quidem sibi invicem esse similia, et ad utraque potest ista similitudo reciprocari, ut sint ambo invicem similia secundum principalem speciem similitudinis; in causa vero ad effectus nequaquam admittemus istiusmodi reciprocationem. Neque enim solis his aut illis dat Deus ut similia sint, sed causa est cur similia sint omnia, quibuscum similitudo **488** est communicata, idemque est etiam ipsius similitudinis auctor; et quidquid est in omnibus simile, vestigio quodam divinæ similitudinis simile exsistit, et eorumdem conjunctionem explet.

§ VII. Sed quorsum hæc dicuntur? Nam et ipsamet Scriptura dicit Deum esse dissimilem, nullique conferendum, ut ab omnibus diversum, et, quod magis mirandum est, nihil ei esse simile. Verumtamen nequaquam id ejus similitudini repugnat; nam eadem Deo et similia sunt et dissimilia; similia quidem, secundum possibilem ejus qui participari nequit participationem; dissimilia vero, secundum effectuum a causis differentiam infinitis prorsus parasangis incomparabiliter distantem.

§ VIII. Quid autem de divino statu vel sede dicamus? Quid, inquam, aliud, præterquam manere Deum in seipso, et in eodem statu immobili firme fixum, et supraquam fundatum esse stabiliter, et secundum eadem et circa idem ipsum et similiter operari, et omnino esse a seipso immutabilem, et non posse transmoveri, et esse ex toto immobilem, atque hæc quidem supra substantiam; ipse enim est omnis status et sessionis auctor, qui supra sessionem omnem ac statum exsistit, et in ipso cuncta consistunt, dum in bonorum suorum statu inconcussa conservantur.

§ IX. Quid porro, quando iterum theologi tradunt, eum qui immobilis est ad universa procedere ac moveri, nonne id etiam ratione quadam Deo congrua intelligendum est? Pie siquidem putandum est ipsum moveri, non secundum delationem, vel immutationem, vel alterationem, vel conversionem, aut localem motum, vel rectum, vel orbicularem, vel ex utrisque constantem, vel intellectilem, vel animalem, vel naturalem, sed secundum quod Deus omnia in rerum naturalem producit continetque, atque omnibus modis rebus omnibus providet, omnibus adest incomprehense omnia complectendo, idque omnibus providentiæ viis et operationibus. Quin et immobilis Dei motus ratione quadam Deo convenienti possit prædicari. Ac rectus quidem intelligendus de inflexibilitate et indeclinabili progressu operationum, eoque, qui ex ipso est, rerum omnium ortu; obliquus autem de illarum stabili progressu ac fœcundo statu; circularis denique de identitate ac complexione mediorum atque extremorum quæ continent atque continentur, et de illorum, **489** quæ ab ipso prodierant, ad ipsum conversione.

§ X. Si quis vero in sanctis Scripturis nomen, quo Deus nominatur idem, et quo nominatur justus, in nomine divino, quo nominatur æqualis, accipiat, dicendum est Deum esse æqualem, non solum ut expertem partium, et qui a recto declinare non possit, sed ut in omnia et per omnia æqualiter meantem, et ut per se æqualitatis effectorem, secundum quam æqualiter operatur similem omnium per ipsa inter se incessum, et participationem æqualiter participantium, ut quodque eorum aptum est, et æqualem in omnia pro cujusque dignitate distributionem; et quatenus omnem æqualitatem intellectilem, intelligentem, ratiocinantem, sentientem, substantialem, naturalem, voluntariam, exempte et unite in se ipso anticipavit, secundum virtutem omnia superantem, omnisque æqualitatis effectricem.

ADNOTATIONES CORDERII.

§ I. *Quoniam vero etiam magnum et parvum*, etc. Notanda sunt hic loca Scripturæ ad quæ alludit, scilicet in *Magno*, ad Psalm. LXXXV: *Quoniam magnus es tu*, et Psalmum CXLVI: *Magnus Dominus noster*. In *Parvo*, ad illud Isa. IX: *Parvulus natus est nobis*. Idem, Psalm. CI: *Tu autem idem ipse es*; et I Corinth. XII: *Idem autem Deus qui operatur omnia in omnibus*. Alterum, Joan. XIV: *Et ego rogabo Patrem, et alium Paracletum dabit vobis*, Simile, Genes. I: *Faciamus hominem ad imaginem et similitudinem nostram*; et Psalm. CI: *Similis factus sum pelicano*. Dissimile, II Paralip. VI: *Non est similis tui, Deus. Stans*, Psalm. LXXXI: *Deus stetit in synagoga deorum. Sedens*, Psal. XXVIII: *Et sedebit Dominus Rex in æternum. Mobile*, Sap. VII: *Omnibus mobilibus mobilior est sapientia. Immobile*, Malach. III: *Ego Dominus et non mutor*.

§ II. *Ac magnus quidem Deus appellatur*, etc. Hic varias, inquit Lessius, assignat causas cur Deus dicatur magnus. Primo, quia omnis magnitudinis causa; omnia enim magna ipsius largitione habent, quod magna sint, at propter quod unumquodque tale, illud magis. Secundo, quia non solum magis omnibus coextenditur, sed etiam extrinsecus sine termino supra circumfunditur et expanditur, sicut lumen circumfunditur pilæ vitreæ ad solem pendenti. Tertio, quia omnem ambit locum, intellige non solum verum (id enim etiam cœlum extimum vel ejus convexa superficies facit), sed etiam imaginarium; quantumvis magnus extra cœlum locus cogitetur. Quarto, quia omnem excedit numerum; nam et numeri magni dicuntur. Hanc numerorum magnitudinem excedit magnitudine potentiæ, sapientiæ, bonitatis et extensionis; plura enim potest, plura novit, pluribus æquivalet, pluribus coexsistere et coextendi, ac plura intra sinum amplitudinis suæ admittere potest, quam numero aliquo, quantumvis magno, possint comprehendi. Quinto, quia omnem transilit infinitatem. Est autem infinitas quintuplex. Primo in substantiis, quatenus species rerum excurrunt in infinitum, aliæ aliis sine termino perfectiores, sicut numeri absque termino sunt alii aliis majores; secundo in magnitudine; tertio in duratione; quarto in numeris; quinto in qualitatibus, et in perfectione intensiva. Hanc omnem infinitatem Deus sua magnitudine transit, sese illi veluti coextendens et superextendens, eamque intra se complectens, et totum ambiens; complectitur enim in se et superat omnem dimensionem, omnem æternitatem, omnem multitudinem, omnem perfectionem intensivam, imaginabilem, et omnes rerum species sub multis generibus substantiarum et qualitatum in infinitum excurrentes.

S. Gregorius, libro II *Moralium*, capite 12: « Deus, inquit, ipse manet intra omnia et extra omnia, ipse supra omnia et infra omnia, superior per potentiam, inferior per sustentationem, exterior per magnitudinem, interior per subtilitatem, **490** sursum regens, deorsum continens, extra circumdans, interius penetrans; nec alia parte superior, alia inferior, aut alia parte exterior, alia interior; sed unus et idem, totus ubique præsidendo sustinens, et sustinendo præsidens, circumdando penetrans, penetrando circumdans. » Plura vide apud Lessium, libro II *De perfectionibus divinis*, cap. 1.

§ III. *Parvum vero sive subtile in ipso dicitur.* Notat, nomen parvi de Deo dictum nihil vile aut abjectum significare, ut in creatis, sed parvi proprietates, v. g. subtilitatem, penetrabilitatem, incomprehensibilitatem, etc., excellenter in Deo reperiri sine ulla imperfectione. Confirmat id ex Apostolo ad Hebræos IV, 12, ubi dicitur sermo, seu Verbum Dei, penetrare *ad divisionem animæ et spiritus;* quoniam examinat et discernit motus et cogitationes animæ, id est animales, et spiritus, id est rationales ac spiritales; *compagum quoque ac medullarum*, id est intimas hominis partes pervadit. S. Gregorius hom. 21 *in Ezechielem*, per *compages*, cogitationes invicem nexas, per *medullas* intentiones accipit, ut Apostolus seipsum explicat in sequentibus. Quasi dicat: Omnia omnino intima et abditissima novit, examinat, judicat, vindicat. *Et cogitationum cordis,* quippe καρδιογνώστης, *scrutans renes et cor Deus* ⁿ.

§ IV. *Idem autem ipsum.* Agit hic de immutabilitate Dei, de qua vide pulchre et fuse apud Lessium, lib. III *De perf. divinis*.

Ibidem: *Ingenitum, non tanquam nondum factum*, etc.; *sed tanquam omnino ingenitum,* etc. Vide Maximum et Pachymerem et divum Thomam ad hunc locum. S. Athanasius, in iis quæ contra Monophysitas edidit: « Ingenitum, inquit, id est non creatum, solus Deus est. » Deinceps dubitans, quomodo Dionysio summo theologo in mentem venisset, ut Deum diceret esse supra omne ingenitum, multa ingenita significavit, id est non creata. Atqui, inquit, quomodo hoc fieri potest? Nemo namque ingenitus, nisi solus Deus. » Post quæ rursus confutans opinionem Manichæorum, Dionysium Alexandrinum citat verbi hujus interpretem, cum ait: « Solet externa philosophia vocare ingenitum omnem naturam inaspectabilem; quibus sic vocatis, Deum dixit theologus Dionysius antecellere. » Et S. Epiphanius: « Ab omni, inquit, causa plane exemptum est ingenitum, quia unum est ingenitum et venerandum. » Quomodo autem *ingenitum* sit proprietas et notio Dei Patris, vide Scholasticos in I partem, quæst. 33, art. 4.

§ V. *Aliud autem, quia cunctis providentia sua adest*, etc. Ponit hic, inquit D. Thomas, duos modos quibus nomen *Aliud* Deo competit. Primum, quod omnibus providentia sua sit omnia; secundum, quod diversis visionibus quid aliud a rebus visis de Deo insinuetur. Aliter vocem *aliud* in divinis usurpat Athanasius in *Dialogo orthodoxi et Anomii*, dicens: « Aliud est substantia, et aliud persona, aliud et aliud; compositio igitur. » Et se explicans, ait: « Aliud et aliud dixi, non ut rem aliam et aliam, sed ut aliud significante persona, et aliud substantia: sicut granum frumenti dicitur est et semen, et fructus, non res alia et alia; sed aliud quid significat semen, aliud fructus. » Ubi nota, quod aliud dicitur significare in divinis substantia, et aliud persona; quia licet unam et eamdem rem substantia et persona significent, aliter tamen eam significat substantia, et aliter persona; et recte dicitur Græce ἄλλο καὶ ἄλλο, id est *aliud et aliud*, ubi solum est alius et alius modus significandi. Sicut semen et fructus unam rem significant, granum scilicet frumenti; aliud tamen et aliud dicuntur significare, non tanquam aliam et aliam rem, sed quia aliter significat illam unam rem semen, et aliter fructus. Semen enim ita significat granum frumenti, ut intelligamus in eo contineri seminaliter aliud simile, semen enim est, in quo est virtus seminalis ad producendum aliud simile. Fructus autem non sic significat granum frumenti, sed esse fructum alterius sive productum ab alio; sic etiam substantia et persona una res sunt, et unam rem significant, sed aliter rem significat persona, scilicet singulariter, substantia vero communiter. « Quam enim rationem habet commune ad proprium (ait Basilius in epistola ad Terentium), hanc habet substantia ad personam. » Hic igitur modus diversus significandi unam alioqui et eamdem rem, vocatur ab Athanasio aliud et aliud; non quia alia et alia res sit, sed quia una et eadem res alio et alio modo significatur. Possunt enim esse unius rei plura nomina, ut unum nomen plurium rerum.

Ibidem: *Divina quidem latitudo*, etc. Alludit ad locum Apostoli ad Ephesios III, 18, qui locus commode accipi potest de Christo qua Deus. Licet enim omnes dimensiones in Deo unum sint, unaque immensitas, sitque Deus quasi sphæra intelligibilis carens dimensione, ut explicat Ambrosius, tamen dimensiones in Deo distinguendo, uti in creatis distinguuntur, secundum Dionysium, *latitudo* est providentiæ processus late expansus; *longitudo*, omnipotentia se ad omnia extendens; *profundum*, arcanum Dei ignotum. Secundum alios Patres, *longitudo* æternitas, *latitudo* omnipotentia, *sublimitas* est divina majestas, *profundum* abyssus judiciorum et sapientiæ Dei. Ita sanctus Anselmus, D. Thomas, et alii. Alios **491** sensus vide apud P. Cornelium in *Epistolam ad Ephesios*. Præ reliquis mihi placet explicatio P. Lessii lib. II *De perfectionibus divinis*, cap. 1, ita ut *longitudo* sit Dei longanimitas, et patientia, qua tot sæculis sustinuit peccatores, exspectans eos ad pœnitentiam; *latitudo* sit ejus charitas, qua omnes gentes, etiam inimicos, complectitur; *sublimitas* gloriæ celsitudo, quam diligentibus se præparavit; *profundum* damnatorum et miseriarum abyssus impiis præparatus.

§ VI. *Similem vero Deum si quis dicat*, etc. Primo docet, non improbandum nomen *similis* in Deo, quatenus sibi ipsi similis esse dicitur, scilicet unite, impartibiliter, quippe omnis partis, mutationis et alteritatis expers. Simili fere modo loquendi dicitur vir constans et prudens, sibi semper esse similis, quod mores suos secundum virtutem in omni casu et eventu æqua ratione similiter moderetur, scilicet æquam memor in omnibus servare mentem. Secundo dicit, quod licet aliquo modo concedatur, quod creatura sit similis Deo, nullo tamen modo concedendum sit, quod Deus sit similis creaturæ; quia in his, inquit, quæ unius sunt ordinis, recipitur mutua similitudo, non autem in causa et causato. D. ci-

ⁿ Psal. VII, 10.

mus enim quod imago sit similis homini, et non e converso. Et similiter dici potest aliquo modo, quod creatura sit similis Deo; non tamen quod Deus sit similis creaturæ. Hinc D. Thomas, parte I, quæst. 4, artic. 3, quærit, utrum aliqua creatura possit esse similis Deo; et respondet, cum Deus sit universale agens, et principium totius esse, non contentum in aliqua specie vel genere, creaturas ei similes esse, non secundum eamdem specificam aut genericam rationem, sed secundum aliquam analogiam. Cum enim omnis effectus assimiletur suæ causæ, ut quæ necessario in se vel formaliter vel eminenter habet quidquid alteri confert, hinc omnis creatura assimilatur Deo, saltem quatenus est, vel etiam quatenus vivit, et omnium perfectissime rationalis, quæ sola ad imaginem Dei creata est. Etsi autem hæc similitudo consistat in participatione ejusdem formæ, non tamen secundum eamdem rationem, sed omnino diversam; nam esse, vivere, sapere, respectu Dei et creaturæ, vel æquivoca, vel valde analoga sunt, ideoque in his non est reciproca similitudo; quia etsi creatura sit similis Deo, Deus tamen non est similis creaturæ, cujus ratio est, quia creatura est facta ad quamdam Dei assimilationem, eumque imitatur, non tamen contra. Unde reciproca similitudo reperitur in illis solis quæ participant formam ejusdem rationis. Vide hæc fusius a D. Thoma loco citato in corpore explicata.

§ VII. *Scriptura dicit Deum esse dissimilem*. Nota cum D. Thoma supra citato, cum sacra Scriptura dicit aliquid non esse simile Deo, id non esse contrarium assimilationi ad ipsum; eadem enim sunt similia Deo et dissimilia. Similia quidem, secundum quod imitantur ipsum, prout valent eum imitari qui non perfecte imitabilis est. Dissimilia vero, secundum quod deficiunt a sua causa, non solum secundum suam intensionem et remissionem, sicut minus album deficit a magis albo, sed quia non est convenientia nec secundum speciem, nec secundum genus.

§ VIII. *Quid autem de divino statu vel sede dicamus*. Nota cum D. Thoma ad hunc locum, Deo tribui stationem et sessionem tripliciter. Primo quidem, quantum ad hoc quod ipse in se exsistit: Deus enim non stat neque sedet tanquam sustentatus in aliquo altero, sicut nos, sed in seipso manet, non quidem mobiliter, sicut homo sedet in sede, a qua potest removeri; neque secundum aliquam diversitatem sui a se, sicut differt homo a loco in quo sedet aut stat, sed secundum immobilem identitatem; neque iterum communi modo, sicut quælibet res quodammodo est in seipsa, in quantum continetur infra terminos naturæ suæ; sed singulariter est simplex in seipso. Sic enim sibi ipsi innititur, ut a nullo alio dependeat, et sit fixus, et omnibus superlocatus. Secundo, quoad operationem, et hoc est quod dicit Deum *secundum eudem*, id est secundum eamdem sapientiam, virtutem et bonitatem et hujusmodi; *et circa idem ipsum*, quantum ad objectum suæ operationis, quia semper ejus operatio est circa seipsum, in quantum intelligendo et amando se omnia operatur; *et similiter secundum modum operationem*, non enim debilitatur aut corroboratur in agendo. Tertio, per remotionem omnis passionis vel transmutationis ab ipso, cum ait: *Omnino esse a seipso immutabilem et non posse transmoveri et esse ex toto immobilem*, id est, quod non habeat ex seipso aliquam causam suæ transmutationis, et quod non possit ab aliquo exteriori moveri in contrarium, sed sit totaliter immobilis. Atque *hæc quidem*, inquit, *supra substantiam*; quia nimirum est causa omnis stationis et sessionis quæ in rebus creatis invenitur, in quantum est super omnem sessionem et stationem et omnia stabiliuntur in ipso, qui custodit ea ne commoveantur a statione, et permaneant in propriis bonis.

§ IX. *Pie siquidem putandum est Deum moveri*, etc. Hunc locum edisserens S. Maximus: « Deus, inquit, non movetur aliquo ex istis generibus motus, quin potius motus immobilis, et eodem modo se habentis voluntas ejus dicitur, qua vult esse ea quæ sunt, et emanatio providentiæ ad omnia. Ex his patet, Deum nulla ex iis motionibus, quas Dionysius ingeniose enumeravit, moveri, illa tantum excepta, quæ externa est, et qua creaturas per suas divinas emanationes produxit, multiplicatus, et dispertitus ac distributus, non quatenus ipse est, sed quatenus manens immobilis et impartibilis, et multiplicationis expers, et eodem prius et postea tenore sola voluntate omnia produxit, neque sic a seipso ullo modo recedens. Quo enim moveretur, qui omnia substantia sua replet? Imo, inquit Cyparissiotus, si una facies maneat, cujus forma nulla parte et nullo modo varietur, et ponamus multas circum facies ex fulgore illius emicare, videor mihi ex hac tenui imagine ac similitudine conjecturam de his facere. Ad hunc modum recte quis dicat, non distribui, aut partitim multiplicari Deum, sed nos potius ab eo, tanquam similitudines et imagines exemplarium ejus, distinctos ac variatos esse, et multiplicationem et partitionem subiisse; hujusmodi enim affectiones similitudinibus, non Deo, conveniunt. Sic a Dionysio, rerum divinarum peritissimo, hæc quæ in Deo apparet discretio appellata est: videtur enim, inquit, et dicitur unius Dei discretio et multiplicatio; est tamen nihilominus principium divinitatis supra omnem naturam unus Deus impartibilis in partibilus, et secum ipse copulatus, et permistionis plurium ac multiplicationis expers.

§ X. *Ut per se æqualitatis effectorem secundum quam*, etc. In elementorum scilicet mistione versatur hujusmodi æqualitas, quæ si non esset, non fierent generationes in mundo. Si enim aliquod ex elementis exsuperet ac redundet, corrumpitur quod generatur.

Ibidem: *Ut quodque aptum est*, etc. Hoc dicit propter æqualitatem proportionis, sive quæ sunt natura fiant, sive per gratiam; ut non omnes æqualiter illuminantur a sole, nec omnes æqualiter sanctificantur, sed proportione, ut apti sunt, aut digni habentur.

Ibidem: *Quatenus omnem æqualitatem*, νοητὴν καὶ νοεράν, id est *intellectilem et intelligentem*, id est angelicam. Sic enim vocare solet angelos νοητοὺς καὶ νοερούς, quia habent infra se a quibus intelligantur, et ipsi intelligunt, animæ autem non solent vocari νοηταί, id est *intellectiles*, quia non habent infra se a quibus intelligantur, sed dicuntur ratiocinantes, et νοεραί etiam, id est *intelligentes*, sed non proprie ut angeli. *Sentientem* vero æqualitatem vocat quæ in animalibus reperitur; *substantialem*, quæ in substantialibus (sic vocat quæ sunt sine sensu et motu); *naturalem*, quæ in naturalibus (illa intelligit, quæ qualemcumque motionem habent; natura enim est principium motus et quietis); *voluntariam*, in iis qui voluntate præditi sunt, qui volunt juste vivere: justitia enim est quædam æqualitas. Omne porro genus æqualitatis habet Deus anticipatum in se ipso simpliciter, tanquam in ideis et exemplaribus æternisque suis notionibus. Ita sanctus Maximus.

PARAPHRASIS PACHYMERÆ.

§ I. Cum proposita quoque nomina in Scripturis afferantur : Magnus, juxta illud, *Magnus Dominus noster, et magna virtus ejus* °; parvus, sicut in tertio Regum : *Vox auræ tenuis et ibi Dominus* P; idem, juxta illud : *Ego sum et non mutor* q; alius, quando aliter atque aliter apparet apud Ezechielem ; similis, quando hominem ad suam similitudinem creare dicitur r ; dissimilis, quando dicit in Isaia : *Cui me assimilastis* s ? ut qui nihil habeat simile ; stans, quando ait ad Moysem : Hic ego steti, antequam tu esses illic ; sedens, juxta Baruch, cum dicit : *Tu sedes in sempiternum* t, et alibi : *Qui sedes super cherubim, appare* u; motus, juxta illud : *Ascendit super cherubim* v : cum itaque hæc in Scripturis de Deo reperiantur, agedum, etiam istiusmodi divina nomina, quoad licet, **493** contemplemur. Dictionem autem simulacrorum a gentilibus ad veritatem traduxit ; illi enim quasi quasdam statuas faciebant, manibus pedibusque destitutas, has autem Ἑρμᾶς seu Mercuriales appellabant, quippe fixas, quoniam quadratæ erant ; vel rerum quarumdam indices : ἑρμῆς enim vim sermonis explicat, quippe proferens id quod insitum et internum. Faciebant itaque illas concavas portus habentes, atque in illis simulacra collocabant deorum quos venerabantur, deforis autem illas claudebant. Viles ergo apparebant istiusmodi Mercurii, verum intra se ipsorummet deorum ornatum continebant. Similiter et hic ait, nomina quidem ipsiusmet exsistentis ac solius veri Dei, quæ in Scriptura recensentur, videntur quidem indigna Deo ; verum explicata, dignam Deo interpretationem habent, et intra se simulacra quædam divinasque figuras divinæ gloriæ continent.

§ II. Magnus Deus appellatur, sed non alterius comparatione, sed secundum sibi propriam magnitudinem ; sicut cœlum, ut sic dicam, magnum dicitur non respectu alterius cœli alicujus minoris, et sol lucidus, non ad aliquid, sed secundum se. Itaque Deus magnus dicitur, non per alterius collationem, sed propter incomparabilem et vere incomprehensibilem divinæ magnitudinis excellentiam. Dicitur ergo magnus, tanquam qui se omnibus rebus magnis communicet ; nihil enim in rebus creatis neque mole neque virtute magnum, quod non dicatur magnum secundum participationem ejus qui omni magnitudini superfunditur, omnemque locum continet, omnemque numerum excedit. Cum enim magnum de quantitate dicatur, idcirco magnitudine tam locum quam numerum comprehendit, quæ sunt species quantitatis, magnitudinem quidem pro linea, superficie et corpore sumens ; tempus vero sermonemque vocalem missa faciens, illud quidem, quia temporum est conditor, hunc vero, quia de ipso antea verba fecit, in quantum Deus Verbum appellatur. Locum itaque comprehendit tanquam incorporeum, magnitudinem vero numerumque, quod illa quidem in infinitum dividi, hic vero sine termino augeri possit. Nam idcirco etiam addit : Omnem transiliens infinitatem. Mirabiliter autem ponit, Omnem locum continens, quia locus continet, non continetur, terminus enim est continentis ; Deus autem plusquam **494** infinitus exsistit, quia regni ejus non est finis. Quin etiam supra omnem numerum exsistit ; etsi enim Deus dicatur unus et unum, est tamen etiam plusquam unum, proprie enim unum connexionem habet ad multos numeros ex ipso exsistentes, et principium est multitudinis. Verum Deus unum dicitur, quia simplex est, et individuum, et incompositum. Quin et sic plusquam unitur, et plusquam unum est ; dicitur enim de ipso : *Et scientiæ ejus non est numerus* x. Dicitur etiam magnus, secundum plusquam plenitudinem ac magnificentiam suam, quoniam fontes munerum ipsius ab omnibus participati minime minuuntur.

§ III. Parvum rursus dicitur, ut quod nullam molem vel distantiam suscipere possit, sed supra hæc exsistat ; et aliter, quia absque impedimento cuncta penetrat. Parvum enim, principium est omnium ; quoniam omnia quæ incrementum sumunt, ex parvo in magnum evadunt, et rursum in decrementum, ex majori ad id quod minus est redeunt. Elementum autem est id, ex quo etiam aliquid componitur, et in quod resolvitur. Vel idcirco igitur etiam parvum est elementare, vel quia in majori parvum consideratur, non autem magnum in parvo. Sicut ergo in composito simplicia apparent, non autem in simplicibus compositum, et in syllabis v. g. elementa, non vero syllabæ in elementis ; ita hic, parvum id quod elementare est dicitur, quoniam ipsum quidem in majori apparet, non autem e contra. Sic dicitur etiam de Deo parvum, propter quod apostolica verba refert, quibus demonstratur velocitas progressus Dei ad res incorporeas. Quod enim pertingat usque ad divisionem animæ et spiritus declarat ipsam quoque incorporeitatem et uniformitatem animæ a Deo dividi posse. Unde Deus quoque cogitationes intelligit, quoniam Deus etiam usque ad intellectum et intellectionem ipsam penetrat, sicut dictum est : *Tu intellexisti cogitationes meas de longe* y; quin et vim animam et spiritum, in quo nimirum spiritu sensus habemus stabilitos, per quem etiam anima sensibilibus intendit, et vim habemus intelligendi speculationes. Hunc autem spiritum gentiles sapientes vocant *facultatem*, et veluti secundum animam sensitivam animæ. Ergo anima hæc sensitiva penetrat usque ad medullas, et venas, et arterias, et ossa, et totum corpus, ad **495** quæ omnia Deus absque impedimento pertingit ; aliis

---

° Psal. CXLVI, 5.   P III Reg. XIX, 12.   q Malach. III, 6.   r Genes. I 26, 27.   s Isai. XLVI, 5.   t Baruch. III, 3.   u Dan. III, 55.   v Psal. XVII, 11.   x Psal. XLVI, 5.   y Psal. CXXXVIII, 3.

quidem statum impertiens, aliis vero se insinuans, ita ut nulla creatura sit occulta in conspectu ejus. Nota vero circa spiritum, alium esse prædictum spiritum, quem etiam animam sensitivam appellamus, et alium esse illum spiritum, de quo magnus Paulus ait : *Animalis homo non capit ea quæ sunt spiritus* [a]. Spiritum enim ibi vocat gratiam spiritalem, quam fideles in baptismo accipimus, spirituum fortitudinis, sustinentiæ, mansuetudinis, longanimitatis, intentionis ad bonum, juxta quod viri spiritales hominibus animalibus insanire videntur, quantumvis ipsimet a veritate aberrent, uti superius dicebamus.

§ IV. Hæc omnia quæ Deo inesse dicta sunt, suprasubstantialiter dicuntur; unde etiam id ipsum suprasubstantialiter dicitur, quod in seipso maneat, et secundum eadem eodemque modo stabilitatem habeat in pulcherrimis terminis circa substantiam apparentis identitatis. Ex terminis autem apparet, quod non sit modo quidem idem, aliquando vero possit in alteritatem effundi; quoniam id frequenter ex identitate in alterum mutatur, quod in terminis identitatis non stabilitur. Deus autem identitatis terminos comprehendit, quomodo ergo aliud aliquando admittere possit? Non dixit autem pro more loquendi suo, ut in aliis per excessum, ut quod excedat terminos identitatis; quoniam deficeret ab identitate, et in aliud incideret, si identitatem excederet. Solet itaque hic Pater in illis excessum nominare, in quibus excessus minime exterminat illa quæ Deum decent; in quibus vero tale quid periculi est, satis esse putat summam de Deo testari. Est itaque Deus immutabilis, et secundum omnem motum immobilis. Dicens autem *ingenitum*, cum multis modis hoc nomen accipiatur, celebriores ejus interpretationes explicat ; dicitur enim ingenitum, vel quod necdum genitum, sed gignendum est, ut Sara dixit : *Nondum quidem mihi natus est* [a]; vel quod imperfectum est, sicut turris in Chalane [b]; vel ab hoc non factum, ut : *Paulus apostolus non ab hominibus* [c] ; vel non hoc factum, sicut : Justus non unus ex duodecim ; vel id quod penitus nullo modo est, ut quæ fingunt gentiles Scyllam et Chimæram, et similia. Speciatim igitur et absolute, supra hæc omnia ingenitum in Deo dicitur ; uno enim et eodem modo definitur. Uno modo, propter omnimodam incomparabilitatem divinæ naturæ, eodem modo ; propter immutabilitatem. Ἀφοριζόμενον vero est definitum seu demonstratum, a verbo ὁρίζειν, vel exemptum et separatum. Et quoniam Deus semper idem et eodem modo se habet, tribuit creaturis, ut in identitate permaneant. Eodem modo igitur omnia, etiam quæ non sunt in eadem natura, in Deo videntur ; siquidem Deus est eodem modo, sive similiter, rerum omnium causa.

§ V. Aliud autem significare putandum est; constructio enim hæc per trajectionem ad putandum relationem habet ; quoniam Deus in seipso et propria identitate permanens, providentia sua fit omnia in omnibus propter omnium salutem, semetipsum diversimode impertiens ad eorum qui conversi sunt deificationem. Idcirco enim multimoda quoque dicitur Dei sapientia; et ipsammet variarum figurarum diversitatem significare putandum est, quod in prophetis Deus aliter atque aliter appareat ; quoniam aliud quid est ab eo quod apparet, cum æqualiter omnia sint ab ipso diversa. Si enim aliqua ex illis erat formis, utquid non per illam apparebat, cum omnino posset comprehendi, licet per aliam atque aliam? Quemadmodum enim si indivisibilis animæ virtutibus proprias partes corporeas affingeremus, secundum indivisibilitatem ejus illas intelligere deberemus, per quamdam anagogem et allegoriam, mentem quidem dicentes esse caput, quoniam mens est animæ præcipuum atque præstantissimum, sicut caput corporis; opinionem vero cervicem, quia sicut cervix media est inter caput reliquumque corpus, sic et opinio media est inter rationem et irrationabilitatem, intelligentiæ enim terminos sine ratiocinatione novit; iram vero pectus, quoniam vim irascibilem in pectore sitam esse aiunt; concupiscentiam vero ventrem, cum per ventrem quoque corporis vis concupiscibilis designetur ; naturam vero crura pedesque, per hæc nimirum naturæ constantiam firmitatemque significando : multo magis utique in Deo, rebus omnibus eminentiore, eo quo Deum decet modo mystico hæc explicare, et id quod consideratur, ab omni re corporea liberare et abstrahere debemus. Porro triplicem distantiam, quæ in corporibus proprie est, longitudo et latitudo, et profunditas, si quis Deo accommodare voluerit, ea qua Deum decet ratione id faciendum est; et intelligenda quidem latitudo, supraquam extensa illa Dei ad res omnes progressio cum in producendo,tum in gubernando, tum in providendo ; longitudo vero, potentia illa quæ res omnes superat ; profunditas vero, arcanum illud quod comprehendi nequit. Sed vereor ne nos ipsos ignoremus, ea quæ de Deo incorporeo modo intelligere debemus sensilium symbolorum explicationibus commiscentes. Explicamus igitur latitudinem, vel longitudinem, vel profunditatem, vel aliud quidpiam, dum a rebus corporeis illa volumus abstrahere ; et cum aliter efferre non possimus, rursum ad corporea redimus, dum processum dicimus virtutem, arcanum, et similia, quæ utique etiam ipsa corporea sunt, licet prioribus sublimiora. Verum de his alibi dictum. Modo vero alteritatem de Deo dicentes, ne suspicemur Deum in aliud atque aliud permutari , sed in propria simplicitate permanentem, diversas et omnimodas species creaturæ producere significamus : progressum enim dicit ipsam veluti motionem et propensionem ad rerum omnium creationem.

§ VI. Similem vero Deum si quis dixerit, tan-

[a] I Cor. ii, 14.   [a] Gen. xviii.   [b] Gen. x et xi.   [c] Gal. i, 1.

quam sibi totum per totum conformem, tale nomen Dei minime aspernandum est. Quomodo vero Deus alicui rei similis dici possit? quoniam divina Scriptura, tanquam semper eumdem sine mutatione, omnibus dissimilem dicit, ut in illo : *Quis similis tibi in diis, Domine* [d] ? ac iterum : *Cui me assimilastis?* inquit *Dominus* [e] ; et rursus : *Ego visiones multiplicavi, et in manibus prophetarum assimilatus fui* [f] ; id est, idem ego mihi ipsi, ut Irenæus dicit in libris *Contra hæreses*. Cum autem non sit similis ulli, similitudinem ad se conversis elargitur. Quomodo? Secundum imitationem et virtutem istarum rerum divinarum quæ rationem omnem terminumque excedunt, juxta illud : *Estote perfecti* [g] ; et : *Estote misericordes sicut Pater vester cœlestis* [h]. Quæ in Deo quidem proprie et supra omnem terminum et rationem; non enim tantum vel tantum in illo est misericordia vel perfectio, sed infinita; in creaturis vero pro cujusque studio et facultate. Hæc itaque quæ adducta sunt, dicenda sunt Deo similia, non autem iis similis dicendus est Deus; quoniam neque homo similis est imagini suæ, sed imago similis est homini. Siquidem in iis quæ ejusdem ordinis et æqualia **498** sunt, Petro, verbi gratia, et Paulo, potest similitudo reciprocari, alterutrum alterutri præferri.

§ VII. In causa vero ad effectus nequaquam admittemus istiusmodi reciprocationem, sed effectus quidem causis esse similes, causam vero effectis similem nequaquam dicimus; quia non est æqualis, sed major est qui dat quam quæ participant : Deus vero omnium quoad entitatem similium causa est, et ipsius per se similitudinis effector. Solet enim hic Pater Deum dicere id quod per se est, et ejus quod per se est conditorem, et per se vitam, et per se vitæ creatorem. Hæc autem dicit, non quod dicat Deum diversam quidem esse vitam, ac diversam ab eo vitam essentialem fuisse productam et quasi subsistentem in Deo, quam participent ea quæ vitam participant; sed, sicut seipsum explicat capite undecimo, Deus dicitur ipsa vita, atque ipsa virtus, atque ipsa similitudo, tanquam hoc exsistens per modum principii, et ut Deus, et ut causa : hæc enim ipse reipsa est. Ipsius autem similitudinis et similium conditor est, ut qui rebus donum hoc primario participantibus, ut id ipsum participent, elargitur : siquidem omnia pro captu suo talia participant, prima quidem suprema, per modum principii, cætera vero consequenter inferiori gradu. Non secus vero dicemus est, Deum quoque esse conditorem rationis exemplaris similitudinis, ut qui in se sine principio et unite semper habeat rerum omnium rationes præexsistentes, quas et prædefinitiones superius appellavit. Illa igitur omnium similitudo, quæ est omnium unitas, per participationem primæ causæ, id est quasi vestigio quodam participationis, participat

illud quod secundum eadem et eodem modo se habet. Hoc itaque simile, quod secundum eadem et eodem modo se habet, dissimile est, rerumque omnium compositionem respuit, uti testatur Scriptura dicens : *Non est similis tibi in diis, Domine* [i]. Non est utique hoc contrarium iis quæ dicta sunt, cum diximus, omnia Deo esse similia, Deum autem non esse ulli similem; siquidem eadem et similia et dissimilia sunt Deo; illud quidem secundum indultam cuique imitationem, non enim perfecta est imitatio; hoc vero, quoniam effectus a causis infinitis et incomparabilibus parasangis deficiunt.

§ VIII. Statum ac sedem pro eodem accipit, respiciens ad immobilem identitatem utriusque. Statum enim non **499** dico illum, quo quis rectus fit postquam in sede fuerat incurvatus, sed inflexibilitatem et immutabilitatem Dei, firmum statum appellavit; sicut etiam sedere perpetuam et incomprehensibilem quietem habere in basi innominabili : omnis enim status ac sedis causa est iis, in quo omnia in bonis propriis custodita consistunt.

§ IX. Quando vero etiam motum reperimus in Deo dictum, juxta illud : *Inclina cœlos, et descende* [k], Deo digne motum accipiemus; non enim movetur secundum aliquem e sex motibus, de quibus philosophi agunt, neque secundum generationem, neque secundum corruptionem, neque secundum accretionem, neque secundum imminutionem, neque secundum locum, neque secundum immutationem. Et rursum, cum motus tripliciter fiat, vel secundum lineam rectam, vel secundum circulum, vel ex utrisque oblique, sicut serpens, et in aquis navis, neque etiam secundum hos modos movetur. Sed neque motu intellectili cietur, sicut mens in seipsam revolvitur, et in intellectionibus multiplicatur. Non etiam motu animali, quali movetur anima dum intelligit et opinatur. Non naturali, qualem natura ciet, quoniam hæc est principium motus et quietis. Sed motus immobilis, et eodem modo se habentis, dicitur ipsius voluntas circa ea quæ sunt, et progressus providentiæ ipsius ad universa, dum adest omnibus per omnium incomprehensibilem et absolutam et intactilem comprehensionem. Cum negasset istiusmodi in Deo motiones, maxime vero corporeas, ut circularem, rectam, et obliquam, declarat quomodo convenienter Deo intelligenda sit in Deo motio, sensitivas in universo motiones anagogice explanans. Ac rectum quidem motum intelligimus in Deo, propter rectitudinem et inflexibilitatem, et universorum ex ipso procreationem; per se enim et ex tempore creatio ex ipso exsistit, et non per aliqua, quæ ad ipsam disponant, accidit. Hoc autem melius declaratur, si quis ab effectis incipiendo speculetur. Nam si quid corum quæ sunt in mentem capis, recta ad auctorem ejus accurris, ita ut a causa statim ad effectum generationis intellectio pertingat. Vel etiam aliter, quia

[d] Psal. LXXXV, 8. [e] Isai. XLVI, 5. [f] Osc. XII, 10. [g] Matth. V, 48. [h] Luc. VI, 36. [i] Psal. LXXXV, 8. [k] Psal. XVII, 10.

motum secundum generationem rectum esse aiunt, dum materia nempe recta et per se formam appetit; quare etiam forma, cujus gratia esse dicitur, quasi finis sit **500** ad quem natura recta currat, nequaquam aliis atque aliis se implectens, sed ad id quod maxime propositum est intuens. Cum itaque motus is, qui secundum generationem est, recta fiat, auctorem generationis, eo quo Deo convenit modo, recta moveri dicimus. Stabilem autem progressum et secundum statum dicimus obliquum; talis enim motus et stabilitatem habet, quoniam licet inclinare faciat, rursum in eodem, etiam ex æquo, prioribus secundum eadem et communicat quoad hoc cum circulari, et progressum habet, secundum quem communicat cum motu recto. Cum itaque motus rectus in Deo causa generationis atque processionis acceptus sit, accipimus quoque motum obliquum, partim quidem, tanquam in idem remeantem, propter constantiam; partim vero tanquam ex seipso prodeuntem, propter creaturarum fecunditatem. Rursum circularem motum dicimus propter identitatem, et quod omnia contineat. Nota enim, superiora continere illa quæ inferiora sunt. Extrema igitur vocat supremas illas virtutes Deoque propinquas, medias vero quæ ipsas sequuntur, inferiores denique, naturas omnium sensilium. Supremæ itaque continent medias, mediæ vero res sensiles. Porro Deus omnia continet, sicut circulus omnia quæ in ipso sunt, et ad seipsum tanquam ad causam convertit.

§ X. Denique, si quis idem et justum pro æquali accipiat (siquidem idem secundum omnia æquale ac simile est, et justitia distribuit æqualitatem), hoc etiam dicendum est, Deum æqualem dici, non solum ut partium expertem (quod enim aliquid secundum totum exæquat, non habet partem secundum quam vel redundet, vel deficiat), verum etiam quasi ex æquo cuncta pervadit, et tanquam ipsiusmet æqualitatis effector (uti diximus prius ipsius similitudinis) secundum quam mutuam penetrationem ex æquo procurat, ut in elementis, siquidem horum mistio ex æquo fit, et dum in compositis non præponderant, mundi efficit generationes. Si enim aliquod elementum redundet, id quod genitum est corrumpitur. Cum vero dicit participationem æqualiter participantium, ne cui videatur dicere, quod omnia æqualiter sanctificentur, et æqualiter illuminentur, semetipsum explicuit, dicens : Secundum cujusque capacitatem et dignitatis æqualitatem. Et rursus secundum alium **501** modum Deus æqualis dicitur, quatenus secundum virtutem æqualitatis effectricem omnem æqualitatem anticipavit, juxta prædefinitionem alibi traditam; intellectilem, quæ sub sensum non cadit, scilicet angelorum; intelligentem, quæ simplices et liberas habet intellectiones, sive mentis secundum se; rationalem, quæ per rationem et speculationem rerum notiones suscipit, animarum scilicet rationalium; sentientem, quæ sub sensum cadit, sive partium mundi, quæ dividuntur in essentiales ac naturales, id est in res insensibiles ac prorsus immobiles, et eas quæ aliquem motum habent; naturam enim definiunt principium motus et quietis; voluntariam vero æqualitatem vocant eam quæ potest eligere, quam quando volumus, et ex arbitrii libertate recte ordinamus, ea quæ justa sunt agimus.

CAPUT X.

De Omnitenente, Antiquo dierum; in quo etiam de ævo seu æternitate et tempore.

SYNOPSIS CAPITIS.

I. *Dicit, unde Deus dicatur* παντοκράτωρ *seu omnitenens.* II. *Unde dictus sit antiquus dierum.* III. *Quid sit tempus, et æternitas seu ævum, et quibus competat.*

§ I. Sed tempus est oratione nostra Deum multinomium, ut omnitenentem, et ut antiquum dierum, prædicandi. Ac omnitenens quidem dicitur, quod ipse sit omnium sedes, omnia continens atque complectens, et cuncta stabiliens, fundans atque constringens, et universum insolubile in seipso præstans, et ex se, veluti ex omnitenente radice, cuncta producens, atque ad se, tanquam ad fundum, omnitenens, universa convertens, et continens, ut omnium sedes omnicapax, omnia contenta una præcellenti connexione communiens, neque sinens ea sibi excidere, ne, tanquam perfecta domo mota, dispereant. Dicitur autem omnitenens Deus, ut omnia dominatu suo tenens, et qui iis quæ gubernat præest immiste, et ut omnibus desiderabilis et amabilis, et cunctis juga voluntaria imponens, et dulces parturitiones amoris divini et omnitenentis, et insolubilis ipsius bonitatis.

502 § II. Laudatur autem Deus ab antiquitate dierum, quia ipse est omnium ævum et tempus, ante dies, ante ævum, ante tempus; et quidem tempus et dies et tempestivitas appellandus est ipse, ut Deum decet, tanquam qui omni motu est immutabilis et immobilis, et semper movetur, manens in seipso, et tanquam auctor ævi et temporis et dierum. Quamobrem etiam in sacris mysticarum visionum apparitionibus et antiquus et novus fingitur; quorum prior quidem veterem et eum qui est ab initio, junior autem insenescibilem significat; aut utrumque eum ab initio ad finem per omnia progredi declarat: vel, ut divinus noster præceptor ait, utrumque divinam antiquitatem indicat, ita tamen, ut senex id quod primum est ordine temporis, juvenis autem, sive novus, id quod in numero est præstantius contineat; quandoquidem unitas, quæque ei vicina sunt, numeris longius progressis præstent.

§ III. Operæ pretium autem duco, ut temporis et ævi seu æternitatis naturam ex Scripturis sacris addiscamus; neque enim omnino et absolute sunt ingenita vereque sempiterna, quæ passim æterna vocant et incorrupta, immortaliaque et immutabilia, atque eodem modo se habentia; sicut cum aiunt, *Elevamini, portæ æternales*[1], et similia. Sæpenumero etiam antiquissima quæque æternitatis appellatione significant, ut cum universam temporis nostri durationem æternitatem vocant, quatenus videlicet antiquum esse et immutabile, totumque rerum statum mensurare proprium est æternitatis. Tempus vero appellant id quod mensurat generationem et corruptionem atque alterationem, quodque alias aliter se habet; atque ita nos, quos hic tempus definit et circumscribit, æternitatem consecuturos esse Scriptura tradit, cum ad æternitatem quæ non interit, sed semper eodem modo se habet, pervenerimus. Quin etiam in Scripturis aliquando ævum temporale et æternum tempus celebratur; tametsi scimus, ab ipsis quæ magis proprie sunt, potius per ævum, quæ autem fiunt, potius per tempus efferri et declarari. Oportet igitur non simpliciter arbitrari ea quæ æterna dicuntur, coæterna esse Deo, qui est ante æternitatem, sed potius, sequentes incorrupte Scripturas maxime venerandas, oportet æterna quidem, et quæ in tempore sunt, secundum modos in eis notos accipere; media vero inter ea quæ sunt **503** et quæ fiunt illa numerantur, quæcunque partim ævum et partim tempus participant. Deum autem ut ævum et ut tempus celebrare oportet, tanquam omnis temporis et ævi auctorem, et antiquum dierum, tanquam ante tempus, et supra tempus, et ut variantem tempestivitates et tempora; et rursus ut ante sæcula existentem, quatenus est ante sæculum, et supra sæculum, sive ævum, et regnum ejus regnum omnium sæculorum. Amen.

ADNOTATIONES CORDERII.

§ I. *Ac omnitenens quidem dicitur*, Græce παντοκράτωρ; cujus vim vocis et differentiam a παντοδύναμος, quod sonat *omnipotens*, vide supra in adnotationibus ad caput octavum, § 1.
Ibidem dicitur de Deo, quod *præest immiste*; quia non opus est, ut se veluti cum rebus et negotiis misceat ad cognoscendum ea, ut tute et caute gubernet, sicut necesse est homini, alioqui non poterit solus sufficere gubernationi. *Cunctis juga voluntaria imponens*, id est appetitus naturæ, et cuique convenit, insitos, tanquam leges impositas, quibus omnis natura libenter et sponte sua paret, et nulla resistit, nec obedientiam detrectat. Et quia hujusmodi appetitus; et impetus insiti et inclinationes tendunt ad amandum summum bonum, quod varie participant, Deus autem est, idcirco ejusmodi inclinationes dicuntur a Dionysio divinum amorem parturire, sicuti terra sole tepefacta fructus parturit.

§ II. *Laudatur Deus ab antiquitate dierum*, etc. Quia (inquit Lessius, libro IV *De perfectionibus divinis*, cap. 2) solus initio caret duratione, solus nunquam incœpit, solus omne tempus et intervallum durationis occupat et ambit. Hinc vocatur antiquus dierum apud Danielem cap. VII, quoniam, ut Dionysius hic exponit, *ipse est omnium ævum et tempus, ante dies, ante ævum, ante tempus*; quod intellige de omni tempore, etiam comprehensibili a creatura. Parum enim esset ipsum fuisse ante tempus reale, quod nondum sex annorum millia complevit, cum etiam angeli plurimis sæculis, juxta Patrum quorumdam sententiam, ante illud tempus fuerint, Deumque laudaverint; sed fuit etiam ante omne tempus imaginabile, quantumvis illud longum concipiatur. Accipe ante mundum conditum tot sæcula quot sunt arenæ in littore maris, Deus jam erat; accipe totidem myriades sæculorum, Deus antea erat; accipe immensum sæculorum numerum in se multiplica, adhuc Deus infinitis sæculis est antiquior. Dicitur autem *omnium ævum et tempus*; quia omne ævum ex ipsius duratione pendet, et omne tempus ex ipso fluit, qui ævo et tempori suum esse tribuit et continuat. Unde cap. 5 idem Dionysius ait: *Ipse est ævum ævorum, exsistens ante omne ævum*; et paulo ante: *Ipse est principium et mensura ævorum, et temporum entitas et entium ævum*, quæ omnia causaliter intelligenda. Omnis vero creatura initium habet, quia non ex substantia Dei, sed ex nihilo est; imo, secundum sanctorum Patrum sententiam, nec æterna retro esse potest. Sanctorum Patrum auctoritates hac de re vide apud Lessium loco citato. Est ergo Deus ævum angelorum qui sunt in ævo, quos antea ab ævo æternos seu æviternos nominaverat, tempus eorum quæ sunt subjecta tempori, id est eorum omnium quæ facta sunt post cœlum, ex cujus motu exsistit tempus, id est numerus motus cœli secundum prius et posterius. Addit autem, *ut Deum decet*. Dicitur enim ævum, sive sæculum, et tempus, et dies, sed immutabiliter, quia omnia quæ sunt in his, scilicet in ævo, et tempore, et die, mutationem convenienter naturis suis capiunt; ipsa vero ævum, et tempora, et dies, quatenus ævum, et tempora, et dies sunt, quadam imitatione Dei immutabilia sunt. Cum enim omnis mutatio in tempore fiat, quali tempore temporis mutatio fieret? Variationes vero anni, veris scilicet, æstatis, autumni, et hiemis, quas vocamus tempestivitates, mutationes quidem temporum et dierum sunt secundum qualitates, non autem temporum et dierum secundum se, id est quatenus tempora et dies sunt.

504 § III. *Operæ pretium ut temporis et ævi naturam ex Scripturis addiscamus*. Nota Scripturas dicere Psal. LXXIII: *Tuus est dies, et tua est nox; tu fabricatus es auroram et solem*, ubi appellat et lau-

---

[1] Psal. XXIII, 7, 9.

dat Deum tanquam tempus et diem, et cum dicit in eodem Psalmo: *Æstatem et ver, tu plasmasti ea*, ubi similiter appellatur et laudatur Deus tanquam tempestivitas, quæ a Græcis dicitur καιρός, sicut tempus dicitur χρόνος. Monet autem hæc secundum modos in Scripturis notos, sive secundum scopum Scripturæ intelligenda esse; secundum, inquam, naturam eorum quæ dicuntur in Scripturis æterna aut temporalia. Angeli enim dicuntur in Scripturis æterni (Psal. xxIII: *Elevamini, portæ æternales*): quia sunt participes ævi et antiquissimi omnium creaturarum. Dicitur etiam ævum, sive sæculum, Græce αἰών, extensio sive duratio ipsa temporis, ut illud Matth. xxvIII: *Usque ad consummationem sæculi*; et Psal. LXXVI: *Annos æternos in mente habui*; et II Cor. IV: *Deus hujus sæculi*. Perinde enim est, ut si interpres vertisset, hujus ævi, sive æternitatis, Græce αἰῶνος. Exodi xxI: *Erit ei servus in sæculum*, sive in æternum. Hanc igitur vocat Scriptura temporalem æternitatem, sicut apud Paulum dicitur, tempus æternum. II Tim. 1: *Ante tempora sæcularia*, Græce est αἰώνια, id est æterna. Et ad Tit. 1: *Ante tempora sæcularia*, Græce αἰώνια, id est æterna. Et Rom. xvI: *Secundum revelationem mysterii temporibus æternis taciti*; idem vocabulum est Græce, quod in hoc loco interpres vertit æternum, et in aliis sæculare.

Non est alienum ab hoc capite, ex Turriano in Cyparissioti decad. 8, cap. 3, explicare, quomodo intelligendum sit, quod pontifex Romanus crediderit de creatione angelorum, et ad credendum Catholicis proposuit in cap. *Firmiter*, de summa Trinitate. Non enim discrepat Decretalis ab eo quod hic tradit Dionysius, imo convenit, cum ait, unum universorum principium, creator omnium visibilium et invisibilium, qui sua omnipotente virtute simul ab initio temporis utramque de nihilo condidit creaturam, spiritualem et corporalem, angelicam videlicet et mundanam, et deinde humanam, quasi communem ex spiritu et corpore constitutam. Hactenus Decretalis. Sed dilatandus est aliquantum hic locus.

Quærit B. Athanasius in *Quæstionibus ad Antiochum principem*, quæst. 4, quando, et quomodo, et unde facti sint angeli; et respondet ad quæstionem: Nec quando, nec quomodo facti sint, ab humana natura dici posse, præterquam hoc solum, factos esse Verbo Dei ex nihilo. Quando vero? alii, inquit, aiunt primo die, alii ante primum diem. Creatos vero esse testatur, inquit Propheta, cum ait: *Laudate eum, omnes angeli ejus; quoniam ipse dixit, et facta sunt*; *ipse mandavit, et creata sunt*[m]. Moysen enim ait, quia sciebat Judæos esse idolatriæ deditos, idcirco non fecisse sermonem de angelis in Genesi, ne eos ceu deos colerent, ut in vitulo et in aliis idolis postea fecerunt[n]. Quod ergo ex Scripturis sanctis disci poterat, utramque scilicet creaturam, spiritualem et corporalem, simul et ex nihilo esse a Deo conditam: *Omnia enim per ipsum facta sunt*[o]; et: *Qui vivit in æternum*, ait Ecclesiasticus, *creavit omnia simul*[p]: utramque horum Decretalis catholicæ fidei subjecit. Illud vero simul *ab in tio temporis*, sicut ad creaturam corporalem, id est ad mundum qui cernitur, et quæcunque in eo continentur, referri voluit, quia scriptum est: *In principio creavit Deus cœlum et terram*[q]; sic ad angelicam naturam non necesse est, secundum Scripturam, referri voluisse, quia, ut paulo ante aiebat Athanasius, quando angeli creati fuerint, humana natura dicere non potest. Sed quia duratione angelorum, quæ non est subjecta tempori, quia est tota simul et invariabilis, quæ est et dicitur in sacris Litteris ævum, non possumus cognoscere, nec aliis manifestare; nisi per extensionem nostri temporis ex horis, diebus, et annis constantem, quam Scriptura ævum quoque aliquando vocat, ut Dionysius notavit; idcirco pontifex proposuit ad credendum, simul ab initio temporis utramque creaturam, spiritualem et corporalem, conditam esse. Nomine itaque temporis ævum et tempus comprehendit pontifex, imitatus Dionysium. Quare non prohibet hæc Decretalis, quin liceat sentire, quod apostolorum discipuli, Clemens et Dionysius, quos multi alii postea secuti sunt, senserunt creatos fuisse angelos ante mundum. De angelis enim interpretatur Dionysius dictum esse illud: *Elevamini, portæ æternales*[r]; quia antiquum et invariabile, et metiri secundum totum esse, proprietatem ævi esse dicit. Quare si ævum antiquius est tempore, et ævum dicitur, et ex duratio angelorum: sunt igitur angeli ante tempus, et ante ea quæ sunt in tempore creati. Idem sentit S. Maximus in prima centuria theologica. Si enim angelos non creasset ante tempus cum quo ortus est mundus, antiquius virtute fuisset, non esse virtutem; et bonitate antiquius, non esse bonitatem, quæ absurda S. Maximo esse videntur. Sic etiam intelligendum esse, quod Epiphanius, disputans contra hæresim Pauli Samosateni, ait, non esse angelos ante cœlum et terram creatos. Cum plane, inquit, hoc dictum non sit mutabile, quod ante cœlum et terram nihil erat ex creatis; **505** nam *in principio fecit Deus cœlum et terram*[s], ut principium sit, et nihil ex creatis ante hoc ipsum sit. Hactenus Epiphanius.

Verissimum est, ante cœlum et terram nihil fuisse ex creatis, scilicet in tempore (sic enim intelligendum est), angeli autem in ævo creati sunt. Ævum enim est mensura eorum quæ non sunt tempori subjecta.

Idem quod hæc Decretalis, dixit prius synodica epistola Sophronii patriarchæ Hierosolymitani, missa ad Honorium I, et non ad Sergium Constantinopolitanum, ut Photius in sua Bibliotheca testatur. Recitata fuit hæc epistola in sexta synodo, et in undecima actione collocata. Loquens ergo de creatione mundi a Deo facta, sic confitetur Sophronius: Καὶ τοῖς πᾶσιν ὥρισεν ἀρχὴν χρονικήν: id est: *Et omnibus decrevit principium temporis*: quia angeli, licet immortales sint, hoc habent commune cum iis quæ sunt in tempore, quod facti sunt, idcirco tempus eis attribuit. Hunc plane secutus est pontifex in sua Decretali, et Sophronius secutus plane Dionysium, quem in eadem synodica citat (ne quis dicat ignotum fuisse Dionysium Sophronio).

Esse igitur angelos ante mundum hunc corporeum creatos, tradit Dionysius hoc loco, et apostolica doctrina lib. VIII Clementis, cap. 12, et eam secutus Gregorius Nazianzenus in sermone de *Natali Christi*, et in secundo *de Pascha*; et hunc secutus Damascenus, lib. II *De fide orthodoxa*. Idem quoque docet Magnus Basilius in Hexaemero, et illum secutus Philoponus, lib. I *De creatione mundi*, cap. 8, 9, 10, ubi Mopsuestenum, cui contrarium sentiebat, refellit.

Quomodo vero intelligendum sit creaturas spirituales et corporales simul creatas esse, illas cum ævo, has cum tempore, ut hoc quoque non prætereamus, explanavit idem Athanasius, lib. III *contra Arium*, inducens in illum locum Ecclesiastici cap. xvII: *Qui vivit in æternum, creavit omnia simul*. Nihil enim ait ex rebus creatis ante alia sui generis conditum esse, sed omnia simul uno eodemque mandato facta esse. Et paulo ante magis adhuc explicat, cum ait, nihil esse in rebus creatis quod ipsum unum et solum, et primum ante alia, scilicet sui generis, factum sit, sed cum omnibus simul, κατὰ γένος ἢ τάξιν, id est

---

[m] Psal. CXLVIII. [n] Exod. xxxII. [o] Joan. I, 3. [p] Eccle. xvIII, 1. [q] Gen. I, 1. [r] Psal. xxIII, 7, 9. [s] Gen. I, 1.

cum omnibus sui generis vel ordinis. « Nullum enim, inquit, ex astris aut ex magnis luminaribus ita apparuit, ut hoc prius, illud posterius in rerum naturam emergeret; sed omnia eodem die eodemque jussu ortum ceperunt, quamvis alia ab aliis splendore differant. Similiter in quadrupedibus, volucribus, piscibus, pecoribus, stirpibus. Similiter, inquit, Adam, quanquam solus e terra formatus est, fuere tamen in eo etiam tunc rationes successionis posteritatisque humani generis. » Subjungit deinde : « Et ex creatione mundi visibilis invisibilia ejus (angelos dicit) hoc etiam genere operum, inquit, facta esse intelligimus, colligimusque, ne in illis quidem quidquam seorsum in genere suo aut prius aut posterius creatum esse, sed omnia simul quæ ejusdem conditionis sunt exstitisse. » Non enim singulas res enumeravit Apostolus, ut in hunc modum diceret : Sive angelus quispiam, sive thronus aliquis, sive dominatio illa, aut illa, aut hæc vel illa ex potestatibus, sed universos simul, qui ejusdem ordinis erant, comprehendit. Sive, inquit, throni, sive dominationes, sive principatus, sive potestates[1], etc. Hactenus Athanasius : « Omnes itaque cherubini simul creati sunt, simul item seraphini, et simul throni, similiter in reliquis ordinibus, in quibus, quod ad creationem pertinet, non est quidquam prius aut posterius, licet gloria et honore inter se differant. » Sic probat Athanasius contra Arium, non esse Verbum creaturam, « Alioquin, inquit, necesse erat ut simul cum aliis ex ordine virtutum crearetur, et non ante, licet gloria cæteris antecelleret. » Ex quo rursus fieret, ut non posset esse primum et initium aliorum, ut Ariani volebant. Tradebant enim creatum esse Verbum, ut per ipsum Deus omnia alia crearet, quasi non esset de numero omnium ; cum tamen tale principium omnium, ait Athanasius, in omnibus convinceretur, atque ita concludit, differre Verbum substantia et natura a creaturis, solumque ipsum esse solius veri Dei imaginem. Ex quibus patet angelos antiquiores esse rebus temporaneis, utpote æviternos, cum ævum tempore antiquius sit, non esse tamen Deo coæternos, cum æternitas sua ipsi propria sit, nec ulli aliter communicabilis creaturæ. Ex quo manifestum fit, nihil neque temporum, neque sæculorum, nec quidquam eorum quæ in ipsis temporibus aut sæculis sunt, coæternum esse infinitati Dei, quæ omnium causa est, et supra omnia est, et cujus voluntate omnia ex nihilo facta sunt, sive a tempore, sive a sæculo seu ævo ortum duxerint. Simul etiam decens videtur, ut illæ perfectiones quæ a Deo manant, quæ a creaturis αἰτιατῶς, id est create, participantur, antiquiores sint ipso tempore, cum quo creaturæ tempori subjectæ illas participarunt. Itaque sanctitas et bonitas, charitas, vita, sapientia et aliæ perfectiones Dei ex Deo αἰτιατικῶς, id est efficienter, sive causaliter participatæ, non cœperunt creari cum creatione hominis, sed antiquius, ante tempus scilicet, cum angeli αἰωνίως, id est in ævo, et non coæterne, Deum laudabant.

PARAPHRASIS PACHYMERÆ.

§ I. *Tempus est etiam dicendi de omnitenente, et quomodo a Daniele Deus antiquus dierum appelletur.* Dicitur itaque omnitenens a metaphora radicatæ ac nativæ petræ, in qua fundamentum ædificii ipsumque ædificium fundatur. Deinde cum dixit sedem omnia continentem, ne quis opinaretur ipsum hoc dixisse, quod rebus ipsis creatis coexistendo, juxta rationem petræ in exemplo allatæ, et non extrinsecus ipsas contineat, subdit etiam sequentes dictiones. Siquidem de petra non dicitur, quod petra contineat, vel fundet, de Deo autem dicitur, quod sit causa efficiens, ex qua, ceu radice efficiente, omnia producuntur, et ad quem, ceu ad fundum efficientem ac providum convertuntur. Secundum unam autem supereminentem continentiam omnia munit; quoniam omnis processio Dei, sive ad creandum, sive ad providendum, unica est et simplex, tametsi res creatæ ac provisæ diversimode hæc munera participent. Dicitur etiam alio modo omnitenens, quia omnibus imperat, et dominatur, et sufficit potestas ejus omnibus qui ab ipso gubernantur; quod in regibus terrenis locum non habet, quoniam viris præstantioribus opus habent ad gubernandum. Quod si vero et ipsi aliquos per se regant, negotiis quodammodo se implicare, et quæ ad eos spectant discere debent, ut secure præsint : verum Deus omnipotenter dominatur, et immiste præest. Dicitur *omnitenens* etiam, ut omnibus amabilis et desiderabilis; quoniam ab ipso omnia voluntarie gubernantur, et erga ipsum divino amore feruntur, ita ut nulla exsistat dissensio, nulla invita et violenta tractio, quapropter omnitenentem dignitatem habere perhibetur ; nihil enim habenas excutit, nihil contravenit, nihil obstat, nihil coactum succumbit, sed omnia tanquam creaturæ quæ Creatorem agnoscant divinum erga ipsum amorem parturiunt. Vocabulum autem hoc a parturientibus acceptum, declarat quodammodo in nobis affectionem naturalem, et a natura nobis insitam propensionem ac motionem ad Creatorem. Sicut enim terra sole calefacta ad parturitudines provocatur; sic et cor, id quod amabile est in seipso circumferens, amorem parturit.

§ II. *Antiquus vero dierum celebratur Deus*, quia ipse est ævum angelorum æviternorum ; hos enim antea æternos dixerat, quod participent æternitatem, non vero quod principii expertes sint. Tempus autem eorum quæ sunt subjecta tempori, id est eorum omnium quæ facta sunt post cœlum, ex cujus motu exsistit tempus. Dicitur autem Deus et tempus, et ævum, et dies eo modo quo Deum decet, quatenus immutabilis est ; quoniam omnia quæ sunt in his mutationem capiunt, ipsa vero, quatenus tempora et dies sunt, immutata permanent. Nam si secundum essentiam mutarentur, cum omnis mutatio in tempore fiat, deberet etiam mutatio temporis in tempore fieri, quali autem illo, non scio; quatenus autem dies tempus sunt, dixit iis quoque competere immutabilitatem. Cum in progressu hic sanctus dixerit, tempus in mutatione consistere ; hoc etiam concedendum est : siquidem æstas et ver, autumnus et hiems sunt temporis

---

[1] Coloss. I, 16.

mutationes. Sic itaque etiam Deus, modo Deo convenienti, semper usotus in seipso permanet. Tertio etiam tanquam auctor eorum; dicebamus enim antea, Deum omnia dici tanquam causam ex effectis, tametsi supra omnia sit. Quare Danieli quidem canus apparuit, candidum habens caput velut lanam, rursum vero juvenis Abrahamo: illud quidem, quod omnia ex Deo sint, et post ipsum, eoque juniora; hoc vero, quod in vigorosa constantique beatitudine sit senii expers; vel per utrumque, cum senem tum juvenem, significatur, ipsum a principio usque ad finem per creaturas omnes pervenire; vel tertio, ut divinus hujus Patris initiator ac præceptor Hierotheus ait, quod utroque divina ejus antiquitas indicetur, ita ut per senem quidem id quod antiquum et primum est declaretur; per juvenem vero, quoniam sicut in numeris principalior quidem est unitas, cum sit in numeris recentior, numerus autem in multitudine apparens, prout augetur, posterioritatem temporis obtinet. Idcirco Deus quidem, tanquam causa creaturarum, principii atque unitatis rationem habens; creaturæ vero, tanquam ab ipso et causa multitudinis; ipse quidem habebit id quod antiquius est, creaturæ vero id quod post principium et posterius exsistit.

§ III. Incipit de ipso tempore et æternitate verba facere, sapientissime securum reddens auditorem in religione, **508** ac dicens non debere existimari ea quæ æterna dicuntur, ideo esse Deo coæterna, qui est ante sæcula. Ea itaque, quæ omnino et absolute ingenita et sempiterna sunt in Deo, proprie æterna sunt; angeli vero incorruptibiles, æterni dicuntur, juxta illud: *Elevamini, portæ æternales* ᵘ, quia participant æternitatem, et antiquiores sunt cæteris creaturis. Invenitur enim hæc ipsa temporis extensio αἰών, seu *sæculum*, dicta, juxta illud: *Usque ad consummationem sæculi* ᵛ; et illud: *Annos æternos in mente habui, et meditatus sum* ˣ, et iterum: *Deus hujus sæculi excæcavit cogitationes eorum* ʸ; et a Moyse Deum vidente dictum: *Erit tibi servus in sæculum* ᶻ, sive in æternum. Hæc igitur vocat temporalem æternitatem: apud Apostolum vero dicitur tempus æternum ᵃ, et, *temporibus æternis taciti* ᵇ. Dicuntur itaque angeli æterni, tanquam qui proprietatem æternitatis participent, quæ est antiquitas et immutabilitas, et quod secundum totum esse mensuratur; sicut etiam theologus Gregorius ait, id quod rebus coextenditur. Temporis autem proprium est, versari in generatione et corruptione, cœlo enim ejusque motui accidit; itaque iterum immutatis elementis tempus quidem interibit, æternitas vero erit. Unde et nos, qui modo hic tempori subjacemus, quandoque etiam incorruptibiles effecti, æterni erimus. Oportet itaque illa quæ æterna dicta sunt non simpliciter accipere etiam sempiterna, sed secundum divinum Scripturarum scopum figurasque in illis notas; scilicet secundum naturas rerum subjectarum sic æterna dicenda sunt. Cum itaque illa quæ proprie sunt, divina, inquam, quæ sunt supra omnem creaturam, ævo sive æternitati attribuamus, tametsi supra ævum sive æternitatem sint, illa vero quæ fiunt tempore definiverit; media inter ea quæ sunt et quæ fiunt, angelos et animas dicit; quæ quidem partim ævum participant, utpote immortalia et ab interitu libera; partim vero tempus, quia in generatione cernuntur. Dei autem regnum æternum, vel potius regnum omnium sæculorum, ipsi gloria. Amen.

---

509 CAPUT XI.

De pace, quidque sibi velit ipsum per se esse, quæ sit per se vita, quæ vis ipsa per se, et quæ ita dicuntur.

SYNOPSIS CAPITIS.

I. Descripsit quænam sit pax divina, quæ res omnes coordinat atque conciliat, et quinam sint ejus effectus. Quomodo item silentium illud ignotum Dei exprimi non possit. II. Quomodo Deus per se pacis, et universalis et particularis pacis auctor cuncta pacifice conciliet, et ad omnia pertingat. III. Quomodo pax inter tot et tam contraria servetur. IV. Quomodo pax in iis quæ semper moventur, reperiatur. V. Nihil in natura rerum sine pace consistere. VI. Quomodo Deus dicatur per se vita, per se sapientia, etc., et per se vitæ, et per se sapientiæ auctor. Et quid sit per se bonitas, et per se divinitas.

§ I. Age jam divinam pacem, ut conciliationis principem, pacificis laudibus prosequamur; hæc enim est quæ cuncta conjungit, et universorum concordiam ac connexionem gignit efficitque; quare etiam ipsam expetunt universa, ut eorum divisam multitudinem ad integram quamdam redigat unitatem, atque intestinum bellum universi ad concordem inducat commorationem. Quin et divinæ pacis participatione primæ virtutes conciliatrices, et secum ipsæ et inter se, et cum una mundi pace prima conjunguntur; inferioraque tum ipsa secum tum inter se conjungunt, tum cum uno, eoque perfecto omnium pacis principio et auctore, qui ad omnia individue cum venit,

---

ᵘ Psal. xxiii, 7, 9. ᵛ Matth. xxviii, 20. ˣ Psal. lxxvi, 6. ʸ II Cor. iv, 4. ᶻ Exod. xxi, vi. ᵃ II Tim. i, 9. ᵇ Rom. xvi, 25.

quasi claustris ac septis quibusdam quæ divisa sunt copulat, omnia definit, determinat, et munit; neque permittit divisa in infinitum sine termino diffundi, neque inordinata, et sede carentia, Deoque destituta, suam unitatem egressa, sibi invicem confuse misceri. De ipsa igitur divina pace ac silentio, quam sanctus Justus vocat insonantiam et immobilitatem ad omnem emanationem quæ cognoscitur, quidnam tandem sit, et quomodo Deus quiescat et sileat, et quomodo in se et intra se sit, et totus secum sit supraquam unitus, et nec in se ingrediens, et se ipse multiplicans deserat unionem; quin potius ad omnia egreditur totus intus manens, propter excellentiam unionis omnia superantis, neque dicere neque cogitare ulli eorum qui sunt fas est, neque possibile. Sed cum hoc alioquin eloqui non possimus, nec assequi **510** intelligendo, ad ipsam tamen divinam pacem, ut ultra omnia positam, sursum evecti, participationes ejus, quæ intelliguntur et nominantur, idque, quantum homines (et nos præsertim qui multis bonis viris impares sumus) consequi possumus, attendamus.

§ II. Ac primum quidem hoc dicendum est, ut cum per se pacis, tum universalis ac particularis pacis, effector sit ipse Deus, et ut omnia inter se mutuo, minime confusa ipsorum inter se mutuo conjunctione, commisceat; qua conjunctione cohærentia sine divisione et distantia, singula tamen secundum propriam speciem pura consistunt, per concretionem contrariorum minime perturbata, quoniam exactam istam unionem ac puritatem nihil interrumpit. Unam igitur eamque simplicem naturam pacificæ unionis contemplemur, sibi ipsi et illis ipsis atque invicem omnia copulantem, nec non universa complexu quodam omnium inconfuso contemperata pariter atque inpermista conservantem. Per hanc divinæ mentes copulatæ, suis ipsæ cum intelligentiis tum rebus intellectis conjunguntur, atque denuo scandunt ad incognitum eorum quæ menti supereminent contactum. Per hanc animæ, multigenas suas rationes connectendo, ad quamdam spiritalem puritatem redactæ, procedunt, sibi propria via et ordine, per immaterialem atque indivisam intelligentiam, ad unionem quamdam intelligentia superiorem. Per hanc una omnium et indissolubilis connexio, juxta divinam ipsius congruentiam, exsistit, et perfecto concentu ac concordia consensioneque coaptatur, dum sine confusione colligitur, ac sine dissolutione continetur. Integritas nimirum perfectæ pacis, per simplicissimam suam meramque virtutis unificæ præsentiam, ad ea quæ sunt omnia pertingit, omnia conjungens, et extremis extrema per media connectens secundum unicam connaturalem amicitiam coagulata; quin et sui quoque vel extremis totius universi terminis fruendi copiam facit, omnia consocians unitatibus, identitatibus, unionibus, congregationibus, dum scilicet divina pax indivulsa persistit, et in uno cuncta demonstrat, et ad omnia pertingit, et a propria nusquam identitate recedit; nam ad omnia procedit, suique participationem omnibus indulget secundum cujusque proprietatem, nec non pacificæ redundantia bonitatis exuberat, **511** atque manet per excessum unionis tota ad totam, etiam secundum seipsam totam desuper unita.

§ III. Sed quomodo, dicet aliquis, omnia pacem appetunt? cum res plurimæ diversitate ac distinctione gaudeant, neque unquam sponte sua velint quiescere. Atqui si diversitatem atque distinctionem, qui sic loquitur, cujusque rei proprietatem e se asserat, cum res nulla, dum in suo statu permanet, eam perire velit, nos illi minime repugnabimus, sed id ipsum quoque pacis desiderium esse statuemus. Amant enim omnia cum semetipsis pacem habere, atque esse conjuncta, nec non se suaque omnia immota et illæsa persistere. Et est perfecta illa pax uniuscujusque proprietatis impermistæ conservatrix, per providentias suas, pacis largitrices, omnia inter seipsa et cum aliis sine seditione et confusione custodiens, atque omnia stabili et nusquam declinante potentia ad ipsorum pacem immobilitatemque stabiliens.

§ IV. Si cuncta porro quæ moventur, minime quiescere, sed cieri semper suo motu velint vel is ipse movendi se appetitus ad divinam illam pacem universalem pertinet, quæ omnia in seipsis ne elabantur servat, atque omnium eorum quæ moventur proprietatem motricemque vitam, ne a semetipsa desciscat excidatve, custodit, ut mota secum pacem habeant, et eo modo se habentia, quæ sua sunt, peragant.

§ V. Cæterum, si quis diversitatem a pace prolapsionem asserens, confirmet pacem non esse omnibus amabilem; respondendum potissimum, nihil in natura rerum exsistere quod omni prorsus careat unione; id enim quod penitus instabile et infinitum, nullaque sede nixum interminatumque fingitur, ne illud ipsum per se nihil est, nec in aliquo exsistit. Sin objiciat, eos paci pacisque bonis adversari, qui litibus et furoribus, mutationibusque et instabilitatibus delectantur; verum et illi quoque obscuris quibusdam pacifici desiderii simulacris detinentur, dum perturbationibus variis aguntur, quas imperite sedare desiderant, et arbitrantur se pacem habere, si continuo fluentibus voluptatibus hauriendis insistant; et perturbantur, si rebus iis, a quibus ipsi devicti sunt, frustrentur. Quid porro dicet quis de Christi pacifica benignitate? qua docemur, non ultra bellum gerere, sive cum nobis ipsis, sive cum proximis, sive cum angelis, quibus potius **512** pro virili cooperandum est in iis quæ ad Deum spectant, juxta ipsius Jesu providentiam, quæ omnia in omnibus operatur, pacemque confert ineffabilem ab æterno prædefinitam, nosque sibi in spiritu et per se in se ipsi Patri reconciliat. De quibus donis supernaturalibus satis superque dictum est in *Theologicis institutionibus*, sacra Scriptura nobis testimonium perhibente.

§ VI. Sed quia alias me per epistolam interrogasti, quid appellem per se esse, per se vitam, per se sapientiam, et tecum ais dubitasse, quomodo Deum aliquando quidem voco per se vitam, aliquando vero effectorem per se vitæ; necessarium esse arbitratus sum, homo Dei sancte, ab hac dubitatione, quoad possim, te liberare. Ac primum quidem, ut nunc repetamus quæ millies dicta sunt, non pugnant secum dicere, Deum per se potestatem, et per se vitam; et dicere, Deum creatorem per se vitæ, vel per se pacis, vel per se potestatis; hæc enim dicitur Deus ex iis quæ sunt, et maxime ex iis quæ prima sunt, tanquam causa omnium quæ sunt; illa autem dicitur, tanquam exsistens suprasubstantialiter supra omnia quæ sunt, et quæ primo sunt. Quæris autem quid prorsus dicamus per se esse, aut per se vitam, aut quæcunque absolute et principaliter esse, et ex Deo ac primo creata esse ponimus. Respondemus non esse hoc contortum, sed rectum, et simplicem habens explanationem. Non enim illud per se esse, substantiam quamdam divinam aut angelicam esse dicimus, quæ sit causa ut sint omnia quæ sunt (solum enim qui est supraquam substantia, principium, et essentia, et causa est ut sint omnia quæ sunt, et ipsum per se esse), nec aliam divinitatem quæ vitam pariat, præterquam vitam supraquam divinam omnium quæcunque vivunt, et ipsius per se vitæ causam, ponimus; nec ut summatim dicam, alias causas principales rerum, et creantes et per se exsistentes, quas quidem et deos rerum et effectores esse temere effativerunt, quos vere et proprie dicere (quippe cum non essent) nec ipsi nec eorum patres ac majores sciverunt: quin potius per se esse, et per se vitam, et per se divinitatem, principaliter quidem et divine et efficienter unum omnium principium et causam, supraquam principium et supraquam substantia esse dicimus: ut autem in donis suis participatur **513** Deus, providentias, a Deo, qui in se non participatur, manantes, dicimus per se substantiæ effectionem, per se vivificationem, per se deificationem; quorum participationem quæ, ut cuique convenit, habent, substantiam habentia, et viventia, et divina sunt, et dicuntur, et similiter in aliis. Quamobrem bonus ille et ipsorum quæ prima sunt auctor esse dicitur, deinde eorum quæ generatim et universe illa participant, postea eorum quæ in parte. Sed quid attinet de his dicere? siquidem nonnulli ex nostris divinis magistris etiam ipsius per se bonitatis ac deitatis constitutivam vocant supraquam bonam et supraquam divinam per se bonitatem ac divinitatem, dicentes esse bonificum et deificum donum a Deo profectum, et per se pulchritudinem, per se pulchrificam fusionem, et universalem pulchritudinem, et particularem pulchritudinem, et universe pulchra, et in parte pulchra, et quæcunque alia eodem modo dicta sunt, et dicentur, quæ declarant providentias et bonitates ab iis quæ in rerum natura sunt participatas, a Deo, qui est extra sui participationem, larga effusione dimanantes ac profluentes; ut qui est causa omnium, perfecte sit ultra omnia; et qui substantiam et naturam exsuperat, ex omni parte et in universum omnibus, cujuscunque substantiæ et naturæ sint, antecellat.

ADNOTATIONES CORDERII.

§ I. *Age jam divinam pacem, ut conciliationis principem*, etc. Occasione hujus capitis divus Thomas 2-2, quæst. 29, art. 1, petit utrum pax idem sit quod concordia; et in corpore respondet quod pax includat concordiam, illique aliquid addat. Unde ubicunque est pax, ibi est concordia, non tamen ubicunque est concordia, ibi est pax, si nomen pacis proprie sumatur. Concordia enim proprie sumpta est ad alterum, in quantum scilicet diversorum cordium voluntates simul in unum consensum conveniunt. Contingit vero etiam unius hominis cor tendere in diversa, idque dupliciter. Uno quidem modo secundum diversas potentias appetitivas, sicut appetitus sensitivus plerumque tendit in contrarium rationalis appetitus, juxta illud: *Caro concupiscit adversus spiritum* [c]; alio modo, in quantum una et eadem vis appetitiva in diversa appetibilia tendit, quæ simul assequi non potest, unde necesse est esse repugnantiam motuum appetitus. Quare unio horum motuum est quidem de ratione pacis, non tamen de ratione concordiæ; unde concordia importat unionem appetituum diversorum appetentium, pax autem supra hanc unionem importat etiam appetituum ejusdem appetentis unionem.

Ibid.: *De ipsa igitur divina pace ac silentio*, etc. Ubi nota cum D. Thoma, divinæ paci silentium adjungi, quia signum perturbatæ pacis solet esse strepitus et clamor. Ait autem pacem hanc a sancto quodam, Justo nomine, insonantiam seu ineffabilitatem Dei nuncupari; quia scilicet neque nos Deum effari possumus, neque ipse sic se effatur nobis, ut nos ipsum secundum quod est perfecte cognoscere possimus. Adjungit etiam paci immobilitatem Dei ad omnem processum qui a nobis cognoscitur; quamvis enim procedere dicatur secundum quod suam similitudinem **514** in res diffundit, tamen ipse secundum omnem hujusmodi processum seu emanationem in seipso immobilis manet, uti S. Dionysius *Cœlestis hierarchiæ* cap. 1, § 2, quoque docuit. Recte autem quies, immobilitas et silentium paci conjunguntur; quia ea quæ pacem habent, hoc ipso quietem aliquam habere videntur.

§ III. *Sed quomodo, dicet aliquis*, etc. Movet hic dubitationem, quomodo dici possint omnia pacem desiderare, cum tanta appetituum dissensio. Hanc eamdem quæstionem ex Dionysio movet divus Thomas 2-2, quæst. 29, articul. 2, et cum eodem in corpore respondet, ex hoc ipso quod homo aliquid

---

[c] Gal t. v, 17.

appetit, consequens esse, ipsum appetere ejus quod appetit assecutionem, et per consequens, remotionem eorum quæ assecutionem impedire possunt. Potest autem impediri assecutio boni desiderati per contrarium appetitum vel sui ipsius vel alterius; et utrumque tollitur per pacem, sicut supra dictum est, et ideo necesse est ut omne appetens appetat pacem; in quantum scilicet omne appetens appetit tranquille et sine impedimento pervenire ad id quod appetit, in quo consistit ratio pacis. Unde illi etiam qui bella quærunt et dissensiones, non desiderant nisi pacem, quam se habere non existimant. Ut enim dictum est § 1, non est pax si quis cum alio concordet contra id quod ipse magis vellet. Et ideo homines quærunt hanc concordiam rumpere bellando, tanquam defectum pacis habentem, ut ad pacem perveniant, in qua nihil eorum voluntati repugnet; et propter hoc omnes bellantes quærunt per bella ad pacem aliquam pervenire perfectiorem quam prius habebant. Porro cum pax consistat in quietatione et unione appetitus; sicut appetitus potest esse simpliciter boni, vel boni apparentis, ita etiam pax potest esse vel vera, vel apparens. Vera quidem pax non potest esse nisi circa appetitum veri boni (quia omne malum, etsi secundum aliquid appareat bonum, unde ex aliqua parte appetitum quietet, habet tamen multos defectus, ex quibus appetitus rémanet inquietus et perturbatus); unde pax vera non potest esse nisi in bonis, et bonorum; pax autem quæ malorum est, est pax apparens, et non vera. Unde dicitur Sapient. XIV, 22: *In magno viventes inscientiæ bello, tot et tam magna mala pacem appellant.* Cum igitur vera pax non sit nisi de bono, sicut dupliciter habetur verum bonum, scilicet perfecte et imperfecte, ita etiam est duplex pax vera. Una quidem perfecta, quæ consistit in perfecta fruitione summi boni, per quam omnes appetitus uniuntur, quietati in uno: et hic est ultimus finis creaturæ rationalis, secundum illud Psalmi CXLVII, 14: *Qui posuit fines tuos pacem.* Alia vero est pax imperfecta, quæ habetur in hoc mundo; quia, etsi principalis animæ motus quiescat in Deo, sunt tamen alia repugnantia intus et extra quæ hanc pacem perturbant.

Itaque, ut ex iis quæ hoc capite exposita sunt, breviter divinæ pacis proprietates Cyparissioti verbis ex decade 5, cap. 8, colligamus: Est quidem, inquit, pax divina, quæ diversa nectit in unum (dicta est enim congregatrix et colligatrix illorum etiam quæ maxime diversi generis et naturæ sunt), multa in temperamentum commiscens, non confuse neque permiste, sed servans in singulis universitates in unum mentis simplicem conceptum reducit. Ut cum album, v. g. et nigrum cæterasque species coloris in unum conceptum simplicem coloris mens reducit, universitatem generis in eis servat; neque enim convenientia in universitate generis confundit species; neque diversitas speciei tollit convenientiam in universitate, sed hæc consensio et concentus a pace divina proficiscitur.

Deinde hæc divina pax veluti unionem multiplicium et diversarum vocum et sonorum instar concentus et symphoniæ pulcherrime conficit, nihil ex gravi aut acuto demutans, sed potius manent secundum naturam sine confusione aptatam, ut ingeneretur copulatio, supraquam cogitari potest, amatoriis quibusdam illecebris, vel nescio quid divinius dicam, in unionem redacta. Ex quibus fit manifestum, quod pax, et magnitudo, et parvitas, et statio, et motus, et idem esse, et diversum esse, et similem, et dissimilem hæc omnia una pax sunt in Deo. Idcirco et hic et alias clare dictum et demonstratum est a Dionysio, alia et contraria, omnia eodem modo et unite, et nulla duplicatione in Deo esse; tamen ab ipso producta variata esse, ab ipsis emanationibus diversitatem nacta.

Est igitur Deus, ut prius demonstratum est, sicut substantia, quam neque verbis exprimere, nec eloqui, nec cognoscere possumus, sic etiam divina ejus pax; præterea sapientia ejus et vita ejus, et quæcunque alia absoluta, et quæcunque nunc in ipsa videntur secundum contrarietatem efferri. Laudamus autem hanc secundum participationes ejus intellectas et nominatas; id est, laudamus ab iis quæ produxit, quæ sub intelligentiam cadunt, et quæ sub sensum, quibus nos ex iis quæ videntur instructi, ad cogitationem magnorum donorum ejus deducimur, ipsas per se primum actiones animo versantes; ut si quis primum creaturam vel mundi fabricam ipsam per se cogitet, velut actiones Dei et motum intuens, deinde sermonem ad producta et creata referat. Consentiens autem secum idem Dionysius, sicut in aliis, ita et nunc, nomina ponit cum adjunctione definiente, per se vitæ, etc., quæ, quia supra explicata sunt, non repetimus.

§ VI. *Quid appellem per se esse,* etc. Vide quæ superius cap. 5, § 4, in adnotationibus dicta sunt. Hic tantum observa cum Turriano ad Cyparissiotæ decad. 8, cap. 5, quam ingeniose, quæ Plato in Timæo et Parmenide scripsit de speciebus sive ideis ingenitis, et sine interitu separatis, immutabilibus, natura consistentibus, tanquam effectricibus rerum singularium, Dionysius hic correxerit, et traduxerit ad verum dogma de principiis, non quæ causæ per se exsistant, neque sint non facta, sed quæ habeant in nobis esse tantum intelligibile et immutabile a Deo manans, sintque veluti formæ quædam intelligibiles, ratione tantum a rebus ipsis separatæ. Quod enim est singulare, posterius est intelligentia, quod intelligi non potest sine prioribus, quæ sunt quidquid est speciei, et species ipsæ, quæ a singularibus participantur, et prius esse habent secundum notionem. Non enim esset hic homo in notione, nisi humana species ejus prius haberet esse intelligibile; neque homo diceretur esse secundum notionem, nisi prius humanitas haberet esse intelligibile; hæc enim continet quod quid est speciei hominis. Similiter in reliquis. Non esset hæc vita in notione aut hæc similitudo, nisi esset vita et similitudo universe considerata; nec ista esset, nisi esset prius secundum notionem quod quid est ipsius vitæ et similitudinis, quæ vocatur vita simpliciter et similitudo simpliciter, sive per se vita et per se similitudo.

Dicitur autem Deus supra ipsum per se esse, quatenus scilicet a nobis cogitari potest. Sicut dicitur etiam Deus esse supra Deum, ὡς ἡμᾶς εἰδέναι, ut ait Dionysius, id est secundum nostram cognitionem; supra Deum, inquam, per participationem, quem in creaturis cognoscimus, sicut scriptum est: *Ego dixi: Dii estis* [d]; sic etiam est bonus supra bonitatem, quæ a nobis in creaturis cognosci potest. Itaque, proprie et per se esse de creatura dicitur et de Deo, sed æquivoce, ut bonus, et Deus.

S. Maximus in *Centuriis theologicis,* cent. 1, cap. 4, 5, 6: Non est, inquit, Deus substantia, quæ simpliciter aut quodam modo dicitur, ubi et principium est; neque potestas ut potestas, quæ simpliciter aut quodam modo dicitur, ubi et medium est; nec opus ut opus, quod simpliciter aut quodam modo dicitur, ubi et finis est motus ipsius substantiæ secundum potentiam prius cogitatæ, sed idem ipse est et substantiæ effector et supra substantiam, effectorque potentiæ et supra potentiam, firmitas atque vis, et immortalis facultas omnis efficientiæ, et, ut breviter dicam, principii, medii et finis auctor.

Ubi nota ex Turriano supra citato, substantiam simpliciter, esse substantiam abstracte consideratam,

---

[d] Psal. XVIII, 6.

quæ dicitur per se substantia, solum continens in notione sua quæ ad essentiam substantiæ pertinent. Hanc notionem primum menti informamus, postea notionem universalem, notionem, inquam, substantiæ non abstracte cogitatæ, sed universe, ut est substantia communis, quæ ratione differt a substantialitate abstracta, sicut humanitas ab homine. Postea consideramus substantiam communem secundum singulas species. Hæc substantia communis, et etiam singularis, non simpliciter, sed quodam modo substantia est; quia substantia communis est per participationem per se substantiæ, et particularis substantia per participationem utriusque, communis scilicet et per se substantiæ. In hujusmodi ergo substantia, sive simpliciter, sive quodam modo, principium est motus : Deus autem non est principium, quod habet habitudinem ad id cujus principium est, imo est principium supra principium, omni habitudine solutum. Similiter potentia simpliciter, est potentia abstracte considerata, quæ dicitur per se potentia, quæ est ipsa essentia potentiæ, cujus per se potentiæ participatione est potentia communis, et ob hanc causam est, quodam modo potentia. Similiter potentia particularis est quodam modo potentia, quia est per participationem potentiæ communis, et per se potentiæ. Hujusmodi potentia, sive simpliciter sive aliquo modo, est media inter substantiam et opus quod fit per motum substantiæ. Non enim fieri potest opus, nisi sit potentia efficiendi illud. Opus simpliciter, est opus per se et abstracte consideratum, id est ipsa essentia operis. Opus quodam modo, est opus ipsum universe consideratum, quod est per participationem operis simpliciter, quod dicitur per se opus; aut opus particulare, quod est per participationem operis universalis, et per se operis. In hujusmodi opere, sive simpliciter sive aliquo modo, finis est, ut sanitas, quomodocunque consideretur, sive abstracte et per se, sive communiter et universe, sive sit in particulari, finis est medicationis, qui est motus medentis, prius cogitatus secundum potentiam quam sanitas, quæ non potest fieri per medicinam, nisi prius cogitetur potentia ad sanandum, Deus autem neque finis est neque medium, quatenus hæc in iis quæ sunt ad aliquid numerantur, quæ simul esse cogitantur : cum infinito autem nihil finitum esse cogitari potest. Conferenda sunt hæc cum iis quæ in Adnot. ad cap. 5 dicta sunt.

516 PARAPHRASIS PACHYMERÆ.

§ I. Age vero etiam pacem, quæ omnis conciliationis causa exsistit, collaudemus; ipsa est etenim quæ omnia conjungit, quatenus divisam illorum multitudinem in unum, hoc est in unum illius desiderium, colligit; hoc enim integram unitatem appellat. Ipsa est quæ hujus universi ex diversarum naturarum elementis contemperatam compagem constituit : hinceque intestinum bellum appellavit qualitatum in ipsis contrarietatem, caloris scilicet contra frigus, humidi contra siccum, et similium aliorum, quæ ad unius mundi complementum uniuntur. Religiose autem hic gentilium rationes solvit. Cum enim multi inter illos dissideant, atque alii quidem omnia ex contrarietate belloque exsistere contendant, alii vero ex amicitia et consensione, ita ut ab illis quidem dicatur contentio creandi principium exstitisse, ab his vero amicitia; Pater hic, eorum rationes rite moderando, Deum universi conditorem constituit. Licet etiam aliter accipere bellum intestinum, pro eo quod est naturaliter inter res incorporeas et materiales : *Caro enim*, inquit, *concupiscit adversus spiritum, et spiritus adversus carnem* [e]. Et tale bellum divina pax ad unionem reducit, secundum quam antiquissimi illi ordines cœlestes, cum secum ipsi et inter se conjunguntur, tum ad unum perfectissimum pacis principium adducuntur; quod eum individue (non enim ex parte aliqua, sed integre) universis advenit, quasi claustris quibusdam seu vectibus omnia communit, neque permittit divisa in infinitum et interminatum, quasi ad pulchritudinis formæque carentiam diffundi, quam externi sapientes materiam appellabant, hanc infinitam dicentes, utpote interminatam et informem. Cum itaque Deus sit formæ pulchritudinisque creator, merito id quod a Deo destitutum est, informe sit et expers pulchritudinis. De hac igitur divina pace quid tandem sit, dicere refugit; quoniam hanc etiam in Actis [f] Justus, quem et Josen nominabant ἀφθεγξίαν vocat, quippe silentem et occultam; et immobilitatem quidem, sed ab omni motu cognoscibilem; hæc enim est quæ informat et movet omnia, tota enim sibi toti superunitur; et cum semetipsam singulis pacificis processionibus multiplicat, nunquam 517 tamen unicam illam suam simplicitatem deserit. De hac itaque neque dicere, neque cogitare quidquam fas est vel possibile; sed hanc tanquam in se ignotam enarrantes, intellectiles ejus participationes in Scripturis recensitas, quoad hom'nibus vel potius nobis aliis inferioribus, possibile est, consideremus.

§ II. Primum itaque dicimus divinam illam pacem ineffabilem ipsius per se pacis esse effectricem, juxta rationes superius allatas de ipsa vita. Totam autem cujusque pacem vocat universam, quatenus omnia, quæ naturis divisa sunt, concilientur, et ad unum desiderium excitantur; uniuscujusque vero, quatenus quisque unitatem suam servans, minime diffluit ad corruptionem et interitum, quæ superius vocavit infinitum et interminatum. Nota vero, tota quidem dici ad invicem habere conjunctionem, unum vero, ad seipsum unitatem; atque unum quidem contemperatum non diffundi in infinitum, tota vero commista manere inconfusa. Si enim, inquit, etiam elementa ad invicem connexionem et mistionem indivulsam habent, attamen horum qualitates suas extremitates, v. g. calorem, siccitatem, et cætera, minime deperdunt in diversarum specierum temperatione, quæ in universo conspicitur. Temperationem autem hoc loco in-

[e] Gal. v, 17. [f] Act. I, 23.

ligere oportet, non eam quæ in humidis fit, commistionem, quæ et subjecta corrumpit; sed conspirationem: et unius ab altero dependentiam, quæ in compage custodit ea quæ subsunt. Intelligemus itaque unam quamdam simplicem quasi naturam pacis in omnibus consideratam, omnia sibi ipsi, et omnia inter se, atque omnia secum ipsis conjungentem, nec non immista et contemperata conservantem; immista, propria cujusque qualitate; contemperata, ad invicem mistione. Per hanc divinæ mentes uniuntur cum suis intellectionibus, tum rebus intellectis: intelligunt enim et seipsas, et superiores, atque insuper inferiora. Quando itaque quæ sua sunt, curant, et semetipsas intelligunt, propriis intellectionibus uniuntur; quando vero superiora vel inferiora intelligunt, tunc rebus intellectis conjunguntur. Quod enim intelligit, per cognitionem rei cognitæ conjungitur; sicut etiam ignorans dividitur, non comprehendens id quod ignoravit. Porro post hasce uniones (quæ non exstitissent, nisi intelligens secum ipse quodammodo, vel certe cum rebus intellectis pacem inivisset) ad ignotum illum divinumque contactum adducitur. Rursum in animis nostris reperire licet individuam et immaterialem cognitionem, quando omnigenas ratiocinationes ad unam spiritalem puritatem colligunt; tunc enim ad unionem quoque intellectu superiorem, pro captu suo, via quadam et ordine pertingunt, per hanc ipsam videlicet naturam pacis una quædam et indissolubilis elementorum omnium connexio exsistit, collecta quidem inconfuse, quia licet sibi mutuo commisceantur, simul tamen eorumdem qualitates extremitates suas minime perdunt; commista vero indivulse, quia ex hac elementorum mistione una quædam natura perficitur. Hæc enim est pax, quæ extrema extremis per media connectit. Extrema vero dicit, intermedia elementa, terram, aerem, aquam, et æthera, quæ sunt etiam secundum omnia contraria. Media autem, inter terram scilicet et aerem, aqua, quæ cum terra quidem communicat rigore, cum aere vero humiditate: et rursum inter aquam et æthera medius est aer, qui cum aqua quidem communicat humiditate, cum æthere vero calore. Hæc etiam extremis universi finibus, qui sunt inanimes substantiæ, in quibus nullus motus accretionis aut nutritionis aut aliorum consideratur, amicitiam impertit, omniaque germana reddit et cognata, in quantum ex Deo omnia et ad Deum convertuntur: sic enim etiam Apostolus antiquo dicto usus est, *Ipsius enim et genus sumus*[8]. Dicit autem causam secundum quam omnia sunt cognata, intellectilia videlicet unitatibus, id est secundum id quod in ipsis quid unum et simplex est, et secundum immortalitatis identitatem; sensilia ex diversis elementis, unitionibus, seu commistionibus, ac talium mistionum collectionibus. Divina siquidem pax in uno et eodem omnia demonstrat; pertingit enim ad omnia, seque pro cujusque captu ac dignitate rebus omnibus communicat; manet vero, per excellentiam unionis et pacis, tota secum tota, secundum totam supraquam unita. Siquidem quod supraquam unita sit, ipsa sibi secundum se totam eadem exsistit.

§ III. Hic quorumdam quodammodo quæstionem inserit dicentium: Quomodo omnia pacem appetant, cum aliqua sint quæ divisione et inimicitia gaudeant? Et nunc quidem clare dicit, quæ sint quæ diversitate delectentur, in distinctione vero **519** hæc fusius dirimet. Triplicem itaque rationem affert, ac primam quidem admittit, secundam vero tanquam impossibilem rejicit, tertiam denique moderatur. Si igitur, inquit, cujusque rei proprietatem quis dicat, secundum quam hoc quidem ignis, illud vero aqua, et aliud aliud quid exsistit, ut aliam naturam habens, istiusmodi diversitatem ego quoque admitto, quam non dico distinctionem, sed potius unionem et consistentiam cujusque in statu suo: nihil enim eorum quæ sunt cupit perdere id quod est; volunt enim omnia cum semetipsis pacem habere, atque proprietas cujusque potius custos est naturæ.

§ IV. Et quid dico hæc de illis quæ non moventur, sed sine deditione atque in quiete sunt, cum id etiam locum habeat in iis quæ quocunque motu cientur, ut in sole videre quis possit, vel in partibus cœli, vel in aliis quæ facile mutantur, atque in alia atque alia vergunt; sicut etiam in fulgure se res habet, quod extempore deorsum movetur, et iterum sursum; vel in mari, modo quidem procelloso, modo vero tranquillo, ita ut etiam ipsamet alterna motio non constituat differentiam et diversitatem, sed naturæ identitatem demonstret, quippe natura rei istiusmodi motum et vicissitudinem pro pace sua exigente, et tum etiam mobilem suam vitam immotam conservante, prout ejus natura fert.

§ V. Si vero alteram rationem afferat, confirmans, diversitatem exsistere per omnimodam a pace prolapsionem, sicut Manichæi dicebant, materiam habere per se subsistentem instabilitatem et circumferentiam, et infinitatem et interminationem, sciat nullum ens esse, quod sic materia maneat, et per se subsistat; neque id etiam in rebus reperiri, cum ipsa etiam una sit ex creaturis illis quæ informantur. Si itaque non sit informata, sicut res cæteræ, neque etiam certe, dum informis manet, res sit, ne per se subsistat; quomodo dicemus id quod tale est non habere pacem? Quod si tertium dicat, aliquos esse qui bono adversantur, et contentionibus et iris gaudeant, dico istos illos obscuris quibusdam dilectionis simulacris contineri; a passionibus enim agitati, easque per ignorantiam quasi bonas sedare volentes, pacem appetere viden-

---

[8] Act. xvii, 28.

tur, dum passionibus impune frui desiderant, et arbitrantur se pacem habere, si continuo fluentibus passionibus repleantur, ab iisdem semper **520** exagitari. Quid porro dicat quis de pace Christi, qua bellum omne dissolutum est, ut non solum neque nobiscum, neque cum invicem, neque cum angelis bellum habeamus, verum etiam ipsis angelis cooperemur, eumdem cum ipsis Deo cultum et adorationem exhibentes, qua utique pace conciliavit nos sibi, et Patri, et Spiritui sancto, de quibus etiam alibi satis dictum est.

§ VI. Hic etiam introducit, et explicat, quomodo intelligat Deum esse per se vitam, et per se vitæ conditorem, et similia, quandoquidem id etiam in Epistolis posuerit, et sanctus Timotheus de hoc dubitarit. Ait itaque non pugnare secum, dicere Deum esse per se vitam, et per se vitæ conditorem; dicitur enim Deus, etiam ex rebus tanquam effectuum causa, et maxime ex iis quæ primo loco sunt. Existimo autem ipsum per ea quæ primo loco sunt, intellexisse naturas supramundiales, quippe primo loco liquidoque divina munera participantes, ut vitam, immortalitatem, et reliqua. Itaque Deus, qui ex rebus, tanquam causa ex effectis, appellatur, secundum hoc etiam dici possit ipsius per se vitæ conditor et auctor, ex effectu per se vitæ. Quid vero sit hæc per se vita, ita prosequens ait: Quando autem dicitur Deus per se vita, supra omnem naturam dicitur, id est etiam supra angelos omnemque substantiam spiritalem. Ex uno autem exemplo vitæ, nos etiam de similibus similiter cogitare oportet. Quemadmodum igitur in aliis effectis reperimus, Deum etiam ex his dictum, et rursum supra hæc exsistere, ignem et supra ignem, mentem et supra mentem, spiritum et supra spiritum, sic etiam per se vita dicitur tanquam ex effectu, et supra ipsam. Quid vero, inquies, est hæc per se vita, cujus effector et causa Deus est? num est res per se subsistens, etiam secundum se considerata? Non hoc dicimus; non enim est aliqua substantia, sive divina sive angelica, illud per se esse causa essentiæ omnium, vel per se vita, qua viventia vivunt (solum enim is, qui est substantia suprasubstantialis, principium et causa est ut sint omnia quæ sunt, et ipsum esse). Non itaque dicere licet, principales quasdam esse rerum causas et essentias conditrices, quemadmodum gentiles multos deos effutiverunt, quos nec ipsi neque patres eorum sciverunt. Cæterum hæc dicimus principaliter quidem et causaliter ipsum Deum esse per se ens, per se vitam, per se deitatem : rursum **521** vero participate largiens, inquam, virtutes providentiales. Cum enim Deus imparticipabilis et participabilis sit, imparticipabilis quidem secundum essentiam (nihil enim eorum quæ sunt essentiæ ipsius particeps exsistit, siquidem secundum propriam naturam exsistit supra ea quæ sunt) participabilis vero secundum amicas ejus participationes ac distributiones, quatenus res omnes ipsum participant, et per ipsum consistunt. Nam id quod non exsistit ejus particeps, neque est, neque erit, neque erat; quocirca ens participat per se ens, non ipsam causam entitatis Deum ipsam scilicet essentiam, sed distributionem ipsius per se entis, secundum quam etiam Deus participabilis exsistit. Participat item id quod vivit, per se vitam, non ipsam divinam essentiam, sed ipsam quæ in ipso est per se vitam, divinam, inquam, distributionem, per quam etiam participatur Deus. Hæc prius etiam formas et exemplaria et prædefinitiones appellabat, non confirmans Platonicam doctrinam, absit! sed sensu pio accipiens illa quæ ab ipso viliter et indigne Deo dicta erant. Horum effector Deus esse dicitur, ut qui hæc in se habeat. Deinde etiam universa hæc condidisse perhibetur per essentias, quæ secundum processionem ab ipso substantialiter subsistunt; tota seu universa dicens, quæ omnino perfecte participant et essentiam, et vitam, et sanctificationem, et omnia, ut angelicæ virtutes. Tertio etiam ea quæ ex parte sunt; quædam enim participant solam entitatem, quædam et entitatem et vitam, quædam etiam entitatem et vitam et sapientiam; supremæ enim virtutes omnium sunt participes. Sed quid attinet de his dicere, cum præceptor noster divus Hierotheus dicat Deum effectorem deitatis, quem etiam per se pulchritudinem et universam pulchritudinem dico, et pulchritudinem ex parte; non quod idem totum sit, et ex parte, sed ab iis, qui inæqualiter ejus munera participant, munerum auctor denominatur; et qui secundum divinitatem imparticipabilis est, secundum uberes munerum effusiones participatur, ut perspicue rerum omnium auctor emineat, omnibus secundum quamcunque substantiam et naturam subsistentibus, dum secundum munera participatur, qui secundum essentiam nequaquam participari potest.

522 CAPUT XII.

De Sancto sanctorum, Rege regum, Domino dominantium, Deo deorum.

SYNOPSIS CAPITIS.

I. *Ponit capitis hujus distributionem.* II. *Explicat quid sanctitas, quid regnum, quid dominatio, quid deitas significent.* III. *Quonam sensu hæc nomina de Deo prædicentur.* IV. *Quo sensu etiam dicatur Deus esse Sanctus sanctorum.*

§ I. Quoniam vero ea quæ de his dicenda erant, finem, uti puto, congruum acceperunt, is qui infinita habet nomina modo nobis etiam laudandus est ut Sanctus sanctorum, ut Rex regum, ut in æternum regnans et ultra, et ut Dominus dominorum, et Deus deorum. Primum itaque dicendum, quid sanctitatem ipsam esse censeamus, quid regnum, quid dominationem, quid deitatem, et quid Scripturæ signare velint per illorum omnium geminationem.

§ II. Sanctitas igitur (ut more nostro loquar) est, ab omni scelere libera, et omnino perfecta et omni ex parte immaculata puritas. Regnum autem est, omnis termini, ac mundi, et legis et ordinis distributio. Dominatio vero non minorum tantum excellentia, verum etiam omnium decorum ac bonorum completa possessio est, et vera et inconcussa firmitas; quapropter dominatio Græce a κῦρος derivato nomine, idem est quod firmatio, firmamentum et firmum, ac firmans seu ratificans. Deitas autem idem est atque omnium conspicax providentia, omnigena bonitate cuncta circumspiciens continensque, et seipsa complens atque transiliens universa quæ ipsius providentia fruuntur.

§ III. Hæc itaque omnia de causa illa transcendentali absolute prædicanda sunt, addendumque ipsam esse supra eminentem sanctitatem, atque dominationem, et regnum omnium supremum, simplicissimamque deitatem; siquidem ex ipsa singulariter et ubertim emanavit atque diffusa est omnis mera perfectio totius sinceræ puritatis, et omnis rerum dispositio atque distinctio, quæ inconcinnitatem et inæqualitatem ac disproportionem exterminat, et ad bene ordinatam identitatem ac rectitudinem informat, ac continet illa quæ jam digna fuerunt ejus participatione; **523** quin etiam est perfecta, et omnis omnium quæ pulchra sunt possessio, et omnis divina providentia, quæ contemplatur et conservat ea quibus consulit, seque benigne effert, ad formandam in eis qui ad ipsum convertuntur divinitatem.

§ IV. Quoniam autem universorum auctor rerum omnium plenissimus est, secundum unam, quæ omnibus antecellit, excellentiam Sanctus sanctorum nominatur, uti et cætera secundum supraquam exuberantem causam, et eximiam præcellentiam, ut si quis dixerit: Quanto præstant sancta, vel divina, vel dominantia, vel regia iis quæ non sunt talia, et rursus ipsæ per se participationes participantibus; tanto est omnibus sublimior, qui est supra omnia, et omnium participantium et participationum auctor imparticipabilis. Sanctos vero, et reges, dominosque, ac deos Scripturæ appellant principaliores in unoquoque ordines, quorum opera dum inferiores Dei munera participant, eorumdem distributionum simplicitatem in suis distinctionibus multiplicant; horum autem varietatem primi ordines provide ac divine ad unitatem suam contrahunt.

ADNOTATIONES CORDERII.

§ I. *Quoniam vero ea quæ de his dicenda erant*, etc. S. Thomas ad hunc locum: « Postquam, inquit, Dionysius exposuit divina nomina per quæ significatur emanatio perfectionum a Deo in creaturas, hic exponit nomina Dei quæ designant rerum gubernationem. In qua quidem gubernatione sunt quatuor attendenda : primo quidem divinæ cognitionis providentia, ad quam pertinet nomen deitatis; secundo, potestas exsequendi sapientiæ divinæ ordinationem, ad quam pertinet nomen dominationis; tertio, ipsa exsecutio gubernationis, ad quam pertinet nomen regis; quarto, gubernationis effectus, qui est munditia ab omni inordinatione, et ad hoc pertinet nomen sanctitatis. » De his acute Cyparissiotus (1): « Sanctitas, inquit, et dominatus, et regnum, et divinitas, absolute quidem in Deo dictæ, silentium ejus sunt beatum, et supra substantiam, extra Deum vero proprietates accipiunt ad creaturam spectantes. Atque illa quidem (id est sanctitas) liberatio est ab omni scelere et macula; dominatus firmitatem veram et a prolapsione liberam exhibet; regnum est distributio omnis regulæ, et ornamenti, et juris, et ordinis; divinitas vero providentia omnia contemplans. »

§ II. *Sanctitas igitur*, etc. Deus (ut docte notat Lessius lib. VIII *De perfectionibus divinis*) sanctus dicitur multis modis, potissimum quinque : Primo radicaliter, quia essentia divina est prima radix et originalis fons omnis sanctitatis et puritatis.

---

(1) Decad. v, cap. 9.

Secundo objective, quia est objectum omnis sanctitatis; omnis enim sanctitas sita est in amore et conjunctione cum Deo. Quare etiam est mensura totius et ipsius sanctitatis, unde nimirum sanctitas suam speciem et modum accipit; sanctitas enim est puritas. Sicut autem impuritas nascitur ex contactu inferiorum, ut cum facies aut vestis luto aspergitur, vel cum anima per affectum inferioribus inordinate inhaeret; ita puritas oritur ex contactu superiorum, cum affectus ad sublimiora et nobiliora assurgit, et iis inhaeret. Supremum autem omnium et simplicissimum et purissimum est Deus; unde summa puritas consistit in adhaesione cum Deo. Itaque cum summa puritas sit sanctitas, Deus est ratio objectiva et mensura sanctitatis.

524 Tertio dicitur sanctus exemplariter, vel in modum regulae, quia per legem aeternam est regula omnis sanctitatis; conformatio enim affectus cum lege aeterna est vera sanctitas.

Quarto formaliter; sanctitas enim formaliter est puritas affectus; puritas autem affectus est amor Dei, quia est adhaesio cum eo quod est purissimum et nobilissimum. Quare cum Deus sit amor sui, ipse hac ratione formaliter est sua sanctitas; et quia se amat infinite, quantum nimirum est amabilis, ideo quoque infinite sanctus est. Similiter quia nihil omnino amat nisi propter seipsum, ideo etiam in amore omnium creaturarum sanctus est.

Quinto dicitur sanctus eminenter et causaliter, tanquam fons et principium omnis sanctitatis et puritatis in creaturis; principium, inquam, efficiens, formale, exemplare et finale. Vide haec fusius apud Lessium loco citato, et ibidem cap. 2, quodnam sit discrimen sanctitatis divinae et creaturarum. De dominio item Dei vide ibidem, librum decimum, qui est de hoc argumento.

Dicitur autem *Deus deorum*, eorum dico de quibus scriptum est : *Ego dixi : Dii estis*[b]. Deus enim est qui illos sanctificat, et facit deos per participationem. Unde divinae Personae a Dionysio et a Patribus vocantur θεαρχικαί, id est deificae; et Spiritus sanctus vocatur ὑπέρθεον Πνεῦμα, hoc est Spiritus supra deos, quos scilicet sanctificando facit deos, sive in coelo sive in terra, ut alibi etiam indicatum est, et ex generalibus observationibus colligitur.

§ III. *Haec itaque omnia de causa illa transcendentali absolute praedicanda*. Ex his (inquit Cyparissiotus) efficitur manifestum, aliam quidem significationem prae se ferre ea nomina quae de Deo dicuntur ad aliquid; aliam vero, quae secundum exsuperationem seu transcendentiam efferuntur; atque illa quidem aliquando supervacua esse et otiosa perfecto opere; haec vero, quae secundum exsuperationem enuntiatur, semper eodem modo excellentiam declarare. Et probat exemplo fabricationis universi. *Septimo enim die*, inquit, *requievit ab omnibus operibus suis*[i] ; quare cessavit a creatione coeli, solis, stirpium, animantium, et, ut universe dicam, ab universo opere quod patrarat. Propter opus enim dictus est tunc Deus fabricator mundi. Est igitur semper fabricator mundi Deus, sed tanquam jam fabricatio mundi desierit ; sicut et creator, qui non semper creat; et ad ridendum aptus, qui non semper ridet : haec autem est, quia solum est, causa et effector Deus (infinitis enim et immensis intervallis effector effectis antecellit). Cum igitur Dionysius excellentiam in his ostendit, in duas partes divisit, in sancta, et non sancta ; et in per se participationes, et in participantia. Et quanto, inquit, ea quae sunt iis quae non sunt antecellunt, et participationes participantibus; tanto Deus antecellit sanctis et non sanctis, et per se participationibus et participantibus. Excellentia igitur Dei aeque pervadit in participantia , et per se participationes; et in sancta aut divina, aut dominantia, aut regia, et in ea quae non sunt talia. Si autem Deus aeque utraque excellit, quam rationem productionis habebunt quae non sunt sancta, et quae participant, eamdem habebunt sancta, et per se participationes. Quod si illa sunt creaturae Dei, et haec igitur sunt creaturae Dei. Apparent tamen hic etiam proprietates ; illa enim (scilicet participantia et participationes) propter finem, cujus causa perfecta sunt, et eorum proprietas est dici ad aliquid, aliquo modo se habere ; horum autem (id est quae secundum excellentiam dicuntur) proprietas est, ex aequo esse infra Deum cum illis quae participant, et sunt per se participationes, haec enim et illa facta sunt.

PARAPHRASIS PACHYMERAE.

§ I. Sed quoniam etiam de his satis, uti arbitror, dictum est, is qui infinita potest, atque adeo etiam infinita nomina habet, nobis quoque celebrandus tanquam Sanctus sanctorum, et Rex regum, prout in primo Moysis cantico canitur, et sicut Dominus dominorum, et Deus deorum. Ac primum dicendum sine geminatione, quid sit quidlibet eorum; ac deinde, quid sibi velint divinae Scripturae ista nomina duplicantes, sive Sanctus sanctorum, et Dominus dominorum, et similia.

525 § II. Ἁγιότης itaque, seu sanctitas, loquendo secundum externam nominis etymologiam, ex α privativa et voce ἅγος, id est *impuritas*, quasi ἀαγιότης, et gemino α in ᾶ longum aspiratum coalescente, ἁγιότης, q. d. id quod omni labe seu impuritate privatum est. Regnum vero est omnis ordinis, omnis formae, et omnis constitutionis ac rectitudinis distributio. Dominatio autem cum dupliciter quis dominetur, quod vel malis non succumbat, vel

A quod meliora recipiat, seu possideat, sanctus hic secundum ponit, quod illud prius nimis humile sit pro Deo; quamobrem etiam κυριότης, sive *dominatio*, παρὰ τὸ κῦρος, quatenus potestatem significat, denominatur; θεότης vero, seu *divinitas*, ἀπὸ τοῦ θεᾶσθαι, id est a videndo, et observando, ac providendo; vel ἀπὸ τοῦ περιθέειν, id est a circumeundo, et undique continendo universa, ut in se omnia providentiae muneribus fruentia adimplens. Quoniam omnia, juxta sacras et divinas Scripturas, in manu ejus sita sunt.

§ III. Haec quidem in Deo absolute laudanda sunt, id est non quidem secundum aliquid, secundum aliquid vero non, vel tanquam ad aliquid aliud relatum, sed secundum simplicem sensum, id est B proprie. Sicut enim magnus dicitur de Deo illimitate, et sine comparatione, ac relatione, sic utique etiam haec nomina. Neque vero solum absolute proferenda sunt, sed etiam secundum excellentiam,

[b] Psal. LXXVI, 6. [i] Gen. II, 2.

dicendo, supraquam sanctitas, et plus quam regnum, et plus quam Dominus, et plus quam Deus; siquidem ex ipsamet simplicissima divinitate, omnis pura et independens ratio cum sanctitatis tum regni effectibus tribuitur, hanc enim vocat rerum dispositionem, scilicet omnium, et distributionem, quæ omnem inordinationem exterminat, et ad rite ordinatam Identitatem adducit illa quæ digna sunt ejus participatione; unde merito una dicitur, siquidem hæc est unitas, identitatis, inquam, et æqualitatis. Hæc est causa conspirationis, et consensionis et salutis universorum, unitatis ratio, quæ secundum eadem et eodem modo se habet. Lætantem vero dixit, sive gaudentem in operibus suis, juxta illud Psalmi dictum: *Lætabitur Dominus in operibus suis* [k]. Rursum ex hac simplicissima divinitate etiam **526** dominatio exsistit; hanc enim dixit universam esse omnium bonorum possessionem. Hæc est benigna providentia, quæ semetipsam benigne impertit, ad eorum qui ad ipsam convertuntur deificationem.

§ IV. Cum autem sit rerum omnium superplena secundum unam eminentem excellentiam (neque enim multæ sunt in Deo excellentiæ, sed una, illaque eminens), dicitur Sanctus sanctorum, et Rex regum. Ait enim, quantum differt natura pura et causa a qualitate et effectu (hoc enim est illud quod est, respectu illius quod proprie non est), et quantum illud quod participatur ab eo quod participat, tantum differt Deus, dum hæc dicitur, ab iis quæ illa participatione habent; omnia enim ex Deo sunt, solus autem Deus ex nullo. Religiose autem ac pie exponit illa, quæ a quibusdam de deorum multitudine dicta putabantur, ex eo quod audirent dici multos deos, juxta illud: *Deus deorum Dominus locutus est* [l]. Præceptores enim qui virtute præstant, virtutem in anima unite collectam habent, docendo autem virtutes aliis communicantes, secundum diversitatem multitudinis eorum qui docentur, etiam virtutem habent multiplicatam. Hoc etiam considerandum in ordinibus incorporeis; hæc utique Dei propria sunt; et sicut ex cratere exuberante vicina quidem vasa prima replentur, deinde ipsa etiam exuberantia in alia vasa diffunduntur, et pro multitudine ac diversitate suscipientium effusa distribuuntur ac multiplicantur; sic crassiori quadam ratione abundantiam distributionis donorum divinorum, per primas dispositiones in omnes distributam esse cogitandum est. Siquidem Apostolus vas electionis appellatus est [m]. Notandum vero, quod communicationem in Deo dicat esse munerum quæ ex Deo sunt, distributionem vero primorum in ea quæ sequuntur. Priorum itaque distributionis simplicitatem posteriora multiplicant; quantum enim differunt ea quæ participant, in tantum etiam munera ista multiformia apparent. Ipsam vero posteriorum varietatem primæ istæ ad suam unitatem provide contrahunt; et in quantum fit adductio, tantum etiam rursus occurrit unitati divinæ communicationis.

---

527 CAPUT XIII.

De perfecto et uno.

SYNOPSIS CAPITIS.

I. *Docet, quo sensu Deus dicatur perfectus.* II. *Quo sensu dicatur unus; et simul ostendit unitatem in rebus omnibus reperiri.* III. *Unitate sublata, interire omnia, et ex uno Deo omnia exsistere; et quomodo Deus sit laudandus ut unus, et SS. Trinitas sit eminentissima unitas.* IV. *Ponit operis conclusionem.*

§ I. Atque ista de his dicta sint. Cæterum, si placet, ad id quod potissimum est sermonem transferamus: etenim theologia rerum omnium auctori cum omnia tum simul omnia tribuit, et ipsum ut perfectum et ut unum laudat. Perfectus itaque est, non tantum seipso perfectus, et per se a seipso uniformiter definitus, totusque secundum se totum perfectissimus; verum etiam ut supraquam perfectus, secundum omnium excessum; atque omnem quidem infinitatem definiens, supra omnem vero finem expansus, et a nullo comprehensus aut contentus, sed ad omnia pariter et supra omnia indeficientibus largitionibus et nunquam finiendis operationibus pertingens. Perfectus item dicitur, ut qui nullum accipiat incrementum, semperque perfectus sit, nec minui possit, omnia in seipso præhabens, et exuberans una et eadem incessabili et supraquam plena et imminuibili largitione, per quam omnia perfecta perficit, et unumquodque congrua sibi perfectione adimplet.

§ II. Unus autem, quia est omnia unice secundum excellentiam unius unitatis et omnium causa, non amittendo suam unitatem; nihil enim illius unius expers est, sed quemadmodum omnis numerus participat unitatem, atque unus binarius denariusque dicitur, et dimidium unum unaque tertia decimaque; similiter etiam omnia et qualibet particula particeps est unius, et hoc ipso quo quid unum

---

[k] Psal. cm, 31.   [l] Psal. xlix, 1.   [m] Act. ix, 15.

sunt, etiam omnia sunt quæcunque sunt. Neque vero unum illud, quod est omnium causa, unum quid est ex pluribus, sed quod ante omne unum omnemque multitudinem, omne unum multitudinemque definit : neque enim usquam multitudo expers est unius, sed ea quæ sunt multa partibus, sunt quid unum toto ; et quæ sunt multa accidentibus, **528** sunt quid unum subjecto ; et quæ sunt multa numero vel virtutibus, sunt quid unum specie ; et quæ sunt multa speciebus, sunt quid unum genere ; et quæ sunt multa processionibus, sunt quid unum principio ; neque quidquam est in rerum natura, quod non secundum aliquid participet unum in illo, quod per omnia unicum est, et omnia, etiam, tota universa et opposita, unice anticipavit. Ac sine uno quidem non erit multitudo, sed sine multitudine erit unum, sicut et unitas ante omnem numerum multiplicatum ; et si quis omnibus omnia quæ unita sunt supposuerit, omnia erunt in toto quid unum.

§ III. Illud præterea sciendum, ut secundum uniuscujusque speciem præconceptam uniri dicantur ea quæ unita sunt, sitque unum omnium quasi elementum ; et si sustuleris unitatem, neque totalitas, neque particula, neque aliud quidpiam in rebus erit ; omnia enim in se unum uniformiter anticipant et complectuntur. Hac itaque ratione Scriptura totum Deum, tanquam omnium causam, sub unius appellatione laudat ; atque hoc modo unus est Deus et Pater, et unus Dominus Jesus Christus, atque unus idemque Spiritus, per supraquam abundantem totius divinæ unitatis indivisibilitatem, in qua omnia unice sunt conjuncta, et supraquam unita, et præexsistentia supra substantiam. Quapropter etiam ad ipsam omnia jure merito referuntur, eique attribuuntur, a qua, et ex qua, et per quam, et in qua, et ad quam omnia sunt, et componuntur, et manent, et continentur, et complentur, et convertuntur : neque quidquam reperies eorum quæ sunt, quod non ex uno illo, secundum quod omnis divinitas supraessentialiter nominatur, et sit id quod est, et perficiatur ac conservetur. Oportet itaque et nos, a multis ad unum virtute divinæ unitatis conversos, singulariter laudare totam et unam divinitatem, unum, quod est omnium causa, ante omne unum et multitudinem, et partem et totum, finitionem et infinitionem, finem et infinitatem, omnia quæ sunt et ipsum esse determinat ; et omnium et totorum omnium, et simul ante omnia et supra omnia etiam unice causam, et quod supra ipsum unum, est id quod est et ipsum unum determinat, siquidem quod est unum, **529** iis quæ sunt annumeratur ; numerus enim particeps essentiæ est. Quod autem est unum supra substantiam, et quod est unum, et omnem numerum definit, ipsum est et unius, et numeri, et omnis rei principium et causa, et numerus et ordo. Quamobrem et unitas quæ laudatur, et Trinitas quæ est divinitas supra omnia, non est unitas, neque Trinitas a nobis aut alio quopiam eorum quæ sunt cognita ; sed ut quod in ipsa est supraquam in unum copulatum et fecunditatem Dei vere laudemus, trinum et unum Deum nominamus illum, qui supra omne nomen est. Nulla autem unitas vel trinitas, neque numerus, nec unitas vel fecunditas, nec aliud quidpiam eorum quæ sunt, aut eorum quæ alicui exsistentium sunt cognita, explicat arcanum illud omnem rationem et mentem superans superdeitatis, superessentialiter supra omnia superexsistentis ; hujus neque nomen neque rationem est assignare, sed inaccessum omnibus eminet. Quin nec ipsum quidem nomen bonitatis ei tanquam aptum accommodamus, sed desiderio aliquid intelligendi et dicendi de natura illa arcana et ineffabili, quod est omnium nominum maxime venerabile ipsi primum consecramus : in quo quidem cum theologis convenimus, sed ab ipsa rerum veritate multum deficimus. Quamobrem ipsi quoque ascensum illum per negationes prætulerunt, ut qui animam a cognatis rebus avocans, ad omnes divinas intelligentias viam sternat, quibus excipitur id quod omni nomine omnique ratione ac cognitione sublimius exsistit, nosque Deo tandem conjungit, quantum nimirum cum ex nostra, tum ex ipsius parte fieri potest.

§ IV. Hæc nos divina nomina, quæ ratione intelliguntur, congesta pro viribus explicuimus, non solum non satis pro eorum merito congrue (hoc enim etiam angeli vere dixerint), sed neque paribus laudibus, quibus ab angelis celebrantur ; siquidem præstantissimi quoque theologi nostri vel novissimis etiam angelis cedunt ; verum etiam theologis eorumque asseclis nequaquam suppares, a nostris quoque æqualibus in hoc laudum genere superamur. Itaque, siquidem recte ista dicta sint, et in divinorum nominum explanatione pro modulo nostro verum sensum attigerimus, in bonorum omnium causam id totum referendum est, ut quæ primum **530** tam dicendi quam bene dicendi facultatem dederit. Ac si quid eorum quæ his æquivalent, sit prætermissum, id iisdem quoque rationibus a nobis ad hunc modum supplendum erit. Sin vero hæc vel minus recta vel imperfecta sunt, et a veritate vel omnino vel ex parte aberravimus, erit humanitatis tuæ corrigere non sponte ignorantem, rationesque suggerere discere cupienti, et ex se insufficienti opem ferre, curareque nolentem ægrotare, atque alia quidem a te excogitata, alia vero ab aliis mutuata, cæteroquin omnia ex ipso bono accepta, in nos quoque derivare. Neque te pigeat amicum hocce beneficio afficere ; cernis enim, uti neque nos ipsi quidquam rationum hierarchicarum nobis concreditarum intra nosmetipsos continuimus, verum illas omnino puras cum vobis tum cæteris viris sanctis, partim tradidimus, partim adhuc trademus, pro dicendi nostra et aliorum intelligendi facultate, in re nulla traditionem violantes, nisi forte vel ad eloquendum vel ad intelligendum imbecilliores exstiterimus. Sed hæc quidem, ut Deo placet, sic habeant, et dicta sint; sitque A mens excogitavit; ad symbolicam vero theologiam quod ad nos pertinet, hic finis nominibus Dei quæ Deo duce transibo.

ADNOTATIONES CORDERII.

§ 1. *Perfectus itaque est*, etc. Pulchre, uti solet, ac perspicue Dei perfectionem ex hoc capite Lessius probat, lib. vii *De perfectionibus divinis*, cap. 2, dicens, Dionysium hic afferre quatuor rationes, cur Deus dicatur perfectus :

Prima, quia est αὐτοτελής, id est *per se perfectus*, quo significatur illum non accepisse perfectionem ab alio, sive ut a causa efficiente sive ut a causa formali, sicut fit in creaturis, sed habere omnem perfectionem a sola simplicissima essentia sua; unde ipsius perfectio non consurgit ex accumulatione multarum rerum, sicut in creaturis, quarum nulla dici potest αὐτοτελής, sed ex una re simplicissima, quæ ipsemet est, et ita per se, secundum omne genus perfectionis, est perfectissimus.

Secunda, quia est ὑπερτελής, id est *superperfectus*, hoc est omni perfectione conceptibili superior et excellentior; nihil enim a mente creata tam magnum, tam eximium et excellens, potest cogitari, quin Deus infinities sit excellentior et major. Hoc denotatur illa voce ὑπερτελής.

Tertia, quia non potest augeri vel minui, tanquam omnia anticipata et præcepta per suam essentiam in se continens.

Quarta, quia ita plenus et superplenus est omnibus bonis, ut veluti fons inexhaustus exuberet et redundet perpetua et incessabili largitione donorum in omnes res creatas.

Unde patet, Deum dici perfectum, quia est auctor omnis perfectionis naturalis et supernaturalis in rebus omnibus, a summis et ipsi vicinissimis usque ad extremas, a prima substantia separata usque ad infimam materiam, et ipsius radium pertingere ad omnia, idque non semel tantum, sed assidue et indesinenter. Non enim satis est Deum sua dona semel, sive materiæ, sive gratiæ, sive gloriæ, infudisse, sed hanc infusionem et largitionem debere esse continuam et indesinentem; alioquin omnia momento evanescerent. Neque solum quia est auctor ut causa efficiens, sed etiam quia est exemplar et mensura omnis perfectionis. In rebus enim creatis dicitur aliquid perfectum in natura, quia est commensum suo exemplari, secundum quod est conditum in tali specie; sicut in artefactis id est perfectum, quod exacte respondet conceptui et regulis artis; unde ipsum exemplar est per se et originaliter perfectum, absque respectu ad aliud, tanquam prima perfectionis regula. Itaque ipse perfectus dicitur, et tanquam fons ex quo omnis perfectio naturæ in omnia, quæ aliquo modo sunt, manat, et tanquam mensura, ex cujus commensione ipsa perfectionis ratio pendet.

Hinc ex eodem Lessio, cap. 1, collige quadruplex discrimen inter perfectionem Dei et creaturæ etiam excellentissimæ. Primum, quod Deus non habeat perfectionem et excellentiam suam ab alio, sed a se tantum, ipse enim est primus actus, prima perfectio, et primum bonum independens ab omni alio, fons inexhaustus omnis boni et omnis perfectionis; creatura vero omnem suam perfectionem et bonitatem habet a Deo. Sicut in rebus corporeis sol habet lumen a seipso, id est non ab alio aliquo corpore, stellæ vero habent lumen a sole.

Hinc sequitur alterum discrimen, quod perfectio Dei sit prorsus illimitata et infinita, creaturæ vero limitata et astricta ad certam speciem. Cum enim perfectio divina non sit ab alio, non habet a quo limitetur aut mensuram accipiat; ac proinde necesse est manere illimitatam in amplitudine sui conceptus; creaturæ vero perfectio cum sit a Deo, limitatur secundum modum quem ei imponit divina sapientia, sicut omnia opera artis mensuram et modum et terminum accipiunt ab arte opificis.

Tertium, quod Deus omnem perfectionem suam habeat per simplicem suam essentiam, nulla alia forma vel modo reali accedente; secus in creaturis. Nulla enim creatura habet omnem perfectionem per suam essentiam, sed opus est infinitis propemodum formis et perfectionibus accessoriis, ut perfecta sit, ut patet in angelis, quorum tamen natura inter substantias creatas est simplicissima et perfectissima : ut enim omittam potentias et species intelligibiles, opus est illis plurimis habitibus et illustrationibus, et actibus tum intellectus tum voluntatis, ut perfecti sint.

Hinc sequitur quartum discrimen, quod divina perfectio non possit unquam augeri vel minui : cum enim actu habeat omnem perfectionem possibilem, nulla ei fieri potest accessio; et cum habeat illam per essentiam et a se, non potest ei ulla fieri detractio. Oportet enim ipsam essentiam suam amittere, ut vel minimum quid suæ perfectionis deserat; creaturæ vero perfectio potest et sine fine augeri, et usque in nihilum immanui. Possent etiam angeli et homines beati, Deo ita disponente, crescere sine termino in claritate visionis divinæ et amore beatifico, et etiam omne bonum suum amittere.

§ II. *Unus autem, quia est omnia unice*, etc. Hinc Cyparissiotus, decade x, Theologiæ materiatæ decem capitibus concludit. Primo : Non oportere quærere in Trinitate, quæ supra substantiam est, habitus et dispositiones; neque esse aliqua circa ipsam quæ substantiam ejus compleant. Secundo : Non esse etiam accidentia quæpiam quæ in substantia ejus exsistant; nec differentias substantiales in ipsa intelligi, siquidem et in incorporeis, quæ ab ipsa producta sunt, non oportet quærere differentiam substantiæ, et energiæ, neque, tanquam aliud ab alio, ista ut exsistant accidere. Tertio, quod in unitate, quæ supra substantiam est, non sit quærenda ubique differentia causæ, et causam habentis, ubi ex seipsa dicitur exsistere; et ubi ex seipsa prodit sua energia sive operatio; et ubi ex seipsa, et per seipsam, ad seipsam remeat. Quarto, quod in unitate Trinitatis non oporteat quærere aliud substantiam, et aliud energiam sive operationem; neque legi homonymia verbi energiæ, nec existimare non idem esse in ea substantiam et energiam. Quinto, quod in unitate, quæ supra substantiam est, non oporteat quærere energiam per se sine substantia, et non per se exsistentem; neque cogitare simul aliud quid cum ipsa unitate, neque ab ea distinguere suam energiam. Sexto, quod in unitate Trinitatis non oporteat quærere aliud substantiam et aliud bonitatem, nec aliud formam et aliud substantiam, nec aliud vitam vel sapientiam vel virtutem, aliud vero substantiam ejusdem. Septimo, non item quærendum ab eo esse cognitionem ejus, vel charitatem ejus, vel pulchritudinem ejus, vel immortalitatem ejus, et alia ejusmodi, aliud vero singularem ejus substantiam et existentiam supraquam divinam. Octavo, quod in unitate supra substantiam non oporteat quærere, quia hæc est omnia, idcirco multa ejus esse; et diversa omnia; est enim ea omnia ipsa divina et beata ejus substantia, quæ habet omnia, non ut alia in alio, sed sine habitudine et collecte, nihil habens duplex, et supra omne unum. Nono, quod in unitate, quæ suprasubstantiam est, neque principium ejus reperire licet, neque medium, neque finem ; neque sit aliquid totum, quia in unoquoque eorum quæ intelliguntur est tota et sola ; neque sit aliquid eorum quæ sunt, quia ipsa est omnia ; neque liceat uno nomine eam complecti. Decimo, quod unitas Trinitatis supra omnem **532** substantiam sit, et supra omnem unitatem et trinitatem nobis cognitam; et quod neque substantia sit, nec unitas, neque trinitas ab ullo cognita, nec infinita, aut in multis numerata. Vide hæc apud Cyparissiotum per decem capita fusius deducta, et ex Patribus ac Scripturis comprobata. Consule etiam D. Thomam, parte I, quæst. 3, *De simplicitate Dei.*

§ III. *Nulla autem unitas vel trinitas,* etc., *explicat arcanum illud.* Nota cum Maimele Calecta in libro *De Trinitate,* imagines, quas Patres excogitarunt ad assimilandum eas utcunque Trinitati. Gregorius Nazianzenus cum oculo fontis, et fonte, et flavio comparat ; item cum sole, radio, lumine ; item cum mente, ἐνθυμήσει, id est consideratione, animo, in quibus non est divisio vel sectio ; ite n enim triplici sole et una luminis commistione. Gregorius Nyssenus in lib. *De Trinitate* hæc tria dicit esse in nobis, quæ sunt νοῦς, λόγος, πνεῦμα. « Mens, inquit, parit rationem, ratio movet mentem, et neque mens sine ratione est, neque ratio sine mente; similiter sine spiritu, qui est in nobis, non erit ex mente. Hæc, inquit, sunt æqualia, et separari a se invicem non possunt. Sic, inquit, intelligendum est in Trinitate. » Alii cum fonte, fluvio et lacu ; cum igne, flamma et lumine. Cyrillus cum radice, ramo et fructu ; idem cum digito, manu et brachio ; et alias cum rosa, flore et odore. In his omnibus reperiuntur quædam inseparabilia a se mutuo, quæ assumuntur, ad declarandum utcunque esse tres Personas inseparabiles, proprietatibus distinctas, et unius substantiæ, ita ut ab alio sumatur τὸ ἀχώριστον, id est *inseparabilitas* Personarum, ab alio τὸ ὁμοούσιον, id est *consubstantialitas.*

PARAPHRASIS PACHYMERÆ.

§ I. Transit ad caput illud, quod potissimum est de perfecto et uno. Quomodo vero potissimum ? quoniam aliæ quidem Dei denominationes de una re quapiam seorsum dicebantur, perfectio vero copulatur ; quoniam causa omnium prædicatur, nullo effectu deficiente, qui non ab hac denominetur : ubi autem nihil deficit, perfectio jam omnino exsistit. Et rursum simul omnia dicitur, et non hoc quidem prius, alterum vero posterius ; vel hoc quidem magis, alterum vero minus ; vel hoc quidem tempore longiori, et perseverantius, illud vero breviori et obiter ; omnia enim æqualiter ab ipso distant, sive angelum dixeris, sive formicam, sicut æqualiter ab infinito distant mille et decem. Itaque non potest ab aliquo effectu causa dici, vel si ab aliquo etiam ab omnibus. Unde si simul omnia dicantur de Deo, jam apparet etiam illud unum : nisi enim quo ad hoc unitas illa emineret, utique simul etiam rebus omnibus non conveniret. Cum itaque Deus perfectus dicatur, non solum tanquam uniformiter a se et per se definitus (hæc enim est perfecti definitio : Quod a se ipso, et non extrinsecus, et per se, et non per accidens, uniformiter, sive, ut hoc modo quis accipiat, similiter et identice definitur), quinimo, tanquam plus quam perfectum, secundum **533** rationem, in divinis nominibus assignatam, quoniam ex effectis auctor denominatur, quamvis etiam supra illos sit, et per excessum nominetur plus quam bonus, plus quam essentia. Cæterum ab effectuum rerumque perfectione Deus quoque supraquam perfectus prædicatur : ipse enim sui ipsius et finis et locus est, nihilque supra Deum extenditur, quin etiam ipsemet infinita definit. Nam sæcula quæ sunt infinita (neque enim finem habent) ipsemet infinita magnitudine excedens multiplici sua infinitate complectitur : et omnem vitam termini expertem, ut in intellectilibus : non enim his vita terminatur ut in hominibus, sed immortales creati sunt, Deus vero in supereterna propria æternitate terminatur.

§ II. Aliter etiam perfectus dicitur, tanquam neque auctus neque imminutus ; neque enim augmentum nec diminutionem admittit quod etiam perfectionis est in eo quod perfectionem habet. Item, quia omnia quæ perfecta sunt perficit secundum unam incessantem et eamdem elargitionem. Quod itaque unice et non divise perficit et non minuitur, plenum erit et supraquam plenum. Unum vero dicitur, quoniam secundum unum quid omnia unita sunt causæ, et hæc rursum omnibus secundum unum eminet ; nihil enim est in rebus quod unius non sit particeps, sed sicut omnis numerus participat unitatem, et unus binarius denariusque dicitur ; et si par.is memineris, dices unam dimidiam, et unam tertiam, et unam decimam, et sic deinceps, ita etiam omnia, et omnis pars omnium, participant unum ; et hoc ipso quo est unum illud, omnia sunt ; sicut hoc ipso quo est unitas, omnes numeri exsistunt, et hoc unum non est unum multorum. Deus enim unus est, sicuti et simplex, et indivisus, et expers differentiæ specificæ et ab omnibus affectionibus et accidentibus alienus. Hoc ipsum porro unum aliud sive majus sive minus effingit, illud enim supra hæc exsistit, atque insuper ut principium, tam ipsam unitatem quam multitudinem definit : in Deo enim sunt omnes unus tam qui ante fuerunt quam qui futuri sunt ; non enim ibi aliud quidem præteritum, aliud vero futurum, cujus participatione tam unum hoc multa definiat, licet diversimode, et nec est ullus modus, secundum quem multa non in uno comprehendantur. Quæ enim multa **534** sunt partibus, sunt unum toto, ut corpus ; quæ multa sunt accidentibus sunt unum subjecto, ut homo ; et quæ multa sunt numero, sicut Petrus et Paulus, sunt unum specie, uterque enim homo est. Quæ porro etiam multa sunt virtutibus, verbi gratia, carbo, lux, flamma, sunt unum forma ; ignis enim omnia : et quæ multa sunt processionibus, et consiliis vel operibus, sunt unum causa, unus enim ex quo consilia vel opera, et nihil est in rebus quod non aliquo modo particeps sit unius. Unum dico illud, quod omnia participant, quod secundum omnia et integre unitate sua omnia etiam tota, omnia etiam contraria complectitur. Quomodo autem unum hoc omnia complexum sit, postea dicetur quando præconceptum illud unum demonstrabit. Cæterum omnia dicuntur, quando species et partes et differentiæ unius accipiuntur; totum vero, quando partes collectæ unum integrum efficiunt, verbi gratia, hominem, partes hominis corporeæ, vel partes ejus essentiæ, ut rationale et mortale. Rursum, omnia etiam contraria, verbi gratia, quodlibet elementum seorsum. Et rursum in eodem contraria, quando in aliquo subjecto conspiciuntur, omnia enim ex contrariis elementis constituuntur. Illud autem, ὑποθετό τις, aliquis suppoxat, in aliis quidem secundum hypothesin sive suppositionem accipitur; etiam in iis quæ re ipsa non exsistunt, sed ratione finguntur; hic vero non sic accipiendum est, sed hoc verbo mentis applicandum propter creationis ex uno Deo identitatem, et quia totum in partibus consideratur, et partes in toto.

§ III. Superius quidem dixit, unum anticipare universa, modo autem illud confirmans ait : Nisi enim prius intelligatur unitas, verbi gratia, species hominum, sive natura, nemo dixerit, homines inter se conjunctos esse secundum eamdem naturæ rationem. Dicimus itaque, illa quæ conjuncta sunt, uniri secundum cujusque speciem præconceptam. Et rursum, species et multa ad unum genus reducta, describunt unum elementum aliquod, et principium illius generis cujus species exsistunt; verbi gratia equi, boves, homines, ad unum quodammodo animal reducuntur. Hoc autem dicit, non quod illa ante multa constituatur, ut Plato asserebat, ideam, inquam; sed quod in multis, etiam post multa, potius quis concipiens, ex **535** his unum aliquod multorum elementorum componat; noster enim conceptus dum multa in unam colligit naturam, quod utique fit post multa, tum istiusmodi unam naturam quasi unitam apprehendit, et hanc ita post multa contractam concipit pro multis, tanquam multorum constitutivam et complexivam. Si itaque unum tollatur, neque totum, neque pars exsistet, quæ utique etiam unite denominatur; his autem sublatis, nulla res exsistet. Unum ergo est omnia uniformiter, id est secundum unam et eamdem rationem; neque enim aliter totum et aliter pars quid unum dicitur, neque aliter hoc et aliter illud anticipavit, sed ne quis hinc opinaretur ideam quamdam ante multa, addit *comprehendit*, quod quodammodo illud unum non sumendum se, sed in multis illis concipiatur. Cum itaque unum omnia complectatur, omnium vero creator sit Deus, et ex omnibus effectis ut causa nominetur, merito etiam unius nomine celebratur, quod etiam ex apostolico dicto probat, omnino, propter unitatis indivisibilitatem, unum etiam individuum et omnia in Deo contineri secundum imaginem unius; quoniam omnia etiam in ipso continentur, verumtamen tanquam in elemento et natura, in Deo vero tanquam causa efficiente, et eminenter. Voculæ autem *a qua* et *ex qua* referri debent ad *sunt* et *componuntur*; per quam vero et *in qua*, ad *manent* et *continentur*; et *ad quam* ad *complentur* et *convertuntur*, etsi Pater singillatim et simul verba collocarit. Neque quidquam reperies, quod non in uno etiam sit id quod est (sic enim per hyperbaton construi debet) et perficiatur, et conservetur, in quantum unum et divinitas superessentialiter, sicut etiam in aliis nominatur. Non absolute vero omni uno, secundum quod Deus unus et unum nuncupatur; hoc enim uno solo res exsistunt, et oportet etiam nos idcirco a multis, etiam divisis cognitionibus, ad unum, quod omnium causa est, converti quod etiam ante omne unum est, scilicet ante omnem naturam, et ante omnem multitudinem, scilicet omnem singillatim; hoc enim unum neque parvum, neque mediocre vocatur. Quin etiam, si audendum sit, neque pulchrum, neque bonum : hæc enim quodammodo affectiones sunt, et habitudines, et accidentia, ipsum vero hoc unum etiam supra hæc intelligitur; affectiones vero, ut parvum **536** et mediocre, etiam cum aliis, seu dependenter ab aliis, intelliguntur. Ergo unum illud simplex et expers affectionum, neque tanquam genus rerum ponendum (genera enim omnino dividuntur in species), neque punctum, neque proprie monas, illa enim connexionem habent cum sequentibus; hoc autem est simplicissimum. Sed neque illud unum ens aliquod statuendum est, sed entium principium, quoniam id quod est, essentia est, a verbo esse, Deus autem supraessentialis est, et supra id quod est; quo, irex etiam supra omnem terminum, et supra omnem infinitatem exsistit, et illud ipsum esse definit, et unice causa est, id est eminenter et inimitabiliter, tam omnium rerum quam totorum omnium, scilicet integrorum; et simul etiam ante omnia et supra omnia tanquam causa. Ne itaque illud *simul* quibusdam contrarium videatur iis quæ a divina Scriptura dicta sunt, quod qualibet die hoc et illud creaverit et produxerit : *simul dixit*, secundum virtutem creatoris; poterat etiam in momento temporis omnia producere, quemadmodum quoque magnus Chrysostomus de hac re sentit. Et supra ipsum unum Deus est, ut qui supra omnia eminet, et omne ens quid unum definit; nam id quod est unum, numeri manifestationem habet, cum alicui rei apponitur. Ergo unum in rebus, id est creaturis, positum, secundum numeri rationem ponitur; et idcirco quod unum est, ad numerum spectare dicit, sive id quod sub numerum cadit, unum est per oppositionem duorum vel trium. Talis autem numerus omnino aliquam substantiam participat; unum autem supersubstantiale secundum se quoque simplicissimum exsistit. Mirabiliter itaque numerorum naturam investigans subdit, divinitatem, quæ omnia superat, sive monas sive trias prædicetur, neque monadem qua monadem, neque triadem qua triadem, neque a nobis, neque ab aliis per numeros cognosci, sed supra omnem mentem et esse et nominari Deum: dicendo enim quod non est, intelligimus quid sit Deus. Ne igitur simpliciter audias illud, neque monas neque trias, sed illud, *non est*, construe cum διεγνωσμένη seu voce *cognita*, sermo enim non vult condemnare quæ ita pro confesso habentur, sed Deum esse ininvestigabilem docet. Illud itaque, *supraquam unitum*, ait significari ex nomine **537** unitatis, divinam vero fecunditatem ex nomine trinitatis; ut enim adoranda ineffabilium Personarum manifestatio repræsentaretur, numerus excogitatus est, sicut divi Basilius et Gregorius aiunt. Patrem autem secundum appellavit, tanquam adorandi Filii genitorem, et simul cum ipso adorandi Spiritus sancti fontem, ac principium et causam. Fecunditas autem unitasve, aut aliud aliquod nomen, hominibus aut etiam ipsismet intellectilibus virtutibus notum, non posset clare exhibere Dei abscondita prout sunt. Quomodo enim Deus, qui nihil rerum est, sed supra res omnes, ex re aliqua nomen accipere possit? Et quid dico de aliis nominibus, cum etiam ipsummet augustissimum nomen bonitatis non sit proprie Deo proprium? Theologi enim, ut aliquid omnino intelligerent et de Deo dicerent, ipsius desiderio correpti, nomen bonitatis Deo imposuerunt, quamvis proprie Deus sit supra bonitatem, et supra essentiam. Ἀποφάσεις vero, sive negationes et privationes, in Deo non simpliciter a theologis dicuntur; non enim sicut dicuntur ita intelliguntur, sed modo transcendentali considerantur. Nam immortalis, et invisibilis, et nullius indigus, et similia, nemo, qui compos sit sapientiæ, modo vulgari accipiet, sed a rebus quæ significantur recedens, ad tacitas et diviniores cogitationes, suscipiet; propter quod etiam intellectiles Dei denominationes deinceps recte ipsas appellat. Nam anima ubi corporeis omnibus sensibus et rebus mundanis se abdicarit (has enim familiares vocat), tantum purissimæ Dei cognitioni, quantum naturæ humanæ licet, conjungitur, sicut Apostolus insinuat, dicens: *Et sic semper cum Domino erimus* [a]; et iterum: *Videmus nunc per speculum et in ænigmate, tunc autem facie ad faciem videbimus* [b].

§ IV. Hæc nos divina nomina, quoad licuit, explicuimus, videlicet non sublimius, sed secundum litteram humilius tradidimus non solum angelis, nam infimus etiam horum major est omnibus Ecclesiæ theologis; non solum theologis, inquit, consodalibus et quasi discipulis, et ascetis, qui scilicet divinas illustrationes exercitio, et non per visiones, acceperunt, ut apostoli. Non solum itaque his simplicius et humilius diximus, verum etiam ipsismet æqualibus nostris. Hæc vero, et quæ sequuntur, ut sanctum decet, hic Pater dixit studio modestiæ. Itaque, **538** si quidem recte quid conjecimus, gratia sit Deo bonorum omnium auctori, qui dedit ut diceremus, et bene diceremus. Si quid itaque recte diximus, vel adhuc docemus, et si quid eorum, quæ his æquivalent, nominum divinorum in Scripturis reperiatur, oportet etiam hæc secundum easdem explicandi rationes subintelligere. Sin vero hæc minus recte se habeant, atque adeo a veritate vel omnino vel ex parte aberravimus, erit humanitatis tuæ, divine Timothee, corrigere non sponte ignorantem, et discere cupientem, et infirmitatem meam adjuvare, curareque nolentem ægrotare. Atque item tuæ humanitatis erit, ea quæ a te ipso habes, vel ab altero didicisti, omnia autem a Deo accepisti, in nos etiam derivare. Neque pigeat ex parte etiam hoc nos beneficio afficere, cum et nos, si quid cognovimus, non intra nos continuimus, verum etiam communicavimus, et communicabimus, prout habemus et proferre possumus, ac vos audire. Hoc enim proprium est humanitatis, ut in nulla re sanctorum traditionem violemus, nisi forte vel ad intelligendum vel ad eloquendum imbecilliores exsistimus. Sed hæc quidem, ut Deo placet, sic habeant, et dicta sint, quæ a nobis dicenda erant. Modo vero finis sit hujus operis, et ad aliud transeamus. Observa autem, ipsum dicere *Symbolicam theologiam*, quæ hactenus non prodiit. Quod si velis differentiam nosse theologicæ informationis et symbolicæ theologiæ, lege caput tertium sermonis *De mystica theologia*, de quo etiam nos, Deo dante, suo tempore dicemus.

[a] I Thess. IV, 16. [b] I Cor. XIII, 12.

SANCTI DIONYSII AREOPAGITÆ

DE

MYSTICA THEOLOGIA

AD TIMOTHEUM

Interprete Balthasare Corderio, Societatis Jesu doctore theologo.

CAPUT PRIMUM.

Quænam sit divina caligo.

SYNOPSIS CAPITIS.

1. Invocata SS. Trinitate, docet, ad mysticam contemplationem, nostri rerumque omnium abdicatione assurgendum esse. II. Ostendit quomodo in divinis procedendum sit per affirmationes et negationes. III. Quæ sit compendiosa et prolixa theologia. Quæ item caligo sit, et quomodo ad eam ingrediendum.

§ I. Trinitas supernaturalis, et supraquam divina et supraquam bona theosophiæ Christianorum præses, dirige nos ad mysticorum oraculorum plus quam indemonstrabile, et plus quam lucens et summum fastigium, ubi simplicia, et absoluta, et immutabilia theologiæ mysteria, aperiuntur in caligine plus quam lucente silentii arcana docentis, quæ in obscuritate tenebricosissima plus quam clarissime superlucet, et in omnimoda intangibilitate atque invisibilitate, præpulchris splendoribus mentes oculis captas superadimplet. Hæc quidem mea sint vota; tu vero, chare Timothee, in mysticis contemplationibus, intenta exercitatione, et sensus relinque, et intellectuales operationes, et sensibilia, et intelligibilia omnia, et ea quæ sunt et quæ non sunt universa, ut ad unionem ejus, qui supra essentiam et scientiam est, quantum fas est, indemonstrabiliter assurgas; siquidem per liberam et absolutam, et puram tui ipsius a rebus omnibus avocationem, ad supernaturalem illum caliginis divinæ radium, detractis omnibus et a cunctis expeditus, eveheris.

§ II. Hæc autem vide, ne quis audiat rudiorum; istos dico, qui rebus (naturalibus) adhærescunt, et nihil ultra naturalia supernaturaliter esse imaginantur, quinimo arbitrantur sua cognitione nosse eum, *qui posuit tenebras latibulum suum* p. Quod si supra captum horum sint divinorum mysteriorum institutiones; quid dixerit quis de illis qui magis rudes sunt, qui summam causam omnium, ex iis quæ in natura rerum extrema sunt designant, nihilque aiunt eam antecellere impiis multarum formarum imaginibus, quas ipsi fingunt, cum oporteret in ea, ut omnium causa, omnes entium affirmationes statuere ac de ea affirmare; quin illas ipsas omnes de ea magis proprie negare, tanquam supra omnia superexsistente, nec existimare negationes affirmationibus esse contrarias, sed ipsam multo priorem et superiorem privationibus esse supra omnem et ablationem, et positionem.

§ III. Hac utique ratione divus Bartholomæus ait et copiosam esse theologiam, et minimam, atque Evangelium amplum et magnum, et rursus concisum. Illud, ut mihi videtur, eximie intelligens, quod benigna omnium causa sit et multiloqua, et breviloqua simul atque nullius sermonis, utpote cujus neque dictio neque intelligentia sit, quia cunctis creatis superessentialiter supereminet, et absque operimentis ac vere ostenditur solis iis, qui cuncta quæ impura, quæque pura sunt, pertranseunt, omnemque omnium sanctorum fastigiorum ascensum transcendunt, et omnia divina lumina, et sonos, et sermones cœlestes relinquunt, et in caliginem absorbentur, ubi vere est, sicut ait Scriptura, qui est ultra omnia. Non enim temere divinus Moyses expiari primum ipse jubetur, ac deinde a non expiatis segregari, et post omnem expiationem audit multisonas tubas, cernitque multa lumina, puros ac multiplices radios jacentia: postmodum a multitudine separatur, et cum electis sacerdotibus ad summum fastigium divinorum ascensuum per-

---

p Psal. xvii, 13.

tingit ⁹. Sed hactenus nondum versatur cum ipso Deo, nec eum videt (inaspectabilis enim est), sed locum ubi stetit ʳ. Hoc autem existimo significare, divinissima et summa eorum quæ cernuntur et intelliguntur, rationes quasdam esse quæ subjiciant menti illa, quæ sunt subjecta ei, qui universis antecellit; quibus præsentia ipsius, quæ omnem cogitationem mentis vincit declaratur, insistens tanquam in vestigiis summis intellectibilibus locorum ejus sanctissimorum; ac tunc ab iis ipsis quæ videntur, et ab iis quæ vident, absolutus et expeditus, in caliginem vere mysticam incognoscibilitatis ingreditur, in qua omnes scientificas apprehensiones excludit, et in omnimode intactili et invisibili hæret, totus exsistens ipsius qui est ultra omnia; neque ullius, neque suus, neque alterius, cum eo autem qui est penitus incognoscibilis, per vacationem omnis cognitionis, secundum meliorem partem copulatus, et eo ipso quod nihil cognoscit, supra mentem cognoscens.

ADNOTATIONES CORDERII.

Cum theologia mystica (ut Isagoges cap. 11, ostendimus) sit ordinis supernaturalis, et naturalem captum penitus transcendentis, S. Dionysius sacrosancte, uti par est, ad eamdem se comparat per orationem, et sanctissimæ Trinitatis invocationem; sciebat quippe vir sanctissimus, theologiæ hujus disciplinam marte conatuve proprio minime acquiri, nedum tradi posse; sed summo ac singulari supremi Numinis beneficio acceptam referri, atque ex ejusdem instinctu atque inspiratione tractari, solisque tanti doni caparibus communicari debere. Quapropter non, sicut in aliis theologiæ partibus fieri assolet, simpliciter lumen aliquod, quo illustretur, expostulat; sed illam ipsammet theologiæ ipsius mysticæ gratiam maximeque insignem prærogativam, qua ad supremum ejus apicem perducatur. Id enim discriminis intercedit inter hanc et alias theologicas disciplinas, quod in aliis minime necessarium sit eorum quæ tractantur experimentum, seu ipsa possessio, sed tantum lumen aliquod, quo intellectus naturam proprietatesque objecti suo modo agnoscat ac perscrutetur; ut mystica theologia, ipsa intra se objectum suum intime complectitur, Deum videlicet, atque intima cum Deo unione subsistit ac completur, quæ pura et ardenti in Deum conversione obtinetur, quam non nisi divina gratia præstare potest. Hanc ergo cum Deo conjunctionem in ipso hujus libri limine sibi apprecatur, nec non precando simul huic operi præfatur. Ubi observandum est, deprecatoriam hancce præfationem, totius hujus libelli epitomen complecti, et subobscuram esse, prout rei obscuræ summam decet. Cæterum quæ hic obscure ac strictim indicat, toto deinceps libello nonnihil fusius extendit, atque particularius exponit.

Recte autem observat Pachymeres, præfatiunculam hanc precatoriam, ut in mystico instituto est, modo mystico terminisque mysticis esse compositam, nempe ex verbis compositis per ὑπέρ, quæ quasi propria quædam mysticæ theologiæ formulæ exsistunt. Unde statim in exordio SS. Trinitatem invocans, non quid ipsa sit, sed quid non sit, vel potius supra quæ sit exponit, dicens:

542 § 1. Trinitas supernaturalis, etc. Nota Trinitatem non vocari supernaturalem, quasi sit supra naturam Dei, cum illi essentiale et maxime naturale sit, esse secundum, et unam eamdemque in tribus distinctis Personis exsistere; sed dicitur supernaturalis respectu nostri et angelorum, omnisque substantiæ creatæ, quia nullis naturæ viribus attingi, nec ex ulla notione naturaliter, sine Dei revelatione cognosci ullo modo potest, uti S. Thomas parte 1, quæst. 32, articulo 1, et seq. docet. Similiter dicitur *supraquam divina*, *supraquam bona*, id est supra divinitatem et supra bonitatem quovis creato intellectu conceptibilem. Dicitur autem SS. Trinitas *theosophiæ Christianorum præses*, quia soli Christiani mysterium Trinitatis atque individuæ unitatis agnoscunt per fidem, et venerantur in cultu per religionem, quæ divina prorsus sapientia est, et vita æterna, de qua Christus ipse dicit: *Hæc est autem vita æterna, ut cognoscant te, solum Deum verum, et quem misisti Jesum Christum* ˢ. Nunc quidem hoc Christiani assequuntur in fide, quasi in semine, postmodum autem in gloria, tanquam in fructu, quo beati plene satiamur. Pulchre ad hoc propositum Gregorius theologus in Oratione *De constituendis episcopis*, « Si, inquit, consequi possem, ut hic perfectam universorum scientiam haberem, quid mihi reliquum esset? quid sperarem? Regnum cœlorum plane, dicimus es. Arbitror autem, nihil aliud esse hoc, quam adipisci quod purissimum et perfectissimum est. Perfectius autem ex omnibus quæ sunt, cognitio Dei est. Sed hanc quidem partim tenemus, partim vero pergamus ut comprehendamus, quandiu super terram sumus; partim in futurum reservemus, ut illinc hunc fructum laboris habeamus, splendorem scilicet totius sanctæ Trinitatis, quicunque est, et qualis, et quantus, si fas est dicere. » Hanc ergo sanctam Trinitatem invocans ait: *Dirige nos ad mysticorum oraculorum plus quam indemonstrabile, et plus quam lucens, ac summum fastigium*. Merito sane divinam petit directionem, cum mystica theologia sit ordinis naturam transcendentis, utpote ad quam non humana industria, sed sola dignatione divina pervenitur. Igitur *non volentis neque currentis, sed miserentis est Dei* ᵗ. Atque adeo perquam docte vocat *plusquam indemonstrabile, et plus quam lucens fastigium* ejus; siquidem nulla ratiocinatione aut demonstratione (quæ, secundum philosophum scientiam parit) in ejus notionem devenitur, sed solo fidei lumine supernaturali, aut peculiari revelatione. Quare sanctam Trinitatem (quæ mysticæ theologiæ summum est fastigium) significanter Græce ὑπεράγνωστον appellat, quia quid ipsa sit, non solum ita est indemonstrabile et ignotum, sicut nos intelligere possumus in creaturis aliquid esse ignotum, sed est plus quam indemonstrabile, et supraquam ignotum; quia non possumus naturaliter videre Deum, nec ex ullis creaturis possumus haurire ullam cognitionem, quæ mysterium sanctissimæ Trinitatis nobis declaret, cum econtra omnis cognitio, quam habemus ex creaturis, videatur potius ostendere, hoc mysterium esse impossibile. Quare etsi hoc mysterium non sit contra rationem (ut aliqui falso dixerunt; quia quidquid veritati contrariatur, non debet dici ratio, sed error); est tamen supra omnem rationem naturalem, ita ut, seclusa revelatione, nunquam possit nobis, tanquam positive probabile, venire in mentem, hoc mysterium esse possibile, quia nihil est unde eam cognitionem possimus concipere, uti passim theologi in parte 1, quæst. 32, docent. Simul tamen recte dicitur hoc mysterium *supraquam lucens*; quia ubi lumen rationis cæcutit et deficit, ibi lumen fidei acutius rutilat credendo, quam quælibet logica vel mathematica ratiocinatio demonstrando, quippe lumen supernaturale

---

⁹ Exod. XIX. ʳ Exod. XXXIII. ˢ Joan. XVII, 3. ᵗ Rom. IX, 16.

atque infallibile, quod falli non potest, nec fallere; unde licet nulla in pariat evidentiam, habet tamen certitudinem qualibet evidentia majorem. Possunt hæc etiam de illa revelatione accipi, quæ claritatem habeat ex revelante, *ubi simplicia et absoluta*, id est, ea quæ unde sicuti sunt, sine symbolicis integumentis, et sine parabolis, ac sine verbis, quæ explicatione indigent, intelliguntur et videntur, Deo aperiente mysteria, quæ sic ostensa et revelata, non possunt postea sermone exprimi, sicut S. Paulus Dionysii institutor, de hujusmodi visione ac revelatione mysteriorum simplici et absoluta, id est nuda et aperta, remotis symbolis et verbis explicatione indigentibus, in raptu illo suo scripsit : *Quæ non licet*, inquit, *homini loqui* ᵘ; ad hoc enim videtur Dionysius retulisse quod hic dixit, *in caligine plus quam lucente silentii arcana docentis.* Caliginem vocavit, quæ Paulus, ἄρρητα, id est *arcana*; hæc enim obscurissima, et quæ explicari non possunt (sicut neque videri potest caligo, neque quæ caligine obtecta sunt) vidit, et cognovit Paulus in luce clarissimæ revelationis sine ullis symbolis. Illud etiam observandum est (ne quis interpretationem temere reprehendat, quod vertimus, *aperiuntur in caligine*) male legi in exemplaribus hactenus editis ἐγκαλύπτεται, id est *teguntur*, cum melius repererit Turrianus noster in exemplari ms. quod Cyparissiotus habuit, ἐκκαλύπτεται, id est *deteguntur*. Cui etiam lectioni astipulatur ms. exemplar Cæsareum. Possit etiam non incongrue per caliginem intelligi fides, quæ est *sperandarum substantia rerum, argumentum non apparentium* ᵛ. Siquidem in illa, propter **543** obscuritatem ejus, tanquam in *caligine*, sed propter supernaturalem quam ex divino testimonio participat certitudinem, *supraquam lucente*, supra omnem naturalem demonstrationem, *silentium*, quoddam reperitur arcanæ seu mysticæ *doctrinæ*, quæ non est *in persuasibilibus humanæ sapientiæ verbis, sed in ostensione spiritus et virtutis, ut fides nostra non sit in sapientia hominum, sed in virtute Dei* ˣ. *Quæ in obscuritate tenebricosissima*, propter inevidentiam rerum credendarum, *plus quam clarissime*, propter evidentiam credibilitatis, quam pariunt notæ fidei; *superlucet* supra omnem scientificam demonstrationem, propter divinam revelationem, cui assensus fidei immediate innititur, et exinde certitudinem sortitur (utpote supernaturalem) qualibet naturali scientia magis infallibilem. *Et in omnimoda intangibilitate atque invisibilitate* mysteriorum omnem tactum et visum effugientium *præpulchris splendoribus* luminis divini, *mentis oculis captas*, id est, secundum Apostolum, *in captivitatem redigentes omnem intellectum in obsequium Christi* ʸ. *Superadimplet* omni gaudio et puce in *credendo* ᶻ, ut possint *comprehendere cum omnibus sanctis, quæ sit latitudo et longitudo, et sublimitas, et profundum* : *scire etiam supereminentem scientiæ claritatem Christi, ut impleantur in omnem plenitudinem Dei* ᵃ. *Hæc quidem*, inquit, *mea sunt vota*, hoc est quod opto, quod desidero. Deinceps Timotheum ad mysticam contemplationem informans ait : *Tu vero, chare Timothee, in mysticis rerum divinarum atque cœlestium contemplationibus*, non segni et remissa, sed diligenti et *intenta exercitatione* te excolas oportet : et ideo *sensus relinque*, qui, utpote animales, non capiunt ea quæ sunt spiritus ᵇ; et *intellectuales operationes*, scilicet, quas intellectus agens a rebus sensibilibus abstractis speciebus, in intellectu patiente naturaliter efformat; et *sensibilia* omnium sensuum objecta, et *intelligibilia* omnia principia scientiarum naturalium ac ratiocinationum, *et ea quæ sunt*, id est rerum essentias, quæ quod invariabiles sint, a philosophis proprie dicuntur esse; et *ea quæ non sunt universa*, id est omnes res temporales, quæ propter continuam mutationem dicebantur a philosophis non esse. *Ut ad unionem*, quæ per charitatem fit et gratiam *ejus qui supra essentiam est*, ut auctor essentiæ, qualibet conceptibili a nobis essentia sublimior, et supra omnem notionem notionis designatricem existens, *quantum* per gratiam *fas est*, per fidem, *indemonstrabiliter* sine notione ulla naturali, supernaturaliter *assurgas*. Nam fides, cui nulla demonstratio vel naturalis notio suffragatur, primus gradus est quo ascendimus ad charitatem, qua cum Deo conjungimur et unimur. Siquidem *per liberam*, id est voluntariam, *et absolutam*, id est nulli creaturæ adhærescentem, *et puram*, id est sinceram, *tui ipsius*, animæ scilicet et affectionum corporis, *a rebus omnibus creatis*, sive sensibilibus sive intellectibus *avocationem*, Græce ἐκστάσει, id est per exstasin seu excessum quemdam amoris, et mentis abstractionem, *atque omnium abnegationem, ad supernaturalem illam*, ad quem naturalis omnis intuitus obstupescit, *caliginis divinæ radium*, ubi per fidem Deus apprehenditur, et per dilectionem animæ unitur, *detractis omnibus*, tam sensuum quam ratiocinationum ambagibus, *et a cunctis* impedimentis *expeditus eveheris*, et anagogice sublimaberis.

Ubi nota, quomodo dicat ἀγνώστως, id est *indemonstrabiliter*, absque notione naturali, ad divinam unionem assurgendum esse. Non enim curiose inquirendum est, nec demonstrari potest quomodo fiat ista cognitio mysticæ theologiæ per copulationem cum Deo, relicta omni alia cognitione rerum, id quod Paulus apostolus significavit, cum dixit de illa sua cum Deo copulatione, in qua mysteria illa arcana vidit : *Sive in corpore, sive extra corpus, nescio; Deus scit* ᶜ. Nescio, inquit, id est non curiose inquiro, nec demonstrare valeo, satis mihi est vidisse et audisse arcana illa verba, etc. Lessius in Præfatione libri *De perfectionibus divinis*, ait Dionysium hic agere de modo illo contemplandi , in quo consideratis accurate perfectionibus divinis, quatenus ad certam speciem limitatæ, ac inter se distincte offeruntur, mens assurgit ad aliquid sublimius et illimitatum, omnibus istis infinite præstantius, illique ignoto modo se contemplatione et amore conjungit. Hersenius ad hunc locum, per caliginem intelligit hic sub ratione lucis increatæ et inaccessibilis in animæ essentiam illapsum, qui ipsam illa inaccessibili luce perfundat atque absorbeat; vel certe illam supremam conjunctionem, qua anima supra omnes potentias sensitivas et intellectuales, supra omnes sensus aut mentis operationes immediate inhæret Deo per intimam transfusionem (ut ita loquar) essentiæ Dei, quæ lux infinita est, in essentiam animæ; per quam nimirum speciali modo anima Dei sedes constituatur, aut etiam Deus animæ dicatur. Caliginem autem vocat duplici de causa : Prima, quod Deum caliginem inhabitare Scriptura perhibeat. *Nubes et caligo in circuitu ejus* ᵈ ; et alibi : *Posuit tenebras latibulum suum* ᵉ. Quin et Chaldaicæ, Ægyptiacæ, et Pythagoricæ theologiæ mysticæ studiosis Deus quoque caligo est et habetur non quod ullas tenebras in se admittat (*Deus enim lux est, et tenebræ in eo non sunt ullæ* ᶠ) : sed potius quia suapte natura lux est infinita et inaccessibilis. Hoc, ut observat Cresollus noster, lib. III *Mystagogi*, **544** cap. 9, sapientes omnium temporum sacri et profani viderunt, qui clarissimo testimonio sunt professi, nimium quantum esse difficile Deum invenire, ut ex Platone prodit Lactantius lib. I *Institut.*, cap. 8, indicari autem in vulgus et explicari nulla ratione posse. Quod Hebræi significare cupientes, nomen Dei aiunt esse ἄρρητον, ἀνεκφώνητον, inexplicabile, dici et nominari non posse, a quibus opinor capientes Ægyptii, principem Deum suum nuncupavere Amun, quem Græci Latinique dicant Ammonem, quod nomen ait Manethos significare *occultum* sive *occultationem*.

ᵘ II Cor. XII, 4. ᵛ Heb. XI, 1. ˣ I Cor. II, 4. ʸ I Cor. X, 5. ᶻ Rom. XV, 13. ᵃ Ephes. III, 18. ᵇ I Cor. II, 14. ᶜ II Cor. XII, 3. ᵈ Psal. XCVI, 2. ᵉ Psal. XVII, 12. ᶠ I Joan. I, 5.

Hinc Saitæ inter illos sapientiæ nomine celebrati, in propylæo templi Minervæ nobilem illam inscriptionem posuerant : *Meum peplum nemo unquam mortalium detexit.* Justinus Martyr, *Adhortatione ad gentes,* ait Æmonem philosophum ea causa Deum nominasse πάγκρυφον, *prorsus occultum.* Unde factum, ut omnes sancti Patres cum D. Damasceno, lib. 1 *De fide,* cap. 13, communi animorum consensione Deum vocent ἀκατάληπτον, *incomprehensibilem.*

Secunda ratio est, quod unio hujusmodi cognitionis seu intellectionis (quæ Dionysio *lux* est) in seipsa expers sit, utpote supra omnem affirmationem et negationem exsistens, non omnem cognitionem, tum in sensu tum in intellectu impediens, pro eo tempore quo est, uti in fine capitis hujus docet. Vocat tamen ὑπερφαῆ, *plus quam lucentem,* ne quis existimet meram esse obscuritatem, sed revera potius lucem maximam, et superplendidam, id est quæ maximo, et supra quam cogitari possit splendore animam impleat; quæ tamen lux ob nimium sui splendorem mentis aciem ac lumen hebetet atque obscuret; non secus ac solis splendor pupillis imbecillioribus lumen visumque aufert, quin et noctuæ oculis nox est, et caligo. Deus enim cum lux perfectissima sit, ubi amplius et efficacius se menti nostræ expandit atque aperit, magis eumdem præpotenti splendore suo offuscat et obstupefacit, ut ultra nil videat, juxta illud : *Mirabilis facta est scientia tua ex me, confortata est, et non potero ad eam* [g].

Aliam rationem affert Marsilius Ficinus, vultque caliginem dici, quatenus animus per negationes quasdam hucusque processit, negando videlicet Deum esse hanc aut istam, aut illam rem ; lumen vero vocari, quia non aliter de Deo, quam ita negando perspicuam consequimur veritatem. Et huic proposito locum Psalmi ejusdem non incongrue accommodat : *Sicut tenebræ ejus, ita et lumen ejus, et nox tanquam dies illuminabitur* [h].

Ex his omnibus (inquit ibidem Hersentius) apparet, quam apte S. Dionysius cum summa luce tenebras conjunxerit. Non enim tantum caliginem seu obscuritatem dicere debuit, nec tantum lucem maximam, quia horum unico non satis hujus divini gradus proprietatem expressisset, quapropter utrumque debuit copulare. Mox autem ubi constituit Deum hoc modo mystice in animum illapsum, vel ipsam cum Deo, qui inaccessibilis lux est, conjunctionem, supremam caliginem nuncupari, quod facultates cognitioni deditas sic obfuscaret et obtenebraret, ut nil concipere, nil eloqui possunt. Eamdem σιγῆς γνόφον, *caliginem silentii* vocat quod quasi silentium quoddam in animi facultatibus efficiat. Quin etiam posset respectu sui ipsius *caligo silentii* nuncupari ; quod nimirum uois hæc, ut ab omni cognitione, locutione, motuque libera est, ita summam pacem ac profundum silentium in se habeat. Denique silentium dicitur, quia omnem affirmationem et negationem longe multumque transcendit. Ne autem silentium istud otiosum aut inane esse videretur, lucemque obfuscando, nil lucis suscipere aut conferre putaretur, κρυφιομύστην, *arcanorum mystam,* vocat composito maxime efficaci, quod tam in activa quam in passiva significatione sumi potest. Nam et mystes dicitur cum qui sacris initiatur, et arcana sacra suscipit ac servat, tum etiam is qui sacra tradit, dicit, ac revelat ut μυσταγωγός. Utro modo accipias, præclarum sensum reddit. Si enim passive sumpseris, silentium istud arcanorum mystam esse dicit, quatenus anima ad illud silentium redacta, ipsum per se arcanum divinum in se suscipit. (Qua ratione Proclus, in suis ad Platonis Theologiam commentariis, contemplationem illustrat comparatione mystarum qui religiosis arcanis seu sacris initiantur.) Si vero active accipias, qui sensus omnibus interpretibus placuit, significat silentium istud esse rerum mysticarum veluti doctorem, initiatorem ac pædagogum. Nam in alio theologiæ genere homo divinitus inspiratus sacrorum initiator exsistit ; in hoc vero mystico, divinorum oraculorum doctor ac rector est divinum silentium, sive ipse Deus cum summa pace et silentio animæ conjunctus. Deinde in aliis theologicis institutionibus aliud est doctor, aliud id quod docetur; hic vero Deus ipse et docet et docetur; docet, inquam, prout se animæ patefacit et conjungi ; docetur autem atque agnoscitur per ipsam animæ cum divina essentia unionem seu conjunctionem, de qua regius Psaltes ait : *Gustate et videte quoniam suavis est Dominus* i. Non dixit, Videte et gustate, quod in alio contemplationis genere dicendum erat, in quo gustus seu affectus spiritualis a cognitione **545** oritur : sed *gustate et videte,* quia ab ipso Dei, prout in seipso est, gustu et experimento mystica contemplatio exsurgit. Cæterum, adverte cum eodem Hersentio (ex quo hæc attuli) S. Dionysium, ut hoc silentium arcanæ loquelæ seu interioris doctrinæ, cujus ipsemet solus Deus auctor sit, minime expers esse ostenderet, significanter κρυφιομύστην, id est *arcana docens,* appellasse. Plura de contemplatione Dei in caligine qui volet, videat apud Joannem de Jesu Maria in libello *De mystica theologia,* et apud Thomam de Jesu lib. III *Divinæ orationis,* cap. 2 et 3. Θεοδίδακτον Rusbrochium, qui σποράδην, prout Spiritus suggerebat, mirifice illam in Operibus suis explicat.

Mirum autem quid hic de caligine illa subinfert sanctus Dionysius, quo ! *in obscuritate tenebricosissima plus quam clarissime superluceat, et in omnimoda intangibilitate atque invisibilitate, præpulchris splendoribus mentes oculis captas superadimpleat.* Hoc pulchre, uti cætera, sic explicat Hersentius, ut τῷ σκοτεινοτάτῳ, *tenebricosissima,* oppositum sit τὸ ὑπερφανέστατον, *plus quam clarissimum* : et ἀοράτῳ, *invisibilitati,* ὑπέρκαλαι ἀγλαΐαι, *præpulchri splendores* respondeant. Splendores autem ipsam divinam essentiam ejusdemque proprietates interpretatur, quæ sub ratione lucis in animam illabuntur, eamque illustrant; vel etiam ipsius divinæ essentiæ, sive divinarum Personarum in seipsis cognitionem, quantum ad omnia cognosci possunt, nimirum perfecta cum ipsius unione. Splendores autem pulchritudinis nomine afficit, ea ratione qua Platonici (quorum primus Dionysius noster merito sibi vindicat, utpote Platonis non tantum sectator accuratissimus, sed Christianissimus emendator) *pulchri* nomine splendorem ac manifestationem intelligunt. Aptissime igitur Dionysius hoc loco divinis splendoribus, qui sunt ipsæmet essentiæ divinæ proprietates, pulchritudinis nomen tribuit; quippe illis, seu ipsorum in animam transfusione atque unione Deus ipse, quod est summum bonum, præstantissimo modo cognoscitur. *Præpulchros* autem seu *superpulchros* vocat, quia divinis nil pulchrius aut amabilius concipi potest. Ubi notandum, quod non splendore, sed *splendoribus* dixerit, quia scilicet Deus non uno genere pulchritudinis ac splendoris animas sibi conjunctas implet, sed multo et vario, utpote qui omnis pulchritudinis fons, abyssus et plenitudo est. Hinc in Psalmis, *Pulchritudo,* inquit, *agri mecum est* k, scilicet varia et multiplex. Uno verbo, anima sic Deo unita, infinitis quæ in ipso sunt pulchritudinibus ac splendoribus conjungitur, ipsisque illustratur, ornatur, impletur, ita ut evadat deiformis, ac sese in lucis inaccessibilis radios immittat, uti docet cap. 2 *De divinis nominibus.* Non dixit autem, superillustrat, sed *superadimplet*; nam illustrationes quidem divinæ, seu divinorum luminum in mentem diffusiones quælibet illuminant quidem, et ornant,

[g] Psal. cxxxviii, 6.   [h] Ibid., 12.   [i] Psal. xxxiii, 9.   [k] Psal. xlix, 11.

et adaugent, sed extra hunc statum et gradum non implent; solius enim Dei est animam sui capacem implere. Unde non temere inferre liceat, apicem istum mentis seu mysticum fastigium, proxime accedere ad statum beatorum, in quo Deus ita sanctorum erit plenitudo, ut etiam, teste Apostolo, futurus sit *omnia in omnibus* [1].

Cæterum ut quis sic Deo impleri possit, primum ut semetipsum ante omnia exinaniat necesse est; siquidem per liberam et absolutam (ut S. Dionysius ait) et puram sui ipsius a rebus omnibus avocationem, ad supernaturalem illum caliginis divinæ radium, detractis omnibus, et a cunctis quis evehitur. Sic enim (ut in *Speculo æternæ salutis*, cap. 8, pulchre Rusbrochius ait) suprema quidem animæ nostræ portio, nunquam non parata erit ad receptionem Dei, siquidem sit prorsus nuda, et formis seu imaginibus vacua, in suum semper principium intuens ac propendens, utpote æternum ac vividum Dei speculum, cujus essentiam ac proprietates in se jugiter repræsentat. Habet hinc animæ nostræ substantia tres quasdam proprietates, quæ tamen natura unum sunt. Prima scilicet proprietas est essentialis et imaginum expers nuditas, qua nos Patri, ejusque divinæ naturæ similes et uniti sumus. Altera proprietas, ratio superior animæ dici potest, quæ est charitatis speculum, in quo nos Dei Filium, æternam veritatem suscipimus; et in claritate quidem similes ei sumus, in susceptione autem unum cum eo sumus. Tertiam proprietatem scintillam animæ appellat quæ est animæ naturalis quædam introrsus in suam originem propensio, in qua nos Spiritum sanctum, Dei charitatem suscipimus Spiritui; et in propensione quidem sancto Spiritui similes sumus, in susceptione autem unus cum Deo spiritus, et unus amor efficimur. Tres istæ proprietates, una atque individua animæ substantia, sunt vitale fomitum, et origo virium supremarum. Hæc autem similitudo, istæque proprietates ex natura in nobis omnibus insunt; sed peccatores, in proprio ipsorum fundo, ob vitiorum crassitudinem latent. Quamobrem si regnum Dei intra nos latens, sentire atque experiri velimus, foris et intus vita virtuosa et bene ordinata præditi simus oportet, Christumque in vera charitate modis omnibus sectemur, ita ut gratia, charitas, et virtutes, in supremam nostri partem, in qua vivit regnatque Deus, nos evehere atque elevare queant. Eam enim, quæ Deus est, beatitudinem, nulla neque arte, neque subtilitate vel acumine, lumine naturali absque Dei gratia contemplari vel sentire valemus. Atque hac de causa Deus omnipotens supremas animæ vires ad sui capessendam similitudinem (puta gratiam et dona sua) condidit, quibus nos supra naturam sublevamur ac renovamur, eique per charitatem ac virtutes similes efficimur. Porro per supernaturalem hanc, quam per gratiam et virtutes acquirimus Dei similitudinem, memoria nostra in imaginibus vacuam nuditatem, intellectus in simplicem veritatem, et voluntas in divinam attollitur libertatem: sicque demum Deo per gratiam et virtutes similes evadimus, et supra similitudinem illi felicissime unimur.

§ II. *Hæc autem vide ne quis audiat rudiorum*, scilicet eorum qui religionis Christianæ vel mysticæ theologiæ mysteriis nondum sunt initiati. *Istos dico, qui rebus naturalibus adhærescunt*, materialibus penitus immersi, *et nihil ultra naturalia*, in quorum notitiam per sensibilia perveniunt, *supernaturaliter esse imaginantur*, utpote carentes fidei lumine, sine quo res ordinem naturæ transcendentes capi nequeunt. Quinimo cum abundent in sensu suo, *arbitrantur sua cognitione*, quam ex creaturis percipiunt, *nosse eum*, scilicet Deum, *qui posuit tenebras latibulum suum* [m], eo quod ejus natura nullo medio creato cognosci ullo modo possit, præsertim quatenus trinus in Personis, et unus in substantia est. *Quod si supra captum horum*, scilicet philosophorum, qui apud gentiles habebantur sapientes, *sint divinorum mysteriorum institutiones*, quæ per solam fidem apprehenduntur ex iis quæ a Deo revelata, et e Scripturis sacris, et apostolicis traditionibus accepta sunt, *quid dixerit quis de illis* profanis hominibus, *qui magis rudes sunt*, quales sunt idololatræ et vulgi plebecula, *qui summam causam omnium*, scilicet Deum universi conditorem, *ex iis quæ in natura rerum extrema sunt*, v. g. ex rebus materialibus ac sensibilibus, *designant et describunt* Deum, et rebus istis abjectis attribuunt divinitatem; *nihilque aiunt eam antecellere impiis multarum formarum imaginibus, quas ipsi fingunt* quilibet pro sua phantasia diversimode Deum effingentes. *Cum oporteret in ea*, scilicet divinitate, *ut omnium causa*, quæ omnium causatorum perfectiones eminenter et supereminenter continet, utpote transcendentaliter exempta, *ponere et affirmare*, eo nimirum modo, quo Deum decet, enuntiando de ipso, *omnes entium affirmationes*, dicendo verbi gratia, Deus est vita, Deus est bonitas, etc., *quin eas ipsas omnes de eo magis proprie negare*, dicendo v. g. Deus non est vita, non est sapientia, etc.; qualia videlicet nos mente concipimus aut imaginamur, *tanquam superexsistente supra omnia quæ* exsistunt, vel in intellectum creatum cadere possunt. *Nec exsistimare negationes affirmationibus esse contrarias*, quia non eadem, eodemque modo affirmantur et negantur; *sed ipsam multo priorem et superiorem privationibus*. Quia cum Deus sit actus purus, essentialiter exsistens, et omnes simplices perfectiones essentialiter continens, sitque per se causa rerum omnium, quocunque modo conceptibilium; ejus quidem privatio nulla vere concipi potest, et quarumcunque rerum etiam possibilium privationes, ut vere concipiantur, non nisi ipso posteriores concipi possunt. *Esse supra omnem ablationem*, id est negationem; *et positionem*, id est affirmationem, utpote omnem conceptibilem perfectionem quæ de aliquo affirmari vel negari possit, in se ipso anticipans præhabensque, idque modo infinities perfectiori quam ab ulla creatura excogitari, nedum explicari valeat.

Notandum hic primo cum Hersentio, Christianis veteribus hoc inprimis curæ fuisse, ut nihil arcanorum nostræ religionis nondum baptizatis revelarent, ut ipse Christus præcipit, non projicerent margaritas ante porcos, neque darent sanctum canibus [n]. Quod adeo sacrosancte observabant, ut ne suppliciis quidem exquisitissimis adduci potuerint, ut quidpiam mysteriorum fidei gentilium judicibus detegerent, ne scilicet nondum initiatis proposita profanarentur ac vilescerent, aut risui exponerentur. Quare mirum minime videri debet si S. Dionysius, in arcanis hisce suæ mysticæ theologiæ, quæ Christianæ religionis veluti apex sunt, silentium plus quam Harpocraticum aut Pythagoricum indicat, cum etiam in aliis Theologiæ suæ libris id obnixe commendet, ut *Ecclesiast. hier.* cap. 1 et 2; *De divinis nom.*, cap. 1, et passim alibi; quod non tantum a Christianorum disciplina hauserat, verum etiam ex Platonicorum instituto acceperat, quibus pro piaculo habebatur, Theologiæ arcana profanis propalari, ut in Epistolis suis Plato bis inculcat. Huc quoque spectat symbolum illud Pythagoræ apud Jamblichum: *Dexteram non cuivis facile injicias*, id est (ut in *Symbolis* Jamblichus explicat), *non probatis et initiatis mysteria ne detegas*. Nam, ut recte observat Maximus Tyrius, ea est humanæ mentis imprudentia, ut quæ aperta sunt, et prompta, minus veneretur; quæ vero sunt abstrusa cum admiratione accipiat. Hinc non improbabiliter aliqui conjiciunt rationem, cur hæc scripta S. Dionysii parum cognita fuerint antiquis; quod nimirum ipsemet illa occultari

---

[1] Ephes. 1, 23.   [m] Psal. XVII, 12.   [n] Matth. VII, 6.

voluerit, et solis Ecclesiæ antistitibus communicari, uti in fine cap. 1 *Ecclesiast. hier.*, Timotheo commendat, et alibi insinuat.

Notandum secundo cum Maximo, quid sit positio, quid sit ablatio. Deum, **547** inquit, omnia esse ut Deum decet, positio est; et nihil eorum esse ut supra substantiam est, negatio. Utrumque proprie dicitur in Dei amplitudine, ut, Deus est vita, Deus est bonitas, positio et affirmatio est; Deus non est vita, non est bonitas, negatio vera est, quia est supra hæc quæ nos per vitam et bonitatem intelligimus. Negationes autem in Deo affirmationibus præferendas esse, superius docuit Dionysius cap. 2 *Cœlest. hier.*, ubi etiam vide nostras Adnotationes. Ad confirmationem autem eorum quæ ibi dicta sunt, juvat intelligere quid sanctus Maximus in centuria 2 *Theol.*, cap. 59, hac de re sentiat. Qui philosophatur, inquit, de Deo aiendo, Verbum facit carnem, dum non potest aliunde, quam ex iis quæ cernimus et contrectamus, Deum cognoscere tanquam causam; qui vero neganter, auferendo philosophatur, Verbum facit spiritum, utpote quod erat in principio, et erat apud Deum; enim qui est supraquam incognitus, ex nulla penitus re earum quæ cognosci possunt, recte cognoscens. Hinc fit perspicuum, quod magis proprium sit philosophari de Deo per negationes quam per affirmationes, quatenus alterum facit Verbum spiritum, alterum facit Verbum carnem º. Ac theologia quidem affirmans vim habet comparandi, et figurandi, ac conjectandi; et hoc tantum probat, scilicet Deum esse, ex iis quæ ab ipso facta sunt; theologia vero negans demonstrat Deum esse supra omnia, ac veritatem maxime assequitur, qui dicit non esse Deum quidquam eorum quæ sunt, sed esse supra substantiam, et supra omnia. Præterea, ut supra Dionysius docuit, negationes in Deo non sunt contrariæ affirmationibus; nec enim quod affirmatio affirmat, hoc ipsum negatio negat. Quinimo sicut affirmatio non ponit quid sit Deus, sic neque negatio tollit quid sit Deus. Quod enim non ponit, quomodo tollat? Denique æque non assequitur substantiam Dei tum affirmatio, tum negatio; hoc solum differunt, quod propius accedat ad veritatem qui dicit, Deus non est hoc quod nos existimamus aut concipimus, quippe quid infinities perfectius, idque in ordine transcendentali ac supernaturali, quam ab ullo intellectu concipi aut cogitari possit.

§ III. *Hac atique ratione* D. *Bartholomæus* (unde colligitur S. Bartholomæum aliqua etiam theologica scripsisse, uti et alios apostolos verosimile est, de rebus ac quæstionibus divinis per epistolam pro occasione interrogatos, de iisdem brevi saltem scripto respondisse, et sublimissima, quæ ex ipso Deo hauserant oracula, tradidisse, quæ aliquandiu, uti solent epistolæ, asservabantur, et Catholicis communicabantur; sed postmodum temporum injuriis interciderint :) *ait et copiosam esse theologiam*, id est fusam, qua parte videlicet ex creaturis ut effectis, tanquam a posteriore, ut aiunt philosophi, in creatoris ac causæ primæ notitiam devenitur, quæ quædam pars est theologiæ demonstrantis, vel certe qua parte symbolica est, quæ teste D o: ysio cap. seq. longe fusissima exs·stit : *et minimam*, id est brevissimam, qua parte minimum mystica est, ut ibidem Dionysius explicat; vel certe quia Deus a priori indemonstrabilis est, ut causa carens. *Atque Evangelium amplum et magnum*, scilicet propter rerum quas continet amplitudinem et granditatem, *et rursus concisum* seu contractum, id est (ut ego quidem interpretor) mole quidem exiguum, sensu autem et perfectione maximum. Unde Apostolus P appellat Verbum abbreviatum, utpote continens brevissimum fidei et dilectionis praeceptum, quod pro cunctis sinuosæ legis cæremoniis successit. Ita Anselmus et Œcumenius. Vel quia continet Verbum incarnatum, ad hominis usque naturam abbreviatum et exinanitum, quod salvas fecit reliquias Israel. *Illud, ut mihi videtur, eximie intelligens, quod benigna omnium causa sit et multiloqua* : quatenus videlicet creando omnia semetipsum multis modis manifestat. Omnia namque suo modo dicunt : *Quoniam ipse fecit nos*, et *non ipsi nos* q. Atque hoc modo creaturæ sunt quasi quædam vox Dei, qua omnia pulchra testantur ipsum pulcherrimum, dulcia dulcissimum, sublimia altissimum, pura purissimum, fortia fortissimum, et sic de aliis : *Et breviloqua simul*. Quatenus nimirum uno verbo dicit omnia : *Ipse enim dixit, et facta sunt, ipse mandavit, et creata sunt* r. *Atque nullius sermonis*, quo nimirum a nobis intelligi possit quid sit, *utpote cujus neque dictio*, quæ illam quid sit exprimere possit, *neque intelligentia sit*, qua valeat comprehendi; *quia cunctis creatis*, no t simplici ratione, *sed superessentialiter*, id est supernaturaliter, *supereminet*; ita ut quantumvis intellectus creatus in suo genere perficiatur, nunquam ad quidditativam Dei cognitionem, nec ad sanctissimæ Trinitatis ullam notionem ex qua cognosci possit, perventurus sit, sine lumine ordinis supernaturalis sive gratiæ, sive gloriæ. *Et absque operimentis*, id est sine symbolis, de quibus cap. 1 *Cœlest. hierarch.*, et alibi sæpius sermo fuit. *Ac vere ostenditur*, non quidem intuitive, aut facie ad faciem, quod solius patriæ est, sed per intellectilem aliquam abstractionem, *solis iis, qui cuncta quæ impura*, scilicet materialia, *quæque pura sunt*, id est spiritalia et intellectilia, *pertranseunt*, illis minime immorando, *omnemque omnium sanctorum fastigiorum ascensum transcendunt*. Intelligit illas supremorum spirituum summitates, quas cap. 1 *Cœlest. hierarch.*, § ult., et alibi, *vertices* appellat, Græce ἀκρότητας. *Et omnio divina lumina*, scilicet qualia Moysi in rubo s, in **548** columna ignis populo Israelitico t; Moysi in monte Sinai u; Eliæ in curru igneo v, et quale in Chris.i nativitate pastores circumfulsit x, et magos in Bethlehem deduxit y, et similia. *Et bonos*, quales fuerunt dum Moyses z erat cum Domino in monte Sinai, item quales describit Ezechiel 1, 24 : *Audiebam*, inquit, *sonum alarum, quasi sonum aquarum multarum, quasi sonum sublimis Dei; cum ambularent, quasi sonus erat multitudinis, ut sonus castrorum*, et similes. *Et sermones cœlestes relinquunt*, quales v. g. fuerunt Domini ad Noe a et ad alios patres Veteris Testamenti Abraham, Isaac, et Jacob b, etc., item ad Moysem c, præsertim in monte Sinai d; et ad prophetas ut Samuelem e, cæterosque. *Et in caliginem absorbentur*, scilicet illam mysticam, de qua supra, § 1, et cap. seq., cujus figura erat illa nubes, quæ, loquente Domino cum Moyse, montem Sinai operiebat f. *Ubi vere est, sicut ait Scriptura*, Psal. xcii, 6 , *Nubes et caligo in circuitu ejus*; et Exod. 20, 31 : *Moyses accessit ad caliginem in qua erat Deus. Qui est ultra omnia*, scilicet creata. *Non enim temere divinus Moyses expiari primum ipse jubetur, ac deinde a non expiatis segregari*. Exodi enim xix legitur, quo pacto Deus, qui in caligine descensurus erat, præceperit populum sanctificari et lavari : in quo intelligere promptum est, Moysen præ cæteris lotum et expiatum ad montem accessisse. *Et post omnem expiationem, audit multisonas tubas, cernitque multa lumina, puros ac multiplices radios jacientia*. Hæc vide Exod. xix et xx fusius descripta. *Postmodum a multitudine separatur et cum electis sacerdotibus*, uno quidem aut pluribus; nam cum Aaron legitur conscendisse. *Ad summum fastigium divinorum ascensuum pertingit*, posiquam scilicet populo ter-

---

º Joan. 1, 1. P Rom. ix, 28. q Psal. xcix, 3. r Psal. xxxii, 9. s Exod. iii, 2. t Exod. xiii, 21. u Exod. xix, 18. v IV Reg. ii, 11. x Luc. ii, 9. y Matth. ii, 1. z Exod. xix, 16 et x, 18. a Gen. viii, 15. b Gen. xv, 1. c Exod. vi, 1; xiii, 1. d Exod. xix, 5. e I Reg. iii, 4. f Exod. xix,

minos in monte præfixerat, ultra quos sine periculo ascendere non poterat, quod non esset capax tantæ puritatis, neque divinæ lucis radios e propinquo sustinere posset. *Sed hactenus nondum versatur cum ipso Deo.* Hæc enim adhuc symbolica erant, et ad congressum Dei disponebant. *Nec eum videt,* scilicet ut in se est, *(inaspectabilis enim est)* scilicet omni intellectui creato, lumine gloriæ nondum elevato. Deus enim, inquit Gregorius Theologus (1), est lumen summum et inaccessum, quod neque mente comprehendi, neque oratione exprimi potest. *Sed locum ubi stetit,* scilicet aliquid creatum in quo Deus reluceat. Sicut enim in patria Deus est quasi speculum in quo relucent creaturæ, sic in via e converso creaturæ sunt speculum in quo Creator videtur; unde Apostolus, *Videmus,* inquit, *nunc per speculum, et in ænigmate* [g]. Idem: *Invisibilia Dei, per ea quæ facta sunt, intellecta conspiciuntur* [h].

Hoc autem existimo significare, divinissima et summa eorum quæ cernuntur et intelliguntur, rationes quasdam esse, quæ subjiciunt menti illa, quæ sunt subjecta ei qui universis antecellit : quibus præsentia ipsius, quæ omnem cogitationem mentis vincit, declaratur insistens, tanquam in vestigiis summis intellectilibus locorum ejus sanctissimorum. Hæc verborum præcedentium (ut recte notat Hersentius) anagogicum sensum insinuant. Scilicet, ea quæ mira, sublimia, et non usitata Deus operatur sive in sensum cadant, sive in intellectum, puta signa, miracula, aut miraculosas apparitiones, revelationes, etc., esse rationes quasdam congruas seu argumenta accommodata ad significandum, quod Deus illic, ubi ista fiunt, certam habeat præsentiam; siquidem ut se peculiariter præsentem esse alicubi demonstret, mira quædam et præter usum illic operatur. Sic in præsente proposito, ut Deus in monte se habitare Israelitis demonstraret, et populus intelligeret a Deo ipso se mandata legis accipere, nubes et fulmina et fumum prius emisit, tubas gravisonas audiri voluit; quinimo sub certa specie et figura selectis viris sese patefecit. His itaque omnibus tanquam in exemplo allatis sanctus Dionysius insinuat, Deum cognitionem prorsus omnem transcendere, ideoque supra cognitionem omnem tum sensibilem tum intellectualem quæri debere ab iis qui ad mysticæ theologiæ apicem contendunt; ita ut si quid in inferioribus contemplationis gradibus sanctum et inusitatum fecerit, ut sunt ipsius apparitiones aut revelationes, peculiarem quidem Dei præsentiam et adventum denotari intelligant, ipsum tamen ut in se est Deum minime videri sciant, quippe qui hæc omnia multum excedit. Itaque qui prodigia a Deo effecta vident, aut qui eum sub certis formis aut intellectualibus aut sensilibus sibi apparentem intuentur, non ipsum proprie vident, sed tantum locum ubi certa ratione habitat. Ad hunc igitur modum, inquit Gregorius theologus (2), de Deo philosophaberis, sis licet Moyses, et Deus Pharaonis [i]; licet usque ad tertium cœlum, ut Paulus [k], pervenias, et audias arcana verba; licet supra illos ad statum et ordinem aliquem angelorum aut archangelorum ascendas. Quamvis enim omne cœleste et aliquid supercœleste, multo excellentiore natura, quam nos sit, et Deo propinquius, et quasi locus ejus; magis tamen distat a Deo, et a perfecta ejus intelligentia, quam nostram hanc naturam compositam, et humilem, et deorsum inclinatam antecellat. Unde subdit : *At tunc ab iis quæ videntur,* scilicet speculis et ænigmatibus, *et ab iis quæ vident,* scilicet mentibus et intelligentiis, per mentis abstractionem *absolutus et expeditus,* sine notione, *in caliginem vere mysticam incognoscibilitatis ingreditur, in qua omnes scientificas apprehensiones excludit,* per omnium rerum cognoscibilium negationem, sine propria (cum hæc haberi nequeat) notione, hoc tantum intelligendo et fatendo, Deum infinities, quam ab ulla creatura concipi possit, esse perfectiorem, nec ab ullo hominum vel angelorum penitus cognosci posse (scilicet naturaliter prout in se est, per proprium conceptum). *Et sic in omnimode intactili et invisibili hæret,* per amorem qui amantem in amatum transfert, *exsistens totus ipsius qui est ultra omnia,* scilicet Dei propter plenam sui abnegationem, et a rebus omnibus abstractionem, *neque ullius neque suus, neque alterius. Cum eo autem est penitus incognoscibilis, per vacuationem omnis cognitionis, secundum meliorem partem copulatus, et eo ipso quod nihil cognoscit, supra mentem cognoscens,* id est per amorem exstaticum totus absorptus in Deum, ubi supra mentem, et sermonem, et rationem perficitur. Atque hæc conjunctio cum Deo supra mentem (inquit Cyparissiotus dec. 2, cap. 10) est ingredi per nescientiam perfectam in illud infinitum incomprehensum atque immensum pelagus naturæ divinæ, ubi omnis natura defatigata sistit se, et ulterius progredi non audet; atque a divino quodam odore, et quadam a corpore et a creaturis avocatione, in laudabilem et beatum statum transfertur, non solum admirabilius quam dici, sed quam intelligi possit ab iis qui nunquam statum hunc experti sunt.

Ex prædictis collige primo, ex citatione sancti Bartholomæi satis idoneum pro libro hoc sancto Dionysio Areopagitæ vindicando argumentum, ut qui hic diserte, uti et alibi, Divinorum nominum cap. 2, 3 et 11 testetur et profiteatur, se multas ab apostolorum ore et oraculo hausisse sententias. Nec nos morari debet (inquit Hersentius) quod quidam nostro ævo viri eruditissimi, librorum horum auctorem apostolorum tempore multo posteriorem faciant, audeantque, proh dolor! tantorum operum scriptorem, aliorum omnium (si canonicos excipias) veracissimum, modestissimum ac sanctissimum, ut ipsa ejus scripta abunde testantur, turpissimi mendacii labe infamare quasi libris suis commendationem fraude et impostura conciliare voluerit; qui tamen suo pondere atque præstantia laudem et commendationem non possunt apud omnes non adipisci. Ita autem affecti sumus, ut amplius credamus Dionysio se apostolos et vidisse et audivisse clare profitenti, quam aliis omnibus in contrarium obstrepentibus.

Collige secundo ex eadem sancti Bartholomæi sententia, ut explicat Marsilius Ficinus, mentem circa Deum tres subire gradus. Primo siquidem verbis plurimis utitur, secundo paucis, tertio nullis. A plurimis quidem verbis utitur, ubi quæcumque occurrunt, de Deo affirmat atque negat, paribus quidem verbis, sed ratione diversa. Paucis vero verbis agit ubi de Deo loquitur, sub ea ratione qua refertur ad creaturas, et creaturæ ad ipsum, uti fit in libro *De divinis nominibus.* Nullis denique verbis utitur, quando ulterius res creatas ad Deum non refert, neque vicissim Deum ad ipsas, sed tanquam Deus creata omnia, et relationes omnes ad creata, in seipso transcendat, nihil de Deo affirmat atque negat, sed religioso silentio Deum, ut par est, colit. Tunc demum ait sanctus Dionysius mentem *omnem omnium sanctorum fastigiorum ascensum transcendendo in caliginem absorberi,* ubi Marsilius Ficinus per *fastigia* seu *cacumina,* intelligit naturas ad unitatem reductas, sed easdem universim consideratas, quas tres esse ait; scilicet corporalem, animalem, intellectualem, quarum cogitationem et affectum debeat anima plurimum

[g] 1 Cor. xiii, 12. [h] Rom. i, 20. [i] Exod. vii, 1. [k] II Cor. xii, 2.

(1) In Orat. *De baptismo.*
(2) Orat. 2, *De theologia.*

superare, ut ipsum in seipso bonum adinveniat. Hersentius vero magis mystice, per *sancta cacumina* dicit intelligi eminentiores divinæ contemplationis ac vitæ spiritalis gradus, quibus competat nomen sanctitatis, eo quod hanc efficiant aut certe adaugeant. Et idcirco ait sanctum Dionysium *sanctorum fastigiorum ascensum* nominasse, quia nimirum in rebus gratiæ ac divinæ contemplationis quasi gradibus ascendendum, et quidem semper ascendendum est, juxta illud : *Beatus vir cujus est auxilium abs te, ascensiones in corde disposuit* [1]. Et, *Justorum semita quasi lux splendens procedit, et crescit usque ad perfectam diem* [m]. Cæterum hos divinæ contemplationis gradus, omnesque vitæ interioris actus ac perfectiones anima contemplatrix transcendere debet, ut ad mysticam et perfectam cum Deo communicationem perveniat. Ut sensus sit : Qualemcunque anima divinarum rerum cognitionem consecuta fuerit, qualemcunque perfectionis interioris statum attigerit, debet tamen longe multumque supra hæc evehi, ut Deo intime et supra mentem conjungatur.

In iis autem quæ sanctus Dionysius subjungit de Moyse in nubem ingresso recte notat Hersentius, historiam illam non tanquam exemplum præmissorum afferri (non enim Scriptura narrat in caliginem illam mysticam, de qua hoc libro sermo est, Moysem ingressum fuisse, aut quod idem est, Deo superessentialiter fuisse conjunctum; sed tantum nubem, quæ montem operuerat, subiisse, in qua Deus habitasse dicitur), sed tanquam allegoriam pulcherrimam et appositissimam iis quæ tractantur illustrandis recenseri. Ac primum quidem per purgationem illam **550** Moysis, designat animam, quæ ad vitæ interioris apicem tendit, debere primum peccato mori, carnis pravos motus vincere, hisque omnibus purgari quantum in se est. Gradum autem hunc qui vitæ spiritalis primus est, et in quo maxime mortificationi incumbendum, viri spiritales vitam seu viam purgativam vocant; quam Pythagorici primam et quasi præcipuam philosophiæ suæ partem statuerunt. Per *lumina* autem et *sonos*, via illuminativa intelligitur, in qua Dei et divinarum rerum contemplationibus exercentur animæ spiritales, multisque luminibus ac sonis revelationum atque illustrationum a Deo exceptis adaugentur, multis verbis intellectualibus ad Deum emissis, et vicissim multis a Deo immissis in via Dei progrediuntur, et paulatim a *multis segregantur*, dum a creaturam rerum non solum intelligentia, sed multo magis affectu sejunguntur atque secedunt. Quod autem Moyses *cum selectis sacerdotibus montem ascendat, solusque caliginem ingrediatur*, insinuat, paucorum esse ad mystica fastigia conscendere, siquidem omnes e plebe purgati quidem sunt, et omnes sonitum buccinæ audiverunt, et fulgura viderunt, paucis tamen concessum fuit in montem ascendere, Deumque intueri. Sic plures quoque in via purgativa degunt, pauciores vero in illuminativa, paucissimi vero ad unitivam perveniunt. Moyses enim solus (ut habetur Exodi cap. xx) accessit ad caliginem in qua erat Deus, quam historiam sanctus Dionysius accommodat mystico theologo, qui semota et veluti a tergo relicta intellectuali cognitione, in mysticæ unionis sinum recipitur, ubi est perfecta caligo ignorationis, quæ in seipsa nullam intellectualem lucem aut cognitionem admittit, et vere mystica est, quia intima et occulta, sic ut nulla mens rationem ejus valeat comprehendere.

PARAPHRASIS PACHYMERÆ.

Divus quidem Dionysius, libro suo *De divinis nominibus* præmiserat illum *De theologicis informationibus*, ceu prævium aspectum eorum quæ sparsim in Scriptura de Deo dicta sunt; subjunxerat vero librum *De symbolica theologia*, in quo docuerat, quænam a sensibilibus ad divina translationes essent, etc., quæ scripta *De theologicis informationibus*, ac *Divinis nominibus* prolixiora erant, ob causam, quam in tertio capite *De mystica theologia* tradit : post illos itaque tractatus, hunc auspicatus est. Nemo igitur librum illum *De symbolica theologia*, ad quem, post illum *De divinis nominibus*, se transire dicit, existimet hunc esse *De mystica theologia*, sed post illum sciat istum a sancto Patre compositum fuisse, qui cum modo non reperiatur, hic *De mystica theologia* hoc loco subjungitur.

§ I. Cum *De mystica theologia*, ab omni inquam symbolo nomineque absoluta, et omnium intellectilium absolutione, omniumque cogitationum cessatione collecta, dicturus esset, quam in aliis quoque ab intellectili motione cessationem appellavit, idcirco antequam verba faciat, adhibet precationem, atque sanctam invocat Trinitatem, dicens : Trinitas, et supra ipsum esse, et supraquam Deum esse, et plus quam **551** bonum esse habens; siquidem id viri habet productionis, scilicet esse; illud vero efficaciæ, scilicet Deus; aliud vero habitudinis, scilicet bonus; quæ utique naturam Dei nullo modo declarant. Hinc vero discere liceat, quod dum de mystica theologia verba facere instituerit, et propter hoc petierit illuminari, hanc ipsam precationem mysticæ componat. Non enim dixit, quid sit Trias, sed illa quibus est superior. Hæc enim est mystica theologia, quæ neque sensatio est, neque ratio, neque mentis motio, neque operatio, neque habitus, neque quod quidquam rerum nostratium explicare possit; sed in perfecta mentis cessatione circa ipsam illuminati, cognoscemus eam esse supra omnia quæ mens intelligit; et cum mysticum quid et ineffabile contineat, secundum hoc solum sermones de illa erunt, et theologia vocabitur; quoniam hoc de Deo dicitur quod sit supra omnia. Tu itaque, o sancta Trinitas, divinæ sapientiæ in Christianis præses, quæ mentem regis ut congrue de divinis sentiat, et non sapiat supervacaneas, dirige nos ad supremum verticem, quo nil sublimius excogitari potest, qui supraquam ignotus, et supraquam lucidus et supra omnem cognitionis negationem, et luminis affirmationem existit. Quoniam, licet ignota sit istiusmodi sublimitas, non tamen quasi nullo modo sit, sed tanquam exsistat quidem, sed ex æquo etiam omne lumen vincat, id est omnem cognitionem et omnem ignorationem; hoc enim est supraquam lucens, atque item supraquam

[1] Psal. LXXXIII, 6. [m] Prov. IV, 18.

ignotum. In quo utique vertice, simplicia, et uniformia et absoluta, videlicet ea quæ sine symbolis, et ut sunt, existunt: non tamen parabolice mysteria secundum supraquam lucidam occulti mysticique silentii caliginem velantur, in hac utique caligine tenebricosissima, propter mysterium et arcanum supraquam lucent ea quæ supraquam lucidissima sunt, propter infinitatem donorum ac providentiarum et beneficiorum Dei, ex quibus supraquam lucet illud Dei secretissimum, et tactum, visumque fugientibus supraquam pulchris fulgoribus et splendoribus mentes oculis carentes implet, quas alio modo multorum oculorum esse dicit, angelicas scilicet divinasque virtutes: non enim sensibilibus oculis plenæ sunt, sed earum essentia viva quædam mens est, id est oculus perspicacissimus, quæ et oculis carere **552** censentur, propter inaccessam illam caliginem silentii divini. In quantum itaque Deus invisibilis est, in tantum etiam mentes hæ oculis carent. Quemadmodum enim ipse invisibilis exsistens, simul omnem pulchritudinem et desiderium excedit, et non idcirco quod non videatur, despicitur, sed in quantum desideratur, pulchritudinibus adimplet: sic etiam mentes oculis carentes respectu splendoris earum captum excedentis, alio modo multis oculis instructæ, tanquam multisciæ quoad cognitiones earumdem captui accommodatas, divinas expetunt illustrationes; nec idcirco quod eas non assequantur, etiam contemnunt, sed quod eas desiderent, pulchritudinibus replentur. Illud autem ἀναφές ne secundum tactum sensilem accipias, sed secundum intellectilem, quæ est notio. Itaque in intactili seu ignoto et inaspectabili, non sistit desiderium rerum optabilium, sed potius exsuscitat, unde etiam pulchritudinibus adimplet. Tu vero, o bone Timothee, mysticis spectaculis intende, ut vel sic divinas res uti decet, penetres. Quemadmodum enim, si cui fune, ut sic dicam, grave pondus aliquod attrahendum, intentus esse, nec quidquam attractivæ facultatis interim remittere debet (nam si quid remiserit, rursus ab initio ut vires colligat et intendat necesse est, et si iterum remittat, denuo ad principium redibit, et nihil recte peraget, quoniam vel parva remissio totum destruit); sic etiam accipe in divina perscrutatione, quam et exercitationem vocat. Eousque autem sensus relinque, quoniam supra sensum; et intellectiones, quia supra intellectum: omniaque sensilia intellectiliaque symbola, tam quæ non sunt quam quæ sunt, ex opposito ipsa. Nam sensilia vocabant ea quæ non sunt, ut quæ omnem mutationem participant, et non sunt semper eodem modo; intellectilia vero ea quæ sunt, utpote in identitate permanentia, et penes unionem illam unitam et indivisam ac divinam quodammodo intellectionem. Hæc enim est unio, secundum quam mens unitur, et adducitur ad aliquid intelligendum. Sine notione assurge; verumtamen nemo existimet, quod sine notione dicam, te forte tanquam res divinas minime assecutum, eas ignoraturum, alium vero quempiam illas intellecturum; sed divina supra omnem essentiam et notionem exsistere, atque absolute omnibus ignota esse. **553** Liberum vero excessum dicit, recessum ab omni affectione. Nullam 'ergo habens affectionem, ne quidem ad temetipsum, nec aliam ad aliquam creaturam, et temetipsum ab omnibus abstrahens, et ab omnibus absolutus, ut nihil etiam symbolorum inferiorum et sensilium retineas unde puteris confirmari; neque etiam retinearis ab aliquo similium, te ad talia convertendo, sic demum ad divinæ incomprehensibilitatis radium adduceris.

§ II. Nota autem ut ἀμυήτους hic etiam dicat eos, qui alioquin etiam non sunt exsortes mysteriorum, sed rebus adhuc sensilibus involuti sunt, neque imaginantur Deum quidquam esse supra ea quæ exsistunt, qui videlicet in nomine quidem Christi credunt, ad perfectiorem tamen notitiam non assurgunt; ἀμύστους vero vocat idololatras, omnium prorsus mysteriorum exsortes. Ait itaque: Vide ne quis eorum mysteria hæc audiat; nam si illi qui non sunt instructi, nihil sublimius imaginari possint, sed existimet istiusmodi esse Deum, qualem ipsi concipere possunt, qui secundum Scripturam *posuit tenebras latibulum suum* [n], id est qui in sublimissima ignoratione absconsus est; quid dicat quis de iis qui magis profani sunt, et idololatræ exsistunt? Cum vero dicit supra hos esse divinas mystagogias, non ideo dicit quod divina forte supra hos quidem sint, non sint autem supra alios; etenim quid novi erat, siquidem ipsi, cum rudes essent, ea non caperent? Non enim dixit: Supra horum cognitionem, sed: Supra ipsos; ac si diceret: Nondum sciunt Deum esse supra id quod possunt intelligere; quin et hoc eorum captum excedit, et arbitrantur sua notione se Deum nosse, duplici laborantes ignorantia, scilicet secundum affectum, et divina ignorantes, et quod ignorent nescientes. Quid igitur dicemus de profanis, qui Deum ex rebus infimis, scilicet inanimatis materiis et formis describunt? Oportet etiam ipsi omnem rerum positionem attribuere, sicut in libro *De divinis nominibus* tradidimus, quoniam ex omnibus divinum Numen nominatur, tanquam causa ex effectis; et omnia ipsi 'attribuenda, tanquam exsistenti supra omnia. Non enim axioma contradictionis ibi locum habet, sicut hic: quoniam hic in re omni vel affirmatio est vel negatio, et si affirmatio vera sit, negatio falsa est, vel contra; ibi vero tam affirmatio quam **554** negatio vera est, secundum sensus dictos. Cum vero Deus sit supra omnem cum

[n] Psal. xvii, 12.

ablationem tum positionem, et supra id quod non est, et supra id quod est, et supra cognitionem et supra ignorationem, multo magis est supra privationes, vel supra positiones. Nam qui tollit positionem, definitum quid tollit, et forte mens ad quid aliud delabetur, existimans, quod illud non esset, hoc, vel aliud; et si omnia quis tollat, occurret illi quod omnino non est; qui vero tollit privationem, in his in quibus mens non potest concipere aliquam habitudinem, omnino præbet suspicandum, illud esse aliquid incomprehensibile quod dico. Ecce positio, quoniam prædico de Deo lumen ; aliquis vero negat illud, quia Deus non est lumen : suspicor illum esse quid aliud a lumine; negat etiam illud, et ad aliud dilabor; si neget omnia, etiam nihil omnino cogitabo. Veni etiam ad privationem. Ecce dicit privationem, quoniam summus vertex ignotus est: negat quis ignotum, non potest intellectus confirmari quod notus sit (hoc enim in conceptibus communibus est manifestum) : concipitur itaque quasi sit aliquid, quod sit non solum supra notionem, verum etiam supra ignorationem; et ex his Deo incomprehensibilitas attribuitur. Idcirco etiam hic Pater tanquam quid præstantius ponit, Deum esse ac dici supra privationes, vel supra positiones.

§ III. Deinde traditionem quamdam non scriptam sancti Bartholomæi apostoli ponit, dicentis, multam esse theologiam et perexiguam, et Evangelium esse latum et magnum. Reliquum existimo hic etiam silentio suppressum; oportebat enim hic iterum dicere angustum et parvum, et arbitror hoc silentio suppressum, vel ab ipsomet sancto Bartholomæo, quando eam sententiam proferebat, vel modo ab hoc Patre, propter ipsius rei dissimilitudinem. Quomodo enim angustum sit, quod totum mundum capit? et quomodo parvum id, quod magnum pietatis mysterium complectitur? Hoc utique factum est, uti puto, propter religionem. In quibusdam vero iterum reperitur concisum. Priorem autem periodum hic sanctus explicans, ait, ut mihi videtur, quasi divinus Apostolus illud intelligens, hæc dixerit; quoniam omnium causa multis etiam verbis opus habet, et nullo et brevi verbo dicitur; caret enim verbo et conceptu propriam ejus naturam explicante : **555** πολύλογος autem scribitur cum accentu in antepenultima, nam πολυλόγος cum accentu in penultima, est *multa dicens*, πολύλογος vero *multis verbis indigens*: sicut etiam πρωτότοκος accentu in antepenultima, est qui primo paritur, πρωτοτόκος vero in penultima, mulier quæ primo parit, uti etiam Homerus declarat :

Nunc primum pariens Cynire, prius inscia partus.

Cum itaque dixisset, quod neque sermonem haberet neque conceptum, id explicans ait, non quasi nullo modo sit, sed quod supraessentialiter omnibus antecellat, et solis iis appareat, quæ cuncta, quæ impura, quæque pura sunt, pertranseunt, et qui omnem verticem transcendunt, omniaque lumina, id est omnem notionem, omnesque sonos ac sermones, eorum videlicet quæ de Deo in Scripturis dicta sunt, relinquunt. Vocat autem hos cœlestes, tanquam non secundum humanam terrenamque intelligentiam, sed secundum divinam inspirationem, et dictos et traditos, et divina illa ignorationis caligine involutos, ubi est is qui omnibus superior exsistit. Observa vero, quomodo dixit: Iis qui tam impura quam pura pertranseunt; quoniam illa etiam quæ apud nos pura sunt, cum divina illa puritate comparata, immunda reputantur, juxta quod dictum est : *Omnis justitia hominis quasi pannus menstruatæ* °, cum divina omnino justitia comparata, cujus non est numerus. Observa item illud : Qui omnem verticem transcendunt, cum sensilium, tum intellectilium, non solum quodammodo res ipsas, verum etiam earum summitates. Summitates enim veteres appellabant id quod in qualibet essentia purissimum exsistit, ex quo assidue seu continenter essentia dependeat. Sic animæ vertex seu summitas est mens, et amoris, qui supernorum desiderio succenditur; et nostræ hierarchiæ, id quod proxime intendit immaterialitatem. Sic rursum in sensilibus, ignis, id quod lucidissimum ; et aquæ, id quod tenuissimum est, et cætera proportione sua. Hortatur itaque hic sermo, sanctorum quoque verticum ascensum superare, et sic locum apprehendere in quo est Deus, id quod etiam Moysi accidit. Nota ordinem eorum quæ Moysi contigerunt, priusquam dignus est habitus in caliginem ingredi. Primum enim expiatus fuit, et sic ab aliis segregatus. **556** Ubi enim una cum aliis tubas audivisset, et divina lumina vidisset, segregatur, et cum sacerdotibus constituitur ; et in divinam caliginem immersus, Deum quidem non videt (*Deum enim nemo vidit unquam* °*), sed locum in quo steterat; unde significatur, eorum quæ intelliguntur et videntur summitates, esse rationes quasdam hypotheticas eorum quæ in Deo sunt. Hypotheticas vero rationes vocat eas quæ res describunt, et quasi contemplandas præbent, quas ait esse Deo subjectas, id est intelligi inesse ipsi: ex iis enim docemur, ipsum rebus omnibus esse præsentem, non transeundo, sed providendo. Spirituales vero vertices vocat cœlestes et intellectiles essentias quæ circa Deum sunt, quas et locos sanctissimos appellavit, quibus supereminet, et a quibus absolutus est, secundum quod nihil omnino ipsis assimilatus. Moyses itaque contemplatus locum ubi Deus steterat, tumque ab iis quæ videntur absolutus, id est ab omnibus sensilibus et aspectabilibus, id est omnibus rationabus, intellectilibus, inquam, et intelligentibus essentiis, et cum his etiam ab animabus nostris liberatus, postea in caliginem ingressus est, hoc

---

° Isa. LXIV, 6.   °* Joan. I, 18.

est, in Dei ignorationem; ubi cum omnis cognitionis subsidia exclusisset, fuit in obscura (1) mente, quæ videri nequit, Dei, supra omnes intelligendi facultates constituti, talique modo conjunctus ignorationi et cessationi. Non dico propriæ mentis circa ipsum cessationi, neque etiam alterius cessationi, nec seipsum, nec quidquam aliud intelligendo (hoc enim merum otium stupiditasque mentis est), sed secundum potiorem mentis portionem isti ignoto penitus unitus, omnis cognitionis cessationem obtinendo, sponte scilicet convenienterque deserendo omnem notionem, quæ extrinsecus affusa quodammodo confundit potius magisque obest quam prosit, cum sine notione omnia novit. Nunquid vero etiam hic simile quid obscure fit, quando volumus quidem aliquid mente volutare, sed sæpe-numero ab aliquo interpellamur, quasi in mentem quidpiam revocare volente, et nos hinc indignamur quod nos turbet, et obscuram illam, quam menti impresseramus, imaginationem pessumdet. Quid enim mens aliud tunc velit, quam in cæterarum cessatione rerum, circa id quod ei propositum est, vacare? Circa caliginem porro nota, Hebraicum habere *araphel*, quod Aquila quidem atque Theodotion **557** γνόφον seu *caliginem* interpretati sunt, cum Septuaginta convenientes: Symmachus vero ὁμίχλην, id est, *nebulam*. Hebræus vero dicit *araphel* esse nomen firmamenti in quod Moyses pervenit; dicunt enim esse septem firmamenta, quæ etiam cœlos vocant, quorum etiam sigillatim nomina recensent. Hic sanctus vero caliginem intellexit ignorationem seu notionis vacuitatem.

CAPUT II.

Quomodo oporteat etiam uniri, ac laudes referre omnium auctori, qui est supra omnia.

SYNOPSIS CAPITIS.

Optat in divinam caliginem intromitti, et sine notione Deum cognoscere, quod fit potissimum per omnium ablationem, quæ non sunt Deus, imitando sculptores, qui per materiæ ablationem statuam dedolant; et simul ostendit ut, per ablationes, contrario modo procedatur quam per positiones seu affirmationes.

Nos in hac supraquam lucente caligine versari exoptamus, et per visionis cognitionisque negationem videre et cognoscere id quod supra visionem cognitionemque exsistit, hoc ipso quod non videmus neque cognoscimus: hoc enim est vere videre et cognoscere, et supra essentialem supernaturaliter laudare per omnium rerum ablationem, non secus ac qui statuam nativam dedolant, auferentes omnia quæ circumposita claram formæ latentis visionem impediebant, ablatione sola genuinam ejus occultam pulchritudinem manifestant. Oportet autem, ut existimo, ablationes contrario modo, quam positiones celebrare; siquidem illas a primis incipientes, et per media et extrema descendentes ponebamus; hic vero ab extremis ad prima ascendentes, omnia removemus, ut revelate cognoscamus illam incognoscibilitatem, quæ ab omnibus, quorum cognitio est, in rebus omnibus obtegitur; et supranaturalem illam caliginem intueamur, quæ ab omni, quod in rebus est, lumine occulitur,

558 ADNOTATIONES CORDERII.

Nos in hac supraquam lucente caligine. Nusquam magis, ait sanctus Maximus, declarat Dionysius, quid sit per nescientiam cognoscere Deum, quam hoc cap. 2 *Mysticæ theologiæ*, et in Epistola quinta ad Dorotheum, ubi vide quid adnotaverimus, ut in Epistolam ad Caium, quæ ejusdem est argumenti.
Hic tantum nota, hoc esse sub divinam caliginem ingredi, non videndo et nesciendo videre et cognoscere, quod est supra visionem et cognitionem; videre, inquam, et cognoscere hoc ipso quod non videmus neque cognoscimus. Sic in Epistola ad Dorotheum, illam caliginem in quam ingressus est Moyses in monte in Exodo P, interpretatur Dionysius mystice, esse nescientiam istam qua dicit Deum cognosci, ita ut in illa caligine sit, qui habetur dignus, ut vere videat et cognoscat Deum hoc ipso quod, non videt neque cognoscit, hoc ipsum cognoscens quod est supra omnia intellectilia et sensilia. Divina itaque caligo, ait Dionysius, est illud lumen inaccessum, in quo habitare Deus dicitur, invisibile quidem, propter exsuperantem claritatem; inaccessum, propter nimiam et supra naturam illuminationem. In hac caligine mystica, id est in hac illuminatione, interpretatur, ut paulo ante dixi, esse eum qui non videndo et nesciendo, videt vere et cognoscit Deum. Ad intelligendum id quod dictum est, quomodo scilicet caligo sit illuminatio, et ne cientia cognitio, sume, inquit S. Maximus, exemplum ab oculo corporis. Quod enim efficit absentia luminis, scilicet vacationem sensus oculorum, hoc efficit intendere fixe aciem oculorum adversus solis radios meridie; siquidem ut in tenebris, sic etiam in nimia luce oculi caligant, ut Petro et aliis apostolis in monte Thabor usu venit in celebri illa Christi transfiguratione, ubi lumen illud, quando apparuit in facie Christi, et humani sensus facultatem vicit, figurabat apostolis modum mysticæ theologiæ secundum negationem, ut cum Deum dicimus infinitum, incomprehensum, aut

P Exod. xxiv.

(1) Max. *intactili.*

suprabonum, aut suprasapientem ὑπεροχικῶς, id est *superlate*, quæ negatione declarantur; in quo quidem theologiæ modo Divinitas est secundum substantiam ineffabilis, et plus quam incognita, nullum penitus, ne nudum quidem vestigium post se relinquens, nec ullo modo notionem sui, quid sit, ulli permittens. Quia quod increatum est, a creatura 'comprehendi non potest; nec a finitis pernosci, quod est infinitum. Ex hujusmodi symbolis quæ sunt supra sensum (inquit S. Maximus in speculatione xi) Deum, qui supra rationem et mentem est, esse tantum credimus; quid vero, et quomodo, ac quale, et ubi, et quando, prorsus speculari non audemus, nec intelligere possumus, neque cogitare patimur.

Modum vero theologiæ affirmantis, quæ ex creaturis Deum laudat, ut cum dicimus Deum bonum, sapientem, justum, significantes operationes et providentias ejus, vestimenta candida symbolice significabant. Hæc enim erant symbola creaturarum, quæ secundum ideas divinas factæ sunt, et symbola verborum Scripturæ sanctæ, quibus res divinæ significatæ, veluti indutæ sunt quæ tunc fuerunt sanctis apostolis facta dilucida, aperta, et clara, et absque ullo ænigmate tortuoso, et symbolica inumbratione intellecta; ac verbum Dei in ipsis abditum patefecerunt, quando perfectam Dei cognitionem acceperunt, et ab affectione mundi et carnis liberati sunt, et in vere mysticos theologos evaserunt. Hæc autem mystica cognitio est proxima visioni Dei aspectabili, quæ Græce ὁρατὴ θεοφάνεια vocatur, et in futurum reservatur, cum videbimus oculis mentis divinitatem, per corpus Christi gloriosum oculis glorificatis visum : tunc enim *videbimus eum sicuti est*, ut beatus Joannes ait q, ubi non significat videndam esse in futuro essentiam Dei oculis corporeis, sed, ut ait Theodoretus in Commentariis in Epist. II ad Corinthios, cap. IV, natura divina, quæ sub aspectum non cadit, neque cerni potest, tunc per humanitatem Christi divino lumine circumfusam, et splendentem, jacientemque radios cernetur quantum licet, scilicet oculo mentis. Quod videtur significasse Paulus cum ait : *Qui dixit de tenebris lumen splendescere, ipse illuxit in cordibus nostris, ad illuminationem scientiæ claritatis Dei in facie Christi Jesu*r. Id est, qui olim luminis naturam solo verbo effecit, dicens : *Fiat lux*s ; is etiam suo lumine mentes nostras illuminavit, ut Dei gloriam per Christum perspiceremus. Hujusmodi est visio de qua S. Thomas p. 1, quæst. 12, art. 3 ad 2, cum ait, ex perspicuitate intellectus, et refulgentia divinæ claritatis in corporibus glorificatis, divinam præsentiam statim cognosci.

Non secus ac qui statuam nativam dedolat. Cum dixerit, Deum per omnium ablationem celebrandum atque cognoscendum, apta similitudine rem illustrat, et exemplo statuarii negantem hanc theologiam clarissime explicat. Quemadmodum **559** enim sculptor, inquit, aut statuarius, solius materiæ circumpositæ et redundantis ablatione genuinum efficit simulacrum ; ita theologia mystica res creatas omnes quæ quasi Deo circumpositæ sunt, ab eo removendo et negando, ipsum quodammodo nobis in semetipso nudum exhibet. Simili fere exemplo usus Maximus Tyrius, Platonicæ sectæ philosophus, Serm. 1 *De Deo* : Πῶς τις αὐτὸν αἰνίξηται; Ἐννόει γάρ μοι μήτε μέγεθος, μήτε χρῶμα, μήτε σχῆμα, μήτε ἄλλο τι ὕλης πάθος· ἀλλ' ὥσπερ ἂν εἰ καὶ σῶμα καλὸν ἀπεκρύπτετο πρὸς τὴν θέαν ὑπὸ ἐσθήτων πολλῶν καὶ ποικίλων, ἀπέδυσεν αὐτὸ ἐραστής, ἵνα εἰδῇ σαφῶς, οὕτω καὶ νῦν ἀπόδυσον καὶ ἄφελε τῷ λόγῳ τὴν περιβολὴν ταύτην, καὶ τὴν ἀσχολίαν τῶν ὀφθαλμῶν, καὶ τὸ καταλειπόμενον ὄψει αὐτὸ ἐκεῖνο οἷον ποθεῖς. *Quomodo*, inquit, *quis possit ipsum explicare? Ne cogites enim magnitudinem, vel colorem, vel figuram, vel aliam quampiam materiæ affectionem; sed sicut amator, si corpus aliquod pulchrum exsisteret, cujus aspectum multæ variæque vestes eriperent, iis illud exueret ut clare intueri posset : sic etiamnum tu exue amictum hunc, et cogitatione detrahe quidquid oculos moratur, et quod restabit, videbis id ipsum quale desideras*. Hisce quoque videtur consentire dogma Hebræorum in Cabala, ubi Paulus Riccius, libro IV *De cœlesti agricultura*, sic ait : Deus tetragrammaton haud unquam nisi regali toga bellicove paludamento opertus se gentibus prodit, haud secus ac inter mortales rex suis astare adesseque ducibus atque ministris solet : conventui vero Israel, ut inter vernaculos familiaresque, non nisi amictibus interioribus indutus, deposita trabea regalique toga offertur, et apparet, non tamen infectus prorsus et denudatus; ast sanctis viris monarchisque Israel nudus, quovis rejecto cognomine (veluti conjugis amplexibus inhærens) astat, et quiescit, quod innuit illud : *Et sponsabo te mihi in sempiternum* t ; et declarat illud : *Exspoliavi me tunica mea, quomodo induar illa* u ? etc. Quod privilegium mysticis theologis præ cæteris singulare est, ut Deus sese ipsis magis familiarem et quasi nudum exhibeat.

Oportet autem, ut existimo, ablationes contrario modo, etc. Tradit differentiam procedendi mysticæ theologiæ ab aliis scientiis theologicis, quod nimirum hæ, dum varia de Deo tradunt et affirmant, v. g. bonitatem, veritatem, sapientiam, potentiam et cætera attributa, Deum quodammodo ornare ac vestire videantur, et consequenter obtegere ac velare ; e contra vero mystica theologia omnia de Deo (scilicet secundum nostrum imperfectum concipiendi et loquendi modum) negando et auferendo, multo verius et clarius nobis in semetipso Deum exhibere censenda sit. Unde quemadmodum mysticos theologos statuariis comparavit, qui per materiæ ablationem statuas suas dedolant ; ita quoque cæteri theologi, qui de Deo varia affirmando theologizant, non immerito pictoribus et plastis, qui suas imagines colorum vel gypsi adjectione efformant, assimilari possent.

PARAPHRASIS PACHYMERÆ.

Cum didicerimus de divina caligine in quam Moyses introivit, sitque hæc cessatio mentis atque ignoratio quædam cognitio, optamus etiam in illa versari. Porro in hac divina caligine versari, est aspectus privatione et sine notione cernere atque cognoscere id quod aspectum notionemque transcendit, id ipsum neque videndo neque cognoscendo. Sæpe autem diximus, non in quantum mens operatur, aut in quantum movetur ac cognoscit, Deum cognosci ; sed in quantum potius non videt neque cognoscit ab omni motu absoluta, ipsique secundum optimam sui partem unita, statum quodammodo et immobilitatem obtinens, dum ab ipso illustratur. Nunquid enim etiam hic in nostra visione hoc obscure quodammodo **560** fit, quando, aliquo desiderio præoccupati, et id ipsum videre gestientes, re desiderata jam præsente, illico nostra visio in ipsa colligitur, non partialiter sed totaliter intenta,

q 1 Joan. III, 2. r II Cor. IV, 6. s Gen. I, 3. t Ose. II, 19. u Cant. v, 3.

atque adeo immota? Quin etiam sæpenumero nonnulli manu sua oculos obstruunt, videndi vim quodammodo excitantes. Unde etiam exstases et stupores, nisi quod mens extrinsecus deficiens, in semetipsam tota convertitur, et partiales intellectiones deserens, totaliter quiescit, in rem amatam tota translata? unde etiam homo videtur totus extra se positus. Sciendum enim, mentem universi hujus similitudinem præ se ferre. Siquidem universum secundum partes movetur in eo quod nunc fit, ita ut v. g. pars illa sit in Occidente, quæ antea in Oriente, et alia alibi; et sic de omnibus partibus, secundum quas utique moveri quoque cœlum dicitur, quoniam secundum se totum immobile manet in seipso, tanquam in proprio loco conversum. Idcirco etiam dicebamus mentem, partialibus intellectionibus sepositis, totaliter quiescere. Cum hoc itaque in rebus nostris sic se habeat, quid dixerit quis de divina ista pulchritudine, quam nec effari nec mente concipere quisquam potest? Lege etiam super hac re epistolam hujus sancti ad Dorotheum, ut aliquo modo tibi declaretur, quæ et qualis cognitio sit ista ignoratio. Illud enim non videre, vere est videre; et istud ignorare, vere est nosse, atque ita suprasubstantialem congrue pro sua suprasubstantialitate collaudare. Quomodo hoc? ex omnium ablatione. Cum enim non possimus quidpiam positive pro ejus dignitate dicere, co quod ex omnibus rebus nihil quod ipsi affine sit excogitare valeamus, celebramus ipsum ex omnium ablatione, idemque facimus quod sculptores, qui nativam aliquam statuam dedolant, qui superflua auferendo, latentem in ipsa formam manifestant. Genuinam enim statuam vocat, quæ fit in materia non desecta, ut in lapide adhuc integro; in quo quis sculpat aliquod animalculum, ut declarat Euripides in Andromeda (1), dicens: *Ex lapideis propria naturali forma constantibus muris, doctæ simulacrum manus*, nam αὐτόμορφον ἄγαλμα seu per se formatam statuam, vocat formam petræ naturalem. Quin etiam quando quis partem arboris consistentis et florentis insculpserit, sicut dicit Homerus **561** Ulyssem fecisse, quando in arbore constituit et sculpsit lectum naturalem. Alii vero pretiosos lapides vocant simulacra, quando videlicet smaragdus ab omni materia terrestri circumjacente expurgatus, exhibet ἄγαλμα, id est ἀγλάϊσμα seu splendidum ornamentum. Magis autem id ad propositum spectat, quam prius; siquidem positiones sunt, quæ proprie de Deo dicuntur id quod est, ut ens, vivens, lux et cætera. Ablationes vero quæ ut a Deo aliena negantur, verbi gratia, quod Deus non sit corpus, non anima, neque quidquam eorum quæ cognoscuntur vel cadunt sub notionem. De istiusmodi itaque positionibus et ablationibus hic Pater agens, reperit iis quamdam inesse oppositionem, quando ipsum ex his celebrantes, Deum declaramus. Etenim cum positiones quidem in libro *De divinis nominibus*, prædicabamus, a primis incipientes, et per media transeuntes, ad extrema descendendo illas ponebamus. Primum de ente disserentes ac deinde de bono, ac postea de vita, ac deinceps per cætera quæ mediant, ad extrema descendebamus, de Domino et de Rege, et de Antiquo dierum, et similibus verba facientes. In ablationibus vero fit contrarium, dum ab extremis ad principaliora ascensus faciendo removemus id quod posterius est, atque etiam ipsummet primum, dicentes: Non inebriatur, non dicitur, non intelligitur; et rursum: Non corpus, non elementum, non anima, non angelus, non vita, non ens, sed supra hæc omnia Deus est. Et sic sine revelatione ad omnimodam ignorationem devenientes, cognoscimus quodammodo illam notitiam in ignoratione; hanc enim ignorationem ait ab omnibus quæ noscuntur, in omnibus rebus circumvolvi, et caliginem esse ab omni lumine in rebus omnibus abscensam. Hoc vero fit, quod eorum quæ sunt cognitiones, et quæ de Deo sunt positiones, non detegant id quod ignotum est Dei, nec in lucem adducant, sed potius contegant, seu occultent, cum mens ibi non habeat ubi se figat, nec quidquam unde aliquid intelligi possit apprehendat, sed potius in cogitationes minime convenientes incidat, quoniam haudquaquam firma est, et sensilia statim prætervolat. Porro lumen in rebus non est aliud opinandum, quam quo noscuntur res in quantum res sunt, sicut etiam in **562** sequentibus reperimus. Hoc itaque lumen quod in rebus est, talisque rerum cognitio, potius Deum occulit. Naturalis enim rerum notitia non tantum prodest ad theologiam, quantum noceat, dum id quod supra naturam est, ad ea quæ sibi propria sunt, etiam secundum naturam adducit. Sed quomodo positiones quidem a primis ad ultimas, negationes vero ab ultimis ad primas statuamus, ipse Pater in sequenti capite docebit.

(1) Andromache.

CAPUT III.

Quæ sint affirmantes de Deo locutiones, quæ negantes.

SYNOPSIS CAPITIS.

Ait se in theologicis Informationibus explicuisse illa quæ spectant ad Deum trinum et unum; in Divinis vero nominibus egisse de attributis quibus in Scriptura Deus nominatur; in Symbolica denique Theologia figuras illas sensiles, quæ metaphorice de Deo enuntiantur, explanasse: et simul rationem reddit, cur in aliis libris prolixior fuerit quam in Mystica Theologia. Tradit in fine modum formandi de Deo positiones et negationes.

In theologicis quidem Informationibus ea quæ affirmantis theologiæ maxime propria sunt, celebravimus; quomodo divina bonaque natura unica dicatur, quomodo trina; quænam secundum illam paternitas dicatur, et quænam filiatio, quidve velit sibi illa divina Spiritus denominatio: quomodo ex immateriali et individuo bono, cordialia ista bonitatis lumina pullularint, et in ipso, et in seipsis, et in se mutuo coæterna propagationi mansione nusquam digrediendo permanserint: quomodo Jesus, supersubstantialis, humanæ naturæ veritatibus substantiatus sit, et quæcunque alia a Scripturis exposita in theologicis Informationibus celebravimus. In libro autem *De divinis nominibus*, quomodo bonus nominetur, quomodo ens, quomodo vita et sapientia et virtus, et quæcunque alia spiritalem Dei concernunt appellationem; in *Symbolica* vero *theologia*, quænam nomina divina e rebus sensibilibus translata sint, quæque divinæ formæ, quæ figuræ, quæ membra, **563** quæ instrumenta, quæ divino loca, qui ornatus, qui furores, quæ tristitiæ et iræ, quænam ebrietates et crapulæ, quæ juramenta, quæ maledictiones, qui somni, quæ evigilationes, et quotquot aliæ sunt symbolicæ effigiationis Dei sacræ formationes ac figurationes. Arbitror etiam te deprehendisse, quomodo extrema sint prolixiora prioribus; decebat enim informationes theologicas, et divinorum nominum explanationem minus verbosa esse *Symbolica theologia*. Quanto enim ad altiora contendimus, tanto magis sermones nostri rerum intellectilium aspectibus contrahuntur; sicut etiam modo, dum caliginem illam, quæ intellectum superat, ingrediemur, non in breviloquentiam duntaxat, verum etiam in silentium perfectum, et intelligentiæ defectionem incidemus. Atque in illis quidem a supremo ad infima derivans oratio, pro mensura descensus ad proportionatam latitudinem extendebatur; nunc vero ab inferioribus ad id quod supremum eminet, ascendens juxta modum ascensionis contrahitur, et post omnem ascensum penitus obmutescet, atque ineffabili (Deo) tota conjungetur. Sed quorsum (inquies) a primo positiones divinas statuentes, divinam illam ablationem ab extremis auspicamur? Quia nimirum, cum id, quod supra omnem positionem est, statuebamus ab eo quod ipsi magis cognatum est, fundamentum affirmandi ponendum erat; verum cum id tollimus quod supra omnem est ablationem, ab iis quoque quæ maxime distant removeri debebat; nonne Deus magis est vita et bonitas, quam aer aut lapis? magisque non crapulatur et non irascitur, quam non dicatur aut intelligatur?

ADNOTATIONES CORDERII.

In theologicis quidem Informationibus, etc. Ex hoc capite patet (quod observatione generali 11 et 12 probavimus) sanctum Dionysium accurate omnes totius scholasticæ theologiæ partes tradidisse. Nam ut hic significat, in *theologicis Informationibus*, quas ὑποτυπώσεις appellat, luculenter et ample divinam naturam cum omnibus attributis essentialibus explicuit, et quidquid scholastici fusissimis commentariis, de Deo uno et trino, et divinis processionibus, et Personarum inter se oppositionibus, distinctionibusque, et earum in se invicem circuminsessione prolixe disputant: quibus si is quem de angelicis proprietatibus scripserat, et *Cœlestis hierarchiæ* liber adjungatur, primam divi Thomæ partem luculentissime a Dionysio cognosces ante descriptam. Prima vero secundæ, ubi potissimum de actibus humanis, et eorumdem bonitate ac malitia, vitiisque et peccatis agitur, magnum habuit fundamentum in capite quarto *De divinis nominibus*, ubi fusissime **564** Dionysius disputat de natura bonitatis et malitiæ, majora sine dubio ad illam theologiæ partem subsidia allaturus, nisi libri *De anima*, et *De intellectualibus et sensilibus*, temporum injuriis intercidissent. Ad tractatum autem de legibus haud dubium quin liber ejus *De legali hierarchia* plurimum contulisset, qui pariter non reperitur. Secunda quoque secundæ, ubi de jure et justitia disputatur, aliquod saltem habet fundamentum in capite octavo *De divinis nominibus*, ubi agit de justitia; majus sane subsidium acceptura ex libro Dionysii *De justo divinoque judicio*, nisi similiter maximo Ecclesiæ damno intercidisset. Porro tractatus *De gratia et virtutibus theologicis* e diversis Dionysii locis σποράδην magnum lumen accipit.

Tertia denique pars, ubi agit de divini Verbi Incarnatione, similiter tota, ut hoc loco Dionysius testatur, fuit ab ipso accurate pertractata in libro *Divinarum institutionum*, in quo ait se scripsisse, quomodo Jesus, *qui erat supra substantiam, humanæ naturæ veritatem substantiamque susceperit*. Tractatus autem *De sacramentis* quam accuratissime distinctissimeque in *Ecclesiastica hierarchia* videtur expositus. Neque vero illam quæ in Scripturis explicandis versatur theologiæ partem neglexit; nam dicit se *Symbolicam theologiam*; eamque cæteris fusius conscripsisse, quæ in Scripturis interpretandis tota fuisse videtur : adeo ut etiam hæc theologiæ pars, quæ Scripturis explicandis vacat, ab hoc sancto cumulatissime tradita fuerit. Et sane si illa, quæ maximo theologorum detrimento interciderunt, Opera Dionysii exstitissent, nemo præter eum in scholis auctor fuisset prælegendus, cum ex ipso, utpote fonte, purior theologia profluxisset.

Ea quæ affirmantis theologiæ. Vide capitis præcedentis adnotationes et in observationibus generalibus 8 et 9, ubi naturam et differentiam affirmantis et negantis theologiæ explicuimus. Pro intelligentia autem eorum quæ hic breviter attingit de divinæ naturæ unitate, et Personarum distinctione, et earumdem circuminsessione, consule caput secundum *De divinis nominibus*, et nostras ibidem adnotationes, ubi divinæ processiones et mutuæ in se invicem circuminsessiones explicantur, et quæ Jesu quoque propria sint ac substantialia.

In Symbolica vero theologia. Consule inferius Epistolam 9, quæ est ad Titum, et ibidem nostras adnotationes, ubi exponuntur illa quæ ad symbolicam theologiam spectant.

Quanto enim ad altiora contendimus, etc. Rationem tradit cur pro ratione ascensus ad Deum cognitio nostra contrahatur. Quia nimirum quanto magis ipsi Deo appropinquamus, tanto quoque magis ad unitatem ejus accedimus; unde consequens est, ut cognitio etiam nostra contrahatur ac simplificetur, non secus ac lineæ; quæ quanto a circumferentia ad centrum magis appropinquant, tanto quoque contrahuntur, donec, in ipso puncto convenientes, omnem prorsus extensionem amittunt, et inter se et cum puncto quid unum indivisibile fiunt; sicut econtra quo plus a centro discedunt, eo magis expanduntur, atque ab invicem discernuntur. Hinc fit ut mystica theologia, dum rerum omnium dividuarum, sive sensilium sive intellectilium, cognitionem deserens atque transcendens, ad centrum suum, qui Deus est, contendit ac pervenit, tandem in omnimodam ἀλογίαν et ἀγνωσίαν, per omnis sermonis et naturalis intelligentiæ defectionem, incidat, in caligine mystica ipsi Deo intime conjuncta.

Hic notandum est, positionem, uti et ablationem, aliam esse simplicem, aliam esse hypotheticam. Positio simplex est, cum dicimus verbi gratia, Deus est vita, bonitas, et cætera. Hypothetica vero est, cum affirmationi adjungimus comparationem, ut in fine hujus capitis facit Dionysius, dicens : *Magis est Deus vita quam lapis, et magis bonitas quam ignis.* Ablatio autem simplex sive negatio est, ut, Deus non est lapis, non irascitur, et similia. Hypothetica, ut : Magis non est Deus ebrius, quam non est sermone explicatus. Supra utrumque genus positionis et ablationis est Deus. In positionibus hypotheticis, quæ magis Deo conveniunt, illa sortiuntur illud magis, ut : Magis est Deus vita quam aer. Contra vero in ablationibus quæ remotiora sunt a Deo, recipiunt magis, ut : Magis non irascitur Deus, quam non intelligitur.

PARAPHRASIS PACHYMERÆ.

In theologicis quidem Informationibus affirmativæ theologiæ celebratæ sunt, videlicet quomodo sit unica divina natura, quam recentiores ὁμοούσιον appellant; quomodo trina, quam τρισυπόστατον seu tribus subsistentiis subsistere perhibemus; quæ sint proprietates Personarum, et quid paternitas ac filiatio significent; et quæ sit sanctificatrix sanctissimi Spiritus virtus et divinum nomen; et quomodo dicatur : *Eructavit cor meum verbum bonum* [v]; et quomodo de adorando Spiritu dictum sit : *Qui ex Patre procedit :* et quomodo in Patre, et in seipsis, et in se mutuo Filius et Spiritus sanctus sint æterne et individse et inseparabiliter in mansione sine egressu. In libro autem *De divinis nominibus*, quomodo rursum vocetur Deus affirmative et ens, et vita, et sapientia, et virtus. Et rursum in *Symbolica theologia*, quæ sint rerum sensilium translationes, et quæ formæ, quas prophetæ convenienter Deo attribuunt; et quales sint figuræ corporisque membra, quæ facies scilicet, et aures, et manus, et pedes, et qualia instrumenta, et cætera, ne singula recenseamus, quæ utique omnia ex negatione dici debent de Deo. Potes itaque cognoscere quomodo quæ a Deo magis remota sunt quæ utique extrema dicit, verbosiora sint. Quanto enim a magis a Deo aliena sunt, eique dissentanea, tanto pluribus verbis opus habent ut explicentur, quomodo in Deo intelligantur. Idcirco *Theologicæ informationes* secundum tractatum *De divinis nominibus* breviores sunt *Symbolica Theologia*, quoniam in iis affirmando dicebamus, in *Theologicis* quidem *informationibus*, Deum esse unum, Trinitatem, esse Patrem, et Filium, et Spiritum sanctum : in libro vero *De divinis nominibus*, Deum esse ens, vitam, sapientiam, virtutem : in *Symbolica* vero *theologia* cum de symbolis, figuris, partibus, instrumentis, crapulis, propensionibus, somnis vigiliisque tractet, quæ utique omnia negative dici debent, tanquam a Deo aliena et remota, merito quæ sunt ejuscemodi pluribus verbis explicari debebant; quandoquidem quanto magis propria de Deo dicimus, illique magis assentimur et appropinquamus, tanto etiam magis sermones nostri rerum intellectilium aspectibus contrahuntur. Conspectus autem rerum intellectilium vocavit contemplationes, immateriali illarum simplicitati congruentes. Posuit autem περιστέλλονται, pro συστέλλονται, id est *contrahuntur.* Quod autem dicit, etiam nunc in mystica theologia omnino fiet. Etenim in supramentalem illam Deoque propriam caliginem immer-

[v] Psal. XLIV, 1.

si, non solum breviloqui evademus, verum etiam omnimodam sermonis et intellectionis vacuitatem reperiemus. Ἀλογίαν vero dicit, non posse sermone repræsentare illa quæ supra sermonem sunt : et ἀνοησίαν, id quod intelligi nequit, et quod nullus Intelligere potest, cum mentem superet. Atque ibi quidem, scilicet in libro *De divinis nominibus*, a summo ad proportionatam multitudinem sermo dilatabatur : nam ens, cum proprium sit Deo, breviloquentiam habebat; Antiquus vero dierum, vel aliud quid remotius, merito multis verbis indigebat. Nunc vero ab inferioribus et multis compositionibus ac symbolis, ad unicum et summum ascendens, merito juxta modum ascensionis contrahetur; idque in tantum, ut post ascensum, ad omnimodum silentium redigendus sit, atque ineffabili Deo totus conjungendus, eum venerando silentio honorando, qui *posuit tenebras latibulum suum* [x]. Verum potes cur a primis positiones divinas statuentes, divinas illas ablationes ab extremis auspicemur. Dicimus, nos in positionibus quidem usos esse enuntiativa, id est definitiva et quasi demonstrativa affirmatione, ut Deum esse, vitam esse, bonitatem esse, vel aerem, vel lapidem, vel ignem, vel spiritum, vel similia. Priora utique Deo magis propria sunt, magisque naturalia; siquidem magis vita est quam aer, et magis Deus quam lapis, et magis bonitas quam ignis, et magis sapientia quam spiritus. Hoc itaque est inchoare a primis in positionibus, quoniam magis intelliguntur in Deo prima quam postrema. In ablationibus vero contra hoc modo : Non inebriatur Deus, non irascitur, non dicitur, non intelligitur. Illud : Non inebriatur, est ultimum, est enim etiam hominum. Non intelligitur vero proprium et primum. Illud itaque Deum sermone non efferri, et mente non concipi, magis proprium est Deo quam non crapulari, neque irasci : **567** siquidem hæc etiam hominibus propria sunt, atque ideirco ultima. Et similiter incipimus, ab extremis ablationis, v. gr. magis Deus non inebriatur quam non dicatur, et magis non irascitur quam non intelligatur. Quemadmodum igitur in positionibus quæ propria sunt admittebant magis, et magis dicebamus Deum quam aerem, et magis bonum quam spiritum ; ita hic etiam extrema magis habent, quoniam etiam abstractive dicimus; verbi gratia : Magis non crapulatur quam non intelligatur, et cætera. Crapula autem est copiosa et vehementissima ebrietas, veluti καραπάλη, id est τὸ κάρα, seu *caput*, πάλλουσα, *quatiens*, plurimumque movens : μῆνις autem non est, quæcunque ira, sed permanens. Ubi autem aer dictus est, et ubi lapis ? Lapis quidem a Davide [y], sicut etiam Dominus de seipso explicat, aiens : *Nunquid legistis in Scripturis : Lapidem quem reprobaverunt ædificantes, hic factus est in caput anguli* [z] ? Et iterum ab Apostolo : *Petra autem erat Christus* [a]. Aer vero juxta quod dictum est in libris Regum : *Et ecce aura tenuis, et ibi Dominus* [b].

CAPUT IV.

Quod nihil rerum sensibilium sit is, qui omnis rei sensilis secundum excellentiam est auctor.

SYNOPSIS CAPITIS.

Exempla ponit negantis theologiæ, et ostendit quomodo nihil sensile Deo competat.

Dicimus ergo, causam omnium, et quæ supra omnia est, nec essentiæ, nec vitæ, nec rationis, nec mentis expertem esse, neque corpus exsistere, neque figuram, neque qualitatem aut quantitatem aut molem habere, neque in loco esse, neque videri, neque tactum sensilem habere, neque sentire, nec sub sensum cadere, nec inordinationem admittere aut perturbationem a passionibus materialibus excitatam, nec imbecillem esse et sensilibus casibus obnoxium; neque lucis indigum exsistere, neque mutationem aut corruptionem, neque fluxum, neque quidquam sunt, vel esse, vel habere.

---

568 ADNOTATIONES CORDERII.

Dicimus ergo causam omnium. Cum omnia de Deo negaturus sit, ne quis ex istiusmodi negationibus in errorem inducatur, putando Deum nihil esse, aut imaginarium aliquod figmentum exsistere, prudenter præmisit ipsum esse causam omnium, non quidem formaliter effectus suos, sed eminenter et transcendenter eos continentem. Unde cum formaliter et secundum modum concipiendi nostrum omnia de Deo negat, vult intelligi Deum ista omnia eminenter, et supra captum nostrum, non divisim aut partialiter, sed unitim et universim simplicissima ratione, rerum omnium conceptibilium perfectiones ac rationes, supra omnem perfectionem ac rationem conceptibilem complecti. Negantem itaque theologiam incipiens, ne quis ob negationes infra ponendas Deum inanem, mortuum, irrationalem aut amentem imaginaretur, ait eum causam omnium exsistere, et supra omnia, neque essentiæ, neque vitæ, nec rationis,

---

[x] Psal. xvii, 12. [y] Psal. cxvii, 21. [z] Luc. xx, 17. [a] I Cor. x, 4. [b] III Reg. xix, 12.

nec mentis expertem esse, ubi dum Deum essentia, vita, ratione ac mente carere negat, haec ipsa de eodem plus quam excellenter et superessentialiter affirmat.

Nota quod, licet nihil eorum quae sub sensum cadunt, divinae naturae utpote simplicissimae purissimaeque conveniant, nec occultum illud Dei manifestent, non male tamen summos theologos de Deo philosophari ex rebus sensibilibus et creaturis, scilicet a posteriori. Quoniam posteriora Dei ipsae creaturae sunt, et earum rationes, juxta illud : *A magnitudine enim speciei et creaturae poterit cognoscibiliter creator horum videri* [c]. Confirmat hoc Gregorius theologus in secunda oratione de theologia. Currebam quidem, inquit, tanquam Deum cognitione comprehensurus, atque ita ascendi in montem et divisi nubem in eam ingressus. Et paucis interjectis, Cum paululum, inquit, prospexissem, non vidi primam et aeternam naturam, quae sibi, id est Trinitati, nota est, et quanta intra primum velum manet, et a cherubinis contegitur, sed illam, quae extrema est, et ad nos pervadit, quae est (quantum intelligo) amplitudo illa, vel, ut David ait, 'magnificentia, quae in creaturis et iis quae ab ipso effecta sunt et gubernantur, cernitur. Haec enim sunt posteriora Dei, quae post eum sunt ipsius indicia ; sicut solis umbrae et imagines in aquis, quae infirmis oculis solem utcumque ostendunt ; siquidem impossibile est solem intueri adversum, cujus radiis acies oculorum vincitur.

Et magnus Athanasius velut percunctando ait *in quaest. ad Antiochum principem* : Cum Deus sit incorporeus, et figura careat, quae tandem posteriora ejus vidit Moyses? Deinde solvens quaestionem, Credimus, inquit, ante saecula et ante cunctas creaturas esse Deum totum solum, increatum. Ex quo fit ut posteriora Dei sint creaturae, et earum rationes, quas cum vidisset, exposuit, inquiens : *In principio creavit Deus coelum et terram* [d].

Item Gregorius Nyssenus in libro *De vita Moysis* : Gloria, inquit, increata, natura scilicet divina, omnino est, secundum se ineffabilis, et quae comprehendi non potest, neque videri. Nihil enim quod est ipsum hoc per se nudum, potest intelligentia liquide comprehendi, aut oculis corporis ullo modo cerni, increatum enim est ; quod autem est increatum, nullus potest oculis corporis cernere, quamvis Moyses sit, quamvis Paulus, qui in tertium coelum ascendit, quamvis angelus sit qui Deum videt. Ex quibus clare innotescit valentissimos etiam theologos non ultra creaturam progredi in iis quibus Deum vident ; sed potius ipsam creaturam, et quae in natura ejus insunt, considerare. Quod si, inquit Cyparissiotus, ad hunc modum et hac via et ratione de Deo disserunt, necessario sequitur theologiam, quae in negatione versatur, longe praestantiorem esse, et ad contemplationem magis idoneam ea theologia quae in affirmatione cernitur. Unde Dionysius hoc et sequenti capite omnia de Deo negat.

Neque corpus exsistere. Nam Joannis IV dicitur Deum esse spiritum, ex quo Christus infert, eum spiritualiter adorandum esse ; nec indigere templis corporeis ; ex quo patet eum spiritum ibi proprie sumere, et prout distinguitur a corpore. Hinc S. Thomas, parte 1 ad 1, docet Deum non esse corpus ; quia cum corpus sit spiritu imperfectius, Deus, qui est ens perfectissimum, non potest esse corpus, sed spiritus. Manichaei olim et quidam alii haeretici, dicti Vadiani sive Audiani, dixerunt Deum esse corporeum et humana forma, ob quaedam loca Scripturae, in quibus Deus dicitur habere brachium, digitos, pedes, etc.. atque illud : *Faciamus hominem ad imaginem et similitudinem nostram* [e], de corpore intelligebant. Sed hae rationes nullius momenti sunt ; nam locus ille aperte de anima intelligitur, et alia loca Scripturae metaphorice intelligenda sunt.

Neque figuram neque formam, etc., *habere.* Ex quibus (inquit Cyparissiotus dec. 10, cap. 9) fit manifestum, quod in unitate Trinitatis neque reperitur principium, **569** neque medium, neque finis. Si quis vero aliquid horum quaerat, multa reperientur, et non unitas. Principium enim et medium, et finis, eorum plane sunt quae dividi possunt, unitas vero individua est. Similiter quod habet principium, et medium, et finem, totum aliquid est ex his coagmentatum ; quod autem sic est totum, ex partibus etiam est totum ; partes autem multae, igitur totum ex multis. Unitas vero expers partium est, et non ex multis, aut ex partibus totum. Praeterea, quod neque principium, neque finem habet, neque terminum in utroque habet : et ideirco infinita est unitas. Bifariam enim, inquit, cum infinitum contemplamur, scilicet secundum principium et finem, quod non est ex his, et est supra haec, infinitum appellatum est. Sed neque formam habet, vel figuram, vel speciem, vel colorem, divina unitas. Sic enim Magnus Basilius libro quarto τῶν ἀντιρρητικῶν : Si, inquit, Filius vere est imago Patris, omnia autem imago vel substantiae, vel formae, vel figurae, vel speciei, vel coloris imago est, Deus autem in nullo horum est, sed in sola substantia. Filius igitur, cum sit imago substantiae, sequitur, ut sit ὁμοούσιος, id est ejusdem substantiae Patris ; et relinquitur ut sit unitas expers formae, et figurae, et speciei, et coloris. Expers igitur est formae, quia idem est forma et substantia Dei. Hoc enim ab omnibus theologis concessum est. Si igitur in sola substantia est Deus, non igitur in forma circa substantiam ; haec enim forma non est sola substantia. Est etiam sine figura, quia demonstratum est non habere medium ; si autem non habet medium, neque rotundi, neque recti particeps est ; quia ubi non est medium, nec extrema aequaliter a medio distabunt, quod quidem in rotundis evenit ; neque rursus ab extremo ad extremum aequaliter procedit linea, quod quidem in rectis reperitur. Si autem nec hoc, nec illud, caret igitur figura unitas divina. Est praeterea expers speciei, quia species continentur in generibus ; unitas vero divina, nec est in alio, nec in se. In alio quidem si esset, eveniret ei perinde ac si *in medio esset comprehensa*, quod in circuli centro contingit : demonstratum vero est, non habere eam partes, neque figuram ; non est igitur in alio, imo nec in se ; alioqui idem etiam quod circulo, ei accideret, si ipsa se complecteretur et contineret. Non enim potest esse aliquid in seipso, quin a seipso contineatur. Etsi enim Deus ex se, et ipse seipsum continet ; tamen fieri non potest, ut idem contineat et se contineatur. Si autem ab alio continetur, hoc est quod dicebamus ad figuras pertinere. Caret etiam colore, quia est substantia quae non est in subjecto. Quomodo recipiet colores, quae non potest cadere sub aspectum, qui colores discernit? Sicut ergo non est haec omnia divina unitas, sic neque habet universitatem vel universum, quod partes recipit, alioqui incidet utrumvis eorum quae diximus. Omnis enim oratio, vel effertur universe in universis, aut in universis non universe, sed particulariter, ut ait Dionysius cap. 11 *De divinis nominibus.*

Neque in loco esse. Hoc enim proprium est corporum et rerum circumscriptarum. Deus autem incorporeus est, et nullo termino circumscriptus, quare nec ipse est in loco, neque quae in ipso sunt tanquam in loco sunt ; sed habet ea ut seipsum habens, et in eis exsistens, omnibus quidem simul exsistentibus, et in impartibili in ipso exsistentibus, distinctis vero in impartibili impartibiliter.

---

[c] Sap. XIII, 5. [d] Gen. I, 1. [e] Gen. I, 26.

Neque videri, etc. Divinus Diodochus et silentii magister, in libello *De spirituali perfectione* : Nemo, inquit, cum sensum mentis audit, speret videre oculis gloriam Dei. Sentire enim eam dicimus gustu quodam, qui exprimi non potest, divinæ consolationis, cum quis animam purgaverit; non autem apparere ei aliquid eorum quæ sub aspectum cadunt : siquidem nunc per fidem, et non per speciem ambulamus, sicut Apostolus ait [f]. Si qui igitur eorum qui certant [1] vel lumen, vel figura quæpiam, vel aliquid ad similitudinem ignis appareat, ne amplectamur hujusmodi visum; est enim fallacia inimici manifesta. Quæ quidem res multos fefellit, qui propter ignorantiam a via veritatis male deflexerunt. B. Chrysostomus in oratione *De incomprehenso* : Quod in Deo est incomprehensum, non sic scimus, sicut illæ potestates, quæ tanto magis sciunt, quanto mundiores, et sapientiores, et perspicaciores, quam humana natura sunt. Accretio enim sapientiæ accretionem reverentiæ creat, sicut id quod ex radiis solis non potest aspectus ferre. Non sic cernit cæcus, sicut qui videt : ad eumdem modum quod est in Deo incomprehensum, non sic nos, ut illi, cognoscimus. Quantum enim interest inter cæcum et videntem, tantum interest inter nos et illos. Et rursus idem in iisdem : Illi igitur angeli aspectus tegunt, hi vero alioqui homines contendunt intendere oculos impudenter in gloriam inexplicabilem. Quis eos non defleat? quis non lugeat hanc vecordiam et extremam dementiam? Et iterum idem, cum explanat illud : *Vidimus gloriam ejus, gloriam quasi Unigeniti a Patre* [g] : Non, inquit, vidissemus, nisi per corpus nobis assuetum, et nobiscum altum, nobis apparuisset. Et adhuc in homilia 15 *in Joannem* : Si *Deum nemo vidit unquam* [h], quid igitur, inquit, respondebimus grandiloquo Isaiæ, cum ait : Vidi **570** *Dominum sedentem super solium excelsum et elevatum* [i] ? et Joanni, qui ei testimonium præbet, cum ait: *Hæc dixit quando vidit gloriam ejus* [k]? Quid Ezechieli? siquidem ipse etiam vidit eum sedentem super cherubim [l]. Quid Danieli? cum ait : *Antiquus dierum sedit* [m]. Quid Moysi? qui dixit : *Ostende mihi faciem tuam, ut sciam te* [n]. Jacob autem hinc nomen accepit, cognominatus Israel, id est, *Videns Deum* [o]. Quid igitur ait Joannes : *Deum nemo vidit unquam* [p]? Liquet omnia illa ad condescensionem pertinuisse. Quia enim futurum erat, ut Filius Dei in vera carne appareret, assuefaciebat eos a principio Deus in gloria Dei videnda, quantum ab eis videri poterat. Quid enim sit Deus, non solum prophetæ, sed nec angeli, nec archangeli viderunt; solus Filius et Spiritus sanctus eum vident. Quomodo enim omnis natura creata videre poterit non creatum? Nam si potestatis incorporeæ, quamvis creatæ, visionem clarum penitus capere non possumus (et hoc sæpe numero in angelis demonstratum est), multo magis substantiæ non creatæ. Idcirco Paulus ait : *Quem nullus hominum vidit, sed nec videre potest* [q]. Et de Filio dicit, non esse aspectabilem non solum hominibus, sed et superis potestatibus [r]. Postquam enim paulo post dixit Paulus, *Manifestatus est in carne*; subjunxit: *Apparuit angelis* [s]. Itaque tunc visus est angelis, quando carnem induit. Sed quomodo nunc dicit : *Ne contemnatis unum ex his pusillis. Dico enim vobis, quia angeli eorum semper vident faciem Patris mei, qui in cœlis est* [t]? Quid igitur? Faciemne habet Deus, et in cœlis circumscriptus est? Quid ergo est quod dicitur; sicut cum dicit : *Beati mundo corde, quoniam ipsi Deum videbunt* [u]. Aspectum mentis, quem habere poterimus, et notionem de Deo dicit : sic et in angelis interpretandum est, propter puram ipsorum et vigilantem naturam, nihil aliud quam Deum semper cogitare.

Ubi nota, cum Patres dicunt nullam creaturam videre Deum posse, intelligendos esse de naturali, vel de comprehensiva visione, et quid sit. Etsi autem ante incarnationem quoque videbatur Deus ab angelis, et apparebat eis, tamen quia cum in mundo apparuit per carnem, tunc illis ipsis angelis excellentius apparuit, et visus est; idcirco Scriptura tunc dixit, ὤφθη, id est *apparuit*, et visus est angelis, quando carnem induit. Tunc enim perfectius et divinius cognoverunt illa quæ sunt Dei propria, bonitatem, justitiam, misericordiam, sapientiam, potentiam, et alia quæ in mysterio Incarnationis ac reparationis humanæ maxime eluxerunt.

PARAPHRASIS PACHYMERÆ.

Omnium causa et supra omnia Deus est. Hæc itaque nec essentiæ, neque vitæ, neque rationis, neque mentis expers exsistit; gradatim vero et secundum ordinem, ab extremis incipiens, ad sublimiora conscendit, quoniam est theologia negativa. Magis enim Deus est non expers substantiæ, quam non expers mentis; plures nimirum concesserint quod non sit substantiæ expers, quam quod non sit mentis expers, siquidem ἀνούσιος, id est carens substantia, crassiorem habet improportionem, ἄνους vero, seu mentis expers, subtiliorem; et idcirco illius negationem facilius admittent, quam hujus. Necessario autem hic Pater per ista præmuniit auditorem, ne in sequentibus negationibus, quando dicit : Neque corpus est, neque hoc, neque illud, existiment Deum omnino non esse. Sed in his qui-

A dem ipsum supponit esse : cum enim diceret, *neque essentia carere*, essentiam significabat; *neque vita* **571** *carere*, vitam declarabat; *neque irrationalem esse*, rationem demonstrabat; *neque amentem exsistere*, mentem manifestabat. In his itaque supponens ipsum esse, in iis quæ sequuntur, cum dicit corpus, et cætera, secundum nihil eorum quæ exsistunt, esse, sed supra substantiam esse insinuavit; quod enim non est, id essentia caret. Et rursum id quod non corpus, sed supra omnem aliam substantiam exsistit, id et est, et supra substantiam est. Cum vero dicit : Neque corpus est, tollit etiam ea quæ circa corpus sunt; siquidem et figura, et forma, et quantitate, et qualitate, et mole caret. Sed neque in loco est; omne enim quod circumscribitur, id est in loco, quoniam locus est terminus continentis.

[f] II Cor. 5, 8. [g] Joan. i, 14. [h] Ibid. 18. [i] Isa. vi, 1. [k] Joan. xii, 41. [l] Ezech. x, 1. [m] Dan. vii, 9. [n] Exod. xxxiii, 13. [o] Gen. xxxii, 28. [p] Joan. i, 18. [q] I Tim. vi, 16. [r] I Tim. i. [s] I Tim. iii, 16. [t] Matth. xviii, 10. [u] Matth. v, 8.

(1) Certamen intelligit, quo certamus cum lege carnis.

Deus autem qui ubique præsens est, et implet omnia, a nullo continetur, sed neque videtur, neque tactum habet, quia neque sensibilis exsistit (sensus enim circa ea versantur quæ sentiuntur) neque sentitur: *neque enim sensile quid est, neque sensus habet*. Neque passionibus turbatur, neque ex impotentia sensilibus passionibus obnoxius est. Neque ipsi opus est lumine, neque immutatur, neque corrumpitur: immutabilis enim et immortalis exsistit. Neque divisionem subit, dum tres Personæ vitæ principes per propriam suam subsistentiam et subsistunt, et intelliguntur. Neque privationem: eam bona quæ Deo insunt, et supraquam plena sunt et naturalia. Neque fluxum sustinet, siquidem sine fluxu unigenitum Verbum ex Patre gignitur, et sanctus ille Spiritus sine passione ex Patre procedit. Neque quidquam aliud rerum sensibilium vel est vel habet. Dicit quidem illud *est*, propter ea quæ per se subsistunt, ut spiritus, aer, lapis; illud vero *habet*, propter jam declaratas corporeas qualitates.

---

572 CAPUT V.

Quod nihil rerum intellectilium sit is qui omnis rei intellectilis secundum excellentiam est auctor.

SYNOPSIS CAPITIS.

Docet, Deum nihil esse eorum quæ nos cognoscimus; sed esse supra omnia ista quæcunque quomodocunque a nobis concipi vel intelligentia percipi possunt.

Rursus autem ascendentes dicimus, quod nec anima sit, neque mens, nec imaginationem, vel opinionem, vel rationem, vel intelligentiam habeat; neque sermo est, neque intelligentia; neque dicitur vel intelligitur; neque numerus est, neque ordo, neque magnitudo, neque parvitas, neque æqualitas, neque similitudo, neque dissimilitudo; neque stat, neque movetur, neque quiescit, neque habet potentiam; nec est potentia, neque lumen, neque vivit, neque vita est, neque substantia est; neque sæculum, neque tempus, nec est ejus tactio intellectilis, neque scientia, neque veritas est, neque regnum, neque sapientia, nec unum, nec unitas, neque divinitas, neque bonitas, neque spiritus est, ut nos spiritum cognoscimus; nec est filiatio, neque paternitas, nec aliud quidquam eorum, quæ nobis, aut ulli eorum qui sunt, cognita sunt; neque aliquid eorum quæ non sunt, neque quæ sunt; neque quæ sunt eam cognoscunt quatenus est, nec ipsa cognoscit quæ sunt quatenus sunt; nec est illi ratio, neque nomen, neque cognitio; neque tenebra est, neque lumen, nec error, neque veritas; nec est ejus in universum positio, nec ablatio; imo cum eorum, quæ post ipsam sunt, positiones et ablationes facimus, ipsam neque ponimus, neque tollimus; quia supra omnem positionem est perfecta; et singularis omnium causa; et supra omnem ablationem exsuperatio omnium simpliciter abstracta, et ultra omnia.

---

573 ADNOTATIONES CORDERII.

Pro meliori horum intelligentia, consulenda sunt in generalioribus observationibus, octava et nona, quæ ex Lessio notavimus; apud quem etiam vide caput secundum, libro primo *De perfectionibus divinis*, ubi agit de Dei incomprehensibilitate.

Nec anima est, neque mens. Per animam tanquam per partem hominis principalem, designat hominem; per mentem vero angelum intelligit, qui definitur νοῦς ζῶν, id est *mens viva*, scilicet ob intelligendi præcellentiam præ cæteris creaturis. Unde a philosophis angeli κατ' ἐξοχὴν *intelligentiæ* nuncupantur. Vult itaque dicere Deum neque hominem esse neque angelum, atque adeo *neque imaginationem vel opinionem, vel rationem vel intelligentiam habere*, qui sunt quatuor gradus cognitionis. Atque inter illos infimus quidem est imaginatio, quæ est rerum sensui subjectarum sensibilis et interna repræsentatio. Hanc sequitur, et in ea fundamentum habet opinio, quæ est assensio debilis animæ rationis, probabilitate quidem nixa, sed non omnino expers formidinis. Tertium locum tenet ratio, id est scientia, quæ ratiocinatione seu demonstratione oritur. Quartum denique et supremum gradum obtinet mens seu intelligentia, quæ est pura et simplex rerum contemplatio; qualis angelorum propria est, et de speciali quadam Dei gratia in spiritualibus quibusdam viris ac mysticis theologis quandoque reperitur. Hos igitur omnes cognoscendi modos hic a Deo removet, qui omnino alia ratione intelligit quidquid intelligit, scilicet seipso, nullo interveniente actu a se distincto, ut verbo dicam, incomprehense. Hinc *neque sermo est*, quo scilicet homines loquuntur, *neque intelligentia*, quali utuntur angeli; *neque dicitur, vel intelligitur*, quippe innominabilis et inintelligibilis, ut sæpe dictum est. Pulchre Synesius hymno quarto de Deo trino et uno, Deum Patrem invocans, ait, Πάτερ ἄγνωστε νόῳ, ἄρρητε λόγῳ, et Arnobius libro primo, De quo, inquit, nihil dici et exprimi mortalium potis est significatione verborum, qui ut intelligaris, tacendum est; atque ut per umbram in possit errans investigare suspicio, nihil est omnino metuendum. Nec est mirum, si ignoraris; majoris admirationis est, si scieris. Quin et argute Augustinus libro primo *De doctrina christiana* capite quinto et sexto: Diximusne, inquit, aliquid et sonuimus aliquid dignum Deo? Imo vero me nihil aliud quam dicere voluisse sentio. Si autem dixi, non est hoc quod dicere volui. Hoc unde scio, nisi quia Deus ineffabilis est? Quod autem a me dictum est, si ineffabile esset; at per hoc ne ineffabilis quidem dicendus est

Deus, quia et hoc cum dicitur, aliquid dicitur; et fit nescio quæ pugna verborum; quoniam si illud est ineffabile quod dici non potest, non est ineffabile quod vel ineffabile dici potest; quæ pugna verborum silentio cavenda potius, quam voce paranda est.

Neque numerus est. Quia per se unitas, et solus vera unitas, a qua omnis numerus, cum sit supra numerum. *Neque ordo,* cum hic sit inter diversa, Deus autem perfectissime unus et Idem Deus, ita ut nec in Personis divinis sit ullus ordo dignitatis, sed tantum originis et processionis. *Neque magnitudo, neque parvitas, neque æqualitas, neque similitudo; neque stat, neque movetur, neque quiescit.* De hisce singulis consule caput nonum *De divinis nominibus,* et ibidem nostras adnotationes. *Neque habet potentiam, neque est potentia.* Vide de his quæ dicta sunt capite octavo et decimo *De divinis nominibus. Neque lumen, neque vita est;* vide ibidem caput sextum. *Neque substantia est;* vide ibidem caput quintum. *Neque sæculum, neque tempus;* vide ibidem caput decimum. *Neque est ejus tactio intellectilis, neque scientia, neque veritas est;* vide ibidem caput septimum. *Neque regnum;* vide ibidem caput duodecimum. *Neque sapientia;* vide ibidem caput sextum. *Nec unum, nec unitas;* vide ibidem caput tertium decimum.

Neque divinitas, neque bonitas. De his vide *De divinis nominibus* caput duodecimum et quartum.

Nota, inquit sanctus Maximus, quod neque divinitas substantia est Dei (scilicet prout à nobis concipitur) sicut nec unum aliquid eorum quæ dicta sunt, neque contrariorum eis; quare nihil ipsorum est. Non enim sunt hæc substantia, sed gloria circa eum. Non dixit gloria in eo, quæ est increata, id est ipsa essentia, sed circa eum sunt, quæ ab eo creata sunt, quæ ab eo creata sunt, ex quibus a nobis glorificatur et laudatur. Sic et Gregorius theologus sermone tertio *Theologiæ* suæ dixit, quod neque divinitas, nec ingenitum, neque paternitas substantiam Dei significent, scilicet ut nos divinitatem cognoscimus. Cognoscimus enim divinitatem creatam in iis, qui per participationem dii dicuntur, sive angeli sive homines sint. Hujusmodi autem divinitas creata nec est, neque significat divinitatem Dei, quæ essentia sive substantia ejus est; sed potius divinitas, bonitas, sapientia, et cætera, ut nos cognoscimus ista, gloria sunt circa Deum, quæ ab his quæ ab eo creata sunt, glorificatur et celebratur.

Observa præterea, quod *neque spiritus est, ut nos spiritum cognoscimus; neque filiatio est, neque paternitas,* scilicet ut nos Patrem et Filium cognoscimus. Illud enim, *ut nos cognoscimus,* in omni negatione superiorum accipe. Declarat autem, quod dici solet secundum nostram cognitionem.

Neque (inquit Cyparissiotus) te moveat hoc caput, ut putes hunc divinum auctorem aliquid blaspheme dicere. Propositum enim est ei demonstrare, Deum nihil eorum esse quæ sunt, sed esse supra omnia. Etenim si ipse omnia produxit, quomodo potest esse aliquid eorum quæ sunt? Dixit autem quod nec ea quæ sunt, cognoscant Deum causam omnium; at non cognoscere Deum, interitus plane est. Verum statim id exposuit, quod dixerat, cum subjunxit : *Quatenus ipse est;* quod perinde est ac si dicatur : Nihil ex iis, quæ sunt, cognoscit Deum, adæquate seu comprehensive; *dictum enim est : Nemo novit Filium nisi Pater, neque Patrem quis novit nisi Filius* [1].

Rursum subjungit magnus Dionysius, et ait : Nemo cognoscit Filium *quatenus est,* nec ipse Deus cognoscit ea *quæ sunt quatenus sunt,* id est (ut explicat Cyparissiotus), non novit intendere mentem secundum sensum, ad ea quæ sensilia sunt; nec ad substantias quatenus substantiæ sunt. Hoc enim non convenit Deo, qui non cognoscit alia quatenus sunt in seipsis, sed in se ipso, id est in sua essentia, in qua omnes species rerum sunt comprehensæ, et multo excellentius in eo quam in se ipsis sunt. Nos enim qui homines sumus, ea quæ sensu percipiuntur, aut aspectu, aut gustu, aut tactu, intelligimus quid sint : ea vero quæ sub intelligentiam cadunt, aut per disciplinam, cum ex magistro discimus, aut per doctrinam, cum nostro studio et industria sine magistro docemur; aut per illuminationem, cum Deus revelat, cognoscimus; Deus autem nullo modo ex istis novit ea quæ sunt, sed potius ex seipso cognitionem omnium habet. Hoc eni n insinuat Scriptura cum ait : *Qui novit omnia antequam fierent* [2]. Quod quidem declarat, non secundum rationem productionis eorum novisse ea Deum, secundum sensum aut intelligentiam; sed potius supra omnem sensum et intelligentiam, in se tantum intuens.

Item Gregorius theologus loco supra citato : Quæ sunt, inquit, id est creaturæ, non possunt supra naturam suam ferri intelligendo. Consentanee igitur, cum in se intuentur, divinam naturam ignorant secundum illud quod ipsa est. Sic igitur divina natura in se ipsam intuens, non novit in se esse creaturas secundum rationem substantiæ eorum, quia ipsa divina essentia est propria ratio substantiæ cujusque creaturæ in infinitum perfectior, quam propria ratio substantiæ in ipsa creatura. Hoc enim significavit cum dixit : *Quatenus sunt :* siquidem est supra omnia quæ sunt, et ipsum esse supra substantiam habet; aliter enim nemo dicet ignorare Deum creaturas suas.

Ex quibus fit manifestum, quod unitas supra substantiam ab omnibus abstracta est et supra omnia est. Immensis enim mensuris, et quæ conferri non possunt, causæ, supra effectus locantur et eximuntur, et ab eis absunt, ut sæpe dictum est. Quomodo enim creaturæ et facta, et quæcunque vocabulo entium significantur, conferri possunt cum natura quæ ultra omnia est? Unde convenienter sibi causa omnium, non est unum eorum quæ sunt, non dico quæcum que aliquis numeraverit, sed si quis cogitatione fingeret, et ad illa quæ ultra sæcula sunt, refugeret, opiniones essent rationi apud nos inaniter quidem ad illa, quæ ultra omnia sunt, proficiscentis; tantum vero a re distantis quantum simulacrum a veritate, et domus ab eo qui eam fabricavit, et umbra ab iis quæ sunt et per se exsistunt. Non enim fieri potest, ut quæ finita sunt, pertranseant quod infinitum est; quamvis mens multas infinitates reperiat, et secum reputet, nihilominus ab infinitate vera excidit, et tanquam cum umbra pugnare convincitur, attrectans; sicut qui tenebris crassissimis involuti sunt, et in iis ruunt. Ob hanc causam theologiam secundum negationem in multis valentiorem esse theologia affirmanti, demonstratum est; non quidem quod theologia ex negantibus magis Deum assequatur et attingat (ex æquo enim utraque aberrat a conjectura de Deo), sed quod theologia negans plus profiteatur nescire, et hoc ipso verior sit. Hanc enim solam, inquit sanctus Maximus, habet Deus veram cognitionem, non cognosci. Ex his patet Deum esse supra omnem affirmationem et negationem; et nos solum ignorando perfecte, et non videndo cognoscere eum, et de eo philosophari.

Ex omnibus igitur, quæ hactenus dicta sunt, constat, theologiam mysticam ad ignorationem Dei, qui perfecte hic in via neque cognosci neque videri potest, pertinere; atque adeo non tam esse partem theologiæ, quam supra theologiam, quippe quæ supra mentem et sermonem ac rationem perficiatur. Hanc ergo cognitionem supra mentem vocant omnes illi præclari ac divini viri, qui, ut mihi videtur, ex

---

[1] Matth. XI, 27. [2] Dan. XIII, 12.

eo quod illam experti sunt, nomen ei indiderunt. Conjunctio enim cum Deo supra mentem, est ingredi per ignorantiam perfectam in illud infinitum, et quod comprehendi non potest, et in pelagus immensum naturæ ejus, ubi omnis natura defatigata sistit se, et ulterius progredi non audet, quod a divino quodam odore, et quadam a corpore et a creaturis avocatione, in laudabilem et beatum statum, non solum admirabilius quam dici possit, sed quam intelligi, aliquando restituit; conjunctio ergo hæc cum Deo supra mentem, et hujusmodi divina exstasis, cum sit supra speciem theologiæ, a sancto Dionysio recte *mystica* seu arcana *theologia* nominatur. Dionysius Carthusianus, qui doctissimos simul et piissimos in sanctum Dionysium edidit Commentarios, epilogi loco pulchram movet quæstionem, quæ digna visa fuit ut hic ex eodem ad totius Operis complementum adjiceretur, cum iis quæ hactenus explicata sunt, illustrationem aliquam afferre posse videatur.

QUÆSTIO MYSTICA.

An mens humana in visione ac contemplatione mysticæ theologiæ videat seu intelligat vere et objective ipsummet Deum. Quod si ita, an videat ipsum intuitive, an abstractive: atque insuper, an habeat de Deo conceptum distinctum ac proprium, vel quidditativum, an solum confusum ac generalem.

Quod in contemplatione tam theologiæ affirmativæ, seu proprie dictæ (de qua tractat sanctus Dionysius libro *De divinis nominibus*), quam theologiæ negativæ seu mysticæ (de qua jam in hoc libro *De mystica theologia* actum est) Deus vere et objective intelligatur, hoc modo videtur probari posse.

Primum, quia in omni intellectione actuali, reali et vera, est aliquod verum et reale objectum; sed utraque ista Dei cognitio est vera, realis, et actualis intellectio Dei; ergo habet verum et reale objectum circa quod versatur, et cui infigitur ac intendit; alioquin esset apprehensio vana, phantastica et frivola. Hoc ergo objectum reale vel est ens creatum, aut increatum. Si sit increatum, habet propositum; sin creatum, omnes illæ cognitiones seu contemplationes sunt falsæ, cum nullum ens creatum proprie dicatur, prædicetur aut verificetur de superbeatissimo infinitæ excellentiæ Deo.

Præterea, cum verbi gratia dico, Deus est ens omnifarie perfectum, seu perfectionaliter infinitum, Deus est actus purus, Deus est universorum creator; istæ et consimiles propositiones sunt veræ atque catholicæ, ac proprie dictæ; non metaphoricæ, aut symbolicæ seu translativæ: in omnibus autem his apprehendo æternum et increatum objectum de quo solo verificantur, et illud aliquo modo intelligo et agnosco; ergo et illud intueor, cum istud intelligere sit mentaliter intueri. Unde et distinctum ac proprium de hoc objecto conceptum apprehendo, formo ac habeo qui de alio nullo verificatur, et ad Dei essentialia pertinet, in quo nullum est accidens.

Similiter in propositionibus mysticæ theologiæ, cum dico, Deus non est ens nec esse, nec essentia, nec vivens, nec vita; item, Deus non est unus nec unitas, nec trinus nec trinitas, nec sapiens nec sapientia, nec virtus neque omnipotens, nec verus nec veritas, etc., in hujusmodi propositionibus negativis relinquitur ac supponitur seu præsupponitur positio et affirmatio aliqua, sensusque positivus, utputa, supergloriosissimus et superessentialissimus, Deus est ens et esse atque essentia, et Deus ac Deitas, unus et unitas, trinus et Trinitas, vivens et vita, sapiens ac Sapientia, scilicet infinite sublimius, perfectius ac gloriosius quam capere valemus : ita ut nihil horum intelligamus, concipiamus, aut intueamur, secundum naturam et modum quo in Deo sunt, et ei conveniunt, et sunt quod ipse est; quia nihil horum intelligimus quidditative seu ut *quid est*, aut a priori, aut in seipso, sed tantum ex suis effectibus, et in illis, et quantum ad *quia est*, puta a posteriori. Attamen ipsum ens increatum est objectum apprehensionum et contemplationum istiusmodi.

In contrarium vero hujus arguitur. Primum, Si in præfatis cognitionibus Deus sit immediatum proximumque objectum, immediate inspiciemus ac cognoscemus eum quidditative, et intuebimur essentiam ejus ut in seipsa est, quod fieri non posse expresse docet sanctus Dionysius in *Epistola ad Caium*, dicens : *Si quis videns Deum, intellexit id quod vidit, non ipsum vidit, sed aliquid eorum quæ sunt circa ipsum, id est aliquid divinorum effectuum.* Quod ipsum etiam in hoc libro Mysticæ theologiæ affirmat. Sed et Joannes Damascenus libro primo, cap. 4, asserit : « Quæcumque dicimus de Deo affirmative, non naturam ejus, sed ea quæ sunt circa naturam ejus ostendunt. » Et iterum : « Oportet, inquit, quodlibet eorum quæ de Deo dicuntur, non quid ipse est secundum substantiam significare, sed quid non est, ostendere; aut habitudinem quamdam, aut aliquid eorum a quibus separatur et distinguitur, aut aliquid eorum quæ consequuntur, naturam, aut operationem. »

Præterea (ut in superioribus frequenter ostensum est, et nominatim in fine capitis primi *Mysticæ theologiæ*, perfectissima Dei contemplatio, secundum S. Dionysium, in præsenti est illa, qua conjungimur ei tanquam prorsus incognito, non ergo ipsum objective cognoscimus.

Verum his denuo contrariari videntur quædam verba sanctorum Patrum aliorum, ut S. Gregorii, qui in libro *Dialogorum* ait : « Animæ videnti Creatorem, angusta est omnis creatura. Quamlibet enim parum de luce Creatoris aspexerit, breve fit ei omne quod creatum est; quia ipse luce intimæ visionis mentis laxatur sinus, tantumque expanditur in Deo, ut superior exsistat mundo. » S. Hieronymus item in *Regula* sua fatetur se sæpius per hebdomadas raptum fuisse, increatamque lucem, id est ipsam superbeatissimam Trinitatem, conspexisse. Et multi sanctorum multoties in hac vita rapti fuerunt in divinas glorias Dei, et in abyssum lucis immensæ absorpti. Unde et gloriosus Pater Bernardus in *Epistola ad fratres de Monte Dei* juxta sublimem suam experientiam scripsit : « Quidquid in via hac de visione et cognitione Dei fidelibus impartitur, speculum est et ænigma, tantum distans a visione futura et cognitione, quantum a veritate distat fides, umbra a luce, tempus ab æternitate; nisi dum aliquando fit quod de Deo in libro Job legitur : *Qui abscondit lucem in manibus, et præcipit ei ut rursus oriatur, et annuntiat de ea dilecto, quod possessio ejus sit, et ad eam possit ascendere* ⁾. Electo etenim et dilecto Dei, aliquando lumen quoddam vultus Dei ostenditur, sicut lumen clausum in manibus, quod patet et latet ad tenentis arbitrium, ut per hoc quod quasi in transcursu seu puncto videre permittitur, inardescat animus ad possessionem æterni luminis plenam, hæreditatemque gloriosam beatificæ visionis. Cui ut aliquatenus innotescat, id quod ei deest, nonnunquam quasi pertransiens gratia perstringit sensum amantis, et eripit eum sibi, et rapit in diem qui est sine tumultu ad gaudia silentii, et pro modulo suo ad momentum, ad punctum id

---

⁾ Job. XXXVI, 32, 33.

ipsum ostendens ei videndum sicuti est. Interim etiam efficit ipsum in idipsum, ut sit et ipse pro modulo sicut illud est. »

Amplius hanc difficultatem tangit Joannes de Gerson in Tractatu suo *De mystica theologia* : « Si divinum, inquiens, Dionysium edoctum a conscio secretorum cœlestium Paulo, placet inspicere, ubi de mystica disseruit theologia cum expositoribus suis, invenimus eum tenere modum avertendi se a phantasmatibus corporeis, ut, abnegatis omnibus quæ vel sentiri possunt vel imaginari, sive intelligi, ferat se spiritus per amorem in divinam caliginem, ubi ineffabiliter et supermentaliter Deus cognoscitur. Dat exemplum de statuarsico sculptore, qui ex ligno aut lapide abradens format agalma pulcherrimum, hoc est simulacrum, per solam ablationem. Conformiter spiritus removens omnia per abnegationem quæ hic potest cognoscere, quæ suam utique secum gerunt imperfectionem, vel potentialitatis, vel dependentiæ, vel privationis, rei mutabilitatis, invenit omnibus his ablatis tandem pulcherrimum Dei agalma, id est notitiam rei actualissimæ sine potentialitate, supremæ sine dependentia, perfectæ et puræ sine privatione, necessariæ sine mutatione. »

Cæterum an notitia illa sit solum experimentalis in affectu supremo deitati per amorem unito, an vero possit dici etiam intellectualis, non quidem intuitiva, sed abstractiva, et non solum connotativa, sed absoluta, consideratione et inquisitione dignissimum.

Habet utraque pars suos elevatis-imos defensores. Sunt enim, qui exponentes sanctum Dionysium, primum tenent; sunt item alii, qui ultra prædictam experimentalem seu experimentativam de Deo notitiam, dicunt etiam haberi posse intellectivam per conceptum proprium absolutum esse divini, quamvis non intuitivum, si imperfectio ab ipso removeatur et abstrahatur. Idem de vita, de bonitate, de sapientia, de potentia, et consimilibus prædicatis perfectionalibus dicunt.

Ad secundam hanc partem flecti videtur sanctus Augustinus pluribus locis, præsertim in libro *De Trinitate*, docens hoc modo nos ferri in bonum absolutum. Sanctus quoque Bonaventura in suo *Itinerario* capite sexto idem insinuat. Unde videtur quod, abstracta ab ipso esse omni potentialitate, dependentia, privatione, **577** et alia omni imperfectione ac finitate, resultet conceptus Dei absolutus ac proprius.

Advertendum autem, quod (uti idem ait in scripto Quarti) abstractio ista possit tot modis contingere, quot modis invenitur dissimilitudo. Primo enim contingit dissimilitudo, dum forma participatur secundum eamdem rationem speciei, sed non secundum eumdem modum seu gradum perfectionis, ut in duobus quorum unus est albior alio. Secundo, dum forma participatur secundum eamdem generis rationem, non speciei, ut inter duos coloratos, quorum unus sit albus, alius niger. Tertio adhuc minor est similitudo, dum aliqua non conveniunt in genere, sed in analogia, ut est similitudo coloris ad hominem, in hoc quod utrumque sit ens, sicque deficiens est omnis similitudo creaturæ ad Deum.

Insuper quidam (ut Rabbi Moses et Avicenna) dixerunt, quod perfectiones creaturarum non conveniant Deo nisi dupliciter, ut puta negative et causaliter. Ac negative quidem primo, ad removendam privationem seu defectum oppositum, ut cum dicimus Deum sapientem, ad innuendum quod in eo non sit insipientiæ malum. Secundo, prout ex negatione relinquitur seu consequitur aliquid ; ut ex hoc quod quis dicitur immaterialis relinquitur quod sit intelligens ; atque ita, secundum istos hujusmodi nomina Deo attribuuntur magis ad removendum, quam ad ponendum quidquam in eo. Causaliter vero seu per modum causalitatis conveniunt Deo ; primo secundum quod causat perfectiones in creaturis, ita ut dicatur bonus ac sapiens, quia sapientiam ac bonitatem rebus infundit ; secundo, quia ad modum creaturæ se habet, ita ut dicatur volens ac pius, quoniam in causando, instar volentis ac pii se habet. Sicut etiam dicimus eum iratum. Et juxta istam positionem, omnia quæ dicuntur de Deo et creaturis, dicuntur de iis pure æquivoce, et nulla similitudo est creaturæ ad creatorem, ex hoc quod creatura vocetur sapiens, justa, pia, etc., quod etiam expresse asserit Avicenna.

At his objicitur, quod simili modo Deus posset dici lapis et lignum ; quia est causa horum ; nec sic ex cognitione creaturarum duceremur in veram Dei cognitionem ; nec verum videretur id quod Dominus dixit : *Faciamus hominem ad imaginem et similitudinem nostram* ᶻ. Quod item in Ezechiele habetur : *Tu cherub signaculum similitudinis Dei* ᵃ. Omnis quoque effectus dicitur participata suæ causæ similitudo.

Veruntamen huic opinioni concordare videtur, quod super mysticam theologiam scribit Albertus, dicens : « Deus non habet aliquod commune quod sit in ipso et creaturis, neque ut species, neque ut genus, neque ut analogiæ principium; sed est ibi tantum imitationis communitas, qua creata imitantur creatorem ut queunt; et hæc non est communitas. Propter quod etiam non est vera aliqua apud nos prædicatio vera de Deo. » Quæ verba inepte sonare videntur, nisi forsitan sumat prædicationem veram, pro prædicatione proprie dicta.

Est etiam alia positio, quatenus perfectiones creaturarum sunt in Deo præeminenter, idque quoad tria. Primo, quantum ad universalitatem ; quia in Deo sunt omnes perfectiones adunatæ. Secundo, quantum ad plenitudinem ; quia in Deo sunt cum infinita perfectione. Tertio, quoad simplicitatem et unitatem ; quæ enim in creaturis sunt diversa ac multa, in Deo sunt unum. Hæc est doctrina sanctorum Dionysii et Anselmi, ac plurium aliorum quos doctores præcipui, sanctus Thomas, Alexander, sanctus Bonaventura, Richardus, Petrus Ægidius, et alii multi sequuntur, et rationabilior quoque videtur. Veruntamen Scotus, in scripto suo *Super primum sententiarum*, tenet, quod conceptus entis sit univocus et communis Deo et creaturis, atque ita ens univoce prædicetur de eis; negat tamen, Deum esse in aliquo prædicamento. Aliqui vero dicunt, quod in prædicamento exsistat, ut Franciscus de Maronis, et qui Nominalistæ dicuntur. Denique Guilielmus Parisiensis in *Divinali* suo *de Trinitate*, et Antisiodorensis in *Summa* sua, Henricus etiam de Gandavo in *Summa* sua, et in *Quodlibeticis* tuentur, Deum in prædicamento non esse, nec aliquid de ipso et creaturis dici univoce sed analogice tantum. Quæ positio non solum est verior, sed etiam congruentior infinitæ superincomparabili et superessentiali majestati divinæ, ac conformior beatissimi Dionysii documentis, qui Deum in libris suis tam frequenter supersubstantialem, superessentialem, supermagnum, supersapientem, et prorsus ineffabilem, incognoscibilem, indefinibilem, illimitabilem nominat. Si autem esset in prædicamento, haberet genus et differentiam, ex quibus posset cognosci, describi seu definiri ac notificari.

Vis rationum D. Thomæ in hoc fundatur, quod nimirum cognitio fiat per formam seu speciem et similitudinem cogniti, idque dupliciter. Primo, per propriam formam seu speciem, juxta illud philosophi : « Lapis non est in anima, sed species ejus. » Secundo, per formam alterius similis sibi, ut causa per si-

---

ᶻ Gen. I, 26. ᵃ Ezech. XXVIII, 12.

militudinem effectus sui, et homo per formam suæ imaginis. Porro, per propriam formam **578** aliquid dupliciter videtur : Primo, per formam quæ est ipsamet res, quemadmodum Deus cognoscit se per suam essentiam, similiter angelus per propriam essentiam cognoscit seipsum; secundo, per formam quæ est a re ipsa, sive sit abstracta a re ipsa, ut quando forma seu intelligibilis species est immaterialior quam ipsa res, ut species lapidis abstracta a lapide ; sive sit impressa intelligenti ab intellecto, ut dum res intellecta simplicior est quam species ejus, sicut, secundum Avicennam, intellectus humanus cognoscit substantias separatas per impressionem earum in ipsum.

Cum itaque Deum in hac vita *non cognoscamus* nisi per suos effectus, qui a plena repræsentatione divinæ essentiæ deficiunt infinite, neque adæquant potentiam creatoris (imo ab adæquatione ac perfecta repræsentatione omnipotentiæ ejus distant atque descisccunt penitus in immensum) non possumus Deum in via cognoscere clare in se et immediate, seu quantum ad *quid est*, sed solum a posteriori, et *quia est*. Verumtamen in hac cognitione Dei *quia est*, ut etiam gradus et ordo, ita ut unus sic cognoscentium Deum, cognoscet eum multo perfectius et clarius quam alius; causa namque ex suo effectu tanto perfectius cognoscitur, quanto per effectum plenius apprehenditur habitudo causæ ad suum effectum. Porro hæc habitudo in effectu non pertingente ad adæquationem causæ suæ, attenditur penes tria ; videlicet quoad progressum effectus a causa, et secundum hoc quod effectus consequitur plus de similitudine suæ causæ, atque secundum id quod deficit a perfecta ejus consecutione. Atque ita mens humana tripliciter proficit in cognitione Dei ex effectibus ejus. Primo, secundum quod perfectius cognoscitur efficacia Dei ad producendum ; secundo, prout nobiliorum effectuum noscitur esse causa (cum enim causata aliquam Dei similitudinem gerant, eminentiora, quæ illi similiora sunt, excellentiam ejus magis commendant) ; tertio, prout cognoscitur, magis elongatus ac eminens a cunctis creatis, et ab omnibus quæ resplendent et sunt in illis. Unde in *Divinis nominibus* sanctus Dionysius ait, cognosci Deum ex omnium causalitate, et excessu, et remotione. In hoc demum cognitionis profectu maxime juvatur mens humana, dum naturale lumen ipsius confortatur supernaturali lumine fidei, ac doni sapientiæ, et intellectus, ac nova illustratione superna, quæ per mentis puritatem, et probam conversationem acquiruntur ; per quæ omnia mens in contemplatione supra se elevatur, in quantum cognoscit Deum esse supra omne quod apprehendit. Verumtamen quia ad ejus essentiam videndam pertingere nequit, dicitur in seipsa quasi reflecti ab illius lumine superexcellenti, juxta illud Genesios: *Vidi Deum facie ad faciem* [b]; quocirca scribit sanctus Gregorius : « Visus animæ dum in Deum intenditur, immensitatis illius coruscatione reverberatur. »

Ex his certum censetur, quod in cognitione Dei per propriam speciem atque essentiam ipse superpræstantissimus Deus a beatis clare et objective, quidditative et intuitive *cognoscatur*; non tamen simpliciter comprehensive, id est non tam clare ac plene, sicut ex natura sua cognoscibilis est. Etenim sicut infinitæ est actualitatis, entitatis ac perfectionis, ita et infinitæ cognoscibilitatis; sicque sibi soli comprehensibilis et cognitus est, a qua comprehensione omnes beati infinite deficiunt; attamen plenarie contentantur et quietantur, quoniam vident illum sicuti est [c], et tota illorum naturalis capacitas impleta est, et superimpleta. Hinc et comprehensores vocantur.

At vero in contemplatione Dei in præsenti vita, per affirmativa de ipso proprie non metaphorice dicta (de quibus in libro *De divinis nominibus* agitur) cognoscitur Deus modo præfata, *quia est*; attamen objective et immediate, ita ut non sit medium *per quod* in ratione objecti, sit tamen medium *per quod* in ratione speciei intelligibilis ; quia per formas similitudinesque creatas, et non clare in seipso cognoscitur, ita ut ipsius essentia sit *quod* et *quo*, id est objectum et species per quam.

In contemplatione autem seu visione mystica theologiæ, qua Deus per omnium ablationem et abnegationem cognoscitur, clarius et sublimius noscitur et videtur, quam in contemplatione prædicta per affirmationes, ideo et objective, non tamen *quid est*, sed *quia est*, attamen per appropinquationem grandem ad notitiam quidditatis. Cæterum in hac contemplatione dicitur apex mentis et intelligentiæ vertex Deo uniri tanquam omnino ignoto, et in omnimoda caligine versari, nihilque penitus de illo cognoscere, non quod ab illius inspectione omnimode vacet (præsertim cum ista sit altissima, clarissima, perfectissima ac profundissima Deitatis contemplatio, cognitio, et visio huic vitæ possibilis, ut ipsemet magnus Dionysius, et expositores ipsius testantur), sed quia in hac contemplativa, et sapientiosissima ac ferventissima unione cum Deo mens acutissime et limpidissime conspicit, quam superincomprehensibilis, et superplusplendidissimus, et superluminosissimus, et superpulcherrimus, et superamabilissimus, et supergaudiosissimus sit ipse Dominus Deus omnipotens, et immensus, atque **579** quam infinite et indicibiliter a plena illius cognitione, et beatifica ejus fruitione ac visione faciali, immediate ac clare intuitiva distet, deficiat et occumbat. Ideo præ admiratione et amore deficit et defluit a seipsa, gaudiose quoque ac dulciter absorbetur, obdormit, et quiescit in superdilectissimo Deo, creatore, salvatore ac miseratore, imo et supergratiosissimo suo sponso, totius beatitudinis suæ superpiissimo fonte, omnipotentissima et liberalissima causa.

Nec refert, sanctum Thomam (1) in hujus quæstionis determinatione, sicut et alibi sæpe, affirmare, intellectum nostrum intelligere non posse nisi speculando phantasmata. (« Intellectus enim, inquit, noster secundum statum viæ habet habitudinem determinatam ad phantasmata, quoniam comparatur ad ea sicut visus ad colores ; phantasmata autem ab exterioribus formis abstrahuntur, idcirco non potest Deum in hoc statu per essentiam ipsius cognoscere, nec per aliquam speciem spiritalem quæ sit Dei similitudo, propter ipsius intellectus connaturalitatem ad phantasmata. ») Nam idem sanctus doctor alibi congruentius affirmat, ac bene probat in *Summa contra gentiles*, animam rationalem adhuc manentem in corpore, quantum ad vires suas inorganicas, immateriales, intellectivas, supremas, super corpus esse elevatam, et per se subsistere, nec quod totum suum esse comprehensum a corpore. Nec enim potentiæ ejus sunt nobiliores aut elevatores quam sua essentia (ut Proclus insolubiliter probat) ; ergo vires illæ superiores jam actuatæ scientia competenti et intelligibili forma, agere queunt ex sua natura sine communione et conversione ad corporale phantasma, et absque adminiculo virium sensitivarum, cum modus agendi sequatur modum essendi, et proprietas actionis naturam agentis.

[b] Gen. xxxii, 30.   [c] 1 Joan. iii, 2.

(1) S. Thomas, *Super Boetium*, proposit. 45.

Præterea, si istud negetur, non poterit naturali ratione ostendi immortalitas animæ (cujus oppositum sanctus Thomas sæpius scripsit). Nam et philosophus (1) libro *De anima* dicit : Si anima rationalis in hac vita non habet aliquam operationem liberam, propriam ac separatam a corpore, non potest extra corpus subsistere : si autem habet actionem hujusmodi, potest a corpore separari. Quod si dixeris, quod separata habeat alium modum essendi, ergo et operandi ; jam præsupponis quod restat probandum. Adde quod in ipsa scientia rei, et intelligibili specie ejus, sufficienter reluceat natura objecti, etiam purius et illimitatius quam si species illa ad phantasmata retorqueatur ; ergo per speciem illam purius cernit, quod et experimento docetur in his qui interdum omnino abstrahuntur a corpore.

Neque his obstat quod sanctus Dionysius cap. 1 *Cœlestis hierarchiæ* dicat, fieri non posse ut aliter divinoprincipalis ille radius nobis illucescat, nisi sacrorum varietate operimentorum anagogice obvelatus, nobis quoque paterna providentia connaturaliter ac proprie sit accommodatus ; quia hoc intelligendum est quantum ad primam intellectus informationem, juxta quod philosophus ait : « Intelligentem oportet phantasmata speculari. » Sed hæc locum minime habent in mystica contemplatione, ad quam cap. 1 hujus libri Timotheum instituens ait : *Tu vero, o chare Timothee, circa mystica spectacula intensa exercitatione, et sensus relinque, et intellectuales operationes, et sensibilia et intelligibilia omnia, et ea quæ sunt, et quæ non sunt omnia, ut ad unionem ejus qui supra omnem essentiam et notionem est, quantum fas est, indemonstrabiliter assurgas*. Nam tui ipsius et rerum omnium libero et absoluto excessu, ad supernaturalem divinæ caliginis radium, ab omnibus abstractus et absolutus, pure eveheris. Quo quid clarius, quid sententiosius a sancto doctore dici potuit ? Certe qui phantasmata speculatur, haudquaquam pure ac penitus omnem sensum et sensibilia universa deserit aut transcendit. Attamen in mystica illa contemplatione minime sufficit sensibilia relinquere, nisi et intelligibilia omnia deserantur, et res omnes creatæ, operationesque propriæ, et ipse qui contemplatur, ne semetipsum quidem intueatur. Quid enim in ista contemplatione conferre possent phantasmata, quando jam apex ipse mentis, soli increatæ luci intentus, et per theorica lumina, per sapientiæ radium, per impressiones deificas eidem intime est unitus ?

Rursus eodem capite ait, de bona omnium causa, quod *ipsa omnibus supressentialiter supereminet, iisque solis absque velamine vereque effulgent, qui et impura omnia, et pura pertranseunt, et omnem omnium sanctorum cacuminum ascensum transcendunt, et omnia divina lumina et sonos, verbaque cœlestia quasi a tergo relinquunt, et in caliginem absorbentur*. Quod si igitur in hac contemplatione oportet etiam angelicas purissimas mentes transcendere, quomodo non magis vilia et materialia ista phantasmata ?

Præterea, si sine phantasmate nequit mens humana quidquam cognoscere, quomodo vera sunt quæ de anagogica ac pure mentali contemplatione, et superna illustratione sancti locuti sunt et scripserunt ? Cur beatus David cæteris præfertur prophetis, qui imaginarias visiones sortiti sunt, quod ipse anagogice et pure immaterialiter sine phantasmatum velamento divina præviderit mysteria, et sacra 580 cognoverit arcana ? *Incerta*, inquit, *et occulta sapientiæ tuæ manifestasti mihi* d. Audi iterum quid ipse de se dicat : *Spiritus*, inquit, *Domini locutus est per me, et sermo ejus per linguam meam. Sicut lux auroræ oriente sole, mane absque nubibus rutilat, et sicut pluviis germinat herba de terra* e.

Quod si dixerint, mentem humanam non illuminari immediate a mente angelica luce immateriali, sed lucem illam uniri phantasmati, et prout in illo relucet a mente humana conspici : at contra, nonne mens humana simplex, immaterialis ac deiformis, capacior est directæ et immediatæ lucis angelicæ, quam materiale phantasma ?

Ad illud autem quod superius ex sancto Dionysio et Damasceno dictum fuit, nempe illa quæ de Deo et creaturis prædicantur, non ipsum Deum designare, sed aliquid eorum quæ sunt circa ipsum, et quid non est ; ita videtur intelligendum, quod nimirum non significent Deum pure ac plene prout est in seipso, sed prout in suis relucet effectibus ; seu secundum quod cognoscitur ex iisdem, non quod significent quid creatum in recto, quamvis denotent tale quid in obliquo ; et quod aptius negentur de Deo secundum quod nos ea concipere possumus. Attamen magna est differentia nominum divinorum ; et quamvis quædam designent Deum secundum modum proprium sibi, non tamen talia intelligimus quoad significata, nisi quantum *ad quia non quoad quid*. Ex quibus rite intellectis, superiora objecta facile solvi possunt.

Denique si cognitio intuitiva dicatur, qua res in seipsa, et quoad suam quidditatem cognoscitur, mentaliterque videtur, dicendum est, nos Deum in hoc sæculo non posse intuitive cognoscere. Quod si vero intuitio laxius sumatur pro cognitione qua aliquid quomodocumque objective agnoscitur quoad essentialia sua seu propria sibi, quamvis non clare ac distincte secundum quod in seipso est ; posset etiam dici, quod in vita hac cognoscamus Deum etiam intuitive, scilicet quoad *quia est*, non autem quoad *quid est*, nisi valde obscure et imperfecte. Nihilominus etiam distinctam aliquo modo de Deo habemus cognitionem, ita ut multa de ipso cognoscamus quæ ei soli conveniunt, verbi gratia, quod sit esse ejus increatum, independens, purum, perfectum, et cætera, quamvis ignoremus quid hoc sit. Hinc in Commentariis ad librum Boetii *De Trinitate* sanctus Thomas fatetur, de nulla re posse sciri an sit nisi aliquo modo sciatur de ea quid sit, aut perfecte aut confuse, secundum philosophum in principio Physicorum.

Ex his quoque apparet dicendum, quod ultra, et præter notitiam Dei experimentalem affectivam et mysticam, haberi etiam possit aliqua de Deo notitia intellectualis mystica abstractiva et absoluta, juxta modum prædictum, abstrahendo ipsum esse ab omni prorsus imperfectione, accipiendoque illud cum omnimoda excellentia, nobilitate et perfectione, ac perfectionali infinitate ; quemadmodum etiam Alpharabus et Avempothe dixerunt, quod intellectus noster cognoscendo quidditates sensibilium ac materialium substantiarum, abstractissime cognosceret quidditatem substantiæ separatæ ; quorum tamen opinio non fuit omnino vera, quia ex tali sensibilium abstractissima cognitione, non sciretur propria et ultima differentia cujuscumque separatæ substantiæ, quemadmodum etiam ex prædicta Deitatis abstractiva contemplatione non agnosceretur quidditas esse divini.

---

d Psal. L, 8.   e II Reg. XXIII, 2.

(1) Aristoteles.

Postremo patere videtur ex dictis, quomodo Deus dicatur innominabilis, ineffabilis, indesignabilis, quia videlicet nullo nomine exprimi potest, quo clare ac plene insinuari atque intelligi possit *quid sit*, et qualiter in seipso sit ens, etc. Nihilominus innumerabilia nomina sunt ipsius, quæ ipsum aliquo modo, imo et variis modis designant; quædam perfectius, quædam minus perfecte. Quod vero in libro *De causis* asseritur, primam causam non narrari nisi per causas secundas, non est intelligendum, quasi nomina secundarum causarum proprie et univoce conveniant causæ primæ; sed quod sicut cognoscitur per causas secundas, omni illarum imperfectione tandem exclusa, sic nominetur per eas, verumtamen per excellentiam infinitam.

581 PARAPHRASIS PACHYMERÆ.

Cum primum quidem privationes explicasset, deinde vero positiones rerum sensibilium, dicendo: Neque substantiæ est expers, et cætera privativa; atque iterum dicendo : Neque corpus, et cætera positiva ; nunc etiam demonstrat intellectilia, dicendo : Neque anima, neque mens. Verum nec habet illa, quoniam etiam ibi de ratione ac mente mentionem fecit, dicens : Neque rationis neque mentis expers ; et cæteroquin etiam ibi intellectilia demonstrat. Sed scito ibi illa quæ talia sunt, sensilia esse : neque enim declarat rationem absolutam, vel mentem a sensilibus separatam ; sed rationis mentisque carentiam, animalia nimirum sensilia, ratione menteque privata ; verum hæc dicit, neque animam esse, neque quidquam illorum quæ animæ portiones idque secundum ordinem participant, ut neque habeat imaginationem solam irrationalem et debilem illam formam quam etiam bruta habent ; neque opinionem, obscuram illam cognitionem quæ non ratiocinatur, quam habent ea quæ utuntur ratione ; neque rationem, id est cogitationem et scientiam, neque intellectionem seu mentis operationem, quæ potissima pars animæ est. Postea derivat sermonem ad ipsas nudas virtutes sine illis qui eas habent, et ait : Neque sermo est prolatitius, neque intellectio, sive locutio interna. Atque iterum adhuc adducit rationem, atque ex his Deum eximit, aitque : Ut quid hæc memoro ? neque ipsa ratio, neque intellectio valet Deum concipere. Post hæc omnia enumerat quæ in nobis videntur, sed sunt incorporea, atque adeo intellectilia, hactenus tamen in subjectis conspecta. Intellectilis porro tactus, est mentis cognitio. Sicut enim tactus sensilis, est sensatio, quia tunc sentimus, quando tactus sensilium a sentientibus sive sensu percipitur; siquidem etiam nobis eminus igni assidentibus, dummodo calefiamus, quidam contactus dicitur exsistere; et in olfactu cæterisque etiam idem accidit ; neque enim simpliciter contactus corporeus fit dum corpora conjunguntur, sed dum in sensilibus excitant sensationes : sicut itaque hæc, inquam, se 582 habent in tactu sensili, sic etiam cogita in tactu intellectili sive cognitione. Neque vero veritas est, neque sapientia, tametsi Dominus dicat : *Ego sum veritas* [f] ; et divus Paulus apostolus : *Christus Dei virtus, et Dei sapientia* [g]; quia ipsa per se veritas est, et per se sapientia est, et supra nostram veritatem et sapientiam. Aliter etiam, quia nec hæc Dei substantiam significant. Unum autem et unitas ab invicem differunt ; siquidem unum significat subjectum, unitas vero ipsammet qualitatem ; sicut album et albedo, bonum et bonitas. Neque vero divinitas substantia est Dei, quemadmodum neque bonitas ; neque spiritus est, tametsi in divinis Evangeliis audiamus : *Spiritus est Deus* [h] ; et rursum : *Spiritus veritatis* ; sed sicut nos scire ait beata illa sanctaque nomina Personarum sanctissimæ Trinitatis ; hoc enim hic etiam accipe, et in omni negatione, prout videlicet nos intelligimus, sive secundum nostram intelligendi facultatem. Non enim ea jam enumerata ut bonitas, divinitas, et cætera, substantia sunt Dei, sed gloria circa ipsum. Sic etiam Gregorius theologus libro tertio *Theologiæ* suæ dixit, quod neque divinitas, neque ingenitum, neque paternitas substantiam Dei significent. Neque te hoc moveat turbetve, quod dicat Deum non nosse entitates quatenus sunt entitates; propositum enim est huic sancto demonstrare, Deum nihil esse eorum quæ sunt, neque tamen quidquam esse eorum quæ non sunt. Id autem : Neque eorum quæ non sunt, per excessum posuit ; quædam enim sunt non entia ; ac si diceremus, quod non sit aliquid eorum quæ non sunt, et hoc modo sit nihil eorum quæ sunt ; etenim si ipse omnia produxit, quomodo potest esse aliquid eorum quæ sunt ? Dicit itaque, quod nec ea quæ sunt, cognoscant Deum causam omnium ; verum statim idem exposuit, dicens : Quatenus ipse est ; quod perinde est ac si dicatur : Nihil ex iis quæ sunt, cognoscit Deum quatenus est, id est substantiam ejus quæ supra substantiam est, et quæ intelligi non potest : vel ejus exsistentiam ; dictum est enim : *Nemo novit Filium, nisi Pater ; neque Patrem quis novit, nisi Filius* [i]. Atque e contrario subjungit hic Pater, atque ait : Nemo cognovit Deum quatenus est, nec ipse Deus cognoscit ea quæ sunt quatenus sunt ; id est, non novit intendere mentem secundum 583 sensum ad ea quæ sunt sensilia, nec ad substantias quatenus substantiæ sunt ; hoc enim non convenit Deo. Nos enim qui homines sumus, ea quæ sensu percipiuntur, aut aspectu aut gustatu aut tactu intelligimus quid sint ; ea vero quæ sub

[f] Joan. xiv, 6. [g] I Cor. i, 24. [h] Joan. iv, 24. [i] Matth. xi, 27.

Intelligentiam cadunt, aut per disciplinam, aut doctrinam, aut per illuminationem cognoscimus. Deus autem nullo modo ex istis novit ea quæ sunt, sed potius ex seipso cognitionem sibi congruam habet; hoc enim insinuat Scriptura, cum ait: *Qui novit omnia antequam fierent* [k], scilicet non secundum rationem generationis rerum novit ea Deus, quod est sensibiliter, sed secundum alium intelligendi modum. Angeli vero illa cognoscunt scienter et immaterialiter, non sensiliter, ut nos. Sic utique etiam Deus absque comparatione et transcendentaliter, non autem cum substantiis comparans res novit. Cæterum ea quæ sunt, non noverunt Deum in quantum Deus est, quoniam non possunt supra naturam suam ferri intelligendo. Consentanee igitur cum se intuentur, divinam naturam ignorant secundum illud quod ipsa est. Sic igitur divina natura in seipsam intuens, non novit in se esse creaturas, secundum rationem substantiæ earum, siquidem est supra omnia quæ sunt, et ipsum esse supra substantiam habet. Et rursum superius quidem dixit: Neque lux, neque veritas; nunc vero: Neque tenebræ, neque lux, neque error, neque veritas. Et dicere liceat, primum quidem, cum lumen dicit, ipsum loqui de lumine absoluto, sive de substantiis angelicis, et esse veritatem earum per se absolutam, non autem esse veritatem mendaciis oppositam, quæ in Deo negat, quoniam supra ista exemptus est. Hic autem dicit: Nec eorum quæ ad aliquid, magis autem eorum quæ secundum privationem et habitum exsistunt; ut quod ex tenebris in lumen non sit commutatus, quasi ex lumine quod tantum est virtute, mutatus sit in lumen quod actu est lumen; neque rursum ex errore exsistat, scilicet ex veritate virtuali, in veritatem actualem commutatus; hæc enim omnia ipso posteriora sunt; et lumen, et veritas ipsius providentia lucent. Neque penitus ejus est positio, ut sit vel vita, vel veritas, vel quidquam aliud eorum quæ sunt. Neque rursum omnimoda ablatio, ut nullo modo quidquam sit; sed earum quæ post **584** ipsum sunt, scilicet creaturarum, etiam positiones et ablationes faciunt; positiones quidem, veluti vitam, veritatem, ens; ablationes vero, veluti non vitam, non veritatem, non ens. Hæc itaque quæ post ipsum sunt, et ponentes et auferentes, Deum ipsum neque ponimus, sive ex ipsis substantiam ejus noscimus, neque auferimus omnino, ut qui perfecte incomprehensibilis exsistit (quod enim perfecte est incomprehensibile, et spem et conatum excedit), verum imagines quasdam ex iis quæ circa ipsum sunt concinantes, obscurum quemdam veritatis conceptum componimus, quandoquidem sit supra omnem etiam positionem, tanquam exempta rerum omnium causa, et supra omnem ablationem collocata, cum secundum nullam rerum ablationem Deus cognoscatur; siquidem ab omnibus absolutus, etiam supra omnia exsistit.

SANCTI
DIONYSII AREOPAGITÆ
EPISTOLÆ

Interprete Balthasare Corderio, Societatis Jesu doctore theologo.

---

585 EPISTOLA PRIMA.

CAIO MONACHO.

SYNOPSIS EPISTOLÆ.

Docet, illam Dei ignorationem, quam in libro De mystica theologia supra omnem cognitionem commendat, non privative sed superlate intelligendam esse. Et simul ostendit, omnem notitiam, quam per cognitionem de Deo habemus, ex creaturis accipi.

Tenebræ abolentur lumine, et præsertim copioso lumine; ignorationem abolent cognitiones, præsertim ampliæ cognitiones. Hæc superlate et non privanter accipiens, plus quam vere enuntia, quod sui possessores verum lumen, et rerum cognitionem, latet ignoratio illa quæ est secundum Deum; et tenebræ ejus supereminentes omni quoque lumini occuluntur, omnem abscondunt cognitionem. Et si quis, viso Deo, cognovit id quod vidit, nequaquam ipsum vidit, sed aliquid e rebus ejus quæ exsistunt et co-

---

[k] Dan. XIII, 42.

gnoscuntur; ipse autem supra mentem et substantiam constanter manens, per hanc ipsam cognitionis et essentiæ negationem et supra substantiam A exsistit, et supra mentem cognoscitur. Et illa perfectissima in bonam partem ignoratio, notitia est ejus qui est supra omnia quæ in cognitionem cadunt.

586 ADNOTATIONES CORDERII.

Et non privanter. Ne id secundum sensum communem intelligendum esse suspiceris, quod sicut tenebræ lumine solvuntur, et multo lumine maxime solvuntur; aut sicut ignorantia, quæ est tenebræ quædam, cognitione tollitur, et multa cognitione maxime tollitur; sic ignorantia de Deo similis sit ignorantiæ per inscitiam. Imo quo magis quis illuminatur in cognitione Dei, et quo magis cognitionem colligit eorum quæ sunt, id est intellectilium et intelligentium, angelorum, inquam, et animarum, eo magis ascendens et altiorem cognitionem, cognoscet, hoc ipsum, non posse scilicet comprehendi, et ignorari lumen esse, et cognitionem supra omnia cognita. Non igitur secundum privationem dicitur ignorari Deus, sed secundum superlationem cognitionis; non enim sic ignoramus, quasi alius aliquis sciat, siquidem non alio sciente nos ignoramus, tanquam qui non didicerimus, quod esset ignorare privanter, sive secundum privationem; sed ignoramus quod ab omni creatura ignoratur et omni creaturæ supraquam ignotum est, quod est ignorare superlate.

Si quis, viso Deo, cognovit id quod vidit, nequaquam ipsum vidit, etc. Ita quoque Chrysostomus in homilia *De Eutropio,* quando inventus extra Ecclesiam abstractus et absorptus fuit, « Nemo, inquit, vidit id quod Deus est.» Non igitur, cum Deus videtur, apparet quod est, sed quod potest videre is cui apparet; non mutans substantiam suam, sed aspectum figura informans pro varietate rerum subjectarum.

Hinc Cyparissiotus decade 2, cap. 5, ait, quod neque integram de Deo cogitationem habere in hoc sæculo possumus; aut per eam plene de Deo philosophari; neque per aliam quamlibet a nobis informatam notionem. Et Gregorius theologus in secunda oratione *De theologia*: Justificatus, inquit, est ex fide magnus patriarcha Abraham [l] et sacrificat sacrificium novum et inauditum, ac illius magni sacrificii imaginem. Deum vero non ut Deum vidit, sed ei tanquam homini cibum apposuit [m] ; et laudatus est quod tantum venerationis adhibuit, quantum intelligentia comprehendit. Ibidem cum de Jacob meminisset : Et luctatur, inquit, cum Deo tanquam cum homine [n], quæcunque ista est Dei cum homine lucta, fortassis humanæ virtutis cum divina comparatio. Rursus in eodem loco : Quomodo Manoem judicem prius, et Petrum discipulum postea, non es miratus? illum quidem, quia nec aspectum Dei typo et imagine informati passus est; unde illud, Periimus, inquit, o uxor, vidimus Deum [o]; tanquam non possint homines imaginem Dei in sensus notione efficatam et informatam capere, nedum naturam ejus; nunc vero, quia Christum quem cernebat, in naviculam non recipiebat, et ob eam causam illum dimittebat [p]. Et Gregorius Nyssenus : Quomodo, inquit, reperiatur quem nihil eorum quæ notescunt declarat? Non forma, non color, non circumscriptio, non figura, non quantitas, non qualitas, non locus, non conjectura, non similitudo, non proportio, quin potius semper est extra omnem viam comprehendendi. Unde Cyparissiotus ibidem, cap. 6, concludit, quod Deus neque ex repræsentatione naturali cognoscitur, nec quidquam ex intelligentibus aut intellectis, ut ex substantia ejus liceat de eo philosophari. D. Maximus primo capite ex Theologicis (1) : Unus, inquit, Deus sine principio, incomprehensibilis, totam vim, ut sit, habens per totum, notionem quando et quomodo sit, penitus repellens (2), utpote nulli eorum qui sunt ex repræsentatione naturali cognitus. Et rursus idem : Omnis, inquit, intelligentia sicut in substantia omnino ponitur, ut qualitas, sic etiam circa substantiam quali ate affectam habet motionem; non enim aliquid ex toto solutum, et simplex per se exsistens potest ipsam intelligentiam suscipere, quia non est soluta et simplex; Deus autem cum in utroque horum omnino simplex sit, et substantia scilicet soluta ab eo quod est in subjecto, et intelligentia non habens ullum prorsus subjectum; efficitur, ut neque sit ex iis qui intelligunt, neque quæ intelliguntur, quippe quæ ultra substantiam et intelligentiam sit. Adhuc idem, cap. 41 primæ centuriæ : Res omnes quæcunque sunt, intelligentia prius perceptas, nominamus, quæ in seipsis habent principia notitiarum demonstrabilia; at Deus non cognitus nominatur, quin potius ex iis tantum, quæ intelligentia percipiuntur, creditur esse, quamobrem nihil eorum quæ intelliguntur, cum eo quacunque ex parte confertur. Unde concluditur, magis propriam theologiam esse quæ versatur in negantibus quam quæ in aientibus, quanquam æquo intervallo ambæ istæ theologiæ a Deo absint. Est enim Deus supra omnem negationem et affirmationem quæ sit cognitio ejus, adeoque, juxta Dionysium, verior est theologia mystica, nihil videlicet de eo cognoscere aut philosophari, sed potius nescienter, et sine omni intelligentia eorum quæ intelligentia percipiuntur, cum eo conjungi et copulari.

587 *Et illa perfectissima in bonam partem ignoratio.* Ignorationem vocat non quidem inscientiam, quæ est quædam tenebræ animæ; sed relicta omni cogitatione rerum externarum, et omni intelligentia a proposito aliena, uniri in quodam silentio secundum meliorem partem cum Deo ignoto quid sit, quid est super omnem cognitionem, et nihil aliud cognoscendo et contemplando, supra mentem cognoscere et contemplari, ut Dionysius in *Mystica theologia,* cap. 1, tradit. Hæc ignoratio vocata est Exodi XIX, caligo, in quam dicitur Moyses ingressus, ut S. Maximus notavit. Hanc unionem optat Dionysius Timotheo in principio Mysticæ theologiæ, unde melius eam licet intelligere.

---

[l] Gen. xv, 6. [m] Gen. xviii, 5. [n] Gen. xxxii, 24. [o] Jud. xiii, 22. [p] Lu. v, 8.

(1) Centuria 1, cap. 1.
(2) Centuria 2, cap. 2

EPISTOLA II.

EIDEM CAIO.

SYNOPSIS EPISTOLÆ.

Explicat quo sensu dicatur Deus esse supraprincipium divinitatis et bonitatis, scilicet participatæ et creatæ.

Quomodo qui est supra omnia, etiam supraprincipium divinitatis et supraprincipium bonitatis exsistit? Si divinitatem et bonitatem intelligas, rem ipsam deifici et bonifici doni, et inimitabilem imitationem supraquam Dei et supraquam boni, secundum quam deificamur et boni efficimur. Etenim cum hoc etiam principium sit deificationis ac bonificationis eorum qui deificantur et boni efficiuntur, qui est omnis principii supraquam principium, etiam sic dicta divinitate ac bonitate, tanquam principium divinitatis, et principium bonitatis superior exsistit; in quantum inimitabilis et incomprehensus, antecellit imitationibus et comprehensionibus, et eis qui imitantur et participes fiunt.

ADNOTATIONES CORDERII.

Supraprincipium divinitatis, etc. Scilicet in creaturis, quia Deus est auctor divinitatis in sanctis hominibus et angelis, qui Deum imitantur, et eis similes fiunt, de quibus scriptum est: *Ego dixi : Dii estis, et filii Excelsi omnes* [9]. Eodem sensu, cap. 11 *De divinis nominibus*, § 6, sub finem ait Deum auctorem esse per se bonitatis et per se divinitatis. Vocant autem (inquit) per se bonitatem, et per se divinitatem, donum a Deo profectum, quod bonos et deos facit. Nempe tanquam principium, participans principium omnium rerum, quod non potest participare, neque in se participari, quia non potest fieri pars alicujus, quod est solus Deus; et tanquam principium imparticipatum, quia est formale principium participantibus in suo genere; ut per se bonitas, principium formale bonis non re, sed ratione separatum a bonis, qui participatione bonitatis creatæ dicuntur et sunt formaliter boni. Et similiter in reliquis hujusmodi principiis, secundum uniuscujusque principii naturam et ordinem. Vide adnotationes ad cap. 6 et 11 *De divinis nominibus*.

Nota hic ipsam imitationem Dei, vocari deificationem, quia non deificamur nisi imitando Deum. Deificatio autem ipsa quæ dici solet per se deificatio est donum Dei, et principium nostræ deificationis, a Deo donatum nobis. **588** Deus igitur est supra hujusmodi principium formale divinitatis deificæ, quia tanquam dono Dei boni efficimur ab eo. De hoc deificationis principio S. Maximus in disputatione contra Pyrrhum : Sicut, inquit, inflammatio inflammatum et inflammantem secum infert, et refrigeratio refrigeratum et refrigerantem, et visio visum et videntem, et intelligentia intellectam rem et intelligentem (non enim potest habitudo sine habitis dici aut intelligi), sic, ut consequens est, deificatio deificatum et deificantem secum inducit. Idem : Oportebat, ut vere dicam, eum qui est auctor eorum quæ secundum naturam sunt, esse etiam auctorem deificationis secundum gratiam. Idem iterum : Demonstravi, inquit, divinam potentiam, quæ supra substantiam est, efficere deificationem eorum qui secundum gratiam deificati sunt. Nonnunquam etiam latius sumitur deificatio, ut a Gregorio theologo in oratione postquam factus est presbyter : Solitudinem, inquit, maxime omnium amplexus sum, et tanquam adjutricem et parentem divini ascensus; et deificam vehementer admiratus sum.

EPISTOLA III.

EIDEM.

SYNOPSIS EPISTOLÆ.

Quid significet vox ἐξαίφνης, seu repente, et quam vim habeat de incarnatione pronuntiata.

Repente est, quod præter spem, et ex eo quod hucusque obscurum erat, profertur in lucem. In Christi autem humanitate, arbitror hoc etiam sermonem divinum voluisse insinuare, ex abdito suprasubstantialem illum in conspectum nostrum humanitus substantiatum prodiisse. Attamen occultus etiam est post ipsam manifestationem; aut, ut divinius dicam, in ipsa manifestatione : etenim hoc Jesu mysterium occultum est, nec ullo sermone vel intellectu expressum; quinimo dum profertur, arcanum; et dum intelligitur, ignotum manet.

[9] Psal. LXXXI, 6.

ADNOTATIONES CORDERII.

Nota primo, hic alludi ad illud Malachiæ cap. III, 1 : *Ecce ego mitto angelum meum, et præparabit viam ante faciem meam : Et statim veniet ad templum suum Dominator, quem vos quæritis, et Angelus testamenti quem vos vultis*. Ubi agit de adventu Christi, et Joanne ejus præcursore. Loci hujus explicationem vide apud Cornelium.

Nota secundo, Christi mysterium hic etiam occultum dici, post ejus declarationem ; quia ut supernaturale non intelligitur, sed solum creditur. *Fides autem est argumentum non apparentium* (Hebr. XI, 1).

Unde in hoc mysterio, uti et in aliis supernaturalibus, non est quærendum quomodo et quare, ut bene monet S. Justinus martyr in oratione *De recta confessione:* Evidens, inquit, argumentum est perfidiæ dicere de Deo : Quomodo? Quomodo cœli effector est? quomodo terræ? quomodo maris aerisque et stirpium et animantium omnium et tui ipsius? Qui omnia diligenter de Deo quæris, plane dices, omnia produxisse potentia sua. Num igitur potentia Dei aderat secundum accidens iis quæ fiebant, an secundum substantiam? Si secundum accidens, **589** aderat quidem illis quasi essent antequam fierent; siquidem accidens non est secundum naturam per se, sed in aliquibus prius subjectis exsistit. At si hoc ridiculum est, relinquitur, potentiam Dei omnibus adesse secundum substantiam. Num igitur, quia potentia Dei omnibus quæ fiunt secundum substantiam aderat, nihil amplius templum ipsum in quo fuit, habebat? Habet hoc dubitationem, et illud habet : et fides est utriusque dubitationis solutio. Ibidem : Dic igitur, quomodo Verbum caro factum cœlos non dereliquit? Sane dicetis, quod manens Deus sic factus est. Rursus ergo dicite nobis, quomodo manens factus est? Si enim mansit quod erat, quomodo factus est quod non erat? Sin autem factus est quod non erat, quomodo mansit quod erat? Dubium habes de solutione, habe etiam dubium de modo unionis. At credis quod manens factus est ; crede etiam adesse ubique secundum substantiam Verbum et præcipuo quodam modo esse in templo suo.

EPISTOLA IV.

EIDEM CAIO.

SYNOPSIS EPISTOLÆ.

Quod Christus et verus homo fuerit, et simul supernaturali ratione naturam humanam assumpserit Deus homo.

Quomodo, inquis, Jesus, cum sit omnibus superior, cæteris hominibus substantialiter aggregatus est? Non utique ut auctor hominum, hoc loco homo dicitur, sed in quantum est revera homo, secundum totam hominis substantiam. Nos autem Jesum non humanitus definimus, neque enim ille homo tantum est (quia nequaquam suprasubstantialis exsisteret, si solus homo foret); sed revera homo præcipuo quodam hominum amore captus supra homines, et secundum homines, ex hominum substantia, cum supra substantiam exsisteret, substantiam assumpsit. Veruntamen suprasubstantialitate supra modum plenus est, ut qui semper supra substantiam sit, abundantia quadam suprasubstantialitatis; etiam ad substantiam vere veniens supra substantiam substantiatus est, et supra hominum conditionem gessit ea quæ sunt hominis. Quod declarat et Virgo quæ supra naturam parit : et aqua profluens, quæ pedum ex materia terraque concretorum gravitatem sustinet, neque cedit; sed virtute supernaturali, sine diffusione subsistit. Quid vero cætera, quæ valde multa, quis memoret ? in quæ si divinus quispiam intueatur, supra mentem etiam cognoscet ea quæ de humanitate Jesu affirmantur, excellentis quoque negationis virtutem continere. **590** Nam, ut summatim dicamus, ne homo quidem erat, non quod non esset homo, sed quod ex hominibus natus, homines longe superaret, et supra hominem vere homo factus sit. Cæterum divina non qua Deus patrabat, neque humana quatenus homo gerebat; sed quatenus erat Deus et homo, novam quamdam nobiscum conversando deivirilem operationem exhibebat.

ADNOTATIONES CORDERII.

Nota primo, Christum non sic hominem dici, sicut in *Divinis nominibus* Deum vocavit lucem, vitam, sapientiam, etc., quia est auctor lucis, vitæ, etc.; sed proprie et substantialiter hominem vocari, propter substantialem naturæ humanæ in persona Verbi unionem. De qua vide D. Thomam in III part. quæst. 2, art. 3.

Nota secundo, Christum a Dionysio dici hominem suprasubstantialem sive supranaturalem, quia subsistentia divina unioque hypostatica, qua humana ejus natura terminatur et subsistit, omnem naturæ ordinem transcendit. Unde Christus quoque magis proprie θεάνθρωπος, id est *Deus-homo*, dicitur, quam homo.

Nota tertio, quod actiones quoque Christi, dignitatis sunt plus quam humanæ, imo angelicæ, quia sunt suppositi divini, et merito ejus opera non humana sed θεανδρικά, id est *Deivirilia*, nuncupantur.

De quibus in Actis sextæ synodi œcumenicæ sic habetur : Utriusque naturæ utramque operationem scimus, naturalem dico et substantialem, et congruam sine divisione ex utraque, substantia et natura, prodeuntem, secundum operationem et qualitatem naturaliter insitam ; et simul neque partibilem neque confusam alterutrius substantiæ operationem conjuncte inductam, hoc facit differentiam operationum in Christo, sicut et differentiam naturarum. Ubi observa cum Turriano, quod dicat *sine divisione*, scilicet Personæ. Non enim propter differentiam substantiarum divinæ et humanæ, divisus est Christus, quin potius idem est perfectus Deus et perfectus homo. Rursus *sine divisione*, quia operatio divinæ naturæ, est operatio trium Personarum, quarum unitas essentiæ (ut est in synodo sexta, actione 11) non potest partiri, nec alteri unitati copulari, sed potius singularis est, et extra omnem numerum. Item, *operationem alterutrius substantiæ conjunctæ inductam* dicit ; quia sic operabatur utraque natura quod proprium erat, ut altera simul operaretur convenienter sibi, et ut se decebat. Sive enim operationes essent Deo convenientes, ut miraculorum, caro operabatur ; ut cum potestate divina remittebat peccata, et ore dicebat : *Remittuntur tibi peccata tua* [t] ; et potestate divina restituebat visum [s], et manu et sputo linibat oculos [t] : sive operationes humanæ naturæ convenirent ; ut sitire, esurire, fatigari [u]. Verbum operabatur permittendo et volendo ; sive operationes essent mistæ, id est partim divinæ, partim humanæ, hoc est Deo convenientes et homini, ut ambulare super mare [v] ; ambulare enim homini conveniebat, non deprimi ambulando super mare, Deum decebat ; quæ operationes, uti supra diximus, θεανδρικαί a Dionysio dicuntur, id est simul divinæ et humanæ.

EPISTOLA V.

DOROTHEO MINISTRO.

SYNOPSIS EPISTOLÆ.

Explicat quid sit caligo divina, de qua egit libro De mystica theologia.

Divina caligo lux est inaccessa, quam inhabitare Deus perhibetur [x]. Et cum quidem sit inaspectabilis, **591** propter exuberantem supernaturalis luminis effusionem, ad hanc pertingit, quisquis Deum nosse ac videre meruit, eoque ipso quo neque videt neque cognoscit, in illo vere, qui visionem et cognitionem superat, exsistit hoc ipsum sciens, cum in omnibus, tam sensilibus quam intellectilibus, exsistere, et cum Propheta pronuntians : *Mirabilis facta est scientia tua ex me, confortata est, et non* A *potero ad eam* [y]. Quemadmodum etiam divus Paulus Deum cognovisse dicitur, quando illum supra omnem scientiam et intelligentiam exsistere cognovit : quocirca etiam vias ejus ininvestigabiles esse asserit, et inscrutabilia judicia illius, et inenarrabilia dona ejus [z], et pacem ipsius omnem sensum exsuperare [a] ; quippe ut qui invenerat eum qui est supra omnia, et supra mentem agnoverat, eum qui rerum omnium auctor est, rebus quoque omnibus superiorem esse.

ADNOTATIONES CORDERII.

Divina caligo lux est inaccessa, etc. Alludit S. Dionysius ad illud 1 ad Timoth. vi, 16, u'i de Deo dicit : *Qui lucem inhabitat inaccessibilem, quem nullus hominum vidit, sed nec videre potest,* scilicet juxta legem ordinatam a Deo in hac vita, aut viribus naturæ. Vide S. Thomam p. 1, quæst. 2, art 1 et seq ; item quæ de divina caligine dicta sunt primo et secundo capite *Mysticæ theologiæ*, et in Adnotationibus ibidem.

Dicitur autem *divina caligo lux inaccessa,* scilicet viribus naturæ, quia nimirum Deus neque ex repræsentatione naturali cognoscitur, nec est quidquam ex intelligentibus aut intellectis, ut ex substantia ejus liceat de eo philosophari. Repræsentatio enim naturalis in mente sive intellectu est, quæ oritum et principium ducit ex phantasmatibus rei sub sensum cadentis, cum qua Deus nullo modo potest comparari, ut intellectus conversus ad phantasmata possit aliquo modo Deum cognoscere, sicut potest alias substantias alioqui incorporeas. Omnia enim quæ intelliguntur, habent in se principium cognitionis, quia vel sunt in sensilibus, quorum sunt phantasmata, a quibus abstrahuntur species intelligibiles quibus intellectus informatus intelligit ; aut sunt incorporea, quæ in se habent unde comparentur cum sensilibus, ad quorum phantasmata, quæ sunt imagines et similitudines eorum, ad animos pervenientes, se convertit intellectus ut aliquid de incorporeis intelligat. Sunt autem similitudines principia sentiendi et intelligendi, ut ait S. Thomas p. 1, q. 84, art. 3. Deus autem non potest sic cum creatura sensibili comparari, unde non sic intelligitur, sed tanquam causa per excessum, ut ait S. Thomas eadem quæstione 84, art. 7, vel per revelationem supernaturalem, sive fidei, quæ obscura est ; sive quæ evidentiam simul habet in attestante, et perfectissima est, quæ in hac vita haberi potest. Et in utraque Deus tanquam caligine et inaccessa luce cognoscitur, quæ omnem superat demonstrationem, in qua videlicet mens nostra sine ulla notione, et absque omni intelligentia eorum quæ naturali intelligentia percipiuntur, cum Deo conjungitur et copulatur.

---

[r] Matth. ix, 5. [s] Luc. xviii, 42. [t] Joan. ix, 6. [u] Joan. xix. [v] Matth. xiv, 25. [x] I Tim. vi, 16. [y] Psal. cxxxviii, 6. [z] Rom. xi, 33. [a] Phil. iv, 7.

Est igitur hæc *lux inaccessa*, quia, ut ait Gregorius theologus lib. 1 *De theologia*, quid tandem Deus sit substantia et natura, nemo hominum unquam reperit, neque reperire queat. Et rursus ibidem : Salomon, inquit, qui fuit sapientior cunctis hominibus, qui ante eum et post eum fuerunt; cui fuit latitudo cordis donum Dei, et affluentia contemplationis copiosior arena maris; quanto plus scrutatur profundum, tanto magis æstuat, et finem quemdam facit sapientiæ invenire quantum effugerat. Paulus autem conatur quidem assequi non dico naturam Dei (hoc enim omnibus modis fieri non potest), sed judicia tantum Dei. Quia vero non potest reperire exitum, nec ubi gradum ascensus sistat, nec ubi desinat curiositas **592** mentis; dum semper aliquid subapparet ejus quod relinquitur (o rem miseram! ut mihi similiter eveniat), stupore orationem circumscribit: et divitias Dei, atque profundum hanc rem vocat; confiteturque judicia Dei comprehendi non posse[b]; eadem fere atque David loquens[c], qui nunc quidem judicia Dei vocat abyssum multam, cujus fundum mensura aut sensu non licet comprehendere. Aliquando vero dicit, admirabilem factam esse cognitionem ex seipso, et ex sui formatione. Et adhuc idem in eodem libro : Quia expetit quidem omnis natura primam causam; comprehendere vero non potest, propter causas quas dixi : laborans desiderio, et veluti anxia, et damnum non potens ferre, secundum navigationem suscipit, ut intueatur scilicet in ea quæ cernuntur, ut aliquid ex eis faciat Deum, male docta. Quid enim quod sub aspectum cadit, eo qui aspicit, altius et Deo similius est, ut hic colat, illud colatur?

S. Gregorius Nyssenus in *Vita Moysis* : *Non poteris videre faciem meam, non enim videbit homo faciem meam, et vivet*[d]. Hoc autem non dicit Scriptura, quasi Deus sit causa mortis (quomodo enim facies vitæ fieri unquam potest causa mortis eis qui appropinquaverunt?), sed quia Deus est natura vitæ auctor. Proprium autem signum divinæ naturæ est esse celsius omni signo. Qui igitur aliquid eorum quæ cognoscuntur, Deum esse arbitratur, tanquam ab eo qui vere est, male deflexus ad id quod comprehensione fictæ cogitationis esse existimatur, vitam non habet. Qui enim est auctor eorum quæ sunt, is est vera vita; hic autem cognosci non potest (scilicet quid sit). Quia igitur cognitionem vincit natura effectrix vitæ, sic expletur Moysi desiderium per id quod fecit, ut maneret cupiditas inexplebilis. Idem in explanatione illius beatitudinis : *Beati mundo corde, quoniam ipsi Deum videbunt*[e] : Qui cor suum, inquit, ab omni affectione turbida emundavit, in propria pulchritudine imaginem divinæ naturæ perspicit. Mensura enim perspicientiæ Dei, quæ a te capi potest, in te est. Igitur qui se ipse videt, in se quod desiderat videt, atque ita mundus corde efficitur beatus, cum intuens in suam munditiem, in imagine sua videt exemplar. Hæc cordis mundities ad mysticam contemplationem prorsus necessaria est, nec sine illa ulli ad divinam caliginem aditus patet.

Ex his liquet, quod Deus nec naturali repræsentatione cognosci ab ullo unquam possit. Fugit enim omnibus modis cognitionem, quando aut quomodo sit, nec est eorum quæ intelligunt, aut eorum quæ intelliguntur. Est enim substantia, quæ subjectum esse non potest; et notio quæ nulla ratione subjectum habet. In quo igitur id fundatum cognoscet, quod non potest prorsus recipere subjectum ad notionem? Recte igitur est immensitas supra substantiam, et mens omnibus cogitationibus incogitabilis; quin potius mens non cadens sub intelligentiam, et ratio ineffabilis nobis, idque propter superlationem substantiæ et intelligentiæ.

EPISTOLA VI.

SOSIPATRO SACERDOTI.

SYNOPSIS EPISTOLÆ.

Suadet Sosipatro, ut non tam in falsis opinionibus arguendis, quam in veritate stabilienda se occupet.

Noli hoc putare victoriam, venerande Sosipater, A tere. Neque enim ut quid rutilum non sit, jam quod in eam religionem vel opinionem inveheris, continuo album est; neque, si quis non equus, necessario est homo. Sic itaque, si me audies, facito: desistes quidem adversus alios dicere, sed omnino ita pro veritate dices, ut et ea quæ dicuntur refelli non valeant.

---

593 ADNOTATIONES CORDERII.

Nota prudentissimum Dionysii consilium pro iis qui agunt cum hæreticis, cum quibus non est contentiose arguendum, quia id parum utile est, juxta illud ad Titum III, 9 : *Contentiones et pugnas legis devita, sunt enim inutiles*. Prodest autem proferre ac stabilire veritatem, qua cognita, errores non secus ac tenebræ in luce evanescunt.

[b] Rom. XI, 33. [c] Psal. XXXV, 7. [d] Exod. XXXIII, 20. [e] Matth. V, 8.

EPISTOLA VII.

POLYCARPO ANTISTITI.

SYNOPSIS EPISTOLÆ.

I. *Docet, adversus infideles non esse contentiosius agendum, sed veritatem stabiliendam, qua stabilita falsitas per se corruet.* II. *Convicia infidelium parum esse curanda, et in ipsos retorquenda. Et simul argumenta suggerit Polycarpo quibus contra Apollophanem uti debeat, præsertim a prodigiosa eclipsi, quam Apollophanes una cum Dionysio spectavit tempore crucifixionis Christi.* III. *Ex ipsiusmet confessione ostendit ipsum ista eclipsi convictum.*

§ I. Equidem haud scio me adversus gentiles aut alios invectum, ratus viris probis esse satis, si ipsam in se veritatem et agnoscere et proferre possint, prout revera se habet. Ubi enim quidquid est lege veritatis demonstratum fuerit, clareque constiterit, quidquid aliter se habet, ac veritatem simulat, arguetur etiam aliud esse ab eo quod vere est, et potius esse dissimile et apparens, quam revera exsistens. Supervacaneum igitur est, ut is qui demonstrat veritatem, adversus hos aut illos dimicet; quilibet enim affirmat se habere regium numisma, et fortassis habet particulæ cujusdam veræ fallacem aliquam imaginem; quam si confutaveris, alius iterum atque alius de eadem dimicabit. At si vera ratio rite fuerit stabilita, cæterisque omnibus irrefragabilis persistat, quidquid cum ea non eodem modo per omnia se habet, in ipsum per se, insuperabili ejus quod omnino verum est stabilitate, dejicitur. Hoc itaque cum, mea quidem sententia, probe nossem, minime dedi operam ut adversus gentiles aliosve dicerem, sed mihi satis est, si mihi donet Deus, ut de veritate primum quidem recte sentiam, ac deinde scite eloquar ut oportet.

§ II. Tu autem ais, sophistam Apollophanem me conviciari, ac parricidam appellare, ut qui gentilium dictis, adversus ipsos non sincere utar. Atqui nos illi verius objicere possemus, gentiles illos, adversus divina divinis sacrilege abuti, dum per Dei sapientiam, divinæ religionis cultum abolere moliuntur. Neque vero hic de multitudinis opinione loquor, quæ poetarum fictionibus materialiter tenaciterque adhærens, creaturæ potius quam creatori famulatur; verum etiam ipsemet Apollophanes divinis adversus divina nefarie utitur; nam per hanc ipsam rerum scientiam, quæ ab ipso recte philosophia dicitur, et a divo Paulo sapientia Dei nominatur [f], ad rerum ipsarum scientiæque illius auctorem, veros philosophos ascendere oportebat. Ac ne præter institutum meum, aliorum potius quam ipsius sententiam a veritate deflectere convincam, scire debebat Apollophanes, cum sapiens esset, nihil unquam cœlestis ordinis ac motus immutari ullo modo potuisse, sine instinctu auctoris sui, a quo et ut esset accepit, et cujus potentia conservatur, qui, secundum Scripturæ testimonium, cuncta perficit ac mutat. Cur igitur non colit eum, quem hinc quoque cognovimus veraciter esse omnium Deum, admirando ejus, a quo cuncta subsistunt, admirabilem potestatem? Quandoquidem ab ipso sol et luna, potentia statuque mirabili, simul cum hac rerum universitate, ad omnimodam immobilitatem redacta sint, nec non ad integri diei spatium, in iisdem universa signis constiterint; vel, quod amplius est, etiam cunctis orbibus primariis, qui cæteros complexu suo continent, more suo gyrantibus, ea quæ illorum complexu continebantur, non una in orbem circumlata sint; quin et alius quidam dies continuatione fere triplo longior effectus, et totis viginti horis, universum æquali omnino temporis spatio, motu contrario supraquam admirandis retrogyrationibus retrogressum ac reversum sit: vel ipse sol in cursu suo, quinqueformem istum motum ad decem horas contractum, denuo gradu retrogrado, aliis item decem horis novam quamdam semitam ineundo, repererit; quod utique Babylonios jure merito consternavit, et eos Ezechiæ tanquam Deo suppari similive, atque hominibus præstantiori, sine pugna subegit. Omitto quæ in Ægypto magnifice gesta sunt, atque alia quædam signa, quæ alibi divinitus patrata sunt; hæc tantum memoro quæ sunt obvia cœlestiaque, et per universum orbem ab omnibus celebrata. Sed omnino dicet Apollophanes, ista minime vera esse; attamen id vel maxime sacris Persarum monumentis celebratur, atque etiamnum magi triplicis Mithri, sive solis, memoriam recolunt. Verum illi liceat sive per ignorantiam, sive per inscitiam, istis fidem derogare; sed dic illi: Quid sentis de illa solis defectione, quæ accidit in cruce salutari? Tunc enim ambo juxta Heliopolim præsentes simul et astantes, mirabili ratione soli lunam coincidere cernebamus (neque tamen tempus conjunctionis erat), ipsamque rursus, sub horam nonam vespertinam, diametro soli opposito supernaturaliter restitui. Quin etiam in memoriam illi revoca quiddam aliud; scit enim, quomodo viderimus illum lunæ occursum ab oriente cœpisse, et usque ad solis extremitatem pervenisse, ac tum

---

[f] 1 Cor. II, 7.

demum resiliisse, et rursum, non ex eadem parte occursum illum et recessum exstitisse, sed ex adverso diametri. Ista sunt, quæ tunc supra naturam omnino contigerunt, et a solo rerum omnium conditore Christo fieri possunt, qui facit magna ac stupenda quorum non est numerus.

§ III. Hæc, si fas est, ei dicito, tuque, Apollophanes, refelle si potes, idque adversum me, qui tunc præsens una tecum adfui, et simul aspexi, et observavi omnia cum admiratione. Denique tunc nescio quo A spiritu afflatus, in divinationem quoque Apollophanes prorupit, et ad me conversus : Istæ, inquiebat, o præclare Dionysi, divinarum sunt vicissitudines rerum. Hæc a nobis tanquam per epistolam dicta sint satis. Potes porro ipse supplere quæ desunt, et ad Deum perfecte virum adducere, multis sane in rebus sapientem; neque fortasse dedignabitur mansuete ac humiliter discere plus quam sapientem religionis nostræ veritatem.

ADNOTATIONES CORDERII.

§ I. *Nota*, epistolam hanc scriptam sancto Polycarpo, Smyrnæ in Asia episcopo, sancti Joannis evangelistæ discipulo, cujus exstat Epistola ad Philippenses. Huic itaque sanctus Dionysius modum præscribit agendi cum Apollophane philosopho, et argumenta suggerit, quibus, utpote philosophus, maxime putaretur capiendus, et suaviter inducendus ad fidem catholicam amplectendam.

§ II. *A divo Paulo sapientia Dei nominatur*. Scilicet Epist. I ad Corinth. cap. II, 7, ubi ait: *Loquimur Dei sapientiam in mysterio, quæ abscondita est*, etc.; vocat autem sapientiam in mysterio, sive mysterii, scilicet magni illius et arcani consilii de redemptione hominum per Christum.

Qui secundum Scripturæ testimonium, Dan. II, 21 : *Mutat tempora et ætates, transfert regna atque constituit*.

Siquidem ab ipso sol et luna, etc. Alludit ad illud Josue x, 12 : *Tunc locutus est Josue Domino in die qua tradidit Amorrhæum in conspectu filiorum Israel, dixitque coram eis: Sol, contra Gabaon ne movearis; et luna, contra vallem Aialon : steteruntque* 596 *sol et luna, donec ulcisceretur se gens de inimicis suis*. Docte ac fuse de hoc prodigio vide Serarium ad locum Josue citatum.

Atque alius etiam dies, etc. Hoc miraculum contigit sub Ezechia rege Juda, uti habetur lib. IV Reg. xx, 11 : *Invocavit itaque Isaias propheta Dominum, et reduxit umbram per lineas, quibus jam descenderat in horologio Achaz retrorsum decem gradibus;* unde facta est dies artificialis ista triplo fere longior, quia hoc contigit sub occasum solis, ut Scriptura indicat, atque adeo die fere expleto, quando retrogrado itinere iterum rediit ad primum gradum seu notam horariam diei artificialis, per totidem horas; atque inde denuo decem diei horas usque ad occasum peregit; quo miraculo perculsus rex Babyloniorum a bello destitit, et Ezechiæ munera misit, ut loco citato in quarto Regum sequitur.

Triplicis Mithri, sive solis, etc. Hinc constat, S. Dionysium in Persicis quoque Annalibus et Babyloniorum historiis fuisse versatum, eorumdemque linguæ haud ignarum; siquidem Persico vocabulo *Mithri* utitur, quo Persæ et Babylonii solem (ut vetus Scholium habet) significant. De hoc ita Strabo lib. xv : Πέρσαι τοίνυν ἀγάλματα μὲν καὶ βωμοὺς οὐχ ἱδρύονται, θύουσι δὲ ἐν ὑψηλῷ τόπῳ, τὸν οὐρανὸν ἡγούμενοι Δία. Τιμῶσι δὲ καὶ ἥλιον, ὃν καλοῦσι Μίθραν. Id est : *Persæ nec statuas nec aras erigunt, sacrificant vero in loco excelso, cœlum Jovem putantes. Quinetiam colunt solem, quem Mithram vocant*. Et quia dies tempore Ezechiæ fere in mora seu duratione triplicata fuit, ideo ait, Persas triplicis seu triplicati solis memoriam celebrasse. Quod autem Persæ soli sacrificent, etiam Herodotus ait, aliique multi. Quod solem vocent Mithram, dissentit quidem Herodotus, qui sic Venerem a Persis vocari scribit (nisi quis Μίτρην et Μίθρην differre putet), sed plurimi ai i assentiuntur, inter quos Hesychius : Μίθρας ὁ ἥλιος παρὰ Πέρσαις. Μίθρης ὁ πρῶτος ἐν Πέρσαις θεός. Id est : *Mithras sol apud Persas; Mithres primus apud Persas deus*.

Eramus tunc ambo juxta Heliopolim, etc. Describit hic prodigiosam illam eclipsim quæ contingit Christo de cruce pendente, quam una cum Apollophane Dionysius spectaverat Heliopoli (quæ civitas erat Ægypti, olim cultui solis dedicata). Hujus etiam meminit Phlegon, quem citat Philoponus lib. II *De mundi creatione*, cap. 21, his verbis : Λέγει γὰρ, ὅτι τῷ δευτέρῳ ἔτει τῆς διακοσιοστῆς δευτέρας Ὀλυμπιάδος ἐγένετο ἡλίου ἔκλειψις μεγίστη, καὶ οὐκ ἐγνωσμένων πρότερον· καὶ νὺξ ὥρᾳ ἕπτῃ τῆς ἡμέρας ἐγένετο, ὥστε καὶ ἀστέρας ἐν οὐρανῷ φανῆναι. *Ait enim, secundo anno ducentesimæ secundæ Olympiadis factam fuisse maximam solis defectionem omnium quæ unquam prius innotuerant, et hora diei sexta noctem exstitisse, ita ut etiam stellæ in cœlo apparerent*. Sed et evangelistæ, quorum fides longe supra omnem historiam est, defectionis hujus mentionem faciunt. Marci xv, 33 : *Et facta hora sexta, tenebræ factæ sunt per totam terram, usque in horam nonam*, et Lucæ xxIII, 44 : *Erat autem fere hora sexta, et tenebræ factæ sunt in universam terram usque in horam nonam, et obscuratus est sol*. Sanctus autem Dionysius hujus defectionis oculatus testis, et accuratus observator, cæteris exactius, utpote philosophus, ejus modum describit, quem vide inferius explicatum et schemate illustratum in Notationibus ad cap. I *Vitæ sancti Dionysii* per Petrum Halloix.

§ III. *Denique tunc nescio quo spiritu afflatus*, etc. Viso hoc solis deliquio Dionysius, adhuc ethnicus, dixisse fertur : *Aut Auctor naturæ patitur, aut mundi machina dissolvetur*. Similia quoque Apollophanem tunc dixisse aut cogitasse, hic insinuat Dionysius.

EPISTOLA VIII.

DEMOPHILO MONACHO.

De propria operatione et clementia.

SYNOPSIS EPISTOLÆ.

I. Ostendit præcipuos Dei amicos, Moysem, Davidem, Jobum, Abelem, Josephum, mansuetudinis laude claruisse; et in ipsomet Christo præ cæteris virtutibus vel maxime clementiam et mansuetudinem emicuisse. Unde a contrario Demophilo suam exprobrat immanitatem, quod pœnitentem a sacerdote absolutum immaniter tractasset, et in sacerdotem quoque temerarie debacchatus fuisset, eo quod pœnitentem absolvisset; et exemplis eorum qui ob similem temeritatem puniti fuerant, eum deterret. II. Proponit Demophili objectionem, quam probabiliter posse facere videretur, eamque elidit. III. Ostendit nequaquam convenire ut inferiores, qualis erat Demophilus, superiores suos increpent. IV. Docet ordinem et subordinationem ubique servandam esse, eique Christi boni ac mansuetissimi pastoris exemplum ob oculos ponit. V. Dicit Christi mansuetudinem potius imitandam esse, quam Eliæ zelum; et simul ostendit quæ sit mansuetorum et crudelium retributio. VI. Rem totam confirmat visione mirabili sancti Carpi, quam describit.

§ I. Hebræorum Historiæ tradunt, generose Demophile, sanctum illum etiam Moysem, propter magnam suam mansuetudinem, Dei conspectu dignum fuisse judicatum. Ac si quando ipsum divina visione frustratum scribunt, non prius eum a Deo, quam a mansuetudine excludunt. Ipsi scilicet insolescenti admodum, et divinis consiliis reluctanti iratum asserunt furore Dominum. Ubi vero decretis illi a Deo dignitatibus illustrem prædicant, a præeminente benigni Dei imitatione commendatus; erat enim admodum mansuetus, atque ideo Dei famulus nuncupatur, cæterisque prophetis dignior ad videndum Deum. Quinimo cum adversus eum et Aaronem de pontificatu ac gentis principatu impudentes aliqui proterve dimicarent, omni sane honoris ac primatus ambitione celsior, ei qui a Deo eligeretur, populi præfecturam deferebat [g]. Cæterum ubi in ipsum conjurassent, pristinaque exprobrando minas intentassent, jamque fere impetum fecissent, tum demum mansuetus ille bonum quidem Deum in salutem advocabat, magna vero constantia singularique modestia contestatus est, se insontem esse calamitatum omnium quæ subditis obvenissent; quippe noverat, ei qui bono Deo familiariter utitur, pro viribus conandum, ut eidem, quantum potest fieri, simillimus evadat, sibique bonorum operum conscius exsistat. Quid porro Davidem illum Dei progenitorem, amicum Deo reddidit? Nempe quod esset bonus, et in hostes benignus. Inveni, inquit ille præbenignus benignitatis amator, hominem secundum cor meum [h]. Quinimo benigna lege sancitum erat, ut jumentorum quoque inimici cura gereretur [i]. Job etiam, ut innocentiæ tenax, justificatus est [k]. Atque Joseph insidiatores fratres non est ultus [l], Abelque simpliciter, nec quidquam suspicans, comitatus est fratricidam [m].

Omnes denique theologia bonos prædicat, qui neque mala præsagiunt, neque simulant, sed ne aliorum quidem malitia bonum deserunt, sed e diverso deiformiter pravis benefacientes, magnamque benignitatis suæ copiam in eos effundentes, benigne illos ad simile quoque provocant. Cæterum ad altiora contendamus, sanctorum mansuetudines virorum atque amicorum hominibus angelorum benignitate omittentes, quomodo scilicet illi gentibus miscreantur, ac pro ipsis divinæ bonitati preces offerant [n], perniciosasque ac perditas turbas increpent [o]; ac malis quidem nostris condoleant [p], saluti vero eorum qui ad bona conversi sunt congratulentur [q]; et quæcunque alia de beneficis angelis theologia tradit [r]; sed penitus benigni ac præbenigni Christi beneficos radios tranquillo animo suscipientes, ab iisdem ad divinas ejus beneficentias luculenter adducamur. An non ineffabilis incomprehensibilisque bonitatis, quod ea quæ sunt, esse faciat, eaque omnia ad esse produxerit [s], cunctaque velit sibi semper esse similia, et pro cujusque captu communicare? Quid quod a se deficientes amore prosequatur, contendatque ac roget, ne dedignentur amores [t]; quin et deliciosos ipsos ac temere provocantes sustinet, atque ipsemet excusat, eoque magis se recipit illos curaturum, ipsisque jam adhuc distantibus, simul tamen adventantibus occurrit et obviat, totusque totos amplectens osculatur, neque de pristinis eos arguit, sed diligit præsentia, festumque diem agit, ac convocat amicos, videlicet bonos, ut sit omnium lætantium habitatio [u]. Porro Demophilus, et si quis alius bonis adversatur, jure merito corripitur, bonaque docetur ut emendetur. Quomodo enim, inquit, non oportebat eum qui bonus est, de eorum qui perierant salute, nec non eorum qui defuncti

---

[g] Num. xvi. [h] Psal. lxxxviii, 21. [i] Exod. xxiii, 4. [k] Job. i, 8; xlii, 7. [l] Gen. l, 20. [m] Gen. iv, 8. [n] Zach. i. [o] Apoc. vii. [p] Dan. x. [q] Luc. xv. [r] Tob. viii et ix. [s] Joan. i, 2. [t] Matth. xi. [u] Luc. xv.

erant vita lætari? Siquidem etiam in humeros tollit vixdum ab errore conversum, et bonos angelos ad lætitiam excitat, quin et ingratis benignus exsistit, *et oriri facit solem suum super bonos et malos* [v], atque ipsam suam animam pro profugis ponit [x]. Tu vero, ut tuæ litteræ declarant, accidentem sacerdoti, illum quem impium ac peccatorem dicis, nescio quomodo per te præsens repuleris; tum ille quidem deprecabatur et fatebatur se ad malorum medicinam advenisse; tu autem, nihil veritus, bonum insuper sacerdotem cum quadam insolentia conviciatus es, quod miseratus esset pœnitentis, atque impium justificasset; ac tandem, «Exi,» inquiens sacerdoti; **599** cum tui similibus contra fas in adyta irrupisti, ac Sancta sanctorum contaminasti, et scribis nobis te sancta, cum violanda essent, summa cura providentiaque servasse, eaque hactenus illibata custodire. Nunc ergo audi nostram sententiam: Nefas est sacerdotem a te dignioribus ministris, tuive ordinis monachis corripi, quantumvis in divina impius videatur, et etiamsi quid aliud vetitum egisse convincatur. Nam si distinctionis ordinisque confusio, divinissimarum constitutionum legumque transgressio est; nulla certe ratio est propter Deum traditum divinitus ordinem intervertendi. Neque enim in se Deus divisus est, alioquin quomodo stabit regnum ejus [y]? Et si Dei est judicium, ut Eloquia testantur [z], sacerdotes autem angeli sunt [a], et post antistites divinorum interpretes judiciorum, ab iis ordine, prout te decet, mediantibus ministris, dum erit oportunum, divina disce, per quos etiam, ut monachus esses, habuisti. An vero non id ipsum sacra signa proclamant? neque enim simpliciter Sancta sanctorum ab omnibus segregata sunt; verum ad hæc proxime accedit ordo pontificum, deinde distinctio sacerdotum, quos deinceps ministrorum gradus sequitur; ordinatis autem monachis adytorum postes sunt assignatæ, juxta quas etiam initiantur et astant, non ad custodiam earumdem, sed ut agnoscant tam se quam ordinem suum magis populo præ sacerdotibus propinquare. Unde sacrorum sacer ordinis principatus, rerum eos divinarum participes reddi sancte statuit, aliis videlicet, qui iis interiores sunt, earumdem administrationem cedens; illi siquidem qui symbolice semper divinum altare circumstant, intuentur et audiunt divina clare sibi revelata, procedentesque benevole ad ea quæ sunt extra divina velamenta, morigeris religiosis, sacroque populo, et iis qui purgantur, ordinibus, sacra mysteria pro meritis pandunt; quæ profecto rite immaculata tandiu servata sunt, donec ipse tyrannice in ea irrupisti, et Sancta sanctorum vel invita tibi publicari coegi-

sti, et habere te jactas et custodire sacra, cum ea neque videris, neque audieris, neque quidquam habeas eorum quæ sacerdotem decent, siquidem ne veritatem quidem Scripturarum nosti, cum eos quotidie verbis impugnes ad subversionem audientium. Etenim si quis gentilem principatum a rege sibi nequaquam **600** demandatum usurparet, jure merito puniretur. Quid si, principe quempiam vel absolvente vel damnante, quispiam ex astantibus subditis præsumeret latam a Domino sententiam retractare, nedum dicam proculcare ac de principatu deturbare visus esset? Tu autem, o homo, ita temerarius es in iis quæ clementis benignique (Dei) sunt, et pontificium ipsius institutum attingunt. Atque hæc quidem dicenda essent, si quis, cum majora meritis suis attentaret, æqua tamen sibi afferre videretur; nam neque hoc cuiquam fas est. Quid enim absurdi Ozias gessit, cum incensum Deo obtulit [b]? Quid Saul, dum sacrificavit [c]? Quid truculenti dæmones, cum Jesum Dei Filium verissime prædicarunt [d]? Verum in theologia ejiciendus omnis qui aliena spectat, sed quilibet ordinis sui ministeriis vacabit [e], solusque pontifex in anno semel ad Sancta sanctorum introibit, idque cum omni quam lex præscribit pontificali puritate [f]. Sacerdotes vero Sancta circumtegunt, verum Levitæ ne sancta quidem attingunt, ne moriantur [g]. Et iratus fuit furore Dominus ob Oziæ temeritatem [h], Mariaque leprosa fit, legislatorem ponere conata [i]: et in filios Scevæ insilierunt dæmonia [k], et: *Non mittebam eos*, dicit, *et ipsi currebant; et non loquebar ad eos, et ipsi prophetabant* [l]; et, Impius qui mihi immolat vitulum, sicut qui occidit canem [m]. Atque, ut simpliciter dicam, non tolerat legum violatores perfecta Dei justitia, dicentibusque illis: *In nomine tuo virtutes multas fecimus*, respondet: *Nescio vos, recedite a me omnes operarii iniquitatis* [n]. Nefas itaque, uti sacra testantur eloquia, ea etiam quæ justa sunt, non secundum dignitatem exsequi [o]. Oportet autem unumquemque sibi ipsi attendere, ne altiora profundioraque sapiat, solumque intendat iis quæ ipsius meritis fuerint coordinata [p].

§ II. Quid igitur, inquis, non oportet sacerdotes, qui vel impie vel perperam aliquid facere deprehensi fuerint, corrigi, solisque licebit gloriantibus in lege per prævaricationem legis Deum inhonorare [q]? et quomodo sacerdotes Dei sunt interpretes? quo enim pacto divinas populo virtutes enuntiant, cum earumdem vim ignorent? vel quomodo illuminabunt qui sunt obtenebrati? quave ratione divinum Spiritum impertientur, qui neque affectu neque veritate Spiritum sanctum crediderunt [r]? Ad hæc tibi ipse respondebo: Neque

---

[v] Matth. v, 45. [x] Joan. x, 11. [y] Matth. xii, 25. [z] Isai. xxx, 18; Rom. ii, 16. [a] Malach. ii, 7. [b] II Paral. xxvi, 9. [c] I Reg. xiii, 10; xv, 12. [d] Marc. iii, 11. [e] I Cor. xiv, 25. [f] Levit. xvi, 2; Hebr. ix, 7. [g] Num. iv, 15. [h] II Paral. xxvi, 19. [i] Num. xii, 10. [k] Act. xix, 14. [l] Jer. xxiii, 21. [m] Isai. lxvi, 3. [n] Matth. vii, 23. [o] I Reg. xv, 22. [p] Rom. xi, 20; xii, 3. [q] Rom. ii, 23. [r] Act. xix, 2.

601 enim inimicus Demophilus est, neque patiar te a Satana circumveniri. Etenim quilibet circa Deum versantium ordo, deiformior est eo qui magis distat; nec non lucidiora simul sunt ac luculentiora, quæ veræ luci magis appropinquant. Nolim autem ex loco sumas propinquitatem, sed ex capacitate recipiendi Deum. Quod si itaque sacerdotum ordo illustrandi vim habet, profecto penitus abhorret a sacerdotum ordine ac facultate, quisquis illustrandi vi caret; multoque magis is qui necdum illustratus est. Ac mihi quidem nimis temerarius videtur hujusmodi, si sacerdotalia sibi vindicet, neque metu neque pudore a divinis supra dignitatem suam consectandis arceatur, putetque ea latere Deum, quorum sibi ipse conscius sit; et se Deum fallere existimat, quem falso nomine appellant Patrem, audetque scelestas blasphemias suas (neque enim preces dixerim) in divinis mysteriis Christiformiter pronuntiare. Non est iste sacerdos, non est, sed inimicus, dolosus, illusor sui, et lupus in Dominicum gregem ovina pelle armatus [a].

§ III. At Demophilo fas non est ista corrigere. Nam si divinus sermo justa juste prosequi jubet (juste vero prosequi, est unicuique quod suum est pro meritis reddere), juste illud omnibus prosequendum, non præter suam dignitatem aut ordinem; nam et angelis justum est officia secundum merita tribui, ac definiri, non tamen a nobis, o Demophile, sed per eos nobis ex Deo, et ipsis ab angelis superioribus. Ac simpliciter loquendo, in omnibus rebus per primas secundis, a recta æquissimaque omnium providentia, cuique justa pro meritis tribuuntur, ut nimirum ii qui a Deo ordinati sunt præsides aliorum, inferioribus quoque subditisque suis pro meritis distribuant. Demophilus itaque sermoni ac furori concupiscentiæque suæ, sicut decet, modum statuat, neque ordinem violet, sed ratio superior inferioribus dominetur. Nam si, cum in foro videmus famulum domino, seniori adolescentulum, sive etiam filium patri maledicere, simulque impetu facto plagas inferre, pietatem violare videmus, nisi accurrentes, præstantioribus opem ferre studeamus, quantumlibet illi fortasse prius intulerint injuriam: cur non erubescimus, qui rationem ab ira et concupiscentia violari, et a tradito sibi divinitus principatu dejici videmus atque negligimus, atque intra nosmetipsos, **602** impiam injustamque temeritatem ac seditionem contusionemque excitamus? Merito sane divinus noster legifer, Ecclesiæ Dei præfici prohibet eum [t] qui antea domui suæ non bene præfuit [u]: qui enim seipsum regere novit, et alterum reget; qui alterum, etiam domum; qui domum, etiam civitatem; et qui civitatem, etiam gentem; atque, ut summatim dicam, juxta vocem Veritatis, qui in modico fidelis est, etiam in multo fidelis erit; et qui in modico infidelis, et in multo quoque infidelis erit [v].

§ IV. Ipse ergo cupiditati ac furori, rationique uti par est, sua cuique munia præscribe, tibi interim diaconi, et his sacerdotes, præsules vero sacerdotibus, atque præsulibus apostoli, successoresque apostolorum. At si quis forte etiam inter illos a decoro aberrarit, is a sanctis sui ordinis corrigatur, sic neque ordo ordini permiscebitur, verum in ordine quisque suo et officio versabitur. Atque hæc quidem tibi a nobis dicta sunt, ut et scias et facias quæ tui sunt muneris. Porro de illa in virum (ut ais) impium ac perditum immanitate, nescio quo fletu plangam contritionem dilectissimi mei, cujus scilicet cultorem te arbitraris a nobis constitutum esse, nisi certe illius summi boni cultor es, profecto et a nobis, omnino et ab omni nostræ religionis cultu alienus sis necesse est; tibique jam Deus alius quærendus est, atque alii sacerdotes, ut apud illos effereris potius quam initieris, evadasque amicæ tibi crudelitatis minister implacabilis. Scilicet nos ipsi plane sancti et perfecti sumus, et divinæ clementiæ minime egemus. Nunquid duplici peccato (ut oracula loquuntur) impiorum more delinquimus, dum nescientes in quo offendimus, nosmetipsos insuper justificamus, putamusque nos videre, cum minime videamus? Obstupuit cœlum super hoc, et exhorrui ego, mihique ipsi vix credo. Illudque tibi certum sit, nisi tuas ipse litteras legissem (quas utinam vidissem nunquam!), nemo sane ullis argumentis de te id suum mihi persuasisset, ut crederem Demophilum non arbitrari Deum super omnia (in omnes) bonum et benignum esse, sibique putare Dei miserantis aut salvantis gratia non opus esse; quinimo sacerdotes degradare, qui meruerunt pro sua benignitate plebis ignorantias tolerare, probe cognoscentes, quoniam et ipsi circumdati sunt infirmitate. At divinoprincipalis ille Pontifex longe aliam viam **603** ingressus est, idque cum, ut sacra testantur eloquia, segregatus esset a peccatoribus [x], et hoc eximiæ erga se dilectionis argumentum statuit, si oves ejus mansuetissima gubernatione pascamus [y]. Atque nequam eum appellat, qui conservo suo debitum minime dimiserat [z], neque in partem saltem indultæ sibi largissimæ benignitatis sibi venire permiserat; justeque eum propriis contentum esse jubet, quod et mihi etiam Demophilo metuere necesse est. Quippe suis etiam occisoribus Christus passionis tempore veniam a Patre precabatur [a], discipulos vero increpabat, quod persequentes se Samaritanos impietatis crudeliter condemnari petivissent [b]. Hoc itaque millies in impudenti ista epistola tua inculcatur, dum susque deque repetis, te non te ipsum, sed Deum ultum esse. Verum dic amabo, per malitiam eum qui summe bonus est vindicas?

[t] Matth. vii, 15. [t] I Tim. ii, 2. [u] Tit. I. [v] Luc. xvi, 10. [x] Hebr. vii, 26. [y] Joan. x, 14; Luc. xv, 6. [z] Matth. xviii, 31. [a] Luc. xxiii, 30. [b] Luc. ix, 54.

§ V.

Absit! *non habemus pontificem qui compati non possit infirmitatibus nostris* [c], sed et innocens misericors est. *Non contendet, neque clamabit* [d]; atqui ipse mitis est, imo *ipse est propitiatio pro peccatis nostris* [e]. Nequaquam itaque probabimus minime zelandos conatus tuos, etiamsi millies Phinoem et Heliam jactites: hæc enim Jesu, a discipulis mansueti adhuc benigneque spiritus expertibus, audienti minime placuerunt. Quin et noster quoque divinissimus Præceptor in mansuetudine docet eos qui Dei doctrinæ adversantur [f]: doceri quippe ignaros decet, non suppliciis affici; quemadmodum cœcos minime cruciamus, sed manu ducimus. Contra vero tu viro respirare in lucem inchoanti colaphum impingendo obstitisti, accedentemque summa verecundia, temerarie repulisti illum, quem (quod horrore dignum est!) Christus in montibus errabundum fugientemque revocat, vixque repertum in humeros tollit [g]. Ne, quæso, tam male nobis ipsis consulamus, neque gladium in nosmetipsos impellamus: siquidem qui alios injuriis violare vel contra fovere beneficiis nituntur, si forte quæ voluerint, facere nequiverint, sibi tamen aut malitiam, secundum propositum suum, aut bonitatem consciscunt, adeoque vel virtutibus divinis, vel ferocibus passionibus implebuntur. Atque illi quidem sanctorum angelorum sectatores ac comites et hic et ibi cum omni pace, atque a malis omnibus libertate, in sempiterno sæculo beatissimam illam requiem hæreditabunt, quoque maximum est bonorum omnium, cum Deo semper erunt; hi vero, qui a divina simul ac sua pace decidunt, cum hic, tum post mortem cum atrocibus istis dæmonibus futuri sunt. Quamobrem nobis summo studio curandum est, ut bono Deo adhæreamus, semperque cum Domino versemur, et non cum malis justissimo Dei judicio segregemur, atque ex nobis ipsis pœnas debitas subeamus, quod ego maxime omnium timeo, malorumque omnium exsors esse percupio. Quod si placet, divinam quoque sancti cujusdam viri visionem memorabo: neque vero rideas, vera enim dicam.

§ VI.

Cum aliquando in Cretam venissem, sanctus Carpus me hospitio excepit, vir, si quis alius, ob insignem mentis puritatem, ad Dei contemplationem aptissimus. Neque enim sacros mysteriorum ritus auspicabatur, nisi prius ipsi inter præparatorias orationes sacra quædam et propitia visio apparuisset. Ipsum ergo (uti referebat) infidelis quispiam contristaverat aliquando, tristitiæque causa erat, quod ille ab Ecclesia quemdam ad infidelitatis errorem seduxisset; cum adhuc celebritatis quæ ab hilaritate nomen accepit, dies agerentur. Ac pro utrisque benevole Deus fuisset exorandus ut auxilio salutari alterum quidem ab errore converteret, alterum vero bonitate superaret; neque desistendum fuisset ab eorum per totam vitam admonitione, donec tandem hodie vel sic ad divinam cognitionem promoverentur, tumque demum illis quæ ambigua videbantur et obscura, patescerent, et ab iis quæ præter rationem temerarie commiserant, resipiscere legitima veritate cogerentur; nescio quo pacto, cum id illi antea nunquam evenisset, tunc vehementi quadam indignatione et amaritudine concepta obdormierat (vesper enim erat); circa mediam vero noctem, quo tempore ad divinos hymnos evigilare consueverat, experrectus quidem surgit, cum somnos parum quietos crebroque interruptos, nec absque perturbatione cepisset; stans tamen ad divina colloquia, non satis religiose tristabatur, graviterque ferebat, iniquum esse dicens impios adhuc homines, rectasque Domini vias pervertentes vivere. Et hæc dicens, precabatur Deum ut simul amborum vitam fulgetro quopiam immisericorditer abrumperet. His dictis, repente se vidisse referebat domum, in qua consistebat, primum conquassatam a summo vertice bifariamque divisam, et quemdam ante se ingentis luminis rogum, eumque (sub dio enim jam locus ille videbatur) e cœlo ad se usque delatum; cœlum autem ipsum apertum, et in cœli cardine Jesum innumeris illi humana specie angelis astantibus. Atque ista quidem sursum conspexisse, miratumque fuisse. Porro deorsum respectando Carpus se vidisse asserebat, ipsum quoque pavimentum instar vastæ cujusdam tenebricosissimæque voraginis diffissum, illosque viros quos diris devoverat, ante se ad os voraginis trementes stare, ac miserabiles, tanquam jam jamque præ pedum lubricitate collapsuros: inferne autem e voragine serpentes emergere cernebat, circa tam labiles illorum pedes, modo quidem in gyrum actos, et implicitos simul pertrahentes, modo quoque dentibus et caudis incendentes ac demulcentes, omnibusque modis eos in voraginem præcipites dare molientes: fuisse autem et viros quosdam in medio, qui adversus eos una cum serpentibus impetum facerent, exagitando una, et impellendo atque feriendo; visos autem esse viros illos lapsui appropinquare, partim quidem invitos, partim vero sponte, a malo ita sensim coactos et simul persuasos. Referebat autem Carpus, se, dum inferiora respiceret, fuisse delectatum, superiora negligendo; cum vero graviter et indigne ferret illos necdum cecidisse, atque ad hanc rem sæpe frustra incubuisset, indignatum iis et imprecatum esse. Et cum vix tandem revocatis ad superna luminibus, vidisset quidem denuo sicut prius cœlum, Jesum vero, miseratum quod fiebat, desuper cœlesti throno descendisse, atque ad ipsos accedentem benignam iis manum porrexisse, angelosque una opem conferentes, alterum virorum ex altera parte retinuisse, Jesumque ipsi Carpo dixisse: Manu jam extensa percute me, siquidem adhuc paratus sum denuo pro hominibus salvandis

---

[c] Hebr. iv, 15.   [d] Isai. xlii, 1; Matth. xii, 19.   [e] I Joan. ii, 2.   [f] II Tim. ii, 24.   [g] Luc. xv, 6.

pati, illudque libentissime, ne demum alii homines A nem Dei ac bonorum clementissimorumque angepeccent. Cæterum considera, num tibi expediat hanc istiusmodi hiatus et cum serpentibus mansio- lorum consortio præferre. Hæc sunt, quæ ego cum audierim, vera esse credo.

ADNOTATIONES CORDERII.

Hebræorum Historiæ, etc. Alludit ad Num. cap. xii, 3, ubi de mansuetudine Moysis legitur : *Erat Moyses vir mitissimus super omnes homines qui morabantur in terra*. Atque ideo, inquit, Dei famulus nuncupatur, cæterisque prophetis dignior ad videndum Deum, uti ibidem Scriptura subjungit vers. 6 : *Si quis fuerit inter vos propheta Domini, in visione apparebo ei, vel somnium loquar ad illum. At non talis servus meus Moyses, qui in omni domo mea fidelissimus est : ore enim ad os loquor ei, et palam, et non per ænigmata et figuras Dominum videt.*

Quinimo cum adversus eum et Aaronem, etc. Agit hic de rebellione Core, Dathan et Abiron, quæ describitur Num. xvi. Quod autem Dionysius ait Moysem contestatum se insontem esse calamitatum omnium quæ subditis evenissent, non legitur in Scriptura ; quare verosimile est ipsum hoc ex secretioribus quibusdam, qui apud sacerdotes asservabantur, Mosaicæ legis libris hausisse.

Quid porro David, etc. Exempla mansuetudinis David obvia sunt in libro primo Regum, præsertim capite vigesimo quarto, ubi Sauli ipsum ad mortem quærenti, jam sibi in manus tradito, nihil nocuit, sed ab eo manum abstinuit. Ob quam mansuetudinem dictus est vir secundum cor Dei, I Reg. xvi, 13 ; Psal. lxxxviii, 21 ; Act. xiii, 22.

Quinimo sancitum erat. Scilicet Exodi xxiii, 4 : *Si occurreris bovi inimici tui, aut asino erranti, reduc ad eum*, etc. De Job autem vide librum ejus per totum, veræ patientiæ et mansuetudinis exemplum vivum. Historiam vero Joseph, et patientiam ac mansuetudinem ipsius, vide Genes. xxxvii ; de Abel vero Genes. iv. Porro de angelorum benignitate exempla exstant in libro *Cœlestis hierarchiæ*, capp. 5, 6, 7, et alibi passim ; Christi autem benignitatis plenum est Evangelium. Alludit autem hic potissimum ad parabolam filii prodigi, Lucæ xv, et ad præceptum de diligendis inimicis, Matth. v, 44.

Tu vero accidentem sacerdoti, etc. Unde colligere licet, salubrem et religiosam humilium accusationum confessionumque disciplinam jam inde a temporibus apostolorum fuisse a Christianis frequentatam, ad cadentium erectionem, et justificationem peccantium.

Et si Dei est judicium. Juxta illud Isaiæ xxx, 18 : *Deus judicii Dominus*. Et Pauli ad Rom. ii, 2 : *Scimus enim quoniam judicium Dei est*.

Sacerdotes autem angeli sunt. Malachiæ ii, 7 : *Labia enim sacerdotis custodiunt scientiam, et legem requirent ex ore ejus, quia Angelus Domini exercituum est*. Vide hac de re caput 12 *Cœlestis hierarchiæ*.

Ordinatis autem monachis, etc. Ritum monasticæ consecrationis, et in quo gradu Ecclesiæ monachi sint, vide superius in lib. *De eccles. hier.*, cap. 6, et ibidem nostras Adnotationes.

Quid absurdi Ozias gessit? Alludit ad cap. xxvi, 19, lib. II Paralip., ubi Ozias lepra percussus legitur. De superba vero Saulis præsumptione habetur I Reg. xiii, 14, ob quam a Deo rejectus fuit. De dæmonibus autem Jesum prædicantibus legitur Marci iii, 11.

Solusque pontifex in anno semel ad Sancta sanctorum introibit. Habetur hoc Levitici cap. xvi, 2, ubi et officium ejus describitur ; uti sacerdotum ac levitarum, Numerorum cap. iv. Maria vero soror Moysis lepra percutitur, Num. cap. xii, 10. De filiis autem Scevæ antiquum habet scholium, eos, cum manus imponendi potestatem non haberent, exorcismis imprecationibusque temerarie abusos, protinus invasisse dæmonia.

§ II. *Quilibet circa Deum versantium ordo deiformior est eo qui magis distat*. Idem docet cap. 7 *Cœlestis hierarchiæ*, § 2, ubi primæ hierarchiæ deiformitatem ac dignitatem colligit ex ejusdem cum Deo vicinitate, et immediatiori illustratione. Capite autem 4, dicit naturas istas esse proximas divinitati, quæ multipliciter illam participarunt.

Quod si itaque sacerdotum ordo illustrandi vim habet. Vide cap. 5 *Ecclesiasticæ hierarchiæ*, parte i, § 5, 6 et 7, ubi demonstratum est, pontificum quidem ordinem perficiendi vim habere, ac reipsa perficere ; sacerdotum autem, illuminandi vim habere, atque illuminare ; ministrorum vero, seu diaconorum, expiandi ac discernendi facultatem obtinere.

§ III. *Nam divinus sermo justa juste prosequi jubet*. Alludit ad Deuteronomii cap. xvi, 20, ubi dicitur : *Juste quod justum est persequeris*, ad quem locum Simeon in Catena 65, Patrum Græcorum in Lucam cap. i, n. 7 : «Cum bonum, inquit, non sit bonum, si non fiat bene. »

Merito sane divinus noster legifer, etc. Intelligit sanctum Paulum, scribentem ad Timotheum, Epist. i, cap. iii, 2, ubi episcopi conditiones describit dicens : *Oportet episcopum irreprehensibilem esse*, etc.

§ IV. *Vel duplici peccato, impiorum more delinquimus*. Alludit ad Jeremiæ cap. ii, 13 : *Duo mala fecit populus meus*, etc., et v. 35 : *Et dixisti : Absque peccato, et innocens ego sum, et propterea avertatur furor tuus a me. Ecce ego judicio contendam tecum, eo quod dixeris : Non peccavi*.

Si oves ejus mansuetissima gubernatione pascamus. Alludit ad Joannis cap. xxi, 15, ubi Christus trina interrogatione Petri dilectionem explorat, et singulis ejus responsis subjungit : *Pasce agnos meos, pasce oves meas*.

Atque nequam eum appellat, etc. Parabolam hanc de conservo vide apud sanctum Matthæum cap. xviii, 23. Quod autem Christus pro suis occisoribus rogavit, narrat sanctus Lucas cap. xxiii, 34. Qui etiam cap. ix, 55 scribit Christum increpasse discipulos, cum vellent deleri Samaritanos, quod Christum suscipere noluissent.

§ V. *Non habemus pontificem*, etc. Est Apostoli ad Hebræos iv, 15, ubi illos ad fiduciam consequendæ veniæ hortatur. Illud autem : *Non contendet, neque clamabit*, est Matthæi xii, 19, ex loco Isaiæ xlii, 1. Illud vero : *Ipse est propitiatio pro peccatis nostris*, est ex I Epistola Joannis cap. ii, 2.

Etiam si millies Phineen et Eliam jactites. De Phinee zelo habetur Numerorum cap. xxv, 7. De Helia legitur III Regum, xviii, 40, jussisse quadringentos et quinquaginta vanos sacerdotes occidi ; et de utroque liber I Machabæorum, cap. ii, 54, ait : *Phinees pater noster zelando zelum Dei, accepit testamentum sacerdotii æterni*; v. 58 : *Elias dum zelat zelum legis, receptus est in cœlum*. Sanctus vero

Paulus Dionysii præceptor, tanquam doctor Novi Testamenti quod in lege charitatis fundatum est, II ad Timotheum, II, 24 : *Servum autem Domini,* inquit, *non oportet litigare, sed mansuetum esse ad omnes, docibilem, patientem, cum modestia corripientem eos qui resistunt veritati.*

§ VI. *Cum aliquando in Cretam venissem, sanctus Carpus,* etc. Hic est Carpus, cujus B. Paulus meminit in II Epist. ad Timotheum, cap. IV, 13, dicens : *Penulam, quam reliqui Troade apud Carpum, veniens affer tecum, et libros, maxime autem membranas.*

Neque enim sacros mysteriorum ritus, etc. Ubi nota, olim, priusquam ad altare se conferrent sacerdotes, solitos fuisse certas ritu quodam pio adhibere precationes præparatorias, quæ dicebantur προτέλειαι; ubi interpres Pachymeres vocem hanc putat e vetusto more ductam. Nam προτελείας, inquit, preces eas dixere Athenienses, quæ una cum hostiis nuptias præcurrebant. Τέλος enim vocabant γάμον, hoc est nuptias. Nunc igitur cum hostia sit offerenda, qua nulla major aut sanctior cogitari potest, quæque sponsum deducere debet ad animarum bonum et singularem felicitatem ; sane opportunæ fuerint προτέλειαι, et nonnullæ precationes quibus sacerdotes se parent ad sacrificandum.

Cumque celebritatis, quæ ab hilaritate nomen accepit. Hilaria antiqui diem æquinoctii verni colentes appellarunt, ut inquit Macrobius, nempe octavum Kalendas Aprilis, quo fit æquinoctium vernum, quo primum tempore sol diem longiorem nocte protendit. De his meminit Flavius Vopiscus in Aureliano.

Circa mediam vero noctem, etc. Unde collige, morem fuisse jam inde a primis Ecclesiæ temporibus, ut sacerdotes de nocte ad orandum surgerent. Carpus enim, episcopus Cretæ, apostolorum auditor, circa mediam noctem, ut hic S. Dionysius memorat, vigilare solebat πρὸς τοὺς θείους ὕμνους, *ad divinos hymnos* pie et religiose Deo concinendos. S. Chrysostomus *in cap.* v *Isaiæ* nominat παννυχίδας ἱεράς, *sacra pervigilia,* diem, inquit, *cum nocte copulantia.* Quæ a media nocte inchoata fuisse, ibidem his verbis significat : *Omnes somni tyrannidem generosa contentione superantes,* ἐκ μεσονυκτίων, *a medio noctis usque ad lucem perseverabant.* Id e fonte apostolico manasse, dicit perspicue S. Maximus hunc locum exponens.

EPISTOLA IX.

TITO EPISCOPO.

Roganti per epistolam quæ sit domus sapientiæ, quis crater, et quisnam cibus ejus ac potus.

SYNOPSIS EPISTOLÆ.

I. *Ostendit, symbolicam theologiam rudioribus et ignaris multas absurdas imagines atque cogitationes ingenerare ; et hac occasione exempli causa diversa symbola exponit, quæ in Scripturis reperiuntur. Deinde theologiam dividit in mysticam ac demonstrantem, et quæ cujusque partes sint exponit.* II. *Docet, symbola diversa diversimode esse explicanda ; et simul declarat, quomodo ignis de Deo et angelis accipiendus sit. Item quid esca designet.* III. *Exponit, quid crater mystice significet.* IV. *Quid cibus solidus et liquidus designet.* V. *Quid item Dei ebrietas, quidque discubitus beatorum in cœlis.* VI. *Quid Dei somnus et evigilatio.*

§1. Sanctus quidem Timotheus, optime Tite, nescio si quidpiam 608 symbolorum theologicorum a me traditorum non audierit ; quoniam in *Symbolica theologia* distincte ipsi exposuimus, quæcunque in oraculi prodigiosa pluribus visa de Deo enuntiantur. Gravis etenim absurdi speciem animis rudioribus imprimunt Patres illi qui arcanam tradunt sapientiam, dum divinam illam mysticam et profanis inaccessam veritatem sub arcanis quibusdam audacioribus ænigmatibus proponunt. Quapropter etiam in divinis mysteriis quandoque verbis ipsis vix credimus, dum illa duntaxat per agnata symbola sensilia conspicimus. Verum his amotis, ipsa in seipsis nuda puraque intuenda sunt ; sic enim contemplantes venerabimur fontem vitæ, in seipsum effusum, et in seipso consistentem videntes, et unam quamdam potestatem simplicem, per se mobilem, per se agentem, seipsam non deserentem, sed notionem notionum omnium, ac semper se per seipsam contemplantem. Censuimus igitur tum A ipsi, tum aliis, quoad fieri poterat, exponendas esse omnis generis formas, symbolicæ illius quæ de Deo est sacræ effigiationis ; hujus enim exteriora, quam plena sunt incredibilis et commentitii monstri ? v. g. dum in suprasubstantiali Dei generatione, uterum Dei corporee generantem effingit [h], et cor hominis eructans verbum in aerem effusum [i], et spiritum ex ore spirantem describit [k], ac sinus deigenos Filium Dei complectentes, in modum corporis collaudat, aut in modum stirpis hæc ipsa depingit, et arbores quasdam, et surculos, et flores atque radices proponit ; aut fontes aquis manantes, aut lucigenas splendorum fecunditates, aut quasdam alias supernaturales sacras rerum divinarum explanatorias descriptiones. In spiritalibus autem Dei providentiis, vel B donis vel manifestationibus, vel virtutibus, aut proprietatibus, aut statibus, aut mansionibus, aut emanationibus, aut secretionibus, aut unionibus formam viri Deo et ferarum, aliorumque animantium et stirpium atque lapidum multiformitatem affingit ; quin

[h] Psal. CIX, 3. [i] Ibid. XLIV, 1. [k] Ibid. XXXII, 6.

etiam ornatus muliebres, et barbaras armaturas illi circumponit: et figlinam conflatoriamque artem, tanquam opifici cuipiam mechanico attribuit; et equos ipsi, et currus, et sedes supponit, et convivia quædam epulis instructa apparat, atque bibentem et ebrium, et dormiturientem ac crapulantem exhibet. Quid attinet dicere iras, dolores, varia juramenta, pœnitentias et maledictiones, iras inveteratas et multiplices, et obliquas rationes frustrandi promissiones; item illam in Genesi cum gigantibus pugnam, in qua dicitur Deus robustis illis viris propter metum insidiatus, cum alioquin, non ut alios læderent, sed ut se incolumes servarent, illud ædificium moliti essent: et concilium illud in cœlo ad decipiendum Achab fabricatum [1]; et illas Canticorum veluti corporeas et meretricias illecebras [m]; et quæcunque alia sacra signa in Deo audaci fictione format, potentia occultis; multiplicata et partita simplicibus atque individuis figurativa et multiformia, figuræ formæque expertibus obducens; quorum pulchritudinem intus latentem si quis intueri possit, reperiet omnia mystica et divina et multo lumine theologico repleta. Neque vero existimemus signa formarum apparentium sua tantum causa et ratione efficta esse, sed potius integumenta esse scientiæ arcanæ, et vulgo hominum occultæ, ut ea quæ sanctissima sunt, non sint profanis facilia ad intelligendum; sed tantum vere studiosis sanctitatis aperiantur, utpote expeditis ab omni puerili cogitatione in sacris symbolis, et qui acie mentis et ingenii facultate ad contemplandum idonea, veritatem simplicem, et supra naturam symbolorum collocatam, assequi possint. Cæterum hoc advertendum est, duplicem esse traditionem theologorum, unam quidem arcanam et mysticam, alteram vero apertam et manifestiorem; illam quidem symbolicam et ad mysteria pertinentem, hanc vero philosophicam ac demonstrantem; estque arcanum cum aperto connexum. Atque hoc quidem fidem facit, et astringit veritatem eorum quæ dicuntur, illud vero efficit et in Deo, iis quæ non docentur, institutionibus firmat. Atqui nec in sanctissimis mysteriis sancti magistri sive nostræ sive Mosaicæ disciplinæ a symbolis Deo convenientibus, abstinuerunt; quin potius videmus angelos omni sanctitate plenos, per ænigmata res divinas mystice promere, et Jesum in parabolis, de divinis loqui, ac deifica sacramenta per typicum mensæ apparatum tradere. Par enim erat, ut non solum Sancta sanctorum servarentur vulgo intemerata, sed ut ipsa vita humana, quæ individua simul et dividua est, lucem divinæ cognitionis convenienter sibi caperet; et ea pars animæ quæ a patiendi necessitate libera est, simplicibus et intimis divinarum imaginum speciebus contemplandis destinaretur, illa vero quæ passionibus subjecta est, ut naturæ ejus convenit, curaretur simul, et in divinissimas res per typica symbola, eis artificiose abducta protenderetur, ut cui istiusmodi integumenta cognata sint, quemadmodum declarant, etiam qui, audita aperta theologia sine involucris, effingunt in se typum quemdam, qui illos ad prædictæ theologiæ intelligentiam manuducat.

§ II. Quin et ipsius quoque mundi aspectabilis fabrica invisibilibus Dei obducta est, sicut Paulus et vera ratio testantur. Quamobrem etiam theologi alia quidem civiliter legaliterque considerant, alia vero pure et intemerate; atque illa quidem humano medioque modo, hæc autem supramundiali ac perfecto. Atque interdum quidem ex apparentibus legibus, interdum vero ex occultis oraculis, prout subjectis rebus sacris mentibusque et animis congruit; omnis enim sermo, qui illis ubique propositus est, non exilem aliquam historiam, sed vivificam continet perfectionem. Quare etiam nos oportet, omissa populari de his opinione, ipsamet sacra signa, sacra, uti par est, ratione penetrare, neque eadem inhonorare, cum nativa sint et expressa rerum divinarum simulacra, nec non imagines perspicuæ arcanorum et supranaturalium spectaculorum. Etenim non solum suprasubstantialia, et intellectilia, et simpliciter divina lumina symbolis figuratis variegantur, ut cum suprasubstantialis Deus ignis dicitur [n], et quæ intellectu percipiuntur Eloquia Dei ignea [o], sed præterea etiam divini ordines angelorum, qui simul sunt intellectiles et intelligentes, variis formis ac multiplici specie, et igneis figuris depinguntur. Aliterque eamdem imaginem ignis accipere oportet, cum de Deo dicitur qui intelligentiam superat; aliter cum de providentiis ejus, quas intelligentia percipimus, aut de sermonibus; et aliter cum de angelis. Atque illam quidem imaginem ignis de Deo dictam, secundum causam accipere oportet; aliam secundum exsistentiam, aliam vero secundum participationem; et alia aliter, ut eorum contemplatio et constitutio scienter facta præscribit. Nec enim oportet fortuito ac temere miscere symbola, sed potius explanare ea convenienter causis aut exsistentiis, aut potestatibus, aut ordinibus, aut dignitatibus, quæ omnia signis declarantur. Cæterum ne epistolæ modum excedamus, jam ad ipsam propositam a nobis quæstionem veniamus. Dicimus itaque, omnem escam vim habere perficiendi illos quos nutrit, dum imperfectum eorum et indigentiam replet, et infirmitatem curat, vitamque servat, et reflorescere facit ac renovat, et vitalem illis affectum donat, simpliciterque tristitiam et imperfectionem abigit, atque lætitiam perfectionemque conciliat.

§ III. Quamobrem recte supraquam sapiens juxta ac benigna sapientia in eloquiis divinis perhibetur craterem mysticum proponere, ac sacram ejus potionem propinare, prius tamen cibos solidos apponere, atque clata voce omnes ejus indigos benevole

---

[1] III Reg. XXXI. [m] Cant. IV et V. [n] Deut. IV. [o] Psal. XVII, 31.

invitare. Duplicem ergo escam divina sapientia proponit, scilicet unam solidam atque durabilem, aliam vero liquidam ac fusilem in cratere propinat, quæ beneficas ejus providentias designant. Crater igitur cum sit rotundus et apertus, symbolum est generalis providentiæ quæ principio fineque caret, atque omnia continet penetratque. Sed quoniam dum ad omnia procedit, in semetipsa quoque manet, immobili, a qua nunquam excidit, identitate formata, crater etiam constanter immotus persistebat. Dicitur autem sapientia sibi domum ædificare, in qua cibos solidos, et pocula, crateremque proponit, ut omnibus divina rite conferentibus perspicuum sit, eum, cujus est providentia, perfectam esse causam, ut sint et bene sint omnia, eumque ad universa pertingere, et in omnibus exsistere, atque omnia continere, rursusque eumdem, cum sit in se excellenter, nihil in ulla re, ulla ex parte esse, sed secretum esse ab omnibus, cum in se ipso eodem æternoque modo sit, persteque et maneat, atque semper idem sit, eodemque modo se habeat, nec ullo modo se ipse deserat, neque sedem suam immobilemque mansionem, et quasi larem relinquat, sed in ea omnia perfectæque providentiæ suæ munera perficiat, et procedat ad omnia, et in se maneat; et insistat semper ac moveatur; et neque insistat neque moveatur; sed ac si quis dicat, ut qui actiones suæ providentiæ in perseverantia, et perseverantiam in providentia connaturaliter simul ac supra naturam habeat.

§ IV. Verum quisnam solidus cibus, et quis liquidus est? hos enim benigna sapientia largiri simul et providere prædicatur. Arbitror itaque, solidum illum cibum intellectilis ac perseverantis perfectionis et identitatis signum esse ferre, quo spirituales isti sensus secundum constantem ac potissimam et singularem illam individuam scientiam divina participant, quos divinissimus quoque Paulus solidi vere cibi a sapientia accepti participes facit: liquidum vero cibum significare doctrinam illam profusam, quæ dum **612** per omnia vagatur, simul etiam per varia illa multiplicíaque signa ad simplicem et constantem Dei cognitionem, eos quos nutrit, per accommodatam cujusque captui bonitatem manuducit. Hanc ob causam eloquia illa divina spiritaliaque, et rori, et aquæ, et lacti, et vino ac melli merito assimilantur, quia vivificandi ac fecundandi ut in aqua, et ad incrementum perducendi ut in lacte, et recreandi ut in vino, purgandique simul ac conservandi ut in melle vim habent: ista nimirum divina sapientia donat suis assecliis, dum redundantium et indeficientium deliciarum suarum affluentiam eis præbet, et adhuc supereffluit. Istud nempe veraciter est epulari: et idcirco ut vivificans simul et parvulos nutriens, renovansque ac perficiens celebratur.

§ V. Nempe juxta hanc sacram convivii expositionem, etiam ipsemet bonorum omnium auctor Deus inebriari dicitur, propter plenissimam, et, quæ omnem intelligentiam superat, divinæ epulationis, vel, magis proprie loquendo, bonæ habitudinis Dei perfectissimam et ineffabilem immensitatem. Sicut enim ea quæ apud nos est ebrietas, in deteriorem partem capitur, estque immodica repletio, propter quam mente sensuque destituimur; sic in Deo si meliorem in partem capiatur ebrietas, nihil aliud est intelligenda, quam plenissima bonorum omnium immensitas, quæ dum emanat, in ipso secundum causam præexsistit. Quin et ipsum sensus excessum, qui ebrietatem comitatur, accipere oportet pro ista Dei præcellentia quæ exsuperat omnem sensum, per quam ab intelligendi ratione secernitur, cum sit supra id quod intelligit et intelligitur, imo supra id quod est. Et cum simpliciter Deus bonis omnibus quæ sunt, inebriatus esse dicitur, omniaque excedere, utpote qui eis omnibus, totius immensitatis suæ præcellentia supraquam plenus sit, et extra omnia, et supra omnia sursum habitet: hisce loquendi rationibus inducti, sanctorum etiam in regno Dei convivia, eodem modo accipiemus. Transiens enim, inquit, ipse rex, faciet eos discumbere, et ministrabit eis [p]; quæ utique declarant communem quamdam et concordem sanctorum in divinis bonis societatem, et Ecclesiam primogenitorum qui conscripti sunt in cœlis, et spiritus justorum bonis omnibus esse consummatos, bonorumque omnium plenos. Porro discubitum illum putamus significare requiem ex multis laboribus, et vitam inviolatam, **613** conversationemque divinam in lumine ac regione vivorum, omni sacra jucunditate plenam, et omnigenorum beatorumque donorum abundantem elargitionem, qua omni gaudio replentur, Jesu eos exhilarante, et in mensa collocante, et ipsis ministrante, et æternam quietem largiente, ac perfecta bona tribuente atque infundente.

§ VI. Postulabis utique, probe scio, explicari tibi celebrem illum Dei somnum et evigilationem; cumque dixerimus, divinum quidem somnum esse id quod in Deo arcanum est et incommunicabile rebus iis quæ Providentia gubernantur; evigilationem vero esse ipsius Providentiæ attentionem circa eos qui disciplinæ vel salutis indigi sunt, illico ad alia signa theologica transibis. Itaque supervacaneum rati eadem iisdem de rebus repetendo alia videri dicere, simulque nobis conscii, quod vobis, uti æquum erat, morem gessimus, epistolæ quidem hic finem facimus, cum plura putem nos persolvisse, quam litteris tuis deberemus. Symbolicam porro theologiam nostram totam mittimus, in qua una cum domo sapientiæ columnas septem explicatas reperies, et solidum ejus cibum, in hostias panesque divisum, præterea, quæ sit vini mistio, quæ item crapula ex Dei ebrietate proveniens, et ea ipsa etiam

[p] Luc. xii, 37.

quæ modo retulimus, ibidem fusius invenies per- A inventrix theologiarum, atque sacris sanctarum Scri-
tractata. Est enim, ut opinor optima symbolicarum pturarum traditionibus ac veritatibus conveniens.

ADNOTATIONES CORDERII.

Notat Pachymeres, Titum hunc eumdem esse ad quem S. apostolus Paulus Epistolam scripsit, quem Cretæ præfecerat episcopum.
Ostendit, symbola rudioribus absurdas imagines ingenerare. Sic quoque magnus Basilius, Qui, inquit, ad celsiores notiones ex verbis non ascendit, sed in ipsis delineationibus corporum verborum compositione factis residet, audiet ex Moyse, Deum esse ignem, et a Daniele sapiente ad alias opiniones detorquebitur; ita fiet, ut non solum falsas cognitiones, sed inter se pugnantes ex ipsis rebus colligat. *Quam enim,* inquit Dionysius, *exteriora ejus* (scilicet symbolicæ theologiæ) *plena sunt incredibilis et commentitii monstri?* Tale est uterus Dei, Psal. cix, 3 : *Ex utero ante luciferum genui te.* Cor hominis eructans, Psal. xliv, 2 : *Eructavit cor meum verbum bonum.* Spiritus ex ore spirans, Psal. xxxii, 6 : *Spiritu oris ejus omnis virtus eorum.* Sinus Dei, Joan. i, 18: *Filius, qui est in sinu Patris.* In his est, ut mihi videtur, theologia mystica generationis Filii ex substantia Patris tanquam ex utero et sinu ; et processionis Spiritus sancti ex Filio, tanquam ex ore Patris, ac proinde processionis ex Patre et Filio. Mysticum vero dicitur est, quod legitur vel figuratione rei, vel translatione verbi. Et arbores, Prov. iii, 18 : *Lignum vitæ,* etc., et Apoc. ii, 7 : *Vincenti dabo edere de ligno.* Et surculi, Gen. xlix : *Ex germine, fili mi, ascendisti.* Isa. liii, 2 : *Ascendet sicut virgultum.* Et flores, atque radices, Isa. ii, 1 : *Egredietur virga de radice Jesse, et flos,* etc. Fontes, Jer. ii, 13 : *Dereliquerunt fontem aquæ;* et Psal. xxxv, 10 : *Apud te est fons vitæ.* Splendores, ut apud Paulum Hebr. i, 3, de Filio : *Qui cum sit splendor gloriæ.* Dei providentiæ, Deut. xxxii, 11 : *Sicut aquila provocans ad volandum,* etc., et Exodi xix, 4 : *Quomodo portaverim* **614** *vos super alas aquilarum,* etc. Illud quoque ad providentiam pertinet, punire scilicet impios; Ose., xiii, 8 : *Occurram eis quasi ursa raptis catulis,* etc. Dona ejus, Psal. cxliv, 16 : *Aperis tu manum,* etc. Offensiones, ut cum in figura hominis apparebat antiquis, ut in Gen., cap. xviii, et in specie columbæ Spiritus sanctus. Aut potestates, ut oculi qui habent potestatem videndi nec quid in bonis aut in malis lateat, Psal. xxxiii, 16 : *Oculi Domini super justos.* Pedes, qui habent potestatem ambulandi, ad ferendum auxilium aut puniendum, Gen. iii, 8 : *Et cum audissent vocem Domini Dei deambulantis in paradiso.* Similiter in nominibus aliarum partium corporis. Aut proprietates, ut in propheta Amos cap. vii, adamas vocatur Deus, quod significat non posse pati Deum, neque domari. Et ignis, Deut. iv, quia habet vim consumendi habitus pravos. Aut status, quod signat immutabilem esse Dei naturam. Aut mansiones, quod signat ejus immobilitatem. Utrumque significat lapis fundamentalis, Isa. xxviii. Aut emanationes, quod signat communicationem divinæ bonitatis, quæ mystice significatur, cum Deus dicitur *lilium et flos,* propter communicationem odoris, ut Cant. ii, 1 : *Ego flos campi, et lilium convallium.* Aut secretiones : *Quæ,* inquit Apostolus, II Cor. vi, 14, *participatio justitiæ cum iniquitate? quæ societas luci ad tenebras? quæ conventio Christi ad Belial?* Hanc secretionem sive separationem quam Deus facit, significat Scriptura mystice, cum in ea ignis etiam dicitur : hæc enim proprietas inest igni, esse discretivum, separat enim plumbum ab argento, et cinerem a carbone. Uniones, quod uniat secum Deus creaturas, et ad se convertat, mystice significatur cum dicitur Deus lapis angularis, Ephes. ii, forma viri, ut: *Antiquus dierum sedit,* Dan. vii, 9. Imo varias figuras ferarum : ut leonis, leænæ, pardi, ursi, Ose. xiii, aliorumque animantium, ut Joan. i, 32: *Vidi descendentem quasi columbam;* et stirpium, Isa. liii, 2 : *Ascendet sicut virgultum;* et Joan. xv, 1 : *Ego sum vitis vera.* Quin etiam ornatus muliebres, qualis apud Isaiam, cap. iii, et Ezech. xvi, quibus describitur omne genus divinæ providentiæ, qua Deus populum suum circumsepsit, et qua eum nudavit; et illud Psal. xliv, 10 : *In vestitu deaurato, circumdata varietate,* etc., et barbaræ armaturæ, Psal. xliv, 4 : *Accingere gladio.* Figulina et conflatoria, significant hæc mystice in Deo providentiam reformantem ac restingentem, aut vim et facultatem secernendi et repurgandi, Isa. xxix, 64 ; Jerem. ix ; Malach. iii. Equi. Equi Dei significant mystice in oratione Habac. iii, sanctos apostolos : *Qui ascendes,* inquit, *super equos tuos, et quadrigæ tuæ salvatio,* Equi, inquit Cyrillus in eo loco, apostoli et evangelistæ sunt omnibus modis divinæ voluntati subjecti, et frenis parentes, ad omne munus celeres ac prompti, Christum pro auriga habentes, ex quibus fuit unus Paulus, de quo ipse Christus ait Actorum ix, 15 : *Vas electionis mihi est hic, ut portet nomen meum coram gentibus.* Et equitatus tuus salus. Currebant enim, non frustra, sed ut servarent civitates et regiones. Hactenus Cyrillus. Currus angeli vero, quos in modum currus Scriptura figurat, propter communionem ordinum qui sunt ejusdem hierarchiæ, ut ait idem Dionysius in extremo capite *Cœlestis hierarchiæ,* Psal. lxvii, 18 : *Currus Dei decem millibus multiplex, millia lætantium.* Sedes, per has Dei judicium significatur, Dan. vii. Convivia, Luc. xv, ut cum vitulus occiditur in reditu filii luxuriosi, et Luc. xxii, 30 : *Ut edatis et bibatis super mensam meam,* etc. Somnus et crapula, Psal. lxxvii, 65 : *Excitatus est tanquam dormiens, tanquam potens crapulatus a vino.* Iras, Exodi xv, 7 : *Misisti iram tuam,* etc.; et Psal. vi, 1 : *Domine, ne in furore tuo,* etc. Dolores, Judic. x, 16 : *Doluit super miseriis eorum.* Varia juramenta, Gen. xxii, 16 : *Per memetipsum juravi,* etc.; et Isa. xlv ; Psal. xciv, 11 : *Juravi in ira mea;* Ezech. xviii, 1 : *Vivo ego, dicit Dominus,* etc. Jer. xliv, 26 : *Juravi in nomine meo magno.* Pœnitentiæ, Gen. vi, 6 : *Pœnituit eum quod hominem fecisset,* et de Saul, I Reg. xv. Maledictiones, Malach. ii, 2 : *Maledicam benedictionibus vestris;* Habac. iii, 14 : *Maledixi sceptris ejus.* Iræ inveteratæ, Jer. xlv, 21 : *Horum recordatus est Dominus,* etc., et Exod. xx, 5 : *Ego sum Dominus Deus tuus fortis, zelotes, visitans iniquitatem patrum in filios,* etc.; Gen. xlii, 22 : *En sanguis ejus exquiritur.* Quasi servans iram usque ad illud tempus. Multiplices et obliquas rationes frustrandi promissiones. Frustrationes promissionum vocat hic, cum ea quæ promissa sunt, non videntur ad exitum perducta, quatenus sensui apparet. Sunt tamen secundum perfectam intelligentiam spiritus, ut quod promissum fuit Jacob, Gen. xxvii, 29 : *Esto dominus fratrum tuorum,* impletum est in Christo ex semine ejus ; sicut promissiones factæ Abrahæ de possessione terræ, et benedictione gentium, et factæ David et Salomoni de regni perpetuitate. Obliquas ergo vocat hujusmodi rationes frustrandi promissiones, quia non fuerunt directe ad eos relatæ, qui frustrati videntur ; sed ad Christum, cujus ipsi figuræ erant. Cum gigantibus pugna. Insidiatus dicitur Deus, id est cepisse consilium in illos, quasi metueret, ut doceret nos sic, ut quamvis injuria afficiamur, et simus potentiores, apologiis tamen mutuis utamur, excusemusque nos apud eos qui injuriis nos afficiunt. *Ecce,* inquit, Gen. xi, 6, *unus est populus, et unum*

labium omnibus, cœperuntque hoc facere, neque desistent a cogitationibus **615** suis, donec eas opere compleant. Venite igitur, descendamus, et confundamus ibi linguam eorum, id est nemo queratur quod divisionem hanc faciam, quia enim non recte usi sunt ὁμοφωνίᾳ, id est uno labio, oportet facere ut utantur διαφωνίᾳ, id est diversitate labii. Sic igitur metum Deus figuravit, ut hoc quod dixi mystice doceret. Et concilium illud. Illa fictio personarum, quæ scripta est in lib. III Reg. c. xxii, 20, Dei interrogantis in illo concilio : *Quis decipiet Achab regem ?* et spiritus mali stantis coram Deo in terra, et respondentis : *Ego decipiam illum*, etc., illa inquam fictio personarum, docet mystice, spiritum fallaciæ uti impiis et sceleratis hominibus tanquam instrumentis, et per eos promittere falso victoriam, idque permissu Dei fieri ; quia cum prohibere possit, non prohibet, quia indignus sit custodia et defensione qui decipitur, ut tunc Achab.

Neque vero existimemus signa formarum apparentium sua tantum causa efficta esse ; id est, ut sic intelligantur, ut extrinsecus secundum litteram nudam apparet. Non enim sic accipienda sunt, sed potius secundum sensus quos symbola intus habent alte reconditos.

Ibidem paulo post : *Estque arcanum sive mysticum cum symbolo implicatum*. Est enim (ut ait S. Maximus) in symbolo tanquam umbra tecta veritas; ut in pascha Mosaico verum pascha, sicut scriptum est I Cor. v, 7 : *Pascha nostrum immolatus est Christus*. Huc pertinet illud ad Galat. iv, 22 : *Abraham duos filios habuit*, etc. ; hæc enim sunt duo Testamenta ; et illud I Cor. x, 4 : *Bibebant autem de spirituali, consequente eos, petra ; petra autem erat Christus*, et similia. Quod autem symbolum verti cum Turriano, interpretationem S. Maximi secutus, Dionysius vocat τὸ ῥητόν, id est, *non tacitum* sive *dictum* ; quia quod mystice latet in symbolo est ἀπόρρητον, id est arcanum et tacitum. Itaque mysteria quæ in symbolis significantur, sunt ἀπόρρητα ἐν ῥητοῖς νοούμενα, id est *occulta intellecta in symbolis*.

Idem declarant etiam qui audita aperta theologia, effingunt in se typum quemdam, etc. Exemplum sit quod scriptum est in Jerem. c. xiii, de iis quæ aperte dixit Dominus sine ullo typo aut integumento, quomodo populum Israel sibi adjunxisset, et quomodo propter peccata esset puniendus. Et de lumbari, in quo tanquam in typo efficto voluit ut Jeremias supplicium de populo Israel sumendum, et suam cum illo populo conjunctionem magis adhuc intelligeret meliusque aliis exponeret. Vide Jeremiæ cap. xiii, vers. 4 : *Surge et vade ad Euphratem*, etc. Frequentia sunt istiusmodi exempla in prophetis de aperta theologia, et de typis ad eam adhibitis.

§ II. Quin et ipsius quoque mundi aspectabilis fabrica, quodammodo symbolorum vicem tenet, ut notavit S. Maximus. Et ipsa veritas testatur. Christum dicit, qui in Evangelio multa, quæ ad theologiam apertam et demonstrantem pertinent, per symbola et parabolas loquebatur. Unde Nicodemo dixit, ut Pachymeres observavit Joan. iii, 12 : *Si terrena dixi vobis, et non creditis, quomodo, si dixero vobis cœlestia, credetis ?* Ut perinde sit hoc, ut mihi quidem videtur, ac si diceret : Si cœlestia et divina dixi vobis per symbola corporea, et naturæ vestræ cognata et familiaria, et non creditis, ut credendo intelligatis ; quomodo, si dixero vobis cœlestia absque istis imaginibus vobis notis, credetis ? Docuerat enim Dominus Nicodemum exemplo venti de operatione occulta et spirituali creaturam ex aqua et Spiritu sancto regenerante. Ubi vocem tantum audimus : *Ego te baptizo in nomine Patris, et Filii, et Spiritus sancti*, sed quomodo operetur, aut unde incipiat, et ubi desinat, nescimus ; aut in vento, qui est, ut ait Dionysius cap. 15 *Cœlestis hierarchiæ*, imago et typus divinæ operationis, propter proprietates venti, quas ibidem D. Dionysius notavit, ubi etiam locum Evangelii citat (Joan. iii, 8) : *Spiritus ubi vult spirat*. Ibidem infra : *Deus ignis dicitur, et eloquia Dei ignea, et ordines angelorum*, etc. Quomodo imago ignis conveniat præceptis divinis, et quomodo angelis, vide quæ notavimus ad cap. 13 *Cœlestis hierarchiæ*. Ignis autem etiam dicitur de providentis, ut Lucæ xii, 49 : *Ignem veni mittere in terram*. Et de sermonibus, Jer. xxiii, 29 : *Nunquid sermones mei non sunt quasi ignis ?*

EPISTOLA X.

JOANNI THEOLOGO, APOSTOLO ET EVANGELISTÆ, IN PATMO INSULA EXSULANTI.

SYNOPSIS EPISTOLÆ.

Beato Joanni apostolo et evangelistæ, Christi discipulo dilecto, in Patmo insula exsulanti, prophetice prædicit celerem ab exsilio liberationem, et reditum in Asiam, ubi exemplo suo plurimis profuturus sit.

Saluto te sanctam animam, o dilecte, quoniam id mihi præ cæteris tecum licet familiarius. Salve, **616** o vere dilecte, et perquam dilecte illi, qui vere amandus, et expetendus, et diligendus est. Quid mirum si Christus vera loquitur, et iniqui discipulos e civitatibus expellunt, sibi ipsi quæ merentur tribuentes, dum a viris sanctis scelesti se segregant atque recedunt? Revera quæ videntur manifestæ sunt imagines eorum quæ non videntur ; neque enim in sæculis venturis auctor erit Deus justarum a se separationum, sed illi ipsi qui se a Deo prorsus sequestrarunt ; sicut econtra jam alios A etiam cum Deo hic conjunctos aspicimus, quod amando veritatem, ab omni rerum materialium affectu procul recedant et a malis omnibus liberati, divino prorsus amore pacem omnium bonorum et sanctitatem consectentur, et in præsenti vitæ futuræ vitæ primitias prælibent, inter homines angelico more conversantes, cum omni tranquillitate animi, ac Dei benedictione ac bonitate cæterisque donis. Equidem haud ita demens sum, ut arbitrer vos quidquam pati ; imo vero passiones corporis hac ex parte tantum sentire credo, ut easdem sensu tenus percipiatis. Cæterum eos qui vos injuriis afficiunt, et perperam se solem Evangelii exterminare posse putant, jure merito reprehendens, opto ut abstineant ab iis quæ contra semetipsos delinquunt, et ad bonum convertantur, et ad se vos alliciendo, luminis participes exsistant. Nos autem e diverso nihil lucidissimo Joannis radio privabit; in præsentiarum quidem fruituros memoria et renovatione verissimæ theologiæ tuæ: paulo vero post (ausim dicere, licet confidentius) vobis ipsis conjungendos. Utique sum fide dignus, quando præcognita tibi a Deo, et disco, et refero te nimirum ex Patmi ergastulo liberatum iri, et in Asiam reversurum, ubi præbebis exempla benignum Deum imitandi, eaque posteris relinques.

ADNOTATIONES CORDERII.

Beatum Joannem *sanctam animam* appellat, ob prærogativam virginitatis, quæ per excellentiam *sanctitas* vocari solet; et *dilectum*, ut qui passim in Scripturis nuncupetur *Discipulus quem diligebat Jesus*.

Ubi autem ait : *Quid nimirum si Christus vera loquitur*, etc., alludit Matth. xxiii, et Lucæ xxi, ubi agit de persecutionibus quæ discipulis imminebant a tyrannis et improbis hominibus, qui dum sanctos persequuntur, ipsi sibi, non sanctis nocent, dum ab ipsis se segregant, et sanctæ conversationis et divinæ illustrationis fructu privant.

Et perperam se solem Evangelii. Nota, quomodo, sanctum Joannem evangelistam nuncupet ἥλιον Εὐαγγελίου, id est *Evangelii solem*, cui etiam attribuit παμφαῆ ἀκτῖνα, *radios clarissima luce fulgentes*. Apostoli enim majora quædam luminaria sunt, in quibus veluti procreandis ornandisque Deus mirabilem potentiæ suæ vim ostendit. Nam cum in mundi constitutione, luminare unum majus divine fuisset molitus et æthereos deinde globos magna luminum varietate exornavisset, post cursum perennium sæculorum, Ecclesiam suam aggressus, ut novum cœlum inusitato artificio distingueret, zodiacum effecit mirabilem; in quo non taurum, arietem, aut leonem posuit, aut reliquas duodecim numero signiferi orbis imagines, sed duodecim apostolos, ut totidem soles, aurea luce formosos, jubare plenissimo radiantes. De quibus præclare Arnobius in Psal. lviii : *Cœli*, inquit, *facti sunt apostoli, habentes in se Solem justitiæ, et merita in modum stellarum, pro varietate, diverso splendore radiantia*. Inter hos utique S. Joannes apostolus et evangelista duplici virginitatis et singularis dilectionis prærogativa præeminebat. Sic et D. Paulum gentium doctorem, suum et Hierothei præceptorem sanctus Dionysius (*Div. nom.* c. 7) ob excellentem sapientiam κοινὸν ἥλιον, *communem solem* appellat.

Te nimirum ex Patmi ergastulo. Ait sibi divinitus esse revelatum, ipsum rediturum ab exsilio, ut in Asia τοῦ Θεοῦ μιμήματα, *Dei imitationes* perficeret. Unde collige apostolos per omnes oras terrarum vultu, sermonibus, et castissimæ vitæ religione τὴν θεομιμησίαν, *imitationem Dei* circumtulisse.

EPISTOLA XI.

(Spuria.)

(*Opp. S. Dionysii*, ed. Venet., 1755, tom. II, p. 99.)

DIONYSIUS, APOLLOPHANI *philosopho*.

Jamjam ad te, cordis mei amor (1), sermonem dirigo, et multas meas curas sollicitudinesque tua causa olim susceptas, tibi in memoriam redigo. Nempe tenes, quam mihi et benevolo animo tuam illam in errore, tametsi levibus ex causis, pertinaciam redarguerim, atque istas vanas, quibus illudebaris, opiniones insimularerim. Nunc autem summam divinæ erga te benignitatis moderationem, quanto possum maximo affectu venerans, tibi salubriter resipiscenti, pars animæ meæ, congratulor. Quin et iis, quæ olim aspernabare, nunc juvat te affari; et quorum prius respuebas notitiam, ea modo rursus inculcare. Sæpe enim tibi et quidem accurate exposui (2) (quod et Moyses litteris prodidit) hominem a Deo primitus e limo factum, et mundi peccata diluvio expiata; et consecutis temporibus ipsum Moysen, amicitia cum Deo copulatum, multa in Ægypto et in Ægypti egressione, ipsius Dei causa et virtute patrasse prodigia; neque ipsum modo, sed alios quoque deinceps divinos vates similia non raro edidisse, qui et Deum e virgine naturam humanam suscepturum multo ante prænoverant. Quibus mihi non semel, sed sæpius respondisti, non modo te nescire an hæc vera essent, sed etiam quis ille Moyses, et albus æternæ fuerit, penitus ignorare, Evangelium autem Jesu Christi, qui est Deus totius majestatis (quod meum vocabas), respuere, Paulum vero mundi circumambulonem et verbisalorem a terrenis ad cœlestia devocantem nolle recipere. Denique tu me quoque, quasi patriæ religionis jura degener abdicassem, inque nefaria sacrilegia præcepissem, reprehendens, hortabare, ut ea, quibus innitebar dediscerem : aut saltem, aliena missa faciens, satis haberem mea retinere, neu divinis numinibus et patriis institutis derogarem. Posteaquam vero superna lux paternæ gloriæ super mentis tuæ tenebras splendoris sui radios sua voluntate demisit, simul intimo cordi meo infudit, ut plenum pietatis negotium tibi memorarem; nempe quo modo nobis Heliopoli degentibus (eram tum annos circiter viginti quinque natus, et tu mihi ferme coævus) die quadam sexta, et hora item fere sexta, sol horribiliter, subeunte luna, obscuratus fuerit (non quod Deus, sed quod Dei opus (3) in veræ ipsius lucis occubitu lucere non quiverit), tumque ex te percunctatus sim, quid tibi, vir prudentissime, super hoc videretur, tu autem ejusmodi responsum dederis, quod menti penitus infixum, nulla prorsus oblivione, nulla vel mortis imagine dilabi possit. Cum enim totus orbis tetra tenebrarum caligine uniformiter obductus fuisset, ac jam repurgari solis globus et renitescere accepisset, tum assumpta Philippi Aridæi regula, et contemplatis cœli orbibus deprehendimus, quod erat quoque alias notissimum, non potuisse id temporis defectionem solis evenire : deinde obscreavimus, lunam ab oriente solem subivisse, ejusque radios obstruxisse, donec totum occuleret, quæ tamen alias ab occidente solita esset occurrere ; quin illam quoque notavimus, cum ad extrema solis pervenisset, ejusque universum orbem obtexisset, tum retro orientem versus recurrisse, quamvis id esset tempus, quod nec lunæ præsentiam, nec solis concursum postularet. Ego igitur, o multiplicis eruditionis sacrarium, tanti mysterii nescius cum essem, sic te alloquebar : « Quid sibi vult hoc rei, o doctrinæ speculum Apollophanes ? Insolita ista portenta ecquorumnam tibi mysteriorum videntur indicia ? » Tu autem, ore divino magis quam humanæ vocis sermone, « Hæc sunt, o bone Dionysi, inquiebas, divinarum rerum mutationes. » Denique, cum diem annumque adnotassem, et tempus illud cum eo, quod Paulus mihi quondam ab ore suo pendenti annuntiaverat, signis conclamantibus concordare sensissem, tum et veritati manus dedi, et me falsitatis nexibus expedii. Quam proinde veritatem, et mirifice prædico, et tibi ingero, quæ est vita et via et lux vera, quæ illuminat omnem hominem venientem in hunc mundum P*. Cui et tu tandem, ut vere sapiens, cessisti. Nam cessisti vitæ, cum mortem abdicasti. Et optime sane deinceps feceris, si eidem veritati prorsus adhæseris; ita quidem nobis arctius conjungere. Illud enim, illud os nobiscum posthac erit, cujus splendore verborum, mentis meæ perstringens aciem, solitus eras, accersitis hinc inde coloribus, et fucato eloquentiæ nitore intimos pectoris nostri recessus pertentare, imo et nonnullis interdum maledicentiæ aculeis nos acrius fodicare. Quare quemadmodum antehac, ut tute fatebare, doctrinæ Christianæ, sacrarumque litterarum quamvis sapida cognitio tibi non sapiebat, sed cum ad eam vel degustandam tantum accederes, a mentis tuæ palato resiliens, ac velut dedignans in pectore tuo sedem ponere resistebat : ita modo postquam cor intelligens ac providum es nactus, tete ad superna erige, neque pro iis quæ non sunt, ea quæ vere sunt dimitte ; adeoque contra eos, qui te ad falsa provocaverint, tanto in posterum esto pertinacior, quanto tu nobis, cum ad veritatem votis omnibus invitaremus, exstitisti pervicacior. Sic enim ego in Domino Jesu (qui est esse mecum et vivere), lætus dehinc moriar, quandoquidem et tu in eo vivas.

P* Joan. I, 9.

PETRI LANSSELII NOTÆ.

(1) *Jam jam ad te, cordis amor*, etc. Illa sancti Dionysii Epistola ad Apollophanem jam Christianum rudiore stylo primitus e Græco in Latinum conversa fuit, ut quidem repræsentatur ab Hilduino abbate, in Vita S. Dionysii (*a*), octingentis ante annis scripta. Et stylus vix Latinus, ac ne vix quidem arguit e Græco esse versam.

Exemplum autem Græcum venisse videtur in manus S. Maximi, sed postea amissum, cum ad Epistolam Dionysii 10, quæ est ad Joannem, ita scribat : Ὑποθώμεθα δὲ τὸν θεῖον Διονύσιον, ὅτε τὰ ἐπὶ τῷ σταυρῷ τοῦ Κυρίου εἶδεν, εἶναι κε΄ ἐτῶν, ὅτε οἶμαι καὶ ἔτι ἀναγινώσκοντα. *Supponamus autem, inquit, sanctum Dionysium, quando ista propter Domini crucem prodigia conspexit, fuisse viginti quinque annorum, quemadmodum me adhuc legisse arbitror.* Sic ille. Cum autem id diserte in hac ad Appollophanem Epistola expressum reperiatur, et alibi nusquam credibile est Maximum in eam epistolam

A aliquando incidisse, sed nunc eamdem intercidisse. Accedit, quod tam argumentum ipsius epistolæ, quam styli Græci vestigia (quæ magis in rudi versione notari possunt et solent, quam in politiore) spiritum et orationem spirent sancti Dionysii (*b*).

(2) *Sæpe enim tibi et quidem accurate exposui,* etc. Hæc indicant frequentes Dionysii cum Apollophane congressiones et disputationes, uti et illa quæ post subdit : *Quibus mihi non semel, sed sæpius respondisti*, etc.

(3) *Non quod Deus, sed quod Dei opus*, etc. Est Dionysii ad Apollophanem occupatio, qua occurrit tacitæ objectioni, quam movere potuisset Apollophanes, dicens, extraordinarium solis et lunæ occursum cum densis tenebris, vocari divinarum rerum mutationes ; quia scilicet sol et luna dii sint et habeantur; ideoque eorum prodigiosas mutationes rerum esse divinarum conversiones. De quo jam egi initio capitis fusius.

(*a*) *Patrologiæ Latinæ* t. CVI, col. 53.
(*b*) Aliter omnino plerique sentiunt editores Operum S. Dionysii. Vide Prolegomena, col. 56. EDIT. PATR.

LITURGIA SANCTI DIONYSII

ATHENARUM EPISCOPI (1).

(*Liturgiarum Orientalium Collectio* opera et Studio Eusebii RENAUDOTII Parisini, edit. secunda, Francofurti ad Mœnum, 1847, t. II, p. 201.)

Primum Oratio ante Pacem.
Sacerdos. Domine Deus qui es simplex, non compositus absconditusque in essentia sublimi,

A Deus Pater a quo nomen habet omnis paternitas quæ in cœlo est et in terra, Principium divinitatis, eorum qui naturæ divinæ participant, et perfector

(1) Areopagitam hic Jacobitæ intelligunt, quem etiam Arabice *Baulousi*, Paulinum vocant sive Pauli discipulum. Ejus enim libros pro genuinis C habent, et majores eorum Monophysitæ, qui sub Justiniano, anno J. C. 532, Constantinopoli de fide collationem cum orthodoxis habuerunt, illorum

eorum qui perfectionem consequuntur : bonus super omnia bona pulcherque supra omnia pulchra : tranquillitas pacifica, pax, concordia et unio omnium animorum : compone dissidia quæ nos invicem dividunt, et reduc ea ad unionem charitatis, quæ aliquam essentiæ tuæ sublimis similitudinem habeat. Et sicut unus es super omnia, ac nos unum, per unanimitatem bonæ mentis, ut simplices, et non divisi inveniamur coram te in tempore hoc mysterii peragendi ; utque per amplexus charitatis, et nexus dilectionis, spiritualiter unum simus, tam nobiscum ipsis, quam ad invicem, per pacem illam tuam omnia pacantem, per gratiam et misericordiam amoremque erga homines unigeniti Filii tui, per quem et cum quo te decet gloria, honor et imperium, cum Spiritu tuo sanctissimo.

Populus. Amen.
Sacerdos. Pax.
Populus. Et cum spiritu tuo.
Diaconus. Det pacem unusquisque.
Populus. Omnes.
Diaconus. Post.
Populus. Coram te, Domine.
Sacerdos. Dator sanctitatis et largitor omnis boni Domine, qui omnem creaturam rationalem sanctitate quæ a te est, sanctificas : sanctifica per Spiritum tuum sanctum, nos servos tuos, qui inclinamur coram te : libera nos ab omnibus passionibus servilibus peccati, ab invidia, dolo, deceptione, odio, inimicitiis, et ab eo qui eadem operatur, ut mereamur sancte perficere ministerium horum sacramentorum vivificantium, per pontificem cœlestem Jesum Christum unigenitum Filium tuum, per quem et cum quo te decet gloria et honor.

Populus. Amen.
Sacerdos. Exsistens essentialiter et ab æterno, cujus natura incomprehensibilis est, qui prope es, et præsens omnibus, absque ulla sublimitatis tuæ mutatione : cujus bonitatem appetit et desiderat quodcunque exsistit ; intelligibiles quidem et intellectu præditæ creaturæ, intelligibiliter, sensu vero præditæ, sensibiliter. Qui cum unus sis essentialiter, tamen ades nobiscum et inter nos, in hac hora, qua ad hæc mysteria tua sancta vocasti et adduxisti nos : et standi coram sublimi throno majestatis tuæ dignos fecisti, atque tractandi vasa sancta ministerii tui manibus nostris impuris. Aufer autem a nobis, Domine, vestem iniquitatis qua amicti sumus, ut a Jesu filio Josedek sacerdote magno vestimenta sordida abstulisti : et pietate atque justitia exorna nos, sicut illum vestimento gloriæ ornasti ; ut te solo tanquam tegumento induti, et sicut templa coronata gloria exsistentes, te absque velamine videamus, mente divinitus illustrata, et ad mensam regni tui epulemur, dum hoc sacrificio coram nobis proposito communicantes perfruemur, et referemus tibi gloriam et laudem.

Populus. Amen.
Diaconus. Stemus decenter.
Populus. Misericordiæ Dei.
Sacerdos. Charitas.
Populus. Et cum spiritu tuo.
Sacerdos. Sursum corda.
Populus. Habemus ad Dominum.
Sacerdos. Gratias agamus Domino.
Populus. Dignum et justum est.
Sacerdos inclinatus. Vere enim mentis, sermonis, et cogitationis vires excedit celebratio beneficiorum tuorum, Domine, neque sufficiunt omnia ora, mentes omnes, et linguæ, ad te, ut dignum est, glorificandum. Verbo enim tuo facti sunt cœli, et spiritu oris tui omnes virtutes supernæ : luminaria omnia quæ in firmamento sunt, sol et luna, mare et arida et quæcumque in eis sunt. Quæ vocem non habent, silentiis suis ; quæ sermone prædita sunt, vocibus, sermonibus et hymnis perpetuo tibi benedicunt ; quia tu es natura bonus, et supra omnes laudes, in essentia tua incomprehensibiliter existens.

Elevans vocem. Te laudat creatura hæc visibilis et sensu prædita, Domine, ut etiam illa intellectualis, et supra sensuum conditionem posita. Cœlum et terra te glorificant, mare et aer te prædicant ; sol in cursu suo te laudat : luna in mutationibus suis te veneratur : turmæ archangelorum, et agmina angelorum, virtutes illæ mundo et mentis facultate sublimiores, benedictiones ad regionem tuam mittunt. Radii lucis excellentis et absconditæ, sanctificationes gloriæ tuæ demittunt ; principatus et ordines te cum jubilo laudant ; potestates et dominationes te venerantur ; virtutes, throni et sedes inaccessibiles te exaltant, splendores lucis æternæ, specula sine macula, substantiæ sanctæ, susceptrices sapientiæ sublimis, præ omnibus scrutatrices voluntatis ab omnibus absconditæ, motibus præclaris tonorum inimitabilium, vocibusque dignis creaturæ rationali : cherubim multioculi, quorum

primi testimoniis usi sunt, quod a viris doctissimis dudum fuit observatum (*a*). In variis Collectaneis sententiarum ex antiquis Patribus, ad opinionis suæ defensionem, exstant nonnullæ ex ejusmodi libris : et ea ratione, Dionysius inter Ecclesiæ Doctores in Diptychis frequenter numeratur. Atque illa verisimilis causa visa est, cur ejus nomine Liturgiam singularem composuerint, non quod multa ad sacros ritus spectantia hauserint ex libris de *Ecclesiastica hierarchia* ; nam quantum ad disciplinam eucharisticam spectat, vix unquam illorum meminerunt. Eodem nomine edita est in Missali Chaldaico Liturgia, sed quæ præter titulum cum ista commune nihil habet, cum in Missali tribuatur Dionysio Barsalibi episcopo Amideno Jacobitæ famosissimo, de quo dicetur in observationibus ad eamdem Liturgiam, et passim alibi dictum est, cum illius testimoniis in toto hoc opere sæpissime utamur. Neque ullus est ambiguitati locus, aut suspicioni de incuria librariorum : cum in iisdem codicibus utraque Liturgia sæpe reperiatur. In ista vero pauca occurrunt quæ aliquam explicationem desiderent.

(*a*) Mor. *De sacr. ord.* p. 2, c. 1. Launex, *De duobus Dionys.*

motus subtilissimi, te benedicunt : seraphim instructi sex alis implexis, plenique plumis, te sanctificant, illi ipsi, qui alis suis facies suas tegunt, pennisque pedes suos velant, et undequaque volantes et plaudentes alis alter ad alterum, ut non adurantur ab igne tuo devorante, cantus suaves, et ab omni materia puros, æquali omnium consonantia canunt, tibi gloriam æternam referentes, uno hymno Deo digno clamantes et dicentes.

Populus. Sanctus, Sanctus, Sanctus.

Sacerdos inclinatus. Sanctus es, Deus Pater omnipotens, opifex et creator omnis creaturæ invisibilis, et visibilis, atque sensibilis. Sanctus es, Deus unigenitus Filius, virtus et sapientia Patris, Domine et Salvator noster Jesu Christe. Sanctus es, Deus Spiritus sancte, perfector et sanctificator sanctorum. Trinitas sancta et indivisa, consubstantialis, æqualisque gloriæ : cujus misericordia erga genus nostrum effusissima est. Tu sanctus es et sanctificans omnia : qui non reliquisti illud ipsum genus nostrum in exsilio ex paradiso, cum interea omni peccati genere esset implicitum, sed illi manifestatus es per verbum quod coram mundo egestatem passum est : ipsum vero (genus humanum) accepit (Deus) Verbum , in omnibus ipsi assimilatus, excepto peccato, ut præparatum eum efficeret ad sanctitatem, dispositumque ad convivium hoc vivificum.

Elevans vocem. Qui conceptus, formatus et configuratus a Spiritu sancto, et ex sanguine virgineo Virginis sanctæ Genitricis Dei Mariæ, natus est quidem homo, et ex corpore ejusdem puro et sanctissimo, princeps vitæ, suscipiensque divinitatem in carne, conservatis naturæ lege et proprietatibus, sed modo supra naturam ; agnitusque est Deus in Spiritu, et homo in carne. Atque in quantum erat Verbum ante sæcula, ex te ut Deo dignum erat, natus est, et virtutibus atque miraculis, qualia opifici omnium conveniebant, talem se esse testatus est : tum etiam quod sanationem absolutam, salutemque perfectam universo generi humano largitus est. In fine autem et consummatione dispensationis suæ, propter nos, et ante crucem suam salutarem, accepit panem in manus suas puras et sanctas, et aspexit ad te, Deus Pater, gratias agens † benedixit, † sanctificavit, † fregit, deditque discipulis suis apostolis sanctis, dicens : Accipite et manducate ex eo, et credite quod corpus meum est (1), illud ipsum quod pro vobis et pro multis frangitur et datur, ad expiationem delictorum, remissionem peccatorum et vitam æternam.

(1) Ista vox addita verbis Christi tam in forma panis, quam in altera calicis consecrandi, nullum in vetustis Græcis Liturgiis exemplum habet, ut neque in Alexandrinis, sed tantum in una aut altera Syriacis.

(2) Ora fidelium per eucharistiæ susceptionem tingi sanguine Christi, ut postes domorum Israelitici populi in Ægypto tinctos sanguine agni Paschalis, communis est Orientalium doctrina, quam

Populus. Amen.

Sacerdos. Eodem autem modo et super calicem quem miscuit vino et aqua, gratias egit †, benedixit †, sanctificavit †, et dedit iisdem discipulis suis et apostolis sanctis, dicens : Accipite, bibite ex eo vos omnes, et credite quod hic est sanguis meus Testamenti Novi, qui pro vobis et pro multis effunditur et datur ad expiationem delictorum, remissionem peccatorum, et vitam æternam.

Populus. Amen.

Sacerdos. Ipse etiam præceptum toti cœtui et congregationi fidelium per eosdem apostolos sanctos dedit, dicens : Hoc facite in mei memoriam, quotiescumque manducabitis panem hunc et mistum quod in hoc calice est bibetis, et hoc convivium celebrabitis, mortis meæ commemorationem agetis donec veniam.

Populus. Mortis tuæ, Domine, memoriam agimus.

Sacerdos. Præcepto igitur Dominico tuo obsequentes, commemorationem mortis et resurrectionis tuæ per sacrificium hoc perpetuo celebrantes in mysterio : exspectamus quoque adventum tuum secundum, renovationem generis nostri, et vivificationem mortalitatis nostræ. Non enim simpliciter, sed cum gloria Deo digna, in Spiritu ineffabili terribiliter advenies, et super thronum excelsum majestatis tuæ sedens, agnitionem regiæ potestatis tuæ ab omnibus creatis, et factis exiges ; ultionemque imaginis tuæ, ab iis qui per malas passiones eam corruperunt, juste facies. Sacrificium hoc, illic celebratum, tibi commemoramus, Domine, et passiones quas pro nobis sustinuisti in cruce. Propitius esto, o bone et amator hominum, in hora illa plena timoris, et trepidationis, congregationi huic adorantium te, et omnibus filiis Ecclesiæ sanctæ redemptæ sanguine pretioso tuo. Depellantur carbones ignis ab illis qui tincti sunt sanguine tuo, et signati sacramentis tuis (2), in nomine tuo sancto, velut olim flamma Babylonica, a pueris domus Hananiæ. Neque enim alios præter te novimus, Deus, neque in alio spem habemus salutis consequendæ, si quidem auxiliator, et salvator generis nostri tu es. Et eapropter sapiens Ecclesia tua, per ora et linguas omnium nostrum deprecatur te, et per te, et tecum Patrem tuum, dicens :

Populus. Miserere.

Sacerdos. Nos quoque.

Diaconus. Quam timenda est hæc hora.

Sacerdos inclinatus dicit Orationem Invocationis Spiritus sancti.

Te invoco, Deus Pater : miserere nostri, et ablue

fuse explicat Severus episcopus Aschmonin, in opere de Agno Paschali et Eucharistia. Idem legitur in variis orationibus, præsertim illis quæ dicuntur post communionem, ad gratiarum actionem. Signati sacramentis dicuntur Christiani per Baptismum, per Myron seu Chrismatis impressionem, et per Eucharistiam. Ea locutione nihil in istis Officiis frequentius.

per gratiam tuam, immunditiam operum meorum malorum; dele, per misericordiam tuam, quæ odio digna commisi. Etenim non extendo ad te cum fiducia manus meas; neque enim possum in cœlum aspicere, propter multitudinem iniquitatum mearum, et spurcitiam facinorum meorum. Sed in benignitate, gratia, et longanimitate tua, animum confirmans, Spiritum tuum sanctum peto, ut mittas eum super me, et super has oblationes propositas, populumque tuum fidelem.

Sacerdos. Exaudi me, Domine.

Populus. Kyrie eleison, Kyrie eleison, Kyrie eleison.

Sacerdos. Per illapsum autem, et obumbrationem suam (1), efficiat panem quidem istum † corpus vivum et vitam præstans animabus nostris, † corpus salutare, † corpus cœleste: corpus salvans animas et corpora nostra, corpus Domini Dei et Salvatoris nostri Jesu Christi, ad remissionem peccatorum, et vitam æternam, illud suscipientibus.

Populus. Amen.

Sacerdos. Et mistum cum in hoc calice est efficiat † sanguinem vivum et vitam præstans animabus nostrum omnium, † sanguinem salutarem, † sanguinem cœlestem, sanguinem salvantem animas nostras et corpora, sanguinem Domini Dei et Salvatoris nostri Jesu Christi, ad remissionem peccatorum et vitam æternam ea suscipientibus.

Populus. Amen.

Sacerdos. Secundum autem traditionem et commendationem divinam eorum, qui spectatores fuerunt mysteriorum tuorum, et interpretes mirabilium tuorum, eucharistiam hanc offerimus coram te, Domine, et per eam commemoramus charitatem tuam erga nos, universamque dispensationem unigeniti tui in hoc mundo, ut tu etiam recorderis per eam, misericordiæ tibi congenitæ et naturalis, quæ hora quacumque super creaturas tuas diffunditur, et nos eripias ab ira iniquis reservata, et a suppliciis operantium nequitiam, et a crudeli impugnatione dæmonum, qui oppugnant animas nostras, cum hinc exibimus: nosque dignos efficias regno tuo, et habitaculis eorum, qui servaverunt præcepta tua, et referemus tibi gloriam et gratiarum actionem, etc.

Populus. Amen.

Sacerdos inclinatus. Verbis tuis non mendacibus, doctrinisque veracissimis tuis dixisti, Domine, maximum esse gaudium in cœlo et in terra super uno peccatore pœnitentiam agente. Lætare igitur nunc,

Domine, in conversione servorum tuorum, qui coram te hic consistunt; adjunge etiam exsultationem de nobis, animabus piorum et justorum, Patrum, Patriarcharum, Prophetarum, Apostolorum, Prædicatorum, Evangelistarum, Martyrum, Confessorum, zelatorum cultus divini, beneficorum, eleemosynas facientium, eorum qui necessitatibus pauperum communicant, et ab omnibus, una laudatio sit hodie coram te, ad altare hoc sanctum et in Jerusalem cœlesti.

Elevans vocem. Et propter hæc atque alia ejusmodi stabiliatur Ecclesia tua sancta, quæ est a finibus usque ad fines terræ, conserveturque in tranquillitate et pace, doctrinisque evangelicis, et apostolicis, per antistites divinos recte dispensantes verbum veritatis, et instruentes dogmatibus veræ religionis: per sacerdotes sanctos, qui amplectuntur verbum vitæ, et præclare se gerunt in dispensandis mysteriis tuis cœlestibus: per diaconos modestos, perficientes ministerium purum et regale absque macula: per fideles veros, qui occupantur operibus et actibus Christiano dignis; per choreas virginum utriusque sexus, mortificationem vivificam unigeniti Filii tui in membris suis circumferentes. Atque hinc uno agmine mittamur omnes ad Ecclesiam illam Jerusalem primogenitorum descriptorum in cœlis, atque illic spiritualiter glorificemus te, Deus Pater, et unigenitum Filium tuum, et Spiritum tuum sanctum.

Populus. Amen.

Sacerdos inclinatus. Adjuva autem, Domine, eos omnes qui adjuvant Ecclesiam tuam sanctam, votis, decimis, ministerio et oblationibus: atque illos etiam qui postulant orationes tenuitatis nostræ, da illis finem postulationum ipsorum, Domine amator hominum.

Sacerdos elevans vocem. Mitte autem curam perfectam, salutemque plenam, omnibus illis qui curam gerunt pauperum, qui alimenta præbent orphanis et viduis, visitantique infirmos et afflictos. Retribue illis, hic quidem abundantiam et bona, illic vero delicias incorruptibiles, quia tu Dominus es utriusque sæculi, et largitor immensæ mercedis, tibique convenit beneficentia, tam hic quam illic, et unigenito Filio tuo.

Populus. Amen.

Sacerdos inclinatus. Iram regum comprime, o Rex regum, furorem militum compesce; bella et seditiones aufer, fastum hæreticorum dejice, et

---

(1) De vocibus quæ in hac oratione usurpantur ab Orientalibus, dictum est fusius in notis ad hunc locum Liturgiæ Basilii Copticæ (*a*). Ἐπιφοίτησεν qua voce Græci potissimum uti solent, exprimunt Syri per eam quam *illapsum* vertimus: qua etiam utuntur, dum mirabilem adventum Spiritus sancti supervenientis in B. Virginem, in Incarnationis mysterio, exprimunt. Altera vox Hebraicæ originis est, legiturque initio Geneseos eo loco: *Spiritus Domini ferebatur super aquas*, tanquam incubans et fovens, genitalemque vim immittens: quam expositionem ab Ephremo acceptam laudavit et amplexus est Basilius (*b*). His igitur verbis significant Orientales virtutem cœlitus missam, quæ in dona proposita mirabiliter operetur, ut in creationis initio et Incarnatione factum est: nam utraque comparatione, miraculum quotidie in eucharistia fieri solitum explicant, et iisdem verbis utuntur.

(*a*) Vide S. Basilii Opera editionis nostræ. EDIT. PATR.
(*b*) Hom. 2 in Hexaem.

sententias a justitia tua contra nos pronuntiatas superet amor erga homines tuus, et convertat in mansuetudinem benignitatis tuæ.

Elevans vocem. Tranquillitatem et pacem quæ a te est, concede terræ et omnibus habitatoribus ejus, visita eam per beneficia tua, et curam misericordiæ tuæ, per bonam et temperatam aeris constitutionem, fructuum ubertatem, frugumque abundantiam, varietatemque florum. Præserva eam ab omnibus plagis furoris, et ab insultibus iniquis inimicorum, tam spiritualium quam sensibilium, ut absque ulla passionum noxa, perpetuos hymnos gloriæ canamus tibi, et unigenito Filio tuo.

Populus. Amen.

Sacerdos inclinatus. Ad altare hoc, et ad illud cœlo sublimius, memoria bona sit illis omnibus qui ex mundo tibi placuerunt. Præcipue vero sanctæ Genitricis Dei, Joannis nuntii, Baptistæ et præcursoris, Petri et Pauli, totiusque cœtus apostolorum, Stephani quoque, et universæ turbæ martyrum, et eorum omnium, qui ante eos, cum illis, et post eos placuerunt, et placent tibi.

Elevans vocem. Et quando quidem potes omnia, cœtibus illorum dilectorum, et domesticorum tuorum adjunge infirmitatem nostram, Domine: congregationi illi beatæ, parti huic divinæ, ut per eos suscipiantur oblationes et orationes nostræ coram throno excelso majestatis tuæ, eo quod imbelles et infirmi sumus, indigentesque fiducia apud te. Nimirum peccatum nostrum et justitia nostra nihil sunt, ad pelagus effusum et immensum misericordiæ tuæ. In corda igitur singulorum perspiciens, retributiones bonas petitionum suarum unicuique mitte, ut in omnibus et in singulis adoretur et laudetur majestas tua et unigeniti Filii tui.

Populus. Amen.

Sacerdos inclinatus. Memento, Domine, omnium episcoporum, doctorum et præsulum Ecclesiæ tuæ sanctæ, eorum qui a Jacobo (1) apostolo, episcopo et martyre usque ad hodiernum diem, placuerunt et placent tibi.

Elevans vocem. Insere nobis, Domine, fidem eorum veram, et zelum eorum pro vera religione, charitatem eorum sinceram, et nulli defectui obnoxiam, mores eorum inculpabiles: ut vestigiis eorum inhærentes, participes mercedis eorum simus, et coronarum victoriæ, quæ illis paratæ sunt in regno

(1) Sumptum id ex Græca Jacobi Liturgia Hierosolymitanæ Ecclesiæ propria, quæ fundata a Jacobo fratre Domini, successionem fidei et cathedræ ad eum merito referebat, neque proprie ad Antiochenam Ecclesiam a Petro fundatam pertinebat. Sed cum eam Liturgiam in vicina Palæstina celebrem ad se transtulissent, hanc formulam retinuerunt: et ea quoque, ut alibi notatum est, Jacobitæ abusi sunt. Ita enim denominationem quam a Jacobo Baradato sive Zanzalo eos accepisse, Græci auctores, non minus quam Orientales Melchitæ et Nestoriani testantur, ad apostolum referunt.

(2) Hæc verba magis rhetorice quam theologice

A tuo cœlesti: illicque simul cum illis canamus tibi gloriam indesinentem, et unigenito Filio tuo.

Populus. Amen.

Sacerdos inclinatus. Memento, Domine, omnium defunctorum qui decubuerunt cum spe tua, in fide vera: præsertim vero et nominatim, patrum, fratrum, magistrorumque nostrorum, corporalium aut spiritualium, et eorum pro quibus et quorum gratia, oblatio hæc sancta oblata est.

Elevans vocem. Adjunge, Domine, nomina illorum cum nominibus sanctorum tuorum in habitatione beata eorum qui festum agunt et lætantur in te; non revocans illis memoriam peccatorum suorum, neque commemorans ipsis quæ insipienter egerunt; quia nullus est carni alligatus, et innocens coram te: unus enim tantummodo super terram visus est absque peccato, Jesus Christus unigenitus Filius tuus: simplex qui ad compositionem venit (2), per quem nos quoque misericordiæ consequendæ spem habemus.

Populus. Quietem præsta.

Sacerdos inclinatus. Peccata nostra et illorum voluntaria, scienter et ignoranter commissa remittens, propitius esto, Domine, amator hominum.

Elevans vocem. Et præsta nobis finem pacificum, exitum cum misericordia: utque stemus inculpati ad dexteram, et cum facie revelata et fiducia, occurramus ad ortum unigeniti Filii tui, et ad manifestationem ejus secundam et gloriosam de cœlo; audiamusque ab eo vocem illam beatam, quam beatis in fine pronuntiabit, *Benedicti Patris mei, capessite hæreditatem regni cœlestis*, ut in hoc sicut et in omnibus glorificetur et laudetur nomen tuum maxime venerandum.

Populus. Ut.

Sacerdos. Pax.

Populus. Et cum spiritu tuo.

Sacerdos frangit hostiam, et dicit Orationem, ante Pater noster.

Pater omnium et principium quod est super omnia, lux æterna et fons lucis, quæ illuminat omnes naturas ratione præditas, qui vocas ex pulvere inopem, et de stercore erigis pauperem, et nos jactatos, rejectos et infirmos ad libertatem et domesticam filiorum tuorum dignitatem vocasti, per Filium tuum dilectum: præsta nobis ut filii sancti et hoc cognomine non indigni appareamus coram te, omne quoque ministerium nostrum, secundum

dicta, minus recte Jacobitarum opinionem explicant. Nec enim compositionem agnoscunt, nisi qualis est illa quæ in symbolo Athanasii dicto, habetur: *Sicut anima rationalis et caro unus est homo, ita Deus et homo unus est Christus*, quæ comparatio, quamvis a nonnullis Patribus usurpata, Facundo et aliis non placuit. Sed dum unam naturam profitentur, ita confusionem mistionemque excludunt, ut compositio proprie dicta nulla sit, nisi quatenus summæ perfectæque simplicitati Dei opponitur, quam non habet homo assumptus ex Virgine, cui Verbum caro factum dum unitum est, in quamdam compositionem venit.

mores inculpatos perficiamus, et cum puritate animæ, intellectus munditia, divinaque mente, quacunque hora invocemus te Deum Patrem omnipotentem, sanctum, et cœlestem oremus et dicamus, Pater noster, qui es in cœlis.

Populus. Sanctificetur nomen tuum, etc.

Sacerdos. Libera servos et filios tuos, Domine, ab omnibus tentationibus difficillimis et quæ vires superent; et ab omnibus doloribus qui corpori nostro vel animæ damnum inferre possunt. Custodi nos simul a malo et ab ejus potestate universa, et a technis ejus perniciosis, quia tu Rex omnium es, et tibi gloriam referimus.

Populus. Amen.
Sacerdos. Pax.
Populus. Et cum spiritu tuo.
Diaconus. Ante.
Populus. Coram te, Domine.

Sacerdos. Aspice, Domine, populum tuum fidelem, qui coram te inclinatus est, et exspectat donum tuum et intuetur depositum sacramentorum unigeniti tui, Deus Pater. Ne auferas a nobis gratiam tuam, et ne repellas nos a ministerio tuo, et a participatione sacramentorum tuorum, sed præpara nos, ut puri et absque macula, dignique hoc convivio simus, utque cum conscientia inculpata, semper fruamur corpore et sanguine ejus pretioso, et in vita gloriosa et absque fine in habitaculo spirituali discumbamus, et ad mensam regni tui epulemur, et referemus tibi gloriam et laudem.

Populus. Amen.
Sacerdos. Pax.
Populus. Et cum spiritu tuo.
Sacerdos. Gratia Dei sit, etc.
Populus. Et cum spiritu tuo.
Diaconus. Cum timore.
Sacerdos. Sancta sanctis.
Populus. Unus Pater sanctus.
Diaconus. Stemus decenter.

Populus. Coram te.

Sacerdos. Gratias habemus tibi, Domine, et grato animo agnoscimus benignitatem tuam, quod ex nihilo eduxisti nos ad id quod sumus, et domesticos filiosque sacramentorum tuorum fecisti nos, ministeriumque hoc religiosum commendasti nobis, atque mensa hac spirituali nos dignos fecisti. Conserva in nobis, Domine, depositum mysteriorum tuorum divinorum, ut secundum mores angelicis similes, vitam instituamus, et perficiamus coram te, ut cauti et inseparabiles simus per susceptionem sanctorum tuorum, perficientes voluntatem tuam magnam et perfectam, paratique inveniamur ad πληροφορίαν illam ultimam, et ad standum coram majestate tua, dignique efficiamur voluptate regni tui, per gratiam, misericordiam et amorem erga homines unigeniti Filii tui, per quem et cum quo te decet gloria, honor, etc.

Populus. Amen.
Sacerdos. Pax.
Populus. Et cum spiritu tuo.
Diaconus. Post.
Populus. Coram te, Domine.

Sacerdos. Christe Rex gloriæ, et Pater futuri sæculi, sacrificium sanctum, Pontifex cœlestis: Agnus Dei, qui tollis peccatum mundi, parce peccatis populi tui, et dimitte insipientias gregis tui. Conserva nos per communicationem sacramentorum tuorum, ab omni peccato, sive verbo vel cogitatione aut opere perficiatur, quodque a tua familiaritate domestica, procul nos faciat, ut custodiantur corpora nostra per corpus tuum, et renoventur animæ nostræ per sacramenta tua, et benedictio tua, Domine, sit in toto nostro homine interiori et exteriori, glorificerisque in nobis et propter nos, dexteraque tua requiescat super nos, et Patris tui benedicti, et Spiritus tui sanctissimi.

Populus. Amen.
Diaconus. Benedic, Domine.

VITA S. DIONYSII
AREOPAGITÆ
ATHENARUM EPISCOPI, FRANCORUM APOSTOLI ET MARTYRIS,

PER R. P.

PETRUM HALLOIX
Soc. Jesu Presb.

Concinnata ejusdemque notationibus illustrata.

Si e claris sanctorum Patrum Vitis eæ primum punctum ferunt, quæ una cum antiquitatis auctoritate, majores in litteris, in laboribus, in peregrinationibus, in signis denique ac salutaribus prodigiis, admirabilitates habent; nemini sane in dubio relinquitur, quo loco, quove numero ea censeri debeat, quæ sanctum Dionysium Areopagitam oculis spectandum, penitusque cognoscendum exhibet; virum sacris profanisque disciplinis apprime eruditum, virum e Græcia in Ægyptum, ex Ægypto in Græciam, et hinc cum magno Paulo, vase electionis, in varias orbis plagas profectum, postremoque in Asiam, in Italiam, in Galliam, in Hispaniam gravibus de causis peregrinatum ; virum, inquam, post Areopagi supremos apices mitissimum legis Christianæ discipulum, sed e discipulo eximium orbis doctorem, insignem Galliarum apostolum, fortem ac generosum Christi martyrem, in vita æque et post vitam perillustribus factis atque miraculis gloriosum. Hujus ego vitæ seriem, iis omnibus perdiligenter et quam accurate perquisitis, quæ ad illam plenius ac rotundius concinnandam facere visa sunt, et invocato (quod ipsemet ante omnium rerum initia faciendum edocuit (1) Dei optimi maximi auxilio, in præsenti aggrediar.

CAPUT PRIMUM.

Genus, patria, ætas, studia.

Natus est Dionysius (2) Athenis, urbe totius Græciæ multo clarissima ac nobilissima : idque anno circiter Christi nono (3-4), Augusti imperatoris quinquagesimo, parentibus quidem vitæ instituto gentilibus, sed genere et virtute claris. Puer artes liberales domi sive in urbe sua talium artium parente ac domina perdidicit. Quibus egregie imbutus foras adolescens prodiit, atque in Ægyptum quasi ad unicam et singularem sacratioris et reconditioris disciplinæ magistram, imperante Tiberio Nerone (5), se contulit, tam ut ejus regionis nobiles philosophos conveniret, quam ut si quid novæ rerum abditarum cognitionis haurire posset, id patriis institutionibus velut sacrum complementum adjiceret. Nam illo fere præstantissima quæque ingenia, post cæteras disciplinas alibi perceptas, pro mathesi rerumque cœlestium cognitione adipiscenda, et sacris mysteriis ritibusque addiscendis, quasi pro supremo omnigenæ eruditionis coronamento migrare solitos accepimus. Quod de Pythagora (6), de Thalete Milesio, de Platone, de Eudoxo, deque aliis compluribus eximiis philosophis multi auctores tradiderunt. Quin etiam ipso hujus Dionysii tempore (7) domicilia sacerdotum, hoc est Ægypti sapientum, et loca ubi Plato, ubi Eudoxus, ubi alii viri illustres habitaverant, Heliopoli ostendebantur. Istos porro Ægypti sacerdotes, sive prophetas (sic enim illi suæ gentis sapientissimos appellitabant, non secus quam Persæ magos, Assyrii Chaldæos, Galli druidas, et Indi gymnosophistas), ab ipso Abrahamo patriarcha, qui ibidem Heliopoli jam olim vixerat, hausisse primitus astrologiæ disciplinam, scripsere viri multo doctissimi (8). Istuc ergo Dionysius in flore ætatis ejusmodi studiorum causa profectus est, quandiu autem ibidem constiterit, nullæ, quod quidem sciam, produnt litteræ; sed ibi fuisse, cum Christus Salvator Hierosolymis pro totius generis humani salute cruci suffixus penderet, atque terrifica illa solis defectio terram terreret universam, testes citantur ipsiusmet Dionysii ad sanctum Polycarpum Smyrnæ pontificem litteræ, quæ hodieque exstant, et in doctorum versantur manibus. Quo quidem tempore annum ætatis agebat Dionysius circiter vigesimum quintum, et Heliopoli (quæ urbium Ægypti, ut modo insinuatum est, præcipua sacerdotum habitatione clarissima antiquitus habebatur) una cum Apollophane sophista (9), æquali suo, degebat. Exsurgente igitur illa eclipsi (10), cum ambos magna teneret admiratio, quid sibi lux de repente, et alieno tempore, et præter naturæ legem se condens, quidve cœlo obducta, non prorsus et insolito more, tenebræ, et quidem tantæ tamque diuturnæ vellent ac portenderent (tres enim ipsas horas, nimirum a sexta usque ad nonam tenuisse, sacra produnt Oracula *q*) tum ipsis ad exactius explorandos distinguendosque amborum luminarium congressus digressusque, Philippi Aridæi regula astronomica uti visum, et impensus inusitatam illam solis ac lunæ concursionem contemplari atque attendere. Cumque observando deprehendissent (quod alias quoque erat notissimum) fieri ordinario naturæ cursu haud posse, ut sol id temporis suorum defectionem radiorum pateretur, et nunc lunam quoque ipsam adverterent (quæ solita esset alioqui a parte occidua solem subire) jam e contrario ab orientali tractu subingredi, ac velut pullum nigrantemque amictum soli obtendere, et sua caligine auctorem parentemque lucis, ad ultimam usque ejusdem lineam offuscare, ac denum resilire; tum Dionysius ingenti causa admirationis ad cognatum et consodalem suum conversus : *Quid hoc,* inquit, *rei est, o Apollophanes ? quid ista sibi ostenta volunt ?* Ille autem divi‹o quodam afflatu, *Hæc sunt,* inquit, *o bone Dionysi, rerum divinarum mutationes* (11). Tum vero ipsum rursus Dionysium cœlestieri quodam instinctu percitum (idque traditione, ut Michael Syngelus loquitur, a parentibus ad filios derivata) dixisse ferunt : *Ignotus in carne patitur Deus* (12-13), *cujus causa universum hoc obscuratum atque concussum est.* Aut certe, quod eum tam breviter quam eleganter intulisse alii memorant : "Η τὸ Θεῖον πάσχει, ἢ τῷ πάσχοντι συμπάσχει· *Aut Deus patitur, aut patienti compatitur.* Denique idem Dionysius admirandæ hujus defectionis et obscuritatis tempus, annum, diem, horam perdiligenter adnotavit, atque sicunde feriassis inauditæ mutationis vel causa quæpiam, vel occasio, seu prodita litteris, seu vulgata sermonibus postea temporis inaudiretur, serio animadvertere statuit. Quod tandem Athenis, ut mox dicetur, e Pauli apostoli congressu, et fida relatione non sine magno fidei lucro est assecutus.

Liceat vero hic nobis in isto tam admirabili principis luminaris defectu et contemplatu pulchra æternæ sapientiæ consilia pauxillulum demirari ; liceat etiam una summam illius rerum omnium Conditoris et moderatoris potentiam juxta et bonitatem fixius attendendo et amare et complecti : ejus, inquam, moderatoris, qui, ut recte observavit et dixit Sapiens : *Attingit a fine usque ad finem fortiter, et disponit omnia suaviter q'*. Quam enim fortiter tam Judæorum quam gentilium corda tam attigit, et quam suaviter communem salutis utrorumque rationem disposuit, cum et Judæis semper signa de cœlo petentibus, tam illustre de cœlo et in cœlo signum dedit, et clarissimo, quamvis atrarum tenebrarum, prodigio, memor suæ charitatis, suæ injuriæ immemor, in ipsa sua morte subvenit ? et cum gentilibus atque alienigenis, tam iis qui longe quam qui prope, nominatim autem Dionysio et Apollophani, earum rerum quibus maxime capiebantur atque vacabant studiis, tanquam aptissimis ad eos alliciendos et sibi conjungendos lenociniis, sese quadamtenus manifestans succurrit, nempe astrologiæ deditis extraordinaria in astris prodigia exhibendo. Quippe ambo, dum cœlos suspiciunt, dum rimantur sidera, dum solis defectionem inusitatam vident et examinant, Deo corda permovente, prima novæ legis et Christianæ fidei semina suis postmodo temporibus in fruges eruptura, ut post videbitur, susceperunt. Sic olim tres illos magos inspiciendis et observandis stellis intentos, una eis objecta prorsus miræ insolenti ad perquirendum novum Regem (cujus illa ferebat indicium) et ad congrua ei munera, dignosque tanti natalibus honores deferendos, incertum fortius an suavius, pertraxerat. Sic deinde homines piscatores ad piscatum deducturus animarum, atque a mari et a retibus ad Ecclesiæ gubernacula provecturus, non alio quam piscationis vocabulo usus ad se pellexit. Quin et pellectos nullo neque gratiore neque suaviore modo detinuit, atque in suæ potentiæ ac

q Luc. xv, 33. *q'* Sap. viii, 1.

divinitatis fide atque notitia confirmavit, quam objectis inter piscandum prodigiosis jactibus et capturis. Sed ad Dionysium ejusque capturam redeamus. Jam ergo reversus ex Ægypto in patriam, eo magis in ore atque oculis suorum civium esse cœpit, quod ad insitam naturæ ingenuitate nobilitatem, atque ad patrias artes ac disciplinas, etiam a cæteris gentibus novam quasi scientiarum supellectilem deportaret. Ita haud difficile nobili ac generoso juveni fuit, præclaris præsertim imbuto artibus et moribus, viam sibi ad quamvis amplos honores et magistratus aperire. Quare cum genere suo et nomine condignas esset complexus nuptias (nam ad illas stimulabat cum ætas illis idonea, tum cupido summæ dignitatis ad quam aspirabat, et quam citra conjugium, uti mores tunc erant, vix sperabat), cumque perillustrem sibi feminam nomine Damarim copulasset (14), ita studuit cunctas matrimonii leges examussim custodire, ita se in suscepto vitæ statu et gradu gerere, ut nullo mali facinoris obstaculo, cursum ad ea quæ petebat, sibi præpediret. Igitur inter archontas (15) (novemvirum is est magistratus) præmonstrata ex instituto patrio totius vitæ anteactæ integritate, Athenis est cooptatus. E quo magistratu reddita rursum, uti moris erat, officii sui, quo bene perfunctus esset, ratione, cum scilicet insontem se atque ab omni avaritiæ et iniquitatis suspicione immunem in eo judicio, quod illi δοκιμασίαν (16), id est *probationem* sive *censuram* appellant, rite comprobasset, in sanctissimum Areopagi consilium (17), qui summus illic erat urbanæ dignitatis gradus, inoffenso pede conscendit. Atque inibi quidem haud postremo cum fuisse loco, tunc cum sanctus Paulus doctrinæ suæ rationem redditurus, injecta manu in Areopagum pertractus est, sed unum potius e primis judicibus, imo etiam judicum principem Græci scriptores diserte asseverant (18). Et Michael quidem Syngelus post eximiam Athenarum laudem, quas (uti vere erat) Græciæ decus, philosophorum domicilium, oratorum gymnasium atque ludum appellat, ita subdit de Dionysio : « Ex ea, inquit, urbe hic ortus est Dionysius, ejusque dux fuit illustrissimus, et Areopagi judicum princeps : quorum judicum splendorem generis atque magnificentiam, rerum Atticarum scriptores Androtion et Philochorus fuse denarrarunt. Ex quibus profecto majorum Dionysii primatum, et honorem, et gloriam conjectura assequi licet. Nec enim apud superbos Athenienses facilis cuiquam ad ejusmodi principatum aperta erat via, nisi quem et sapientia (19), et prudentia, et justitia, et fortitudo, et temperantia, et cum his simul eximia generis claritudo commendaret. » Ita ille. Fuit denique Dionysius ex eo consilio et senatu, qui jam olim a Solone legislator et morum censor, et custos legum, et religionis ac cæremoniarum præses, et capitalium ac gravissimarum causarum judex atque arbiter fuerat constitutus. Ad quem senatum non tantum e reliqua Græcia, sed e remotis quoque nationibus, atque adeo ab ipsis Romanis (20), licet præcipuam sapientiæ atque gravitatis laudem assectantibus, difficiliores lites, et intricatiora judicia subinde referebantur. In quo quantus fuerit Dionysius, sive doctrinarum varietatem, sive juris æquitatem, sive morum denique spectes innocentiam, clare idem Syngelus docet, qui non modo facundissimum in oratoribus, acutissimum in philosophis, perspicacissimum in astronomis, in cæteris artibus ac disciplinis spectatissimum, sed etiam (quod multo majus est atque gloriosius) inter bonos optimum, et inter judices longe justissimum exstitisse scribit. Atque talis quidem erat, cum gentilis atque deorum cultor ; qualis autem postea, hinc ordiemur.

NOTATIONES.

(1) S. Dion., l. *De div. nom.*, c. 3.

(2) *Natus est Dionysius*. Dionysii inter scriptores sacros doctrina et sanctimonia clarissimi tres fuerunt (nam de Patribus Græcis tantum sermo est in præsentia), Dionysius Areopagita, Dionysius Corinthiorum episcopus, et Dionysius Alexandrinus ; qui omnes scripta utilissima posteris reliquere. Areopagita primo sæculo floruit, Corinthius secundo, Alexandrinus tertio. Ac proinde hi duo posteriores mentionem Areopagitæ facere potuerunt : et Corinthius quidem, testibus Eusebio Cæsareæ Palæstinæ episcopo et Maximo martyre, fuit ; sed an Alexandrinus etiam fuerit, haud perinde constat. Multi quidem id asserunt, et ejusdem Maximi Scholiastæ auctoritatem ad hoc confirmandum proferunt ; ubi scilicet scribit, sanctum Dionysium Alexandrinum composuisse Scholia in beatum Dionysium sibi cognominem. Verum per Dionysium sibi cognominem non intelligi Areopagitam, infra fuse docui, quæst. 2, in solutione argumentorum adversæ partis. Verba autem Eusebii, lib. iv *Historiæ ecclesiasticæ*, cap. 22, de Dionysio Corinthio sunt hæc : Δηλοῖ δὲ ἐπὶ τούτοις, ὡς καὶ Διονύσιος Ἀρεοπαγίτης ὑπὸ τοῦ Ἀποστόλου Παύλου προτραπεὶς ἐπὶ τὴν πίστιν, κατὰ τὰ ἐν ταῖς Πράξεσι δεδηλωμένα πρῶτος τῆς Ἀθηναίων παροικίας τὴν ἐπισκοπὴν ἐγκεχείριστο. *Significat præterea* (Dionysius Corinthius) *Dionysium Areopagitam ab apostolo Paulo ad fidem conversum, ut produnt Acta, primum Athenarum antistitem creatum esse*.

De eodem Dionysio, Corinthiorum episcopo, ita Maximus in præfatione Scholiorum suorum ad libros Areopagitæ : Μνημονεύει δὲ τοῦ Ἀρεοπαγίτου καὶ Διονύσιος ἀρχαῖος Κορινθίων ἐπίσκοπος, καὶ Πολύκαρπος ἐν τῇ πρὸς Ἀθηναίους ἐπιστολῇ αὐτοῦ. *Mentionem facit Areopagitæ etiam Dionysius, antiquus Corinthiorum episcopus, et Polycarpus in sua ad Athenienses epistola*. Ita ille. Hæc autem propter

A eos, qui eumdem Areopagitam existimarunt etiam Athenarum et Corinthiorum fuisse episcopum, dicta sint. Nam ex his patet, esse diversos ; cum alter alterius mentionem faciat.

De his duobus Dionysiis, Corinthio, inquam, et Alexandrino, amplius σὺν Θεῷ in ipsorum *Vitis* et sæculis dicetur : nunc solum de Areopagita, qui secundum apostolos primus mihi ponitur in suo sæculo, idque suasu antiquitatis, cum ætate vix novem annis minor Christo fuerit, ut jam nunc ostendam.

(3-4) *Anno circiter Christi nono*. Hic annus ex ipsius Dionysii ad Apollophanem epistola colligitur, ubi tempore passionis Christi Domini, sive eclipseos quæ tum accidit, se viginti quinque annorum fuisse scribit. Quæ epistola, licet nunc Græce non exstet, tamen exstabat tempore Caroli Calvi imperatoris, sub annum Christi 876, quo tempore una cum aliis S. Dionysii operibus eam Latine vertit Erigena Scotus. Nam hodieque ea versio superest, et eodem plane stylo quo cæteræ epistolæ, ut dubio nullus relictus sit locus. Accedit de viginti quinque annis auctoritas S. Maximi ad Epistolam decimam S. Dionysii quæ est ad S. Joannem evangelistam, his verbis : Ὑποθώμεθα δὲ καὶ τὸν θεῖον Διονύσιον, ὅτε τὰ ἐπὶ τῷ σταυρῷ τοῦ Κυρίου εἶδεν, εἶναι ἐτῶν κε΄, ἅτε οἶμαι καὶ ἔτι ἀναγινώσκοντα. *Supponamus vero et divinum Dionysium, cum ejusmodi prodigia Christo cruci affixo vidit, annorum fuisse viginti quinque ; quod et me adhuc legisse puto*. Itaque existimaverim, Maximum aliquando incidisse in illam B. Dionysii Græcam epistolam, sed ab aliis, ut sæpe fit, avulsam. Si igitur Dionysius fuit viginti quinque annorum in ultimo Christi anno, hoc est ætatis Christi trigesimo tertio, ut plurimi tenent, vel trigesimo quarto inchoato, ut alii volunt, sequitur, cum natum anno Christi nono circiter. Addo *circiter*, ob variantes sententias. Jam nonus Christi, et quinquagesimus Augusti, juxta Eusebium (quo in ecclesiastica chronologia nemo certior) inter se concurrunt, et sequitur approbatque Baronius.

(5) *Imperante Tiberio*. Suidas in Dionysio ita de eo, in editione Morellii : Κατὰ γοῦν τὴν ἀρχὴν Τιβερίου Καίσαρος, ὅτε δὲ καὶ τὴν ἡλικίαν ἠκμαζεν, ἀπῆρεν εἰς Αἴγυπτον τοῖς ἐκεῖσε σοφοῖς ὁμιλῆσαι γλιχόμενος. *Imperante Tiberio Cæsare, cum jam ætate floreret, solvit in Ægyptum, cum philosophis qui inibi agebant versari desiderans*. Pachymeras in Paraphrasi Epistolæ septimæ : Ἔθος γὰρ ἦν τότε τοῖς ὁπουδήποτε Ἕλλησιν ἀποδημεῖν εἰς Αἴγυπτον μαθήσεως ἕνεκα. *Erat enim tum Græcis consuetudo, undique in Ægyptum studio matheseos peregrinandi*.

(6) *Quod de Pythagora*, etc. De his multa sunt veterum testimonia. Breve est illud M. Tullii libro quinto, *De finibus bonorum et malorum*, extremo : « Cur Plato, inquit, Ægyptum peragravit, ut a sacerdotibus barbaris numeros et cœlestia acciperet? » Et paulo post : « Cur Pythagoras et Ægyptum lustravit, et Persarum magos adiit? cur tantas regiones barbarorum pedibus obiit? tot maria transivit? cur hæc eadem Democritus? » etc. Vide Diogenem Laertium in eorumdem *Vitis*, et Strabonem in libris *Geographiæ* xiv et xvii, et Valerium Maximum lib. viii, cap. 7, et de aliis Philostratum in *Vitis sophistarum*, præsertim in Aristide, et S. Justinum martyrem in *Cohortatione 1 ad Græcos*, ante medium, ubi dicit, constare ex Theodoro et ex aliis historicis, Orpheum, Homerum, Solonem, Pythagoram, Platonem et alios Ægyptum adiisse, et libris Moysis adjutos, melius de Deo sapuisse. Vide et Clementem Alexandrinum lib. 1 *Stromatum*, ante medium, ubi sic inter alia : Θάλης δὲ Φοινίξ ὢν τὸ γένος, καὶ τοῖς Αἰγυπτίων προφήταις συμβεβληκέναι εἴρηται, καθάπερ καὶ ὁ Πυθαγόρας αὐτοῖς γε τούτοις δι' οὓς καὶ περιετέμετο, ἵνα δὴ καὶ εἰς τὰ ἄδυτα κατελθὼν τὴν μυστικὴν παρ' Αἰγυπτίων ἐκμάθοι φιλοσοφίαν, Χαλδαίοις τε καὶ μάγοις τοῖς ἀρίστοις συνεγένετο, καὶ τὴν Ἐκκλησίαν τὴν νῦν οὕτω καλουμένην ὁμακοεῖον αἰνίττεται. *Thales autem, cum esset Phœnix genere, etiam cum Ægyptiorum prophetis congressus esse dicitur, sicut et Pythagoras cum iisdem versatus est ; propter quos etiam fuit circumcisus, ut adyta ingrediens Ægyptiorum mysticam disceret philosophiam, et cum Chaldæorum, et magorum præstantissimis egit familiariter, et quæ nunc Ecclesia appellatur, ab illo ὁμακοεῖον dicta est*. Vox ὁμακοεῖον *coauditorium* (si fas ita loqui) significat, nempe locum, quo multi ad audiendum una conveniunt : ex ὁμοῦ et ἀκούω, *simul audio*.

(7) *Quin etiam ipso Dionysii tempore*. Strabo enim, qui eodem quo Dionysius tempore floruit, hoc est imperante Tiberio, ita de se libro xvii *Geographiæ* scribit : Ἐν δὲ τῇ Ἡλίου πόλει καὶ οἴκους εἴδομεν μεγάλους, ἐν οἷς διέτριβον ἱερεῖς. Μάλιστα γὰρ δὴ ταύτην κατοικίαν ἱερέων γεγονέναι φασὶ τὸ παλαιὸν φιλοσόφων ἀνδρῶν καὶ ἀστρονομικῶν. *Heliopoli domos amplas vidimus, in quibus sacerdotes degebant. Imo dicunt hanc olim sacerdotum habitationem fuisse, hominum philosophiæ et astronomiæ deditorum*. Et paucis interjectis : Ἐκεῖ οὖν ἐδείκνυντο οὔτε τῶν ἱερέων οἶκοι, καὶ Πλάτωνος, καὶ Εὐδόξου δεῦρο, καὶ συνδιέτριψαν ἱερεῦσιν ἐκεῖνοι ἐνταῦθα τρισκαίδεκα ἔτη, ὡς εἴρηται τοί. *Ibi ergo ostendebantur sacerdotum domicilia, et Platonis atque Eudoxi scholæ. Isto enim ascendit cum Platone Eudoxus, ibique cum sacerdotibus tredecim annos versati sunt, ut dictum ab aliquibus est*. Vide ibidem plura huc spectantia. De Platone ita S. Augustinus, lib. viii *De civitate Dei*, c. 4 : « Quam longe lateque potuit, peregrinatus est. Quaquaversum enim alicujus nobilitate scientiæ percipiendæ fama rapiebat. Itaque et in Ægypto didicit, quæcunque illic magna habebantur atque docebantur. » Ægyptios autem accepisse ab Abrahamo patriarcha scientiam astrorum, aliasque complures artes, testatur Alexander Polyhistor, « vir magni ingenii multæque eruditionis » (ut appellat Eusebius, lib. ix *De præparat. Evangel*., cap. 17), scriptor perantiquus, de quo sic ibidem : Συζήσαντα δὲ τὸν Ἀβραὰμ Ἡλιουπόλει τοῖς Αἰγυπτίων ἱερεῦσι πολλὰ μεταδιδάξαι αὐτοὺς, καὶ τὴν ἀστρολογίαν, καὶ τὰ λοιπὰ τούτων αὐτοῖς εἰσηγήσασθαι, etc. *Cæterum cum apud Heliopolim Abraham sacerdotum consuetudine plurimum uteretur, multa ipsos, nec non astrologiam, et reliqua eo pertinentia edocuisse tradit*. Ejus sententiæ accedit Josephus lib. 1 *Antiquitatum*, cap. 9, his verbis : Τήν τε ἀριθμητικὴν αὐτοῖς χαρίζεται, καὶ τὰ περὶ ἀστρονομίαν παραδίδωσι. Πρὸ γὰρ τῆς Ἀβραάμου παρουσίας εἰς Αἴγυπτον, οἱ Αἰγύπτιοι τούτων εἶχον ἀμαθῶς. *Arithmeticam quoque et astrologiam cum illis communicavit. Nam ante Abrahami adventum in Ægyptum, Ægyptii horum rudes erant*.

(8) *Alexander Polyhistor in Historia Judæorum* ; Josephus, l. i, *Antiq*., cap. 9 ; Eusebius, lib. ix *De præparat. Evangel*., cap. 17 ; Suidas in *Dionysio*.

(9) *Una cum Apollophane sophista*. Hic Apollophanes præceptor fuit Polemonis Laodicensis ; Polemon autem Aristidis philosophi eloquentissimi, qui Apologeticum pro Christianis obtulit Adriano imperatori : de quo Aristide vide Eusebium, libro iv *Historiæ*, cap. 3, et Hieronymum in Catalogo. De Apollophane ita Suidas in Dionysio : Συνῆν δὲ αὐτῷ Ἀπολλοφάνης ἐκεῖνος ὁ σοφιστής, οὗ Πολέμων ὁ Λαοδικεὺς ἐν Σμύρνῃ διήκουσεν, ὁ διδάσκαλος Ἀριστείδου. *Una cum Dionysio erat Apollophanes orator ille, quem Polemon Laodicenus, magister Aristidis, Smyrnæ audivit*. Hunc ergo Apollophanem S. Polycarpus Smyrnæ episcopus ad manum habuit, et ad Christi fidem convertit. Super qua conversione duæ exstant Dionysii epistolæ ; una ad S. Polycarpum hortatoria, ut eum ad fidem convertat ; altera ad ipsum Apollophanem jam conversum gratulatoria. Fuisse Apollophanem sancto Dionysio non solum veterem sodalem, sed et cognatum, videntur ista Syngeli verba in ejus *Encomio* indicare : Ἐταίρῳ δήθεν ὄντι φιλτάτῳ καὶ ὁμογενεῖ. *Veteri sodali amicissimo et cognato*.

(10) *Exsurgente illa eclipsi*. Tota hujus eclipseos ab iis animadversæ historia partim ex duabus S. Dionysii epistolis, una ad S. Polycarpum, altera ad Apollophanem, collecta est ; partim ex Maximo, Syngelo et Metaphraste. Quibus adde Suidam, Nicephorum, Pachymeram, et alios. Eclipseos quidem, sive tenebrarum toti orbi obtensarum, quod ad substantiam spectat, evangelistæ tres, Matthæus, Lucas et Marcus meminerunt ; sed quod ad modum attinet, præter hunc Dionysium, nemo. Utrobique autem multa admodum mira exstiterunt. Ad prius enim quod attinet, primo facta est in plenilunio, quod alias nunquam. Cum enim solis defectio fiat ex conjunctione solis cum luna (id quod accidit in novilunio), tum facta est in ejus maxima disjunctione, sive in plenilunio. Nec enim Judæi alio tempore Pascha celebrabant, quam in plenilunio. Deinde obumbravit hæc eclipsis totam terram, quod naturaliter fieri non potest, cum luna minor sit sole, nec eum proinde totum possit toti terræ, nisi maximo miraculo, occultare. Tertio, duravit tres ipsas horas, cum alioqui ob contrarium solis et lunæ concursum brevissime esse debeat et soleat ; præsertim, quod corpus solare ingentis sit magnitudinis ; lunare autem, ejus respectu, perexiguum. Sic enim videmus, re quapiam minima ob oculos posita, etiam prægrandem montem nobis abscondi, sed ita, ut si rem illam minimam vel minimum removeris, extemplo illum eumdem montem conspicias. Ita de sole accidisset, si luna inter oculos nostros et illum opposita vel tantillum promovisset, neque prodigium intervenisset.

Hæc tria miracula e tribus evangelistis constant; e quibus sic Matthæus cap. xxvii, vers. 45 : *A sexta autem hora tenebræ factæ sunt super universam terram, usque ad horam nonam.* Et Lucas cap. xxiii, vers. 44 : *Erat autem fere hora sexta, et tenebræ factæ sunt in universam terram usque in horam nonam. Et obscuratus est sol.* Et Marcus cap. xv, vers. 33 : *Et facta hora sexta, tenebræ factæ sunt per totam terram usque in horam nonam.* Agunt autem ibi de tempore Paschatis, in plenilunio Martii. Ex quibus verbis licet colligi necessario non possit ullam fuisse eclipsim proprie dictam (cum potuerit Deus optimus maximus istas tenebras inducere sole et luna ordinarium cursum tenentibus, ut in Ægypto factum legitur antiquitus), tamen cum veram fuisse eclipsim gravissimi auctores, etiam ethnici, tradant, et ipse S. Dionysius non modo illam, sed ejus quoque modum una cum æquali suo Apollophane, maximo philosopho, adhibita regula astronomica, curiose observarit, litterisque mandarit, par est idem cum iisdem sentire homines non præfractos. Ex auctoribus ethnicis, qui eclipseos tempore passionis Domini nostri Jesu Christi animadversæ meminerunt, citantur nominatim, Phlegon libertus Adriani imperatoris, egregius historicus, cujus verba Græca e Chronico Eusebii, itemque ex Alexandrino, sive, ut alii vocant, e *Fastis Siculis*, hic propono. Ita igitur Phlegon lib. xiii : Τῷ δὲ τετάρτῳ ἔτει τῆς σϛ′ Ὀλυμπιάδης ἐγένετο ἔκλειψις ἡλίου μεγίστη τῶν ἐγνωρισμένων πρότερον, καὶ νὺξ ὥρᾳ ϛ′ τῆς ἡμέρας ἐγένετο, ὥστε καὶ ἀστέρας ἐν οὐρανῷ φανῆναι. Σεισμός τε μέγας κατὰ Βιθυνίαν γενόμενος τὰ πολλὰ Νικαίας κατεστρέψατο, id est ex interpretatione sancti Hieronymi : *Quarto autem anno ducentesimæ secundæ Olympiadis, magna et excellens inter omnes, quæ ante acciderant, defectio solis est facta : dies hora sexta ita in tenebras versus, ut stellæ in cœlo visæ sint; terræque motus in Bithynia Nicænæ urbis multas ædes subvertit.* Ita Phlegon apud Eusebium ad annum Domini 33. Idem quoque Eusebius, eodem loco, in aliis ethnicorum commentariis se hæc ad verbum reperisse scribit : Ὁ ἥλιος ἐξέλιπεν· Βιθυνία ἐσείσθη· Νικαίᾳ; τὰ πολλὰ ἔπεσεν. *Sol defecit : Bithynia concussa est : Nicææ ædificia multa corruerunt.* Thallus quoque historicus, teste Julio Africano secundi sæculi scriptore, idem ipsum in suam Historiam retulit. Ita enim de illo : Τοῦτο τὸ σκότος ἔκλειψιν ἡλίου Θάλλος ἀποκαλεῖ ἐν τρίτῃ τῶν Ἱστοριῶν, ὡς ἐμοὶ δοκεῖ, ἀλόγως. *Hasce tenebras defectum solis appellat Thallus lib. iii Historiarum, ut mihi quidem videtur, inconsiderate.* In quibus quidem verbis indicat Africanus, in altera se esse sententia, nimirum ut tenebræ tantum fuerint miraculo quodam Ægyptiarum tenebrarum simili per universam terram obductæ. In qua opinione fuit etiam Origenes et Tertullianus, et quidam alii; inter quos et Sedulius presbyter lib. v *Paschalis operis*, dum ita cecinit :

*Interea horrendæ subito venere tenebræ,
Et totum tenuere polum, mœstisque nigrantem
Exsequiis texere diem. Sol nube coruscos*

*Abscondens radios, tetro velatus amictu
Delituit, tristemque infecit luctibus orbem.
Hunc elementa sibi meruerunt cernere vultum
Auxiliis orbata patris, lætata per ortum,
Mœsta per occasum. Nam lux, ut tempore fulsit
Nascentis Domini, sic hoc moriente recessit,
Non absens mansura diu, sed mystica signans
Per spatium secreta suum : quippe ut tribus horis
Cæca tenebrosi latuerunt sidera cœli,
Sic Dominus clausi triduo tulit antra sepulcri.*

Quibus in versibus nulla fit mentio eclipseos, sed tantum solis, occursu nubium, obscurati. Nunc tamen communior videtur sententia, veram, sed prodigiis plenam fuisse eclipsim, de qua sic S. Augustinus epist. 80 *ad Hesychium*, tom. II : « Quando nos vidimus solem sic obscuratum, quemadmodum obscuratus est, cum lumen mundi penderet in ligno? Nisi forte defectus solis et lunæ, quos consueverunt computatores siderum adnotare atque prædicere, inter cœlestia prodigia numerabimus, quia lunam sæpius in sua plenitudine, solem vero rarius, sed tamen vidimus in fine lunæ secundum eorum computum defecisse. Non erat talis solis ille defectus, quando crucifixus est Christus, et ideo vere mirabilis erat et prodigiosus. Pascha quippe fuerat Judæorum, quod non nisi in plenitudine lunæ celebratur. Secundum astrologorum autem numeros certum est, solem, quando luna plena est, non posse deficere, sed quando finis est lunæ, non quidem semper, sed aliter nunquam, cum secundum illos numeros deficit. Quid ergo tale unquam quisquam meminit apparuisse de cœlo, ex quo Dominus illa prædixit, quale apparuit, quando passus est ? » Ita S. Augustinus.

Sed quæret nunc aliquis, quonam pacto tantum miraculum patratum sit, nempe ut luna tam exigua solem tam immensum orbi toti absconderit.

Respondeo, inter plures sententias hanc videri probabilissimam, quæ dicit, angeli ministerio vel subtractos orbi radios illos, qui a luna comprehendi non potuerunt, atque occultatos; vel certe (quod nostro Salmeroni magis placet) compressos coactosque, ut in lunam cuncti inciderent. Equidem magis credo, verum hujus prodigii modum nos latere.

Jam autem circa ejusdem eclipseos, aut duorum potius luminarium processiones, ista exstiterunt haud minora prioribus miracula.

Primo, quod luna ab orientali tractu solem subiverit, res prorsus insolens et inaudita.

Secundo, quod ita progressa sit usque ad partem solis occiduam, ut tres horas partim progrediendo, partim regrediendo sub sole fuerit.

Tertio, quod licet ad extremam usque solis partem occiduam processerit, ita ut ejusdem solis pars orientalis primo apparere deberet et detersa deberet; tamen luna retro versus orientem resiliente, contrarium acciderit, nempe ut pars occidenti obversa primo apparuerit lumenque, ut ante, refuderit.

Ecce hic descriptam claritatis gratia conspicuam imaginem.

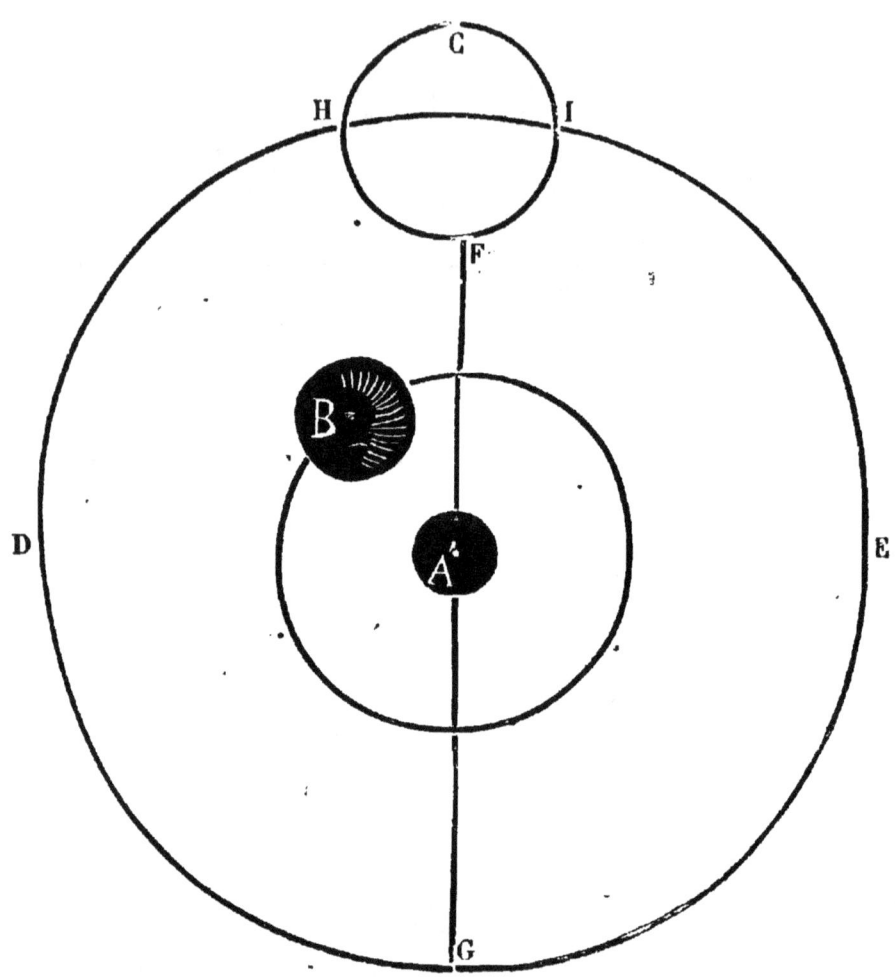

Sit ergo in figura præsenti, A terra, B luna, C sol, D oriens, E occidens, F G diameter ab ipso sole ad solis oppositum; H pars solis orientem respiciens, I pars solis occidentem spectans; linea vero ab H ad I, diameter disci seu corporis solaris. Jam tempore passionis luna erat in G, sive ex diametro soli opposita, proptereaque plena, et radiis solaribus tota collucens, ut in plenilunio assolet. Hora igitur sexta, qua Christus in cruce pendebat, subito transiit luna ab G, sive a loco soli ex diametro opposito, ad H, sive ad partem solis orientalem, ibique solem subiens ex ea parte inchoavit eclipsim, indeque ad I progressa, totum solem caligine sua, velut pulla veste, obduxit : deinde ab I, sive parte solis occidua, ad H resiliit, ita ut pars solis ultimo obtenebrata primo inclaruerit, mundoque radios suos diffuderit, contra quam alias semper factum fuerit, aut fieri solitum sit. Progressio itaque ab H ad I, et regressio ab I ad H, tres ipsas horas tenuit, a sexta scilicet usque ad nonam, hoc est in plagis orientalibus a meridie ad tertiam pomeridianam. Deinde ab H ad G, hoc est ad locum suum naturalem citissime rediit, ita ut vesperi in sua essent statione, sol in occasu, luna ex opposito; et hæc quidem plena ac lucida, perinde quasi loco mota non fuisset. Quarum rerum tam admirabili spectaculo percussi Dionysius et Apollophanes philosophi, quid sibi ista vellent, inter se quæritarunt, ut in Vita exposuimus. Denique de ambobus illis philosophis, S. Dionysio, inquam, et Apollophane, deque tota hujus eclipseos ratione, mihi patrocinantem habeo clarissimum Godefridum Wendelinum, virum (ut scribit in Athenis suis Belgicis eruditissimus Franciscus Sweertius) « in omni litteratura, et præsertim in mathematicis disciplinis ad miraculum usque versatum. » Cujus ego epistolium quoddam διδακτικόν ad nostrum Andream Schottum piæ memoriæ super Dionysio Areopagita, ejusque scriptis (quæ fortiter tuetur), felici sorte nactus sum. Utinam citius! Sed, ut spero et opto, videbunt aliquando lucem tanti viri tractatus perutiles.

(11) *Rerum divinarum mutationes.* Sic Græce in Epistola S. Dionysii ad Polycarpum: Ταῦτα, ὦ καλὲ Διονύσιε, θείων ἀμοιβαὶ πραγμάτων. *Hæc sunt, o bone Dionysi, divinarum mutationes rerum.* Quidam istud ἀμοιβαὶ πραγμάτων verterunt *vices rerum*; aliqui *vicissitudines*, nonnulli *retributiones*, alii *vicarias mutationes*: quia scilicet vox ἀμοιβαὶ seorsum accepta has omnes admittat significationes. Verum non satis est interpreti attendere quid vox aliqua significet, sed quid hoc vel illo loco significet; hoc autem loco nec *vices*, nec *vicissitudines*, nec *vicarias mutationes*, nec *retributiones* significat, sed simpliciter *mutationes.* Nam ista alia vocabula capiuntur pro iis quæ sæpe et vicissim fiunt; hic autem agitur de mutationibus plane insolitis, el quales nunquam alias fuerunt, nec erunt. Quæ porro illæ? nempe Dei mors, divinarum antiquæ legis cæremoniarum interitus, Novi Testamenti novæque legis introductio, hisque similia vere divina. Dionysius Rickelius in expositione Epistolæ ad Apollophanem, *divinarum retributiones sunt rerum*, sic exponebat: « Id est quidam justi effectus contingentes ob injuriam et irreverentiam illatam Deo, seu divinis substantiis. » Et optime quidem, si bona fuisset Græcæ vocis ab interprete (quisquis ille fuerit) versio, verum, ut dixi, et ut doctioribus placuit interpretibus, nihil aliud hic Latine reddendum fuit, quam *divinarum mutationes rerum.* Unde Pachymeras in Paraphrasi ejusdem ad Polycarpum Epistolæ, pro ἀμοιβαὶ usurpat μεταβολαὶ, quod vocabulum *mutationes* præcipue significat. Vide etiam hac ipsa de re Michaelem Glycam, parte II *Annalium*, ubi eamdem sancti Dionysii Areopagitæ ad Polycarpum Epistolam citat, simulque et totidem fere verbis ea, quæ ex eadem Epistola in contextu Vitæ produximus. Ipse tamen, et laudatus ab eo Chrysostomus, existimant, non fuisse proprie dictam eclipsin, sed tenebras tantum ex divina adversus Christicolas indignatione mundo inductas. Sed alia sententia melior et communior.

(12-13) *Ignotus in carne patitur Deus.* Ille scilicet Deus, cui erat ara hoc titulo, *Ignoto Deo*; de quo titulo inferius. Ista porro verba, *Ignotus in carne*, etc., attribuuntur Dionysio a Michaele Syngelo, qui sic habet: Ἐπὶ τῷ παραδόξῳ σφόδρα τεθηπώς, καὶ τὴν ἀνθρωπείαν ὑπερβεβηκὼς γνῶσιν, κατανοήσας τὸ γεγονός· Ὁ ἄγνωστος, ἔφη, ἐν σαρκὶ πάσχει Θεός· δι' ὃν τὸ πᾶν ἐξόφωται τε καὶ σεσάλευται. *Præ re inopinata admodum stupefactus* (Dionysius) *et humanam cognitionem supergressus, eo quod factum fuerat perpenso: Ignotus*, inquit, *in carne patitur Deus, propter quem universum hoc concussum et obtenebratum est.* In Romano autem Breviario est, exclamasse illum: *Aut Deus naturæ patitur, aut mundi machina dissolvitur.* Apud Suidam quoque, ut in Vita notavi, aliter est verbis, sed sensu conformiter. Dici ergo potest, sanctum Dionysium variis in occursibus, repetita istius eclipseos memoria, aliter atque aliter, ut sæpe fit, dixisse. Nam et in ipsis Evangeliis aliter atque aliter a diversis evangelistis Christi dicta referuntur, ut patet cum alibi sæpius, tum in muliere sanguinis profluvio laborante, Matthæi IX, Marci V et Lucæ VIII.

(14) *Cumque perillustrem sibi feminam nomine Damarim copulasset.* Damarim S. Dionysii Areopagitæ uxorem fuisse, probatur his sequentibus argumentis.

Primo, quod ipsa sancti Lucæ verba Actorum XVII versu ultimo id innuant. Ea sic habent: Τινὲς δὲ ἄνδρες κολληθέντες αὐτῷ ἐπίστευσαν· ἐν οἷς καὶ Διονύσιος ὁ Ἀρεοπαγίτης, καὶ γυνὴ ὀνόματι Δάμαρις, καὶ ἕτεροι σὺν αὐτοῖς. *Quidam vero viri adhærentes ei, crediderunt: in quibus et Dionysius Areopagita, et mulier nomine Damaris, et alii cum eis.* Ita versio usitata. Ubi vox Græca γυνή, et Latina *mulier*; cum alias æque quamvis mulierem significent, quam uxorem: inde factum, ut nonnulli dubitarint, an hic pro uxore caperentur. Verum, si evangelistæ verba diligenter attendantur, satis et mens ejus et verborum significatio inclarescet. Nam mihi quidem satis evidens est, voluisse evangelistam primo aperire generatim nonnullos Paulo adhæsisse, atque (ut vis Græcæ vocis κολληθέντες retineatur) conglutinatos fuisse, et in Christum credidisse: deinde speciatim designare Dionysii Areopagitæ domum, hoc est ipsum et uxorem et domesticos, cum dixit: ἐν οἷς καὶ Διονύσιος, etc., quæ clarius sic versa essent: *Inter quos et Dionysius Areopagita, et uxor nomine Damaris, et cæteri cum eis*; hoc est domestici, exemplum patris et matrisfamilias secuti. Nam vox ἕτεροι proprie est *cæteri*: cum hæc ex illa facta sit. Quare illæ voces, *et alii cum eis*, non significant alios omnes præter Dionysium et Damarim (sic enim bis ibidem diceretur, quandoquidem de aliis supra dictum sit: *Quidam vero viri adhærentes ei, crediderunt*), sed tantum significant eos qui conjunctim cum Dionysio et Damari crediderunt, atque eorum exemplo et incitamento, sive totam familiam.

Verum quidem est, quod sensus clarior exstitisset, si vox αὐτοῦ *ejus* addita fuisset, et dictum καὶ γυνὴ αὐτοῦ, *et mulier ejus*: verum id non solet, aut certe non est necessarium. Quod multis exemplis firmari potest. Neque enim ipse sanctus Chrysostomus (quem a nobis esse, qui contraria sentiunt, confitentur) cum γυναῖκα pro uxore usurpavit, neque ipse, inquam, addidit vocem αὐτοῦ *ejus*; quo clariorem suam sententiam redderet, sed simpliciter ita dixit libro IV *De sacerdotio*: Ὁ δὲ Ἀρεοπαγίτης ἐκεῖνος, ὁ τῆς δεισιδαιμονεστάτης πόλεως ἐκείνης, οὐκ ἀπὸ δημηγορίας μόνης ἠκολούθησεν αὐτῷ μετὰ τῆς γυναικός; quæ interpretes sic verterunt, et bene: *Areopagita vero, ille urbis istius superstitiosissimæ civis, nonne ad solam orationem* (Pauli scilicet) *una cum uxore illum secutus est?* Ubi tamen non dixit μετὰ τῆς αὐτοῦ γυναικός *cum uxore sua*, sed solum μετὰ τῆς γυναικός, *cum uxore*, satis enim intelligitur. Ita et in sacris Litteris illud αὐτοῦ frequenter omittitur, ut in I ad Corinthios cap. VII, vers. 3: *Uxori vir debitum reddat*, Græce est: Τῇ γυναικὶ ὁ ἀνὴρ τὴν ὀφειλομένην εὔνοιαν ἀποδιδότω, ubi non est dictum τῇ γυναικὶ αὐτοῦ, *uxori suæ.* Sic in eodem ipso capite sæpius. Neque favet contrariæ sententiæ, quod in Latino apud Lucam sit *mulier*: idem enim ibi est atque *uxor.* Sicut et in isto Pauli eodem capite VII, vers. 4: *Mulier sui corporis potestatem non habet, sed vir.* Similiter autem et vir sui corporis potestatem non habet, sed mulier. Ubi vox *mulier* bis ponitur pro *uxor*, et Græce utrobique est γυνή. Nec aliter fere in Scriptura uxor effertur, quam per vocem γυνή. Quo in significatio reperies usurpatam vocem γυνὴ apud Paulum in unico capite jam citato, saltem decies sexies, et frequenter quidem sine pronominis additione. Sic vers. 27: Δέδεσαι γυναικί; μὴ ζήτει λύσιν. Λέλυσαι ἀπὸ γυναικός; μὴ ζήτει γυναῖκα. *Alligatus es uxori? noli quærere solutionem. Solutus es ab uxore? noli quærere uxorem.* Sic versu 11 dixerat: Καὶ ἄνδρα γυναῖκα μὴ ἀφιέναι, *et vir uxorem non dimittat.*

Secundo, si sanctus Lucas voluisset significare quampiam aliam feminam, et non uxorem Dionysii, addidisset, ut fieri solet, particulam τὶς, *quædam*, dixissetque : Καὶ γυνή τις ὀνόματι Δάμαρις, *et mulier quædam nomine Damaris*. Sed neque in Græco est τὶς, neque in Latino *quædam*. Putavit tamen esse in Græco Joannes Lorinus noster, ideoque in alteram magis inclinavit sententiam, cum dixit : Si *uxor Dionysii erat, non vocasset* γυναῖκά τινα, *mulierem quamdam, sed brevissime dixisset*: Καὶ γυνὴ αὐτοῦ. Sic Lorinus. Atqui non dixit S. Lucas γυναῖκά τινα, *mulierem quamdam*, sed brevissime dixit, καὶ γυνή, *et uxor*, omisso αὐτοῦ, *ejus* : sicut solutum esse omitti, jam e sancto Paulo ostendimus. Itaque Lorinus a nobis est, aut certe esse debet. Neque si textus Syriacus habeat *quædam*, prævalere Græco debet, cum Acta primitus scripta Græce fuerint, non Syriace : neque item præferri potest Latino, cum Latina versio e Græco fonte derivata sit, et eodem pronomine *quædam* careat, et magis suo fonti respondeat.

Tertio, cum alterius sententiæ auctores fateantur, pro nobis facere antiquissimos et doctissimos et sanctissimos Patres, Chrysostomum et Ambrosium, et nonnulli etiam sanctum Augustinum (sed hujus locum nondum reperi), ipsi autem ne unum quidem e sanctis Patribus, quo se tueantur, habeant ; et argumentis (ut ea, quæ jam diximus, monstrant) nitantur imbecillibus, certe non obscure ostenditur, utra sit præferenda sententia. Nam sane Ambrosii verba non inclinantis tantum in nostram sententiam, sed etiam prorsus incumbentis, et eam omnino amplexantis, exstant in epistola ejus 82 ad Vercellensem Ecclesiam, ante medium : ubi, postquam de philosophis cum Paulo disputantibus verba S. Lucæ protulit, ita subdit : « Ex hoc tamen numero (philosophorum scilicet) non immunis gratiæ abiit Apostolus. Siquidem etiam Dionysius Areopagites cum Damari uxore sua, aliisque multis credidit. Itaque illi doctissimorum atque eloquentium cœtus simplici disputatione victos se esse, credentium exemplo manifestarunt. » Hæc sanctus Ambrosius.

Quarto, scriptores Vitæ sancti Dionysii Areopagitæ, idem de uxore ejus Damari tenent et scribunt. Testes Hilduinus, Vincentius Bellovacensis, Petrus Equilinus episcopus, et alii. « Qui protinus surgens, inquit Hilduinus, cum omni domo et uxore sua Damari quam et sumeret, more terrenæ nobilitatis, propter amorem suscipiendæ charæ sobolis, cum sui coegere parentes, ad mandata properat sancti Pauli. »

Vide et Baptistam Mantuanum libro 1 *De conversione, vita et passione sancti martyris Dionysii*.

Et vero est simillimum, antiquissimos Vitæ sancti Dionysii scriptores, vel ex ipsis Athenarum archivis, vel ex majorum traditione de sancti Dionysii conjugio cognovisse. Item sanctum Joannem Chrysostomum, diu Athenis versatum, non potuisse de primo urbis ejus episcopo id ignorare. Accedit auctoritas S. Maximi, cujus exstant in Dionysium Græca σχόλια, brevia illa quidem, sed docta. Hic igitur in præfatione sua non obscure indicat, in Actis apostolorum non modo Dionysii Areopagitæ factam esse mentionem, sed et domus ipsius, sive familiæ.

Atqui non potest dici alibi facta esse mentio familiæ, quam in nomine *Damaris*, et eorum qui crediderunt cum eis, id est cum heris suis Dionysio et Damari. Verba autem sancti Maximi, postquam dixit dignitatem Dionysii, a sancto Luca significatam voce illa *Areopagita*, sunt hæc : Ἐπιβάλλω δὲ μᾶλλον, ὅτι διὰ τε τὸ κατὰ σοφίαν περιττὸν, καὶ διὰ τὸ ἐν Ἀθηναίοις ἀνεπιλήπτου πολιτείας ἔχεσθαι, μνημονεῦθηναι μετὰ τῆς οἰκίας αὐτοῦ. *Adjicio autem amplius*, inquit, *propter eximiam ejus sapientiam, et inter Athenienses inculpatæ vitæ præstantiam, mentionem ipsius*

factam esse cum domo sua, id est non tantum ipsius, sed etiam domus suæ. Quæ scilicet tum vera et plena est laus et gloria alicujus patrisfamilias, cum non ipse tantum, sed ejus domus tota, frugi est et bene morata, uxor scilicet, liberi, famuli, ancillæ, et si qua alia necessitudo cohabitat.

(15) *Igitur inter archontas*. Illi fuerunt magistratus novem virorum. Nomina erant *rex, archon, polemarchius et thesmothetæ* sex. Quorum qui recte fuissent functi magistratu, in Areopagum ascendebant, non qui secus. De his ita Maximus in præfatione ad sanctum Dionysium : Ἐκ γὰρ τῶν ἐννέα καθισταμένων ἀρχόντων Ἀθήνησιν τοὺς Ἀρεοπαγίτας ἔδει συνεστάναι δικαστὰς, ὥς φησιν. Ἀνδροτίων ἐν δευτέρα τῶν Ἀτθίδων. Ὕστερον δὲ πλειόνων γέγονεν ἡ ἐξ Ἀρείου πάγου βουλή, τουτέστιν, ἡ ἐξ ἀνδρῶν περιφανεστέρων πεντήκοντα καὶ ἑνὸς, πλὴν ἐξ εὐπατριδῶν, ὡς ἔφημεν, καὶ πλούτῳ καὶ βίῳ σώφρονι διαφερόντων, ὡς ἱστορεῖ Φιλόχορος διὰ τῆς τρίτης τῶν αὐτῶν Ἀτθίδων. *E novem viris enim, qui Athenis archontes constituti erant, judices Areopagitas (ut inquit Androtion in secunda Atticarum) constare oportebat : postea vero e pluribus constitit Areopagi senatus, id est e viris illustrioribus quinquaginta uno, sed nobilibus tamen, uti diximus, et divitiarum copia vitæque modestia excellentibus, quemadmodum Philochorus in tertia earumdem Atticarum memorat*. Vide etiam Plutarchum in *Solone*. Tractat autem fuse de archontibus et areopagitis Carolus Sigonius libro secundo *De republica Atheniensium*, sub finem. De archontibus meminit et Demosthenes in Oratione *adversus Leptinem*, ubi sub initium hanc citat legem : Ἀτελῆ δὴ μηδένα εἶναι τριηραρχίας, πλὴν τῶν ἐννέα ἀρχόντων. *Triremis instruendæ nemo sit immunis præter novem archontas*. Meminit et Plutarchus in *Pericle*, ubi de eo sic scribit : Καὶ ταχὺ θεωρητικοὶ καὶ δικαστικοὶ λήμμασιν ἄλλαις τε μισθοφοραῖς καὶ χορηγίαις συνεδεκάσας τὸ πλῆθος, ἐχρῆτο κατὰ τῆς ἐξ Ἀρείου πάγου βουλῆς, ἧς αὐτὸς οὐ μετεῖχε διὰ τὸ μήτ' ἄρχων, μήτε θεσμοθέτης, μήτε πολέμαρχος λαχεῖν, αὗται γὰρ αἱ ἀρχαὶ κληρωταί τε ἦσαν ἐκ παλαιοῦ, καὶ δι' αὐτῶν οἱ δοκιμασθέντες ἀνέβαινον εἰς Ἄρειον πάγον. *Et brevi theatralibus et judicialibus sportulis atque aliis mercenariis donis ac largitionibus corrupta plebe usus est adversus Areopagitas curiam, cujus ipse pars non erat, quod nec archou, nec thesmothetes, nec rex, nec polemarchus sortito coaptatus esset. Hi enim magistratus sortito antiquitus creabantur, et per hos postquam probati fuissent, in Areopagum ascendebant*. Ita Plutarchus.

Omnium archontum munia atque officia tam in communi quam in particulari scribit accurate et distincte Pollux in Onomastico, libro VIII. Ubi nota, in Græcis vertendis non prorsus feliciter fuisse istum interpretem ; ut cum statim initio ista : καὶ ὅσα κοινῇ καὶ ἰδίᾳ πράττεται ἕκαστος αὐτῶν, sic vertit : *Et quacunque tum publice quam privatim singuli faciunt*, cum vertendum fuerit, *et quæcunque tam communiter quam speciatim eorum unusquisque facit*. Nam differunt *communiter* et *publice*, sicuti etiam *privatim* et *speciatim*, ut omnibus notum : siquidem multa possunt fieri *communiter*, a tribus verbi gratia, in secreto et occulto, quæ non possunt dici fieri *publice* ; et contra quod *publice* fit ab unico e magistratu, non potest dici fieri *communiter*. Ita quoque de vocibus *privatim* et *speciatim* ratiocinandum. Adde, ex ipso Polluce hæc diluxescere : quippe qui primo exponit ea quæ omnibus archontibus sunt communia, deinde descendit ad ea quæ singulis sunt propria et specialia, videlicet quæ thesmothetis, quæ archonti, quæ regi, quæ polemarcho. Nam vocabulum *archon* semel generatim accipitur, semel speciatim. Sicut in angelorum nominibus nomen *angeli* nunc commune est omnibus sanctorum spirituum hierarchiis, nunc speciale infimæ hierarchiæ extremis spiritibus.

(16) *In judicio, quod illi δοκιμασίαν*, etc. Exstat Lysiae oratoris antiquissimi oratio sic inscripta : *Περὶ τῆς Εὐάνδρου δοκιμασίας, De Evandri probatione.* In qua oratione (inquit Carolus Sigonius lib. II *De repub. Atheniensium*) Evandrum defendit.

Verum, salva Sigonii pace, non defendit Lysias Evandrum, sed accusat, ut patet legenti orationem, adeoque ex his ibidem ipsius Lysiae verbis : Καὶ μηδεὶς ὑμῶν ἡγείσθω με Λαοδάμαντι χαριζόμενον κατηγορεῖν Εὐάνδρου, ὅτι φίλος ὤν τυγχάνει, ἀλλ' ὑπὲρ ὑμῶν καὶ τῆς πόλεως προνοούμενον. Ac *nemo vestrum arbitretur me in gratiam Laodamantis, quod mihi amicus sit, accusare Evandrum, sed ut vobis atque urbi prospiciam.* Falsus est Sigonius in significatis utriusque vocis δοκιμασίας et *probationis*, quae hic non significant *approbationem*, sed *judicium* sic appellatum, in quo scilicet probabatur quispiam recteno suo functus magistratu esset, an secus. Eadem voce δοκιμασίας tali in significatu utitur et Socrates in sua *Areopagitica*, ut paulo inferius citabitur. Non licuisse autem omnibus archontibus in Areopagitarum ordinem ascendere, liquet ex secunda oratione Demosthenis *contra Aristogitonem*, sub initium ; ubi innuit, non semper omnes thesmothetas (idem vero est judicium de caeteris archontibus) admitti in Areopagum, his verbis : Τούτοις τοῖς τῶν θεσμοθετῶν εἰς Ἀρειόπαγον οὐχ οἷόν τ' ἐστὶν ἀνελθεῖν, παρέντες τὸ διάζεσθαι, στέργουσιν ἐμμένοντες ταῖς ὑμετέραις γνώσεσι. *Hoc autem quotquot e thesmothetis in Areopagum non datur ascendere, omissa violentia, boni consulunt, vestris cognitionibus acquiescentes.* Quibus verbis insinuatur, Athenienses de moribus thesmothetarum cognoscere solitos, antequam in Areopagum ascendere permitterent ; et aliquos nonnunquam, qui non satis se probassent, fuisse ab iis praeclusos, nec vi adversus judicia usos. Tulit enim Solon legem, ut non prius ascenderent in Areopagum, quam bis probati essent, semel in populi judicio, ut auctor est Demosthenes *adversus Leptinem* : ubi dicit eos δὶς δοκιμαθέντας, ἄρχειν, ἕν τε τῇ βουλῇ, καὶ ἐν τῷ δικαστηρίῳ.

Ad quem locum ita Ulpianus : Οἱ θεσμοθέται οὖν τὸν ἐνιαυτόν δεύτερον δὲ ἐδοκιμάζοντο, διὰ τὸ ἐκεῖθεν εἰς τὸν Ἄρειον πάγον ἔχεσθαι, εἰ μή τις μεταξὺ διαβέβληται, ἕως δὲ θανάτου ἔμενον οἱ Ἀρεοπαγῖται. « Thesmothetae annuum gerebant magistratum ; secundo autem probabantur eo quod inde ad Areopagum tenderent, nisi quis interea crimen aliquod intendisset : manebant vero Areopagitae usque ad obitum. » Libanius vero, clarissime in argumento ad orationem Demosthenis *contra Androtionem* : Οἱ θεσμοθέται ἐνιαυτὸν μόνον ἦρχον, πρὶ τῆς ἀρχῆς κρινόμενοι περὶ τοῦ προλάβοντος παντὸς βίου, καὶ εἰ μὲν εὑρέθησαν ἐν πᾶσι δίκαιοι, ἦρχον, τὸν ἐνιαυτὸν εἶτα πάλιν μετὰ τὸν ἐνιαυτὸν ἐκρίνοντο, εἰ καλῶς ἐν αὐτῷ ἦρξαν, καὶ εἰ δικαίως ὠρθρησαν ἄρξαντες, προσετίθεντο τῇ βουλῇ τῶν Ἀρεοπαγιτῶν. « Thesmothetae annuum duntaxat magistratum fungebantur, ante quem in totam anteactam vitam inquirebatur : quod si in omnibus justi comperiebantur, eum annum imperabant ; quo finito rursus fiebat de illis judicium, recteue imperassent ; atque si juste imperasse constaret, ascribebantur senatui Areopagitarum. »

(17) *In sanctissimum Areopagi consilium.* Sic vocat Valerius Maximus lib. II, cap. 6 ; ubi de Atheniensibus scribens : « Est et ejusdem urbis, inquit, sanctissimum consilium Areopagus, ubi quid quisque Atheniensium ageret, aut quonam quaestu sustentaretur, diligentissime inquiri solebat : ut homines honestatem (vitae rationem melioremque reddendam esse) sequerentur. » Idem lib. v, cap. 5 vocat Areopagum « divini atque humani certaminis venerabile domicilium : » divini quidem, eo quod Mars ibi judicatus sit, cum homicidium admisisset, unde et nomen sumptum. Nam Ἄρεως πάγος, id est *Martis curia*, uti et Juvenalis appellat satyra xI, ubi de occultandis Areopagitarum exemplo arcanis atque consiliis hunc dedit versum :
Ergo occulta teges, ut curia Martis Athenis.

Qui versus proverbii loco usurpatur, dum amico commendatur consilii cujuspiam aut rei tacendae occultatio. Optime enim reticebant Areopagitae sui arcana consilii. Unde et illud adagium, *Areopagita taciturnior.* De quo nomine videri etiam potest sanctus Isidorus Pelusiota libro secundo epistol. 91 et 92. Nullum unquam consilium Areopago creditur fuisse justius, severius, constantius. de quo inter alia Demosthenes adversus Aristocratem, *Hoc autem*, inquit, *ad Areopagi laudem accedit, quod nemo hic unquam vel reus damnatus, vel actor superatus, potuerit sententiam perperam fuisse latam.* Graece sic habent : Πρὸς δὲ τούτοις τοιοῦτος· οὔτε ἐνταυθοῖ μόνον οὐδεὶς πώποτε, οὔτε φεύγων ἁλοὺς, οὔτε διώκων ἡττηθεὶς ἐξήλεγξεν, ὡς ἀδίκως ἐδικάσθη τὰ κριθέντα. Marcus Tullius libro I ad Atticum, epistola 13, senatum Romanum pro testimonio maximae laudis cum Areopago comparat his verbis : « Romanae autem res sic se habent : Senatus Ἄρειος πάγος, nihil constantius, nihil severius, nihil fortius. » De Areopagitis vide plura apud Isocratem in *Oratione Areopagitica*, et apud Lucianum in *Anacharside*, sive *De gymnasiis.*

Ne autem fallaris, memento apud Baronium ad annum Christi 52, nonnulla de Areopagitis ex Budaeo in *Pandectas*, ut apparet, sumpta reperiri, sed quaedam male et aliter quam a Budaeo citata, et quaedam item male intellecta : e quorum numero est illud, quod ibi habet his verbis : « Accedebat et illud, quod qui talis visus in eum ordinem obrepsisset, nec qualem prae se ferebat aspectus, inventus esset, nullis meritis, sed tantum genio (ut aiunt) impellente, ab Areopagitarum numero sponte discedere cogeretur. » Primo igitur, quod illa attribuit Luciano in Hermotimo, nihil sane illic apud Lucianum est ejusmodi. Secundo, cum accepisset ista Budaeus ex Isocratis *Oratione Areopagitica*, et paulo ante citatum Isocratem citasset alia in re Lucianum in Hermotimo, eorum excerptor, non animadversa posteriore citatione, existimavit omnia ad Lucianum in Hermotimo referri. Tertio, Budaei verba male sunt intellecta. Nec enim dicit Budaeus (uti nec Isocrates, cujus ipsissima verba mox proferam) : aliquem nullis meritis, sed tantum genio impellente ab Areopagitarum numero sponte cogi discedere, sed dicit sic : « Observatum esse, eos, qui moribus alioquin intolerandis antea fuisse videbantur, si quovis modo forte ad Areopagiticum consilium irrepsissent, tum demum temperare sibi solitos esse ; et tanquam loci genio afflatos ex ingenio suo migrare (ut Plauti verbis utar) malleque institutis tanti consilii, quam insitis sibi vitiis, aut etiam ingeniis insistere. » Sic Budaeus. Quod erg dixit Budaeus, « ex ingenio suo migrare, » interpretatus videtur Baronius, « ab Areopagitarum numero sponte discedere. » Atqui alius plane sensus Budaei verborum est, nempe hic, « pristinos pravos mores deserere, et vivere cum Areopagitis, moribus Areopagitarum, » sive (ut Carolus Sigonius lib. II *De republica Atheniensium*, sub finem, eumdem Isocratis locum interpretaest ait) « ex instituto potius senatus, quam ex suo vitam egisse. » Jam verba Isocratis, tam a Budaeo, quam a Sigonio citatis locis Latine reddita, sic Graece habent : Σημείοις δ' ἄν τις χρήσαιτο περὶ τῶν τότε καθεστώτων, καὶ τοῖς ἐν τῷ παρόντι γιγνομένοις. Ἔτι γὰρ καὶ νῦν ἁπάντων τῶν περὶ τὴν αἵρεσιν καὶ τὴν δοκιμασίαν ταύτην καθημένων, Ἴσοιμεν ἂν τοὺς ἐν τοῖς ἄλλοις πράγμασιν οὐκ ἀνεκτοὺς ὄντας, ἐπειδὰν εἰς Ἄρειον πάγον ἀναβῶσιν, ὀκνοῦντας τῇ φύσει χρῆσθαι, καὶ μᾶλλον τοῖς ἐκεῖ νομίμοις ἢ ταῖς αὑτῶν κακίαις ἐμμένοντας. Τοσοῦτον ἐκεῖνοι φόβον τοῖς πονηροῖς ἐναπειργάσαντο, καὶ τοσοῦτον ἐν τῷ ἑαυτῶν ἀρετῆς καὶ σωφροσύνης ἐγκατέλιπον Τηνδ' τοιαύτην, ὥσπερ εἶπον, κυρίαν ἐποίησαν ἐπιμελεῖσθαι τῆς εὐταξίας. Quae sic reddo : « Qualia tum fuerint Areopagi instituta, potest ex iis, quae hodieque fiunt, capi conjectura. Nam et nunc quoque cunctis, quae ad electionem et probationem spectant, relaxatis, nonnullos intuemur, tametsi aliis in rebus sint intolerabiles, tamen posteaquam in Areopagum ascenderint, vereri naturæ suæ ductum sequi, potiusque illius loci institutis, quam vitiis suis acquiescere. Tantum illi metum improbis incusserunt, tantumque in eo loco virtutis suæ ac temperantiæ monumentum reliquerunt. Hanc igitur crriam, ut dixi, censuræ morum præfecerunt. » Ita Isocrates. Ex quo patet, quam d.versus sit ejus sensus ab eo qui exstat apud Baronium. Quod vero ibidem addi:ur : « Lucianus etiam in Hermotimo sua quoque ætate Areopagitarum judicio causas definiri consuevisse tradit, » nusquam hoc tradit in Hermotimo Lucianus, qui in toto dia'ogo nihil habet aliud, nisi hæc per transennam : nimirum, in eligendo philosophiæ magistro, « neque ætatem dicentis spectandam esse, neque habitum, neque in philosophia æstimationem, sed Areopagitas imitandos, qui noctu et in tenebris judicant, ut non ad dicentes, sed ad dicta ipsa respiciant, » quæ ita Græce : Μήτε ἡλικίαν τοῦ λέγοντος ἑκάστου, μήτε σχῆμα, ἢ δόξαν ἐπὶ σοφίᾳ αἰδούμενον, ἀλλὰ κατὰ τοὺς Ἀρεοπαγίτας αὐτὸ ποιοῦντα, οἳ ἐν νυκτὶ καὶ σκότῳ δικάζουσιν, ὡς μὴ ἐς τοὺς λέγοντας, ἀλλ' ἐς τὰ λεγόμενα ἀποβλέποιεν. Ita Lucianus. Idem vero in Anacharside sub medium describit Areopagitarum morem in audiendis aut cohibendis in judicio oratoribus : « Ingressi, inquit, in Areopagum, considunt cædis aut vulneris ex destinato inflicti, aut incendii causam cognituri ; deinde utrique de jure contendentium dicendi copia permittitur : dicunt vero alternis vicibus, et qui litem intendit, et qui reus est, aut ipsi per se, aut rhetorum sibi conducunt operam, quibus causa oranda est. Illi ergo, quandiu ea quæ ad rem sunt, dixerint, perferuntur a senatu auscultante cum silentio : cæterum, si quis meditato proœmio orationem exorsus fuerit, ut judicum animos aliqua benevolentia sibi propensiores faciat, aut miserationem, aut præcipuam aliquam orationis vim atque potentiam causæ adduxerit (qualia per multa rhetorum filii machinantur, ut hisce verborum præstigiis judicum perstringant oculos) progressus actutum præco illi indicit silentium, non permittens rhetori ad senatum nugandi libertatem ac verbis causæ involvendæ potestatem, quo minus Areopagitæ ea, quæ facta sunt, unde queant perspicere. » Ita ibi ex versione interpretis. Nam Græca, prolixitatis vitandæ studio, præterii.

Sed de Areopagitis nemo melius et exactius scripsit, quam Isocrates in sua *Areopagitica* : ubi præter ea, quæ ex eo laudavimus, scribit Areopagitas cum aliarum ætatum, tum potissime adolescentiæ rationem habuisse, his verbis, et his de causis : Ἁπάντων μὲν οὖν ἐφρόντιζον τῶν πολιτῶν, μάλιστα δὲ τῶν νεωτέρων. Ἑώρων γὰρ τοὺς τηλικούτους ταραχωδέστατα διακειμένους, καὶ πλείστων γέμοντας ἐπιθυμιῶν, καὶ τὰς ψυχὰς αὐτῶν παιδευθῆναι δεομένους ἐν ἐπιθυμίαις καλῶν ἐπιτηδευμάτων καὶ πόνοις ἡδονὰς ἐχούσῃν, ἐν μόνοις γὰρ ἂν τούτοις ἐμ-

μένειν αὐτοὺς ἐλευθέρως τεθραμμένους καὶ μεγαλοφρονεῖν εἰθισμένους. « Curam igitur gerebant, cum omnium, tum vero adolescentium in primis : videbant enim eam ætatem turbulentissimis fluctibus agitari, et plurimis redundare cupiditatibus, maximeque necessarium esse sic institui, ut honestis studiis et laboribus voluptate temperatis delectari assuescerent. Eos enim, qui liberaliter educti, et magnitudini animorum assuefacti essent, in solis illis rebus perseveraturos. » Vide ibidem plura.

(18) Simeon Metaphrastes in *Vita*. Michael Syngelus in *Encomio*, et a'ii.

(19) *Nisi quem sapientia*. Græca Syngeli sic habent : Οὐ γὰρ ἂν παρ' Ἀθηναίοις ἀγερώχοις εἰς ἀρχὴν προήχτο τοιαύτην, εἰ μὴ πρὸς τῇ σοφίᾳ καὶ τῇ τῶν φρενῶν εὐκοσμίᾳ, σωφροσύνῃ τε καὶ δικαιοσύνῃ, καὶ ἀνδρίᾳ, καὶ τῇ περιβλέπτῳ τοῦ γένους ὑπεροχῇ κατηγλάϊστο. Ubi procul dubio per illud τῇ τῶν φρενῶν εὐκοσμίᾳ intelligit *prudentiam*. Quod liquet ex eo, quod reliquas tres virtutes morales subjungat, nempe temperantiam, justitiam, fortitudinem : præmittat autem prudentiam, et conjungat cum sapientia ; quod uti sapientia res divinas, sic prudentia res humanas respiciat cognoscatque. Quare Basilius Millanius, Syngeli interpres, haud ita commode videtur hoc loco reddidisse τῇ τῶν φρενῶν εὐκοσμίᾳ *animi ornamenta* (tametsi etiam id alias significet), nec σωφροσύνη *prudentiam*, cum potius *temperantiam* hic reddere debuisset. Tum enim omnes virtutes viro Areopagitæ necessariæ indicatæ fuissent : nempe sapientia, justitia, fortitudo, temperantia. Et sane temperantia Platoni, Aristoteli et aliis σωφροσύνη semper appellatur. Videtur porro Syngelus ad locum Isocratis in *Oratione Areopagitica* respexisse, ubi sic scribit : Οὕτω γὰρ οἱ πρόγονοι ἡμῶν περὶ τὴν σωφροσύνην ἐσπούδαζον, ὥστε τὴν ἐξ Ἀρειοπάγου βουλὴν ἐπέστησαν ἐπιμελεῖσθαι τῆς εὐκοσμίας, ἧς οὐχ οἷόν τε ἦν μετασχεῖν, πλὴν τοῖς καλῶς γεγονόσι, καὶ πολλὴν ἀρετὴν καὶ σωφροσύνην ἐν τῷ βίῳ ἐνδεδειγμένοις· ὥστε πάντων αὐτὴν εἰκότως διενεγκεῖν τῶν ἐν τοῖς Ἕλλησι συνεδρίων. Quæ Budæus in *Pandectas* sic reddidit : *Majores autem nostri usque eo studiosi temperantiæ fuerunt, ut consilium illud Areopagiticum moribus hominum componendis publice præfecerint. In cujus numerum cooptari solis illis sperare licuit, qui claris natalibus orti, virtutis ac modestiæ documenta permulta honestate vitæ dederant. Ex quo tandem factum, ut consessus ille totius Græciæ haud immerito longe sit præstantissimus.*

(20) *Atque adeo ab ipsis Romanis*. Valerius Maximus rei hujus testis est, qui lib. viii, cap. 1, sic scribit : « Materfamilias Smyrnæa virum et filium interemit, cum ab ipsis juvenem optimæ indolis. quem ex priore viro enixa fuerat, occisum comperisset Quam rem Dolabella ad se delatam, Athenas ad Areopagi cognitionem relegavit ; quia ipse neque liberare cædi us duabus contaminatam, neque punire eam justo dolore impulsam sustinebat. Consideranter et mansuete populi Romani magistratus, sed Areopagitæ quoque non minus sapienter, qui inspecta causa, et accusatorem et ream post centum annos adesse jusserunt, eodem affectu moti quo Dolabella. » Idem aliis verbis refert Gellius lib. xii *Noctium Atticarum*, cap. 7, vide ibi.

CAPUT II.

Dionysii ab erroribus ad fidem conversio.

(21) Multis demum post annis, quam ista solis defectio, de qua superius memoratum est, apparuerat, S. Paulus orbem terrarum fulguris ac tonitrui instar peragrans, et modo cunctas Græciæ oras sua sanctioris vitæ atque doctrinæ luce collustrans, Athenas quoque pervenit : urbem, si quam aliam, omni pravæ superstitionis genere, et deorum non notorum modo, sed etiam ignotorum insano cultu longe famosissimam ; urbem, quam omnes artes et scientiæ, ac præsertim universæ philosophorum sectæ, velut unicum totius sapientiæ umbilicum, densis agminibus obsidebant ; urbem denique, ubi et cives et ad-

venæ (quod ipse S. Lucas non frustra adnotavit ʳ) *ad nihil aliud vacabant, nisi aut dicere, aut audire aliquid novi,* hoc est rumorum colligendorum aut spargendorum, sive quarumcunque demum novarum rerum curiosissimam : ut proinde Apostolo seminandi verbi (unde et *seminiverbius* illis est appellatus) cupido nunquam frequens deesse posset voluntariorum ad nova et inaudita mysteria confluentium multitudo. Hic igitur cum haud secus quam alibi fecerat, firmo fidentique animo sanctum Christi Evangelium palam annuntiaret, felici prorsus sorte, nec sine Deo evenit, ut tum Dionysius de stupenda illa solis obscuritate, tam ex ejusdem Pauli verbis quam ex aliorum scriptis atque sermonibus, in Christiana schola, quod tantopere olim desideraverat, certius cognosceret, Paulum enim id temporis (22) Christi Domini vitam, mortem, resurrectionem, coram Judæis, Epicureis, Stoicis aliisque quibuslibet, jam in foro, jam in synagogis, jam ubi sors dederat, publice privatimque, magna cum libertate atque constantia quotidie prædicantem, quidam apprehensum tanquam inauditæ auctorem superstitionis, et novorum dæmoniorum annuntiatorem, ad Areopagum (cujus erat de religionibus ac cæremoniis judicare) protinus adduxerunt. Nam licet Romanis omnia tum subessent (25), Atheniensibus tamen et Lacedæmoniis sua jura et magistratus in integro, ut antiquitus, relicta erant. Hinc et Pauli causa non ad Romanum prætorium, sed ad præcipuum illud Athenarum tribunal spectat. Stans igitur Paulus in medio Areopagi (24), cœlestem plane et divinitus inspiratum sermonem, temporique et auditoribus quam maxime convenientem, ducto ab eorum aris et delubris exordio, ingenti cum fiducia habuit, nempe sibi per urbem Atheniensem, et loca ipsis religiosa pertranseunti, et antiquas deorum statuas et simulacra diligentius attendenti, aram unam inter alias occurrisse, in qua inscriptum esset : *Ignoto Deo* (25). Cum enim Athenienses, tam ex antiquissimorum philosophorum (26) ac poetarum libris, quam e Sibyllinis oraculis (27) unum aliquem esse Deum percepissent, inaspectabilem, innominatum, ineffabilem, ne illum ipsi fortasse, aut alium quempiam magnorum deorum ac numinum debitis honoribus defraudarent, aram eo titulo erexerant. Quare quod ipsi ignorantes colerent, hoc se illis annuntiare Paulus proclamabat : ipsorumque adeo poetarum (28), quos illis permagni facerent, testimoniis, et quibusdam receptæ philosophiæ doctrinis usus, ita sensim ad sapientiorum animos pervasit, ut cum alii, tum ipse Dionysius aliorum apex, et instar multorum, ejus adhærere fidei, doctrinæque decreverit. Nec opus miraculis atque prodigiis viro docto (29) atque sapienti fuit (quæ tamen haud defuisse, nonnulli auctores scribunt), sed doctis tantum et sapientibus dictis : quæ ubi ex ore Pauli audivit, confestim illi se submisit. Sic enim Paulus loquebatur ˢ : *Viri Athenienses, per omnia quasi superstitiosiores vos video. Præteriens enim, et videns simulacra vestra, inveni et aram in qua scriptum erat* : Ignoto Deo. *Quod ergo ignorantes colitis, hoc ego annuntio vobis. Deus qui fecit mundum et omnia quæ in eo sunt, hic cœli et terræ cum sit Dominus, non in manu factis templis habitat, nec manibus humanis colitur, indigens aliquo, cum ipse det omnibus vitam, et inspirationem, et omnia. Fecitque ex uno omne genus hominum inhabitare super universam faciem terræ, definiens statuta tempora et terminos habitationis eorum; quærere Deum, si forte attrectent eum, aut inveniant, quamvis non longe sit ab unoquoque nostrum. In ipso enim vivimus, et movemur, et sumus, sicut et quidam vestrorum poetarum dixerunt : Ipsius enim et genus sumus. Genus ergo cum simus Dei, non debemus æstimare auro, aut argento, aut lapidi, sculpturæ artis, et cogitationis hominis divinum esse simile. Et tempora quidem hujus ignorantiæ despiciens Deus, nunc annuntiat hominibus, ut omnes ubique pœnitentiam agant : eo quod statuit diem, in quo judicaturus est orbem in æquitate, in viro, in quo statuit, fidem præbens omnibus, suscitans eum a mortuis.* (30) Hæc summa orationis, quam beatus Paulus pro fidei suæ defensione, et Christi honore, in Areopago habuit : quæ quibusdam quidem (ut supænumero in rebus quoque optimis accidit) risui atque ludibrio, nonnullis stupori atque admirationi, aliquibus vero honori ac veneratoni fuit. Nam in judicis Dionysii animam, velut in terram optimam, profunde illapsa, in eximiæ pietatis ac sanctimoniæ arborem se extulit, in qua et cœli aves, hoc est Atheniensium primo, deinde et Francorum, aliorumque deinceps populorum conversæ ad Deum mentes nidificarent. Illo enim ipso tempore, anno scilicet ætatis suæ (31) circiter quadragesimo tertio, istis aliisque efficacibus Pauli verbis, cum illius præsertim admirandæ eclipseos memoria adhuc animum stimulante collatis, ad Christi fidem perductus est. (32) Magnum sane opus divinæ gratiæ negari non potest ; tamen ut trahenti Deo minus repugnaret, ipsa suæ philosophiæ secta (erat enim Platonicus) (33) non parum adjuvabat. Nam Epicurei quidem (34) et Cynici, toti in voluptatibus, toti in sordibus, atque ad nihil aliud fere, quam ad facessendum generosis animis negotium, nati, longissime a moderatis Christianæ fidei institutis aberant. Platonici autem, præsertim eruditiores (e quibus se esse suo jure gloriari poterat Dionysius), non pauca divinæ legi docebant consimilia (35). Nam animæ immortalitatem, et judicium, et præmia et pœnas, quæ maximi inter alia sunt momenti, inter sua primæ auctoritatis scita habuerunt. His igitur frequentissime cum apostoli, tum alii doctores, et nunc etiam Paulus, ad salubrem incutiendum timorem, qui initium est sapientiæ ᵗ, utebantur. Dionysii porro eadem ipsa via deductionem ad Christum ipsa Apostolorum acta diserte testantur : ubi post recitatam beati Pauli in Areopago orationem (cujus extrema verba judicii et resurrectionis mentionem induxerant) ita subditur : *Cum audissent autem resurrectionem mortuorum, quidam quidem irridebant, quidam vero dixerunt : Audiemus te de hoc iterum. Sic Paulus exivit de medio eorum. Quidam vero viri adhærentes ei crediderunt : in quibus et Dionysius Areopagita, et mulier nomine Damaris, et alii cum eis* ᵘ ; nimirum ii præcipue, qui ex Dionysii domo familiaque erant, et qui invitatum in ædes Paulum, super nova Christi doctrina, et unius veri Dei cultu, sapientissime disputantem, et propositis quæstionibus sine mora et hæsitatione respondentem, satisque facientem audiverant atque suspexerant. Ita vir tanti hominis et gloriæ (quippe cum omni eruditus politica liberalique doctrina, tum genere, opibus, dignitate, cunctis denique quæ vehementius demiratur genus mortalium, multo florentissimus) homini extraneo, pauperi, despecto, multisque etiam irriso, sese post tanta profanarum instantiumque scientiarum decora, rudem discipulum, ac novæ humilisque doctrinæ tyronem atque auditorem tradidit. Neque tam grandi natu virum in aquæ expiatoriæ lavacrum discendere, et modo geniti infantis ritu, in Christo renasci ac repuerascere, novaque Christianæ disciplinæ elementa, tam Areopago dissentanea, puduit, piguitve condiscere. Nimirum ea vis est divini verbi, ea Patris universorum ad se attrahentis efficacia, ea denique Spiritus sancti voluntatem humanam internosque affectus commoventis operatio, ut una cum fide subeat confestim, depulsis vitiis, integer amicarum virtutum chorus ; et qui paulo ante sui amans, superbus, arrogans, litigiosus, intemperans, aut aliter vitiosus cernebatur, idem nunc accepta novæ religionis forma, et salutari ablutus lavacro, velut alter homo, et antiquis exutus vitiis, sui contemptor, modestus, demissus, pacificus, castus, aliisque virtutum ornamentis clarus, et cunctis charus agnoscatur. Quod non solum in Dionysio,

ʳ Act. xvii, 21. ˢ Act. xvii, 22-31. ᵗ Psal. cx, 10. ᵘ Act. xvii, 31-34.

sed in plurimis quoque aliis et olim cernere licuit, et nunc in barbararum gentium conversione licet liquido animadvertere. Tantum scilicet prima fidei eruditio et Ecclesiæ baptismus in animos possunt. Quæ sane tam magna et tam sancta morum commutatio haud minus hodie in admirabili venerandæ eucharistiæ sacramento, quam in salutifero baptismate haberet locum (est enim eucharistia illo sanctior et gratiis fecundior) si quo modo ad hoc, ita ad illam ab æque sollicitis et bene comparatis animis adiretur. Et fleret id fortasse, si, ut Dionysio et Hierotheo (quibus ea *sacramentum sacramentorum* appellata [est]) ejus nobis dignitas magis perspecta foret, et cordi amplius inhæreret. Verum hæc alias. Est enim propius quiddam aliud, quod circa Dionysii accessum ad fidem tractandum est. Nam quærere possit quispiam : nullusne in urbe Atheniensi, aut etiam in ipso Areopago motus, ex talis tantique viri abscessu, factus sit, nullane in eum accusatio, tanquam in deorum desertorem adornata, nihilne denique impietatis nomine (sic ipsis nova religio denotabatur) seu damni illatum, seu insi.liarum structum, seu calumniarum intentatum. His enim si appetitus est Dionysius, et cunctis superior fuit; nec sane illaudatus præteriri debet, et pro exemplo est proponendus. Id igitur modo agendum.

NOTATIONES.

(21) *Multis demum post annis*. Anno nimirum Christi 52, aut circiter ; quandoquidem a pluribus recipiatur illa sententia, quæ S. Dionysii ad Christum conversionem ad annum a Christi passione undecimum refert.

(22) *Paulum id temporis*. Patent hæc e capite xvii, v. 17 Actuum apostolorum, ubi de eo his verbis : *Disputabat igitur in Synagoga cum Judæis, et colentibus, et in foro, per omnes dies, ad eos qui aderant. Quidam autem Epicurei et Stoici philosophi disserebant cum eo, et quidam dicebant : Quid vult seminiverbius hic dicere? Alii vero : Novorum dæmoniorum videtur annuntiator esse, quia Jesum et resurrectionem annuntiabat eis. Et apprehensum eum ad Areopagum duxerunt, dicentes : Possumus scire quæ est hæc nova, quæ a te dicitur, doctrina? Nova enim quædam infers auribus nostris. Volumus ergo scire quidnam velint hæc esse.* Ita ibi.

(23) *Nam licet Romanis omnia tum subessent*. Auctor est Maximus, in Prologo ad Opera S. Dionysii, his verbis: Κἂν γὰρ οἱ Ῥωμαῖοι τότε ἐκράτουν, ἀλλ᾽ οὖν αὐτονόμους ἀφῆκαν Ἀθήνας, καὶ Λακεδαιμονίαν. Ὅθεν ἔτι παρὰ Ἀθηναίοις καὶ τὰ κατὰ τοὺς Ἀρεοπαγίτας ἐπολιτεύετο. *Tametsi enim Romani tum dominarentur, tamen Athenas et Lacedæmonem suis uti legibus permiserant. Unde etiam tum apud Athenienses Areopagitæ suo munere fungebantur.* Eadem refert Simeon Metaphrastes in Vita ejusdem S. Dionysii: Εἰ γὰρ καὶ Ῥωμαῖοι πάντων τότε ἐκράτουν, ἀλλ᾽ Ἀθηναίους καὶ Λακεδαιμονίους αὐτονόμους ἀφῆκαν. Idem plane sensus, qui verborum Maximi. Afferunt autem hæc per occupationem rhetoricam ; quia nimirum objici potuisset, S. Paulum non Areopago, sed potestati Romanæ omnia tunc regenti fuisse sistendum, sicut in Bithynia Plinio prætori sistebantur Christiani.

(24) *Stans igitur Paulus in medio Areopagi*. In Actis apostolorum cap. xvii, 19 : *Et apprehensum eum ad Areopagum duxerunt, dicentes : Possumus scire, quæ est hæc nova, quæ a te dicitur, doctrina?* Ductus similiter ad Areopagum fuerat olim Socrates, et quidem (quod sanctus Justinus testatur) ejusdem, cujus Paulus, criminis accusatus. Sic enim de eo in *Apologia ad senatum*, post medium : Σωκράτης τὰ αὐτὰ ἡμῖν ἐνεκλήθη. Καὶ γὰρ ἔφασαν αὐτὸν καινὰ δαιμόνια εἰσφέρειν, καὶ οὓς ἡ πόλις νομίζει Θεοὺς, μὴ ἡγεῖσθαι αὐτόν. *Socrates eorumdem criminum est insimulatus, quorum nos. Etenim illum dixerunt nova introducere dæmonia : et quos urbs deos esse censet, eum non putare.* Et paulo post dicit eumdem Socratem cohortatum fuisse populares ad cognitionem Dei ignoti, sic scribens : Πρὸς Θεοῦ τοῦ ἀγνώστου αὐτοῖς διὰ λόγου ζητήσεως ἐπίγνωσιν προυτρέπετο εἰπών· Τὸν δὲ Πατέρα καὶ δημιουργὸν πάντων οὐδ᾽ εὑρεῖν ῥᾴδιον, οὐδ᾽ εὑρόντα εἰς πάντας εἰπεῖν ἀσφαλές. *Ad Dei autem ipsis ignoti cognitionem, per rationis investigationem cohortatus est, dicens : Patrem vero et omnium opificem, nec invenire facile, nec inventum ad omnes di-*

vulgare securum est. Et mox subjicit Christum ex parte cognitum a Socrate, in illis verbis: Χριστῷ δὲ τῷ καὶ ὑπὸ Σωκράτους ἀπὸ μέρους γνωσθέντι. *Quod ideo forte dicit, quod saltem confuse videatur Socrates Deum unum agnovisse, et ita Christum qua Deus est.*

Et in Apologia ad Antonium Pium imp. sub initium, dicit, mortem ejusdem Socratis a dæmonibus per homines improbos fuisse procuratam. Καὶ αὐτοὶ οἱ δαίμονες τῶν χειρόντων τῇ κακίᾳ ἀνθρώπων ἐνήργησαν, ὡς ἄθεον καὶ ἀσεβῆ ἀποκτεῖναι, λέγοντες καινὰ εἰσφέρειν αὐτὸν δαιμόνια. *Et ipsi dæmones effecerunt per homines malitia gaudentes, ut tanquam atheus et impius occideretur, dicentes nova illum inducere dæmonia.* Quæ autem Socrates ad mortem proficiscentis ultima fuerint in Areopago verba, recitat idem Justinus in *Parænesi ad Græcos* sub finem : Ἔφη γὰρ οὕτως· Ἀλλὰ γὰρ ἤδη ὥρα ἀπιέναι· ἐμοὶ μὲν τεθνηξομένῳ, ὑμῖν δὲ βιωσομένοις, Ὁπότεροι δὲ ἡμῶν ἐπὶ τὸ ἄμεινον πρᾶγμα ἔρχονται, ἄδηλον παντὶ, πλὴν ἢ τῷ Θεῷ. Hæc e Platone desumpta in *Apologia Socratis*, prorsus in fine, ita Latine vertit Cicero lib. 1 *Tuscul. quæst.* sub finem : *Sed tempus est*, inquit, *ut moriar, vos ut vitam agatis. Utrum autem sit melius, dii immortales sciunt, hominum quidem scire arbitror neminem*. Justinus quidem ipsa verba Platonis usurpavit, excepta voce una τεθνηξομένῳ, pro qua in Platone est ἀποθανουμένῳ, ejusdem significati. Sed Cicero, in sua Latina versione, multum in una voce aberravit, cum pro *Deus scit*, uti habet Plato, reddidit, *dii immortales sciunt*. Negabat enim Socrates deos immortales, et unum solum Deum asserebat, pro quo et moriebatur. Itaque non conveniebat ut diceret, *dii immortales sciunt*, quod neque dixit; sed, *Deus scit*. Proptereaque imprudenter a Tullio est Latine redditum, *dii immortales sciunt*. Subjecit Justinus post Socratis verba jam laudata : Ἀλλὰ Σωκράτης μὲν ταύτην ὑστάτην ἐν τῷ Ἀρεοπαγίτῃ φωνὴν ἀφεὶς, ἐπὶ τὸ δεσμωτήριον ὤρμησε, τῷ Θεῷ μόνῳ τὴν τῶν παρ᾽ ὑμῖν ἀδήλων πραγμάτων ἀναφέρων γνῶσιν. *Verum Socrates hac extrema in Areopago edita voce, in carcerem properavit, soli Deo incertarum nobis rerum notitiam tribuens*. In *Cohortatione* porro *ad Græcos*, sub medium, ait Platonem non ausum fateri veram de Deo doctrinam, ne idem sibi accideret quod Socrati. « Plato autem, inquit, accepta, ut videtur, Moysis et aliorum prophetarum de uno et solo Deo doctrina, quam in Ægypto didicerat, propter ea quæ Socrati acciderant, veritus ne ipse quoque Anytum quempiam aut Melitum contra se apud Athenienses suscitaret, accusantem et dicentem : Plato injuste agit, et curiosa tractat, deos, quos civitas recipit, non recipiens ; cicutæ metu variam quamdam et fucatam de diis instituit orationem. » Et paulo post in eadem *Apologia* : « Hæc ergo cum Plato in Ægypto didicisset, et iis quæ de uno Deo dicta erant admodum delectatus esset, nominis quidem Moysis (quod unum et solum Deum esse doceret), mentionem apud Athenienses inferre non tutum putabat, Areopagum veritus. » Euripides quoque, eodem quo Plato percussus metu, unum Deum aperta fronte profiteri non est ausus, de quo vide Plutarchum l. v *De placitis philosophorum*, cap. 7. Quod igitur non est ausus Plato, non ausus Euripides, hoc ausus est Paulus, et multo amplius; et contemptu mortis non modo evasit ipse mortem, sed alios quoque a morte ad vitam traduxit.

(25) *Ignoto Deo*. Hieronymus in cap. 1 epistolae ad Titum, ita scribit: *Inscriptio autem arae non ita erat, ut Paulus asseruit*, Ignoto Deo; *sed ita*: Diis Asiae, Europae, et Libyae, diis ignotis et peregrinis. *Verum quia Paulus, non pluribus diis indigebat ignotis, sed uno tantum*, Ignoto Deo, *singulari verbo usus est, ut doceret illum suum esse Deum, quem Athenienses in arae titulo praenotarissent, et eum recte scientes colere deberent, quem ignorantes venerabantur, et nescire non poterant*. Ita ille.

Cui consentit Joannes Hessels doctor Lovaniensis in sua *Censura historiarum*, cap. 10.

Verum haec sententia nullo modo recipienda est, cum adversetur verbis Pauli, et modo loquendi, cum de inscriptionibus agitur, usitato. Tum enim semper ipsissima verba citari solent, et ita citasse Paulum, ex ejus loquendi forma manifesto liquet. *Inveni et aram*, inquit, *in qua scriptum erat*, Ignoto Deo. Nam si non fuisset scriptum, *Ignoto Deo*, sed *Ignotis diis*, refelli Paulus potuisset, nec vim ullam ejus argumentum, aut certe haud magnam habuisset. Quare standum potius sententiae S. Chrysostomi et aliorum antiquorum Patrum, uno fere excepto Hieronymo, et tenendum est, plures fuisse aras similibus fere notis inscriptas, nempe alias *Ignotis diis*, alias *Ignoto Deo*. De prioribus meminit etiam Tertull., lib. 1 *Contra Marcionem*, c. 9. « Invenio, inquit, Ignotis diis aras prostitutas, sed Attica idololatria est. Item Incertis d.is, sed superstitio Romana est. » Jam vero aram Athenis *Ignoto Deo* constitutam fuisse ob eclipsim tempore passionis, tenet Petrus Comestor in *Historia scholastica* super Actis apostolorum, nec improbabilem credunt Salmeron et Gaspar Sancius in eadem *Acta apostolorum* cap. xvii. Motos enim fuisse illos arbitrantur ad id faciendum ex inspecta miraculosa eclipsi *in morte Christi*. Quod quamvis sit probabile, tamen probabilius est, jam olim ab aliis id factum fuisse ex obscura cognitione Dei Judaeorum, cujus nomen dicebatur ineffabile, ac proinde ipse ignotus et incertus. De quo et Pompeius, domitis Judaeis, apud Lucanum, libro ii *De bello civili*, sic ait:

Cappadoces mea signa timent, et dedita sacris Incerti Judaea Dei.

Causa porro erectae talis arae *Ignotis diis*, aut *Ignoto Deo*, haec a nonnullis affertur, quod pestilitatis tempore, cum facta caeteris diis, quos norant, sacrificia nihil profuissent, veriti ne quem Deum inhonoratum reliquissent, qui proinde tanti mali causa esset, aram erexerunt *Ignoto Deo*, reque divina ei facta, mox sanati sunt. Exinde remanserunt ara et arae inscriptio, quae occasionem Paulo praebuerunt *Ignoti Dei*, vere Dei, ipsis annuntiandi. Hujus *Ignoti Dei* mentionem inducit et Lucianus in Dialogo qui inscribitur, Φιλόπατρις ἤ Διδασκόμενος, *Philopatris*, seu *Qui docetur*, ubi ita Critias: Ναὶ τὸν ἄγνωστον ἐν Ἀθήναις, περθένος δέχεται μέχρι τῆς ἀποτομῆς. *Per Ignotu in Athenis, virgo permansit usque ad decollationem*. Loquitur autem de Gorgone, cui Perseus caput amputavit. Et in fine ejusdem Dialogi: Ἡμεῖς δὲ τὸν ἐν Ἀθήναις ἄγνωστον ἐφευρόντες καὶ προσκυνήσαντες, χεῖρας εἰς οὐρανὸν ἐκτείναντες τούτῳ εὐχαριστήσομεν. *Nos autem, cum Ignotum Athenis invenerimus, et adoraverimus, sublatis in coelum manibus ei gratias agemus*. Ita ibi Lucianus.

(26) *Ex antiquissimorum philosophorum*. Acmonis scilicet, Mercurii, Philemonis, Sophoclis, Orphei, Pythagorae, et aliorum, teste S. Justino martyre tam in *Cohortatione ad gentes*, quam in libro *De monarchia*. Nam in illa quidem extrema sic scribit: Εἰ δέ τις οἴοιτο παρὰ τὸν πρεσβυτάτων παρ' αὐτοῖς ὀνομασθέντων φιλοσόφων τὸν περὶ Θεοῦ μεμαθηκέναι λόγον, Ἀκμωνός τε καὶ Ἑρμοῦ ἀκουέτω. Ἀκμωνος μὲν ἐν τοῖς περὶ αὐτοῦ λόγοις πάγχρυφον τὸν Θεὸν ὀνομάζοντος. Ἑρμοῦ δὲ σαφῶς καὶ φανερῶς λέγοντος, Θεὸν νοῆσαι μὲν ἐστι χαλεπὸν, φράσαι δὲ ἀδύνατον, ᾧ καὶ νοῆσαι δυνατόν. *Siu quis opinetur, ab antiquissimis apud eos nominatis philosophis de Deo addiscendam esse doctrinam*, is Acmonem et Mercurium audiat. Illum quidem, in suis de eo libris Deum πάγχρυφον, id est prorsus occu!tum, appellantem; *Mercurium vero, clare ac manifeste dicentem: Deum intelligentia assequi difficile est; eloqui autem haud possibile, ne illi quidem, cui possibile sit mente assequi*. In libro autem *De monarchia Dei* hos citat versus (a) inter alios:

Εἰς ταῖς ἀληθείαισιν, εἰς ἐστιν Θεός.
Unum profecto Numen, unus est Deus.

Citat eumdem versum (b) Athenagoras in *Legatione pro Christianis*, sub initium.

Θεὸν δὲ ποῖον, εἰπέ μοι, νομιστέον;
Τὸν πάντ' ὁρῶντα, αὐτὸν οὐχ ὁρώμενον.
Dic, quaeso, qualis aestimandus est Deus? Qui cuncta spectat, nemini aspectabilis.

(27) *E Sibyllinis oraculis*. De his vide lib. ii, S. Theophili patriarchae Antiocheni, sub initium, ubi haec inter alia:

Εἷς Θεός, ὃς μόνος ἄρχει ὑπερμεγέθης, ἀγένητος,
Παντοκράτωρ, ἀόρατος, ὁρῶν μόνος αὐτὸς ἅπαντα.

Unus, qui solus regnat, Deus, atque supremus, Ingenitus, cunctis dominans, qui cernere cuncta Evaleat, quamvis non aspectabilis ulli.

Hieronymus quoque in cap. xvi *Ezechielis*, ad illud: *Et coronam decoris in capite suo*, docet Dei majestatem, cujus nomen est ineffabile, non penitus ignotam fuisse gentilibus. « Cujus, inquit, majestatem etiam gentilitas non ignorat, et Atheniensium testatur ara: *Ignoto Deo*.»

(28) *Ipsorumque adeo poetarum*. Nam illa quae in Pauli oratione afferuntur: *In ipso enim vivimus, movemur, et sumus*; et rursus illa: *Ipsius enim et genus sumus*, cum in Arato poeta antiquissimo ac laudatissimo, partim sensu, partim verbis reperiantur, tum etiam in aliis, quibus Apostolus citandis supersedit. Aratus quidem sua sic orsus est *Phenomena*:

Ἐκ Διὸς ἀρχώμεσθα τὸν οὐδέποτ' ἄνδρες ἐῶμεν
Ἄρρητον. Μεσταὶ δὲ Διὸς πᾶσαι μὲν ἀγυιαί,
Πᾶσαι δ' ἀνθρώπων ἀγοραί, μεστὴ δὲ θάλασσα
Καὶ λιμένες. Πάντη δὲ Διὸς κεχρήμεθα πάντες.
Τοῦ γὰρ καὶ γένος ἐσμέν. . . .

Ab Jove ducamus primordia, nere sinamus Hunc indictum homines. Jovis omnia complita [plena, Plenaque sunt hominum fora, plena Jove aequor [et ipsi Portus. Nam fruimur cuncti Jove: et illius [omnes Audimus genus. . . .

Ubi dum omnia Jove plena, et omnes Jove frui ejusque genus esse dicit, hoc sane indicat, quod in Deo vivamus, moveamur, et simus. Postremum vero hemistichium verbotenus significat, quod dixit Paulus: *Ipsius enim et genus sumus*. Omnia deorum plena, dixit etiam Thales, unus e septem

(a) Sophoclis.
(b) Philemonis.

Graeciae sapientibus, teste Cicerone, lib. II *De legibus*, ante medium : « Siquidem, inquit, et illud bene dictum est a Pythagora, doctissimo viro, tum maxime et pietatem et religionem versari in animis, cum rebus divinis operam daremus : et quod Thales, qui sapientissimus inter septem fuit, homines existimare oportere deos omnia cernere, deorum omnia esse plena : fore enim omnes castiores, et velut in fanis essent, maxime religiosos. » Vide etiam Aristidem Oratione 1, sive *Hymno in Jovem*, sub finem. Καὶ πάντα δὲ πανταχοῦ Διὸς μεστά. *Et omnia ubique Jovis plena*, etc.

(29) *Nec opus miraculis atque prodigiis viro docto*. Auctor est S. Chrysostomus, credidisse Dionysium dictis Apostoli absque ope miraculorum, Cujus verba e lib. IV *De sacerdotio*, sub finem, posui supra ad cap. 1. Quae idem confirmat homilia 7, *De laudibus Pauli*, sub finem, his verbis: Ἐκάλεσαν αὐτὸν ὡς μέλλοντας κρίνειν, ποτὲ μὲν Ἰουδαῖοι, ποτὲ δὲ Ἀθηναῖοι· οἱ δικασταὶ μαθηταί, οἱ ἀντίδικοι ὑπήκοοι. *Citarunt illum tanquam judicaturi, modo Judaei, modo Athenienses : et judices facti sunt discipuli, et adversarii facti sunt obedientes*. Quasi dicat : Au lito Paulo, tantum abfuerunt judices ut eum condemnarent, ut potius quidam ei statim adhaeserint atque crediderint.

Deinde Pauli linguam igni comparat, quod ut hic admotam materiam, ita illa suos auditores statim in se transferret. Quo sane significatur vis verborum Pauli, non autem miraculorum. Auctor est et S. Ambrosius l. x, epistola 82, quem vide citatum supra, uti et Chrysostomum.

Sententiae porro sanctorum Ambrosii et Chrysostomi accedit Syngelus in *Encomio Dionysii*, ubi in ejus ad credendum facilitatem ac promptitudinem sic exclamat : Βαβαὶ τῆς καρδίας τῆς εὐπειθοῦς καὶ ἀνεπιστρόφως πάσης σαρκικῆς προσπαθείας ἀπερῥαγείσης παντοίαν ὑλικὴν ἔμφασιν ἀποσεισαμένης, καὶ τῷ σωτηριώδει θᾶττον πιστευσάσης κηρύγματι. *Papae*, inquit, *cor facile et constanter cunctam affectionem carnalem abrumpens, atque omnimodam corpoream demonstrationem excutiens, et salutari praeconio actutum credens!*

(30) Vide S. Chrysost. hom. 10 *ad Populum Antiochenum*, sub finem.

(31) *Anno scilicet aetatis suae*, etc. Conversum esse Dionysium ad fidem anno aetatis suae quadragesimo tertio, sic colligi potest : Dionysius novem annis, ut supra ostensum est, natu minor erat Christo : quando autem conversus est, erat Christi quinquagesimus secundus, et Claudii imperatoris decimus (hi enim apud Eusebium in Chronico concurrunt); si ergo tollas de Christi quinquaginta duobus annis novenos, remanebunt quadraginta tres Dionysii.

Restat ergo nunc duntaxat probandum, Dionysii conversionem incidisse in annum Claudii decimum. Nam idem est Christi quinquagesimus secundus. Sic autem probatur ex Actis apostolorum, cap. XVII et XVIII : Paulus, post Dionysii conversionem, Athenis recta petiit Corinthum, ibique offendit Aquilam Ponticum Judaeum, et Priscillam uxorem ejus, qui nuper ab Italia, ob edictum Claudii (qui praeceperat omnes Judaeos Roma discedere) Corinthum appulerant. Atqui edictum illud evulgatum est anno ejusdem Claudii nono, cum Paulus Orosius, sancti Augustini aequalis, libro VII *Historiarum*, cap. 6, ita scribat, allegetque auctorem Josephum: *Anno*, inquit, *ejusdem nono expulsos per Claudium urbe Judaeos Josephus refert*. Quare si anno Claudii nono egressi sunt ex Italia, Corinthum venerunt Aquila Ponticus et Priscilla, et eosque paulo post Athenis venit Paulus recenter converso a se Dionysio, quid probabilius, quam uno anno post edictum, aut circiter saltem (ne quis praerigide agere velit) eam accidisse conversionem? Nam certo quidem ac necessario id ex dictis effici non assero, cum potuerint haec omnia eodem anno nono Claudii accidere, Dionysii conversio, edictum Claudii, Pauli Athenis emigratio, et Aquilae Pontici Roma discessus, et occursus amborum Corinthi; sed quia hoc difficilius sit (siquidem initio anni assignandum esset edictum, vel certe vix ulla mora ab edicto prolato permittenda emigrantibus) ideo melius ad sequentem annum eorum in urbe Corintho occursus, et Dionysii conversio transferuntur. Accedit, quod pro nobis ii faciunt, qui conversum esse Dionysium anno a Christi passione undevicesimo (qui ipse noster annus est) astruunt : quod et doctissimus Baronius ad Christi quinquagesimum secundum adnotavit.

(32) *Ad Christi fidem perductus est*. Testis Menaeum 4 Octobris in Vitae compendio, ubi sic de S. Dionysio: Καὶ ἀγρευθεὶς ὑπὸ τοῦ μεγάλου Παύλου καὶ βαπτισθεὶς, χειροτονεῖται ἐπίσκοπος. *Captus a magno Paulo, et baptizatus, creatur episcopus*. Quae non sic intelligenda sunt, quasi statim a baptismo creatus sit episcopus, sed convenienti tempore, postquam scilicet ab Hierotheo Atheniensi pontifice instructus, ad tanti muneris functionem a S. Paulo judicatus est idoneus. Methodins, in Martyrio S. Dionysii, ita de S. Paulo : Διονύσιον ἐθνικοῖς ἔθεσι πρώην ἐμπεριεχόμενον εἰς ὁδὸν σωτηρίας ἐπέστρεψε καὶ τῷ ἱερῷ βαπτίσματι ἀναγεννήσας θείᾳ ἁγιωσύνῃ αὖθις ἐστερέωσε. *Dionysium moribus gentilitiis nuper implicatum in viam salutis perducens convertit, et sacro baptismate a se regeneratum divina rursus sanctitate confirmavit*.

(33) *Erat enim Platonicus*. Solebant viri docti, examinatis variis philosophorum sectis, unam deligere, quam potissime sequerentur. Gravissime autem quique Platonem philosophis omnibus, etiam Aristoteli, anteponebant; ac modo *divinum* appellabant, modo *sapientissimum*, modo *sanctissimum*, modo *Homerum philosophorum*, modo *deum*. Alia ex his Panaetius, postremum Cicero ipse detulit. Nam de Panaetio, qui caeteras Platonis sententias, excepta una, approbabat, ita libro 1 *Tusculanarum quaestionum*, post medium : « Quem enim omnibus locis divinum, quem sapientissimum, quem sanctissimum, quem Homerum philosophorum appellat, hujus hanc unam sententiam de immortalitate animorum non probat. » Ita Cicero. Atqui nihil verius, nihil certius, quam animorum immortalitas. Unde si alia omnia probabat, certe et hoc postremum maxime probare debuerat. Idem ad *Atticum* lib. IV, epist. 15 : « Quod in iis libris, quos laudas, personam desiderat Scaevolae, non eam tenere demovi, sed feci idem quod in πολιτείᾳ Deus ille noster Plato, » etc. Et lib. II *De natura deorum* : « Audiamus Platonem, quasi quemdam deum philosophorum. » Alibi quoque semper Aristoteli praefert Platonem, quod profitetur lib. I *Tusculanarum*, ante medium : « Aristoteles, inquit, longe omnibus (Platonem semper excipio) praestans ingenio et diligentia, cum quatuor nota illa genera principiorum esset complexus, e quibus omnia orirentur, quintam quamdam naturam censet esse, e qua sit mens. » Eumdem Platonem omnibus philosophis praetulerunt omnes SS. Patres. Arnobius l. I *Adversus gentes* : « Plato, inquit, ille sublimis apex philosophorum et columen, saeva illa diluvia, et conflagrationes mundi, purgationem terrarum suis esse in commentariis prodidit. » Et lib. II : « Plato ille divinus multa de Deo digna, nec communia sentiens multitudini, » etc.

Notavi plura ad Vitam S. Justini philosophi. Denique Platonici fuerunt S. Hierotheus, Dionysius, Justinus, Clemens Alexandrinus, Origenes, Tertullianus, Arnobius, Lactantius, Augustinus et caeteri fere omnes Patres, Graeci et Latini, antequam fidei illustrarentur lumine. Nec mirum : adeo enim Plato Moysen secutus est, ut de illo dixerit Numenius, philosophus Pythagoricus : Τί γάρ ἐστι Πλάτων ἢ Μωϋσῆς Ἀττικίζων; *Quid est enim Plato nisi Moyses Attice loquens?* Quare si Nicolaus Cusanus cardinalis, vir longe doctissimus, si Marsilius Ficinus, si alii, post illos, si nosmetipsi Dionysium dicamus fuisse Platonicum, non est quod nobis Jacobus Faber Stapulensis (quem ego ab eruditione et pietate, et Dionysii defendendi studio, maximi facio) nobis succenseat. A Dionysio enim magis stamus, quam contra Dionysium, quando omnium optimo philosophorum choro eum inserimus, imo et ipsi Platoni præferimus. Nam Marsilius quidem, cui ego adstipulor, in argumento ad librum *De divinis nominibus*, ita de illo : « Etsi Dionysium Platonis tanquam pii philosophi sectatorem alicubi declaramus, ipsum tamen non solum cæteris Platonicis propter doctrinæ Platonicæ culmen, verum etiam Platoni propter novum veritatis Christianæ lumen anteponendum censemus.» Fatetur alioqui etiam D. Thomas, ad cap. 5 *De divinis nominibus*, lect. 1, D.onysium imitari multum Platonicos.

At enim non desunt, qui putent ac doceant fuisse potius secta Stoicum, quam Academicum. Quibus ego respondeo, minime aptos fuisse judiciis Areopagiticis homines Stoicos. Quid enim juste judicare possint, qui peccata omnia censent paria? De quibus Stoicis quid existimet M. Tullius, vide in e us *Oratione pro L. Muræna* : ibi enim adversus Catonem disputans, docet eos qui a Platone sunt et Aristotele, judiciis et tribunalibus esse aptiores, quam qui a Zenone, Stoicorum principe. Fateor tamen Dionysium morum gravitate, virtutum constantia, judiciorum severitate appellari po-

tuisse Stoicum, sic nimirum, ut nemini parceret nocenti, neminem condemnaret innocentem; nullius adversus æquitatem gratia moveretur, nullius miseria ad veniendum contra statuta a legibus supplicia molliretur.

(54) *Nam Epicurei quidem et Cynici*. Abfuisse Los longissime ab institutis Christianæ legis, arguit morum circa castitatem atque modestiam dissimilitudo. Nam Epicurei summum bonum in voluptate ponebant, a qua Evangelium dehortatur. Cynici autem, canina pleni impudentia (unde et inditum ipsis nomen) honesti et inhonesti, decori et indecori discrimen nullum faciebant. At vero Christiani vel sola modestia, cultuque honesta:is tam ab utrisque, quam ab omni diverso genere dignoscebantur.

De utrisque, et Epicureis et Cynicis, vide Diogenem Laertium, *De Vitis philosophorum*, in Epicuro, et in Diogene Cynico.

(55) *Non pauca divinæ legi docebant consimilia.* Hæc sunt videlicet quæ Judæis et Christianis eadem sensit Plato :

Primo, Deum esse, qui semper esset, et ortum non haberet. 2. Esse ineffabilem. 3. Esse unum. 4. Esse principium, medium, et finem. 5. Esse semper justum, ut præmia bonis, supplicia malis statuat. 6. Trinitatis mysterium quadamtenus attigisse visus est. 7. Esse bonos genios, esse et malos. 8. Animam esse immortalem. 9. Mundum non esse ab æterno, sed creatum. 10. Mundum esse corruptibilem. 11. Mortuorum resurrectionem. 12. Terram cœlestem, quam nos vocamus terram viventium. 13. Judicium extremum, et cunctorum meritis dignam retributionem. De quibus et de pluribus vide Eusebium, *De præparatione evangelica* lib. xi.

CAPUT III.

Dionysii contra fidei suæ et vitæ novæ calumniatores, virtus et constantia.

Quemadmodum (56) in rebus mundanis usu venit, ut quo sublimius sitæ fuerint, hoc plurimum pateant oculis atque sermonibus : ita fere in hominum vita contingit, ut cum humiles et plebeii, seu bene seu male egerint, in silentio et ignorantia versentur : eorum contra qui in eminentiori aliquo honoris atque dignitatis gradu constituti fuerint, vita omnis, et facta dictaque omnia cunctorum exposita sunt non solum oculis atque sermonibus, sed etiam opinionibus et judiciis, in utramque partem variis, frequentius vero invidorum quoque ac malevolorum cavillationibus atque calumniis. Erat ergo Dionysius, antequam Christianæ militiæ nomen daret, in Areopago, velut in sublimi quodam theatro, primarum partium actor, et omnium undequaque spectantium oculis conspicuus : observabatur ab omnibus, colebatur ab omnibus, ita ut non posset ullum ejus dictum factumve in tanta dignitatis luce esse obscurum. Quare cum, Paulo in augustissimum illud Areopagi consilium adducto, et novæ superstitionis reo, jussisset pro se volenti dicere, fieri audientiam, interque dicendum tota concio jam aures ad Paulum, jam ad Dionysium oculos converteret, huncque interdum illius nimis intentum dictis observaret, tum nonnihil primo mirari, deinde aliquid suspicere, postea vero quam finita oratione non modo liberum dimitti Paulum animadverterunt, sed etiam (quod nonnulli curiosius perscrutantes adnotarunt) domum nonnunquam invitari benigne haberi et audiri, denique coli et honorari cognoverunt; tum ejus rei rumor per urbem spargi, atque a populo, ut talium aviilissimo, cupidissime audiri et referri, principem scilicet Areopagi ab uno extraneo captum et delusum, spretis magnis diis deabusque, uni illi *Ignoto Deo*, quem iste hospes et advena attulisset, totum adhærescere. Qui rumor cum non esset vanus, eaque propter magis in dies magisque confirmaretur, nec jam dissimulare Dionysius aut vellet aut posset, Deus bone! quæ passim admirationes, qui cavilli, quæ sermonum contentiones, quæ calumniæ, a notis, ab ignotis, a propinquis, a familiaribus, ab omni denique hominum genere, ordine, sexu? cum nullus fere in Areopago, in foro, in circulis sermo alius, quam de Dionysio per eos dies passim resonaret (57). Nam exceptis qui ejus supremum locum et honorem ambiebant, dolebant ferme cuncti talis ac tam præstantis viri tam miserum et miserandum (ut ipsi quidem opinabantur et vocabant) casum : et illam a Jove et Marte, et Minerva et Cerere, aliisque suis cœlitibus, pro uno ignoto defectionem, tanquam certissimam de cœlo prolapsionem complorabant. Consanguinei vero et affines, cum prorsus statuisse eum viderent, nuntium honoribus remittere, acquisitum nomen negligere, Areopagum et partam in eo dignitatem relinquere, quid non egerunt? quid non tentarunt? quam in partem sese non verterunt? quas ad ejus expugnandum animum fabricas non admoverunt? cum ita et illum et conjugem subinde lacesserent : Heu vos miseri! quid vobis evenit? quid hoc rei actum est? quid istud monstri?

Quo vobis mentes rectæ, quæ stare solebant
Antehac, dementes sese flexere viai?

Enimvero tu, Dionysi, qui hæc agas, sat insanus es? an te aliquæ exagitant intemperiæ? Num subitarium hoc negotium in viro alias tam maturo, tam prudente, tam considerato, quis queat dubitare, quin aliquid præstigiarum et malæ artis ab aliquo nefario et consecelerato procuratum habeat? Tune deos, quos omnis retro antiquitas coluit, quos tu ipse adhuc tam sancte veneratus es, et venerandos esse docuisti, mutata de subito voluntate, nunc abjicis? tu illos, velut Circæo quodam poculo in alium versus, nunc despiciendos et despuendos doces? Ecqua de causa vero? nempe ut unum seditiosum, et sceleratum, et impium, quem sui populares ob horrenda flagitia morte infamissima mactarunt, tanquam Deum colas et venereris? Papæ! insolentem, invisam, inauditam amentiam! Talia illi et multa alia. Quibus cum sapientissime vir Dei novus responderet, et hinc deorum vanitatem ex antiquissimis ipsorum gentilium libris, et inde unius veri Dei veritatem, solidissimis rationibus commonstraret, surdis, quod aiunt, auribus accinebat. Et de Christo quidem, cum ex Pauli doctrina ejus summam innocentiam et voluntariam pro hominibus mortem, et data in morte prodigia, replicando etiam nondum inveteratam defecti solis memoriam, satis clare ostenderet; tamen ipsi et illa temere inficiabantur et hanc allorsum trahebant. Quasi nimirum et talis innocentia si fuisset, nunquam fuisset publico judicio condemnata; et illa solis defectio si totum orbem inumbrasset, non tam ea de causa, quam occultis quibusdam rationibus accidisset. Plurima enim deorum fatis in mundo evenire, quorum explorare causas velle, quandoquidem ipsi dii ignotas velint, extremæ sit dementiæ. Proinde orare se illum atque obtestari, ut etiam atque etiam secum cogitet atque consideret quid agit; totam hic ejus existimationem atque famam periclitari; nec ipsi tantum eam religionis mutationem, sed universæ quoque Dionysiorum genti atque familiæ fraudi fore. Quasi misereretur sui, suorumque, neve per imprudentiam suam, aut temeritatem, aut stultitiam, aut etiam impietatem committeret, ut domus sua modo tam florens, tam opulenta, tam honore et gloria circumfluens, et semper hactenus in omnium ore et laude versata, nunc unius superstitionis (quæ passim exsibiletur) gratia, istis omnibus nudata, in squalore et sordibus, humilis et deformata jaceat, nihilque pristini decoris atque ornamenti retineat; sed infamiæ atque ignominiæ, cujus tam vixerit hactenus insolens, fiat obnoxia. Nec defuerunt fortasse, qui exsilium et tormenta, aut mortem, et Socratis exitium ei denuntiarent. Si enim Socrati, tam philosopho, Deum unum et novum, sed illum tamen summum, et ab hisce miseriis remotissimum, inducenti nex allata sit; quid de eo futurum, qui unum furciferum (nulla enim erat apud efferatos talium verborum parcimonia) et inter latrones patibulatum (38), esse Deum edoceat, et pro magno Numine venditet? Denique simile prorsus somnio videri, tam stupidum esse aliquem et bardum, qui hæc tam incredibilia vel suspicetur, non modo credat; quid virum doctum? quid Areopagitam? quid primi illius consilii principem? Ita fere isti. Quibus quam sapienter et quam fortiter novus Christi athleta responderit, haud paulo facilius est cogitatu, quam dictu: summa tamen responsi hæc fuit: Valde scilicet in Christi persona ab ignaris hominibus aut nimis credulis aberrari. Nam qualis fuerit magister, non aliunde certius quam ex discipulis posse disci. Quorum discipulorum ea sit vita, ii mores, ut nihil vitiosum, nihil fallax, nihil fucatum deprehendi in iis possit; doctrina vero tam rectæ rationi et veræ philosophiæ consentanea, ut nihil magis. Cujus scilicet minime dubiam veritatem ingens prodigiorum eam ob rem patratorum copia evidenter comprobarit (39): et eorum quidem prodigiorum, quibus non vana hominum fama gloriave collecta sit, sed infirmorum, et debilium, et ægrorum, et mancorum, imo et mortuorum, sanitas, vita, salus procurata. Ad minas autem vel auxilii vel mortis (quod attinet, se vel Socrate ipso libentius promptiusque (quippe et pro meliori causa) moriturum. Vitam enim esse, non mortem, pro Christo mori. Hanc mortem, vel vitam potius, certatim a Christianis peti, et avidius quam thesaurorum quæri. Nec vero Epicureos tam inhiare atque adhinnire voluptatibus, quam veros ac germanos Christi sectatores eos refugere atque aspernari. Nam præ cunctis et voluptatibus et deliciis maximo ipsis in pretio esse labores, sudores, vigilias, et quæcunque vulgo hominum dura et aspera et intolerabilia reputantur. Quod profecto dum faciunt, non vitiatæ infractaeve naturæ, et ad mollia semper inclinantis instinctu, sed eximiæ cujusdam virtutis et altioris potestatis adminiculo, id se præstare manifeste produnt. His igitur et talibus dictis, qualia ex Pauli ore identidem novus tyro audiebat (nam ad divinum ejus spiritum animam suam agglutinaverat) non modo ab importunis eorum aggressionibus belle se expediebat, sed etiam nonnullos qua vi rationum, qua auctoritatis pondere in suas partes, non secus ac ferrum magnes, pertrahebat: quosdam vero, quos evincere obstinatos omnino non poterat, saltem labefactatis eorum arietibus ac machinis ita quatefaciebat, ut suis inciperent munitionibus atque momentis diffidere: alios denique sua præfractius obstinatiusque defendentes, quam aliena patientius faciliusque sufferentes, ita absolvebat, ut intelligerent, nisi suas accommodare aures sapientibus dictis mallent, quam alienas, arreptis e trivio maledictis, obtunderent, nihil esse cur domum suam venditarent, aut congressum peterent: quidquid enim agerent, acturos frustra, frustra laboraturos. Cum autem essent non pauci, qui toto, quod aiunt, pectore adversus eum obniterentur, nullus tamen fuit ex omnibus, qui plus lacessiverit negotii, quam qui alias unus erat ex omnibus longe charissimus et familiarissimus, nempe a prima ætate sodalis, et in juventute peregrinationum socius, et uno verbo, alter ipse, Apollophanes: idem inquam ille, qui ut moribus simul et studiis artium conjunctissimus, et in Ægypto contubernalis, celeberrimam illam solis defectionem, cum Heliopoli una essent, simul notaverat, simul exploraverat, sed non perinde in cor animumque demiserat. Is igitur nullum ne movit lapidem, quo intimum suum amiculum de suscepta nova religione deturbaret. Hic autem e contrario dies noctesque de illo in suam sententiam attrahendo cogitare. Adibat et audiebat alter alterum eo libentius ac patientius, quo utrique avidior animus erat et socii evincendi sibique adjungendi, et veteris amicitiæ retinendæ. Sed cum mutuæ accessiones semper plenæ amoris essent, tamen mœroris luctusque erant quam confertissimæ. Nam ob spes utrimque frustratas, quo major in ingressu amor se explicuerat, hoc tristior in digressu amator succedebat. Levius tamen et patientius, quodcunque istud erat molestiæ, ferebat Dionysius: quippe Pauli et Hierothei consolationibus sustentatus, imo et cœlesti initiationis gratia, præsertim in suscepto initiationis sacramento, roboratus: at vero Apollophanes (quem et ista deficiebant e cœlo præsidia, et quem sua insuper conturbabat, intusque agitabat, sicut prava et perversa, sic perantiqua et nimis inveterata de diis suis opinio) continere se interdum non poterat, quin graves in iras atque injurias vehementius exardesceret, atque eo nonnunquam usque progrederetur, ut multis indignisque tam Christum, quam Paulum, velut tanti mali auctores, conviciis et exsecrationibus oneraret; imo utrumque, ut mille crucibus, mille cruciatibus dignissimum, diris omnibus devoveret. Nempe, uti acerbe infremens aiebat nihil unquam visum tetrius, nihil auditum exsecrabilius, quam ob nescio quam novitiam legem, nec legem, et ob unius vilissimi et facinorosissimi Judæi (quæ effrenis erat ipsius et multorum maledicentia) simulatam et arrogatam divinitatem (ob quam tamen dignissima pœna in sublimi pependisset) deos optimos maximos, atque ab omni vetustate cultos, contemni, sanctissima et augustissima templa deseri, antiquissimas cæremonias ritusque negligi, omnem denique sacrorum religionem ac pietatem in sannas ludibriaque converti. Quæ quidem verba tam acerbe iracundeque projecta, tametsi generosum Dionysii pectus satis graviter vulnerarent, hac tamen tenus duntaxat penetrabant, ut ne impos sui maledicta maledictis regereret, sed tantisper iræ dans locum, veterisque memor amicitiæ, cuncta in præsens sustineret. Hunc enim, quem modo diaboli livor et superstitionis malignitas incendisset, exulcerati animi æstum, non desperabat tempore ipso, quod omnia domat, lenitum iri; atque etiam (si Dei optimi maximi voluntas foret, et gratia juvaret) sperare se aliquando eum, mutata voluntate, in ipsis Christi castris meriturum. Nec vero falsus animi fuit. Nam cum negotiis alium alio vocantibus, disjuncti locis fuissent, et Apollophanes in Polycarpi (40) (erat hic vir in consuetudine familiari sane quam admirabilis) congressum, seu Smyrnæ seu alibi incidisset, interque mutuos sermones eo forte ventum esset, ut de Dionysio verba miscerentur, ecce rursum ille in hunc commoveri, et maledicta jacere, et parricidam appellare, idcirco nimirum potissime, quod dixisse aliqua aut scripsisse Dionysium adversus Græcos sive gentiles, suisque ipsos armis oppugnasse inaudisset. Polycarpus igitur pro solita animi lenitate et mansuetudine bonum hic esse ratus hominem mollibus verbis delinire potius, quam iratum magis exasperare, et ignem, ut vulgo dicitur, fodere, ita rem temperavit, ita motus omnes composuit, ita denique progressu temporis eum sibi devinxit, ut ipsius tam Christo quam Dionysio conciliandi reconciliandique spes non minima emicaret. Misit ergo litteras ad Dionysium, docuitque de eodem Apollophane, quo nunc in loco res essent : nempe illum non mediocriter in ipsum fuisse commotum, propterea quod illum intellexisset tam libris quam disciplinis Græcorum inique adversus Græcos uti, ideoque temperare nequaquam sibi potuisse, quin et maledicta in eum jaceret, et parricidam appellaret. Desideratur quidem hac ætate illa sancti Polycarpi epistola, sed Dionysii ad eam responsum, unde hæc colliguntur, benevolentiæ mansuetudinisque plenum hodieque exstat. Cujus fere hæc est summa : Nescire se unquam adversus Græcos, aut adversus quoscunque alios dixisse. Nam arbitratum se esse, viris bonis sufficere, si veritatem in se ipsa agnoscerent, atque ita ut se habet annuntiarent. Hoc enim si debite fieret, tum per sese omnia quæ a veritate sunt aliena, ut alia re nulla esset opus, posse redargui. Quare supervacaneum esse, veritatis interpretem aut cum his aut cum illis depugnare. Nam ita prorsus rem hic esse, atque in possessione regii numismatis. Ait enim unusquisque, illud se habere : et habet fortassis particulæ illius adulterinam quamdam imaginem, sed verum numisma non habet. Igitur illum si quis redarguerit, accedet similiter et alius, qui et hoc verum numisma penes se esse dicet, eodemque modo alius et alius, licet adulterina singuli afferant numismata, sed verum nullus. At cum ipsum verum et regale numisma prolatum fuerit, quod facile sua sponte se prodit, probatque legitimum, ita ut a nullo redargui possit; tum cætera omnia, quæ non sunt illi in omnibus similia, per se et nullo negotio aperte convincentur falsitatis. Sic in vera et Christiana religione usu venit. Hæc enim mundo ostensa, et aliis comparata, se solam veram ac sinceram religionem præstat: alias vero non religiones, sed superstitiones, et imagines tantum atque umbras quasdam religionis adulterinas clare commonstrat. Itaque minime festinus, inquit, aut præceps fui, ut vel adversus Græcos vel adversus alios quoscunque dicerem. Mihi enim satis est, et hoc det Deus, primo veritatem agnoscere, deinde agnitam, quemadmodum oportet, annuntiare. Sic ille. Atque hoc fuit primum illius epistolæ membrum : in quo prudenter ad conciliandam sibi Apollophanis benevolentiam de objecta Græcorum impugnatione se purgavit. In secundo autem membro, jactum Apollophanis telum acute quidem, sed benigne et citra contumeliam, in ipsum retorsit. Sic enim de illo ad eumdem Polycarpum : Quod autem ais, inquit, me ab Apollophane sophista (41) probro affici, et parricidam appellari, propterea quod Græcorum scriptis abutar adversus Græcos, verius sane illi possem objicere, ipsos Græcos divinis contra divina non sancte uti : quippe qui per Dei sapientiam adversus divinum cultum et religionem e medio tollere ᵛ. Neque hic de vulgo duntaxat hominum loquor, qui poetarum fabulis, earum sectando spurcitias, adhærescunt, et res creatas adversus Creatorem adorant, verum ipse, ipsemet Apollophanes divinis adversum divina non sancte utitur. Rerum enim exsistentium scientia (quæ recte ab ipso philosophia dicitur, et quæ a S. Paulo Dei sapientia appellatur) tam ad earumdem rerum quam ad ipsius scientiæ auctorem veros philosophos subvehi oportebat. Ita ille. Post hæc autem memor se cum amatore et studioso astrologiæ loqui, ad eum iisdem artibus capiendum quibus ipse captus sit, accingitur. Memorat enim mirabilia quæ in cœlo et in sole supra communem naturæ ordinem olim facta sint : disputatque ea fieri tantum ab eo potuisse, qui et cœlos et solem ab initio condiderit, et nunc in statu suo contineat. Ac ne aliorum, aut etiam ejus sententiam, inquit, contra institutum meum refellam, intelligere debebat Apollophanes, utpote sapiens, nihil unquam in ordine motuque corporum cœlestium mutari potuisse, nisi mutante ipsorum conditore et conservatore, qui, ut docent sacræ Litteræ ˣ, facit mutatque omnia (42). Quin igitur eum colit, quem vel ex eo vere omnium esse Deum cognovimus? Quin eum admiratur, cujus potentia et rerum omnium causa est, et omni sermone superior? Quis enim fecit, ut olim sol et luna (43) simul cum reliquis cœlis hærerent prorsus immoti, et ut diem totum iisdem in punctis cuncta consisterent? Aut certe, quod etiam mirabilius, quis efficere potuit, ut cœlis majoribus solito motu currentibus, illi qui intra ipsos continentur, cum ipsis ad sua spatia rapi solent, præter morem tum resisterent, nec una in orbem circumque deferrentur ʸ? Certe sola vis divina præpotenti suo cunctisque dominante imperio id potuit. Cedo rursus, quis auctor alius fuit, ut dies unus fere tribus æquaretur (44), et in totis viginti horis cuncti cœlorum orbes motionibus contrariis retro cursum flecterent, et circuitionibus naturæ ordinem exsuperantibus eo unde venerant reverterentur? Aut, si hoc magis placet, quis ubi soli dedit, ut in cursu proprio, quincuplici sua motione in horas decem contracta, eamdem rursus totam aliis decem horis remensus, novam terendo viam remaneret? Nam et hoc Babylonios merito obstupefecit (45-46), et regi Ezechiæ tanquam humanum transgresso fastigium, et Dei potentiam exæquanti, ultro et citra pugnam submisit. Quid dicat magnifica illa in Ægypto, vel etiam alibi patrata miracula? Nam quæ attuli, ut cunctis communia et in cœlo facta, ubique terrarum et omnibus gentibus sunt celebrata. Hæc Dionysius pro asserenda unius Dei veritate ex cœlo et astris in astrologi gratiam cum disseruisset, veritus ne illa apud Apollophanem, propter sacrarum Litterarum, unde desumpta sunt, ignorationem, aut propter ipsorum prodigiorum inexperientiam, fidem non obtinerent (tametsi quod de triplici die dictum est, e Persarum quoque sacris ritibus cognosci possit, quandoquidem diei illius protensionem magi ipsi, ut æternæ traderent memoriæ, triplicis Mithræ (47), ita solem appellant, diem solemnem fecerint), petiit tamen a Polycarpo, ut præter illa, et præ illis, memoriam ei refricet illius admirabilissimæ defectionis solis, quam Heliopoli una viderint, cum et ipse Apollophanes, velut divinans, proclamavit : Hæ sunt rerum divinarum mutationes. Et ecce hæc ipsa mutatio, adjungit Dionysius, transtulit

---

ᵛ I Cor. 1, 21.   ˣ Amos v, 8, secundum Septuag. Ὁ ποιῶν πάντα, καὶ μετασκευάζων.   ʸ Jos. x,

nos ab errore ad veritatem, a tenebris ad lucem, a morte ad vitam, a simulacris ad verum Deum. Deinde concludens epistolam : *Tu vero*, inquit, *o divine Polycarpe, reliqua, quæ desiderantur, adjice, ut virum talem et tam sapientem ad longe sapientissimam traducas religionis Christianæ veritatem*. Et vero adjecit, remque totam feliciter confecit Polycarpus. Nam cum aliis, tum maxime ipsius Dionysii argumentis hominem aggressus, tandem eo deduxit, ut, relicta mundi sapientia, lubens, volens ad divinam (quæ sola veræ sapientiæ meretur nomen) se transferret. Quæ tum porro fuerint utriusque et Dionysii et Polycarpi gaudia, qui plausus, quæ mutuæ congratulationes, de tanto viro sociatis laboribus ad suave Christi jugum adducto, quis dicat? Solet præda multo tempore et magnis sudoribus acquisita esse lætior, et plus multo afferre voluptatis, quam cito et brevi labore parta. Enimvero hæc ejusmodi fuit, ut alia similis fortasse nulla reperiri possit, pro qua et tam diu et tam constanter fuerit unquam ab ullo laboratum. Valde enim sero et multis post annis quam de religione inter illos agi cœptum fuerat, imo post multas quoque et calumnias et convicia, inde quidem acriter et superbe jacta, hinc autem leniter et modeste tolerata, fructus hic longanimitatis multo suavissimus, tanquam dignum opere pretium, perceptus est. Adeo juvat in procuranda fratrum salute, et in peccatoribus, quamvis obstinatis et pertinacibus, in viam reducendis, nec cito nec tarde despondere animum, sed menses et annos et multiplicata lustra sustinere, adeoque totam vitam, et quandiu vel tibi vel illis spiritus et sanguis supersit, monendo, arguendo, vota denique et preces ad Deum fundendo, et si etiam opus sit, labores, dolores, molestias, et omnis generis convicia et maledicta sufferendo, dum anima cœlo et terra charior lucrifiat, laborare. Quanta porro fuerit Dionysio ex unius animæ lucro vis gaudii, quantus exsultantis animi fervor, testes sunt ipsius ad Apollophanem datæ post susceptum fidei sacramentum litteræ, quarum exemplum hic subjicio.

‹ Dionysius, Apollophani philosopho.

‹ Jamjam ad te, cordis mei amor, sermonem dirigo,› etc. *Hanc epistolam, aliis S. Dionysii epistolis subjecimus, sed omnino spuria habenda est. Vide Prolegomena, col. 56.* EDIT.

Non tantum fortis et constans Areopagita noster in sustinendis calumniis, et in quibuscunque adversus fidem nostram machinationibus eluctandis fuit, sed etiam felix et fortunatus. Jam ad accusationem intentatam, aut irrogatam pœnam, nomine respectuque novæ religionis quod attinet, horum nihil fuit. Athenienses enim a Socratis morte (cujus ita eos puduit (48) ac pœnituit, ut mox in publici luctus signum, palæstras et gymnasia omnia clauserint, ejusque accusatores alios exsiliis, alios morte mulctarint, ipsum autem ærea statua donarint) minime præcipites fuere, nec ad suscipiendam de nova religione adversus quempiam accusationem, nec ad ferendum de deorum cultu aut neglectu judicium. Hinc etiam paucæ cum sint e claris urbibus, ubi non multa exstiterint Christianorum martyria : tamen Athenis, urbe tam ampla et celebri, ne unus quidem fidei Christianæ causa (de quo quidem firmiter constet) vel exsilii, vel mortis pœna, præsertim publico judicio mulctatus esse facile reperiatur. Nam de Publio et Quadrato Athenarum episcopis, et Dionysii nostri successoribus (de quibus fere solis ambigi posset) vero est quam simillimum, quorumdam privatorum injuriis, vel tumultu populi subitaneo (uti ex ipsorum et martyrum actis quadamtenus licet intelligi) vel lapidibus appetitos vel aliis modis exagitatos, quo pax Christianis esset, sponte sua urbe cessisse, alibique oppetiisse. Qua de re dicendi locus commodior in Quadrato. Jam enim post evicta, quæ in principiis occurrere solent, variorum impedimentorum luctamina, ad considerandos ejus cum in sacra theologia, tum in omnimoda virtute profectus provehimur.

NOTATIONES.

(36) *Agitur in hoc capite de variis adversus Dionysium tentamentis.* Quæ in Vitis sanctorum adnotare apprime utile est, quod virtus in iis maxime elucescat, et imitationi stimulos indat. Solet autem summus inter suos magistratus et princeps dignitatis gradus vel fortiter detinere possidentem, vel vehementer invitare aspirantem. Rupit hos laqueos Dionysius; neque etiam magis aut amicorum blanditias, aut obtrectatorum verba, aut terr tantium minas curæ habuit. Vide Syngelum extremo fere Dionysii encomio. Apollophanem quoque, veterem et intimum sodalem, non tam Christi causa deseruit, quam patientia et longanimitate devicit.

Viderant simul stupuerantque insolitam solis defectionem, sed aliter atque aliter interpretati erant. Dionysius altiori quodam modo et plane divinitus de Deo in corpore gravia patiente intellexerat; Apollophanes autem de sole ipso, quem pro Deo habebat, aliquid naturæ contrarium sufferente acceperat. Quod indicare videtur Dionysius in ea, quam ad eum dedit, epistola, ubi de illa loquens defectione solis, hanc adjecit, quasi per occupationem, parenthesim (*non quod Deus, sed quod Dei opus in verœ ipsius lucis occubitu lucere non quiverit*), tanquam si diceret : Non quod sol Deus sit, ubi arbitraris, atque ita Deus lucere non quiverit, sed quod sol Dei opus in Christi, qui vera lux est, occubitu obscuratus sit. Simili occupatione usus est idem Dionysius lib. *De divinis nominibus* cap. 4, ubi post relatam solis multiplicem efficientiam ita subjunxit : Καὶ οὐ δήπου φημὶ κατὰ τὸν τῆς παλαιότητος λόγον, ὅτι Θεὸς ὢν ὁ ἥλιος, καὶ δημιουργὸς τοῦδε A τοῦ παντὸς ἰδίως ἐπιτροπεύει τὸν ἐμφανῆ κόσμον, ἀλλ' ὅτι τὰ ἀόρατα τοῦ Θεοῦ ἀπὸ κτίσεως κόσμου τοῖς ποιήμασι νοούμενα καθορᾶται, ἥτε ἀΐδιος αὐτοῦ δύναμις καὶ θεότης. *Nec hoc dico*, inquit, *antiquitatis fabulam secutus, quod sol Deus sit et universi effector, sicque proprie mundum hunc aspectabilem gubernet; sed quod invisibilia Dei a creatura mundi, per ea quæ facta sunt, intellecta conspiciuntur : sempiterna quoque ejus virtus et divinitas.* Ita scilicet Apollophanes in Ægypto jam versans, Ægyptiorum imbutus erat antiquo errore, quo solem et lunam deos esse arbitrabantur, et venerabantur. De quibus ita Eusebius lib. I *De præparatione Evangelica*, cap. 9 : ‹ Priscos Ægyptios ferunt, cum oculos in mundi hujus contemplatione defixissent, cunque rerum omnium naturam vehementi admiratione obstupescerent, solem ac lunam sempiternos esse deos, omniumque principes censuisse. › Quibus ista Arnobii consonant, libro I *Adversus Gentes* : ‹ Solem Deum cum credatis esse, conditorem ejus, B opificemque non quæritis, luna cum apud vos dea sit, non similiter scire curatis, genitor ejus et fabricator quis sit. › Licet etiam multas intueri veteres inscriptiones solem Deum testantes, quarum plures sunt apud Janum Gruterum, et hæc inter alias :

DEO. SOLI. INVICTO.
ARAM.
C. JULIUS. CÆSAR.
D. D.

(37) *Michael Syngelus in Dionysii Encomio.*
(38) *Inter latrones patibulatum.* Frequentissima

hæc erat gentilium in Christianos objectio, quod ipsi hominem patibulatum et cruci affixum, et servili morte damnatum colerent. Sic ex illis unum inducit loquentem Arnobius lib. I *Adversus gentes* : « Sed non, inquit, idcirco dii vobis infesti sunt, quod omnipotentem colatis Deum, sed quod hominem natum, et (quod personis infame est vilibus) crucis supplicio interemptum, et Deum fuisse creditis, et superesse adhuc creditis, et quotidianis supplicationibus adoratis. » Sic et alium inducit Minutius Felix in Octavio: « Et qui hominem summo supplicio pro facinore punitum, et crucis ligna feralia eorum cæremonias fabulantur, congruentia perditis sceleratisque tribuunt altaria : ut id colant, quod merentur. » Neque tacuit Lactantius Firmianus, qui lib. IV *De vera sapientia*, cap. 16 : « Venio nunc, inquit, ad passionem, quæ velut opprobrium nobis objectari solet, quod et hominem et ab hominibus insigni supplicio affectum et excruciatum colamus. » Et cap. 16, ibidem : « Dicat enim fortassis aliquis : Cur si Deus fuit, et mori voluit, non saltem honesto aliquo mortis genere affectus est? cur potissimum cruce? cur infami genere supplicii? quod etiam homine libero, quamvis nocente, videatur in lignum. » Vide ibi insignem responsionem. Neque siluit Augustinus, qui sermone 8, *De verbis Apostoli* : « De Cruce Christi, inquit, nobis insultant sapientes hujus mundi, et dicunt : Quale cor habetis, qui Deum colitis crucifixum ! » Vide etiam S. Isidorum Pelusiotam lib. IV, epist. 31, ubi gentilem quemdam sophistam, irridentem Christi crucem et passionem, egregie et cum applausu audientium convicit. Nam cum ille de Deo crucifixo in effusum risum solveretur, quæsivit Isidorus : « Sed unde potes demonstrare Christum crucifixum? » Mirantibus autem cunctis, quorsum talis interrogatio tenderet, gentilis velut certus de victoria respondit : « In vestris Evangeliis id scriptum est; » tum Isidorus : « Atqui et in iisdem, inquit, scriptum est, quod resurrexerit et in cœlos redierit. Si ergo unum credis Evangelio, crede et alterum. » Post quæ tantus est exortus astantium risus et applausus, ut uterque erubesceret, Isidorus de gloria, gentilis de ignominia.

(39) *Ingens prodigiorum eam ob rem patratorum copia evidenter comprobavit*. Via probandi divinitatem Christi per prodigia, ab ipsomet Christo ostensa est, Matth. v, ubi missis a Joanne ad interrogandum, num ipse Messias et Salvator esset, respondit : *Euntes renuntiate Joanni, quæ audistis. Cœci vident, claudi ambulant, leprosi mundantur, surdi audiunt, mortui resurgunt, pauperes evangelizantur*. Hanc viam et apostoli tenuerunt, et eorum sectatores ac posteri : nec unquam ad fidem probandam defuit in Ecclesia Dei potestas miraculorum. Hanc fidei et Ecclesiæ notam bene pertractavit S. Justinus martyr, ad cujus Vitam, ubi nos de illa fusius, remitto lectorem.

(40) *In Polycarpi*. Is est S. Polycarpus, Joannis apostoli discipulus.

(41) *Ab Apollophane sophista*. Nomen *sophista* est unum ex ancipitibus, et quæ utramque in partem capi possunt, bonam et malam. Hic autem in bonam capitur, pro multarum rerum et artium perito. Alibi appellat eum Dionysius *doctrinæ speculum*, alibi *virum sapientem*. De primis significationibus vocis hujus σοφιστής *sophista* videndus est Plutarchus in *Themistocle*, sub initium.

(42) *Qui, ut docent sacræ litteræ, facit mutatque omnia*. Locus hic est in LXX Interp. Amos, cap. v, 8, his verbis : Ὁ ποιῶν πάντα καὶ μετασκευάζων. *Faciens omnia et mutans*. Alioqui vulgata editio Latina habet : *Facientem Arcturum et Orionem, et convertentem in mane tenebras, et diem in noctem mutantem*. Loquitur autem de Deo, cujus solius est talis actio, conversio, mutatio.

(43) *Quis enim fecit, ut olim sol et luna*, etc. De-

sumpsit S. Dionysius e lib. Josue cap. x, vers. 12, et seqq. ubi sic loquitur : *Tunc locutus est Josue Domino, in die qua tradidit Amorrhæum in conspectu filiorum Israel, dixitque coram eis : Sol, contra Gabaon ne movearis; et luna, contra vallem Aialon. Steteruntque sol et luna, donec ulcisceretur se gens de inimicis suis. Nonne scriptum est hoc in libro Justorum? Stetit itaque sol in medio cœli, et non festinavit occumbere spatio unius diei. Non fuit antea nec postea tam longa dies, obediente Domino voci hominis, et pugnante pro Israel*. Ecclesiastici autem cap. XLVI. 3, ita de Josue : *An non in iracundia ejus impeditus est sol, et una dies facta est quasi duo?*

Assignat porro Dionysius duos modos, quibus fieri potuit, ut sol et luna starent immoti. Unus quidem, quo omnes cœli una cum illis consisterent, nullamque in partem moverentur. Alter, quo cœli omnes, etiam illi in quibus sol et luna fixi sunt, solito motu volverentur, solique sol et luna quieti eodem in loco starent, nec cum suis cœlis moverentur. Quod posterius prodigium merito Dionysius priori admirabilius futurum fuisse censet. Turbam enim ingentium contineret miraculorum, quæ astrologis relinquo expendenda.

Super hac duorum luminarium insolita et prodigiosa statione atque mora nonnullas pertractat quæstiunculas Serrarius noster *in cap.* X *Josue*, quas operum vacuis non sit inutile contueri. Vide et Gasparem Sancium *in* XXXVIII *caput Isaiæ*.

(44) *Quis auctor alias fuit, ut dies unus fere tribus æquaretur?* Aliud hoc loco proponit S. Dionysius Apollophani prodigium, de solis regressu tempore Ezechiæ regis Juda. Cui signum futuræ curationis suæ postulanti ait Isaias lib. IV Regum, cap. xx, 9 : *Hoc erit signum a Domino, quod facturus sit Dominus sermonem, quem locutus est : Vis ut ascendat umbra decem lineis, an ut revertatur totidem gradibus?* Et ait Ezechias : *Facile est, umbram crescere decem lineis; nec hoc volo ut fiat, sed ut revertatur retrorsum decem gradibus. Invocavit itaque Isaias propheta Dominum, et reduxit umbram per lineas, quibus jam descenderat in horologio Achaz, retrorsum decem gradibus*. Sic ibi. Quod miraculum reponitur Isaiæ cap. XXXVIII, 7 his verbis : *Hoc autem tibi erit signum a Domino, quia faciet Dominus verbum hoc, quod locutus est : Ecce ego reverti faciam umbram linearum, et per quas descenderat in horologio Achaz in sole, retrorsum decem lineis. Et reversus est sol decem lineis per gradus, quos descenderat*.

Sensus historiæ hujus est talis : Ezechias rex Juda ex gravi infirmitate lecto affixus, Deum pro valetudine recuperanda exoravit : Deus per Isaiam prophetam ei non modo se valetudinem redditurum, sed etiam quindecim annos vitæ additurum promisit. Ezechias signum petiit in ejus rei testimonium. Indulsit Deus, et facturum se dixit, ut sol, qui jam decem diei horas confecerat, totidem retro reflecteret, atque in orientem regrederetur. Quod et factum est. Ac propterea ille unus dies, quo istis fiebant, recte dicitur a Dionysio fuisse fere par tribus. Nam si quatuor adderentur horæ, essent triginta octo, ac consequenter tres dies. Nam cum dies sit horarum duodecim, sol jam decem confecerat, atque ita fere unum diem absolverat, exceptis scilicet duabus horis, antequam regrederetur : in regressu autem cum totidem horas impenderit, nempe decem, secundi diei spatium fuit, exceptis rursum duabus horis, quo decem horarum spatio pervenit sol ad locum ortus sui : ex quo deinde loco ad occidentem usque confecit duodecim horas integras; ita ut ultimus cursus solis fuerit dies integer horarum duodecim, duo autem priores fuerint singuli horarum decem. Atque ita dies ille supra Judææ horizontem fuit triginta duarum horarum.

Ex his facile est verborum S. Dionysii sensum colligere. *Quis,* inquit, *ubi soli dedit, ut in cursu proprio* (qui est scilicet horarum duodecim ab oriente in occidentem) *quincuplici sua motione in decem horas contracta* (cur nimirum, nisi contraheretur cursus ad occidentem, motio illa deberet esse horarum duodecim) *eamdem rursus totum aliis duodecim horis remensus* (quando videlicet pro eo, quod debuisset reliquas duas diei horas ad occidentem usque perficere, iis relictis, eadem qua venerat via retro flexit per meridiem, ad locum unde exortus erat) *novam terendo viam remearet.* Est enim plane nova via, cum sol sit prope occasum, retro ad meridiem reverti, et per eum ad meridiem regredi. De quincuplici autem solis motione vide Maximum et Pachymeram ad hanc Dionysii epistolam. Porro scopus sancti viri in his exemplis fuit, peritum astrologiæ Apollophanem docere, illas in cœlis atque astris mutationes a solo Deo unico et vero factas esse; uti et illas quoque quas tempore passionis Christi, cum ipsi una essent in Ægypto, viderint; ac proinde illum unicum Deum sequendum et colendum, qui solem et lunam et omnes cœlos condiderit; non vero existimandum soli aut lunæ aliquid inesse divinitatis; quemadmodum nec illis omnibus, quos gentiles ut deos colunt, Jovi, Marti, Minervæ, Neptuno, cæteris.

(45 46) *Nam et hoc Babylonios merito obstupefecit.* Dicit Dionysius, Babylonios tanti conspectu miraculi obstupefactos, citra pugnam se subdidisse Ezechiæ. Quæ in hoc sensu capienda sunt, mississe scilicet regem Babyloniorum (is tum erat Berodach Baladan, filius Baladan) legatos cum muneribus ad Ezechiam regem, et societatem atque amicitiam ab eo petiisse. Quod et Josephus, libro x *Antiquitatum Judaicarum* cap. 3, testatur his verbis : Ὁ δὲ τῶν Βαβυλωνίων βασιλεὺς, Βαλάδας ὄνομα, πέμψας πρὸς τὸν Ἐζεκίαν πρέσβεις, δῶρα κομίσαντας, σύμμαχόν τε αὐτὸν εἶναι παρεκάλει καὶ φίλον. *Rex autem Babyloniorum Baladus nomine, missis ad Ezechiam legatis cum muneribus, rogavit eum, uti socius et amicus esse vellet.* Non habetur quidem in sacris Litteris, venisse legatos petitum societatem et amicitiam, neque lib. IV Regum, cap. xx, neque lib. II Paralipomenon cap. xxxii, neque Isaiæ cap. xxxix (in illis enim, omnibus locis, et solis, hujus historiæ est memoria), sed tantum venisse gratulatum de recuperata valetudine (ut in IV Regum et in Isaia indicatur) vel interrogatum *de portento, quod acciderat super terram* (ut II Paralipomenon), nihilominus tanta est apud me Josephi et Dionysii Areopagitæ auctoritas, ut facile illis assentiar. Neque ulla ratione eos probo, qui hunc vel illum aliquid, quod in Scripturis non sit, proferentem, audacter, ne dicam temere et impudenter suggillant. Quasi vero non perinde Judæis præter Scripturam suæ traditiones fuerint (quas ipsas non semel citat S. Hieronymus) sicut modo sunt Christianis : aut quasi aliæ historiæ sacræ non illis peræque ac nobis in usu et auctoritate illis exstiterint temporibus. Quare ea sola, quæ ita rationi aut Scripturæ adversantur, ut cum ea conciliari non possint, prorsus improbanda sunt. Est enim Scriptura sacra domina veritatis. Sed si quis aliqua vera non putet, propterea quod in illa desint, ne illi mens et sensus magis deest. Est tamen discrimen inter fidem quam Scripturæ tribuimus, et fidem quam aliis historiis, aut humanis traditionibus accommodamus. Illa enim divina, hæc humana est; illa certa et falli nescia, hæc non ita certa quin falli possit. Quod igitur Josephus (quem SS. Patres laudaverunt, et magni fecerunt) et Dionysius Areopagita (quem schola suspicit theologorum) afferunt sacris Scri-

A pluris non adversum, sed omissum tantum, hoc meo judicio magni faciendum est; neque ullo modo audiendi sunt, qui quavis levi occasione in illos irruunt.

(47) *Triplicis Mithræ.* Quod hic affert Dionysius de triplicis Mithræ seu diei portento, et Babyloniorum submissione, id in ipsis quoque Persarum sacris ac ritualibus libris contineri asserit, nempe contra gentilem Apollophanem gentilitio pugnans gladio. Μάλιστα μὲν οὖν τοῦτο ταῖς Περσῶν ἱερατικαῖς ἐμφέρεται φήμαις, καὶ εἰσέτι Μάγοι τὰ μνημόσυνα τοῦ τριπλασίου Μίθρου τελοῦσιν. *Maxime igitur hæc,* inquit, *in sacerdotalibus Persarum monumentis continentur, atque magi etiamnum memoriam triplicis Mithræ celebrant.* Ubi triplicis Mithræ, id est triplicis solis. Est enim Mithras Persis idem, quod Sol, coliturque ab iisdem divinis honoribus, quippe ipsorum Deus. Hinc Artabazus Persa, apud Xenophontem, lib. VII *De institutione Cyri,* per illum jurat : Μὰ τὸν Μίθρην, *Per Mithram.* Strabo item libro Geographiæ xv : Τιμῶσι τὸν ἥλιον, ὃν καλοῦσι Μίθρην. *Colunt solem, quem Mithram appellant.* Veteres quoque exstant inscriptiones, ubi junctim ponuntur sol et Mithras, ut videre est in hic appositis.

Romæ (*a*) :

SOLI. INVICTO.
MITHRÆ.
T. ANTISTIUS.
T. F. STELLATINA.
SEVERIANUS.
DEDICAVIT.

Mediolani in janua S. Ambrosii, porta Vercellensi (*b*) :

S. D. I. M.
P. ACIL. PISONIANUS.
PATER. PATRATUS.
QUI. HOC. SPELEUM. VIOL.
IGNIS. ABSUMPIUM.
COMPARATA. AREA. A. REPUBL.
MEDIOL. PECUNIA. SUA.
RESTITUIT.

Ubi quatuor primi characteres D. S. I. M. significant : INVICTO. SOLI. DEO. MITHRÆ. Vide plures ejusmodi inscriptiones apud Janum Gruterum. In quibus SOLI MITHRÆ nihil est aliud, quam soli quem Persæ Mithram appellant. Unde apud Curtium lib. IV Historiarum, de iisdem Persis sic prorsus legendum : « Solem Mithram, sacrumque et æternum invocant ignem. » Non vero, quod alicui voluerunt, solem, Martem, etc. Nec enim illis Mars deus in cultum. Romani porro non statuas modo, sed et templa soli Mithræ erexerunt. De Aureliano imperatore conditore et consecratore templi Solis testatur Flavius Vopiscus in ejus Vita. « Templum Solis, inquit, magnificentissimum constituit. » Et prius dixerat : « Cum ad templum Solis venissemus, ab Aureliano principe consecratum. » De Mithra et ejus sacris in specu fieri solitis, meminerunt S. Justinus martyr, Tertullianus, Gregorius Nazianzenus, et alii complures.

(48) *Athenienses enim a Socratis morte, cujus ita eos puduit.* Rem narrat Diogenes Laertius in Socrate, ubi sub extremam ejus Vitam hæc refert : Ἀθηναῖοι δ' εὐθὺς μετέγνωσαν, ὥστε κλεῖσαι καὶ παλαίστρας καὶ γυμνάσια. Καὶ τοὺς μὲν ἐφυγάδευσαν, Μελίτου δὲ θάνατον κατέγνωσαν. Σωκράτη δὲ χαλκῆς εἰκόνος ἐτιμήσαντο, ἣν ἔθεσαν ἐν τῷ Πομπίῳ, Λυσίππου ταύτην ἐργασαμένου. Ἀνυτόν τε ἐπιδημήσαντα αὐθήμερον ἐξεκήρυξαν Ἡρακλεῶται. *Athenienses ita mox pænituit, ut palæstras et gymnasia*

(*a*) Ex Onuphrio et Fulvio.
(*b*) Ex Arriano.

clauserint : et alios quidem exsilio, Melitum vero A *berrimo urbis loco) posuerunt. Anytum denique peremorte condemnarunt. Socratem porro ærea statua regre profectum Heracleotæ ipsa die edicto exterhonorarunt a Lysippo facta, quam in Pompeo (cele- minarunt.*

CAPUT IV.

Dionysii in theologia et virtute profectus, atque ad episcopatum erectio.

Ex quo tempore novus hic Christi miles (49) aquis salutaribus in Ecclesia Dei respersus, cunctis inimici pompis ac lenociniis nuntium remisit, confestim tanquam de morte translatus ad vitam pristinæ suæ cum strepitu populari consuetudinis oblitus, nova studia aggredi, novas virtutes omni conatu et animi et corporis urgere ac persequi cœpit. In quo, ut facilius juxta et felicius fructum operæ suæ dignum consequeretur, ipsa magistrorum dignitas ac præstantia (unde primus discendi ardor nasci solet) momenti attulit plurimum. Nam eos sane magistros habuit, qui Deum ipsi habuerant præceptorem. Nempe apostolos et discipulos Christi, sed præ omnibus, et diutius omnibus, Paulum (50). Qui enim illum verbo veritatis in Christo genuerat, idem prima illi spiritus alimenta suppeditavit, idem prima fidei elementa tradidit, idem lac illi potum dedit. Instar siquidem et exemplum bonæ matris præstare erga Dionysium Paulus voluit; non minus scilicet liberaliter educando, quam ingenue pariendo. Quare præcipua religionis nostræ mysteria sedulo illi exposuit, mundum videlicet, qui perperam a nonnullis philosophis ab æterno exstitisse disputaretur, a Deo conditum esse, cum antea nihil omnino, nisi Deus, exstitisset : tum etiam angelos, tum homines primitus creatos; et illos quidem cœli habitatores, hos autem terræ incolas, et paradisi cultores constitutos : ad quorum pleniorem notitiam ipsi sedulam veteris instrumenti lectionem impense commendabat. Deinde primorum parentum peccata et pœnas, et illorum ad posteros transfusionem, atque inde totius humanæ infirmitatis originem (unde ut culparum, sic aquarum profluxisset diluvium) explanabat. Post illud quoque, perditi generis instaurationem, et patriarcharum seriem atque fidem, egregiaque numinis instinctu facinora in oculis defigebat. Tum vero ad scriptam Dei voluntatem, et angelorum ministerio cœlitus delatam legem, ac Moysi in manus traditam aggrediebatur : cujus legis præcepta duabus tabulis exarata cum mirifice dilaudasset, eaque non solum naturæ conformia, sed etiam humanæ societati conservandæ necessaria commonstrasset, dehinc multitudinem rituum ac cæremoniarum rudi duroque populo, ad perdomandam ejus ferociam, congruenter quidem initio impositarum, sed nunc, mutatis temporibus, earumdem nimiam difficultatem, atque ex ea re plurimas mortalium partim transgressiones, partim anxietates (prout vel existimatio neglectum, vel nimia sollicitudo superstitionem pareret) verbis exaggerabat. Ex quibus omnibus, ac præcipue ex perpeti hominum exitio ac ruina, efficere nitebatur, et profecto efficiebat, opus fuisse omnino, ut lege veteri exarescente, rebusque pessum euntibus, nova lex, novus legislator adveniret; et quidem talis, cui potestas et imperium in omnes esset. Itaque Deum Patrem misisse e cœlo unigenam Filium suum, qui juncta sibi et conglutinata nostra natura, simul Deus simul homo exsistens, redimere modo optimo genus mortalium, et pro sua infinita sapientia sciret, et pro inexhausta potentia posset, et pro immensa bonitate vellet. Super quibus altissimis fidei nostræ mysteriis, cum Dionysio tanquam acuto et solerti in paucis philosopho multa succurrerent ex adverso, eaque nec levia nec spernenda argumenta, hæc ubi magistro suo lucis habendæ gratia proposuisset, ab hoc e vestigio tam lucide habebat exposita, et novis insuper aliorum nodorum exsolutionibus conjunctim declarata, ut multo semper plus referret, quam quæsisset. Cum enim Paulum minime fugeret, quantus olim in Republica Christiana futurus esset Dionysius, accelerabat hominem Ecclesiæ necessarium opportunis instruere documentis, atque in ejus animam, velut in quamdam sacrorum depositorum arcam fidelissimam, omnes scientiæ ac sapientiæ suæ thesauros congerere. Itaque, cui nec acre deerat ingenium, et talis ac tantus magister suppetebat, facile fuit, accedente in primis non impari diligentia, eo divinarum rerum cognitionibus brevi tempore pervenire, quo pauci multis annorum spatiis vix ac ne vix quidem potuerint attingere. Denique (ut quid Paulus Dionysio contulerit, paucis et significant bus verbis e Scriptura complectar *(circumduxit eum et docuit* [x]*)*. Nam Paulo Græciam et Asiam peragrantem tres ipsos annos adhæsisse Dionysium (51), constans est fides. Illo igitur theologiæ magistro maxime et primo omnium usus est : secundum hunc autem S. Hierotheo (52), viro, ut non omnino pari apostolis, certe suppari, et mirificis Dei optimi maximi donis ubertim cumulato. De quo in præsentia (quod alias opportunior, cum ejus describetur vita, futurus sit enarrandi locus) plura non tangam. Quia vero minime satis est homini ad Ecclesiæ gubernacula admovendo, quantacunque pollere scientia, seu sacra seu profana; sed opus præterea est, ac præcipue quidem, multa eximiaque virtute (nam illa instrumenti duntaxat, hæc autem animæ locum tenet), idcirco Dionysius tanto in hanc quam in illam incubuit impensius, quanto anima instrumento præstabilior est. Nec longe illi petenda omnigenæ virtutis aut documenta fuerunt aut exempla, cum et illa identidem ex magistri ore, velut certissima oracula audiret; et hæc in ejusdem vita et moribus, quasi in pulcherrima pictura, quotidie legeret. Quare illius exemplo, corpus suum (quæ prima est tendentibus ad vitæ perfectionem via) crebris jejuniis, vigiliis, laboribus (53) perdomabat, atque in servitutem quotidie redigebat. Neque enim poterat nec volebat in comitatu Pauli aliud facere quam Paulus. Ui ergo Paulus (quemadmodum de se ipse prædicat) cum aliis in multis malis fuit, tum nominatim *in labore et ærumna, in vigiliis multis, in fame et siti, in jejuniis multis, in frigore et nuditate* [a], sic et Dionysius, ut magistri germanus discipulus, esse in iisdem voluit ; nec quidquam in vitæ victusque commodis, ac malorum immunitatibus habere singulare. Quippe ex Evangelii lectione didicerat, sufficere *discipulo, ut sit sicut magister ejus; et servo, sicut dominus ejus* [b]. Nolebat igitur, laborante, aut vigilante, aut jejunante magistro, vel otiosus esse, vel somnolentus, vel genio deditus; sed belli illius intestini et continuæ pugnæ, in qua inter se hostiliter caro et spiritus, licet habitatione conjunctissimi, assidue confligunt, conscius (*caro enim concupiscit adversus spiritum, spiritus autem adversus carnem* [c]) huic arma sua, quibus prævaleret et insolesceret, detrahere; et illi auxilia et nervos, quibus legitimo suo potiretur dominatu, instituit acquirere. Itaque lecti, mensæ, aliarumque rerum hujusmodi, non modo delicias, sed etiam minus necessarias commoditates generoso animo circumcidit. Spiritui vero prorsus e contrario, non solum quas potuit commoditates, sed etiam delicias omnes, tametsi eas non semper, nec omni ex parte necessarias, indulsit. Quas autem? Nimirum continuas ad Deum pre-

[x] Deut. xxxii, 10. [a] I Cor. xi. 27. [b] Matth. x, 55. [c] Gal. v, 17.

cationes, quibus nihil nec sapidius esse potest, nec salubrius; deinde sancti Evangelii et aliarum sacrarum Scripturarum lectionem, non tantum diurnis, sed etiam nocturnis horis frequentatam; qua nescio an quidpiam adversus malarum voluptatum exitiales illecebras reperiri fortius valeat atque solidius. Denique (ut alia omittam) divinæ illius mensæ, et panis vivifici quotidianum pastum, unicas devotæ animæ delicias, quibus tamen deliciis (nec enim id de omnibus dici potest) et robur quoque inest et immortalitas. Hæc igitur quatuor inter alia plurimi faciebat (quæ et omnes sane, qui nomen aliquod in perfectione vitæ obtinere apud Deum volunt, plurimi facere, et maximo in pretio habere debent) corporis scilicet invictam depressionem, orationis usum indeficientem, sacræ lectionis studium indefatigabile, divini epuli famem gustumque insatiabilem : primum quidem ea de causa, quod quanto corpus deprimitur, tanto fere spiritus elevatur : secundum autem, quod sapienter intelligeret : *Omne datum optimum et omne donum perfectum desursum esse, descendens a Patre luminum*ᵈ, et continentiam atque sapientiam non tam humana ope acquiri, quam rite postulantibus manu divina conferri; tertium vero, quod minime ignoraret, sacræ Scripturæ verba spiritum et vitam esse; quartum denique, quod certus exsisteret, omnes Divinitatis thesauros i lo in sacramento plenius atque uberius quam uspiam alibi, cum hominibus communicari. Itaque per sollicitam corporis macerationem, et assiduam precationum in cœlos ejaculationem, ad alias virtutes (quarum istæ non tantum fundamenta, sed etiam fomenta sunt) sibi viam stravit. Quin etiam eousque et laborando et connitendo progressus est, ut nihil eum corpus, aut certe prope nihil retardaret, quominus et divinas litteras hominibus terrestribus, et frivola voluptatum amantibus inaccessas penetraret : ac sese insuper (adjuvante in primis ac sublevante illa gratia, quæ in sacramento sacramentorum plurima suscipitur) visis cœlestibus, et angelicis collocutionibus dignum exhiberet. Paulus igitur hos sui discipuli profectus videns, et egregia virtutum specimina, quæ in dies affatim exhibebat, cum animo suo subinde pensitans miro efferebatur gaudio. Nam ita Dionysius cunctos sui magistri mores induerat, ita omnem ejus disciplinam, speculi instar nitidissimi, repræsentabat, ut hic eum contemplans, velut alterum se in eo contemplari videretur; ut nec immerito eadem illi posset dicere, quæ alii cuidam discipulorum, licet adeo quodam sensu, dixit : *Tu autem assecutus es meam doctrinam, institutionem, propositum, fidem, longanimitatem, dilectionem, patientiam*ᵉ. Quippe adeo hæc noster Areopagita erat assecutus, ut non tantum ea in Paulo esse meminisset, sed ipse etiam vita et moribus repræsentaret. Quare Paulus nihil amplius differendum ratus, quin tantum lumen ad dispergendas gentilitiorum errorum tenebras in sublimi poneret, eum magno totius Ecclesiæ bono, sed occidentalis præsertim, ut post videbitur, longe maximo, creavit episcopum, Atheniensique Ecclesiæ jam ad lucem assurgenti præesse voluit : sive primum (ut alius Dionysius (54) Corinthiorum antistes et scriptor perantiquus memorat), sive secundum, ut a Græcorum Menæo (55) (ubi primus locus sancto Hierotheo assignatur) colligi potest : nam in primis fere omnium Ecclesiarum episcopis, non modo propter ingenia hominum, naturali quodam vitio antiquitatem affectantia, sed etiam propter frequentes ipsorum episcoporum ab uno loco ad alium migrationes, magna inveniendi ordinis beatæque successionis assignandæ difficultas exoritur. Constat enim, uti enascente, sic adolescente Ecclesia, non apostolos tantum, sed ipsorum quoque discipulos incredibili quodam fidei ardore succensos, non unius loci ditionisve angustiis labores terminasse suos, sed Ecclesia satis alicubi fundata instructaque, relicto inibi aliquo e discipulis successore, alias in terra Evangelio quam longissime propagando studio cupide commigrasse. Unde et Historiæ ecclesiasticæ (56) principem valde laudo, qui hunc illorum morem (prælucet enim veritati) minime tacitum prætiit, sed de his ipsis, quæ jam transcurrimus, temporibus agens, deque viris apostolicis (qui usque ad S. Quadratum, Dionysii nostri, post Hublium, in eodem Atheniensi episcopatu successorem, exstiterunt) mentionem inducens, in hanc fere sententiam : « Plurimi, inquit, ea tempestate ardentiori cœlestis sapientiæ amore succensi, et animos divini verbi thyrso percussi, primo quidem salutaribus obsequentes cohortationibus, copias suas in egenos distribuebant, deinde relicta domo et patria, munus evangelicæ prædicationis aggrediebantur, atque iis potissimum, qui nihil dum Christianæ fidei inaudissent, Christum annuntiare, et sanctorum Evangeliorum Scripturas aperire, omni studio contendebant. Hi autem jactis in peregrina terra fidei fundamentis, cum alios pro se pastores ibidem ordinassent, et novarum Ecclesiæ plantarum curam culturamque eis demandassent, tum ad alias inde regiones atque gentes sese cum Dei gratia atque adjutorio transferebant. Quippe cum illo etiam tempore plurima ab illis miracula, Spiritus sancti virtute designarentur : quibus fiebat, ut ad primas eorum conciones, plurima mortalium turba veram erga Deum pietatem atque cultum avidis animis combiberent. » Sic ille. Cum igitur non raro accideret, nonnullos ex iis pastoribus perexiguo tempore, vel rebus non satis exacte ordinatis, in episcopali throno considere, hinc factum est, ut iis in serie episcoporum præteritis, ipsorum successores, qui et diutius eas provincias administrassent, et in rebus Ecclesiæ stabiliendis plus laborassent, pro primis episcopis haberentur. Ita Hierotheum Ecclesiam Atheniensem a Paulo vixdum inchoatam, primum suscepisse, auxisse, rexisse, docuisse arbitrandum est ; sed eo paucis post annis ad alia, quo Spiritus agebat, digresso, aut etiam ab apostolis evocato et misso (nam in Hispaniam concessisse (57), in illi episcopatum tenuisse, in confesso est) Dionysium a Paulo eidem Ecclesiæ præfectum esse : idque anno circiter a Christi ortu quinquagesimo quinto (58) : quo tempore agebat ipse Dionysius annum ætatis fere quadragesimum sextum, parque erat tam regendæ Ecclesiæ, quam quibusvis laboribus pro suscepti muneris ratione sufferendis. Quæ quidem quemadmodum præstiterit, et quibus in fundando atque ordinando Atheniensi episcopatu virtutibus effloruerit, nunc tempus est breviter exponendi.

NOTATIONES.

(49) *Ex quo tempore novus hic Christi miles*, etc. Agitur in hoc cap. de S. Dionysii præceptoribus in doctrina fidei, et sub illis profectu eximio.

(50) *Sed præ omnibus et diutius omnibus, Paulum*. Quin Paulus apostolus et doctor gentium, præceptor S. Dionysii Areopagitæ fuerit, nefas est dubitare. Vide quæ diximus in productis e Græcorum A Menæo Elogiis. Verum quod quidam hæretici improbe effutire ausi sunt, Dionysium ne semel præceptoris sui Pauli meminisse, juvat breviter ad refrenandam impudentium mendaciorum audaciam aliquot colligere, in quibus perhonorificam magistri sui facit mentionem.

1. Igitur in libro *De divinis nominibus*, c. 2, sic

ᵈ Jac. I, 17. ᵉ II Tim. III, 10.

ait : Καὶ τοῦτο ὑπερφυῶς ἐννοήσας ὁ κοινὸς ἡμῶν καὶ τοῦ κατηγεμόνος ἐπὶ τὴν θείαν φωτοδοσίαν χειραγωγὸς, ὁ πολὺς τὰ θεῖα, τὸ φῶς τοῦ κόσμου, τάδε φησὶν ἐνθεαστικῶς ἐν τοῖς ἱεροῖς αὐτοῦ Γράμμασι · « Καὶ γὰρ εἴπερ εἰσὶ λεγόμενοι θεοὶ, εἴτε ἐν οὐρανῷ, εἴτε ἐπὶ γῆς (ὥσπερ εἰσὶ θεοὶ πολλοὶ καὶ κύριοι πολλοὶ), ἀλλ' ἡμῖν εἷς Θεὸς ὁ Πατὴρ, ἐξ οὗ τὰ πάντα καὶ ἡμεῖς εἰς αὐτὸν, καὶ εἷς Κύριος Ἰησοῦς Χριστὸς δι' οὗ τὰ πάντα, καὶ ἡμεῖς δι' αὐτοῦ, » etc. *Et hoc cum præcellenter intellexisset communis meus et præceptoris mei ad divinam illustrationem manuductor, qui magnus in divinis est, et lux mundi, hæc in sacris Epistolis suis divino instinctu dicit : Nam etsi sunt qui dicantur dii, sive in cœlo, sive in terra (siquidem sunt dii multi, et domini multi), nobis tamen unus Deus Pater, ex quo omnia, et nos in illum : et unus Dominus Jesus Christus, per quem omnia et nos per ipsum.* Qui locus totidem verbis est in Paulo I ad Cor. cap. VIII. Itaque meminit magistri sui, et cum honore.

2. In eodem lib., cap. 3, utriusque simul magistri, hoc est Pauli et Hierothei, laudem intulit his verbis · Καὶ ἡμᾶς τοὺς μετὰ Παῦλον τὸν θεῖον, ἐκ τῶν ἐκείνου λόγων στοιχειωθέντας, etc. *Ac nos, qui post Paulum illum divinum ejus (Hierothei) documentis instituti sumus*, etc.

3. Ibidem cap. 4 : Διὸ καὶ Παῦλος ὁ μέγας ἐν κατοχῇ τοῦ θείου γεγονὼς ἔρωτος καὶ τῆς ἐκστατικῆς αὐτοῦ δυνάμεως, μετειληφὼς, ἐνθέῳ στόματι, Ζῶ ἐγὼ, φησὶν, οὐκ ἔτι, etc. *Quocirca et Paulus ille magnus divino amore correptus, atque a se ipse dimotus, divino ore, Vivo, inquit, jam non ego, vivit vero in me Christus*, etc.

4. Ibidem, cap. 7 : Καὶ τοῦτο ὑπερφυῶς ἐννοήσας ὁ θεῖος ὄντως ἀνὴρ, ὁ κοινὸς ἡμῶν καὶ τοῦ καθηγεμόνος ἥλιος, Τὸ μωρὸν τοῦ Θεοῦ σοφώτερον τῶν ἀνθρώπων, φησὶν, etc. *Quod cum eximie cognovisset vere divinus vir, communis meus et præceptoris sol, dixit : Quod stultum est Dei, sapientius est hominibus*. Eant nunc mendaciis suis et calumniis homines improbi et impudentes, et dicant, non meminisse præceptoris sui eum, qui toties et sæpius, tantaque cum laude meminit.

(51) *Nam Paulo Græciam et Asiam peragranti tres ipsos annos adhæsisse Dionysium*. Quin Pauli comes fuerit Dionysius, ambigi non debet. Primi ac præcipui historici id asserunt. Eusebius, lib. III *Hist. eccles.* cap. 4, inter Pauli comites et adjutores illum recenset. Item Nicephorus Callistus, et alii. Verba Michaelis Syngelii idem testantur. Adhæsisse autem ei tres ipsos annos, ex antiquis monumentis et ab Hilduino accepimus.

(52) *Secundum hunc autem S. Hierotheo*. Auctor est ipse Dionysius paulo ante citatus num. 2 et in illis locis quæ ex illo excerpsimus, atque in Vita posuimus cap. 23, ubi non tantum fatetur se Hierothei discipulum, sed etiam prædicat.

(53) *Crebris jejuniis, vigiliis, laboribus*. De his vide Syngelium *in Encomio*, ubi inter alia : Καὶ τῆς πρὸς Θεὸν ἀναστάσεως ὅλος ἐραστὴς καὶ ἀγωνιστὴς καθίσταται, προσευχαῖς συντόνοις δὲ ἡμερεύων τε καὶ διανυκτερεύων, καὶ παννυχίσιν ἀΰπνοις ἐγκαρτερῶν, καὶ νηστείαις τὸ σαρκίον δαμάζων, καὶ τὴν χείρονα μοῖραν καθυποτάσσων τῇ κρείττονι, τὸν χοῦν τῷ νοῒ, καὶ τὴν γεώδη καταλεπτύνων παχύτητα, ἢ ταῖς διανοίαις οἷά τις ὁμίχλη ζοφώδης ταῖς ἡλιακαῖς ἀκτῖσιν ἐπιπροσθεῖν εἴωθεν. *Et totus ad Deum assurgere amat contenditque continuis precibus diu noctuque insistens, atque insomnibus pervigiliis obdurans, et jejuniis corpus perdomans, ac partem deteriorem præstantiori subjiciens, nempe pulverem menti, et rationi terrestrem crassitiem, quæ intelligentiam non secus ac tenebrosa nebula solares radios, solet obstruere*. Vide ibi plura de virtutibus et miraculis.'

(54) *Sive primum (ut alius Dionysius*, etc. Hujus testem habemus Eusebium lib. III *Hist. eccles.*

cap. 14. Sic enim de Areopagita scribit : Ὂν τῆς ἐν Ἀθήναις Ἐκκλησίας πρῶτον ἐπίσκοπον ἀρχαῖόν τις ἕτερος Διονύσιος τῆς Κορινθίων παροικίας ποιμὴν γεγονέναι ἱστορεῖ. *Quem (Areopagitam) Atheniensis Ecclesiæ primum episcopum olius ex antiquis Dionysius Corinthiorum episcopus fuisse narrat*. Idem repetit Eusebius lib. IV, cap. 22. Nicephorus Callistus lib. II *Histor. eccles.* scribit, ipsius Pauli manibus consecratum. Ἐπὶ τόσον δὲ αὐτῷ τῆς πίστεως, ὡς μὴ μόνον τοῦ θείου καταξιωθῆναι λουτροῦ, ἀλλὰ καὶ διὰ χειρῶν Παύλου Ἀθηνῶν προχειρισθῆναι ἐπίσκοπον. *Tanta erat, inquit, in Christum fide, ut non solum divino dignus lavacro esset, verum etiam ipsius Pauli manibus Athenarum crearetur episcopus.*

Sunt qui dicant, hujus consecrationis manu Pauli factæ memoriam exstare etiamnum in ditione Luxemburgensi, in pago Aquila. Abest hic pagus ab urbe Treviris horæ circiter itinere. Ibi exiguum est templum sancto Dionysio Areopagitæ sacrum, et in eo ejusdem sancti cranium, aut potius cranii vertex, cujus in exteriori parte cernitur crux alba, cum cranii reliquum subnigrum sit. Hanc crucem Dionysio impressisse Paulum, dum eum consecraret, communior sermo est ; quorumdam tamen, non tunc, sed dum aqua salutifera illum ablueret; nam utroque in sacramento signum usurpari crucis in confesso est, et docet ipse Dionysius lib. *De Ecclesiastica hierarchia*, cap. 2 et 5. Verumtamen ea illa crux, quæcunque demum sit, sive in ordinibus, sive in baptismo efformata, crux est transiens, et extrinsecus tantum signans ; non vero intus et usque ad ossa penetrans, iisque inhærens. Unde consequitur, aut miraculo factum ut crux illa cutem pervaderet, cranioque insisteret ; aut certe, ut modo, nobis incognito, sic impressa adhæreret. Nam qui dicitur *character sacramenti* ab ejusmodi cruce plane diversus est ; ille enim non corpori, sed animæ imprimitur ; eique indebiliter inhærescit, ac tribus tantum in sacramentis confertur, juxta illum Tridentini concilii canonem 9, sess. 7 : Si quis dixerit, in tribus sacramentis, baptismo scilicet, confirmatione et ordine, non imprimi characterem in anima, hoc est, signum quoddam spirituale et indelebile (unde et iterari non possunt), anathema sit. » At vero crux illa, quæ extrinsecus ab episcopo aut a sacerdote efformatur, corporale signum est, et delebile, et omnibus sacramentis commune.

Tertia vero sententia de tempore impressæ crucis est Joannis Bertelii abbatis Epternacensis, qui in sua *Lutzemburgensi historia*, summo cranio impressum crucis signum a D. Paulo apostolo refert, cum ab eo jam episcopus in Gallias cum benedictione ablegaretur. Verum hæc sententia teneri non potest, nisi si dicatur Dionysius bis in Galliam esse missus ; semel a Paulo, et semel a Clemente, post Pauli mortem. Missum autem a Paulo, nullæ antiquæ litteræ vel minimum vestigium ostendunt : a Clemente autem, ut post liquebit, plurimæ. Meminit hujus cranii Arnoldus Rayssius in suo *Hierogazophylacio*, sive *Thesauro sacrarum Reliquiarum Belgii*, pag. 349. De eodem cranio, et impressa cruce, mecum communicarunt oculati testes P. Joannes Roberti S. theologiæ doctor, et hic Duaci sacrarum Litterarum tunc professor, et P. Joannes Sebastianus philosophiæ eodem tempore in Treviriensi academia magister : quorum hic quidem ea ipsa de causa Aquilam profectus, rem diligentissime examinavit, atque ad me perscripsit : inter alia vero, jam crucem levem esse ac minime porosam, tametsi, quod reliquum est cranii, porosum sit : deinde ex eo cranio, quod argento circumductum scutellam efficit, vinum a peregrinis adversus dolores capitis sumi solitum ; unde tam ob miraculorum copiam, quam ob gratias a pontificibus concessas, magno inibi esse in honore. Quod autem id cranium, sive potius cranii suprema pars, sit ipsius Areopagitæ, hoc indigenæ ex majorum suorum prisca traditione habere se asseverant. Unde vero, aut quando acceperint, memoriæ proditum non habent.

(55) *Sive secundum, ut e Græcorum Menæo, etc.* Diserte Menæum ad diem 4 Octob. Hierotheum Dionysii magistrum, vocat Athenarum episcopum, cum sic de illo : Προκατηχηθεὶς καὶ παρὰ τοῦ ἀποστόλου Παύλου ἐπίσκοπος χειροτονεῖται Ἀθηνῶν, etc. *Primum ab apostolo Paulo eruditus Athenarum constituitur episcopus.* Quod si Hierotheus Athenis episcopus fuit, certe primus fuit, Dionysius autem secundus. Nam Dionysio successit Publius, Publio Quadratus.

(56) Eusebius, lib. III *Hist. eccl.*, c. 37.

(57) *Nam in Hispaniam concessisse*, etc. Cum sanctus Paulus magno teneretur desiderio in Hispaniam proficiscendi, quod insinuavit in Epistola ad Romanos, cap. xv, his verbis : *Cum in Hispaniam proficisci cœpero, spero quod præteriens videam vos*, etc., diu autem ejus impediretur iter, credibile est tum misisse Hierotheum in Hispaniam, et Athenis in Hierothei locum constituisse Dionysium. Constat autem communi Hispanorum scriptorum consensu, Hierotheum in Hispania fuisse episcopum. De quo plura in ipsius Hierothei Vita.

(58) *Idque anno circiter a Christi ortu* 55. Hic annus erat ætatis Dionysii 46, quandoquidem junior Christo fuit annis 9. Cum autem Dionysius ad Christi fidem conversus sit anno ætatis suæ 43, ut ante declaratum est, atque inter hanc conversionem et episcopatum, tempus duntaxat triennii intercesserit, ut tenetur communiter, recte colligitur, tam anno suo 46 quam Christi 55, habenas suscepisse Atheniensis Ecclesiæ. Quam sententiam et illi præcipue amplectuntur, qui Dionysium primum omnino Athenarum antistitem esse volunt. Nec enim ullam habere potest veri speciem, eam urbem, multis jam ad fidem traductis, episcopatu caruisse plus triennio. Qui autem tantummodo secundum fuisse dicunt, tamen cum prioris tam exigua exstiterit memoria, ut a plurimis in serie prætereatur episcoporum, saltem hanc opinionem admittent ut probabilem.

CAPUT V.

Dionysii in fundando et ordinando episcopatu Atheniensi eximia virtus et industria.

Erat Ecclesia Atheniensis, cum eam Dionysius moderandam suscepit, in suis adhuc incunabulis, pusilla, debilis, infirma, sancti Hierothei quidem lacte utcunque nutrita (nam Paulus obiter tantum (59) et per transennam, quod alio festinaret, semina fidei projecerat), sed nondum per ætatem vegetis et fortibus membris : quippe quorum augmento et vigori, adversa quorumdam levium, et novam fidem irridentium philosophorum (60) aura plurimum officiebat. Quibus tamen revincendis, ut sane quam laboriosam, sic perutilem hactenus operam idem Hierotheus navaverat ; sed alio Dei voluntate traductus, præcipuam fundatæ ac firmatæ illius Ecclesiæ laudem Dionysio reliquit. Hic enim annos multos eam tenuit, tantaque statim ab initio diligentia ad illius amplificationem, confirmationem, ordinationem incubuit, ut tandem nulli Ecclesiarum Græciæ, neque numero, neque robore, neque apta singulorum inter se membrorum convenientia, ulla ex parte concederet. Nam a Pauli comitatu in eam urbem reversus, illo spiritu fervens, quem a tali magistro acceperat, et quem communicare cum suis popularibus quam plurimis æstuabat, confestim præcipuos Ecclesiæ, quibus maxime confidi posse didicerat, adire, benigne alloqui, participes suorum consiliorum efficere, de Paulo et ejus factis visa auditaque narrare, vicissim item sciscitari de numero Christianorum Atheniensium, de fervore, de constantia, de adversariis, de eorum conatibus, dolis, impugnationibus, aliisque ad rem prudenter inter hostes gerendam cognitu necessariis : denique adhortari eos, ut singuli pro viribus, alius cognatos et affines, alius vicinos et amicos, alius hospites et advenas ad notitiam *Ignoti Dei* et Salvatoris nostri Jesu Christi adducerent. Et videre erat unumquemque, ardentis pastoris sui verbis inflammatum, pro se omnem operam atque industriam spondere, et spes non vanas aut horum aut illorum ad fidem pertrahendorum ostendere. Ita ignis ubique charitatis cum ingenti omnium gaudio et incredibili ex mutuo conspectu animarum exsultatione, et sui pro unica Dei gloria devotione promicabat. Dixisset aliquis, aureum illud primæ Ecclesiæ sæculum, quo Jerosolymis *multitudinis credentium erat cor unum et anima una* [f], Athenis Dionysio auctore atque duce esse renovatum. Sic brevi bonus accessit de veteranis tironum numerus, partim sapientiæ et spiritui doctiorum, cui resistere non poterant, manus dantes, partim imbecillioris sexus inusitata modestia, gravitate, castimonia in stuporem rapti, partim denique singulari omnium in dictis et factis prudentia, æquitate, fide, constantia, cæterisque virtutibus suaviter simul potenterque perducti. Facillimum enim erat vel ipso aspectu (sic in alteris modestia perlucebat) Christianos gentilesque internoscere. Nihil enim in istis leve, nihil fallax, nihil fucatum, nihil arrogans, nihil turbidum, nihil denique non ex optima et sinecerissima profectum disciplina cernebatur. Ita ut vel inimicis ipsis, tanta virtutum vi convictis, perquam suave interdum videretur, per odorem istorum unguentorum ad totam Christianæ religionis fragrantiam, cum amoris impetu decurrere. Et quia nihil fere est, quod ita hominum demulcere devincireque animos soleat, quam in summa dignitate et auctoritate par animi demissio atque humanitas, incredibile dictu est, quantum apud cives suos hisce virtutibus effecerit Dionysius ; nempe qui cum esset (uti prius fuerat Areopagi caput) sic modo totius Atheniensis Ecclesiæ princeps, tamen tantum infra se modestia, mansuetudine, affabilitate, descenderet, nulli ut se præferre, cunctos sibi æquare vellet : adeoque id ageret, ut nullius privati domus tam uni pateret amicissimo, quam suæ ædes apertæ essent omnibus. Ita faciles ad eum aditus omnium erant, non honestiorum modo, sed pauperum quoque et pupillorum et viduarum, imo horum potius ; quibus etiam magistri sui Pauli exemplo, non tantum animæ documenta necessaria, sed corpori quoque sustentando æris collectanei stipes opportunas procurabat. His igitur aliisque ejus officiis, cum Ecclesiæ corpus satis copiosa frequentia coagmentatum, pro faciliori regimine ac profectu exigere videretur, ut gradus officiaque, quemadmodum in bene morata republica solet, constituerentur ; rem hanc Dionysius, ut quondam apostoli in electione diaconorum, totius congregationis precibus etiam atque etiam commendavit : ipse vero præ omnibus ad hoc opus, tam sacrificia et vota quam nocturnas diurnasque preces tota mentis contentione adhibuit : donec tandem docente intus Spiritu, quid ex usu commissi sibi gregis, et ad majorem Dei gloriam esset, liquido cognovit, et bono publico foras produxit. Cum igitur omnis populus Christianus duas in classes (61) ex antiquo esset divisus, nempe aliquorum sacris ministeriis addictorum, et aliorum omnis sacri muneris exsortium

[f] Act. IV, 33.

(priores nunc clerici, posteriores laici appellantur), primo quidem ad priores aggressus, curavit ut qui vel in sacerdotes vel in diaconos essent coaptati (62), quam horum unusquisque personam gereret, quodcumque sacrum munus obiret, id tanquam Deo præsente et inspectante, imo et cultum, qui sibi exhibeatur, admittente, omni cum diligentia, cura, sollicitudine, purum castumque præstaret. In eos enim totius plebis dirigi oculos, nec ab eorum duntaxat verbis aut mandatis, sed etiam (ac multo fortasse magis) ab eorum vita et moribus, suæ institutionis condiscere disciplinam. Ac proinde diligenter cavendum, ne quid in credito sibi munere seu grande seu parvum committerent, quod observantibus subditis offensioni esse posset. Quibus recte et ordine constitutis, ad alterutrum Ecclesiæ membrum, sive ad laicos conversus, bonum factum judicavit eos in tres gradus distinguere (63), quorum postremus sit eorum, qui a sacrorum mysteriorum inspectione et usurpatione arcentur; medius, eorum qui ad hæc admittuntur, et sanctus populus appellantur; primus autem et præcipuus, monachorum seu cultorum: hi enim majorem quamdam et sublimiorem quam medius gradus perfectionem profitentur, propterea que etiam certis ritibus non quidem ab episcopis, sed a sacerdotibus consecrantur. Quod autem ad postremum seu infimum populi Christiani gradum attinet, eum in tres partes vir sanctus dispertiit, nimirum in catechumenos, in energumenos, et in pœnitentes. Catechumeni vocantur ii qui primis fidei rudimentis imbuuntur, atque ad sanctam per lavacrum salutare regenerationem præparantur. Energumeni autem, qui a malis spiritibus agitantur, vera alioqui per susceptum antea baptisma Ecclesiæ membra. Pœnitentes denique, qui publicis gravibusque peccatis se indignos sanctissimorum participatione mysteriorum reddiderunt. Hos omnes admittebat quidem magnus pontifex in sacram ædem, dum fierent conventus, permittebat sacrarum Litterarum lectioni et expositioni interesse (his enim erudiebantur atque sanabantur), sed cum, illis absolutis, ad ipsas sacrosancta venerandæ eucharistiæ mysteria celebranda se accingeret, tum vero ad majorem tantorum mysteriorum honorem (quæ quantam maximam exigunt assistentium puritatem ac sanctimoniam) jubebat eos, ut minus mundos minusve capaces, abstistere. Quod illi quidem nec inviti (quippe ita edocti erant) nec prorsus illibenter faciebant. Dionysius enim, uti sapiens et alta quadam mente præditus erat, in hoc impense laboraverat, ut magnam inter ordines atque gradus concordiam animorumque consensionem stabiliret. Absque hac enim nullam rempub'icam, nullum consilium, nullam religionem, nullum conventum stare posse; rem Christianam Athenis hactenus concordia cœpisse et crevisse, eadem concordia deinceps firmam ac stabilem fore. Nec vero plus esse causæ, quamobrem inferiores in Ecclesia gradus altioribus aut invideant aut obtrectent, quam in corpore vel pedes manibus, vel femora humeris, vel artus membraque omnia capiti. Nam hanc universorum salutem esse, et optimam compositionem, cum unumquodque membrum, sua contentum sorte, propriis insistat officiis, et si qua possit, optuletur etiam, non vero obstrepat alienis. In corpore humano singula singulis membris munia ab ipsorum auctore attributa esse : mutuamque inter ipsa ex naturæ instinctu semper durare concordiam : in corpore item Ecclesiæ ab episcopis quidem, sed divinitus directis, sua unicuique ordini et gradui officia distribui; in quibus si volentes libentesque perstiterint, non modo nunc saluti et prosperitati ipsis fore, sed etiam postea perpetuo honori ac sempiternæ gloriæ. Hujuscemodi ergo rationibus inducti locum tenebant unusquisque in sacris conventibus, quem pontifex assignasset. Non erant quidem tum Christianis augusta templa, sed in iis tamen quæ erant, suum quisque locum norat. Adyta tenebat et ingrediebatur solus pontifex, eique subditus ordo sacer: proximas penetralibus sedes monachi occupabant : non quales nunc sunt monachi, a populo secreti, et patrem aut rectorem habentes aliquem ordinis sui, sed qui pars populi erant, et patriis in ædibus habitantes, pro sacrorum magistro ac præsule solum episcopum, vel aliquem constitutum ab episcopo sacerdotem, agnoscebant. Secundum monachos, reliquus fidelis populus consistebat, cui ad inspicienda et fruenda diviniora mysteria jus erat. Paulo ab his longius subsidebant, qui immundi censebantur, aut qui omnium expertes sacramentorum erant ; primo quidem, qui defectionis a fide, vel alterius gravis delicti culpam lugebant, et pœnitentiam mœrore publico profitebantur: deinde qui a dæmonibus possessi, aut obsessi, aut miserandum in modum vexati erant : postremo autem loco, qui nullo cum sacramento essent initiati. Nam hos utpote in Christo needum regenitos, neque sacris vitæ novæ radiis eatenus collustratos, æquum est iis cedere, qui licet tentationibus victi peccato succubuerint, aut locum dæmonis insultibus dederint, tamen et renati sunt in Christo, et gregi fidelium ascripti, et eorumdem cum illis sacramentorum participes effecti. Quibus ita constitutis, ad sacrorum rituum ac cæremoniarum curam (64), quibus non parvus sacramentis honos ac reverentia conciliatur, mentem adjecit. Hos igitur ritus pietatis atque sanctitatis plenos cum induxisset, eos cum ipse primus observavit exactissime tum ab aliis sacrorum ministris præcipua diligentia observari jussit. Quare Atheniensis Ecclesia tam sancto regente pontifice, Christianis quidem mire speciosa et amabilis apparebat, ac velut altera novi Salomonis aula, hostibus vero insidiantibus munita, et terribilis ut castrorum acies ordinata : quippe cui nec foris pulchritudo desideraretur cæremoniarum, nec intus fortitudo deesset virtutum; nam in utrumque vir longe vigilantissimus et oculatissimus sedulo excubabat, uti et religionis exterior species foris respectantibus pietatem excitaret, et interior devotæ mentis sanctimonia divinas e cœlo gratias devocaret. Quis autem vel sermone eloqui, vel etiam concipere animo possit, qualis ipse pontifex Dionysius (65), dum sacris operaretur, quantusve fuerit, quam compositus corpore, mente, spiritu, quam remotis a terra sensibus, qua a cunctis animæ viribus cœlo Deoque intentis, et ad capienda divina vibratis! Satis sane erat incendendis ad devotionem atque fervorem omnium cordibus, una sui præsulis Deo immolantis consideratio. Itaque ad sacros cœtus, quoties ii cumque haberentur, magna semper erat concurrentium promptitudo, magna alacritas animorum : quando scilicet eum visuri sacrificantem essent, quando verba de divinis facientem audituri, eum, inquam, cujus vel solus conspectus, vel cogitata tantum præsentia, non mediocres animis indere virtutis stimulos quibant. Ejus porro verba, cum ad turbam suam concionaretur, ejusmodi erant, quæ non externos sensus dictionis mollitie titillarent, vel aures blanditiis ungerent, sed quæ mentes acriter ad virtutem cierent, et salubri peccatorum confricatione ad pœnitentiam pungerent. Itaque sub ejus conciones plus suspiriorum audiebatur, quam laudum et acclamationum, plus verarum lacrymarum cernebatur, quam inanium plausuum (66). Erant enim ejus sermones non de jucundis, sed de utilibus, atque ut plurimum de finibus hominis, de morte, de judicio, de horrendis post hoc fugacis ævi suppliciis, deque aliis ejusdem modi argumentis, ut posset cum Paulo præceptore suo dicere : *Vos scitis quomodo nihil subtraxerim utilium, quo minus annuntiarem vobis, et docerem vos publice, et per domos, testificans Judæis atque gentilibus in Deum pœnitentiam, et fidem in Dominum nostrum Jesum Christum* ᵃ. Quidquid enim fecit Paulus, hoc fere est imitatus

---

ᵃ Act. xx, 18.

Dionysius. Nec enim illa surdis excepit auribus, quæ identidem suis ingeminabat præceptor: *Imitatores mei estote, sicut et ego Christi* [b]. Et illud ad Philippenses: *Imitatores mei estote, fratres, et observate eos qui ita ambulant, sicut habetis formam nostram* [i]. Quis autem magis illam Pauli formam habuit quam Dionysius, qui illam non in vita modo (quod et alii e discipulis fortasse multis), sed etiam simillima in morte præstitit, quod non ita multi. Verum de his posterius; nam alia illis prævertenda sunt. Et ecce nunc ad sacrum apostolorum cœtum, qui Jerosolymis habitus est, et cui interesse Dionysii excellens virtus meruit, præcupida festinat oratio.

NOTATIONES.

(59) *Nam Paulus obiter tantum*, etc. Sanctum Paulum non diu Athenis commoratum esse, licet ex Actis apostolorum colligi, cap. xvii et xviii. Vide etiam Cornelii a Lapide *Chronotaxin Actuum apostolorum*, pag. 4. Causa vero cur tantisper ibi hæserit, fuit, quod Silam et Timotheum exspectaret: ante quorum tamen adventum, quia diutius morabantur, ipso anno quo Athenas advenerat excessit, et Corinthum petiit, ubi cum Sila et Timotheo biennium exegit.

(60) *Adversa quorumdam levium et novam fidem irridentium philosophorum.* Id testatur sanctus Lucas Actorum xvii, ubi scribit Epicureos et Stoicos philosophos cum Paulo disputasse, eumque despicatui habuisse. Erant enim Epicurei leves et voluptuosi, ideoque Christianam religionem, sobrietatis et castimoniæ studiosam, et futura præsentibus anteponentem, contemnebant. Stoici autem suis mordicus inhærentes decretis, et de Deo, de justitia, de misericordia, de aliis virtutibus a nobis diversissima sentientes, et nimio plus omnibus se sapere arbitrantes, nostra præ suis aspernabantur.

(61) *Cum igitur omnis populus Christianus duas in classes*, etc. Antiquissima et generalissima est hæc Christiani gregis divisio, in addictos sacris ministeriis, et in horum expertes, sive in clericos et in laicos, quæ brevissima et commodissima est divisio. De quibus nominibus, ne alio properans detinear, vide doctissimum Bellarminum lib. o *De clericis*, et Baronium tomo primo *Annalium*, Christi 44.

(62) *Ut qui in sacerdotes vel in diaconos.* Dionysius in suis, qui nunc exstant, libris nullorum ordinum infra episcopos meminit, nisi sacerdotum et diaconorum; quorum etiam solorum in sacris Litteris est mentio. Ex quo scriptoris antiquitas, imo et scriptorum ipsius, colligi potest. Neque enim, cum diutissime vixerit, extrema ætate sua scripsit, sive secundo sæculo (quo plures erant in Ecclesia distincti ordines), sed primo. Quamvis initio secundi nonnulla retractantis more addiderit, ut quæstione 2 disputavimus. Nec male etiam dici posset, nomine diaconorum (quod capi generatim potest, uti et nomen ministrorum) omnes ordines episcopo et sacerdoti ministrantes comprehendisse.

(63) *In tres gradus distinguere.* Populi seu laicorum in tres gradus distinctionem tractat Dionysius lib. *De hierarchia ecclesiastica*, cap. 6. Vide in Documentis. Vocat autem illos gradus τάξεις καθαιρομένας, *ordines qui purgantur*, hoc est, qui a peccato et ignorantia mundantur: cujusmodi sunt omnes qui non recensentur inter sacros Ecclesiæ ministros. Talis illorum distinctionis series a sancto Maximo disponitur:

Αἱ καθαιρόμεναι τάξεις διαιροῦνται

Εἰς τοὺς ἐκβαλλο- Εἰς τὸν πι- Εἰς μοναχοὺς ἤτοι
μένους τῶν ἱερῶν, στὸν λαὸν, θεραπευτάς.

Ordines qui purgantur, dividuntur

In eos qui e templis emittuntur, In fidelem populum, In monachos sive cultores.

Quid sit porro purgare et purgari, illustrare et illustrari, perficere et perfici, petendum ex Documentis. Addo et aliam seriem a S. Maximo omissam, quo intelligatur qui sint qui e templo emittuntur, et quam ob causam:

[b] 1 Cor. iv, 16. [i] Phil. iii, 17.

Οἱ ἐκβαλλόμενοι τῶν ἱερῶν διαιροῦνται

Εἰς κατηχου- Εἰς μετανοοῦν- Εἰς ἐνεργου-
μένους, τας, μένους.

Qui templis emittuntur, dividuntur

In catechu- In pœni- In energumenos, tentes, menos.

Catechumeni sunt, qui ante baptismum erudiuntur fidei elementis.

Pœnitentes, qui ob hæresim aut alia gravia peccata, pœna sunt obnoxii.

Energumeni, qui a dæmonibus vexantur, aut turbantur, aut obsidentur.

Hi omnes egebant purgatione: primi quidem a peccato originali et ignorantia rerum fidei; secundi a peccatis post baptismum commissis; tertii a contaminatione diaboli. Idcirco propter suam impuritatem, antequam ad consecrationem veniretur sanctissimi sacramenti, auditis tantum iis quæ prodesse ipsis poterant, dimittebantur e templo, sicque solis præsentibus, quorum vitæ puritas et innocentia tanto sacramento, et ipsius veri Dei et hominis Jesu Christi præsentia atque majestate non indigna erat, perficiebatur eucharistia.

Sic quidem primis omnino temporibus: nam postea soli catechumeni a sacris mysteriis, ut in SS. Basilii et Chrysostomi *Liturgiis* observare est, absistere jubebantur, idque diacono post evangelium et recitatam pro catechumenis ab episcopo precationem aliquoties proclamante, ut egrederentur. Voces diaconi erant hæ: "Ὅσοι κατηχούμενοι, προέλθετε. Οἱ κατηχούμενοι, προέλθετε. Ὅσοι κατηχούμενοι, προέλθετε. Μή τις τῶν κατηχουμένων. *Quicunque estis catechumeni, exite. Catechumeni, exite. Quicunque estis catechumeni, exite. Ne quis catechumenorum.* Deinde iis egressis, subdebat ad sanctum populum: "Ὅσοι πιστοί, ἔτι ἐν εἰρήνῃ τοῦ Κυρίου δεηθῶμεν· *Quicunque fideles, etiam atque etiam in pace Dominum oremus.*

(64) *Ad sacrorum rituum ac cæremoniarum curam.* In cultu divino semper imperatæ observatæque sunt ab auctoribus vel promulgatoribus sacrorum certæ cæremoniæ, ad hoc videlicet institutæ, ut majore cum reverentia et honore ea quæ ad Deum spectant, agerentur et tractarentur. Tales in lege veteri sunt plurimæ, et Deo quidem ipso auctore, commendatæ. Tales et in nova non paucæ, partim ab apostolis, partim ab apostolorum successoribus abundantioris pietatis ac religionis causa constitutæ. Eas autem non tantum describit, sed et explicat sanctus Dionysius. Cui eam ob rem de Ecclesia optime merito, si quis obstrepat ingratus, næ is pessimus homo est, et pro tanta inhumanitate vix homo. Plura vide ap. Baronium et Bellarminum.

(65) *Qualis ipse pontifex Dionysius.* Si unquam alias, tunc totus Dei erat Dionysius, cum ad aram faceret, ac quasi in Deum transformatus. Ignes pietatis et ejus thura devotionis duo in primis testantur: unum, quod ita se in sacrificii tempore componeret, ita gereret, quasi ipsis in cœlis Deo præsens esset; alterum, quod divina in carcere divino spiritu et fervore celebranti, Christus ipse aspectabili forma occurrerit, et acceptam ex altari hostiam sua manu obtulerit. Quæ duo ex veteribus martyrii ejus Actis desumpta sunt.

(66) *Michael Syngelus in Encomio.*

CAPUT VI.

Dionysius beatissimæ Virginis conspectu in terris fruitur, et suprema excedentis benedictione in apostolorum cœtu potitur.

(67) Hæc est Dei opt. max. erga servos suos præsertim fide sinceros, et charitate ferventes, benignitas ac munificentia, ut non modo vita perfunctos omni gaudio in æternis beatorum domiciliis perfundat, sed eorum quoque in terris superstitum susceptos labores, aut advenientes extrinsecus molestias, multa interdum consolatione attemperet. Ita cum multis sanctorum, ita cum Dionysio Areopagita illum fecisse, manifestum est. Nam, cum despectis mundi honoribus, et derelicto celeberrimi illius Areopagi fastigio, humilem legis Christianæ modestiam ac submissionem volens lubens amplexus esset, ac modo sub Pauli disciplina (cui totus et anima, et mente, et corde, ut Syngeli utar verbis (68-69), erat agglutinatus) doctrinam, spiritumque apostolicum combibisset, imo et commissam sibi Atheniensem Ecclesiam optimis legibus a'que institutis, non sine multis magnisque laboribus, divinitus ordinasset, hoc ipse præter alia inter medios sudores et ærumnas percepit maximæ ac liquidissimæ voluptatis nobile solatium, quod plurium simul apostolorum (qui quidem ea tempestate vitam inter mortales agitabant) per orbem alioqui paulo ante dispersorum, gratissimo conspectu atque congressu, sed præcipue beatissimæ Virginis Deiparæ incomparabili præsentia in hoc mortali corpore dignatus sit. Nempe ad eam brevi post e vita migraturam, tam ipse quam Hierotheus et Timotheus, multique alii egregia vitæ sanctimonia præstantes (70), incredibili sacræ illius atque animatæ Arcæ testamenti visendæ ac honorandæ studio convenerunt : imo et apostoli per diversa terrarum antehac divisi, jam tum divino nutu, sive ab angelis, ut quondam Habacuc propheta [k], aut Philippus diaconus [l], rapti (71), sive levibus nebulis, quod quidam arbitrati sunt (72), per sublime vecti, sive etiam, quod multi factum credunt (73), de appetente ejus excessu aliquanto ante divinitus præmoniti (voluntas enim erat supremi Regis, honorare Matrem, et sepulcrum ejus reddere gloriosum) ad illius brevi emigraturæ virgineum thalamum, velut condicta die, simul unanimes comparuerunt. Erat tum Virgo ætate admodum provecta (annos scilicet circiter septuaginta duos nata [74]), et hujus producendæ vitæ, post fidem in Filium Jesum Christum longe lateque propagatam, minor ei jam restare ratio videbatur, quam illius ad cœlestem illam perfruendam, et revisendum Filium lubenter cupideque dimittendæ. Igitur ardentes ad cœlum preces, quo nunc anima vehementer anhelabat, non semel, sed sæpius sparserat, ut si quidem Deo ita collibitum foret, abire sursum de hac statione ad præparatum sibi domicilium liceret; jamque etiam divinum responsum, et proficiscendi tempus ex animi sententia acceperat, cum fidissimo suo Joanni, tanquam uni omnium secretorum participi et cunctorum, quæ ad justa sibi facienda spectarent, necessario curatori, aperuit. Is vero, quemadmodum velle Virginem matrem cognoverat, sociis apostolis, aliisque Domini discipulis, et iis quorum vota super hac re Deus exaudierat, aut verbo aut scripto mature ut significaretur, providit. Ita undecunque, et ab iis qui procul distabant, Jerosolymam est approperatum, et ab omnibus qui prope aberant, ad montem illum Sion, ubi erat Virgini et Joanni commune domicilium, ingenti studio concursum est. Deus bone! quæ tum illic amicorum inter sese post longinqua tempora, et quam suaves ac jucundæ revisiones, recognitiones, consalutationes! quam stricti amplexus, et quam sancta oscula! cum et discipuli et apostoli, et utrorumque auditores et sectatores, et cuncti invicem mira cum voluptate congrederentur, totosque et ore, et oculis, et osculis, sancto ipsos conglutinante Spiritu, amores effunderent. Bene profecto hæc in monte Sion, monte sancto, monte amabili; monte, in quo nec ros unquam mellifluus, nec opportuna aliquando desideretur pluvia; monte in quo toties sacrosancti Jesu inambularunt pedes, in quo Spiritus sanctus abundantissimas donorum suorum primitias in generosa dilectissimi cœtus corda diffudit: in quo toties et angeli et angelorum hominumque Regina conversati sunt : in quo nunc quoque præcipua totius sanctitatis columna sanctissimæ parenti suæ quam religiosissimo parentatui concurrerunt. Verumenimvero, si de monte Sion talia, quid de ipso Virginis habitaculo et thalamo, hoc est, de præcipua montis illius gloria (nihil enim mons ille unquam habuit neque sanctius, neque augustius, quam istud ipsum, quod Dei Filio, et Dei Matri frequentatum et inhabitatum est domicilium): quid de illo, inquam, beatissimo domicilio dici aut cogitari dignum potest? quæ ibi fuerunt religiosissimæ pietatis studia! quæ omnigenarum virtutum a Matre sapientiæ sapientissima exercitia! quam fervidæ illic precationes! quam profundæ meditationes! quam altæ contemplationes! qui raptus animi! qui excessus mentis! qualia eis illis penetralibus ad apostolos documenta! qualia ad omnes emanavere consilia, auxilia, solatia, et uno verbo, omnis generis dona perfecta et data optima! Huc ergo in istam bonorum omnium indeficientem apothecam, una cum apostolis et apostolorum paribus noster hic ingredi meruit Dionysius; nec hoc tantum, sed et Reginæ ipsius thalamo appropinquare, et ipsam reginam viventem et videntem cominus intueri, et in divino vultu effulgentes cœlestium gratiarum thesauros contemplari, et verba ex ore illo purissimo, melle simul et favo dulciora, plus nimio felicibus ac fortunatis auribus excipere, et intimis animi medullis condere. O voluptas! o deliciæ! Quam cito tibi, o ter beate Dionysi, quam cito, et quam properanter in talium haustu deliciarum tot exantlati antehac abs te labores, et tot perpessu graves ærumnæ forti animo toleratæ, fumi instar evanuerunt, ac nihil esse nec fuisse convictæ sunt! Sic olim Jacobo patriarchæ septem anni in vita agresti et pastoritia dure exacti, cum super pecore vigilans et æstu ureretur et gelu, tamen speciosæ Rachelis suæ respectu, *videbantur* (ait Scriptura [m]) *pauci dies præ amoris magnitudine*. Verum Dionysio totidem fere anni in laboriosissimo episcopatus onere transacti, conspecta Virginis matris plena modestiæ majestate, non modo pauci dies videbantur præ amoris et admirationis magnitudine, sed nulli. Cum vero et adhortantem ipsam ad susceptos in Filii sui vinea labores constanter in finem perferendos audivit, et proposita vincentibus multiformium coronarum præmia singulari cœlestis oris gratia præmonstrantem attendit, cum vero et incredibili amore exarsit, et vix ne ne vix quidem apud se fuit. Denique extrema valedicentis et omnibus bene precantis verba, submisso quantum potuit et corpore et animo, mistisque gaudii et mœroris affectibus excepit, et diu motus stetit. Ut ille, sic et alii. Illa vero in dulcissimi Filii comitatu, et in præclara subvolantium angelorum pompa, cœlo velocissime penetravit, et præcelsa seraphinorum loca incomparabilis gloriæ plena transcendit. Quis autem in illo articulo fuerit singulorum sensus, quis affectus, quæ comploratio, qui gemitus et suspiria, quis dicat? Tacitis proinde, quæ dici non

[k] Dan. xiv, 35. [l] Act. viii, 39. [m] Gen. xxx, 20.

possunt, cogitari vix possunt, tandem exsequiarum cura cum alios omnes, cum apostolos maxime, et cum præcipue Joannem Domini peræque et dominæ dilectum, tanquam hujus domesticum et familiarem, et omnis apparatus e cœlo conscium incessit : et quæ ejus providissima cura fuit, nihil is omnino, quod factum oportuit, infectum prætermisit. Alia litteris persequentur, qui ex instituto laudandum ejus excessum uberius susceperunt: ego his solum nunc insistam, quæ cum Dionysii nostri laude, cujus proprie acta pertractamus, conjuncta sunt. Itaque cæteris exsequiarum justis debite peractis, ad orationes et hymnos funebres ventum est. Placuit enim sacro apostolorum senatui, uti in Matris Domini sui laudes, tam ipsi quam alii pontificum, si quid in se inesset facundiæ et pietatis, experirentur. Hic vero erat apostolos videre et audire velut semideos quosdam, irruente in eos Spiritu commutatos, jam de Filio, jam de Matre, prorsus nova, prorsus mira, prorsus divina, pari et obsecundante stylo deprædicantes: jam item alios atque alios, et in his sanctum Hierotheum Dionysii præceptorem, tam excellenter, ipso teste Dionysii eximii laudatoris partes sustinentem, ut omni ex parte, argumenti, dictionis, actionis, affectionis, nomen plane exæquaret suum. Quid ipse autem Dionysius? Nempe qui alios in cœlum extollit, ipse de se silet. Verum illud ipsum silentium, et tanta Hierothei contra dilaudatio, mihi omni voce expressius clamat, illas ipsas virtutes, quas in magistro tam diligenter observavit, et tantopere commendavit, in semet abundanter habuisse; et quod est in se ipse expertus, hoc de Hierotheo expressisse. Nam hoc ingenuorum est proprium ingeniorum, e suo spiritu atque fervore de simili alterius aut etiam majori benignam cum animis suis facere conjecturam. Si enim et aliis in rebus tantus fuit Dionysius quantum scripta ipsa demonstrant; in hujus Virginis et matris (amabilissimæ dicam, an admirabilissimæ?) celebrandis tali in consessu præconiis quantus exstitisse credendus est? Certe (quod ipse de magistro dixit) totus extra se raptus, totus, in ea quæ sublimissima sublimissime attingebat, transformatus. Sed de hocce apud beatissimam Deiparam sacro conventu, deque profusis in eam honoribus, in præsentia satis. Nam ad tempus quo hæc facta sunt quod attinet (quamvis, ubi de re aliqua constet, pervicacium sit ingeniorum, quærere et altercari de tempore), tamen in anno Christi circiter quinquagesimo octavo, Neronis autem imperii secundo, dicimus accidisse. Rem vero ipsam beatus Juvenalis Hierosolymorum (ubi ea transacta est) episcopus, continua traditione ad sua tempora devolutam, abhinc mille ducentis fere annis Marcianum docebat imperatorem (75). Is enim imperator, cum insigni esset pietate, et conjugem eam haberet, a qua sola in pietatis studio et studio vinceretur, Pulcheriam Augustam scilicet, curam Deo vere pulchram, illa ipsa hortante, ad beatissimæ Virginis perquirendas reliquias cogitationes applicuit suas. Itaque ipsum Juvenalem patriarcham et alios Palestinæ episcopos, qui ad Chalcedonense concilium ea tempestate convenerant, ad se accitos interrogavit, num sanctissimæ Dei Genitricis sacrum corpus, eo in tumulo in quo primitus compositum fuerat, etiamnum reperiretur; habere enim se in animo, ad unum templorum eidem Virgini dicatorum (tria siquidem illi Pulcheria Augusta Constantinopoli fabricaverat, eaque pulcherrima et augustissima) illud transferre, futurum urbis principalis munimentum atque præsidium. Cui respondit patriarcha, in sacris quidem Litteris de obitu Deiparæ mentionem haberi nullam, antiquissima tamen ac verissima traditione receptum esse, sanctos apostolos, ejus instante obitu, Hierosolymam undique terrarum, ad quas dispersi fuerant, convolasse, e vita etiam emigranti adfuisse, mortuam cum honore et hymnis tumulasse : quin et ipsum triduum angelicos concentus eo loci auditos esse. Addebat denique, tertio exsequiarum die, cum sancti Thomæ postulatu reclusum fuisset sepulcrum, solas sepulcrales fascias suo loco, perinde quasi paulo ante a corpore desertas, ab ipsis esse inventas; sed incnarrabili odoris suavissimi fragrantia redolentes : ita censuisse ipsos, virgineum corpus a corruptione esse servatum, atque in cœlos translatum ; igitur denuo tumulum obsignasse, inibique reliquisse. Et sane valde congruebat ut corpus, quod nulli subditum peccato fuisset, id neque corruptioni, quæ a peccato exorta est, subderetur. Quod etiam Propheta regius tanto ante intervallo prospiciens de utroque tam Matris quam Filii incorrupto corpore (76) concinebat ⁿ : *Surge, Domine, in requiem tuam, tu et arca sanctificationis tuæ;* hoc est: Tu, Domine, qui es Sanctus sanctorum, nec tu solum, sed et arca sanctitatis tuæ, id est Virgo Maria mater tua, cujus in utero tanquam in arca sanctissima, caste et pudice custoditus es : surgite ambo absque corruptione ad gloriam incorruptam, et requiem imperturbabilem. Decet enim, ut a duobus primævis corporibus manavit per inobedientiam corruptio, sic a duobus novi ac beatioris sæculi divinis tabernaculis per utrinsqua obedientiam Deo offerantur incorruptionis primitiæ. Ita Virgo receptis dimissi corporis exuviis, prorsus integra et incorrupta ad regalem conscendens thalamum, inanem in terris tumulum dereliquit; quamvis nec omnino inanem : quippe illa sacri deposili aliquanta præsentia sanctitatem indeptus erat nec vulgarem. Hunc tumulum pius imperator quando aliud haberi non poterat, ad se transmissum, in magnificentissimo beatissimæ Virginis templo (*Blachernarum* appellant) proxime sacram mensam deposuit. Nec vero tacuit idem beatus Juvenalis, eo in cœtu adfuisse una cum discipulis et sancto Timotheo atque Hierotheo beatissimum Dionysium. Qui quidem Dionysius, au conspecta tum in persona Virginis quasi plusquam humana majestate, ea quæ passim feruntur, dixerit, nimirum se pro dea eam fuisse habiturum, nisi aut fides aut ratio inhibuisset, id, inquam, nec ita certum habeo, ut asserere ausim ; nec ita incertum , ut refellere debeam. Uti enim a novis quidem hominibus (77), sic a doctis admodum et piis hujuscemodi opinionis celebrata est auctoritas. Quare hæc aliis relinquentes, Dionysium a sanctis locis ad sui gregis pascua revertentem pedetentim prosequemur.

NOTATIONES.

(67) Quæ hoc capite continetur de sanctissimæ Virginis excessu historia, partim ex antiqua traditione, partim e sancti Dionysii libro *De divinis nominibus* desumpta est. De traditione testatus est ante mille et centum eoque amplius annos beatus Juvenalis patriarcha Hierosolymitanus, de quo paulo inferius. Verba sancti Dionysii capite tertio ejusdem libri sunt hæc : Ἡνίκα καὶ ἡμεῖς, ὡς οἶσθα, καὶ αὐτὸς, καὶ πολλοὶ τῶν ἱερῶν ἡμῶν ἀδελφῶν ἐπὶ τὴν θέαν ζωαρχικοῦ καὶ θεοδόχου σώματος συνεληλύθαμεν. Παρῆν δὲ ὁ ἀδελφόθεος Ἰάκωβος, καὶ Πέτρος ἡ κορυφαία καὶ πρεσβυτάτη τῶν θεολόγων ἀκρότης, etc. *Quando et nos, ut scis, et ipse* (Hierotheus scilicet) *et multi ex sanctis fratribus nostris ad intuendum corpus, quod principium vitæ et Dei conceptaculum fuit, convenissemus. Aderat autem et Jacobus frater Domini, et Petrus, supremum et venerabilissimum theologorum columen.*

ⁿ Psal. cxxxi, 8. Glycas parte iii, pag. 325.

Quæ ver: a cum a diversis diverse capiantur, singulorum proferendæ sunt sententiæ, ut pateat ex eorum commissione, quænam vera censenda sit.

Prima igitur antiquissima et communissima sententia (quam et nos amplectimur) est, illa Dionysii verba de corpore sacrosancto beatissimæ Virginis Mariæ (ad quod intuendum et tumulandum convenerint apostoli) esse intelligenda. Sic enim intellexit Juvenalis patriarcha Hierosolymitanus, qui abhinc mille ducentis retro annis vixit et scripsit. Sic et Andreas Cretensis, Hierosolymorum etiam ipse patriarcha. Sic et sanctus Maximus martyr, sancti Dionysii scholiastes præcipuus, in suis *Scholiis*. Sic et sanctus Joannes Damascenus in oratione *De dormitione Deiparæ*. Sic et Michael Syngelus, presbyter Hierosolymitanus, et Simeon Metaphrastes, et Nicephorus Callistus, et Georgius Pachymeras, et alii e Græcis : ipsorumque item Menæum, et uno verbo, Græci omnes. E Latinis autem S. Gregorius Turonensis, lib. ı *De gloria martyrum*, S. Ildefonsus sermone 4 *De assumptione B. Mariæ*, Albertus Magnus in dictum librum et locum sancti Dionysii, aliique quamplurimi, antiqui et novi. Et probatur hæc sententia ratione.

Primo, quia corpus sanctissimæ Virginis aptissime vocatur ζωαρχικὸν καὶ θεοδόχον σῶμα. Nam ζωαρχικόν sonat *quod est principium vitæ*. Atqui si Christus est vita (ut se ipse appellavit Joannis xıv : *Ego sum via, veritas et vita*), et si Deipara est illi principium generationis, certe etiam dici potest *principium vitæ*. Recte etiam dicitur corpus B. Virginis θεοδόχον, id est *Dei susceptivum*, sive *Dei conceptaculum*, quod scilicet Deum in utero conceperit et gestaverit.

Secundo, quia beatæ Virginis excessus et sepultura causam præbuit justissimam, apostolos et ex apostolicis viris præcipuos eo trahendi, tam ut ejus aspectu et benedictione fruerentur, quam ut ejus sepulturam, velut matris et reginæ, curarent et cohonestarent.

Tertio, quia ejusdem Virginis pietati atque charitati valde consentaneum fuit, ut priusquam terras relinqueret, apostolos et primores discipulos videre, extremumque salutare, ac potissimum solando, docendo, hortando aliquid eis gratiæ spiritualis impertiri vellet. Poterat enim multo justius, quam Paulus, illa verba sacra usurpare, quæ ille ad Romanos ᵃ : *Desidero enim videre vos, ut aliquid vobis impertiar gratiæ spiritualis ad confirmandos vos, id est, simul consolari in vobis per eam, quæ invicem est, fidem vestram atque meam*. His igitur impellor rationibus, ut primæ huic sententiæ, rejectis aliis, adhæresceam, quæ vero contra objiciuntur, tum refellam, cum alias opiniones produxero.

Secunda igitur opinio est Joannis Scoti in Epistola ad Carolum Magnum, per ea scilicet verba : Ἐπὶ τὴν θέαν τοῦ ζωαρχικοῦ καὶ θεοδόχου σώματος, intelligi conspectum Christi corporalem. Ex hoc enim loco probat, Dionysium una cum Hierotheo et multis aliis Christum vidisse. « Cum quo, inquit, multisque aliis sanctis in unum convenientibus, Christum post resurrectionem corporaliter est contemplatus ; aderantque, ut ipse ait, Jacobus frater Domini, » etc. Quæ si ita intelligantur, ut dicantur Dionysius et Hierotheus vidisse Christum in carne ante suam ascensionem, prorsus falsa sunt ; tum enim neque ipsi, neque ipsorum magister Paulus ad fidem adhuc erant conversi : sin de alia Christi apparitione corporali post ascensionem facta sit sermo, quamvis Græca verba eum quoque admittere sensum possint, tamen etiam sic videtur esse falsus. Nam talis apparitio tam multis simul, et tanto tempore post ascensionem facta, nullo modo, neque ab apostolis, neque ab eorum discipulis (cum ad resurrectionis probationem faceret

ᵃ Cap. ı, v. 11.

A plurimum), neque ab ullo prorsus alio, qui spectatortam præclati visi fuissent, tacita esset. Accedit quod hæc opinio ab alio hactenus recepta sit nemine.

Tertia sententia est Matthæi Galeni Westcappellii, in *Præfatione ad Areopagitica* Hilduini, qui de ædibus Joannis evangelistæ verba illa sancti Dionysii accipit. « Porro licet, inquit, alii non incommode fortassis sint ista intellecturi de conventu ad sepulcrum ipsum subdiali, ibidemque consessu apostolico ; attamen rectius existimo, de ædibus Joannis evangelistæ accipi posse, in quas recepisse dicitur B. Virginem statim a commendatione Filii sui morituri. » Verum neque hæc magnam habet probabilitatem. Nec enim tanti ædes illæ erant, ut earum visendarum gratia e multis et dissitis locis, et e magnis occupationibus evocandi essent tot apostoli et viri apostolici. Quid, quod valde insolens est sermo, ædes vocari corpus ? imo nullus unquam

B sic locutus legitur.

Quarta proinde est Hilduini abbatis, qui in S. Dionysii Vita, capit verba supra posita de sepulcro Christi. Nam agens de libro S. Dionysii *De divinis nominibus*, ubi verba ista exstant controversa, sic scribit : « In quo ostendit, se apud sanctam civitatem, penes sepulcrum Jesu vitæ principis, a Jacobo fratre Domini et Petro apostolorum principe, necnon et a theologo Joanne una cum prælato Hierotheo, et S. Timotheo, aliisque sanctis compluribus audivisse disputationem et fidei sacramentum, » etc. Ubi τὸ sepulcrum Jesu vitæ principis positum est pro eo, quod Græce habetur τοῦ ζωαρχικοῦ καὶ θεοδόχου σώματος. Pro hac opinione, tanquam pro aris et focis, depugnat Franciscus Bivarius in *Commentario* suo *ad Dextri Chronicon*, in anno Christi 48, et quod pro ea quidem afferri potest, enixe affert ; sed tamen ad expugnandam sententiam, quæ a tot sæculis et a tot bonis au-

C ctoribus recepta sit, ut mihi quidem videtur, invalide.

Primum Bivarii argumentum est, quod auctores nostræ sententiæ (ut quidem ipse sumit B.varius pag. 98) « manifeste defecerint (uno dempto Baronio) in eodem Dionysii textu explicando : dum ex eo credunt haberi, inibi quoque adfuisse Timotheum Pauli dilectum discipulum, et Ephesiorum episcopum ; ad ipsumque libros suos Dionysium nuncupasse : quod tamen verum non esse, ad annum Domini 100, comment. 11, Deo duce, inquit, monstrabimus. » Hæc ille.

Duo igitur dicit : uno quidem, quod omnes, qui verba Dionysii de corpore Virginis accipiunt, iidem, excepto Baronio, ibi abfuisse Timotheum Ephesiorum episcopum dicant : alterum autem, quod iidem teneant, adeoque ex Dionysii verbis colligant, libros S. Dionysii ad eumdem B. Timotheum scriptos esse. Ipse porro utrumque horum falsum esse dicit, atque se ostensurum, nec inter-

D fuisse Timotheum illum funeri Virginis, nec ad eum scriptos esse libros ; nos autem utrumque pro vero tenemus, et pro certo probabimus.

Ac prius quidem de Timothei præsentia confirmatur ex auctoribus Græcis et nominatim ex illorum antiquissimo Juvenale, patriarcha Hierosolymitano, cujus ante memini. Is igitur coram Marciano imp. et Pulcheria conjuge, cum de obitu ac funere Deiparæ ageret, addit inter alia, etiam Timotheum et Dionysium Areopagitam et Hierotheum interfuisse. De quo vide Nicephorum Callistum lib. xv *Histor. eccles*. cap. 14. Idem Menæa Græcorum expresse testantur.

Quod autem dicit Bivarius, Dionysii verba nihil pro nobis facere, si ad unguem perpendantur, et quod pro hoc confirmando Marsilii profert interpretationem ; nihil sane illa contra nos facit, atque etiam si aliquid faceret, responderemus, ipsorum Patrum Græcorum explicationem, unius auctoris Latini interpretationi longe præferendam esse, et Græcos ipsos melius Græca intelligere quam Latinos. Quamvis et plures Latinorum interpretationes a nobis sint, et novissima quoque nostri Petri Lansselii, qui Græca illa ἡνίκα καὶ ἡμεῖς, ὡς οἶσθα, καὶ αὐτός, καὶ πολλοὶ τῶν ἱερῶν ἡμῶν ἀδελφῶν ἐπὶ τὴν θέαν τοῦ ζωαρχικοῦ καὶ θεοδόχου σώματος συνεληλύθαμεν, sic vertit : *Cum et nos, ut scis, et tu, et multi ex sanctis fratribus nostris, corporis, quod Auctorem vitæ Deumque recepit, videndi causa convenissemus*, ubi καὶ αὐτός vertit *et tu*, quo modo et Michaelis Glycæ interpres accepit in parte Annalium, ubi eadem verba vertit : *Nos quidem una tecum*, etc., quod idem est, atque nos *quidem et tu*, nam αὐτός non tantum significat *ille*, sed etiam *tu*. Quin et hoc modo accepit idem Dionysius paulo ante, in eodem ipso capite, et eadem pagina, cum dixit alloquens sanctum Timotheum : Καὶ πολλάκις ἡμᾶς καὶ αὐτὸς εἰς τοῦτο προέτρεψας· *Et sæpe nos etiam tu ad hoc hortatus es*. Quia tamen ambigua est hic Dionysii intentio, non ex nos tantum particula nitimur, ut probemus Timotheum decessui Virginis adfuisse, neque item verbis illis *convenimus nos*, quasi ibi comprehendat secum una Hierotheum, aut, si mavis, Timotheum, sed potius illis, ὡς οἶσθα, *ut nosti*, quæ bis illic usurpat, quasi velit dicere : Ut ipse optime nosti, qui illic adfueris : deinde etiam illis verbis, quæ post sequuntur, ubi dicit Dionysius se ab ipso Timotheo, memori illorum hymnorum qui tum decantati sunt, partes aliquas inaudiisse. Quibus verbis quid indicare velit aliud, quam S. Timotheum memoria retinuisse, quæ illic ad funus D. Virginis, cum præsens adesset, audiverat?

Quin et Hilduinus ipse, licet aliter quam nos in aliis senserit, tamen adfuisse Timotheum una cum sanctis Dionysio et Hierotheo, nobiscum sentit; cujus verba licet videre in ejus *Areopagiticis*. Idem et S. Thomas in *Expositione super librum De divinis nominibus*, cap. 3, ad hunc ipsum locum.

Secundum ejusdem Bivarii argumentum est, quod si Dionysius de transitu ageret, non diceret convenisse ipsos Hierosolymis « visuros corpus ejus, quod vitæ principem Deumque suscepit, » sed sic, « interfuturos migrationi ejus, » etc. Respondeo, diversos diverse loqui, Bivarium more suo, et Dionysium suo; Latinos aliter, aliter Græcos; Dionysium autem Græcis ita locutum, ut omnes Græci, ne uno quidem excepto, intellexerint ibi sermonem esse de corpore Virgineo, non autem de sepulcro.

Et quod addit Bivarius, dicturum fuisse Dionysium, « non quidem ad videndum tantum, sed ad recipiendam ejus benedictionem postremam : nec ad videndum corpus duntaxat, sed ad videndam eam vivam, priusquam migraret ad Filium : » respondeo, nos quidem hodie ita locuturos esse, sed Dionysium in suis libris aliud loquendi genus sectatum, nempe grandiloquum et subobscurum : existimasse autem, facile hæc intellectum iri ab eo, qui iisdem interfuisset exsequiis. Intelligenti enim pauca. Nec volebat Dionysius sua ab omnibus intelligi, cum nec omnibus scriberet, sed solis Ecclesiæ sacris ordinibus.

Addit idem Bivarius : « Quod si velit quis, ut Virginem vita præditam Dionysius nuncupet *corpus*, inusitatum inducet loquendi modum, quo nullus doctorum usus reperitur. » Respondeo, non tam inusitatum esse, ut *corpus* ponatur pro *persona*, quam ut *corpus* ponatur pro *sepulcro*, quod tamen ipse vult. Quis enim ab orbe condito unquam sic locutus est, aut loquetur infinitis post sæculis? « Visamus corpus quod suscepit Joannem, pro, visamus sepulcrum Joannis. Visamus corpus quod suscepit Christum, pro, visamus sepulcrum Christi. » Certe illa longe tolerabilior est locutio, « Visamus corpus, quod suscepit Christum, id est visamus Virginem, seu corpus Virginis, » uti et S. Thomas loco ante citato approbat, ita scribens : « Potest etiam intelligi quod convenerunt ad videndum corpus beatæ Virginis Mariæ in ejus morte, quod etiam suscepit Deum in incarnatione. »

Nam ut caro in sacris litteris percrebro pro toto homine ponitur, sic et corpus (quod idem est quod caro) peræque pro toto homine poni potest. De carne quidem obvia sunt exempla, ut Genes. vi, 12 : *Omnis quippe caro corruperat viam suam*, id est omnis homo, et Psalm. LV, 5 : *In Deo speravi; non timebo quid faciat mihi caro*, et Joannis I, 6 : *Et Verbum caro factum est*, et Lucæ III, 6 : *Et videbit omnis caro salutare Dei*. Non minus autem corpus sic accipi potest, cum a carne non differat ; imo vero ita accipitur Sapientiæ I, 4 : *Quoniam in malevolam animam non introibit sapientia ; nec habitabit in corpore subdito peccatis*, id est in homine pravo et perverso : alioqui in anima potius habitat sapientia quam in corpore. Quin et Matth. xxiv, 28, et Lucæ xvii, ultimo : *Ubicunque fuerit corpus, illuc congregabuntur et aquilæ*, id est, ubicunque fuerit Christus, ut multi sancti Patres interpretantur. Accedit quod proprie et proxime corpus videatur, ac propterea recte dicatur eos convenisse visuros corpus ; sicut frequentissime in Scripturis, pro eo quod diceretur : Non videbitis me, reperimus usurpatum, *Non videbitis faciem meam*. Sic Geneseos XLIII, 44 aliquoties : *Non videbitis faciem meam absque fratre vestro minimo*, sic et similia. Sic et Actorum xv, 25 : *Amplius non videbitis faciem meam vos omnes, per quos transivi prædicans regnum Dei*.

Adde, propter corpus maxime convocatos videri apostolos, nempe ut illud (cujus præcipue honos id temporis a Spiritu sancto intendebatur) honeste ac religiose sepelirent, atque etiam ut essent, qui et viderent mortuum, et testarentur assumptum. Alioqui unde nobis illa ejus in cœlos assumpti tam festa dies? Unde tanta, quanta nunc est, solemnitas provenisset?

At enim urget etiam atque etiam vir admodum diligens et doctus (talem enim certe agnosco), atque Dionysii verbis nos impugnat, istis nimirum : *Illic ergo post contuitum placuit, ut pontifices omnes*, etc. « Nihil igitur, inquit, aliud apostoli et discipuli fecerunt, nisi videre et contueri, quod sepulcro Domini valde congruit, corpori autem Virginis minime, quod nimirum non solum viderunt, sed et sepulturæ mandarunt. » Sic ille. Cui nos dicimus, neque verum esse quod assumit, neque bene inferri quod colligit. Multa enim ibi præter contuitum corporis alia esse facta, indicat eodem loco ipse S. Dionysius; sed omittit ea speciatim exponere, quod et Timotheo nota essent (nempe testi aurito et oculato) et verbis facile exprimi non possent ; neque, si possent, deberent. Verba Dionysii sunt : Ἀλλὰ ἵνα τὰ ἐκεῖ μυστικὰ καὶ ὡς τοῖς πολλοῖς ἄρρητα, καὶ ὡς ἐγνωσμένα σοι παραλείψωμεν· *Sed ut mystica, quæ illic facta sunt, tanquam multis ineffabilia, et tibi cognita, prætermittamus*.

Postremo reprehendit Bivarius, quod a nonnullis dicitur « omnes apostolos funeri beatæ Virginis adfuisse. » Qua de reprehensione id solum habeo dicere, si ab illis hoc dicatur, quasi ex Dionysii verbis ; merito eos reprehendi, neque enim id ejus verba sonant, sin ex vetusta traditione, quam Juvenalis patriarcha coram augustis principibus Martiano et Pulcheria testificatus est, immerito ; nempe accipiendo *omnes* distributione accommoda, qui scilicet in vivis erant, et adesse poterant. Nam quod duo tantum nominentur, Jacobus et Petrus, his verbis : Παρῆν δὲ καὶ ὁ ἀδελφόθεος Ἰάκωβος, καὶ Πέτρος ἡ κορυφαία καὶ πρεσβυτάτη τῶν θεολόγων ἀκρότης· *Aderat autem et Jacobus Christi fra-*

ter, et Petrus supremum et venerabilissimum theologorum columen; quod hi, inquam, soli nominentur, non obstat quin et alii adfuerint (non enim excluduntur), sed hi tantum a Dionysio, tanquam qui tunc præcipui inter apostolos essent nominis et auctoritatis, nominantur. Nam Petrus erat omnium caput, Jacobus autem urbis Hierosolymorum (quæ urbibus omnibus antistabat, in Judaicæ gentis princeps domicilium erat) antistes a collegis suis constitutus, qui etiam abstinentiæ et austerioris vitæ causa ipsis fidei nostræ hostibus erat reverendus. Quod vero Joannes evangelista nominatus non fuerit, causa in promptum est, quod de ejus præsentia utpote Virgini semper assistentis, nulla suboriri posset dubitatio. Imo S. Mariæ cathedralis ecclesia Tornacensis gloriatur se habere de palma, quam sanctus evangelista et apostolus Joannes deferebat præeundo in exsequiis S. Mariæ Deiparæ. Sic enim est in Hierogazophyliaco Belgico Arnoldi de Raisse. Quin et Messanenses in Sicilia frustum aliquod ejusdem palmæ in principe templo asservant. Vide post Francisci Maurolyci abbatis Messanensis Martyrologium adjuncta *Reliquiarum loca*. Ad Paulum autem quod attinet, sive adfuerit sive abfuerit, nihil fraudi est verbis Dionysii, qui mentionem ejus non facit ; sed neque assertioni illorum qui dicunt omnes adfuisse; quandoquidem more vulgari loquuntur, ut dicant omnes pro parte maxima, et pro iis qui commode adesse potuerint, et quos Deus ei consessui destinaverit.

Nam iidem ipsi qui dicunt omnes adfuisse, postea subjiciunt defuisse Thomam, ac triduo post tantum advenisse : nec sine divino quidem id factum consilio dicunt, nempe ut idem Matris probaret assumptionem, qui Filii comprobarat resurrectionem. Sed Franciscus Bivarius, dum nimis insistit, ut defuisse isti apostolorum cœtui Paulum probet, ostendatque non potuisse esse Hierosolymis anno Christi quinquagesimo octavo, in multis errat. Nam ita scribit : « Adhuc autem mihi difficile id videtur; quoniam anno quinquagesimo septimo (qui fuit Neronis secundus, teste Hieronymo lib. *De scriptoribus Ecclesiæ*, Paulo) Paulus pervenit vinctus Romam, ubi mansit biennio toto in suo conducto, Act. ultimo. Unde anno quinquagesimo octavo non potuit Hierosolymis adesse. » Sic ille. Quod ergo existimat, annum Christi quinquagesimum septimum esse secundum Neronis, aperte fallitur : non enim quinquagesimus septimus, sed quinquagesimus octavus est secundus Neronis, ut liquet ex Eusebii Chronico et Demonstratione Pontaci. Deinde, quod ad probandum pervenisse Paulum Romam anno secundo Neronis, testem adducit Hieronymum, rursus fallitur. Non enim dicit Hieronymus *pervenisse*, sed tantum *missum esse. Romam*, inquit, *vinctus mittitur*. Itaque illo anno erat Hierosolymis. Deinde paulo post in accommodanda ejusdem Pauli prophetia non parum aberravit, sic enim de illo scribit : « Quia postquam semel Romam venit, nunquam in Orientem reversus est, ut ipse de se prophetaverat Actorum vigesimo : *Ecce ego scio*, inquiens, *quia non amplius videbitis faciem meam vos omnes, per quos transivi prædicans regnum Dei*. » Sic ille. Atqui Paulus non prophetabat se nunquam in Orientem reversurum; imo tunc, cum illa prophetabat, recta tendebat in Orientem, nempe Hierosolymam, ubi et captus et vinctus, ac deinde ductus Romam fuit. Erat autem Mileti Paulus cum illa prophetavit (est porro Mileti urbs Asiæ), eoque vocaverat Epheso majores natu Ecclesiæ. His ergo Ephesiis, et Milesiis potissimum, sed et aliis Ecclesiis Asiæ, quæ ab illis non longe distabant, se posthac per eorum terras non transiturum prædicebat. Neque enim eis verba sic restricte capienda sunt, quasi nulli omnino eorum, per quos transiverat prædicans verbum Dei, essent in posterum ejus visuri faciem, id enim fere fieri non po-

terat. Nam etiam in Judæa prædicaverat, quo tamen jam properabat, et sine dubio aliis quoque in locis inter Judæam, et Asiam mediis. Deinde rursus ex Judæa Romam usque erat profecturus : an in toto illo et tam longo itinere nulla urbs erat, ubi ante prælicasset? neque hoc satis. Roma etiam liber dimissus a Nerone, ad prædicandum ubicunque voluit Evangelium, annos complures abiit, et quidem, ipso teste Bivario atque defensore, etiam in Hispaniam profectus est : quod ego illi assentior. An nullus igitur interea, non dicam e Judæis aut Græcis, sed ex Asianis, quibus tum valedicebat, ejus faciem vidit? nullus ad eum, seu in Syriam, seu in Hispaniam, seu in Italiam, seu alio, ubi erat, ejus visendi aut conveniendi causa se contulit? nullus quacunque ex occasione in ea loca profectus, ubi Paulus erat, in eum incidit? Res est sane creditu perdifficilis. Quid igitur, inquies, istis verbis voluit Paulus? Aliud certe nihil quam se in terram Asiam, præcipueque Miletum et Ephesum, amplius non rediturum.

Postremo, non posse verba de Christi Domini sepulcro intelligi, probat etiam doctissimus Baronius, anno Christi 48. Quia scilicet sepulcrum illud apostoli jam sæpe viderant, nec erat causa cur id temporis tam multi una convenirent, tam ad videndum illud, quam ad hymnos illi concinendos. Cui argumento mirum est nihil responsum esse a Bivario. Maneat igitur firmum (quod et Græci omnes docuerunt, et plurimi Latinorum approbarunt) verba sancti Dionysii de conventu apostolorum ad corpus Virginis intuendum, et honore sepulturæ adornandum, intelligenda esse.

Sed quæret aliquis, quamobrem apostolorum nullus mentionem ullam vel mortis sanctissimæ Virginis, vel conventus ad exsequias ejus fecerit. Hoc enim quidam Michaeli Glycæ olim proposuit. Illius proinde interrogationem, et hujus responsionem hic lubet apponere. Sic itaque Glycas parte tertia *Annalium* : « Memini quoque, dilecte illi, inquit, te inter cæteros hujusmodi dubitationem aliquando mihi proposuisse. Quamobrem, aiebas, discipuli Christi et apostoli, rebus aliis in commentarios et historias relatis, prorsus de obdormitione perpetuæ Virginis illius obticuerunt? Hac de re satis est respondere, auctores Evangeliorum Christi administrationem in carne commemorantes, ad ejus a terris in cœlum assumptionem pervenisse. At illa expers maculæ Domini nostri Jesu Christi Mater provectam ætatem attigisse perhibetur, ut divinus ille vir Andreas Cretensis antistes auctor est. Quapropter fieri non potuit, ut Virginis illius perpetuæ obdormitio evangelicæ historiæ insereretur, uti quæ longo deinceps tempore, sicut diximus, acciderit. Propterea seorsum peculiari quodam libro de ipsa nihil Christi discipuli memoriæ prodiderunt, propterea quod in explicanda ejus administratione occupati, magnopereque de una illa re solliciti (quo nimirum pacto incredulos fideles efficerent, ac omnes ad puram sinceramque in Christum fidem perducerent) cætera negligebant, præsertim ea quæ ad divinam illam prædicationem nihil facerent. » Sic ille ad propositam quæstionem. Tum subdit consequenter, non omnino neglectam fuisse a discipulis apostolorum hanc de somno Virginis historiam, quandoquidem S. Dionysius in scriptis suis ejus meminerit : « Non tamen omnino, inquit, divina isthæc obdormitio silentio præterita fuit. Nam rerum ille divinarum interpres, magnus Dionysius, de hac admiranda quædam in perscriptis ad Timotheum epistolis tradere deprehenditur. Ac vide mihi, obsecro, quæ dicturi simus ex illius narrationibus decerpta. Nos quidem, ait, una tecum, multisque sacris fratribus, ut meministi, ad spectandum corpus illud, quod vitæ principium et ipsum Deum aliquando continuerat, conveneramus, » etc. Ita ille.

(68-69) *Ut Syngeli utar verbis*. Græca Michaelis Syngeli verba in *Encomio sancti Dionysii* sub initium, sunt hæc : Καὶ ὅλος ὅλῃ τῇ ψυχῇ καὶ διανοίᾳ καὶ καρδίᾳ τῷ διδασκάλῳ προσκεκόλληται. *Et totus tota anima et mente et corde magistro agglutinatus fuit*. Loquitur autem ibi de sancto Paulo magistro suo; nam et alium magistrum habuit S. Hierotheum, cujus alibi meminit.

(70) *Multique alii vitæ sanctimonia præstantes*. Glycas etiam 70 Christi discipulos una cum apostolis adfuisse existimavit, idque ex ipsius Dionysii verbis colligi : « Ostendit, inquit, in hac narratione sacer ille Dionysius universum prope cœtum apostolorum, et ipsorum 70 discipulorum, ad venerandum hoc spectaculum congregatum fuisse; tum quod eodem tempore discipuli omnes per universum dispersi convenerint; quorum in numero et ipse fuerit una cum Timotheo et Hierotheo. »

(71) *Sive ab angelis, ut quondam Habacuc aut Philippus, rapti*. De raptu Habacuc prophetæ ad lacum Danielis, vide librum Danielis cap. xiv, 35, ubi inter alia : *Et apprehendit eum angelus Domini in vertice ejus, et portavit eum capillo capitis sui, posuitque eum in Babylone supra lacum in impetu spiritus sui. Et clamavit Habacuc, dicens : Daniel, serve Dei, tolle prandium, quod misit tibi Deus. Et ait Daniel : Recordatus es mei, Deus, et non dereliquisti diligentes te. Surgensque Daniel comedit. Porro angelus Domini restituit Habacuc confestim in loco suo*. Itaque bis raptus est Habacuc ab angelo in aera. S. Philippus autem semel, Act. viii, 39, cum baptizasset eunuchum Candacis reginæ. *Cum autem ascendisset de aqua, Spiritus Domini rapuit Philippum, et amplius non vidit eum eunuchus*.

(72) *Sive levibus nebulis, quod quidam arbitrati sunt*, etc. Inter alios Syngelus his verbis : Μάλιστα καὶ ἡ νεφέλη μετάρσιον αὐτὸν τῆς ἑσπερίου λήξεως ἀφαρπάσασα, καὶ μετεωρίσασα, καὶ ἀεροπόρον, ὡς καὶ τοὺς ἀκροτάτους θεόπτας καὶ θεολόγους ἀποστόλους, etc. *Sed imprimis nubes illa, quæ ab occidentis partibus abreptum sublimem ipsum abstulit, perque aerem euntem abduxit, uti etiam summos Dei inspectores et theologos apostolos, alium aliunde repente a finibus terræ in celeberrimam communem omnium matrem Jerusalem asportavit*, etc. Paria fere Simeon Metaphrastes in Vita S. Dionysii : Διὰ Πνεύματος καὶ νεφέλης, *per Spiritum et nubem*, inquit.

(73) *Sive etiam, quod multi factum credunt*, etc. Tertia sententia est, admonitos mature apostolos ac discipulos de instante Deiparæ Virginis excessu, conatos ante mortem illi adesse. Quam ego cum Baronio et aliis amplector.

(74) *Annos scilicet circiter septuaginta duos nata*. Divinam Virginem pervenisse ad annum ætatis circiter septuagesimum secundum, tenent hi auctores :

1. Epiphanius presbyter Constantinopolitanus in *Vita Virginis* : « Ætas Virginis, inquit, ad septuaginta duos annos processit. »

2. Cedrenus in *Compendio Historiarum*, ubi de imperio Tiberii Cæsaris agit, sub quo Christus Dominus passus est, ita de B. Virginis Deiparæ excessu scribit : Παρέδωκε καὶ τὴν ἁγίαν αὐτῆς ψυχὴν τῷ Κυρίῳ καὶ Υἱῷ τῷ Θεῷ αὐτῆς ἐτῶν οὖσα οβ´ (οἱ καὶ φασὶ νη´)· ὥστε μετὰ τὴν ἀνάληψιν τοῦ Χριστοῦ εἴκοσι τέσσαρας χρόνους ἐπεβίωσεν. *Tradidit suam sanctam animam Domino et Filio Deo suo annos nata septuaginta duos (quidam tradunt quinquaginta octo). Vixit ergo viginti quatuor annos post Christi in cœlum ascensionem*. Ita ibi.

3. Auctor opusculi *De forma et moribus B. Mariæ* apud Anselmum, dicit eam, cum assumpta fuit in cœlum, septuaginta duorum fuisse annorum.

4. Favent eidem sententiæ S. Andreas Cretensis, et Simeon Metaphrastes, qui Deip. Virginem usque ad multam senectutem pervenisse scribunt.

(75) Niceph., lib. xv, c. 14.

(76) *De utroque tam Matris quam Filii incorrupto corpore*. De virginei corporis incorruptione testis est, præter alios, S. Germanus patriarcha Constantinopolitanus, in oratione *De obdormitione Virginis*. Vide Glycam, parte iii *Annalium*, pagina 326. De Filii autem incorruptione nefas dubitare.

(77) *Uti enim a nobis quidem hominibus*. Primus, quem repererim in ea fuisse sententia, ut Dionysius præ admiratione gloriæ ac majestatis D. Virginis dixerit, se eam adoraturum fuisse tanquam Deum, ni fides obstitisset, est Hubertinus de Casali, qui lib. iv *Arboris vitæ*, c. 38, sic scribit : « Unde Dionysius cum ad eam videndam introductus fuisset, vidit tantum splendorem, et angelorum multitudinem innumerabiliter circa eam, et propriam Virginem tanta luce fulgere, ut dixisse referatur, quod eam, ut Deum, adorasset præ magnitudine gloriæ, quam videbat, nisi evangelica fuisset fide coactus. » Sic ille. Nota idiotismos Gallicos, *propriam Virginem pro ipsam Virginem, et coactus pro impeditus*. Claruit hic auctor, teste Trithemio *De scriptoribus ecclesiasticis*, sub Alberto imp. anno Domini 1300. Hubertini opinionem secuti sunt Dionysius Rickelius in cap. 3 *De divinis nominibus*, art. 16 ; Petrus Canisius lib. iii *De Deipara*, cap. 21 ; Petrus Ribadeneira in *Vita S. Dionysii Areopagitæ*, et alii illos secuti.

CAPUT VII.

Dionysii ab Hierosolymis reversi pontificiæ occupationes, et apostolici discursus.

(78) Posteaquam justis beatissimæ Virgini ex more persolutis, sua unicuique negotia et sacer instinctus discessum persuaserunt; tum et Dionysius, divinæ consolationis et cœlestium opum plenus, ad iter se accinxit. Viderat enim præcipuum et unicum fere mundi miraculum, quod tam multi videre concupiverant, tam pauci viderant ; nec viderat ipse tantum, sed etiam ex visu simul et auditu mirabiles quasdam amoris species, et incensa virtutum ejus, unaque Evangelii disseminandi studia mente conceperat : cum apostolis etiam et discipulis Domini de rebus maximis ac divinissimis familiariter collocutus fuerat, tantosque ex omnibus fecerat profectus, quantos brevi sermone complecti difficile est. Quare tanquam nihil aut parum esset, quod hactenus in vinea Domini laboraverat, ad longe majora vastum illud pectus his inflammatum incendiis pertendebat. Neque illum sinebant ea quæ ab aliis per latum orbem variis in regionibus facta audiverat, somnum oculis capere. Ita continenter obversabantur animo, ita dies noctesque ad paria stimulabant. Quamobrem ita reditum Athenas disposuit, uti et per longa itineris spatia quam plurimos, quacumque transiret, Christo studeret mortales adjungere, et una statueret, postquam ad suos pervenisset, rebus inibi, quanta maxima diligentia compositis confirmatisque, ad incultiora et opis suæ indigentiora loca se transferre. Igitur satis redditus, cum jam non qualis antehac visus, sed tanquam angelus aliquis de cœlo lapsus suspiceretur ab omnibus, amaretur ab omnibus, viam ad res quas intendebat, feliciter peragendas invenit expeditissimam. Itaque et cœtus habere frequentiores, et ea in illis perdocere, quæ ut scitu maxime necessaria, ita fructu essent uberrima : fidei scilicet præceptis mordicus inhæ-

rere et ea frequenti repetere memoria, ac liberis suis domesticisque tradere : fidem vero, quæ alioqui inanis fit et infructuosa, probis moribus et honestis actibus corroborare et cohonestare. Quam in rem haud raro singula singulorum tam in se quam erga alios officia exponebat, quid parentes filiis, quid filii parentibus; quid domini servis, quid servi dominis; quid conjuges alter alteri, et omnes inter sese deberent. Denique quid viduis, quid virginibus, quid cœlibem vitam sequentibus præcipue cordi esse oporteret. Nam et in his omnibus inculcandis præcipuos instilisse apostolos non solum in libris legerat, sed etiam oculis auribusque acceperat. Quia vero longe maximum momentum ad Ecclesiam in suo flore ac vigore sustentandam, imo et ad amplificandam quoque, et adversus omnes hostium insultus protegendam, in accurata sacrorum ministrorum disciplina positum esse intelligebat, propterea et totius doctrinæ formam ipsis præscripsit, et se ipsum (quod Paulus a Tito exigebat, et in illo a cunctis episcopis) *exemplum præbuit bonorum operum* P; hocque omnibus modis sategit, ut qualis esset ipse, aut esse vellet, tales post se in Ecclesia sua relinqueret successores. Quod profecto qui pro dignitate præstat, haud minus Ecclesiæ importat emolumenti, quam si integram aliquam ad Christi fidem adduceret provinciam. Quin vero etiam multo magis; nam vel unicus talis antistes, non unius duntaxat, sed plurium instar est provinciarum. Nec dubitem affirmare (ut ne longe hinc abeam) sanctum Paulum in unius Dionysii perfecta informatione non minus fecisse commodi, quam si multas Christianæ religioni regiones adjunxisset? Is enim Dionysius totam Atticam, ut amplius opera Pauli opus non esset, Christo acquisivit : is multas alias provincias cursim a Paulo adumbratas, et primis duntaxat coloribus tinctas, magistri relegens vestigia, omnibus perfectæ doctrinæ numeris absolvit : is bonam Galliarum partem, is non minimam Hispaniarum ditionem tam per se quam per suos Christianæ legi subjecit. Sapientissime igitur, quod dicere institueram, in princeps Ecclesiæ membrum, sive in ordinis sacri bonam ac perfectam constitutionem atque disciplinam, cura peculiari incubuit. Atque illud in primis et singulariter commendavit, ut ordo quisque inferior superiori, hic autem supremo (ut lex est Dei et naturæ) subjectus esset; neu quisquam adversus superiores, quos Dei loco habere et revereri et audire debeat, sibi quidquam temeraria audacia arrogaret. Contra quod ejus mandatum si quis interdum sui obliviosus veniret, mire angebatur animo; et culpæ reum, licet alias mitissimus, haud sine justa verborum acrimonia severius emendabat. Ejusce experimenti testimonium Demophilus ille cultor (79) sive monachus præstare potest. Erat enim ex eo laicorum ordine, qui ob majorem pietatis cultum cultores, et ob unius Dei, rejectis omnibus mundi et rerum terrenarum curis, peculiare servitium, monachi nuncupabantur; sed cum inferiorem se non presbyteris modo, sed etiam diaconis deberet meminisse, nescio qua imprudentis zeli imagine ab inspiciendo vero atque justo abstractus, contra sacerdotem quempiam audacius insurgere, et nimiam ejus in improbos, ut sibi persuadebat, indulgentiam vehementius incusare cœpit : quin etiam pœnitentem quemdam criminum suorum medelam ab eodem sacerdote exposcentem, acerbius repellere, et in adyta contra fas ingressus, eum cui ea ingrediendi jus esset, cum acerbis dictis aditu prohibere non reformidavit. Quod factum postquam Dionysius ex amborum tam presbyteri, quam ipsius Demophili litteris accepisset, non mediocriter sane (quemadmodum rei gravitas exigebat) commotus animo, sive ob violatum in Ecclesiæ membris debitum ordinem, sive ob monachi a maligno spiritu illusi acerbam arrogantiam, tanta cum animi cæcitate conjunctam, merito excanduit. Quippe in eum qui irrogatam sacerdoti injuriam zelum putaret, et qui perturbatam ab se ecclesiasticæ dispositionis ordinem, officium ac pietatem nominaret. Adeo insinuata bonis mentibus superbia sensim omnem extundit veræ sapientiæ virtutisque sensum. Quid autem vir sanctus tali in re ac tempore? Aberat tum Athenis, ad alia pro religionis necessitate et incremento profectus, nec tam commode poterat adeo enormiter prolapsum absens relevare, quam animus erat, aut res postulabat; memor tamen illius boni Pastoris, qui ove una perdita dimittit nonaginta novem in deserto, ut requirat centesimam q, alias ipse omnes curas et negotia, ut huic uni intenderet, atque a recta rationis orbita deerrantem unam oviculam reduceret, tantisper seposuit. Epistolam igitur ad eumdem Demophilum conscripsit, et ex abundantia quidem charitatis bene longam; sed non longiorem tamen quam doctiorem, et utraque persona digniorem. Cujus cum exemplum in promptu habeam, sitque ea longe pulcherrima et adæque saluberrima, nihil cunctabor eam ponere in medio Nam præter ipsius doctoris nostri excellens ingenium, doctrinamque sacrarum Litterarum longe uberrimam, tria præterea exhibebit suis egregie depicta coloribus non minimi pretii documenta, quæ in ipso fonte juvabit recognoscere, nempe quanta sit mansuetudinis apud Deum pulchritudo et æstimatio; quantum hominis arrogantis et in aliena officia se immittentis, peccatum et supplicium; ac postremo, quanta exsistat divinæ benignitatis erga peccatores patientia, longanimitas, commiseratio. Cujus quidem virtutis etiam exemplum ibidem profertur, quo nullum usquam alibi post Evangelium et Acta apostolorum (nisi me prorsus fugit ratio) nec antiquius reperias, nec efficacius. Epistolam igitur, talia et tam salubria continentem medicamina, nunc expromam.

NOTATIONES.

(78) Continet reversionem S. Dionysii conventu Hierosolymitano, et disciplinæ ecclesiasticæ præclaram in Atheniensi episcopatu constitutionem. Cujus disciplinæ observandæ quam studiosus exactor fuerit, et violatæ severus castigator, exemplo Demophili monachi, seu cultoris, ibidem ostenditur.

(79) *Demophilus ille cultor.* Qui in populo, sive inter laicos, præcipuæ pietatis ac devotionis statum profitebantur, cultores, ab eximio virtutum cultu, appellabantur; Græce θεραπευταὶ, a verbo θεραπεύω, *colo.* Iidem et monachi appellabantur, quod μόνῳ Θεῷ, *soli Deo,* vacarent, pietatemque unice colerent.

CAPUT VIII.

Dionysii ad Demophilum cultorem sive monachum, officii et humanitatis limites transgressum, vindex epistola.

Demophilo cultori, Dionysius, salutem.

Tradunt Hebræorum Historiæ, o generose Demophile, etc. *Exstat supra, inter Epistolas S. Dionysii, ordine octava.*

Hac epistola Dionysius tanquam bonus pastor velut fistulæ sono exerrantem oviculam in ordinem

p Tit. ii.   q Matth. xviii, 12 ; Luc. xv, 4.

revocavit. Sed quam bene in eadem epistola dictum illud Salvatoris nostri sua oratione vir sanctus confirmavit : *Omnis scriba doctus in regno cœlorum* (id est in Ecclesia) *similis est homini patrifamilias, qui profert de thesauro suo nova et vetera* ʳ ! Quam multis enim epistola illa et veteribus et novis exemplis atque sententiis, ex utroque depromptis Testamento, abundavit! et quam apposite illud S. Carpi (fuit is quoque Pauli apostoli discipulus, et Troade postmodum episcopus) pulcherrimum et recentissimum exemplum, proptereaque ad certissimum et utilissimum, ad extremam epistolam (ubi scilicet amoris erga Jesum aculeos relinqueret) usurpavit ! Si quis porro sit, quem desiderium teneat cognoscendi, qualis quantusque in suis ad populum concionibus idem Areopagita fuerit, non sunt sane alibi alia ejus cognitionis quærenda vestigia : cum ex laudatis modo litteris abunde id liceat intelligi. Qui enim unius hominis emendandi causa tantum operæ studiique attulit, atque ex universa fere Scriptura fortissimas, eique quod agebatur, opportunissimas rationes protulit ; quid fecisse eum existimamus, cum ad erudiendam, dirigendam, corrigendam multitudinem, publice in templo perorandum fuit? Sed, o factum male, et ingratum illud sæculum (quodcunque illud fuit) quod tanti viri dignas immortalitate cohortationes aut socordius excepit, aut negligentius conservavit ! Verum omissis quæ habere non possumus, ad alia ejus acta, quorum felix superest recordatio, gressum promoveamus.

CAPUT IX.

Dionysii per Neronis tempora evangelicæ excursiones.

Atheniensis Ecclesiæ rebus, quemadmodum supra memoratum est, ordinatis, eodem instinctus est spiritu Dionysius, quo sui præceptores apostoli, quo sui præceptores apostoli; nempe ad ea excurrendi loca, quæ nondum suscepta fide, aut certe nequedum satis firmata, præsentis auxilii magis indigerent. Primo igitur vicina Athenis oppida urbesque obiit, et Christi nomen, sicubi hactenus inauditum erat, circumtulit, et si auditum et prædicatum fuerat, novo præconio firmavit, roboravitque ; nec ullis in eo extollendo et in spe salutis ostendenda laboribus pepercit. Et magnus sane in ipsa Græcia patebat industriæ exercendæ campus. Syria enim atque Asia, et proximæ illis regiones, ubi diutius apostoli hæserant et curaverant, religionis nostræ præceptis utcunque imbutæ erant : at vero Græcia (si Corinthum quidem exceperis, ubi a Paulo biennium exactum est) ob exigua commorationis apostolorum spatia, levius fidei disciplinis tincta erat. Nunc autem sub annum Domini sexagesimum secundum (80), quo impurissimus Nero sextum agebat imperii, Romam ipsam apostolorum princeps excolebat, Paulus in Galliam demigrarat (81), totusque (quod jam diu proposuerat) in Hispanias ferebatur (82); Joannes in Asiam discesserat, alii alias extra Græciam provincias administrabant, nonnulli etiam martyrio cursum finierant ; Andreas quidem e Scythia sua Europæa (83), quæ illi sortito obtigerat, in Achaiam descenderat, egregiam ibi messem pro certo messurus, si plus licuisset inter mortales degere : sed Ægeæ proconsulis malitia et insipientia sermones sanos non ferentis, atque ipsius etiam athletæ ingens crucis desiderium, in qua mori prægestiebat, nuper eum cœlo tradiderant. Itaque Dionysius, qui suum esse judicabat per apostolorum vestigia gradiendo invigilare, ne post eorum discessionem venirent *lupi rapaces* (84) *non parcentes gregi* ˢ, neve sparsa Evangelii semina nullo irrigante cito exarescerent, cum illam ipsam Achaiam, tum finitimas et regiones adiit, lustravit, confirmavit. Hinc frequens in itineribus erat, et ubicunque aliquod Ecclesiæ periculum seu a Judæis, seu a gentilibus, seu ab hæreticis imminere intelligebat, promptus alacerque occurrebat. Nihil enim lucro fidei, ne animam quidem suam, anteponebat. Nec minor illi diligentia celeritasque erat, sicubi amplificandæ religionis spes aliqua ostendebatur. Mox enim rupta mora, et suorum oblitus incommodorum, tanquam ad gratissimas animo suo delicias illo convolabat. Nimirum talis est verorum Dei amatorum ingenium, talis animi impetus, ubi ejus, quam summe amant, agi gloriam senserint, continere se non queunt, quin alia omnia abjiciant, et in unum pro cunctis nervos omnes intendant, quod placere dilecto suo intellexerint. Id scilicet amoris, id ferventis affectionis est testimonium. Qui amor eo fuit in Dionysio erga Christum major, quo magis illius erga se immensam charitatem et antehac præsenserat, et perpetuo sentiebat. Nam quis divinum adversus homines amorem vel acutius penetravit, vel *impensius æstimavit*, vel expressius descripsit, vel denique in se susceptum ardentius exprompsit, atque in alios transfudit, quam hic unus Areopagita Christianus? Tali ergo ardens amore, cum propinquiores Athenis urbes percurrisset, suisque omnia flammis incendisset, ad alia atque alia progressus in Phrygiam usque pervasit (85). Qua vero cumque transibat, non modo sereni cœli instar diffusa fidei luce omnes errorum tenebras depellebat, sed etiam una cum vitiis animi varios corporis morbos languoresque percurvabat. Hinc fiebat, ut cum non velut hominem in terris natum, sed quasi Deum aliquem de cœlo lapsum, talibus insueti miraculis, susciperent, et illum certatim alii appeterent, alii retinerent, invitique tam beneficum salutaremque virum a sé dimitterent. Sic apud Troadem in minore Phrygia, cursu tantisper represso, annos aliquot constitit, et fabulosæ illius Cybeles, seu matris Deum (86), ut ipsi vocabant, superstitiosos impurosque cultores ad religiosam sinceramque unius veri Dei venerationem traduxit. Inde autem reversus, jam inter Lacedæmonios versabatur (87), et rem Christianam totis viribus promovebat, cum fama de comprehensione Pauli in urbe Roma, et de imminenti ejus nece passim pervagata, ad eum pervenit. Nunc enim Neroniana crudelitas majoribus furiis agitata, nullo discrimine in quoslibet sæviebat; quin et matrem et præceptorem duplici prostrata pietate jam occiderat. Dionysius igitur et patris sui, a quo vitam acceperat, et pontificis sui, a quo initiatus et antistes creatus fuerat, et præceptoris sui, a quo tam multa et tam divina didicerat, ultimum videndi et alloquendi, ac, si res ferret, etiam commoriendi percupidus, expeditis quæ in majora curæ negotiis, festinanter Athenas repetiit : Publium, qui deinceps gregi præesset, in locum suum subrogavit (88) : Romam sociis aliquot comitatus properavit (89). Verum quantacunque usus celeritate, non quivit ante peractum ejus certamen, et obtentam martyrii palmam, advenire. Nam et necessariæ quædam per iter occasiones, quas negligere nefas erat, vel invitum aliquantisper remoratæ sunt ; et importunus bonorum omnium osor Nero, subdente ei faces nequissimo dæmone, atque ad facinus præcipitandum importunius propellente, jam duo totius religionis prima capita cruce et ferro una eademque die sustulerat. Quæ tum autem tristitia pium Dionysii cor pupugerit, qui mœror animum obsederit, qui fluctus lacrymarum pectus obruerint, cum peracta se absente tam eximia duorum Ecclesiæ principum certamina intellexit, quis dicat? Nec enim digne æstimari tale damnum potest, nisi ab eo qui Petrum et Paulum viderit, audierit, familiarius coluerit. Sperabat Dionysius ex illis Ecclesiæ columinibus

ʳ Matth. xiii, 52.   ˢ Act. xx, 29

multa quærere, multa discere, et super populi sui regimine, et de suscipiendis in alias, quas ipsi designassent, terras peregrinationibus extrema mandata et verba capere. Sed spes omnes, tantæ intercursu calamitatis, irritæ ceciderunt. Illi ad præmia evocati erant, ipse Dionysius et sacri ejus collegæ non nisi ad graves luctus, et immaniores cum immanissimis hostibus luctas relicti, talibus amissis belli ducibus, et tam fera in terris dominante et sanctum Dei populum premente bestia, in alio fere nullo, nisi in Domino exercituum, spes suas omnes collocare. Quid enim melius? quid tutius? quid fortius? Is est scilicet, qui potissime et suprema manu Ecclesiam regit, custodit, protegit : is est qui pastoribus suis diu noctuque præsto est : is est qui consilia rerum agendarum jam vigilantibus suggerit, jam dormientibus per somnia et visa (quod sanctis haud infrequens) cum futuris eventibus ostendit. Et Dionysio quidem alia in persecutione quid demonstraverit, post dicetur (habemus enim certum et clarum ejus rei testimonium [90]) : nunc autem in temporibus perinde calamitosis, quin multa quoque ostenderit, quamvis hæc modo litterarum penuria desiderentur, nihil prorsus causæ est cur ambigamus, imo scripta ejus humano captu altiora (ut aliis destituamur omnibus) liquido clamitant. Verum de his suus brevi erit locus ; cætera hujus peregrinationis persequamur. Hoc saltem inter anxiferos suos dolores consecutus est Dionysius non mediocris solatii, quod sublatis e medio præceptoribus, vivas eorum imagines in utriusque discipulis conspexerit, cum iis sermones consiliaque contulerit, ab iis multa, quæ a magistris audire non potuit, ex visu audituque relata cognoverit. Nam Romæ quidem Titum et Lucam invenit, antiquos Pauli comites (qui et ipsum sepulturæ mandarunt [91]), et Timotheum quoque, ut vero est simile, quem idem apostolus, celerem certaminis sui finem prospiciens, ad se Romam accelerare jusserat ; sed et Clementem, quem plerique Latinorum, ut auctor Hieronymus, Petro proximum pontificem constituunt (92). Nam sane Clemens post Petrum saltem aliquandiu sedem primus tenuit, sed brevi post, sive cupidus alio demigrandi, sive qualibet alia de causa, lubens volens Lino cessit. Hinc Linus a Petro apostolo (tacita ob temporis brevitatem administratione Clementis) primus in serie pontificum numeratur. Permultum tamen idem Clemens in illo sui episcopatus quamvis exiguo spatio, Ecclesiæ profuit. Nam et res Ecclesiæ urbanas, parentum orbitate non parum turbatas, composuit, et eorum qui multi propter videndos apostolos Romam confluxerant, alios alio, Dionysium in Galliam amandavit. Quin et ipsemet, relicta Lino Roma, et tradito simul Ecclesiæ pontificatu, in alias orbis plagas, quo fidei necessitas invitabat, factum sementem ivit. Verumenimvero, quia isthæc Dionysii in Galliam amandatio non adeo tenuis gloriæ, neque fructus fuit, ut tam leviter perstringenda sit, de illis justus et plenus sermo nobis in præsenti instituendus est.

NOTATIONES.

(80) *Nunc autem sub annum Domini sexagesimum secundum*, etc. Hic annus apud Eusebium in Chronico, et apud alios concurrit cum Neronis sexto, cujus toto fere tempore imperii, et aliquanto etiam ante illud S. Petrus Romanum tenebat episcopatum ; quippe secundo anno Claudii illuc profectus fuerat, eodem auctore Eusebio.

(81) *Paulus in Galliam demigrarat.* Nam profecturus in Hispaniam, per Galliam transivit, et Ecclesias per transennam visitavit firmavitque, nam et Viennæ fuisse creditur, et Arelatæ, et Narbone : ac Viennæ quidem Crescentem præfecisse episcopum, Arelatæ Trophimum, Narbone Paulum Sergium, olim proconsulem. De Crescente et Trophimo vide Adonem in *Chronico*, ætate sexta ; de Paulo Sergio, *Martyrologium Romanum* ad 22 Martii.

(82) *Totusque (quod tam diu proposuerat) in Hispanias ferebatur.* De proposito illius itineris et retardatione exstat ipsiusmet Pauli testimonium in Epistola ad Romanos, c. xv, 24, his verbis : *Cum in Hispaniam proficisci cœpero*, inquit, *spero quod prœteriens videam vos, et a vobis deducar illuc, si vobis primum ex parte fruitus fuero.* Uti ergo per Italiam transiens, voluit Romanis *ex parte frui*, hoc est, aliquandiu apud illos versari, quamvis illi esset Petrus apostolorum c ryphæus ; multo magis per Galliam iter faciens in Hispaniam, voluit tempus aliquod apud Gallos ponere, ubi usus et necessitas erat major, præsertim invitantibus (ut minime dubium est) novis Christianis.

Non est enim dubitandum, quin S. Paulus vinculis, quibus Romæ a Nerone detinebatur, exsolutus in Hispaniam profectus sit. Si quis tamen dubitet, dubio eum liberabit Franciscus Bivarius quæstionis hujus diligens et exactus pertractator. Videatur ejus *Commentarius in Lucii Dextri Chronicum*, ad annum Christi 64, num. 4.

(83) *Andreas quidem e Scythia sua Europæa*, etc. Acta sancti Andreæ breviter expressa sunt in *Romano Breviario*, unde ea, quæ hic diximus, confirmantur.

(84) *Ne post eorum discessionem venirent lupi rapaces*, etc. De hoc præmonuerat Paulus, Mileti cum esset, majores natu Ecclesiæ, qui Epheso ad eum convocati venerant. Nam inter alia : *Ego scio*, inquit, *quoniam intrabunt post discessionem meam lupi rapaces in vos, non parcentes gregi*, Act. xx, 29, etc. Neque hoc Dionysium latebat, proptereaque obviam ejusmodi lupis pro fidei defensione occurrebat.

(85) *In Phrygiam usque pervasit.* Fuisse in Phrygia, et quidem Troadæ aliquandiu substitisse, testes sunt antiqui Vitæ S. Dionysii scriptores, Hilduinus, et alii.

(86) *Et fabulosæ illius Cybeles seu matris deum.* Miræ sunt de Cybele ista fabulæ. Orpheus eam appellat omnium matrem, tam deum quam hominum, et quarumlibet rerum, in istis versibus :

Μῆτερ μέν τε Θεῶν ἠδὲ θνητῶν ἀνθρώπων,
Ἐκ σοῦ γὰρ καὶ γαῖα καὶ οὐρανὸς ὑπερθέν,
Καὶ πόντος, πνοιαί τε, φιλόδρομε, ἀερόμορφε,

Mater deorum pariter materque virorum,
Ex te terra parens frugum, cælumque profundum,
Et mare cum ventis veloci percita cursu, etc.

Hæc Cybele plurimis appellata est nominibus : quæ vide apud Natalem Comitem libro nono *Mythologiæ*, capite quinto. Eam porro nihil aliud fuisse quam terram, et quod omnia quæ illi a poetis attributa sunt, in terram quadrent, egregie ostendit Lucretius Carus, libro secundo *De rerum natura* (v. 599-608), in illis versibus et deinceps.

Quare magna deum mater, materque ferarum,
Et nostri genitrix hæc dicta est corporis una.
Hanc veteres Graium docti cecinere poetæ
Sublimem in curru bijugos agitare leones :
Aeris in spatio magnam pendere docentes
Tellurem ; neque posse in terra sistere terram.
Adjunxere feras : quia, quamvis effera, proles
Officiis debet molliri victa parentum.
Muralique caput summum cinxere corona ;
Eximiis munita locis quia sustinet urbes.

Vide ibidem plura, et apud Diodorum Siculum lib. III *Bibliothecæ*, et apud Macrobium, libro I *Saturnaliorum*, cap. 21, et ejusdem deæ depictum simulacrum sedentis in curru a leonibus vecto, et tenentis una manu sceptrum, altera clavem, etc., apud Vincentium Cartarum Rhegiensem, et apud Antonium du Verdier in libro inscripto, *Les images des dieux des anciens*, etc.

Cum igitur Phryges terram sub nomine Cybeles ut deam colerent, miraque superstione cum tympanis et tibiis ejus festum diem celebrarent, laboravit S. Dionysius, ut eos ab istius falsæ deæ idololatria, ad verum unius Dei cultum, per sancti Evangelii prædicationem perduceret.

(87) *Jam inter Lacedæmonios versabatur.* Occupatus erat S. Dionysius convertendis Laconibus, cum nuntium accepit de comprehensione principum apostolorum Petri et Pauli. Igitur magno illorum ante extremum certamen videndorum et conveniendorum desiderio citissime Athenas reversus, et dispositis inibi Ecclesiæ rebus, iter Romam versus suscepit. Ita testantur vetera sancti Dionysii Acta.

(88) *Publium, qui deinceps gregi præesset, in locum subrogavit.* De Publii post Dionysium in Atheniensi Ecclesia successione, testis est antiquissimus auctor, S. Dionysius Corinthiorum episcopus, apud Eusebium, libro IV *Hist. eccles.*, cap. 22.

(89) *Romam sociis aliquot comitatus properavit.* De hoc Romam adventu post apostolorum necem, tenente clavum Ecclesiæ S. Clemente, cuncti fere antiquiores consentiunt Latini et Græci.

(90) *Habemus enim certum et clarum ejus rei testimonium.* Nempe in Epistola ipsius Dionysii ad sanctum Joannem evangelistam, ubi visum suum de regressu ejus ab exsilio aperit.

(91) *Qui et ipsum sepulturæ mandarunt.* Titum et Lucam Pauli comites adfuisse ejus martyrio, et præfuisse sepulturæ, colligitur ex Actis martyrii ipsius Titi apud Equilinum, lib. VII *Catal.*, cap. 108, ubi sic inter alia: « Post duos autem annos Titus ad Paulum Romam accessit: cum quo et fuit usque ad interfectionem ejus a Nerone, corpusque ipsius una cum Luca evangelista sepelivit. » Et ex Actis Pauli apud eumdem lib. VI, cap. 23: « Corpus autem a Tito et Luca in ipso loco sepultum fuit. »

(92) *Quem plerique Latinorum Petro proximum pontificem constituunt.* Sic fere loquitur S. Hieronymus in lib. *De illustribus Ecclesiæ scriptoribus*, cap. 15, ubi postquam ex Eusebii sententia (cujus in hoc libro interpres est) Clementem in pontificibus quartum recensuisset, hoc est, post Petrum, Linum et Anacletum, subjecit hæc verba: « Tametsi plerique Latinorum secundum post Petrum apostolum, putent fuisse Clementem. » Dux igitur Latinorum in hac sententia est Tertullianus, secundi sæculi scriptor (nec enim e Latinis est antiquior), qui in lib. *De præscriptionibus adversus hæreticos*, cap. 32, ubi ab ill s requirit, ut ostendant successionem suam ab apostolis: « Edant ergo, inquit, origines Ecclesiarum suarum, evolvant ordinem episcoporum suorum ita per successiones ab initio decurrentem, ut primus ille episcopus aliquem ex apostolis vel apostolicis viris (qui tamen cum apostolis perseveraverunt) habuerit auctorem et antecessorem. Hoc enim modo Ecclesiæ apostolicæ census suos deferunt. Sicut Smyrnæorum Ecclesia habens Polycarpum, ab Joanne collocatum refert: sicut Romanorum, Clementem a Petro ordinatum edit. » Hunc sequitur Hieronymus, lib. I *Adversus Jovinianum*, ante medium: « Ad hos, inquit, et Clemens successor apostoli Petri, cujus Paulus apostolus meminit, scribit epistolas, » etc. Et l. XIV *in Isaiam*, cap. LII, sub finem, citans verba ipsius Clementis ad Corinthios, de Christo humili: « De quo, inquit, et Clemens vir apostolicus, qui post Petrum Romanam rexit Ecclesiam, scribit ad Corinthios: « Sceptrum Dei Dominus Jesus Christus non venit in jactantia superbiæ, cum possit omnia, sed in humilitate, » etc.

Accedit eidem sententiæ Ven. Beda, l. II *Hist. Anglorum*, cap. 4; ubi agens de Augustino Britanniarum archiepiscopo, qui sibi successorem adhuc vivens ordinavit: « In quo et exemplum sequelatur, inquit, primi pastoris Ecclesiæ, hoc est beatissimi apostolorum principis Petri, qui fundata Romæ Ecclesia Christi, Clementem sibi adjutorem evangelizandi simul et successorem consecrasse perhibetur. »

Vide Baronium tomo I *Annal.* ad Christi 69, ubi tamen non admittendum, quod dicit et putat, magis exacte et ex sua sententia loqui Hieronymum, in libro *De scriptoribus ecclesiasticis*, quam alibi. Nam constat, cum nihil aliud habuisse propositum in lib. *De scriptoribus*, quam ut scriptores ecclesiasticos ex Eusebio colligeret, et qui post eum fuerunt, adderet, cum sæpe verbotenus ex eo capita integra habeat. Unde illic non ex sua, sed ex Eusebii loquitur sententia. Neque item valet auctoritas e carminibus attributis Tertulliano, cum satis ex ipso Tertulliano lib. I *Contra Marcionem*, constet nihil ipsum metro scripsisse contra illum; et IV, libros illos carminum adversus Marcionem, qui prorsus ignoti veteribus fuerunt, et recenter a Pamelio inventi, scriptos esse ab aliquo simio Tertulliani, non a Tertulliano, ut alibi doceo fusius.

Accedit et Hugo de S. Victore, in mystica arcæ Noe Descriptione, cap. 4: « Post Petrum, inquit, sequitur Clemens, Anacletus, Evaristus, » etc. In eadem sententia est Marianus Scotus ad annum Neronis 14, pro qua etiam citat Leonis II papæ Decretalem.

Antiqui etiam Vitæ S. Dionysii scriptores indicant eum venisse ad Clementem Petri proximum successorem: sanctus Methodius, Simeon Metaphrastes, Hilduinus, et alii. Verba Methodii sunt: Ὅμως πρὸ τοῦ τὸν μακάριον Πέτρον διὰ τῆς νίκης τοῦ μαρτυρίου καταξιωθῆναι τῆς ἐν τῇ τῶν οὐρανῶν βασιλεία συνδιαγωγῆς τῷ μακαρίῳ τὴν ἐξουσίαν τῆς Ἐκκλησίας παρέδωτο, λέγων· Ὥσπερ παρὰ τοῦ Κυρίου μου Ἰησοῦ Χριστοῦ λῦσαι καὶ δῆσαι ἐμοὶ δεδώρηται ἐξουσία, οὕτω καὶ τὴν αὐτὴν ἐξουσίαν αἰωνίως δωροῦμαί σοι καὶ δίδωμι, ἵνα ὃν ἂν ἐφ᾽ ἧς ἐπὶ τῆς γῆς, ἔσται δεδεμένος ἐν τοῖς οὐρανοῖς. *Verumtamen antequam beatus Petrus victoria martyrii vitam regni cœlestis adeptus esset, beato Clementi Ecclesiæ tribuit potestatem his verbis:* « Quemadmodum mihi a Domino meo Jesu Christo ligandi atque solvendi potestas concessa est, sic eamdem quoque potestatem tibi in æternum tribuo atque trado, ut quemcumque in terra ligaveris, sit ligatus et in cœlis. »

Et paulo post, ita de Dionysio: Εἰσελθὼν δὲ καὶ εὑρὼν τὸν μακάριον Κλήμεντα, ὡς ἀνωτέρω εἴρηται, τὴν τῆς ἀποστολικῆς καθέδρας ἔχοντα ἐξουσίαν, μετὰ τῆς καθηκούσης τιμῆς εὐθέως, ὡς οἷόν τε ἦν, ὑποδέδεκται, etc. *Ingressus vero Romam Dionysius, cum invenisset beatum Clementem, ut superius dictum est, tenentem sedis apostolicæ potestatem, ab eo statim cum honore convenienti, ut facultas fuit, exceptus est*, etc. Ubi indicat venisse Romam Dionysium Clemente recenter post Petri mortem pontifice: in sequentibus autem persequitur, quomodo sit ab eodem Clemente in Galliam missus, et quibuscum sociis. Idem docet et Metaphrastes, dum scribit, paulo post reditum ab Hierosolymitano conventu, relictis Athenis, magistri Pauli vestigia secutum, tandem venisse Romam, et accessisse ad Clementem tunc pontificem a Petro creatum. Ex quibus, et ex multis aliis colligitur, minus videri probabile, quod Baronius existimavit Dionysium venisse primum Romam annis triginta circiter post mortem S. Petri, hoc est, postquam ad Joannem evangelistam ab exsilio reversum accessisset. Reversus est autem Joannes sub Nerva, qui cœpit regnare anno Christi 99, ut ipsemet notat Baronius. Esto igitur, iverit illo anno Dionysius ad Joannem, et eodem aut sequenti, hoc est, centesimo Christi, Athenas redierit, et Athenis Romam ad Clementem accesserit; nonne a morte Petri, quam statuit idem Baronius anno Christi 69, continentur usque ad 99 Christi, quo Romam Dionysius venerit, anni 30, aut amplius. Hoc vero miror, scripsisse eum in anno Christi 98, ad finem, hæc verba : « Ad hæc tempora Dionysium egisse in oriente, facile omnes consentiunt. » Atqui vix est reperire unum atque alterum scriptorem Vitæ S. Dionysii antiquiorem Baronio, qui id teneat. Multi enim scribunt mortuum Dionysium sub Domitiano, ante Nervæ tempora, de quibus loquitur ibi Baronius. Non est quidem vera illorum sententia, quantum ad tempus mortis pertinet, ut ostendimus supra, partim e vetustis Martyrologiis, partim ex ipsis Dionysii scriptis, sed sane vera est in eo quod teneant, eum a morte apostolorum Petri et Pauli statim venisse Romam ad Clementem a Petro constitutum episcopum : quamvis, ut diximus, non multo tunc tempore Clemens Romæ hæserit, sed relicta Lino sede pontificia, alio demigrarit. Martyrologia autem, quæ Dionysii mortem sub Adriano ponunt, minime dicunt Dionysium usque ad Nervam aut Trajanum mansisse in oriente. Ivisse quidem in orientem, fateor et scribo, sed e Gallia (ubi jam a temporibus Domitiani erat) non Athenis; nisi forte per transennam (quod tamen non arbitror) sed ex Gallia recto itinere properasse Ephesum, ut ubi Joannem, imperante jam Nerva, conveniret : inde autem per Athenas repetiisse Galliam. Hæc autem nostra sententia magis infra dilucescet atque firmabitur, ut cap. proximo, in testimonio Equilini episcopi, et rursus in verbis Flav.i Dextri, ibidem.

CAPUT X.

Dionysii in Galliam, missu Clementis pontificis, profectio : et res ibidem ab exitu Neronis usque ad Domitianum imperatorem gestæ.

A recenti geminorum apostolorum e terris raptu, nihil fere aliud per dies plusculos inter eorum successores viros apostolicos in cogitatione et sermone mutuo fuit, quam de illorum, ut fit, suorum patrum et præceptorum virtutibus, sive amoris vehementia ad hoc unum a cæteris omnibus abstrahente, sive æmulationis studio ad imitandorum bene gestorum memoriam rapiente. Alius admirabilem Petri moderationem, alius sanctos Pauli fervores; alius inusitata unius in terris prodigia, alius inauditos alterius in cœlos raptus; alius summi pastoris inter Judæos labores atque fructus, alius doctoris gentium inter Græcos opera et operæ pretia; alius denique atque alius, quæ vidisset audivissetque, non sine maximo amoris ac desiderii sensu memorabat. Unum tamen in primis fuit, quod attentiori consideratione peropus habere visum, nempe quo loco statuque res Christiana per orbem esset; quæ provinciæ adjunctæ Christo; quinam in iis insularent; qui auxilia postularent; qui et ad quos potissimum mittendi forent. Quæ cum sanctissimus Clemens, perantiquus amborum apostolorum discipulus et cooperator, impensius considerasset, et hinc amplissimarum Galliæ atque Hispaniæ terrarum necessitatem, inde idoneorum operariorum paucitatem perpendisset, Dionysii, quem multis nominibus charissimum habebat, virtuti et rerum multarum experientiæ confisus, statuit earum regionum curam cum illo partiri, et quod ipse præsens vellet, si liceret, hoc ei tanquam alteri sibi cum latissima regendi et gubernandi potestate committere. Ad se igitur accersitum (93) perbenigneque exceptum ita fere affatus est : « Minime te fugit, mi dilectissime frater, quanta ubique post copiosam apostolorum sationem messis albescat; verum quam multa messis, tam pauci operarii. Atque eos præsertim desidero, qui eruditione et sanctimonia sic polleant, sic ordine et auctoritate emineant, ut non tantum utiles se opera præstent, sed etiam, ac multo quidem magis, præesse ipsi operis possint. Ecce vicina nobis Gallia et aliæ occidentis regiones partim fidem suscepere, partim ad suscipiendam paratæ, si quis fortiter ac constanter in hoc Dei opus incumbat, præsentaneum exspectant exposcuntque auxilium. Ego autem, si quid mente assequi possum, et te illo vocari divinitus, et alium huic tanto muneri aptiorem reperiri censeo neminem. Novi doctrinam tuam, novi pietatem, novi robur animi, mentisque constantiam. Hic erat, ubi vires ingenii, et industriæ tuæ nervos ad evertendam falsorum deorum vanam superstitionem gloriose explices ; ubi tuum promovendæ religionis ardens studium dignis Deo factis exprimas : ubi denique pristinos labores tuos et generosas pro Christo pugnas pœnasque exoptata tandem laurea corones. Noli enim despedare ibi te inventurum quod hic quæsivisti. Sed exspectanda sunt tempora, non perurgenda. Quo longius certamen, hoc palma gloriosior. Sed certamini atque palmæ una Dei voluntas præfiniat oportet modum. Age igitur, mi collega et sacer commilito, ad ea accingere, ad quæ te imperator noster instruxit; ad oras occidentis in nomine Domini cursum tuum dirige, atque ut bonus Christi miles Domini Dei tui prælia præliare. Habebis adversarios plurimos ; sed tecum plures erunt, quam contra te. Nam angelorum forti vallabere custodia, et nostris ac fratrum nostrorum precibus adjuvaris. Atque ut ne gentis barbaricæ reformides atrocitatem, aderit tibi, ubicunque fueris, dux noster Jesus qui inimicos tuos fugabit ante te, planamque aperiet ad prosperos Evangelii cursus viam. Quare, ut idem Dominus Jesus Christus magistro meo Petro, et ille mihi, sic et ego tibi sacram ligandi atque solvendi potestatem trado, ut ea fretus, nostrisque et sanctorum apostolorum votis precibusque adjutus, eo confidenter vadas quo mitteris, tuique sorte apostolatus, et Dei legatione per omnem Galliam, nullo retardante impedimento, feliciter perfungare. Tu igitur *opus fac evangelistæ ; ministerium tuum imple* [l] : atque in hoc incumbe, ut Christi notitia per te quaquaversum diffusa, a Domino in die retributionis audire merearis : *Euge serve bone et fidelis, quia super pauca fuisti fidelis, super multa te constituam : intra in gaudium Domini tui* [m]. » Hæc et ejusmodi alia cum secundis auribus excepisset Dionysius (gaudebat enim eo se mitti a suprema potestate, quo et sua sponte divino instinctus spiritu ferebatur), contractis in pauca verbis, se libenter cupideque summi pastoris pariturum voluntati respondit : nihil enim sibi gratius, nihil magis esse in votis, quam ejus obsequi imperiis, a cujus ore sacro et nutu divino totus penderet. De sociis deinde comitibusque itineris actum : de quibus ut convenit, et qui destinati erant audituri (facilis enim est inter illos qui spiritu Dei aguntur, ad omnia superiorum mandata consensio), tum ad illos pontifex ea verba habuit, quæ cunctorum animos tam ad iter magno animo suscipiendum, quam ad eos qui instarent labores generose pro Christo perferendos succenderent; tum vero lætos alacresque in via bona cum felici apprecatione cunctos dimisit. Erant in sociorum numero (94), præter Rusticum et Eleutherium individuos comites, Saturninus, Marcellus, Lucianus, Regulus (95), Jon, qui et Jonas quibusdam appellatur (96),

[l] II Tim. IV, 5. [m] Matth. XXV, 2.

et qui prius quoque in Gallia fuerat, sed desperato digno operæ pretio excessèrat, Eutropius (97). Nam cum in eam plagam a principe apostolorum, a quo fidei mysteria edoctus fuerat, una cum aliis sociis missus esset, atque in Santonibus (populi sunt Aquitaniæ) non modico tempore, nec parvis laboribus paucissimos ad Christi partes adduxisset, nimirum, ut quidam scribunt, viros decem duntaxat, inde tot pertæsus molestiarum (98), et male impensorum, uti existimabat, laborum, revertit Romam. Nempe sic nos homuli solemus, eas refugimus provincias, quas nostræ minus responsuras exspectationi credimus : ac si post multos labores par fructus non sequatur, omnem nos lusisse operam impendio querimur. Atqui profecto perverse hoc cuncti agimus, quod omnem fructum aliena in voluntate potius quam in nostra ponimus. Nec enim Deus optimus maximus operum successu res metitur, sed amoris affectu; nec tam quantum egerimus expendit, quam ex quanto. Potuit Eutropius solis viris decem toto viginti annorum intervallo emendatis, plus gratiæ apud Deum commeritus esse et gloriæ, quam aliis viginti millibus vel uno anno vel una concione correctis. Docuit igitur Clemens, quantas illis suis, ut existimabat, infructuosis laboribus animæ suæ opes comparasset, tantumque sapienti sua oratione effecit, ut derelictam provinciam non modo libenter repeteret, sed avide quoque ardenterque reposceret. Hinc et episcopum creavit, et tanquam futuri præsagus, eum mentione inducta martyrii ad palmam animavit. Ita se Dionysio, cujus ante audiverat nomen, et nunc virtutem plus admirabatur, itineris socium dedit. Atque ut olim Petrus post integræ noctis dispendia, jactis in nomine Domini retibus, copiosissima præda potius est; ita hic (ut hoc dicere obiter occupem) suscepta ad pontificis mandatum expeditione quam difficillima, brevissimo tempore plurimos mortales et una ipsam principis Santonum filiam ad fidem traduxit, et simul gloriosam illatæ necis lauream indeptus est. Atque hoc ob itineris societatem de Eutropio per transennam dictum sit. Nam de nobili ejus martyrio, perscriptisque a Dionysio actis, nihil institutum est suo loco fusius infra dicere. Jam autem intermissum inter et discedentes sanctos prosequamur. Accepta ergo sanctissimi pontificis benedictione, in viam lætis ac magna spirantibus animis ingressi sunt; nihilque ea via ob mutuum inter ipsos amorem et fraternam concordiam brevius est visum (multi enim cum essent, erant sicut vir unus et cor unum et anima una ˟); nihil ob gratissimas de divinis rebus collocutiones jucundius, nihil denique ob felicem rerum ab apostolis eorumque discipulis gestarum memoriam (qua velut cibo suavissimo quotidie pascebantur), nec in præsens hilarius, nec in futurum beatius poterat exoptari. Mare igitur, quod ipsorum votis mire obsecundabat, felici ac multis invidendo navigio, quod non tam venti aut vela, quam Spiritus sancti gratia afflabat ac promovebat, ex Italia in Galliam citissime simul placidissimeque transmiserunt. Quam vero urbem primo petivere, aiunt fuisse Arelaten (99), insigne prorsus in provincia Narbonensi, et omnium gentium commerciis peropportunum emporium. Hic fuerat haud ita pridem sanctus Trophimus Pauli discipulus, remque Christianam, primus urbis ejus episcopus a sancto Paulo ordinatus, ut vires tulerant, fundarat ac promorat : sed quem postea Mileti infirmum se reliquisse scribebat (100) paulo ante martyrium suum Apostolus ˣ, eum jam vita functum fuisse, antequam sancti Roma discederent, ac propterea huc potius quam usquam alio cursum illos direxisse, vero creditur quam simillimum. Ab hac igitur urbe, quod Deus bene vertat, res a Dionysio tota Gallia præclare gestas, ipso labores nostros e cœlesti throno respectante et adjuvante, auspicabimur.

NOTATIONES.

(93) *Ad se igitur accersitum*, etc. His conformia perscripsit Hilduinus in Areopagiticis.

(94) *Erant in sociorum numero*, etc. De Rustico et Eleutherio scriptores omnes, tam Græci quam Latini, consentiunt. De Saturnino, Marcello, et Luciano testis est Methodius in Dionysii Martyrio, cujus hæc verba : Κοινωνοὶ δὲ τοῦ ἁγίου Διονυσίου ἦσαν Σατουρνῖνος, Μάρκελλος καὶ Λουκιανός· *Socii sancti Dionysii erant Saturninus, Marcellus et Lucianus*. Et paulo inferius : Ἀκουτανίας δὲ τοῖς μέρεσι τὸν ἅγιον Σατουρνῖνον ἀποστείλας, αὐτὸς σὺν τῷ ἁγίῳ Λουκιανῷ καὶ τῷ ἁγίῳ Ῥουστικῷ καὶ τῷ ἁγίῳ Ἐλευθερίῳ ἐν Παρισίᾳ τῇ πόλει ἐπορεύθη· *Misso autem in partes Aquitaniæ Saturnino, ipse cum sancto Luciano et sancto Rustico et sancto Eleutherio, ad urbem Parisios venit*. Ejusdem Saturnini meminit sanctus Gregorius Turonensis libro I *De gloria martyrum*, cap. 48 : *Saturninus vero martyr*, inquit, *ut fertur, ab apostolorum discipulis ordinatus, in urbem Tolosatium est directus*. Sic ille.

Nota, *ab apostolorum discipulis*, id est a Clemente vel Dionysio. Quod autem dicit directum esse in urbem Tolosatium, sive Tolosam, optime quadrat cum eo quod dixit Methodius, missum a Dionysio in partes Aquitaniæ : nam Tolosa et Burdigala præcipuæ urbes sunt Aquitaniæ. His consentiunt quæ refert Esquilinus episcopus libro IX, cap. 41, his verbis, loquens de Dionysio et sociis : « Cum ergo audisset Petrum et Paulum Romæ a Nerone in carceribus detineri, episcopum sibi substituit, et ad eos visitandos accessit, eorumque passionibus præsens fuit. Verum post aliquod tempus a B. Clemente Petri successore in Franciam destinatur, et ipsi Rusticus presbyter et Eleutherius diaconus suciantur : sancti quoque Saturninus et Marcellus episcopi, et Lucianus presbyter comites adjunguntur. Qui omnes venientes Arelatum, verbum Domini prædicare cœperunt. Tunc Dionysius auctoritate summi pontificis fretus, Marcellum in Hispaniam, Saturninum in Aquitaniam, et Lucianum ad Bellovacensem pagum direxit. » Ubi adverte, dici Dionysium a Clemente Petri successore in Franciam destinatum, et apostolorum martyriis interfuisse; quod ostendit, saltem proxime ab eorum martyrio Romæ ipsum exstitisse. Nam serius et post eorum mortem advenisse, ex antiquioribus habet Hilduinus, Equilino longe vetustior.

Ex dictis corrigendus est Gregorius Turonensis lib. I *Historiæ Francorum*, cap. 30, ubi dicit, Saturninum sub Decio et Grato coss. fuisse Tolosæ episcopum; unde et in Martyrologium Romanum novum (nam vetus nihil habet, et in Usuardo deest *sub Decio*) irrepsisse error videtur ad 29 Novembris. Nec enim potuit idem Saturninus fuisse S. Petri discipulus, et accepisse sedem episcopalem Tolosæ sub Decio : nam Decius tertio demum sæculo imperavit et consul fuit. Verum, ut notavi alibi, non tantum in Saturnino erravit Gregorius illo loco (qui locus totus vitiosus est), sed etiam in S. Trophimo Arelatensi episcopo, in Paulo Narbonensi et Dionysio Areopagita, omnibus Pauli discipulis, et in sancto Martiale Lemovicensi, quos omnes scribit fuisse sub Decio. At Saturninum, quo de hic agitur, fuisse S. Petri discipulum, etiam Flavius Lucius Dexter, sancti Hieronymi æqualis,

˟ Act. IV, 32. ˣ II Tim. IV, 20.

testatur ad annum Christi 76, et plurimi alii, quos vide ad eum locum in Commentario Francisci Bivarii, qui germana ipsius Saturnini acta ms. in Roderici Ximenii episcopi Toletani Bibliotheca asservari profitetur, et in his ita legi : « Bonus est Honestus Saturnini discipulus : melior est Saturninus Petri alumnus : quia optimus omnium Christus Petri didascalus. » Sunt tamen nonnulli e recentioribus, et ii præsertim, qui sine ullo examine morum exempla compilant, qui eos ausi sunt corrigere, qui Saturninum primo aut secundo ponerent sæculo.

(95) *Regulus.* Etiam Regulum fuisse S. Dionysii comitem, habent ejus Acta apud Vincentium Bellovacensem libro x, cap. 27. De illo et ejus Arelatensi episcopatu agemus capite sequenti.

(96) *Jon, qui et Jonas quibusdam appellatur.* Hic quoque unus fuit e Dionysii discipulis et comitibus, tam Athenis Romam, quam Roma in Galliam. Quod Athenis Romam, acta ipsius Jonis testantur, apud Vincentium Bellovacensem lib. x *Speculi hist.*, cap. 25. Quod Roma in Galliam, testis est *Martyrologium Romanum* ad 22 Septembris, hisce verbis : « Apud pagum Castrensium, S. Jonæ presbyteri et martyris, qui cum S. Dionysio profectus in Galliam, jussu Juliani præfecti verberibus cæsus gladio martyrium consummavit. »

Ubi nota in illis verbis: «Apud pagum Castrensium,» intelligi, celebratur dies natalis (sicut in similibus alibi notavimus), non vero, obiit, aut passus est martyrium. Alioqui Martyrologium scateret mendaciis. Nec enim sanctus Ignatius martyr Antiochiæ mortuus est, nec S. Joannes Chrysostomus Constantinopoli, sicque de aliis; sed ille Romæ, et hic Comanæ in Ponto, cum tamen de ambobus scribatur in Martyrologio, de uno quidem : « Antiochiæ S. Ignatii, » etc.; de altero autem : « Constantinopoli S. Joannis episcopi, » etc.

Occisus est autem Jon seu Jonas apud Parisios, et caput recisum tulit usque ad montem, qui in ejus memoriam vocatus est *Mons S. Jonis*, vulgo, *le Mont Saint-Jon.*

Quod autem in Martyrologio est, « Apud pagum Castrensium, » dicunt Galli, *à Chastres-sous-Montleheri.* Franciscus tamen Bivarius putat per ea verba significari *Castra Cæcilia* in Lusitania, sicque intelligendum quod Flavius Dexter notat ad annum Christi 86 : « Castris Cæciliis in Lusitania prædicat sanctus Jonas, discipulus S. Dionysii Areopagitæ, et ad Gallias post revertitur. » Fateor quidem ego utrobique prædicasse S. Jonem, sed tamen verba Martyrologii magis facere pro Gallis. Adverte etiam ex his Dextri verbis nostram confirmari sententiam de Dionysii profectione in Galliam longe ante tempora Nervæ imp. Nam si Jonas (qui cum Dionysio Athenis Romam, et Roma profectus est in Galliam) ante annum Christi 86, profectus erat e Gallia in Lusitaniam, ibique Evangelium prædicabat; certe consequitur et Dionysium multo ante Christi 86 venisse cum illo in Galliam; non igitur (quod volebat Baronius) sub Nerva, sive anno Christi 99, venit demum in Galliam Dionysius.

(97) *Sed desperato operæ pretio excesserat Eutropius.* Exstant hujus S. Eutropii Acta apud Equilinum episcopum lib. IV, cap. 103, et quædam apud Gregorium Turonensem lib. I *De gloria martyrum*, cap. 56 : « Eutropius quoque martyr Santonicæ urbis, inquit, a beato Clemente episcopo fertur directus in Gallias. Ab eodem etiam pontificalis ordinis gratia consecratus est : impletoque hujus officii ordine, peracta in incredulis prædicatione, insurgentibus paganis, quos auctor invidiæ credere non permisit, illico capite victor occubuit. » Vide ibidem de ejus apparitione et agnitione martyrii, ipsomet sancto Eutropio revelante. Fuisse autem Dionysio comitem itineris, clare hujus Acta declarant : ubi inter alia sic de illo : « A B. Petro apostolo ad Gallias prædicatum missus accessit : ingressusque civitatem Santonas cum Christum prædicaret, ab infidelibus cæsus et de urbe ejectus, sibi tugurium extra muros construxit, ubi noctibus orationi, diebus vero prædicationi insistebat. Cum autem multo ibidem tempore commoratus fructum modicum prædicationis fecisset, eo quod decem viros solummodo convertisset, Romam repedans, B. Petrum apostolum passum reperit : et a S. Clemente ejus successore ordinatus Santonensis episcopus, beatoque Dionysio sociatus, cum eodem iterum ad Gallias adiit. » Ubi rursus observa, Eutropium statim a morte Petri Romam advenisse, et a S. Clemente ejus successore ordinatum episcopum, cum Dionysio Gallias adiisse; ita ut non multo post ab excessu apostolorum Dionysius missus sit in Gallias, nedum triginta post annis, ut quidam volunt.

(98) *Inde tot pertæsus molestiarum*, etc. Est in ejus Actis, præter alias molestias, etiam verberibus fuisse affectum, atque urbe pulsum. Sed hoc quidem parvi Eutropius ducebat, si fructus saltem in multorum salute paruisset. At vero viros tantum decem in fructibus tantorum laborum numerari, hoc intolerabile ipsi videbatur. Haud tamen rec e, uti et B. Clemens ei planum fecit, et simili in re nonnunquam sanctus Petrus apostolus (licet aliquot post sæculis) S. Laurentio Britanniarum archiepiscopo non tam verbis quam verberibus ostendit. Nam cum annum Domini sexcentesimum decimum quartum, Eadbaldi regis Centuariorum fidei Christianæ adversantis, et castimoniæ leges adeo pessumdantis, ut uxorem patris sui duceret, impius ac perversos mores pertæsus, statuisset Britannias deserere (habito enim cum episcopis Mellito et Justo super ea re colloquio, decretum fuerat communi consilio, satius esse, « ut omnes in patriam redeuntes, libera ibi mente Domino deservirent, quam inter rebelles fidei barbaros sine fructu residerent, »), apparente illi sancto Petro et gravissimis verbis deterrente, imo et gravioribus flagellis eam voluntatem puniente, discessit a proposito, nec Mellitum et Justum, qui jam discesserant, atque in Galliam transierant, est secutus. Sed dignum est exemplum, quod integrum ipsis Venerabilis Bedæ verbis referatur. Sic igitur habet libro II *Hist. Anglic.*, cap. 6 : « Cum vero Laurentius Mellitum Justumque secutus ac Britanniam esset relicturus, jussit ipsa sibi nocte in ecclesia beatorum apostolorum Petri et Pauli, de qua frequenter jam diximus, stratum parari : in quo cum post multas preces ac lacrymas ad Deum pro statu Ecclesiæ fusas ad quiescendum membra posuisset atque obdormisset, apparuit ei beatissimus apostolorum princeps, et multo illum tempore secretæ noctis flagellis acrioribus afficiens, sciscitabatur apostolica distractione, quare gregem, quem sibi ipse crediderat, reliqueret, vel cui pastorum oves Christi in medio luporum positas fugiens ipse dimitteret ? An mei, inquit, oblitus es exempli, qui pro parvulis Christi, quos mihi in indicium suæ dilectionis commendaverat, vincula, verbera, carceres, afflictiones, ipsam postremo mortem, mortem autem crucis, ab infidelibus et inimicis Christi ipse cum Christo coronandus pertuli? His B. Petri flagellis simul et exhortationibus animatus famulus Christi Laurentius, mox mane facto venit ad regem, et retecto vestimento, quantis esset verberibus laceratus, ei ostendit. Qui multum miratus, et inquirens quis tanto viro tales esset ausus plagas infligere : ut audivit quia causa suæ salutis episcopus ab apostolo Christi tanta esset tormenta plagasque passus, extimuit multum, atque anathematizato omni idolatriæ cultu, abdicato connubio non legitimo, suscepit fidem Christi, et baptizatus, Ecclesiæ rebus, quantum valuit, in omnibus consu-

lere ac favere curavit. Misit etiam in Galliam, et revocavit Mellitum et Justum, eosque ad suas ecclesias libere instituendas redire præcepit. Qui post annum, ex quo abierant, reversi sunt. » Hactenus Venerabilis Beda. Ex his et illud patet, vigilare etiamnum pro sua et Christi Ecclesia sanctum Petrum apostolorum coryphæum, nec in cœlo ejus curam negligere, pro qua in terris sanguinem et vitam profudit.

(99) *Quam vero urbem primo subivere, aiunt fuisse Arelatem.* Ita Methodius: Τούτων δὲ ὁμοῦ συνελθόντων καὶ πορευομένων, ἦλθον εἰς λιμένα Ἀριλαδιτῆς πόλεως· *Ipsi autem cum una convenissent et profecti essent, pervenerunt ad portum urbis Arelates.* Idem scribit et Hilduinus in Vita sancti Dionysii. Suspicor erratum esse in Ἀριλαδιτῆς, et scribendum potius Ἀριλατικῆς *Arelatensis.* Urbs ipsa Straboni lib. ιv *Geographiæ* vocatur plurali numero Ἀρελάται. Ejus verba : Πρὸς δὲ τῷ Ῥοδανῷ πόλις ἐστὶ καὶ ἐμπορεῖον οὐ μικρὸν Ἀρελάται· *Adjacet Rhodano oppidum emporiumque non parvum, Arelatæ.* Ptolemœus, lib. ιι *Geographiæ,* cap. 10, in descriptione Narbonensis Galliæ, Ἀρελάτων Κολόνια, inquit, *Arelatum Colonia.* Plinius, lib. ιι *Hist. natur.,* cap. 4, vocat Arelaten, *Coloniam Sextanorum,* hoc est, ad quam habitandam missi sunt milites sextæ legionis. Cum quo concordat Pomponius Mela lib. ιι *De situ orbis,* cap. 5, ubi urbes Galliæ Narbonensis præcipuas sic recenset : « Urbium, quas habet, opulentissimæ sunt Vasio Vocontiorum, Vienna Allobrogum, Avenio Cavarum, Arecomicorum Nomausus, Tolosa Tectosagum, Secundanorum Aransio, Sextanorum Arelatæ, Septimanorumque Blitera. Sed antestat omnes Atacinorum Decumanorumque colonia : unde olim iis terris auxilium fuit, nunc et nomen decus est, Martius Narbo. »

Quibusdam Arelas nuncupatur. Itaque Arelas, seu Arelate, seu Arelatum, seu etiam Arelatæ plurali numero (ut Pomponius Mela et quidem Græci scribunt) insignis est et antiqua civitas Galliæ Narbonensis, et Romanorum colonia et Rhodanum sita, et Massiliæ atque Avenioni finitima, archiepiscopali sede honorata, in qua S. Trophimus Pauli discipulus primo sedit, deinde S. Regulus, aliique in sanctorum albo ascripti, Gallice *Arles* etiamnum vocatur. Sed dignum hic annotatur, quod Robertus Gaguinus lib. ιx *Historiæ Francorum,* tum de nomine Arelates, quam de S. Trophimo se ab antiquioribus desumpsisse profitetur; nempe Arelaten a priscis *Aram latam,* teste Gervasio, dictam esse. Siquidem duæ columnæ olim erectæ inibi erant, iisque ara superposita, ubi quotannis ad Kalendas Maias frequens undique populus pro sua sospitate humanis hostiis litabat. Quam in ternos juvenes ære publico emptos, totumque annum bene saginatos, ad eam aram certa constitutaque die immolabant : moxque immolatorum sanguine universam circumstantem turbam conspergebant. Quam sævam impietatem S. Trophimus,

Christi Paulique discipulus, istuc fidei disseminandæ causa profectus exterminasse fertur; docuisseque, ad veram animæ corporisque incolumitatem acquirendam, non alio illos quam Christi sanguine esse respergendos.

Facit his fidem, quod Cæsar ipse, lib. vι *De bello Gallico,* de cruentis Gallorum sacrificiis scribit : « Natio est omnis Gallorum, inquit, admodum dedita religionibus, atque ob eam causam qui sunt affecti gravioribus morbis, quique in præliis periculisque versantur, aut pro victimis homines immolant, aut se immolaturos vovent, administrisque ad ea sacrificia Druidibus utuntur : quod pro vita hominis nisi vita hominis reddatur, non posse aliter deorum immortalium numen placari arbitrantur : publiceque ejus generis habent instituta sacrificia. Alii immani magnitudine simulacra habent; quorum contexta viminibus membra vivis hominibus complent : quibus succensis circumventi flamma examinantur homines. Supplicia eorum qui in furto aut latrocinio aut in aliqua noxa sint comprehensi, gratiora diis immortalibus esse arbitrantur. Sed cum ejus generis copia deficit, etiam ad innocentium supplicia descendunt. » Sic ibi. Vide et Tullium in Oratione pro M. Fonteio sub finem, et Pomponium Melam lib. ιιι, cap. 2.

(100) *Sed quem postea Mileti infirmum se reliquisse scribebat,* etc. Verba sancti Pauli in posteriore ad Timotheum Epistola c. ιv, 20, sunt hæc : *Erastus remansit Corinthi : Trophimum autem reliqui infirmum Mileti.* Scribebat autem hæc Paulus paulo ante martyrium, et postquam in eadem extrema Epistola scripserat : *Ego enim jam delibor, et tempus resolutionis meæ instat. Bonum certamen certavi, cursum consummavi, fidem servavi. In reliquo reposita est mihi corona justitiæ, quam reddet mihi Dominus in illa die justus judex, non solum autem mihi, sed et iis qui diligunt adventum ejus. Festina ad me venire cito.*

Ex quibus colligitur S. Paulum accepisse divinitus, brevi spatio instare sibi mortem ac propterea adesse sibi voluisse Timotheum, et ultima mandata accepturum, et certaminum testem futurum. Acceperat autem et Petrus tam Evangelii quam martyrii eadem in urbe collega ; quandoquidem in sua quoque posteriore epistola scripserit cap. ι, 13 : *Justum autem arbitror, quandiu sum in hoc tabernaculo, suscitare vos in commonitione, certus quod velox est depositio tabernaculi mei : secundum quod et Dominus noster Jesus Christus significavit mihi.* Sic ablio, quod prædixeramt, simul eodem anno, mense, et die consecuti sunt.

Itaque Trophimum, quem paulo post subiturus martyrium scribebat se reliquisse infirmum Mileti (est autem Miletus Asiæ urbs, Cariæ et Ioniæ finitima), probabile est tunc inibi vitam reliquisse, præsertim quod nulla post hæc tempora ejus mentio ; et S. Regulus haud ita multo post creatus fuerit a Dionysio Arelatæ episcopus.

CAPUT XI.

Dionysii in Galliam ingressi prima Arelate super fidei rebus consilia et auspicia.

Fili, inquit magnus ille Ecclesiasticus, *nihil sine consilio facias* [y]. Quod divinum mandatum et oraculum eo sibi diligentius exsequendum terræ Galliæ apostolus existimavit, quo res illa major erat ac difficilior, quam Dei nutu suis impositam humeris modo erat aggressurus. Deorum enim ab omni retro ætate tam pertinaciter quam superstitiose cultorum eversio hic agebatur. Jesu Christi e contrario in acerbam crucem latrones inter ignominiose sublati æterna divinitas et nova religio feris ac barbaris gentibus proponenda, comprobanda, persuadenda erat. Vires proinde humanas (si quidem solitarie et per se consideraretur) tantæ rei molimen longe exsuperabat ; sed tamen Dei optimi maximi auxiliis junctas, nec sibi, sed illis confisas, neque illud, neque quidvis aliud exsuperare poterat. Quocirca cum ejusmodi res esset, ut et viribus maximis et potenti subsidio indigeret, nec mediocrem insuper pruden-

[y] Eccli. xxxιι, 21.

tiam industriamque exigeret, confestim ut Arelaten ventum est, actis primum ductori ac sospitatori Deo super prospera navigatione et felici appulsu gratiis, eo cogitationes suas omnes vir sapientissimus applicuit, ut de totius Galliæ statu, singulorumque populorum moribus, quæ præsenti forent instituto necessaria, plene cognosceret; tum vero de dimittendis quaquaversum idoneis operis, habito cum suis consilio, suaviter, ut Dei suaderet gloria, disponeret. Neque vero ad hæc præstanda urbs opportunior, aut locus commodior, quam ubi nunc erant, quæri optarive poterat. Quippe ad quam urbem frequens ex omni Gallia concursus erat, non aliorum modo, sed etiam Christianorum; a quibus disci poterat, quo l scire ad rectam Ecclesiæ administrationem boni pastoris interesset. Hic ergo aliquand u substitit : hic Christianos recollegit, hic recensuit; hic Pauli et Trophimi fructus laborum recognovit : hic a fratribus, præsertim a sacerdotibus et diaconis, quinam superstites adhuc essent in Gallia episcopi, et ubi suas sedes fixissent, quas animarum messes fecissent, quas potissimum terras steriles incultasque reliquissent, perdidicit. Tum vero accitis in consilium collegis et sodalibus, auditaque super quibus deliberabatur sententia, denique quod optimum factu, Domino Deo (quod semper ante omnia solebat observare negotia) invocato, suam unicuique, in qua desudaret, provinciam designavit. Saturnino Aquitaniam (1-2), Luciano Bellovacum, Sanctino Meldas, Regulo Arelaten, Eutropio Santonas, aliis alias urbes tractusve in solo Gallico commisit. At vero Marcellum, quem et Eugenium nonnulli vocant (3) (idem enim esse a multis creditur), Hispanis e Gallia, ut credibile est, auxilia poscentibus, cum prius eum creasset episcopum, misit in Hispaniam. Ipse autem Dionysius agrum Parisiensem, quo nihil erat ea tempestate, quantum ad fidem pietatemque spectat, incultius atque agrestius, sibi excolendum reservavit. Decet enim, ut in militia imperatores, sic in Ecclesia primos antistites, eas potissime sibi partes assumere, quæ plus laboris ac difficultatis secum afferant; ut ne tam imperio subditos suos, quo velint, pellere, quam exemplo ad magna atque ardua post se trahere videantur. Nimis dura enim et superba censentur imperia, cum labores et pericula committuntur, et desunt exempla. Cavebat proinde Dionysius in eorum esse numero, qui alios duriter tractant, ipsi molliter vivunt. Nec enim hoc a Paulo præceptore didicerat, nec in ullo apostolorum viderat, nec ipse hactenus vel per somnium cogitarat. Nam vestigia gloriæ Dei, quæ ut plurimum in periculis, in laboribus, in ærumnis, in factu arduis, in perpessu asperis illustribus deprehenduntur, tanquam bonus Christi venaticus semper et in omnibus sagaciter indagabat, et per illa ad opimas animarum prædas cursu infatigabili properabat. Detinuit quidem illum aliquanto spatio urbs Arelate, sed ingentem paulo longioris illic moræ fructum Deus ostenderat. Jam Nero, monstrum potius hominis quam homo, tyrannus scilicet qualem adhuc terra non tulerat, cunctis exosus invisusque mortalibus, debitas suæ importunæ crudelitatis pœnas Deo sanctisque apostolis exsolverat : nec alia quidem (quod deterrimum, et tamen justissimum) quam sua manu, ut pessimo scilicet victoriæ genere, qui alios ante se omnes barbarica crudelitate vicerat, idem sui ipsius nece seipsum vinceret. Hoc igitur monstro e vivis sublato, cum boni omnes respirare, tum vel maxime Christiani cuncta sperare in dies meliora : quibus videlicet non minimum promovendæ sanctæ religioni argumentum suppeditabat, quod ejus persequendæ primus auctor is fuisset, qui totus ex fœdissima atque spurcissima vitiorum omnium colluvie conflatus, nihil non, iniquissimo suadente atque impellente dæmone, hactenus fecerat. Docuerunt igitur tum Dionysius et cuncti universim omnium Ecclesiarum magistri, propterea neci datos esse Petrum et Paulum, duos religionis nostræ multo omnium mansuetissimæ principes, quod tyranno truculentissimo, ac teterrimis ejus geniis atque dæmonibus, a quorum arbitrio et nutu nefarius ille sicarius totus pendebat, generose fuissent adversati; atque ejus exsecrandis libidinibus atque spurcitiis veræ castimoniæ honestatem præstulissent. Ita non difficilem ad eorum aures, qui talia mirum in modum exhorrescebant, aditum cum invenissent, tum ad expromenda fidei nostræ documenta eo fidentius accedebant, quo erant cum virtute et ratione conjunctiora. Ad quod quidem palam faciendum valebat hic noster Areopagita, cum auctoritate magni nominis, tum præcipue incredibili quadam cœlitus inspirati sermonis gratia, cui et vis inerat et copia dicendi incomparabilis. Unde bonus Arelatensium numerus sensim eum sectari, degustare verba, demirari vitam, adamare virtutes, suspicere et suscipere Evangelium, Christi facta mutis deorum simulacris composita quanto essent anteferenda, suo silentio primum, deinde voce in comprobationem contestari; postremo deorum suorum potentiæ, quos impune a Christianis contemni et imbecillitatis sugillari viderent, paulatim diffidere; cum vero et prodigia in nomine Jesu (qui honoris gratia nobis semper nominandus est) sæpenumero facta esse, et non raro fieri scirent, sua in abigendis dæmonibus, seu in propulsandis morbis, tum aperte religioni manus dare, et divinæ virtuti fasces haud invite submittere. Non prius igitur generosus Christi athleta discessit Arelate, quam et multum sub ducis sui vexillo populum conscripsisset, et longe clarissima suæ virtutis ibidem reliquisset impressa vestigia. Erat inibi fanum quoddam, populi cultu ac veneratione in primis augustum ac celebre, in quo Martis statua (4) publicis impertiebatur honoribus : hanc statuam Dionysius, quo veram unius Dei potentiam astrueret, sola divini nominis invocatione disjecit, diffregitque, fanum vero ipsum omni hactenus sacrorum exsecrandorum turpitudine inquinatum, et stultissimæ superstitionis indignissimæ vanitate pollutum, cum rite perpurgasset, sanctissimis beatorum apostolorum Petri et Pauli nominibus et honoribus, non invito populo (quippe patratorum ab iis prodigiorum jam conscio et admiratore) consecravit, ibidemque baptisterium originalibus eluendum maculis collocavit. Nam mirificas eorum virtutes et insignia in omnes mortales beneficia (quæ partim in Evangeliorum codice, partim in eo qui Actus apostolorum inscribitur, fusius repertum iri indicabat) breviter illis exposuerat; quemadmodum Petrus scilicet, quasi quispiam vitæ mortisque dispensator, solo verbo alios quidem neci propter impia scelera tradidisset, alios antem vitæ ob eximia benefacta reddidisset. Nam Ananiam quidem et Saphiram memorabat, propterea quod mentiti essent Spiritui sancto, ad sancti Petri vocem corruisse mortuos [a] : Tabitham vero præclaram Ecclesiæ discipulam, a pietate in viduas commendatam, ab inferis ejusdem evocatu luci esse redditam [a]; quin et sola ejus umbra quoscunque infirmos perfectæ sanitati esse restitutos [b]. Paulum autem e Christi persecutore discipulum nonnunquam in cœlos raptum [c], ea inibi vidisse audivisseque, quibus enuntiandis nulla lingua idonea, nulla par esse posset oratio; sed miraculorum insuper minime vulgarium fulgore insigniter coruscasse. Ita et Elymam magum doctrinæ Christi resistentem, in ipso momento oculis orbasse [d]; et alias infirmis longe plurimis incolumitatem, mortuis vero etiam nonnullis amissam vitam redonasse; denique ita utrumque vixisse, ut nihil unquam in moribus turpe aut vitiosum; ita docuisse, ut nihil in doctrina falsum aut perniciosum; ita postremo excessisse, ut nihil in morte objectum aut ignominiosum deprehendi a quoquam, aut jure

[a] Act. v, 1. [a] Act. ix, 36. [b] Act. v, 15. [c] II Cor. xii, 4. [d] Act. xiii, 8.

reprehendi posset : imo omnem vitam, doctrinam, mortem, bonorum plena exemplorum exstitisse. In iis enim eluxisse in rebus agendis prudentiam, in negotiis communicandis æquitatem, in moderandis sensibus castimoniam, in affectibus refrenandis fortitudinem, in adversis ferendis et morte sustinenda patientiam, animique invictam constantiam. Cum quibus si falsorum deorum vitæ conferrentur, seu Martis, seu Mercurii, seu Jovis ipsius aut Saturni, aut aliorum quorumcunque, quanta, Deus bone! inquiebat, in illis diversitas! major sane quam diei et noctis, quam lucis et tenebrarum. Unus enim liberos suos devorasse, alter patrem ipsum pepulisse regno, iste alienæ conjugi stuprum intulisse, hic res alienas furto avertisse, alius alia et quidem horrenda ac propudiosa admisisse flagitia, et iis etiam gloriatus fuisse memoratur. Et tantam nihilominus exstitisse hominum cæcitatem, ut divinos iis honores elargirentur, quos ob sua exsecranda facinora æternis pœnis certissimo constaret esse damnatos. Propterea igitur Deum ipsum e cœlis ad tantam cæcitatem sua immensa luce depellendam, et tam densas errorum tenebras doctrinæ suæ veritate dissipandas descendisse; atque hunc esse quem ipsi prædicaret, cujus principes discipulos veris laudibus efferret, quibus templa et statuæ multo justius quam Marti et Mercurio, aliisve diis (si tamen diis) deberentur. Talibus fere, sed multo pluribus ac majoribus, prout Spiritus ei dabat, populi animos vir sanctus detinebat, erudiebat, Christo acquirebat. Post hæc commendata Regulo (cui manum simul et episcopi munus jam imposuerat) Arelatensi Ecclesiæ, dispositisque in ea ordinibus, et ad mutua inter se officia diligenti oratione concitatis, valedixit, datoque pacis osculo, et impertita benedictione, in interiorem Galliam, assumptis Rustico et Eleutherio comitibus, penetravit. Ubi autem consederit, quid egerit, quæ studia consectatus sit, proxima enarratio demonstrabit.

NOTATIONES.

(1-2) *Saturnino Aquitaniam*, etc. De Saturnino, et aliis in diversa a Dionysio dimissis, partim capite præcedenti dictum est, partim proprio et singulari capite infra dicetur.

(3) *At vero Marcellum, quem et Eugenium nonnulli vocant*. De Marcello hoc, et idemne sit cum Eugenio Toletano, disputavi alibi.

(4) *In quo Martis statua*, etc. Inter alios deos cultum fuisse etiam a Gallis Martem, præcedenti capite notavimus e Cæsare. De disjecta autem et difracta a Dionysio ejus statua, habetur in Actis S. Reguli apud Vincentium Bellovacensem lib. x *Histor.*, cap. 27.

CAPUT XII.

Dionysii ad Parisios profectio, et ibidem religionis et episcopatus fundatio.

Parisii hac ipsa, qua de agimus, ætate (5), imo et pluribus ante sæculis celebre erat, non urbis quidem ut nunc, sed populi in Gallia Celtica Senonas inter et Bellovacos siti, et Sequanam fluvium accolentis nomen. Quod quidem nomen olim Julius Cæsar Commentariis suis illustribus fecerat simulque eorum urbem Lutetiam belli consilio inibi habito reddiderat clariorem ; verum longe alia claritudo post accessit, cum Dionysius Areopagita omnem prope Athenarum gloriam, hoc est seipsum, huc transtulit; neque hoc sine felici rei magnæ omine, facultatis scilicet omnium liberalium artium, et Græcæ in primis facundiæ eodem aliquando (quod jam dudum factum est) transituræ. Sed illa tamen, quamvis per se ampla, præ fidei luce quam diffudit, præ Christi nomine quod importavit, præ tot insignibus victricis fidei tropæis quæ tota Gallia erexit, exigua videri possunt et debent. Igitur ad hunc populum et ad hanc urbem divino ductu accessit (6-7), eumque in vicino delegit habitationi locum, quem et sacris studiis, et piis precationibus, et divinorum contemplationi, et opportune ab Evangelii laboribus receptui reperire potuit quam commodissimum. Eum esse credunt, quem academia Parisiensis nunc insidet, illius Athenæensis, quam Plato celebravit, in qua et ipse Dionysius quondam philosophatus est, æmula. Hic ergo cum duobus sociis Rustico presbytero, et Eleutherio diacono fidissimis contubernalibus consedit, hic sacris operatus est, hic divina meditatus, hic cœlestia contemplatus, hic libros illos incomparabiles (8), et nisi paucis rarisque ingeniis inaccessos, est commentatus, quos et hodierna theologorum schola secundum Scripturas in prima ponit laudatique auctoritate; hic denique, ut quondam Joannes in deserto, concurrentes ad se omnis generis mortales fama vitæ et miraculorum excitatos docuit, abluit, et plus etiam quam Joannes, peccatorum suorum vinculis exuit, ac teterrimæ ereptos servituti in libertatem filiorum Dei vindicavit (9). Nam cum virtute polleret miraculorum (10), et jam visum cæcis, jam auditum surdis, jam sermonem mutis, jam claudis gressum reformaret, variisque præterea morborum affectos incommodis circa ustionem, sectionem, potionum amaritudinem, sola precatione et verbi divini invocatione percurraret; toti genti admirationi fuit, imo et propter facta tam benefica passim apud omnes in amore et honore non vulgari. Quibus ad fidei persuasionem Deique illius cultum (cujus vocato nomine hæc patrabat) viam sternentibus, non exiguum Parisiorum numerum ad Christi castra perduxit. Sed præ aliis omnibus, quorum obscurior fama est et ignota nomina, unus singulariter exstitit, cujus non quivis hactenus nec ætas cuncta disperdens, nec livor semper magnis invidens, jam obtegere nomen aut obscuriare gloriam. Lisbius enim prisca stirps (11) et radix Montmorentianæ familiæ, qui primus e Gallica nobilitate salutiferis baptismi aquis a Dionysio expiatus et Christiani nominis gloria creditur insignitus, vivit etiamnum et viget, vigebitque perennibus, nec unquam intermorituris ad omnem posteritatem litteris. Nam ut antehac, ita et deinceps, Gallorum habebitur et appellabitur Christianæ primitiæ: nec celabitur (ut nobilis erat juxta et locuples) tam ad commendandam ac promovendam fidem ejus auctoritas, quam ad religiosa sacella et oratoria (prout ea ferebat tempestas) vel aptanda vel conservanda insignis benignitas ac munificentia. Ad hæc enim opera tam auctoritate quam opibus præsto adfuisse Dionysio ex antiquis habetur monumentis. Atque hæc fortassis irarum et discordiarum conjugi occasio et seminarium fuit : quod scilicet Larcia (hoc erat conjugi nomen) tantarum impensarum, quibus dilapidari rem familiarem arbitrabatur, impatiens (marito enim fidem amplexo diu infideliter perstitit) virum tanquam summæ in deos impietatis reum detulerit, præclaramque martyrii palmam, sed longo post hæc tempore, remanentibus tamen odiis, volens nolens, ut suo dicetur loco, procurarit. Nam cum Vespasianus imperium tunc teneret, princeps admodum mitis ac humanus, nulla gravior hisce temporibus exstitit in Christianos persecutio, nulla religionis hostibus sui in bonos exprommendi odii, tanta quantam voluisset opportunitas fuit. Hinc Ecclesia illo imperatore sensim recreari, paulatim accrescere, vires sumere, ædiculas struere, liberius sacros cœtus habere, in Christi doctrina et virtutum exercitio non pœnitendos progressus in dies facere. Tum ergo et Dionysius obsecundante in primis quem modo diximus Lisbio, nonnulla variis in locis sacella (12), ut commoditas erat, construxit. Primum autem, vel certe inter prima illud fuisse creditur, quod omnipotenti Deo, suæ hujus peregrinationis auctori atque duci, titulo Sanctæ Trinitatis dedicavit : quod deinde multis pos sæculis in honorem sancti Benedicti, reservata tamen ibidem loci venerandæ antiquitatis et sanctimoniæ grata memoria, instauratum, amplificatum, consecratum fuit. Quippe in sacello, quod Sancti Nicolai nunc dicitur, et in divi Benedicti templo inclusum est, hoc legitur veteris religionis certissimum monumentum. In hoc sacello sanctus Dionysius cœpit invocare nomen sanctæ Trinitatis. Nam ille proprie locus fuit ædificati a Dionysio sacelli. Postea vero et alterum cultui beatæ Mariæ Virginis, destructo, quod inibi colebatur, Mercurii simulacro, dedicasse tradunt ; quod ab indigenis ad rei memoriam Nostra Domina de Campis est appellatum. Ubi et partem aliquam sanctissimi veli ejusdem Virginis, cujus ipse interfuerat exsequiis, ad majorem loci ejus sanctitatem deposuit. Unum item sancto Stephano primo post Christi ascensionem martyri ; quod hodieque templum Sancti Stephani Græcorum vulgo nominatur, quod scilicet primi ejus conditores Græci essent. Alia denique aliis sanctis, quorum enumeratione, ut difficili, minusque necessaria nunc supersedeo. Sed quemadmodum templa et sacraria, sic sacerdotes et ministros constituit, variaque in loca dimisit (13). Necessarium enim erat, ut, multiplicatis gregibus, pastores quoque multiplicarentur. Illos autem cum ad omnem virtutem diligentissime informavit, tum etiam peculiari cura iisdem commendavit, ut ea quam exactissime callerent et curarent, quæ sui essent circa res sacras officii et ministerii. Nec immerito. Quid enim in omni mundo est, quod parem curam ac sollicitudinem requirat, quam ea servitia et obsequia, quæ non hominem mortalem, sed Deum ipsum et cœlos tangunt ? Nam si pro personarum dignitate atque fastigio verum est honorem ac venerationem crescere, quam exquisiti divinæ adorationis ritus ac cæremoniæ, et quanta honoris ac reverentiæ incrementa ad supremæ illius atque infinitæ majestatis cultum adhibenda sunt ? Dionysius igitur tanti reverentissimus culminis, præclaram omnino, si quis alius, hac in re navavit operam. Cum enim apostoli (in quorum præcipue humeros tanquam primorum Dei legatorum, et novæ legis principalium præconum id incumbebat oneris) instituta a Magistro sacramenta et sacrificia certis ritibus ac cæremoniis, majoris venerationis ergo, divinitus instruxissent, ordinatique ab se episcopis non tam voce aut scripto, quam usu et exemplo tradidissent, visum est viris apostolicis post illorum e vita migrationem e bono communi fore (quod et Spiritus ipsis suggerebat) ut præcipua religionis Christianæ mysteria, eorumque ratio et intelligentia sic litteris mandarentur, ut et cum novis pontificibus ac sacerdotibus (quorum jam passim per omnes terras numerus excrescet at) facile communicaretur, et simul caveretur, ne quæ occulta esse oporteret, temere ac homines profanos et indignos emanarent. Quemadmodum enim ad religionis sanctæque disciplinæ consensionem atque unitatem plurimum istis commodarent ; ita his propter ignorantiæ tenebras mentisque imbecillitatem haud parum officerent. Quare hoc in negotio primus omnium, quod quidem sciatur, sanctus Hierotheus Dionysii magister laboravit ; sed ita laboravit, ut ejus scripta ob difficultatem et obscuritatem sublimioribus duntaxat ingeniis inservirent. Unde cum ea Dionysius ad Timotheum urbis Ephesi episcopum transmisisset, is ita probavit, ut mediocribus ingeniis aliquanto clariora requireret. Quin et ipsummet Dionysium ad hunc suscipiendum laborem non semel, sed sæpius hortatus est, non quasi ipse Timotheus, utpote veteranus Pauli apostoli discipulus, iis magnopere indigeret, sed ut nuper creatis aut deinceps creandis ab se episcopis in directionem atque subsidium exhiberet, unumque essent illa scripta Dionysii velut rituum omnium ac cæremoniarum conforme magisterium. Et sane ita per orientem et universam Græciam, quæ in libris suis circa ordines conferendos idem perscripsit Dionysius, invaluerunt perennaruntque, ut eorum usus apud illos hodieque perseveret. Sed de libris in præsentia hoc tantum dicam, quod satis liquet (nam omnium recensionem, quorum quidem nunc sit memoria, post inferemus) nobiles illos libros, a terum De cœlesti, alterum De ecclesiastica hierarchia, cum sint e postremis ab eo editis operibus, in Gallia esse scriptos, in Gallia auctos et retractatos. Hic enim a duorum apostolorum glorioso excessu (ex quo tempore ad scribendum ab eorum discipulis maxime est stimulatus) sedem ac domicilium tenuit. Quamvis et e.emplo magistrorum ad visendas et firmandas remotiores Ecclesias, in alia terrarum nonnunquam excurrerit. Nam et in Hispaniam e Gallia profectum fuisse Hispani ipsi affirmant (14). Quod eo quoque fit probabilius , quod qui ab orbis exorsi capite in vicinas Gallias sub illa apostolorum tempora proficiscebantur, soliti essent satis evulgato inibi Evangelio, inde in Hispaniam ejusdem dilatandi gratia convola re. Plurima enim in Hispanorum historiis ejusmodi profectionum exempta consignantur. Nempe hoc de sancto Martiale Lemovicensium episcopo (15), hoc de sancto Saturnino Tolosanorum (16), hoc de sancto Jone seu Jona presbytero Castrensium, hoc de sancto Mancio Catalaunensium (17) antistite, hoc de pluribus aliis in Gallia episcopis, et apostolorum discipulis memoriæ prodiderunt. Neque enim ut regnorum aut provinciarum, sic fidei ac religionis limites erant ; sed dispersorum toto orbe Christianorum velut una provincia, unum regnum, una natio, imo velut una domus et una familia tota Christi Ecclesia erat ; tamque facilis tum e provincia in provinciam, quam nunc ex urbe in urbem, et fere dixerim e domo in domum, transitus patebat et receptus. Nulla tum inter Christianos ob locorum intervalla animorum disjunctio, nulla ob linguarum diversitatem charitatis divulsio, nulla denique inter fratres (Italos enim, Gallos, Germanos, Hispanos, Græcos, et quoscunque alios totius universi populos una continebat et conglutinabat germanitas), nulla, inquam, inter fratres plusquam fraterno amore se complectentes, nisi solius virtutis et pietatis et divini honoris parebat æmulatio. At si forte tempestas aliqua persecutionis ingruebat, ea magis inter illos sese , non secus atque aquam frigoris asperitas, constringebat. Ivit igitur in Hispaniam Dionysius, et suorum quos antehac illo præmiserat, discipulorum labores et fructus præsens inspexit, cognovit, promovit. Est enim dictu incredibile, quantum fidei rebus afferat pondus, sanctorum virorum, præsertim doctrina et auctoritate præstantium, vel audita tantum oratio, vel conspecta solum præsentia. Hinc tantus olim populis ardor inerat vel videndi et audiendi apostolos, vel iis e vita profectis, ipsorum saltem discipulos velut vivas eorum imagines cognoscendi. Ea causa fuit, cur episcopi apostolorum successores perraro in una sede ita hæserint, quin ad alias atque alias provincias, seu ipsarum invitatu, seu sua voluntate crebro peregrinati sint. Itaque et Clemens ipse, Petri successor et discipulus, relicta ad tempus Roma, varias in partes, non minus quam magister suus abiit : et circa hæc ipsa tempora usque ad Domitiani sceptra, ac impios adversus Ecclesiam motus, generosi Christi athletæ libere et confidenter, quocunque Spiritus Dei agebat, non modo ad multiplicandas Ecclesias, sed etiam ad eas confirmandas, et statutis ac legibus ordinandas, et concordiæ vinculo (quod maxime tunc erat necessarium) colligandas contendebant. Sic ergo et Dionysius nec Athenis, nec Galliis, nec Germania contentus, in Hispanias quoque penetravit, et temporum usus opportunitate, ea quæ Jacobus, quæ Petrus, quæ Paulus (18), quæ alii apostolorum plantaverant, irrigatum ivit. De tempore quidem profectionis etsi non omnino liqueat, de profectione tamen ipsa satis liquet. Quæ autem in Gallias reversus infesto juxta et infausto Domitiani egerit dominatu, hinc jam ordiemur.

NOTATIONES.

(5) *Parisii hac ipsa, qua de agimus, ætate, etc.* Parisios, ut regionis nomen; Lutetiam vero, ut ejus regionis caput, usurpavit Cæsar lib. VI *De bello Gallico*, sub initium, ubi sic de se ipse scribit : « Concilio Galliæ primo vere, ut instituerat, indicto, cum reliqui præter Senones, Carnutes, Trevirosque venissent, initium belli ac defectionis hoc esse arbitratus, ut omnia postponere videretur, concilium Lutetiam Parisiorum transfert. Confines erant hi Senonibus, civitatumque patrum memoria conjunxerant : sed ab hoc concilio abfuisse existimabantur. » Sic ibi.

(6-7) *Igitur ad hunc pop. et ad hanc urbem divino ductu accessit.* De hoc accessu ex divino nutu seu monito attestantes habemus Simeonem Metaphrasten in Vita Dionysii, qui ἄνωθεν αὐτῷ κεχρηματισμένον, *superne oraculum ei redditum* scribit. Ita prius Athenis Romam venerat οὐρανίῳ καὶ θείῳ θελήματι, ὡς ὑπὸ Θεοῦ ἠγαπημένος, ὁδηγούμενος, ut scribit Methodius, *cœlesti et divina voluntate, tanquam dilectus a Deo, per iter deductus*.

(8) *Hic libros illos incomparabiles,* etc. Libros qui nunc exstant, *De divinis nominibus, De cœlesti hierarchia, De ecclesiastica hierarchia,* etc , probabilissimum est scriptos a Dionysio Parisiis, post apostolorum mortem, cum jam ipse inter Pauli discipulos præcipua scientia emineret. Constat enim posterius esse scriptos (quod etiam infra probabitur) quam eos, qui perierunt.

(9) Michael in *Laudatione S. Dionysii*.

(10) *Nam cum virtute polleret miraculorum,* etc. De S. Dionysii potestate miraculorum testantur antiqui Vitæ scriptores, tam Græci quam Latini, Dabo Græcorum testimonia, omissis Latinorum, quæ magis in promptu. Itaque Michael Syngelus scribit Dionysium expulisse colendorum simulacrorum insaniam, hisce tribus machinis, τῷ τε τῆς ἀληθείας κηρύγματι, καὶ τῷ τῆς διδασκαλίας διαυγάσματι, καὶ τοῖς τῶν θαυμάτων τερατουργήμασιν, *præconio veritatis, doctrinæ splendore, miraculorum prodigiis*. Deinde subjungit continenter aliquas curationes vi divina ab eo factas. Ὀφθαλμοὶ γὰρ τυφλῶν ἀνέβλεπον, καὶ ὦτα κωφῶν ἠνοίγοντο, καὶ γλῶσσαι μογιλάλων ἐτρανοῦντο, καὶ βάσεις χωλῶν συνεσφίγγοντο, καὶ ποικίλων νοσημάτων ἀσθενοῦντες ἠλευθεροῦντο, τῇ τοῦ παντοδυνάμου Σωτῆρος ἐπικλήσει διὰ τοῦ θαυμασιωτάτου θεράποντος αὐτοῦ παραδοξοποιοῦντος, καὶ τοὺς ἐν σκότει τῆς ἀγνοίας καθημένους προσκαλουμένου πρὸς τὸ φῶς τῆς γνώσεως καὶ σωτηρίας. *Oculi enim cæcorum intuebantur, et surdorum aures aperiebantur, et mutorum linguæ solvebantur, et claudorum incessus restringebantur, et variis debilitati morbis, invocato Salvatoris omnipotentis auxilio, per admirabilissimum ejus servum miracula patrantem, et sedentes in ignorantiæ tenebris, ad lucem cognitionis evocabantur liberandos*. Ita Syngelus. Quid Methodius? Hæc nimirum inter alia: Καὶ τοσαῦτα, δι' αὐτοῦ κατηξίωσε γενέσθαι τὰς δυνάμεις, ὅτι τῶν πολεμίων ἐθνῶν τὰς καρδίας οὐκ ἔλαττον τῶν εὐαγγελιζομένων ἀνεδείξεν. *Et tantas per eum dignatus est Dominus patrare virtutes, ut non minus gentium hostilium corda, quam Christianorum promoveret*. Metaphrastes : Οὐ διδαχῇ μόνον ῥήμασιν, ἀλλὰ καὶ σημείων ἔργοις ἀποστολῆς ἔργον εἰργάζετο. *Non doctrinæ solum verbis, sed et operibus signorum munus exsequebatur apostolatus.*

(11) *Lisbius enim prisca stirps,* etc. De Lisbii conversione ad fidem Christi, nullum potest certius esse testimonium, quam Visbii filii ejus conscriptio, e qua desumpsit Hilduinus ea quæ de illius conversione familiæ perscripsit. Hanc autem esse radicem Montmorentianæ domus, tota testis illius posteritas, ad quam solet de principiis ac stemmatibus cujusque familiæ semper remitti cognitio. Accedunt vero et tituli, et insignia, et elogia, et gentis Francorum ex antiquo perennis consensus, ut viro æquo nihil desiderari amplius possit.

(12) *Nonnulla variis in locis sacella,*etc.De his testes sunt Syngelus et Methodius supra laudati. Prioris verba, postquam de sancti viri miraculis egit, sunt hæc : Ἐπὶ τούτοις γὰρ τῶν πιστῶν πληθὺς ηὐξάνετο· αἱ ναοὶ τῷ Θεῷ κατὰ Γαλλίαν καὶ Γερμανίαν, τὴν μεγίστην ἐπαρχίαν, ἠγείροντο, etc. *Propter hæc enim miracula fidelium multitudo crescebat, et templa Deo per Galliam et Germaniam, provinciam maximam, excitabantur*.

Posterioris autem ista : Τοῦτον οὖν τὸν τόπον ὁ Θεοῦ δοῦλος περιοδεύσας, καὶ τῷ στερρῷ τῆς πίστεως ὁπλισάμενος, Θεῷ τῷ παντοδυνάμῳ, πανταχοῦ βοηθοῦντι καὶ συνοδεύοντι αὐτῷ, ἐκκλησίαν ἐκεῖσε κατὰ τὴν δύναμιν αὐτοῦ, καθ' ὅτι νέος ἀκμὴν προσήλυθεν ὑπῆρχε, καὶ τῷ Κυρίῳ ἡμῶν Ἰησοῦ Χριστῷ εἰς τιμὴν ἀνέστησε. *Hunc igitur Dei servus, cum peragrasset locum fide robore armatus, Deo omnipotenti sibi ubique auxiliari et comiti, templum illuc ut facultas gerebat (quippe novus ibi admodum advena erat) et Domino nostro Jesu Christo, honoris gratia ædificavit.*

His porro consentiunt Antiquitates Parisienses, et prisci Rituales libri, in quibus hæc rhythmice :

Hic constructo Christi templo,
Verbo docet et exemplo,
Coruscat miraculis, etc.

De aliis templis et sacellis videndus est Demochares, libro *De divino missæ sacrificio*, capite 18, in Catalogo episcoporum Parisiensium.

(13) Methodius in Dionysii *Martyrio*.

(14) *Nam et in Hispaniam e Gallia profectum fuisse Hispani ipsi affirmant*. Flavius Dexter ad annum Christi 110, et Romæ 861 : « Haud multo post S. Dionysius Areopagita Hispanias invisit, ut legatus a B. Clemente totius occidentis ordinatus. » Consentit Franciscus Bivarius in Commentario ad eumdem annum, probatque ex S. Methodio, qui scribit Dionysium Evangelii semina dispersisse πᾶσι τοῖς Ἑσπερίοις μέρεσι, *cunctis partibus Hesperiis*. Hispani autem censentur in Hesperiis, ut recte ibidem probatur.

Sed cavendum ne putetur Dionysius illo anno Christi 110 aut paulo post fuisse a Clemente ordinatus occidentis legatus. Nam multis ante annis obiisse Clementem, constat. Sed tantum existimandus est Dexter afferre causam cur iverit in Hispaniam, quod scilicet jam olim ordinatus fuisset a Clemente totius occidentis legatus. Ego autem ivisse in Hispaniam censeo longe prius quam velit Dexter, nempe temporibus Vespasiani, pace post Neronem Ecclesiis reddita. Regnavit enim Vespasianus annos ferme decem : ita ut extremis ejus annis, jam satis ordinata Parisiensi Ecclesia, inviserit Dionysius Hispanias, et eadem opera discipulum Marcellum.

Accedit Gothici Breviarii Toletani auctoritas, in quo hymnus exstat Dionysii et Eugenii profectionem continens, illius in Hispaniam e Gallia, hujus in Galliam ex Hispania. Incipit sic : *Sancti Eugenii digna memoria*. Ubi inter alia de Dionysio, quem vocat alumnum Græciæ, et de Eugenio, quem appellat doctorem Hispaniæ, sic habet :

Alumnus Græciæ visit Hispaniam.
Doctor Hispaniæ revisit Galliam ;
Docti præsentiam doctoris Galliæ
Fideli capiens pectore.

(15) *Nempe hoc de sancto Martiale Lemovicensium episcopo*. Flavius Dexter ad annum Christi 52, Romæ 803, « Martialis, inquit, Lemovicensium, Cadurcorum et Tolosatium apostolus Hispanias adiit, et prædicando fideles invisit. » Vide ibidem Bivarium.

(16) *Hoc de sancto Saturnino Tolosanorum*, etc. Dexter ad annum Christi 112 : « Sanctus Saturninus episcopus Tolosanus secundo Toletum invisit. » De primo autem adventu vide Bivarium in Commentario Dextri, ad annum 73.

(17) *Hoc de sancto Mancio Catalaunensium*. Ita de illo Dexter, ad annum Christi 90 : « Mancius, civis Romanus, Christi discipulus, primus Eborensium in Lusitania pontifex, qui in Gallia prius prædicaverat, floret : et post multos labores migrat martyr, anno 106. » Vide ibi Commentarium doctum Bivarii. De S. Jonc dictum est in superioribus.

(18) *Ea quæ Jacobus, quæ Petrus, quæ Paulus*, etc. Hos omnes fuisse in Hispania Dexter, et Metaphrastes, et alii quamplurimi pro certo ponunt. De omnibus vide Commentarium Francisci Bivarii ad Dextrum, anno Christi 50, et alibi. De Jacobo, ut extra dubium, dicere omitto. De Petro ad citatum jam annum ita Dexter : « Petrus, ut Christi vicarius, Hispanias adit : imagines Antiochia delatas affert, » etc. De imaginibus, si consulas ibi Bivarium, tibi faciet satis. De Paulo in Hispaniam profecto patet e supra dictis, et ex eodem Bivario, qui bene et fuse refellit alia sentientes. Jam certe post Dextri editionem nullo modo dubitari debet. Quem Dextrum si doctus ac diligens Baronius nactus esset, haud dubie multa aliter, quam sensit, sensisset et docuisset. Verum ut *dies diei eructat verbum, et nox nocti indicat scientiam* (Psal. xviii, 13), multo magis menses et anni, quibus assidue procedentibus, alia atque alia in novam lucem eruuntur antiqua monumenta.

CAPUT XIII.

Dionysii per tempora Domitiani imperatoris curæ et labores et prophetiæ spiritus.

Verissimum est quidem sane, quod peritissimi viæ cœlestis ductores ac magistri tradunt, eo quemque servorum Dei et crebrius et copiosius divina participare beneficia, quo et gratior sit de susceptis, et impensorum adversus collatorem officiorum atque obsequiorum profusior. Cujus enim nec imminui bonorum copia propter infinitam benignitatem potest, idem se in mutui amoris certamine vinci a servo Dominus nequaquam sinit. Cum ergo Dionysius depluentium in se donorum memor, tam illa quam semetipsum in eorum auctorem totum refunderet, velut perfectum quemdam reciprocantis benevolentiæ circulum, licet impar, gratissimus tamen, cum Deo contexebat. Nova enim cum reciperet beneficia, nova referebat officia ; et dum hæc referret, novisque propter hoc ipsum a Deo gratiis cumularetur, his ille denuo incitatus, quo plus recipiebat, eo plus reddebat ; quoque plus reddebat, eo plus recipiebat, ut non esset nec dandi numerus, nec finis remunerandi. Ita quippe et magni apostoli crescebant, qui nec esse vacuam in se gratiam Dei sinebant, et alios quoque, ut ne in vacuum eam reciperent, hortabantur ⁎. Ita apostolorum discipuli (et hic in primis Dionysius) in dies proficiebant, semper cursui suo addentes, semper laborem labori, industriam industriæ, obsequia obsequiis aggerantes. Hinc a rebus cunctis inferioribus digressi, atque ad Deum et divina sublime erecti, miris implebantur omnigenæ sapientiæ fulgoribus, quibus et se et mundana omnia penitus cognoscerent atque despicerent : et bonum ipsum, vere omne bonum in ipsius boni radio conspicerent, et universis terræ rebus uti perpusillis et nullo pretio dignis, immensum quantum anteferrent. Quemadmodum enim ii, qui ex altissimis turribus et aeris speculis, ac præsertim monti cuipiam editissimo superstructis, homines quamvis procerissimos et gigantea mole spectandos, inferne obambulantes conspicantur, ipsi eos velut exiles vermiculos aut perexigui corporis formiculas videre sibi videntur, vixque vident : ita qui mente et cogitatione in alta atque abdita Dei mysteria per multiplices profundæ contemplationis gradus conscenderunt, ii tam magna, tam excelsa, tam incomprehensa inibi speculantur, et demirantur, ut deflexis inferne orbibus, humana omnia, imo absolute omnia, puncti instar brevissimi esse videant, si tamen videant. Nam ut qui diu in lucidissimo sole ambulavit, dum in umbracula primum ingreditur, præ oculorum caligine nihil videt ; sic magnis viris cum Deo suo familiariter versantibus usu venit, ut toti divinis mysteriis intenti et perfusi, terrena nec videant nec curent. Ab infimis enim rebus, quoad ejus fieri potest, se subducunt, semperque ea minimi faciunt, quæ vulgus hominum, quia majora non norit, permagno æstimat. Dionysius porro, ut qui abundanti supernæ lucis copia perfusus omnia ista prorsus vana nihilique esse intelligeret, proindeque se ab illis penitus segregans, illa quæ vere sunt, et magna sunt, tota animi contentione persequeretur, ad Deum assidue aspirabat, ascendebat, adhærebat, totusque quodammodo Dei effectus (19) (quod apprime ad divina percipienda necessarium scriptis suis edocuit) ea quæ paucis nosse datum est, videbat, audiebat, imbibebat, atque ad alios quaqua poterat verborum grandiloquentia (nolebat enim res tantas verbis vulgo obviis deterere) efferebat. Quippe nimis profanum et irreligiosum esse ducebat, res a communi et vulgari hoc statu tam semotas, tam diversas communibus ac vulgaribus enuntiare vocibus ; atque adeo ad honorem et æstimationem Dei rerumque divinarum hoc spectare judicabat, si verbis quam posset magnificentissimis ea quæ omnem transcendunt magnitudinem, quadamtenus repræsentaret. Hinc voces novas, et sua compositione eximium quiddam atque omni creato fastigio altius atque augustius designantes, infinitis atque incomparabilibus Dei perfectionibus explicandis efformavit. Quas homines quidam leves, et audaculi (20-21), partim inhonoratione, partim malevolentia, deteriorem in partem interpretati, maluerunt styli et eloquentiæ affectationi bene prudenterque dicta attribuere, quam dignitati rerum atque majestati assignare ; quodque est deterius, auctoris potius cavillari verba et calumniari sermonem, quam et dicendi genus admirari, et dicentis revereri pietatem. Ast ego quidem prorsus e contrario, illa ipsa ab eodem Spiritu verba suggesta esse certo scio et credo,

⁎ II Cor. vi, 1.

a quo et res ostensas non dubito. Neque enim ante ad scribendum aggredi (22) vir sanctus audebat aut solebat, quam se ferventi precatione, velut cœlesti quadam catena, ab humo sublevasset, Deoque junxisset. Denique tam familiares illi erant Dei sermones et oracula, ut sacris quidem in negotiis nihil grande, nihil mediocre, sine divino viso aut cœlesti responso susciperet. Multos in diaconorum, in sacerdotum, in episcoporum ordinem cooptavit, sed unum absque Dei sententia neminem. Quippe qui et omnibus hoc faciendum præsulibus (23) diserte edocuit, et complurium conglobatione exemplorum evidenter comprobavit. Ex ipsius quoque institutione, si quis obscurus ac difficilis Scripturæ locus occurrebat, cujus in exsolvendo nodo ministri laborarent, illi presbyteros adibant, presbyteri ipsum, ipse autem (nisi si apostoli in promptu essent) intima templi ingressus, Deum ipsum consulebat, et quæcunque is vellet, illo ipso per angelos inspirante, condiscebat. Quemadmodum enim in cœlesti, sic et in Ecclesiæ principatu ordo est addiscendi, ordo est et docendi : quodque in cœlo seraphini, hoc in Ecclesia sunt episcopi : et sicut ab illis primis inferiores spiritus, sic ab his subjecti ordines difficilium hauriunt disciplinam. Qui autem in terra sunt supremi, hi a cœlo sumunt quod ignorant, ut et qui in cœlo summi, a Deo ipso, ut primo fonte, nullius interventu, cognitionem accipiunt. Quæ igitur Dionysius maxime ardua didicit et docuit, hæc quidem aliquam partem e sacris Litteris, nonnullam item e Pauli atque Hierothei magisterio, sed tamen multo maximam atque præcipuam, non ab hominibus, sed a Deo et angelis, precando, meditando, contemplando percepit. Nam si tanta est Dei opt. max. in homines benignitas ac benevolentia, ut contracta cum illis (tametsi cum imparibus) amicitia, eos consiliorum suorum facere participes, et arcana pandere etiam privatis non dedignetur, quanta primis militiæ suæ ducibus, quanta Dionysio inter duces strenuissimo ac laboriosissimo, et ob mentis eximiam puritatem longe charissimo, sive luce inter ardentissimas preces, sive nocte per objecta visa inter quietem ostendit? Si enim Deus sol est lucidissimus, et Dionysii anima speculum nitidissimum, et ille quidem ad dispergendos radios semper compositus, et hæc ad recipiendum semper disposita, quidni perpetuo et ille illustraret et hæc illustraretur? Neque sane nil in hoc aere, sic in mente, obvelantium intervenit nubium frequentia. Est enim mens justi a terra et vicino terris aere, et nubibus hunc aerem contristantibus elevatior, unoque ictu et momento ad Deum, cum voluerit, se penetrat. Dionysius autem tantis urebatur divini amoris incendiis, ut illis in alta sublatus (nescit enim ille ignis in inferioribus detineri) semper cum Deo esset, semper beata ejus aura et sancto divinoque Spiritu afflaretur. Quod tum accidebat potissime, cum exortis in mundo turbinibus (qui imperante Domitiano sævissimi exstiterunt [24-25]) Dei Ecclesiam gravior torqueret necessitas. Cum enim vir Dei intolerabilem illius imperatoris superbiam summa impietate conjunctam videret (quippe non Dominus solum, sed etiam Deus appellari (26), et divinos sibi tribui honores tyrannus ille volebat et jubebat), cumque insuper quales et quanti motus adversus Ecclesiam a tam arroganti et tempestuoso mundi hujus velut maris gubernatore aut archipirata potius exsurrecturi essent, perspicaci mentis acie prævideret, tum ipse, ut vere pius et pro grege suo magis nunc quam alias unquam pervigilans, uni vero Deo se stringere, arctius eum complecti, ardentius exorare, crebrius et instantius consilia et oracula tam arctis in rebus exposcere : ita ut cum alia multa de suorum statu, tum etiam de procul remotis, Deo illa sibi manifestante præcognoverit, quæ et multa eum consolatione afficerent, et præsentium temporum mœrorem non modo spe futurorum bonorum certissima permultum imminuerent, sed etiam prævalentibus gaudiis prorsus abs'ergerent. Nam cum excitata in pios Dei cultores ab impio tyranno tempestate unicus jam e toto apostolorum choro superstes in terris esset dilectus ille Jesu discipulus, cujus in uno capite salus consistebat plurimorum, quem tamen ipsum immanis tyrannus dæmonum furiis agitatus, jam morte, jam exsilio sublatum e medio cupiebat (nam modo in ferventis olei dolium [27] immisit, modo in exsilium, postquam illæsus e dolio exisset, relegavit), Dionysius de tanti apostoli et hisce præsertim temporibus tam necessarii salute et incolumitate plurimum sollicitus, continuis pro illo precationibus diu noctuque insistebat : quin et illius magni patriarchæ instar cum Deo colluctans ¹, vim quodammodo, si ita loqui licet, pro noto et amico faciebat, uti ejus curam gereret, murmurque adversus insurgentes et incursantes bestias opponeret. Quid multa? Deus alioqui invictus se vinci passus est, et quem fecerat apostolum, fecit et evangelistam ; sed antequam faceret, consilii sui Dionysium participem esse voluit. Quemadmodum enim olim Abrahamo in ipso fervore diei ⁶ Deus apparuit, ita Dionysio in cœlesti ardore charitatis pro Ecclesia æstuanti adfuit, et quæ circa exsulantem in Pathmos apostolum gesturus esset, aliquanto ante indicavit : nimirum vitam ejus et incolumitatem ad novos pro Ecclesia labores sibi corde fore, adeoque propediem futurum, ut ab exsilio exsolutus in sua reverteretur, et reversus Evangelium conscriberet ; sed Evangelium, quo et novi recentium errorum satores confunderentur (28) et sua Christo æterna divinitas vindicaretur. Hac igitur abditorum revelatione tam amica, tam certa, tam salutari mirifice recreatus Dionysius, quamvis alia celare oracula ex submissionis studio semper adamasset, hoc tamen unum, quod in amici honorem, et consolationem adeo vergeret, nec celare voluit, nec potuit. Nam ad illum his ipsis sævientis Domitiani temporibus in insula, ad quam deportatus fuerat, degentem litteras dedit ; quibus litteris ea, quæ de ipso cœlitus didicerat, lætus patefecit. Quas ipsas litteras, cum ad manus habeam, haud bonum factum, si reticuero. Harum proinde exemplum hic subjiciam.

¹ Genes. xxxii, 24. ⁶ Genes. xviii, 1.

NOTATIONES.

(19) *Totusque quodammodo Dei effectus*, etc. Docet Dionysius libro *De divinis nominibus*, cap. 7, ad percipiendas animo res divinas tanta nobis opus esse cum Deo conjunctione, ut a nobis ipsis quadammodo digressi, non tam nostri simus quam Dei : talem proinde illum fuisse necessarium fatendum est ; quippe qui cœlestia et divina præcellentiori modo secundum apostolos, quam forte quisquam alius mente perceperit. Verba ejus sunt: Κατὰ ταύτην οὖν τὰ θεῖα νοητέον, οὐ καθ' ἡμᾶς, ἀλλ' ὅλους ἑαυτοὺς ὅλων ἐαυτῶν ἐξιστάμενος; καὶ ὅλους Θεοῦ γιγνομένους. Κρεῖττον γὰρ εἶναι Θεοῦ, καὶ μὴ ἑαυτῶν. Οὕτω γὰρ ἔσται τὰ θεῖα δοτὰ τοῖς μετὰ Θεοῦ γιγνομένοις. Hac igitur nostri cum Deo conjunctione, et non ingenio nostro divina intelligendum sunt, ita ut nos toti extra nos totos simus, et toti Dei simus. Melius est enim, ut Dei simus, quam nostri ipsorum. Sic enim nobis divina tradentur, si cum Deo fuerimus.

(20-21) *Quas homines quidam leves, et audaculi*, etc. Minime vereor leves, et audaculos vocare eos, qui Dionysium ob voces novas et grandes, quibus ad res maximas explicandas usus est, non timuerunt reprehendere, et stylum ejus, quasi a spiritu apostolico alienum, denotare. Illi autem maximam partem sunt hæretici, quorum unum ex antesignanis refutavi. Vide, si placet, infra quæstione II, quæ tota est de scriptis S. Dionysii.

Merito sane leves appellandi sunt, qui levibus de causis contra sanctos Patres moventur, aut moveri se sinunt; audaculi etiam, ne gravius quid dicatur, qui adversus majores suos judicia temere arripiunt, eorumque dicta et facta imprudentium more canum allatrant. Hinc recte Franciscus Suarez, magnum sacræ theologiæ columen, et sui sæculi rarum decus, recte monuit in suo ad librum *De angelis* proœmio, vitandam esse eorum audaciam, qui libros Dionysii, quos habemus, negarunt esse Dionysii Areopagitæ scripta.

(22) *Neque enim ante ad scribendum aggredi*, etc. Hæc abunde confirmantur ex capite toto, de ejus in scriptis pietate, superius posito, ubi et illustres ipsius, de vi sanctarum precationum, nos ad superna tollentium, similitudines apposui. Vide caput 22 Vitæ ipsius.

(23) *Quippe qui et omnibus hoc faciendum præsulibus.* Hanc doctrinam egregie a sancto Dionysio tractatam reperies in libro *De ecclesiastica hierarchia*, cap. 5, et a nobis alibi Latine et clare expositam.

(24-25) *Qui imperante Domitiano sævissimi exstiterunt.* De acerbissima Domitiani persecutione attigi ubi scripsi de imagine primi sæculi. Vide præterea Eusebium libro III *Hist. eccl.*, cap. 13, 14 et 15, et Tertullianum in *Apologetico*, cap. 5. De illius crudelitate Suetonius: « Erat autem, inquit, non solum magnæ, sed et callidæ inopinatæque sævitiæ. »

(26) *Quippe non Dominus solum, sed etiam Deus appellari.* De hac Domitiani arrogantia atque superbia, qua deus et dominus appellari voluit, ita Suetonius c. 13 : « Pari arrogantia cum procuratorum suorum nomine formalem dictaret epistolam, sic cœpit : *Dominus et Deus noster sic fieri jubet.* Unde institutum posthac, ut ne scripto quidem ac sermone cujusquam appellaretur aliter. Statuas sibi in Capitolio non nisi aureas et argenteas poni permisit, ac ponderis certi. » Sextus Aurelius Victor Schotti sic de eodem : « Dehinc atrox cædibus, bonorum supplicia agere cœpit ; ac more Caligulæ, Dominum sese, Deumque dici coegit. » Vide etiam Dionem lib. LXVII, ubi scribit, Juvenium Celsum conjurationis reum, frequenti adoratione, et Domini Deique appellatione, suam necem prorogasse, postremoque astu evasisse.

(27) *Nam modo in ferventis olei dolium*, etc. Testis est Martyrologium Rom. ad 6 Maii, cujus hæc sunt verba : « Romæ S. Joannes ante portam Latinam, qui ab Epheso jussu Domitiani vinctus Romam perductus, et judicante senatu, ante eamdem portam in olei ferventis dolium missus, purior et vegetior inde exiit, quam intravit. »

De quo et Tertullianus lib. *De præscriptionibus adversus hæreticos*, cap. 36 : « Habes Romam, inquit, unde nobis quoque auctoritas præsto est. Statu felix Ecclesia, cui totam doctrinam apostoli cum sanguine profuderunt : ubi Petrus passioni Dominicæ adæquatur, ubi Paulus Joannis exitu coronatur, ubi apostolus Joannes, posteaquam in oleum igneum demersus nihil passus est, in insulam relegatur. »

Paria Tertulliano refert Hieronymus pluribus locis. Vide lib. I in *Jovinianum*, et *Comment.* in *Matthæum*, cap. 20.

(28) *Quo et novi recentium errorum satores confunderentur.* Nimirum Ebion et Cerinthus, qui in Asia et Syria zizania seminabant, et Christi divinitatem denegabant. « Novissimus omnium scripsit Evangelium (inquit Hieronymus in *Scriptoribus ecclesiasticis*) rogatus ab Asiæ episcopis, adversus Cerinthum, aliosque hæreticos, et maxime tunc Ebionitarum dogma consurgens, qui asserunt Christum ante Mariam non fuisse. » Eamdem causam scripti a S. Joanne Evangelii multo ante aperuerat S. Irenæus, libro III *Adversus hæreses*, cap. 11, unde fere alii omnes desumpserunt. « Hanc fidem, inquit, annuntians Joannes Domini discipulus, volens per Evangelii annuntiationem auferre eum, qui a Cerintho inseminatus erat hominibus, errorem, et multo prius ab his, qui dicuntur Nicolaitæ, » etc.

CAPUT XIV.

Dionysii ad Joannem apostolum in Pathmos exsulem litteræ ; et nonnulla de sanctis revelationibus.

DIONYSIUS, JOANNI apostolo.

Saluto sanctam animam tuam, o dilecte, etc. *Extat supra inter epistolas sancti Dionysii, ordine decima.*

Quæcunque in his litteris prædixit, brevi postea, uti prædixit, evenere. Joannes enim, *discipulus ille quem diligebat Jesus* [b], Domitiano propter nimiam superbiam et immanitatem imperio et vita pulso, actisque ejus a senatu rescissis, in Asiam, dominante Nerva, salvus incolumisque rediit. Ubi et Evangelium suum, quod ad Christi imitationem induci, proptereaque boni Dei imitatio est a Dionysio appellatum, jam circiter nonagenarius exaravit. Quis hic porro Dei nostri benignitatem (ad eum enim bona omnia tanquam ad fontem remittenda sunt), quis hic, inquam, ejus in servos suos benignitatem satis demirari possit? Quippe qui illis semper et ubique præsto est, cum illis familiariter loquitur, illis secreta consiliorum aperit; illis, si qua interrogabit, si consulunt, de futuris sciscitantur, prompte, et plura interdum quam sciscitentur, respondet : quin et vota precesque non raro antevertit, et occulta mysteriorum, quæ verecundioribus scrutari esset religio, veluti amoris excessum testari volens, revelat ac detegit. Nam et ipsi Dionysio quanta non solum de hominibus, sed etiam de angelis, sed etiam de seipso revelavit! Nihil enim fere ejus scripta omnia, nisi spiritum illum divina et abscondita inspirantem et revelantem spirant. Atque adeo in hoc Ecclesiæ calamitoso statu, non modo Joannem (de quo magis quam de se erat sollicitus) ab exsilio revocandum, sed etiam ipsum Domitiani furoribus eximendum, et se ejusdem dilecti apostoli conspectu fruiturum, divino suggerente Spiritu præcognovit. Erant quidem illo sæculo Dei revelationes non modo Ecclesiæ præsidibus, sed privatis quoque non paucis (qui vulgo tamen virtute præcellerent) familiares; verum utroque ex genere haud sane multis, quos cum Dionysio ausis componere. Nam ut Joannem, tanquam præcellentem apostolum e numero eximamus, ecquos mihi ex illa ætate, præter Titum forte, et Timotheum, et Hierotheum, et Carpum Pauli discipulos, aut præter Ignatium, Polycarpum, et Papiam, Petri Joannisque auditores, aliosque apostolorum sectatores quam

---

[b] Joan. XIII, 25.

paucissimos ; ecquos, inquam, præter illos invenias, quos aliquo modo cum Dionysio conferre possis? Et tamen ipsi Titus et Timotheus (ut e duobus conjectura sit de aliis) recepti e cœlo luminis palmam eidem videntur Dionysio detulisse. Nam et illum sæpenumero super rebus difficilioribus consuluere, et implicatiores sacrarum Scripturarum nodos ab eo postulavere exsolvi. Ne vero quispiam imprudenter, ne dicam impie, existimet magnum illum justitiæ solem illis tantum primis sæculis, et super excelsos duntaxat illos montes copiosi sui luminis jaculatum esse radios, et abditorum mysteriorum reserasse arcana ; nunc autem velut senecta ætate parciorem effectum, nec splendores ullos emittere, et revelationum dona in sinu absconditas retinere : is pro certo et explorato habeat immutabilem esse Deum, ac proinde omnibus ætatibus peræque benignum et liberalem, nunquam a suorum profusione donorum, ubi quidem vasa reperit idonea (et vero semper aliqua reperit) destitisse, aut destituturum esse. Atque utinam quidem, quam promptæ sunt Dei manus ad profundendum, tam paratæ sint hominum mentes ad excipiendum ! Neque enim a Deo, qui natura sua semper idem est, semper dives, semper bonus, semper largus ; sed ab homine, qui nec egestatem suam novit, nec veras opes quærit, immemor Dei, ignarus sui, ab ipso, inquam, homine, non a Deo istorum communicationis bonorum raritas et mentis penuria proficiscitur. Licet enim tibi, licet alteri paria Dionysio recipere, si paria Dionysio feceris : ita nimirum, ut hæc habeas quæ et Dionysius, primo quidem tui magnam cognitionem et perspicientiam, ut alios tibi præferas, te nemini ; deinde mentem non a gravioribus tantum flagitiis, sed a minimis quoque noxiis, quoad assequi Deo juvante valeas, maxime puram ac liberam ; tum vero cunctas animi affectiones æquabili rectæ rationis arbitrio egregie domitas atque subjectatas ; nempe ut terrena omnia, et quæcunque sub pedibus, velut quodam debitæ contemptionis præsagio, te habere vides, non pluris, quam ipsa vere sint, facias : tantoque minus corpori quam animæ tribuas, quanto minus servo ancillæque deberi scis, quam aut hero aut dominæ : ut prima proinde et maxima pascendæ mentis cura sit, postrema corporis ; neu de cibo potioneve (multo autem minus de deliciis, quæ solius esse debent animæ) nisi admodum moderate, et tantummodo ut corpus sustineatur, parque sit sustinendis laboribus, cogites. Præterea laudes, honores, dignitates, divitias, famæ celebritatem, magni nominis gloriam, aliaque vulgo hominum magna (etsi spectantibus Deum perparva sint) non modo non appetas, sed etiam internæ pacis respectu, et æternæ gloriæ studio fortiter rejicias. Post hæc autem id cures, id viriliter studeas, in id totum, quod aiunt, pectore incumbas, tota ut cogitatio tua in Dei agnitione et in ejus infinitarum æstimatione perfectionum defixa sit, tota ut memoria in beneficiorum et factorum ejus admirabilium grata recordatione inhæreat ; denique ut voluntas, et affectus, et desiderium, et quidquid est fidelis animæ, in unico Deo et unice dilecto continue, quoad ejus fieri potest, immoretur : ita ut (quod idem noster commendabat Dionysius) Dei totus sis, et a te totus excedas. Quod si etiam, ejusdem sancti pontificis exemplo, susceptis pro Deo laboribus delectere, eosque ultro appetas, et ante quietem et otium ponas, quodque omnium est maximum, pro Christo pati, et quælibet acerbissima sustinere, supplicia omnium voluptatum et deliciarum loco habeas ; tum vero longe præstantioribus bonis affluet ac dilatabitur cor tuum, et non modo divinarum ubertate revelationum, sed aliorum quoque insimul eximiorum donorum abundantia, ut amicus ab amico, ut familiaris a familiari, confertim cumulabere. Qui enim sanctorum induerit mores, et divinos imbiberit amores ; idem haud dubie et dona consequetur sanctorum, et pari cum illis gloriæ ornamento coronabitur. Ivisse vero Dionysium per hosce omnes gradus, et illa omnino via ad supremum istud sanctitatis quam adeptus est, et illustrationis qua perfusus est, fastigium tetendisse ac pervenisse, multo clarissimum ferunt juxta et certissimum, tam aliorum quam ipsiusmet scripta, judicium et testimonium. De aliis autem claris viris, qui per eosdem calles suis quisque in ætatibus, usque ad hanc ipsam quam decurrimus, eodem quo Dionysius fastigii conscenderunt (quorum nos quidem nonnullos in consequentibus afferemus, sed plurimos aliis scriptoribus relinquemus) memorare hujus non est instituti. Jam enim ad alia Dionysii decora cursum intendimus.

CAPUT XV.

Dionysii ab extremis Domitiani temporibus usque ad Trajanum res gestæ.

Ejus sævitiæ atque immanitatis, quam Domitianus, supremis præsertim imperii sui annis (29), adversus Christianos exprompsit, pars orbis nulla exsors fuit. Ubique cædes, ubique exsilia, ubique cruciatus, illo alterum Neronem repræsentante, auditi. Exterminatus ab illo apostolus (30), occisi pontifices, vexati episcopi, melior ac nobilior Ecclesiæ portio variis modis exagitata, nullibi tuto subsistere in suo permissa est. Igitur et in Gallia atque Germania, ubi Dionysius curabat, satis turbarum fuit ; nec dubium, quin multa per eam tempestatem (31) tam in se, quam in membris suis, hoc est, in progenitis ab sese filiis, gravia passus est. Ut enim parentes in charissimorum liberorum dolore et cruciatu plus sæpenumero dolent et cruciantur, quam si in se eadem ipsi experiantur : sic amantissimi subditorum suorum episcopi gravius vel mediocres in ipsis plagas, quam atrociora in semetipsis tormenta persentiscunt. Noluit porro arcana Dei Providentia summ Galliæ apostolum in hoc adverso turbine vita eripi, sed alia in tempora reservatum, huc illuc ad juniores animandos athletas, et ad necessaria debilibus suppeditanda auxilia, discurrere. Itaque locis omnibus aderat : et ubi præsentius periculum docente ac dirigente intus Spiritu advertebat, illuc adventuros Christi hostes omni diligentia prævertebat : ibi laborabat, ibi sanctum populum cunctis fidei armis ante certamen præmuniebat. Idem vero et alii ejus collegæ episcopi pro suis quisque viribus sedulo ac indefesse præstabant. Quorum unus quidem annis jam gravis, sed meritis gravior (is est beatus Eutropius Petri apostoli discipulus [32], de quo et supra brevis mentio), egregium in his temporibus certamen decertavit. Nam post multos in Santonibus (populi sunt Galliæ Aquitanicæ) fidei causa exantlatos labores, et laborum ingentia dilatatis Ecclesiæ terminis operæ pretia, tandem premente diaboli invidia, et populi tumultu concitato, lapidibus primo appetitus, dein fustibus immaniter cæsus, postremoque securi ad caput illisa percussus, plenam in cœlos palmam intulit. Ejus autem spectata in pietatis conflictu animi fortitudo et eximia victoria, cum Christianos omnes mirifice exhilaravit, tum præcipue socium ejus ac comitem Dionysium hisce turbidis in rebus adeo recreavit, uti et ad gaudium cum aliis communicandum, et ad gloriam ipsius martyris evulgandam, acta ejus martyrii Græce conscripserit (33). Quæ quod Clementi pontifici fore multo gratissima certo sciret (is enim dum in Galliam cum mitteret, martyrem futurum præsagiebat), ad illum Romæ tum residentem et præsidentem misit (34), adjectis una litteris, quibus postulabat, ut eorum exemplum in Græciam, ac præcipue Athenas ad cognatos et consanguineos suos, aliosque fideles transmitteret. Nempe gloriosam generosi pugilis pugnam et victoriam non solum magno illis gaudio fore, sed efficaci etiam ad paria audenda incitamento, vir longe sapientissimus sentiebat. Hinc etiam a primis Ecclesiæ initiis (35) invaluit illa et adhuc perennavit consuetudo, illustria martyrum acta perscribendi, atque ad exteras provincias fraternæ instinctu charitatis, et studio similis profectus circumquaque dimittendi. Utinam autem hæc, de quibus loquitur, acta nunc exstarent! Sive enim propter Dionysii sacrum laborem, sive propter Eutropii egregias laudes, quam nunc merito deploranda est istorum actorum jactura, tam e contrario juvaret et stimularet salutaris eorumdem lectio atque notitia. Sed his relictis, quæ habere non possumus, ad respiciendam gratioris cœli serenitatem quam disjecto et distracto hujus tempestatis commotore Domitiano, suæ Ecclesiæ reddidit verus et solus Dominus, verus et solus Deus (quam enim falso hæc nomina Deus et Dominus usurpaverit tyrannus ille, opera docuerunt, exitus indicavit [36]), cum stylo animum advertamus. Domitiano igitur successit Nerva, hoc est, superbo moderatus, immani perhumanus, successit autem, ut morbo sanitas, ut nocti dies, ut lux tenebris. Nam tum demum illuxisse Ecclesiæ clarum jubar visum est, cum Nerva imper. obductam mundo caliginem (37) suæ splendore clementiæ dissipavit. Exire. tum Christiani e latibulis, reverti ab exsilio confessores, sua recuperare proscripti: ad solitos cœtus remeare et convenire fideles per metum antehac distracti. Tum et Joannes ipse, prima nunc Ecclesiæ claritudo, et vere filius tonitrui, accepto divinitus et dictato tonitrua Evangelio (38), velut alter Moyses e monte, in quem cum Deo tractaturus ascenderat, descendit, relictaque quam habitatione sua beaverat, insula, repetens Ephesum suis se reddidit, totiesque desideratum, toties expetitum jam denique Evangelium evulgavit. Nec mora: differtur per omnia piorum ora lætus rumor; sed Dionysius ante omnes eodem nunc audire factum, quo futurum prius audiverat, oraculo; nec celare id suam plebem, sed prædicare, sed ad gratias Deo agendas excitare. Prorsus igitur alia jam erat Ecclesiæ facies, quam paulo ante conspecta fuerat; læta, hilaris, explicata, amoris et fiduciæ plena in hymnis et canticis spiritualibus Deo devota, procedens quotidie et crescens, sive sui ipsius incrementis, sive accessionibus alienis. Semper enim Ecclesia persecutione, sicut vitis putatione, lætius provenit, latius proficit. Hoc in profectu novos sacerdotes, novos episcopos vigil ac sedulus pastor crescentibus Ecclesiis ordinavit. Ex quibus Sanctinum ad Carnutes (39) tantisper in fide roborandos misit, indeque aliquanto post tempore Meldensium Ecclesiæ præfecit. Ipse autem ad visendum Joannem totus animo ferri; eaque re compositis celeriter Galliæ rebus, et commendata fideli populo erga constitutos a se ministros, tantillo suæ absentiæ spatio, pristina et constanti obedientia, ipse ad iter (quod tum Christiani omnes piis votis, nos devoto stylo jam prosequemur) se accinxit.

NOTATIONES.

(29) *Supremis præsertim imperii sui annis.* Quamvis ab initio fere imperii crudelis Domitianus fuerit, cum annis tamen et usu sævitiæ ad extremum usque tempus profecit; si tamen hoc est proficere, magis magisque in homines sæviendo, toti generi officere. Persecutionis autem in Christianos initium adnotatur Eusebio, Hieronymo et aliis, anno imperii ejus decimo quarto. Tametsi nec in eo defuerint ante hoc tempus etiam in Christianos velut præludia quædam immanitatis, « qui per annos quindecim, inquit Paulus Orosius, ad hoc paulatim per omnes scelerum gradus crevit, ut confirmatissimam toto orbe Christi Ecclesiam, datis ubique crudelissimæ persecutionis edictis, convellere auderet « Et infra : « Idemque efferatus superbia, qua se Deum coli vellet, persecutionem in Christianos agi secundus a Nerone imperavit. Quo tempore etiam beatissimus Joannes apostolus in Pathmum insulam relegatus fuit. »

Nec vero tantum e sacris scriptoribus notissima est Domitiani in Christianos feritas, sed etiam e profanis multo certissima. Sic enim Dio, lib. LXVII *Hist. Rom.*: Κἂν τῷ αὐτῷ ἔτει ἄλλους τε πολλοὺς, καὶ τὸν Φλάβιον Κλήμεντα ὑπατεύοντα, καίπερ ἀνεψιὸν ὄντα, καὶ γυναῖκα αὐτὴν συγγενῆ ἑαυτοῦ Φλαβίαν Δομιτίλλαν ἔχοντα, κατέσφαξεν ὁ Δομιτιανός. Ἐπηνέχθη δὲ ἀμφοῖν ἔγκλημα ἀθεότητος, ὑφ' ἧς καὶ ἄλλοι εἰς τὰ τῶν Ἰουδαίων ἔθη ἐξοκέλλοντες πολλοὶ κατεδικάσθησαν. Καὶ οἱ μὲν ἀπέθανον, οἱ δὲ τῶν γοῦν οὐσιῶν ἐστερήθησαν· ἡ δὲ Δομιτίλλα ὑπερωρίσθη μόνον εἰς Πανδατέρειαν. « Et eodem anno Domitianus cum alios multos, tum etiam Flavium Clementem consulatu fungentem, tametsi patruelem, et habentem uxorem Flaviam Domitillam ejus cognatam, interemit. Objectum vero ambobus crimen impietatis, propter quam et alii multi in errores Judæorum delapsi condemnati sunt; quorum pars quidem occisi, pars facultatibus suis exspoliati : Domitilla vero tantum in Pandatariam est relegata. »

Ubi nota, ἔγκλημα ἀθεότητος, *crimen impietatis* vocari religionem Christianam, tanquam respuentem deorum cultum; per delapsos item in mores Judæorum, nullos alios intelligi, quam Christianos, qui quod desertis idolis unum colerent Deum, perinde ac Judæi, idcirco dicebantur in eorum mores decidisse.

De hac Flavia Domitilla et aliis ejusdem nominis, vide Baronium in Martyrologii notis ad diem 7 Maii.

(30) *Exterminatus ab illo apostolus,* etc. Joannes enim apostolus, ut paulo ante indicatum est, ab eo relegatus est in insulam Pathmum, idque postquam in ardentis olei dolium immersus fuisset. Illo etiam imperante martyrium subiisse creditur Cletus pont. sive Anacletus : nam omnes sancti Patres unum faciunt, non duos. Ex episcopis exsilium passus est in Syria S. Ignatius, mortem in Gallia S. Eutropius, de quo infra statim dicetur, et de quo nonnihil etiam supra notatum est.

(31) *Nec dubium, quin multa per eam tempestatem.* Passum esse Dionysium non pauca Domitiani temporibus, non obscure indicat Syngelus in Vita sancti Dionysii, sub finem his verbis: Τοὺς δ' ἂν μετέπειτα χειμῶνας οὓς ἡ Δομιτιανοῦ μανία κατὰ τῶν πιστῶν ἐπήγαγεν, ἀνδρείως ὑπομείνας, καὶ δόκιμος ἐν πᾶσι φανείς, διαβοήσου ἀπηνέγκατο κλέους. « Reliquas vero subsecutas tempestates quas contra fideles Domitiani invexit insania, cum viriliter pertulisset, probatusque in omnibus apparuisset, celeberrimam gloriam reportavit. »

(32) *Is est beatus Eutropius S. Petri apostoli discipulus.* De Eutropio misso in Galliam a Clemente notavimus supra capite 10, ex ipso Gregorio Turonensi. Vide autem fusiorem sancti Eutropii acta apud Vincentium Bellovacensem lib. X *Speculi historiarum*, cap. 19, et apud S. Antonium, parte I *Hist.*, tit. 6, cap. 28, § 2, et apud Petrum Equilinum in *Catalogo sanctorum*, lib. IV, cap. 105, et apud Eysengrinum Centenario 1, parte V, dist. 3. De illo sic Martyrologium Romanum ad diem 30 Aprilis : « Apud Santonas, beati Eutropii episcopi et martyris, quem S. Clemens pontificalis ordinis gratia consecratum direxit in Galliam, peractaque diu prædicatione, ob Christi testimonium colliso capite

victor occubuit. » In Martyrologio autem Petri Galesinii quædam continentur magis particularia : sic enim ad eamdem diem, sive pridie Kalendas Maii, adnotatum habet : « Apud Santonas, S. Eutropii episcopi et martyris. Hic Persa, parentum regum filius, beati Dionysii Areopagitæ discipulus et comes, a S. Clemente pontifice episcopus Santonensium consecratus, septem et viginti annos eo munere functus, excitata infidelium persecutione, colliso capite victor coronatur. »

Ubi in eo, quod dicit, Eutropium munere functum episcopali septem et viginti annos, optime concordat cum eo quod supra docuimus, missum esse eum cum Dionysio in Galliam a Clemente statim a Petri martyrio, sive anno Christi septuagesimo. Unde si numerentur viginti septem anni, juste pervenietur ad decimum quartum Domitiani, cui anno ascribitur secunda persecutio, in qua omnes excisum sanctum Eutropium consentiunt. Adnotatur autem mors sancti Petri non tantum ab Eusebio, sed etiam a Baronio ad annum Christi sexagesimum nonum, et Neronis decimum quartum. Itaque anno sequenti, sive septuagesimo Christi, pervenit Eutropius in episcopatum suum Santonensem, perseveravitque ad persecutionem Domitiani inchoatam anno ejus imperii decimo quarto, qui juxta Eusebium est Christi nonagesimus sextus, juxta Baronium autem nonagesimus septimus. Scribit porro Galesinius in suis ad Martyrologium Adnotationibus de Eutropii anno martyrii his verbis : « Martyrio coronatus dicitur ante Christi nonagesimo sexto, imper. Domitiano. »

Itaque ex his colligitur non posse verum esse, quod sensit Baronius, Dionysium venisse Roma in Galliam demum post mortem Domitiani : quandoquidem S. Eutropius, Dionysii in eo itinere comes, ipso vivente Domitiano, affectus fuerit martyrio, et quidem post viginti sex aut viginti septem annos in episcopatu Santonensi, ad quem cum Dionysio profectus fuerat, exactos. Vellem autem, ut nonnulli qui Vitas sanctorum scripserunt post tempora Baronii, proposuissent sibi potius historias ipsi diligenter examinare, quam cæcorum more, cujuslibet alterius ductum sequi.

(33) *Acta ejus martyrii Græce conscripserit.* Scripsisse B. Dionysium Acta martyrii S. Eutropii, sive, ut vocant, passionem, liquet ex aliis ejusdem Eutropii gestis, e quibus se hæc accepisse profitetur Vincentius Bellovacensis, lib. x *Speculi histor.*, c. 18 : « Hic B. Dionysius, inquit, B. Eutropii consocius ac Parisiorum præsul, passionem ejus litteris Græcis scripsit, et parentibus suis in Græcia, qui jam credebant, per manum beati papæ Clementis misit. » Nota Gallicismum, *parentibus suis*, id est consanguineis. Sic enim Galli consanguineos vocant *les parents*. Dicitur Callistus II pontifex Acta illa Græce scripta reperisse Constantinopoli in schola Græcorum, in codice quodam multorum martyrum Acta continente, atque e Græco in Latinum vertisse. Adjuncta erat illis sancti Eutropii Actis epistola S. Dionysii, hac fere forma : *Clementi pontifici, Dionysius. S. Eutropius, quem mecum in has oras ad prædicandum Christi nomen misistis, martyrii coronam per manus gentilium apud urbem Santonas ex causa fidei accepit. Quocirca te humiliter exoro, ut martyrii ejus codicem consanguineis, et notis, et amicis meis fidelibus, qui in Græcia sunt, ac præcipue Athenis, mittere quam citissime ne graveris. Quo et cæteri, qui mecum una nova regeneratione lavacro a Paulo sunt abluti, cum acceperint gloriosum martyrem pro Christi fide crudelem mortem oppetiisse, de toleratis pro Christi amore adversis rebus angustiisque gaudeant.*

(34) *Ad illum Romæ tum residentem et præsidentem m'sit.* Cesserat (ut alibi supra dictum est) pontificatu, quem proxime a Petro acceperat, et aliquantisper tenuerat, beatus Clemens, sed Lino et Anacleto vita functis, clavum Ecclesiæ, regnante jam Domitiano, in manus receperat. Litteras igitur ad eum jam Romæ præsidentem sub annum Domini 97, Domitiani 14, una cum S. Eutropii martyrio misit.

(35) *Hinc etiam a primis Ecclesiæ initiis*, etc. Antiquissimam fuisse in Ecclesia consuetudinem scribendi Acta martyrum, et cum aliis Ecclesiis communicandi, p!anum fit e litteris ab Ecclesia Smyrnensi de martyrio S. Polycarpi exacte scriptis, et ad alias Ecclesias transmissis (quas intueri integras licet apud Eusebium lib. iv *Hist. eccl.*, c. 15), et e litteris Ecclesiæ Viennensis et Lugdunensis ad Ecclesias Asiæ et Phrygiæ, apud Eusebium lib. v *Hist.*, c. 1. Comprehendi illas in aliis Vitis, priores quidem in Vita S. Polycarpi, posteriores vero in S. Irenæi.

(36) *Opera docuerunt, exitus indicavit.* Indignum enim fuisse non modo Domini et Dei nominibus Domitianum, sed etiam nomine hominis, facta ejus inhumana, et exitus miserrimus, vita tamen dignissimus, comprobarunt. Nam facta in ipsum conjuratione, vita, qua indignus erat, confesso inguine multoque insuper vulnere, expulsus est.

(37) *Cum Nerva imp. obductum mundo caliginem*, etc. Hic tranquillitatem imperio, hic serenitatem Ecclesiæ, hic clementiæ suæ asylum cunctis exhibuit. Hic denique « primo edicto suo, inquit Paulus Orosius, cunctos exsules revocavit. » Unde et Joannes apostolus, hac generali indulgentia liberatus, Ephesum rediit.

(38) *Accepto divinitus et dictato post fulgura et tonitrua Evangelio.* Ita vetus Historia ecclesiastica (unde S. Hieronymus et Metaphrastes nonnulla desumpsere) contestantur. Ubi autem Evangelium a Deo acceperit dictaveritque, auctores diversa sentiunt. Quidam in Pathmo, ubi et Apocalypsin scripsit ; alii Ephesi in Asia scripsisse arbitrantur. Ego prioribus astipulor. Neque enim illi antiquissimi Patres (quos pro sua sententia citant, ii qui dissentiunt), Irenæus scilicet, Athanasius, et Eusebius, suis verbis aliud indicant, quam Ephesi publicasse. Nam sane Irenæus, et Irenæi verba laudans Eusebius, ille quidem lib. iii *Adversus hæreses*, cap. 1; hic autem lib. v *Hist. eccl.*, c. 8, sic de Joanne : "Ἔπειτα Ἰωάννης ὁ μαθητὴς τοῦ Κυρίου, ὁ καὶ ἐπὶ τὸ στῆθος αὐτοῦ ἀναπεσών, καὶ αὐτὸς ἐξέδωκε τὸ Εὐαγγέλιον ἐν Ἐφέσῳ τῆς Ἀσίας διατρίβων. *Postea et Joannes discipulus Domini, qui et supra pectus ejus recubuit, ipse quoque edidit Evangelium Ephesi in Asia commorans.* Idem Irenæus eodem lib. iii, cap. 11, scribit Joannem volentem redarguere errores Cerinthi et Nicolaitarum, inchoavisse sic Evangelium : *In principio erat Verbum*, etc. S. Athanasius vero in Synopsi sacræ Scripturæ hæc habet : Τὸ δὲ κατὰ Ἰωάννην Εὐαγγέλιον ὑπηγορεύθη τε ὑπ᾽ αὐτοῦ τοῦ ἁγίου Ἰωάννου τοῦ ἀποστόλου καὶ ἠγαπημένου, ὄντος ἐξορίστου ἐν Πάτμῳ τῇ νήσῳ, καὶ ὑπὸ τοῦ αὐτοῦ ἐξεδόθη ἐν Ἐφέσῳ διὰ Γαΐου τοῦ ἀγαπητοῦ. Περὶ οὗ καὶ Παῦλος Ῥωμαίοις γράφων φησί· Ἀσπάζεται ὑμᾶς ὁ Γάϊος ὁ ξένος μου, καὶ ὅλης τῆς Ἐκκλησίας. Quæ sic vulgatus interpres reddidit: *Evangelium vero secundum Joannem et dictatum est ab Joanne apostolo et dilecto, cum exsulasset in Pathmo insula, et postea ab eodem Ephesi editum per Caium dilectum et apostolorum hospitem. De quo et Paulus Romanis scribens dicit :« Salutat vos Caius hospes meus et tota Ecclesia.* » Corrige et *totius Ecclesiæ*, ut habent Græca. Nam isti Caio omnes Christiani, ut ejus facultas ferebat, grati hospites erant.

Nota porro, illud ἐξέδωκε, *edidit*, Irenæi, et τὸ ἐξεδόθη, *editum est*, Athanasii, si capiantur, ut vulgo passimque apud auctores solent, non significare *composuit aut scripsit*, sed *edidit*, *erulgavit*, *in lucem emisit*, jam ante scilicet composita. Hinc scripta, quæ apud auctorem vel amicum adhuc latent, et detinentur, aut etiam quæ illo forte demortuo, apud unum aut alterum conservantur, vocari solent recepto more ἀνέκδοτα inedita.

Itaque sunt diversa, βιβλίον γράφειν, et βιβλίον ἐκδιδόναι, librum scribere, et librum edere. Plutarchus in Theseo utrumque sic jungebat : Γράψας τὸν λόγον ἐξέδωκε. Scriptam orationem edidit, hoc est, evulgavit, publicavit. Discrimen hoc etiam Tullius ipse in Latinis ostendit, cum scriptam et compositam a se orationem ad Atticum mittens ita scribit lib. xv, epist. 15 : « Orationem tibi misi. Ejus custodiendæ et proferendæ arbitrium tuum. Sed quando illum diem, cum tu edendam putes! » Et lib. xiii, ad eumdem, epist. 21 : « Dic mihi, placetne primum edere injussu meo? Hoc ne Hermodorus quidem faciebat, is qui Platonis libros solitus est divulgare. »

Ad rem ut redeam, Metaphrastæ narratio de Joannis Evangelio, itemque Prochori ejusdem Joannis discipuli (licet in quibusdam aliis non recipiatur), hic tamen rationi admodum consentanea, minimeque a vero remota mihi videtur, uti neque Baronio.

(39) *Ex quibus Sanctinum ad Carnutes*, etc. Hincmarus, Rhemensis archiepiscopus, in epistola ad Carolum Calvum imperatorem, ita de ordinatione et missione B. Sanctini a sancto Dionysio Carnutum : « Destinatis quoque sociis per diversas civitates, ad dolos diaboli destruendos, et populos Domino acquirendos, Sanctinum ordinavit episcopum, et Carnutum illuminare eos, qui in tenebris erant, inspirante Domino, misit ; ubi eum per aliquid temporis immorari disposuit. Postea vero Meldensium civitati pastorem et episcopum esse constituit, ejusque suffragio Antoninum, qui junior ad distinctionem senioris Antonini prænominabatur, adhibuit. »

Vide etiam sanctum Antoninum, archiepiscopum Florentinum, parte I *Hist.*, titul. 6, c. 28, § 1, et Petrum Equilinum in Catalogo, lib. viii, cap. 108. Dicit Baronius in Notis ad Martyrologium, 22 Septembris, exstare vetus manuscriptum de Actis sancti Sanctini, utinam prodeat! De eodem Sanctino ita Martyrologium Romanum dicta die : « Apud civitatem Meldensem, beati Sanctini episcopi, discipuli sancti Dionysii Areopagitæ, qui ejusdem civitatis episcopus ab eo consecratus, primus illic Evangelium prædicavit. »

CAPUT XVI.

Dionysii in Asiam ad S. Joannem apostolum profectio, et inde reditus in Galliam.

Ut proprium est sanctorum, in omnibus quæ dicant et faciant, Spiritu sancto agi, nec quidquam fere Domino inconsulto aggredi ; ita in suscipiendis peregrinationibus, præsertim longioribus, tota eorum mens, si unquam alias, a Deo pendet, ad Deum dirigitur, in Deo conquiescit. Ex quo etiam usu venit, ut comitante eos angelo, et si qua intercurrant, impedimenta submovente, cuncta in bonum et illis et fratribus vertant; sintque illis sua quamvis longa itinera nihil aliud, nisi continua quædam impressæ sanctitatis vestigia. Id in apostolis, id in apostolorum discipulis, et in hoc maxime Dionysio certum esse constitit. Hinc quocunque et ille et illi ibant, quocunque appellebant, a loci incolis tanquam angeli Domini, ut vere erant, recipiebantur, et omni genere obsequii, fervente in Christianis charitate, fovebantur. Neque id profecto mirum. Plus enim erat quod sancti illi hospites secum afferebant, quam quod tectis excepti recipiebant. Quidnam autem? Doctrinam vitæ, scientiam sanctorum, exempla probitatis, specula honestatis, regulam morum, quin subinde etiam (quæ viduæ hospiti propheta Elias rependisse scribitur) procurata miraculo subsidia et victus et vitæ. Quo enim modo propheta ille et pugillum farinæ auxit (49), et olei pusillum multiplicavit, et filium insuper viduæ vita redonavit [1] : ita Christi germani discipuli, et legis novæ sancti antistites juxta Domini sui præceptum, ad quamcunque civitatem accedebant, quamcunque domum intrabant, pacem civitati, pacem domui (41), sed pacem bonorum omnium conciliatricem, dabant; atque etiam una, cum res quidem Deique honos postularet, infirmos curabant, mortuos suscitabant. Talium enim potentes prodigiorum erant. Quorum nec expertem fuisse Dionysium, alibi expressum est. Ivit igitur vir sanctus ex Gallia in Asiam (42), nec itineris longitudinem, nec ætatis veritus gravitatem (erat enim haud minus nonaginta annos natus [43]) ; ivit, inquam, illa ætate e Gallia in Asiam, spargens ubique per domos, per civitates devoto fidei præconio suarum semina gratiarum ; gaudebantque homines extremis apostolorum temporibus novam Ecclesiæ columnam agnoscere, novum religionis firmamentum intueri ; et quem a magistris hauserat spiritum, quadamtenus et per transennam saltem degustare. Detinere enim properantem non poterant, sed (quod secundum in votis erat) comitari abeuntem plurimi properabant. Sciebant enim, quam non modo suavis, sed etiam salutaris virorum sanctorum sit comitatus, atque eorum præsertim, qui apostolorum amicitia et familiaritate dignati, præclaris eorum dictis et factis secundum pectus in sitientes piorum aures, apertosque animæ sinus valeant exprimere. Ephesum vero urbem, urbem ex nomine suo vere desiderabilem ut venit Dionysius, et dilectum illum Jesu discipulum, magistrum autem suum longe dilectissimum ut invenit et convenit, tanta ambos de repente mutuo e conspectu incessit lætitia, tam arcta e familiari collocutione orta est necessitudo, et animarum inter sese conglutinatio, ut quadam reciprocatione sancti amoris alter in alterum transisse totus videretur. Hic agnoscebat aquila illa evangelica germanum pullum, liquidos solis radios irreflexa mentis acie intuentem, adeoque ardorum cœlestium in humano corpore, angeli instar, patientem. Agnoscebat, et amabat, et fovebat, et in sublimium revelationum gyros nequaquam inassuetum educebat et circumducebat. Hic vero amoris juxta et venerationis plenus, illum ut apostolum Dei, ut solem mundi, ut coronam Ecclesiæ, ut prophetam sæculorum, ut regis assessorem, ut Reginæ filium et custodem et hæredem tota animi devotione suscipiebat, colebat, affectabatur, nunquam videndi, nunquam audiendi, nunquam admirandi satur. Plusculis igitur hebdomadis, vel mensibus potius, una cum fuissent, deque processu Evangelii in his atque illis mundi partibus, necnon de erroribus modo enatis, et eorum ducibus Christi divinitatem aliaque fidei mysteria impugnantibus, collocuti essent, tum illum Joannes Evangelio suo adhuc recenti, et plane musteo (quod nimirum ipse Spiritus sancti musto plenus jam modo cructaverat) donatum, et sua benedictione munitum, in occidentis plagas, unde venerat, et ubi pretiosa cum palma exspectabat, renavigare hortatus est. Hic autem, tametsi ab illo velut unico mundi miraculo avelli per se grave esset, tamen divinæ cedens voluntati, et honorem Christi præ suis commodis ponens, iter est aggressus. Quo in itinere, et ad sua regressu, multo etiam magis, quam dum ad apostolum tenderet, a populis et urbibus occurrebatur, deducebatur, detinebatur. Tum et Athenien-

[1] III Reg. xvii.

sem revisisse Ecclesiam, finitimasque illi urbes olim sibi excultas (quippe aut illo, aut certe non procul via ferebat) incredibili illarum Ecclesiarum gaudio adiisse, et inibi aliquandiu commoratum esse, ipsa persuadet Patris in liberos charitas. Deus bone! qui tum ad civem suum, ad doctorem, ad pastorem, ad patrem mortalium concursus, videre, tangere, amplecti, dissuaviari hunc angelum Dei contendentium! Quoties ejus expetiti congressus! quoties postulatæ exhortationes! quibus tamen habendis nulla ædes, nullus sacer locus ob sancti populi affluxum satis amplus capaxve erat. Verba porro ipsius, partim referentis, quæ cum alibi, tum maxime in Gallia fundatæ essent Ecclesiæ, qui eam vineam viri illustres coluissent, colerentque : quam præclara illic nupera in persecutione exstitissent martyrum certamina : partim memorantis, quæ in Asia præsens vidisset, quæ ab aliis audivisset, de discipulo potissime illo, *quem diligebat Jesus*[k], et quem nunc totus orbis Christianus unice et singulariter deamaret, et pro cujus vita et incolumitate vota quotidie faceret ; verba, inquam, ipsius hæc et talia publice annuntiantis, velut cœlestia quædam oracula cupidissimis excepta auribus, in profunda mentis dimittebantur, ut ad posteros redundarent. Id autem præcipue Dionysius spectabat, ut auditores suos ad eorum quos prædicabat, et quorum pulchras ac vere aureas de fide, de pietate, de aliis virtutibus sententias inter dicendum subinde ingerebat, reverentiam, et amorem, et imitationem stimularet. Minime enim eos audiendos esse dicebat et ingeminabat, qui diversa ab illis magnis viris sentirent, qui suam Christo divinitatem impie ac sacrilege ereptum irent, qui alia quam apostolorum semita graderentur (Ebionem scilicet ac Cerinthum et similes denotabat (44) contra quos habere se luculentum Joannis apostoli et novissimi evangelistæ, hodieque superstitis testimonium, ostendebat, qui primo Evangelii sui incursu illos petat, ac velut intorto e supernis nubibus, cum fulgure et tonitru, fulmine subvertat, dicens : *In principio erat Verbum, et Verbum erat apud Deum, et Deus erat Verbum*[l], et alia quæ ibi consequenter adversus illos faciunt, et divinam Christi naturam planissime astruunt. Ita visitatis et in fide confirmatis Græciæ Ecclesiis, Italiam versus cursum direxit, Romamque tandem multa per viam eluctatus amicorum retinacula (quocunque enim appellebat, vincula charitatis et jura hospitii illum quam arctissime constringebant) ad Clementem papam, veterem amicum et collegam, venit : ubi diutius consistere et immorari non charitas modo suasit, sed auctoritas quoque suprema, et tractandarum rerum necessitas adegit. Interea hujus moræ quædam res se obtulit, quæ inhabitantem in Dionysio vera vaticinandi spiritum commoveret. Adolescentem quemdam Romanum, Taurinum nomine (45), Tarquinii et Eutychiæ filium, matris rogatu (quæ clam infideli marito Christiana erat) sacris undis abluerat B. Clemens ; quem cum Dionysio commendaret erudiendum, unaque piæ matris de filio somnium referret (erat autem somnium rite conjectantibus futuræ indicx sanctitatis, nempe lilium odoriferum e parturientis utero prodire visum), conjectis Dionysius in adolescentem oculis, in hanc subito erupit vocem : *O fili, multa pro Christo tibi debentur certamina.* Nec vana fuit vaticinatio. Obtenta a Clemente discedendi facultate, duxit illum, sanctæ ejus matris victus precibus (quæ prudenter filio a patre infideli metuebat), secum in Galliam, accurate instruxit, instructum sacris ministeriis adhibuit ; denique prospiciens, imo jam multo ante certo præscius, quanta pro Christi nomine esset perpessurus, episcopi munere, ut post dicetur, honoravit. Reversus igitur in Galliam Dionysius, quo jam diu exspectabatur et desiderabatur, dici non potest quantis sinceri amoris et verorum gaudiorum significationibus passim exceptus sit ; reducem enim et salvum et velut renovata juventute vividum atque alacrem ex longo itinere, videbant pastorem illum suum et ducem, cui alium, si illo orbarentur, vix erat ut auderent sperare similem. Credibile est autem primo Arelaten (quo ex Italia brevis est trajectus) navem applicuisse, hocque ingressu oppidanos primi illius sui ingressus fecisse memores, quo una cum sociis a Clemente missus illuc appulerat, ipsisque episcopum dederat ; nunc autem cum novo beati Joannis venire Evangelio longe divinissimo, cujus sit exemplum ipsis relicturus omni thesauro pretiosius. Quo illi audito, mirum quantum exsultare et triumphare gaudio, tam de sanctissimi apostoli memoria, de quo non pauca Dionysius memorabat, quam de tanto ejus dono et monumento, cujus origo prorsus divina et cœlestis exsisteret. Cum autem ipso illic tempore partim ad pernoscendum Ecclesiæ statum, partim ad danda eis mandata, et communicandos animi sui sensus, restitisset, tum ad alias pari modo, et simili gratulationum, gaudiorum, hilaritatum mutua profusione, Parisios usque contendit. Quid ibi autem fecerit, nunc exsequendum.

NOTATIONES.

(40) *Quo enim modo propheta ille et pugillum farinæ auxit*, etc. Elias hospitio exceptus, famis tempore, a vidua Sarephtana, ejus farinæ pugillum, qui solus restabat in hydria, et pauxillum, quod supererat in lecytho, sic auxit, ut quotidie vescentibus in tempus longum non deficeret, quoad scilicet in terra illa fames cessaret. Quin et filium ejus mortuum ad vitam revocavit. Vide lib. III Regum, c. xvii.

(41) *Pacem civitati, pacem domui*, etc. Præcepit Dominus apostolis, Lucæ x, 3, ut pacem civitati, pacem domui, in quamcunque intrarent, precarentur. *In quamcunque domum intraveritis, primum dicite : Pax huic domui ; et si fuerit filius pacis, requiescet super illum pax vestra : sin autem, ad vos revertetur.* Et infra : *Et in quamcunque civitatem intraveritis, et susceperint vos, manducate quæ apponuntur vobis, et curate infirmos qui in illa sunt.*

(42) *Ivit igitur vir sanctus ex Gallia in Asiam*, etc. Quin sanctus Dionysius ad B. Joannem ab exsilio reversum in Asiam profectus sit, nullus dubitat, nec dubitare potest, eorum quidem, qui illa scripta Dionysii, quæ ejus exstant nomine, vera et

A germana ipsius scripta esse confitentur. Quippe qui in Epistola ad ipsummet Joannem, sibi cœlitus prædictum hoc iter, et hanc cum Joanne mutuam collocutionem aperte perscripserit. Sed de loco unde in Asiam profectus sit, nonnulla est controversia. Nam Baronius existimavit Dionysium Athenis, ubi creatus fuerat a Paulo episcopus, usque ad Nervam mansisse, ac proinde Athenis quoque ad Joannem in Asiam concessisse. Verum sæpe pluribus locis hactenus ostendimus ex Actis multorum sanctorum, longe antehac in Galliam venisse, ac proinde ex Gallia, ubi jam sub Domitiano erat (præcessit autem ille Nervam) ad Joannem profectum esse. Quin et multi vel mortem sub Domitiano in Gallia passum esse, vel gravia multa tolerasse Dionysium, auctores sunt. Qui saltem in hoc a nobis sunt ; quod Dionysius in Gallia jam fuerit sub Domitiano. Adde Baronium nonnulla recipere Acta martyrii sociorum sancti Dionysii, quæ illos venisse cum ipso in Galliam, et imperante Domitiano in Gallia occubuisse tradunt. Pro Baronio autem faciunt Acta S. Reguli apud Vincentium et Meta-

[k] Joan. xiii, 23. [l] Joan. i, 1.

phrasten : sed in aliorum sanctorum actis et speciatim in ipsius S. Dionysii, multo plura pro nobis faciunt, sicut disperse compluribus in locis ostendimus.

(43) *Erat enim haud minus nonaginta annos natus.* Ivit enim in Asiam extremo Nervæ imperio, cum esset Christi nonagesimus nonus, ac consequenter Dionysii nonagesimus , quippe junioris Christo annis novem. Nemini porro incredibile videri debet, quod tam sera et præcipiti ætate iter tantum susceperit, cum et alios reperire liceat non paucos, qui pari, aut etiam grandiori ætate, iidem aut minoribus de causis, talia confecerint itinera. De sancti Polycarpi ex Asia in urbem Romam extremo ævo suo profectione indeque in Asiam reditu, scripsimus in ejus Vita. Nec multo minor natu, quam uterque illorum, fuit sanctus Marcellus cum ex Hispaniæ umbilico in Galliam visendi Areopagitæ præceptoris sui gratia se contulit. Sanctus Epiphanius Constantiæ in Cypro episcopus sub annum vitæ suæ centesimum decimum quartum, e Cypro Constantinopolim ad causam S. Joannis Chrysostomi dispiciendam, accersente Theophilo Alexandrino ejusdem Chrysostomi adversario, contendit. Quin et multis post sæculis (quorum tamen processu solet hominum vita non solum brevioribus arctari terminis, sed etiam viribus fieri debilior) anno scilicet Christi millesimo ducentesimo septuagesimo sexto, Burchardus de Sarken, cum octogenarius ad episcopatum Lubicensem provectus esset, ac primo anno propter æs alienum ab intercessore suo contractum, laboris plurimum sustineret, studio parcendi impensis in Franciam abiit ; deinde anno episcopatus sui vigesimo secundo, id est ætatis centesimo tertio, pro tuendo Ecclesiæ suæ jure super molis aquatilibus (quod Lubecenses maximopere impugnabant) Romam petiit, ibique, ut scribit Albertus Crantzius, per annos quatuor constitit, pro Ecclesia sua viriliter decertans, gloriose tum, licet sumptuose et laboriose triumphavit in causa. Jam ergo erat centum septem annorum, cum patriam repetiit ; ubi et alios tredecim superstes fuit, usque ad annum scilicet ætatis centesimum vigesimum. Vide Crantzium in sua Metropoli lib. vii, cap. 37. Atque ut in hanc grandævorum societatem nonnullos quoque alios episcopos advocemus, ecce S. Simeon propinquus Salvatoris, et Jacobi apostoli in sede Hierosolymitana successor, centum viginti annos natus crucis supplicium fortiter pertulit. Ecce S. Narcissus ejusdem sedis antistes, centum sedecim transgressus est. Ecce S. Dorothæus Tyri presbyter, anno ætatis centesimo septimo martyrium pro Christo pertulit. Ecce et alter Dorothæus Constantinopolitanus patriarcha centum undeviginti annos exegit. Ecce S. Remigius, insignis Rhemorum præsul, annos sui episcopatus numeravit, auctore S. Gregorio Turonensi, integros septuaginta, vel etiam amplius ; ætatis vero, ejusdem testimonio, centum viginti.

De S. Simeone habemus S. Hegesippi auctoritatem apud Eusebium lib. iii *Hist. eccles.*, c. 26. De S. Narcisso B. Alexandri Hierosolymorum episcopi, apud eumdem Eusebium lib. vi, c. 11. De S. Dorotheo Tyrio testes sunt Martyrologium Romanum, et Menæum Græcorum, ad diem 5 Junii. De altero autem Dorotheo Socrates lib. vii *Hist. eccles.*, cap. 6. Et de S. Remigio Gregorius Turonensis lib. *De gloria confessorum*, cap. 79, et cap. 87.

(44) *Ebionem scilicet ac Cerinthum et similes denotabat*, etc. Contra hos enim scripsisse S. Joannem Evangelium, communis est opinio. Notavi alibi, aut indicavi potius locum Irenæi, ubi id docet, nempe lib. iii *Adversus hæreses*, cap. 11. Hieronymus in lib. *De illustribus Ecclesiæ scriptoribus*, cap. 9 ; in Joanne, ita de illo : « Novissimus omnium scripsit Evangelium rogatus ab Asiæ episcopis adversus Cerinthum aliosque hæreticos, et maxime tunc Ebionitarum dogma consurgens, qui asserunt Christum ante Mariam non fuisse. » Idem habet Epiphanius hæresi 51, c. 12, ubi scribit Joannem per Evangelium suum quodammodo exclamasse : Ποῖ πλανᾶσθε ; ποῖ τρέπεσθε ; Ποῖ πλανᾶσθε, Κήρινθε καὶ Ἐβίων, καὶ οἱ ἄλλοι. *Quo erratis? quo vos convertitis? Quo erratis, Cerinthe et Ebion, et cæteri.* Irrepsit in Petavii editionem erratum, ut poneretur *Marcio* pro *Ebion*.

(45) *Adolescentem quemdam Romanum Taurinum nomine*, etc. S. Taurini Acta usque a prima ejus infantia, breviter recitantur a Vincentio Bellovacensi, lib. x, cap. 35, cujus capitis extrema ista verba : « Jam enim ordinaverat in civitate Cameraca germanum ejus Gaugericum, » ut prorsus adulterina et supposititia procul amandanda sunt, cum nec in antiquissimis exemplaribus reperiantur, nec apud S. Antoninum, nec usquam apud alios (quod quidem, facta diligenti inquisitione, scimus) ulla exstent vestigia, quod scilicet Gaugericus fuerit S. Taurini, qui secundo vixit sæculo, germanus. Nam Gaugericus minimum quatuor sæculis posterior est S. Taurino. Adde S. Taurinum Romæ natum et educatum temporibus Domitiani imperatoris et Clementis pontificis, ut habent ejus Acta; Gaugericum vero in provincia Belgica et ditione Lutzemburgensi, nempe in villa Evosio quam nunc Ivodium et Gallice *Yvois* vocamus. Et hujus rei antiquum et luculentum testem habemus Baldericum Noviomensem episcopum in *Historia Cameracensis et Atrebatensis Ecclesiæ*, lib. iii, cap. 37 : « Hinc autem, inquit, imperator egressus (Henricus scilicet e palatio Aquisgrano) ad Evosium villam scilicet pulcherrimam quam beati videlicet Gaugerici nativitas illustrat, cum primoribus quidem suorum palatinorum intendit. » Et paulo inferius : « Sapienter quippe disposito , ut in eo loco, ubi beatissimum Gaugericum noverat, ejus gaudiosam festivitatem quæ iii Idib. Augusti est, celebrare veniret. » Accidere hæc anno Domini 1023, juxta Sigeberti Chronicon. Deinde hæc verba extrema hujus capitis nullam prorsus habent cum prioribus connexionem. Quæ enim, amabo, est in his connexio? « Ei ut cognovit (Dionysius) cum hoste rapido se habere condictum, Taurinum eumdem Ebroicæ civitatis ordinavit episcopum. Jam enim ordinaverat in civitate Cameraca germanum ejus Gaugericum. » Egregia vero causa ! præclara ratio ! Ordinaverat Gaugericum Cameraci, ergo ordinavit Taurinum Ebroicæ. Tollatur proinde ineptum illud assumentum ab extremo illo capite. Quod fecissent profecto, qui novam Operum Vincentii editionem nuper hic Duaci ediderunt, si locum attendissent atque examinassent.

Sic de Taurino Romanum Martyrologium ad 11 diem Augusti : « Apud Ebroicenses in Gallia, S. Taurini episcopi, qui a B. Clemente papa illius civitatis episcopus ordinatus, Evangelii prædicatione Christianam fidem propagavit, ac multis pro ea susceptis laboribus, miraculorum gloria conspicuus obdormivit in Domino. »

Petrus Galesinius autem in suo Martyrologio, ad eamdem diem, ex ipsis Ecclesiæ Ebroicensis tabulis sic habet : « Apud Ebroicenses in Gallia, S. Taurini episcopi. Is Dionysii Areopagitæ discipulus a B. Clemente pontifice maximo in Galliam missus, illiusque civitatis episcopus consecratus, veræ in Christo religionis doctor, post multa; quæ Evangelii disseminandi causa fortiter pertulit, cruciamenta, demum miraculorum, pieque gestarum rerum, ac fidei propagatæ laude clarus, obdormivit in Domino. »

Notandum porro non aliter dici posse consecratum episcopum a Clemente , quam approbando electionem et consecrationem. Nam cum Taurinus a Clemente in Galliam cum Dionysio dimissus est, admodum adolescens, et pene puer erat, ut ex Actis liquet, minimeque sacro ministerio idoneus, sed multis annis a Dionysio in Gallia eruditus, tum demum ab eodem est ordinatus. Demochares in Catalogo pontificum ejus Ecclesiæ, scribit, a Clemente pontifice maximo, anno Christi nonagesimo quarto missum; sed non dicit illo anno consecratum episcopum, quod tanquam ex illo male notavit Eysengrenius, centenario 1, parte 1, dist. 3. Melius ex ipsis Actis Vincentius supra citatus : « Qui beatus Dionysius, inquit, cum a beato Clemente in Gallias mitteretur, secum filiolum suum Taurinum, precibus matris victus adduxit, et eum cum omni diligentia spiritualia nutrivit. » Agit autem de secunda missione, quæ fuit post reditum ex Asia. Nam prima missio, ut supra dictum est, fuit non multo post martyrium apostolorum Petri et Pauli, antequam Clemens retenta aliquantisper, quam a Petro acceperat, sede Romana, cam pacis causa cessisset Lino, uti e S. Epiphanio colligi potest.

Melius etiam S. Antoninus archiepiscopus Florentinus, parte 1 *Hist.*, tit. 6, cap. 28, § 4 : « Taurinus, inquit, ex Christiana matre et patre gentili natus, a Clemente papa baptizatus, et Dionysii spiritualis filius, ab eo in Galliam ductus, Ebroicensis civitatis tandem præsul efficitur.» Mater vocabatur Eutychia, pater Tarquinius : illa Christiana et religionis amantissima, hic autem gentilis et Christianorum acerbissimus persecutor fuit. « Qui ut sævissimus lupus, inquiunt Acta, persequebatur Christianos, nesciens uxorem suam esse Dei famulam. »

CAPUT XVII.

Dionysii ad Parisios reversi extrema studia atque ad fidei certamen præparatio.

Quemadmodum amittendi Dionysii, quandiu is in itineribus fuit, major Parisios quam quoslibet tenuerat metus; ita ejus recepti longe copiosior quam ullos aliis lætitia et triumphus incessit ; atque eo sane solidior, quod illum maximo jam natu (annum enim nonagesimum ætatis excesserat [46'] amplior certiorque spes erat perpetuo apud se deinceps retinendi. Nuntiatum igitur de propinquo ejus adventu cum esset, probissimi quique certatim et densis agminibus occurrere, amplexari, reditum congratulari, gestu et verbis, totaque vultus hilaritate extraordinariæ voluptatis sensum testificari. Ad cœtus vero in ædem sacram ut ingressus est, verbaque ad concionem habuit, Deus immortalis! quantum modo ex ejus veneratione, in confertissima licet turba, silentium! quantæ modo ex dictorum admiratione et approbatione acclamationes! quanti etiam ex inundanti dilatatæ mentis gaudio fluctus lacrymarum! Percurrente enim illo benignissimi Domini erga se toto itinere beneficia; recensente etiam quos viros sanctos et hic et illic viderit, convenerit, suspexerit : Joannem in primis apostolum ad stuporem mundi in mundo relictum; cujus secum novissima scripta, Evangelium deportasset, Evangelium scriptionis tempore (47) quidem postremum, sed mysteriorum altitudine et nobilitate facile primum ; in quo et nonnulla ab aliis Evangelii scriptoribus omissa, divino agitante Spiritu suppleverit, et quædam brevius concisiusque exarata, plenius distinctiusque expresserit : talia, inquam, recensente Dionysio, et quæ idem Joannes in Pathmo egisset, quæ nunc Ephesi ageret, quam divinis virtutibus polleret, quæ signa et prodigia morbidis curandis, mortuis suscitandis in dies patraret, referente, atque ad amplexandam ejus doctrinam, et imitandos mores sanctissimos incitante, mirabiles conciebantur animorum motus, nihilque esse apparebat, quod hactenus in Christi schola fecerant, præ eo quod in posterum (tantus virtutum ardor omnes incenderat) facturi videbantur. Nequit enim dici quantam vim ad commovendas mentes habeant, vivorum adhuc et superstitum velut spirantia exempla, digno ex ore in tempore prolata. *Mala aurea*, inquiebat ille Sapiens, *in lectis argenteis, qui loquitur verbum in tempore suo* ᵐ. Hoc nunc Dionysius agebat : cujus verba præterquam quod in tempore suo dicebantur, etiam erant ejusmodi, ut non tam malis aureis in lectis argenteis, quam facibus igneis e cœli incendiis conferenda essent. Quamvis tamen id quoque illi frequenter accideret, ut ardorem inflammati pectoris exprompta verba haud exæquarent. Nam et in privato scribens non raro id patiebatur. Sed jam ad alia. In Trajani nunc versamur temporibus. Nam Nervæ imperium breve admodum, nec sesquianno par (48), totum in peregrinatione, quam depinximus, consumptum est. A qua peregrinatione studium Dionysio fuit, quod reliquum esset supremæ ætatis, tanquam ultimum vitæ actum excellenter peragere. Hoc igitur in duobus posuit; uno quidem, ut se hostiam puram, et immaculatam, et acceptissimam Deo præpararet ; altero autem, ut toti Ecclesiæ, quoad facultas ferret, non in præsens tantum, sed etiam in futurum profutura relinqueret. Is enim est magnarum animarum scopus, ac vividorum ingeniorum est cura, nequaquam angustis hujus fugacis ævi terminis laborum suorum fructus coarctare, sed ad omnia sæcula, si fieri possit, longissime propagare. Quocirca cum libros antehac nonnullos (ut est a nobis alibi indicatum) conscripsisset, quorum aliquos ordine (quem sacris in rebus divinisque mysteriis, si alibi uspiam, observari peræquum est) firmando stabiliendoque longe utilissimos Timotheo dedicasset, visum est ei jam seni cum illos, tum alios ad limam et amussim revocare, locisque ex nupero Joannis Evangelio desumptis exornare simul et roborare. Ut enim auctorem ipsum, sic ejus scripta incredibile quanti faciebat. Cordi autem in primis fuit recens fundatas seu a se, seu ab apostolis in Gallia et viciniore Germania Ecclesias sedulo visitare; quantus in singulis populus vera religione imbutus esset, quantus etiam restaret imbuendus, observare; num qui inter illos falsi fratres aut errorum clandestini prosatores exsisterent, caute explorare : divina officia in festis conventibus, si decenti ritu et consentaneis cæremoniis celebrarentur, perspicaci oculo contemplari : cum ipsis item pastoribus et ministris privatim crebro agere; rei bene gerendæ et subditorum sibi devinciendorum præcepta tradere : a fide quoque extraneis illiciendi atque ad Christi legem traducendi rationes condocere; ante omnia autem mutuæ illos charitatis et concordiæ res parvas exaugentis, et divisas coagmentantis, impendio commonere. Populus vero, seu ad aras facientem sanctum senem spectaret, seu habentem verba ad concionem audiret, mire affici animo, nec verbis solum, sed aspectu ipso capi; nec dubitare, quin a tali profecta sanctitate sibi pro oraculis recipienda, sibi omni studio exsequenda essent. Adeo in veneranda canitie spectatæ innocentis vitæ sanctimonia, pertrahendis quoquo velit mortalium animis plurimum potest! Sic visitabat vir ille divinitus commissas sibi provincias, sic formabat, sic firmabat, sic ad virtutem animabat, sic omnis armaturæ genere ad se suosque tuendos, ad alienos amore, labore, constantia pervincendos obarmabat; atque hæc magna et prima ejus erga fratres occupatio fuit. Altera in responsis, cum multi undique cum consulerent, quæstiones proponerent, de statu Ecclesiarum re-

ᵐ Prov. xxv, 2.

nuntiarent, dandis ac referendis. Exstant ejus aliquot epistolæ, quibus testatam hanc occupationem habemus : utinam omnes! Plura enim in his speculis ejus doctrinæ atque prudentiæ exempla intueremur. Sed in tantis quæ illum urgebant et premebant externis occupationibus, semper secum, semper cum Deo, semper totus Dei erat. Neminem enim nisi illum in cunctis quæritabat, nullius nisi illius honorem et amorem venabatur. O si hoc etiam iis qui idem munus gerunt, accideret universis! Quam bene cum omni Ecclesia ageretur! ubi tunc lupis, ubi vulpibus esset locus? certe nec illi oves devorarent, nec hæ vineam devastarent. Adesset enim omni loco suis pastoribus, suis custodibus ille bonus pastor, et vigil custos, qui et illos sub ovina pelle delitescentes detegeret, et has per cuniculos subrepentes ad lucem extractas demonstraret. Est enim profecto dictu incredibile, quantum sancti episcopi a sole suo Jesu Christo recipiant luminis, et quam pauca, quæ ad ipsos et ad gregem suum spectent, eos lateant. Alias multa Dionysius de se et suis : nunc et de appetendo extremo certamine (49-50), et vicina gloriosæ mortis victoria edocetur. Itaque cognito brevi adesse tempus, quo pertingendum esset ad metam, per omnia terræ Galliæ loca circumfert acutæ mentis aciem, ac si quid uspiam desideretur, affulgente de cœlo lumine studiosius inspicit ; et ecce quasi Ebroica supplices tenderet manus (est autem Ebroica Galliæ Celticæ antiqua civitas [51]) et pontificem postularet, divino motus spiritu Taurinum illi pontificem dedit, virum sane illis temporibus, eique regioni adversus dæmones et magos prorsus necessarium (52). Cujus divinam electionem nec ipse dissimulavit malus. Nam cum novus præsul suscepto per manus impositionem sacro ministerio, ad concreditam sibi urbem proficisceretur, ecce iste versipellis suam hic rem agi cernens, et ad veteres suas artes confugiens, conatur aliquoties ejus iter, quod sibi perquam noxium præsentiebat, intercludere. Jam enim informis ursi speciem indutus, jam leonis rugientis terrorem imitatus, jam ferocientis buhali impetum prætentans, in virum Dei tanquam membratim discerpturus incurrit. Sperabat scilicet hisce multiformis terriculis accessum urbis prohibere ; verum sanctus antistes talium fraudum haud ignarus, in Domini verbo, et ope Dionysii confidens, omnes elusit et irrisit artes, et « O miser, inquit, qui conditoris tui deserta similitudine, mutis te assimilas bestiis, ecquid tibi post hæc melius? an novo jam aliquo demulceris gaudio?» Cui ille, nescio quid rancidum infrendens : « Ecquod mihi possit esse gaudium, inquit, quando tu cum Deo tuo huc veneris meum subversurus dominatum? sed faxo equidem, ut qui te huc transmisit, brevi intereat ; tecumque solo deinceps singulariter dimicem. » Vix dixerat, nec usquam fuit. Nimirum coactus est, ut sæpe alias, mendacii pater, et de Dionysio et de Taurino ejus discipulo edicere veritatem. Propterea scilicet atrocissimum illi bellum renuntiabat, quod cum cunctis Christi athletis præsentissimam ferre opem, seque omnibus sensim expelli provinciis, et simulacra cum fanis et delubris passim prosterni, ludibrioque haberi cerneret.

Voluit porro Dionysius, quod et fecisse Paulum meminerat, aliquos e discipulis suis habere testes martyrii, qui acta ipsius ad Dei honorem et fratrum utilitatem conscriberent. Cui rei Sanctinum et Antoninum e Carnutibus evocavit (53). Sed quod ipsorum scriptos de magistri rebus commentarios in præsentia non habeamus, cogimur aliunde ea, quibus conjunctim deficimur, hinc inde variis ex Ecclesiarum tabulis labore haud parvo disjunctim quærere. Sed non in tenui labor, is præsertim qui prælustrem trium invictorum pugilum pugnam una in arena spectandam exhibebit.

NOTATIONES.

(46) *Annum enim nonagesimum ætatis excesserat.* Colligitur hæc Dionysii ætas hoc pacto : Cum Parisios a profectione Asiana rediit, erat annus Trajani imperatoris primus. Nam totum Nervæ tempus (quod non integer sesquiannus fuit) in illa peregrinatione consumptum est, præsertim cum non statim initio imperii Nervæ profectus sit, sed tantum postquam audivit revocatam a Nerva exsules, et Joannem in Asiam revertisse : jam autem primus annus Trajani est Christi Domini centesimus : Dionysius autem annos novem duntaxat junior Christi ætate fuit, ut supra probatum est cap. 1 Notationum. Itaque nonagesimum excesserat, cum Christi fuit centesimus.

(47) *Evangelium scriptionis quidem tempore,* etc. In confesso est apud omnes Joannem apostolum postremo loco inter evangelistas scripsisse, altius tamen quam alios, aquilæ instar (quæ proinde aquila appingi solet illius imagini) in prædicanda Christi divinitate subvolasse. Vide multa de ejus Evangelio et Evangelii prærogativis, apud nostrum Joannem Servium in *Apparatu evangelico,* cap. 75.

(48) *Nam Nervæ imperium breve admodum, nec sesquianno par,* etc. Sunt enim qui tredecim menses duntaxat, diesque aliquot ei tribuant. Alii, qui annum et menses quatuor, pauloque amplius, sed nemo, quem legerim, sesquiannum integrum.

(49-50) *Nunc et de appetente extremo certamine,* etc. Præmonitum fuisse Dionysium de instanti martyrio, continet etiam Acta sancti Taurini, apud Vincentium Bellovacensem libro decimo, cap. 55, in illis verbis : « Et ut cognovit cum hoste rabido se habere conflictum, Taurinum ejusdem Ebroicæ civitatis ordinavit episcopum, » id est, postquam intellexit instare sibi extremum conflictum, festinavit Ebroicensibus dare episcopum. Sic apostoli Petrus et Paulus, sic et alii divinitus sui exitus nuntium acceperunt, et successores declararunt. Nec tacuit diabolus, sed quas parabat Dionysio insidias, ex ira et indignatione aperuit, cum scilicet venienti Ebroicas Taurino, cujus timebat fidem, dixit : « Illum equidem, qui huc te transmisit, cito faciam interire, ut tecum ineam singulare certamen. » Nempe incitavit idem dæmon cultores suos, ut in Dionysium, tanquam impium et deorum contemptorem insurgerent, et neci darent. Quod et factum est.

(51) *Est autem Ebroica Galliæ Celticæ antiqua civitas,* etc. Populi vocantur Julio Cæsari, libro III *De bello Gallico,* Eburonicenses, idiomate Gallico, *Les pais d'Evreux.* Sunt autem in Gallia Celtica, Aulercis, Lexobiis, Unellisque finitimi. Civitas primo *Eburonicæ* deinde *Ebroicæ* et *Ebroica* est dicta, quibusdam quoque *Eburonicum.* Vide Robertum Cenalem libro secundo *De re Gallica,* perioche 4.

(52) *Adversus dæmones et magos prorsus necessarium.* Quæ adversus illos gesserit sanctus Taurinus, vide apud Vincentium libro ante nominato, capite trigesimo quarto, et Petrum Equilinum libro septimo, capite quinquagesimo.

(53) *Cui rei Sanctinum et Antonium a Carnutibus evocavit.* Ex eorum Actis id collegit Vincentius libro decimo, capite vigesimo secundo, sed quod factum dicit sub Domitiano, id sub Adriano accidisse alibi probatum est. Nam sub Adriano instare sibi martyrii tempus intellexit ; sub eodem illos suos discipulos evocavit : sub eodem mortem pro fide oppetiit. Quod non tantum e vetustissimis Martyrologiis, sed etiam e plurimorum sanctorum Actis (ut disperse alibi notavimus) colligitur.

Quod si in aliis quibusdam rebus sit nonnulla diversitas, hæc ad meliorem partem, et eam cui scripta ipsius sancti Dionysii et ratio ipsa favent, accommodanda est. Nam si tempora ipsa nonnunquam rebus adversentur, æquum est e duobus ea potius reprobari, in quibus errare sit proclivius; ac proinde relictis temporibus, quæ in errores maxime sunt lubrica, res ipsas gestas, quæ animo et memoriæ fixius inhærent, sartas tectas conservari. Itaque sanctus Dionysius imminentem præsentiens mortem, illos suos discipulos a Carnutibus, ubi vineam Domini excolebant, accersivit, totiumque martyrii sui certamen diligenter observare, atque ad pontificem Romanum, et inde in Græciam ad Athenienses partim deportare, partim curare nuntiandum jussit; ut ipsi et de feliciter confecto hujus vitæ cursu gratias Deo agerent, et erga Dei cultum religionemque bono fortique animo essent.

De Carnutibus, quorum hic mentio, ita Cæsar, libro VI *De bello Gallico*, agens de Druidibus: « Ili certo anni tempore, inquit, in finibus Carnutum (quæ regio totius Galliæ media habetur) considunt in loco consecrato. Huc omnes undique, qui controversias habent, conveniunt, eorumque decretis judiciisque parent. » De iisdem ita Raimundus Marlianus, in Indice populorum: « Carnutes, inquit, populi inter Celtas Audegavensibus Turonibusque finitimi, ac Oceano proximi, erant in clientela Rhemorum. Regio eorum totius Galliæ media; a qua tamen extra regnum Francorum biduo iter expedito patet. »

Sed quomodo, inquiet aliquis, ea regio est totius Galliæ media, si Oceano proxima? Media igitur est, non omni dimensione, quasi ex omnibus undique Galliæ finibus tantumdem ad illam sit spatii, sed media secundum longitudinem duntaxat. Urbs ipsa Carnutum, sive Carnotum, vulgo *Chartres* (Ptolemæo Άτροικον *Autricum* appellatur) civitas est episcopalis, « media inter Lutetiam Parisiorum (a qua in occidentem ad 20 m. p. Gallica recedit) et Vindocinum, » inquit Philippus Ferrarius in sua *ad Martyrologium Romanum Topographia;* apud quem etiam reperies qui præcipue sancti ibidem colantur.

CAPUT XVIII.

Dionysii sociorumque comprehensio, et Lisbii nobilis viri eorum fautoris martyrium.

Ecclesiæ rebus (labente in dies magis magisque superstitione) (54-55) læto jam passu procedentibus, tanti impatiens successus ille hominum et virtutum juratus hostis diabolus præcipuos invidiæ suæ ministros ac satellites (quales fere id temporis plerique omnes erant provinciarum præfecti ac præsides) cum in Christianos communiter universos, tum præcipue in celeberrimum ea tempestate Dionysium Areopagitam furore et feritate obarmavit. Horum igitur jussu perquisitus ad necem vir sanctus, et cœlo jam maturus, in urbe Lutetia, ubi post multos laboriosæ sementis annos copiosam exuberantis fidei messem legebat, in ipso Evangelii præconio comprehensus est (56). Quippe jam fortis et indefessus athleta cursum consummarat, fidem servarat, tempusque tandem advenerat, quo ad repositam sibi suisque laboribus coronam convolaret. Sæpe alioquin illum Druides (57) (hi erant Galliæ prisci flamines et sacrificuli) ad necem et carnificinam perquisiverant(58): sæpe quasi jam jam capturi in eum eminus conspectum stipati turbis incurrerant; sed capiendi potestatem, distante adhuc hora, Dei manus retardarat. Cum enim nonnunquam ab eo proxime abessent, et tantum non manibus prædam tenerent, eam Dominus servo suo gratiam oris effundebat, id lumen oculis, eam voci atque sermoni virtutem immittebat, ut magis ipsos caperet, quam ab ipsis caperetur: adeo ut qui ad mortem rapturi venerant, ipsi in admirationem et stuporem rapti consisterent, manusque ad fidem invitanti ultro darent, aut certe sive ab ipso, sive ab angelo ipsi custode conterriti, fugam capesserent. Quæ quidem cunctos Evangelii præcones, et pro Christo Dei legatione fungentes, sed eos præsertim, qui in terris longinquis, aut barbaris in nationibus peregrinantur, plurimum permovere, atque ad spem suam in Domino, cui se curæ esse norint, omni depulso metu firmiter collocandam, merito incitare atque inflammare debeant. Comprehensus igitur ad extremum est Dionysius; sed ut bonis certaminibus auream imponeret coronidem, atque ut de hostibus simul semelque omnibus, et de ipsa insuper morte mortuus triumpharet. Atque ut qui laborum et periculorum individulsi hactenus comites ei adhæserant, extremi quoque certaminis et præparatorum ab æterno præmiorum simul consortes forent, una cum illo Rusticus et Eleutherius (quorum illum sacerdotem, hunc diaconum consecrarat) simul capti, simul vincti, simul ducti sunt: insignis autem Dionysii alacritas (59) animique fortitudo ad tribunal et ad mortem, quasi ad epulum gradientis, juncta dicendi et religionem propalam confitendi egregia libertate atque fiducia, litteris est mandata tam Græcis quam Latinis. Oblatus enim præfecto, et de genere, de patria, de studiis interrogatus, pro cunctis unum (illa enim alia nihili, hoc unum maximi reputabat) se Christi servum esse respondit (60). Quærenti rursus, essetne ille, qui populos a deorum immortalium (61) cultu averteret, qui arte magica hominum animos fascinaret, qui invictis imperatoribus contumaciter se opponeret, ipse infracto constantique animo, se impietatis eversorem, simulacrorum destructorem, dæmonum supplantatorem, ingenue intrepideque confessus est. Flagitanti denique, ecqua esset sua religio, qui cultus, quæ professio, ipse, unaque bini socii, trium instar puerorum mediis in flammis inambulantium, spiritus et gratia pleni clarissimam fidei suæ professionem uno ore ediderunt (62). Qua illi audita: « A vobis igitur, inquit, nostrorum imperatorum atque principum jussa et mandata contemnuntur? a vobis inviolatorum deorum honos et potestas despicitur atque violatur? Atqui ego, quanti ista vobis statura sit superbia atque contumacia, faxo brevi ut experiamini. » Hæc cum diceret, ecce Larcia matrona (63), Lisbii, de quo supra diximus, conjux, cui multæ pridem cum marito religionis causa disputationes et altercationes intercesserant, arrepta hujus temporis occasione, furoris et irarum quas dæmon succenderat plena, ad præfectum propere adit, et utrumque graviter incusat, maritum et Dionysium, hunc magiæ, illum impietatis: nempe maritum suum magicis illusum artibus maximos quosque deos minimi facere, unum præ illis nescio quem furciferum plurimi æstimare; hunc continenter in ore habere, hunc venerari, huic preces et vota offerre, nullis, quæ ad ejus honorem faciant, impensis parcere, quin etiam ad deos immortales deserendos, quorum nec unum in laribus reliquerit, assidue se cohortari, et unam sibi dies noctesque cantillenam occinere, « Debes fieri Christiana, » hoc est, « ut ego quidem interpretor, inquiebat, maga et sacrilega. » Quæ cum ita sint, per omnes deos etiam atque etiam se rogare, uti marito, quam possint, medelam citissime afferant; de sortilego autem illo et venefico, ut meritus ipsis videbitur, ita statuant: se enim in tanto vitæ et religionis dissidio quietum trahere spiritum nequaquam posse. Quibus illi auditis, tam in hanc improbam impie misericordes, quam in istos longe probissimos immisericorditer impii, bono eam animo esse jubent; daturos se actutum operam, uti et maritus ad mentem redeat, et magus ille suis dignas artibus et malis dolis pœnas luat. Nimirum sperabant se facili negotio rem cum Lisbio transacturos. Quo factum est ut, cum contra quam speraverant prorsus eveniret (mox enim tribunali adfuit, et pro fide et Christo rupis instar immotus stetit) nullisque eum nec argumentis, nec minis, nec blanditiis movere de sententia possent, imo et cæcitatis in deorum et religionis æstimatione ab eo redargui se sentirent, nec ferrent, subtilibusque subinde inspiratarum e cœlo rationum aculeis se ad vivum pungi non sustinerent; sic, inquam, factum est ut suis minis impotentes, mortis in eum præcipitarint sententiam; dumque vitam putant eripere, immortalem ei gloriam præpararint. Brevi siquidem postea pro Christiani nominis propugnatione, capitis supplicio affectus, æternam martyrii lauream, plaudentibus e cœlo angelis, est consecutus. Ita magistros suos et doctores nimis quam felici sorte discipulus antecessit; et ita antecessit, ut suæ in ipsos Deo acceptissimæ hospitalitatis eximiæque charitatis (qua ipsos primum in Parisiense territorium ingressos excepit, juvit, protexit) triplex a Deo benignissimo præmium receperit. Quorum primum quidem et maximum fu t, illa quam diximus, nobilissimi martyrii laurea : secundum vero, Larciæ uxoris, pro qua tot ad Deum preces vivus fuderat, ad eamdem fidem eamdemque palmam, ut infra ostendetur, vocatio : tertium denique, totius posteritatis suæ, hoc est, domus Montmorencianæ (quæ istorum martyrum vera est et germana soboles) perennis in Christiana fide constantia, ac tot quidem in revolutionibus rerum et honorum inconcussa prosperitas. Nam domi juxta et militiæ, in sacro peræque et populari statu, nec sine clara litterarum luce, et testata sapientiæ laude, illa etiamnum viget claretque familia ; et quidem secundis Christianorum votis et apprecationibus æternum videtur claritura. Cum enim Lisbius communi et inveterato totius gentis consensu, illius habitus sit hactenus, et nunc habeatur familiæ caput, indeque profluxerit, ut baro Montmorencianus passim « Primus baro Christianus Franciæ » appelletur, hinc ea invaluit consuetudo, ut quocunque in exercitu quispiam imperet Montmorencianorum, his illi acclametur ominis longe faustissimi vocibus : « Auxilietur Deus primo Christiano. » Quod indigenæ sua lingua vulgo sic efferunt : *Dieu aide au premier Chrestien.* Qua in re et pius acclamantium in fidem Christianam affectus recognoscitur, et in prælis tota victoriæ fiducia in Dei solius auxilio reponitur. Ad cujus auxilii promptam impetrationem dum primi Christiani memoria renovatur, ipse sancti Dionysii in agro Parisiaco primitiæ, et velut opima de incredulitate spolia, apposite commemorantur. Nempe ista est grati animi, et beneficiorum divinitus olim acceptorum maxime memoris, non minus pia quam læta significatio. Succinctæ enim illius et succulentæ acclamationis hæc fere est vis et sententia: « Domine Deus exercituum, qui oblatas a Dionysio Gallicanæ nobilitatis primitias in Lisbio accepisti, eidemque contra fidei hostes illustrem martyrii palmam contulisti, ejusdem nunc piæ, fideli, minimeque degeneri propagini adversus impios sanctæ religionis impugnatores fortiter opitulare. » Hoc, inquam, brevicula illa acclamatio significat, hoc petit, hoc impet. at. Quia vero eadem Lisbiana seu Montmorenciana domus, uti puram ab initio suscepit fidem, ita deinceps integram inviolatamque, nec ullo permistam hæreseos aut erroris cujuslibet inquinamento, hactenus conservavit conservatque, idcirco in suis insignibus gentilitiis tam apte quam jure, brevissimum illud unius vocis inclusit elogium ἁπλανῶς, *absque errore*, et Græca quidem, ut opinor, voce, quod qui primus ex ea stirpe erroris abegit nebulas (beatus scilicet Dionysius) Græcus esset. Benedictus autem Deus, cujus *misericordia a progenie in progenies timentibus eum* [n]. Sed terni athletæ nostri, viso hoc fautoris et hospitis sui spectaculo quinam? Nempe tantum abfuere ut vel præ metu animis caderent, vel mœrore aliquo (quemadmodum sibi fortasse hostes persuaserant) percellerentur; ut potius exsultantis animi motus, et interni vim gaudii nec capere possent, nec celare. Quod enim majus et amico, et hospiti, et fratri, imo et sibi optarent ac vellent bonum, quam tali pugnata pro Christo pugna transire ad regnum? Neque tam tardi, opinor, et bardi erant ipsi iniquitatis satellites, quin ex fronte eorum et vultu latentes animos et se extrinsecus prodentia optatissimæ mortis vota perviderent. Hinc etiam ipsi magis excruciari, et ad novas excogitandas carnificinas in tempus aliud cum minis et detestationibus athletas differre, atque in tetrum carcerem mittere. Sed quo profectu, jam considerabitur.

NOTATIONES.

(54-55) *Ecclesiæ rebus, labente in dies magis magisque superstitione*, etc. De Ecclesiæ prospero successu et diaboli invidia, vide Syngelum in *Encomio S. Dionysii*, sub finem, et Metaphrasten in *Vita*.

(56) *In ipso Evangelii præconio comprehensus est.* Id sic adnotat Metaphrastes : Καὶ τὸν μακάριον ἀθρόον ἐπιπεσόντες, σύναμα δεσμοῦσι τοῖς μετ' αὐτοῦ τὴν θείαν ἀνὰ στόμα διδαχὴν ἔτι φέροντα. *Et in beatum subito irruentes, simul cum sociis vinciunt adhuc divinam doctrinam ore expromentem.*

(57) *Sæpe alioquin illum druides*, etc. Nulli unquam gentilium Christianis infestiores fuerunt, quam ipsorum flamines et sacerdotes, quippe quorum honos et lucrum per veram religionem deperirent. Quare etiam druides Dionysio et sociis easdem ob causas fuere multo infestissimi.

Locus de druidibus (ut qui, et cujus auctoritatis fuerint, plenius intelligatur) a Cæsare, l. vi *De bello Gallico*, depromendus est. Sic ibi habet : « In omni Gallia, eorum hominum, qui aliquo sunt numero et honore, sunt duo genera. » Tum quibusdam interjectis subdit : « Sed de his duobus generibus, alterum est druidum, alterum est equitum. Illi rebus divinis intersunt : sacrificia publica ac privata procurant, religiones interpretantur. Ad hos magnus adolescentium numerus disciplinæ causa concurrit magnoque hi sunt apud eos in honore. Nam fere de omnibus controversiis publicis privatisque constituunt ; et, si quod est admissum facinus, si cædes factæ, si de hæreditate, si de finibus controversia est, iidem decernunt, præmia pœnasque constituunt. Si quis aut privatus, aut publicus eorum decreto non steterit, sacrificiis interdicunt. Hæc pœna apud eos est gravissima. Quibus ita est interdictum, ii numero impiorum ac sceleratorum habentur : iis omnes decedunt, aditum sermonemque defugiunt, ne quid ex contagione incommodi accipiant ; neque iis petentibus jus redditur, neque honos ullus communicatur. His autem omnibus druidibus præest unus, qui summam inter eos habet auctoritatem. Hoc mortuo, si quis ex reliquis excellit dignitate, succedit : aut, si sunt plures pares, suffragio druidum allegitur. Nonnunquam etiam armis de p incipatu contendunt. Hi certo anni tempore in finibus Carnutum (quæ regio totius Galliæ media habetur) considunt in loco consecrato. Huc omnes undique, qui controversias habent, conveniunt, eorumque decretis judiciisque parent.

« Disciplina in Britannia reperta, atque inde in Galliam translata esse existimatur. Et nunc qui

---
[n] Luc. 1, 50.

diligentius eam rem cognoscere volunt, plerumque illo discendi causa proficiscuntur. Druides a bello abesse consueverunt: neque tributa una cum reliquis pendunt. Militiæ vacationem, omniumque rerum habent immunitatem. Tantis excitati præmiis et sua sponte multi in disciplinam conveniunt, et a parentibus propinquisque mittuntur. Magnum ibi numerum versuum ediscere dicuntur.

« Itaque annos nonnulli vicenos in disciplina permanent, neque fas esse existimant eam litteris mandare; cum in reliquis fere rebus publicis privatisque rationibus Græcis litteris utantur. Id mihi ..tabus de causis instituisse videntur; quod neque in vulgum disciplinam efferri velint, neque eos qui discunt, litteris confisos, minus memoriæ studere, quod fere plerisque accidit, ut præsidio litterarum, diligentiam in discendo ac memoriam remittant. Inprimis hoc volunt persuadere, non interire animas, sed ab aliis post mortem transire ad alias; atque hoc maxime ad virtutem excitari putant metu mortis neglecto. Multa præterea de sideribus atque eorum motu, de mundi ac terrarum magnitudine, de rerum natura, de deorum immortalium vi ac potestate disputant et juventuti tradunt. »

Hactenus Cæsar de druidibus. Unde nobis ratiocinari ex vero licet, quo loco Christianis et quanta in auctoritate esse debeant veri Ecclesiæ sacerdotes; et quibus donari immunitatibus, et quanti eorum æstimari excommunicationes et interdicta et decreta oporteat. Si enim tanti vitrum, ut aiunt, quanti margaritum?

Illorum meminit etiam Aristoteles in Magico, apud Diogenem Laertium *De philosophorum initio*. Illorum et Marcus Tullius strictim mentionem facit libro primo *De divinatione*, post medium, ubi illos physiologiæ, et rationis divinandi ac prædicendi, gnaros fuisse declarat : « Siquidem et in Gallia druides sunt, inquit, e quibus ipse Divitiacum Heduum, hospitem tuum laudatoremque cognovi, qui et naturæ rationem, quam physiologiam Græci appellant, notam esse sibi profitebatur, et partim auguriis, partim conjecturâ quæ essent futura, dicebat. » Ita Tullius.

Paulo fusius Pomponius Mela, lib. III *De situ orbis*, cap. 2, ubi post alia de gentis moribus : « Habent tamen, inquit, et facundiam suam magistrosque sapientiæ druidas. Ili terræ mundique magnitudinem et formam, motus cœli et siderum, ac quid dii velint, scire profitentur. Docent multa nobilissimos gentis clam et diu, vicenis annis in specu aut in abditis saltibus. Unum ex iis, quæ præcipiunt, in vulgus effluxit, videlicet (ut forent ad bella meliores) æternas esse animas, vitamque alteram ac Manes. Itaque cum mortuis cremant ac defodiunt apta viventibus. Olim negotiorum ratio etiam et exactio crediti differebatur ad inferos, erantque qui se in rogos suorum, velut una victuri, libenter mitterent. » Sic ille. De iisdem vero druidibus juvat Ammiani Marcellini lib. XV *Historiæ* brevem adjungere memoriam. Describens ergo Galliam, ejusque partes ac terminos, sic inter alia : « Per hæc, inquit, loca hominibus paulatim excultis viguere studia laudabilium doctrinarum, inchoata per bardos et eubages et druidas. Et bardi quidem fortia virorum illustrium facta heroicis composita versibus, cum dulcibus lyræ modulis cantitabant. Eubages vero scrutantes summa, sublimia naturæ pandere conabantur. Inter hos druidæ, ingeniis celsiores, ut auctoritas Pythagoræ decrevit, sodalitiis ascripti consortiis, quæstionibus occultarum rerum altarumque erecti sunt, et despectantes humana, pronuntiarunt animas immortales. » Ita ille. Verum cum e Strabone strictim ista attigisse Ammianus videatur, bonum judico ipsum audiri Strabonem. Igitur libro quarto *Geographiæ*, sic de illis : Παρ' ἅπασι δ' ὡς ἐπίπαν τρία φῦλα τῶν τιμωμένων διαφερόντως εἰσὶ βάρδοι τε, καὶ εὐβάγεις καὶ δρυΐδαι.

Βάρδοι μὲν, ὑμνηταὶ καὶ ποιηταί· εὐβάγεις δὲ ἱεροποιοὶ καὶ φυσιολόγοι· δρυΐδαι πρὸς τῇ φυσιολογίᾳ καὶ τὴν ἠθικὴν φιλοσοφίαν ἀσκοῦσι. Δικαιότατοι δὲ νομίζονται, καὶ διὰ τοῦτο πιστεύονται τάς τε ἰδιωτικὰς κρίσεις, καὶ τὰς κοινάς. Ὥστε καὶ πολέμους διῄτων πρότερον, καὶ παρατάττεσθαι μέλλοντας ἔπαυον. Τάς τε φονικὰς δίκας μάλιστα τούτοις ἐπετέτραπτο δικάζειν. Ὅταν τε φορὰ τούτων ᾖ, φορὰν καὶ τῆς χώρας νομίζουσιν ὑπάρχειν. Ἀφθάρτους δὲ λέγουσι καὶ οὗτοι καὶ ἄλλοι τὰς ψυχάς, καὶ τὸν κόσμον· ἐπικρατήσειν δέ ποτε καὶ πῦρ καὶ ὕδωρ. *Apud omnes vero, ut plurimum, tria sunt genera eorum qui eximie honorantur, bardi, et eubages, et druidæ. Bardi quidem hymnorum et poematum sunt compositores; eubages autem sacrifici, et physiologi; druidæ vero præter physiologiam, moralem tractant philosophiam. Et hi quidem justissimi reputantur; ideoque et privata et publica illis committuntur judicia. Quin et bella olim decernebant, et bellaturos inhibebant : iisdemque causæ capitales præcipue credebantur. Imo et illorum numerus si sit magnus, agrorum quoque magnam exspectant ubertatem. Immortales vero et ipsi et alii dicunt esse animas, et mundum; dominatura autem aliquando ignem et aquam.*

Sic ibi legendum Græce Strabonem, et Latine vertendum, plane existimo. Nam alioqui Græce in editione Basileensi anni 1549, legebatur : Βάρδοι τε καὶ οὐάτεις καὶ δρυΐδαι, et Latine reddebatur, *Bardi et vates et druidæ*. Atqui nomen *vates* nihil nec Græci nec Gallici idiomatis antiqui sonat, quemadmodum altera duo, sed ex Latino *vates* formatum est. Unde existimo, temporibus Ammiani Marcellini (in cujus variis editionibus semper *eubages* reperi, et nunquam *vates*) lectum fuisse in Strabone εὐβάγεις, *eubages*, aut certe εὐαγεῖς, quod sonat pios et sanctos. Ait enim idem Strabo, illos fuisse ἱεροποιούς, *sacrificos*. Hoc autem, si ullorum, maxime profecto et unice piorum est munus. Hanc et nostram quidem stat Stephanus Forcatulus, libro 1 *De Gallorum imperio*, ubi sic de iisdem eubagibus : « Cæterum eubages plerumque mediocribus fortunis, et natalibus non ita splendidis educti, profitebantur sapientiam et sanctimoniam. Unde et ipsis nomen sublucta littera. Nam εὐαγές sanctum ac pium significat. » Sic ibi.

Accedit quod apud Lucanum l. I *Pharsaliæ*, iidem sunt bardi, qui vates. Sic enim ibi de illis, et de druidibus conjunctim scribit :

Vos quoque, qui fortes animas belloque peremptas
Laudibus in longum, vates, dimittitis ævum,
Plurima securi fudistis carmina, bardi.
Et vos barbaricos ritus, moremque sinistrum
Sacrorum, druidæ, positis repetistis ab armis.
Solis nosse deos, et cœli numina vobis,
Aut solis nescire datum; nemora atra remotis
Incolitis lucis; vobis auctoribus umbræ
Non tacitas Erebi sedes, Ditisque profundi
Pallida regna petunt : regit idem spiritus artus
Orbe alio : longæ (canitis si cognita) vitæ
Mors media est : certe populi, quos despicit Arctos,
Felices errore suo ! quos ille timorum
Maximus haud urget leti metus : inde ruendi
In ferrum mens prona viris, animæque capaces
Mortis, et ignavum est rediturae parcere vitæ..

Quod si in barbaris et fidei rudibus spes immortalitatis tantum potuit; quid mirum, si et in Christianis, et præcipue in martyribus longe plus potuit, qui positis in medio tormentis, illam poetæ illius postremam vereque auream sententiam taciti clamabant, et generoso fine præstabant,

... Ignavum est rediturae parcere vitæ ?

Et rediturae quidem multo meliori, quam abierit. Siquidem misera et caduca abiit, beata et sempiterna reditura est.

Quod autem isti veteres bardi plus nimio simplices aliis gentibus haberentur, hinc factum est, ut *bardus* pro simplici et stolido usurpatum sit, non aliis solum, sed et M. Tullio, qui hæc in lib. *De fato* : « Quid ? Socratem nonne legimus quemadmodum notarit Zopyrus Physiognomon, qui se profitebatur hominum mores naturasque ex corpore, oculis, vultu, fronte pernoscere? Stupidum esse Socratem dixit et bardum, quod jugula concava non haberet, obstructas eas partes et obturatas esse dicebat. Addidit etiam mulierosum : in quo dicitur Alcibiades cachinnum sustulisse. » Itaque eubages, qui fuisse dicuntur physiologi, similes fuerunt isti Zopyro, quem Physiognomonem appellat ibi Tullius : cujus etiam Græcæ vocis subjunxit significationem. Nota etiam, Ammianum, id quod est apud Strabonem de iisdem eubagibus ἱεροποιοὶ *sacrifici*, legisse ἡερόφοιτοι, *aeripetæ*, quandoquidem verterit, *scrutantes summa*, nec ullam fecerit sacrandi mentionem.

Sed quærat hic forte aliquis, quonam pacto dici possint Gallorum druides S. Dionysium esse persecuti, cum ex longo jam tempore essent ab imperatoribus e Gallia relegati ? Nam de Claudio scribit Suetonius inter alia : « Druidarum religionem apud Gallos diræ immanitatis, et tantum civibus sub Augusto interdictam, penitus abolevit. » Deinde sunt, qui excisa silva, in qua docere consueverant, tota ejectos Gallia, migrasse in Germaniam scribant : consedisse autem apud Herbipolim, isti vulgati versus divulgant :

Herbipolis druidum quondam celeberrima sedes,
Francigenæ eximios quos coluere viros.
Herbipolis Bacchi et Cereris pulcherrima mater,
Et Mœni decus et filia pulchra senis.

Unde igitur his temporibus in Gallia ?
Respondeo, idem fere dicendum de druidibus, quod de magis, sæpe scilicet pulsos, sæpe damnatos, semper tamen fuisse. Secundo, quos aliqui imperatorum damnabant, alios non modo tolerasse, sed etiam in pretio habuisse, ac de futuris eos consuluisse. Fuerunt enim quidam imperatorum magis et hariolis, et aliis hujusmodi vaticinatoribus mire addicti, et quæ sibi successura essent, quos successores habituri, quovis modo cognoscendi longe cupidissimi. Hi magos, hi druidas, hi haruspices tolerarunt, foverunt, auxerunt.

(58) *Ad necem et carnificinam perquisiverant.* Hilduinus in *Areopagiticis* : « Et cum sæpissime, inquit, ab idolorum pontificibus contra eum seditio excitaretur in populis, ita ut plebes innumeræ etiam de vicinis regionibus, cum armis et bellico apparatu, propter fideles, qui jam per illum in Christum crediderant, ad perdendum illum gregatim, ubi ipsum esse audiebant, concurrerent; mox ut illum cernere poterant, ut tanta et ita ineffabiliter in eo lux cœlestis gratiæ radiabat, ut aut omni feritate una cum armis deposita, se illi prosternerent ; aut qui compuncti Spiritus sancti dono ad credendum non erant, pavore nimio solverentur, et territi a præsentia ejus aufugerent, miroque modo inermi viro non valebat plebs armata resistere, » etc. Methodius in *Martyrio* : Θαυμάζω δὲ πῶς ἀόπλοις ἀνδράσιν οὐκ ἠδύνατο πληθὺς ἔνοπλος ἀντιστῆναι. *Miror autem quomodo viris inermibus non potuerit armata multitudo resistere.* Ita Methodius. Cujus admiratio ipsa mihi est admirabilis, cum id minime novum sit, ut trepident improbi coram sanctis, partim incutiente illis metum et artus concutiente (nulla etiam ex causa) Deo optimo maximo, partim eos visis quibusdam forinsecus, territante,

ut olim Attilam *flagellum Dei* cognominatum, coram Leone I pontifice. Vidit enim alium quemdam sacerdotali habitu Leoni astantem, et mortem stricto gladio minitantem, nisi Leoni obtemperaret. Atque, ut alios omittam complures, quibus similia diversis in ætatibus contigere, an non hisce nostris fere temporibus apud Indos orientales, in ora Piscaria barbari illi, qui ad necem Andreæ Fernando societatis Jesu sacerdoti (qua primum die is eorum transiret municipium) inferendam conspiraverant, iidem ejusdem adventu atque præsentia sic expavefacti sunt, ut hac illac, nullo persequente, diffugerent, atque in latebras, quasi jam jam capiendi sese abderent? Quid quod Julius Mancinellus hac nostra memoria feros atque immanes Turcas sui et Christiani sanguinis sitibundos, cum proxime adessent, ne verbulo quidem prolato, sed præsentia sola atque conspectu ita percellebat permovebatque, ut exuta luporum immanitate, tanquam agni innocui coram illo mites ac perhumani comparerent? Nempe Christus Dominus dux noster, et vitæ mortisque arbiter ut suimet servandi aut inimicis tradendi liberrimam habuit potestatem (qua potestate et quando voluit, et quomodo voluit, usus est), ita varias nobisque incogniti s, tam suos ex media morte eripiendi, quam hostes deterrendi, vias et rationes semper quidem novit, usurpat autem cum placet. Hoc vero nostræ sit modestiæ, totum hujus rei arbitrium libenter ei relinquere, atque in ipso confidere.

(59) *Insignis autem Dionysii alacritas.* Hanc Dionysii ad martyrium tendentis alacritatem ejus Vitæ scriptores litteris prodiderunt. Simeon quidem Metaphrastes his verbis : Εἴσεισιν οὖν ὁ γενναδᾶς ἅμα ῾Ρουστίκῳ καὶ ᾿Ελευθερίῳ ἀτρομῳ διανοίᾳ καὶ πεπαρρησιασμένη ψυχῇ, ὥσπερ εἰς ἑορτήν, οὐκ εἰς ἀγῶνα καλούμενος. *Incedit igitur hic generosus una cum Rustico et Eleutherio intrepida mente, et animo confidenti tanquam ad festum non ad certamen vocatus.* Michael autem Syngelus sic illum et socios inter alia prolocutos scribit : Καὶ σπεύδοντες ἐπὶ τὴν τοιαύτην σφαγὴν ἄγαν ἀγαλλόμεθα, ὡς ἀσφαλῶς πιστεύοντες αὖθις ἀναστήσεσθαι τῆς κρείττονος καὶ μακαριωτέρας καὶ διαιωνιζούσης τευξόμενοι λήξεως καὶ τοῖς ἀκηράτοις στεφθησόμενοι στέμμασι. *Atque ad hanc properantes necem valde exsultamus : ut qui nos resurrecturos, et melioris, ac beatioris, sempiternæque hæreditatis potituros, atque immortalibus redimiendos coronis certo credamus.* O si spes illa (quæ in aliis quoque martyribus appetendi votis omnibus martyrii præcipua causa exstitit) in cunctis mortalium viveret vigeretque animis, quod ferrum, quæ fera, quæ flamma timeretur ?

(60) *Se Christi servum esse respondit.* Vide Simeonem Metaphrasten in Vita, ubi eum scribit omisso genere, patria, studiis respondisse, Χριστοῦ δοῦλος εἶναι ὁμολογῶ. *Christi servus esse profiteor.*

(61) *Essetne ille qui populos a deorum immortalium.* Idem omnes fere scriptores Vitæ, Latini et Græci referunt; quos malo, si quis auctoritatis egeat, requiri, quam diutius citandis eorum ver.is immorari.

(62) *Clarissimam fidei suæ professionem uno ore ediderunt.* Hanc professionem cum apud alios tum apud Methodium in Dionysii martyrio reperies.

(63) *Ecce Larcia matrona.* Quæ hic dicuntur, exscripserat octingentis abhinc annis Hilduinus abbas ex vetustissimis Actis sancti Dionysii manuscriptis.

CAPUT XIX.

Dionysii et sociorum ejus inclusio, diverberatio, dilaceratio, martyrium.

Longe alia, ut hic est intueri, in facinorosorum judiciis est ratio, quam in causis martyrum (64). Ibi et judices tranquilli sunt, et rei tremunt, hic autem et quæsitores perturbantur, et martyres, in quos inquiritur, securi sunt. Quippe, istos suorum conscientia scelerum exagitat, et quas meruerunt pœnas identidem sibi observari oculis putant: hi vero nullius culpæ conscii, et suorum benefactorum memores, spe certa præmiorum vel mediis in tormentis recreantur. Hoc in tribus hisce regni æterni candidatis plus ipsa luce dilucet. Nam cum in judiciis præfecti ipsi instar tempestuosi maris, hinc inde variis irarum et furoris perturbationibus contra insontes agitentur; hi, tanquam res aliena agatur, non sua, nihil judicio, nihil minis, nihil propositis ob oculos tormentis commoventur. Adjudicat illos præfectus diræ verberationi; illi gratias Deo reddunt: trahit, raptat, vexat carnifex; nihil resistunt: cruciat, clamat, fodicat tortor; ne gemunt quidem. Et sane pulchrum hic erat et dignum, in quod cœlites omnes, et Deus ipse oculos intenderet, spectaculum. Hic enim stabat senex centum decem coque amplius annos natus (65), canitie venerabili, modestia, gravitate, mansuetudine singulari: illic fero et truci aspectu lictores; istic virgæ, secures, catastæ, fidiculæ, equulei, alia crudelitatis instrumenta; quæritur inter hæc quid habeat senex animi, Christumne abnegando jussis parere imperatori, et ista evadere terribilia, an imperatori obluctando cunctas subire, quas in oculis habeat, tormentorum acerbitates, et dura intoleranda que omnia experiri. Nihil moræ vir sanctus in re minime dubia facit: *Stat*, inquit, *hæc omnia et majora pro Christo pati. Tantum illo fruar, et omnia in me tormenta veniant.* Jam igitur videre erat istos jam pridem humani sanguinis sitientes tigridum more in senem irruere, immaniter propulsare, vestes dilorie are, nudum in medio statuere, virgis omni ex parte concidere, et senile ac effœtum corpus nullo respectu dilacerare: illum autem inter diros immanium verberum crepitus, nihil aliud nisi Dei opt. max. laudes quanto maximo affectu celebrare, nisi commilitones ad paria cœli beneficia cohortari: *Laudem Domini*, inquiebat, *loquetur os meum: et benedicat omnis caro nomini sancto ejus* °: *quoniam stigmata passionis Christi perferre dignus habitus sum pro confessione ejus in corpore meo, quæ gloria est vestra, o viri fideles, et dilectissimi fratres. Quocirca nec vos hæc mea tormenta terreant, sed animent potius, atque ad eadem pro nomine Jesu Christi perferenda inflamment.* Sic igitur et unicus, et senex, et nudus, et inermis, tortores multos, et juvenes, et validos, et armatos generose superavit, nec cnectam prope verberibus senectam non modo de animi proposito deturbare, sed nec minimum pavefacere fidei baculo innixam, ter terni invicem succedentes potuere barbari lictores. At socios forte vicerunt? Nihil minus. Atrocissima quidem verberatione et membrorum plurimo sanguine perfusorum cruentatione institerunt, ut fracti aut debilitati quidquam elicerent animi, sed idem et tantumdem a filiis, quantum a patre elicuerunt: nempe fidei hortatus pro gemitu, Dei laudes pro suspiriis: at vero sibi ipsis pro exspectatione confusionem, pro victoria ignominiam. Denique tanquam rebus illa die desperatis retrudi jubent sanctos in carcerem, ut ibi gravissimo catenarum pondere degravati, et loci ipsius squalore ac pædore perdomiti, ad secundum fidei conflictum imbecilliores redderentur. Nempe ignorabant homines impii et inhumani, quo plura Christiani pro Domino patiantur, hoc majora ab illo subsidia impetrare: neque sciebant, eos afflictis corporibus erectos et constantes gerere animos, tantoque ad ea quæ restent sustinenda alacriores, quanto ea quæ prius sustinuerant, essent acerbiora. Nam et hujus rei fecere ipsimet experimentum, cum alia die productum sanctam antistitem, et de sententia, quam teneret, interrogatum, majore etiam quam antehac fiducia respondentem audiverunt: cum et extendi in catastam, direque tam illum quam socios excruciari jussos rupium instar stare immotos conspexerunt. Tum enim omnes uti prius, et verbis gaudium testari, et Deo gratias agere. Quid igitur tandem? Profertur ferrea crates in medium, ignis copiosus subjicitur, torus flammis excandescit, dejicitur in eum vir sanctus, non enim deponitur: strident nidentque ustulata membra, sed spiritus semper sibi præsens et renidens, illud Domino suo dulci sonum in mediis ignibus fundit melos: *Ignitum eloquium tuum, Domine, vehementer: et servus tuus dilexit illud* ᵖ. Deinde et precatur: *Domine Deus, qui dixisti: Cum ambulaveris in igne, non combureris, et flamma non ardebit in te* ᵍ: *quemadmodum mihi prius periculosiorem dedisti cupiditatis ignem ope tua evincere, da et nunc hasce flammas ad tui nominis gloriam superare.* Quid multa? Adfuit precanti Deus, et votis annuit. Nec flammas tantum fecit ut vinceret, sed et ferocissimarum bestiarum, quibus projectus est, rabiem, et ingentia clibani incendia, et membrorum in cruce suffixiones: quæ omnia partim invicta patientia sustinuit, partim salutari signo profligavit, partim prece et fidei prædicatione sibi substerni, et suæ subservire gloriæ jussit. Nam precanti, et crucis signum rugientibus atque in se incurrentibus bestiis objectanti, ipsæ quamvis immanes et efferatæ, coram eo quasi cicures et mansuetæ procidanerunt. Conjectum etiam in flagrantissimos æstuantis clibani ardores, fusæ ad Deum precationes omni auro puriorem ac splendidiorem eduxerunt. In crucem denique sublatum, cum ex ea velut e suggestu concionatorem ageret, populumque circumfusum divinis cohortationibus aliorsum, quam quæsitores vellent, pertraheret, e ligno eum refigere, qui affixerant, maluerunt, quam doctoris sapienter incantantis audire sermones: et potiore potius carceris illum enecare, quam tot suppliciorum victorem gloriosum exhibere. Cui tamen in carcerem (is tunc *Glaucini* carcer vocabatur: nunc autem sacellum est ipsius sancti Dionysii, vulgo *S. Denys de la Chartre* appellatum) nec divina defuit gloria: et Dionysii excellens apud Deum gratia præclare emicuit (66). Cum enim in eumdem carcerem non modo bini ejus socii, sed aliorum quoque fratrum bonus numerus cum illo una inclusi essent, ipse omnes ad generose ac fortiter decertandum cohortatus, ibidem ad majus illis inedum robur sacris operari, et cunctos pane illo, sanctorum corda divinitus confortante, reficere constituit. Ecce vero illi raro quodam amoris ac pietatis sensu (angelum potius credere quam hominem) sacrificanti, atque ad sumendam et cum aliis communicandam immortalitatis escam se accingenti, immensa quædam lux e cœlo affulget, in qua Christus Dominus multa circumcinctus angelorum caterva, omnibus, qui tali visu se dignos præstiterunt, intuentibus, se aris immiscet, et acceptam e sacra mensa hostiam divino pontifici sua manu offert (67), dicitque: *Accipe hoc, chare meus* (68), *quod mox complebo tibi una cum Patre meo, qui mecum est maxima merces tua, et his, qui audierint te, salus in regno meo. Nunc facies fortiter, et memoria tua erit in laude. Dilectio et benignitas quam habes, pro quibuscunque petieris, impetrabit.* Dictu porro incredibile est, quam subito cæcus ille atque obscurus carcer in præ lustrem regiam, imo in locum deliciarum, omniumque cœli voluptatum inclusis verterit. Sentire mox cuncti insolitum mentis gaudium; et cupidinem ardoremque mortis in se omnes quam flagrantissimum experiri: robur quoque et fortitudinem seu in membris, seu in animis secum ipsi demirari; denique cognoscere et fateri, ubi Deus præsens sit, ibi robur esse, ibi vires, ibi animos, ibi vitam, ibi delicias, ibi gloriam, ibi gaudium, ibi cœlum. Quibus omnibus (heu dolor!) quam miseri sunt, qui ab illo voluntarii secedentes miserrime se privant! quanto (Deus bone!) feliciores illi et sapientiores, qui aliis omnibus desputis ac despectis, illa sola quærunt, illis solis student, ad illa sola per ignem, per aquam, per equu-

° Psal. cxliv, 21.   ᵖ Psal. xviii, 2.   ᵍ Isai. xliii, 2.

leos, per omnia tormenta currunt, quæ regnum perennemque gloriam pariunt. Aderat jam novi judicii, novi certaminis tempus, educuntur martyres e custodia, sistuntur tribunali, denuo interrogantur, mentemne tandem vexatio illis reduxerit, an in sua etiamnum damnabili persistant amentia: velintne diis immolare immortalibus, et vivere, an vero vitam suavem et honestam cum morte acerbissima atque turpissima commutare. Ast illi multo etiam quam ante animosius, deos exsecrari : et dicere, non se vitam postulare quæ inferat mortem, sed mortem flagitare quæ afferat vitam. Vitam ipsam ecce Jesum Christum; deos autem, quos stulti et cæci colant, deteriores esse morte ; illum ad gloriam et immortalitatem ducere, hos ad miseriam et intoleranda inferorum supplicia devolvere. Quibus auditis, exacerbatus supra modum Fescenninus, supremam tandem de eorum obtruncatione profert sententiam. Itaque post repetitam singulorum dirissimam diverberationem, illos ex urbe ad vicinum Mercurii collem abreptos immanissimi tortores per viam sane quam inhumaniter vexant, tandemque spei plenos et gratias Deo agentes, sæpe optata, sæpe expetita pro Christo morte, resectis hebetata securi capitibus (sic ad acerbiores cruciatus mandatum fuerat) transmittunt ad vitam. Sed de tempore, de loco, de quibusdam aliis vel martyrio conjunctis, vel cum martyrum gloria consecutis paulo amplius est disserendum. Ad hoc igitur intendamus.

NOTATIONES.

(64) *Martyrum.* Græci scriptores generatim tantum quæ ad supplicia attinent, perstrinxerunt; sed Latini, apud quos hi sancti martyres tormenta passi sunt, quod ea velut domestici haberent notiora, pluribus et singulatim sunt persecuti : præsertim Hilduinus abbas, accuratissimus vetustorum actorum explorator, qui fusius ac distinctius, quam quivis alius, ea conscripsit. Quæ autem inibi diversa suppliciorum genera referuntur, compendio innuit Martyrologium Romanum ad diem 9 Novembris illa clausula : « Tandem a præfecto Fescennino, post gravissima tormentorum genera, una cum sociis gladio animadversus, martyrium complevit. »

(65) *Hic enim stabat senex centum decem eoque amplius annos natus.* Nam ad Adriani primum (quo imperante eum occisum probavimus) erat Christi annus juxta Eusebium et antiquos centesimus decimus (juxta Baronium vigesimus), ac consequenter Dionysii (qui novem fere annis Christo junior erat) centesimus decimus. Malo enim, et id melius est, Eusebium in Chronologia, et omnes sanctos Patres illius sectatores sequi, quam quemvis alium ab illis discedentem. Non tamen ex eo, quod imperante Adriano occisum Dionysium dicam, accipi velim restricte primo ejus anno occisum, cum satis probabile sit, tertio aut quarto ejus anno id accidisse, atque ita centum tredecim annos natum obiisse (quod ex quibusdam Syngeli locis, quæ capite sequenti proferemus, videtur posse colligi) aut etiam aliquanto serius. Quod addo propter Flavium Dextrum, et Franciscum Bivarium, quorum ille satis innuit, Dionysium vixisse annos centum viginti circiter ; hic autem id diserte asseverat. Hic enim commentario 2 ad annum Christi sexagesimum sextum super Dextri Chronico : « Ita S. Dionysius Areopagita, inquit, annum agens centesimum vicesimum occisus est, ut ad annum centesimum tricesimum Domini monstrabimus. » Monstrare autem, vel ejus rei mentionem ibi facere, oblitus est. Dexter vero ad annum Christi centesimum trigesimum, et Romæ octingentesimum octogesimum primum hæc scribit : « Sanctus M. Marcellus Eugenius, Toletanorum episcopus, S. Clementis legatus, ad Gallias profectus, causa communicandorum cum Dionysio gravium negotiorum, Tolosæ prædicat, et ejus urbis episcopus creatur post necem S. Saturnini ejus urbis episcopi et martyris. Inde profectus, sciens martyrium S. Dionysii condiscipuli sui, id ille celebrat elegantissimo carmine, et prope Lutetiam a satellitibus Trajani Adriani, cui ipse charus fuit, pro fidei patrocinio jugulatur. »

Ex his igitur adnotatis e regione anni centesimi trigesimi, collegit Bivarius quod supra dixit, Dionysium eodem anno Christi centesimo trigesimo obiisse, ac proinde Dionysii fuisse centesimum vicesimum. Bivario enim videtur Dexter innuere, illo anno passum esse Dionysium, cum dicit : « Inde profectus,

A sciens martyrium S. Dionysii condiscipuli sui, » etc. quasi nimirum in ipso itinere intellexerit recens occisum Dionysium. Quia tamen non raro idem Dexter multa ad unum annum conglobat, quæ diversis accidere, ita ut non semper facile sit conjicere quid potissimum illo anno factum velit; hinc locus hic (quo tamen nititur Bivarius) in iis quæ attingunt B. Dionysium, non omnino certus est, quia non propter Dionysium allatus est, sed propter sanctum Marcellum. Sic ad annum Christi ducentesimum (uti et in Quæstionibus infra notavimus) hæc habet : « Titus, cognomento Justus, episcopus factus, secutus primo S. Paulum, mox Eugenium, prædicat in Carpentana, ubi ejus memoria magnitudoque miraculorum celebratur, » etc. Ex his omnibus nihil ad citatum annum ducentesimum vigesimum attinet, nisi posterius membrum : *Ubi ejus memoria magnitudoque miraculorum celebratur.* Legerat nimirum Dexter, illo anno celebrem fuisse in Carpetania memoriam miraculorum beatissimi B Titi. Quod dum in Chronico suo adnotat, bonum judicavit simul, qualis fuerit Titus, adnotare, licet illa uno ante sæculo accidissent. Ita etiam de Marcello Eugenio, quod dicit, *Clementis legatus*, non ita capiendum est, quasi illo anno centesimo trigesimo factus sit a Clemente legatus ; quam Clemens fere triginta ante annis obiisset; sed solum quod veterem Marcelli dignitatem designare voluerit sicut et Titi.

(66) Vide Acta martyrii S. Dionysii apud Hilduinum *Patrologiæ Latinæ* t. CVI, col. 33.

(67) *Hostiam divino pontifici manu sua offert*, etc. Christum Dominum Dionysio apparuisse in carcere, et sacrificanti acceptam ex altari hostiam sua obtulisse manu, Acta vetera continent, et antiquissimi rituales libri, e quibus hi confecti sunt rhythmi, quos nobis Antonius Demochares suppeditavit :

    Seniore celebrante
    Missam, turba circumstante,
    Christus adest, comitante
    Cœlesti frequentia.
    Specu clausum carcerati
    Consolatur, et vitali
    Pane cibat, immortali
    Coronandum gloria.

C Qui Demochares etiam addit : « Locus hic carceris, ob hujus perpetuam memoriam, in ecclesiam conversus est, quæ hodie *S. Dionysii a Carcere* dicitur et conspicitur. »

Magnum hoc porro et singulare prorsus beneficium, tantam fuisse Christi Domini in servum benignitatem, ut se illi in carcere forma corporali videndum exhiberet : neque hoc tantum, sed etiam ut nulla urgente tantæ dignationis necessitate, sui sacrosancti corporis et sanguinis sacramentum (quod nullis ante illud tempus, nisi apostolis et discipulis eum fecisse legimus) sua ipsius manu porrigeret. Decebat tamen, ut qui vitam vere egerat apostolicam, hocce etiam privilegio frueretur vere apostolico. Scio equidem, aliis quoque post sæculis nonnullos a Christo Domino simili prope affectos honore et beneficio. Nam habent Acta Ambianensis Ecclesiæ, S. Firminum illius populi episcopum, cum ædem supra Firmini martyris sibi cognominis sepulcrum in honorem beatissimæ Virginis construxisset, ibique in die Paschatis festo sacra faceret, Christi Domini dexteram sibi sanctissima mysteria porrigentem conspexisse. De beata idem Coleta, virgine ardentissimæ in Jesum charitatis, refert ejus Vitæ auctor Stephanus Julianus, c. 43, *cum sanctissimo refici sacramento percupisset, et ex sacrificantis oblivione consecrata hostia non fuisset, ipsum Dominum Jesum suis manibus pretiosissimum corpus suum ei obtulisse. Vir item venerabilis Jacobus de Vitriaco loquens de claris Leodiensibus feminis, in Prologo ad Vitam S. Mariæ Œgniacensis (erat enim Leodii tum archidiaconus, postea autem episcopus, primo Acouensis, deinde Tusculanus, postremo S. R. E. cardinalis) ad Fulconem episcopum Tolosanum ita scribit inter alia : « Novi ego quamdam in iis sanctis feminis, cui, cum ingenti veri illius Agni carnes edendi desiderio teneretur, ipse Agnus se impertiit, non

A ferens diutius illam languere, atque ex ea refectione illa convaluit. » Plura in sacris Historiis, aut sanctorum Vitis ejusmodi liceat reperire exempla; sed tam augustum, et tanta cum luce, et cum tam numeroso tamque aspectabili angelorum comitatu, quam B. Dionysio, hactenus nullum.

Verum, ne id excidat, ille idem lapis sacer, super quem in carcere S. Dionysius rem divinam faciebat, translatus fuisse dicitur ad cœnobium S. Petri Broniensis in Leodiensi situm ditione. De quo ita Ægydius Aureæ vallis, apud Anselmum, *De gestis Stephani episcopi Leodiensis*, cap. 40 : « Nam reliquiæ S. Leodegari episcopi et martyris, et lapis super quem B. Dionysius sacrum mysterium celebravit in carcere, cum Dominus Jesus apparuit eidem dans illi sacramenta, in dicto cœnobio dicuntur esse translata. » Sic ibi.

(68) *Accipe hoc, chare meus*, etc. Verba hæc Christi B ad Dionysium prolata etiam apud Hilduinum abbatem reperies. Neque dissimilia apud Dionysium Rickelium, lib. IV *De novissimis*, art. 59, sub medium : « Denique, inquit, divino et magno Dionysio Christus in carcere apparens, suumque corpus tradens, « Accipe, ait, hoc, chare meus, quoniam « merces tua apud me magna est valde. »

---

*CAPUT XX.

Martyrii tempus, locus, et alia his adjuncta, audituque mirabilia.

De tempore et imperatore, quo B. Dionysius terris excessit, non est omnium, aut potius non fuit, una eademque sententia. Nam ad Adrianum imperatorem plerosque omnes nunc inclinare, aut certe inclinaturos equidem credo et spero. Fuerunt igitur hactenus, inque non pauci, qui imperante Domitiano (69); fuerunt et nonnulli, qui Trajano (70), fuerunt et tertii qui Adriano Trajani successore Dionysio obtenta palma emigrasse dicerent et confirmarent : inde scilicet nata diversitate, quod primis a Christo temporibus Acta martyrum memoria magis quam scripto continerentur : quoniam Christianis per illas perseveranti onum procellas potius vacabat fortiter rem gerere, quam gestam eleganter conscribere. Quo factum est, ut cum memoria multo sit factorum retinentior, quam nominum, in oblivionem nomina iverint, facta ad hoc ævi perennarint. Longe post autem, cum etiam scriptis mandari cœpta sunt acta, fuit historicis tanto post intervallo ad temporum notas, et ad imperatorum nomina conjecturis adnitendum. Quæ, cum sint ex ingeniorum varietate variis variæ, hinc quidam, ut ad res Dionysii ventum est, considerata hinc tormentorum, quæ passus est, acerbitate, illinc ejus ætate, quam ad Domitianum pervenisse nullus dubitaret, idcirco martyrii tempus ad Domitiani tempora retulerunt. Alii vero conjectis in alia oculis, et Dionysii ipsius peregrinationes et scripta diligentius rimati, repererunt saltem ad Trajani eum tempora pervenisse. Tertii denique, cum ipsius martyris veteres memorias, tum alia priscorum de illo antiquissima perscrutati monumenta fidis vestigiis etiam ultra progressi sunt, et Dionysium egisse obiisseque vitam Adriano imperatore deprehenderunt, posterisque tradiderunt. Ita veterrimi concinnator Martyrologii (71), ita Venerabilis Beda (72), ita Ado Viennensis episcopus, ita secundum illos et alii fecerunt, et nos fecimus. Nam et Aristidem, eximium illum sæculi scriptorem, ipsius Dionysii martyrium Adriano consignasse temporibus, jam olim compertum est. Quare, ut rem concludamus, anno Christi circiter 121, Adriano imperat., Fescennino præfecto (73), victis in justo fidei certamine hostibus, egregia martyrii laurea donatus est Dionysius Areopagita, Athenarum episcopus, Galliarum apostolus, totius Occidentis legatus, utriusque Hierarchiæ, cœlestis et ecclesiasticæ, ac Divinorum nominum descriptor et interpres eximius, theologorum secundum apostolos et evangelistas dux et antesignanus : qui ætatem vixit (tui et magnorum virorum illo ævo complures) longam juxta et sanctam : nempe annos amplius centum decem (74). Quam etiam ætatem eodem ipso sæculo transcendit B. Simeon Hierosolymorum episcopus, et Christi cognatus : quem centum ipsos viginti annos exegisse, et gloriosam in tam grandi ævo martyrii coronam reportasse, certum est : ut proinde quod de Dionysio affertur, haud ita mirum videri debeat; cum de isto id quod minus probabile videri poterat, nullo dubitante teneatur. Hoc de tempore ; nunc de loco, nobilitatis enim ei facta accessio exigit stylum. Locus igitur, ubi tres illi generosi athletæ victoriam et gloriam adepti sunt, colliculus fuit urbi Parisiensi imminens, olim Mercurii (quoniam illic Mercurius honore præcipuo coleretur (75) ab indigenis ita vocitatus : sed consequentibus temporibus, propterea quod horum atque aliorum item martyrum multo sanguine respersus et quasi consecratus fuerit, *Mons martyrum*, et lingua patria, *Montmartre* vulgo est appellatus : hodieque ad perpetuam inclytorum martyrum memoriam ea perseverat appellatio. Quo in loco (res sane nova, et ut olim visu, sic et nunc dictu admiranda) Dionysii martyris truncus (76), licet exsanguis et vitæ expers, tamen se erexit, et recisum ab humeris caput (sic est antiqua traditio, et sic complures litteris prodidere) in manus suas, perinde ac si viveret, tropæi instar accepit, atque ad duo circiter Galica milliaria, duce angelo, et choris cœlestibus cum admirabili concentu comitantibus, et hymnum, modo *Gloria tibi, Domine*, modo *Alleluia* resonantibus, tam diu deportavit, donec ad locum ubi nunc situs est, et sui nominis urbem et cœnobium habet, pervenit; atque in nobilis matronæ fundo (Catulla ei nomen fuit (77), quasi se illi daret, requievit. Diffugere extemplo infideles tanto territi prodigio, et ne fors sibi fraudi tanta artis magicæ, ut vocitabant, efficacia exsisteret, permultum formidare : Christiani vero, et quos melior agebat spiritus (inter quos et Larcia Lisbii uxor fuit) divinam admirari et celebrare virtutem atque potentiam. Unde multi anthac a religione alieniores, manus Christo dedere, principesque inter illos jam dicta Larcia propalam se Christianam professa, ideoque comprehensa et enecta, effuso in vicem baptismi sanguine, numero sanctorum martyrum est aggregata. Sacrum vero Dionysii depositum Catulla ejusdem martyris discipula diligenter custodivit; nec eo solo contenta, studuit etiam duorum commilitonum Rustici et Eleutherii sacra corpora, quæ impii satellites in Sequanam projicere deliberaverant, vel prece, vel pretio, vel etiam astu obtinere. Nam satellites mensa exceptos (78) large hilariterque haberi jussit, dato interim certis fratribus mandato, ut istis compotatione occupatis, eadem corpora clandestino subrepta in tuto absconderent. Quod ab illis impigre quidem factum; sed cum remota mensa, remota etiam cadavera nimis in hoc uno sobrii satellites animadvertissent, eaque tumultuosius identidem reposcerent, adeoque nisi actutum redderentur, minas intentarent, fuit ut modo clusa vigilantia poculis, sic nunc iracundia pecuniis elidenda. Ergo aurum objecit, et pretiosiora quovis auro sacra pignora retinuit. Ita Christiani tam sanctarum exuviarum compotes facti, eas deinceps, ut præcipuum ac singulare in duris adversisque rebus perfugium habuerunt. Digressis enim barbaris, rebusque jam satis salvis, eadem sacra cimelia ad tertiam Octobris (ut Græci scriptores adnotarunt) ab eadem Catulla commodo in loco sunt deposita, miraculis ibidem tanquam e fonte jugiter scaturiente affatim manantibus. Ipse etiam Catullæ ager, seu laudatus sepulturæ martyrum locus, in feminæ honorem Catulliacus (79) posteris est dictus, præsertim postquam ædicula beatis martyribus ibidem loci constructa, frequenti populo celebrari cœpit. Hanc ædiculam primitus dedicasse memoratur S. Regulus Arelatensis episcopus, tali occasione : illi die quadam (80) in urbe sua sacris operanti, atque ad ea sacri canonis verba, ubi sanctorum vita defunctorum fit memoria, progesso, excidit præter morem et intentionem, ut aliis recitatis nominibus adjiceret : *Et beatis martyribus tuis Dionysio, Rustico et Eleutherio* : cujus extemporalis nec voluntarii additamenti admiratione tactus, cum penderet aliquantisper animi, ecce illi visum novum et insolens ternæ oculis obversantur columbæ cruci altaris insidentes, quæ trium illorum martyrum nomina in pectoribus sanguine inscripta præferebat, *Dionysii, Rustici, Eleutherii* : quas fixo parumper obtutu contemplatus, demum ternos illos athletas, sancto suggerente Spiritu, palmam assecutos martyrii (nec enim aliunde id acceperat, et recens res erat) retexto ænigmate intellexit. Tum vero incitari animus ad petendum Parisios, ibique super martyrum certamine atque exitu magis particulatim cognoscendum : perque opportuno tum evenit, ut non procul Lutetia cum abesset, in ipsam Catullam incideret, et si quid de nece hominum nuper occisorum inaudisset, interrogaverit. Illa enim Christianum, uti erat, ex modestia et habitu et sermone suspicata, petiit Christianusne esset ? illoque, quod verum erat, confitente : « Num etiam, inquit, ex amicis et familiaribus es Dionysii et sociorum ejus Rustici et Eleutherii? » tum ille obortis ad eorum nomina lacrymis : « Plane, inquit, ex illis sum, et esse glorior. » Tum igitur ipsa quoque illorum se discipulam aperiente (81), mutuæ congratulationes, amica colloquia, perbenigna hospitalitas ; denique non posse satiari, nec ille, nec illa, de Dionysii rebus e illo, quæ prioribus temporibus alibi fecerat, referente; hac autem, quæ proxima persecutionis procella tulerat, memorante. Qui etiam inter alia de die martyrii et de tempore visionis inter se conferentes, in unam eamdemque lucem utraque incidisse compererunt. Postquam autem, quæcunque Regulo in votis erant, bona femina indicasset et commonstrasset, tum etiam atque etiam ipsum rogavit, uti longiorem apud se moram faceret, se enim, quamvis a B. Dionysio nonnullam accepisset rerum sacrarum agnitionem, primaque fidei rudimenta quadamtenus attigisset, tamen præcipuorum mysteriorum rudem ignaramque adhuc esse, quorum magnopere desideraret ipso magistro ampliorem notitiam. Cui vir sanctus, ut beneficium beneficio rependeret, ejus instruendæ gratia dies aliquot inibi est commoratus : quo etiam tempore constructam ab ea ædiculam, materie quidem et spatio humilem atque exiguam, sed repositis in ea tantorum martyrum pignoribus nobilem imprimis atque augustam, eorumdem sanctorum honori, ut ante attigimus, consecravit. Atque hæc prima omnium S. Dionysio et sociis sacratarum ædium fuit. Posteris vero temporibus alia quoque ad beatiss. Dionysii memoriam in eodem Parisiensi tractu condita sunt sacraria, locorum scilicet ubi conclusus, ubi tortus, ubi obtruncatus fuit, æterna monumenta, quorum primo nomen datum est, *S. Dionysii de Carcere*, vulgo *S. Denys de la Chartre*; secundo, *S. Dionysii de Passione*, vernacule autem, *S. Denys du Pas*; tertio, *Sacellum martyrum*, Gallice, *la Chapelle des Martyrs*. Et duo quidem priora in urbe ipsa Lutetia, postremum autem in conspectu urbis, sive in *Monte martyrum* (de quo supradictum est) visitur. Et hæc quidem antiquissima ; de aliis autem recentioribus et magnificentioribus post dicetur (82) : nam quædam alia, quæ hoc Dionysii sæculo contigere, ac præsertim ejus discipulorum labores et fructus, nonnullæque ipsius martyris post mortem apparitiones, prævertendæ sunt.

NOTATIONES.

(69) *Qui imperante Domitiano*. Hilduinus, Methodius, Metaphrastes, et quidam alii ascribunt martyrium Dionysii Domitiano imperatori.Quod stare nullo modo potest, ne ex ipsorum quidem, si modo sibi in aliis consient, sententia. Nam si admittant, uti admittunt, epistolam, quæ ad sanctum Joannem apostolum in Patmo exsulantem missa est, germanam esse Dionysii, et spiritu prophetico scriptam, in qua dicit pro ediem eum ab exsilio reversurum, et cum illo una se communicaturum (quod fieri non potuit, nisi mortuo Domitiano, et Nerva aut Trajano imperante), nullo sane modo dici potest mortuus esse Dionysius sub Domitiano. Erroris porro causam dedere antiqua sanctorum scripta, quæ olim sine certis temporum aut impp. notis (ut hodieque plurima) posteritati tradita sunt. Posteriores autem, rebus haud satis exacte dispectis, probabiles, ut existimabant, secuti conjecturas, imperatorum nomina et persecutiones adjecerunt, et interdum hallucinati sunt.

(70) *Fuerunt et nonnulli, qui Trajano*. Ad Trajani tempora retulerunt Dionysii martyrium, e

A Græcis quidem, Michael Syngelus, et Suidas, e Latinis autem quædam Martyrologia, et nominatim quod jussu Gregorii XIII editum fuit. Quod ita habet, septimo Idus Octobris : « Lutetiæ Parisiorum, natalis sanctorum mart. Dionysii Areopagitæ episcopi, Rustici presbyteri et Eleutherii diaconi : ex quibus Dionysius ab apostolo Paulo instructus credidit in Christum, atque ab eo baptizatus, primus Atheniensium episcopus est ordinatus : deinde Romam veniens, a B. Clemente Romano pontifice in Gallias prædicandi gratia directus est ; et ad præfatam urbem deveniens, cum ibi per aliquot annos commissum sibi opus fideliter prosequeretur, tandem a præfecto Fescennino, sub Trajano imperatore post gravissima tormentorum genera, una cum sociis gladio animadversus martyrium complevit. »

Syngeli verba sic habent : Ὅθεν ἡ ὑπόπτερος φήμη πανταχόσε θέουσα τὴν πανεύφημον αὐτοῦ προσηγορίαν ταῖς Τραϊανοῦ τραχυτάταις ἀκοαῖς ἐνήχησε, etc. *Unde velox fama quocunque discurrens clarissimum ejus nomen* (Dionysii scilicet) *asperrimis Trajani auribus insonuit,* etc.

Suidæ autem sunt hæc : Ὁ τοίνυν Θεοφάντωρ Διο- A
νύσιος ἤδη που μάκρον ἐλάσας χρόνον, καὶ πλήρης
ἡμερῶν γεγονὼς τῶν τοῦ πνεύματος, μαρτυρίῳ τῷ
ὑπὲρ Χριστοῦ τελειοῦται ἐπὶ Τραϊανοῦ Καίσαρος, ὅτε
καὶ ὁ Θεοφόρος Ἰγνάτιος τὸν τῆς ἀθανασίας διήθλησεν
ἀγῶνα. *Igitur Dei interpres Dionysius valde provecta
jam ætate, et spiritualium dierum plenus, martyrio
pro Christo consummatur sub Trajano Cæsare,
quando et deifer Ignatius certamen immortalitatis
decertavit.* Obiisse tamen sub Adriano, probabilius
est. Et præter argumenta Baronii, allata anno
Christi centesimo nono e variis martyrologiis et
præsertim Adonis et Bedæ, bina affero nova : unum
e vetere Rom. Martyrologio, quod Baronius diu
optatum reperire non potuit: post ejus vero mortem reperit et edidit noster Heribertus Rosweydus :
alterum e Fl. Lucio Dextro, cujus Chronicon post
ejusdem Baronii obitum, abhinc tantum biennio
prodiit.
Itaque illud vetus Romanum Martyrolog. ad B
v Nonas Octobr. sic habet : « *Athenis, Dionysii
Areopagitæ sub Adriano diversis tormentis passi.* »
Ubi ad τὸ *Athenis* subauditur, « *celebratur memoria, seu dies natalis,* » ut supra docui, et evidenter ostendo quæst. 11 adversus illos, qui existimabant τὸ *Athenis* connectendum esse cum *passi.*
Unde et mihi in hoc dederunt manus qui ante adversabantur. Flavius Dexter autem in Chronico ad
annum Christi 130, Romæ vero 881, ubi tempora
persequitur Adriani imperat., scribit sanctum Marcellum Toletanorum episcopum ex Hispania in Gallias ad Dionysium esse profectum, atque antequam
Parisios perveniret, de ejus martyrio intellexisse,
atque illud carmine elegantissimo celebrasse. Unde
colligit Franciscus Bivarius, Dionysium non tantum Adriano imperat. martyrium obiisse, sed etiam
120 annos vixisse. Nos prius illud tanquam certum
admittimus, alterum autem non admittimus ; eo quod
Dexter in suo Chronico (ut superiori quoque capite in- C
dicavimus) non restricte per singulos annos procedat,
sed jam duos, jam plures intermittat, resque interdum non hoc illove anno, sed *sub hæc tempora*, aut
per idem tempus,, accidisse scribat, ut ex ejus textu
liquet, et fatetur Bivarius. Sic enim ab anno
Christi 76, mediis omissis, ad 86 transit : et ab
anno Christi 112 transit similiter ad 115, propterea, inquam, alterum de annis 120 Dionysii haud
admittimus tanquam certum.
(71) *Ita veterrimus concinnator Martyrologii.* Illius nempe, quod vulgo *Vetus Romanum Martyrologium* appellatur, cujus verba paulo ante sunt producta.
(72) *Ita Venerabilis Beda.* In suo enim Martyrologio ad 3 Octobris sic habet : « *Natale S. Dionysii
Areopagitæ, qui ab apostolo Paulo instructus, credidit Christo, et primus Athenis ab eodem Apostolo
episcopus est ordinatus, et sub Adriano principe
post clarissimam confessionem fidei, post gravissima tormentorum genera gloriosa martyrio coro-* D
natur. »
Post quæ verba adduntur hæc in Adonis Martyrologio, eadem die : « *Ut Eristides Atheniensis, vir
fide sapientiaque mirabilis, testis est in eo opere,
quod de Christiana religione composuit. Hoc opus
apud Athenienses summo genere colitur, et inter
antiquorum monumenta clarissimum tenetur, ut
peritiores Græcorum affirmant.* »
Et his quidem simillima nunc leguntur in vetere
Romano. Nec refert, quod rursum die nono ejusdem mensis, quasi de alio. ejus martyrium conjun-
gant cum SS. Rustico et Eleutherio. Nam quo id
modo acciderit, explicui infra quæst. 11.
(73) *Fescennino præfecto.* De hoc præfecto consentiunt Martyrologia, Romanum, Venerabilis Bedæ,
Usuardi, Adonis, et aliorum, ad diem nonum Octobris. E quibus Beda et Ado addunt « Sisinnio. A præfecto, inquiunt, Fescennino Sisinnio. »

Recensetur autem Sisinnius in Chronico Alexan- A
drino inter consules, imperante Adriano, olym-
piade ccxxviii, ind. xv, anno Adriani 27, ita ut
valde sit probabile, unum eumdemque esse (præsertim tam concordi tempore) istum Sisinnium
cos. et nostrum Fescenninum.
Accedit de Fescennino aliud e Romano Martyrologio ad diem 11 Octobris indicium, quod scilicet
sanctum Nicasium et socios in pago Vilcassino sub
præside Fescennino passos esse dicat. Atqui iste
Nicasius, de quo hic sermo, primus fuit Rothomagensium episcopus, qui et a Clemente pontifice in R
Gallias missus prædicatur. Vide Democharem in
catalogo episcoporum Rothomagensium, lib. *De divino missæ sacrificio,* cap. 20, et Notationes Baronii in Rom. Martyrologium ad dictam diem. Quare
si tempora Fescennini cum temporibus sancti Nicasii Rothomagensium apostoli congruunt, et Nicasius ætate Clementis papæ vixit, et ab eo in Gallias missus est, nihil propius fidei apparet, quam
utrumque, tam Dionysium quam Nicasium, eadem
tempestate et eodem imper. et eodem præfecto martyrium obiisse : præsertim cum de alio ejusdem nominis præfecto aut præside posterioribus sæculis
(quæ satis diligenter indagavimus) omnino nihil
sonent, neque Martyrologia, neque sacræ Historiæ.
Adde Francisci Fevardentii, viri egregie docti,
auctoritatem, qui de primis apostolorum discipulis
in varias Galliarum partes distributis, ad librum
primum sancti Irenæi Lugdunensis episcopi, cap. 5,
notat. 3, strictim ejus meminit; ubi aliis multis recensitis, ad extremum hos adjicit : « *Superioribus
quoque,* inquit, *beatus Clemens adjunxerat Nicasium, Taurinum et Exuperium : quos Rothomagen-
ses, Ebroicenses et Bajocenses, ut apostolos et pastores magna alacritate receperunt.* »
Ad Exuperium porro quod attinet (nam de aliis
jam est dictum, partim hic, partim superius), Robertus Cenalis, episcopus Arboricensis, lib. 11 *De* C
re Gallica, perioche 4, dum describit agrum Belo-
cassinum (sic vocat, quem alii *Vilcassinum* aut
Velocassinum appellant, cujus præcipua civitas est
Bajocæ) undecim recenset ejusdem civitatis episcopos numero sanctorum ascriptos, qua in recensione
sic incipit : « *Exuperius totius regionis apostolus,
D. Clementis discipulus.* » Et paulo inferius de ejus
ætate ita subdit : « *Apostolico functus est officio
D. Exuperius anno a parta salute quarto ac nonagesimo, collega usus D. Reverentio.* »
Ne quis vero Nicasii nostri ætatem calumnietur,
atque ad posteriora tempora detrudi velit ; propterea quod aliquem Nicasium circa persecutionem
Wandalicam pro fide percussum legat, noverit illum
non Rothomagensem, sed Rhemensem fuisse episcopum, et trecentis prope annis nostro posteriorem. Nam nostri a sancto Clemente in Gallias
missi, etiam Chronologia archiepiscoporum Rothomagensium, opus Joannis Dadræi posthumum, com- D
meminit, ubi et isti allegantur Vitalis de illo versus :

Antistes Rothomæ datus a Clemente, Nicasi,
Si non sedisti, caput at legando stetisti.,

Quibus indicatur, non pervenisse ipsum ad sedem
suam episcopalem, sed in itinere interemptum caput eis reliquisse, ac per illud quasi per principem
corporis sui partem Rothomagi constitisse.
(74) *Nempe annos amplius centum decem.* Consequitur hæc ætas ex eo, quod supra probatum sit
obiisse Dionysium imperante Adriano, cujus initia
imperii inciderunt in annum Christi 119 ex recensione Eusebii, ac consequenter Dionysii 110, et aliquanto amplius. Nec enim Christus Dominus totis
novem annis Dionysium antecessit : siquidem anno
Christi 33 erat Dionysius annorum viginti quinque.
Multum porro huic sententiæ de tam longæva
aut etiam longiore Dionysii ætate favent Michael
Syngelus et Nicephorus Callistus : hic quidem lib.

11 *Historiæ eccles.*, cap. 20, dum scribit, multos annos eum fuisse in Occidente, et εἰς βαθὺ γῆρας, *ad profundam senectutem*, pervenisse. Profunda autem senectus ea vocatur, ad quam a paucissimis pervenitur, quæ et extrema appellari solet, propterea quod qui in profundo est, non habeat quo ulterius tendat. Michael Syngelus vero ita in extremo *Dionysii Encomio* inter alia : Οὗτος ὁ τῶν θείων ἀγώνων ἐμπειρότατος πρεσβύτης, καὶ βαθὺ καὶ πῖον εἰσελη-λακὼς γῆρας, πρὸς τὴν ὑπὲρ τοῦ Χριστοῦ μακαριω-τάτην προσηπόδησας σφαγήν, etc. *Sic ille divinorum certaminum experientissimus senex , atque ad profundam et meritis secundam progressus senectutem, ad beatissimam pro Christo mortem prositiens*, etc. Sed idem clarius et expressius, cum dicit Dionysium septuaginta annos in cursu apostolico seu Evangelii prædicatione posuisse. Quibus si addideris annos 40 ante ipsius ad Christum conversionem (tot enim minimum fuerunt), invenies totius ætatis annos centum decem.

Quare observandum est, Baronium tomo XI *Annalium*, anno Christi 119, errore lapsum in reprehensione Syngeli, dum existimavit illum numerare tantummodo septuaginta annos ætatis sancti Dionysii. Nam hoc minime facit Syngelus ; minime gentium. Quomodo enim id faceret, qui eum ad extrema persecutionis Trajani pervenisse scribat ! Verum o nissis ætatis annis, de annis tantum agit quos in Christiana vita et cursu apostolico, ut ipse vocat, transegit.

Quod, ut magis constet, probabitur ex ipsius Syngeli verbis, duobus in locis. Prior locus in *Dionysii Encomio* est talis : Ὁ μακάριος τοίνυν καὶ τρὶς τοῦτο καὶ πολλάκις Διονύσιος ἐπὶ ἑβδομήκοντα ἔτη χρόνον, διὰ μυρίων ὀνειδισμῶν καὶ πειρασμῶν καὶ πολέμων, καὶ κινδύνων, καὶ τῶν συντρόφων φιλοσό-φων, μᾶλλον δὲ ἀσόφων, διεληλυθὼς, etc. *Beatus igitur, et terque quaterque beatus Dionysius ad septuaginta annos per mille opprobria et tentati nes et bella et pericula, tam a suis popularibus et ejusdem aliquando religionis, et simul educatis philosophis, aut insipientibus potius, transgressus*, etc. Quæ verba de annis ætatis accepit Baronius, cum id verba non sonent, sed magis contrarium innuant, nempe tempus, quod in Christi servitio multa inter opprobria, pericula, adversa transegit. Quod ex verbis paulo post subsequentibus , liquido confirmatur, ubi dicit Dionysium peregisse duplum S. Pauli cursum : Sic enim habet : Καὶ δραμὼν δρόμον διπλασίονα τοῦ ἐν Παύλος ὁ πολύζηλος καὶ οὐρανοδρόμος δεδρά-μηκεν. *Et qui duplum ejus cursum percurrit , quem Paulus multorum expertus certaminum, et ad cœlos usque provectus cucurrit.* Atqui S. Joannes Chrysostomus in Homilia *De principibus apostolorum Petro et Paulo* scribit, cursum et certamen S. Pauli fuisse 35 annorum : cui et si alios 35 addideris , juste 70 efficies, hoc est duplum cursum Dionysii : tot enim illi annos laborum tribuit Syngelus, ut jam videbitur. Alter locus igitur in eodem *Encomio*, sub finem, est ejusmodi : Τίς οὖν τὸν ἐν ἔτεσιν ἑβδομή-κοντα τὴν ἀποστολικὴν ὁδεύσαντα τρίβον, καὶ Σωτῆρα Χριστὸν κηρύξαντα, etc. ἀξίω; θαυμάσειεν : *Quis igitur eum, qui annos septuaginta viam triverit apostolicam, et Salvatorem Christum prædicarit, digne admiretur?* Quem locum si Baronius attendisset, simulque de duplo cursu accuratius perpendisset, numquam, opinor, dixisset videri sibi hallucinatum Michaelem Syngelum, imo avide pro sua sententia arripuisset (cum ad eam plurimum faciat) uti et illum arripuisset, quo scripsit Syngelus Dionysium ad extrema Trajani tempora pervenisse, sive, ut alibi est in Græco, πρὸς τῷ τοῦ διώκτου τυραννίδος πέρατι , *ad finem tyrannidis persecutricis.* Duravit autem et post ipsum Trajanum incitata persecutio, nec successor Adrianus initio imperii vel exstinxit, vel repressit, sed reaccendit potius et laxavit. Assentior enim Baronio hæc de illo scribenti : « Tantum abest ut persecutionem in Christianos jam a Trajano excitatam Romæ compesceret, ut acrius atque acerbius instaurarit. » Et infra : « Adrianus igitur ipso in imperium ingressu, etsi erga omnes Romano subjectos imperio optimum principem, tamen in Christianos exhibuit se Phalaridem. »

Unde conciliari duæ sententiæ de tempore martyrii sic possunt, ut et sub Adriano cæsus dicatur S. Dionysius, et in persecutione Trajani nempe a Trajano inchoata, ab Adriano promota.

(75) *Quoniam illic Mercurius honore præcipuo coleretur.* Ita cultum fuisse Gallis Mercurium, auctor est ipse Julius Cæsar, lib. vi *De bello Gallico*, his verbis : « Deum, inquit, maxime Mercurium colunt. Hujus sunt plurima simulacra : hunc omnium inventorem artium ferunt : hunc viarum atque itinerum ducem; hunc ad quæstus pecuniæ, mercaturasque habere vim maximam arbitrantur. Post hunc, Apollinem, et Martem , et Jovem, et Minervam. » Ita Cæsar. Ubi nota, *Deum maxime*, id est e diis maxime, *Mercurium colunt.* Esse enim casus gignendi, indicat vetus interpres Græcus , qui ita legit et vertit : Πάντων, δὲ τῶν θεῶν τὸν Ἑρμῆν περισσότατα σέβουσι. *Ex omnibus diis maxime colunt Mercurium.* De Mercurio est etiam illa Tertulliani auctoritas, in Scorpiaco , *adversus Gnosticos* , c. 7 : « Sed enim, inquit, Scytharum Dianam, aut Gallorum Mercurium, aut Afrorum Saturnum , hominum victima placari apud sæculum liquit. » Nota *liquit* præteritum esse a *liquet*, id est constitit. Mentio item hujus nefarii cultus exstat apud Minutium Felicem in *Octavio*, sub initium. « Inde adeo, inquit, per universa imperia, provincias, oppida, videmus singulos sacrorum ritus gentiles habere, et deos colere municipes, ut Eleusinos Cererem, Phrygas Magnam matrem, Epidaurios Æsculapium, Chaldæos Belum, Astarten Syros, Dianam Tauricos, Gallos Mercurium, universa Romanos. »

De Martis autem cultu testantur vetera sanctorum Acta, e quibus hæc desumpsit Vincentius Bellovacensis in *Speculo hist.* lib. x, c. 27 : « Hi sancti viri a B. Clemente directi, apostolica benedictione roborati, et Spiritus sancti amore successi, Dominici ruris fideles agricolæ, barbaricis pectoribus verbum Dei inferentes, Arelatensium venerunt ad urbem, tantamque gratiam sanctis suis largitus est Dominus, ut eorum prædicationi plebs Arelatensis nullo modo resisteret, sed Evangelium Christi devotis suscipiens mentibus, Conditorem omnium fideliter adoraret. Erat enim ibi maximæ venerationis templum, in quo Martis statua ab omnibus colebatur. Quam B. Dionysius nullo hominum labore, sed divini nominis invocatione confregit, et eliminatis soliti cultus spurcitiis, ad regenerandum populum Dei, baptisterium ibi fieri præcepit : ipsum vero templum, sub veneratione beatorum apostolorum Petri et Pauli ecclesiam consecravit. » De Heso et Theutate, diis itidem Gallorum, eorumque cultu, vide in *Historia deorum*, syntagmate 17, sub finem.

(76) *Dionysii martyris truncus*, etc. Simeon Metaphrastes : Ἔφερεν οὖν τὴν κεφαλὴν καθάπερ τι τροπαῖον ἐπὶ τῶν χειρῶν, etc. *Ferebat igitur caput in manibus, quasi tropæum aliquod.* Idem refert Methodius : Καὶ γὰρ τῇ μακαρίᾳ χειρὶ ἑαυτοῦ τὴν κε-φαλὴν ἀπὸ τοῦ σώματος ὑπὸ τῶν ἀνόμων τῷ ξίφει ἀποτμηθεῖσαν ἔλαβε, etc. *Etenim beata manu caput suum a corpore ab hominibus nefariis gladio præcisum accepit.* Vide apud eosdem plura, et fuse apud Hilduinum.

Eadem de re Hugo a S. Victore lib. iv *De vanitate mundi* , sub finem : « Dionysius Areopagita, inquit, accepto mandato Galliam penetravit, et pugnans, ut vinceret, prævaluit stabilire leges in terra. Ipse enim, ut ostenderet viam vitæ, propter testimonium veritatis, verbum sanguine consecravit : et ne mors vitam hæreditaret, in mortuis vitæ signum faciens, caput manibus bajulavit occisus. » Ita ille.

Nec silenda est hoc in loco Cælii Rhodigini de eodem miraculo pietas insignis et fides. Is lib. III *Lectionum antiquarum*, ejus ita meminit : « Scribunt et Christianæ veritatis assertores celeberrimi, Dionysium Areopagitam martyrio coronatum, posteaquam resectum illi caput est, aliquandiu progressum, suum sibi caput bajulantem. Scio, ridebunt hoc philosophi tanquam parum constanti veritate dictum, nos autem Christi Salvatoris infinitæ potentiæ id ascriptum volumus verissime ac sincerissime. » Ita ille.

Feruntur et alii martyres non pauci sua eodem modo capita tulisse, atque inter primos sub ipso Nerone affectus martyrio S. Ursicinus medicus : cujus sanctum cadaver sese humo erexisse, caputque ambabus manibus apprehensum, ad locum, ubi sepulturæ mandandum erat, detulisse, a plerisque (ut scribit Hieronymus Rubeus lib. I *De gestis Ravennatum*) memoriæ proditum est. Aliqui etiam addunt ex ejus collo tres palmæ ramos enatos. De S. Jone Dionysii discipulo *notavi* cap. 21 *Vitæ*. De S. Lamberto agricola Cæsaraugustæ in Hispania martyrium passo, testatur Flavius Lucius Dexter ad annum Christi 500, Romæ vero 1051, ubi de Cæsaraugustæ agens martyribus : « Item, inquit, ibidem S. Lambertus, qui succisum caput manibus importans, angelo duce SS. martyrum numero sociatus. » Sic ibi. Fuit is Lambertus homo agricola, servus cujusdam infidelis, a quo accusatus, et fidei causa in ipso agro, ubi boves agebat arantes, capite plexus, illud manibus suis exceptum detulit usque ad cæterorum martyrum sepulcra, illicque illum psalmi versiculum pronuntiavit : *Exsultabunt sancti in gloria*, cui succinentes alii martyres subjunxerunt : *Lætabuntur in cubilibus suis* ᶠ. Vide Vasæum in Chronico, et *Florem sanctorum Hispaniæ*.

De S. Eliphio martyre sub Juliano Apostata, sic scribit Rupertus Tuitiensis, in ejus Vita, cap. 12: « Martyris quippe corpus erexit se per virtutem Christi, et ambabus amplexum manibus caput suum, per unum milliare, comitantibus utique angelis, et Christum collaudantibus, deportavit. Deinde subiit in montem ipsum, et ibi lapidem colore album, situ planum inveniens, sedit super eum; protinusque duritia lapidis officiose cessit pio martyri. Et enim, quasi cera bene mollis, insidenti gremium aperiens, concavum subsellium præbuit, secuturis memorabile sæculis. Unde hactenus mons ille, mons dicitur S *Elephis*. » Ita Rupertus.

De S. Oriculo martyrium passo in persecutione Wandalica, qui abscissum caput in fonte lavit, atque ad sepulcrum, quod sibi paraverat, detulit, videndus est Flodoardus lib. I *Historiæ Rhemensis*, cap. 8.

De Severino Boetio, illustri scriptore, ita Julianus Martianus in ejus Vita : « Ticini incolæ semper a majoribus traditum constanter asseverant, Severinum, cum regius spiculator lethale vulnus intulisset, utraque manu divulsum caput sustinuisse, interrogatumque a quonam se percussum existimaret, «Ab impiis,» respondisse : atque ita cum in vicinum templum venisset, et flexis genibus ante altare sacra percepisset, paulo post exspirasse. Exstinctus divinos honores a nostris consecutus est, quod pro catholicis contra perfidiam Arii mortem sustinuerit, Sic ille. Occisus est autem a Theodorico rege Ariano ad annum Domini 526. Visitur Ticini in æde S. Augustini, carcer ejus et sepulcrum. Nota per *divinos honores* intelligi sacros et religiosos, quales martyribus exhibentur, non autem quales Deo. De S. Lauriano Hispalensi archi-

ᶠ Psal. CXLIX, 5.

episcopo, sic inter alia scribit Lucius Marineus Siculus, lib. v *De rebus Hispaniæ*, ante medium : « Mox autem ab eodem angelo monitus ut in Hispaniam rediret, quia pro fide Christi martyrium pati eum oporteret, revertens, in itinere a Totilæ regis satellitibus capite obtruncatur. Quod quidem caput abscissum manibus suis accepit. Quod cum satellites vidissent, metu perterriti ad Christi fidem conversi, et baptismatis oleo peruncti, caput Lauriani flentes Hispalim detulerunt. Et cum regi omnia, quæ viderant, retulissent, rex quoque Christi nomen assumpsit, et hujus sancti et aliorum templa ædificari præcepit. » Ita ibi. De eodem S. Lauriano agit Joannes Vasæus in Chronico ad annum Domini 544, quo ista evenisse creduntur.

De S. Proculo Bononiensi Sigonius lib. I *Hist. Bononiensis*. De S. Justino, puero novenni, sub impp. Diocletiano et Maximiano, Venerabilis Beda tom. III, et ex eo Surius tom. V *Vitarum SS.* idem miraculum tradiderunt. Adde his S. Theoenistum et socios martyres, S. Justinianum monachum, S. Becumanum eremitam, S. Ositham virginem et mart. et alios. De quibus quidem martyribus, ac præsertim de S. Dionysio et sociis, liceat mihi aurea illa B. Joannis Chrysostomi verba usurpare, et Francorum pietatem pari cohortatione excitare. « Sæpe, inquam, eos invisamus : tumulos adornemus, magnaque fide reliquias eorum contingamus : ut inde benedictionem aliquam assequamur. Etenim sicut milites vulnera in præliis sibi inflicta regi monstrantes fidenter loquuntur, ita et illi in manibus obsecta capita gestantes, et in medium afferentes, quæcunque voluerint, a rege cælorum impetrare possunt. » Ita Chrysostomus homilia *De sanctis martyribus Juventino et Maximo*, sub finem.

(77) *Catulla ei nomen fuit*, etc. Hujus Catullæ meminerunt tam Græci, quam Latini scriptores Vitæ sanctæ Dionysii. Illi Κατούλλαν vocant. Ejus memoriam in Menæo quoque reperies.

(78) *Nam satellites mensa exceptos*, etc. Scribit S. Joannes Chrysost. pari stratagemate usum patrem sanctarum Berenices et Prosdoces martyrum, hom. 51, *Ad popul. Antiochenum*. Is enim, quo liliabus suis faciliorem martyrii cursum efficeret, militibus qui eas custodiebant, prandium apposuit, vinum affatim propinavit. Ita dum illi epulantur et inebriantur, virgines duæ adjuvante matre in proximum fluvium se demerserunt, et brevi martyrio injurias vimque satellitum tuta castitate redemerunt. Laudat illas integra oratione S. Chrysostomus, et ex Hieropoli urbe Phrygiæ, ubi hæc facta sunt, ad vere sacram urbem, hoc est ad cœlum emigrasse tradit.

(79) *In feminæ honorem Catullinacus*. Meminit hujus vici Aimoinus lib. IV *Historiæ Francorum*, cap. 17, ubi agens de rege Dagoberto, « In vicum, inquit, cui Catullinacus vocabulum est, cursu defertur. In hoc viculo ædicula erat, quæ corpora martyrum Dionysii ac sociorum ejus tegebat. »

(80) *Illi die quadam*. Refertur hoc visum in Actis sancti Reguli Arelatensis episcopi, apud Vincentium Bellovacensem lib. x, cap. 28, et apud Petrum Equilinum lib. IV, cap. 15, et lib. IX, cap. 41, in Actis SS. Dionysii et sociorum, et apud alios.

(81) *Tum igitur ipsa quoque illorum se discipulam aperiente*. Id apud Vincentium Bellovacensem innuitur in Actis S. Reguli, lib. x *Historialis speculi*, c. 21, ubi de eadem B. Catulla dicitur : « Fuerat enim a B. Dionysio signo crucis præsignata.» Fidelis quoque fuisse indicatur apud S. Antonium archiepiscopum Florentinum, I parte, tit. 6, cap. 28 : « Quædam autem nobilis matrona fidelis, inquit, timens ne corpora sanctorum in flumen vici-

num jactarentur, » etc. Apud Hilduinum vero in *Areopagiticis* traditur nondum fuisse baptizata : « Nam nobilis quædam materfamilias, inquit, Catulla nomine, quæ licet paganorum adhuc erroribus, necessitate potius quam voluntate teneretur addicta, convertit tamen ad fidem Christi per exempla martyrum, atque ad baptismi gratiam se pervenire desiderare, et mente demonstrabat et opere, Dei misericordia inspirata, mactæ virtutis consilium appetivit, atque ad convivium venire postulat sanctorum corporum perditores. » Verisimile est, Catullam fuisse tantum catechumenam in sancti Dionysii et sociorum martyrio, sive primis duntaxat fidei rudimentis citra baptismum imbutam, illo autem a sancto Regulo in hac apud ipsum commoratione illustratam.

(82) Vide infra, cap. 25 et seqq.,

CAPUT XXI.

Discipulorum S. Dionysii labores et fructus, nonnullæque ejusdem martyris salutiferæ ; post mortem apparitiones.

Ut filii parentibus, sic discipuli magistris honori, laudi, gloriæ, et instar pulchræ et suaveolentis coronæ exsistunt. Tales fuere Dionysio (ut omittamus Rusticum et Eleutherium, primas illius coronæ rosas) illi insignes Ecclesiarum duces, S. Jon (quem modo Jonam (83), modo Jonium invenimus appellatum), Sanctinus, Antoninus, Taurinus, Regulus, Eugenius, complures alii; sed nominare singulos longum, præcipuos non omisisse necessarium. Hi ergo a discessu patris vere patrios gerere animos, et pro se unusquisque sollicitus esse, ut paternarum virtutum addita hæreditate, suam quisque vineam sancta quadam æmulatione, quam posset excultissimam Dei gratia et suo labore redderet. Jon quidem presbyter, qui primo Athenis Romam cum Dionysio, deinde Roma in Galliam cum eodem transierat, sacerdotii sui partes et vivente et vita functo præceptore examussim implevit, semenque Evangelii præsertim in agro Castresio (84) cum persuavi virtutum suarum odore, et temperantis animi fragrantia dispersit ; quippe aqua sola et herbis solitus vitam sustinere, et per tempus quidem quadragenarii jejunii bis duntaxat quot hebdomadis cibum sumere. Is admiratus magistri fortitudinem, et magno ejus imitandi studio succensus, in paria se jecit certamina, primisque gentilium sub Christi jugum ductis, inscenso martyrii curru triumphavit. Comprehensus enim haud procul Lutetia, et fidei titulo interemptus magistri tropæum triumphumque etiam in eo repræsentavit, quod refectum a cervicibus caput palmis excepit, atque ad montem una fere leuca distantem, ubi et sepultus est, deportavit. Loco accessit honos, ut mons S. Jonis diceretur. Hujus diem natalem ascribunt Martyrologia decimo Kalendas Octobris tali elogio : « Apud pagum Castrensium sancti Jonis presbyteri et martyris, qui cum sancto Dionysio profectus in Galliam, jussu Juliani præfecti verberibus cæsus, gladio martyrium consummavit (85). »

« Jungamus S. Joni B. Sanctinum Meldensem episcopum, quandoquidem in iisdem Ecclesiæ tabulis eadem conjunctus die reperitur, hisce verbis : « Apud civitatem Meldensem (86), beati Sanctini episcopi (87), discipuli sancti Dionysii Areopagitæ : qui ejusdem civitatis episcopus ab eo consecratus primus ibi Evangelium prædicavit (88). » Is est qui Dionysii magistri sui certamen una cum Antonino spectavit, descripsit, ad pontificem detulit : tandemque ad suos reversus, et vita et miraculis clarus, relicto successore Antonino, post multa animarum lucra feliciter emigravit. Quem et ipse Antoninus iisdem virtutum vestigiis, et pari successu et exitu ad cœlum est consecutus.

Jam vero Taurinus Ebroicensis episcopus, de quo supra nonnihil memoravi, post sancti Patris e terra excessum tanto impensius in omnem partem intendere, quo Ecclesia, tanto parente orba, majorem a successoribus curam exigebat. Is edendorum ad inducendam firmandamque fidem, prodigiorum facultate præditus fuit plane admirabili. Nam una eademque die (89) præter alia, etiam mutis hominibus quatuor loquendi usum, et cæcis octo videndi vim conciliavit, et vitam uni reddidit. Alias vero sacrificulis Dianam colentibus depulsum a simulacro dæmonem turpissimum cum ingenti ipsorum horrore et detestatione conspicuum præbuit. Denique multum populi qua cohortationibus, qua curationibus, qua miraculis Deo cum acquisivisset, ad eum victor transiit.

De Regulo autem, cujus nonnulla superius mentio facta est, quid ejus dignum virtutibus dici potest? eodem enim quo dux suus spiritu semper ambulavit, semper laboravit, semper ad extremum usque adversus impietatem decertavit : nec sine ducis ipsius quamvis emeriti, quamvis in cœlo triumphantis præsenti ope et interventu. Nam cum ab excessu Dionysii, Silvanectum (urbs est Lutetiam inter et Noviomum) fidei propagandæ causa profectus esset, multaque tam per iter, quam in urbe ipsa, pro unius Dei cultu asserendo, miracula patraret, simulacra destrueret, dæmones expelleret, mortales multos Christo lucrifaceret : ipsi fanorum ac delubrorum pontifices nimia ira succensi, Quintilianum ejus urbis præfectum adierunt : virum sanctum impietatis atque sacrilegii insimularunt : pœnas cum sanguine poposcerunt, nec ille mori recusavit ; jam surrexerat, jamque ibat (novus enim dolor, dimissis a Regulo e carcere suopte motu Christianis, præfecti animum vehementius inflammarat) nisi conjux Christiana, et olim ab ipso Dionysio noxis abluta, mariti impetum prudentia sua retardasset : atque etiam nisi Dionysius meditatam discipulo pœnam non avertisset modo, sed in honorem quoque et in gaudium convertisset. Dum enim præfectus de sanctissimi præsulis nece, sollicite se cum mente pertractat, benignissimus autem Deus solita pietate de servi sui salute disponit, ecce Dionysius nocte intempesta, cum duobus sociis palmæ consortibus, per visum præfecto se objicere et sic affari : *Quintiliane, Dominus Jesus Christus, cujus nos servos professione fideli fatemur, huc salutis tuæ causa nos misit, ut relicto dæmonum cultu, ad eum convertaris, et postposita tyrannide, Christianæ religionis cultor deinceps exsistas. Igitur primo mane fratrem nostrum inquire Regulum, a quo noxarum veniam postulans, quidquid jusserit, nihil reluctans facito.* Ille autem expergefactus narrare uxori somnium atque visum, et imagines eorum qui apparuerant, ac ætate, forma, lineamentis exacte depingere. Tum illa : « Noveris, inquit, dilecte mi, hos qui tibi locuti sunt, non alios esse quam beatum Dionysium, ejusque socios, qui ad Lutetiam a præfecto Fescennino obtruncati palmam obtinuerunt martyrii. Quocirca bene et ex salute tua facies, si quemadmodum ab iisdem sanctis divinitus es commonitus, sanctum adeas pontificem, et quidquid ipse jusserit, facias : ne, si secus faxis, iram omnipotentis Dei Christianorum incurras. » Ne multa. Paruit ille conjugis et sanctorum monitis, atque ad virum Dei, mandata accepturus, et legem Christi una cum omni familia amplexurus, se contulit. Tum vero pontifex tam ipsum præfectum, quam totam fere civitatem ad sua sacra confluere intuitus, miris incedere lætitiis, et palam Christi laudes ex toto corde resonare. Ita nimirum viri sancti etiam hinc ad æterna translati nostra curant : ita Ecclesiæ invigilant, ita gentilium saluti student, ita honorem Dei amplificant. Eximium igitur quidem sane et germanum Dionysii discipulum fuisse hunc Regulum prorsus necesse est, cujus pia studia magister suus sic cordi habuerit, sic ex alto inspexerit. Et quam vicina, Deus bone, bonis sunt sanctorum auxilia! sed illorum potissime, qui patres nostri ac pontifices in terris exstiterunt; si tamen eorum insistentes vestigiis, et ut germani filii, eorum mandatis obsequentes simus, et devota prece amicam opem imploremus. A Regulo ad Eugenium mox veniam, si unicum duntaxat de illo prius addidero; quemadmodum scilicet Regulus eo virtutis dignitatisque pervenerit, ut fidei dux, et rex sacrorum, et quidem talis tantusque evaderet. Nempe primo in adolescentiæ flore beatum Joannem apostolum audivit, suspexit, secutus est; cujus coelesti ac melliflue delibutus eloquio, nobilis et dives cum esset, omnia post Christi paupertatem et evangelicam doctrinam posuit. Athenas dehinc profectus Dionysio adhæsit, quem et primo Romam, et deinde in Galliam, ut ante memini, est comitatus, et quod multo amplius est, in moribus atque laboribus proxime imitatus.

Nunc de Eugenio (90), et ut vere nomen sonat, nobili, non tamen illa nobilitate quam de caduca hominis stirpe stultus suscipit mundus, quam illa vera et solida, quam de manu Domini sapiens suscipit Christianus. Hic igitur cum in Dionysii comitatu atque disciplina vim ingenii magnorum capacis ostendisset, præclareque sacerdotii sui munus explesset, ab eo denique in episcoporum ordinem cooptatus, atque in Hispaniam ablegatus est : ubi sic rem gessit, sic Ecclesiæ Toletanæ habenas rexit, ut nobilissimæ illius provinciæ ad Christianam legem accessio illi potissime, tanquam primo atque omnium sanctissimo pontifici, accepta merito referenda sit. Qui post innumeram rudis populi multitudinem sancta religione imbutam, revisendi aliquando magistri (91), et sermones cum eo conferendi desiderio captus, in Galliam transiit : sed, heu dolor! ubi spiritus voluptatem ex amici affatu sperabat non mediocrem, ibi ex ejusdem deproperato interitu incredibilem hausit animo dolorem. Nam priusquam Parisios attigisset, occisum intellexit. Itaque et mortuum luxit ut patrem, et pro fide occisum laudavit ut victorem (92). Neque vero iter aut inhibuit aut reflexit; sed vel invisendi sepulcri amans, vel paris sortiendæ sortis cupidus, Lutetiam versus iter prosecutus est : neque amplius quatuor milliaribus jam distabat, cum et ipse interceptus a fidei hostibus, et interfectus est. Cadaver in lacum Marcosium projecerunt. Ibi diutissime, imo, ut auctores non pauci tradiderunt, annos circiter ducentos immersum delituit (93). Neque tamen vel Dei providentia in custodiendo, vel Dionysii cura in revelando desideranda est : et tanti temporis latebræ corporis probavere dignitatem. Nam salvum et incolume duobus post sæculis non usitato repertum est miraculo. Sic autem repertum vulgata fert fides : Hercoldus vir nobilis et locuples, Constantini magni, ut aiunt, temporibus, domum et agros propter lacum illum habebat : cum autem ex oculis graviter laboraret, ecce illi S. Dionysius per noctem in venerandi forma senis se offerre, ac læto hilarique vultu ita compellare : *Hercolde frater, surge ex morbo sanus, et ad vicinum adi lacum; condiscipuli nostri Eugenii corpus illic require ac honeste sepeli. Nam illius gratia et meritis magna huic populo collaturus est Deus beneficia.* His auditis, expergefactus Hercoldus, et sanum se cernens ac demirans, nimio gaudio exsultat tam de divino viso, quam de curato visu. Nec mora est, quin continuo lacum petat, corpus educat, sepultura donet. Verum id omnibus merito perquam mirum et vere Dei opus apparere, tam integrum illud, tam recens reperiri, atque si illo die et non ducentis ante annis fuisset neci datum. In fundo autem suo cum perhonorifice sepelisset, posteaque sepulcro superædificatum martyris honori sacrarium fuisset, ingentia ibi miracula, et exinde concursus admirabiles facti. Sacrum igitur corpus terra Gallia, ut pretiosiorum hujusmodi pignorum cultrix studiosissima, et multis sæculis et ingenti cura retinuit : sic tamen, ut nonnullam reliquiarum portionem viri pientissimi exorarint, potentissimi impetrarint. Annis enim circiter ab ortu Christi sæculo (94), hoc est octingentis coque amplius post annis, quam idem beatus Eugenius martyrii laurea decoratus fuerat, sanctus Gerardus abbas Broniensis nonnullas ejus reliquias (cujus in honorem oratorium quondam monachus exstruxerat) a sancti Dionysii coenobitis, qui illas in suo monasterio Parisiis asservabant, precario obtinuit. Quo etiam tempore præclara ejusdem martyris Acta in concilio Leodiensi recognita, et publice deinceps quotannis legi jussa : imo ipse qui ei concilio præerat Stephanus Leodiensis episcopus (95), vir sanctissimus hæc in ejusdem Eugenii honorem addidit : « Decreto, inquit, pontificio statuitur, et hæc sancta synodus ei subscribens assentit, ut per totam, in qua S. martyr quiescet, decaniam, solemnitas ejus instar Dominicæ diei celebretur, et Ecclesia Broniensis ab omni obsonio Leodiensi episcopo ex debito persolvendo deinceps immunis sit. » Edictum quoque proposuit idem episcopus, ut transeuntibus in Leodiensem et Namurcensem terram ejusdem sancti Eugenii reliquiis, denso ac frequenti agmine obviam iretur, et in præparatum ipsis locum magno cum gaudio inferrentur. Nam sanctus Gerardus Parisiis delatas, Cuvini, quod ejusdem diœcesis oppidum est Lotharingiæ finitimum, tantisper deposuerat, rogatunque interim antistitem Stephanum venerat, num ei placeret, uti publicus sancti Eugenii reliquiis honos haberetur? Cui ille, ut jucundo erat ac perspicaci ingenio, audito nomine Eugenii : « Prorsus, inquit, ita faciendum, et magno Eugenio cum magno euge obviandum est (96). » Itaque sic factum. Annis vero post hanc translationem amplius ducentis, hoc est Christi circiter millesimo centesimo quinquagesimo sexto, cum Ludovicus septimus rex Galliæ Toleti esset, mentioque sancti Eugenii incidisset, ab eo impetrata est, quamvis ægre, pars aliqua ejus reliquiarum, nempe brachium dextrum. Quibus reliquiis, cum ab abbate Sancti Dionysii, regis Ludovici legato, Toletum deferrentur, ipse Alphonsus Castellæ rex, imperator nuncupatus, cum filiis regibus, et proceribus, et sacris ordinibus, et magna confluentium mortalium turba, ritu supplicationis processit in occursum, subcollantibusque ipso et duobus filiis regibus, theca ipsa in ædem maximam insigni pompa et solemnitate illata est, anno salutis, ut dixi, millesimo centesimo quinquagesimo sexto, pridie Idus Februarii. Nec vero cessavit Hispana pietas (97-98), donec certa patroni sui ossa, quæ in Galliis residua erant, obtineret, atque in Ecclesiam Toletanam, quam ille idem primus pastor instituerat fundaratque, velut in propriam possessionem ex Gallorum concessione transferret. Quare Philippus II, Hispaniarum rex, legationem pro iis impetrandis ad Carolum IX, Galliæ regem, misit, tandemque anno salutis quingentesimo sexagesimo quinto supra millesimum, hoc est annis post jam dictam dextri brachii translationem quadringentis novem, impetravit. Tum igitur honos eidem Eugenio tantus ab Hispania, et ab ejus rege potissimum est habitus, quantus haberi ab homine mortali possit. Quippe præter aliam translationis pompam et apparatum incomparabilem, rex ipse catholicus incredibili succensus pietate, oneri subire, et humeros feretro supponere, atque in pristinam Toletanam sedem, tanto post intervallo velut reducem episcopum sanctissimum et martyrem gloriosissimum revehere, pro magno honore et voluptate habuit. Quo in facto palam sane toti mundo fecit, quam alte Christiana et avita pietas cordi regio et tantorum potenti honorum et regnorum insideret. Hujus porro martyris sacra solemnisque memoria decimo septimo Kalendas Decembris Romano ascripta Martyrologio sic legitur : « Natalis sancti Eugenii episcopi Toletani et martyris, B. Dionysii Areopagitæ discipuli, qui in territorio Parisiensi consummato martyrii cursu, beatæ passionis coronam percepit a Domino. Cujus corpus Toletum postea fuit translatum. » Fusiorem hujus postremæ translationis descriptionem, arcuumque item triumphalium tunc erectorum, vide apud Guillelmum Eyseagreineum, centen. 1, parte 1, distinct. 4, *De Hispanis pontificibus*. Hactenus de B. Dionysii eximiis aliquot discipulis : nunc ad aliquas virtutes in divinis ipsius scriptis prælucentes attendamus.

NOTATIONES.

(83) *Modo Jonam*, etc. Jonas vocatur in Martyrologio Romano 22 Sept., et in Flavii Dextri Chronico ad annum Christi 86, et alibi ; Jonius autem a Vincentio Bellovacensi lib. x, cap. 23, et S. Antonino in 1 parte, titul. vi, cap. 18, § 2, et quibusdam in Martyrologiis ad diem 5 Augusti. Verum a Francis et olim et nunc, cum monte ejusdem nominis Jon appellatur, quo modo et a Petro Equilino lib. *Catalogi sanctorum* viii, cap. 106, et a D. Bucherio doctore Sorbonico, in epistola de Dionysii gemino episcopatu, et germanis ejus libris ad Petrum Lansselium data.

(84) *In agro Castresio*. Galli sua lingua vocant *Chastres sous Montlehery*. Castresium vocat etiam Equilinus loco citato. Aliqui *Castrensium*, sed tum est genitivus plur. Franciscus Bivarius existimat agrum Castresium, sive pagum Castrensium, idem esse quod *Castra Cæcilia* in Lusitania. Vide illum in Commentario ad Dextri Chronicon anno Christi 86, numero 12 et anno 130, num. 4. De Jone seu Jona egimus etiam supra ad cap. 10.

(85) Martyrol. Rom. 22 Sept.

(86) *Apud civitatem Meldensem*. Nomen civitatis est Meldæ, Gallice *Meaux*. Est civitas episcopalis, media inter Lutetiam Parisiorum (a qua distat decem millibus passuum) et castrum Theodorici. Multos habuit sanctos episcopos, quorum primus fuit B. Sanctinus, de quo hic agitur : secundus sanctus Antoninus Sanctini comes et successor : qui ambo coluntur ad diem 22 Septembris. Alios vide apud Philippum Ferrarium in *Nova topographia*.

(87) *Beati Sanctini episcopi*. De illo egi supra ad cap. 15 et 17. Eum autem scripsisse martyrium sancti Dionysii magistri sui, est in ipsius Sanctini Actis apud Vincentium Bellovacensem, lib. x *Speculi historialis*, cap. 22. Sed in tempore consuetus error (ut sæpe diximus, et alibi causam erroris attulimus) in eo corrigendus est, quod Domitiano attribuat, quæ sunt Adriani. Probavimus enim S. Dionysium imperante Adriano affectum esse martyrio.

(88) Martyrol. Rom. 22 Sept.

(89) *Nam una eademque die*. Habent sancti Taurini Acta apud Vincentium Bellovac. lib. x, cap. 34, illum suscitasse Enfrasiam Lucii filiam, eademque ipsa die ab eo baptizatos centum viginti homines, octo cæcos illuminatos, quatuor mutos sanatos, aliasque virtutes non modicas esse patratas.

(90) *Nunc de Eugenio*, etc. Aliqua de illo tetigimus quæst. 3 infra, ubi disputavimus, idemne sit Eugenius et Marcellus : et dato eumdem esse, an etiam ille Eugenius sit Timotheus ille, ad quem Dionysius Areopagita libros suos misit, et cui easdem dedicavit. Vide ibi.

(91) *Revisendi aliquando magistri*, etc. Venisse Eugenium in Galliam ex Hispania, revisendi Dionysii et cum eo conferendi gratia, habemus auctoritatem Gothici Breviarii, quam vide supra cap. 12. Vide et Joannem Marianam lib. iv *De rebus Hispaniæ*, cap. 4, ubi inter alia : « Studio Dionysium invisendi, inquit, in interiorem Galliam penetravit, cum a Sisinnii præfecti satellitibus comprehensus in vestigio est occisus. Corpus in Marcosium lacum conjectum. Gallia demum Christi sacris populariter imbuta, Hercoldus vir primarius divino monitu in Diolum pagum lacui vicinum delatum, templo ejus nomine dicato coluit. » Vide etiam L. Marineum Siculum lib. v *De rebus Hispaniæ*.

(92) *Et pro fide occisum laudavit, ut victorem*. Testis est Flavius Dexter ad Christi annum 130, sancti Dionysii martyrium ab Eugenio celebratum *elegantissimo* (sic enim ait) *carmine*. Hilduinus quoque abbas in Epistola ad Ludovicum Pium semper Augustum, testatur, S. Eugenium Toletanum scripsisse hymnum de beato Dionysio. « Nec mirari, inquit, quis poterit, cum hymnum S. Eugenii Toletani de B. Dionysio habeamus, et vicinorum sapientum scriptis exceptis paucis videamur carere. »

Istum hymnum depromptum e sacro Dionysiani cœnobii armario hic proferimus. Sic igitur :

Cœli cives, applaudite
Mundi jucundo lumini,
Quo illustratur cœlitus
Hujus diei gratia.
  Præcelsa fides martyris
Sacrique vita antistitis,
Dionysii nobilis,
Hodie palmam suscepit.
  Areopago Ecclesia
Regis sumpsit diadema
Cœlestis, gemmam fulgidam
Dionysium sophistam.
  Paulo docente, speculum
Habet fides fidelium
Et spiculum gentilitas,
Quem ante mutum noverat.
  Miro clarescens dogmate
Illuminavit Græciam :
Et inclytus hinc pontifex
Urbem Romam tunc adiit.
  Clemente Romæ præsule
Jubente, venit Galliam :
Cui jubar solis splendidi
Illuxit signis, flamine.
  Tandem repulso dæmone,
Constructo sacro opere,
Pœnis affectus maximis
Cæsa cervice cœlum adit.
  Ave, Pater scandens polum.
Ave, pie, visens solum :
Annua festi munera
Tua sacrans præsentia.
  Offer, sacerdos optime,
Gemitus nostros et preces :
Firma fidem, martyr Dei,
Moresque nostros corrige.
  Ope guberna fragiles
In mundi hujus pelago,
Atque exutos corpore
Pie benignus suscipe :
  Quo sine fine gloriam
Deo Patri cum Filio,
Una cum sancto Spiritu
Tecum canamus perpetim. Amen.

Scripsit autem Eugenius hymnum illum, audito in itinere martyrii nuntio, priusquam advenisset ad sepulcri locum. Nam in ipsa via occisus est et quidem a præfecto Sisinnio, ut paulo superius innuit Mariana, hoc est, ab eodem a quo S. Dionysius, quippe non multo intervallo alter post alterum.

L. Marineus Siculus loco supra citato : « Qui postquam visitavit magistrum Dionysium, inquit, cum iter esset ingressus, a gentilibus deprehensus, et ex fidei confessione quis esset cognitus, gladio ap niente viam, qua magister suus illuc jam præcesserat, cœlum coronatus ingreditur. »

(93) *Annos circiter ducentos immersum delituit.* Ita scripserunt Vaseus in *Chronico* ad annum Domini 97, Thomas de Trugillo tom. II *Thesauri*, ad 15 Novembris, et Franciscus Bivarius in *Commentario ad Dextrum*, anno Christi 150, et alii. Verba Thomæ sunt : « Ibi ergo mansit per ducentos annos, donec tandem tempore Constantini imperatoris facta fuit revelatio Christiano cuidam equiti; vocabatur Hercoldus, » etc. Bivarii autem : « Quomodo Gallias tendens martyrii lauream adeptus, ac in lacum Marcosium injectus, et inde revelatione Hercoldo nobili viro a S. Dionysio facta, præclaro signo sanitatis miraculose ipsi impertitæ, post ducentos aquei latibuli annos recens eductus, digno honore habitus fuerit, » etc. Quibus accedere videtur jam ante laudatus Mariana, dum indicat corpus repertum esse, « Gallia demum Christi sacris populariter imbuta. » Hoc autem factum esse non videtur ante tempora Constantini. Hic enim primus fecit, ut toti populi ad Christum concurrerent, et populariter Christi sacris imbuerentur. Huic etiam sententiæ favet Gothicum Toletanum Breviarium in hymno de sancto Eugenio, ubi hæc de ejus martyrio, et corporis in illo lacu demersione, et perdita ratione, et revelatione:

Patrem desiderat, votum prosequitur :
Jam prope venerat, hostis irascitur :
Sanctus vir rapitur, quem ensis temerat,
Caput cellens a corpore.
In lacu proximo corpus submittitur,
Recens, ut mittitur, manet longissimo
Sub unda corpus tempore.
Hercoldus patitur, quem Dei visio,
Ex hoc alloquitur in Dionysio :
Salutis pretio sanctus redimitur
Digno locandus decore.

(94) *Decimo enim circiter ab ortu Christi sæculo*, Agitur hic de nonnullarum S. Eugenii reliquiarum translatione ad Bromense monasterium in diœcesi Leodiensi situm. Cujus translationis mentio non tantum in Vita S. Gerardi abbatis Broniensis, sed etiam apud Ægidium a Leodio, Aureæ-vallis religioso, reperitur. Vide *Gesta pontificum Tungrensium* seu Leodiensium tomo primo, ubi Anselmus res Stephani episcopi prosequitur. Illic igitur Ægidius in suis ad Anselmum Additamentis ita de Gerardo abbate scribit : « Per prædictum etiam Gerardum, corpus S. Eugenii Toletanæ urbis episcopi et martyris in episcopatum Leodiensem translatum est. Qui B. Eugenius discipulus apostolorum fuit, et a B. Dionysio ordinatus Toletanæ urbis episcopus. Passus est martyrium sub Fescennino præside, decimo septimo Kalendas Decembris, sub quo et B. Dionysius passus est. » Fuit hæc prima translatio, quam etiam agnoscunt Molanus et Baronius in suis *Adnotationibus ad Martyrologia*, ad 15 Novembris, et Joannes Mariana lib. x *De rebus Hispaniæ*, cap. 20.

(95) *Qui ei concilio præerat Stephanus Leodiensis episcopus.* Hic fuit in episcoporum Leodiensium serie trigesimus nonus, initque pontificatum anno Christi 903, hoc est, initio sæculi decimi. Ad quem annum ita Sigebertus in Chronico : « Francone Leodiensium episcopo mortuo, Stephanus episcopus subrogatur, vir sanctitate et scientia clarus, qui vitam et passionem S. Lamberti martyris ad Hermannum archiepiscopum urbanius edidit. Cantum quoque nocturnum de eodem martyre, cantumque de sancta Trinitate, et de inventione Stephani protomartyris, dulci et regulari modulatione composuit. »

De miraculo S. Eugenii in curatione ejusdem Stephani episcopi, vide Ægidium loco supra citato.

Notandum porro in hac translatione, licet ab Ægidio dicatur corpus translatum, minime intelligendum esse de toto corpore, sed tantum de portione aliqua corporis. Est enim hæc frequentissima (cum de sanctis agitur reliquiis) synecdoche partis pro toto. Unde etiam error ille et certamen non raro nasci ur, quo plures urbes se alicujus sancti corpus habere depugnant, cum singulæ partem tantum habeant.

(96) *Annis vero post hanc translationem amplius ducentis.* Hæc est secunda translatio reliquiarum S. Eugenii, quæ facta est anno Dom. 1156, tempore Ludovici VII, regis Galliæ, cum Alphonsus Castellæ rex brachium dextrum S. Eugenii ab illo obtinuit. Hanc secundam translationem Molanus et Baronius in suis *ad Martyrologia Notationibus*, seu oblivione seu ignoratione præterierunt, et quæ tertia fuit, secundam fecerunt, ut mox videbitur.

Hujus autem, quam nos secundam ponimus, plerique omnes rerum Hispaniæ scriptores, mentionem in Alphonso, aut in Eugenii Vita fecerunt. Brevissime Joannes Mariana lib. xi *De rebus Hispaniæ*, cap. 4, his verbis : « Rege Castellæ Alphonso, qui imperator est nuncupatus, ejus brachium primum Toletum relatum est, Ludovico VII, Galliæ rege, concedente, in soceri regis gratiam, et Raymundi Toletani præsulis Nam quo is tempore Eugenio III Romano pontifice ad Rhemensem episcoporum conventum festinabat, ex itinere rem omnem de Hispanorum memoria oblitteratam præsens exploraverat. » Fusius autem lib. xi, cap. 3. Eamdem secundam translationem descripserunt Hispanice in Vita S. Eugenii, Alphonsus de Villegas in *Flore sanctorum*, et Petrus Ribadeneira in *Vitis extravagantibus*. Vide etiam copiose apud Thomam de Trugillo in *Thesauro concionatorum*, tomo II.

(97-98) *Nec vero cessavit Hispana pietas*, etc. Hic describitur tertia translatio carumdem sanctarum reliquiarum B. Eugenii, sive totius reliqui corporis, quantum quidem Lutetiæ tunc erat. Facta est autem rogatu Philippi II regis Hispaniarum. Hujus translationis multo nobilissimæ omnes prope scriptores meminerunt, et Hispani, et externi. Ex Hispanis quidem nominatim illi omnes quos modo laudavi, et alii quampluriani : ex aliis Molanus et Baronius locis prius hic citatis, in eo solo hallucinati, quod secundam, ut dixi, appellaverint pro tertia.

CAPUT XXII.

Virtutes nonnullæ S. Dionysii ex ejusdem scriptis delectæ, et primo pietas.

Cum aliarum S. Dionysii virtutum ipse Areopagus, tum vero Christianarum S. Paulus, et S. Clemens testes quam locupletissimi exstiterunt. Siquidem illum nec Areopagus in suum consilium, nec hi Ecclesiæ proceres ad munus apostolicum, nisi omnibus florentem virtutibus allegissent. Sed earum virtutum quædam in suscepto vitæ genere, quædam in immortalibus ejus scriptis illustrius emicuerunt. Nam, ut alia missa faciam, quod episcopatu Atheniensi, quem ab apostolis acceperat, sponte dimisso, multis in spargenda Evangelii semente peragratis regionibus in Italiam pervenerit : quod ex Italia in Galliam, hoc est in terram eo quidem tempore satis incultam ac barbaram voluntarius abscesserit : quod denique plurima ac diversissima supplicia, non infracto tantum animo, sed etiam læto pertulerit, atque ad eadem pari virtute perferenda, alios animarit; has, inquam, virtutes vere heroicas ipsa vitæ series continet. Sed sunt etiam aliæ nonnullæ, quæ ex ejusdem scriptis, velut quidam e viridanti prato suaveolentes flores carptim delecti, aliquem piis animis odorem spargant, eæque tres numero præcipue, quas magnopere expediat omnibus qui se ad scribendos libros conferunt, non minus imprimi intus animis quam foras scriptis exprimi. Sunt autem hæ pietas, modestia, mansuetudo. Pietas quidem in Deo et sanctis, ad opem in scribendo præstandam invocandis; modestia autem, in nullius scriptis, veterum præsertim et majorum, contemnendis, sed eorum dignitate et auctoritate augenda potius et tuenda, quam spernenda aut elevanda ; mansuetudo denique, non in scriptis modo, sed in actis quoque omnibus tam suis exhibendis, quam alienis ferendis aut refellendis. Hæ virtutes in B. Dionysii monumentis, si in cujuspiam alterius, sane quam excellenter eluxerunt. Et spectetur imprimis pietas : *Pietas autem ad omnia utilis est*, inquit Paulus [s].

Pietas quidem in omnibus, qui nunc exstant, ejus libris, velut votivæ quædam primitiæ, in ipso statim initio, et quasi primo limine sese offert. Nam cum præter ejus Epistolas, virtutem hanc egregie redolentes, libri sint quatuor, unus *De cœlesti hierarchia*, alter *De ecclesiastica hierarchia*, tertius *De divinis nominibus*, quartus *De mystica theologia*; in horum singulorum principiis prima in Deum pietas cunctis legentibus fronte religiosissima occurrit. Primum enim illorum a S. Jacobi verbis et Jesu invocatione sic orditur : *Omne datum optimum, et omne donum perfectum desursum est, descendens a Patre luminum* [t]. Quin et ipsa illuminationis a Patre profluentis universa processio benigna in nos largitione emanans, rursus tanqua n vis quædam copulativa excitando dilatat, et ad Patris ipsius colligentis unitatem, et deificam simplicitatem convertit. Quoniam ex ipso et in ipso sunt omnia, ut sacra loquuntur Eloquia [u]. Quare invocato Jesu, inquit, *qui est lux Patris, lux exsistens, lux vera quæ illuminat omnem hominem venientem in hunc mundum* [v] : *per quem nobis ad Patrem*, lucis auctorem, aditus patuit, ad sanctissimarum Scripturarum traditas a Patribus illustrationes, quoad ejus fieri potest, suspiciamus: et quas nobis cælestium mentium hierarchias signis quibusdam sub obscuris expresserunt, pro viribus speculemur. Ita ibi. Jam autem capite 11 ejusdem libri, antequam aggrediatur ad dicendum quid sit hierarchia : *Sit autem*, inquit, *hujus sermonis dux atque director Christus, si fas mihi est dicere, meus, qui totius expositionis hierarchiæ perfectissimus est inspirator.*

Secundo item libro, qui est *De ecclesiastica hierarchia*, sub primi capitis initium ita prætendit pietatem : *Nunc autem hierarchiam nostram, ejusque principium et naturam ita pro virili mea exprimere conabor, si Jesum, qui omnium hierarchiarum est initium atque perfectio, ante invocavero*, et cap. 3 ejusdem libri, cum de venerabilis eucharistiæ sacramento agit, ita ipsum sibi propitium exposcit : *Sed, o tu*, inquit, *divinissimum atque sacrosanctum sacramentum, circumjecta tibi symbolice ænigmatum velamenta detegens, perspicue nobis ostendito, et mentis nostræ oculos singulari et inaperta luce perfundito.* Jam libro iii qui est *De divinis nominibus*, cap. 1, ita scribit : *Mihi autem det Deus*, inquit, *ut Divinitatis, quæ nec appellari, nec nominari potest, beneficas variasque appellationes pro ejus dignitate laudibus efferam, neque ab ore meo verbum veritatis auferat.* Sed capite 3 ejusdem libri non modo pietatem suam satis alias testatam, sed vim quoque piarum precationum, tribus egregiis explicat similitudinibus, quibus hic lectorem æquum est munerari. Sic igitur habet : *Ac primam*, inquit, *si videtur, et perfectam et omnium Dei progressionum interpretem appellationem, invocata Trinitate, quæ boni fons est, et bonum exsuperat, et quæ suam omnem optimam providentiam exponit, consideremus. Precationibus enim ad eam, ut boni principium, deduci primum debemus : cumque propius ad illam accesserimus, tum ex ipso dona longe optima, quæ penes eam sita sunt, edoceri. Nam ipsa quidem omnibus præsens est, non tamen illi præsentia sunt omnia; sed cum puris precibus, et mente imperturbata, et animo ad divinam conjunctionem apto illa invocamus, tum demum illi præsentes sumus. Nec enim ita in loco est, ut ab illo absit, aut ex aliis ad alia commigret. Quin si eam in rebus omnibus esse dixerimus, tamen minus dixerimus, quam ejus postulet infinitas, quæ omnia et excedit et comprehendit. Itaque nos ipsos ad sublimiores divinorum benignorumque radiorum obtutus per preces extendamus. Quemadmodum enim si perillustrem catenam e cœli fastigio dependentem, atque huc usque pertingentem, ulternis semper manibus apprehendamus, attrahere quidem illam videbimur, re autem vera non eam attrahemus, cum supra simul et infra exsistat, sed nos potius ipsos ad altiores coruscantium radiorum fulgores sursum attollemus. Aut quemadmodum si navigium aliquod ingressi, rudenties e saxo quopiam ad nos usque protensos auxilii causa teneamus, non saxum ad nos, sed nos potius ac navim ipsam ad saxum adducemus. Aut denique, quemadmodum si quis stans in navi saxum maritimum dispellat, nihil sane contra fixum atque immobile saxum proficiet, sed se ipse potius ab eo disjunget, tantoque magis ab illo repellet, quanto illud magis dispulerit. Quare priusquam aliquid aut agamus, aut dicamus, præsertim quod ad Deum spectet, nobis a precibus ordiendum est, non quo vim illam ubique simul et nullibi præsentem attrahamus, sed quo Dei memoria et invocatione nos ipsos ei trahamus et copulemus.* Ita nimirum vir ille multo sapientissimus, nobis ad Deum et ad cœlestia viam parari, ita ab humo ad cœlum , velut quibusdam catenulis animos erigi ac sublevari docuit. Denique initio libri *De mystica theologia*, eadem pietas velut in primis foribus ita se objicit : *O Trinitas*, inquit, *essentia, divinitate, bonitate superior, divinæ Christianorum sapientiæ dux, dirige nos ad ignotissimum et lucidissimum atque excellentissimum mysticorum eloquiorum culmen, ubi simplicia et absoluta et immutabilia theologiæ mysteria latent adoperta, præfulgente quadam silentii occulta sacra decentis caligine, quæ quidem ubi maxime videtur obscura, ibi supra modum lucem profert exuberantem, et in eo quod omnium tangi et videri non potest, longe pulcherrimis splendoribus mentes nec oculatas, mirifice complet.* Ita ille. Quam ad precationem ita Marsilius Ficinus (99), vir in philosophia magnus, et ævo suo facile princeps : « Dionysius Areopagita, inquit, Platonicæ disciplinæ culmen, et Christianæ theologiæ columen, quærens divinum lumen, non tam intelligentia perscrutatur, quam ardente voluntatis affectu et oratione petit. Quippe cum a Paulo mundi sole didicerit, Platone etiam confirmante, ipsum universi principium esse intellectu quantumlibet excelso superius : non igitur conatu quodam intelligentiæ comparari, sed in animum amore prorsus Deo deditum accendi Deum, atque ibidem in ardore lucere. » Hæc Marsilius. Nunc quia verum est pietati in Deum sociari et adhærere modestiam, in hanc tantisper oculos deflectamus.

[s] I Tim. iv, 8. [t] Jac. i, 17. [u] Rom. xi, 36. [v] Joan. i, 9.

(99) Marsilius Ficinus, *Comment. in Dionysium*, c. 3 *De divinis nominibus*.

CAPUT XXIII.

Dionysii modestia seu animi submissio.

Altera quæ in Dionysii scriptis grato aspectu et quasi verecundo ore collucet, propterea que omnibus merito adamanda est et semper in sinu habenda scriptoribus, est modestia, velut fida pietatis socia, et intima contubernalis. Quæ modestia in æstimatione ingenii atque judicii (quod fere in hominibus solet esse superbissimum) non minus quam cæteris in rebus a magno Areopagita peramanter stricteque complexa est. Quod cum ex aliis locis, tum vero e tribus potissime, uno *De cælesti hierarchia*, altero *De ecclesiastica*, tertio *De divinis nominibus* colligi licet. Nam in primo quidem horum librorum, postquam super ea quæstione : *Cur Isaias propheta purgatus dicatur a seraphim*, suam exposuisset sententiam, ingenue fassus est eam se ab alio didicisse, et libenter quidem, si melior afferatur mutaturum esse. Sic enim scribit : *Atque hoc quidem ille me docuit : tibi autem trado. Tuæ erit sapientiæ atque eruditionis, aut alteram causarum allatarum omni dubio exsolvere et alteri, ut æquam et rationi consentaneam, et veram fortassis, anteponere, aut tecum aliquid quod propius sit veritati excogitare, aut ab alio addiscere, Deo scilicet sermonem suppeditante, et angelis deferentibus, atque ita nobis qui angelorum studiosi sumus clariorem, si fieri possit, et chariorem patefacere contemplationem.* Ita ille S. Timotheo. Deinde ejusdem libri postremum caput in pulchro fine concludit : *Hæc mihi de sacris figuris dicta sunto : quæ ab exacta quidem earum interpretatione procul absunt, ad hoc tamen, ut arbitror, juvant, ut ne nimis abjecte figuratis imaginibus adhærescamus. Quod si objicias non omnium angelicarum virtutum, aut operationum, aut imaginum fecisse nos mentionem ; tibi equidem prorsus, quemadmodum res habet, respondebo : nempe nos scientiæ illius supermundanæ rudes esse, atque alio potius ad ea perdiscenda doctore atque interprete indigere; tum etiam, illa quæ prius expositis similia sunt eamdemque vim habent, non sponte prætermisisse, tam in dicendo modum aucupantes, quam res reconditas, et ingenio nostro majores silentio venerantes.* Secundum vero librum, qui est *De cælesti hierarchia*, haud minus specioso exitu terminavit. Sic enim dixit : *Ista, fili, tam multa et tam præclara, et singularia hierarchiæ nostræ spectacula videre mihi datum est : aliis autem perspicacioribus mentibus non hoc modo, sed etiam multo clariora et diviniora forte perspecta sunt; tibique ipsi, ut opinor, illustriores atque diviniores pulchritudines ad sublimiorem radium jam dictis gradibus contendenti collucebunt. Quare communica tu quoque mecum, o dilecte, perfectiorem lucem, et præstantiores atque uniformiores, quascunque contueri poteris pulchritudines, oculis meis commonstra. Nam per hæc, quomodo a me dicta sunt, insitas tibi ignis divini scintillas excitatum iri confido.* Jam autem libro *De divinis nominibus* hanc vere auream imposuit coronidem : *Hæc nos divina nomina in unum congesta, quatenus assequi datum est, explicuimus, non modo impares accuratæ illorum expositioni (quod et angeli ex vero dicant), nec iis etiam, quas angeli tribuunt, laudibus inferiores (cum et postremis nostri cedant theologi) neque item theologis ipsis, eorumque auditoribus et assectatoribus conferendi, sed eorum quoque, qui nostri sunt ordinis, postremi et infimi. Quare si recte quidem habeant, quæ a me dicta sunt, et pro loco nostro et ordine, interpretationis divinorum nominum sententiam assecuti sumus, id bonorum omnium auctori acceptum referatur, qui primo quidem dicendi, deinde et bene dicendi tribuit facultatem. Quod si eorum nominum, quæ eamdem vim habent, aliquod prætermissum est, id eadem via et ratione subaudiendum erit. Sin minus recte minusve perfecte hæc a nobis tractata sunt, aut si etiam a veritate vel omnino vel ex parte aberravimus, tuæ fuerit humanitatis corrigere non sponte ignorantem, et addiscendi cupidum edocere : atque etiam haud satis per se valenti opem ferre et ægrotare nolenti medicinam facere; et alia quidem a te ipso, alia vero ab aliis inventa, sed omnia ab ipso bona percepta in nos transfundere. Neque te pigeat hominem amicum afficere beneficio : cum et nos videas nullam nobis traditarum sacrarum institutionum intra nos continuisse, sed eas tecum cæteris sacris hominibus incorruptas communicasse, uti et deinceps communicaturi sumus, prout quidem et nos ad dicendum, et pares alii fuerint ad audiendum : nec iniqui circa traditiōnem erimus, nisi si vel ad intelligendum vel ad eloquendum fuerimus tardiores. Sed hæc quidem, ut Deo gratum, ita se habeant, et dicantur : et hic sit divinorum nominum quæ mente percipiuntur finis : nunc ad theologiam symbolicam, Deo ducente, transibimus.*

Ita librum illum beato fine concludit Dionysius. Cujus modestia et animi submissio non ex his tantum, sed ex aliis compluribus locis, quorum aliqua alibi tetigimus, cognosci potest. Verumtamen ea quæ conjunctam habent ipsius erga præceptores suos insignem reverentiam atque laudem, tacite præterire qui possum? Nam optimi sane animi et nobilissimæ indolis signum est clarissimum, ut minorum erga majores, sic discipulorum adversus præceptores suos honor et reverentia. Quæ in sancto Dionysio tam illustribus notis emicuerunt, quam in ullo alio antehac fortassis nemine. Siquidem magistrorum suorum vix unquam, ac ne vix quidem in scriptis suis, nisi suis gratissima debiti honoris præfatione, et sui præ illis magna submissione atque despicientia commeminit. Nam Hierothei quidem unius e magistris suis verba e theologicis institutionibus, ad firmandam ejus auctoritate propositam a se doctrinam, non sine eximia ejusdem laude ac venerations aliquoties profert in medium. Cum enim admirandam Domini Jesu in utero virgineo efformationem nec sermone ullo exprimi, nec ulla mente concipi, ne angelica quidem et seraphica, docuisset, tum de eadem Christi humana generatione atque miraculis hæc cum magistri honore subjecit : *Hæc autem*, inquit, *et alibi a nobis compluribus in locis demonstrata sunt, et ab inclyto præceptore nostro in suis Theologicis institutionibus perquam eximie celebrata : sive illa a sacris theologis acceperit, sive ex accurata Scripturarum perscrutatione multa in eis exercitatione usuque diuturno perspexerit, sive ex aliqua diviniore inspiratione edoctus fuerit, non studio solum, sed etiam experimento divina assecutus, atque ex quadam naturæ convenientia atque consensione, si ita loqui fas est, ad mysticam, et quæ non docetur, sed suspicitur, conjunctionem atque fidem perfecte provectus. Atque ut multas et beatas optimæ illius mentis speculationes in paucissimis ostendam, hæc de Jesu in collectis a se institutionibus ait : Omnium causa est et complementum Jesu divinitas,* etc. Ita Dionysius libro *De divinis nominibus*, cap. 2. Jam autem ejusdem libri cap. 3, ubi de celeberrimo illo apostolorum aliorumque pontificum apud sanctissimam Deiparam conventu agit, quam eumdem magistrum suum extollit ! quam se deprimit ! Ejus verba S. Timotheum Ephesi episcopum alloquentis hæc sunt : *Apud ipsos*, inquit, *Deo afflatos pontifices nostros, cum et nos, ut nosti, et ille* (Hierotheus scilicet) *ac plerique e nostris sanctis fratribus ad contemplationem corporis illius, quod vitæ principium exstitit, Deumque suscepit, convenissemus (aderat autem et Jacobus frater Domini, et Petrus supremum ac maxime venerandum theologorum columen), cunique eo conspecto placuisset, ut potentissimam divinæ imbecillitatis bonitatem pontifices omnes pro suo quisque ingenio collaudarent, tum ille, ut scis* (Hierotheus) *aliis omnibus sacrorum magistris secundum apostolos præcellebat, totus excedens,* totus se deserens, atque adeo quamdam eorum, quæ prædica*antur communionem in se experiens, ab omnibus qui videbant et audiebant, qui noscebant vel ignorabant, sacro numine correptus, et laudator divinus judicabatur. Sed quid ego tibi ea quæ de divinis rebus ibi dicta sunt, commemorem? Nisi enim meimet-ipsius plane oblitus sum, scio me quoque abs te istorum divinorum hymnorum partes aliquas audivisse. Adeo tibi cordi est divina haud leviter persequi. Verum ut mystica illa, et sicut in vulgus non efferenda, et tanquam tibi perspecta prætermittamus, quotiescunque nostra cum multis communicare, et quamplurimos ad doctrinam sacram adduci oportuit, ille plerisque sanctis doctoribus, et usu temporis, et mentis puritate, et demonstrationum certitudine, et cæteris sanctæ eloquentiæ facultatibus haud parvo intervallo antestabit : ita ut adversus tam magnum solem nostros figere obtutus ausi nunquam fuerimus. Ita enim nobis conscii sumus, ita sentimus non posse nos, nec divina, quæ mente percipienda sunt, satis intelligere, nec quæ super Dei cognitione exprimenda sunt, digne effari : sed cum procul ab eo absimus, id etiam accedit, quod ista divinorum virorum ad veritatem theologicam spectante scientia deficimur, atque eo prorsus ex magno metu et reverentia devenimus, ut nihil omnino de sacra philosophia nec audiremus, nisi insedisset animo, non esse divinarum rerum quantulamcunque cognitionem negligendam. Quod quidem nobis persuadens non modo naturales mentium appetitiones quæ tantam, quantam capere possunt, rerum sublimium contemplationem studiose semper affectant, sed ipsa quoque divinarum legum optima institutio, quæ ea quidem, quæ supra nos sunt, tanquam meritum et captum excedentia, vetat curiosius investigare ; omnia vero quæ permissa et concessa sunt, jubet attente condiscere et benigne cum aliis communicare. His igitur et nos inducti, atque ad divinorum, quatenus assequi licet inventionem, nec labori parcentis, nec inertiæ concedentes, imo nec eos qui nostris altiora contemplari non valent, absque subsidio relinquere sustinentes, animum ad scribendum appulimus ; nihil quidem novi inducere ausi, sed minutioribus duntaxat, et particularibus quibusdam instructionibus, ea quæ compendiose a nostro vere Hierotheo dicta sunt, distincturi atque explanaturi. Hactenus verba Dionysii de se tam tenuiter atque submisse, quam de præceptore Hierotheo reverenter ac honorifice dicta.

De quo rursus capite 4 ejusdem libri sic ait : Hæc etiam præclarus ille noster sacrorum moderator (Hierotheus) in Hymnis amatoriis divine exposuit. Quorum hic meminisse, et nostro De amore tractatui velut sacrum quoddam caput adnectere, haud erit alienum. Adnectit deinde illud caput, quod ad ipsiusmet Hierothei Vitam differo. Adeo vir ille sanctus quantum præceptoribus et rerum divinarum magistris deberetur honoris et observantiæ, non intelligebat modo, sed etiam absque omni invidia præ se gratissimo animo terebat, posterisque tradebat. Quin etiam neque eamdem, quam suus doctor Hierotheus, materiam ante ausus est pertractare, quam clarum fecisset, id se bona ejus venia, imo suasu atque jussu facere : nec tam quæ ille ardua atque difficilia perscripsisset majoribus animis et perfectis sensibus accommoda : quam quæ idem tanquam minora omisisset ab aliis explicanda, et tardioribus ingeniis exponenda, sese alieno rogatu scriptis mandare professus esset. In quibus tam propter exemplum juventutis, quæ olim suos magistros his tracta vestigiis venerabitur, quam quia sancti Dionysii perillustris, et omnibus æmulandis scriptoribus tam sua extenuantis, quam aliena extollentis elucet modestia animique submissio, non pigebit aliquantisper in monstranda tantæ virtutis pulchritudine immorari. Hæc igitur sunt magni Areopagitæ verba : Sed aliquis requiret fortasse quid sit quamob em postquam venerandus præceptor noster Hierotheus Theologicas institutiones perexcellenter collegerit, nos jam, quasi illæ minus sufficerent, novas alias et præsertim hanc theologiam conscripserimus. Atqui si ille quidem omnia quæ ad theologiam pertinent, ex ordine commentari voluisset, ac totius theologiæ summum brevissimis explicationibus persequi, eo vesaniæ aut temeritatis nunquam prorupissemus, ut nos illo arbitraremur vel perspicacius res theologicas esse assecuturos vel divinius ; neque item animum induxissemus in iisdem labore supervacaneo repetendis operam nostram ludere ; quid dicam et præceptorem et amicum ex cujus præcipue sermonibus secundum divinum Paulum instituti sumus, injuria afficere, et præstantissimam ejus contemplandi scientiam et expositionem suffurari? Sed cum is divina graviter explanans, compendiosas nobis et multa breviter complectentes definitiones exposuerit, simulque mandaverit, ut et nos pro virili, et quicunque nostri similes rudiorum sunt animarum magistri, apto sermone breves illas et singulares mentis illius perspicacissimæ sententias explicaremus, tuque ipse nos, o Timothee, ad idem præstandum sæpenumero exhortatus sis, et nobis ejus librum tanquam sublimiorem remiseris : hinc et nos illum ut perfectorum atque exercitatorum ingeniorum magistrum iis qui supra vulgus sapiunt, secernimus ejusque scripta velut altera scripta divinis, et apostolicis proxima reputamus : nostri autem similibus pro nostro et ipsorum captu res divinas exponemus. Si enim perfectorum est solidus cibus, alios eo pascere quantæ perfectionis est? Recte igitur hoc quoque a nobis dictum est, claram illam et per se oculatam spiritualium eloquiorum contemplationem et succinctam eorum doctrinam exercitatioris indigere facultatis ; sermonum autem qui eo deducunt, scientiam atque disciplinam inferioribus sacrorum mysteriorum magistris juxta et discipulis convenire. Quanquam et illud quoque a nobis perquam diligenter est observatum, ut quæ divinus ille præceptor plana expositione distinxisset, nullo modo attingeremus, nec iis quæ ipse dilucidasset, denuo repetendis actum ageremus. Hactenus Dionysii Areopagitæ, viri in maxima et sublimissima scientia longe modestissimi verba plane aurea, quæ cunctis sacræ theologiæ doctoribus, sed et quibuslibet aliis quarumcunque artium magistris, sed tamen illis potissime, ut ejusdem studii corrivalibus, cum Christianæ submissionis, tum debitæ majoribus, et præsertim magistris suis reverentiæ exemplo esse debeant. Verum de modestia satis : nunc germana ejus mansuetudo inspici cupit.

CAPUT XXIV.
Dionysii mansuetudo, et mansuetudinis commendatio.

Sancti Dionysii modestiæ comes mansuetudo jungatur. Quibus scilicet ut geminis germanisque sororibus, cum scripta ejus cætera, tum epistolæ præsertim insignes sunt, tresque potissimum, una ad Polycarpum Smyrnæ pontificem, altera ad Demophilum monachum, tertia ad Sosipatrum sacerdotem. In quarum prima leniter admodum et mansuete conjectum in se Apollophanis grave convicium retorquet ; secundam vero totam fere in eximia mansuetudinis laude consumit. In tertia quam suaviter cum probis viris alia quam nos sentientibus agendum sit, ipsius suæ epistolæ exemplo docet (1); est enim illa graviter juxta et perhumaniter scripta. Dionysio hoc proprium fuit, ut sua conaretur solide comprobare, aliena non magnopere curaret (nisi si multum religioni officerent) refutare. Ostensa enim certo et liquido veritas omnem contrariam falsitatem suo marte supplantat. Quod idem ipse in Epistola ad S. Polycar-

---

(1) Est inter epistolas sancti Dionysii ordine sexta.

pum egregie docet atque exemplo veri ac regii numismatis confirmat : quo in medium posito, adulterina omnia mox deprehenduntur. Recte tamen observavit Maximus S. Dionysii interpres, non simpliciter ab auctore nostro refutationes aliarum opinionum reprobari (cum et ipse Elymæ magi sententiam refutet in libro *De divinis nominibus*), sed tum duntaxat, cum præter institutum aliena operosius refellantur, quam propria confirmentur.

Epistolam ad S. Polycarpum suo loco ante positam de superato per mansuetudinem convicio, non existimavi hic reponendam, sed in memoriam solum esse revocandam. Verum eamdem mansuetudinem in laudata superius ad Demophilum Epistola, uti meminisse lector potest, adeo exacte, fuse fervideque partim exemplis, partim sententiis vir sanctissimus et mansuetissimus exaggeravit, ut inde satis signi sit, quam eadem virtus illi chara et intimis insita medullis fuerit. Ubi inter alia exemplum illud de S. Carpo, Christi mansuetudinem per visum nocturnum edocto, ut longe pulcherrimum, atque ad eliciendam in peccatores lenitatem efficacissimum, cunctis curam animarum gerentibus necessario legendum est. Quocirca totum una cum sua Epistola in superioribus est positum. Illuc ergo, quos ea res tangit, ablego. Nam ad reges Christianissimos (in quorum auxilia et nunc et olim currere solitus est S. Dionysius) cum in præsenti avocet, moram non traho.

CAPUT XXV.
Sancti Dionysii in Christianissimos Francorum reges beneficia.

Proximum virtutibus locum merito sibi prodigia vindicant, et ea præsertim quæ animis juxta et corporibus profuere. Quorum quia Christianissimi Francorum reges præcipue compotes fuerunt, ab iis auspicato capiendum videtur initium. Primus igitur in hunc ordinem veniet Dagobertus, Clotharii filius, quando hunc ei locum tam series temporis, quam percepti a sancto Dionysio beneficii magnitudo addicit: quippe qui et patris iram adolescens, et Dei vindictam terris excedens, hujus sanctissimi martyris opportuno interventu evaserit. Quæ quo pacto acciderint, breviter enarrabo.

(2-3) Rex Clotharius Dagoberti parens, charum et cui res fidenter committeret, certum hominem habebat nomine Sadragesillum : et hunc filio moderatorem et Aquitaniæ gubernatorem præfecerat. Sed eumdem Dagobertus, ut severiorem et minus sui reverentem, odio tacito et vindictæ avido persequebatur. Patre igitur Clothario per venationum studia ab se longius sejuncto, commodam sui ulciscendi occasionem nactus Sadragesillum invitat, adhibetque mensæ : post mensam in eum manus injici, vestes detrahi, flagris cædi, barbam amputari mandat. Cujus tam audacis facti exinde conscius et cito pœnitens (ita scilicet est animus juvenum, ut cæcus et præceps ad audendum, sic celer et facilis ad retractandum) patris iram et conspectum exhorrebat, nec sine causa. Nam reversus pater, et illatam homini amico tam atrocem injuriam oculis suis conspicatus, graviter admodum et iniquo animo ferre; imo et ingentibus minis tanti auctorem facinoris filium ad pœnam deposcere: hic autem nusquam tutus, latebras ubique quærere, et præ nimio metu loca identidem commutare, donec tandem in vicum Catulliacum, et in sacram ibidem ædiculam, S. Dionysii et sociorum corporibus illic asservatis nobilem, tanquam in asylum, confugit. Ibi enim cervum contra insequentes molossos et venatores, quos occultus nexus aditu arcuerat, salutem quondam invenisse meminerat. Hic ergo mœstus ac lugens cum jaceret tam animo dejectus, quam oppressus somno, ecce illi per visum vir ore venerando objici, hortarique ut, posito metu, bono sit animo: isto enim illum periculo, atque etiam majori quam hoc esset, olim defuncturum : imo et Francorum regno quondam potiturum, si tamen eorum, qui hic siti essent, monumenta sese ornaturum promitteret. Promisit : moxque ut dictis et promissis certa constaret fides, cœlestem opem sensit. Nam eos qui a patre missi venerant, cum uno circiter milliari ab æde illa abstarent, ne ultra progredi possent, vis divina inhibuit. Qui proinde subitaneo territi prodigio iter reflectunt, et quid monstri sibi accidisset, regi renuntiant. Quibus ille recusans fidem, et inertiæ potius atque infidelitati, quam certo prodigio factum attribuens, alios eodem submittit; sed illi quoque in pari intervallo accessu prohibiti, idem quod nuntii priores, referunt. Quibus perinde increpitis, et tanquam principi filio obsecundantibus, acerbe rejectis, abit ipsemet stomacho plenus, velut filium a sepulcris martyrum suis manibus abstracturus : verum ubi se nihilo minus quam satellites ibidem loci, quadam vi clandestina ab appropinquando distineri animadvertit, cœlesti tandem potentia et martyrum virtute recognita, dat manus, redituque cum filio in gratiam, et recepta progrediendi facultate ædiculam ingressus, gloriosos martyres supplex adveneratur, et sibi propitios facit. Filius autem Dagobertus accepti memor beneficii, magno deinceps honore et horrore eum locum, et sanctos loci præsides, potissimeque Dionysium, coluit. Quo tamen in cultu haud sane id probaverim, quod illud sapientissime dictum : *Ne quid nimis*, aut non satis attenderit, aut parum curaverit. Siquidem nimia exornandæ S. Dionysii basilicæ, quam ipse exædificaverat, cupidine, omnia fere Galliarum templa præcipuis exspoliasse ornamentis fertur, adeoque ædis S. Hilarii Pictaviensis episcopi valvas ex ære fusili fabrefactas, in D. Dionysii haud veritus est transportare: non reputans scilicet animo, quam ea pietas viti ingrata sanctis, vel invisa Deo foret, quæ unius divorum ornamenta ex alterius conflaret exuviis. Neque vero cœlites ipsi de tam impia et irreligiosa (si fas est sic appellare) pietate et religione atrum ferre calculum distulerunt. Nam earum valvarum alteram, dum per Oceanum in Sequanam, et per hanc Parisios versus deveheretur, profundo fluminis alveo nunquam adhuc repertam demerserunt. Sed et hoc et alia Dagoberti peccata cum ejus serio pœnitentis regiæ eleemosynæ, et pia opera, tum etiam sanctorum martyrum, et in primis Dionysii cultus et veneratio, teste certa revelatione absterserunt. Narrat enim Aimoinus (4), et narrationi subscribunt rerum Gallicarum scriptores universi, Ansoaldum illustrem virum, eumdemque Pictaviensis Ecclesiæ protectorem, cum peragratis Siciliæ oris in Galliam postliminio renavigaret, ad quamdam brevem insulam appulisse: illic viri cujusdam sanctissimi solitarie degentis, Joannis nomine, congressu, et confabulatione usum, atque inter alios de animæ salute sermones interrogatum ab eo fuisse, num regem Dagobertum nosset. Qui cum nosse respondisset, illum rursus sciscitatum, quæ vita, qui mores hominis exstitissent Quibus ex ordine commemoratis, demum subjecisse senem illum solitarium, quæ super ejusdem regis statu per visum accepisset: nempe sibi vigiliis ac jejuniis, atque etiam ipso senii gravamine in somnum depresso, virum quemdam veneranda canitie spectabilem astitisse, monuisseque, uti propere surgeret, ac pro Dagoberti regis anima, quæ eadem ipsa hora corpus descruisset, preces ad Deum funderet : quod impigre exsequenti subito apparuisse in ipso pelago, nec a se procul, terribiles visu formas, tæterrimos scilicet ac truculento vultu dæmones, qui vinctum regem Dagobertum per vasta maris spatia vexantes, plagisque lancinantes, ad antra ignea pertraherent; ipsum vero regem diris distentum cruciatibus, inter verbera vexationesque, certorum sanctorum efflagitasse subsidia; atque tum aperto derepente cœlo, viros quosdam nitore admirabili, inter crebra fulmina multa cum fragrantia ruentia descendere visos; qui ab eo interrogati quinam essent, eos se esse responderunt, quos Dagobertus in suppetias advocasset, Dionysium scilicet et Mauritium martyres, et cum his S. Martinum confessorem. Hos ergo vidisse se referebat, ereptam dæmonibus animam ad cœlos cum hoc epinicio deducentes : *Beatus, quem elegisti et assumpsisti, Domine : inhabitabit in atriis tuis* [1]. Hæc solitarius ille ætate et sanctitate venerabilis a se visa Ansoaldo narravit, Ansoaldus S. Audoeno, Audoenus et Aimoinus posteritati. E quibus duo videntur ad vitam bene beateque degendam elici posse utilia documenta : quæ omnibus quidem mortalibus, sed potissime regibus cordi esse debet. Unum, ut peccata sua, quibus ob curarum molem eos contaminari necesse est, mature ac sollicite profusis in egenos largitionibus redimant; alterum, ut nonnullos e sanctorum numero, quos peculiari cultu et veneratione in vita prosequantur, et quorum ope in exitu securiores sint, sibi patronos asciscant. Quod utrumque Dagobertus (5) ille magno animæ suæ bono mille fere ante annis præstitit. Nam præter sancti Dionysii templum, quod universis, quæ Gallia tum habuit, magnificentius exstruxit, hoc præterea effecit immortali memoria dignissimum, quod subjugatis circumquaque vicinis nationibus, et pace toto regno firmata, cum se ullus, ut solet, luxui otioque dedidisset, ipse nuntio his remisso, animum ad pietatem, et cogitationes suas ad regnum aliud vere regnum pulchris meritis comparandum, serio adjecerit. Siquidem in unum coactis Galliæ proceribus, cam super vitæ suæ mutatione habuit orationem, quam frequentissimus ille pontificum cœtus ingenti plausu · excepit. Se nimirum, considerata hinc mortalitate corporum, inde immortalitate animorum, in hanc deinceps, cujus præcipua sit habenda ratio redemptis præteritæ vitæ flagitiis, penitus et ex animo velle intendere, proindeque testamentum condere decrevisse, in quo omnes regni sui celebriores basilicas certis copiis et prædiis locupletaret. Quod ille quidem non dixit magnificentius, quam præstitit liberalius. Nam et apud ipsum Aimoinum, et alios rerum Gallicarum scriptores, non orationem modo regis, sed et testamentum (6) ipsum piis instructum donationibus invenias.

Neque vero solum Dagoberto, sed et aliis eum consecutis Francorum regibus idem ille regni apostolus in utrisque tam terrenis quam cœlestibus bonis commodavit. Exstat enim egregia Ludovici Pii imperatoris (7-8), ejusdemque Francorum regis, ad Hilduinum abbatem epistola, in qua e majoribus suis complures recenset, quibus incredibili bono fuit, piam B. Dionysii coluisse memoriam : « Qui dum sacras ejus exuvias (ita loquitur imperator) in terris ob amorem et honorem Domini nostri Jesu Christi, opibus quibus poterant, honoraverunt, per ejus preces dignissimas honoris privilegio potiri et in terrenis et in cœlestibus meruerunt : ut videlicet unus e priscis Francorum regibus Dagobertus, qui eumdem pretiosissimum Christi martyrem veneratus non mediocriter fuerat, et immortali est vita sublimatus, et per ejus adjutorium, sicut divina ac celebris ostensio perhibet, a pœnis est liberatus, inque vita perenni desiderabiliter constitutus. » Ita de Dagoberto rege Ludovicus Pius laudatæ superius revelationi conformiter memoravit. Qui ibidem deinceps ejusdem Dionysii, primo in proavum suum Carolum, deinceps in Pepinum, postea in patrem suum Carolum Magnum, et postremo in semetipsum merita et beneficia gratissimo animo persequitur : « Proavus, inquit, noster Carolus, princeps Francorum inclytus, per orationes ipsius excellentissimi martyris indeptum se fuisse gratulatus est apicem principatus. » Denique, quo brevis sim, eadem prope de avo, de patre, de se ipse prædicat; nempe S. Dionysii meritis regni coronam ipsis datam, servatam, restitutam. Neque vero in hos magis, quam in posteros reges, ejusdem martyris se prodidit beneficentia. Nempe pares pietates paria solent beneficia comitari.

Itaque Robertus, qui ad regni potentiam non modo pietatem, sed et doctrinam quoque, eamque rege pio dignissimam adjunxit, cum suæ magnam partem felicitatis sancto Dionysio ascriberet, in ejus honorem et grati signum unimi cœnobitis Dionysianis agros non paucos, et præclara latifundia insignia liberalitate condonavit, his usus verbis : « Probavimus ergo, inquit, operæ pretium esse (ut diligentius obsequiis divinis vacarent, et nostram ac totius regni salutem Deo commendarent) qualemcunque largitionis nostræ opem conferre fratribus e monasterio specialis patroni nostri macarii Dionysii : cujus protectionum alis erecti, et quam plurima jam pericula superavimus, et ad hæc regni fastigia nos ascendisse confidimus. » Dein recenset rex liberalissimus juxta et pientissimus villas decem, quas illas totas concedit, aliaque insjungit : quæ subjungit. Post quæ subjungit : « Hæc itaque regiæ largitionis nostræ indulgentia cupimus sanctorum martyrum Dionysii, Rustici, et Eleutherii, quibus olim omnem spei nostræ fiduciam commisimus, patrocinia promereri, quatenus hostibus nostris et victrices dextras inferre, et cum triumpho victoriæ, invicta, annuente Deo, exinde de eorum subjectione vexilla referre. » Hæc ille. Itaque semper invictus fuit : semper omnium quæcunque attentavit compos et victor, semper etiam pius. Hinc et multas ædes sacras variis in locis exstruxit : apud Silvanectum, sancto Regulo B. Dionysii socio unam : Aureliæ, divo Aniano aliam : Stampis, beatissimæ Virgini tertiam : Augustoduni, duas : apud Possiacum, rursus eidem Virgini alteram. Anno demum regni sui trigesimo quarto, et salutis nostræ circiter millesimo tricesimo tertio, sancte obiit, atque in æde sancti Dionysii tumulum, in cœlo regnum aliud acquisivit.

De Henrico autem I ejus filio, quid dicam? An a patris germana pietate descivit, aut ab avito Dionysii cultu vel latum unguem degeneravit? Nempe qui propter Ratisponensium de corpore S. Dionysii dissensionem, cum illud in cœnobio Dionysiano detegi jussisset, inibique repertum, et quidem mira odoris fragrantia divinitus refertum cognovisset, confestim extraordinaria instinctus pietate, Parisiis ad S. Dionysii urbem, eadem ipsa die (hoc est, nona Junii, quæ exinde quotannis festa est) ad visendum atque venerandum idem corpus, nudis pedibus, rex tantus et tam potens, ad duo circiter milliaria properavit, et regalia munera sacræ ejus aræ devotus imposuit.

Denique et Philippus Augustus (9), et ejus filius Ludovicus sancti Ludovici pater, et ipse sanctus Ludovicus (10) (ut tres sint instar omnium) præsentissimam patroni sui opem non semel, sed sæpius experti sunt. Nam anno quidem Domini millesimo nonagesimo primo, ægrotantibus non uno eodemque tempore, et uno eodemque morbo, sed locis maxime dissitis, Philippo rege et Ludovico filio, hoc in Francia, illo in transmarinis regionibus, ubi adversus Turcas pro terra sancta militabat, invocata S. Dionysii et sociorum ope, atque insuper instituta ab ejus cœnobii religiosis ad urbem usque

[1] Psal. LXIV, 5.

Parisiis solemni supplicantium processione, ambobus e periculosissimo dysenteriæ morbo incolumitas est restituta. Qua quidem in re mirabilis sane Dei opt. max. largitas constitit : qui pro solo filio deprecantibus (nihil dum enim de patris invaletudine inaudierant) non tantum pro filio, sed etiam pro patre propitius fuit, ambosque eadem hora persanavit. Quæ duplicata sanitas incredibile dictu quanta deinceps reipublicæ Christianæ commoda importarit. Fuerunt enim illi duo reges non modo Ecclesiæ fortissimi propugnatores, sed etiam hæreticorum, ac præsertim Albigensium, impugnatores acerrimi, nec sine magna opinione sanctitatis. Neque desunt qui Philippo ipsi vita functo occurrisse Dionysium, atque se illi ad cœlos ducem ac comitem præbuisse, divina certum ostensione asseverent. Quod suis celebrare versibus minime prætermisit Guilielmus Brito, qui in libris Philippiados hæc de illo cecinit inter alia :

> . . . . . Spiritus aula
> Fulget in angelica, ductore receptus eodem :
> Idque pari patrum Dionysius ipse sequenti
> Nocte revelavit : ne quis regnare Philippum
> Cum Christo dubitet, re tanto teste probata.

Sanctus Ludovicus vero gratiarum beati Dionysii expers esse qui potuit? quippe qui in illius cultu (si veram et sinceram species pietatem) nulli superiorum regum aut imperatorum concessit. Quare cum anno Domini millesimo ducentesimo quadragesimo quarto in gravem et medicis desperatum morbum incidisset, et eo quidem tempore quo ejus opem præcipue exspectabat et efflagitabat Ecclesia (nam ad illum Innocentius IV pontifex ob Friderici imp. tyrannidem confugerat) tum et ipse rex Ludovicus, et sanctissima ejus mater Blancha regina, non aliunde secundum Deum et sanctissimam Virginem, quam a B. Dionysio regni patrono, certum ac præsens auxilium sperandum rati, ejus sacras reliquias ex abditis latebris in lucem erui, palam et publice coli, per ædem et claustrum Dionysianum religioso ritu circumferri, preces denique tum ad eum, quam ad socios martyres pro ejus salute spargi expetierunt. Quæ simul fieri cœpta sunt, statim rex convalescere, confestim regni Ecclesiæque negotia in melius procedere occeperunt.

NOTATIONES.

(2-3) *Rex Clotharius.* Quæ hic de Clothario memorantur, ea cunctorum Franciæ historicorum consensione firmantur. Vide Aimoinum, lib. IV *De gestis Francorum*, et Paulum Æmilium lib. I, et Robertum Gaguinum lib. III, et Belloforestium lib. I *Historiar.*, cap. 30, et alios.

(4) Aimoinus l. IV, c. 34, *De gestis Franc.*

(5) *Quod utrumque Dagobertus.* De hac Dagoberti aut dexteræ potius Excelsi in Dagoberto mutatione, tam vere quam eleganter Stephanus Forcatulus, lib. V *De Gallorum imperio* : « Cæterum, inquit, constat Dagobertum qui quandoque ædes divorum spoliaret, Hilarii Pictaviensis ære fusili valvas fabrefactas prætextu Dionysium exornandi, et alia sacra profanaque sine delectu legerat, jam senescentem ita ad templa exstruenda et ditanda animum convertisse, et divinis cæremoniis augendis incubuisse, ut duos in uno homine Dagobertos fuisse quis crediderit : aliter atque Salomon; qui bona juventæ infami senecta exhausit inter mulierum greges diis reprobis thura adolens et immolans, ac colens Astarthen deam Sidoniorum, quæ non fuit alia quam Venus. » Et paulo inferius : « Melius itaque accidit Franco regi, qui impietatis priorem maculam sequente sanctitatis decore eluerit, et impuræ voluptatis sordes speciosis rebus gestis purgarit. Ut et Childericus ille de quo sermonem instituerant, quo nihil unquam odiosius habuere Franci, quandiu immersit se spurcis voluptatibus ; A nec charius, dum emersisset. Tum enim majore longe cupiditate revocarunt, quam expulerant. » Ita Forcatulus.

(6) *Sed et testamentum.* Ad Dagoberti donationes Ecclesiis factas quod attinet, tot ac tantæ fuerunt, ut nullius fortasse a Constantino Magno regis aut imperatoris eas æquare magnificentia potuerit. Quæ autem nominatim cœnobio S. Dionysii apud Lutetiam largitus sit, e regiis litteris, quas nuper edidit Jacobus Dubletius, cognosci potest. Exstant illæ lib. IV *Antiquitatum* ejusdem cœnobii, cap. 3, in quarum unis mentionem iræ patris, et auxilii a sancto Dionysio obtenti strictim meminit ipsemet Dagobertus hisce verbis inter alia : « Orbis universus cum (Dionysium) summo debet venerari obsequio : multum quidem ego, qui in declinando patris iram, ipsius sensi mihi non abfuisse gratiam. »

(7-8) *Exstat enim egregia Ludovici Pii imp.* Epistola hæc Ludovici Pii exstat in *Areopagiticis* Hilduini abbatis a Galeno Westcappellio editis, et apud Surium in Octobri, ad Vitam sancti Dionysii Areopagitæ.

(9) *Denique et Philippus Augustus,* etc. Videndus est Rigordus in lib. *De gestis Philippi*, ut etiam de Ludovico ejus filio.

(10) *Et ipse S. Ludovicus.* Quæ hic de sancto Ludovico, et alia de eodem, vide apud Guilielmum Naugium ubi de ejus gestis.

CAPUT XXVI.

Christianissimorum Franciæ regum erga B. Dionysium studia et honores.

Christianissimis regibus antiquissimum in orando et honorando Dionysio Clotharium II invenio (11), qui plurimum quidem auri et argenti ad exornandas B. Dionysii et sociorum martyrum memorias obtulit, imo prædia quoque, et bona, et multa ; sed tamen Dagobertus ejus filius, tam liberalitate et munificentia in exstruendo et dotando templo patri antecivit, quam ejusdem Dionysii honore atque cultu cunctis fere regibus. Nam Ludovicorum quidem purior et religiosior pietas fuit, ut et sanctitas major : sed Dagoberto templi et cœnobii Dionysiani laudem fundationis cuncti attribuunt. Cujus templi partem, quæ sancta corpora obtegebat, argento texit; cœnobium autem non opibus tantum largissime ditavit, sed privilegiis quoque et immunitatibus amplissime honoravit. Verum de templi consecratione (12 13), ipsius Christi Domini peracta ministerio, mira inusitata, idoneis tamen auctoritatibus et testimoniis, prædicantur. Nam cum antistites ad celebrandam dedicationem (quæ ad VI Kalend. Martii futura sperabattur) Dagoberti regis invitatu in unum convenissent, leprosus quidam obtenta ab ædituis in eadem sacra æde pridie dedicationis pernoctandi facultate, dum vigil in precationibus excubat, ecce videt manifeste Christum Dominum, sanctis apostolis Petro et Paulo stipatum, assectantibus quoque Dionysio, Rustico et Eleutherio, templi patronis, ingredientem, ipsumque candido præmicantem habitu, omne dedicationis munus per sese obeuntem. Quo absoluto munere ad se quoque accedentem, ac hujusmodi utentem verbis audit : « Tu homo dicito pontificibus, ubi crastina luce ad hanc ædem advenerint, eam a me consecratam esse, et habeto hujus testimonium certitudinis, lepræ tuæ mundationem. » Quæ simul atque est elocutus, lepra in vicinum lapidem translata « quæ ad hunc usque diem, » inquit Robertus Gaguinus, « per summam admirationem visitur » leprosus omnino mundatus est. Quo miraculo attoniti præsules, dedicatione abstinuerunt. De Dagoberto hactenus.

Cæteri porro reges, qua honoribus, qua largitionibus egregie sunt æmulati : qui quidem in sancti Dionysii meritis tantum esse præsidii crediderunt, ut spe beatæ vitæ per ejus allegationem citius obtinendæ, in ejus templo voluerint tumulari : unde et idem templum pro communi regum mausoleo cœptum est deinceps usurpari. Sed inter alios, quanta Caroli Magni pietas in hoc genere, quanta modestia et animi demissio fuit? qui se ipsa Dionysii æde indignum reputans, satis sibi esse dixit, si ante ipsa ædis limina conderetur, itaque condi voluit. Qua tamen cum modestia certat vincitque, me judice, illa ejusdem in patronum suum pietas et devotio singularis qua donorum aliorum, quantislibet largitionibus non contentus, in templum ipse ingressus, et deposito super aram sacram regali diademate, genibus humi flexis, palam et cunctis audientibus, regnum suum et Francorum coronam B. Dionysio obtulit ac devovit. « Domine sancte Dionysi (15), inquit, ego me honore regi » Franciæ spolio, ut vos de cætero ejus habeatis dominium. » Deinde altari quaternos aureos velut redemptionis pretium imposuit, hoc signo testans, et palam omnibus faciens, a nullo se Francorum regnum, nisi a Deo et a B. Dionysio obtinere. Quod non modo ipse fecit, sed aliis quoque post venturis regibus quotannis faciendum præscripsit. In expeditionem porro extra regnum abiturus, sive alia de causa exiturus, pro more habuit, ab eodem Dionysio facultatem exposcere, eique regnum commendare hac fere formula : « Domine sancte Dionysi, a vobis nunc abeundi facultatem peto, Franciamque vobis relinquo, ut illius secundum Deum curam ac tutelam suscipiatis. » Quod Caroli Magni exemplum ad posteros quoque transiit qui etiamnum iter aliquod magnum aggressuri, ad sanctorum martyrum corpora adeunt, et oblatis super ara B. Dionysii muneribus, ac regni cura et protectione divis concredita, ab iisdem accipiunt discedendi facultatem. Ab eodem Dionysii honore et amore priscum illud dictum emanasse creditur, quod iisdem Francorum regibus lingua patria fuit in ore quam frequentissimum, Mon Jove S. Denys (16), hoc est : Jupiter meus S. Dionysius. Quasi dicerent : Jovem sibi habeant alii, mihi pro Jove erit sanctus Dionysius. Quod dictum usque a Clodoveo I derivatum ferunt, qui uxoris suæ Clothildis pientissimæ reginæ suasu atque hortatu, tam ad suscipiendæ fidei Christianæ votum, quam ad sancti Dionysii cultum fuerit incitatus. Hac enim cum eximia corporis forma et indole vere regia emineret, ea lege cum Clodoveo nuptias pepigerat, ut se Christianorum baptisma admissurum, et a Jove aliisque diis, nec diis, ad unum Deum, atque ad Christiana sacra transiturum promitteret. Quod tunc quidem promissum, sed a nuptiis celebratis diu prorogatum, necessitas tandem extorsit. Quintodecimo enim regni sui anno Alemannos bello aggressus, et ab iis pene oppressus, dum suos a fuga cohibere non valeret, tum demum arctis in rebus, et fidei suæ rediit in memoriam olim Clothildi datæ, et falsis diis non succurrentibus, uni vero Deo opt. max. baptismum et religionem vovit, si is a se quidem in hoc prælio staret, et domum victorem reduceret. Quo nuncupato voto, nova confestim incessente animum alacritate, denuo dari signum classico jubet, et quam sibi proximam habebat, ad sui corporis munimentum, egregiam armis juventutem secum agens retro in hostes flectit. Nec mora fugiunt persecutores, vincuntur victores, rex Alemannorum cæditur, Alemannia subjugatur. Parta igitur tam memorabili victoria occurrit victori viro victrix Clothildis una cum S. Remigio; atque, ut multa paucis, rex Clodoveus voti reus instruitur, abluitur, insignis Christi cultor et sancti Dionysii cliens efficitur, jacetque deinceps cum suis diis Jupiter, et pro Jove Dionysius passim celebratur. Denique sive in jurejurando, sive in sermone alio, ubi antea Jupiter usurpari solitus erat, jam a Christianis regibus nihil fere aliud, nisi Mon Jove S. Denys resonat : donec annis labentibus, et Jove sensim in oblivionem abeunte, posteriores reges et principes alii deflexa nonnihil pronuntiatione, arbitrati gaudium, et non Jovem secunda illa voce enuntiari, cœperunt vulgo Mon joye S. Denis, id est Gaudium meum S. Dionysius, parva litterulæ unius commutatione, usurpare : præsertim quod ita Clodoveum ipsum Gallici idiomatis tum satis rudem, ut pote Francum, in locutum esse existimarent : ac proinde plus auctoritatis regi et antiquitati, quam legibus grammaticis tribuendum contenderent : secundum quas alioqui, Ma joye S. Denis : recta concinnaque locutione fuisset efferendum. Denique quotiescunque insignis aliqua de hostibus parta fuisset victoria, hæc ferme erat exsultantis exercitus, hæc congratulantis populi publica acclamatio : Mon joye S. Denys, Mon joye S. Denys : quippe qui et victorias, et triumphos, et spolia uni secundum Deum accepta referrent Dionysio. Hinc et erepta hostibus signa atque vexilla, interdumque sua ipsorum arma, quibus fortiter prospereque depugnaverant, eidem velut sacro cerificuum duci suspendebant. Sed nunc ad propositum revertamur.

Caroli Magni egregiam in Dionysium pietatem filius Ludovicus, qui Pius est cognominatus ; et Ludovici, Carolus Calvus; et Caroli Calvi, ejus posteri sunt imitati. Nam de Ludovico quidem (17) testis est locuples ipsiusmet ad Hilduinum epistola, cui commemoratis tam in se quam in majores suos Dionysii beneficiis, conquirendorum ejusdem martyris librorum ac monumentorum omnium, sibique exhibendorum curam imponit : satis scilicet insinuans, aliquam se a fastidiosis regni negotiis animi remissionem in eorum lectione positurum. Adde quod Carolum Calvum filiorum natu minimum, adhuc admodum parvulum eidem sancto, singulari cura atque (ut Aimoinus loquitur [18]) « speciali traditione » commendarit. Qui proinde natu jam grandior, et regni potens, cultum sancti Dionysii velut patriam atque avitam hæreditatem retinuit. Quare facta de subito Danorum in Franciæ regnum irruptione, cum hæreret inops consilii, atque aliis elaberetibus, et urbem ipsam Parisios hosti prædam deserentibus, ipse ad sancti Dionysii monasterium, opem divinam imploraturus, cum exiguis copiis contendit : ubi quidem fixum habuit, vel diffluente populo, pro sanctorum martyrum reliquis depugnare, et sanctum locum tueri, si facultas aliqua daretur, resque postularet, in hostem irrumpere, sicque laudabili corporis interitu, religionis ac fidei gloriam defuncti. Sed ejus adventantis inexspectatam audaciam hostes declinavere ; ipse vero his atque aliis defunctus periculis, sancti Dionysii templum magnis auxit proventibus, et pretiosissimis donariis adornavit, quæ ad hoc usque tempus asservata visuntur (19). Inter quæ donaria fuerunt Dominicæ crucis clavus, et spinea Christi corona, et sancti senis Simeonis brachium. Cum Carolus cum annos triginta regnasset, imperium est consecutus; quo biennium duntaxat perfunctus, Sedeciæ medici, quem habebat charissimum, veneno, ut aiunt, interiit, et Vercellis urbe Italiæ tumulatus est: sed in sancti Dionysii ædem septennio post transferri voluit. Nam Archengerus cœnobita Dionysianus, et Alphonsus D. Quintini Viromandensis æditus, se in templis suis pernoctantes ab ipso Carolo per quietem, de ejus corpore in martyrum ædem transferendo admonitos asseverarunt.

Nec fuit Ludovicus Crassus a majorum æmulanda in Dionysium veneratione degener. Siquidem irruente in Franciam Henrico II imperat., et urbi Rhemis extremum minitante exitium, interea dum miles scribitur, adit ipse ad sanctum Dionysium, regni tutorem invocat, ejus et sociorum corpora e latebris effert, venerationi exhibet: deinde assumpta ab altari flammula (20) (vexillum hoc est sacrum et bellicum, Francis regibus in militia præferri solitum), Rhemos cum exercitu advolat. Cujus adventu et copiis territus imperator, confusione simul et mœrore et impatientia animum flagellantibus, mortis accelerata necessitate retrocessit, brevique postea, et quidem sine liberis, excessit, Ludovicus autem voti compos, dimisso exercitu, ad Dionysii cœnobium, Deo et martyribus gratias acturus rediit: quibus et egregia dona suspendit. Sed quod rege dignum pietatem in primis ostendit, hoc fuit; quod recondendis eorumdem SS. martyrum corporibus suos ipse humeros rex tantus supposuit.

Conjungamus tam pio regi conjugem suam multo pientissimam, cujus in sanctum Dionysium tanta pietas, et amor, et benevolentia fuit, ut locum martyrii ejus, sive montem Martyrum, illustri cœnobio sacrarum virginum ornare, et nova quadam perpetuæ sanctimoniæ corona honorare voluerit. Nam ibi Adelais æterna digna memoria heroina, ut piis virginibus ordinis Sancti Benedicti egregium et tali cœtui accommodatum esset monasterium, quo se recipere identidem ad sacros suos amores atque delicias, hoc est, ad memoriam atque monumenta gloriosæ mortis sanctorum martyrum posset, instituit apud maritum, pervicitque, ut viris religiosis, qui locum illum prius insidebant (erat enim priora us, ut vocant, a cœnobio S. Martini de Campis dependens) aliquis alius attribueretur, quem ipsi volentes lubentesque in commutationem acciperent. Id igitur curatum diligenter, et factum; ac illi quidem abbatiam sancti Dionysii de Carcere appellatam non inviti accepere. Virgines autem in montem Martyrum triumphante ac voti sui potiente Adelaide conscendere. Exstant hujus commutationis litteræ a Petro Venerabili abbate Cluniacensi (21) (nam illius ea res intererat) anno Dominicæ Incarnationis millesimo centesimo tricesimo tertio datæ. Absolutis porro tum aliis ad habitationem ædificiis, tum ad preces et vota templi structuris, percommodum sane accidit, tam ad majorem regis ac reginæ lætitiam atque exsultationem, quam ad ipsius solemnitatis longe augustissimam et sanctissimam celebrationem, ut Eugenius III pontifex in Gallia diversaretur. Nam regis Christianissimi, et pientissimæ Adelaidis invitatu templum illud novum legitimis cæremoniis dedicavit, et sibi ad aram principem facienti, S. Bernardum abbatem Claravallensem pro diacono, Petrum Venerabilem præsulem Cluniacensem pro subdiacono ministraturos assumpsit. Ac Bernardus quidem illam ipsam tunicam, qua tum sacris operatus erat, e tela argentea confectam, ejusdem monasterio munus reliquit. Quæ ibi sanctæ reginæ gaudia, qui plausus, qui triumphi, rebus omnibus tam e voto tanquam ex animi sententia confectis, fuerint, quis dicendo exprimat? Ex illo igitur itare frequenter ad beatum illum locum, nec unquam aspectu cultuque sanctæ illius terræ, quæ patroni sui Dionysii sociorumque martyrum sanguinem suxit, satiari. Denique post charissimi mariti excessum cuncta illi palatia præ illo uno cœnobio sorduere: ibi viduitatem suam sacrare, ibi totam deinceps vitam exigere, ibi mori et sepeliri elegit.

Nec parentum virtutem in se desideravit passus est Ludovicus Junior: qui in terram sanctam paraus expeditionem (annus erat salutis nostræ millesimus centesimus quadragesimus septimus) priusquam regno excederet, ad S. Dionysii templum secunda post Pentecosten hebdomada accessit, a quo et opem et discedendi facultatem expetiit: quo etiam in templo assumpto vexillum ex more regio perquam reverenter accepit. Quin et patris exemplum secutus, sacro B. Dionysii feretro, dum reconderetur, succollavit.

Philippum vero Augustum, hujus Ludovici Junioris filium, quis hic sine flagitio præterire possit? Hic enim multis parentum precibus post copiosam alterius sexus sobolem a Deo impetratus, et vix decimum quintum ingressus annum vivente et volente patre, regni gubernaculis admotus cum fuisset, confestim magna in Deum pietatis, magna in Dionysium venerationis specimina edere incipit. Anno igitur Domini millesimo centesimo nonagesimo, ipsa die sancti Joannis Baptistæ sacra (id quod diu ante præ se tulerat, et diutius cum animo suo volverat ac concupiverat) serio aggredi expeditionem in terram sanctam nunc instituens, in oppidum Sancti Dionysii, eum invocaturus patronum et ducem præsidemque belli, se contulit. Ibi vero coram sacris ejus et sociorum suorum Rustici et Eleutherii corporibus marmoreo in pavimento humiliter prostratis, ardentes ad Deum optimum maximum preces fundere, atque illi et beatæ Virgini, et hisce beatis martyribus atque omnibus sanctis suppliciter enixeque commendare: dein lacrymis perfusus a precatione surgere, et sportam baculumque peregrinantis, porrigente Guilielmo Rhemensi archiepiscopo, avunculo suo, apostolicæ sedis legato, cum magno pietatis sensu accipere; tum etiam bina vexilla egregie apparata, quæ supra sanctorum martyrum corpora fixa erant, suis manibus religere et tollere; denique post expostulata a fratribus religiosis precationum subsidia, et post acceptam clavi Dominici, et spineæ coronæ, et brachii sancti Simeonis (quas in eo cœnobio pretiosissimas servant reliquias) benedictionem abscedere, atque iter pro amplificanda religionis Christianæ gloria rex Christianissimus maturare. Perruptis proinde omnibus morarum et dilationum causis, anno proximo, ipsa sacri Paschatis vigilia pro muris Acconis urbis totius Palæstinæ multo munitissimæ, Christianis eam obsidentibus, sed nihil admodum contra Saladini vires et loci propugnacula proficientibus, tanquam angelus Domini astitit, et dato suis animo sic oppugnare adorsus est, ut illi non exspectato Francorum insultu (jam enim patefacta via erat) dedere se malentes, quam perire, has deditionis conditiones admiserint; ut veram Domini crucem, quam habebat Saladinus, redderent; ut omnes Christianos, quos in terris suis captivos detinebant, restituerent: ipsi vero salvis tantum corporibus sine armis ullis excederent. In gravem post hæc morbum Philippus cum incidisset, afixæque simul reditus causæ intercederent, in Franciam reversus, nihil habuit antiquius, quam ut confestim ad beatissimi Dionysii ædem orationis causa deproperaret: cui adventanti ejus cœnobii religiosi una cum abbate suo Hugone, (facta, ut Rigordi verbis utar (22), processione) obviam ivere, eumque cum hymnis et laudibus in templum induxere. Rex autem ante sanctorum corpora humiliter prostratus, primo quidem quantas potuit maximas Deo beatisque martyribus, quorum ope tot ac tantis defunctus esset periculis, gratias egit: tum vero pallium sericum, amoris sui pignus, altari anathema imposuit. Verum quo testatiorem suam faceret adversus Dionysium pietatem, quantumque in ejus apud Deum auctoritate spei atque fiduciæ reponeret, luculentius demonstraret, idem postea pristino monachorum Dionysianorum numero tricenos alios, qui perpetuo rem divinam pro se Deo exsolverent, copiis suppeditatis adjunxit (23). Hæc et alia in Dionysium officia cum cæteri Francorum reges observarint, tum principali cum modestia et pietate sanctus Ludovicus (24), qui ad iter Hierosolymitanum fidei propagandæ causa accinctus, ipsam quoque religiosorum Dionysiani cœnobii exedram ingressus, non modo præsulis, aut seniorum monachorum, sed juniorum quoque humiliora sedilia refugiens, locum in infimo eorum graduum, quibus ad abbatis thronum conscenditur, elegit; unde expeditis omnium religiosorum pro se et pro totius regni salute (quod beato Dionysio præcipue commendabat) sanctis precibus, et percepta clavi Dominici et spineæ coronæ benedictione, iter cum faustis omnium apprecationibus et acclamationibus aggressus est. Neque in morte quam in vita suam in Dionysium eximiam pietatem minus patefecit: siquidem deficientibus jam corporis viribus, illam usitatæ ad beatum Dionysium precationis clausulam identidem repetere auditus est: *Tribue nobis, quæsumus, Domine, prospera mundi despicere, et nulla ejus adversa formidare.* In ejusdem Dionysii templo, quod multis vivens aureis coronis et ornamentis decoraverat, atque ad sepulturam elegerat, est conditus. Hæc ad testificandam Christianissimorum regum in martyrem Dionysium pietatem cum abunde sint, cæteris, quæ multa conferri possent, supersedeo.

NOTATIONES.

(11) E codice ms. in S. Dionysii cœnobio apud Parisios.

(12-14) *Verum de templi consecratione*, etc. Templum sancti Dionysii in cœnobio ejusdem nominis, manu Christi Domini consecratum permulti auctores referunt. Exstat autem ejus rei narratio fuse descripta apud Vincentium Bellovacensem in *Speculo historiali*, lib. xxii, cap. 36, et apud Robertum Gaguinum, lib. iii *Hist. Franc.*, in Dagoberto. Rem porro minime improbabilem confirmat similis consecratio a duobus summis pontificibus comprobata. De qua sic Carolus Sausseius libro *Annalium Ecclesiæ Aurelianensis*, numero duodecimo: « Credunt, inquit, Avenionenses, et hoc habet bulla Sixti IV papæ, et alia Joannis XXII ecclesiam cathedralem suam, quæ S. Mariæ de Donis nuncupatur, a beata Martha Domini nostri hospita fundatam, manu Dei consecratam exstitisse. » Meminit vero idem Sausseius, eodem loco dedicationis illius, de qua hic eginus. Sed et Albertus Crantzius libro primo Saxoniæ. Accedit de tam sancta Dionysiani templi dedicatione, Guilelmi de Nangis, qui res sui temporis perscripsit, auctoritas. Is libro *De gestis sancti Ludovici*: « Anno, inquit, Domini millesimo ducentesimo vigesimo primo, regni Ludovici Franciæ quinto, Odo Clementis, abbas Sancti Dionysii in Francia, cœpit ex consilio regis Ludovici et reginæ matris ejus dominæ Blanchæ, aliorumque proborum virorum et religiosorum ecclesiæ Beati Dionysii renovare; quod antea sine consilio non audebat facere, quia sciebat eamdem ecclesiam dedicationis mysterium a Domino recepisse. » Et infra: « Anno Domini, inquit, millesimo ducentesimo quadragesimo tertio, regni Ludovici regis septimo decimo, ætatis vero suæ vicesimo octavo, sexto Kalendas Martii, in die festivitatis beati Matthiæ apostoli (quo die festum Dedicationis ecclesiæ Beati Dionysii Areopagitæ, factæ per Dominum, celebratur) peperit regi Ludovico filium diu optatum sibi desponsata venerabilis Margareta. » Sic dedicata fertur ecclesia Beatæ Mariæ Lakensis juxta Bruxellam. Cujus dedicationis a Domino factæ solennis memoria celebratur Dominica in Albis, seu Octava Paschæ: de qua videri potest *Novale sanctorum Brabantiæ*, et *Auctarium* Arnoldi de Raisse ad natales sanctorum Belgii per Molanum, ad 14 Aprilis. Mirabilis fuit ea quoque dedicatio, qua templum in honorem apostolorum Petri et Pauli ab Eduardo rege Anglorum sanctissimo exstructum, a sancto Petro apostolorum principe fuit dedicatum. De qua dedicatione vide ejusdem sancti Eduardi regis et confessoris Vitam ab Aelredo conscriptam tomo primo Surii. Nec dissimilis ea fuit, qua ædes apostolorum (quam S. Chendechildis Clodovei filia exstruxerat) divinitus, nec humana manu, consecrata prædicatur. Quam rem ita memorat Bernardus Odonius in *Gestis Hormisdæ pontificis*: « Per idem, inquit, tempus floruit Chendechildis filia Clodovei, virginitate pariter et pietate famosa. Hæc in prospectu civitatis Senonis cœnobium sub honore apostolorum construxit, multis ædificiis illud ampliaus, et prædiis locupletans. Quo profecti ad dedicandam basilicam cum sancto Eradio tunc Senonis præsule, vicinarum urbium præsules adfuere. Ubi dum in ecclesia pernoctarent, angelicas audierunt voces dulcissime concrepantes: facto autem mane respicientes altare, viderunt in quatuor angulis, et in medio marmoris, signacula crucis decenter impressa, stupentesque proinde non sunt ausi ulterius consecrare locum, quem cernebant divinitus consecratum. » Hæc ille: quæ et a Roberto Cenale laudantur, lib. i *De re Gallica*, periocho 12.

(15) *Domine sancte Dionysi*, etc. Hæc desumpta sunt ex antiquissima Historia manuscripta, sive ex Caroli Magni constitutione illic inserta, quam ex parte refert Belloforestius in *Cosmographia* sua, ubi de oppido Sancti Dionysii agit. Sic est initium: « Præcepit etiam imperator, ut omnes Franciæ reges et episcopi præsentes et futuri, pastori ejusdem ecclesiæ essent obedientes in Christo, » etc.

(16) *Mon Jove Sainct Denys.* De hac bellica acclamatione ita Robertus Cenalis, lib. i *De re Gallica*, periocho 12: « Vides, ut externo etiam testimonio, Gallofrancorum comprobetur æterna memoria, Clodovei armis strenue comparata? Vicit quidem Clodoveus, sed supra communem hominis captum, divino potius auxilio, quam humano consilio. Cum enim in pendenti æquilibrio inter utrumque volaret exercitum dubiis victoriæ pennis, essentque plurimi a parte nostra catholici milites, statim audita acclamatione ex ore principis, *Sainct Denis, mon Jove*, resumptis, qui pene interciderant animis, in partem catholicorum inclinare cœpit. Est autem hujus tesseræ hæc interpretatio: Illum in meum Jovem Deumque summum recipio hac publica professione, quem vobis Gallicæ gentis catholicis sanctus Dionysius a multis inde et diebus et annis evangelizavit. Quæ professio Clodoveo de ferocissimis hostibus victoriam peperit. Sunt qui ita interpretentur: Meus auxiliator et patronus Dionysius. Quem vos catholici milites Galliarum apostolum agnoscitis, hunc ego vobiscum communem patronum lubens recipio. Legendum itaque est, *Sainct Denys, mon Jove*, non *Sainct Denys mont-joye*, Auctorem, inquit, habeo (si quis mihi diffidit) in hac re Hubertum Thomam Leodium, de Tungrorum et Eburonum origine ita disserentem: Apparet in excelsa rupe mons Jovis, arx ita nominata, et a Romanis munirum constructa, quæ quidem hoc loco me admonet ut Gallis male intellectam regum suorum ac-

" clamationem, dum prælia ineunt, *Mon ioye sainct Denys*, declarem, quam protulisse fertur is rex, qui primus inter Francos Christianæ religioni nomen dedit, et quam posteri reges in animandis suis ad fortiter præliandum usurparunt et utuntur. Interpretantur autem : *Meum gaudium, S. Dionysius :* quod non ita sese habere vel feminæ Gallicæ animadvertere deberent, cum eorum lingua, *joye*, id est *gaudium*, non masculini aut neutri, sed feminini sit generis, et dicendum fuerat : *Ma Joye, sainct Denys*. Non igitur *joye*, hic *gaudium* significat, sed *Jovem*, quem Galli *Jove* appellabant : proptereaque Clodoveus inclinata suorum acie, cum invocando Jovem non proficeret, ad Deum Christianorum, quem per Galliam Dionysius, sive Areopagita ille, sive alius, annuntiaverat, conversus ad suos, qui magna ex parte Christiani erant, exclamavit : Sistite, viri, gradum, et fortiter pugnate : *Mon Jove, sainct Denys*, id est, meus Juppiter sanctus Dionysius erit. Hoc est enim : Deum, relicto Jove, colam, quem Dionysius prædicavit, et vos adoratis. Quo audito Galli Christiani alacres in pugnam reversi, hostes fuderunt, et Clodoveus a divo Remigio sancto baptismatis lavacro ablutus est. Posmodum reges hanc vocem usurpare volentes, pro *Jove*, *ioye*, pronuntiant, re non bene considerata. Quod autem verum sit Gallos *Jovem*, sive *jove* appellasse, inde deprehendo, quod iidem ipsi Jovius hodie *joye* appellitant. Sunt autem Jovii, lapilli, quos peregrinantes per vias in cumulos conjiciunt, ut sint recti itineris indices, quales multos per Galliam divum Jacobum petentes ubique videmus, quos Galli *Mont-joye* vocant. Est et in Eburonibus olim, nunc Juliacensi duci parens arx, in Arduenna silva (quâ parte Eyfelt appellatur) mons Jovis dicta *Mont-joye*, ut hoc quoque adnotarim. Hactenus ea de acclamatione cum *Huberto Thoma Robertus Cenalis*. Sunt alii, qui arbitrentur, in istis acclamationibus scribendum esse, olimque scriptum esse *Mont joye*, non autem *Mon-Jove*, neque *mon joye* : quibus *mont-joye* nihil est aliud quam *cumulus gaudiorum*. Itaque *mont joye sainct Denys* non aliud interpretantur, quam sanctum Dionysium ingentis gaudii conciliatorem esse, seu liberando ipsos ab hostibus, seu impertienda victoria, seu alia prægrandi felicitate procuranda. Quæ sententia cum sit probabilis, tum etiam ad eosdem S. Dionysii laudum cumulos non parum facit.

(17) *Nam de Ludovico quidem*, etc. De pietate Ludovici Pii regis et imperatoris, exstat epistola ejus ad Hilduinum, edita simul cum Hilduini Areopagiticis, a Mattheo Galeno Westcappellio Coloniæ excusis anno 1563.

(18) Aimoinus, l. 1 *Miraculorum S. Germani*, cap. 1.

(19) Robertus Gaguinus, l. v *Hist. Francorum*, cap. 1 ; Rigordus, *De gestis Philippi Augusti*.

(20) *Assumpta ab altari flammula*. Dicam de hac flammula, sive *auriflamma*, quæ apud rerum Gallicarum scriptores, tam Gallicos quam Latinos, reperi digna litteris :

1. Auriflamma (quæ Gallice *Oriflamme* vulgo dicitur) vexillum fuit sacrum et militare, quadratum, e rubro ac flammanti serico, regibus Galliæ ad bella et peregrinationes procedentibus præferri solitum. De quo Joannes Villaneus lib. xii *Historiæ* ita scribit : « Philippus VI eduxit e templo divi Dionysii vexillum ex auro et flamma, quod educi inde non solet, nisi pro summis regis regnique necessitatibus, idque ex auro et purpura compositum est. » Ubi per *auram* intellige limbos aureos ; per *flammam* seu *purpuram*, flammei seu purpurei coloris pannum sericum, ut infra e Gaguino clarescet, num. 7. Quadratum porro fuisse, ac nihil auri nisi in limbis habuisse, inde colligi videtur, quod Brito Armoricus scribat illud simile fuisse illis vexillis, quibus uti Ecclesia solet in publicis supplicationibus seu litaniis : illa autem sunt quadrata. Aurum item in limbis duntaxat exstitisse, illis indicat verbis, ubi *simplex* et e simplici materia (quam *cendatum* vocat) fuisse scribit in his versibus lib. 11 *Philippiados* :

Ast satis est regi, tenues crispare per auras
Vexillum simplex, cenduto simplice textum,
Splendoris rubei : Litania qualiter uti
Ecclesiana solet certis ex more diebus.

Posteriores versus Latiniores reddidit Massonus libro tertio *Annalium*, legendo et scribendo sic :

. . . . *quasi celebri Litania*
Utitur in certis Ecclesia sancta diebus.

2. Dicta est *auriflamma*, quod ex auro constans et purpura, aurearum instar flammularum rutilaret. Unde Guillelmus Brito supra vocat *splendoris rubei*. Appellatur etiam *vexillum*, seu *standalium*, seu *standartum S. Dionysii*, postremis duabus vocibus e Gallico *estendart* efformatis.

Notandum vero *baculum peregrinationis* non esse quod aliqui existimarunt, eumdem cum auriflamma ; quod e Sugerio et Rigordo veteribus rerum Gallicarum scriptoribus patet : quorum ille in *Vita Ludovici* ita de illo : « Venit rex, ut moris est, ad ecclesiam Sancti Dionysii, a martyribus licentiam accepturus : et ibi post celebrationem missarum, baculum peregrinationis, et vexillum B. Dionysii (quod *oriflamme* Gallice dicitur) valde reverenter accepit. » Hic autem in libro *De gestis Philippi Augusti Francorum regis*, ad annum Domini millesimum centesimum nonagesimum, ita de eodem Philippo : « Tandem in lacrymis ab oratione surgens, sportam et baculum peregrinationis de manu Guillelmi Remensis archiepiscopi, avunculi sui, apostolicæ sedis legati, devotissime ibidem accepit : deinde desuper corpora sanctorum, duo standalia decenter insignita, pro memoria sanctorum martyrum, et tutela contra inimicos crucis pugnaturus propriis manibus accepit. » Ita ille. Ubi manifeste distinguit baculum peregrinationis a standaliis seu vexillis, quorum unum erat auriflamma ; alterum, signum regale, quod utrumque nominat Brito infra num. 6.

3. Cœlitus in terram delata creditur, ut quemadmodum Constantino Magno Labarum, sic Francorum regibus Auriflamma signum esset victoriæ. Hinc *flammulam victoriosam* appellat Jacobus Meyerus lib. xii *Annalium Flandriæ* : « Flammulam illam victoriosam gessit eo die, inquit, Milo Noerius, qui non diu post fuit in humanis. » Eamdem Stephanus Forcatulus appellat *vexillum cœleste*, lib. vi *De Gallorum imperio*, ubi sic scribit : « Nihil omnino Francos jam pietatis studiosos magis inflammavit, quam vexillum cœleste, purpureum, aureo licio variatum. Parcarum manu textum putares ad terrorem hostium nominis Christiani Francique, sparsis filiis similiter lectis ex hortis cœlestibus, albicante circa medium cruce, non modo propter argenteum colorem signis militaribus familiarem, præ cæteris (quoniam, ut putat Plinius, longissime fulget), sed peculiariter a Gallis receptum in sacris et cæremoniis. » Sic ille. « Sunt qui hoc cœleste beneficium Carolo Magno collatum fuisse contendunt, » inquit Gaguinus libro primo *Historiæ Francorum*. Verum alii retro usque ad Clodoveum primum e Francis regibus Christianum, auriflammæ originem referunt : idque velut certa ad posteros traditione fluxisse a majoribus credunt. Inde sunt aurei isti versus Ronsarci, *Franciados* lib. iv :

Veis tu Clovis, grand honneur des Troyens ?
Qui le premier abhorrant les payens,
Et des Gentils les menteuses escoles,
Pour suivre Christ, laissera les idoles,
Donnant baptesme aux François desvoyez.
Et lors du ciel luy seront envoyez,
Un oriflamme, estendart pour ta crainte

De sex haineux, et l'ampoule tressaincte.
Huile sacrée, onction de les rois?
Son escusson deshonoré de trois
Crapaus bouffis, des lis pour sa vieille peinture.
Prendra des lis à la blanche teinture,
Present du ciel Dieu qui le choisira,
D'honneur, de force, et de bien l'emplira.

Ad Clodoveum refert et Stephanus Forcatulus libro supra citato. Sed de bufonibus, antiquis Francorum gentilium insignibus, valde inficiatur: et ego una. Magis enim placet derivatam fabulæ originem a Gallorum sacrificiis, *bufonia* appellatis. Nam Græce βουφόνια dicebantur sacra, in quibus boves tauriver mactabantur. Ritum porro talium sacrificiorum apud Gallos solemnium ita describit Plinius lib. xvi *Historiæ nat.*, cap. 44: « Sacrificiis epulisque rite sub arbore præparatis, duos admovent candidi coloris tauros, quorum cornua tunc primum vinciantur: sacerdos candida veste cultus arborem scandit, falce aurea demetit, candido id excipitur sago: tum deinde victimas immolant, precantes ut suum donum Deus prosperum faciat his quibus dederit. Fecunditatem eo poto dari cuicumque animali sterili arbitrantur, contraque venena omnia esse remedio. Tanta gentium in rebus frivolis plerumque religio est. » Sic ibi. Exstat et Badii Ascensi carmen de insignibus Franciæ, hoc est de liliis, auriflamma, et sacro chrismate, quæ vocat *cœlica dona* in his versibus:

..... at nobis dona,
Et pia Francorum placeant insignia regum;
Aurea cœlesti primum sufflata colore
Lilia, Cæsareis olim jam credita servis:
Auriflamma dehinc veterum victoria regum:
Tum sacrum nitidis allatum chrisma columbis.

Cui paria sentit Stephanus Forcatulus lib. vi *De Gallorum imperio*: « Tria, inquit, pignora de cœlo missa imperii Gallici sempiterna: scutum liliatum, phiala odorosa, et vexillum splendidum, purpuram æthereum confitens pro certo. Nihil vero moramur incredulos et scurras, qui sorte humana, non divino consilio, regna institui arbitrantur. »

4. Asservabatur auriflamma in ipsa urbe et cœnobio Sancti Dionysii, et magnis cum cæremoniis ab ara ejusdem sancti, per manus abbatis, a rege ad periculosam militiam aut longam peregrinationem accincto, assumebatur, et cum magnis item a reduce ibidem restituebatur. Jacobus Meyerus lib. xiii *Annalium Flandriæ*: « Flammulam, inquit, (quod non nisi extremo discrimine solitum) ex penetralibus Dionysiaci cœnobii deprompta, Petro Villerio fortissimo viro, tradita. »

Ejus vexilli utendi præcipua tempora indicat breviter Forcatulus, loco supra citato: « Vexillum, inquit, Gallis cœlitus missum secundos bellorum eventus vel præstitit, vel ornavit: maxime contra Turcas et Sarracenos. Nec ullo libentius usus narratur Carolus Magnus in sacris bellis, non ullo felicius. Illud quoque præferri jussit Philippus Augustus Jerosolyma debellatum tendens cum Richardo Anglorum rege, sumpsitque ex æde Dionysia: sicut postea divus Ludovicus Libyam petens. Plane Carolus VI etiam adversus Anglos sibi profuturum putavit idem vexillum Vido Trimollio creditum: quod auriflammeum nuncupabatur, nimirum a colore. » Sic ille.

5. Acceptam in manus auriflammam dabat rex gestandam comiti Vilcassino, cui hic honos jure debitus erat, et cujus comitatus a Sancto Dionysio in feudum acceptus erat. Vide Sugerium in *Vita sancti Ludovici Crassi* Francorum regis, et Franciscum Belloforestium libro tertio *Historiæ*, capite quadragesimo primo, ubi comes Vilcassinus Gallice *comte de Vexin* appellatur.

De ea cæremonia sic breviter Papirius Massonus lib. iii *Annalium Franciæ*: « Crassus anno millesimo centesimo vigesimo quarto, publicis tabulis (quæ supersunt) agnoscit comitatum Vilcassinum esse in clientela et jurisdictione Dionysii, Rustici et Eleutherii martyrum: et comites Vilcassinos retroactis temporibus jus habuisse ferendæ in bellis flammulæ. Idem Crassus devoluto ad se comitatu, eo bello, quod adversus Henricum Cæsarem acerrimum parabatur, flammulam, non ut rex, sed ut comes, a præfecto illius monasterii alacriter suscepit. »

6. Antecedebat auriflamma in præliis alia omnia vexilla, etiam regium; nec pugnabatur, nisi præcessisset, excepta ob subitos hostium incursus necessitate. De qua re exstat insignis locus apud Rigordum ad annum Domini millesimum ducentesimum decimum quintum: « Othone, inquit, imperatore ex insperato copias regis Philippi invadente, clamatur ubique per campos: Arma! arma, viri! clangunt tubæ; revertuntur cohortes, quæ jam pontem transierant: revocatur vexillum S. Dionysii, quod omnes præcedere in bello debebat, nec satis propere revertitur, unde nec exspectatur. » Et paulo inferius: « Interea adveniunt legiones, quæ fere usque ad hospitia processerant, et vexillum B. Dionysii, et accurrunt quantocius ad aciem regis, ubi videbant signum regale, vexillum scilicet floribus lilii distinctum, quod ferebat die illo Galo de Montiniaco miles fortissimus, sed non dives. » De eodem ita Guillelmus Brito lib. ii *Philippiados* initio:

Quod cum flamma habeat vulgariter aurea nomen,
Omnibus in bellis habet omnia signa ducibus:
Quod regi præstare solet Dionysius abbas:
Ad bellum quoties sumptis proficiscitur armis,
Ante tamen regem signum regale tenebat
Montiniacensis, vir fortis corpore, Galo.

In quorum auctorum verbis est duo vexilla distinguere: unum B. Dionysii, sive auriflammam; alterum ipsius regis quod *signum regale* appellatur.

7. Amissa fuit auriflamma (ut auctor est Belloforestius in Descriptione oppidi Sancti Dionysii) in prælio contra Flandros commisso. De eadem auriflamma, ejusque amissione ita Gaguinus libro i *Historiæ Francorum*, in Clodoveo: « Traditum quoque est pannum sericeum, rubrum, instar signi militaris quadratum, miro fulgore splendentem, divinitus esse exceptum; quo in expeditionibus contra fidei Christianæ hostes pro signo Franci reges uterentur: huicque vexillo nomen auriflamma hactenus permansisse, dinque a Dionysianis cœnobitis asservatum esse: sed abutentibus signo adversus Christicolas regibus, illud evanuisse: alterum tamen non dissimili forma instauratum esse, quod ab episcopis et loci sancti abbate consecratum inter sacra asservata. » Denique amissa creditur auriflamma ad montem Pabulanum, qui mons inter Duacum et insulas Gallo-Flandriæ urbes hodieque illustris est. Commissam inibi pugnam anno Domini millesimo trecentesimo tertio inter Francos et Flandros præsente et fortiter dimicante Philippo Pulchro, Francorum rege, describit Jacobus Meyerus lib. x *Annalium Flandriæ*. Quo in prælio et regem ipsum fuisse vulneratum, et flammulam a Flandris discissam ac laniatam, et Anselmum Cherosium ejus gestatorem interemptum, memorat.

Negat tamen Dubleus recens scriptor lib. i *Historiæ suæ*, cap. 41, amissam esse: imo se illam vidisse asserit. Verum ego substituam eam vidisse magis crediderim, quam illam veterem et primam, de qua nimis constat ex ipsismet Gallis scriptoribus esse deperditam.

8. In hujus flammulæ sive auriflammæ locum, alia quam simillima vexilla deinceps fuerunt substituta, ut ex iisdem Gallorum ac Flandrorum historiis cond.scimus.

9. Ad auriflammæ, seu veteris seu novarum benedictionem, hæc reperitur solita adhiberi precatio: « Inclina, Domine, aurem tuam ad preces humilitatis nostræ, et per interventum B. Michaelis ac-

changeli tui, omniumque cœlestium virtutum, sed et beatorum martyrum Dionysii, Rustici et Eleutherii omniumque sanctorum tuorum, præsta nobis auxilium dexteræ tuæ : ut sicut benedixisti Abraham adversus quinque reges triumphantem, atque Davidem in tui nominis laude triumphales congressus exercentem; ita benedicere et sanctificare digneris hoc vexillum, quod ob defensionem regni et sanctæ Ecclesiæ contra hostilem rabiem defertur; quatenus in nomine tuo fideles et defensores populi A Dei illud consequentes, per virtutem sanctæ crucis, triumphum et victoriam se ex hostibus acquisisse lætentur. » E monumentis cœnobii Dionysiani apud Lutetiam.

(21) Vide in Bibliotheca Cluniacensi privilegia pontificum monasterio Cluniacensi concessa.
(22) Rigordus, l. De gestis Philippi, anno Domini 1191.
(23) Gaguinus, l. vi Hist. Franc.
(24) Guillelmus Nangius, in Gestis S. Ludovici.

CAPUT XXVII.

Aliorum partim sanctorum, partim genere illustrium adversus beatum Dionysium honores.

Præter illorum, quos supra laudavimus, pietatem honoresque adversus sanctum Dionysium, multi quoque alii partim cultus frequentia et sinceritate, partim templorum, cœnobiorum, aliorumve ædificiorum exstructione eumdem sibi patronum fautoremque fecerunt. In quibus primas sane sibi vindicat B. Genovefa virgo sanctissima, quæ ducentis ferme annis ante regem Dagobertum, vicum Catulliacensem ex amore et honore sancti Dionysii frequentissime celebravit, inibique illam ipsam ædem, in quam tanto postea Dagobertus patris iram fugiens, ut ante memoravi, velut in asilum confugit, non jam facultatibus suis, tametsi illis quoque, quam precibus et miraculis condidit. Quæ enim ad templum tali loco et tempore ædificiandum maxime desiderabantur, ea ubi reperienda essent, precando didicit, et ipsis operarum necessitatibus miracula patrando subvenit.

Jungatur S. Genovefæ beata Birgitta, virgini Gallicanæ vidua Germanica, etsi ævo quidem admodum disjuncta (inter utramque enim haud minus quam novem sæcula interfuerunt), pietatis tamen ardore et colendi Dionysii studio prope par ac gemina. Quippe quæ beatum martyrem tam frequenter ac tam ferventer voto et precibus adierit et lacessiverit, ut non raro qua visis cœlestibus, qua opportunis solatiis ab eodem ipsam visitante affici meruerit. Et flagrante quidem inter reges Philippum Valesium Galliæ, et Eduardum Angliæ, quam acerrimo bello, vidit inter precandum Galliæ patronum Dionysium super afflicto regni statu, Reginæ cœli supplicantem, et auxilium Francis implorantem (25). Alias item cum e peregrinatione ad sancti Jacobi Compostellani suscepta cum marito simul reverteretur, isque Atrebati in morbum incidisset, ex quo illa non mediocrem animo participaverat mœrorem, gratissimam a suo patrono Dionysio consolationem percepit. Precanti enim apparens eum se esse dixit, qui ab urbe Roma Evangelii proferendi causa in Franciam venisset; et quia singulari ab ea diligeretur affectu, hinc se ejus curam habiturum, semperque præsto adfuturum ; et addidit promisso pignus, brevi consecuturam mariti valetudinem. Quæ et paulo post est consecuta. Denique alias sæpius eumdem habere visitatorem merita est et consolatorem.

His accenseri merito debent sanctus Swibertus Frisonum apostolus (26) et B. Notgerus Eburonium episcopus : quorum ille, relicto natali solo, et stirpis nobilitate Christo substrata (Anglus enim erat, et illustri e familia oriundus), cum a sancto Willfrido Merciorum præsule creatus antistes, ad Frisones Germanosque fide imbuendos missus esset, nihilque haberet antiquius, quam ut vanas eorum superstitiones in veram unius Dei religionem, et profana deorum fana in divorum sacra templa commutaret, tum magni Dionysii toto Occidente notissimi, et sibi in primis charissimi haud immemor, templum ejus honori sub annum salutis nostræ sexcentesimum nonagesimum in oppido Hoernaer consecravit. Alter vero multorum Leodii templorum ædificator, unum quoque in honorem et cultum B. Dionysii construxit, cui et canonicorum adjunxit collegium : qui primo quidem viginti, « procedente vero tempore (ut loquitur et testatur Anselmus) decem additis, in tricenarium profecerunt numerum. »

Sanctæ vero Edithæ pietas meritissime inter hos sanctos sibi locum facit. Fuit hæc virgo Edgari regis filia, et Eduardi regis et martyris soror, et, post patris quidem ac fratris excessum (nisi constanter recusasset) gentis suæ regina : quæ contempto regno et mundo, dum tota viam insistit pietatis, templum in honorem B. Dionysii patroni sui sub annum Domini nongentesimum octogesimum quartum condidit, et requietis suæ locum certo mentis præsagio appellavit. Nam in eodem templo, quod vivens crebro frequentarat, a S. Dunstano, qui illud ejus invitatu dedicaverat, sepulta est. Qui Dunstanus cum in ipsa dedicatione eam virginem observavisset pollicem dexterum identidem ad efformandum in fronte sua crucis signum extendere, facto delectatus apprehendit ejus dexteram, et dixit : « Nunquam putrescat hic digitus. » Qui proinde mansit imputribilis. Nam tredecim ipsis annis a suo decessu apparuit eadem sancta virgo beata Dunstano, et de corporis elevatione commonuit, addito veritatis signo, quod præter ea membra quibus olim in puellari ætate abusa fuerat (oculorum scilicet, manuum et pedum) totum reliquum corpus incorruptum inveniretur. Adjunxit etiam de pollice his verbis : « Pollicem quoque dextræ manus, quo mihi assidue crucis signum impressi, illæsum videbis, ut appareat clementia Domini in parte servata, et paterna castigatio in parte desumpta. » Denique, ut S. Dionysii cultum olim, dum viveret egregie promoverat, ita illius mundo defunctæ venerationem, quadam remunerationis vice idem Dionysius Dunstano antistiti apparens, et sacrum virginis corpus in lucem exponi et coli præcipiens, cœlesti auctoritate promovit. Adeo exhibitus sanctis cultus in eos, qui exhibuerint, non sine ingenti fenore solet reciprocari.

Facit porro candidissimus ille puritatis et pietatis anglicanæ flos, beatissima Editha, uti et aliorum Anglorum seu regum seu principum S. Dionysii amantissimorum, et sacro ejus honori devotissimorum mihi refricetur ac redeat læta memoria : nec tui, o beatissime Eduarde rex et confessor, ulla possim ratione oblivisci. Haud enim scio, an quidquam aliquando tulerit terra Anglia nomine tuo vel majus vel sanctius, sed simul et conjunctim gloriæ S. Dionysii celebrandæ et tutandæ devotius. Nam cum præter solitam in sancta regni tui loca et indigetes tuos liberalitatem ac munificentiam, Dionysii quoque, licet peregrini, memor esses, ac prædivitem ei villam plurimisque abundantem commodis elargirere, ita fere dicebas, ita scribebas : « Ego Eduardus rex Anglorum, cum essem in pace, in gloria regni mei, pro salute animæ meæ patrumque meorum qui ante me regnaverunt, cum consultu et decreto primatum ducumque meorum, dedi S. Dionysio (qui celebris memoriæ apud nos quidem nominatur, apud Francos autem et colitur et habetur) villam quamdam nominatam Teintona in territorio et comitatu urbis quæ Oxenaforda dicitur, cum omnibus appendicibus ejus, id est terris, silvis, pascuis, aquis, pratis, cultis et incultis. Sit autem terra hæc immunis et libera ab omni negotio, excepta expeditione, et pontis vel arcis instauratione. Quod si qui violaverint, sit pars eorum, decreto Dei et meo, omniumque episcoporum (quorum nomina hic habentur) cum Juda traditore, cum Dathan et Abiron, in ignem æternum, ubi vermis eorum non moritur, et ignis non exstinguitur; nisi reatum suum coram Deo et sancto Dionysio emendaverint. Anno Dominicæ Incarnationis millesimo quingentesimo nono, » etc. His litteris regiæ donationis subscripserant nomina sua, primo rex et regina, deinde duo archiepiscopi, tum episcopi sex, postea duces quinque, deinceps et alii.

Sed hæc studio brevitatis omitto, et ab Anglorum pietate, de qua et inferius sermo mihi necessario instituendus est, in Franciam pedem refero. Vocat enim ad se, quem hactenus omisi, S. Eligius, et in S. Dionysii honore speciari artem suam petit. Cui sane inter ævi illius aurifices facile principi, et in opus quod ad B. Dionysii spectabat ornamentum, toto quod aiunt, animo et corpore incumbenti, haud mediocris laus debetur : imo et Noviomensis episcopatus, qui post divinitus ei tributus est, ut pars forte aliqua præmii, procuratore apud Deum Dionysio, felici sorte obtigit. Nam longe nobilissimum eidem suo et omnis Galliæ patrono in civitate Parisiensi condidit mausolæum, cui et tectum auro gemmisque opere mirifico incrustatum superposuit. Quo quidem in opere tametsi regis Dagoberti liberalitas ac munificentia præclare resplenduit, tamen omne auri gemmarumque pretium infra artis ac industriæ æstimationem fuit (27). « Tantum enim illic (ut S. Audoeni verbis utar) suppeditante rege suam exercuit industriam, atque ita suum declaravit ingenium et artificium, ut pene singulare sit in Galliis ornamentum, et in magna omnium admiratione usque in hodiernum diem. »

Liceat mihi in horum coronam sanctorum, qui S. Dionysii gloriæ et honori studuerunt, aut sacra illa loca coluerunt, etiam S. Ignatium societatis Jesu Deo duce auctorem atque fundatorem includere. Is enim Parisiis cum studeret, et nonnullis sibi adjunctis sociis totus ad res magnas ac divinas aspiraret, tandem anno Domini millesimo quingentesimo tricesimo quarto, cum instituenda formandaque perfectioris vitæ initia, et quædam velut semina futuræ societatis facienda concepisset animo, non alium ad hæc beata principia commodiorem aut sanctiorem locum esse judicavit, quam vicinum Parisiis montem Martyrum, hoc est montem illum S. Dionysii et aliorum martyrum cruore consecratum : illuc proinde solemni Assumptæ Virginis die (quam præcipuam sibi apud Deum patronam cuncti asciverant) communiter adeundum censuerunt, ibi tantam celebritatem qua possent pietate exigendam, ibi eorum quæ ad Dei gratiam et fratrum salutem conceperant vota nuncupanda. Et summa quidem votorum hæc fuit : Primum, ut remisso fluxis vanisque voluptatibus nuntio, integram illibatamque in perpetuum amplexarentur castitatem. Dein, ut quod ejus fieri posset, paupertatis semita graderentur, eamque, excepto tam studiorum (quæ aliqui necdum absolverant) quam destinatæ ad sacra Jerosolymorum loca peregrinationis tempore gnaviter sectarentur : neu quidquam omnino pro augustissimi sacrificii celebratione quovis prætextu admitterent. Præterea, ut in Palæstinam ad gentis ejus salutem (si quidem pateret aditus et permitteretur) certo tempore constituto simul navigarent; sin minus, ad summum pontificem adirent, atque ad ejus prostrati genua totos se ad fructum animarum ex ipsius nutu arbitrioque dedicarent. Quæ vota duobus quoque annis consequentibus eodem die, et loco, et ritu renovarunt. Quis autem dubitet quin ille Galliarum apostolus, ille instructor gentium, ille ab oriente ad occidentem peregrinus, cum in sui martyrii loco exiguam illam coronam videret sua per vestigia incedere meditantem, ac se fratrum suorum in longinquis terris degentium saluti devoventem ; quis, inquam, dubitet, quin ille verus honoris Dei amator et æmulator multum caloris multumque roboris devotæ illis novorum athletarum coronæ, et ad promittenda et ad præstanda tanta molimina, suis apud omnium gratiarum fontem precationibus impetrarit?

Addamus horum divorum numero illustres regia dignitate personas; sive Adelaidem Roberti Francorum regis matrem, egregia sanctitate feminam ; sive Henricum III Angliæ regem præclara virum pietate : de quorum altera Helgaudus Floriacensis (28), post cœnobiorum ab ea exstructorum recensionem, ita subdit : « Speciali autem suo post Dominum amicorum amico, beato videlicet Dionysio, casulam auro itidem opere factam contulit, quod opus vocatur orbis terrarum illi Caroli Calvi dissimillimum. Sperabat enim sic Deo fidelis regina partem habituram cum eo cui promiserat Deus sermone non casso (29), impetraturum pro quibuscunque petiisset. Etenim universa progenies famulam se tanti martyris in omni opere proclamabat. » De altero autem ita Nangius (30) : « Anno Domini millesimo ducentesimo quinquagesimo nono Henricus rex Angliæ venit in Franciam, exceptusque est Parisiis a S. Ludovico : postmodum B. Dionysii visitare cupiens, discessit Parisiis, et ad ecclesiam B. Dionysii venit cum magna devotione et reverentia, menseumque et eo amplius ibi commoratus, conventui cappam auream et scyphum magni ponderis contulit. » Nec inhonoratum indonatumve S. Dionysium reliquit Philippus II Hispaniarum rex ; qui obtento a rege Franciæ S. Eugenii primi antistitis Toletani (quod diu multumque postulaverat) sacro corpore, in tanti memoriam beneficii, et simul quod idem Eugenius, Dionysii Areopagitæ discipulus, ab eo in Hispaniam missus esset, eidem martyri Dionysio argenteam lampadem magnitudine et artificio spectabilem donum misit. Istis, quæ in hoc genere præcipua (31) sunt, cursim delibatis, cætera transiliens, ad mirabiliora Dionysianæ virtutis signa depropero.

NOTATIONES.

(25) In *Revel. extrav.* c. 92, et in *Vita* ejus tomo IV Surii.

(26) S. Marcellinus presbyter in *Vita S. Swiberti*, c. 11, tomo II Surii.

(27) Apud Surium, tomo VI Vitarum.

(28) Helgaudus in *Vita Roberti regis Francorum*.

(29) *Cui promiserat Deus sermone non casso*. Promisisse Deum opem omnibus pro quibus supplicasset S. Dionysius, præter Helgaudum Floriacensem hic laudatum, etiam testatus est Hilduinus in *Vita S. Dionysii*, ubi hæc verba : *Dilectio et benignitas quam habes, semper, pro quocunque petieris, impetrabit.* Refert eadem verba Guilielmus Nangius in Vita S. Ludovici. Similem a Domino promissionem preces S. Viti martyris subsecutam esse, scribit Witichindus lib. II *Gestorum Saxonicorum* : « Hanc vocem, inquit, subsecuta est sponsio divinæ promissionis rata et firma esse omnia quæ rogasset. » De Gertrude l. I *Insinuationum*, cap. 25, scribitur, pro quocunque benignissimum Deum negotio invocaret, id eventu prospero semper suc-

cessurum. Dixit etiam S. Dominicus, ille Dominicanæ fundator et pater familiæ, atque adeo præ se tulit, ac rebus ipsis ostendit, nihil se unquam a Domino poposcisse quin impetraverit. Ac ne cui nimis hæc mira videantur, ipsum divini Psalmistæ audiendum est testimonium Psal. CXLIV, 19 : *Voluntatem timentium se faciet, et deprecationem eorum exaudiet, et salvos faciet eos.* Quin et nostra prope ætate S. Theresia Carmelitarum discalceatorum mater, sibi esse a Domino revelatum dixit, neminem quidquam in nomine B. Petri Alcantaræ a Deo petiturum, quin esset impetraturus; ac se quidem multis in rebus promissi hujus expertam veritatem. Vide Vitam ejus ab ipsamet scriptam. c. 24.

(30) Guiliel. de Nangis l. *De Gestis S. Ludovici.*

(31) *Istis, quæ in hoc genere præcipua,* etc. Nam et alia in aliis adjici possent, si necesse foret. Hel- gaudi tamen Floriacensis monachi et scriptoris (quia nonnulla nobis suppeditavit) fiet aliqua mentio. Is igitur in fundo cœnobii Floriacensis ædem parvulam construxit in honorem SS. Dionysii, Rustici et Eleutherii : qua re intellecta, misit ei Robertus Francorum rex eorumdem sanctorum nonnullas reliquias, e casula scilicet S. Dionysii, e dalmatica S. Rustici, e casula S. Eleutherii, atque e vestimentis eorumdem sanguine aspersis, et de corporum pulveribus, nec non de triplici funiculo quo astrictus fuerat sanctus martyr Dionysius. Horum testis est ipse Helgaudus in Roberto, rege Francorum. Nec vero canonicorum Rhemensium pietas prætereunda est, qui templum S. Dionysio ædificarunt : quod Hervæus Remensis archiepiscopus, teste Flodoardo, lib. IV, c. 15, consecravit.

CAPUT XXVIII.

S. Dionysii varia in varios et vario in genere post mortem miracula.

Omnia quæ B. Dionysius post excessum ad superos vario in genere perpetravit miracula, et pervestigare studiosius nimis tædiosum, et accuratius enarrare nimis operosum esset : proinde præcipua duntaxat et pauca referam. In quibus tenere principatum illud debet, quod in Stephano pontifice, ejus nominis tertio, in magnum Ecclesiæ bonum idem Dionysius designavit. Cujus quidem miraculi, quo certior exstet fides, ex ipsismet Stephani litteris, quæ hodieque in promptu sunt, collecta veritas est. Hic igitur Stephanus ab Aistulpho Longobardorum rege inique oppressus, expetitis frustra ab imperatore Constantinopolitano auxiliis, demum ad Pipinum Francorum regem, si quid is forte subsidii afferret, se contulit; cui rex perbenigne et perhumaniter excepto, atque in B. Dionysii cœnobio per hiemem hospitari jusso, spopondit se proximo vere in Aistulphum ducturum, et opem afflictæ Italiæ, urbique ipsi et pontifici quietem et pacem allaturum. Stephano interea tam ex itinerum laboribus, quam ex injuriis temporum gravissime laboranti, et desperata jam valetudine, nusquam nisi in Deo et in sanctis spes suas reponenti, ecce dum in æde sacra preces fundit, per visum apparent principes apostolorum Petrus et Paulus, et cum illis una templi præses S. Dionysius, et hic quidem gracili ac procero corpore, vultu amœno, coma candida, tunica nivea clavo purpureo juncta, pallio conchyliato stellulis aureis intertexto : et hi inter sese læto ac hilari ore sermocinantes, Dionysio medendi munus deferunt : tum ille palmam et thuribulum manu gestans, presbytero et diacono, qui seorsum adhuc steterant, latera cingentibus, ad ægrum propius accedit, salutatque : *Pax tecum, frater, noli timere : non morieris donec ad sedem tuam prospere revertaris. Surge sanus, et hoc altare in honorem Dei et apostolorum ejus Petri et Pauli, quos vides, dedica, missas gratiarum agens.* Erat vero ibidem (ut ipse retulit visi hujus spectator Stephanus) inæstimabilis quædam cum mira suavitate claritas. Mox ergo sanitati est restitutus. Quare cum exsequi mandatum B. Dionysii jam incolumis satageret, et demonstratam aram in Dei et apostolorum honorem consecrare, ii qui coram aderant, et pridianæ infirmitatis oculati testes fuerant, desipere eum arbitrabantur, donec Pipino regi, et optimatibus atque proceribus rei serie denarrata, et fide dictis habita, rite sacris operatis, eam ipsam aram dedicavit, et super ea pallium apostolicum, ac Petri claves, velut sacra quædam anathemata, in rei memoriam deposuit. Annus tunc agebatur Domini septingentesimus quinquagesimus quartus, ipsius autem Stephani papæ tertius. Fertur idem pontifex nonnullas B. Dionysii reliquias secum Romam asportasse, atque in ejusdem martyris honorem monasterium in paterno fundo ædificare cœpisse, quod opus morte auctoris interceptum, Paulus ejus frater, et in pontificatu successor, magnifice absolvit, convectisque in illud compluribus SS. martyrum corporibus consecravit, et Græcis hominibus Deo ibidem famulaturis, in memoriam et honorem Dionysii Areopagitæ, ut fratrem velle didicerat, attribuit : locumque *Ad sanctos martyres in schola Græcorum,* appellavit. Atque de Stephano hactenus.

Quemnam autem illi potissimum subjungemus, similis a B. Dionysio collatæ valetudinis compotem et laudatorem ? Te, opinor, jure quam meritissime, dux Bertholde, et inter Angliæ duces veræ pietatis cultu eminentissime. Tu enim in gravissimam aliquando delapsus infirmitatem, cum a medicis sperare nihil posses, ad cœlestia suspirans remedia, opem a B. Dionysio et sociis martyribus confidenter exspectasti, et reportasti. Nam audito esse in Galliis eorumdem sanctorum corpora, velut quasdam efficacium medelarum apothecas, qua primum per Caroli Magni imp. (cujus in obsequiis versabare) facultatem licuit, illo te contulisti, eos veneratus es, ab iis sanitatem expostulasti, et paucis admodum, quibus ad eorum monumenta decubuisti, diebus integram plane ac solidam valetudinem recuperasti. Quid ergo ? Apud ingratum et immemorem ea fuit collocata gratia ? nullusque in sanctos tanti beneficii fructus redundavit ? Imo vero maximus. Nam ædem illis sacram in villa tua exstruxisti, et illam ipsam villam una cum agris, pratis, silvis, aquis, campis, hæreditate a majoribus acceptam, sed et portus duos maritimos et terræ vicinos, simul cum salinis, aliisque eodem pertinentibus, perquam insigni et prolixa benignitate, eorumdem sanctorum cultoribus monachis, sive Dionysianis cœnobitis condonasti : *Dignum est enim,* inquiebas, *ut per quos sum ab omni corporis liberatus infirmitate, ipsi mihi in ipsa mea debeant hæreditate succedere.* Beatum porro illud sæculum (sunt enim bina hæc piæ liberalitatis exempla unius ejusdemque octavi sæculi) quod tales habuit clientes sanctorum ! quod tam memores protulit divinorum beneficiorum susceptores !

Et vero alios eosdem ipso sæculo, et ex eadem Anglia præclaros possem adducere erga Dionysium benefactores, seu Offam Merciorum regem, seu geminos fratres Agonavalam et Sigrinum, et hosce quidem ultro et unanimi consensu omnem suam possessionem, quam portui Lundevicensi vicinam habebant, S. Dionysio contribuentes; illum autem et quidquid ibidem habebat juris benignissime remittentem, et alia insuper e suo adjungentem. Fuit, fuit olim ea in divos pietas, ea largitas, ut præ sanctorum honoribus omnis propinquorum videretur inducta oblivio : nunc e contrario tanta est propinquorum cura, et viscera corrodens sollicitudo, ut nulla videatur sanctorum præ propinquis restare memoria. Verum hoc agamus, et alia nostri martyris benefica revisamus miracula:

Auctor præterea est Flodoardus (32), sua ætate, hoc est sub annum Christi nongentesimum, feminam pauperculam, Gillaudem nomine, cum totam manum impacto molæ manubrio graviter sauciasset, ad B. Dionysii sacras reliquias (quæ ob infestationes paganorum Rhemis tunc asservabantur) magno cum timore et reverentia adlisse, atque in preces diu noctuque prostratam ejus denique alloquio et solatio in somnis donatam esse, et simul viam obtinendæ sanitatis didicisse. Alia ejusdem martyris miracula perstringit Rigordus (33), ævi sui scriptor : quorum bina in annum millesimum centesimum nonagesimum tertium, bina in proxime sequentem inciderunt? Priora sunt hæc : Puerulus quidam vita functus, ad B. Dionysii ædem a parentibus, ipso ejusdem sancti festo die deportatus, et ante martyrum corpora altari impositus, postquam parentes S. Dionysii opem mistis preces lacrymis atque suspiriis impensius implorassent, ad vitæ usuram, universo respectante populo, remigravit. Item arreptitius quidam in eodem templo simili ope curatus est. Posteriora autem in sequenti anno hæc fuerunt : Trimulus puer de Curte nova aquis submersus, vitam B. Dionysii meritis recuperavit. Deinde vir quidam Misionensis, eodem invocato et succurrente Dionysio martyre, e custodia apud Rothomagum exsolutus est.

Nec vero tantum Dionysii cultoribus magna beneficia, sed etiam sepulcri violatoribus gravia in promptu fuerunt supplicia. Quippe duorum sacrilegorum acceleratæ mortes, et unius quidem in ipso peccati articulo, alterius vero intra eumdem annum, quo facinus admiserat, idonea sunt testimonia (34). Prior e Sigeberti Francorum regis primoribus erat, qui eodem rege Parisios armis et flammis vastante, S. Dionysii sacram ædem non pietatis sed avaritiæ impulsu ingressus a sancti sepulcro pallam holosericam auro et gemmis coruscantem tollere non dubitavit. Ecce ergo, dum infelici spolio se beatum putat, et necessitate navigandi urgente, una cum credito sibi puero, cui ducentos aureos nummos tradiderat asservandos, iter prosequitur, derepente charus ille et pretiosus puer præceps navi, tactus a nemine, et incertum quo casu delabitur, et aquis obrutus, nec ipse nec aurum apparet. Impulit quidem ea duplex jactura, ut confestim littori applicaret, et sepulcralem pallam, unde abstulerat, referret, sed mortem sacrilegii vindicem ne animum quidem unum amoliri potuit. Eodem enim obiit. Alter eadem instigante auri cupidine ipsum ascendere, et pedibus conculcare sacrum tumulum haud veritus, dum ei impendentem columbam auream lancea tentat elidere, ipse pedibus, quibus turritum insistebat tumulum utrinque dilapsis, compressisque in ipso lapsu testiculis, et suo infixa lateri lancea, mortem pro auro invenit. Nec sane fortuito ista, sed justo Dei judicio illis evenere : ut quam aptissime in eos quadret illud Ecclesiastici : *Multi dati sunt in auri casus, et facta est in specie ipsius perditio illorum* ⁷, id est multi propter aurum ceciderunt, et ejus capti specie perierunt.

NOTATIONES.

(32) Flodoard. lib. 1 *Hist. Rhemensis*, c. 24.
(33) Rigord., lib. *De gestis Philippi Augusti*.
(34) Greg. Tur., lib. 1 *Mirac.* c. 72.

CAPUT XXIX.

S. Dionysii reliquiæ, et earum virtus atque æstimatio.

Sanctissimum Dionysii corpus habuit (35) initio, habetque etiamnum invicta Francia; nec est verum illud aliquando seu vi seu dolo ad gentem aliam translatum, foris remansisse, aut non esse. Nam Rhemos quidem (36) (ut e Flodoardo superius insinuatum est) propter infestationem paganorum semel delatum esse constat, sed ibi ad meliora tantum usque tempora reservatum. Semel item a Carolo Magno (37) in societatem militiæ assumptum, sed parta victoria mox relatum. Nam adversus rebellantes sibi Saxones bellum moturus, cum satis nosset, quam forti et duro cum gente sibi res esset, et ipsa ancipitis Martis discrimina sagaci animo jam ante prospiceret; quo præter humana auxilia et mortales copias, etiam sanctorum haberet in castris suis præsens auxilium ; voluit beatorum martyrum Dionysii et sociorum ejus corpora ab religiosis viris in eam expeditionem deportari. Fardulphus ergo S. Dionysii abbas (fuit hic ordine octavus decimus) eidem regi a consiliis, et cunctis in expeditionibus comes fidelis ac providus atque etiam rebus fidei ac pietatis promovendis admodum idoneus, negotium hoc suscepit, et qui vicissim sacris deportandis reliquiis succollarent, bonam vim clericorum providit. Bis pugnatum est totis castris : sed eorum altero conflictu debellatum, et victoria penes Carolum Magnum stetit. Hic autem cœlestis haud immemor beneficii, hoc primo curavit (quod semper a Christianis regibus curandum est) ut victoriæ fructus præcipue ad Dei honorem, et sanctæ fidei augmentum recurreret. Itaque mandavit ut Saxones Christi religionem instituiaque susciperent : deinde eorumdem Saxonum aliquot millia, qui varias in regni sui partes distribuerentur, et sensim Ecclesiæ rudimentis et moribus imbuerentur, deportavit. Quo facto (ut Deus ipsum honorantes novis semper auget honoribus) haud multo postea ipsius regno adjecit imperium : fuitque deinceps simul rex, simul imperator ; et regnavit quidem secundo rerum cursu, nec interrupta unquam valetudine, annos quadraginta septem ; imperavit vero quatuordecim. Unus denique in omni vita morbus, seu febris una, vitæ cum mortali eripuit felicemque et bis fortunatum immortali ascripsit, anno scilicet octingentesimo decimo quinto, ad quintam Kalendas Februarias. Qua die sancta ejus memoria quibusdam in ecclesiis pie recolitur et solemniter celebratur. Tum ergo plus ille et vere sanctus imperator sacrum Dionysii corpus ex urbe et æde sibi cognomine extulit, et cum illo una illustrem victoriam reportavit. Sed alias nunquam (nisi quis audacibus credere fabulis velit) ab urbe S. Dionysii longius quam Parisios regni caput, tanti martyris principales reliquiæ præsertim, ut remanerent, alteriique loco propriæ essent, leguntur exportatæ. Harum porro reliquiarum virtus, non tantum aut in morbis sanitatem, aut victoriam in præliis, sed incrementum quoque et prosperitatem regnis et imperiis importavit. Quod Henrico regi Saxoniæ Caroli Simplicis Francorum regis legatus haud obscure indicavit. Nam cum ei manum S. Dionysii (38) auro gemmisque inclusam, fidei et amicitiæ testem Caroli nomine offerret, his usus esse verbis memoratur (39) : « Hoc habeto pignus fœderis perpetui, et amoris vicarii. Hanc partem unici solatii Francorum Galliam inhabitantium (postquam eos deseruit insignis martyr Vitus et ad nostram perniciem vestramque perpetuam pacem, Saxoniam visitavit) communicare tecum maluit. Neque enim post-

ʸ Eccli. xxxi, 6.

quam translatum est corpus ejus a nobis, civilia vel externa cessavere bella. Eodem quippe anno Dani et Normanni regionem nostram invaserunt. » Quibus verbis vaticinari legatus voluit, non secus a Francia cum his Dionysii sacris reliquiis prosperitatem ad Saxonas transituram, quam olim cum B. Viti corpore transiisset. Quanti porro manum illam S. Dionysii æstimarit rex Henricus, idem qui superiora perscribit Witichindus : « Rex autem, inquit, munus divinum cum omni gratiarum actione suscipiens prosternitur reliquiis sanctis, et deosculatus eas summa veneratione veneratus est. » Ita ille. Nec defuit sane pietati huic et venerationi merces : quandoquidem ex illo tempore Saxonum res, Hungarorum irruptionibus nuper admodum acrisæ in pristinum restitui statum, et magna sumere incrementa, domitis bello Sclavis, Bohemis, Dalmatis, et aliis in orbem vicinis populis (quos Henricus fecit tributarios) continuatis victoriis inceperunt. Tantum scilicet in sacris reliquiis, et in convenienti earum cultu situm est boni! Quod utinam Clodoveus II intellexisset (40-41), atque a contrectandis Dionysii sanctissimis ossibus irreverentes manus abstinuisset! næ et mens illi firmior, et ejus regno prosperitas major constitisset. Verum ubi martyris brachium minus pie et religiose utilat atque abscidit, tum et ipse mente motus est, et haud modice attonsa magnanimæ illius gentis est gloria. Ac licet ablatam brachii partem, auro et gemmis ditiorem postea reddiderit, et varia insuper donaria S. Dionysii cœnobio pro recuperanda integræ mentis firmitate contulerit, nunquam tamen ita revaluit quin ad supremum usque tempus aliqua insaniæ vestigia prætulerit, magnum sane regibus documentum, quantus ad res sacras horror et reverentia afferenda sit ; et quam non leviter, tametsi cum pietate (qua forsan, et Clodoveus non omnino caruit) sanctorum membra nec frangenda nec disjungenda sint (42). Et vero tantam inesse virtutem ipsius sacri corporis reliquiis, quid mirum? quando et vela et serici panni, quibus eæ involvuntur, adversus potestates tenebrarum harum et terribiles dæmonum carnificinas haud parum possint. Nam cum anno Domini millesimo quinquagesimo, quo detectum corpus, et palam venerationi expositum fuit, quidam ex iis abbatibus qui ad eam solemnitatem accesserant, nonnullam antiquissimi veli partem, quo obvolutum corpus fuerat (nam velum novum, idque pretiosissimum, miserat Henricus I rex Francorum) inde ad monasterium suum asportasset, atque obsesso cuipiam a dæmone homini gentili et a fide nostra alieno admovisset, mox ille obsessor quamvis alias atrox et importunus, serio abscessit et aufugit : et homo ille ab ista tyrannide vindicatus aquis ablui salutaribus, et Christianis accenseri expetiit. Denique tanta fuit non regum modo aut virorum virtute præstantium erga S. Dionysii sacras reliquias affectio pietatis atque religio, sed etiam indiscriminatim totius populi Galliæ, ut existimarent hominem tam insigniter improbitatis ac nequitiæ reperiri neminem posse, qui coram venerando tanti totius Galliæ patroni tumulo dejerare aut mentiri ausus esset (43). Hinc non raro accidebat, ut si quis vel injustitiæ vel cujuslibet alterius grandis flagitii reus objectum sibi crimen inficiaturus in judicio videretur, is ad S. Dionysii tumulum tanquam ad rem maxime sacram et inviolabilem jurisjurandi gratia traheretur. Ibi enim vel stimulus conscientiæ fodicantibus, vel pœna scelerum cito consequente, certa veritatis edebantur indicia. Talibus nimirum Deus opt. max. sanctos suos dignatur honoribus; tam præsentibus eorum contemptores prosequitur terroribus, ulciscitur suppliciis. Hactenus quæ sanctus Dionysius egerit vidimus : quid scripserit, requiramus.

NOTATIONES.

(35) *Sanctissimum Dionysii corpus habuit*, etc. Probabimus infra fuse quæstione 4, corpus S. Dionysii fuisse semper, et nunc esse in Francia.

(36) *Nam Rhemos quidem*, etc. Testis est Flodoardus lib. I *Historiæ Ecclesiæ Rhemensis*, cap. 4, sub finem, aliquando fuisse Rhemis sancti Dionysii corpus : « Quadam denique sabbatorum die, inquit, jam vespera Dominici diei accedente, quædam paupercula, nomine Gillaidis, ex familia S. Dionysii villæ Cortis superioris, dum molam manu verteret, manubrium molæ ipsius inhæsit dexteræ, ita ut divelli posset a nemine. Tandem molæ manubrium ex utraque parte manus abscindere cogitur, indicium nolens secum ferre miserabilis operæ. At salutis suæ sollicita, quoniam B. Dionysii tunc Rhemis (ob infestationem paganorum) servabantur membra, veloci gressu ad ejusdem S. martyris Domini sui contendit accedere pignora, » etc.

(37) *Semel item a Carolo Magno*, etc. Vetus ms. cœnobii Sancti Dionysii prope Parisios : « Itaque non tantum gloria, inquit, verum et potentia Carolus Magnus, cum bellum adversus Saxonas mirabili industria administraret, et sui præsentia vires exercitus acueret, Fardulphum B. Dionysii Areopagitæ abbatem, inter alios, qui ad ferendum pondus prælii, et gentis audaciam comprimendam evocati undique construxerant, contigit accidisse. Hic sacra beatorum martyrum pignora secum ferre jussus fecerat, et custodes clericos, qui secum proficiscebantur, uti eis vicissim succederibus debita exhiberetur religio, delegaverat. » Ita ibi.

(38) *Nam cum ei manum S. Dionysii*, etc. De manu S. Dionysii a Carolo Simplice, Francorum rege, ad regem Saxoniæ missa, scribit Sigebertus in Chronico ad annum Domini 922, his verbis : « Carolus rex Francorum cum auxilio Lotharensium,

A juxta urbem Suessionis pugnans contra Robertum fratrem Odonis regis, qui contra se regnum Francorum invadebat, eum cum multis peremit, et se et Franciam Henrico regi submittit, eique in pignus perpetui fœderis et amoris mittit manum pretiosi martyris Dionysii Parisiensis, auro gemmisque inclusam.

(39) Witichindus, l. I *Gestorum Saxonicorum*.

(40-41) *Quod utinam Clodoveus II intellexisset!* De Clodovei adversus sanctum Dionysium irreverentia hoc habemus Adonis Viennensis in Chronico testimonium : « Clodoveus rex, inquit, temere agens, brachium B. Dionysii martyris abscidit. Ab eo tempore (sicut Franci tenuerunt) regnum ipsorum cadere cœpit variis casibus molestatum. » Robertus Gaguinus, lib. III *Historiæ Francorum*, cap. 4 : « Hujusmodi religiosis operibus, inquit, cum maxime operam daret Clodoveus, neque ullis agitaretur bellis, aperto divi Dionysii feretro, brachii partem B inde abstulit. Quod tametsi reverenter haberet, protinus tamen mente concidit, secutæque sunt per Dionysiacum templum tenebræ, et rerum omnium obscuritas : ut qui illic aderant pavitantes citissime inde aufugerent. Rex, etsi insano non dissimilis esset, brachii partem ablatam auro circumdatam, et multis gemmis decoratam beato corpori restituit, simulque donaria monasterio attribuit, quibus meliorem sibi mentem recipere posset. Qui etsi paulum meliusculus exstiterit, præ se tamen tulit insaniæ vestigium. » Sic ille.

Hæc ipsa, ut opinor, est manus quam postea Carolus Simplex (de quo hic paulo ante) ad Henricum Saxoniæ regem misit.

(42) E veteribus codicibus S. Dionysii apud Parisios.

(43) Gregor. Turon., l. V *Hist.*, c. 32.

CAPUT XXX.
Librorum sancti Dionysii index (44).

Primam in theologia laudem, secundum Scripturæ sacræ libros, sibi ex doctorum et piorum consensu vindicant sancti Dionysii Opera, multis probata et laudata 'cum philosophis tum theologis. Quorum librorum pars optima, Dei beneficio, hodie superest : nonnulla portio injuria temporum interiit. Supersunt hodie libri :
De cœlesti hierarchia, 1. *De divinis nominibus*, 1. *De ecclesiastica hierarchia*, 1. *De mystica theologia*, 1. Item Epistolæ : *Ad Caium*, 1. *Ad Sosipatrum*, 1. *Ad Demophilum*, 1. *Ad B. Joannem evangelistam*, 1 (45). *Ad Dorotheum*, 1. *Ad Titum*, 1. *Ad Apollophanem*, 1. *Ad Polycarpum*, 1.

His porro superstitibus hoc insigne laudis merito ascripsit seu Ambrosius Camaldulensis, seu Jacobus Faber Stapulensis, seu quilibet alius, quisquis primus fuit, *theolog a vivificans, solidus cibus*. Nihil enim in omnibus istis Areopagitæ scriptis facile reperias, quam solidum cibum, quam theologiam vivificantem.

De symbolica theologia. De anima. De divinis hymnis. Theologicæ informationes. Du justo et divino judicio. De iis quæ intelligentia et quæ sensu percipiuntur.

Quibus libris magno Ecclesiæ damno deperditis, idem qui supra, quisquis ille fuerit, hanc jure bono affixit tristis naturæ epigraphen : *Infinitus thesaurus aut deperditus aut absconditus*. Scripsisse autem Dionysium libros ejusmodi, nulli magis quam ipsi credimus. Quippe qui in iis, qui modo exstant, istorum qui non exstant, a se scriptorum meminerit. Libros porro qui supersunt, egregiis Deus opt. max. decoravit miraculis. Anno enim a Christi ortu circiter octingentesimo vigesimo quarto, cum Michael Balbus imp. Orientis legatos ad Ludovicum Pium regem Francorum et Occidentis imp. misisset, eo ipso die quo libri S. Dionysii per Theodorum diaconum, Ecclesiæ Constantinopolitanæ œconomum, qui unus erat e legatis, ad cœnobium Dionysianum allati sunt (erat autem Vigilia S. Dionysii) novemdecim insignes variorum morborum curationes meritis tanti martyris designatæ sunt, eæque in personis notissimis, nec longe ab eodem cœnobio degentibus. Duobus autem fere post hæc sæculis, sive sub annum Domini nongentesimum sexagesimum septimum, Othone Magno imperante, aliud accidit prodigium, quod totidem hic verbis referam, quot nobis transmisit sanctus Odilo presbyter in Vita S. Majoli abbatis Cluniacensis : « Cum esset, inquit, aliquando sanctus Majolus in monasterio sanctissimi martyris Dionysii, et pro consuetudine nocturnis horis legeret ejusdem martyris et admirabilis philosophi librum *De hierarchia cœlesti*, gravi in eum incidente somno, cerens e manu ejus in libri paginam decidit : et ecce rem stupendam, ignis et naturæ suæ officium persequens, ellychnium et ceram consumpsit, paginam violare non est ausus ! » Ita S. Odilo.

NOTATIONES.

(44) Indicis librorum S. Dionysii, duplex ordo ponitur : unus eorum qui supersunt, alter eorum qui perierunt. Quod autem hos scripserit quos periisse diximus, ex illis ipsiusmet scriptis, quæ supersunt, habemus testimonium.

De symbolica theologia enim meminit c. 15 libri *De cœlesti hierarchia*, et cap. 1 et 13 libri *De divinis nominibus*, et capite tertio *De mystica theologia*, et Epistola ix quæ est ad Titum.

Theologicarum informationum meminit c. 1 et 2 libri *De divinis nominibus*, et c. 3 *De mystica theologia*.

De anima meminit cap. 4 libri *De divinis nominibus*.

De justo et divino judicio mentionem facit ibidem.

De divinis hymnis meminit cap. 7 libri *De cœlesti hierarchia*.

De iis quæ intelligentia et sensu percipiuntur, sive, ut vulgo, *De intelligibilibus et sensibilibus*, meminit capp. 1 et 2 libri *De ecclesiastica hierarchia*.

Sunt qui inter hos deperditos recenseant librum *De angelicis proprietatibus et ordinibus*, cujus fieri putant mentionem in libro *De divinis nominibus*, cap. 4, sub initium in illis verbis : Καὶ ὅσα ἄλλα εἴρηται πρὸς ἡμῶν ἐν τῷ Περὶ τῶν ἀγγελικῶν ἰδιοτήτων καὶ τάξεων· *Et quæcunque alia a nobis dicta sunt in tractatu De angelicis proprietatibus et ordinibus*. Ad quæ verba sic S. Maximus in Scholio : Ἰδοὺ ἄλλο πόνημα Διονυσίου ζητεῖται· *Ecce aliud opus Dionysii desideratur*. Verum melius alii intelligunt, tantum significari partem cum libri *De cœlesti hierarchia*, in qua proprietates et ordines angelorum exponuntur. Cum enim id ibi luse tractatum sit, cui bono alius de ea re liber scriberetur ? Tenet etiam non esse disjunctum librum, illa insignis Cartlusiæ lux et pulchra Eburonum gemma Dionysius Richelius, in sua *Elucidatione librorum S. Dionysii*.

Aliqui etiam addunt librum *De legali hierarchia*, cujus meminerit cap. 5 *Ecclesiasticæ hierarchiæ*. Sed male dispunxerunt, et perperam intellexerunt Dionysium ; qui sic legendus est : Ὁ μὲν ἱερὸς λουτήρ, ὡς εἰρήκαμεν, ἐν τῇ κατὰ νόμον ἦν ἱεραρχίᾳ. Isti autem sic legerunt, ὡς εἰρήκαμεν ἐν τῇ κατὰ νόμον ἱεραρχίᾳ, sine ulla distinctione post vocem εἰρήκαμεν, hoc sensu : *Ut diximus in legali hierarchia*. Sed aliam esse sensum, ostendit Pachymeras in sua paraphrasi his verbis : Ὁ ἱερὸς λουτήρ, ὁ ἐν τῷ νόμῳ εἰρημένος. *Sacer luter, de quo in lege dictum est*, sive *sacrum lavacrum*, *de quo est sermo in Veteri Testamento*. Et paulo post idem Pachymeras : Ὡς γὰρ ὁ νόμος εἶχε λουτῆρα, οὕτως ἐνταῦθα ἡ ἀπόνιψις γίνεται τῶν χειρῶν. *Sicut lex habebat luterem, ita hic ablutio fit manuum*. Quod ut clarius explicem, habet hunc sensum : Ut in lege veteri erat lavacrum, in quo sacerdotes lavabant manus ac pedes, antequam ad offerendum thymiama accederent : sic in nova lege sacerdotes ante sacrificium debent extremas manus lavare. Itaque ἡ κατὰ νόμον ἱεραρχία nihil aliud significat, quam *legem veterem*, seu *Vetus Testamentum*. Sic accepit idem Dionysius cap. 5 *Ecclesiasticæ hierarchiæ*, sub initium, de Judæis loquens, quibus, tanquam pueris, Deus dedit legem : Νηπίοις μὲν οὖσι, κατὰ τὸ Λόγιον, ἐδωρήσατο τὴν κατὰ νόμον ἱεραρχίαν. *Quibus*, inquit, *pueri cum essent, dedit hierarchiam legalem*, id est legem, sive statum legis. Quare melius hunc S. Dionysii locum intellexit Pachymeras, quam S. Maximus : si tamen idem Maximus (quod hodie legitur) Dionysii verbis addidit : Σημαίωσαι, ὅτι οὐ λουτὴρ ἦν ἐν τῷ νόμῳ, καὶ ὅτι σύνταγμα ἔχει ἄλλο περὶ τῆς κατὰ νόμον ἱεραρχίας, ὅπερ οὐ φέρεται. *Nota, in lege non fuisse luterem, et Dionysium habere alium tractatum de hierarchia*

(45) Hujus ad B. Joannem Epist. meminit S. Damascenus, orat. 3 *De imaginibus*.

archia legali, qui non exstat. Verum nequaquam mihi tam sacrarum Litterarum ignarus aut obliviosus censeri potest S. Maximus, ut nescierit, aut non meminerit, in Veteri Testamento fuisse luterem seu pelvim, seu labrum æneum, seu mare fusile (idem enim hæc significant) in quibus sacerdotes lavarent. Nec enim uno in loco, sed in pluribus eorum fit mentio; nempe Exodi XXX, 18: *Facies et labrum æneum cum basi sua ad lavandum; ponesque illud inter tabernaculum testimonii et altare. Et missa aqua, lavabunt in ea Aaron et filii ejus manus suas ac pedes, quando ingressuri sunt tabernaculum testimonii, et quando accessuri sunt ad altare, ut offerant in eo thymiama Domino, ne forte moriantur.* Et Exodi cap. XXXVIII, 8: *Fecit et labrum æneum cum basi sua de speculis mulierum, quæ excubabant in ostio tabernaculi.* Et lib. III Reg., cap. VII, 23: *Fecit quoque mare fusile decem cubitorum a labio usque ad labium, rotundum in circuitu.* Et idem quoque repetit totidem fere verbis II Paralip. IV, 2, et addit v. 6: *Porro in mari sacerdotes lavabantur.* Hæc igitur S. Maximum virtute et eruditione maxima præditum latere potuisse quis credat? Quare sicut Lansselius noster illud Scholion, tanquam adulterinum ex parte, a S. Maximo juste amovet; ita ego totum ab eodem justius amolior. Nam si posterior pars non est sancti Maximi, certe multo minus prior. Nam propter priorem adjecta est posterior. Quia enim existimavit adulterini hujus scholii ineptus et indoctus intrusor, non fuisse in lege luteres seu pelves ad lotionem sacerdotum ante sacrificia, et S. Dionysii verba male accepit ac distinxit, propterea adjunxit illam posteriorem partem: *Et Dionysium habere alium tractatum de hierarchia legali, qui non exstat.*

Dicitur præterea sanctus Dionysius scripsisse martyrium sancti Eutropii consodalis sui, atque ad Clementem pontificem misisse, rogasseque ut illud deinde in Græciam suis legendum consanguineis mitteret. Epistola Dionysii ad dictum pontificem una cum codice martyrii missa, in hanc scripta erat sententiam: *Eutropium, quem mecum in has oras ad prædicandum Christi nomen misisti, significo apud Sanctonas urbem a gentilibus pro Domini fide trucidatum, martyrii coronam percepisse. Quapropter tuam paternitatem humilier exoro, ut hunc passionis ejus codicem consanguineis meis et notis et amicis et fidelibus in Græciæ oris, Athenis præcipue, quam citissime poteris, mittere non differas. Quo et ipsi et cæteri, qui a B. Paulo novæ regenerationis lavacrum una mecum acceperunt, cum audierint gloriosum martyrem pro Christi fide crudelem necem subivisse, gaudeant se tribulationes et angustias pro Christi amore sustulisse.* Hæc Epistola, ut et codex passionis (quæ Calixtus papa II Constantinopoli in schola Græcorum reperisse dicitur, et e Græco in Latinum transtulisse) Græce jam non exstant. Vide Vincentium Bellovacensem lib. X *Speculi histor.*, cap. 18. Ibi exstant Acta sancti Eutropii, sed incertum est an ea sint quæ sanctus Dionysius perscripsit, an vero desumpta tantum ex illis, saltem ex parte.

VITA ET ENCOMIUM

SANCTI DIONYSII AREOPAGITÆ

Ex Menæis Græcis, mensis Oct. die 3,

Interprete Petro Lansselio, Gravelingano, Soc. Jesu presbytero.

Divino correptus numine Paulus, concione ad populum habita, sacrorum interpretem gratiæ hamo vitæ sapienter dedit, ineffabiliumque contemplatorem effecit, dum te vas electionis conspexit, cum quo, diviniloque Dionysi, pro laudum tuarum cupidis Deum exora.

Mentem angelis honore parem, Pater Dionysi, virtute præstitisti, mundo superiorem horum hierarchiæ bonum ordinem sancte indagasti, cujus norma cœtus Ecclesiæ composuisti, cœlestium ordines imitatus.

Maxima cum sapientia, beate Dionysi, qui Deo, quantum licet, es similis, tuam divinorum nominum Deo plenam expositionem arcano sensu religiose, tu qui divina sapis, explicuisti, excellentissima unitione quæ mentem vincunt edoctus mundique erudiens fines.

Andreæ Hierosolymitani aut Byzantii.

Invisibilem divinæ cognitionis profunditatem te, illustrissime Christi martyr, appellabimus, sicut etiam gravis armaturæ militem, ac validum Ecclesiæ propugnatorem. Te, o sapiens, prædicamus: purissimo enim illuminatus igne, fulgoreque spiritus mente, Dionysi, resplendens, dignus es habitus cum cœlestibus exercitatis splendidam vestem Christum induere, ideoque ornatissimam tui memoriam celebrantes, fide laudamus, qui te gloriosum voluit Dominum.

Canon sancti cujus acrostichis: « *Mentem honoro sapientium doctrinarum,* » *Theophanis.*

A divino Paulo cœlestium contemplatore institutus, Dionysi, mox cœlestis magister et divinus concionator evasisti.

Divina illustratus gratia, illustra, o beate, eorum qui te laudant animas, ut tuas Deo afflatas intelligant doctrinas, Dionysi.

Mentis atque animæ puritate cœlestium ordinum fulgores addiscere meruisti, eorumque videre per choros dispositiones, Dionysi.

Ad B. V.

Lucifer thalamus incarnationis omnium Conditoris pro nobis factæ, judicata es; ex te enim, Dei genitrix, nostram induit carnem.

Supra cœlestes elevatus fornices, sancte, mundo superiorum ordines et exercitus et splendores, omnium sublimi sermone sapientissimisque expositionibus manifestasti.

Altæ immersus contemplationi, gloriose, divinorum nominum explicationem divine protulisti, Trinitatis theologus effectus Dei gratia, in Deo beatissime.

Amore divino mortuus præsentibus, philosophiæque intentus studio, vivificarum supra mentem gratiarum Deiferum fuisti, Pater, instrumentum.

Ad B. V.

Virgo agricultura cuncta facientis spiritus omnium Domino corpus pro fructu protulisti, in quo mundi peccatum condemnavit, vitamque perennem instar fontis emisit.

Bonum Ecclesiarum ordinem composuisti; in ipsis enim, Pater, formando depinxisti imagines sacræ fictionis virtutum formæ expertium similes, per quas instituitur ac illustratur universa fidelium religiosa congregatio.

Tuæ fluenta theologiæ, a Deo correpte, prata rationalia et semper virentia atque in fidei rectitudine consita valde irrigant; unitatem enim essentiæ in personarum Trinitate venerandam monarchiam prædicasti.

Vehemens hierarchiæ cœlestis desiderium atque erga Deum amorem, et firmam erga divinam necnon incomprehensibilem altitudinem propensionem prudenter docuisti eos qui in fide clamant, gloria potestati tuæ, o amans hominum.

Ad B. V.

Sacer salutis operator fuit Filius tuus omnibus te laudantibus et viæ et lucis ductor et justitia, Virgo, et redemptio : propterea te Deiparam vere ac proprie unanimiter prædicamus.

Sonus verborum tuorum, tanquam cœlestis quædam vox delatus mentes Dei expertes attonitas reddidit gratiæ sermone, ac divinarum lucidissimis doctrinarum radiis corda fidelium illuminavit.

Similis fuisti mercatori margaritas quærenti, beatissime ; unaque revera pretiosissima margarita inventa, ac ejus deificas miratus lucis emissiones, hierarcha, Deum es confessus.

Sapientiæ fontem, sapientissime Pater, amasti, ejusque philtro et amore circumactus unus e multis fuisti, fluminaque divinorum laticum, afflate Deo, perenniter facis.

Ad B. V.

Velut gratia plena pulchrificum supra omnes accepisti decorem, qui voluntate sola condidit universa, divinaque pulchritudine, atque pietatis illustratione, Dei genitrix, nos venustavit.

Legis præscripto philosophorum sapientiæ donum consecutus, divine Deo plenus de rectæ fidei dogmatibus disserens, deseruisti, beatissime, quibus absumebaris : fideles te beamus.

Tu qui divina sapis, Deum decente ornatus intellectu, ad divinum præceptorem aures tuas inclinasti, ac supermundanam ab eo sapientiam edoctus es, Dionysi.

Vita tua admirabilis, sermo admirabilior, lingua tua splendida, os tuum ignem spirans, beate Dionysi, tua vero mens, Pater, summe Deo quam simillima.

Ad B. V.

Ad te Gabrielis vocem, Ave, fide clamamus, ex qua nobis ineffabiliter qui excellentissime auctor est vitæ, vir natus est, ac cum hominibus conversatus ille hominum amans.

Sicut cœlestis imber in sitienti terra doctrinæ tuæ fidelium corda semper avida impinguant, et docent insatiabiliter clamare : Benedictus Deus patrum nostrorum.

Concinnum Spiritus sancti habitaculum visus es, atque hujus inspiratione ac declaratione ea quæ prophetis propria sunt, quam maxime prædicens, sapiens Dionysi, exclamans : Benedictus Deus patrum.

Ad B. V.

Ecce nunc impletum est Isaiæ vaticinium : In utero tuo, Virgo, Verbum habuisti datoremque vitæ genuisti, cui clamamus omnes : Benedictus Deus.

Ut transparens speculum fuisti, Dionysi, purarumque capacem illustrationum mentem virtute effecisti, o felicissime ; scintillarum mentem excedentium splendores suscipiens clamabas : Sacerdotes, benedicite.

Abundantissima diffusa est in labiis tuis gratia ; unde doctrinas Deo plenas proposuisti, harum sensuum modo naturam vincente explicans et declarans, ac clarissime aperiens nobis qui fide canimus : Sacerdotes, benedicite.

Notissima fuit per te, Dionysi, celebris Atheniensium metropolis, dum Christo sacratissimum etiam præsulem obtulit, omnium regi concinens perpetuo : Pueri, benedicite.

Ad B. V.

Mater Dei irreprehensibilis, animæ meæ vulnera, et peccati cicatrices dele ; Filium enim genuisti, qui potestatem habet catenis lapsuum vinctos ex indissolubilibus vinculis facile relaxandi, qui solus est Deus benefactor in sæcula.

Dignus fuisti esse sanctorum apostolorum contemplator, ac collaborator fuisti particeps gloriæ, atque cum ipsis festinasti ad conspectum corporis reipsa vitæ principii solius Deiparæ et augustissimæ, quam pro meritis magnam prædicamus.

Hæres divini in cœlis regni factus es, ut legitimus episcopus, Pater, ut invictus pugil sacerdotii unguento sanguinem martyris commiscuisti ; ideo duplices coronas merito accepisti, sacre initiator Dionysi.

Ut habens loquendi cum Deo libertatem, sapiens episcope Dionysi, semper intercede, ut qui pie te laudant ex tentationibus eripiantur : ineffabilium initiator contemplationum, sicut arcanæ ac divinissimæ bonitatis sacer es interpres.

Ad B. V.

Venerandam Ecclesiam hæreses generose vincentem ostende, quam Christus, o gratia plena, Filius tuus pretioso sanguine suo ut bonus comparavit, et periculis eripe, atque ab ea quæ nos occupat tyrannide redime.

Dionysi beatissime celebris coryphei Pauli discipule, occultorum cognitionem ab eo edoctus fuisti, unde fulgentem in Ecclesia facem ponit, religiosæ Athenarum civitatis ordinans episcopum, quam recta præditam fide tuis precibus, sapientissime Dei præco, custodi.

Ad B. V.

In honoranda dormitione tua, Virgo sanctissima, Dionysius aderat cum Hierotheo et divino Timotheo, quisque una cum apostolis hymnum gloriæ tuæ convenientem decantans, cum quibus etiam nunc mortalis lingua omnis te Dei parentem mundique patronam laudat.

Inter sacerdotes et martyres excellis, sancte, fidus ostensus es pastor, et calicem Christi bibisti ; quare in utroque ipsi Christo bene placuisti, ora pro nobis omnibus, qui cum cœlestibus ministris in lumine habitas.

Contacium.

Cœlestes penetrans in spiritu portas, Apostoli qui supra tres cœlos ascendit, factus, Dionysi, discipulus, omnem ineffabilium cognitionem ubertim accepisti; eosque qui in tenebris ignorantiæ dormiebant, illuminasti ; ideo clamamus : Ave, universi pater mundi.

Œcus.

Dionysius magnus qui ex hominibus ob virtutes angelus vocatus est, universam tanquam aliger cœlestem edoctus est cognitionem : quare canticis ut angelum honoremus, ad illum talia clamantes : Ave, qui Christum per Paulum agnovisti. Ave, qui multos ad Christum convertisti. Ave, tabernaculi pluribus inservientis diis pernicies. Ave, consilii a Deo cogniti specula. Ave, liber a Deo inscripte mysteriorum thesaure. Ave, tabula a Deo formata, et cœli dioptra. Ave, quod Domini passionem conspexeris. Ave, gutta amentiam excavans. Ave, sepimentum contra impiorum accessum. Ave, fax fideles illustrans. Ave, pater universi mundi.

Hic divitiis, et gloria, et scientia, et sapientia, omnes superans, unus ex Areio pago senatorum erat, atque a magno Paulo venatu captus et baptizatus ordinatur episcopus, ineffabilia mysteria a sapiente Hierotheo edoctus, et libros reliquit opinione majores, et admirandos, et sublimissimos, ex quibus interim unius meminisse opportunissimum.

Cum aliquando in Cretam venissem , inquit, me Carpus hospitio excepit, vir, si quis alius, propter magnam mentis puritatem ad cernendum Deum aptissimus. Neque enim sacros mysteriorum ritus aggrediebatur, nisi prius ipsi in iis precibus, quæ antea perfici solent, sacra et læta apparuisset visio. Is quidem narrabat, cum a quodam, qui a fide religioneque nostra abhorreret, forte offensus esset (tristitiæ autem causa erat, quod ille ab Ecclesia quemdam ad impium cultum traduxerat), tum cum etiam ab ipso (scilicet Christiano, propter baptismum) Hilaria agerentur ; cum benignam pro utroque ad Deum precationem fundere necesse esset, Deoque servatore adjutore adjuncto, illum quidem convertere, hunc vero vincere benignitate nec desisteret admonere per omne tempus, usque ad hunc ipsum diem, atque ita demum eos ad Dei notitiam deducere ; quasi jam ea, de quibus antea dubitarent, dijudicata essent, et ab iis quæ inconsiderate ausi essent, resipiscere legitima severitate cogerentur ; tum tamen id quod nunquam sibi usuvenisset, haud scio quomodo magno quodam et acerbo animi dolore confectum, quieti dedisse; ac se quidem dormisse ita male affectum (erat enim vespera) ; media autem circiter nocte (solitus enim erat hoc tempore per se ad divinos hymnos vigilare) surrexisse quidem, cum nec somnum ipsum qui altus fuisset, et semper interruptus sine conturbatione cepisset, stantem tamen ad divina colloquia, irreligiose doluisse, et acerbe tulisse, dicentem, non esse æquum viros impios vivere, et qui vias Domini rectas perverterent : hæc dicentem, precatum esse a Deo, ut amborum vitam, sine misericordia turbine aliquo igneo abrumperet. Quæ cum dixisset, commemorabat sibi visum esse videre repente domum in qua staret, agitari primum, deinde a vertice in duas partes dimidias dividi, et ante se rogum quemdam magni luminis, eumque (sub dio enim locus ille esse videbatur) e cœlo usque ad seipsum deferri : cœlum vero apertum et in convexa cœli superficie Jesum assistentibus innumerabilibus angelis, hominum figura et specie. Atque hæc quidem a cœlo videri summa cum sua admiratione. Cum autem ipse deorsum oculos convertisset, cernere se aiebat etiam terram ipsam ita discessisse, ut obscurus quidam et tenebricosus hiatus exsistere videretur : atque homines quidem illos quibus male precatus esset, ante se ad os hiatus stare trementes et miseros, et qui fere præ pedum suorum instabilitate demergerentur : ab inferiore autem loco ex hiatu angues sursum serpere, atque ad eorum pedes cum sensim moverentur, interdum quidem sibilare minantes, simul et deprimentes atque trahentes : interdum autem dentibus aut caudis incendentes, vel demulcentes, omnique ratione agentes, ut eos in hiatum illum injicerent. Esse etiam quosdam in medio, qui una cum serpentibus in homines illos invaderent exagitatione, pulsu, et percussione : visos autem esse viros decidere, partim sponte, partim invite, quod a malo sensim cogerentur. Narrabat porro Carpus se voluptatem capere solitum, cum inferiora aspiceret, superiora vero negligere : graviter autem ferre et negligere, quod nondum decidissent, atque in hanc rem cum saepe incubuisset, nec profecisset, et acerbe tulisse, et male precatum esse : cum vix tandem coelum aspexisset, vidisse quidem illud rursum, quemadmodum etiam antea vidisset : Jesum autem quem ad misericordiam, id quod gerebatur commovisset, surrexisse ex coelesti solio, et cum ad eos descendisset, manum benignam porrexisse, et angelos qui una auxilium ferrent, viros alium alia ex parte retinuisse, dixisse Carpo Jesum porrectam adhuc manum habenti : « Feri me jam; paratus sum enim rursum salutis hominum causa mortem perpeti : mihique hoc pergratum est, dum alii homines non peccent. Sed vide, num tibi utile sit hanc in hiatu et cum serpentibus mansionem, mansioni cum Deo et benignis hominumque amantibus angelis anteponere. »

Ipse igitur, formam ecclesiasticae constitutionis interpretatus, postea ad occidentales partes imperante Domitiano pervenit, multisque exhibitis in civitate Parisiensi miraculis, capite plectitur : ac dum ipsum propriis manibus suscepisset, ad duo milliaria progressus est, cum spectantium admiratione, neque prius ipsum demisit, quam mulieri, cui nomen Catula, occurrens, ab ea, divino prorsus consilio, comprehensus, ejus manibus veluti thesaurum aliquem imposuisset : similiter Rusticus et Eleutherius illius discipuli capite plectuntur, atque cum sacri praeconis et martyris corpore sanctorum corpora abjiciuntur, feris et avibus in pabulum objecta. Quidam vero fidelium reliquias sanctorum capiunt, et in obscuro loco deponunt propter ingruentem carnificum timorem : cum illi autem abiissent, beata Catula martyrum reliquias in aliquo templo collocat, die tertia Octobris. Erat vero, si corpoream spectes speciem, magnitudine mediocri, macer, subpallidus, naso aliquantulum depresso, superciliis contractis, oculis defossis, auribus magnis praeditus, canus, comatus, barba quae labra quidem vestit moderate promissa, quae autem a mento exit rara, paululum ventrosus, digitis oblongis. Festum ejus celebratur in sanctissima magna Ecclesia.

R. P. BERNARDI M. DE RUBEIS

ORDINIS PRAEDICATORUM

De operibus, quae vulgo Areopagitica dicuntur ; deque auctore, ejusque fide, an orthodoxus fuerit, an haereticus, vel Apollinarista, vel Monophysita, seu Eutychianus,

DISSERTATIO

ADVERSUS MICHAELEM LEQUIENUM ALIOSQUE.

I.

Orthodoxi quinque episcopi in collatione Constantinopolitana anno 532, videntur opera vulgo Areopagitica rejecisse, veluti foetus Apollinaristarum.

Opera quae vulgo Areopagitica audiunt, sive testimonia quaedam ex illis deprompta, prima vice coram palamque allegata a Severianis haereticis invenimus, qui Constantinopoli collationem cum orthodoxis episcopis anno 532 habuerunt. Severiani erant impia propago Eutychianorum seu Monophysitarum, qui unam in Christo naturam contra fidem catholicam ac synodi Chalcedonensis definitionem propugnabant. Nomen obtinuere a Severo, qui primum Petri Mongi partes adversus Timotheum Solophaciolum catholicum Alexandriae antistitem sectatus est ; tum ab ejus postea communione abstinuit, Zenonis imperatoris edicto, *Henoticon* vocant, subscribere nolens, utpote quo non satis Chalcedonensi concilio derogari censebat : ducemque illorum se praebuit, qui ab eodem Mongo secedentes, ac nulli obtemperantes episcopo, dicti sunt Acephali. Thronum denique Antiochenum anno 512 invasit, ubi quinque annos et aliquot menses tyrannidem exercuit. Foedam adhuc vitam agebat anno 536, quo synodus Constantinopoli, praeside Menna, celebrata est. Consule Michaelem Lequienum ordinis Praedicatorum in *Oriente Christiano*, et Petrum Boschium societatis Jesu in *Historia chronologica patriarcharum Antiochiae*, inter *Acta sanctorum*, tomo IV Julii.

Nomen etiam Semieutychianorum Severianis inhaesit. Istos inter ac Eutychianos discrimen Petavius enarrat libro I *de Incarnatione*, capite 17, num. 9, ex Facundo Hermianensi, qui primus videtur Semieutychianorum vocabulum usurpasse: quod meri Eutychiani unam tantummodo naturam, eamque simplicem, post unitionem mansisse in Christo dicebant, sive in humanitatem divinitate conversa, sive potius humanitate in divinitatem absurpta, aut per eam consumpta ; quod plerique ex ista haeresi sequebantur. At Semieutychiani unam ex duabus naturam compositam sic esse constituebant, quemadmodum ex anima et corpore una consurgit integra natura humana ; ut eadem propterea Deo Patri et homini consubstantialis esset. Impium hocce dogma satis obscurum et implexum ita declarant alii, ut sine alterutrius naturæ permutatione, vel confusione, una tamen illa esset; una videlicet natura divina primas agente partes, cui accesserit humana, velut instrumentum per quod illa actiones ederet, vel quod passiones forinsecus illatas reciperet. Hac de re adhuc infra diligentiore opera agendum.

Cum his hæreticis Constantinopoli anno 532 collationem habuere orthodoxi quinque antistites, quorum primus erat Hypatius episcopus Ephesinus. Patres nonnullos vetustos, veluti unam naturam Dei Verbi decernentes post unitionem, allegabant heterodoxi homines, beatum Cyrillum, et beatum Athanasium Alexandrinæ civitatis episcopos, Felicem, et Julium Romanæ Ecclesiæ, Gregorium mirabilium factorem, et Dionysium Areopagitam. Spurias inveni ac venditari merces nihil hæsitans reponit Hypatius : « In tantum falsæ sunt, inquiens, epistolæ, sive testificationes illæ, quas dicitis, ut neque unum ex illis beatus Cyrillus voluerit recordari. » Suspicionem falsi amoliri student Severiani, et aiunt : « Quid ergo suspicamini, quia nos eas falsavimus? » Non ipsis, inquit, ab antiquis Apollinaristis hanc esse tribuendam fraudem et imposturam, ait Hypatius : « Vos non suspicamur, sed antiquos hæreticos Apollinaristas. » Tum contentione mota ob citatos Cyrilli libros *Adversus Diodorum et Theodorum*, de quibus numero sequente expendere pergit Ephesinus antistes testimonia Patrum, quæ primo loco Severiani attulerant : « Nam et beati Julii, inquiens, famosam illam epistolam manifeste Apollinaris ostendimus fuisse, scriptam ad Dionysium.... Quod autem prius dici debuit, hoc in ultimo loco dicimus; illa enim testimonia, quæ vos Dionysii Areopagitæ dicitis, unde potestis ostendere vera esse, sicut suspicamini; si enim ejus erant, non potuissent latere beatum Cyrillum. Quid autem de beato Cyrillo dico? Quanto et beatus Athanasius, si pro cervice scisset ejus fuisse, ante omnia in Nicæno concilio de substantiali Trinitate eadem testimonia protulisset adversus Arii diversæ substantiæ blasphemias. Si autem nullus ex antiquis recordatus est ea, unde nunc potestis ostendere, quia illius sint, nescio. » Ad opera igitur vulgo Areopagitica quod attinet, spuria et conficta illa esse ostendebant Hypatius ex veterum silentio, maximeque Cyrilli et Athanasii; eademque videtur habuisse pro fœtu Apollinaristarum, quemadmodum et aliorum Patrum testimonia, quæ allegaverant Severiani : « Vos non suspicamur, inquiens, sed antiquos hæreticos Apollinaristas. »

De libris Areopagiticis litem in hac collatione actam non fuisse, putat Natalis Alexander dissert. 22, sæculi primi; sed intentatam postulationem falsi adversus duntaxat epistolam, vel quædam testimonia, quæ in Areopagitæ scriptis contineri contendebant Severiani. Quod ego non ita solidum doctissimi viri existimaverim responsum cum certum sit compertumque, objecta ab heterodoxis testimonia in ipsis contineri libris, quæ tribui Dionysio Areopagitæ solent. Ex Collectaneis mss. contra eusdem hæreticos, quæ a se visa ac diligenter lustrata refert Michael Lequienus dissertatione 2 Damascenica, Severum patriarcham addiscimus in patrocinium erroris hæc attulisse sub nomine Areopagitæ verba : « Dei sancti viri novam quamdam Deivirilem operationem, » quæ habentur in epistola 4, *Ad Caium*. Affert etiam Anastasius Sinaita in 'Οδηγῷ, sed *Duce viæ* capite 13, prolatas ab Acephalis sub ejusdem Dionysii nomine sententias, quæ pariter totidem verbis in citata *Ad Caium* epistola leguntur, et in libro *De divinis nominibus*. Alia plura dabimus infra. Hæc vero satis indicant, Severianos præ manibus opera Areopagitica habuisse; ex hisce deprompta ab eisdem, quæ objiciebantur testimonia, ut una in Christo natura suaderetur, et operatio; tum ipsa vero testimonia, tum

Areopagitica scripta ab orthodoxis episcopis in collatione Constantinopolitana, veluti spuria rejecta fuisse, et ab hæreticis cusa.

II.

An Areopagitæ scripta, vel testimonia Cyrillus Alexandrinus laudaverit in libris contra Diodorum et Theodorum? *Orthodoxorum responsio in collatione Constantinopolitana. Liberati diaconi locus expensus et emendatus.*

Cum Hypatius et orthodoxi episcopi, testificationes Athanasii, Felicis et Julii Romanorum pontificum, Gregorii Thaumaturgi et Dionysii Areopagitæ, quas in medium pro veritate Severiani, veluti spurias et *ab antiquis hæreticis Apollinaristis* confictas rejecissent, reposuerunt in hæc verba ipsi Severiani, ut oppositam νοθείας notam amolirentur : « Possumus ostendere, inquientes, quia beatus Cyrillus usus est istis testimoniis in libris adversus Diodorum (Tarsensem) et Theodorum (Mopsuestenum) editis. » Hinc lis inter partes erupit, id ita esse negantibus orthodoxis, aientibus Severianis. Parvi momenti res non esset, si certo innotescere quidem posset, testimonia quædam sub nomine Dionysii Areopagitæ ante medium sæculum quintum allegasse Cyrillum Alexandrinum; obiit quippe sanctissimus Pater anno 444.

At reclamantis Hypatii verba sunt : « Modo maxime et illos adversus Diodorum et Theodorum libros ambiguos facilis, tanquam fictos; adversus mortuos prolatos dicentes, qui non poterant refellere falsitatem. Si enim adversus mortuos prolati sunt, multo magis contra Nestorium (præmiserat enim Hypatius, testimonia illa non inveniri a Cyrillo adhibita in libris contra blasphemias Nestorii elucubratis) et eos qui contra capitula ejus (nempe Cyrilli) scripserunt, proferre habuerit eadem testimonia. Sed nunc videtur, quoniam et in illis libris hæretici falsantes addiderunt ea. » Severianis reponentibus, facile posse ex antiquis exemplaribus, maxime si ex Alexandriæ archivis eruantur, comprobari, revera Cyrillum prædictas attulisse Dionysii et aliorum auctoritates; regessit Hypatius, indubitata fore duntaxat exemplaria, quæ sub Proterio, vel Timotheo Solofaciolo descripta ostenderentur; cum enim illa a multis, qui rectæ duarum naturarum confessioni adversabantur, jampridem retinerentur; adigi catholicos nequaquam posse, ut adversariorum suorum testimonia suscipiant.

Laudatum ergo a Cyrillo Areopagitam, ejusque testimonia adhibita in libris *Contra Diodorum et Theodorum*, contendebant Severiani. Dolendum hæc opera deperdita esse : quæ consulere cum non liceat, dubium manet, quod satis expediri nunquam poterit, num Severiani dixerint, in eisdem prostare Areopagitæ testimonia. Infirma quoque videntur Hypatii responsa. Reposuit primo, Cyrillo libros istos *Contra Diodorum et Theodorum* falso attribui; quæ certe responsio maxime nutat, cum illi pro genuinis admissi lectique fuerint collatione quinta synodi quintæ œcumenicæ : id quod etiam agnovere Liberatus diaconus in Breviario, capite 10, Leontius Byzantinus *De sectis* actione 8, et Eulogius Alexandrinus in *Excerptis apud Photium*. Neque solida est, quæ subditur ratio, ac si non potuerit Cyrillus veterum illorum Patrum sententias, quas prætermiserat in libris contra Nestorium viventem lucubratis, in aliis afferre libris, quos contra Diodorum et Theodorum vita functos conscripsit. Sed utriusque rationis forte cognita levitate, eo tandem se recepit Hypatius, ut eosdem Cyrilli libros diceret depravatos, hæreticorum manu testimoniis insertis, de quibus agimus : « Sed nunc videtur, inquiens, quoniam et in illis hæretici falsantes addiderunt ea. » Quo sane responso confici posse videtur in eisdem Cyrilli libris testificationes insertas esse, quæ a Severianis afferebantur, sub nominibus Athanasii, Felicis, et Julii Romanorum pontificum, Gregorii Thaumaturgi, et Dionysii Areopagitæ; at eas veluti spurias tamen rejectas ab orthodoxis, utpote « ab antiquis hæreticis Apollinaristis » confictas, additasque interpolatrice manu Cyrilli libris.

Favere videtur Liberatus archidiaconus Carthaginensis, in Breviario, causæ Nestorianorum et Eutychianorum, quod paulo po t præfatam Constantinopolitanam collationem scribebat. Sic habet enim capite 10 : « Basilius quidam diaconus, sumens tomum Procli (Constantinopolitani episcopi) quem Armeniis scripserat, Alexandriam venit : et Armeniorum libellos suis libellis adnectens, obtulit Cyrillo ejusdem urbis antistiti. Quibus (ut ferunt rumores) permotus Cyrillus, quatuor libros scripsit, tres adversus Diodorum et Theodorum, quasi Nestoriani dogmatis auctores, et alium de Incarnatione librum; in quibus continentur antiquorum Patrum testimonia incorrupta, id est Felicis papæ Romani, Dionysii Areopagitæ Corinthiorum episcopi, et Gregorii Mirabilis cognominati.» Verba illa, « ut ferunt rumores, » sensum edere videntur, rumore publico ac fama communi constare, editos a Cyrillo contra Diodorum et Theodorum libros ; quanquam et eadem verba non ad ipsos Cyrilli libros referri, sed ad solam scribendi eos occasionem datam, animadvertunt doctissimi viri.

Ad illa verba : « Dionysii Areopagitæ Corinthiorum episcopi,» notam adpingit in sua editione Joannes Garnerius : « Addita erat, inquiens, in editis codicibus vox Areopagitæ; sed expungenda fuit.» Retinendam esse vocem « Areopagitæ,» Corinthiorum expungendam, felicius conjectatur Lequieus in Dissertatione citata num. 12 : « Garnerius, inquiens, hunc locum non sanavit, dempta voce « Areopagitæ,» ac si Dionysius Corinthi episcopus, qui secundo floruit sæculo, laudatus potius a Cyrillo credi posset. Nam Liberatum hic paucis narrare constat, quid in collatione Constantinopolitana gestum sit cum Severianis; ex cujus proinde actis Areopagitæ nuncupationem retinendam docemur. Hunc vero scriptorem memoriæ lapsu, Corinthiorum episcopum, pro Atheniensem posuisse (quanquam fortasse notariorum error dici debet). Sed ejus textus sic forsan restitui potest : « In quibus continentur antiquorum Patrum incorrupta testimonia, id est Felicis papæ Romani, Julii ad Dionysium Corinthiorum episcopum, Dionysii Areopagitæ, et Gregorii Mirabilis cognominati.» Dionysium etenim illum, ad quem Julii papæ data epistola ferebatur, Corinthi episcopum appellat Leontius actione 8 *De sectis.* » Quæ ita si sese habeant, dicendum foret, in illis Cyrilli *Contra Diodorum et Theodorum* libris laudatum fuisse Dionysium Areopagitam, ejusque allegata testimonia. Sed num ea ipse adhibuerit Cyrillus, an hæretica manus addiderit, dubium est, quod in collatione Constantinopolitana haud satis expeditum videtur. Illud postremo adnotare non prætermitto, Leontii Byzantini loco citato sententiam esse, epistolam illam Julii « ad Dionysium Corinthi episcopum, quin et septem alias epistolas, quæ ejus esse dicuntur, ab Apollinare » prodiisse, tanquam auctore.

III.

Præcipuo Apollinaristarum hæreseos capiti passim adversantur Opera vulgo Areopagitica: adeoque ab eisdem non prodierunt hæreticis. Guillelmi Cavæi sententia expenditur.

Humanitatem Christi Domini mutilabant Apollinaristæ nobiliore sua parte, humana scilicet mente. Cum nempe ex duabus rebus perfectis et integris componi unum aliquid non posse existimarent, ab humanitate Christi, ut is unus agnosceretur, eam sustulere partem, quæ rationalis est, ejusdem nimia in Verbum propter unionem cum carne transferentes. Sophistas Platonicos « secutus est Apollinarius (verba sunt Nemesii capite 1 *De natura hominis*), qui aliud esse animum, aliud intelligentiam statuebant, atque ex tribus hominem constare volunt, corpore, animo, intelligentia : quo opinionis suæ jacto fundamento, reliqua suo dogmati convenienter astruxit.» Hinc inferebat ille, nedum unam esse Christi personam et hypostasim, verum et naturam unam. Hanc anathemate percusserunt hæresim synodus Alexandrina sub Athanasio anno 362, Romana sub Damaso papa anno 373, Antiochena anno 378, et Constantinopolitana, œcumenica secunda, anno 381.

Luculentissima sunt in operibus vulgo Areopagiticis testimonia, quæ impium hocce dogma funditus convellunt. De libellis Gregorio Thaumaturgo, Felici et Julio Romanis pontificibus attributis, et ex Apollinaristarum officina prodeuntibus, si credimus Hypatio in sæpe laudata Constantinopolitana collatione, hoc loco non ago. Pauca Areopagiticorum proferre loca liceat, quorum primum in epistola 4 *ad Caium monachum* habetur : *Jesus..... cæteris hominibus substantialiter aggregatus est..... in quantum est revera homo, secundum totam hominis substantiam*, κατ' οὐσίαν ὅλην. In *Scholiis*, quorum aliqua Joannes Scythopolitanus edidit, lucubravit alia Maximus martyr, legere hæc est : *« In hac autem dispensatione,* tanquam secundum totam hominis substantiam substantialis homo dicitur.... Observa autem totum epistolæ contextum, quoniam est contra omnem hæresim, tam antiquam quam novam. » *De ecclesiastica hierarchia*, capite 3, § 7, in fine legimus : *Perfectaque rerum nostratium assumptione, suarum nos participes efficiat.* Scholiastes ait : « *Perfecta*, Nota, quid de Christo dicat, sive de perfecta ejus assumptione humanitatis, etiam contra Apollinarium. » Et capite 4, num. 3, § 10, divino unguento Christus denotatur, ἐν τῇ καθ' ἡμᾶς ὁλικῇ πρὸς ἀλήθειαν ἐνανθρωπήσει, *in totali et omnimoda secundum veritatem humanitatis assumptione.* Quæ verba animadvertenda proponuntur in *Scholiis* : « Nota autem, integram naturam humanam assumpsisse, contra illos qui illum mentis expertem asserunt. » *De divinis nominibus*, capite 1, § 4, air auctor : *Se nobis* πρὸς ἀλήθειαν ὁλικῶς, *vere integre in una persona sua communicavit*. » Nempe quod dicit *integre* (ut ait Scholiastes) est etiam contra Apollinarium; significat enim, ipsum assumpsisse hominem perfectum. » Et capite 2, § 9 : Ὁλικῶς καὶ ἀληθῶς, *integre et vere nostram substantiam assumpsit*. Paria occurrunt plurima, quæ cum præcipuo Apollinaristarum hæreseos capite pugnant ex diametro.

Auctor prologi in eadem opera Areopagitica, qui nomen S. Maximi præfert in editione Corderiana, sed parentem habet Joannem Scythopolitanum, ut infra dicendum, hanc impietatis Apollinaristicæ notam jam ejus ætate impactam his verbis amolitur : « Quin audent aliqui, inquiens, hæreseos insimulare divum Dyonysium, cum prorsus non cognoscant, quæ sint hæreticorum. Si enim cum singulis, quæ in hæreticis damnata sunt, hujus dogmata conferrent, ab impiis istis multo magis distare cognovissent, quam verum lumen a tenebris. Quid enim dixerint de iis quæ de sola adoranda Trinitate ab ipso theologice exponuntur ? Quid de uno beatissimæ hujus Trinitatis Jesu Christo, unigenito Dei Verbo, qui τελείως ἐνανθρωπῆσαι, *perfecte humana indui natura voluit?* An non ψυχὴν ἔννουν, *animam intellectualem*, et corpus terrenum nostro simile recensuit?» Hæc sane qui tam diserte docet, tam perspicue profitetur, dici Apollinarista non potest.

Guillelmi Cavæi in *historia litteraria scriptorum*

ecclesiasticorum opinio fuerat, operum de quibus agimus, auctorem esse Apollinarium antistitem Laodicenum, nempe Apollinarium filium, mutilatorem mentis in Jesu Christo, regni millenarii propugnatorem. Laodiceæ, quæ Ad mare dicitur, in patriarchatu Antiocheno gestas ab illo infulas, ostendit Lequienus in *Oriente Christiano* : « Verum re melius perpensa (inquit Caveus) eruditis disquirendum relinquo, an non Apollinario patri potius, quam filio Areopagitica sint tribuenda? Certe filium, ut in aliis fidei articulis hæreticum, ita inter Millenii propugnatores recensent veteres; qui tamen error, ut notavit olim S. Maximus, in his libris liquido damnatur. Pater vero in fide sanus erat; nec de illo aliter loquuntur veteres, nisi quod Socrates semel eum eadem cum filio hæresi involvere videtur. » Hæc satis essent, inquio ego, ut Areopagitica ab hæreticis Apollinaristis haud prodiisse liquido certoque constaret. Rem quippe luculentissime confirmat aperta regni millenarii damnatio, quod Apollinaristæ heterodoxi propugnabant. Insignem locum profero ex capite 7 *De ecclesiastica hierarchia*, num. 1, § 2 : *Alii porro, nescio quo pacto ad terrenas cogitationes dilapsi, dixerunt, præsenti vitæ similem beatis promissam esse sanctissimam beatissimamque sortem; cibosque vitæ variabili proprios iis, qui angelis æquales sunt, nefarie applicuerunt. Sed absit ut unquam sanctus vir quispiam in istiusmodi errores incidat.* Appositissimum refero scholion quod sub nomine S. Maximi in Cordieriana citata editione prostat : « Beatissimamque. » Hæc ait insinuans, ut opinor, Papiam Hieropolis Asiæ episcopum, qui divi Joannis evangelistæ temporibus floruit. Hic autem Papias libro IV *Dominicarum* suarum *explanationum* scripsit, fore in resurrectione voluptates, quæ percipiuntur ex cibis : in quod quidem dogma postmodum Apollinarius credidit, quod aliqui vocant Annum millenarium. Quomodo igitur scripta S. Dionysii possint esse Apollinarii, uti aliqui delirant, cum hæc Apollinarium r. futent? »

At illa Apollinario patri tribuenda censet Caveus « qui in fide sanus erat. » Novit ipse tamen adversantem sibi Socratem. Is enim libro II *Hist. eccles.*, capite 46, ait : « Laodiceæ in Syria duo erant viri, eodem nomine nuncupati, pater et filius. Uterque enim Apollinaris dicebatur. Et pater quidem presbyteri gradum in Ecclesia obtinebat, filius vero lectoris officio fungebatur... Florebat una cum illis Epiphanius Sophista (philosophus gentilis), cui cum essent arctissimæ amicitiæ vinculo conjuncti, omni studio eum fovebant. Theodotus vero Laodicenus episcopus, veritus ne assidua hominis consuetudine paulatim ad gentilium superstitionem delaberentur, vetuit ne ad illum ventitarent. At illi parvipendentes episcopum, amicitiam Epiphanii constanter retinuerunt. Post hæc Georgius, successor Theodoti, ab Epiphanii consuetudine eos avellere conatus, cum id illis persuadere non potuisset, utrumque communione mulctavit. Id factum Apollinaris filius contumeliæ loco duxit : et sophistica dicendi facultate fretus novam ipse quoque hæresim condidit...... Et initio quidem dicebant (uterque, pater et filius) hominem absque anima a Deo Verbo assumptum esse in dispensatione Incarnationis. Postea vero tanquam pœnitentia ducti, ac pristinum emendantes errorem, adjecerunt animam quidem assumptam esse, sed quæ mentem non haberet; Deum autem Verbum mentis loco esse in homine assumpto. » Errorem utrique Apollinario communem, patri et filio, diserte narrat Socrates. Quidni ita fuerit, cum ambo arctissimo amicitiæ vinculo conjungerentur Epiphanio sophistæ gentili, a quo dogmata Platonica edocti fuerint, quibus eorum hæresim superstructam fuisse, docentem supra audivimus Nemesium?

IV.

Ante Constantinopolitanam anni 532 collationem noti erant libri Areopagitici. quos Joannes Scythopolitanus illustravit scholiis, vindicavitque ab hæreseos nota. Quis ille fuerit? Eodem tempore laudavit eos Ephræmius, patriarcha Antiochenus.

Anastasius Bibliothecarius in epistola ad regem Carolum Calvum de sua Latina, quam adornavit, translatione *Scholiorum* in *Areopagitica*, sic ait : « Ipsorum autem Scholiorum, quæcunque in calce sui signum vivificæ crucis habent, a beato Maximo confessore et monacho inventa narrantur ; et cætera S. Joannis Scythopolitani antistitis esse narrantur. » Quæ tamen in libris Dionysii anno 1562 inclusive editis (admonente Usserio Armachano apud Cavæum et Lequienum, locis citatis) simul confusa sunt Joannis et Maximi scholia; quæ non antiquioribus solum, quæ Cyparissiotæ tempore ferebantur, editionibus fuerunt distincta, sed etiam in utroque quo usus Morellius codice; in quorum altero ad marginem apposita sunt Joannis Scythopolitani sine nomine scholia; in altero vero seorsim, post absolutum textum integrum Dionysii, nomine Maximi insignita scholia ; eo breviora, quod ab amplioribus Joannis, cum quibus ea conjunxit Morellius, separata fuerant. Obiter animadverte, non ipsa Areopagitæ opera, sed scholia ab Anastasio Bibliothecario Latine translata fuisse, ut contra Vossium disseruit Labbeus. Ipsum consule.

Joannem urbis Scythopoleos in Palæstina antistitem, qui sedem illam anno circiter 496 conscendit, recenset Lequienus in ejus Ecclesiæ tabulis in *Oriente Christiano*. Apud Photium codice 231 legimus excerpta epistolæ synodicæ, quam Sophronius patriarcha Hierosolymitanus dedit ad Honorium papam adversus Monothelitas; in eaque beatus Joannes antistes Scythopolitanus memoratur, «qui docte et pie de synodo Chalcedonensi scripsit.» Synodus illa anno 451 celebrata e t. Fato functus anno 518 jam fuerat, cum eodem anno Scythopolitanam Ecclesiam regeret Theodosius.

Recenset idem Photius codice 95 libros duodecim « Joannis Scythopolitani Scholastici adversus Ecclesiæ desertores, Eutychem et Dioscorum, ejusdemque sectæ assectas, qui in duabus naturis prædicare Christum recusabant : » notatuque ipsum Joannem in suis libris præcipue insequi Basilium Cilicem Nestorianum, quem anno circiter 517 vita mortali migrasse animadvertunt bibliographi. Dubium vero, an iste fuerit idem cum Joanne episcopo Scythopoleos? Imo diversus videtur, idemque cum illo, quem Cyrillus Scythopolitanus in Vita S. Sabæ his verbis repræsentat apud Lequienum in Theodosio episcopo, laudati Joannis successore : « Erat porro quidam Scythopoli Scholasticus Joannes, Expelleutæ filius, vir bonus et animo illuminatus. » Hunc a Basilio Cilice multis scriptis exagitatum satis indicat Photius codice 107 : « Lectus est, inquiens, liber Basilii presbyteri Cilicis adversus Joannem Scythopolitam, cui et Causidici nomen. » Vitam ergo adhuc agebat hic Joannes Scholasticus Scythopolitanus sub Theodosio ejusdem urbis episcopo, quem adnotavimus sedem eamdem anno 518 conscendisse.

Hunc potius Joannem Scholasticum, quam priorem Scythopoleos antistitem lucubrasse *scholia in opera Areopagitica*, gravem ingerunt conjecturam nonnulla *scholiorum* loca animadversione dignissima. In scholio ad caput 7 *De cœlesti hierarchia*, § 3, hæc habentur : « *In*, *cœlum*. Nota contra Basilianos, sive Nestorianos, Jesum Christum ut hominem in cœlos assumptum, ipsum etiam Dominum omnium spirituum, et Regem gloriæ exsistere. » Et ad caput 7 *De ecclesiastica hierarchia*, num. 5, § 7 : « *Et sanctam illam*. Intelligit sanctam illam confessionem : *Tu es Christus, Filius Dei vivi* quod notandum est contra Basilianos, et Nestorianos, et Paulianistas, et similes. » — « Atqui nusquam alibi reperias (optima Lequieni animadversio est) Nestorianos appellari Basilianos. Hæc autem appellatio ab alio auctore indita eis esse non potuit, præterquam a Joanne Scythopolitano, qui variis scriptis a Basilio Cilice Antiochenæ Ecclesiæ presbytero lacessitus, eumdem Basilium, tanquam versutissimum Nestorianæ impietatis propagatorem, antirrheticis dissertationibus traduxerat ; veluti narrat Photius in Bibliothecæ codicibus 95 et 107. »

Jamvero sive *Scholiorum in Areopagitica* auctor fuerit Joannes Scythopolitanus antistes, sive Joannes alter Scythopolitanus scholasticus et causidicus (qua in re non adeo constans videtur sæpe laudatus Lequienus) plura colligere pronum est. I. Eadem opera ante Constantinopolitanam anni 532 collationem, tum hæreticis hominibus, tum orthodoxis nota fuisse. II. Eadem ab hæreticis adhibita contra fidem catholicam : deque illis inter orthodoxos dubitasse nonnullos, num potius Apollinaristarum fœtus essent. III. Sæculo tamen sexto ineunte, vel etiam quinto vergente ad finem, scholiis suis Areopagitica illustrasse Joannem Scythopolitanum; eadem etiam eripuisse Apollinaristis, hæreticis, tanquam auctoribus ; ac data occasione demonstrasse, quantum dogmata in eisdem contenta differrent a vetere qualibet hæresi, ac nova maxime Monophysitarum seu Eutychianorum.

Eodem tempore florebat Ephræmius, pluribus pro synodo Chalcedonensi scriptis editis clarus, quæ Photius recenset codicibus 228 et sequente. Rexit etiam Antiochenam sedem ab anno 527 ad annum 545, ut calculos subducunt Lequienus in *Oriente Christiano*, et Boschius *De patriarchis Antiochenis*, tomo IV Julii, inter *Acta sanctorum*. Areopagitica opera laudat ille, utiturque testimonio ex libro *De divinis nominibus* desumpto. Verba ejus sunt apud Photium codice 229 juxta versionem Andreæ Schoti : « Et unam Personam, hoc est Verbi incarnati hypostasim pronuntiamus. Quandoquidem simplicem ponit Jesum divus Dionysius Areopagita (in libro *De divinis nominibus*) et de hypostatica quidem unione juste contra pietatem compositum dicitur ; compositum vero dicere nemo audeat præter Apollinarium. » Vitiosam corrige translationem : « Quoniam et simplex Jesus componebatur, ἀπλοῦς Ἰησοῦς συνετέθη, secundum sanctum Areopagitam Dionysium. Etenim de unione secundum hypostasim, juste ab ipsa pietate compositum dicitur, παρὰ τῆς εὐσεβείας τὸ σύνθετον : substantiam autem compositam, σύνθετον δὲ οὐσίαν, nemo dicere ausus est præter Apollinarium. »

V.

De alio Areopagiticorum scholiaste, Dionysio Alexandrino, inquiritur. An eadem, quæ Joannes Scythopolitanus lucubravit, Dionysii Alexandrini nomine prænotata scholia fuerint? Quis ille Dionysius Alexandrinus? Magno Dionysio Alexandriæ episcopo perperam ipsa Areopagitica opera tribuenda conjicit Joannes Philippus Baraterius.

Non pauci Areopagiticorum operum Scholiastæ, nomine suppresso, memorantur in *Scholiis* quæ S. Maximo tribuuntur in editione Corderiana, quæ ntor. Ad caput 11 *De divinis nominibus*, § 1, hæc habentur : « Ad integram unitatem. Integram unitatem aliqui quidem intel.exerunt simplicem atque individuam rerum causam, ad quam omnia conversa sunt, ut quæ in ipsa consistant ; alii vero comparent universi ex elementis diversæ naturæ contemperatam. » Inter eos, honoris causa, nomine proprio vocat magnum Dionysium, Alexandriæ episcopum et oratorem. Ad caput 5 *De cœlesti hierarchia* : « *Cœlestes essentias.* Cur porro, cum Ecclesia tradat, omnes sanctos angelos unius esse substantiæ, divus Dionysius multas virtutes nominat? Magnus ille Dionysius, Alexandriæ episcopus et orator, in scholiis a se in beatum Dionysium sibi cognominem concinnatis, notat, » etc.

Petrus Halloixius quæstione 2 *De vita et operibus S. Dionysii Areopagitæ* animadvertendum proponit, non dicere S. Maximum, eum scripsisse in Dionysium Areopagitam, sed in « Dionysium sibi cognominem ; » tales autem fuisse multos, Dionysium Corinthiorum episcopum, et Dionysium papam Romanum ; adeoque certo dici non posse, loqui Maximum de Areopagita, ac non potius de Corinthio. « Si enim, inquit ille, Areopagitam intellexisset, potius, ut fert scriptorum consuetudo, sic locutus fuisset : In Notis quas scripsit in hunc ipsum Dionysium ; agebat enim tum de Dionysio Areopagita. » Verum enimvero hunc Areopagitam utroque modo nominari potuisse, scriptorum consuetudo ferre videtur. Ad hæc, par est loquendi modus, quo utitur Anastasius Sinaita, qui eodem de argumento agit in Ὀδηγῷ capite 22 : « Rursus, inquiens, cum Ecclesia doceat, unam esse angelorum substantiam, idem divinus et apostolicus Dionysius nominat supernas virtutes multas substantias. At magnus Dionysius Alexandrinus, ex rhetorum numero episcopus factus, in Scholiis quæ scripsit in sibi cognominem Dionysium, hæc habet, » etc. Eadem fere sunt verba Anastasii et Maximi ; quo tamen loco cognominis ille Dionysius intelligi sine dubio videtur Areopagita. Rem ponit extra controversiam Joannes Cyparissiota, cognomento Sapiens. *Decades ejus de theologia symbolica* habentur tomo XXI Lugdunensis *Bibliothecæ Patrum.* Decade prima, capite 1, cum Areopagiticam sententiam ex Epistola ad Titum protulisset, « Hoc dictum, addit, sanctus Maximus, et Dionysius Alexandrinus adnotarunt. » Aliam sententiam ex eadem Areopagitæ epistola cum adduxisset decade secunda capite 2, « Alter, inquit, Dionysius (Alexandrinus), hæc edisserens ait, » etc.

Usserius Armachanus in *Observationibus mss.*, ut citat Lequienus, vel ut citatio est J. Alberti Fabricii libro v *Biblioth. Græcæ*, cap. 1, num. 6 in *Dissertatione de Dionysio*, quam II. Warthonus edidit ad calcem libri *De scripturis vernaculis*, putat Joanni Scythopolitano reddenda esse Scholia, quæ Dionysio Alexandrino perperam attributa erant. « Quod ex sententia, inquit, a Cyparissiota ex Dionysii Scholiis citata patet : quæ in Scholiis istis totidem verbis reperitur, ut liquet ex Latina translatione Scholiorum Scythopolitani, a Roberto Lincolniensi episcopo facta, et in Bibliotheca collegii Corporis Christi apud Oxonienses asservata. » At mirum, inquio ego, maxime fuerit, Anastasium Sinaitam, qui sexto sæculo vitam agebat, eamque ut summum ad initia sæculi septimi traduxit, ut Bollandi continuatores notant ad diem 20 Aprilis, Scholia ignorasse Joannis Scythopolitani ejusdem sæculi sexti scriptoris, eademque Dionysio Alexandrino tribuisse ! Equidem loca duo, quæ Cyparissiota profert capite 1 decadis primæ, et capite 2 decadis secundæ sub nomine Dionysii Alexandrini, totidem verbis reperiuntur in Scholiis, quæ sub nomine S. Maximi prodierunt : et miratio subit major, Joannis Scythopolitani nomen deleri oblivione potuisse, ejusque loco substitui « Magnum Dionysium Alexandrinum episcopum et oratorem ! »

An fortasse locum habet conjectura, Scholia in Areopagitam adornata fuisse et a Dionysio quodam Alexandrino, et a Joanne Scythopolitano ; et hunc pleraque, quæ prior alter ante scripserat, sua fecisse ; vel potius econtra? Pro certo ac indubitato tamen illud habendum existimo, « Magnum illum, quem vocant Dionysium Alexandrinum episcopum et oratorem, » non esse Dionysium, cognomento

Magnum, qui sæculo Ecclesiæ tertio sedem Alexandrinam tenuit. Cum enim Joannes Scythopolitanus in Prologo ad Opera Areopagitica ad eam responderet adversariorum objectionem, « quod nec Eusebius Pamphili, nec Origenes scriptorum Dionysii (Areopagitæ) meminerint; » sine dubio (ut ait Halloixius) si scivisset Dionysium Alexandrinum, Origeni æqualem, et Eusebio superiorem, conscripsisse Scholia in Areopagitam nullo modo reticuisset; sed ejus auctoritate, scriptisque ab eo scholiis adversantium ora obturasset. Consentit Joannes Pearsonius in Vindiciis Ignatianis parte I, cap. 10: « Hunc quidem Dionysium, inquiens, quem ἐκ ῥητόρων indigitat Maximus (et ante ipsum Anastasius Sinaita) haud credo fuisse Alexandrinum episcopum tertii sæculi, quem optimum oratorem quidem fuisse agnosco; sed in Areopagitica scripsisse scholia non puto. » Putat vero, satis vetustum fuisse auctorem, an priorem Scythopolitano, an sequiorem, ignotum mihi. At Maximus et Sinaita habent: Μέγας Διονύσιος, ὁ Ἀλεξανδρείας ἐπίσκοπος, ὁ ἀπὸ ῥητόρων, *Magnus Dionysius, Alexandriæ episcopus, e rhetoribus*. An ergo cum nobili illo celebratoque Alexandrino episcopo confuderint aliquem quempiam Dionysium Alexandrinum, oratorem, et Areopagiticorum scholiasten?

Nolim ego de tabula manum ante subducere, quam peculiarem J. Philippi Baraterii sententiam enarro ac paucis refello. Is inter *Dissertationes* adjunctas operi, quod inscriptum: *Disquisitio chronologica de successione antiquissima episcoporum Romanorum*, etc., typis Ultrajectinis anno 1740 edidit, nonnullas profert conjecturas, queis ipsa Areopagitica opera laudato magno Dionysio, Alexandrinæ Ecclesiæ episcopo, tribuenda suadeat. Peto mihi concedi, inquit ille, Dionysium aliquem auctorem horum librorum esse, cum omnes codices, omnes citationes Dionysio hæc opera tribuant. Atqui Dionysius iste (pergit) jam sexto, jam quinto, imo et quarto sæculo citatur; ergo prior est. Atqui rursum primis quatuor sæculis, imo et sæculo sexto, et ultra, alii Dionysii non fuerunt, vel eruditione, vel alio nomine noti, præter Areopagitam, Corinthium et Alexandrinum. Sed noster, sane eruditus, non est Areopagita; quod ab aliis ad oculum demonstratum est. Neque est Corinthius, tum quod Corinthius præter quasdam epistolas veteribus recensitas, nihil scripsisse memoretur, tum ob alias multas rationes; ergo est Alexandrinus. Hæc Bateriiæ sententia, in qua tamen primum, quod sibi dari postulat hic auctor, non ita facile concesserint, qui opera, vulgo Areopagitica, Dionysio Areopagitæ tribuenda pernegant. Hypatius Ephesinus, et alii catholici antistites in collatione Constantinopolitana contendebant, eadem opera ab hæreticis Dionysio, eidemque Areopagitæ supposita fuisse. Neque præterea satis constat, sæculo præsertim quarto eadem nota ac vulgata fuisse opera, atque demum ab ejus ævi scriptoribus laudata; unde an ætate prior fuerit auctor Areopagiticorum, non demonstrat, non evincit Baraterius.

Inanes futilesque, ut puto, addit ille *conjecturas*, queis magno Alexandrino Dionysio laudata adjudicet opera. Legenda jubet fragmenta epistolarum ejus *ad Germanum* apud Eusebium libro VI, cap. 11, et libro VII, cap. 11, in quibus ait, et Timothei et Caii mentionem fieri; ac si idem sit *Timotheus*, idem Caius quibus epistolas aliquas et libros nuncupat ac scribit auctor Areopagiticorum. Lubricum, ac elumbe quis non viderit argumentum? Styli demum consonantiam in prolixo fragmento Περὶ φύσεως, *De natura*, quod affert Eusebius libro XIV *De præparatione evangelica*, cap. 23, profert ille: « Stylum nempe, ut in Areopagiticis, intricatum admodum, et obscurum, atque compositis ampullatisque vocibus plenum. » At simile quidpiam nihil ego video, nihil vident eruditiores. Commenta philosophorum ibidem Alexandrinus Dionysius refert: quorum alii « Universum infinitum esse putabant, ortu carere, nec ullo providentiæ consilio regi. » Atomos alii invexere, « incorrupta quædam exigua corpuscula, numeroque infinita, unaque spatium aliquod vacuum, nec ullis finibus circumscriptum. Hinc dum casu propter impetus perturbationem aliæ cum aliis concurrunt, ac propter multiplicem figuram inter sese commiscentur, hic mundus, imo mundi etiam infiniti facti sunt. » Quid hic intricatum, quid obscurum, quænam verba composita et ampullata? Pergit vero Dionysius capp. 24, 25, 26 et 27, hæc vana commenta simplici, claro, didascalico stylo expendere ac refutare.

VI.

Colligitur, Areopagitica opera perperam Gregorio Magno Romano pontifici attribui. Neque illorum auctor est Latinus quispiam homo, neque Ægyptius, sed Græcus, ex Achaia ut videtur.

Singularem, quæ sibi insederat, de auctore Areopagiticorum opinionem datis litteris ad Guillelmum Cavæum his verbis significavit Henricus Dodwellus, quæ habentur in ejusdem Cavæi *Historia litteraria*. I. Dubium esse, an non Dionysius, quem in collatione anno 532 habita Constantinopoli, citabant Severiani pro una natura, alius fuerit ab eo, cujus opera habemus hodie. II. Contentioso isto sæculo non defuisse catholicos, forsan ipsum Gregorium postea Romanum pontificem, qui diu Constantinopoli vixerat, qui Dionysium catholicum confingerent, quem pro una hypostasi, aliisque adjunctis in quibusdam controversiis tunc temporis agitatis, orientalibus opponerent. III. Hinc vero hæc opera in Romanæ Ecclesiæ scriniis reposita, teste Scholiaste in Prologo: et a Gregorio papa primum diserte producta. IV. Suspicionem exinde augeri, ut habet idem Dodwellus in libro *De sacerdotio laicor.*, cap. 8, § 3, quod Areopagita Romanorum potius, quam Græcorum mores, id adnotante Maximo in Scholiis, enarravit; quod quidem ab homine Græco, gente nimirum et lingua, fieri ægre admodum probabile est.

Nutat quaquaversum, ac rimas agit insolens hæc Dodwelliana opinatio. Alium non esse Dionysium, quem citabant Severiani, ab eo Dionysio, cujus opera vulgo Areopagitica hodie habemus certo evinci potest ex iis quæ proferebant Severiani, testimoniis; totidem enim verbis reperiuntur eadem in operibus, quæ supersunt, Dionysio Areopagitæ tributa. Loca nonnulla indicavimus num. 1 in calce; alium num. 4 protulimus ex Ephræmio: plura dabimus infra.

Quid est vero, quod Areopagiticorum auctorem suspicetur Dodwellus hominem Latinum quempiam, « ac forsan ipsummet Gregorium, qui diu Constantinopoli vixerat? » Jussus a Pelagio II, migravit Constantinopolim, apocrisiarii munere defuncturus Gregorius, anno 578, aut insequente; Romamque rediit ille anno circiter 585. Utramque epocham definimus ascetæ Sammauræi in ejusdem Gregorii papæ Vita cap. 5, ac nos etiam expendimus et constituimus in *Monumentis Aquileiensibus* cap. 26, num. 4. Jam vero notum compertumque fecimus, sæculi secuti initio, vel etiam sæculo quinto cadente, nota fuisse opera Areopagitica, eademque laudata in collatione Constantinopolitana, et ab Ephræmio patriarcha Antiocheno memorata, et illustrata Scholiis a Joanne Scythopolitano; ut insana sine dubio opinatio illa sit, vel eadem Gregorio attribuere velut auctori, vel ab hominibus Latinis procusa asserere eo tempore, quo idem Gregorius Constantinopoli morabatur.

An ipsius præterea sanctissimi Gregorii probitas pateretur, ut opera, quæ ipse confixerit, aut ipsis confingendis ansam et opem præbuerit, sub nomine Dionysii Areopagitæ laudaret? Laudat ea vero homilia 34 *in Lucam*: « Fertur, inquiens, Dionysius Areopagita, antiquus et venerabilis Pater dicere quod ex minoribus angelorum agminibus foras ad explendum ministerium, vel visibiliter vel invisibiliter mittuntur. » Hæc allegatio Gregorii jam tum vulgata fuisse evincit opera sub nomine Dionysii Areopagitæ, quæ præ manibus omnium forent. Sed attamen sanctissimum pontificem de illorum saltem auctore dubium hæsisse, reponunt plerique; quod si placeat, per me licet; quanquam hæsitationem ejus, quam significat verbum *fertur*, non ad auctorem ejusque opera, sed ad doctrinam in libro *De cœlesti hierarchia* contentam, quam in ipso fonte expendere forte Gregorio non vacabat, referri posse, docti viri interpretantur : quam ego intactam hoc loco relinquo quæstionem.

Accedit demum, et ipsa ætate Scythopolitani, tot scilicet ante Constantinopolitanum Gregorii iter annis, in Archivis Romanæ Ecclesiæ exstitisse opera, quæ Areopagitica dicuntur. Qua de re fidem Petri cujusdam Romani diaconi allegat ipse Scythopolitanus in Prologo : « Quidam vero, inquiens, diaconus Romanus, nomine Petrus, narravit mihi omnia divi Dionysii opera Romæ in sacrorum scriptorum Bibliotheca reposita servari. » Sonoram fabellam Joanni Scythopolitano cecinisse Patrum illum diaconum, putat Lequienus, quandoquidem sexto sæculo jam affecto (ait ille) Gregorius Magnus ex auditu solo illa exstare noverat : profertque locum ejus jam allatum ex homilia 34 *in Lucam*. At locum illum satis non esse, ut pro fabella habeatur Petri illius diaconi Romani narratio, adnotavimus.

Areopagiticorum auctor, inquit Dodwellus « Romanorum potius, quam Græcorum mores, id etiam ipso Maximo adnotante in Scholiis, enarrat. » Locum Maximi afferre satis fuerit, qui habetur in Sholiis ad cap. 4 *De ecclesiastica hierarchia*, num. 2 : « Proponunt. Hoc est secundum consuetudinem, quæ Romæ viget : illic enim septem soli diaconi altari serviunt, quos hic arbitror selectos appellari. » Latinum ergo si exinde concludas fuisse auctorem Areopagiticorum, toto aberras ostio. Quidni enim Græcus homo, qui ritus liturgicos, aliosque ecclesiasticos aggrediatur data opera explanandos, non potuerit, vel etiam non debuerit ritus eos exponere, quos in Occidentali et Romana Ecclesia adhiberi, facillimo negotio nosse poterat? Frequentes sunt Latini scriptores, vetusti ac recentes, qui idem argumentum pertractantes, et Latinos ritus declarant, et Græcos, aliosque.

Plura adducit argumenta Lequienus loco citato, ut Atticum fuisse illum scriptorem evincat. Atticismis opera ejus scatere, Joannes Scythopolitanus, aliique Græci observarunt. In Notis ad cap. 7 *De cœlesti hierarchia*, pag. 90 edit. Corder., hæc habentur : « Nemo solœcismum suspicetur... Atticorum enim est, participia masculina femininis conjungere. » Ipsum vocat Michael Syngelus in ejusdem encomio « atticizantium atticissimum et grammaticorum peritissimum. » Hinc vero conjicit laudatus Lequienus, Romanorum ritus ab eo sæpe describi; propterea quod cum Ecclesiæ Achaiæ, Thessaliæ, et Illyrici ab ipso apostolorum ævo addictæ essent Romano primati, Romanæ Ecclesiæ cæremonias aliquot usurpabant, quas aliæ Græci ritus et idiomatis non haberent. Hanc peculiarem Romanæ Ecclesiæ curam in prædictas provincias ex eo colligit laudatus auctor in *Orienti Christiani* diœcesi Illyrica, num. 4, quod earum Ecclesiarum fundator ac institutor Paulus, cum Romam subinde profectus esset, ibique martyrio functus, eas diceret Romanæ Ecclesiæ administrandas. « Quamobrem aliquandiu ab ejus obitu, orta in Corinthiorum Ecclesia (sub qua Athenæ) contentione de iis, quos episcoporum seu presbyterorum gradu movendos ducebant, causam Romanæ sedi detulerunt, apud quam judicaretur et finiretur. Clementis papæ primi epistola exstat, quam Ecclesiæ suæ nomine ad Corinthios de illo negotio scribit. Huc quoque spectat, quod Hegesippus apud Eusebium lib. iv *Historiæ eccles.*, c. 22, memorabat, se Romam cum Primo Corinthiorum antistite navigasse... Navigabat illuc Primus ob negotia Ecclesiæ suæ urgentissima. Dionysius, Primi successor, Soteri papæ data epistola significavit, illam Clementis ad Corinthios suos epistolam statis temporibus apud se legi solitam; quin illam pariter, quam Soter quoque papa sibi scripserat. » Græcus ergo homo, et ex Achaia, vel Atheniensis, ut videtur, cum fuerit Areopagiticorum auctor, mirum esse non debet, ritus aliquos Ecclesiæ Romanæ suis in operibus ipsum explanasse.

Pergit Lequienus in dissertat. 2 Damascenica sic disserere : « Sacram unctionem, quam nos confirmationem appellamus, non a presbyteris fieri concedit, ceu qui perficiendi potestate careant, sed a pontifice : Ἐπὶ τὸν ἱεράρχην αὐτὸν ἀνάγουσιν, *illum (baptizatum) ad pontificem ducunt, qui divinitus sacrato oleo virum consignans*, etc. cap. 2 *De eccles. hierarch.*, num. 2, § 7. Qui locus argumento erit, larvatum hunc Dionysium non fuisse Alexandrinæ Ecclesiæ obnoxium; in qua penes etiam presbyteros jam olim esset hujus unctionis peragendæ officium. » Hæc nimirum dicta sunt contra Paschasium Quesnellium, et Joannem Bonam, de quibus infra; conjecturamque confirmant de auctoris patria et Ecclesia Romanæ Ecclesiæ subjecta. Quanquam theologi viri animadvertunt, allato loco ordinarium confirmationis ministrum indigitari : ipsumque scriptorem alibi presbyterium simplicem agnovisse ministrum extraordinarium, ut apud Græcos in more positum est. Locum afferunt ex capite 5 *De ecclesiastica hierarchia*, num. 1, § 5, ubi pontificem esse primum in ordine hierarchico, ab eoque sacram omnem potestatem ad inferiores promanare cum probet, sic deinceps ait : *Licet enim sacerdotibus veneranda quædam sacramenta conficiantur, nunquam tamen sacerdos divinam illam regenerationem* (seu baptismum) *sine divinissimo illo unguento consummabit*. Quod unguentum sine dubio consecrat pontifex : an etiam illud ipse semper adhibeat, baptizatos consignando? Ita sane Pachymeres, Dionysii paraphrastes : non ita Arcudius, qui baptizatum eo loci ab ipso simplici sacerdote inungendum intelligi arbitratur.

VII.

Ab hæreticis Monophysitis seu Eutychianis Areopagitica opera non prodiisse velut auctoribus, argumenta plura suadent; vulgata Dionysii Areopagitæ vetusta prænotatio; Areopagitica dogmata ab orthodoxis Patribus contra Eutychianos, et Monothelitas adhibita suspicio quidem apud aliquos de auctore Apollinarista, apud neminem de Monophysita; testimonia plura in eisdem libris contenta, quæ Eutychianis erroribus adversantur.

Hactenus leviora disseruimus, quæ nulla tamen prætermitti ratione potuere, ut inoffenso pede ad graviora assurgeremus. Nam Eutychianus homo fuerit auctor Areopagiticorum, quæstio est, quam celebrem fecit doctissimus vir Michael Lequienus ordinis Prædicatorum, eruditissimis editis operibus clarissimus. In dissertatione Damascenica 2, num. 14 et seqq., ostendere pro virili sua nititur, errores Monophysitarum sive Eutychianorum, sive Dioscorianarum, sive Acephalorum ac Severianorum in Areopagiticis libris contineri; suspicaturque num. 16, eorumdem auctorem fuisse Petrum Cnaphæum seu Fullonem, Ecclesiæ Antiochenæ tyrannum, aut alium quemlibet partium ejus et consiliorum socium. Id saltem argumentis Lequeni evinci contendit Maturinus Veyssere la Croze in opere Gallico Hagæ comitum anno 1739 typis edito quod inscribitur, *Histoire du Christianisme d'Ethiopie et d'Arménie*; ut Areopagitica quinto Ecclesiæ sæculo elucubraverit scriptor, qui commentum Apollinarii temperaverit, præformaveritque hæresim Monophysitarum; ac iste fuerit Synesius episcopus Ptolemaidis. Mihi nemo vitio vertat, nimiæque audaciæ haud me notet, si maxime pugnam cum Leguieno doctissimo viro committere audeam, quem a facie novi dum anno 1722 degerem Parisiis, quemve me docentem ac eruditis colloquiis beantem sæpe audivi. Sed et ipsius Crozei opinatio refellenda mihi est.

Præsto sunt argumenta plura, queis auctoris Areopagiticorum orthodoxiam vindicem · ac præsto mihi sunt gravissima, ut puto, responsa, quibus opposita argumenta infirmari possunt, ac etiam elidi. Ipsa occurrit primo prænotatio Dionysii Areopagitæ, sub cujus nomine vetusti orthodoxi Patres Areopagitica laudabant; quod argumento est, eorumdem auctorem fuisse illis, sin minus apostolicum virum sancti Pauli discipulum; orthodoxum certe, ac nulla hæreseos nota infamem, allegantem sub Dionysii Areopagitæ nomine testimonia ex iis libris deprompta jam audivimus Ephræmium patriarcham Antiochenum. Imo Dionysio Areopagitæ vindicavit eadem opera (qua de re judicium ego non profero) Joannes Scythopolitanus sexto sæculo incunte, vel eadem superiore, Andreas Cæsariensis in Cappadocia episcopus, quem eodem circiter tempore floruisse bibliographi notant, in *Commentario in Apocalypsim*, capite 10, ubi de senis aliis quatuor animalium agitur, ita magno Dionysio (Areopagitæ) visum admonet, ipsumque non semel alibi laudat in eodem opere. Jobius monachus, sæculi sexti, ut videtur, scriptor, novem libros edidit *De Verbo incarnato*, quos Photius recenset codice 222. Hæc habentur vero libro vi, num. 22 : « Quam obrem etiam ineffabilium enarrator (Paulus apostolus 1 Cor. xiii, 9) clamat : *Ex parte cognoscimus, et ex parte prophetamus; cum autem venerit quod perfectum est, et evacuabitur quod ex parte, est.* Hujusque germanus discipulus, sapiens ille Dionysius, hæc ipsa iisdem propemodum testata verbis reliquit; maxime ubi de perfecto atque uno agit, » scilicet capite 13 *De divinis nominibus.* Anastasii Sinaitæ aliquot jam loca protulimus : afferunt alii plura. Leontium denique Byzantinum memoro, qui libro ii contra Nestorianos et Eutychianos, passibile et corruptibile corpus Christi probat ante resurrectionem, Dionysii Areopagitæ verbis allegatis ex libro *De divinis nominibus*. At ipsis laudare hæc opera sub Areopagitæ nomine, perinde erat ac virum orthodoxia ac fide integra eximium allegare.

Ejusdem testimonia cum hæretici, Eutychiani, et Monothelitæ, proferrent, scriptorem opponere orthodoxis existimabant, qui nullius ob hæreseos suspicionem rejiciendus foret. Sed abuti doctrina ejus Eutychianos et Monothelitas, ostendebant orthodoxi Patres, ipsosque premebant auctoritate ejusdem auctoris, veluti catholicæ fidei luculentissimi testis. An hodie ergo tot in operibus ejus innotescant errores, quos videre datum non fuit vetustis illis Patribus in acerrimis illis, quæ agitabantur de una natura deque una voluntate controversiis? Patres quamplures memoravimus, qui sexto sæculo floruerunt, et Areopagiticorum auctoritate Monophysitas insecuti sunt. Insequenti sæculo septimo acta contra Monothelitas paucis refero. Lateranense concilium sub Martino I papa anno 649 celebratum est adversum Monothelitas, Eutychianorum propaginem. Areopagitica testimonia pro fide duarum in Christo voluntatum et actionum, proque impio dogmate adverso, ab orthodoxis Patribus et ab hæreticis prolata leguntur non pauca. At hæretici quidem corrupta loca allegabant; fraudem eorum evincebant orthodoxi, codicem sancti Dyonisii episcopi Atheniensis ex Bibliotheca sedis apostolicæ proferentes; eorumdem dogma, quo unam constituere voluntatem et actionem nitebantur, genuinis textibus ex codice illo desumptis convellebant. Idem quoque in œcumenica synodo sexta sub Agathone papa anno 688 præstitum, ut cuique innotescere facile potest, qui quartam et octavam, et undecimam actiones expendat. Vitam agebat hoc eodem sæculo S. Maximus, Constantinopolitanus monachus, martyrio pro fide clarus, qui prædicta Areopagitica opera brevibus illustravit scholiis; florebatque Sophronius, qui sedem Hierosolymitanam anno circiter 633 tenere cœpit, ac Dionysii Areopagitæ testimoniis Monothelitas insequebatur. Hæc satis. Quorsum vero hæc omnia? Ut nempe liquido innotescat, pro orthodoxo Areopagiticorum auctorem habuisse Patres illos, quos memoravimus sæculi septimi, et sexti, ac fortasse quinti; eosdemque orthodoxia et sublimitate doctrinæ ejus facillime induci potuisse, ut c iam germana illa (diligentiore indagine, si placeat, prætermissa) apostolici viri Dionysii Areopagitæ, sub cujus nomine ferebantur, opera nihil hæsitantes crederent.

Ac dignissima profecto animadversione res est, incidere quidem suspicionem de auctore Apollinarista apud nonnullos catholicos potuisse, qui ab hæreticis deprompta ex libris Areopagiticis testimonia minus primo aspectu intelligebant, nunquam vero de auctore Monophysita, seu Eutychiano. Cum prolatas a Severianis in collatione Constantinopolitana nonnullas testificationes Dionysii Areopagitæ, ac veterum aliorum Patrum, rejecissent veluti falsas Hypatius Ephesinus antistes : « Quid ergo suspicamini, reposuerunt Severiani, quia nos eas falsavimus? Non illis, neque cæteris Monophysitis crimen falsi impegerunt orthodoxi, sed antiquis hæreticis Apollinaristis : « Vos non suspicamur, inquientes, sed antiquos hæreticos Apollinaristas. » Hac in re deceptum quidem Hypatium cum collegis, num. 3 ostendimus : at notum fit compertumque, nullam episcopis orthodoxis tum temporis insedisse suspicionem de impostura, quam Monophysitæ seu Eutychiani fecerint.

Ab hæreseos nota auctorem Areopagiticorum vindicat Joannes Scythopolitanus : sed ipsum ab una Apollinaristarum impietate vindicatum invenimus, quin ullum indicium pateat Eutychiani erroris, cujus ille insimulatus aliquando fuerit. Verba ejus sunt : « Quid enim dixerint (qui fidem auctoris in controversiam vocant) de iis quæ de sola adoranda Trinitate ab ipso theologice exponuntur. Quid de [uno beatissimæ hujus Trinitatis Jesu Christo, unigenito Dei Verbo, qui perfecte humana indui natura voluit? Annon animam intellectualem, et corpus terrenum nostro simile recensuit? » Cætera plura se « in Scholiis pro occasione » pertractaturum spondet. Unus hoc loco Apollinaristarum memoratur error, quem auctor Areopagiticorum passim confoderit; sive qui humanam Christi naturam nobiliore sua parte, scilicet anima vel mente, mutilabat; sive qui gradu in sanctissimam Trinitatem invehebat, ut Spiritus sanctus magnus, major Filius, Pater maximus diceretur.

Quidni vero res ita se habeat, cum sententiæ plures in Areopagiticis habeantur, quæ dogmatibus Eutychianis adversantur ex diametro? Id observatum frequentissime a Scholiaste legimus. Dubimus infra loca plura. Illud in exemplum profero, quod habetur capite 1 *De divinis nominibus*, § 4. Ait auctor : « Se nobis vere et integre in una persona sua communicavit, revocans ad se, sibique jungens humanam humilitatem, ex qua simplex Jesus ineffabili modo constitit. » Quæ nemo dixerit, nemo confiteatur Monophysita. In Scholiis nota appingitur. « Nota vero unam illam Personam nobiscum integre communicasse : quodve dixerit, ipsum Dominum nostrum Jesum Christum, cum simplex exsisteret, deinde compositum, humanam extremitatem ad se revocasse. Recte igitur dicimus, unam Personam sanctissimæ Trinitatis crucifixam esse;

quod est contra Nestorianos, et Acephalos, Monophysitarum propaginem. « Alia dabimus contra Eutychianos luculentissima testimonia capite sequente, ac deinceps. »

VIII.

Areopagitica dogmata fatentur innoxia, et Monophysitis adversa vel ipsi doctissimi viri, qui eadem esse inficiantur Dionysii Areopagitæ.

Haud leve puto pro orthodoxia auctoris Areopagiticorum argumentum illud, quod suppeditat auctoritas doctissimorum virorum, qui multiplici argumentorum genere opera illa Dionysio Areopagitæ abjudicantes, integram habent, et omni censura immunem auctoris fidem, maximeque adversam erroribus Monophysitarum. Eminet inter eos Joannes Morinus, qui et opera Areopagitica prodiisse in lucem arbitratur, antequam Eutychiani prodirent. Sic ait vero parte II *De sacris ordinationibus* in præfatione capite 6, num. 1 : « Certum est, nemoque diffiteri potest, anno Christi quingentesimo, aut paucuculis post annis, Dionysii opera e tenebris in lucem emissa fuisse. Deinde certum est, tum primum composita non fuisse, nec eo anno; sed quisquis eorum fuerit auctor, tempus adnotatum aliquot annis præcessisse. Præterea cum propter sententias quasdam ambiguas, Eutychiani ea catholicis opposuerint; certum quoque mihi videtur, ante Eutychetis condemnationem, hoc est ante concilium Chalcedonense, eorum auctorem vixisse. Nam apud omnes notum et confessum, catholicos doctores liberius, et minus caute ante natam hære im nonnunquam scribere et loqui solere. Ideo nihil novum et insolens fecit, si verba quædam ambigua protulit, quæ hæresis postmodum nata in suum commodum interpretata est. Forsan post Nestorium scribens, dum (tacita hæresi) personæ in Christo unitatem vehementer confitetur et explicat, visus est Eutychianis naturarum unitatem et confusionem inducere. » Id videbatur Eutychianis, qui opera illa, quæ vetustissimi auctoris fetum putabant, catholicis opponebant. Id quoque visum quinque illis Constantinopolitanæ collationis episcopis, qui propterea auctorem suspicabantur vetustum quempiam Appollinaristam. Sed « paulatim catholici librorum istorum lectioni diligentius incumbentes (pergit Morinus capite 1, num. 11, judicium suum exponere) eorum soliditatem in fide, sensum absolute catholicum admirati sunt... Cum enim maturius et penitus examinassent testimonia ab hæreticis Eutychianis in hæresis suæ defensionem hinc deprompta, animadverterunt ea facile dissolvi posse, et longe plura in istius hæresis eversionem ex iisdem colligi. » En ergo solertissimus Areopagiticorum scrutatorem, qui verba ut summum ambigua in illis reperit, quibus abolerentur Monophysitæ; sensum novit absolute catholicum, ac longe plura in istius hæresis eversionem ex iisdem colligi posse animadvertit.

Aliam definit auctoris ætatem Nicolaus Nourrius, asceta Benedictinus Sammauræus; sed ejus orthodoxiam certam habet, prolatisque nonnullis testimoniis confirmat. Verba ejus sunt dissertatione 10 *De operibus S. Dionysii*: « In iis libris hæresis contra Incarnationis Christi mysterium non minus aperte, quam omnes contra ejus, divinitatem, et unam trium divinarum Personarum naturam errores, proscribitur. Hac etenim de incarnato Dei Filio variis in locis legimus, *De ecclesiastica hierarchia*, capite 3 (num. 3, § 2) : *Dei-principalis bonitas... nostrorum omnium vere facta participes, absque peccato, humilitatique nostræ unita, salvo proprietatum suarum statu, eoque prorsus inconfuso et inviolato.* In alio autem *De divinis nominibus* libro : *Verbum divinissimum... per inconfusam humanitatis nostræ assumptionem.* Et in epistola 4 ad Caium : *Quatenus erat Deus et homo, novam quamdam no-* biscum conversando, θεανδρικὴν ἐνέργειαν (*Dei-virilem operationem*) *exhibebat.* Quid planius, quid dilucidius post sparsos Nestorii Eutychetisque errores, a quovis auctore usquam scriptum est? » Tam perspicua putabat Nourrius, hæc et similia plura testimonia contra Eutychianos errores, ut etiam non levi conjectura colligendum existimaverit auctorem Areopagiticorum, maximas « cum turbas ab hæreticis Nestorianis et Eutychianis cieri videret, tunc ut utrosque confunderet, ac pro viribus Ecclesiæ partes tueretur, animum ad scribendum appulisse : » adeoque prædicta opera « intra annum 431, quo synodus œcumenica Ephesina adversus Nestorianos, et 451, quo synodus Chalcedonensis contra Eutychianos celebrata est, ab illo profecta videri. »

Ad sæculum Ecclesiæ sextum detrudit operum eorum natales Paschasius Quesnellius. Auctorem habet apprime catholicum, sed tanto contra Nestorianos zelo actum, ut in contrariam quandoque declinare sententiam videatur. Epistolam ms. hocce de argumento ab eodem Quesnellio scriptam refert, ac decerpit Papebrochius in Ephemeridis Græco-Moschis tomo I, Maii pag. XLV. Nihil ambigendum ait de fide auctoris, tametsi « tanto contra Nestorianos zelo actus scripserit, ut plus quam par sit in contrariam Eutychianorum, vel Semieutychianorum declinaverit sententiam, phrases eis familiares usurpans : quas tamen catholice interpretari quis possit, fortasse et debeat. » Addit ille, auctorem sibi videri « ex Judæis prognatum, natione Ægyptium, professione monachum, disciplina Platonicum. » Hanc vide Joanni Bonæ ex parte placuisse opinionem, cum libro I *Rerum liturgicarum* capite 8 doceat : « Unum fortasse fuisse ex professoribus Platonicæ philosophiæ, qui in schola Alexandrina circa finem quarti sæculi, vel initio quinti sapientiæ laude floruerunt. » Sed ipsum non fuisse Alexandrinum, haud spernendis conjecturis probantem jam audivimus Michaelem Lequienum; ipsumque ad sæculum Ecclesiæ sextum detrudi non posse, plura sunt argumenta quæ enarravimus. Ut ut sese res habeat, viros criticissimos habemus, qui auctorem Areopagiticorum catholicum pronuntiant, non Apollinaristam, non Eutychianum, non Semieutychianum.

Recentissimos addo scriptores duos heterodoxos, Christianum Augustum Salig, et Jacobum Bruckerum. Lequieni opinionem novit ille, nec approbat. Verba ejus affero, quæ habentur in tractatu de Eutychianismo ante Eutychen capite 18 : « Ut ego dicam quod sentio : ab Apollinaristis, et Eutychianistis non profecta Dionysii opera... exinde mihi probare videor, quod et Eutychianismus in scriptis illis notetur, ac refutetur... Credam ego, totum librum *De divinis nominibus*, quia et alios, nullo alio consilio esse scriptos, quam ut confusionem et commistionem naturarum contra Eutychianos prosterneret auctor ipsorum... Fullonem nunquam tam candide et fortiter contra Eutychianos pugnare potuisse existimo, dum et ipse Fullo inter Eutychetis fautores refert. »

Minus æquo in eumdem Areopagiticorum scriptorem comparatus animo fortasse videri poterit Bruckerus, qui in *Historia critica philosophiæ*, tomo III, capite 3 *De philosophia Patrum in specie*, notat ipsum veluti « philosophum eclecticum, sive Alexandrinum, qui nugis Platonicis Christianæ fidei simplicitatem depravavit, » sæculo circiter Ecclesiæ quinto. At ejus pariter sententia est § 29 scriptorem istum, « non tam confirmandi Monophysismi, quam propagandæ confirmandæque philosophiæ Alexandrinæ causa, » nugas suas magno cuidam inter Christianos nomine supposuisse. Adnotat etiam § 31 haud esse ferendam eorum opinionem, qui Apollinario patri hos fetus adjudicant, cum recte observatum Pearsonio fuerit, fragmentis ejus, quæ supersunt, similes haud esse, nec dogmatibus ejus consentaneos; neque Apollinario juniori tribuendos, cum nonnulla contineant ab ejus placitis longe lateque diversa. Mirum foret, Apollinaristarum Eutychianorumque commenta non vidisse in Areopagiticis, aut purgare ipsorum auctorem voluisse scriptores, qui virga nimium censoria eadem notare opera, severumque proferre de illis judicium non hæsitarunt.

IX.

Michaelis Lequieni conjecturæ, queis Opera Areopagitica Petro Cnaphæo seu Fulloni Monophysitæ, aut cuidam ex ejusdem asseclis tribuenda suspicatur; itemque conjecturæ Crozei de Synesio, Areopagiticorum auctore, simulque præformatore hæreseos Monophysitarum.

Innoxiam doctrinam Areopagiticam esse, maximeque Eutychianorum erroribus adversam, diligentiore inito examine, intra mihi ostendendum est, in argumentorum solutione, quæ validiore quam hactenus egerint alii, conatu opponit Lequienus. Conjecturas ejus modo expendo, queis permotus auctorem Areopagiticorum suspicatus est, dici posse Petrum Fullonem Monophysitam. « Hic omittere non possum (inquit in dissertatione Damascenica 2, num 14) pessimum hunc hominem (Cnaphæum) aut quemdam saltem ex ejus asseclis, genuinum fuisse videri parentem librorum, qui Areopagitici audierunt. Cujus meæ suspicionis hæc ratio est, quod capite 3 *De hierarchia ecclesiastica*, ubi strictim primum refert, moxque subinde enarrat liturgiæ partes, quas ab apostolis traditas esse persuadere lectoribus voluit, mentionem etiam fecerit recitationis symboli : Προομολογηθείσης ὑπὸ παντὸς τῆς Ἐκκλησίας τοῦ πληρώματος τῆς καθολικῆς ὁμολογίας, *cum omnis Ecclesiæ cœtus conscius ante fuerit catholicam laudationem*: hoc est, ut ipse in *Theoria mysterii* exponit, τῆς Ὀρθηκείας τὸ σύμβολον, *religionis symbolum*; quod nempe recitandum statim ab egressu catechumenorum et energumenorum ait; uti postea fieri consuevit in Ecclesiis Græci ritus, quarum etiam morem Latini deinceps imitati sunt. Atqui ecclesiasticæ historiæ monumenta perhibent, paucis annis antequam supposititia Dionysii volumina prodirent, Petrum Cnaphæum, cum Antiochenum thronum denuo occupasset (anno 476, aut infra) instituisse ut symbolum fidei in omnibus missis recitaretur: καὶ ἐν πάσῃ συνάξει τὸ σύμβολον λέγεσθαι, inquit libro II Theodorus lector. Quem ritum paulo post sub Anastasio imperatore Timotheus Constantinopolitanus antistes Monophysita, Chalcedonensique synodo infensus, in Urbe regia observari sanxit, eodem lectore teste. Ex quo capite compertiorem habemus ætatem, qua spuria Areopagitica conscripta sunt.

« Ad hæc, quemadmodum Cnaphæus iterum excogitavit, ut unguentum sanctum, seu chrisma palam in Ecclesia, astante populo, sacraretur, τὸ μύρον τῆς Ἐκκλησίας ἐπὶ παντὸς λαοῦ ἁγιάζεσθαι (Theod. lect. libro II), quæ proinde consecratio prius clam, et extra divinam liturgiam fiebat: ita quoque libro *De ecclesiast. hierarch.* capite 4 legitur, statim valere jussis catechumenis, et aliis qui a sacrificio de more arcebantur, auspicandam esse intra missarum solemnia, ac profitente Christiana plebe præsente, divini unguenti consecrationem.

« Quinimo ritus alter, qui ibidem subjungitur, quemque hodieque observant Græci, ut unguentum super altare depositum seraphicis figuris duabus contegatur, quo significetur, Christum qui unguento repræsentatur, perpetuo seraphim cantico, quod trisagium seu tersanctum dicitur, celebrari; annon hoc etiam Cnaphæi et Severianorum mentem et ingenium redolet, qui trisagia cantica modo toti Trinitati accinunt, modo soli Filio ac Christo;

quemadmodum ecclesiasticum illud: *Sanctus Deus, Sanctus fortis, Sanctus et immortalis*, adjecta interdum voce, *qui crucifixus es pro nobis*, ut ad Christum referri significaretur? Hujus additamenti, quo Filius ter proclamaretur *sanctus*, auctorem fuisse Fullonem, vel pueri norunt.» Hæc ille.

Sequitur opinio, vel potius commentum Mathurini Veyssieris la Croze, cujus hæc asserta sunt libro I citati operis. I. Scilicet, Areopagiticas lucubrationes « revera abs scriptore prodiisse, qui perversum Apollinarii dogma temperavit quidem, sed hæresim præformavit, quam Eutychiani et Monophysitæ » coluerunt. Qua in re satis illi est, consentientem habere doctissimum Lequienum. II. Theophilum Alexandriæ episcopum prima novi dogmatis lineamenta præformasse; auctoremque Synesio episcopo Ptolemaidis fuisse, ut ad errori conciliandam auctoritatem libros concinnaret sub viri apostolici nomine, Dionysii Areopagitæ. III. Hæc opera tam venerando nomini supposita in Archivis Ecclesiæ Alexandrinæ latuisse, donec Cyrillus Theophili successor, qui errorem maxime promovit, nonnulla ex illis deprompta testimonia adhibuit contra Diodorum et Theodorum, quæ postea Severiani allegarunt in collatione Constantinopolitana anno 532 habita.

Porro Theophilum Alexandrinum inter præcursores Eutychetis numerandum esse, colligi ex eo posse putat Crozeus, quod ipse ex eorum numero fuerit, qui, apud Nyssenum in Epistola ad ipsum Theophilum adversus Apollinarem, orthodoxos duas in Christo naturas confitentes insimulabant erroris, ac si « duos filios colerent in degmate, unum quidem secundum naturam, alterum autem adoptione postea acquisitum.» Novo huicce dogmati expoliendo promovendoque animum applicuisse Cyrillum, Theophili in sede Alexandrina successorem, dubitaverit nemo (inquit ille) qui prolatam expenderit ab eo sententiam de una Verbi natura incarnata, quam suam fecere Eutyches et asseclæ. A Synesio denique Areopagitica prodiisse opera, tria videntur evincere, Areopagiticorum collatio cum ejusdem Synesii operibus, ejusque animi character ad men[ti]endum proni, ac peculiaris quædam calami facilitas ad varia styli genera. In fine libri, qui *Dion* inscribitur, fatetur ipse, perquam facile sibi fuisse, ut variis « plurimumque a se invicem diversis dicendi formis » *mentem et calamum adaptaret.* Effata ejus nonnulla occurrunt, quæ satis indicant ad fingendum proclivitatem. Sententia ejus est in *Encomio Calvitii*: Populum faciles nimium parabilesque res deridere : portentis autem, τερατείας (seu *imposturis*) opus habere (*il a besoin d'impostures*.) Et in epistola 105, tum scripta, cum ad episcopale fastigium postulabatur, quod ejurare omni ope contendebat, sic ait : « Animus certe quidem philosophia imbutus, ac veritatis inspector, mentiendi necessitati nonnihil remittit... Mendacium vulgo prodesse arbitror, contra nocere veritatem iis, qui in rerum perspicuitatem intendere mentis aciem nequeunt.» Quem animum sic affectum et episcopus factus (Crozei verba sunt) servavit. Par denique stylus, par sententiarum sublimitas in Areopagiticis et in Synesii operibus. Ait iste hymno 3, ubi de Patre æterno agit, παγὰ παγῶν, *fontem fontium, principium principiorum, radicem radicem*: ait etiam ille capite 2 *De divinis nominibus*, § 7 : πηγαία θεότης, *fontalis divinitas*. Eodem in hymno divina vocat Synesius βυθὸν ἄῤῥητον, *profunditatem ineffabilem*; legiturque capite 9 libri citati *De divinis nominibus*, § 5, βάθος... ἀπερίληπτον, *profundum cunctis inaccessum*. Alia denuum loca conferenda jubet, ac præcipue caput primum libri citati Areopagitici, pag. 439 editionis Corderianæ, cum primo et altero Synesii hymno.

X.

Nec Theophilus, nec Cyrillus, episcopi Alexandrini, Monophysitarum hæresim præformarunt. Synesio episcopo Ptolemaidis perperam Areopagitica tribuuntur opera. Eadem elucubrata non sunt ea mente eoque consilio, ut error unius in Christo naturæ evulgaretur.

Superius descriptum Crozei commentum liceat ante paucis refellere, quam expendere Lequieni doctissimi conjecturas et argumenta, eademque pro mea virili refutare aggredior. Posita a Crozeo principia nutant, ac labascunt omnia; fabulisque adinventis fabulam fulcit ille. Manus habeo mihi porrigentem laudatum Bruckerum tomo III *Historiæ criticæ philosophiæ* capite 3, § 29. Commentum aio putidissimum esse, unam in Christo naturam credidisse Theophilum Alexandrinum, ipsumque Apollinaristis junctum insimulasse orthodoxos, qui duas integras in Christo naturas profitebantur, ac si duos inveherent filios. Tanti criminis, cujus reus fuerit Alexandrinus antistes, vola nulla, vestigium nullum apud Gregorium Nyssenum. Admonet ille Theophilum, Apollinaristas, qui « carnale Verbum faciunt, atque sæculorum conditorem hominis Filium, et mortalem Filii deitatem, insimulare quosdam in Catholica Ecclesia » audere, veluti qui « duos filios in dogmate colunt, » utpote duas naturas in Christo confitentes, « unum quidem secundum naturam, alterum autem secundum adoptionem postea acquisitum. » Catholicos viros hæc mussitantes fatetur ipse, se nosse nullos : « Nescio a quo talia audientes, aut cum qua persona luctantes : nondum enim cognovi qui talia effutiret. » Hinc Theophilum adhortatur, ut pro ea qua pollebat auctoritate, Ecclesiæ causam vindicet, cohibeatque maledicos Apollinaristas : « Verumtamen, inquiens, quoniam istam proponentes adversus nos causam, ex eo quod videntur tale flagitium impugnare, suas opiniones corroborant; bonum est, ut tua in Christo perfectio, prout tibi in mentem injecerit Spiritus sanctus, eorum occasiones amputet, qui quærunt adversus nos occasiones ; et persuadeat eis, qui per calumniam hæc Ecclesiæ Dei crimini vertunt, nullum hujusmodi apud Christianos esse dogma, neque prædicari. » Tum in eo denique totus est, ut ostendat, binarium filiorum numerum minime colligi ex « conjunctione naturæ humanæ cum Verbo ; » sed « propter exactam unionem assumptæ carnis et assumentis divinitatis, » uni Filio Christo « communicari et mutuo dari nomina, ita ut et humanum ex divino, et divinum ex humano denominetur. » Verbulum occurrit nullum, quod subindicet, Theophilo Alexandrino placuisse temperatum Apollinaristarum dogma ; ipsumque curasse, ut naturæ unitas in Christo editis libris vindicaretur ; eosque invecti binarii filiorum numeri insimulasse, qui duas in Christo naturas tutabantur. Imo Apollinaristas, veluti imposturæ fabros, apud Theophilum accusat Nyssenus ; ipsumque permovere studet, ut hominum audaciam cohibeat, causamque Ecclesiæ pro virili defendat.

Vita mortali functo Theophilo, sedem Alexandrinam anno 412, obtinuit Cyrillus. Ex Areopagiticis jam confectis libris deprompta ab eo nonnulla testimonia, eademque adhibita in opere contra Diodorum et Theodorum, nimia confidentia pronuntiat Crozeus. Severianis id aientibus in Constantinopolitana collatione, tam facile fidem præstandam non esse, admonuimus num. 2. Lequienum vero, quem veluti sibi faventem appellat, diserte adversum habet in Dissertatione Damascenica 2, num. 17, ubi hæc habet : « Ex illis itaque, de quibus ante disputavi, lucubrationibus variis, ac non ex Dionysii (Areopagitæ) libris, Cyrillus intulit, unam dicendam esse Christi Domini naturam pro-

A pter arctissimam unionem divinitatis cum humanitate : unam itidem Dei verbi naturam incarnatam. » Nimirum hæc posteriora verba leguntur libro II *contra Nestorium*, et in *Epistola ad Acacium Melitinensem*, et in *Commonitorio ad Eulogium* : eademque ab omni Apollinarismi suspicione purgavit in *Epistolis ad Successum*. Habentur vero priora verba in laudato *Commonitorio*, ubi sic ait sanctissimus pater : « Unitione concessa, non distant amplius ab invicem, quæ unita sunt; sed deinceps Filius est una ipsius natura, Verbo utique carne facto. »

Quæ cum ipse et scripserit, et vindicaverit, quantum ab errore Apollinaristarum Eutychianorumque longissime distaret, egregie probant ac evincunt Lequienus loco citato, Ludovicus Thomassinus *De Incarnatione*, libro III, capite 13, et Dionysius Petavius libro IV, capite 7, et libro VI, ubi anonymum Calvinianum hominem pro meritis castigat, qui hoc demonstrandum suscipit, Nestorium impurissimum hæresiarcham, pium et catholicum fuisse : illos autem, a quibus condemnatus est, Cyrillum et Ephesinam synodum, hæreticos et impios. Consule caput 8, in quo sententia, quam et Crozeus opponit, innoxia et apprime catholica ostenditur. Mentem Cyrilli, consiliumque, omnium lucidissime patefacit laudatus Thomassinus loc. cit. Verba ejus refero, quæ maximo et infra usui nobis erunt. « Nestorio, inquit, insidiosius duas jactante in Christo naturas, et (quod nequissimum fraudis genus est) de veritate ipsa veritati invidiam conflante ; ne duarum naturarum obtentu duæ quoque impingerentur personæ, hoc aut excogitavit, aut instauravit Cyrillus jam pene obliteratam eloquendæ Incarnationis formulam (cum diceret, unam esse Verbi Dei naturam incarnatam). Cujus oraculi hæc maxime significatio, hæc sententia sanissima est : minus tute (ævo potissimum illo) duas dici in Christo naturas nisi una dicatur Verbi natura incarnata. Propterea quod ubi duæ dicuntur Christi naturæ, duarum statim ebullit suspicio personarum. Etenim non aliud est natura, aliud persona ; sed una et eadem res cum sit, aliter et aliter significatur (quæ distinctio in scholis virtualis appellatur), quocirca plurimum periculi ingruit, ne geminata natura, geminetur et persona. Deinde cum duæ dicuntur naturæ, quasi ex æquo numerantur, eoque seorsim unaquæque cogitatur : vix autem, ac nec vix cogitari seorsim quælibet potest natura, quin personæ proprietate vestiatur. Denique non alia magis machina Nestorius duas scindebat personas, quam naturæ duplicis prædicatione; atque ita ab ipsa veritate falsitati præsidia comparabat. Si duæ autem naturæ non ita statuantur ob oculos, ut binæ simul ex æquo procedant, sed ut altera subjungatur alteri ; ut una principaliter emineat, altera accessio ejus sit : una fuerit semper et pergat esse, altera nuper illi accreverit : una sua sibi sit, sui juris suæque potestatis sit, per se immutabiliter et sempiterne sit ; altera illi ut subjecto accidens incumbat, illi superstruatur ut fundamento, illius juri censuique ascripta sit, illius propria et quasi portiuncula sit, per se seorsim nec sit, nec unquam fuerit ; tum vero omnis eluetur in geminæ naturæ professione suspicio geminatæ personæ.

« At id Cyrillus molitus, id consecutus est ubi unam dixit naturam Verbi incarnatam. Eminet enim et primas tenet, imo sola in conspectum statim se dat principaliter divinitas Verbi ; nec latet interim caro seu humanitas, ex quo dicitur incarnata. Occursat itaque non deitas et caro, sed deitas cum carne : non Deus et homo, sed Deus humanatus ; non duplex natura, deitas et humanitas, sed simplex natura deitatis, cum accessione humanitatis. Etenim ubi duæ naturæ dicuntur Deus et homo, utraque natura per se nominatur, per se cogitatur ; et

per se nominari cogitarive vix potest, quin personae cuique suae suspicio obrepat. At ubi natura tantum Verbi incarnata. dicitur, una primario et per se subsistens natura observatur animo, cum naturae alterius additamento.

« Quamobrem singula ejus confessionis verba momenti plurimum afferre non immerito videntur, ad fidei adversus Nestorianas insidias stabilimentum. Nam : I. Natura una dicitur Verbi : ac proinde perinde nobis est, seu naturam ibi pro natura strictius, seu pro persona laxius sumptam arbitreris (namque Cyrillum alii aliter interpretati sunt). Nihil aut perparum interest, utrislibet accedas; nam persona et natura non differunt, nisi conceptu mentis; et seu personam vel hypostasim Verbi incarnatam seu naturam Verbi ut principalem et summam et totalitate sua per se fretam cum carnis adjunctione jam cogites, perinde est. Persona enim non aliud est, quam natura ut principatum sui tenens, ut per se consistens, ut accidentibus et additamentis omnibus substans. II. Natura Verbi dicitur, ne ad totam Trinitatem spectare existimetur carnis assumptio. III. Incarnata dicitur, quo caro designatur, sed oblique ; et ut non per se, nec sui causa, nec sui juris: adeo ut unitati hypostaseos vindicandae accommodatius sit dici, naturam Verbi incarnatam, quam naturam Verbi et carnem. IV. Una dicitur Verbi natura, nam unitas sicut et totalitas penes naturam principaliorem est attendenda. Una est enim persona Christus, quia unus est Dei Filius sempiternus et incorruptibiliter idem ; prius sine carne, nunc cum carne, semper idem, unusque semper idem ; nec minus totum prius sine carne, nec magis totum cum carne; auctus sine incremento, nec major factus carnis accessione. Unitas ergo personae tota a Verbi natura repetenda est....

« Hinc litem (inter eos, qui in propositione Cyrilli nomen naturae pro persona, seu hypostasi usurpatum opinantur, et qui pro natura Verbi ipsa positum existimant) componere non arduum est, si medullitus Cyrilli doctrina indagetur. Illi enim hypostasis vel persona non aliud est, quam natura, sed tota et integra; adeoque non alterius cujusquam facta, velut pars et accessio. Illi nomen φύσεως, et ὑποστάσεως, promiscue pro eodem habetur. Illi, quominus persona aut hypostasis sit humanitas Christi, non alicujus inopia est, sed superioris naturae copia. Ergo ubi una natura Verbi incarnati pronuntiatur, et pro natura, et pro persona nomen naturae usurpatur; quia natura, ubi tota et princeps suique juris est, utique persona est..... Hinc etiam consultissime a Cyrillo dictum, non Christi, sed Verbi unam naturam incarnatam. Nam Christi duae sunt naturae: at verbi una est natura seu una divinitas incarnata. Puerili autem cavillatione Semieutychiani, Christum et Verbum cumdem esse blatterantes, unam Christi naturam incarnatam hinc fabulabantur. » Hactenus egregie Thomassinus.

Nihil vero ab eo dictum, quod ipse Cyrillus pluribus in locis, quae laudatus auctor allegat, lucalentissime non expresserit. Ad rem hanc demum illustrandam maxime facit exemplum in creatis compositi accidentalis, puta albi, quo divus Thomas utitur opusculo II, capite 211. Si namque in albo quispiam dixerit, unam esse naturam parietis dealbati, seu dealbatam, verum dicit ; significat quippe, naturam seu substantiam parietis esse principalem, accessorium accidens; illam per se subsistere, istud subsistere in subjecto per inhaerentiam ; ac duas naturas parietis et accidentis fatetur distinctas, non discretas aut separatas. Par est significatio Cyrillianae propositionis, caeteris omnibus salvis conditionibus, quae substantialem hypostaticamve duarum naturarum quae substantiae sunt, in Christo unitionem comitantur.

Jam vero colligitur, somnium esse et commentum Crozei existimantis, elucubrata Areopagitica opera eo consilio fuisse, ut in iis Monophysiticum unius in Christo naturae dogma vulgaretur. Verum etiam facinus istud a Synesio perpetratum, commentum est atque vanissimum somnium. Ptolemaidis Cyrenaicae episcopatum gessit ille, Theophilo Alexandrino incentore, quod anno 407 accidisse putant Petavius et Lequienus. Nihil ille praetermisit, ut ad episcopale fastigium non promoveretur : eamque potissimum causam affert, quod ipse Platonicae philosophiae praeceptis imbutus, a praecipuis aliquot fidei Christianae capitibus dissentiret ; easque opiniones ita animo fixas esse, ait, ut licet dissimulare pacis et concordiae causa posset, dimittere tamen aut mutare easdem nolit. Dogmata autem tria proponit : primum, animam praeexsistere: alterum de mundi aeternitate, quem ut interiturum aliquando crederet, neutiquam adduci poterat : tertium de mortuorum resurrectione, quam mysticum et arcanum aliquem sensum recondere, nec cum vulgo accipiendam esse asserit. Non serio ista a Synesio inculcata fuisse contendit Baronius ad annum 410, sed arte ad declinandum episcopi munus. Animi sui sensus candide illum aperuisse, veteres plures ac recentes arbitrantur, tantum animi candorem collaudantes. Caeterum quae verba opponit Crozeus, non exhibent hominem ad mentiendum fingendumque paratum : neque asserentem bonum esse quandoque et utile mendacium proprie dictum ; sed pacis et concordiae causam bonam quandoque esse veritatis dissimulationem, illa scilicet in corde retenta, mendacio tamen nunquam prolato. Aiebat enim, dogmata illa sua Platonica, si episcopus fuerit, silentio premere posse, nihil contra eadem docturum. Verba ejus accipe : « Ut nihil penitus docens, sic nihil etiam dedocens, atque in praesumpta animi opinione permanere sinens. » Haec licet contestaretur Synesius, ea tamen spe initiatus episcopus fuit, fore ut verae religionis vertex et colophon accederet : neque eam spem fefellisse Theophilum aliosque, qui Synesium ad episcopale munus postulabant, tradit Evagrius libro I, capite 15 : « Recte omnino conjicientes, inquiens, ad reliquas ejus viri virtutes ista esse accessura cum divina gratia nihil imperfectum habere sustineat ; nec spes eos fefellit. » Paria scribit Photius codice 26. Loco altero in Encomio Calvitii, de sacerdotibus Aegyptiorum agit, qui « populum ludunt, ipsi in interiores latebras recepti, quod ipsi efficiunt populi oculis eripientes : » si namque quod efficiunt ipsi, videret populus, succesneret ipsis: utpote qui « faciles nimium parabilesque res derideat ; portentis enim opus habet, » quorum ipse causas non norit. An haec animum Synesii repraesentent mendaciis, commentisque, ac imposturis addictum ? At licitam putaverit ipse fraudem et suppositionem, ad ducendum naso populum : peculiaris haec ipsi non insederat opinatio ; neque pro Synesio quidpiam colligere Crozeo datur. Sibi quidem vindicat ille gloriolam in *Dione*, quod eo pervenerit studio et exercitatione, ut vix distinguenda similitudine styli imitari valuerit veteres scriptores ; quodve de suo scriptis eorum adnecteret, ab ipsis dictum scriptumque putarent lectores. Sed haec probant, inquit Brukerus, interpolandi vel supponendi artem egregie calluisse Synesium : ad libros Dionysii Areopagitae nomine insignitos minime quadrant. Vel enim ea scripta Synesii aetate non exstabant, quorum ipse stylum imitaretur : quod si exstarent, non eadem sub falso nomine Synesium elucubravisse, peritia evincit, qua pollebat in aliorum scriptorum styli imitatione.

Quaenam vero tanta inter Synesii stylum ac sententiam similitudo ac Areopagiticum auctorem, ut haec fetus illius dici debeant ! An adeo sublime et reconditum fuerit, Deum cogitare et appellare fontem fontium, et ineffabile profundum ; ut si quae diversa opera hanc habuerint sententiam, ab eodem prodiisse auctore existimandum sit? Quanquam

Synesius Patrem fontem fontium appellat, et alter fontalem divinitatem: quæ vim eamdem non exserunt et significationem. Ait etiam auctor Areopagiticorum, capite 2 *De divinis nominibus* § 1: τὴν πηγαίαν καὶ ἀνέκλειπτον αἰτίαν, *scaturientem et nunquam deficientem causam*, et § 5 : μόνη δὲ πηγὴ τῆς ὑπερουσίου θεότητος ὁ Πατήρ, *solus fons supersubstantialis deitatis Pater:* quibus paria in Synesio frustra perquiras.

Conferendum denique Crozeus jubet primum et secundum Synesii hymnum cum loco *De divinis nominibus* capite 1, § 1. Annuimus libentissime. Hæc loco citato habentur : *Supra substantias est illa suprasubstantialis infinitas, et supra mentes illa supra mentem unitas : et omnibus ratiocinationibus inscrutabile est illud supra ratiocinationem unum omnique verbo ineffabile est illud supra verbum bonum : unitas effectrix universæ unitatis, et substantia supra substantiam, et mens non cadens sub intelligentiam, ratio non effabilis ratione, intelligentia, nomineque vacans : nullius rei similitudinem habens : quæ quidem causa est, ut omnia sint*, etc. Hæc vero inter alia, quæ hymno secundo Synesius canit, accipe : « Unus fons, una radix : ubi enim profunditas Patris, ibi etiam illustris Filius : bonorum tulit copiam, et supersubstantialem propaginem : Patris gloriam, et primogenitam formam : tu Pater, tu es mater : tu mas, tu femina : tu vox, tu silentium : unitas divinorum numerorum. » Hæc paria qui dixerit, cæcus est. » Canit etiam hymno 4 : « Ille quidem ex se ortum principium, gubernator paterque rerum omnium, ingenitus..., unitatum unitas sancta, monadumque monas prima, simplicitas summitatum.... Unitas ineffabilem in modum diffusa, trinam adepta est vim. Supersubstantialis vero fons coronatur pulchritudine prolis, quæ ex centro profluxit. » Sunt quædam utrique communia, utpote quæ cuique obvia, quæ de summo Deo ac sanctissima Trinitate celebrentur; sunt alia Synesio propria, quæ nuspiam scripsit auctor Areopagiticorum. Ac duo sunt postremo loco animadvertenda; alterum cum J. Ernesto Gabrio in Notis ad caput 1 S. Irenæi, Synesium in hymnis poetica licentia abusum, omnem fere Valentinianorum Matæologiam vere theologiæ adoptasse, ac hæretica voce orthodoxam cecinisse fidem; alterum cum Tillemontio tomo XI, in ejusdem Synesii Vita articulo 4, nempe dogmata Christianæ fidei in hymnis parum accurate edisseri, ac plura promi potius ex philosophorum scriptis, quam divinis ex eloquiis. Hæc ab Areopagiticis longe absunt; quorum integerrima fides adhuc inferius patefacienda est, ac vindicanda.

XI.

Fullonem esse auctorem Areopagiticorum, non probat ritus publicæ sacri unguenti consecrationis in Areopagiticis descriptus. Ritum illum antiquissimis temporibus nonnullæ Ecclesiæ adhibebant. Canticum trisagion in eisdem Areopagiticis vel non memoratur, vel certe non redolet Fullonis et Severianorum ingenium.

Præmittere liceat Areopagiticorum auctoris verba, quibus unguenti sacri conficiendi ritus describitur, *De ecclesiastica hierarchia*, capite 4, num. 2 ; *Eodem modo, quo in synaxi, ordines eorum qui minus perfecti sunt, excluduntur ; præmissis videlicet sacra per totum templum cum odoris fragrantia processione, Psalmorumque sacra modulatione, et divinissimorum eloquiorum promulgatione. Hactenus missarum solemnia vides ad evangelium usque lectum promulgatamque. Deinde pontifex, accepto unguento, ponit illud supra divinum altare, duodecim sacris alis obvelatum, cunctis sanctissima voce concinentibus illud divinitus afflatorum prophetarum canticum afflationis.* In altari, adeoque intra missarum solemnia, astante populo fideli,

sanctum unguentum sacratum a pontifice, hæc verba declarant. Atqui Theodori lectoris in *Historia ecclesiast.*, libro II, verba sunt : « Petrum Fullonem instituisse, ut sacrum chrisma coram omni populo consecraretur. » Hinc Lequieni suspicio, aut ipsi Fulloni, aut ejus socio et assecla Areopagiticos libros tribuendos esse.

At hæc scribens Theodorus lector si deceptus fuerit, cadat oportet labaturque Lequieni conjectura. Errasse vero Theodorum, si Fullonem fuisse intellexerit, qui primus in universa Ecclesia Christiana ritum invexerit, chrisma sacrandi in altari inter actionem liturgicam, coram populo fideli, pro certo habet Edmundus Martene *De antiquis Ecclesiæ ritibus*, capite 22, § 3, num. 1, ubi : « Publica hujusce consecrationis solemnitas (ait) in Africana Ecclesia jam longe ante obtinuerat ; utpote quam ad altare peractam fuisse, non secus ac eucharistiam, docent hæc S. Cypriani verba in epistola 70. Porro eucharistia, et unde baptizati unguntur, oleum in altari sanctificatur. » Et quidem invocato Christi nomine, ut discimus ex Optati Milevitani libro VIII *Adversus Parmenianum* : « Oleum nominant illum liquorem, qui in nomine Christi conditur; quod chrisma, postquam conditum est, nominatur. »

Cypriani locum adhibet Martene, prout ab Erasmo emendatus est, suaque in editione a Pamelio positus legitur. Aliter legendum censuit Baluzius juxta fidem codicis Corbeiensis : « Porro autem eucharistia est, unde bapizati unguntur oleo in altari sanctificato. » Aliamque post Manutium lectionem amplectitur Rigaltius : « Porro autem eucharistia est, unde baptizati unguntur, oleum in altari sanctificatum ; » ac si ipsa eucharistia dicta intelligatur oleum spirituale : eodemque in loco de spiritali unctione agatur, quæ ab ipso proficiscitur eucharistiæ sacramento. Quænam præferenda, veluti genuina, lectio sit, diligentius perquirere non vacat : certum vero mihi compertumque, eodem in loco Cyprianum de ipso etiam chrismate loqui, deque consecratione ejus in altari. Post allata verba, statim subjicit ille : « Sanctificare autem non potuit olei creaturam, qui nec altare habet, nec ecclesiam (id est hæreticus) : unde nec unctio spiritualis apud hæreticos potest esse, quando constet oleum sanctificari, et eucharistiam fieri apud illos omnino non posse. » Quo loco « olei creaturam, quæ sanctificatur, » quis intelligat eucharistiam ? Imo oleum distinguit Cyprianus, et eucharistiam, docetque neque illud sanctificari, neque istam fieri apud hæreticos posse, qui nec altare habent, nec ecclesiam. Hocce argumentum quo Cyprianus hæreticorum sacramenta rejiciebat, adducit ac solvit Augustinus libro V *De baptismo* contra Donatistas capite 20, oleumque accipit ab eucharistia distinctum : « Cur autem, inquiens, ad verba, quæ procedunt ex ore homicidæ (non hæretici, sed intra catholicam Ecclesiam peccatoris) possit tamen Deus oleum sanctificare : et in altari, quod hæretici posuerunt, non possit, nescio... Quomodo exaudit homicidam deprecantem vel super aquam baptismi, vel super oleum, vel super Eucharistiam vel super capita eorum, quibus manus imponitur ? » Materiæ aut elementa, nomine distincta numerat et appellat sacramenta, baptismum, confirmationem, eucharistiam, ordinationem.

In altari ergo, intra missarum solemnia coram populo fideli longe ante Fullonis ætatem sacratum fuisse chrisma seu sacrum unguentum, certo constat. Neque reponas, Petrum Fullonem, Theodoro lectore teste, ritum illum consecrandi chrismatis primum invexisse apud Græcos : eumdemque ritum jam olim in Ecclesia Latina obtinentem spectari minime potuisse a Græco Areopagiticorum auctore. Præsto namque responsio prima est, sibi etiam scriptorem illum proposuisse, Lequieno consentiente, ac animadvertente Scholiaste, ut Ecclesiæ Romanæ et Occidentalis ritus aliquos afferret et exponeret : quod num. 6 exemplis confirmavimus. Sequiturque responsio altera Theodori testimonio id unum evinci, Fullonem in Ecclesiam Antiochenam, in qua tyrannidem exercebat, ritum illum potuisse primum invehere; at colligi non posse, eumdem ritum in aliquibus Græcæ communionis ecclesiis antea non obtinuisse.

« At ritus ille, qui ibidem subjungitur (Lequieni verba sunt), ut unguentum super altare depositum seraphicis figuris duabus contegatur, quo significetur, Christum qui unguento repræsentatur, perpetuo seraphim cantico, quod Trisagion seu Tersanctum dicitur, celebrari ; annon hoc etiam Cnaphæi et Severianorum mentem et ingenium redolet, qui Trisagia cantica modo toti Trinitati accinunt, modo soli Filio et Christo? » Duo animadverte in ritu, quem describit Areopagiticorum auctor : I. Unguentum supra divinum altare positum, seraphicis figuris duabus, seu duodecim aliis obvelari. II. Concinere astantes illud divinitus afflatorum prophetarum canticum afflationis. Verba hæc cum integro textu superius dedimus. Canticum istud, quod astantes concinunt, ita declarat Scholiastes : « Canticum, scilicet Sanctus vel Alleluia. » Sed posterius, Alleluia, intellexisse auctorem Areopagiticorum, ipse sui interpres est loco citato num. 3, § 12, ubi latius exponit quæ strictim proposuerat : Porro, inquiens, melos illud sacrum prophetarum divinitus afflatorum, sciunt hi qui Hebraice norunt, Dei laudem significare, sive Laudate Dominum. Itaque canticum illud, quod in confectione sacri unguenti concinebant astantes, nihil aliud erat nisi Alleluia; quod Latine perinde esse ac Laudate Deum, vel pueri norunt. Nulla ergo in his verbis Trisagii mentio. Neque te moveat (obviam prævenio ut depello difficultatem) chrismatis confectionem ad sanctam et magnam feriam quintam hebdomadis sanctæ reservatam esse : illudque canticum, Alleluia, minimæ Quadragesimæ tempore decantari solitum. Olim enim liberum episcopis fuisse, ut sacrum chrisma omni die conficerent, perspicue patet ex concilio Toletano I, quod æræ Christianæ anno 400 celebratum est, canone 20, ubi hæc habentur : « Episcopo sane certum et omni tempore licere chrisma conficere. » Quibus adde Goarii animadversionem in notis ad Euchologium Græcorum : « In officiis quadragesimalibus canticum, Alleluia, frequentare sæpius et iterare Græcos; eique decantando facilius indulgere, quo tempus illud diuturniores divinas laudes requirere agnoscunt ; ac idem quoque in mortuorum exsequiis assumere. »

Dixerit Lequienus, de Trisagio se loqui, quod seraphicæ illæ figuræ duæ, sacrum unguentum obtegentes, significent. Annuo libentissime. Ipse auctor Areopagiticorum loco citato num. 3, § 5, sic ait : In aliis duodecim unguentum in altari positum obvelantibus, significari ordinem seraphim, qui astante Jesu, et multum decantarent illam theologiam incessabili voce proclamant, Voce illa, theologiam, adnotat Scholiastes, intelligi canticum Sanctus, Sanctus, Sanctus. Ecce Trisagion : quod etiam theologiæ voce indicari, docet Cyrillus Hierosolymitanus catechesi 23, mystagogica 5, num. 4 : « Mentionem etiam faciamus seraphim, quæ in Spiritu sancto vidit Isaias thronum Dei circumstantia, et duabus alis faciem tegentia, duabusque pedes, ac duabus volantia, et dicentia : Sanctus, Sanctus, Sanctus Dominus Sabaoth... Propterea traditam nobis a seraphinis hanc theologiam recitamus, ut communi laudum modulatione cum superioribus mundo exercitibus conjungamur. » Notas consule doctissimi Sammaurææ editoris. Significent ergo figuræ illæ duæ seraphicæ canticum Trisagion, quod in cœlis perpetuo decantatur; quid

inde extundas, quod mentem et ingenium redoleat Cnaphæi et Severianorum, cum illud in liturgico officio antiqua omnis catholica Ecclesia adhibuerit?

At in eo contendit laudatus Lequienus, pravam latere Severianorum mentem, quod Trisagion illud ad solum Filium Jesum Christum, sacro unguento significatum, applicetur. Ac sane Fulloni datum crimini fuit, qui ad ipsum solum Filium carnei illud redegerit, Sanctus Deus, Sanctus fortis, Sanctus et immortalis, invecto additamento, qui crucifixus es pro nobis. Petavium lege libro V De Incarnatione, capite 4, § 4. Nolim ego subtiliores hoc loco quæstiones agitare. Pro certo illud habeo, Areopagiticorum auctoris mentem consiliumque non fuisse, ut Trisagion soli Christo applicaium eo ritu intelligeretur. Quinimo seraphim illi , astantes Jesu, concinere intelliguntur Trisagion sanctissimæ Trinitati, Jesum sanctificanti, et oleo gratiæ plenissime ungenti. Auctoris luculentissima accipe verba, loco citato, num. 3, § 10 : Nequaquam igitur, inquientis, divinissimum cœlestium essentiarum ordo ignorabat, Jesum divinissimum sanctificationis ergo descendisse, verum sciebat... et ab ipsomet Patre Spirituque humano more sanctificatum. Consonat Scholiastes: Nam et Jesus, qui ut Deus omnia sanctificat, ut homo etiam sanctificatus fuit a Patre, et a semetipso, quia etiam Deus est, et a Spiritu sancto; sanctibus quoque cœlestibus ordinibus.... Eodem ritu hodieque utuntur Græci, ut apud Goarium videre est ; neque puto, quispiam dixerit, se conformare illos velle menti, consilioque Petri Fullonis et Severianorum.

Cæterum ad illud quod attinet Trisagion, Sanctus Deus, Sanctus fortis, Sanctus et immortalis, cum additamento Petri Fullonis, Qui crucifixus es pro nobis, nec illud indicant Areopagiticorum auctoris verba, nec illud est quod a seraphim in cœlis decantari audiebat Isaias. Originem ejus narrant ecclesiastici scriptores.

XII.

Symbolum fidei non indicat auctor Areopagiticorum, legi aut decantari solitum in liturgia quam describit ; unde præcipua cadit Lequieni conjectura de Areopagiticis libris Petro Fulloni ascribendis.

Morem legendi, aut cantandi fidei symbolum post evangelium, catechumenis et energumenis dimissis, in sacra liturgia, a Petro Fullone primitus invectum post secundam ejus sedis Antiochenæ invasionem anno 476, pro certo habent doctiores quique, qui de sacris ritibus agunt, fide et auctoritate innixi Theodori lectoris. Verba ejus num. 8 dedimus. Ritum istum satis indicari Lequienus contendit ab auctore Areopagiticorum, capite 3 De ecclesiastica hierarchia, num. 2, ubi hæc habentur : Sacrarum Scripturarum lectione finita, sacro ambitu catechumeni arcentur, et cum iis energumeni et pœnitentes... Qui autem in ministrorum ordine primas tenent (diaconi) una cum sacerdotibus divino altari panem, sacrumque calicem benedictionis imponunt; ab universa plenitudine Ecclesiæ (seu ab omni Ecclesiæ cœtu) communi hymnologia (seu catholica laudatio e, τῆς καθολικῆς ὑμνολογίας;) præmissa. Hanc laudationem catholicam intelligit vir doctissimus fidei symbolum : quod etiam clarius indicatum putat ab eodem auctore num. 3, § 7, ubi latius theoriam mysterii exponit : Hunc autem hymnum, inquiente, alii laudis canticum, alii re igionis symbolum, τῆς θρησκείας τὸ σύμβολον, appellant. Itaque auctor ille fuerit aut ipse Fullo, aut quidam alius ejus assecla.

His verbis Areopagiticis indicari symbolum fidei credidit etiam Hugo Menardus, in notis et observationibus in librum Sacramentorum: « Fuit quidem, inquiens, illius (symboli) usus in ecclesiis antiquorum Græcorum, ut constat ex S. Dionysio, capite 3 Hierarch. eccles., cum proferens diversas opiniones circa hymnum, qui in sacris mysteriis cantatur, sic ait : *Hunc autem hymnum alii laudis canticum, alii religionis symbolum, alii (mea quidem sententia) divinius, hierarchicam eucharistiam.* Quo tamen loco cum symboli fidei usum in sacra liturgia referat Menardus ad ecclesias antiquorum Græcorum, idque probet ex S. Dionysio, annon spectasse tempora videatur Petro Fullone anteriora?

Vidit hanc vero objectionem Scholiastes, sive Maximus, sive Joannes Scythopolitanus, depellitque duplici modo : « *Ab universa.* Quoniam, inquiens, etiam tum fidei quoddam symbolum præmittebatur; vel potius doctrina ista quam tum acceperant; seu fidei explanatio.» Hæc habet ille ad n. 2 et ad n. 3, § 7, sic ait : « *Generali.* Generale, laudis canticum dixit : vel quod ab omnibus canitur, vel pro universali quasi gratia offertur. Hunc autem hymnum. Nota ut hunc hymnum symbolum, et professionem, et gratiarum actionem appellet. » Quamdam fidei explanationem professionemque, quæ symbolum vocari posset, ac etiam hymnus et laudis canticum dicebatur, editam ac decantatam ab omni Ecclesiæ consessu locum antiquitus in sacra liturgia habuisse, animadvertit primo Scholiastes ; quin inde tamen colligere liceat, Areopagiticis allatis verbis indicatam esse symbolum fidei, sive apostolicum, sive Nicænum, sive Constantinopolitanum. Symboli Nicæni usum, Theodoro lectore teste, in Ecclesiam Antiochenam invexit Petrus Fullo, et in Ecclesiam Constantinopolitanam Timotheus Monophysita ; erat vero ab hisce formulis longe diversa quæ describitur ab auctore Areopagiticorum, in officio liturgico adhibita, confessio fidei, utpote quæ hymnologiæ, et cantici laudis, et hierarchicæ eucharistiæ, seu gratiarum actionis modum haberet ; tametsi et symbolum religionis vocaretur, propterea quod divina beneficia, quæ fide credimus nobis a Deo in redemptione collata, canebantur et laudabantur.

Ad rem hanc facit animadversio Josephi Bingham, qui libro XV *Originum ecclesiasticarum*, capite 3, cum explanasset majorem gratiarum actionem, quæ in liturgia legitur ; illam scilicet, quæ hymnum seraphicum includit, *Sanctus, sanctus, sanctus Deus Sabaoth*, adnotat, mentionem deinceps fieri in *Constitutionibus apostolicis* cujusdam specialioris actionis gratiarum pro divinis beneficiis in redemptione per Christum acceptis. « Quod integrum symbolum erat, inquit, quo Ecclesia tunc temporis in hoc officio utebatur. Nondum enim solemnis recitatio symboli pars officii ecclesiastici erat, uti quidem in posterioribus sæculis ; sed tantum istæ doctrinæ recitabantur quæ specialioris gratiarum actionis pro magnis Incarnationis ac Redemptionis mysteriis erant argumentum. » Locum affert ex *Constitutionibus*, itemque testimonia Joannis Chrysostomi homilia 24, in Epist. I ad Corinth, et Cypriani epist. 113, edit. Oxon.

Jamvero ad alteram scholiastis responsionem dilapsi sumus, quæ potius est prioris allatæ lucidior explanatio. Ipse namque Areopagiticorum auctor catholicam illam hymnologiam, quam post evangelium decantatam, jussisque foras abire catechumenis et energumenis et pœnitentibus, totus Ecclesiæ consessus concinebat, positam docet in commemoratione quadam beneficiorum Dei, Deique maximæ benevolentiæ in sacro mysterio mox peragendo, cum laude supremi datoris, et cum gratiarum actione pro donis datis. Ejus accipe verba quæ habentur num. 5, § 7 : *Tum denique*, inquientis, *sancti sacrorum administri, spectatoresque studiosi (ecce consessum Ecclesiæ omnem) sacratissimam hostiam (quæ nempe parabatur in altari immolanda) conluentes, catholica hymnologia (seu generali laudatione) concelebrant beneficum munificumque principium, a quo salutaria nobis exhibita sunt sacramenta, quæ sacrosanctam illam initiatorum (baptizatorum) consumat deificationem*. Quis, indicatis his verbis, dixerit symbolum fidei, seu formulam illam aut apostolorum, aut Nicænam, aut Constantinopolitanam, quam recitantes aut legentes fidei nostræ suprema capita profitemur? Pergit auctor : *Hunc autem hymnum alii laudis canticum, alii religionis symbolum appellant : alii denique, mea quidem sententia, divinius hierarchicam eucharistiam, sive sacro-principalem gratiarum actionem ; ut quæ divinitus ad nos dimanantia sacra dona complectitur*. Hymnus iste dicebatur laudis canticum, quo sacri ministri et fideles supremum datorem bonorum omnium canendo laudabant : verum etiam gratias agebant pro sacris donis ad nos dimanantibus, unde et *sacro-principalis gratiarum actio* vocabatur. Ab aliquibus item *symbolum religionis* dictum fuit ; ubi dignum est animadversione, *symbolum* dici, non fidei, sed *religionis* : nec enim simplex erat fidei professio ; sed Christianæ religionis mysteria, Deo laudes effundendo, eique gratias pro collatis donis agendo, commemorabant fideles. Diciturque demum *catholica hymnologia*, posterea quod universus Ecclesiæ cœtus hymnum illum decantabat.

Nihil est ergo, quod formula in illam, quam *symbolum fidei* vocamus, indicet. Mirum foret, tot nominibus insignitam illam fuisse, quæ Patres alii ecclesiasticique scriptores numquam usurparunt, neque ipse Areopagiticorum auctor alio in loco, ubi de symbolo fidei apostolorum agit. Porro symbolum sive apostolorum, sive Nicænum, sive Constantinopolitanum a Græcis Patribus dictum legimus πίστιν, et ἔκδοσιν, et ὅρος πίστεως, et κανόνα, et ἅγιον μάθημα, et γράμμα, et γραφήν : nullibi *hymnum*, aut *hymnologiam*, aut *canticum laudis*, aut *gratiarum actionem*. Ipse auctor Areopagiticorum capite 2 *De ecclesiast. hierarch.*, num. 2, § 6, de symbolo fidei loquens, quod initiandi baptismo edebant, ac profitebantur, vocat illud θεοπαράδοτους ἱερολογίας, sacra a Deo tradita eloquia. Quod argumento demum est, nihil esse in eo loco Areopagitico, quod symbolum fidei indicet, quodve spectet ad ritum in officio liturgico invectum a Petro Fullone.

XIII.

Symbolum simplex Nicænum fecit sacræ liturgiæ partem Petrus Fullo. Symbolum Constantinopolitanum orthodoxi adhibuerunt. Ritus hujusmodi non exponit, nec indicat auctor Areopagiticorum. Hinc vitam egit ille ante ejusdem novi ritus tempora.

Nondum satis. Invectum a Fullone ritus penitius introspicere præstat, ut liquido demum pateat, nihil esse in Areopagiticis dictis, quod mentem ac ingenium Petri Fullonis ac Severianorum redoleat. Illum verissime declarat Christianus Lupus in Dissertatione de symbolo apostolico et Nicæno cap. 6 : « Tertio discimus, inquiens, quod Nicænum symbolum solemniter cantari ad omnem liturgiam, primus in Antiochena Ecclesia ac diœcesi jusserit fœtus Eutychianista Petrus Fullo. Quarto, quod eumdem ritum in Constantinopolitanam Ecclesiam ac diœcesim invexerit ejusdem patriarcha Timotheus. » Jam tene ritum illum a Fullone in Ecclesiam Antiochenam, a Timotheo in Constantinopolitanam, Eutychianistis hominibus invectum, in sola Symboli decantatione positum non esse, sed in usu Symboli Nicæni, rejecto Constantinopolitano.

Cur ita? Animadverte formulam fidei, quam in concilio Nicæno adversus Arium trecenti decem et octo Patres condiderunt, quibusdam postea auctam fuisse additamentis, vel majoris explicationis gratia, vel novæ ut hæreses claris verbis confoderentur. Nicænum quidem Symbolum his verbis desinit : « Qui propter nostram salutem incarnatus est, et inter homines versatus : qui passus est, et resurrexit tertia die, ascendit ad Patrem, et iterum venturus est cum gloria, ut vivos judicet ac mortuos: credimus etiam in Spiritum sanctum. » Ita vero se habent symboli Constantinopolitani additamenta : « Qui propter nos homines, et nostram salutem descendit de cœlis : et incarnatus est de Spiritu sancto ex Maria Virgine, et homo factus est : crucifixus etiam pro nobis sub Pontio Pilato, passus et sepultus est, » etc.

Utrumque symbolum in synodo Chalcedonensi, quod habitum fuit adversus Eutychem et osseclas, publica orthodoxorum acclamatione, ac Patrum decreto confirmatum. Utrumque actione 2 recitatum, ac primo his acclamatum Nicæno verbis : « Hæc catholicorum fides, huic omnes credimus, in hac baptizati sumus, in hac baptizamus; » tum pariter Constantinopolitano : « Hæc omnium fides, hæc orthodoxorum fides, sic omnes credimus. » In definitione demum fidei, quæ habetur actione 5, ita pro utroque decretum latum legitur : « Communi judicio dogmata expellentes erroris, et inerrabilem Patrum renovavimus fidem, symbolum trecentorum decem et octo omnibus prædicantes : et eos, qui hanc veluti tesseram pietatis acceperunt, ut proprios Patres etiam ascribimus; eos nimirum, qui postea in magna Constantinopoli congregati sunt centum quinquaginta, et eamdem fidem ipsi quoque confirmaverunt. Decernimus igitur.... præfulgere quidem rectæ et immaculatæ fidei expositionem sanctorum et beatorum 318 Patrum qui in Nicæa temporibus piæ memoriæ Constantini imperatoris: servari autem et ea, quæ apud Constantinopolim a sanctissimis centum et quinquaginta Patribus decreta sunt, ad expellendas quidem hæreses quæ eo tempore germinaverant, et ad confirmationem catholicæ et apostolicæ nostræ fidei. » Hinc vero factum, ut Orientales orthodoxæ Ecclesiæ, singularibus fidei formulis prætermissis, quibus utebantur pro libertate; quæ tunc obtinebat, paulatim symbolum Constantinopolitanum adhibere cœperint in baptismatis collatione, illudque constantissime retinuerint, hodieque retineant : idemque symbolum nihilominus in ecclesiasticis monumentis appellatum fuerit Nicænum, cum revera sit ipsum Nicænum aliquibus additamentis auctum.

At hæc additamenta, quæ in symbolo Constantinopolitano habentur, pertinacissime rejiciebat Eutyches, adhærebatque soli ac simplici Nicæno, quo divina sacramentum Incarnationis non ita perspicue, ut in Constantinopolitano, explanatum fuerat. Apertissime rem produnt Acta synodi œcumenicæ Chalcedonensis. Actione 1, libellus refertur confessionis Eutychetis, in quo symbolum Nicænum continebatur cum his verbis ad Incarnationis mysterium attinentibus : « Qui propter nos homines et propter nostram salutem descendit, et incarnatus est, et homo factus est, passus, et resurrexit tertia die, » etc. Tum sic addit Eutyches: « Sic ab initio, inquiens, a progenitoribus meis accipiens, credidi et credo...: et in hac fide baptizatus, signatus sum, et usque hodie vixi.... Eum, qui præter istam addiderit aliquid, aut imminuerit, aut docuerit, damnationibus.... subjacere. » Pravam hæretici hominis mentem statim patefecit Diogenes episcopus Gyzici. Hæc ille reposuit : « Dolose, inquiens, præposuit (Eutyches) synodum sanctorum Patrum, quæ in Nicæa facta est. Accepit namque additamenta a sanctis, Patribus (Nicæni ad symbolum apostolorum facta) propter perversum intellectum Apollinaris, et Valentini, et Macedonii, et qui eis similes sunt (quibus Eutyches animo adhærescebat). Et additum est in symbolo sanctorum Patrum (nempe Constantinopolitano) : Qui descendit, et incarnatus est de Spiritu sancto ex Maria Virgine. Hoc namque prætermisit Eutyches, sicut Apollinaristæ. Nam etiam Apollinaris suscipit sanctam synodum, quæ in Nicæa facta est; secundum propriam perversitatem intelligens verba, Effugit : De Spiritu sancto A ex Maria Virgine, ut ne omnino unionem carnis confiteretur. Etenim sancti Patres, qui in Nicæa convenerunt, quod incarnatus est, dixerunt. Sancti autem Patres, qui post ipsos fuerunt (Constantinopoli congregati in synodo) explanaverunt dicentes : De Spiritu sancto, et ex Maria virgine. » Hæc Cyziceni episcopi verba insuper habentes episcopi quidam Ægyptii, qui Eutychetis, ac Dioscori Alexandrini antistitis, Eutycheti patrocinium impendentis, partibus adhærebant, adjectiones Nicæno symbolo factas rejicere perrexerunt : « Nemo, inquientes, suscipit adjectionem, nemo diminutionem : quæ in Nicæa constituta sunt, teneant. » Ac rursum: « Adjectionem nullus suscipit : teneant, quæ Patrum sunt: teneant, quæ in Nicæa constituta sunt. »

Satis jam patet, solemne Eutychianis fuisse, ut Constantinopolitanum symbolum sugillarent ac rejicerent, solumque Nicænum profiterentur. Hoc idem concilium Monophysitis Petro Fulloni episcopo Antiocheno, et Timotheo episcopo Constantinopolitano insederat ; eodemque pravo inducti consilio, partem liturgiæ divinæ fecerunt symbolum, non Constantinopolitanum, quod rejiciebant; sed Nicænum, quo abutebantur. Refert ergo Theodorus lector libro II, Petrum Cnaphæum (« cum rursus episcopatum recuperasset » Antiochenum,) « excogitasse, ut in singulis collectis symbolum diceretur. » Quod Nicænum fuisse, hæc alia ejus verba evincunt : « Timotheus (episcopus Constantinopolitanus) symbolum fidei trecentorum et octodecim Patrum in singulis collectis recitari præcepit, in odium scilicet Macedonii, quasi ille non susciperet id symbolum. » Secundam Cnaphæi irruptionem in sedem Antiochenam ad annum 476 pertinere, docent Lequiens in Oriente Christiano, continuatores Bollandi tomo IV Julii, Antonius Pagius. Macedonio hujus nominis secundo anno 515 in exsilium pulso, Monophysita Timotheus subsecutus est in sedem Constantinopolitanam, rexitque Ecclesiam illam septem annos. Invecti novi ritus auctor fuit in Antiochena Ecclesia Petrus Fullo, seu Cnaphæus ; ipsumque imitari in Ecclesia Constantinopoleos Timotheo placuit.

Verba illa, « in odium scilicet Macedonii, » expendens Natalis Alexander, sibi colligere videtur, agi eo loci de symbolo Constantinopolitano, tametsi dicatur illud « trecentorum et octodecim Patrum; » Macedonium scilicet intelligens, Spiritus sancti divinitatis hostem, in synodo Constantinopolitano œcumenica II damnatum. Ita ille sæculo IV, dissertatione 37, art. 1 in fine. Fallitur vir doctus. Macedonius est, non primus Spiritus sancti hostus ; sed hujus nominis II immediatus ipsius Timothei antecessor, catholicæ fidei in synodo Chalcedonensi constitutæ professione clarus. Hanc ob causam ab Anastasio imperatore in exsilium anno 511 pulso, ipse Timotheus hæreticus, et synodi Chalcedonensis impugnator suffectus fuit. Plura pessimus homo egit, Theodoro lectore teste, contra ipsum Macedonium : ac inter alia « symbolum fidei trecentorum et octodecim Patrum (Nicænum) in singulis collectis recitari præcepit, in odium scilicet Macedonii (prædecessoris) quasi ille non susciperet id symbolum (nempe Nicænum). »

Ritui porro, quem pravo consilio invexerant hæretici Monophysitæ, rituum oppositurum orthodoxi, quo palam coramque in sacra liturgia rectam et catholicam Incarnationis Dominicæ fidem profiterentur, symbolum Constantinopolitanum, quod rejiciebant illi, adhibito. Præsto est ecclesiasticum monumentum, quod ad annum 518 pertinet, quo maxime constat, jam tum in usu fuisse apud orthodoxos, ut in divina liturgia symbolum fidei legeretur aut decantaretur. Inter acta synodi Constantinopolitanæ anno 536 sub Menna celebratæ, libellus recensetur inscriptus : Quomodo prædicatæ (seu promulgatæ) sint synodi. Ad aliud concilium spectat

Constantinopoli anno 518 habitum, Justino seniore catholico regnante post Anastasium imperatorem, Chalcedonensis concilii hostem. Ejus initium est : « Introitu facto secundum consuetudinem in sanctissima magna ecclesia nostra, die Dominica 15 præsentis mensis Julii, indictione xi, a domino sanctissimo archiepiscopo et œcumenico patriarcha Joanne, » etc. Annum 518 indicat undecima indictio : quo Joannes II, cognomento Cappadox, die 17 mensis Aprilis in sedem Constantinopolitanam Timotheo Monophysitæ memorato suffectus fuit. Prope finem libelli hæc habentur verba juxta versionem ab Henrico Valesio emendatam in notis ad Evagrium libro iv, capite 11: « Et post lectionem sancti Evangelii, cum missa ex more celebraretur, et clausis januis, et sacro symbolo (τοῦ ἁγίου μαθήματος) ex more recitato (κατὰ τὸ σύνηθες) ubi ventum est ad dypticha, » etc. Perspicue patet, symbolum fidei in liturgia jam anno 518 « ex more » lectum recitatumque ab orthodoxis fuisse.

At illud erat symbolum Constantinopolitanum. Exstant loco citato epistolæ ejusdem synodi Constantinopolitanæ anno 518 celebratæ ad ipsum Joannem nuperum patriarcham, in quibus hæc habentur : « Tertium capitulum in petitione continebatur, ut pro majori Scripturarum auctoramento sancta et magna synodus 318 Patrum congregatorum in Nicæa, qui sanctum symbolum fidei definierunt et exclamaverunt : « In quo baptizati sumus, et baptizamus : » et quæ in Constantinopoli sub « Nectario sanctæ memoriæ congregata est, et prædictum sanctum symbolum 318 Patrum confirmavit ponantur in sacris dypticis, » etc. Ubi symbolum illud fidei, quod Nicæna synodus definivit, confirmavitque synodus Constantinopolitana, non aliud est nisi Constantinopolitanum, seu Nicænum cum additamentis. Paria leguntur verba ibidem in epistolis monachorum, et Joannis Hierosolymitani ad eumdem Joannem patriarcham.

Accedit luculentissima confirmatio ex Chronico abbatis Biclarensis Lusitani, qui sæculo sexto florebat, didicitque litteras Constantinopoli, Chronicon illud, quod ab anno 566 perducitur ad annum 500, vulgavit Henricus Canisius. Locus est, luxatus quidem, sed ab Henrico Valesio ad sua tempora redactus, qui rem mirifice confirmat. Nempe ait Biclarensis : « Romanorum (imperatorum) LIII Justinus junior annis undecim. Qui Justinus anno primo regni sui (anno Christi 566) ea quæ contra synodum Chalcedonensem fuerant commenta, destruxit ; symbolumque sanctorum 150 Patrum Constantinopoli congregatorum, et in synodo Chalcedonensi laudabiliter receptum, in omni Ecclesia catholica a populo concinendum intromisit, priusquam Dominica dicatur oratio. « Quæ nempe Justino seniori conveniunt, factaque fuerunt anno 518, deceptus Biclarensis tribuit Justino juniori, redigitque ad annum 566. Ita Henricus Valesius in Notis ad caput 4 libri v Evagrii. Quo loco refert ipse Evagrius, a Justino juniore transmissum fuisse anno primo imperii, Christi, 566, edictum « ad omnes qui ubique sunt Christianos : cui omnes quidem consensum suum accommodarunt, rectam in eo fidem ac doctrinam promulgatam esse dicentes ; nullum tamen ex membris Ecclesiæ, quæ discissa fuerant, ad pristinam rediit unitatem ; propterea quod disertis verbis edixerat imperator, ut firmus atque immotus Ecclesiarum status in posterum servaretur, sicut antea servatus fuerat. » Nempe satis fuit Justino juniori, orthodoxam edicto suo exposuisse fidem ; deque Eutychiano, et Nestoriano dogmate disputationes in posterum vetasse, ita ut unicuique de hisce rebus pro suo sentire arbitrio liceret. « Ex hoc itaque edicto colligitur (verba sunt Valesii) nullam utilitatem consecutam esse, ut recte scribit Evagrius. Male igitur Joannes Biclarensis in Chronico Justino juniori ea tribuit, quæ seniori Justino potius conveniebant. » Is fuit ergo, qui anno 518, ut ea destrueret, quæ contra synodum Chalcedonensem peracta fuerant, symbolum fidei Constantinopolitanum, quod ipsa Chalcedonensis synodus laudabiliter receperat, quodve rejiciebant Eutychiani, decantandum in sacra liturgia præcepit « in omni Ecclesia catholica, » cum aliquæ jam illud adhibere cœpissent, postquam Petrus Fullo anno 476 concinendum prava mente invexit symbolum Nicænum. Concinendum illud vero jussit, si Biclaren i credimus, « ante Orationem Dominicam ; » quod utique postea præstitutum novimus in ecclesiis Hispaniæ, non alibi.

Sero in Occidente ritus idem receptus. In collatione baptismatis tradere symbolum, quod apostolorum dicitur, perrexerunt Latinæ Ecclesiæ : ipsumque symbolum Constantinopolitanum ut divinæ liturgiæ pars esset, Hispani Patres in concilio Toletano iii quod anno 589 sub Recaredo rege adversus grassantem Arianam impietatem celebratum est, primi decreverunt capite 2. « Ut pro reverentia sanctissimæ fidei, inquientes, et propter corroborandas hominum invalidas mentes, consultu piissimi et gloriosissimi domini Recaredi regis,... per omnes ecclesias Hispaniæ vel Galliciæ, secundum formam orientalium Ecclesiarum, concilii Constantinopolitani, hoc est 150 episcoporum, symbolum fidei recitetur : et priusquam Dominica dicatur oratio, voce clara a populo decantetur. » Sæculo nono mos idem vigebat in Galliis. Valafridus Strabo in libro *De rebus ecclesiasticis*, capite 22, ait : « Apud Gallos, et Germanos post dejectionem Felicis hæretici, sub gloriosissimo Carolo Francorum rectore damnati (anno 792, in synodo Ratisponensi et anno 794 in Francfordiensi) idem symbolum latius et crebrius in missarum cœpit officiis iterari. » Satis indicant hæc verba (animadvertente Edmundo Martene libro i *De antiquis Ecclesiæ ritibus* capite 4, art. 5) jam antea symbolum in missis recitatum fuisse ; sed non ita latius et crebrius, ac post damnatum Felicem. Sæculo demum undecimo, eumdem in Ecclesia Romana, Henrici imperatoris temporibus, admissum ritum, plerique arbitrantur ; sed toto etiam sæculo nono dictum lectumque, licet non decantatum, apud Romanos symbolum, contendit laudatus Martene loco citato, ubi scriptorum, qui adversari videntur, testimonia declarat et conciliat.

Jam vero ritum hujusmodi nullum, quem diligenter exposuimus, indicant Areopagitica verba a Lequieno opposita, sive prava mente a Petro Fullone et Monophysitis, sive catholico consilio ab orthodoxis invectum. Nulla symboli Nicæni, nulla Constantinopolitani mentio, quod in sacra liturgia decantaretur. Una proponitur hymnologia, quam totus Ecclesiæ consessus post evangelium, catechumenis, et energumenis, et pœnite tibus pulsis, cum hostia in altari immolanda parabatur, concineret. Quæ nempe hymnologia complectebatur tum laudem supremi Numinis, a quo bona cuncta procedunt, tum pro donis datis gratiarum actionem. Hinc vero colligi potest, auctorem Areopagiticorum, qui inter partes liturgicas nullam symboli fidei mentionem ingerit, vitam egisse aut ritum hujusmodi invectum anno 476.

XIV.

Primus Areopagiticorum locus a Lequieno objectus ex libro De divinis nominibus. Prava dogmata Monophysitica explanantur. Cum his non consonat, imo illis adversatur prædictus locus, quo divinæ naturæ integritas, et humanæ exaltatio in Christo declaratur. Scholiastis et S. Thomæ commentarii.

Summam disputationis jam attigimus. Pravis Eutychianorum dogmatibus opera Areopagitica scate re contendit Lequienus. Id ad examen vocandum est.

Locum profert ille, qui capite 2 *De divinis nominibus*, § 10, legitur sub nomine S. Hierothei : in quo Dominus Jesus dicitur ὑπερφυῶς καὶ ὑπερουσίων, *quod supernaturale et supersubstantiale est, quando factus fuit homo, servasse, non solum quatenus nostra participavit sine alteratione et confusione, nihil ex inexplicabili sua inanitione quoad immensam plenitudinem suam perpessus; sed (quod omnium novorum perquam novum est) in nostris naturalibus supernaturalis erat et in iis quæ substantiæ sunt supersubstantialis, quoad omnia nostra supra nos eximie su ereminens.* (Cujus loci sensus visque ut percipiatur (Lequieni verba sunt), attinet observare, vocibus ὑπερουσίως, et ὑπερφυῶς, apud istum auctorem non significari eximium quemdam statum, qui tamen naturæ creatæ terminos ex toto non excedat; sed divinam omnem præcellentiam, quæ ab omni creatæ substantiæ quantalibet perfectione infinite discrepet. Jamvero si Dominus Jesus, supernaturalem, supersubstantialemque statum suum servavit; non solum quatenus cum Deus esset, sine sui diminutione et confusione nostrarum rerum particeps fuit; sed etiam quatenus humana nostra, seu nostræ substantiæ ac naturæ propria, supernaturali supersubstantialique ratione gessit, et habuit; quid aliud restat, nisi Christum divine humana quæque nostra gessisse ; ejusque adeo humanitatem ad divinitatis naturam pertinuisse velut ejus appendicem ; qui quidem purus putus Monophysitarum error fuit. »

Reponenda plura sunt. Ac primo Monophysitica commenta, non una, sed alia et alia ratione effrebant heterodoxi ipsi homines, ac intellexisse videntur Patres, qui in illo negotio versati sunt, S. Leo papa, Patres Chalcedonenses, Theodoretus aliique plures. Paucis ea Damascenus II lib. III *De fide orthodoxa*, capite 2, complectitur : « Unus, » inquiens, Filius Dei naturæ humanæ perfectæ ac integræ « secundum hypostasim absque confusione, aut mutatione, aut divisione : ita ut nec d.vinitatis suæ naturam in carnis substantiam mutaverit, nec substantiam carnis suæ in naturam suæ divinitatis; nec ex divina sua natura, et quam assumpsit humana natura, unam confecerit naturam » (sive confusam, ex divina scilicet et humana simul commistis coalescentem ; sive ex duabus illis integris quidem manentibus, sed veluti imperfectis incompletisque partibus compositam). Tres vel quatuor hujusmodi insani ac pestiferi erroris explicandi modos passim afferunt Patres. Nihil vero simile in Areopagiticis allatis verbis, nihilque prorsus in opere toto : imo dicitur *Filius Dei nostra participavisse sine alteratione et confusione: nihil ex inexplicabili sua inanitione, quoad immensam plenitudinem suam, perpessus*. Quæ Scholiastes expendens ait : « Observa itaque, neminem tam divine loqui contra Nestorianos, et Acephalos (seu Monophysitas) et Phantasiastas. » Adhuc plura, eaque solidissima, dabimus infra.

At fuerint Monophysitarum aliqui, vel plerique, qui impium ac impossibile unius Christi naturæ commentum prædictis modis exposuim rejicientes, novum addiderint, ne ita insani viderentur ; quod nempe verbis citatis indicat Lequienus, ac *superius* ex doctissimo Combefisio ita repræsentaverat, « ut unam dixerint Eutychiani naturam, non id caro sive humanitas Christo defuerit, vel per mutationem sive conversionem, vel per absorptionem sive deperditionem (neque ut divinitas conversa intelligi debeat in carnem, aut in unam tertiam naturam differentem per commistionem adunata, aut veluti demum pars imperfecta compositam quamdam simul cum carne conficiens) ; sed ut natura divina sola proprie natura sit et dicatur, quæ primas in Incarnatione partes habeat, non humana, quæ secundas tantum : illa, inquam, quæ aliam habeat, non quæ habeatur tanquam illius videlicet appendix, eique immersa. » Qui tamen error, in quo ego, ut magis innotescat, satis non est dicere , naturam divinam in Christo principalem esse, et humanam veluti appendicem ; illamque habere, et istam haberi. Hæ videntur innoxiæ locutiones, ni aliquid aliud addatur. Dixerat namque Vigilius Tapsensis libro IV *Contra Eutychem*, num. 4 : « Qu'a ergo non est idipsum haberi, et habere; Verbum quippe habet, habetur autem caro : perspicue et liquido comprobatur, Christum utriusque esse naturæ, unius vero personæ. » Quo loco ex illa distinctione habentis, et habiti dogma colligit Vigilius Eutychianis adversum. Quanquam et illud animadvertendum est, quod docet S. Thomas in opusculo *Contra Græcos et Armenos*, capite 6, non tam esse divinam naturam, quæ habeat humanam; quam potius personam Verbi esse illam, quæ vere ac proprie naturam humanam habet ; nihilominus vero « propter rei identitatem, » ut ait ille opusculo I, capite 4 cum natura divina non distinguatur a persona ; dici recto sensu posse, naturam divinam habere humanam. Ea recole quæ latiore sermone versavimus num. 9 ubi Cyrilli sententiam expendimus *de una natura Verbi incarnata*.

Hinc merito Dionysius Petavius libro *De Incarnatione*, capite 8, num. 4, colligit, primarium in Incarnatione locum obtinere divinitatem, ad quam humanitas, velut appendicis et accidentis instar est ad substantiam. Id ante luculentissime docuerat doctor Angelicus, *opusculo* II, capite 211, ubi rejecta compositione ex natura divina et ex humana, velut ex partibus, non aliud inquit hujusce compositionis in Christo « exemplum posse in creaturis inveniri, » nisi quod suppeditat subjecti et accidentis unio : quæ « non sic miuitur, ut ex eis aliquod tertium constituatur; unde subjectum in tali unione non se habet ut pars, sed est integrum quoddam, quod est persona, hypostasis, et suppositum ; accidens vero trahitur ad personalitatem subjecti, ut sit persona eadem hominis, et albi. » Neque tamen quispiam colligat, naturam humanam accidentis more ad personam divinam adhærescere, ac unionem duplicis naturæ in Christo accidentalem dici debere; humana quippe natura est vera substantia, eademque ad subsistentiam Verbi divini tracta constituit personam Christi, quæ non est distincta a persona Verbi pariter subsistente *in natura divina*. Theologos consule, qui hæc omnia late pertractant.

Hæreticum sensum si velit Lequienus locutionibus illis, quas adhibet cum Combefisio, efferri; addat oportet quæ postea refert ipse ex Timotheo Æluro, qui in lucubratione, qua Leonis Magni ad Flavianum epistolam vellicabat, pronuntiare non dubitavit : « Humanitatem Christi omni actione propria caruisse; nec operationes alias, nisi divinas, per eam exsertas esse ; atque adeo quæ humanitatis operationes censebantur, πάθη, passiones, potius, et meras exsecutiones, πράξεις, esse nuncupandas. » Quo commento admisso, sponte fluit quod idem Ælurus contendebat, « solam divinitatem esse Christi naturam, etsi incarnatam » se nimirum carne vel humanitate habente instar appendicis adjunctæ, vel instar instrumenti, per quod divinæ exsererentur operationes. Quo pariter admisso commento, et illud intelligi potest quod efficiebant, per Incarnationem humanitatem totam ad deitatis naturam pertinuisse ; sed sine ulla tamen permistione, vel absorptione, vel conversione ; nec enim humanitas deperdibatur, sed salva consistebat, propria tamen operatione spoliata, ac divinæ naturæ effecta instrumentum. Eutychianum hunc sensum confirmat Petavius libro VII *De Incarnatione*, capite 6, enarrans dogma Monothelitarum, qui sicuti unam Christi operationem esse putabant, ita unam ejus naturam fateri cogebantur. « Christi humanitatem a divinitate Verbi actam (ait ille num. 5) et impulsam, ac gubernatam fuisse, inter orthodoxos convenit... Verum hoc eo fine Monothelitæ proferebant, ut nonnisi una amborum esset ἐνέργεια, eaque ex toto divina, quæ manans a divinitate trajiceretur in animam et in carnem, a quibus tantummodo reciperetur, nulla autem efficeretur ex parte. Siquidem animam illi censebant nullis in Christo facultatibus instructam esse, neque spiritalibus, neque sentienti ac vegetanti parti, congruentibus; sed solam inesse substantiam : δύ-ψμιν vero et potentiam, ac consequentem ex ea ἐνέργειαν in solidum divinitatis esse. Sicut malleus ab artifice ad opus adhibitus et impulsus nullam ex sese motionem confert; sed hanc totam a movente receptam, tanquam alienam in opus refundit. » Et infra num. 5 : « In ipsa carnis perpessione duo sunt consideranda : alterum, motio ipsa et agitatio carnis, aut divisio vel contusio et hujusmodi; alterum doloris perceptio, quam scholæ *sensationem* vocant. Horum prius sola caro patiebatur, utpote materia, et quantitate natura sua constans; posterius ex vi et sentiendi facultate proficiscebatur, non humana vel creata; sed divina, quæ carni se accommodans, idem in carne Christi faciebat, quod in carne omnium hominum anima rationalis. » Itaque (ut numero superiore concludit ille) « quidquid vitale, ac vegetum, et spirans inesset homini Christo atque omnis ejus actio et impulsio, qua vel seipsam in cæteris Adami posteris movet anima, vel subjectam sibi carnem, agit et excitat, non ab ulla creata potentia et facultate fluebat, sed ab ipsamet divinitatis substantia, quæ naturales animæ facultates altiori et extraordinaria virtute supplebat, et consentaneas humanæ substantiæ operationes exprimebat. » Hæc ille, quæ et Lequienus approbat in Notis ad hæresim Monothelitarum. Hinc demum perspicua ratio patet, ob quam Monothelitas et Eutychianos orthodoxi Patres appellarent Apollinaristas; hi namque anima, vel mente mutilabant humanitatem Christi; illi propri a energia ac omni facultate vitali spoliabant eam, id omne munus in divinitatem rejicientes.

An ergo tam impium dogma tradiderit allato loco auctor Areopagiticorum? Age locum ipsum diligentius expendamus. Præmissa a Lequieno verba primum affero. Jesu Christi divinitatem extollit, quæ *ineffabilis est et inexplicabilis, supra sensum, supra vitam, supra substantiam; supernaturaliter habet supernaturalitatem et supersubstantialiter substantiam excedit*. Quo loquendi modo passim toto opere usurpato auctor non tam substantiam, dici debere Deum, quam supra substantiam, frequentius animadvertens; neque naturam, sed supra naturam. Pergit ille : ex humani generis amore, inquiens, ἕως φύσεως *ad naturam se demisit*: καὶ ἀληθῶς οὐσιώθη, *et vere substantiatus est*; καὶ ἀνὴρ ὁ ὑπέρθεος ἐχρημάτισεν *et homo (qui supremus Deus erat) nuncupatus est*. Catholicam fidem hæc verba exprimunt; neque verbulum est, quod varia Eutychiana dogmata redoleat. Id etiam ævo suo observatum a Scholiaste : « *Usque ad naturam*. Vides quomodo dicat, quoniam etiam *ad naturam* venit (naturam scilicet nostram intellige) : et naturam non recte de Deo dici (Deus quippe supra naturam est). Ecce enim quomodo dicat, quoniam *usque ad naturam* descendit, (id est eo usque vilitatis, atque ejus quod ipse non habebat, pervenit. Ubi nota significantiam verborum. »

An vero descenderit ad naturam nostri generis, ut hæc in assumptione conditionem proprii generis amiserit, actione propria spoliata, et effecta instrumentum, per quod quidquid energiæ et actionis erat in Christo Domino una deitas operaretur? Ita nonnullos Eutychianos contendisse, dictum est : ac ita sequentibus verbis voluisse Areopagiticorum auctorem, arbitratur Lequienus. Jam verba, quæ sequuntur, profero et expendo. Etsi *in istis* (in natura scilicet nostra, nostraque substantia assumptis) *habeat quod supra naturam, et supra substantiam est*. Quod bifariam ostenditur. Ac primo quia divinitas, quam paulo superius vocandam docuerat *supra naturam, et supra substantiam*, salva consistit in Incarnatione; unde ait : *Non solum quia immutabiliter et sine confusione nobis sese communicavit, nihil in exuberanti sua plenitudine ex ineffabili exinanitione perpessus*. Ac deinde quia verumetiam (quod omnium novorum novissimum) *in naturalibus nostris supernaturalis erat, et in substantialibus supersubstantialis, omnia nostra ex nobis et supra nos excellenter habens*. Si Monophysitica hæc verba sint, sensum edant oportet, naturam nostram et substantiam nostram in Christo propria caruisse actione; nec operationes alias nisi quæ divinitatis erant, per humanitatem ejus exsertas esse. Sed hunc sensum convellit auctor, qui diserte docet Deum, seu D i Filium in Incarnatione vere substantiatum esse : et insuper habere *omnia nostra ex nobis*, naturam scilicet ipsam et naturæ proprietates, et actiones; sed hæc omnia tamen ab illo haberi *supra nos*, id est *excellenter*, seu excellenti modo. Quam sine dubio excellentiam plura declarant in Christo Domino nostissima. I. Quia natura humana Verbi divini personali proprietate subsistit. II. Quia operationum, quæ Christus exserebat, principium erat persona divina, seu Verbum divinum in ipsa subsistens natura humana. III. Quod ip a natura humana auctore et moderatore Deo ita gubernabatur, nihil ut sine ipsius nutu prorsus ageret. IV. Denique quod multiplici ac sublimi dono gratiæ insignitus fuerat homo Christus veluti ortus ex Virgine, impeccabilitatis, ac miracula patrandi facultatis; quæ omnia novissima sunt, soli Christo conveniunt; ac sane mirabilia quis non agnoscat, non adoret? Hæc vero sunt illa, quæ pervio, ac plano et catholico sensu ostendunt, in ipsis naturalibus et substantialibus nostris per Incarnationem assumptis maxime elucere divinitatis supernaturalitatem et supersubstantialitatem.

Hæc illustrat omnia Petavius libro VIII *De Incarnatione*, capite 10 et 12. Hæc eadem ante enarraverat Scholiastes, quem consule. Non alium vidit sensum perspicacissima angelici præceptoris mens. Ait enim, lectione 5 : « Quamvis enim acceperit propria nostræ naturæ, tamen in ipsis rebus humanis habuit supernaturale et supersubstantiale : id est uno modo, in quantum communicavit nobis, assumens nostram naturam absque variatione divinæ naturæ, et absque commistione ipsius, et conversione ad humanam naturam; ita quod per exinanitionem ineffabilem de qua Apostolus loquitur Philipp. XI : *Nihil passus est ad superplenum ipsius*, id est nihil diminutum de plenitudine suæ deitatis; non enim dicitur exinanitus per diminutionem deitatis, sed per assumptionem nostræ naturæ delicientis. Alio modo, quia (quod est inter omnia nova magis novum, et mirabile) ipse erat *in naturalibus nostris supernaturaliter, et in substantialibus nostris supersubstantialiter, omnia* humana *quæ ex nobis* accepit, *supra nos habens*; quia caro ejus majoris virtutis est et dignitatis quam alterius, et anima ejus dignior omni anima, et actus ejus et operationes fuerunt unificæ (vivificæ, deificæ) ex virtute deitatis. » Cur ita? quia nempe caro et anima, seu humanitas Christi, Dei Verbi personali proprietate affecta subsistebat, ac operationes ejus a persona divina, velut a principio, proficiscebantur; unde verissime dictum, Christum divino et excellenti modo humana nostra gessisse et habuisse.

XV.

Alia Areopagitica testimonia duo, ex eodem libro De divinis nominibus *objecta. Naturam diserte distinguit a persona auctor : docetque factam naturarum unitionem in persona et hanc ex duabus naturis compositam. Divi Thomæ commentarius.*

Eodem in allegato loco, quem numero superiore expendimus, digna censet animadversione Lequienus verba nonnulla sub Hierothei nomine prolata, nempe : *Causa omnium, et quæ omnia implet, est Jesu divinitas, τοῦ Ἰησοῦ θεότης ; quæ usque ad nostram naturam se demisit, et vere substantia est, ἀληθῶς οὐσιώθη.* Ubi « Severianorum more (inquit Lequienus) contra quam inter catholicos, (post synodum præsertim Chalcedonensem, ratum fixumque erat, deitatem seu naturam divinam hic minime secernit ille ab hypostasi, ut eam esse incarnatam censeat. » Quem Eutychianum sensum confirmari ait aliis verbis, quæ eodem in libro *De divinis nominibus*, capite 1, § 4, habentur : *Deitas, Θεότης, humanissimam se præbuit, quia nostris secundum veritatem integre in una suarum hypostasium communicavit, ad seipsam referens, sibique vindicans humanam vilitatem, ex qua ineffabili modo simplex Jesus compositus est*, etc. « Hoc in loco (verba sunt Lequieni) humanitatem sic a deitate assumptam censet, ut ipsamet divina natura propria sibi fecerit, quæ humanitatis sunt, ac non solum divina Verbi personæ : ut, inquam, non modo divinæ personæ Verbi secundum accuratas mutuæ communicationis proprietatum regulas, humanitatis dotes ascribat, verum et ipsimet deitati. Quo dato deitas ipsa de Virgine nata, passa et crucifixa erit; aliaque per enta impune proferentur, quæ Eutychianis et Severianis familiarissima fuere, cum naturam ab hypostasi non distinguerent, ubi de Dei Verbi Incarnatione disputabant. »

At Areopagiticorum auctor, reponam ego, si naturam Severianorum more non distinguebat ab hypostasi ; cur ei satis dicere non fuit, deitatem nostris vere et integre communicavisse ; cur addiderit, hanc deitatis cum nostris unitionem factam esse *in una suarum hypostasium*, ἐν μιᾷ τῶν αὐτῆς ὑποστάσεων? Nonne vero, qui in deitate *hypostases* cognoscit ac pronuntiat, easdem fatetur distinctas a deitate, *quæ una est*? Addo vocem θεότης eo in loco non haberi, sed θεαρχία. Hanc porro *supremam Divinitatem* animadvertit ibidem Areopagiticorum auctor, collaudari primo, *ut monadem quidem ac unitatem*, ὡς μονάδα μὲν καὶ ἑνάδα ; deinde, *ut Trinitatem*, ὡς τριάδα, *propter superessentialis fecunditatis in tribus personis, τρισυπόστατον, manifestationem ; et hanc denique se nobis vere et integre in una suarum hypostasium communicavisse*. Quod vero non catholicum in his verbis reprehendi potest? Quodnam fuerit verbulum, quo indicaverit auctor humanitatis dotes ipsi naturæ divinæ ascribi debere, ut non solum Filius Dei dicatur natus ex Virgine, passus, crucifixus, sed ipsa deitas, aut natura divina dici nata ex Virgine, passa, crucifixa debeat? Imo « pulchre hic explicat (Scholiastis verbis utor) *mysterium Incarnationis, quoniam una persona Trinitatis passa est. Nota vero : unam illam personam nobiscum integre communicasse*..... Recte igitur dicimus unam personam sanctissimæ Trinitatis crucifixam esse : quod est contra Nestorianos, et Acephalos, » seu Eutychianos.

Non alium sensum efferunt, qui hæreseos nota confici debeat, verba primo loco objecta ubi quemadmodum docet ille, deitatem Jesu ad nostram usque naturam venisse, ac vere substantiatam esse; ita simul etiam diserte factum, appellatumque esse *hominem, qui summus Deus est*. Paria sunt quæ ab eodem tradita legimus capite 3 *De mystica theologia* : Jesum supersubstantialem (quatenus Deus est, humanæ naturæ veritatibus substantiatum fuisse, id verum assumpsisse naturam humanam. Quibus in locis *Deus*, et *Jesus*, qui factus, et appellatus *homo* dicitur, atque substantiatus, divinam procul dubio personam significat, in qua naturarum unitionem factam esse credimus. Ille vero *humanæ naturæ veritates*, ἀνθρωποφυϊκαῖς ἀληθείαις, nonne integram significant naturam humanam quæ per Incarnationem neque suæ conditionis metas transilierit, neque proprias amiserit facultates, et operationes? quo certe nihil magis Eutychiano commento adversum. Cæterum denique scitissime adnotavit Petavius libro IV *De Incarnatione*, capite 8, num. 4, « plerumque Patres naturæ divinæ tribuere, quod non ei simpliciter ac secundum se convenit, sed eatenus qua est hypostasis. » Exempla affert plura ibidem, et libro V, capite 1, num. 4. Cujus rei egregiam divus Thomas, hac eadem de re disserens, rationem affert in opusculo I *Contra errores Græcorum*, capite 4 : « Licet modus, inquiens, significandi diversus sit, cum dicitur Deus, et deitas : tamen res est eadem penitus, et ideo propter rei identitatem sicut unum de altero prædicatur, ut cum dicitur, Deus est deitas, vel persona divina sive Pater est divina essentia ; ita et a sanctis interdum unum pro alio ponitur, et sic dicitur quod essentia divina generat, quia Pater, qui est essentia divina, generat ; et essentia est de essentia, quia Filius qui est essentia, est de Patre qui est eadem essentia divina. » Quod impune dici potuit ab aliis sanctis Patribus, cur veluti hæreticum, et medullitus Monophysiticum rejici omnino debeat in verbis Areopagiticorum auctoris?

Quid est vero, quod ea verba : *Simplex Jesus compositus*, Lequienus carpat, ac si quid veræ theologiæ minime consentaneum sonent? Ipsa verba satis admonent theologum, Jesum, eatenus dictum simplicem, quo Filius Dei subsistens in natura divina : *compositumque præterea, quia, subsistit etiam in assumpta natura humana*. Illud ego expendendum in his verbis propono, quod Eutychianis maxime adversatur ; tum primo compositum dici Jesum, ex duabus scilicet naturis ; tum etiam compositum appellari *ex humana vilitate, humilitate, extremitate*, ἀνθρωπίνην ἐσχατιὰν ἐξ ἧς, etc., quæ verba perspicue demonstrant, humanam naturam per Incarnationem non transcendisse metas sui generis ; atque demum in hanc compositionem *servatas esse proprietates integras et inconfusas*, μετὰ τῆς ἀμεταβόλου καὶ ἀσυγχύτου τῶν οἰκείων ἱδρύσεω ; Hæc sunt orthodoxa dogmata Eutychianis commentis adversa, ut etiam notavit Scholiastes : « Nota, inquiens, quo dixerit, ipsum Dominum nostrum Jesum Christum cum simplex exsisteret, deinde compositum, humanam extremitatem ad se revocasse..... Quod est contra Nestorianos et Acephalos. » Egregiam subjicio divi Thomæ commentationem : « *Jesus qui est ineffabiliter simplex secundum deitatem, ipse idem hypostasi est compositus secundum humanitatem*..... Et ne aliquis perverse intelligeret, quod *Deus factus est homo* secundum aliquam conversionem deitatis in carnem, vel in animam (eo nempe sensu, quo Apollinaristæ effutiebant, divinitatem gessisse munus animæ; vel mentis : quove Eutychiani et Monothelitæ putabant, divinitate suppletas fuisse proprias humanitatis facultates et operationes) vel etiam secundum aliquam commensurationem, ut sic esset una natura Dei et hominis, ut Eutyches confinxit ; subjungit, *cum intransmutabili et inconfusa collocatione*, id est firma salvatione *propriorum*, id est proprietatum, utriusque naturæ. » Animo nimium præoccupato Areopagitica legisse videtur opera, qui eadem scatere Monophysitarum commentis contendit.

XVI.

Epistola quarta, quæ est ad Caium, opponitur ; eademque ad examen vocatur. Grandioribus verbis unam docet auctor naturæ humanæ exaltationem in Christo, ejusque operandi modum plane divinum, mirabilem, ineffabilem. Sed hæc tamen, salva naturæ humanæ integritate quoad substantium, ipsasque quod attinet ad facultates et operationes, intelligenda jubet idem auctor.

Cœpto pergit Lequienus. Monophysiticum virus, quo putat aspersum Areopagiticorum auctorem, effundi totum in epistola quarta ad Caium, contendit ille. « Etsi Christum (inquit) vere fuisse hominem concedit; attamen eum supra quam hominum conditio ferat, hominem fuisse iterum docet Monophysitarum more: *Supra homines, et secundum homines, ex hominum substantia cum supra substantiam exsisteret, substantiam assumpsit.* Itemque: *Ad substantiam vere veniens, supra substantiam substantiatus est et supra hominem operabatur, quæ hominis sunt.* Id quod probat ex ejus in utero Virginis conceptione, et incessione super aquas. Quæ quidem exempla ipsissima sunt quæ Leo Magnus in epistola ad Flavianum adhibuerat, ut ostenderet deitatem Christi peculiares suas operationes divinas ab humanis distinctas exercuisse; quemadmodum humanitas suas, absque utrarumque confusione aut divisione; eum alioqui Monophysitæ adversus ipsum ex iisdem mirificis operibus unicum operationis genus, subindeque naturam unam, deitatis scilicet, in Christo fuisse inferrent. Proprietates humanas ad divinam naturam revocabant, ut caro deitatis dotibus imbueretur; quæve humanæ operationes videbantur, revera deitatis ipsius actiones propugnabant. Quin demum idem auctor ibidem subjungit, ea quæ de humanitate Christi asseverando dicuntur, vim potius habere eximiæ negationis. Unde ait: *Ut enim compendio dicamus, neque homo erat, non ut prorsus non fuerit homo, sed ut qui ex hominibus cum esset, ab hominibus longe distabat, vere factus supra hominem homo.* Quibus verbis Apollinarii vocem imitatur, ac Christum absolute dici hominem inficiatur: veluti fere quondam Eutyches corpus ejus, humanum esse corpus effutierat, non corpus hominis. » Hæc Eutychetis recitantur verba in synodo sub Flaviano celebrata.

Christum fuisse absolute hominem, dicere potuerat, debueratque Apollinarius, qui humanitatem nobiliore sua parte, mente scilicet, mutilabat; ipsumque Verbum gessisse vicem mentis, effutiebat. Hæreseos quoque suæ principiis inhærens Eutyches corpus Christi fateri corpus hominis renuebat, tametsi vocaret illud « corpus humanum. » Quomodo namque corpus hominis, aut vera humanitas diceretur, quæ ita absorpta a divinitate asserebatur, ut spoliata esset proprietatibus suis, ac facultatibus et operationibus, quæ illas consequuntur; eademque admittebatur in Christo veluti inanime quoddam instrumentum, per quod nonnisi divinæ actiones transfunderentur, quæ operationes humanas supplerent? Longe ab hisce commentis distant Areopagitica dicta. Plura superioribus capitibus eademque luculentissima in medium protulimus testimonia, queis egregie idem auctor docet assumptam a Filio Dei ab una Trinitatis persona humanitatem *vere, integre, perfecte, totaliter, omnimode.* An hæc toties, ac passim inculcaret, qui humanitatem in Christo Domino spoliatam arbitraretur proprietatibus suis ac facultatibus et operationibus quæ consequuntur?

Faveat et ipsa testimonia ab Lequieno objecta. Grandioribus quidem verbis mirabilissimum Incarnationis mysterium enarrat auctor: at in id recidit tamen semper, ut ipse Christus vere fuerit homo. At ille: *Neque homo erat;* sed veluti se corrigens addit: *Non, ut prorsus non fuerit homo:* erat ergo prorsus et omnino homo. Ait etiam: *Vere factus supra hominem homo;* ita ut tametsi Christus dici debeat *supra hominem,* ut infra declarandum; *vere tamen factus homo est.* Quod illis demum verbis confirmatur: *Ad substantiam vere veniens, supra substantiam substantiatus est.* Dei Filius nempe, cum nec natura nec substantia proprie sit, sed supra naturam et supra substantiam; ad nostram naturam nostramque substantiam *vere venit, et substantiatus est,* per ejusdem naturæ ac substantiæ assumptionem, et cum ejusdem proprietatibus, facultatibus, operationibus.

Tam catholica, et commentis Eutychianis adversa dogmata clariora fiunt, si brevis epistolæ ad Caium integrum contextum expendamus. Inquirentem Caium inducit: *Quomodo, inquis, Jesus cum sit omnibus superior, cæteris hominibus substantialiter, οὐσιωδῶς, aggregatus est?* Planum ac pervium sensum accipe: Quomodo Filius Dei, qui rebus omnibus et hominibus superior est, factus fuerit hominibus consubstantialis? Reponit auctor: *Non utique, ut auctor hominum, hoc loco homo dicitur.* Id est, ne putes ea ratione Jesum dici hominem, qua nomen effectus eminenti quodam modo tribui solet causæ, ac hominem dici Jesum, quia auctor est hominum; quemadmodum et sol et lux vocatur Deus, qui suprema est causa et lucis et solis. *Sed in quantum secundum substantiam totam vere homo est; κατ' οὐσίαν ὅλην ἀληθῶς ἄνθρωπος ὤν.* Verba sunt, quæ « contra omnem hæresim, tam antiquam, quam novam » militant, ut ait Scholiastes. Adversantur ea Phantasiastis, qui verum corpus, veramque humanitatem Christo negabant; et Apollinaristis, qui totam hominis substantiam in Christo non agnoscebant, utpote mente eam mutilantes; et Acephalis ac Monophysitis qui eamdem Christi humanitatem proprietatibus suis, et facultatibus, ac operationibus quæ consequuntur, spoliabant: unde nec illi admittebant, totam in Christo vere exsistere humanitatem.

Sequitur: *Nos autem Jesum non humanitus definimus.* Quomodo enim *humanitus* tantum definiri potest Christus, qui a cæteris hominibus longe distat; nec est solus homo, sed homo et Deus? Neque enim ille homo tantum est, quia nequaquam *supersubstantialis exsisteret, si solus homo foret.* Solus namque homo natura constat humana, et subsistentia creata: at Jesus ita homo est, ut humanitas affecta subsistat personali Filii Dei proprietate, quæ supersubstantialis est; et hæc unio, quæ dicitur hypostatica, transcendit omnem naturæ ordinem. Sed attamen *revera homo;* nec enim per eamdem unionem aut mutata, aut deperdita fuit natura humana, aut mutilata aliqua sui parte, aut demum spoliata proprietatibus, quæ veritatem consequuntur naturæ humanæ. Quandoquidem *Filius Dei supra homines, et secundum homines, ex hominum substantia, cum supra substantiam exsisteret, substantiam assumpsit.* Filius nempe Dei incarnatus, et est *supra homines,* quia Filius Dei ac verus Deus: et est *secundum homines,* quia verus homo. Ipseque, cum in natura divina subsistens, sit *supra naturam,* et *supra substantiam, ex hominibus tamen substantiam assumpsit.* Nonnisi lividus oculus heterodoxa in his verbis videat portenta.

Sed ampliora pergit ille enarrare. Inquit: *Verumtamen supersubstantialitate supra modum plenus est.* Jesu namque persona, utpote divina, est supra substantiam; ac supernaturalis et supersubstantialis est naturæ divinæ et naturæ humanæ unitio in una divina Filii Dei persona. *Ut qui semper supra substantiam sit, abundantia quadam supersubstantialitatis; etiam ad substantiam vere veniens, supra substantiam substantiatus est.* Divina Verbi persona ita supra substantiam dici debet, ut etiam *ex abundantia quadam supersubstantialitatis* fecerit naturam humanam supersubstantialiter subsistere, personali scilicet divina Filii proprietate affectam: et licet *vere ad nostram venerit substantiam,* manet simul tamen *supra substantiam.* Imo demum et *super hominem gessit ea, quæ sunt hominis;* propterea nempe quod humanæ operationes non procedebant a solo homine, sed ab homine Deo, qui sine dubio *super hominem est.* Et hæc etiam supernaturalitas, et abundantia supersubstantialitatis, quam Dei Filius in humanitate assumpta integram servat, maxime apparet in mirificis operibus, quod *Virgo supra naturam parit:* quod *aqua profluens, quæ pedum ex materia terraque concretorum gravitatem* sustinet, neque cedit; sed virtute supernaturali sine diffusione subsistit.

Hinc vero sponte ac necessario fluit: ea quæ de humanitate Jesu affirmantur, excellentia quoque negationis vim continere. Ita namque affirmamus Jesum esse hominem, ut simul negari oporteat, ipsum esse simplicem hominem; cum sit supra hominem, utpote persona divina in natura humana subsistens, et a Virgine conceptus fuerit, deque Virgine matre natus. Nam ut summatim dicamus, ne homo quidem erat: non quod non esset homo; sed quod ex hominibus natus, homines longe superaret, et supra hominem vere homo factus sit. Non erat homo solus, sed vere tamen factus est homo: simulque omnes homines superabat, et supra hominem erat; quoniam persona divina, quæ supra hominem est, et supra naturam, et supra substantiam vere subsistebat in natura nostra, in humanitate nostra: et sic subsistens Dei Filis vere homo factus erat.

Commentum omne Monophysitarum, ut video, longe exsultat ab hac epistola: quod etiam vidit Scholastes: « Observa, inquiens, totum epistolæ contextum, quoniam est contra omnem hæresim, tam antiquam, quam novam. » Neque reponat doctissimus Lequienus has nostras interpretationes esse quæ hæreticas locutiones obscuriore quodam modo propositas ad catholicum sensum detorquent. Sunt imo simplices sententiarum grandiore stylo scriptarum explicationes, quæ catholicum sensum, non longe petitum, sed pervium ac planum patefaciunt. Hisce dictis abutebantur quidem Monophysitæ, hæreticorum more proprios errores ut poterant tegentes: at eadem Areopagitica dicta nec hæresim efferunt, nec hæresim involucro verborum tectam complectuntur, ut illius ævi Patres ostendebant. Opus foret, ut Areopagiticorum auctor probaretur hæreticus argumentis aliunde petitis, ut quæ demum grandiore quodam stylo ac insueto protulit, prava mente ac pravo sensu dicta dicerentur. At hæc argumenta præsto non fuerunt Lequieno.

Cæteroqui vero ex hac intima et mirabili naturæ humanæ in Christo conjunctione cum natura divina in una sanctissimæ Trinitatis persona colligebant veteres Patres absque ulla erroris suspicione, factam illam esse divinam, et deificatam, et in alterum quodammodo statum translatam, ac recto demum et catholico sensu a divinitate absorptam. Id vero, ac præterea nihil, verborum suorum magnificentia, et grandi sublimique dicendi genere, docet auctor Areopagiticorum. Patrum testimonia Dionysius Petavius libro IV De Incarnatione, capite 9 et libro X, capite 1, non pauca profert, quæ naturam humanam in Christo deificatam enuntiant: quæ perperam et injuria ad invidiam conflandam traducerentur. Orthodoxum, cuique pervium exprimit sensum loco posterius citato num. 8, ubi varias naturæ humanæ proprietates distinguit; docetque, quibus illa, salva integritate, spoliari possit, quibusque non. Aliæ sunt specificæ, ut ratiocinari posse, intelligere, loqui, libere agere, individuis omnibus humanis communes, et ad essentiam pertinentes, vel profluentes ex essentia. Aliæ adventitiæ et accidentes, sine quibus constare natura potest; vel individuis omnibus convenientes, cujusmodi sunt ægrotare posse, vel sanum esse posse, morti et corruptioni obnoxium esse, concupiscentiæ, et in peccatum propensio, quibus hominum nemo caret citra singulare Dei beneficium; vel certis duntaxat individuis, non omnibus competentes, ut ægritudo, bona valetudo, vitium corporis aut animi, quæ non insunt omnibus. Jam vero cum proprias naturæ humanæ affectiones protulere Patres in divinitate Jesu Christi absorptas ac velut exstinctas, de priore genere proprietatum locuti minime sunt. Ac sane quod attinet ad auctorem Areopagiticum, quis dixerit hanc ab eo admissam absorptionem exstinctionemque, cum passim doceat naturam hu-

manam a Verbo assumptam vere, integre, perfecte, totaliter, omnimode, salvis humanæ naturæ veritatibus, ac inviolato manente proprietatum statu: quæ tam frequenter inculcata verba sensum omnem rejiciunt, et Apollinaristicum, et Eutychianum?

Alterius generis proprietatum quasdam statim exclusas funditus penitusque in Christo docuere Patres; quasdam, dum in terris ipse viveret, procuramdæ salutis humanæ gratia retinuisse. Priores eæ sunt, quæ contagione culpæ aliqua sunt afflatæ; cujusmodi est peccandi potestas, intestinus concupiscentiæ motus, id genus alia. At quæ sunt alterius speciei, et procul ab vitio peccatoque sunt, tametsi vilissima ac indignissima tanta majestate fuerint, aliquando in se tempore suscepit; ut est moriendi conditio, tristitia, fames, lassitudo, sitis, ac reliqua id genus humanæ infirmitatis argumenta. Quæ tamen, mortali vitæ statu perfunctus, deposuit omnia, et in præstantiorem ac divinum absorberi, abolerique voluit, nempe post resurrectionem. Egregium præsto est Areopagiticum testimonium, quo hæc doctrina orthodoxa mirifice confirmatur. Capite 3 De ecclesiastica hierarchia num. 4, § 2. sic habet auctor: Dei-principalis bonitatis infinita benignitas... nostrorum omnium vere, ἐν ἀληθεῖ, facta particeps, absque peccato ἀναμαρτήτως, humilitatique nostræ unita, salvo proprietatum suarum statu prorsus inconfuso et inviolato, cujus etiam nobis, utpote congeneis consortium dedit. Peccato, et iis quæ peccati contagione aliqua afflata sunt exceptis, particeps factus est Dei Filius omnium nostrorum. Animadverte, omnia nostra a Dei Filio assumpta, animam, corpus, humanitatem ex iis coalescentem, præditamque suis facultatibus et operationibus. Animadverte rursus, hæc eadem verba: Nostrorum omnium vere facta particeps, sensum edere nomisi orthodoxum, Eutychiano dogmati ex diametro adversum, illumque cuique pervium. Quis vero dixerit eadem ab auctore ita usurpari potuisse, ut significarent humanitatem sibi Deum junxisse, facultatibus suis ac operationibus multatam, ac veluti instrumentum inanime, per quod suas exereret divinas operationes, quæ nostras humanas imitarentur et supplerent? Eutychianum hocce commentum impingi auctori, qui superiora protulit scripsitque verba, per injuriam quidem potest, jure ac merito (me sane judice) minime potest.

XVII.

Postrema ejusdem epistolæ ad Caium, veluti speciali nota digna, Lequienus opponit verba. Quæ tamen non unam, sed novam Deivirilem in Christo operationem enuntiat. Hæc vero non mistas duntaxat ex utriusque naturæ confluxu operationes complectitur; verum ad alia quoque protenditur operationum genera.

Postrema ejusdem quartæ ad Caium epistolæ verba, quæ animadvertenda proponit Lequienus, hæc sunt: Cæterum divina, non qua Deus patrabat; neque humana, quatenus homo gerebat; sed quatenus erat Deus et homo, novam quamdam, nobiscum conversando, deivirilem, θεανδρικήν, operationem exhibebat. Ad quæ sic ille: « Pergit ementitus auctor, statimque subdit quæ magis unam deitatis humanitatisque naturam compositam astruunt, propter mistæ unius ac Deivirilis operationis vocem, quam ipse omnium primus invexit. » Miratio subit, asseri a Lequieno, unam unam ac deivirilem operationem ab illo auctore invectam, qui non unam, sed novam quamdam appellat Deivirilem operationem. Animadvertit ibidem ipse doctissimus auctor Cyrum Alexandrinum anathematismo 7, et Sergium Constantinopolitanum in epistola ad eumdem Cyrum, ambo Monothelitarum hæreseos patronos præcipuos, ut virus suum de una Christi voluntate et operatione melius infunderent, Dionysii ipsius verba labefactare non dubitasse : quasique vero non eis sufficeret, auctorem istum *novam quamdam deivirilem* operationem protulisse. vocem illam in *unam deivirilem* operationem mutasse. Cur ergo et ipse textum eumdem labefactat, ac *unam* enuntiat, non *novam* operationem deivirilem ?

Addit ille : « Quod quidem postremum epistolæ membrum, licet sequioris ævi Patrum complures post Scythopolitanum Joannem, aliique subinde theologi ad sanum sensum variis interpretamentis transferre conati sunt, ita ut jam Domino Jesu deivirilis operatio quædam absque fidei detrimento attribuatur ; nihilominus obvia totius periodi, maxime ubi cum iis quæ præcesserunt comparatur, significantia, nihil præter unius naturæ compositæ, in qua tamen potior sit, humanamque involvat divinitas, assertionem repræsentat. » At quæ præcesserunt omnia in epistolæ contextu, non unius Christi naturæ assertionem repræsentant : neque verbulum adest quod naturam Christi ita compositam significet, ut potior tamen sit divina, et hæc involvat humanam, et hæc humana se habeat instar instrumenti inanimis, per quod divinitas operetur ; nec aliæ a natura humana operationes profluant nisi divinæ, quæ imitentur ac suppleant humanas. Hinc vero postremum Epistolæ membrum, sive comparetur cum præcedentibus, sive obvia ejus significantia expendatur, nihil certe minus repræsentat, quam Monophysitica commenta.

Ad ipsam novam theandricam, seu Deivirilem operationem accedo. Voces istas tam parum aptas ad arressendum unitati naturæ, et operationis patrocinium existimavere Cyrus Alexandrinus, et Sergius Constantinopolitanus ambo Monothelitæ et Monophysitæ : ut ille « novam inmutando, unam pro nova asseruerit : » et iste « immutationem novæ confirmans, Deivirilem amputaverit penitus vocem, unam absolute in Christo Deo dogmatizans operationem. » Hæc sunt verba Martini Romani pontificis in synodo Lateranensi, consultatione 3.

Novam ergo ex Incarnatione Filii Dei operationem Deivirilem apparuisse docet auctor : quidni vero ita docuerit, cum plane nova ac mirabilis facta fuerit duarum naturarum in uno supposito unitio? Id genus operationum naturam propriamque indolem, quæ Deiviriles seu theandricæ appellantur, præter Joannem Scythopolitanum et Maximum in *Scholiis*, aliosque veteres orthodoxos Patres, qui Eutychianos et Monothelitas insecuti sunt, tam luculenta oratione enarrant Petavius libro VIII, *De incarnatione* a capite 10, et Thomassinus libro V a capite 8, ut mirum sit auctorem Areopagiticorum propter ea verba, quæ multiplicem efferunt catholicum sensum, ad invidiam traduci. Pauca paucis verbis delibo ego. Triplex operationum Christi genus discernitur ; earum, quæ Deitatis sunt, sicut mundum creare ; earum item, quæ humanitatis propriæ sunt, velut edere, bibere, loqui, flere, pati ; earum denique, quæ mistæ sunt quodammodo ex utriusque naturæ confluxu, ut tactu carnis mortuum exsuscitare.

Fuerunt veterum nonnulli, qui theandricas operationes intelligerent mistas illas tantum : qua de re difficultas nulla, cum tangere v. g. sit hominis, Dei autem excitare mortuum. At operationis theandricæ vocem latius patere, seseque ad alia operationum genera protendere, egregie ac perspicue patefaciunt laudati scriptores, ac theologi omnes.

Cur enim humana quæque operatio dici non debeat theandrica, cum eadem sicuti a natura humana, ita et a persona divina proficisceretur? Norunt philosophi, consentiunt theologi quique, nullam, nisi subsistentem, agere naturam quidpiam ; ac pr.us definiri ac terminari illam oportere, certaque consistendi proprietate devinciri, quam functionem ullam præstare possit ; ac personalem demum proprietatem, etsi per se et præcise loquendo, non sit efficax et actuosa, eam tamen vim habere, ut naturam afficiens et complens ac terminans, eamdem ad agendum instructam et idoneam reddat. Quæ cum ita se habeant, sponte illud oritur, ut quælibet actio Christi divina sit, etiam illa quæ mere est humana ; propterea quod humanitas eam exercere vel perpeti, nisi divina Verbi personali proprietate affecta et completa ac determinata non potest. Adest ergo orthodoxo apprime sensu deivirilis operatio in Christo, v. g. locutio, loquebatur enim Deus homo ; eademque operatio proficiscebatur et ab humanitate, et a persona divina ; ab ista ut a supposito, quod loquitur ; ab illa ut a principio, quo persona divina loquitur. Sed et alii demum sunt modi, queis divinitas sese humanis operationibus infundebat, eas regendo ac moderando, eisque dignitatem maximam ac infinitum pretium communicando.

Divinas ipsas, quæ supersunt, ac sunt Dei Verbi operationes, multifariam multisque modis dici theandricas posse, laudati scriptores egregie declarant. Rationem duplicem, quam veteres Patres exponunt, paucis exhibet Joannes Damascenus, libro III *De fide orthodoxa*, capite 19. Namque « et caro vicissim, ait, cum operante Verbi divinitate communicabat : tum quia per corpus, velut instrumentum quoddam, divinas actiones (puta miracula) efficiebat ; tum quia unus idemque erat, qui et divino simul et humano modo operabatur. » Rationem hanc posteriorem adoptat Anselmus libro *De sacramento altaris*, capite 3. « Natura carnis, inquit, ex quo somine illi naturæ unita est, in tanta unitate et ab ipso conceptu Virginis est concepta, ut nec sine homine divina, nec sine Deo agerentur humana ; et per hanc unitatem etiam in diebus carnis suæ homo Christus potuit divina. » Christi namque operationes, quarum aliæ sunt humanæ, aliæ sunt divinæ, unius et ejusdem sunt operantis ; qui quemadmodum Deus simul et homo est, ita naturæ propria utriusque exsequi dicitur. Latiorem prætermitto sermonem.

Animadvertendum est ad id summam quæstionis redigi, utrum deivirilem operationem Monophysico sensu dixerit Areopagiticorum auctor, ut op:ratio, quamcumque Christus ederet, nec humana esset, nec divina, tametsi ab homine Deo proficiens ; verum tertia quædam ex utraque coagmentata, ut Monothelitæ nonnulli loquebantur ; vel divinam quidem, sed per humanitatem edita, ac propriam supplens humanitatis operationem. Tam absurdos sensus in Areopagiticis verbis invenerit nemo, nisi qui verba ipsa ad id significandum torqueat, quod minime significant. Ait vero auctor : *Cæterum divina, non qua Deus patrabat ; neque humana, quatenus homo gerebat ; sed quatenus erat Deus et homo*. Porro quærendum est, num divina cum patraret Christus, v. g. regendo mundum, hæc revera non esset operatio divina, sed tertia quædam, nec divina, nec humana? Apage tam pravum sensum, ab Areopagiticis dogmatibus longe alienum. Pari ergo demum ratione docuerit ille nunquam, humanas Christi operationes non fuisse vere humanas, sed tertium quid, quod ne cogitando quidem adumbrari potest. Sed erant tamen deiviriles operationes multiplici orthodoxo illo sensu, quem satis declaravimus.

XVIII.

Postremus locus opponitur ex libro De divinis nominibus. *Mistam quamdam non invehit Areopagiticorum auctor operationem in Christo, quæ ita sit Christi propria, ut in eam sanctissima Trinitas nullam exerceat efficientiam. Quid in eisdem operationibus proprium Christi fuerit, quid Trinitati commune, declaratur. Sancti Thomæ Commentarius, et alia egregia ejusdem testimonia.*

Malesanam ac hæreticam de una illa Domini

Jesu operatione composita sententiam suam, Lequieno si credimus, vocibus aliis iterum exhibet auctor Areopagiticorum, quæ cap. 2 *De divinis nominibus*, § 6, habentur. Sunt illæ vero: *Porro a benignissima erga nos efficientia divina secernitur, quod ipse Deus Verbum, qui supra substantiam est, integre ac vere, juxta ac nos, atque ex nobis substantiatus fuerit; egeritque, et perpessus sit, quæ τῆς ἀνθρωπινῆς αὐτοῦ θεουργίας, humano-divinæ operationis ipsius præcipua sunt et singularia. In his nihil commune habuit Pater, ac Spiritus sanctus, nisi qu'a dicat, secundum benignissimam voluntatem.* Inviolabilem Ecclesiæ doctrinam esse adnotat Lequienus, externa quavis Deitatis opera tribus personis perinde communia esse; ut quæcumque miracula Christus, etiam adhibita carne, ediderit, eadem Pater et Spiritus sanctus simul et ex æquo perfecerint. « Quid si Christus, seu Verbum incarnatum (subsumit ille) præter efficientiam suam mere divinam, quam cum Patre et Spiritu sancto communem habet; altera insuper divino-humana, quæ nec Patri nec Spiritui sancto communis est, eximia opera seu miracula edidit; quid aliud hinc consequitur, nisi auctorem istum qui hæc effutiit, eo in errore versatum esse: Deum Verbum, assumpta humanitate, mistum quoddam naturæ genus nactum esse, seu naturam compositam quæ hujus efficientiæ veluti formale, ut scholastici loquuntur, principium esset; quæque nec Patris, nec Spiritus sancti exsisteret? »

Mira nobis hæc videntur. Hæc eadem Areopagitica verba in synodo Lateranensi consultatione, seu secretario 5, allegantur omnia, ut duplex in Christo evincatur operatio quemadmodum duplex in eo natura est. Argumenti vim expono. Nempe aliqua necessario stabilienda est Christi operatio usque adeo propria et peculiaris, ut in ejus communionem nec Pater, nec Spiritus sanctus vocetur. At hæc non alia quam humana operatio potest excogitari, quæ ita sit Verbi propria, ut non sit Patris et Spiritus sancti, ad eum modum quo est Verbi; sicut et humanitas assumpta ita est Verbi peculiaris, ut eadem ipso jure nec Patris sit, nec Spiritus sancti. Quia enim solus se carni implicuit Verbum Deus, humanitatem sua personali divina proprietate complendo, definiendo, terminando; in ejus etiam unius jus personale, et proprium censum eadem humanitas ascripta est. Ex quo id etiam efficitur, ut omnis operatio humanitatis, veluti peculium sit Verbi proprium, tanquam ex proprio ejus agro succrescens arbor, vel in propria arbore fructus enatus. Est autem præterea Verbi operatio divina, ut creare, conservare, regere mundum, miracula patrare, ac ea operari quæcumque, quæ Deus operatur, cum Patre et Spiritu sancto sine dubio communis. Ergo duplex est Christi operatio.

Agnitam ab auctore Areopagiticorum efficientiam mere divinam fatetur Lequienus, quam Christus communem cum Patre et Spiritu sancto habeat. Alteram, ait ille, ad eodem auctore distingui, et appellari humano-divinam, quæ nec Patri nec Spiritui sancto communis est: quod repugnat, inquit, inviolabili doctrinæ Ecclesiæ, quæ tradit externa quavis Deitatis opera (omnia autem opera nostra et ipse operatur Deus) tribus personis perinde communia esse. Magna latet æquivocatio, in quam incidisse videtur vir doctissimus. Animadverto, humanas operationes Christi hoc loco ab illo auctore appellari humano-divinas, eodem plane sensu quo alibi vocavit eas Deiviriles; utpote quæ a natura humana, velut principio formali procedunt, et a persona divina tanquam supposito agente; sunt enim actiones, passionesque suppositorum. Rursum animadvertendum, in hisce humano-divinis operationibus quidpiam esse, quod sanctissimæ Trinitati commune est, nempe efficientiam illam, qua dicitur Deus omnia opera nostra operari; sed etiam quid-

piam admitti oportere, quod esset Verbi divini proprium, cujus ratione dicebatur ille in humanitate assumpta intelligere, velle, esurire, sitire, edere, bibere, pati; non item Pater, non Spiritus sanctus. Hæc trita est apud theologos doctrina. Sylvium audire liceat ιn p., quæst. 19, art. 1: « At dices (sic opponit): Actiones ad extra sunt communes toti Trinitati; tales autem erant humanæ operationes Christi: ergo, etc. Resp. Neg. consequ., quoniam humanæ Christi operationes erant quidem communes toti Trinitati, inquantum ex ea, veluti causa principaliter efficiente procedebant; peculiari tamen aliqua ratione procedebant a Christo, secundum quam non procedebant a Patre, nec a Spiritu sancto. Quia Christus operabatur eas per naturam humanam, sibi (non Patri, non Spiritui sancto) hypostatice unitam: ac per consequens persona Verbi (non Pater, non Spiritus sanctus) erat causa proxima illas eliciens per naturam humanam, quam terminabat, atque ita dicebant intrinsecum ordinem ad humanitatem, ut ad principium quo (agitur): et ad Verbum humanitati conjunctum, ut ad principium quod (agit). »

Id unum docet auctor Areopagiticorum. Ait ille: *Porro a benignissima erga nos efficientia divina* (quæ toti Trinitati sanctissimæ communis est) *secernitur: quod ipse Deus Verbum, qui supra substantiam est* (non Pater, non Spiritus sanctus) *integre, et vere, juxta ac nos, atque ex nobis substantiatus fuerit.* Au qui contenderet, a Deo Verbo assumptam fuisse humanitatem, mutilatam anima vel mente, propriis facultatibus et operationibus spoliatam, ita loqueretur, ut ex nobis humanitatem assumpserit integre et vere, ac homo factus esset juxta ac nos? Hinc etiam oritur quod ipse Deus Verbum *egerit et perpessus sit, quæ humano-divinæ operationis ipsius præcipua sunt et singularia,* quin in his commune aliquid habuerit Pater et Spiritus sanctus: propter ea nempe quod Deus Verbum in humanitate assumpta peculiari jure exercebat quidquid ad humanas pertinebat operationes; ipseque dicebatur intelligere, velle, esurire, edere, sitire, bibere ac pati; non item Pater, non Spiritus sanctus. Sed istas humanas tamen operationes ac perpessiones vocat insuper auctor humano-divinas; cum non solus homo, sed Deus et homo esset ille, qui ageret, qui pateretur.

Quod attamen in eisdem operationibus commune sanctissimæ Trinitatis dici poterat, statim enarrat laudatus auctor: *Nisi quis,* inquiens, *dicat secundum benignissimam voluntatem;* ac insuper *secundum omnem illam eminentem atque ineffabilem divinam operationem, quam, apud nos exsistens is qui immutabilis erat, exercuit, in quantum Deus et Dei Verbum;* quæ verba prætermittit Lequienus. Primo itaque sanctissima Trinitas, consilio et beneplacito suo, sicut humanitatis assumptionem approbavit, ita et cæteras omnes Verbi divini operationes in humanitate assumpta. Deinde communis eidem Trinitati erat efficientia illa eminens et ineffabilis divina, qua et Verbum ut subsistens in natura divina, et Pater et Spiritus sanctus operationes omnes humanas Christi simul operabantur.

Tam perspicue, tam egregie cum auctor Areopagiticorum de humano-divinis Verbi incarnati operationibus et passionibus agat, mirum sane, silentio prætermisse Lequienum perpessiones Christi omnes, neque animum ad id applicuisse, quod ea quæ Verbum Dei passum est, nec Pater sine dubio, nec Spiritus sanctus perpessi sunt! Mirum etiam, prædicta omnia quibus Pater et Spiritus sanctus juxta sententiam auctoris non communicarunt, peculiari scilicet eo jure quo eadem in carne assumpta sibi vindicabat Verbum, ad unam redegisse Lequienum *efficientiam illam, qua eximia opera seu miracula edebat Christus;* cum absque ulla ambage de iis pertractet omnibus auctor, quæ *egerit Christus, et perpessus sit.*! Quid est vero, quod in eisdem mirabilibus, quæ Christus patrabat, non discreverit ille quod toti Trinitati commune, quod proprium et peculiare verbi erat; v. g. sputo cæci nati oculos liniendo, visum eidem restituit Christus. Linire sputo oculos, eosque tangere erant actiones hominis, vel etiam humano-divinæ, ut sæpe dictum; curare cæcum, ac visum restituere erat operatio divina. Ita Deus Verbum in natura humana subsistens delinivit oculos, ut nec Pater nec Spiritus sanctus dicantur oculos linivisse ac tetigisse; at curatio cæci nati Deo Verbo, et Patri, et Spiritui sancto æquo modo convenit; imo et ipse oculorum tactus motusque impressus efficiebatur a sanctissima Trinitate, ut effectus a causa suprema. Quid est postremo, verba illa, *operatum passumque eximia quæcunque et excellentia divino-humanæ efficientiæ opera*, in sensum Monophysiticum pertrahere; ac si Christus, non modo qua homo exstabat, verum etiam ipsa deitate cum humanitate composita propter nos sublimiori quadam ratione esset passus? Pervius et planus sensus catholicus his effertur verbis; sublimiori qualam ratione Christum operatim, passumque esse eximia quæcunque et excellentia, quæ ad ejus incarnationem et incarnationis œconomiam pertinebant; quia non homo solus, verum Deus et homo erat ille, qui agebat, qui patiebatur, prout Incarnationis dispensatio postulabat.

Hæc omnia pari ratione ac sensu intellexit Scholiastes; eademque Eutychianis commentis maxime adversa, adnotavit. Scholia profero : « *Secernitur vel distinctum est*. Nota, Verbi Incarnationem a sancta Trinitate omnino ac vere distinctam esse. » Item : « *Nostri, vel juxta ac nos*. Hoc loco iterum de dispensatione seu Incarnatione tractans, eam soli Deo Verbo attribuit, sine ulla Patris et Spiritus sancti communicatione, nisi secundum voluntatem. Nota vero accuratam dispensationis enarrationem. Quoniam Deus Verbum *supersubstantiale*, substantiam *immutabiliter* assumpsit ; permansit enim Deus : et *uti nos*, ex nobis substantiam *integre* accepit, id est corpus, et animam rationalem vere habuit. Item Deus Verbum est id, quod *patiebatur*, scilicet secundum carnem : et *humana* simul ac *divina* erat ejus operatio, quoad omnia quæ concernunt dispensationem. His autem Pater et Spiritus non communicarunt, nisi ex beneplacito, volendo Incarnationem; et in divinis signis, Deo Filio cooperando. Nota vero hæc, maxime contra Nestorianos, et Acephalos, atque Phantasiastas. »

Latior et luculentissima divi Thomæ commentatio caput claudat. Verba ejus hæc sunt : « *Discretum est*, id est, ad unam tantum personam pertinet; *supersubstantiale Verbum*, id est Dei Filium, *esse factum secundum nos*, id est hominem similem nobis in natura; *ex nobis* accepta carne, non de cœlo allata secundum Valentinum; *totaliter*, id est non subtracta anima vel intellectu, secundum et Arium et Apollinarium; *et vere*, non phantastice secundum Manichæum. Et non solum ipsa incarnatione discretum; sed, secundum etiam *actiones* et *passiones* Dei Filium credimus incarnatum. Quæcunque sunt, cum quadam electione et segregatione ab aliis attributa Christo secundum considerationem humanitatis ipsius, ut concipi, nasci, comedere, bibere, dormire, crucifigi, et alia hujusmodi. *Istis enim Pater, et Spiritus secundum nullam rationem communicarunt*; quia neuter eorum est incarnatus, aut mortuus. Nisi forte *dicat aliquis*, quod communicaverunt præmissis *secundum voluntatem* bonitati divinæ *convenientem*, et *benignam* quoad nos; acceptaverunt enim Pater et Spiritus sanctus Incarnationem Filii, et passionem et alia hujusmodi. Et similiter communicaverunt *secundum omnem divinam operationem superpositam creaturis*, et *ineffabilem* nobis: *quam faciebat* Christus, *factus secundum nos*, id est factus homo passibilis; *immutabilis manens, secundum quod Deus et Dei Verbum*.

Non enim sic factus est homo, quod divinitatem amitteret; unde ut homo exsistens, habebat operationem divinam, quæ communis est sibi, et Patri, et Spiritui sancto. Et sic destruitur hic error ponentium unam operationem (et unam naturam) in Christo et per hoc, quod attribuit, secundum operationem divinam communem toti Trinitati, et operationem propriam sibi. »

Latina versio, qua utitur hoc loco S. Thomas, sic habet : « *Discretum autem est a benigna ad nos divina operatione, secundum nos ex nobis totaliter et vere substantiam factum esse supersubstantiale Verbum: et facere, et pati quæcunque humanæ ipsius contemplationis sunt electa et semota*. » Ac si legisset interpres, ut Lequienus adnotat, ἀνδρικῆς θεωρίας, pro ἀνδρικῆς θεουργίας, unde non mirum, ad ille, quod errorem non advertit S. Thomas. At (inquio ego) nec in restituta vera lectione errorem doctor Angelicus advertisset, quem cubare nullum ostendimus. Conjecturis opus non est. Verum ille vidit, adhibetque lectionem ut p., q. 19, art. 1, ac sane mirum, hunc a Lequieno non visum, prætermissumque locum. Contra Monothelitas quæstionem movet : *Utrum in Christo sit una tantum operatio divinitatis et humanitatis?* Quod ipsi objiciebant ex auctore Areopagiticorum, num. 1, sic habetur : « Videtur, quod in Christo sit una tantum operatio divinitatis et humanitatis. Dicit enim Dionysius in 2 cap. *De divinis nominibus :* *Discreta autem est benigissima circa nos Dei operatio per hoc quod secundum nos, ex nobis integre vereque humanatum est Verbum, quod est supra substantiam : et operari, et pati quæcunque humanæ ejus divinæ operationi congruunt.* Ubi unam operationem nominat *humanam et divinam*, quæ in Græco dicitur *theandrica*, id est *deivirilis*. Videtur igitur esse una operatio composita in Christo. » An aliquem hoc loco, in quo diserte operatio nominatur humano-divina seu deivirilis, errorem advertit S. Thomas? Responsum ejus accipe, quo tum allatis verbis, tum aliis a Lequieno oppositis utitur sanctissimus doctor in fidei catholicæ confirmationem, reprehensionemque Monothelitarum et Eutychianorum. « Dicendum quod Dionysius (loco citato) ponit in Christo operationem theandricam, id est *divinam virilem vel divinam humanam*, non per aliquam confusionem operationum, seu virtutum utriusque naturæ; sed per hoc quod divina operatio ejus utitur humana, et humana ejus operatio participat virtutem divinæ operationis. Unde sicut ipse dicit in quadam epistola ad Caium (p. 4) : *Super hominem operabatur ea, quæ sunt hominis;* quod monstrat Virgo supernaturaliter concipiens, et aqua instabilis terrenorum pedum sustinens gravitatem. Manifestum est enim, quod concipi est humanæ naturæ, similiter et ambulare; sed utrumque fuit in Christo supernaturaliter. Et similiter divina operabatur humanitas, sicut cum sanavit leprosum tangendo. Unde in eadem epistola (ad Caium) subdit : *Non secundum Deum divina faciens, non humana secundum hominem : sed Deo homine facto, nova quadam Dei et hominis operatione.* Quod autem intellexerit, duas esse operationes in Christo, unam divinæ naturæ, aliam autem humanæ; patet ex his, quæ dicit in 2 cap. *De divinis nominibus*, ubi dicit, quod *in his quæ pertinent ad humanam ejus operationem Pater, et Spiritus sanctus nulla ratione communicant : nisi quis dixerit secundum benignissimam et misericordem voluntatem*; in quantum scilicet Pater et Spiritus sanctus ex sua misericordia voluerunt Christum agere et pati humana. Addit autem : *Et omnem sublimissimam et ineffabilem Dei operationem, quam homo pro nobis factus adimplevit, immutabilis profecto Deus, et Dei Verbum*. Sic igitur patet quod alia est operatio humana, in qua Pater et Spiritus sancti non communicant, nisi secundum acceptationem misericordiæ suæ; et alia est ejus operatio, in quantum est Dei Verbum, in qua communicant Pater et Spiritus sanctus. » Paucis verbis angelicum dixi Thomæ ingenium, quæ lato sermone nos enarravimus, complectitur omnia, illudque animadvertere non prætereo, deiviriles, aut humano-divinas operationes intellexisse huc loco eas videri Thomam, quas dixerunt veteres mistas quodammodo ex utriusque naturæ confluxu. Sed etiam testimonia præsto sunt, ubi præter id genus Deivirilium operationum, vocem hanc protendit ad alias Christi quaslibet operationes, utpote proficiscentes a persona divina in natura humana subsistente. Ait enim in 3 dist., 18 q., 1 art., 1 ad 2: « Dicendum quod actionem Christi dicit Dionysius Deivirilem, non quia sit simpliciter una actio deitatis et humanitatis in Christo; sed quia actiones duarum naturarum ad tria uniuntur. Primo, quantum ad ipsum suppositum, agens actionem divinam et humanam, quod est unum. Secundo, quantum ad unum effectum, qui dicitur opus-operatum, vel apotelesma secundum Damascenum, sicut mundatio leprosi. Tertio, quantum ad hoc, quod humana actio ipsius Christi participabat aliquid de perfectione divinæ naturæ; sicut intellectus ejus, aliis eminentius, intelligebat ex virtute divini intellectus, sibi in persona conjuncti. » Quam denique doctrinam paucis, sed luculentissimis comprehensam verbis legimus libro IV Contra gentes capite 36 : « Dionysius humanam Christi operationem vocat theandricam, id est deivirilem, etiam quia est Dei et hominis. Vidit ergo Thomas in Areopagiticis dictis, quæ toties versat vocatque ad examen, multiplices sensus, omnesque apprime orthodoxos; errorem nec vidit, nec refutat ullum.

XIX.

Areopagitica dicta comparantur cum Eutychianis et Monothelitis; latissimum ostenditur eorum discrimen. Deivirilem operationem rejecerant Monophysitarum et Monothelitarum aliqui, alii sensu pravo, ab Areopagitico longe alieno, exposuerunt et propugnarunt.

Monophysiticam in Areopagiticis dictis pravitatem se deprehendisse, frequentius adnotat admonetque Lequienus, comparatione eorum facta cum Eutychianorum et Monotheliarum sententiis, quas putat omnino pares similesque. Hanc et mihi postremo loco inire comparationem liceat cum eisdem Eutychianorum seu Monophysitarum testimoniis, quæ profert in medium vir doctissimus; idque lucri obventurum confido, ut Areopagitica dicta tum verbis, tum sensu longe lateque diversa appareant.

Sectæ Coriphæi Eutychetis dicta occurrunt primo, quæ exhibentur actione quinta concilii Constantinopolitani anno 448, sub Flaviano celebrati, cujus acta in actione 1 concilii Chalcedonensis recensita leguntur. Nempe urgenti laudato Flaviano, orthodoxo Constantinopoleos antistiti, ut archimandrita ille fateretur, non solum consubstantialem Patri Christum secundum divinitatem, verum etiam consubstantialem matri ac nobis secundum humanitatem; reposuit : I. Sui non esse, « Dei et Domini cœli et terræ naturam edisserere. » II. Se dixisse nunquam, « corpus Domini et Dei nostri consubstantiale nobis. » II. Se pariter minime dicere, « corpus hominis corpus Jesu; humanum autem esse corpus, » quod inerat Jesu Christo, « et corpus Dei. » Negantia postrema hæc verba catholicum edere sensum possunt; quandoquidem corpus Christi, si ad Verbum divinum, cujus est, referatur (ut adnotant theologi) non est corpus hominis, sed Dei, qui qua Deus est aut Verbum, non est homo; at puerile tamen est ob hanc rationem indicari, corpus Christi esse corpus hominis, eo nempe sensu quia idem Deus ac Verbum sine dubio est homo secundum susceptam ab eo carnem. Penitior alia Eutychetis mens erat, quam Lequienus aperit; unam esse Christi naturam, scilicet divinam, et huic humanitatem conjunctam, instar appendicis cujusdam; ac etiam divinitati immer am, et a divinitate absorptam, seu pertractam ad ipsius divinitatis operationem; ita ut quidquid vitalis et actuosi in Christo foret, id esset revera operatio divina, per naturam humanam trajecta veluti per instrumentum, ipsius humanitatis operationes quaslibet imitans ac supplens. Consule, quæ latiore sermone supra disseruimus.

Verumenimvero paria, aut affinia docuit nuspiam Areopagiticorum auctor. Quamplura ex ejus operibus testimonia attulimus, et expendimus, quæ perspicue et absque ambage, sive per se spectentur, sive cum præcedentibus comparentur et subsequentibus, dogmata perhibent Eutychianæ sententiæ adversa; nempe, Verbum Dei *integre*, *vere*, *totaliter*, *omnimode* ad nostram venisse *naturam*, et *substantiam*, et *vilitatem*; assumpta ab eo fuisse *omnia nostra*, omnesque *veritates humanas* in eo elucere; nihil in eadem assumptione passam esse detrimenti divinitatem, cum Deus Verbum permanserit *supra naturam*, *supra substantiam*, *supra hominem*; attamen ipsum vere factum esse appellatumque *hominem*, et hominibus *vere aggregatum*, nobisque *congeneis*, ὁμογένεσι, consortium dedisse : atque demum *absolutam* et *inconfusam* dici debere *nostræ humanitatis assumptionem*, τῇ παντελεῖ καὶ ἀσυγχύτῳ καθ᾽ ἡμᾶς ἐνανθρωπήσει, ut legimus capite 3 *De ecclesiastica hierarchia*, num. 3, § 2.

Severianos ita loquentes apud Anastasium Sinaitam in Ὁδηγῷ inducit Lequienus : « Si Christus non erat deitas, quomodo sputum ejus cæco medicinam fecit? Quomodo lacrymæ ejus Lazarum excitarunt? Sed neque dormiisse, nisi semel in navi legimus; sed neque in Evangelio constat eum, ut sors ferebat, bibisse. Quæ omnia argumento sunt, carnem Christi divinam evasisse, nec humanis proprietatibus obnoxiam fuisse. Quamobrem una tantum Christus natura est, » scilicet divina ; quæ per naturam humanam, veluti appendicem sibi adjectam, vel instrumentum conjunctum, efficientia sua divina id efficeret omne, quod Jesus Christus operabatur. Commentum habes abs Monophysitis excogitatum, quo unam in Christo naturam esse, scilicet divinam, ostenderent, ac humanam assumptam evasisse divinam. Pugnat ex diametro contra auctor Areopagiticorum. Magnificis quidem, et grandiloquis verbis divinitatem Christi passim extollit; simul vero in eo totus est, ut doceat, et inculcet, et exageret, Deum Verbum, non obstante summa ejus divinitate, supersubstantialitate, supernaturalitate ac eminentia super homines, *vere* factum esse *hominem*; ad *nostram* venisse *naturam*, licet ipse sit *supra naturam*; ad *nostram* descenduisse *substantiam*, licet ipse sit *supra substantiam*; nostram ab eo assumptam *vilitatem*, licet ipse *supra hominem*. Neque satis tam ampla et splendida fuerunt ipsi. Assumptam præterea naturam cum suis proprietatibus egregie declarat; cum nempe edisserat *omnia nostra* assumpta ab eo fuisse, *humanas* persistere *veritates* in eadem humanitatis nostræ assumptione, ac unum excipiendum esse *peccatum*, idque omne quod in nobis peccati contagione aliqua afflatum est. Recole quæ jam protulimus testimonia, diligentius eadem expende, et scrutare; ipseque luculentiora deprehendes ab Eutychiana pravitate longe aliena.

Severianorum principem, Severum, Antiochenæ Ecclesiæ tyrannum, perhibet S. Maximus epistola 2 ad Marinum, dolo et fraude adhibitis, in mysterio Incarnationis licet esse asseruisse hypostasim et naturam, ut nimirum unius hypostasis nomine naturarum confusionem statueret. Ad ipsius humanitatis assumptæ proprietates quod attinet, non eas auquando visus est negasse; sed in variis tamen librorum ejus et epistolarum locis, quæ in sexta synodo recitata sunt, aperte negat, Lequieno admonente, humanas ἐνεργείας ἢ ἰδιότητας, *operationes, sive proprietates*. An vero naturam confuderit cum hypostasi, qui luculentissimis docet verbis, *supremam divinitatem*, in qua *una est Deitas, tres sunt hypostases, nostris secundum veritatem integre in una suarum hypostasim*, id est Filii, *communicavisse?* Hæc autem tradit auctor Areopagiticorum, qui rursum addit Filii Dei assumentis propriam effectam *humanam vilitatem, ex qua ineffabili modo simplex Jesus compositus est: et qui æternus est, temporalem sumpsisse accessionem: necnon ad intima nostræ naturæ descendisse,* εἴσω τῆς καθ' ἡμᾶς ἐγεγόνει φύσεως, *qui universum totius naturæ ordinem supernaturaliter transcendit, servatis tamen proprietatibus prorsus integris et inconfusis*. An duarum naturarum, quæ inconfusæ permanent, in una divina Filii persona luculentius explicari unitio potest? Quid aptius, quid clarius adversum unam Christi naturam, eamque divinam proferri verbis poterat, quam simplicem Jesum, qua Deus est, asserere *compositum ex humana vilitate*, cum Deus homo factus est? Inficiari si velis, humanam in Christo naturam non evasisse ullo modo divinam, aptiorane præsto fuerint verba quam Areopagitica, quibus docemur Jesum *ineffabili modo ex humana vilitate compositum esse: et qui æternus est, temporalem sumpsisse accessionem; et ad intima nostræ naturæ descendisse, qui universum totius naturæ ordinem transcendit*? Animo demum attento perpende, Dei Verbum *nostris secundum veritatem integre communicavisse*, ipsumque descendisse *ad intima nostræ naturæ*: quæ Eutychianorum nemo dixerit, eo præoccupatus errore, ut naturam humanam pernegat *cum proprietatibus suis et operationibus* assumptam.

Timothei Æluri verba sequuntur, quæ legimus in ejus lucubratione contra epistolam S. Leonis Magni ad Flavianum: « Sola divinitas est Christi natura, etsi incarnata. » Pravam mentem suam aperire apud Lequienum pergit, dum ait humanitatem Christi omni actione propria caruisse, nec operationes alias nisi divinas per eam exsertas esse; atque adeo quæ humanitatis operationes censebantur, *passiones* potius et meras *exsecutiones*, πάθη et πράξεις, esse nuncupandas. Locum Severi similem profert vir doctissimus ex epistola ad Œcum. Comit. (actione 10 synodi sextæ), ubi hæc habentur: « In Christo, sive divina ageret, puta miracula patrando, sive humana, gradiendo, mutando locum (id quod suapte natura prorsus humanum est); non illud illius naturæ esse, nec istud istius; sed unius et ejusdem divinitatis, quæ divina ratione, tum prodigia, tum humana opera efficiebat. » His paria sunt, Lequieno si credimus, Areopagitica dicta nonnulla. Ait ille cap. cit. *De divinis nominibus*, § 10: *Divinitas Filii Dei* (quod omnium novorum novissimum) *in naturalibus nostris supernaturalis erat, et in substantialibus supersubstantialis, omnia nostra ex nobis et supra nos excellenter habens*. Dixerat superiore § 6: *Ipse Deus Verbum, qui supra substantiam est, integre ac vere, juxta ac nos, atque ex nobis substantiatus est; egit, et perpessus est quæ humano divinæ operationis ipsius præcipua sunt et singularia*. An etiam in epistola 4 ad Caium: *Supra hominum conditionem gessit ea, quæ sunt hominis; quod declarat et Virgo, quæ supra naturam parit; et aqua profluens, quæ pedum terrenorum gravitatem sustinet, nec cedit, sed virtute supernaturali sine diffusione subsistit*. Ait deinum ibidem: *Cæterum divina, non qua Deus, patrabat; neque humana, quatenus homo gerebat; sed quatenus erat Deus et homo, novum quamdam, nobiscum conversando, deivirilem operationem exhibebat*.

Pervios, faciles que hujusmodi sententiarum, cuique obvios, propriosque sensus orthodoxos jam exposuimus. An easdem cum Monophysiticis allatis testimoniis comparatas expendentibus Eu. ychiana suboleat pravitas? Animadverte, de illo agi Monophysitico commento, quo una divina efficientia, quæ uni convenit naturæ divinæ, constituebatur in Christo, qua ille, qua Deus est, per naturam humanam, veluti per instrumentum, tum opera miraculosa operabatur, tum ea efficiebat humana omnia, quæ in nobis ab ipsa humana natura, tanquam a principio actuoso formali proficiscuntur. Nihil est in Areopagiticis dictis, quod hunc errorem adumbret. Docet auctor, Verbum Dei in nostris *naturalibus et substantialibus* assumptis propriam retinuisse abseque ullo detrimento divinitatem, supernaturalitatem, supersubstantialitatem: imo et omnia nostra *ex nobis* assumpta habuisse *supra nos excellenti et eximio modo*. Integram quam quis non videat catholicam fidem, qua credimus, omnia nostra a Filio Dei assumpta, *ex nobis* quidem, id est vere ac integre, sed *supra n s*, utpote qui conceptus fuerit ex Virgine, ab omni immunis peccato ac omni peccati contagione? Qua rursum credimus, eadem omnia nostra excellenti modo ac divino inesse Christo, cum divina Filii persona subsistentem reddat naturam humanam, eademque persona divina in humana natura assumpta sit principium quarumcunque Christi operationum?

Ea est etiam sententia auctoris: *Deum Verbum in humanitate integre et vere sibi copulata, egisse et passum esse quæ humano divinæ operationis ejus præcipua sunt et singularia*. Non ait divina quadam efficientia egisse opera divina miraculosa, et egisse ac supplesse operationes cæteroqui humanas. Ait vero, Deum Verbum egisse ea omnia, quæ ad humano-divinam ejus operationem spectabant; propterea quod omnis operatio Christi, sive quæ miracula patrabat, sive quæ humana erat ab ipsa procedens humanitate integre et vere assumpta, non erat humana solum, non erat divina solum, sed erat humano-divina, procedens a Deo Verbo subsistente in humana natura. Longe hæc absunt ab una illa Eutychiana Christi operatione, quæ non erat nisi divina efficientia, tum miracula efficiens, tum etiam supplens humanas operationes, humanitate se habente instar appendicis et instrumenti. Neque solum Deus Verbum in sibi copulata natura humana ita agebat; verum etiam pati dicebatur, tum passiones forinsecus immissas recipiendo, tum etiam passiones ipsas, v. g. dolores, percipiendo in ipsa humanitate assumpta: supposito namque, et personæ, sicuti actiones, ita passiones attribuntur. At non solum actiones in Christo Domino, ipsæ etiam passiones erant humano-divinæ, cum ad ipsum Deum Verbum in natura humana subsistens verissime pertinerent.

An errorem redoleant ea verba: *Supra hominum conditionem gessit ea, quæ sunt hominis?* Vel ipsa, quæ subjiciuntur exempla, errorem omnem amoliuntur. Namque *virgo* est, quæ *supra naturam parit*. Verissima hominis est operatio parere, ac vere peperit Maria Virgo; sed virginem parere, *supra hominum conditionem* dicitur. Aquas tangere, moveri, et mutare locum, sunt humanæ operationes; sed aquas pedum gravitate pressas non diffluere, hominum conditionem excedit. Christum denique (ut verissimas humanas omnes operationes complectamur) esurire, edere, sitire, bibere, ac similia exercere, perinde est ac Christum ea gerere quæ sunt hominis; sed ille, cum non esset solus homo, sed persona divina in natura humana subsistens, gerebat *supra hominum conditionem*.

Sensum hunc apprime orthodoxum confirmant, errorem nullam proponant ea demum verba: *Cæterum divina, non qua Deus, patrabat; neque humana quatenus homo, gerebat: sed quatenus erat Deus et homo*. Videlicet, neque miracula quæ patrabat Christus, neque operationes humanas quas ille edebat, aut solus Deus operabatur, aut solus homo; sed homo Deus vel Deus homo simul, hoc est persona divina in natura subsistens humana. Quod si dicendum foret, humana non gessisse Christum, quatenus hominem, eo quia divina efficientia operabatur ea; ita fabulandum esset, divina non patrasse Chrisum quatenus Deum, ac si efficientia quædam humana miraculosos illos affectus operaretur. Apage nugas.

Quæ cum ita se habeant, vox nulla excogitari optior poterat ad hujusmodi Jesu Christi operationes declarandas, quam *novæ deiviriIis operationis*. Quemadmodum enim Christum credimus Deum verum, verumque hominem: ita operationes ejus (meras humanas in exemplum adduco) proficiscebantur ab humanitate velut a principio formali, et a persona divina vel ab hypostasi, veluti principio agente; adeoque una voce appellandæ sunt deiviriles. At quemadmodum non una est Christi natura ex duabus conflata, sed nova naturarum in eo unitio facta est : ita nec una, scilicet divina, fuit Christi operatio, sed *nova* apparuit in eo deivirilis. Non ita Eutychiano errori consonam agnoverunt Monophysitæ deivirilem operationem, quin potius veluti adversum rejecerint non pauci. Pro *nova* substituerunt *unam* nonnulli; *unam* retinentes, deivirilem rejecerunt alii, divinam solummodo agnoscentes.

In Lateranensi concilio sub Martino papa anno 649 celebrato, Monophysitarum duorum conflictus exponitur secretario 3, scilicet Colluthi et Themistii: quorum iste *unam deivirilem* operationem statuebat, quod etiam Cyrus Alexandrinus, Theodorus Pharanites, Sergius et Pyrrhus Constantinopolitani, aliique dixerunt; unam ille quidem, ad *divinam* solummodo, seu *Deo congruentem*, ut vocabat ille, aut barbaro vocabulo *Deo decibilem*, Græce θεοπρεπῆ, appellandam esse contendebat. Verum in id consentiebant demum omnes, ut una esset in Christo operatio divina, cujus unum esset principium actuosum penes divinitatem, humanitatem seu anima rationali et corpore se habentibus instar organi et instrumenti, per quod ipsa trajiceretur. Theodori Pharanitis verba refero, quæ habentur in synodo VI œcumenica, actione 13, et in Lateranensi citato concilio secretario 3, desumpta ex ejus epistola ad Sergium Arsenoitam: « Oportet igitur sapere et dicere nos, omnia quæ in Incarnatione Salvatoris Christi dicuntur esse, unam scire operationem esse; hujus autem opificem et creatorem Deum Verbum, organum vero humanitatem consistere. Ergo quæque veluti de Deo, aut humane de ipso dicuntur, omnia una est operatio Verbi divinitatis. » Quo loco Monotheliticum et Monophysiticum errorem perspicue expositum habes. Quam longe vero fateque distant Areopagitica dicta! *Unam* vocat operationem Christi Theodorus, *novam* auctor noster; *divinam* solummodo ille, *deivirilem* aut *humano-divinam* iste; proficiscentem a sola *Verbi divinitate* Pharanites, *a Deo et homine* auctor Areopagiticorum: trajectam demum per humanitatem, veluti per organum ille; qua voce, aut simili, aut affini usus iste nunquam est.

Patet quam maxime, mentem ejus consiliumque haud fuisse, ut unam in Christo divinam efficientiam statueret, quæ efficeret omnia, sive divina essent, sive humana apparerent opera ejus. Imo Id sibi ab ipso proposilum satis constat, ut novam operationem Christi, ex nova duarum naturarum in una persona Filii unione exsurgentem, declararet conditionem indolemque in eo positam, ut operatio Christi quælibet *deivirilis* esset, aut *humano-divina*. Triplex jam genus operationum ejus distingui oportere adnotavimus; earum scilicet, quæ Deitatis sunt, ut mundum creare; earum item, quæ humanitatis specialiter propriæ sunt, ut esurire, edere; earum denique, quæ mistæ dicuntur quodammodo ex utriusque naturæ confluxu, ut tactu carnis mortuum exsuscitare. Hujusce extremæ classis operationibus frequentius Patres, qui Monothelitas et Monophysitas insecuti sunt, deivirilis operationis nomen indiderunt; eodemque operationum genere adhibito, duas in Christo operationes cons ituebant, quarum altera a divinitate, a natura humana proficiscebatur altera. Tangere carnem, inquiebant, cujus est, nisi hominis; et cujus est mortuum excitare, nisi Dei?

Cæterum cum Areopagiticorum auctor et post ipsum Scholiastes ejus, aliique Patres universim affirment (verbis utor Ludovici Thomassini *De Incarnatione*, libro V, capite 6, 11): « nec ut Deum divina, nec ut hominem humana operatum esse Christum; sed et in divinis operationibus hominis, et in humanis Dei aliquas partes fuisse; quid aliud restat nisi ex Deo et homine mistas quodammodo fuisse omnes Christi operationes ac proinde omnes theandricas. Alioquin non ita indiscriminatim, non ita inconsiderate pronuntiandum erat, nec divina ut Deum, nec humana ut hominem operatum esse; sed circumspectius aiendum fuerat, divina quidem ut Deum, humana ut hominem peregisse; raro autem, nempe dum miracula ederet, divina ut hominem, humana ut Deum effecisse, dum tangendo suscitabat mortuum, et suscitando tangebat. At nullum sibi limitem ligit auctor : *Cæterum neque divina ut Deus, neque humana ut homo agebat; sed quatenus erat Deus et homo, novam quamdam, nobiscum conservando, deivirilem operationem exhibebat.* » Qui et alio loco non solum θεουργίαν, *divinam operationem*, sed etiam ἀνδρικήν *humanam*, hoc est *humano-divinam* vocat. « Ac præterea theandricæ operationis principium indigitat auctor, *Deum hominem factum*, et a Deo homine facto non tertium tantum mistumque genus operationis, sed et primum, et secundum profluebat; et sui fontis saporem triplex hic rivulus pro suo quisque modulo aliquem sane servabat. » Egregia plura pergit ille docere. Hæc satis nobis erunt, quæ hactenus tradidimus, ut integra catholica fides Areopagiticorum auctoris, longe diversa, maximeque adversa Eutychianis commentis, pro virili vindicata et exposita innotescat.

NOTITIA IN S. DIONYSIUM

PARISIENSEM EPISCOPUM ET MARTYREM.

(*Gallia Christiana*, novæ editionis t. VII, p. 4, in episcopis Parisiensibus.)

S. Dionysium a pontifice Romano ordinatum, Parisiensibus Christi fidem annuntiasse, Parisiensem condidisse Ecclesiam, primum hujus gessisse episcopatum, martyrioque vitam finiisse in confesso est apud omnes. Quis autem fuerit ille Dionysius, quo tempore vixerit, et a quo e summis pontificibus in Galliam sit delegatus, sub cujus principatu martyrium fecerit, quæstio est, quæ superiori sæculo magnis partium studiis renovata, plures doctrina, ingenio et pietate insignes viros exagitavit. Nostrum non est tantas lites componere. Jam enim in præfatione generali noster monuit Sammarthanus nostri non esse instituti prolixis dissertationibus Ecclesiarum origines investigare, quibus ultra legem tantæ molis opus tenderet. At cum de primordiis Ecclesiæ Parisiensis gravissimæ disputationes inter viros historiæ peritissimos præterito maxime sæculo in lucem prodierint, absque negligentiæ nota, aut veritatis dispendio diversarum opinionum fundamenta Sammarthanorum vestigiis inhærentes, nec ulli addicti magistro, silentio prætermittere non possumus. Itaque ut ratione et via nostra procedat oratio, triplex distinguenda videtur opinio, eorum qui unum eumdemque Dionysium Areopagitam et Parisiensem astruunt, altera eorum qui Areopagitam a Parisiensi quidem distinguunt, sed hunc a S. Clemente missum asserunt. Postrema eorum est qui Dionysium Parisiensem et ab Areopagita discernunt et a S. Clemente missum negant, medio autem circiter tertio sæculo e Romanis partibus in Gallias appulisse existimant.

Ac primo quidem S. Dionysius Areopagita multis abhinc sæculis creditus Parisiorum primus episcopus et apostolus, de fidei mysteriis a beato Paulo edoctus, baptizatus, et Atheniensium episcopus ordinatus, cum pluribus annis hanc Ecclesiam direxisset, amore Pauli magistri sui, quem Romæ vinctum acceperat, relictis Athenis, ad eum iter fecit. Postea vero a Clemente pontifice, sociis Rustico presbytero, Eleutherio diacono et aliis plerisque, in Gallias prædicandi Evangelii causa missus, Lutetiam devenions, cum ibi per annos aliquot commissum sibi opus fideliter prosequeretur, tandem a præfecto Fescennino post gravissima tormentorum genera gladio percussus, martyrium pro Christo subiit. Ita qui pro uno stant Dionysio. Cujus primum opinionis suæ petunt argumentum, ex eo quod, ut in præfatione generali auctoritate veterum Patrum demonstravimus, religio Christiana in Galliis fuerit prædicata apostolorum vel apostolicorum saltem virorum temporibus, ab illisque fundatæ sint apud nos quædam Ecclesiæ contra Severi Sulpitii et Gregorii Turonensis testimonia, qui serius fidem ad nos transmissam affirmant. Tum vero Areopagititæ nituntur antiqua traditione et consensu Ecclesiarum Galliæ, Germaniæ, Hispaniæ et Italiæ, quæ in Martyrologiis, Breviariis et missalibus unum colunt Dionysium. Hanc civitas et Ecclesia Paris, a majoribus ad finem sæculi XVII usque quasi per manus traditam conservavit. Ea imprimis Dionysiani monasterii vetus est traditio, quam antiquarum praxeon tenaces monachi etiamnum retinent, ut constat ex missa diei festi S. Dionysii, in qua epistola quæ ad Areopagitam spectat, recitatur a pluribus sæculis. Hanc Ecclesia Romana traditionem etiam post iteratas sæpius ecclesiastici officii recognitiones integram illibatamque retinuit. Quid quod Martyrologia eamdem confirmant, Romanumque imprimis, ubi ad VII Id. Octob. legitur Dionysius Areopagita primum quidem Atheniensis episcopus, postea a Clemente in Galliam missus, Parisiensis episcopus fuisse. Nec minus recensent Eusebii, Bedæ, Rabani antiqua Martyrologia, recentiora vero Galesinii et Sausseii, et ne quid desit etiam ex parte Græcorum, testes adducunt Methodium, Michaelem Syncellum, Metaphrasten et Nicephorum huic consentientes opinioni, ac claris verbis Atheniensem Dionysium in Gallias missum prædicantes, et martyrio consecratum. Hujus opinionis quædam veluti præjudicia eruuntur, primo ex eo quod Stephanus papa secundus, allatis e Gallia sancti Dionysii reliquiis, Romæ monasterium seu scholam Græcorum monachorum instituerit ob memoriam receptæ in Dionysiana basilica sanitatis. Deinde quod Adrianus papa vulgatos libros Dionysii Græce scriptos Fulrado abbati dono dederit. Ad hæc, quod eosdem Michael imperator Orientis miserit Ludovico Augusto, qui ipsos monasterio S. Dionysii consignavit. Inde Hilduinus Sancti Dionysii abbas, jussus a Ludovico Pio imperatore scripsit *Areopagitica*, quibus contra Gregorium Turonensem maxime et Bedam, sententiam « jam pridem per supplantationum postulationes inolitam » de Dionysii Areopagitismo probat ex actis apostolorum et antiquissimis Gallici ritus Missalibus, ex testimonio Visbii vetustissimi scriptoris, quod apud Morinum videre licet, auctoritate quoque Aristarchi Græcorum chronographi et aliorum. Plures postea Hilduini sententiam, dato calculo comprobarunt. Æneas, Parisiensis episcopus, doctrina, pietate et industria celebratus, in inscriptione libri adversus Græcos, de seipso sic loquitur : « Æneas Parisiacensis urbis episcopus, quo primus præsedit S. Dionysius a Paulo apostolo Atheniensium consecratus archiepiscopus, sed a sancto Clemente totius Galliæ consecratus apostolus, » etc. Hanc quoque in opinionem descenderunt Paschasius, abbas Corbeiensis, inter ætatis suæ doctissimos, Hincmarus Remensis in epistola ad Carolum Calvum, ubi citat vitam sancti Sanctini, Meldensis episcopi, Anastasius Bibliothecarius, et Rothomagensis archiepiscopus Franco, ut refert Dudo libro II *De moribus et actis Normannorum* : posterioribus item sæculis S. Thomas in sermone quem S. Dionysio inscripsit, Robertus Antissiodorensis, Raphael Volaterranus libro XV *Anthropologiæ*, Faber Stapulensis, Genebrardus in sua *Chronologia*, Matthæus Galenus in præfatione ad *Areopagitica*, Jacobus Pamelius *in Tertullianum*, Molanus ad *Usuardum* et Loaisa in notis ad decretum regis Gundemari. Pene omiseram doctissimum cardinalem Baronium, qui tum in Martyrologio, tum in Annalibus ad annos 98 et 109 eamdem sententiam multis argumentis propugnavit. Hanc secutus est Spondanus. Ad eumdem quoque collimarunt scopum Natalis Alexander, Hugo Menardus, Germanus Milletus, quibus multos adjungere possemus tum recentis, tum antiquioris notæ, nisi brevitati consulere studeremus. Hæc autem tot ac tantis et momentis et testimoniis sacra traditio non temere abjicienda quibusdam visa eruditis : « Unde cum selecti e sacra facultate Parisiensi theologi ad Breviarii Parisiensis emendationem, quæstionem de S. Dionysio Areopagita et Parisiensi episcopo diligenter expendissent, et in utramque partem suis libratam momentis disceptassent coram illustrissimo archiepiscopo Francisco Harlæo, censuit archipræsul sagacissimus, et ad recte judicandum de rebus antiquitatem ecclesiasticam spectantibus per eximias ingenii doctrinæque dotes comparatus, antiquæ Gallicanæ Ecclesiæ traditioni de uno Dionysio Areopagita et Parisiensi episcopo in officio ecclesiastico honorem suum servandum esse, non vero convellendam piam majorum nostrorum opinionem, cui saltem probabilis sententiæ jura non spernenda momenta confirmant. » Ita Bollandistæ tom. VI Julii, pag. 76.

2. Sed esto, inquiunt alterius opinionis patroni, Areopagita non sit quem colimus Dionysius, missioque a Clemente Areopagitistis errandi ansam præbuerit. At certe antiquitate prævalet hæc missio, totque fulcitur probationibus, ut a sanæ mentis hominibus in dubium revocari non possit. Fassus enim est ipse Tillemontius de sancto Saturnino loquens duas sexto sæculo in quibusdam Ecclesiis viguisse traditiones, quarum juxta alteram primi episcopi apostolorum vel eorum discipulorum temporibus in Gallias accesserunt, alteram vero imperante Decio, ut ipse scripsit Gregorius Turonensis. Hæc autem tam de S. Dionysio quam de S. Saturnino posse intelligi quis non videt, utpote qui simul eodemque tempore fidem Christianam prædicaverunt. At præter argumentum e propagata primis sæculis in Galliis fide desumptum uni et alteri opinioni commune, huic adhuc favet Gregorio Turonensi antiquior auctor Vitæ sanctæ Genovefæ virginis, quippe qui profitetur se eam scripsisse post ter senos a beatæ virginis obitu annos, ideoque circa annum 520 ; inibi autem diserte testatur sanctum Dionysium et a Clemente papa in Gallias missum, et ab eodem episcopum consecratum. Idem habet Fortunatus episcopus Pictaviensis, Gregorii Turonensis suppar et amicus, qui in hymno quem de sancto Dionysio Parisiensi composuit, et quem Dubletius in *Antiquitatibus Sandionysianis* publicavit, sic cecinit :

Fortem fidelem militem,
Christi secutum principem
Dionysium martyrem
Plebs corde, voce personet.

Clemente Roma præsule
Ab urbe missus adfuit,
Verbi superni seminis
Ut fructus esset Galliæ.

Nec dicas hymnum illum male a Dubletio Fortunato attributum fuisse : nam præterquam quod illud sine dubio asseruit Hilduinus, hymnus ille sic legitur in codicibus mss. S. Germani Pratensis, S. Petri Carnotensis, et S. Benigni Divionensis. Præterea si vetus ille hymnus Fortunati non est, at certe Hilduino antiquior est, quod sufficit. Antiphonalis Gregoriani Caroli Calvi, in Compendiensi bibliotheca asservati, prima de S. Dionysio antiphona pro vigiliis nocturnis ejus missionem per sanctum Clementem præfert, sicut et-responsorium tertium primi nocturni. Mabillonius lib. VI *De re diplomatica*, pag. 488, refert præceptum Theode-

rici Calensis, Francorum regis, anno Christi 723 datum, in quo Theodericus anteriorum regum ac pontificum privilegia Sandionysianis concessa confirmans, ait beatum Dionysium sub ordinatione B. Clementis, Petri successoris, in Galliarum provinciam advenisse. Pipinus rex in charta anno 768, paulo ante obitum data, idem habet ac Theodericus. Hanc autem opinionem prorsus hauserant ex actis passionis S. Dionysii, quæ citat Hilduinus, ubi scriptum legebatur S. Dionysium a Clemente pontifice Romano episcoporum ordinatum, et in Gallias fuisse transmissum. Acta hujus vitæ e mss. codicibus edidit Franciscus Bosquetus, auctorem vero Fortunatum Pictaviensem episcopum appellatum deprehendit Petrus de Marca in codice ms. Turonensis Ecclesiæ. Ante Hilduinum a Clemente papa missum Dionysium tuitus est Venerabilis Beda, in cujus Martyrologio ad diem 9 Octob. legitur beatus episcopus a pontifice Clemente Romano in Gallias directus. Idem scripsit Rabanus in Martyrologio et Usuardus. Huic opinioni coronidem imponunt Galliæ episcopi in frequenti conventu apud Parisios de cultu sacrarum imaginum an. 825 habito ante annos decem quam Hilduinus scribendis *Areopagiticis* operam daret, ubi sub finem actionis VII apud Jacobum Bongarsium ita loquuntur : « Nec vobis tædium fiat, si ad ostendendam rationem veritatis, veritatemque rationis, sese paulo longius sermo protraxerit, dummodo linea veritatis, quæ ab antiquis patribus nostris, usque ad nos inflexibiliter ducta est, B. Dionysio scilicet, qui a S. Clemente B. Petri apostoli in apostolatu primus ejus successor exstitit, in Gallias cum duodenario numero primus prædicator directus, et post aliquod tempus una cum sociis huc illucque prædicationis gratia per idem regnum dispersis martyrio coronatus est. » Ubi Mabillonius tom. I *Analect.*, pag. 65, legendum putat : *qui a S. Clemente B. Petri apostoli primo successore exstitit in Gallias,* etc. Pervulgata itaque non solum ante Hilduini, sed et ante Gregorii Turonensis tempora fuit opinio, cui nec ipsius Gregorii auctoritas contrariam inducere potuit, S. Dionysium Parisiensem a Clemente Romano pontifice missum. Alios scriptores Hilduino posteriores non loquor, licet plures ex illis idem asserant, sed omittere non possum illustrissimum Petrum de Marca, archiepiscopum Tolosanum et dein Parisiensem, præclaram hac de re ad Henricum Valesium dedisse epistolam ejus versioni *Historiæ ecclesiasticæ* Eusebii præfixam, in qua doctissimus præsul disertissime missionem sex Gregorianorum episcoporum ante sæculum tertium probat, et Joannis Launoii ac ejus sequacium opinionem solide refellit. Inter hujus sententiæ patronos numerandus venit Baronii criticus Antonius Pagi, tom. III, pag. 557. Sed et anno 1727 ejusdem abnepos Antonius Pagi luculentam hac de re dissertationem historico-criticam concinnavit, quam tom. IV Breviarii Romanorum pontificum præfixit, in qua varias tum Petri de Marca, tum Antonii patrui collegit rationes, et urbe missus a S. Clemente in Gallias Dionysio rite concludit. Præcipuis quæ adversus hanc opinionem struuntur objectionibus fecimus jam satis in præfatione generali tomo primo affixa.

3. Restat jam tertia opinio, non tam argumentis affirmantibus quam negantibus nixa. Hujus quippe patroni, quibus duæ priores non arrident, inde concludunt tertiam necessario esse admittendam. Hos igitur sicut et alios audiamus. Proferunt primo Severi Sulpitii et Gregorii Turonensis aperta testimonia, opinioni utrique maxime repugnantia : ille enim lib. II *sacræ Historiæ* inquit : « Sub Aurelio Antonini filio persecutio quinta agitata, ac tum primum intra Gallias martyria visa, serius trans Alpes Dei religione suscepta. » Gregorius vero lib. I *Hist. Franc.*, cap. 30, Decii tempore, post annum

Christi 250, asserit missum esse Parisios Dionysium, ex quibus clare convincit Dionysium Parisiensem apostolum et martyrem, nec posse esse Areopagitam, ut qui antea occubuisset, nec a Clemente missum. Gregorius autem sæpe Parisios venerat; cum Germano episcopo Parisiensi et Ragnemodo ejus successore amicitiæ vinculo fuerat conjunctus, quem proinde hujus Ecclesiæ traditionem ignorasse vero non videtur simile. 2° Si Dionysii socii et comites, qui usque ad numerum duodecim in Belgica secunda primi fidem annuntiarunt, sub Diocletiani principatu certamen martyrii pro Christo ediderint, ut constat ex eorum actis, constantique Ecclesiarum quas fundaverunt traditione, tempore apostolorum in Gallias missi non sunt, nec missus S. Dionysius. 3° Inter S. Dionysium protopræsulem et Victorinum, qui Agrippinensi synodo an. 346 adfuit, in omnibus antiquis indicibus quatuor tantum memorantur episcopi, quos per spatium ferme annorum 260, qui a misso in Gallias a S. Clemente Dionysio numerantur, sedisse oportuit, quod probabile non videtur. 4° Opinio Gregorii patronos semper habuit et propugnatores. 5° Innocentius tertius misit ipse ad Dionysianos reliquias S. Dionysii, quas e Græcia Romam Petrus capellanus attulerat, ne in dubium deinceps posset revocari quin reliquiæ S. Dionysii in Dionysiano monasterio asservarentur. Quod spectat ad testimonia a Martyrologiis pro Areopagitismo S. Dionysii petita, aut nullius esse momenti, aut falsitatis convincunt ex ipsis Martyrologiis Parisiensibus, quæ duos distinguunt, alterum quidem v Non. Oct., alterum VII Idus ejusdem mensis. De Areopagita igitur sic se habent : « v Non. Octob. natale sancti Dionysii, episcopi et martyris, qui post clarissimam confessionem fidei, et post gravissima tormentorum genera, glorioso martyrio coronatus est, ut testatur Aristides Atheniensis, vir fide sapientiaque mirabilis in eo opere quod de Christiana religione composuit. » De Parisiensi vero : « VII Idus Octobris apud Parisium natale sanctorum martyrum Dionysii episcopi, Rustici presbyteri, et Eleutherii diaconi. Qui beatus episcopus, a pontifice in Gallias prædicandi gratia directus, ad præfatam urbem devenit, ubi tandem una cum sociis martyrium complevit. » Horumce fidem augent quamplurima, quæ Joannes de Launoy theologus Parisiensis, in asserenda antiquitate diligentissimus, conquisivit, et evulgavit in discussione De duobus Dionysiis : nam Bedæ Martyrologium antiquissimum, Usuardi, qui Carolo Magno regnante paulo ante Hilduinum in urbe Parisiorum scribebat in monasterio S. Germani, Romanum ab Heriberto Rosveido editum id probant, Adonis Viennensis, Notkeri, Arvernensis Ecclesiæ, Remensia duo, Antissiodorensia tria, Trecense unum, Parisiensia multa ejusdem temporis et longe posterioris, in Ecclesia Parisiensi duo anno 1448 exarata, alterum 1727; præterea ejusdem urbis S. Germani de Pratis et Antissiodorensis, Sancti Martini de Campis, S. Victoris, et in ipso Beati Dionysii monasterio ante annos quadringentos et paucos reperiebatur, quod Guido abbas testatur et Sanctilogio suo inseruit. Passim autem per Gallias basilicæ Rothomagensis, Senonensis, Augustodunensis, Aniciensis, Andegavensis, Ambianensis, et Sancti Martini Turonensis : plura quoque Kalendaria typis mandata ; denique Vitæ sanctorum ante et post annum Christi octingentesimum conscriptæ Dionysium diserte asserunt in Gallias venisse imperante Decio, ex quibus ea quæ opponuntur ex antiquis martyrologiis et novis falsi arguuntur. Ad hit Sirmondus in dissertatione De duobus Dionysiis, publico donata an. 1641, recentis opinionis auctorem fuisse Hilduinum, S. Dionysii abbatem. Mandavit ei Ludovicus imperator ut Dionysii Parisiensis gestorum historiam ex Græcis Latinisque codicibus colligeret : hujus epistolæ mandato, quæ exstat tomo II Concilior. Galliæ, collegit librum, cui titulus : Areopagitica, quo primus, inquit, omnium docuit Dionysium Areopagitam eumdem cum Parisiensi ; quod ut astruat, chartas ex armario Parisiensi vetustissimas, Martyrologia ex abolitis Romæ novæ scriniis profert in lucem, Gregorium vero Turonensem qui diversa senserit simplicitatis accusat. Creditur Hilduinus arte Græcorum favorem ejus ambientium delusus, ut qui perditis eorum rebus a Franco, non regibus suppetias postulabant. Citat etiam Aristarchum Hilduinus et Visbium, quæ omnia toto capite I dissertationis confutat Sirmondus, et opponit præcipue Martyrologiorum Gallicanorum perpetuam auctoritatem. Deinde ignotus fuit Græcis episcopi transitus a sede episcopali ad aliam, ita ut apud ipsos hoc adulterium censeretur, cum antistes Ecclesiæ suæ veluti sponsæ adhærere summa fide teneretur ; qui mos in Ecclesia Latina usque ad nonum sæculum viguit. Quod vero Germanus M let is opponit ex Socrate lib. VII, cap. 35, qui plures Græcos episcopos sedes mutasse recenset, retorquet argumentum Sirmondus : et cum nihil occurrat apud Socratem de Dionysio tam celebri apud Græcos, hinc optime conjicitur nullam apud ipsos hujus transitus in Gallias fuisse memoriam. Imo concilium Sardicense, canone I, aperte docet nullum episcopum a majore civitate ad minorem transisse, quod falsum esset, si Dionysius Athenas florentissimam civitatem reliquisset, ut adiret Lutetiam tunc temporis Athenis multis titulis inferiorem. Quam vero parum credibile est Dionysium octogenario majorem tot tantisque peregrinationibus longissimis et difficillimis terra marique perfunctum, Italiam, Galliam, Hispaniam et Asiam Joannis evangelistæ visendi gratia peragrasse ! Quid quod Joannes Morinus, Oratorii presbyter doctissimus, in præfatione sacrarum ordinationum decerptarum ex S. Dionysii libro De hierarchia ecclesiastica, typis edita anno 1655, probat accurate omnia fere Dionysii opera in Asia ab eo conscripta, indeque antequam in Gallias adveniret centenario majorem fuisse. Unum aut alterum argumentum ex ipso proferemus. Vivebat in Oriente Dionysius cum librum scribebat De divinis nominibus, ut demonstratur ex titulo : hunc enim Timotheo Ephesiorum episcopo nuncupat : deinde verba quibus liber finitur, necessario evincunt utrumque in eadem aut vicina regione vixisse. Quare vero si tunc in Gallias versatus esset, Græce et non Latine scriberet? Quare non potius prædicationi et peregrinationibus vacaret, ut fidem propagaret, et insumeret tempus sibi concessum ad prædicandum Evangelium libris conscribendis, quæ otium profundum altissimamque quietem desiderant? Itaque in Asia condidit librum De divinis nominibus post mortem Ignatii, quæ contigit anno Christi 109; citat enim cap. 4 sancti Ignatii sententiam scribentis cum Romam ad martyrium duceretur ad Romanos fideles. Agebat igitur Dionysius annum 102, cum ex Asia vel media Græcia Romam se contulit, ubi pontificem deprehendisset, non Clementem, ut volunt, sed Anacletum Clementis martyrio functi successorem. At si comparemus ultima verba libri De divinis nominibus cum iis quæ profert initio epistolæ ad Titum episcopum, necessario colligemus Dionysium, antequam in Galliis proficisceretur, annos natum saltem quinque aut sex supra centum, ac proinde non a Clemente, nec ab Anacleto, sed ab Evaristo annosum senem esse missum : finiens enim librum De divinis nominibus, ait se tunc ad theologiam symbolicam, Deo duce, transiturum ; initio vero litteræ ad Titum dicit se de theologia symbolica scripsisse, eamque Timotheo domi suæ explicasse : ista non potuerunt profecto contingere, nisi aliquot annis post epistolas a sancto Ignatio ad martyrium proficiscente elucubratas, cujus unam citat Dionysius in libro De divinis nominibus. At Ignatius juxta Baronium moritur an. 109, a quo tempore librum perfecit, Dionysius composuit opus *De theologia symbolica*, docet Timotheum, Romam proficiscitur. Hæc accurate et plura Morinus. Insuper demonstrat Sirmondus Dionysium Areopagitam non sub Trajano vel Adriano, sed sub Domitiano martyrium fecisse, ut commemorant Metaphrastes, Methodius, ipse Hilduinus et Rathertus, quamvis de anno discrepent et die. His argumentis alia dissertatione Germanus Miletus edita 1642 singulis Sirmondi capitibus respondit. Tandem Joannes de Launoy eodem anno discussionem in lucem edidit, in qua probatum a Sirmondo de duobus Dionysiis discrimen ex inveniendi asserendique veri legibus defenditur, subjunxit vero utriusque Vitam Dionysii ex optimæ fidei auctoribus collectam. Miracula Parisiensis habes apud Gregorium Turonensem, libro 1, cap. 72, *De miraculis*; lib. v *Hist.*, cap. 33, et lib. x, cap. 29; Fredegarium, Chronici cap. 54, Audoenum Rothomagi præsulem in Vita S. Eligii, lib. 1, cap. 22. Duorum quoque Dionysiorum discrimen probant in scriptis suis, Aubertus Miræus in *Annalibus Belgicis*, Heribertus, Rosweidus et Dionysius Petavius societatis Jesu presbyteri, Nicolaus Faber, Ludovici XIII præceptor, Antonius Loisellus, Andreas Quercetanus in notis ad *Bibliothecam Cluniacensem* et in Vitis pontificum. Franciscus etiam Bosquetus episcopus Lentevensis *Hist.* lib. 1, cap. 26, de hac quæstione fuse disserit, et alii bene multi quorum procul dubio testimoniis persuasus Ludovicus Antonius de Noailles decessoris sui judicium de quo supra, reformandum putavit, qui in Breviario Parisiensi, quod anno 1700 auctoritate ipsius ac venerabilis capituli consensu editum est, duos Dionysios distinxit, et die 3 Oct. officium semiduplex de sancto Dionysio Areopagita, ac 9 ejusdem mensis solemne majus de Dionysio Parisiensi sociisque recitandum præscripsit.

Ad quem autem pertineant scripta quæ vulgo Dionysii Areopagitæ nomine inscribuntur, intricatissima quoque difficultas. Certissimum est ante annum 532 horum apud auctores probatæ fidei nullam fieri mentionem. Citant illa primum Severiani hæretici in collatione habita cum catholicis, quæ episcopi catholici se ignorare fatentur. Paulatim tamen demirati sequentibus temporibus tanti scriptoris doctrinam sublimem et vere orthodoxam probarunt pontifices S. Gregorius et Martinus I. Sophronius et Maximus monachus Areopagitæ tribuunt, quamvis non levia suppetant argumenta sub finem quarti sæculi aut potius paulo ante Eutychetem damnatum in concilio Chalcedonensi anno 451 esse conscripta. Sed ista non hujus loci ; nostrarum vero partium esse duximus diversis de S. Dionysio opiniones a doctis viris hinc inde propugnatas prudenti lectori absque veritatis præjudicio subjicere. Sic prudenter reformatores breviarii Parisiensis anno 1700 (quod postea secuti novi an. 1736 editores) omisere quidquid cum tanto fundamento controvertitur de suo illo patrono : cumque abbatissa Montis Martyrum consanguinea regis hujus interposuisset auctoritatem, ne omnino Areopagita taceretur, non consenserunt ut nominaretur, gratia tamen regis posuerunt capitulum pro vesperis ac laudibus: *Stans Paulus in media Areopagi*, ait : *Viri Athenienses*, etc., de ara Ignoti Dei, tanquam aptum ei qui gentilibus prædicavit. Tantorum virorum ad exemplum, sepositis aliis quæ in hanc rem agitari solent, fusiusque pluribus in locis tractantur quæstionibus, Martyrologii Parisiensis, verbis concludemus ad diem 9 Octobris :

Parisiis natalis sanctorum martyrum Dionysii primi episcopi ad disseminandam Christi fidem in Gallias ab apostolica sede missi, Rustici presbyteri et Eleutherii diaconi, qui constituta illic Ecclesia Sisinnio Fescennino præside gladio animadversi sunt. Horum corpora in monasterio S. Dionysii in Francia honorifice asservantur, pars vero superior capitis S. Dionysii in ecclesia Parisiensi.

INDEX RERUM

NOTATU DIGNIORUM

QUÆ IN OPERIBUS S. DIONYSII CONTINENTUR.

Revocatur Lector ad numeros crassiores textui intermistos.

A

Abel mansuetudine commendabilis, 598.
Ablatio et positio quotuplex sit, 564. Ablationes et positiones quomodo celebrandæ sint in Deo, 557, 566.
Abrahæ sinus quid sit, 267, 276.
Actiones Christi sunt indivisæ, 590. In actionibus Christi quid divinitati, vel humanitati competeret, *ibid.*
Actus notionales quid sint in divinis, 524. Quid in divinis per ζωὴν intelligatur, 524. Ubi in divinis intercedit distinctio realis, ubi tantum rationis, 527.
Adulti non sine motu liberi arbitrii justificantur, 177.
Aer quid est, 145.
Æris, electri lætidumque diversorum figuræ cur angelis attribuantur, 132.
Æternitas quid sit, 500, 501. Æternitas quomodo dicatur de Deo, 507.
Ævum quid est, 502 et seq.
Affirmationes in divinis incongruæ sunt, 17, 18. Per affirmationes res spirituales et nobiliores melius cognoscuntur ex natura rei, 19.

Ἀγρὸς unde derivetur, 528.
Alæ seraphim quid sunt, 114.
Aliud. Quomodo aliud et aliud in Deo locum habeat, 490, 496.
Altaris inunctio quid denotet, 130.
Amoris nomen in Scripturis celebratur, 359. Amoris nomen in Scripturis nomini dilectionis præfertur, 359. Vulgus sensuale non capit nomen amoris spiritalis, 560. Amor est extaticus, 560, 580. Amor est zelotes, 561. Amoris divini circulus, 361, 402. Amor vim con ungendi habet, 402. Amoris distributio quæ sit, 362, 403. Amor divinus ex Deo, per Deum, in Deum revolvitur, 562. Amor est bonificus, 579. Amor, dilectio, charitas, amicitia quomodo differunt, 379, 399. Amoris quinque sunt proprietates, 377. Amoris divini octo proprietates, 382. Amor corporeus non est verus amor, 399. Per amorem Deo conjungimur in caligine mystica, 549.
Angeli quid præstent iis quos custodiunt, 88. Effectus angelicæ custodiæ, 88. Angeli quales et eorum subordinatio, 90. Unde provenit quod omnes homines, cum habeant angelos tutelares, non sint probi, 91. Angeli superiores sublimiori modo illustrantur, 95. Omnes tam an-

geli quam homines triplici facultate pollent, 95. Angeli quomodo nos purgant, illuminant, perficiunt, 95. Angelus quomodo incendit affectum nostrum, 95. Angeli quomodo se mutuo illuminant, 95. Angeli quomodo et quando sint creati, 504. Cur Moyses non recenseat eorum creationem, 504. Unde est in angelis tanta communicatio, 96. Ordinum diversitas, 96. Angeli supremi simpliciores et claras habent illustrationes, 97. Angeli a quibus expientur et quos expient, 100. Per angelos mysteria fidei sunt revelata, 95. Angeli superiores obire possunt functiones inferiorum, non contra, 47. Angeli quinam sunt ministrantes et qui assistentes, 48. Omnes spiritus cœlestes angeli dicuntur et quare, 48. Angeli sensilia intellectiliter noscunt, 461, 463. Angeli quomodo sint virtutes et operationes, 384. Quomodo sint incorruptibiles, 584. Quomodo mutabiles, 384. Quæ sunt unita et quæ divisa in angelis, 385. In angelis quæ sit volutatio, 386. Angelorum erga homines benignitas, 598. Angeli inferiores a superioribus, supremi a Deo initiantur, 55. Supremorum in illustratione recipienda reverentia, 55. Supremi quomodo expientur, illustrentur et perficiantur, 55. Quid supremi agant, 56. Angeli an et quomodo se mutuo purgent, 71. Unde proveniat quod angeli tanto numero sint, 121. Angeli superiores possunt quidquid inferiores, non contra, 104. Primis angelis quomodo sequentium functiones attribuantur, 119. Angeli sunt innumerabiles, 121. Angeli quomodo sunt immutabiles et quomodo moventur, 63. Quomodo contemplantur, *ibid*. In angelis expiatio, illuminatio et perfectio quid, 68. In angelis quid motus circularis, rectus et obliquus, 69. Angelorum cibus qualis, 70. In angelis quid est motus et status, *ibid*. Angeli Deum solum et seipsos noscunt, 51. Distributio ordinum angelicorum, 58. Quis ordo dignitatis inter illos 52. Angeli excedunt numerum rerum corporearum, 121. Angeli cur dissimilibus formis describuntur, 17. Angeli qui vocantur, 86. Angeli sunt nostri rectores, *ibid*. Quod aliqui non proficiant, id non est imputandum angelis nec Deo, *ibid*. Angeli quinam mittontur, 115. Angeli ventis comparantur, 131, 145. Nubibus, 132, 146. Angeli et homines quomodo illuminentur, 390. Angeli sunt æviterni, non Deo cœterni, 505. Angeli sunt quidem multi, sed non infiniti, 126. Angeli respectu diversorum præsunt et subsunt, 128. Angeli inferiores non in totum participant superiorum facultates, 106. Angeli cur dicuntur antistites hominum, 107. Angeli et homines quo sensu dii dicuntur, 108. Angeli superiores habent species universaliores, *ibid*. Angeli et illorum substantia quare in Scriptura per symbola et corporeas figuras depingantur, 45. Passiones quomodo in angelis intelligendæ, 14. Angeli cæteris excellentius Deum participant, 37, 39. Angeli unde nomen habeant, *ibid*, 40. Per angelos divina revelantur, 37. Quomodo inferiores per superiores ad Deum adducantur, 38. Per angelos mysterium Christi nobis est nuntiatum, *ibid*. 2, 41. De Christo multa per angelos nuntiata, 38. Angelus quid est, 39. Angelus tripliciter mobilis, *ibid*. Angelica elogia, *ibid*. Angeli quomodo doceant homines, 40. Angeli superiores non illuminant inferiores. In angelis non est confusio functionum, 136. Angelos fuisse ante mundum qui sentiant, 504.

Anima est a rebus creatis evacuanda, 545. Tres animæ proprietates ad Deum recipiendum, *ibid*. Anima et spiritus quid sint, 494. Ad animam quomodo virtutes corporeæ sint referendæ, 496. Anima quomodo et qualia possit intelligere sine actuali reflexione ad phantasmata, 580. Animæ quomodo participant bonitatem, 587.

Antistes ut interpres Dei promissa præmia defunctis postulat, 208.

APOLLOPHANES ex prodigiis in cœlo visis ad Deum adduci debuit, 594. Convincitur propria sua confessione, 595.

Apostoli orbis soles et zodiaci spiritualia signa, 616.

Apparitio Dei quid est in Scriptura, 45. Apparitiones Veteris et Novi Testamenti qui differunt, 41.

Aquilæ forma quid designet, 133, 148. Aquilina forma quare angelis in Scripturis attribuatur, 16, 11.

Archangeli quid sunt. 85, 89. Archangeli dicuntur summi nuntii, 88. Horum officium quale, *ibid*.

Ἀρχαστικὲ. Per ἀρχαστὴν quid intelligendum sit, 214.

Attributa de Deo tripliciter dicuntur, 18. Attributa essentialia sed etiam emanationes ad extra de tota Trinitate prædicantur, 316.

Assistere quid sit, 113. Assistere et ministrare qui differant, 125.

Aures quid sint in angelis, 141.

B

Baptismus dat initium sanctitati, 167. Ritus collationis baptismi, 168. Candidatus religionis patrinum quærit, 174. Ejus officium, *ibid*, 179. Baptizaturo quid fieri soleat a sacerdote, 178. Baptizandus abjurare debet infidelitatem, 168. Insufflationis et abrenuntiationis ritus, 169. Professionis ritus, *ibid*. Ritus antiquus baptizandi solemniter, *ibid*. Ritus hic est sanctus, 170. Baptismi cæremoniæ significant expiationem, *ibid*. 174. Hierarcha omnibus lumen baptismi paratus est impertiri, 171. Quid traductio ad Orientem designet et unctio, 172. Quid aqua immersio et emersio, *ibid*. Quid candidum vestimentum et unctio finalis, 173. Baptismus quibus nominibus appelletur, 174. Qualiter se habeat, *ibid*. Qualis minister ejus, *ibid*. Baptismus imprimit characterem ex D. Dionysio, 174. Cæremoniæ quæ in baptismo adhiberi solent, *ibid*. 175. Communio dari solita post baptismum, 175. Baptismus ex opere operato confert gratiam, *ibid*. An et qualis immersio ad baptismum sit necessaria, 177. Sacerdos quomodo baptizandum excipiat, 180. Baptismus sub convenientibus signis institutus, 181. Baptizatus ad certamen instituitur, 184. Baptismus cur illustratio dicatur, 187. Baptismus parvulorum quid sit, 281.

BARTHOLOMÆUS (S.), quædam theologica scripsit, 547.

Beati Deum proprie cognoscunt et eloquuntur, non viatores, 214.

Benignitas Dei in homine restituendo, 257.

Bonum. Bonitas. Bonum ente prius intenditur, 344, 375. Bonum quomodo appetat id quod non est? 404. Inter bonum et lumen quæ sit affinitas, 377. Bonum et pulchrum quomodo differant, *ibid*. Bonum quid et malum unde, 376. Bonorum causa una, malorum multæ, 372. Ex bono et propter bonum sunt omnia, *ibid*. Bonum est quidquid est, 365. Bonum pro cujusque captu singulis adest, 365. Bonum est pacificum, 367. Boni nomen latius patet quam nomen entis, 427. Boni laus est de re bona loqui, 20. Boni una est causa, mali autem multæ, 423. Boni nomen et similia de tota Trinitate æqualiter prædicantur, 515. Bonitas est primum Dei attributum, 351. Bonitate Dei omnia consistunt, 351, 375 389. A bonitate est ordinatio angelorum, 351. Similiter eorum functiones, 352. Sunt animæ earumque facultates, *ibid*. Similiter animalia et inanimata, *ibid*. Bonum est super omnia, et vocat etiam quæ non sunt ut sint, 352. Bonum est causa quod sint cœli et motus eorum, 353. Est et causa luminis et rerum omnium, *ibid*. Bonum est congregativum et ad se omnia convertit, 354. Nihil est exsors bonitatis, 414. Ex omnibus aliquid boni colligendum, *ibid*. Bonitas quid sit per se, 513. Bonitas quomodo est Dei essentia, 375. Bonum et verum quid differant, 376.

Bovis forma quid declaret, 132, 147.

C

Caligo divina quid sit, 591. Caligo mystica simul est lucidissima, 544. Caligo et arcana quid, 542. Caliginem ingredi quid sit, 558. Caligo mystica fit ex lucis abundantia, *ibid*.

Cantica sacra et lectiones quid designent. 189. Canticorum spiritualium quæ sit efficacitas, 217.

CARPUS (S.) quis sit, 607.

Catechumenis quid audire licitum et videre prohibitum, 207.

Causa quid sit, 204. Causæ principales quænam sint, 431. Causæ ad effectum non est similitudo, 498.

Charitas est quasi anima virtutum cæterarum, 379. Cherubim quid significat, 55, 55, 59.

CHRISTUS. Per Christum accessum habemus ad Deum, 15 Christus se angelis clare in gloria, nobis obscure per symbola communicat, 134. Christus habuit omnia propria humanitatis, 325. Christus humanam naturam supernaturaliter participavit, 325. Christus dicitur αὐτοάγαθος seu αὐτοαγία, 295. Christus est lux vera, 4. Christus quomodo parabolis et symbolis usus sit, 615. Christo divina et sublimia dantur, 157. Christus quomodo sanctificatus. 229. Christo multa per angelos nuntiata, 38, 41. Christus magni consilii Angelus, *ibid*. Christi mansuetudo potius imitanda quam zelus Eliæ, 603. Quæ sit mansuetorum et crudelium retributio, 604. Christi quanta sit mansuetudo et benignitas, 598, 603. Christo grata est mansuetudo, 606. Cum Christo certandum et moriendum est, 185. Christus est verus homo, 589. Christus est Deus homo, 609. Christus est plus quam homo, *ibid*. Christi operationes quales sint, 590.

Circumincessio divinarum personarum exemplo sensili declaratur, 333.

Cognitio. In cognitione intellectualium duo consideranda, 6. Cognitio nostra est modo sub velamine et symbolo, 505 Cognitionis quatuor sunt gradus, 575. Cognitionis quatuor sunt instrumenta, 504. Qualis sit cognitio Dei per abnegationem, 576 An et qualis de Deo haberi possit cognitio abstractiva absoluta per conceptum proprium, *ibid.* Cognitio cogniti fit per formam, 577. Cognitio nostra in quo erret, 466. Præter cognitionem experimentalem dari potest mystica abstractiva, et qualis illa sit, 580.

Commemoratio sanctorum quid sit, 194, 209.

Communio. Sacra communio quid sit, 262. Communio divina dicitur Eucharistia, 11. Sacra communio ejusque finis ac significatio, 196.

Concupiscentia quid est, 14. Concupiscentia quid in angelis, 185.

Confessionis antiquus usus, 606.

Consecratio quibus verbis fiat, 201. Consecratio et elevatio quid sit, 195, 212.

Contemplatio. Ad contemplationem mysticam nostra ipsorum et rerum omnium abdicatione assurgitur, 540.

Crater quid mystice significet, 611.

Creatura Deo tripliciter conjungitur, 345. Creatura omnis est quasi echo Dei, 25. Creatura est similis Deo non Deus creaturæ, 491. Creaturæ omnes quo sensu simul cratæ sint 505. Creaturæ sunt speculum Dei, 548 Creaturæ Deum manifestant tanquam vestigia ejus, *ibid.* Ex creaturarum contemplatione quomodo ad Deum sit assurgendum, 548.

D

Dæmones quomodo corruperint habitus angelicos, 105. Dæmones non expetunt bonum et pulchrum, 562. Dæmones non sunt natura sua mali, 569, 582 Dæmones mali sunt per defectum angelicorum bonorum, 571. Dæmones non perdiderunt vires naturales, *ibid.*

David est mansuetudine insignis, 597, 606.

Deitas quid sit, *ibid.* Deificatio quid sit, 587.

DEMOPHILUS exprobratur ob suam immanitatem, 598. Demophili inclementia exaggeratur erga pœnitentem, 599. Demophilus temerarie se aliorum officio ingessit, 600. Deterretur exemplis, *ibid.* Demophili objectio proponitur, eaque solvitur, 601. Non convenit Demophilo ut superiores increpet, *ibid.* Demophili duplex peccatum, 602. Ejus mala ultio, 605.

Deus a summis, mediis et infimis rebus in Scriptura nominatur, 15. Deus duobus modis laudatur, 17. Deus quomodo dicitur rationalis, *ibid.* Quæ est verissima Dei notio, *ibid.* De Deo attributa tripliciter dicuntur, 18. Deus quibus symbolis exprimatur, in Scriptura, 26. Deus nemini deest ex parte sua, 87, 88. Deus origo boni et pulchri, 52. Deus quomodo homini scientiam infundat, 40. Deus quomodo visus et non visus, *ibid.* Deus quomodo se cuilibet rei communicet, 42. Quomodo res quælibet Deum participet, 43. Cœlestes spiritus maxime Deum participant, *ibid.* Dei apparitio quid est in Scriptura, 45. Dei voluntas per angelos intimatur, 44. Deus solus eminenter et exacte novit quæ ad omnes angelorum ordines spectant, 49. Deus caput hierarchiæ, 159. Deus ex parte sua omnibus præsto est ad salutem, 176. Deus gratiam suam omnibus expandit, 170. Dei dona omnibus expensa instar solis, 182. Deus omnibus providet secundum quod competit eorum. naturæ, 6. Deus amat tranquillitatem, 9. Deus per bonitatem se communicat creaturis, 25. Deum creaturæ quomodo participant, 26. Quanto quis Deo propinquior tanto suavius ex ipso afficitur. 219. Deus in se immutatus se aliis communicat, 189. Deus in silentio maxime cognoscitur, 556. Deus est omnium ablatio, 555. In Deo quæ sit positio, 532. Deus excedit omnem intelligentiam, 285. De Deo nihil dicendum nisi ex Scripturis, *ibid.* Deus se nobis pro captu nostro communicat, 284. Arcanum Dei non scrutandum est, sed ex Scripturis ad Dei laudes mens excitanda, *ibid.* Quænam ex Scripturis de Deo discamus, 285, 299. Deus modo cognoscitur in ænigmate, in cœlo autem facie ad faciem, 286.

Deus modo a nobis concipi non potest ut in se est, 287. Deus non solum non capitur, sed nec status beatorum in hac vita, 288. Deus proprie laudatur per omnium negationem, *ibid.* Deus a nulla et ab omni re est celebrandus. *ibid.* Deus dicitur simil ἀνώνυμος et πολυώνυμος, *ibid.* Deus quomodo omni nomine careat; et omni nomine appelletur, 289. Deus non solum a providentiis sed etiam ab apparitionibus diversimode nominatur. *ibid.* Deus non per impressam sed expressam speciem videtur, 290. Deus cur et quomodo sit incomprehensibilis, *ibid.* Deus quomodo sit, intelligat et sapiat, *ibid.* Quomodo de Deo prædicantur negationes, *ibid.* Deus solus nobis per fidem no-

tus, *ibid.* Deus cognoscitur quod non quid sit, *ibid.* Deus non intelligendus sed credendus, 292. Quam de Deo in hac vita notitiam habeamus, *ibid.* Ex quibus rebus vel operationibus Deus in Scriptura nominetur, 295. Deus cum sit super omne nomen sit multorum nominum, *ibid.* Deus neque nomine neque sermone explicari potest, *ibid.* Deum intellectu percipere difficile, eloqui impossibile, 294. Deus verius cogitatur quam dicitur, *ibid.* Deus quomodo sit omnia in omnibus et nihil omnium, *ibid.* 295, 512 Deus unde nominetur, 297. Deus incomprehensibilis quomodo cognosci debeat, 298 Deus quid sit et quid non sit nesciatur, 284, 509. Deus sui cognitionem ad capacitatem nostram accommodat, 454, 502. Deus incognitus et sine nomine, 501. Quod Deus sit inscrutabilis, *ibid.* Ad Dei notitiam reverenter est tendendum, 502. Deus qualis sit monas, 505. Quod a Deo sit omnis paternitas, 504, 520, 556. Deus singulariter est hominum amator, 505. In Deo quomodo sint omnia antequam in seipsis, 507. Deus super omnia et in Deo omnia, *ibid.* Deus est inimaginabilis, 508. Deus est inexcogitabilis, *ibid.* Deus in silentio magis cognoscitur, 509. De Deo nihil prædicari potest proprie, *ibid.* Deus laudandus est ex effectis, 510. Deum quomodo omnia appetant, 511.

Deus quomodo sit innominabilis, *ibid.* Quomodo multinomius, *ibid.* Deus est omnia et in omnibus, 512. Deus se toto participabilis et non participabilis, 526. Deus dicitur multiplicari cum multas res producit, Deus quomodo in rebus omnibus sit unus, 525, 559. In Deo est duplex emanatio, scilicet ad intra et extra, 526. Deus quali ignoratione cognoscatur, 532. Deus quomodo dicatur multiplicari in donis suis, 558. Deus est extra universa, 512. Deus, cur lumen appelletur, 584. Deus est lumen intellectibile, et ejus præstantia ac vis, 555. Deus dicitur pulcher et pulchritudo, *ibid.* Unde et qua ratione sic appelletur, 554, 592. Deus anticipat rerum omnium pulchritudinem ut causa, 556. Deus quomodo sit amator et amabilis, dilectio et dilectus, 561, 401. Deus soli comparatur, 575. Deus est agens liberum, *ibid.* Deus quomodo bonus sit, 585. Deus quomodo sit rerum principium, medium et finis, 595. Deum quomodo participet id quod non est, 594. Deus quomodo sit totalis et partialis amor, 401. Deus in se est explicari non potest, 427. Propositum est Dionysto Deum secundum providentias seu emanationes prædicare, *ibid.* 456. Deum quæ magis participant sunt et propinquiora, 428. Deus est omnia in omnibus eminenter, *ibid.* 458, 429. Ex Deo est ævum, tempus et omnia, 410. In Deo ut causa omnium, omnia etiam contraria sunt unita, 450. A Deo spiritus cœlestes et animæ et res omnes gradum suum essendi obtinent, 451. Deus est in omnibus exempte, *ibid.* Deus soli comparatur, 452. Deus simplici sua perfectione cuncta complectitur, *ibid.* Deus est rerum omnium principium et finis, 455. Superat visionem beatificam, *ibid.* Deus est ens simpliciter, 454. Deus in re omni intelligitur, 455. Quomodo Deus et Christus sine specie et forma, *ibid.* A Deo omne principium et finis et infinitas, 455. Deus quo sensu dicatur unum bonum, etc., 457. Dei nomina sunt a providentiis, 458. Deus quomodo sit ipsum per se esse et origo omnis esse, 441, 412. Ex Deo qualiter quælibet res exsistant, 445. De Deo quomodo dicatur *erat*, *est*, *erit*, et quomodo non, 446. De Deo quomodo dicantur opposita, 450. Deus est vita ex qua omnis vita proficiscitur, 451. Cui libet viventi congruam vitam impertitur, 452. Deus est vita prima et supervitalis, 454. Quomodo est vita æterna, *ibid.* Deus quomodo omnia novit sine actione, 460. Illa quæ sunt negationis Deo per excessum tribuuntur, *ibid.* Deus quomodo sit ipsum per se esse non potest, 475. Deus unde dicatur justitia, 476. Cur Deus relinquat sanctos affligi, *ibid.* Deus dicitur salus, 477. Unde redemptio, *ibid.* Deus quo sensu dicatur dissimilis, 488. Quo sensu dicatur stare vel sedere, *ibid.* 491, 499. Quo sensu dicatur moveri, 488, 491. Deo quomodo conveniat triplex motus, 488. Quo sensu Deus dicatur æqualis, 489, 444, 500. Magnus, 489, 495. Quo sensu parvum de Deo dicatur, 490, 494. In Deo quid longitudo, latitudo, profundum, 490, 499. Deus est sibi similis, et quo sensu similis dicatur, 491, 499. Deus quomodo est unus, 495, 528. Quomodo dicitur, idem, 495, 500. Deus unde dicatur omnitenens, 501, 506. Unde dicatur Antiquus dierum, 501,

507. Deus quomodo est ante tempus et ævum, 503. Deus quomodo dicatur per se vita et auctor per se vitæ, 512, 513. Deus quomodo est supra rerum essentias, 513. Deus quo sensu neque finis neque medium sit, *ibid.* Deus quo sensu dicatur Sanctus sanctorum, 523. Et quot modis dicitur sanctus, *ibid.* De Deo absolute dicuntur, 525. Deus quo sensu dicatur perfectus, 527. Ex uno sunt omnia, 528. Deus quomodo sit laudandus ut unus, 529. Deus quomodo dicatur ἀνεσιδής, 530. Quomodo, ὑπεριδής, *ibid.* Deus assidue omnia suo influxu perficit, et est auctor omnis perfectionis, 530. In Deo non est habitus et dispositio neque accidens vel differentia causæ vel causati aut energiæ, etc., 531. In Deo quomodo omnia unum sint, 535. Deus est occultus, 516. Deus est animæ plenitudo, 645. Deus est supra affirmationes et negationes, 546, 555. De Deo quomodo omnia affirmanda et neganda, 516. Deus quomodo multiloquus et breviloquus, 517. Deus diversimode diversis sese exhibet, 559. Deum nosse per ablationem quid sit, 560. Deus nihil est sensibile, 567 Deus est causa omnium eminenter, 568. Deus cognoscitur a posteriori ex rebus sensibilibus, *ibid.* Deus non est corpus sed spiritus, 568. In Deo neque principium est neque medium neque finis, 569. Non est in loco, *ibid.* Est invisibilis omni oculo. Deus est incomprehensibilis, *ibid.* Deus quomodo a se solo visus sit et videatur, 570. Deus quo sensu nullo modo videri possit secundum Patres, 570. Deus nihil est eorum quæ nos cognoscimus, sed est supra omnia ista quæcunque quomodocunque a nobis concipi vel intelligentia percipi possunt, 571, 566, etc. Deus est ineffabilis et inintelligibilis, 573. Deus infinite distat ab omnibus iis quæ de ipso concipere possumus. 574. Deus non potest cognosci in hac vita quidditative, 578, 586. A beatis clare et quidditative sed non comprehensive cognoscitur, *ibid.* Deus quomodo in hac vita cognoscatur per affirmativa et negativa, 578. Deus quomodo in hac vita cognosci possit intuitive aut non possit, 580. Deus quomodo innominabilis, *ibid.* Quomodo res cognoscat et ignoret, 585. Deus quomodo sit non ens, 582. Deus quo intelligentia comprehendi non potest, 587. Deum hic repræsentat in hac vita, *ibid.* Deus est principium divinitatis et bonitatis, 587, 588. Deus adest omnibus secundum substantiam, 588. Deus nullis naturæ viribus ut in se est, cognoscibilis est, 591. Deus quomodo cognoscatur sine notione propria, *ibid.* Deum nemo cognoscere potest quid sit, *ibid.* Deum nosse omnis natura conatur prout potest, 592. Deus est supra omnia quæ intelligunt et quæ intelliguntur, *ibid.*

Diaconorum munus quid sit, 235. Ritus eos consecrandi, 236.

Dies xx horis sub Ezechiele, 596.

Dionysius (S.) cur post sanctum Hierotheum scripserit, 545, 548. S. Dionysii de Hierotheo laudabile testimonium, 345. S. Dionysius cum Hierotheo, Petro et Jacobo qui egerint circa corpus Deiparæ defunctæ, *ibid.* 349. Humilis S. Dionysii de se opinio, 344, 350. Symbola quæ affert unde desumpserit, 19. Modestia S. Dionysii in loquendo, *ibid.* 60. S. Dionysius cur libros Salomonis introductorios vocet, 579. S. Dionysius quid in theologicis institutionibus tractarit, 562. Quid in libro *De divinis nominibus*, *ibid.* 565, 566, etc. Quid in symbolica theologia, *ibid.* Cur in aliis libris sit prolixior quam in *Mystica Theologia*, 565. S. Dionysius omnes theologiæ partes accurate tradidit, *ibid.* S. Dionysii prudentissimum consilium, quod non supervacaneis refutationibus non sit inhærendum, 567. S. Dionysius quomodo celebret in Deo rerum omnium negationes, 570.

Discubitus quid sit in cœlis, 612

Dissimilitudo quot modis contingit, 577.

Divina tribus modis participantur, 523. Divinitas quid sit per se, 513.

Doctrina mystica qualis sit, 345. Ad mysticam doctrinam quomodo perveniatur, *ibid.*

Dominatio quid sit, 522, 523. Dominationes quid significant, 75.

Dualitas non potest esse principium, 412. Dualitas non principiat, sed unitas, 367.

E

Ebrietas Dei quid mystice significet, 612.

Eclipsis qualis contigerit tempore crucifixionis, 595, 596.

Effectus quid sit, 204. Effectus sunt similes causis, non contra, 321.

Emanationes sunt toti Trinitati communes, 334.

Energumeni sunt impuri, 191, 207.

Ens bono prius cognoscitur, 345. Ens est antiquissimum Dei donum, 429, 441. Gradus entis et res omnes sunt a Deo et in Deo unitæ, 430. Entis conceptus est univocus respectu Dei et creaturæ secundum Scotum, *ibid.* 577.

Enuntiationum veritas non pendet a rerum exsistentia, 576.

Episcopus Deum imitatur ex officio, 205. Episcopi quales in officio, 226.

Equorum diversorum forma quid designet, 133, 149.

Esca quid mystice significet, 610.

Esse est præstantius vita, 454.

Eucharistia est cæterorum sacramentorum consummatio, et præ cæteris synaxis dicitur atque communio, 186, 198, 201. Ritus consecrandi synaxin, 187, 202. Precatio ad venerabile sacramentum, 189. Venerabile sacramentum inmutatum permanens se hominibus communicat, *ibid.* Qui et qualiter a venerabili sacramento arceantur, et quis ordo inter illos, 191. Exclusis profanis quomodo sancti venerabile sacramentum laudent, 193. Eucharistia cur præcipuum sacramentum, 98. Ad Eucharistiam pure accedendum, 201. Eucharistia cur sæpius sumenda, 200. Eucharistia quale sacrificium, 201. Effectus Eucharistiæ, *ibid.* Qualiter accedendum ad Eucharistiam, 234.

Evangelium qua ratione sit magnum et parvum. 517 ἐξαίφνης quid significet, 588.

Exemplaria quid sint, 432, 448.

Expiatio præcedere debet divinam illuminationem, 548. Exsistentiæ uniones et similia quid sint, 394. Exsistentia, persona; substantia et natura quomodo differant, 434.

Exsufflatio quid sit, 184.

Extremitatum ablutio quid sit, 194, 211.

F

Fideles qui male vixerunt cur tristes emoriantur, 264. Fideles lætantur in morte sanctorum, *ibid.*

Fides lucet supra rationem, 542. Fides est caligo quædam, 545.

Figuræ quibus res spiritales describuntur sunt ipsis dissimiles, 12. Figuræ dissimiles magis mentem nostram abstrahunt a rebus materialibus, 18. Sunt securiores speciosis, *ibid* Figuræ absonæ nos adducunt ad cœlestium contemplationem, 18.

Filius et Spiritus sanctus sunt lumen de lumine, 6.

Flumina, rotæ, currus quid designent, 133, 134, 150.

Forma humana in cœlestibus quid denotat, 129, 140.

G

Gaudium angelorum quale, 135, 151.

Genuflexio quid signet, 218.

Gratiarum actio post communionem, 197. Cur sacerdos prius seipsum communicat quam alios, *ibid.* 213. Finalis gratiarum actio, 198.

Gustus quid denotat in angelis, 141.

H

Habitus, motus, vita, imaginatio, opinio, sententia, intellectio, statio, quies quid sint, 510. Habitus in angelis quales sunt, 102. Habitus quomodo sunt in nobis, 103.

Hierarchia quid est, 6, 28, 32. Nostra hierarchia est ad similitudinem cœlestis, 10. Hierarchia nostra partim sensibilis est, partim spiritalis, 161. In hierarchia sunt diversi gradus, 162. Hierarchia qualis esse debeat, 164. Hierarchia ad quid a Deo est instituta, 165 Hierarchia nostra dirigitur oraculis divinis, *ibid.* Hierarchia nostra in quibus convenit et differt ab angelica, 134, 159. Hierarchia quid sit in genere, 163 228. Quid hierarchia nostra, *ibid.* Ejus principium sanctissima Trinitas, 135, 159. Hierarchiæ quis scopus sit, 135, 159. Deus tam nobis quam angelis convenientem cuique hierarchiam dedit, 156. Hierarchiæ nostræ substantia est verbum Dei, *ibid.* Hierarchiæ nostræ sacramenta cur in symbolis sensibilibus tradantur, 157. Hierarchiæ nostræ symbola sacerdotibus patent, *ibid.* Hierarchiæ cuique sacra pro meritis communicantur, *ibid.* Hierarchia nostra quam sit bene ordinata, 231. Legalis hierarchia quibus data sit, 232. Ad quid et ubi data, *ibid.* Hierarchia nostra est media inter legalem et cœlestem, 235, 245. Tres sunt hierarchiæ functiones, 235. Hierarchia triplex est, 242. Quid est legalis, 243. In hierarchia qualis subordinatio, 244. Ritus consecrandi hierarchias, 246. Etcæremoniæ, 247. Hierarchiæ scopus quis, 28. Perfectio hierarchiæ in quo consistit, 29. Quænam ejus functiones, *ibid.* Hierarchia triplex est, 30. Qualis subordinatio in hierarchiis, *ibid.* Expenditur diffinitio hierarchiæ, *ibid.* Hierarchia potestatem a Deo acceptam benigne distribuit in utilitatem aliorum, 31. Hierarchia quomodo Deum imitetur, 31. Hierarchia media quomodo imitetur, 74. Hierarchiæ cœlestes sunt puræ, 65. Hierarchiæ subordinatio qualis, 98. In tota hierarchia servatur subordi-

natio, 45. Hierarchia Deo similis vult omnes salvos fieri, 179. Hierarchia semper Deo junctus, 181. Hierarchia habet ordines primos, medios et extremos, 58. In hierarchia ecclesiastica superiores possunt ab inferioribus i luminari, 240. Primæ hierarchiæ quæ dignitas, 54. Proprietates et officia, 55. Est maxime perfecta, ibid. Tertiæ hierarchiæ officia et proprietates, ibid. 88.
Hierothei exstasis, 318.
Hilaria sunt festa lætitiæ, 604, 607.
Homo quomodo Deo unitietur, 504. Homines non ita pollent sensibus ut bruta, 215. Hominum status triplex, 210.
Hymnologia eucharistica quid sit, 209. Hymnologia *Sanctus* quid est, 114.

I

Ideæ quid sint, 445. De ideis sententia Platonica a Dionysio correcta, 515.
Ignis in quibus et ad quid in Scripturis celebretur, 128, 137. Ignis proprietates quæ, 128, 138. Ignis quomodo de Deo et angelis accipiendus, 610.
Ignoratio et cognitio duplex, 7.
Illuminare est opus hierarchiæ, 29. Quomodo id competat Deo, ibid.
Illustratio quomodo transfundatur exemplo declaratur, 74. Illustrationes quomodo diffundantur ab angelis, 76. Illustratio nos unit et simplificat, 7. Illustrationes Scripturæ quales sint et quomodo excipiendæ, 8. Illustratio deificatio dicta a S. Dionysio, 10. Illustrationes remotiores, quomodo sunt obscuriores, 112. Illustratio omnis inferiorum supremo ordini post Deum attribuitur, 113. Illustrationes, quomodo a superioribus angelis ad inferiores transmittantur, 81. Illustratio divina, vid. *Scriptura sacra.*
Immersio et emersio trina quid significent, 185.
Immissio Dei et susceptio quid sint, 509.
Impotentia quid est, 15.
Incarnationis mysterium est ineffabile, 337. Incarnationis modus omnibus est ignotus, 321.
Infantes rationis impotes baptizantur, 271.
Infidelium convicia parum curanda, et in ipsos retorquenda, 593.
Ingenitum quid est et quotuplex, 490.
Initiantium et initiatorum quænam sunt partes, 55.
Inscitiæ peccatum quid sit, 15.
Intellectile et intelligens quomodo differant, 585. Intelligibile et intelligens quid sit, 143.
Intellectus creatus nunquam per se potest Deum perfecte intelligere, 551. Quæ requiruntur ut intellectus noster intelligat, 95.
Intelligentia angelica, qui differat ab humana, 463, 467. Quænam sint intelligentia, et quæ intellectilia, 437.
Invocationes consecratoriæ non sunt propalandæ, 270.
Ira quid est, 14. Ira attribuitur angelis, 155.
Irrationalitas quid est, 15.
Isaias quo sensu expiatus fuit a seraphim, 111, 114, 116. Isaiæ visio qua vidit cherubim et seraphim in circuitu Dei, 113. Isaias quid didicit ab angelo, 120.
Israel quomodo pars Domini dictus, 87, 88.

J

Jesu quomodo sit omnia in omnibus, 338. Jesu divinitas, quomodo sit omnia in omnibus et super omnia, 522.
Joannes (S.) est discipulus dilectus, 615, 616. S. Joannes Evangelii sol, ibid.
Job fuit mansuetus, 607.
Joseph mansuetudine insignis, ibid.
Justorum et peccatorum mortis disparitas quænam sit, 274.

K

Κυριότης unde derivetur, 588.

L

Laicorum ordo quis, 254. Laicis non sunt revelanda alta mysteria, ibid. Laicis nullum ecclesiasticum ministerium ex officio competit, 240.
Legio quid est et unde dicta, 84.
Leonis forma quid denotet, 132, 147, ibid.
Lex vetus erat parvulorum, 240.
Libri impositio quid signet, 248. Libri Veteris Testamenti quid sunt, 205.
Locus Dei qualis, 72.
Longitudo, latitudo et profundum quid sit in Deo, 490, 496.
Lumen omnia renovat, 594. Lumina divina quæ sunt, 517.
Lux solis quo sensu dicatur prima die adhuc informis, 376. Lux spiritalis qualis sit, 377. Lux quid primario significet, ibid.

M

Malum quid sit et unde, 365, 581. Malum non est ex bono, 363, 582. Malum et bonum contrariantur sicut virtus et vitium, 564. Malum qua malum ad nihil est utile, ibid. Malum qua malum penitus non est, 565. Malum non exsistit purum, sed bono mistum, 566 Malum non est in rebus, 567 Malum nec ex Deo est, nec in Deo, ibid Malum non est etiam in angelis, 568. An et quid sit malum in animis, 370. Malum non est in brutis, ibid. Nec in natura et corporibus, ibid. Neque in materia malum est, 571. Neque privatio est per se mala, ibid. Malum est per accidens, 572. Malum quid et quid possit, ibid. Quomodo exstan*e providentia sint mala, 573. Malum non est res, nec potestas, sed defectio, 374. Malum non est in angelis, 415. Utrum sit in dæmonibus, 414. Malum non est in animis, 416. Neque in brutis, 417. Neque in tota natura, 418. Neque etiam in corporibus, 419. Malum est per accidens, 421. Mala quomodo sint producta, 405. Variæ objectiones circa malum, ibid. Malum quo malum ad nihil est utile, 407. Malum quomodo rebus admisceatur, 408. Malum sub specie boni appetitur, 410. Mali oderunt probos, 616. Materia non est malum, 419.
Melchisedech fuit vere Dei sacerdos, ibid. 87.
Mens humana ad cœlestium et spiritualium contemplationem non nisi per materialia et corporalia assurgere potest, 1, 3, 4, 5 et seq. Quando phantasiis distracta per Scripturam sacram colligatur, 3. Quæ ejus sit contemplativa satietas, 9. Ejus ad divina affectus est quædam quasi ebrietas, 10. Mens quomodo a terrenis ad cœlestia assurgit, 2, 6. An mens humana in contemplatione mysticæ theologiæ videat Deum vere et objective, et si videat an intuitive an abstractive controvertitur, 575, 576. Mens hominis in cognitione Dei ex effectibus tripliciter perficitur, 578. Apex mentis, quomodo in Deo uniatur, 580. Mentem intendere et laxare quid sit, 156. Mentes supramundanæ, circummundanæ et mundanæ quæ sint, 505. Mens circa Deum tres subit gradus, 549. Mentium motus triplex, 553.
Metalla quid sint in angelis, 116.
Ministrare quid sit, 116.
Missæ quæ sint partes, et quæ essentiales, 199. Missa catechumenorum qualis, 200
Mithra quid sit Persis, 656.
Monachos consecrandi ritus, 251, 258. Monachi cur stantes consecrentur, 251. Renuntiatio eorum quid signat, ibid. Crucis signatio quid signat, 252. Vestis prioris depositio quid signat, ibid. Monachorum ordo quis sit, 254. Monachi quibus nominibus vocentur, ibid., 257. Quot sint genera eorum, ibid. Antiquitas monastici ordinis, 255. Quid proprium sit monachorum, 257, 359. Nomen monachi unde desumptum et quid insinuet, ibid. Cæremoniæ monasticæ consecrationis quid insinuent, 260.
Mortuus. Circa mortuos varii errores, 264, 272. Ritus sepeliendi mortuos, tam ecclesiasticos quam laicos, 265, 275.
Motus triplex in angelis et anima, et in utrisque distinctio, 378. Motus animi qualis sit, 598. Motus sensitivi qualis sit, ibid. Motus triplex quomodo conveniat Deo, 488, 489.
Moyses a mansuetudine commendatur, 601, 610. Moysis in montem caliginosum ascensus, quid mystice insinuet, 549, 555.
Mundities cordis necessaria contemplanti, 592.
Mundus. Ante mundum quo sensu nihil fuerit, 503.
Mysteria Christianæ religionis solis baptizatis revelanda, 129, 161, 166. In mysteriis supernaturalibus non est quærendum quomodo vel quare, 588. Mystica profanis minime communicanda, 540, 546.

N

Natura divina nullum nomen declarat, 293.
Negationes de Deo verius prædicantur, 13, 178. In divinis veræ sunt, ibid. Magis mentem humanam elevant. ibid. Negationes in Deo non sunt contrariæ affirmationibus, 550. Quid sit negatio et positio, ibid. Magis spirituales in Deo negationes et veriores, 519. Negationes et dissimilitudines nos magis elevant, 23.
Nomen quid significet, 297. Cur nomina latius patentia non significent substantias præstantiores, 439. Nomina divina plerumque ex emanationibus sumuntur, 286. Nomina Dei providentialia quæ sint, 513.
Nosse sine notione quid sit, 552. Divinissima Dei notitia est per ignorationem, 461.
Nuditas quid sit, 130.

O

Oculi multi cherubim quid signant, 60. Quales sunt eorum habitus, *ibid.*
Odoratus quid in angelis, 141.
Omnipotentia Dei cuncta pervadit, 474. Ex ipsa sunt virtutes angelorum, *ibid.* Ex ipsa homines et animalia vim suam habent, *ibid.* Hac cuncta subsistunt et conservantur, *ibid.*
Opus quid sit per se et universale et particulare, 513.
Opera Christi non sunt communia Trinitati, 319.
Oratio est medium ad omnia dona spiritualia obtinenda, 513. In oratione quæ petenda sunt et quæ non, 278. Oratio nos ad Deum elevat, 341, 346. In oratione non tam Deum nobis, quam nos Deo appropinquamus, 342.
Orbium cœlestium subterminationes quid sint, 376.
Ordo dupliciter accipitur, 31. Quæ sint cuique ordini communia, quæ particularia, 237. Accessus ad altare et genuflexio quid signent, *ibid.* Quid manus impositio, *ibid.* Quid crucis signatio, *ibid.* Quid nominum promulgatio, 238. Nemo ad sacra promovendus nisi a Deo electus, *ibid.* Quid sibi velit finalis salutatio, 238. Cur capiti pontificis Scripturæ liber imponatur, 239. Quid genuflexio unius vel utriusque poplitis, *ibid.* Quinam ordines expientur, 249. Quis ordo illuminetur, 250. Quis ordo perficiatur, *ibid.* Ordines inferiores a superioribus ad Deum adducuntur, 234. Cœlestibus ordinibus quænam sint expiationes, 255. Novem ordines angelorum in tres hierarchias distribuuntur, 50. Ordo angelorum secundum Gregorium, 51. Moraliter quomodo angelis assimilamur, *ibid.*
Osculum pacis quid sit, 193, 209.
Oziæ et Saulis punitio, 606. Item Mariæ sororis Moysis et filiorum Scevæ, *ibid.*

P

Palpebræ, cilia, dentes, et cæteræ partes corporis quid sint, 130, 141.
Panis et calicis participatio quid designet, 188.
Παντοδύναμος et παντοκράτωρ quid sint, et quæ eorum differentia, 478, 505.
Passiones quo sensu spiritalibus tribuuntur, 24.
Pater in divinis est lumen originale, 6. Pater luminum quis, et cur sic dictus, 7.
Paulus (S.) est communis sol, 616.
Pax divina quid sit, 509, 514. Pax divina cuncta coordinat, 510. Pax divina ad omnia pertingit, *ibid.*, 517. Pax inter tot et contraria, quomodo servetur, 511. Pax in iis quæ semper moventur, quomodo reperiatur, *ibid.* 518. Sine pace nihil in rebus consistere potest, *ibid.* Pax et concordia in quo differant, 515. Pax, silentium et immobilitas in Deo, quid sint, 514. Pacem quomodo omnia desiderent, *ibid.* Propter pacem bella fiunt, *ibid.* Pax vera et apparens quæ sit , *ibid.*
Peccatum. In peccato quid sit pœna dignum, 458. Peccatores impuriores dæmoniacis, 192, 208.
Penna quid sit, 150.
Personæ divinæ, quomodo se totis sine confusione unitæ et unum sint, 318. Personæ divinæ sunt distinctæ sola ratione, *ibid.*
Perfectionis Dei et creaturarum quadruplex est discrimen, 531. Perfectio Dei cur sit illimitata, *ibid.* Quomodo sit in Deo, 532. Per simplicem essentiam habet Deus omnem perfectionem , 531. Perfectiones creaturarum quomodo conveniant Deo negative, 577. Causaliter, *ibid.* Et præeminenter, *ibid.* Quibus gradibus ad perfectionem perveniatur, 171. Quibus renuntiandum sit ad perfectionem aspiranti, 172.
Petræ nomen Christo et Petro diversimode attribuitur, 295.
Phantasma ad primam intellectus informationem tantum naturaliter requiritur, 580. Mystica contemplatio transcendit phantasmata, 581. Sine phantasmatibus David et alii sancti divina sunt contemplati, *ibid.*
Pontifex noster cur Angelus appellatur, 108. Pontifex est primus in ordine hierarchico, 234. Ab eo omnis sacra potestas in inferiores derivatur, *ibid.* Pontificum munus quale, 235. Eos consecrandi ritus, 236.
Populus non est capax mysticæ lucis, 548.
Potentia quid sit simpliciter et quotuplex, 535.
Potestates quid significant, 74.
Preces quibus prosint, 268, 277. Preces cur pro defunctis fiant, 267, 276.
Presbyter quid est, 62.
Principatus quid significant, 85.
Privatio non est per se mala, 371. Privationes quomodo sint in Deo, 391. Privatio non est mala, 421.
Profani a sacris arcendi, 179.

Providentia Dei in omnes, 87. Providentia Dei per omnia dimanat, 449. Providentia servat naturas rerum inviolatas, 573. Providentia in omnibus elucet, 425. Providentiæ generales quæ sunt, et quæ particulares, 205.
Psalmodia quid sit, 205.
Pulchritudo, pulchrum. Ex pulchritudine divina suntomnes congruentiæ, 356. Per pulchrum et bonum omnia sunt et conservantur, 161. Pulchrum et bonum omnia appetunt, 358.

Q

Quantum quid sit, 578.

R

Ρωτάσης, quid sit in angelis, 151.
Regnum quid sit, 445, 525.
Renuntiatio quid sit, 184.
Res creatæ obscure Deum manifestant, 27. Res sacræ animum colligunt, profanæ distrahunt, 28. Res divinæ non secundum nostram intelligentiam sunt metiendæ, 458. Res spiritales in materialibus adumbratæ, 2. Res divinæ ex solis participationibus cognoscuntur, 520. Per res sensibiles, spiritales cognosci non possunt, 284, 291. Res intellectiles quomodo de Deo negentur, 581. Res creatæ quomodo Deum enuntient, 463.
Resurrectio. Post resurrectionem erit clara Dei visio, 506.
Rotæ quid designent, 133, 134. Rotarum revolutiones, *ibid.*

S

Sacerdos qualis esse debeat, 52. Sacerdotes non debent a ministris aut laicis judicari, 599. Sacerdos quis digne sit, 605. Sacerdotes sunt angeli, 606. Sacerdotum munus quid sit, 235. Ritus consecrandi sacerdotem, 236. Sacerdotibus quæ sit data potestas ligandi et solvendi, 269.
Sacra, sacramentum. Sacra antiquitus valde arcana servabantur, 546. Sacramenti distributio quid insinuet, 197. Sacramenti quæ forma externa et interna, 179. Sacramenta quarum rerum sunt signa, *ibid.* Sacramenta cætera referuntur ad Eucharistiam, 198. Sacramentorum inter se collatio, 199. Sacramenta non nisi a dignis sunt tractanda, 158. Sacramenta sunt signa sensilia gratiæ spiritalis, 170.
Sacrificium in memoriam Christi passi, 196.
Salutatio quid significet, 248.
Sanctitas. Sanctificatio. Sanctus. Sanctitas quo sensu de Deo prædicetur, 522. Sancti multi sunt a Deo rapti, 576. Sancti qualem de Deo accipiant cognitionem, *ibid.* Sancti ex hac vita læti decedunt, 263. Sanctorum corpora gloriosa resurgent, *ibid.* Sanctis defunctis quanta sunt promissa, 267. Sanctitas quid sit, 522, 523. Sanctitas acquiritur observatione mandatorum, 167. Quo ordine ad sanctitatem perveniatur, *ibid.* Sanctificationis nostræ ordo quis sit, 178. Interior, *ibid.*
Sapientia Dei in mysterio quæ sit, 772. Ex sapientia Dei habent angeli, quod sint intellectiles, 459. Ab hac anima sunt rationales, *ibid.* Sapientia Dei est omnis sapientia supraque omnem sapientiam exsistit investigabilis et incomprehensibilis, 458. Sapientia divina quo sensu nobilis dicatur, 3. Sapientia Dei cur multifaria, 143. Sapientia Dei quo sensu dicatur stulta, 465. Sapientia Dei est per excessum, 466.
Scriptura sacra ad Deum nos elevat, 1. Cognitionem cœlestem nobis suppeditat, 2. Sensus ejus est multiplex, 2. Scopus ejus simplex unio cum Deo, 2. Cœlestia ad captum nostrum in Scripturis expressa, 3.
Scriptura a sancto Dionysio illustratio appellatur, 3. Est lumen, *ibid.* Scriptura mentem phantasiis distractam colligit, 4. Scripturæ symbolicæ veritas scrutanda, *ibid.* Verus ejus sensus abstracto a materialibus intellectu concipiendus est, 40. Nunquam est sine suo sensu litterali, *ibid.* Qui ipse ut pote a Spiritu sancto primario intentus, semper idem est, 5. Lectio Scripturæ animum componit, 4. Scriptura apte metaphoris utitur, *ibid.* Scriptura cur res spiritnales corporaliter describat, 5. In Scripturis cur sint symbola, *ibid.* Scriptura cur per res viles sublimes repræsentet, 12. Deum a summis, mediis et infimis denominat, 13. Scripturæ mysticæ sunt duplicis generis, 22. Scripturæ lectiones quid sunt, 189. Sacræ Scripturæ librorum argumenta quæ sunt, *ibid.* Psalmi et Scripturæ animos componunt.
Secures et diversa instrumenta quid sunt, 131,133-144.
Sensuum facultates quid sint, 129, 141. Sensus est quasi sibilus quidam divinæ sapientiæ, 265.

Sepultura quid insinuet, 205. In sepulturis cur non dimittantur nisi catechumeni, 206. Cantica et lectiones quid designent, *ibid.* Quid sibi velint preces antistitis super defuncto, 267. Quid salutatio, *ibid.* Cur pro mortuis preces fiant, *ibid.* Cur defunctus inungitur, 270, 280. Sepulturæ locus quis sit, *ibid.*

Seraphim quid significat, 53, 551. Seraphim mystice quid, 58. Cur dicatur beata Seraphim in neutro genere, *ibid.* Seraphim qui pontifici assistunt in confectione unguenti, quid signent, 220, 228. Quid facies eorum, et quid alæ designent, *ibid.* Cur facies et pedes obtegant, *ibid.* Quid clamor alterius ad alterum designant, 220. Quid eorumdem nominis interpretatio, et quomodo unguentum designet, *ibid.*

Sigillum non est causa inæqualis participationis, sed materia subjecta, 319. Unde proveniat inæqualis repræsentatio sigilli, 335.

Silentium mysticum quid sit, 544.

Sol unde Græce ἥλιος dictus sit, 589. Solis utilitas et efficacia quæ sit, *ibid.* Sol est imago divinæ bonitatis, 555, 576. Sol omnia illuminat et perficit, *ibid.* Sol sistitur a Josue, 595.

Somnus Dei et evigilatio quid sit, 613.

Sortes sunt in triplici genere, 242. Quæ licitæ et illicitæ, *ibid.* Quid sint, 248.

Spiritus cœlestes triplici motu moventur, 357. Similiter et animi nostri, *ibid.* Spiritus cœlestes dividuntur in essentiam, virtutem et operationem, 102. Spiritus cœlestes quomodo expientur, cum sint omnino puri, 261. Spirituum superiorum divisio, 105. In spiritalibus ordinate procedendum, 185. Incipiendum a sui consideratione, *ibid.* Spiritalia sunt spiritaliter consideranda, 42.

Statuæ Mercuriales quales sunt, 26, 492.

Subordinatio ubique servanda, 602.

Substantia quid sit simpliciter, universe et speciatim, 513.

Symbolum quid sit, 203. Symbola diversa quid significent, 608, 613. Symbola aliter atque aliter explicanda sunt, 610. Symbolis non debemus hærere, 17. Symbola quæ afferuntur a sancto Dionysio unde desumpta, 19. Quomodo sunt explicanda, 20. Symbola nobis sunt aptiora, 22.

T

Tactus quid sit in angelis, 141.

Tempus quid sit, 501, 504. Tempus quomodo dicatur de Deo et creaturis, 588.

Testamentum Novum quid sit, 190.

Theologia symbolica quibus fictionibus utitur, 16. Qualis est, 17. Theologia demonstrativa duplex, *ibid.* Theologia mystica quid sit, 531. Theologiam affirmantem designant Christi vestimenta, 558. Theologia mystica statuario comparatur, *ibid.* Theologia mystica qui differt ab aliis, 589. Theologia magna et parva quid sit, 554. Theologia quid sit unita et distincta, 528. Theologia symbolica rudioribus rebus absurdas imagines ingerit, 608. Theologia quæ sit fusa, quæ brevis, 547. Theologia duplex, scilicet mystica et philosophica, 609. Mysticæ theologiæ præstantiæ, 574. Mysticæ theologiæ quæ sint proprietates, 544. Mysticæ theologiæ splendores quales sint, 545. Mystica theologia non dicitur, sed inspiratur, 542. Animus ad eam per orationem præparatur, 541. Ad mysticam theologiam sola Dei gratia venitur, 542, 543.

Theophania quid est, 58.

Throni quid denotant, 53. Thronorum proprietates, 61.

Timotheus quis fuerit, 297.

Traditiones apostolicæ et ecclesiasticæ non scriptæ ejusdem sunt auctoritatis cum verbo Dei scripto, 159. Traditionibus multa sunt accepta, 305.

Transfiguratio Christi fuit symbolum mysticæ contemplationis, 558.

Trinitas (SS.) est eminentissima unitas et incognoscibilis, 529. In Trinitate quid sit circumincessio, 525. SS. Trinitatis invocatio, 559. SS. Trinitas quo sensu dicatur supernaturalis, 542. Quomodo sit supra divinitatem et bonitatem, *ibid.* Cur sit præses Christianorum, *ibid.* Perfecta cognitio Trinitatis est vita beata, *ibid.* Cognitio SS. Trinitatis est supernaturalis, *ibid.* Quæ copulatim et quæ discrete in Trinitate dicantur, 517, 330.

U

Unctio quid sit, 185.

Unguenti mysterium Eucharistiæ affine, 215, 224. Ritus unguentum consecrandi, 223. Unguenti obvelatio quid insinuet, 216, 224. Unguentum profanis tectum, sanctis patet, 217. Unguentum habet vim consummandi, *ibid.* Unguenti compositio quid significet, 218. Unguentum designat Christum in se invariatum nos sanctificare, 221, 227. Unguentum in omni fere consecratione adhibetur, *ibid.* Unguentum cur in baptismo adhibeatur, 221. Unguento cur altare consecretur, *ibid.* Unguentum cur ιδιως appelletur, 222. Unguentum quando consecretur, *ibid.* Unguentum seu chrisma a quo et quomodo benedicendum, *ibid.* Ejusdem usus et materia, 225. A quo instituta ejus consecratio, *ibid.* Unguenti affusio super defunctum quid designet, 270.

Unio in caligine quid sit, 545. Ad divinam unionem quomodo sine unione veniatur, *ibid.* Unio Dei est supra affirmationem et negationem, 544. Unio terminus et instans quid sint, 306. Qualia trascendenda sunt ad mysticam unionem consequendam, 549. Unio cum Deo in quo sit sita, 164. Uniones in Deo vocantur attributa essentialia, distinctiones vero nomina ab emanationibus desumpta, 517.

Unitas qualis Deo competat, 300, 303. Unitas in rebus omnibus reperitur, 528. Unitate sublata omnia intereunt. Unus et unitas qui differunt, 554. Unum est principium multorum, 534.

Universalia quid sint, 515.

V

Verbum Dei est simplex veritas et fidei fundamentum, 462. Verborum non tam est habenda ratio quam significationum, 559.

Veritas quomodo ad nos descendat ex Deo, 464. Veritate stabilita falsitas per se corruit, 595.

Vestes diversæ quid significent, 121, 145, 144. Vestium depositio significat vitiorum abjectionem, 185.

Virgæ quid sint, 131, 155.

Virtus sacramenti ordinis describitur, 158. Virtutis nomen dupliciter angelis convenit, 102. Virtutes et energiæ quid in angelis, *ibid.* Virtutes quid designant, 73.

Visio nostra qui differt a visione angelorum, 569. Visiones propheticæ quales fuerint, 570.

Visus corporeus qui differt a visu intellectuali, 40. Visus quid denotet in angelis, 141.

Vita divina vivificantur et foventur universa, 454, 455. Quid sit per se vita, cujus Deus effector dicitur, 452.

Vitia præ se ferunt quamdam boni speciem sub qua appetuntur, 566.

Z

Zacharias sacerdos audiit a Gabriele angelo præcursorem Christi ex se gignendum, 58. Zacharias propheta videt angelum cum funiculo mensorio ut metiatur Jerusalem a Nehemia et Zorobabele reædificandam, 76, 82.

Zelus et visio mirabilis sancti Carpi, 604. Zelus Phinees et Eliæ, 607.

Zonæ quid sint, 131, 144.

ORDO RERUM
QUÆ IN HOC TOMO CONTINENTUR.

PROLEGOMENA.
Dissertatio D. Le Nourry de operibus S. Dionysii Areopagitæ.
CAPUT PRIMUM. — Analysis omnium S. Dionysii operum. 9
CAP. II. — Exponitur status quæstionis, et qua methodo tractabitur. 13
CAP. III. — Utrum quidam scriptores ante Collationem Constantinopolitanam hæc opera Dionysio attribuerint. 14
CAP. IV. — Palmarium Areopagiticorum argumentum, ex constanti undecim sæculorum traditione depromptum, proponitur. 15
CAP. V. — Responsiones Antiareopagiticorum, et præcipua eorum adversus hanc traditionem argumenta discutiuntur. 17
CAP. VI. — Aliud Antiareopagiticorum argumentum, ex Eusebii et Hieronymi silentio petitum, examinatur. 20
CAP. VII. — De iis scriptoribus qui post publicata Opera Dionysii, ea dubia aut adulterina esse putaverunt. 22
CAP. VIII. — Argumenta ex ipsis auctoris Operibus desumpta expenduntur; ac primum argumenta Areopagiticorum. 24
CAP. IX. — Argumenta Antiareopagiticorum examinantur; et primum quidem, inde ductum quod libri Timotheo inscribantur. 25
CAP. X. — Examinatur secundum argumentum, ex libris et scriptoribus sacris qui ab auctore nostro citantur desumptum. 28
CAP. XI. — Tertium argumentum, ex citata sancti Ignatii, episcopi Antiocheni, auctoritate petitum. 29
CAP. XII. — Quartum argumentum, ex aliorum operibus atque opinionibus ab auctore nostro citatis deductum. 32
CAP. XIII. — Quintum argumentum, ex citatis ab auctore nostro traditionibus petitum. 34
CAP. XIV. — Sextum argumentum, ex iis quæ de sanctissimo Trinitatis mysterio personisque divinis auctor noster tradidit, desumptum. 35
CAP. XV. — Sextum argumentum, ex iis quæ auctor noster de monachis eorumque votis ac solemni professione memorat, elicitum. 38
CAP. XVI. — Argumentum septimum, ex cæremoniis ritibusque sacris, quos auctor noster recensuit, depromptum. 40
CAP. XVII. — Argumentum octavum, ex auctoris stylo petitum. 42
CAP. XVIII. — De levioribus quorumdam Antiareopagiticorum argumentis, et posteris Areopagiticorum probationibus; an hic auctor mendacii accusandus, et scripta ejus sint miraculis cohonestata. 44
CAP. XIX. — Quo tempore hæc scripta secundum Antiareopagiticorum sententiam in lucem prodierint. 46
CAP. XX. — De horum Operum utilitate, et aliis ejusdem auctoris deperditis lucubrationibus. 50
CAP. XXI. — De editionibus et versionibus eorumdem Operum, ac variis in ea scholiis et observationibus. 51
CAP. XXII. — Novæ quædam observationes. 55
Dissertatio prævia Fr. J. F. Bern M. de Rubeis ordinis prædicatorum in Venetam Operum quæ *Areopagitica* dicuntur editionem.
CAPUT PRIMUM. — Operum Areopagiticorum editio Antuerpiensis: quid in ea præstitum. Posterior alia Parisiensis editio. Casimirus Oudinus notatus. 57
CAP. II. — Parisiensem editionem exprimit nova editio Veneta, Græco textu Operum Areopagiticorum, Scholiorumque præsertim, collato cum codice bibliothecæ S. Marci. Opuscula aucta. Variæ quæ feruntur de Operum auctore opiniones. 60
CAP. III. — Scholia in Opera Areopagitica scripsit non solum Maximus, sed ante ipsum Joannes Scythopolitanus. In editis confusa prostant. Nourrius notatus. Scholia Joannis Scythopolitani in codicibus mss. alicubi ampliora. Judicia quæis alia severent ab aliis possunt. Quis fuerit Joannes Scythopolitanus. 63

CAP. IV. — Editorum Scholiorum nonnulla Germano patriarchæ tribuit codex mss. Venetæ Marcianæ bibliothecæ : quæ omnia indicantur. Animadversationes ; conjecturæ de Germano patriarcha invecto pro Maximo. Quis ille fuerit Germanus patriarcha. Alia quæ feruntur apud bibliographos in Opus Areopagiticum Scholia, recensentur. 70
CAP. V. — Latinæ, quæ feruntur Operis Areopagitici, Versiones recensentur. Loci cujusdam de Divinis nominibus Latina versio apud sanctum Thomam Aquinatensem sincerior ac nitidior quam in cæteris. 72
Typographus studioso lectori. 73
Monitum editioni Parisiensi anni MDCXLIV præfixum. 75
Corderii observationes generales pro faciliori intelligentia S. Dionysii.
Observatio prima. — Tota doctrina S. Dionysii innititur verbo Dei. Substantia nostræ hierarchiæ verbum Dei. Descriptio Scripturæ et traditionum. 77
Observatio II. — Cur S. Dionysius, et quam magnifice de Scriptura loquatur. Quibus nominibus Scripturas appellet. Quibus nominibus apostolos compellet. 79
Observatio III. — Quadruplex de Deo philosophandi ratio. 80
Observatio IV. — Quam vim habeant composita ex ὑπέρ. 80
Observatio V. — Quod significent composita ex αὐτό. Nomina divina quo sensu Deo prædicet. Quid sit ea τε κυρίως prædicari. Non solum secundum causam dici. 81
Observatio VI. — Quomodo Deus sit per se vita, et auctor per se vitæ, etc. 82
Observatio VII. — Quid signent composita ex ἀρχή. 83
Observatio VIII. — Dionysius omnia de Deo affirmare et iterum negare. Quomodo omnia de Deo affirmentur. 85
Observatio IX. — Perfectiones Dei dupliciter considerantur. Quomodo Deus denominetur sapiens, justus, etc. 84
Observatio X. — Nomina communia quo sensu prius de Deo, et prius de creaturis dicantur. Nomina sunt rebus posteriora. Nomina ab homine inventa. 86
Observatio XI. — S. Dionysius primus auctor theologiæ scholasticæ. Principia theologica ex prima periodo Dionysii deprompta. Omne donum a Deo esse, etc. 88
Observatio XII. 90
Isagoge Balthasaris Corderii ad mysticam theologiam S. Dionysii Areopagitæ.
CAPUT PRIMUM. — Quid per mysticam theologiam intelligatur. 93
CAP. II. — Quæ sit definitio mysticæ theologiæ. 96
CAP. III. — Quod sit principium mysticæ theologiæ. 98
CAP. IV. — Quis sit finis mysticæ theologiæ. 99
CAP. V. — Quænam prærequirantur ad mysticam theologiam. 101
CAP. VI. — Qua ratione ad mysticam theologiam accedendum sit. 104
CAP. VII. — Quomodo mirabilis illa mysticæ theologiæ unio in anima perficiatur. 105
Prooemium Georgii Pachimeræ in opera S. Dionysii Areopagitæ. 107
S. DIONYSII OPERA.
DE COELESTI HIERARCHIA.
CAPUT PRIMUM. — Sympresbytero Timotheo Dionysius presbyter. — Divinam omnem illustrationem, secundum bonitatem diversimode ad ea quæ providentia regantur emanantem, manere simplicem; neque hoc solum, verum etiam unificare ea quæ illustrantur. 111
CAP. II. — Quod apte res divinæ atque cœlestes dissimilibus etiam signis explicentur. 125
CAP. III. — Quid sit hierarchia, et quænam ejus utilitas. 139
CAP. IV. — Quid angelorum nomen significet. 147
CAP. V. — Quare omnes essentiæ cœlestes communi nomine angeli vocentur. 157
CAP. VI. — Quænam sit prima cœlestium essentiarum distinctio, quæ media, quæ postrema. 161
CAP. VII. — De seraphim, cherubim et thronis, deque

QUÆ IN HOC TOMO CONTINENTUR.

prima eorum hierarchia. 163
CAP. VIII. — De dominationibus, virtutibus et potestatibus, et de media earum hierarchia. 181
CAP. IX. — De principatibus, archangelis et angelis, deque ultima eorumdem hierarchia. 191
CAP. X. — Repetitio et conclusio angelici ordinis. 199
CAP. XI. — Cur omnes cœlestes naturæ communi nomine virtutes cœlestes appellantur. 207
CAP. XII. — Cur hominum antistites angeli vocentur. 213
CAP. XIII. — Cur a seraphim purgatus fuisse dicatur Isaias propheta. 217
CAP. XIV. — Quid significet traditus angelorum numerus. 229
CAP. XV. — Quæ sint formatæ imagines virtutum angelicarum, quid ignis, quæ humana species, qui oculi, quæ nares, quæ aures, quæ ora, quis tactus, quæ palpebræ, quæ supercilia, quæ pubertas, qui dentes, qui humeri, quæ ulnæ, quæ manus, quod cor, quod pectus, quod dorsum, qui pedes, quæ alæ, quæ nuditas, quod indumentum, quæ lucida vestis, quæ sacerdotalis, quæ zonæ, quæ virgæ, quæ hastæ, quæ secures, qui funes geometrici, qui venti, quæ nubes, quod æs, quod electrum, qui chori, qui plausus, qui colores diversorum lapidum, quæ forma leonis, quæ ligura bovis, quæ species aquilæ, qui equi, quæ differentiæ colorum equinorum, qui fluvii, qui currus, quæ rotæ, quodnam gaudium dicatur angelorum. 231

DE ECCLESIASTICA HIERARCHIA.
CAPUT PRIMUM. — Sympresbytero Timotheo Dionysius presbyter. — Quæ sit ecclesiasticæ hierarchiæ traditio, et quis sit ejus scopus. 253
CAP. II. — De iis quæ in illuminatione seu baptismo peraguntur. 265
CAP. III. — De iis quæ in synaxi perficiuntur. 283
CAP. IV. — De iis quæ in unguento fiunt ac perficiuntur. 309
CAP. V. — De sacrorum ordinum consecrationibus. 323
CAP. VI. — De ordinibus qui initiantur. 339
CAP. VII. — De iis quæ fiunt circa defunctos. 351

DE DIVINIS NOMINIBUS.
CAPUT PRIMUM. — Sympresbytero Timotheo Dionysius presbyter. — Quis libri finis, et quæ de divinis nominibus prodita sint. 367
CAP. II. — De copulata distinctaque theologia, et quæ sit divina unio et distinctio. 397
CAP. III. — Quæ sit vis orationis, et de beato Hierotheo, de religione et conscriptione theologica. 421
CAP. IV. — De bono, luce, pulchro, amore, extasi, zelo; et quod malum neque ens sit, neque ex entibus, neque in entibus. 429
CAP. V. — De ente, in quo etiam de exemplaribus. 493
CAP. VI. — De vita. 517
CAP. VII. — De sapientia, mente, ratione, veritate, fide. 525
CAP. VIII. — De potentia, justitia, salute, redemptione; ubi etiam de inæqualitate. 537
CAP. IX. — De magno, parvo, eodem, alio, simili, dissimili, statu, motu, æqualitate. 547
CAP. X. — De omnitenente, Antiquo dierum; in quo etiam de ævo, seu æternitate et tempore. 563
CAP. XI. — De pace, quidque sibi velit ipsum per se esse, quæ sit per se vita, quæ vis ipsa per se, et quæ ita dicuntur. 571
CAP. XII. — De Sancto sanctorum, Rege regum, Domino dominantium, Deo deorum. 585
CAP. XIII. — De perfecto et uno. 589

DE MYSTICA THEOLOGIA.
CAPUT PRIMUM. — Quænam sit divina caligo. 601
CAP. II. Quomodo oporteat etiam uniri, ac laudes referre, omnium auctori, qui est super omnia. 621
CAP. III. — Quæ sint affirmantes de Deo locutiones, quæ negantes. 627
CAP. IV. — Quod nihil rerum sensibilium sit is, qui omnis rei sensi,is secundum excellentiam est auctor. 631
CAP. V. — Quod nihil rerum intellectilium sit is qui omnis rei intellectilis secundum excellentiam est auctor. 637

EPISTOLÆ S. DIONYSII.
EPISTOLA PRIMA. — Caio monacho. — Docet illam Dei ignorationem, quam in libro De mystica theologia supra omnem cognitionem commendat, non privative sed superiate intelligendam esse. Et simul ostendit, omnem notitiam, quam per cognitionem de Deo habemus, ex creaturis accipi. 631
EPIST. II. — Eidem Caio monacho. — Explicat quo sensu dicatur Deus esse supraprincipium divinitatis et bonitatis, scilicet participatæ et creatæ. 635
EPIST. III. — Eidem Caio. — Quid significet vox ἐξαίφνης, seu repente, et quam vim habeat de incarnatione pronuntiata. 635
EPIST. IV. — Eidem Caio monacho. — Quod Christus et verus homo fuerit, et simul supernaturali ratione naturam humanam assumpserit Deus homo. 637
EPIST. V. — Dorotheo ministro — Explicat quid sit caligo divina, de qua egit libro De mystica theologia. 639
EPIST. VI. — Sosipatro sacerdoti. — Suadet Sosipatro, ut non tam in falsis opinionibus arguendis, quam in veritate stabilienda se occupet. 641
EPIST. VII. — Polycarpo antistiti. — I. Docet, adversus infideles non esse contentiosius agendum, sed veritatem stabiliendam, qua stabilita, falsitas per se corruet. II. Convicia infidelium parum esse curanda, et in ipsos retorquenda. Et simul argumenta suggerit Polycarpo quibus contra Apollophanem uti debeat, præsertim a prodigiosa eclipsi, quam Apollophanes una cum Dionysio spectavit tempore crucifixionis Christi. III Ex ipsiusmet confessione ostendit ipsum ista eclipsi convictum. 663
EPIST. VIII. — Demophilo monacho. — De propria operatione et clementia. 667
EPIST. IX. — Tito episcopo. — Roganti per epistolam quæ sit domus sapientiæ, quis crater, et quisnam cibos e,us ac potus respondet. 677
EPIST. X. — Joanni theo'ogo, aposto'o et evangelistæ, in Patmo insula exsulanti. — Prophetice prædicit celerem ab exsilio liberationem, et reditum in Asiam, ubi exemplo suo plurimis profuturus sit. 685
EPIST. XI. — Apollophani philosopho. (Spuria.) 687
LITURGIA S. Dionysii Athenarum episcopi. 689

VITA S. DIONYSII AREOPAGITÆ, auctore Petro Halloix.
Præfatio. 699
CAPUT PRIMUM. — Genus, patria, ætas, studia. 701
CAP. II. — Dionysii ab erroribus ad fidem conversio 717
CAP. III. — Dionysii contra fidei suæ et vitæ novæ calumniatores virtus et constantia. 727
CAP. IV. — Dionysii in theologia et virtute profectus, atque ad episcopatum evectio. 739
CAP. V. — Dionysii in fundando et ordinando episcopatu Atheniensi eximia virtus et industria. 748
CAP. VI. — Dionysius beatissimæ Virginis conspectu in terris fruitur, et suprema excedentis benedictione in apostolorum cœtu potitur. 751
CAP. VII. — Dionysii ab Hierosolymis reversi pontificiæ occupationes, et apostolici discursus. 761
CAP. VIII. — Dionysii ad Demophilum cultorem sive monachum, oficii et humanitatis limites transgressum, vindex epistola. 763
CAP. IX — Dionysii per Neronis tempora evangelicæ excursiones. 765
CAP. X. — Dionysii in Galliam, missu Clementis pontificis, profectio; et res ibidem ab exitu Neronis usque ad Domitianum imperatorem gestæ. 771
CAP. XI. — Dionysii in Galliam ingressi prima Arelate super fidei rebus consilia et auspicia. 777
CAP. XII. — Dionysii ad Parisios profectio, et ibidem religionis et episcopatus fundatio. 781
CAP. XIII. — Dionysii per tempora Domitiani imperatoris curæ et labores et propheticæ spiritus. 787
CAP. XIV. — Dionysii ad Joannem apostolum in Patmos exsulem litteræ; et nonnullæ de sanctis revelationibus. 791
CAP. XV. — Dionysii ab extremis Domitiani temporibus usque ad Trajanum res gestæ. 795
CAP. XVI. — Dionysii in Asiam ad S Joannem apostolorum profectio, et inde reditus in Galliam. 799
CAP. XVII. — Dionysii ad Parisios reversi extrema studia atque ad fidei certamen præparatio. 805
CAP. XVIII. — Dionysii sociorumque comprehensio, et Lisbii nobilis viri eorum fautoris martyrium. 809
CAP. XIX. — Dionysii et sociorum ejus inclusio, diverberatio, dilaceratio, martyrium. 815
CAP. XX. — Martyrii tempus, locus et alia his adjuncta, audituque mirabilia. 821
CAP. XXI. — Discipulorum S. Dionysii labores et fructus, nonnullæque ejusdem martyris salutiferæ post mortem apparitiones. 831
CAP. XXII. — Virtutes nonnullæ S. Dionysii ex ejusdem scriptis delectæ, et primo pietas. 837
CAP. XXIII. — Dionysii modestia, seu animi submissio. 841
CAP. XXIV. — Dionysii mansuetudo, et mansuetudinis commendatio. 843
CAP. XXV. — S. Dionysii in christianissimos Francorum reges beneficia. 845
CAP. XXVI. — Christianissimorum Franciæ regum erga

B. Dionysium studia et honores. . 849
Cap. XXVII. — Aliorum partim sanctorum, partim genere illustrium adversus B. Dionysium honores. 861
Cap. XXVIII. — S. Dionysii varia in varios et vario in genere post mortem miracula. 865
Cap. XXIX. — S. Dionysii reliquiæ, et earum virtus et æstimatio. 867
Cap. XXX. — Index librorum S. Dionysii. 871

VITA ET ENCOMIUM S. Dionysii Areopagitæ ex Mænels Græcis. 873
VINDICIÆ OPERUM AREOPAGITICORUM, auctore Bernardo de Rubeis.
Dissertatio adversus Michaelem Lequienum aliosque. 879
NOTITIA in S. Dionysium Parisiensem episcopum et martyrem, ex Gallia Christiana. 935

FINIS TOMI SECUNDI.

Ex typis MIGNE, au Petit-Montrouge.

ÉTAT DE QUELQUES PUBLICATIONS DES *ATELIERS CATHOLIQUES* AU 1er JANVIER 1856.

COURS COMPLET DE PATROLOGIE, ou Bibliothèque universelle, complète, uniforme, commode et économique de tous les Saints Pères, docteurs et écrivains ecclésiastiques, tant grecs que latins, tant d'Orient que d'Occident; reproduction chronologique et intégrale de la tradition catholique pendant les douze premiers siècles de l'Eglise, d'après les éditions les plus estimées. 260 vol. in-4° latins, prix : 1,300 fr. Le grec et le latin réunis formeront 500 vol. et coûteront 1,800 fr. Tous les Pères se trouvent néanmoins dans l'édition latine, laquelle a paru complètement en 217 vol. pour l'Eglise d'Occident. Prix : 1085 fr. 222 vol. ont paru et 900 souscripteurs sont venus.

COURS COMPLETS D'ÉCRITURE SAINTE ET DE THÉOLOGIE, 1° formés uniquement de Commentaires et de Traités partout reconnus comme des chefs-d'œuvre, et désignés par une grande partie des évêques et des théologiens de l'Europe, universellement consultés à cet effet; 2° publiés et annotés par une société d'ecclésiastiques, tous curés ou directeurs de séminaires dans Paris. Chaque *Cours*, terminé par une table universelle analytique et par un grand nombre d'autres tables, forme 28 vol. in-4°. Prix : 138 fr. l'un.

TRIPLE GRAMMAIRE ET TRIPLE DICTIONNAIRE HÉBRAIQUES et CHALDAIQUES, 1 énorme vol. in-4°. Prix : 15 fr.

COLLECTION INTÉGRALE ET UNIVERSELLE DES ORATEURS SACRÉS DU PREMIER ET DU SECOND ORDRE, ET COLLECTION INTÉGRALE OU CHOISIE DE LA PLUPART DES ORATEURS SACRÉS DU TROISIÈME ORDRE, selon l'ordre chronologique, afin de présenter, comme sous un coup d'œil, l'histoire de la prédication en France pendant trois siècles, avec ses commencements, ses progrès, son apogée, sa décadence et sa renaissance. 67 vol. in-4°. Prix : 335 fr., 6 fr. le vol. de tel ou tel Orateur en particulier. Tout a paru.

COLLECTION INTÉGRALE ET UNIVERSELLE DES ORATEURS SACRÉS de 1789 et au-dessus jusqu'à nos jours. 35 vol. in-4°. Prix : 165 fr. Cette seconde série, outre les orateurs défunts, contient la plupart des vivants; elle est, de plus, accompagnée des mandements épiscopaux d'un intérêt public et permanent, des *OEuvres complètes* des meilleurs prosistes anciens et modernes, des principaux ouvrages connus sur l'art de bien prêcher; enfin, de vingt tables différentes présentant les matières sous toutes les faces. 18 vol. ont paru, les 15 autres marchent à pas de géant.

ENCYCLOPÉDIE THÉOLOGIQUE, ou série de dictionnaires sur chaque branche de la science religieuse, offrant en français et par ordre alphabétique, la plus claire, la plus variée, la plus facile et la plus complète des Théologies. Ces DICTIONNAIRES SONT : ceux d'Ecriture sainte, — de Philologie sacrée, — de Liturgie, — de Droit canon, — des Hérésies, des schismes, des livres jansénistes, des Propositions et des livres condamnés, — des Conciles, — des Cérémonies et des rites, — de Cas de conscience, — des Ordres religieux (hommes et femmes), — des diverses Religions, — de Géographie sacrée et ecclésiastique, — de Théologie morale, ascétique et mystique, — de Théologie dogmatique, canonique, liturgique, disciplinaire et polémique, — de Jurisprudence civile-ecclésiastique, — des Passions, des vertus et des vices, — d'Hagiographie, — des Pèlerinages, — d'Astronomie, — de Physique et de Météorologie religieuses, — d'Iconographie chrétienne, — de Chimie et de minéralogie religieuses, — de Diplomatique chrétienne, — des Sciences occultes, — de Géologie et de Cosmologie chrétiennes. 52 vol. in-4°. Prix : 312 fr. 51 vol. ont vu le jour.

NOUVELLE ENCYCLOPÉDIE THÉOLOGIQUE, contenant les DICTIONNAIRES de Biographie chrétienne et antichrétienne, — des Persécutions, — d'Eloquence chrétienne, — de Littérature id., — de Botanique id., — de Statistique id., — d'Anecdotes id., — d'Archéologie id., — d'Héraldique id., — de Zoologie, — de Médecine pratique, — des Croisades, — des Erreurs sociales, — de Patrologie, — des Prophéties et des Miracles, — des Décrets des Congrégations romaines, — des Indulgences, — d'Agri-silvi-viti-horticulture, — de Musique chrétienne, — d'Epigraphie id., — de Numismatique id., — des Conversions au catholicisme, — d'Education, — des Inventions et Découvertes, — d'Ethnographie, — des Apologistes involontaires, — des Manuscrits, — d'Anthropologie, — des Mystères, — des Merveilles, — d'Ascétisme, — de Paléographie, de Cryptographie, de Dactylologie, d'Hiéroglyphie, de Sténographie et de Télégraphie, — de Paléontologie, — de l'Art de vérifier les dates, — des Objections scientifiques. 52 vol. in-4°. Prix : 312 fr. Tous ont paru.

TROISIÈME ET DERNIÈRE ENCYCLOPÉDIE THÉOLOGIQUE, contenant les DICTIONNAIRES de Philosophie, — d'Antiphilosophisme, — du Parallèle des doctrines religieuses et philosophiques, — du Protestantisme, — des Objections populaires, — de Critique, — de Scolastique, — de Philologie du moyen âge, — de Physiologie, — de Tradition patristique et conciliaire, — de la Chaire, — d'Histoire ecclésiastique, — des Missions, — des Antiquités chrétiennes et découvertes modernes, — des Bienfaits du christianisme, — d'Esthétique, — de Discipline, — d'Erudition, — des Papes, — des Cardinaux, — de Bibliographie, — des Musées, — des Abbayes, — de Ciselure, gravure et ornementation chrétienne, — de Légendes du christianisme, — de Cantiques, — d'Economie charitable, — des Sciences politiques, — de Législation comparée, — de la Sagesse populaire, — des Superstitions, — des Livres apocryphes, — de Leçons de littérature en prose et en vers, — de Mythologie, — de Technologie, — des Controverses historiques, — des Origines du christianisme, — des Sciences physiques et naturelles dans l'antiquité, — des Harmonies de la raison, de la science, de la littérature et de l'art avec la foi catholique. 60 vol. in-4°. Prix : 300 fr. 18 vol. sont terminés; les autres suivent rapidement.

DÉMONSTRATIONS ÉVANGÉLIQUES de Tertullien, Origène, Eusèbe, S. Augustin, Montaigne, Bacon, Grotius, Descartes, Richelieu, Arnauld, de Choiseul du Plessis-Praslin, Pascal, Pélisson, Nicole, Boyle, Bossuet, Bourdaloue, Locke, Lami, Burnet, Malebranche, Lesley, Leibnitz, La Bruyère, Fénelon, Huet, Clarke, Duguet, Stanhope, Bayle, Leclerc, Du Pin, Jacquelot, Tillotson, De Haller, Sherlock, Le Moine, Pope, Leland, Racine, Massillon, Ditton, Derham, d'Aguesseau, de Polignac, Saurin, Buffier, Warburton, Tournemine, Bentley, Littleton, Fabricius, Seed, Addison, De Bernis, J.-J. Rousseau, Para du Phanjas, Stanislas 1er, Turgot, Statler, West, Beauzée, Bergier, Gerdil, Thomas, Bonnet, de Crillon, Euler, Delamarre, Caraccioli, Jennings, Duhamel, S. Liguori, Butler, Bullet, Vauvenargues, Guénard, Blair, De Pompignan, de Luc, Porteus, Gérard, Diessbach, Jacques, Lamourette, Laharpe, Le Coz, Duvoisin, De la Luzerne, Schmitt, Poynter, Moore, Silvio Pellico, Lingard, Brunati, Manzoni, Perrone, Paley, Dorléans, Campien, P. Pérennès, Wiseman, Buckland, Marcel de Serres, Keith, Chalmers, Dupin aîné, Sa Sainteté Grégoire XVI, Cuttel, Milner, Sabatier, Morris, Bolgeni, Lhussay, Lombroso et Consoni; contenant les apologies de 117 auteurs répandues dans 180 vol.; traduites, pour la plupart, des diverses langues dans lesquelles elles avaient été écrites; reproduites INTÉGRALEMENT, non par extraits; ouvrage également nécessaire à ceux qui croient pas, à ceux qui doutent et à ceux qui croient. 20 vol. in-4°. Prix : 120 fr.

HISTOIRE DU CONCILE DE TRENTE, par le cardinal Pallavicini, précédée ou suivie du Catéchisme et du texte du même concile, de diverses dissertations sur son autorité dans le monde catholique, sur sa réception en France, et sur toutes les objections protestantes, jansénistes, parlementaires et philosophiques auxquelles il a été en butte; enfin d'une notice sur chacun des membres qui y prirent part. 3 vol. in-4°. Prix : 18 fr.

PERPÉTUITÉ DE LA FOI DE L'ÉGLISE CATHOLIQUE, par Nicole, Arnauld, Renaudot, etc., suivie de la Perpétuité de la Foi sur la confession auriculaire par Denis de Sainte-Marthe, et des 15 lettres de Scheffmacher sur presque toutes les matières controversées avec les Protestants. 4 vol. in-4°. Prix : 24 fr.

OEUVRES TRÈS-COMPLÈTES DE SAINTE THÉRÈSE, de S. Pierre d'Alcantara, de S. Jean-de-la-Croix et du bienheureux Jean d'Avila; formant ainsi un tout bien complet de la plus célèbre Ecole ascétique d'Espagne. 4 vol. in-4°. Prix : 24 fr.

CATÉCHISMES philosophiques, polémiques, historiques, dogmatiques, moraux, disciplinaires, canoniques, pratiques, ascétiques et mystiques, de Feller, Aimé, Scheffmacher, Rohrbacher, Pey, Lefrançois, Alletz, Almeyda, Fleury, Pomey, Mallmann, Meusy, Challoner, Gother, Surin et Olier. 2 v. in-4°. Pr. : 15 fr.

PRAELECTIONES THEOLOGICÆ, de PERRONE, 2 forts vol. in-4°. Prix : 12 fr.

OEUVRES TRÈS-COMPLÈTES DE DE PRESSY, évêque de Boulogne. 2 vol. in-4°. Prix : 12 fr.

MONUMENTS INÉDITS SUR L'APOSTOLAT DE SAINTE MARIE-MADELEINE EN PROVENCE, et sur les autres apôtres de cette contrée, par M. Faillon, de St-Sulpice, 2 forts vol. in-4°, enrichis de 300 gravures. Prix : 16 fr.

COURS COMPLET D'HISTOIRE ECCLÉSIASTIQUE, 25 vol. in-4°. Prix : 150 fr. Les 10 premiers vol. ont paru.

LUCII FERRARIS PROMPTA BIBLIOTHECA, canonica, juridica, moralis, theologica, etc., 8 v. in-4°. Prix : 60 fr. 6 v. ont paru.

OEUVRES COMPLÈTES de THIÉBAUT, 7 vol. in-4°. Prix : 45 fr.

OEUVRES COMPLÈTES de BOUDON, 2 vol. in-4°. Prix : 15 fr.

OEUVRES COMPLÈTES de FRAYSSINOUS, 1 v. in-4°. Prix : 6 fr.

OEUVRES COMPLÈTES du cardinal de LA LUZERNE, évêque de Langres, 6 vol. in-4°. Prix : 40 fr.

OEUVRES COMPLÈTES de BERGIER, 8 vol. in-4°. Prix : 50 fr.

OEUVRES COMPLÈTES de LEFRANC DE POMPIGNAN, archevêque de Vienne, et OEUVRES RELIGIEUSES de son frère l'académicien, 2 vol. in-4°. Prix : 14 fr.

OEUVRES COMPLÈTES de DE LATOUR, chanoine de Montauban, 7 vol. in-4°. Prix : 45 fr. — Les *Mémoires liturgiques et canoniques* valent seuls au-delà de ce prix. Ils sont au nombre de 51.

OEUVRES COMPLÈTES de DAUBRAND. 2 vol. in-4°. Prix : 14 fr.

Les souscripteurs à 20 volumes à la fois, parmi les ouvrages ci-dessus, jouissent, EN FRANCE, de quatre avantages : le premier est de pouvoir souscrire sans affranchir leur lettre de *souscription*; le second est de ne payer les volumes qu'après leur arrivée au chef-lieu d'arrondissement ou d'évêché; le troisième est de recevoir les ouvrages *franco* chez notre correspondant ou le leur, ou d'être remboursés du port; le quatrième est de ne verser les fonds qu'à leur propre domicile et sans frais.

www.ingramcontent.com/pod-product-compliance
Lightning Source LLC
Chambersburg PA
CBHW050253230426
43664CB00012B/1937